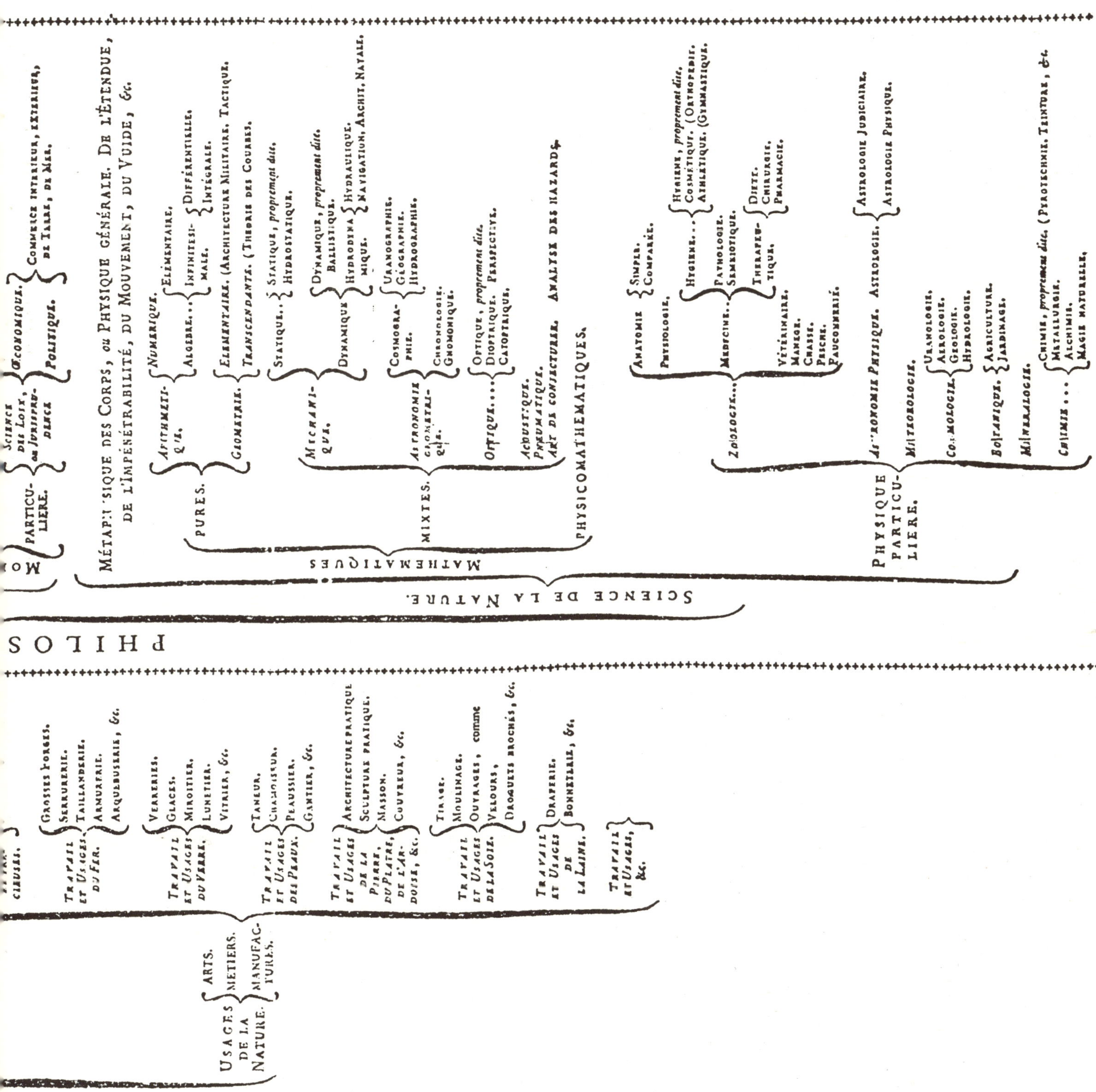

Figürlich dargestelltes System der Kenntnisse des Menschen.
Aus dem ersten Band der Encyclopédie, *Paris 1751 (Faksimile).*

DIE ENZYKLOPÄDISTEN

Jean le Rond d'Alembert
Arnulphe d'Aumont
Paul-Joseph Barthez
Nicolas Beauzée
Jacques-Nicolas Bellin
Jacques-François Blondel
Antoine-Gaspard Boucher d'Argis
Louis de Cahusac
Etienne-Noël Damilaville
Louis-Jean-Marie Daubenton
Alexandre Deleyre
Joseph-François-Edouard de Corsembleu Desmahis
Denis Diderot
Jacques-Philippe-Augustin Douchet
César Chesneau Dumarsais
Joachim Faiguet de Villeneuve
François Véron de Forbonnais
Jean-Henri-Samuel Formey
Paul Thiry d'Holbach
Louis de Jaucourt
Guillaume Le Blond
André Lefebvre
Jean-Baptiste-Pierre Le Romain
Jean-Baptiste Le Roy
Antoine Louis
Edmé-François Mallet
Paul-Jacques Malouin
Jean-François Marmontel
Jean-Joseph Ménuret de Chambaud
Charles-Louis de Secondat de Montesquieu
Jean Pestré
Antoine-Noé de Polier de Bottens
Didier Robert de Vaugondy
Jean-Edmé Romilly
Jean-Jacques Rousseau

Jean-François de Saint-Lambert
Pierre Tarin
Louis-Elisabeth de La Vergne de Tressan
Théodore Tronchin
Anne-Robert-Jacques Turgot
Gabriel-François Venel
Susanne-Marie de Vivans, Marquise de Jaucourt
Voltaire
Claude Yvon

AUSBLICKE INS 21. JAHRHUNDERT

Adam *Christina von Braun*
Babel *Javier Marías*
Entdeckung & Erfindung *Erwin Chargaff*
Genuß *Mathias Greffrath*
Geschichte *Aleida & Jan Assmann*
Heiliger Stuhl *Luigi Malerba*
Hirn *Detlef Linke*
Kolonie *Tzvetan Todorov*
Krieg *Alexander Kluge*
Lied *Margriet de Moor*
Luxus *Hans Magnus Enzensberger*
Meisterwerk *Hans Belting*
Naturrecht *Jutta Limbach*
Nichts *Lars Gustafsson*
Ökonomie *Elmar Altvater*
Philosoph *Henning Ritter*
Physik *Anton Zeilinger*
Roman *Michel Tournier*
Seele *Michael Krüger*
Tier *Anita Albus*
Vaterland *Daniel Cohn-Bendit*
Walfang *Ivetta Gerasimchuk*
Wissenschaft *Jean Dhombres*
Zitat *Willi Winkler*
Kleine Geschichte der Encyclopédie *Robert Darnton*

DER

Die Andere Bibliothek

HERAUSGEGEBEN VON HANS MAGNUS ENZENSBERGER

DIE WELT ENCYCLOPÉDIE

Ediert von Anette Selg & Rainer Wieland

AUS DEM FRANZÖSISCHEN VON HOLGER FOCK, THEODOR LÜCKE, EVA MOLDENHAUER UND SABINE MÜLLER

FRANKFURT AM MAIN 2001 Eichborn

Der Verlag dankt dem Französischen Außenministerium, vertreten durch die Kulturabteilung der französischen Botschaft in Berlin, für die Unterstützung dieser Ausgabe im Rahmen seines Förderprogramms.

ISBN 3-8218-4723-9
Ganzlederausgabe

ISBN 3-8218-4711-5

Vorwort

Wahrhaftig, der Mensch tritt vor seine Zeitgenossen hin & sieht sich so, wie er ist: ein sonderbares Wesen, gemischt aus erhabenen Eigenschaften & beschämenden Schwächen.

Diderot im Artikel Enzyklopädie

Das Abenteuer, ein Buch neu zu denken, das die Welt neu denken wollte: Diderots und d'Alemberts *Encyclopédie*. Es freilegen, befreien von Vereinnahmung und Verklärung, die das unbändige Werk in kostbares Leder packen, im Regal verstauen, mit einem Brockhaus verwechseln. Im Lauf der Zeit fallen alle Auswüchse, Sehnsüchte, Widersprüche den Gelehrten zum Opfer, denen soviel ungestümes Leben angst macht. Der Mensch, der doch im Mittelpunkt aller Bestrebungen der Enzyklopädisten steht, wird aus dem Buch gedrängt – übrig bleiben die großen Ideen, die hehren Ideale, um deren Unvereinbarkeit mit der Realität Diderot und die Seinen wohl wußten, doch schon bald nicht mehr wissen durften. Denn die Fackel der Aufklärung leuchtete längst nicht in alle Winkel des menschlichen Herzens. Schwärmerei und Gottesfurcht haben darin ebenso überlebt wie die bemerkenswert unaufgeklärte Betrachtung der Anderen: der Faulenzer, Müßiggänger, Sodomiten, Deserteure und Selbstmörder, von Frauen und Negern ganz zu schweigen.

Zweihundertfünfzig Jahre später wühlen wir uns durch die Folianten, fahren auf Alleen und Sandwegen vorbei an allem erdenklichen Getier und Gewächs, an Gebilden, Gebäuden, und wir staunen darüber, wie uns die Enzyklopädisten, die doch schon so lange tot sind, plötzlich in Fleisch und Blut durch ihr Universum führen: Wiesen, Himmel, Steinbrüche, Senkgruben. Die Grenzen, die sie ihrer Welt gesetzt haben, kreuzen die unseren.

Mit einem Buch die Menschheit verbessern zu wollen, was für eine Anmaßung! Mit Wörtern die Welt beschreiben, welch Wahnwitz! Und doch: Nach und nach werden aus Wörtern Stimmen, hören wir Verstimmungen – glückliche Tage, Verdruß. Wir lesen, daß Diderot nach seiner Rückkehr vom Begräbnis des verehrten Freundes Montesquieu seinen Artikel EKLEKTIZISMUS beendet; lassen uns von Jaucourts Entdeckerfreude anstecken, wenn er die hungrige Laus auf seinem Handrücken beschreibt, Bein für Bein, Haar für Haar; amüsieren uns über Rousseaus Verdammung schlecht klingender Trompeten; lesen, wie sich die wohl einzige Frau, die an der *Encyclopédie* mitschreiben durfte, Susanne-Marie de Vivans, über die Weitschweifigkeit ihrer Kollegen mokiert; fragen uns, wo denn die Aufklärung geblieben ist, wenn Voltaire ausruft, man könne die Geschichte nicht studieren, ohne »Abscheu gegenüber der menschlichen Gattung« zu fassen; und wir fühlen mit, wie Diderot sich im Artikel ENZYKLOPÄDIE den ganzen Frust von der Seele schreibt über das »verfluchte Monstrum«, das ihm so viele Jahre seines Lebens geraubt hat.

Zweihundertfünfzig Jahre Lorbeer, Tortenguß, Bibliothekenstaub, Gipsschichten, Ketzerhemden und Talare: Nackt sieht die *Encyclopédie* anders aus, menschlicher, weniger angsteinflößend, bezaubernder, fehlerhafter; und nackt oder zumindest im Morgenmantel, dem liebgewordenen, abgegriffenen, auch die Autoren in ihren Artikeln. Nicht in den weltbewegenden, vielzitierten, anthologisierten; es sind die Kleinode, Rohdiamanten, in denen der Mensch überlebt, und die uns heute noch anrühren, Arche Noah in unserer Zeit der beliebig verfügbaren, verlinkten Information – Orakel auf unserem Weg durchs 21. Jahrhundert.

Berlin im Juli 2001 *Anette Selg & Rainer Wieland*

Inhaltsverzeichnis

Vorwort V

Die Artikel von A bis Z:

A° – *A* 1
Abaca – *Abaca* 1
Abada – *Abada* 1
Aberglaube° – *Superstition* 2
Aborigines – *Aborigines* 2
Adam – *Adam* 3

Christina von Braun: Ach, Adam 4

Adler – *Aigle* 7
Affektiertheit° – *Affectation* 7
Agnus Scythicus – *Agnus Scythicus* 8
Aguaxima – *Aguaxima* 9
Aius Locutius – *Aius Locutius* . . . 9
Akalipse – *Acalipse* 10
Alkatras – *Alcatrace* 10
Alligator – *Alligator* 10
Amazone – *Amazone* 10
Amerika – *Amérique* 11
Amor oder Cupido – *Amour ou Cupido* 11
Analyse° – *Analyse* 12
Anarchie – *Anarchie* 12
Angeboren – *Inné* 12
Ansiko – *Ansico* 13
Anti – *Anti* 13
Arbeit° – *Travail* 14
Arbeitsleute – *Travail, gens de* . . . 14
Atheisten° – *Athées* 14
Äthiopier, Philosophie der° – *Ethiopiens, Philosophie des* 16
Atomismus – *Atomisme* 16
Aufgeklärt & klarblickend – *Eclairé & clairvoyant* 18
Automat – *Automate* 18

Mit ° versehene Artikel sind gekürzt wiedergegeben.

Autorität, Gewalt, Macht, Herrschaft – *Autorité, Pouvoir, Puissance, Empire* 20
Autorität, politische – *Autorité politique* 20
Autorität in Rede & Schrift – *Autorité dans les discours & dans les écrits* 22

Babel – *Babel* 23

Javier Marías: Babel 24

Bacchionten – *Bacchionites* 26
Backenzahn° – *Molaire dent* 27
Bäder° – *Bains* 27
Bardocucullus oder Bardaicus Cucullus – *Bardocucullus ou Bardaicus Cucullus* 29
Baschmaklik – *Paschmaklyk* 29
Baucis & Philemon – *Baucis & Philemon* 29
Beduinen – *Bédouins* 29
Bedürftig – *Indigent* 30
Belbuch & Zeombuch – *Belbuch & Zeombuch* 30
Beleidigung, Beleidigen, der Beleidiger, Schuld – *Offense, Offensé, Offenseur, Offense* 30
Berberei – *Barbarie* 30
Bergpredigt° – *Sermon de Jésus-Christ* 31
Bettler° – *Mendiant* 32
Bevölkerung° – *Population* 33
Bibliomane – *Bibliomane* 36
Bibliomanie – *Bibliomanie* 36
Bigott – *Bigot* 37
Blau° – *Bleu* 37
Blau, Preußisch – *Bleu de Prusse* . . 38
Blitz° – *Foudre* 38
Blitzschlag° – *Foudre* 39
Boa – *Boa* 39
Bombe° – *Bombe* 40
Bösartig – *Mal-faisant* 40
Brahminen oder Brahmanen – *Bramines, Bramenes, Bramins ou Bramens* 41
Brechmittel – *Vomitifs* 41
Buchdruck° – *Imprimerie* 42
Bürger, Staatsbürger, Bewohner – *Bourgeois, Citoyen, Habitant* . . . 43

Chaldäer, Philosophie der° – *Chaldéens, Philosophie des* 43
Charidotes – *Charidotès* 45
China – *La Chine* 45
Cuba – *Cuba* 46

Denkfreiheit – *Liberté de penser* . . 46
Diana – *Diane* 47
Didyma – *Dydime* 48
Donau – *Danube* 48
Donnerkeile – *Foudre, pierres de* . . 48
Doppelzüngigkeit – *Duplicité* . . . 49
Drache – *Dragon* 49
Dragonade – *Dragonade* 49
Drohung – *Menace* 50
Druide° – *Druide* 50
Dryaden – *Dryades* 51
Dysurie – *Dysurie* 52

Eifersucht – *Jalousie* 52
Eigentum – *Propriété* 52
Einsiedler – *Solitaire* 53
Eklektizismus° – *Eclectisme* 53
Eleganz – *Elégance* 57
Elektrischer Schlag° – *Coup foudroyant* 58
Elektrizität° – *Electricité* 58

Elend – *Misère* 59
Empfindsamkeit – *Sensibilité* 59
Empörung – *Indignation* 59
Entdeckung & Erfindung – *Découverte & Invention* 59

Erwin Chargaff: Entdeckung & Erfindung 64

Enthaltsamkeit – *Continence* 67
Entstehen – *Naître* 67
Enzyklopädie° – *Encyclopédie* 68

Horst Günther: Enzyklopädie . . . 89

Epidelius – *Epidelius* 94
Erde, Schichten der° – *Terres, couches de* 94
Erektion – *Erection* 95
Erhaltung – *Conservation* 95
Erotisch – *Erotique* 96
Europa – *Europe* 97
Experimentell° – *Expérimental* . . . 97

Fanatismus° – *Fanatisme* 99
Fanfare – *Fanfare* 102
Farce – *Farce* 102
Fastenzeit° – *Carême* 103
Feinschmeckerei – *Gourmandise* . 103
Flüchtig – *Fugitif* 104
Folter° – *Question ou Torture* 105
Fordicidia – *Fordicides* 105
Formel – *Formulaire* 105
Fossil° – *Fossile* 106
Fötus° – *Fœtus* 107
Frankreich – *France* 108
Französisch° – *François ou Français* 109
Frau – *Femme* 109
Freyja – *Freya* 120
Furz – *Pet* 120

Gehorsam – *Obéissance* 120
Geißelung – *Flagellation* 121
Geistig – *Intellectuel* 121
Geld – *Pécune* 121
Gelehrsamkeit° – *Erudition* 122
Gemetzel – *Massacre* 124
Genealogie° – *Généalogie* 124
Genf° – *Genève* 124
Genie – *Génie* 126
Genuß – *Jouissance* 130

Mathias Greffrath: Genuß 131

Geschenke – *Largesses* 134
Geschichte – *Histoire* 134

Aleida & Jan Assmann: Geschichte 142

Geschmack° – *Goût* 145
Gesunder Verstand – *Bon-sens* . . 153
Gewalt – *Pouvoir* 153
Gewohnheit – *Habitude* 154
Gezinkt – *Chargé* 155
Glauben – *Croire* 155
Gleichgültigkeit – *Indifférence* . . 155
Globus° – *Globe* 156
Glück – *Bonheur* 156
Glücklich – *Heureux* 158
Gottlos – *Impie* 159
Gott zum Heil – *Vive-dieu* 160
Götze, Götzendiener, Götzendienst° – *Idole, Idolâtre, Idolâtrie* 160
Grausamkeit – *Cruauté* 161
Großer Herr, Großer Mann – *Seigneur grand, Homme grand* . 163

Hand° – *Main* 163
Handkuß – *Baise-main* 164
Handwerk° – *Métier* 164
Handwerker – *Artisan* 164
Harz oder Herzynischer Wald – *Hartz ou Forêt Hercinienne* . . . 164
Hasseki – *Aseki ou Assekai* 165
Häßlichkeit – *Laideur* 165
Hebamme – *Accoucheuse* 166
Heiliger Stuhl – *Siège, le Saint* . . 166

Luigi Malerba: Heiliger Stuhl . . 167

Herbergen, türkische – *Hôtellerie de Turquie* 169
Hermaphrodit° – *Hermaphrodite* . 169
Hermaphroditos – *Hermaphrodite* 170
Heroismus – *Héroïsme* 170
Hirn oder Gehirn° – *Cerveau* . . . 171

Detlef Linke: Hirn 173

Hof – *Cour* 174
Holocaust – *Holocauste* 175
Hospital° – *Hôpital* 175
Hottentotten – *Hottentots* 176
Humor – *Humour* 176
Hysterisch – *Hystérique* 177

Ideenassoziation – *Association d'idées* 177
Idiot – *Idiot* 178
Illapsus – *Illaps* 178
Impfung° – *Inoculation* 178
Indiskret – *Indiscret* 179
Innungen° – *Maîtrises* 179
Inquisition° – *Inquisition* 180
Intellekt – *Intellect* 180
Intellektuelle – *Gens de lettres* . . 181
Intoleranz° – *Intolérance* 181
Irreligiös – *Irreligieux* 182
Isoliert, Isolieren – *Isolé, Isoler* . . 182

Jesuit° – *Jésuite* 183
Journal° – *Journal* 185
Journalist – *Journaliste* 185
Jude° – *Juif* 186
Jugend – *Jeunesse* 188
Jungfräulichkeit – *Virginité* 189

Kabbala° – *Cabale* 192
Kabinett° – *Cabinet* 192
Naturalienkabinett° – *Cabinet d'histoire naturelle* 192
Kapuze – *Capuchon* 194
Karczma – *Karesma* 195
Kartoffel, Topinambur, Batate – *Pomme de terre, Topinambur, Batate* 195
Kaschmir – *Cachemire* 196
Kastraten – *Castrati* 196
Kaukasus – *Caucase* 196
Kaviar – *Caviarisckari* 196
Ketzer° – *Hérétique* 196
Kiakkiak – *Kiakkiak* 197
Kirchlich – *Ecclésiastique* 197
Kirchliche Nachrichten – *Nouvelles ecclésiastiques* 197
Kniebeugung – *Génuflexion* 198
Kolik° – *Colique* 198
Kolonie – *Colonie* 199

Tzvetan Todorov: Kolonie 202

Kongo – *Congo* 205
Königsmord – *Régicide* 205
Konstanz – *Constance* 206
Kontingent – *Contingent* 206
Kopernikus, System oder Hypothese des° – *Copernic, système ou hypothèse de* 206
Körperschaften, Charakter der besonderen Gesellschaften oder Körperschaften – *Caractère des sociétés ou corps particuliers* 208
Kosmetik° – *Cosmétique* 208
Kretins – *Crétins* 209
Krieg° – *Guerre* 209

Alexander Kluge: Krieg 211

Kritik in den Wissenschaften – *Critique dans les sciences* 216
Kugel° – *Globe* 217
Kunst° – *Art* 217
Künstler – *Artiste* 220
Kurtisane – *Courtisane* 220

Lakai – *Laquais* 221
Landmann – *Laboureur*. 221
Langeweile – *Ennui* 223
Laster – *Vice* 225
Laus – *Pou* 226
Leben, Lebensdauer° – *Vie, Durée de la vie* 227
Leicht – *Facile* 228
Leichtgläubigkeit – *Crédulité* . . . 229
Leipzig° – *Leipsic, Leipzick ou Leipzig* 229
Libell° – *Libelle* 230
Liebe° – *Amour*. 231
Liebe der Geschlechter – *Amour des sexes* 232
Lied – *Chanson* 232
Liebeslied – *Erotique, Chanson* . . 233

Margriet de Moor: Lied 233

Lilith – *Lilith* 236
Limonade – *Limonade*. 236
Lissabon° – *Lisbonne*. 237
Literatur – *Littérature* 238
Loches – *Loches* 239
Lüsternheit – *Lascivité* 239
Luxus° – *Luxe* 240

Hans Magnus Enzensberger: Luxus 250

Machiavellismus – *Machiavélisme*. 251
Magie° – *Magie* 252
Marmaren – *Marmares*. 252
Maulwurf° – *Taupe* 253
Meisterstück oder Meisterwerk – *Chef-d'œuvre* 253

Hans Belting: Meisterwerk. . . . 253

Mensch° – *Homme* 256
Menschenfresser – *Anthropophages* 257
Menschenverstand, gesunder – *Sens commun*. 257
Menschlichkeit – *Humanité* 259
Metaphysik – *Métaphysique* 259
Methode° – *Méthode* 259
Mikado – *Jonchets* 260
Miliz – *Milice*. 260
Mirsa – *Mirza ou Myrza* 261
Missilien – *Missilia* 261
Mißgeburt° – *Monstre* 261
Mißgeschick – *Infortune*. 262
Mode° – *Mode* 262
Modern – *Moderne*. 263
Monarch – *Monarque* 264
Monarchie° – *Monarchie* 264
Monopol° – *Monopole* 265
Mosaische & christliche Philosophie° – *Mosaïque & chrétienne philosophie*. 265
Mummenschanz – *Momerie* 265
Museum – *Musée*. 265
Muße – *Loisir* 266

Nachricht – *Nouvelle*. 266
Nachttopf – *Pot de chambre* 267
Nase° – *Nez*. 267
Nasenabschneider – *Rhinocolustés* 268
Naturforscher, Naturalist – *Naturaliste* 268
Naturrecht – *Droit naturel* 269

Jutta Limbach: Naturrecht . . . 271

Natürliche Freiheit – *Liberté naturelle* 273
Natürliche Gleichheit – *Egalité naturelle* 273
Neger° – *Nègre, Nègres* 274
Neologisch – *Néologique*. 277
Neptun – *Neptune* 277
Nichts oder Negation – *Néant, Rien ou Négation*. 277

Lars Gustafsson: Nichts 278

Odrysen – *Dranses*. 280
Ökonomie° – *Economie ou Œconomie*. 280

Elmar Altvater: Ökonomie. . . . 294

Orakel° – *Oracle* 299
Orgien – *Orgies* 299
Ostern, Passah° – *Pasques* 300
Ouessant – *Ouessant*. 301
Ouvertüre – *Ouverture* 302

Pantoffel – *Mule* 303
Paradies – *Paradis* 303
Parasit – *Parasite* 304
Patagonier – *Patagones* 305
Paulizianer – *Publicain* 306
Perücke° – *Perruque* 306
Pervers, Pervertieren, Perversion, Perversität – *Pervers, Pervertir, Perversion, Perversité* 307
Pessar – *Pessaire* 307
Phantasie – *Fantaisie* 308
Philosoph – *Philosophe* 309

Henning Ritter: Philosoph. . . . 312

Philosophie – *Philosophie* 317
Physik° – *Physique* 321

Anton Zeilinger: Physik 322

Physiognomie – *Physionomie* . . . 324
Presse – *Presse*. 324
Preußen – *Prusse* 325
Priester – *Prêtres* 326
Prostituieren, Prostitution – *Prostituer, Prostitution*. 328

Quan-ton oder Quang-tung – *Quan-ton*. 328

Rede° – *Discours* 328
Redekunst – *Eloquence* 329
Regel – *Règles* 332
Reich° – *Empire* 332
Reliquie° – *Relique*. 334
Revolution – *Révolution* 334
Rhein – *Rhin*. 334
Roman – *Roman* 334

Michel Tournier: Roman 336

Runzel – *Ride* 338

Sabbat – *Sabbat* 338
Sabbat oder Hexensabbat – *Sabbat* 339
Sakrileg – *Sacrilège* 341
Sâkya – *Siako ou Xaco* 341
Salbe° – *Onguent*. 341
Salutschüsse – *Salve* 342
Salzsteuer – *Sel, Impôt sur le sel* . 342
Sauerkraut – *Saver-kraut* 343
Schamanen – *Schamans*. 343
Scharlatan° – *Charlatan* 343
Scharlatanerie – *Charlatanerie* . . 346
Schauspieler° – *Comédien* 346
Schnarchen – *Ronfler* 346
Schokolade – *Chocolat* 346
Schön & Hübsch° – *Beau & Joli* . 348
Schule° – *Collège*. 348
Schwäche – *Fragilité* 352
Schweigen – *Silence*. 352

Schwimmen – *Nager* 353
Seele° – *Ame* 354

Michael Krüger: Seele 356

Seiltänzer – *Danseur de corde* . . . 359
Selbstmord – *Suicide* 359
Silber° – *Argent* 362
Singen° – *Chanter* 362
Sitten – *Mœurs*. 363
Skandalös – *Scandaleux*. 363
Sklavenhandel – *Traite des Nègres* 363
Sklaverei° – *Esclavage* 364
Sodomie – *Sodomie* 367
Sonate – *Sonate* 367
Souveräne° – *Souverains* 368
Sparta oder Lakedaimon° – *Sparte ou Lacédémone*. 370
Spektakel oder Schauspiele – *Spectacles* 370
Spiel – *Jeu* 372
Spinozist – *Spinoziste* 374
Staatsbürger° – *Citoyen* 375
Stadt° – *Ville*. 376
Stein der Weisen – *Pierre philosophale*. 376
Steinkohle° – *Charbon minéral* . . 377
Stiftung° – *Fondation* 377
Stille° – *Silence*. 379
Stratford oder Stretford° – *Stratford ou Stretford* 379
Strumpf° – *Bas* 380
Sujet° – *Sujet*. 381
Sultan° – *Sultan* 382
Sybariten° – *Sybarites* 383

Tagelöhner – *Journalier* 384
Tanz in den Mai – *Danse du premier jour de mai* 384
Tatsache – *Fait*. 384
Teufel – *Diable*. 386
Theokratie° – *Théocratie* 386
Tick – *Tic* 387
Tier° – *Animal* 387

Anita Albus: Tier 391

Tirade – *Tirade* 393
Toleranz° – *Tolérance* 393
Tragische, das – *Tragique, le* . . . 395
Traum – *Rêve* 397
Tribade – *Tribade* 398
Trübsal – *Mélancholie religieuse* . . 398
Trunksucht° – *Ivrognerie* 398
Tuberkel° – *Tubercule* 399
Tulpe° – *Tulipe* 400
Turmfrisur oder Fontange – *Fontange*. 400
Tyrann – *Tyran*. 401

Unauflöslich – *Indissoluble* 401
Unbemerkbar – *Imperceptible*. . . 402
Unempfindlichkeit – *Insensibilité*. 402
Unerlaubt – *Illicite* 403
Unkenntnis – *Ignorance*. 403
Unruhestifter – *Perturbateur* . . . 405
Unschuld – *Innocence* 405
Untreue – *Infidélité* 405
Unvergänglich – *Impérissable* . . . 405
Unzucht° – *Fornication*. 406

Vaterland° – *Patrie* 406

Daniel Cohn-Bendit: Vaterland 407

Verbreitung des Evangeliums, Gesellschaft zur – *Société pour la propagation de l'Evangile*. 410
Verdacht – *Soupçon* 410
Verdammnis – *Damnation*. 411
Verfolgen, Verfolger, Verfolgung° – *Persécuter, Persécuteur, Persécution*. 411
Vergewaltigung° – *Viol*. 412
Verheißung – *Promission* 413
Verjüngung – *Rajeunissement* . . . 413
Vermögen° – *Fortune*. 416
Verrücktheit – *Folie* 416
Versailles – *Versailles* 418
Vertrautheit – *Familiarité* 418
Verzeihen – *Pardonner* 419
Vielfraß – *Glouton* 419
Volant oder Falbel – *Falbala* . . . 420
Volk° – *Peuple* 420
Vorhersage – *Prédiction* 421
Vorsintflutlich° – *Antédiluvienne* . 422

Wahrsagekunst° – *Divination* . . . 423
Walfang° – *Pêche de la baleine*. . . 425

Ivetta Gerasimchuk: Walfang . . 426

Wien° – *Vienne* 428
Wissenschaft, Grundlagen der° – *Elémens des sciences* 430

Jean Dhombres: Wissenschaft . . 434

Wollin – *Wollin* 439
Wollüstig – *Voluptueux* 439
Wörterbücher der Wissenschaften & der freien sowie der mechanischen Künste – *Dictionnaires de sciences & d'arts, tant libéraux que mécaniques* 440

Ypaina oder Ipaina – *Ypaina* . . . 442

Zauberei – *Sorcellerie* 442
Zeitgenosse – *Contemporain* . . . 443
Zigeuner – *Bohémiens* 443
Zitat° – *Citation* 443

Willi Winkler: Zitat 444

Zölibat° – *Célibat*. 447
Zusammenhang – *Liaison* 447
Zweifel – *Doute* 449
Zwillingsbrüder – *Jumeaux, frères* 452
Zzyene oder Syene – *Zzuéné ou Zzeuene*. 453

Robert Darnton: Eine kleine Geschichte der *Encyclopédie* und des enzyklopädischen Geistes 455
Denis Diderot: Prospekt der *Encyclopédie* 464
D'Alembert/Diderot: Vorrede zum Dritten Band 471
Diderot: Ankündigung der letzten Bände. 473
Zeittafel 475
Literaturverzeichnis. 477

Quellenverzeichnis 478
Editorische Notiz 480
Die Essayisten. 482
Danksagung 485

A *bis* Z

A (**Enzyklopädische Ordnung: Kategorie Wissenschaft vom Menschen, Logik, Kunst der Mitteilung, Grammatik**). Schriftzeichen oder Schriftbild des ersten Buchstabens im Alphabet der lateinischen, der französischen & nahezu aller Sprachen Europas.

Man kann dieses Schriftzeichen als Buchstaben oder als Wort betrachten.

Als Buchstabe ist *A* das Zeichen des Lauts *a*, der von allen Lauten der Sprache am leichtesten auszusprechen ist. Es genügt, den Mund zu öffnen & dabei die Luft aus den Lungen zu pusten.

Angeblich kommt das *a* vom *aleph* der Hebräer, doch als Laut hat das *a* seinen Ursprung allein in der Anlage der Stimmorgane; & für die Darstellung des Lauts in einem Schriftzeichen oder Schriftbild haben wir das *alpha* der Griechen übernommen. Die Römer & andere Völker Europas hielten sich bei der Gestalt des Buchstabens an das Vorbild der Griechen. Folgt man den hebräischen Grammatiken & der *Grammaire générale de Port-royal*, »bedient man sich des *aleph* (heute) lediglich in der Schrift & es hat keinen anderen Klang als den des Vokals, der für das *aleph* steht«. Daran wird ersichtlich, daß die Aussprache der Buchstaben in den toten wie in den lebendigen Sprachen variieren kann. Denn nach M. Masclef & P. Houbigan wurde das *aleph* früher durchgängig wie unser *a* ausgesprochen; als maßgeblichen Beleg führen sie eine Passage aus Eusebios *Evangelischer Vorbereitung* an, in welcher dieser Kirchenvater betont, daß die Griechen ihre Buchstaben von den Hebräern übernommen hätten: »Dies kann jeder aus den griechischen Namen der einzelnen Elemente des Alphabets erkennen. Denn was unterscheidet schon groß das Aleph vom Alpha? Oder das Beta vom Beth?«

Die Behauptung einiger Autoren wie Covarrubias, ein Junge, der gerade zur Welt gekommen sei, stoße als ersten Laut ein *A* aus, welches der erste Vokal von *maskulin* ist, während ein Mädchen den Laut *e*, den ersten Vokal von *feminin*, hervorbringe, entbehrt jeder Grundlage. Wenn sich Kinder nach der Geburt zum ersten Mal Luft machen, hört man den Klang verschiedener Vokale, je nachdem, wie weit sie den Mund aufreißen.

Die Römer nannten das *A* den »erlösenden Buchstaben«, *littera salutaris*, (Cicero, *Akademische Bücher*), weil die Richter beim Urteilsspruch über einen Angeklagten zwei Täfelchen hatten, auf dessen eines sie *A* schrieben, welches der erste Buchstabe von lateinisch *absolvo*, ich spreche frei, ist, & während sie auf das andere das *C* schrieben, den ersten Buchstaben von lateinisch *condemno*, ich verurteile. Je nachdem, welcher dieser Buchstaben die Mehrheit hatte, wurde der Angeklagte freigesprochen oder verurteilt. *Anonym*

ABACA. Es scheint, als wisse man nicht genau, was das ist. Im *Dictionnaire du Commerce* liest man, daß es eine Art Hanf oder Flachs ist, der aus einer indischen Pflanze gewonnen wird; daß er weiß oder grau ist; daß man ihn röstet & bricht wie unseren Flachs; daß man den weißen zu sehr feinen Geweben spinnt & den grauen nur für Seile & Taue verwendet. *Diderot*

ABADA. Wie man sagt, ist es ein Tier, das an der Südküste von Bengalen vorkommt & zwei Hörner hat, das eine auf der Stirn, das andere auf dem Nacken; daß es die Größe eines zweijährigen Fohlens & den Schwanz eines Ochsen hat, der jedoch ein wenig kürzer ist; den Kopf & das Haar eines Pferdes, wobei das Haar dichter & härter ist; die gespaltenen Hufe des Hirsches, jedoch dicker. Man setzt hinzu, daß das Horn auf seiner Stirn drei oder vier Fuß lang ist & dünn, an der Wurzel so dick wie das Bein des Menschen; daß es spitz zuläuft & beim jungen Tier gerade ist, sich jedoch nach vorne krümmt & auf dem Nacken gedrungen & flacher ist. Die Neger töten es, um ihm die Hörner wegzunehmen, die sie als Heilmittel ansehen, jedoch nicht gegen mehrere Krankheiten, wie man bei einigen Autoren liest, sondern allgemein gegen Gifte. Anhand einer solchen Beschreibung wäre es voreilig, daran zu zweifeln, daß das *Abada* ein reales Tier ist. Bleibt die Frage, ob es von einem kundigen & gewissenhaften modernen Naturforscher erwähnt wird oder ob alles nur auf dem Zeugnis irgendeines Reisenden beruht. *Diderot*

ABERGLAUBE – **Superstition (Metaphysik & Philosophie)**. Im allgemeinen jede Übertreibung der Religion nach dem alten Spruch der Heiden: »Man muß fromm sein, sich aber davor hüten, in den *Aberglauben* zu verfallen.« – *Religentem esse opportet, religiosum nefas.* (Aulus Gellius, 4. Buch)

Tatsächlich ist der *Aberglaube* ein falscher, irregeleiteter religiöser Kult voll unnützer Furcht, ein Kult, welcher der Vernunft & den gesunden Ideen widerspricht, die man vom höchsten Wesen haben muß. Oder der *Aberglaube* ist, wenn Ihnen das lieber ist, jene Art der Betörung oder der Zauberkraft, welche die Furcht auf unsere Seele ausübt. Als unglücklicher Sohn der Phantasie verwendet er, um Sie zu erschrecken, Gespenster, Träume & Visionen. Der *Aberglaube,* so sagt Bacon, habe jene Götzenbilder des niedrigen Volkes geschaffen: die unsichtbaren Geister, die glücklichen oder unglücklichen Tage, die unüberwindlichen Zeichen der Liebe & des Hasses. Er wirkt deprimierend, vor allem in der Krankheit & im Unglück; er verwandelt die gute Zucht & die ehrwürdigen Bräuche in Mummenschanz & in oberflächliche Zeremonien. Sobald er in irgendeiner Religion, einer guten oder schlechten, tiefe Wurzeln geschlagen hat, vermag er die natürlichsten Erkenntnisse auszulöschen & die vernünftigsten Köpfe zu verwirren. Kurz: er ist die schrecklichste Plage der Menschheit. Nicht einmal der Atheismus (das sagt alles) zerstört die natürlichen Gefühle, er tastet weder die Gesetze noch die Sitten des Volkes an; doch der *Aberglaube* ist ein despotischer Tyrann, der es fertigbringt, daß alles seinen Hirngespinsten weicht. Seine Vorurteile übertreffen alle anderen Vorurteile. Ein Atheist ist um seiner eigenen Ruhe willen an der öffentlichen Ruhe interessiert; aber der fanatische *Aberglaube,* hervorgegangen aus der Verwirrung der Phantasie, bringt Reiche zu Fall.

Unwissenheit & Barbarei führen den *Aberglauben* ein, Scheinheiligkeit hält ihn durch nichtige Zeremonien aufrecht, falscher Glaubenseifer verbreitet ihn, & Eigennutz verewigt ihn.

Die Hand des Monarchen kann das Ungeheuer des *Aberglaubens* nicht genügend fesseln, & von diesem Ungeheuer hat der Thron für seine Autorität & das Vaterland für sein Glück weitaus mehr zu fürchten als vom Unglauben (der immer unentschuldbar ist).

Wird der *Aberglaube* in die Tat umgesetzt, so bildet er eigentlich den Fanatismus, siehe auch Fanatismus; das ist einer der guten & schönen Artikel der *Encyclopédie.* *Jaucourt*

ABORIGINES. So nennt man zuweilen die Ureinwohner eines Landes oder diejenigen, die ihren Ursprung von dort herleiten, im Gegensatz zu den Kolonisten oder neuen Bewohnern, die von anderswo gekommen sind. Siehe Kolonie.

Das Wort *Aborigines* war im Altertum berühmt. Auch wenn man es heute für einen Gattungsbegriff hält, war es früher der Eigenname eines der Urvölker Italiens. Die Etymologie dieses Namens ist unter den Gelehrten höchst umstritten.

Diese *Aborigines* sind, soweit bekannt, das älteste Volk, das in Latium oder, wie man es heute nennt, der *campagna di Roma* siedelte.

Die Herkunft des Wortes *Aborigines* ist sehr unsicher: ob man es in dem Sinn, den wir zu Beginn dieses Artikels erklärt haben, auffassen soll, oder ob es von *aberrigenes* (lateinisch *aberrare:* sich verirren, abweichen) kommt, oder ob es eine ganz andere Etymologie hat.

Der hl. Hieronymus sagt, man habe sie so genannt, weil sie *abseque origine,* die ersten Bewohner des Landes nach der Sintflut waren. Dionysios von Halikarnassos sagt, dieser

Meinetwegen können sie den Papst als Ehrengast hierhaben …, unter der Voraussetzung, er müsse immer in vollem Ornat samt Tiara auf dem Kopf und Krummstab ohne jegliches Gefolge aufkreuzen, und so geht er dann auf dem Kiesweg auf und ab und durch die vergammelten Pinienalleen, was für ein Vorgang, liegt im Liegestuhl, bewohnt ein vergammeltes Atelier, aber nein, wirklich nicht, sobald ich mir das vorstelle, wäre es besser, er würde auch verrecken und keiner käme nach ihm und das ganze faule Zeug verschwände, einige interessante geheime Bücher und schöne Bilder nackter Frauen möchte ich natürlich haben aus dem Nachlaß, wozu haben alle Kirchensteuer bezahlt, hahaha! Ein Bild würde ich hübsch teuer verscheuern und dann könnte ich endlich für mich leben, in einer Gegend mit Heide, Moor, wildem nordeuropäischen Oktoberlicht, ohne viel andere menschliche Anwesenheit.

Rolf Dieter Brinkmann, Rom, Blicke

Name bezeichne die Gründer & die ersten Väter aller Bewohner des Landes.

Andere glauben, man habe sie deshalb so genannt, weil sie ihrer Herkunft nach Arkadier waren, die sich Kinder der Erde nannten & von keinem anderen Volk abstammten.

Die *Aborigines* waren entweder die einstigen Bewohner des Landes, die, wie einige meinten, von Janus eingesetzt worden waren oder von Saturn oder von Cham oder von irgendeinem anderen Oberhaupt kurz nach der Diaspora oder, einigen anderen Autoren zufolge, sogar schon vorher; oder es war eine Kolonie, die eine andere Nation dorthin geschickt hatte & die nach der Vertreibung der alten Sikuler deren Platz einnahm. Doch gibt es in bezug auf den Namen dieses allerersten Volks unter den Autoren viele Meinungsverschiedenheiten.

Der männliche Bayer zeichnet sich durch eine volle, runde Gesichtsbildung aus (geschwoischädl). Riesbeck beobachtete 1783 »aufgedunsene Wänste, kurze Stumpffüße und schmale Schultern, worauf ein dicker runder Kopf mit einem kurzen Hals sehr seltsam sitzt«. Ein gewisser Leibesumfang und auseinanderstehende Schneidezähne sind Voraussetzungen für den Aufstieg in der Stammeshierarchie. – Die Einheimischen beurteilen ihr eigenes Äußeres durchaus ambivalent. So bemerkte ein gefeierter Volksschauspieler »Von hint bin i net so schee wie von vorn«, was allerdings von Kennern der Szene bestritten wurde. R. W. B. McCormack, Tief in Bayern

Einige behaupten, es seien Arkadier gewesen, die zu verschiedenen Zeiten nach Italien kamen; die ersten unter der Führung von Änotrus, dem Sohn des Lykaon, 450 Jahre vor dem Trojanischen Krieg, & andere unter der Führung von Herkules. Anderen zufolge war es eine Kolonie von Lakedämoniern, die ihr Land verließen, da die Strenge der Regierung Lykurgs sie abstieß, & sie behaupten, daß beide gemeinsam das Volk der *Aborigines* gebildet hätten. Andere meinen, sie seien eher aus den barbarischen Landstrichen als aus Griechenland gekommen, & behaupten, sie stammten aus Skythien; anderen zufolge aus Gallien. Schließlich sagen wieder andere, es seien die Kanaaniter, die Josua aus ihrem Land vertrieben hatte. *Mallet*

ADAM (Theologie). Das ist der Name des ersten Menschen, den Gott geschaffen hat & der nach der Heiligen Schrift der Stammvater des ganzen Menschengeschlechts war.

Die Schriftgelehrten & die Rabbiner haben im Hinblick auf *Adam* verschiedene Fragen gestellt, die wir kurz untersuchen wollen, weil man sie sowohl im Wörterbuch von Bayle als auch im Wörterbuch der Bibel von Dom Calmet ausführlich behandelt findet.

Man fragt erstens, wie lange *Adam & Eva* im Garten Eden blieben. Einige lassen sie dort mehrere Jahre verweilen, andere einige Tage, wieder andere nur einige Stunden. Dom Calmet nimmt an, daß sie im Paradies zehn oder zwölf Tage bleiben durften & daß sie es unbefleckt verließen.

Zweitens haben mehrere jüdische Autoren behauptet, der Mann & das Weib seien zusammen geschaffen worden; sie seien an den Schultern zusammengewachsen gewesen, hätten vier Füße, vier Hände & zwei Köpfe gehabt & seien in jeder Hinsicht gleich gewesen, nur nicht im Geschlecht; dann hätte Gott sie in einen tiefen Schlaf versenkt, hätte sie getrennt & aus ihnen zwei Personen gemacht: eine Vorstellung, die eine enge Beziehung zu den Hermaphroditen Platons hat. Siehe den Artikel Hermaphrodit. Eugubino meint in der *Cosmopoeia,* sie seien nicht am Rücken, sondern an den Rippen zusammengewachsen gewesen, da Gott nach der Heiligen Schrift das Weib aus einer Rippe *Adams* schuf: Aber diese Meinung stimmt nicht mit der Überlieferung von Moses überein, wo man noch weniger Hinweise auf die wunderliche Vision der berühmten Antoinette Bourignon finden würde, die behauptete, *Adam* wäre als Hermaphrodit geschaffen worden & hätte vor dem Sündenfall ganz allein den Leib Jesu Christi hervorgebracht.

Drittens hat man nicht weniger Märchen über die Schönheit & Gestalt *Adams* verbreitet. So hat man behauptet, er sei der schönste Mann gewesen, den es jemals gegeben hätte, & Gott hätte sich, als er ihn schuf, einen menschlichen Körper von vollkommener Schönheit vorgestellt. Andere haben gesagt, er wäre der größte Riese gewesen, sie könnten diese Meinung durch die folgenden Worte aus der Vulgata, *Josua,* Kapitel 14, beweisen: »Aber Hebron hieß vor Zeiten Kiriath Arba, der ein großer Mensch war unter den Enakim.« – *Adam maximus ibi inter Enachim situs est.* Aber an dieser Stelle ist *Adam* nicht der Eigenname des ersten Menschen, sondern ein Gattungsname, so daß diese Stelle bedeutet: »Dieser Mann war der größte unter den Enachim oder ihr Vater.« Auf dieser Grundlage & anderen ähnlichen Stellen haben die Rabbiner gelehrt, der erste Mensch sei von so erstaunlich großem Wuchs gewesen, daß er von dem einen Ende der Welt bis zum anderen reichte & daß er von den Atlantischen Inseln zu unserem Kontinent gelangte, ohne daß ihm in der Mitte des Ozeans das Wasser höher als bis zum Gürtel ging; doch seit dem Sündenfall hätte Gott seine Hand schwer auf *Adam* lasten lassen & ihn dadurch auf hundert Ellen verkleinert. Andere lassen ihm die Größe von neunhundert Ellen, das heißt von mehr als tausenddreihundert Fuß, & erzählen, Gott hätte *Adam* auf die Bitte der Engel, die angesichts seiner ursprünglichen Größe erschraken, so klein gemacht.

Viertens streitet man noch heute in den Schulen über das Wissen, das *Adam* eingegeben wurde. Es ist allerdings schwierig, dessen Umfang zu bestimmen. Die Namen, die er den Tieren gegeben hat, beweisen, daß er deren Eigenschaften kannte, wenn, wie einige behaupten, ursprünglich alle Namen das Wesen der bezeichneten Dinge wiedergeben. Da Gott ihn vollkommen erschaffen hat, kann man nicht daran zweifeln, daß er ihm einen umfassenden & aufgeklärten Geist gegeben hat: Aber dieses spekulative Wissen ist nicht unvereinbar mit der nachweisbaren Unkenntnis der Dinge, die sich nur durch Erfahrung & Nachdenken erlernen lassen. Ohne Berechtigung schreibt man ihm also die Erfindung der hebräischen Buchstaben, den 41. Psalm & einige Werke zu, die von den Gnostikern & anderen Neuerern beansprucht werden.

Fünftens: Obgleich die Gewißheit der Erlösung *Adams* keine klar geoffenbarte Tatsache ist, haben doch die Kirchenväter aufgrund der Worte im Buch der Weisheit, Kapitel 10, Vers 2, gelehrt, daß er gründlich Buße tat: »Dieselbige Weisheit behütete den, so am ersten gemacht & geschaffen ward zum Vater der Welt, & brachte ihn aus seiner Sünde.« Das ist auch die Meinung der Rabbiner, & die Kirche hat die entgegengesetzte Anschauung des Tatianus & der Enkratiden verdammt. Nach Ansicht einiger Autoren, die sich auf die von uns schon zitierte Stelle im Buch Josua stützen, starb *Adam* im Alter von neunhundertdreißig Jahren & wurde auf dem Hebron begraben. Andere, deren Zahl größer ist, behaupten, er sei auf dem Kalvarienberg begraben worden, so daß der Fuß des Kreuzes Jesu Christi sich dann genau an der Stelle befand, an welcher der Schädel des ersten Menschen ruhte, damit das Blut des Erlösers zuerst auf das Haupt des ersten Sünders flösse, die menschliche Natur gleichsam in ihrem Ursprung reinwüsche & der neue Mensch dem alten aufgepfropft würde. Aber der heilige Hieronymus bemerkt hierzu, daß diese Meinung zwar sehr geeignet sei, dem Ohr der Völker zu schmeicheln, daß sie deshalb jedoch nicht wahrer sei.
Mallet

Christina von Braun
Ach, Adam

Adam war ein schöner Mann. Behaupten jedenfalls die uns überlieferten Berichte: Einige sagen sogar, er sei der schönste Mann gewesen, den es jemals gegeben hat; andere meinen, er war zwar nicht der schönste, aber der größte. Nur wegen des Sündenfalls habe Gott den Riesen schrumpfen lassen. Bedenkt man, daß Schönheit oft als untrügliches Zeichen mangelnder Intelligenz betrachtet wird, dann kann der schöne Adam allerdings nicht besonders schlau gewesen sein. Die Enzyklopädisten hielten auch nicht viel von ihm. Eigentlich, so hat man den Eindruck, war ihnen dieser Urvater eher peinlich. Es ermangele jeder Berechtigung, ihm große Neuerungen wie die Erfindung der hebräischen Buchstaben oder den 41. Psalm zuzuschreiben. Auch sei es alles andere als sicher, ob Adam erlöst worden sei; gewiß sei nur, »daß er gründlich Buße tat«. Die Buße muß viel Zeit in Anspruch genommen haben: Adam starb im Alter von neunhundertdreißig Jahren. – Die Wortkargheit der aufgeklärten Schreiber über den Stammvater ist auffallend. Es ist fast, als befürchteten sie, mit ihm in Verbindung gebracht zu werden – wo sie doch so viel wußten, während er, der Entblößte, kaum um seine Scham wußte. Jedenfalls am Anfang. Wie lange blieben Adam und Eva im Paradies? Einige Jahre, einige Tage, gar nur Stunden? Gleichgültig, solange er dort verharrte, blieb er ein Tölpel, und – unter uns gesagt – man muß den Enzyklopädisten schon recht geben: Er war tatsächlich nicht besonders klug; sonst wäre er nicht so leicht auf die Sache mit dem Apfel hereingefallen. Aber ein Mann muß ja auch nicht schlau sein – Hauptsache, er weiß über die Welt Bescheid. Über die Frauen zum Beispiel. Darauf verstand sich Adam nur mäßig; um so genauer wußten es aber die Adams der Aufklärung. Hierin waren sie wirklich Experten. Wenn Adam noch zögernd vom Baum der Erkenntnis *ißt*, so haben sie schon längst erkannt, wie »die Frau« *ist*.

Die Ausführungen der Aufgeklärten zu »der Frau« muß man sich auf der Zunge zergehen lassen. Dann weiß man, was Wissenschaft und Fortschritt ist – vor zweihundert Jahren wie heute. Viele von den Ausführungen sind von erstaunlicher Modernität. Oder sagen wir mal so: Nichts hat sich geändert. In der Rubrik Frau (Anthropologie) zum Beispiel schreiben die enzyklopädischen Adams: Die Erziehung der Frauen sei »bei allen gesitteten Völkern« so sehr vernachlässigt worden, daß es wundernimmt, daß man eine so große Zahl von ihnen sieht, die sich durch ihre Bildung & ihre Werke auszeichnen«. Dasselbe würden auch die modernen Adams sagen; und sie handeln auch so: Die Enzyklopädisten beklagten sich über die mangelnde Bildung von Frauen – und taten alles, damit sich nichts ändert. Wie die Heutigen, die immer so gerne Frauen in leitende Positionen berufen möchten und immer wieder – leider, leider – feststellen müssen, daß es für diese Posten keine geeigneten Frauen gibt. Sie waren wirklich erstaunlich modern, die Enzyklopädisten. Viele von ihnen haben sich die Frage der weiblichen Bildung auch genau durch den Kopf gehen lassen. Nur nichts Unüberlegtes tun: Ist das Studium der Wissenschaft einer christlichen Frau zuträglich? Einerseits verhilft es ihr zu Weisheit und einem aufgeklärten Geist; andererseits muß man sich aber auch fragen, »ob diese frühzeitige Klugheit nicht ein wenig Unschuld kostet«. Allerdings sorgt das Studium der Wissenschaft auch wiederum »für Zerstreuungen, welche die lasterhaften Neigungen abschwächen«. Solche Fragen beschäftigten die Pädagogen noch Ende des 19. Jahrhunderts, und sie tun es bis heute.

Die Frage nach den Auswirkungen der Wissenschaft auf die Weiblichkeit war freilich für die Enzyklopädisten nur ein Nebengleis der »Frauenfrage«. Viel mehr lag ihnen die Beschreibung des »Weibs« an sich am Herzen: »Auf Lateinisch *uxor*, Weibchen des Menschen, insofern geschätzt, als sie durch die Bande der Ehe mit ihm vereint ist.« Man begreift schlagartig, warum es über Adam nicht viel zu sagen gab: Er ist ja nur Mann. Der Mensch hingegen ist eine andere Sache. Über den Menschen redet man nicht – weil er selbst redet und benennt. Genau das konnten sie beobachten bei den »Alten« und den »Wilden«. Alle griechischen Dichter – von Orpheus bis Gregor von Nazianz – haben viel Schlechtes über die Frauen gesagt; und die Enzyklopädisten verraten dem Leser auch, an welcher Stelle er die umfangreichste Sammlung von die »Frauen schmähenden Zitaten« findet – damit er über soviel Torheit sein weises Haupt schütteln kann. Neben der Beschreibung des frauenfeindlichen Verhaltens der »Alten« und »Wilden« wird der Leser auch über die schlechte Behandlung der Frauen bei den Hebräern, den Arabern und bei einigen anderen Völkern der Welt unterrichtet.

Ganz anders verhält es sich in den modernen aufgeklärten Gesellschaften. Allerdings fällt auch in diesen Lebensgemeinschaften Autorität und Aufsicht nur dem einen oder der anderen zu: »Nun sprechen aber das positive Recht der gesitteten Nationen, die Gesetze & Gebräuche Europas diese Autorität einhellig und endgültig dem Manne zu, der, da an Geist und Körper stärker, mehr zum gemeinsamen Wohl beiträgt, in menschlichen wie in heiligen Dingen; so daß die Frau notwendig ihrem Mann untergeordnet ist & seinen Befehlen in allen häuslichen Angelegenheiten gehorchen muß.« Dieses »Gesetz« gilt für die Heilige Schrift wie für das nationale Gesetzbuch. Allerdings handelt es sich nicht um ein »Naturrecht«. Denn erstens folgt aus der Tatsache, daß einer tauglich ist zu befehlen, noch nicht notwendigerweise, daß er auch tatsächlich das Recht dazu hat; und zweitens ist der Mann nicht immer an Körper, Weisheit, Geist & Tatkraft stärker als die Frau. Vielmehr handelt es sich um ein »positives«, also gesetztes Recht: »Man kann also behaupten, daß es in der ehelichen Gemeinschaft keine Unterordnung gibt als die des Zivilrechts, & infolgedessen spricht nichts dagegen, daß besondere Übereinkünfte das Zivilrecht verändern können, solange das Naturgesetz und die Religion nichts Gegenteiliges bestimmen.« Da aber die Religion mit dem Zivilrecht übereinstimmt (und deshalb geht es bei den »Wilden« für die Frauen auch so schrecklich zu), besteht weitgehendes Einvernehmen darüber, daß das bestehende Zivilrecht einem »Vernunftrecht« entspricht. Wer wollte, wer könnte Widerspruch gegen eine solche Argumentation einlegen?

Warum das Vernunftrecht als das eigentliche »Naturrecht« zu begreifen ist, wird klar, sobald der Enzyklopädist über die »Natur der Frauen« zu reflektieren beginnt. In dieser Hinsicht hat der moderne Adam den totalen Durchblick, und er teilt dem Leser sein Wissen unter der Rubrik Frau (Moral) mit: »Schon der Name berührt die Seele, aber er erhebt sie nicht immer; er läßt nur angenehme Ideen entstehen, die einen Augenblick später zu unruhigen Empfindungen oder zärtlichen Gefühlen werden, & der Philosoph, der aufmerksam zu beobachten glaubt, ist bald nur noch ein Mann, der begehrt, oder ein Liebhaber, der träumt.« Die Frau benebelt – kein Wunder, daß in ihrem Kopf nicht viel mehr als Nebel zu finden ist. Das liegt zwar auch an der Erziehung der Frauen, aber diese ist ihnen nun mal zur zweiten Natur geworden: Die »Verstellung«, die sie »für eine »Standespflicht« hielten, hat dazu beigetragen, ihre »wahre Seele« zu verbergen und die »wenigen Ausnahmen von dieser Regel« sind so zahlreich, »daß man, je mehr Beobachtungen man macht, desto weniger Ergebnisse findet«. Die Frau – der »schwarze Kontinent«, das »Geheimnis«, die Sphinx, die sich immer wieder einer ordentlichen wissenschaftlichen Erforschung entzieht, lädt eben deshalb immer wieder aufs neue dazu ein, erforscht zu werden. Worüber sonst sollte die Wissenschaft auch schreiben, woran sonst der Fortschritt sich weiter entwickeln, wenn es dieses »ewige Geheimnis« nicht gäbe? »Mit der Seele der Frauen ist es wie mit ihrer Schönheit; es scheint, als gäben sie nur deshalb etwas davon preis, um die Phantasie anzuregen.« »Die Frau« als der unerschöpfliche Quell für den Wissensdrang des modernen Adam. Dagegen war der alte Adam, der unfreiwillig vom Baum der Erkenntnis aß, ein armseliger Hans im Glück.

Da die Frauen nur dann dem Forscherinstinkt als ewige Inspiration dienen können, wenn der moderne Adam auf ihre Unberechenbarkeit rechnen kann, schlägt sich diese in dem »gemischten«, »mittleren« oder »veränderlichen« Charakter der Frau nieder: »sei es, weil die Erziehung ihr Naturell mehr verändert als das unsere, sei es, weil die Zartheit ihres Körperbaus aus ihrer Seele einen Spiegel macht, der alle Gegenstände empfängt, sie lebhaft zurückwirft & keinen bewahrt.« So bleibt dem gemarterten Adam keine andere Wahl, als immer wieder die Vernunft zu Rate zu ziehen – um immer erneut vor dem »Rätsel« zu stehen: »Wer vermag die Frauen zu definieren? Zwar spricht alles in ihnen, aber in einer zweideutigen Sprache.« Sosehr sich auch das Objekt einer genauen Definition entzieht, der moderne Adam geizt nicht mit klaren Aussagen: Frauen sind beharrlich (im Laster wie in der Tugend), sie nehmen rascher wahr als die Männer, schauen aber »weniger lang hin«; sie sind neugierig und rachsüchtig. Im allgemeinen – leider, leider – redet man mit ihnen meistens nur über ihre Schönheit. »Das Lob des Charakters oder des Geistes einer Frau ist fast immer Beweis für Häßlichkeit.« Daher kommt es auch, daß die »Koketterie genannte Lüge«, das Bedürfnis zu gefallen, »bei den Frauen ein grundlegender Charakterzug zu sein« scheint.

Natürlich betreibt der aufgeklärte Adam empirische Grundlagenforschung. Das ist er sich schuldig: die genaue Beobachtung der »Tatsachen«. Der moderne Adam erfindet nicht, er »liest ab von der Natur«. So bleibt er, trotz einsamer Forschertätigkeit, immer auf dem neuesten Stand der wissenschaftlichen Frauenforschung, die ihm mitteilt, »daß von allen Leidenschaften die Liebe diejenige ist, die den Frauen am besten steht«. Ihre Seele scheint einzig für das »süße Amt der Liebe herangebildet zu sein«, während beim Mann – stellt Adam mit Bedauern, aber Sinn für die »Tatsachen des Lebens« fest – auf den Genuß sehr schnell der Überdruß folgt. Deshalb verläßt der Mann auch alsbald die eine, um an neuen Ufern nach anderen, seltenen Früchten Ausschau zu halten. Die verlassene Frau schwört dann zwar, nie wieder zu lieben. Aber ach: »Hat man einmal für die Liebe gelebt, kann man nur noch für sie leben.« An Erfahrung ist auch der moderne Adam seine neunhundertdreißig Jahre wert: »Vermutlich heißt es deshalb, es sei leichter, eine Frau zu finden, die noch kein Verhältnis gehabt hat, als eine, die nur ein einziges gehabt hat.« Durch bittere Erfahrung gereift, tritt bei der Frau nun das Vergnügen an die Stelle der Liebe. Sie lernt zu täuschen: »Schon versteht sie der Wollust allen Anschein des Gefühls, der Gefälligkeit alle Reize der Wollust zu verleihen.« Allerdings haben auch »galante Frauen« ihre Moral: Ihr Kodex besteht darin, daß es für eine Frau unredlich ist, »einer Frau ihrer Gesellschaft den Liebhaber auszuspannen«. Außerdem weiß sie, daß zwischen einer Trennung und einer neuen Verbindung mindestens sechs Monate liegen müssen. Wichtig ist es auch, einen Liebhaber nie zu verlassen, bevor der Nachfolger bestimmt worden ist. Bei der Wahl des Liebhabers wird zunächst der Geist dem Aussehen, dann aber zunehmend das Aussehen dem Vermögen untergeordnet. Das hat gelegentlich zur Folge, daß Frauen »einen großen Namen & einen nachsichtigen Ehemann« haben. Im Alter schließlich will sie noch immer in Erscheinung treten, aber niemand will sich mehr mit ihr zeigen. So hat sie »keine Wahl als die Schöngeisterei oder die Frömmigkeit«. Auf beides verstehen sich freilich die wenigsten Frauen, und deshalb, so Adams seufzende Schlußfolgerung, stehen viele Frauen am Ende des Lebens vor einem Scherbenhaufen.

Natürlich, so beeilt sich der aufgeklärte Adam dieser traurigen Bilanz hinzuzufügen, wird sich keine Frau in dieser Beschreibung wiederfinden. Aber angesichts der Tatsache, daß die Frauen nicht gelernt haben zu denken und ihnen diese mangelnde Fähigkeit zur zweiten Natur geworden ist, erstaunt das niemanden. In Wirklichkeit sind nur selten Ausnahmen zur oben beschriebenen Regel zu finden. Gewiß gibt es einige Frauen, die »genügend Schönheit haben, um ihrer Tugend Wert zu verleihen«, und die es verstehen, »stets lieber ihr reines Herz & ihre gesunde Vernunft zu Rate« zu ziehen als die öffentliche Meinung. Unter ihnen befindet sich vor allem die Frau, deren »Glück« darin bestehe, »daß sie nicht kennt, was die Welt *das Vergnügen* nennt«, und die ihren »Ruhm« darin finde, daß sie »unerkannt lebt.« An dieser Stelle wird der moderne Adam auch ganz konkret: »Auf die Pflichten der Frau und Mutter beschränkt, widmet sie ihre Tage der Übung verborgener Tugenden.« Und siehe da, es folgen nun in Adams Beschreibungen all jene Eigenschaften, die schon die Eva des Paradieses kennzeichneten: religiöses Gefühl, Kindesliebe, Ordnung, Sparsamkeit, Häuslichkeit, Zurückhaltung, Würde... »Ist es die Natur oder die Vernunft,« fragt Adam, »die sie auf den höchsten Rang erhoben hat, auf dem ich sie sehe?« Ach, Adam, es ist wohl Deine Vernunft, die sie auf dieses hohe Podest gehoben hat. Vor Deiner Klugheit mögen einem die Knie zittrig werden – allein, wenn man bedenkt, wieviel der noch modernere Adam von Dir gelernt hat.

Natürlich richtet sich auch das Recht, in der Rubrik Frau (Jurisprudenz), nach dem Gesetz der Vernunft. Dabei wird unversehens aus dem Vernunftrecht ein Vorrecht: »Die Männer sind durch das Vorrecht ihres Geschlechts & die Kraft ihres Temperaments von Natur aus zu allen Arten von Tätigkeiten und Verpflichtungen befähigt, während die Frauen infolge ihres schwachen Geschlechts & ihrer natürlichen Zartheit von vielen Funktionen ausgeschlossen & zu bestimmten Verpflichtungen ungeeignet sind.« Und da Frauen, wie von der enzyklopädischen Frauenforschung konstatiert, unberechenbar und von »veränderlichem Charakter« sind, die Natur sie mit »zwei Sprachen« und einem ebenso lebhaften wie rachsüchtigen Gemüt ausgestattet hat, erscheint es dem modernen Adam ganz normal, daß es in Rechtsstreiten *zweier* Frauen bedarf, um *einen* Zeugen abzugeben. »Doch werden nur die Aussagen der Frauen in bezug auf die Aussagen der Männer in diesem arithmetischen Verhältnis gezählt, was sich alleine darauf gründet, daß das Zeugnis der Frauen im allgemeinen leichtfertig & wechselhaft ist; deshalb berücksichtigt man es weniger als das der Männer.«

Nur in einer Hinsicht unterscheidet sich der moderne Adam vom alten: Was die Jungfräulichkeit betrifft, versteht er es, dem traditionellen Adam gehörig den Kopf zu waschen. Die alten Adams, so schreibt der aufgeklärte Adam, versuchten, eifersüchtig über ihre Vorrechte zu wachen, und haben deshalb viel Aufhebens von all dem gemacht, was sie ausschließlich und als einzige besitzen zu können glaubten, und »eben diese Art von Narrheit hat die Jungfräulichkeit der Mädchen zu etwas Wirklichem gemacht«. Dabei ist die Jungfräulichkeit doch »eine Tugend, die allein in der Reinheit des Herzens besteht«. Nur aus Unwissen ist sie »zu einem physischen Gegenstand geworden, mit dem sich alle Männer beschäftigt haben«. Ganze Zeremonien und abergläubische Vorstellungen, Urteile und Strafen begründen sich auf dieser Narrheit, die zu Unsittlichkeit und schändlichem Mißbrauch geführt hat: Bei einer Frau die Jungfräulichkeit feststellen zu wollen heißt soviel »wie sie vergewaltigen«, so daß »jede schändliche Situation, jeder unschickliche Zustand, den ein junges Mädchen im Innern zum Erröten bringen muß, in Wahrheit eine Entjungferung ist.« Natürlich ist es auch hier die Vernunft, die den modernen Adam auf die Barrikaden gehen läßt. Denn die »Jungfräulichkeit«, so sagt ihm sein medizinischer Verstand, ist eine Erfindung, weil doch erwiesen sei, daß das Hymen bei einigen Frauen, vor allem in der Pubertät, nachwachsen könne, während es andere Frauen gibt, die – obgleich Jungfrau – beim ersten Beischlaf kein Blut verlieren. So wird manche junge Frau »erst Jungfrau, nachdem sie ihre Jungfräulichkeit verloren hat«; eine andere dagegen, »die tatsächlich Jungfrau ist, wird keine sein oder zumindest nicht so aussehen«. Die Männer, so teilt Adam seinen Geschlechtsgenossen mit, »sollten sich also über dies alles beruhigen, statt sich, wie sie es häufig tun, ungerechten Verdächtigungen oder falscher Freude hinzugeben.« Das, lieber Adam, war ein mutiges Wort an die Geschlechtsgenossen. Aber wer wird Deinen Worten schon Glauben schenken? Wo dieses Häutchen doch so unendlich viel mehr Glaubwürdigkeit besitzt als die Angst vor der falschen Freude.

Lieber aufgeklärter Adam, eines verwundert mich doch zutiefst an Deinen Ausführungen. Du hast sie alle über Bord geworfen: die Pfaffen, den Weihrauch, das wundersame Geschehen bei der Konsekration der Hostie. Dennoch spürt man in jedem Satz, in jeder Volte Deines Denkens, wie tief Du in den christlichen Traditionen verwurzelt bist. Du betrachtest das Christentum als veraltet und abergläubisch – und zugleich sprichst Du von der Überlegenheit der christlichen Zivilisation gegenüber anderen Völkern und Religionen. Könnte es sein, lieber Adam, daß Du nur eine modernere Form von Christentum im Auge hattest? Gerade Deine Charakterisierung »der Frau« legt diese Vermutung nahe. Man erkennt sie wieder, die alten christlichen Weiblichkeitsbilder – nur bei Dir berufen sie sich auf die Vernunft, wissenschaftliche Beweisbarkeit, Empirie. Du sprichst zwar nicht vom »Infekt« der Weiblichkeit, aber ein bißchen »defektuös« findest Du sie auch. Gib zu, alter Freund, eigentlich hast Du die Pfaffen nur deshalb vertrieben, damit Du Deine eigene Kathedrale bauen kannst! Aber Du suchst Dir nicht mal eine neue Baustelle. Auf dem Gelände der alten errichtest Du Dein Gotteshaus. Du nahmst die Steine der eingerissenen Mauern (manche hast Du auch stehen lassen, vor allem die tragenden Pfeiler) – und siehe da, es entstand ein neues Gotteshaus, das dem alten verblüffend ähnlich sieht. Ich verstehe es ja: Auch Du wolltest endlich in der Kirche das Sagen haben, die Messe lesen dürfen und wundersame Verwandlungen vor den Augen und Ohren der Gläubigen ausführen können. Aber war es wirklich nötig, Deinen Gläubigen dieselben Weisheiten über »die Frau« aufzutischen, die schon die alten Adams zur Wahrheit erklärt hatten? Die Wiederholung ist das Geheimnis der Glaubwürdigkeit, gewiß. Aber ein wenig mehr Phantasie hätte auch nicht geschadet.

Andererseits gibt die Art Deiner geistigen Erneuerung auch Anlaß zu Hoffnung. Schon die Alten machten am unberechenbaren Charakter der Frauen all das fest, was sie über die Welt zu *wissen* vorgaben, aber in Wirklichkeit erst *herzustellen* versuchten. Auch Du hast Dich in die Kette dieser Kenner eingereiht. Warum sollten die neuen Adams anders sein? Es tut gut, in dieser rasch sich ändernden Welt wenigstens auf *eine* Kontinuität rechnen zu können: die Sicherheit, daß jede wissenschaftliche Generation immer wieder feststellt – ja, empirisch *beweist* –, daß die Frau ein unberechenbarer »schwarzer Kontinent« ist. Für jedes Jahrhundert bringt »das Weib« erneut seine Rätsel hervor. Ach, Adam, wie beruhigend, daß alles beim alten bleibt.

ADLER – **Aigle (Naturgeschichte).** Der *Adler* ist jener Vogel, der dem Jupiter seit dem Tage geweiht ist, an dem dieser Gott die Auguren auf der Insel Naxos nach dem Ausgang des Krieges befragt hatte, den er gegen die Titanen führen wollte. Da erschien ein *Adler*, der für ihn ein glückliches Vorzeichen war. Man erzählt auch, daß ihm in seiner Kindheit der *Adler* Ambrosia brachte & daß er ihn zur Belohnung für diese Fürsorge später zu den Gestirnen erhob. Auf den Bildnissen Jupiters sieht man den *Adler* bald zu Füßen des Gottes, bald an seiner Seite & fast immer mit dem Blitzstrahl in seinen Fängen. Allem Anschein nach beruht diese ganze Sage nur auf der Beobachtung des Fluges des *Adlers*, der sich gern bis zu den höchsten Wolken aufschwingt & sich auch gern im Reich des Donners aufhält. Das war alles, was nötig war, um aus ihm den Vogel des Gottes des Himmels & der Lüfte zu machen & ihm den Blitzstrahl anzuvertrauen. Die Heiden brauchte man nur in Bewegung zu setzen, wenn es ihre Götter zu ehren galt; denn der Aberglaube ersinnt eher die verrücktesten aufgeblasenen Phantasterein, als daß er Ruhe gibt. Diese Hirngespinste werden später durch die Zeit & die Leichtgläubigkeit der Völker geheiligt, & wehe dem, der, ohne von Gott zu dem erhabenen & gefährlichen Stand eines Missionars berufen zu sein, seine Ruhe so wenig liebt & die Menschen so schlecht kennt, daß er es auf sich nimmt, sie zu belehren. Wenn ihr einen Lichtstrahl in ein Eulennest fallen laßt, so verletzt ihr nur die Augen der Eulen & erweckt ihr Geschrei. Hundertfach glücklich ist das Volk, dem die Religion vorschreibt, nur wahre, erhabene & heilige Dinge zu glauben & sich nur tugendhafte Handlungen zum Vorbild zu nehmen. Eine solche ist unsere Religion, nach welcher der Philosoph nur seiner Vernunft zu folgen braucht, um zu den Füßen unserer Altäre zu gelangen. *Diderot*

AFFEKTIERTHEIT – **Affectation.** Dieses Wort, das von dem lateinischen Verbum *affectare*, erheucheln, kommt, läßt sich auf verschiedene Dinge anwenden. *Affek-*

tiertheit bei einer Person ist eine zeitweilige gekünstelte oder so erscheinende Wesensart, die einen auffallenden Kontrast zur gewöhnlichen Wesensart dieser Person oder anderer Menschen bildet. Die *Affektiertheit* ist also oft ein relativer oder komparativer Begriff, so daß das, was bei einer Person in bezug auf ihren Charakter oder ihre Lebensweise *Affektiertheit* ist, bei einer anderen Person von andersgeartetem oder entgegengesetztem Charakter keine *Affektiertheit* ist; so wirkt Sanftmut bei einem jähzornigen Menschen, Verschwendung bei einem Geizhals oft *affektiert.*

Die großen Komplimentemacher sind gewöhnlich voll *Affektiertheit,* besonders wenn ihre Komplimente sich an mittelmäßige Menschen richten: einmal, weil sie wahrscheinlich von ihnen in der Tat nicht so viel Gutes denken, wie sie von ihnen sagen, & zum anderen, weil ihr Gesichtsausdruck häufig ihre Worte Lügen straft, so daß sie gut daran täten, nur mit einer Maske zu sprechen. ✧ *Diderot*

Affektiertheit in der Sprache & in der Unterhaltung ist ein Laster, das bei den Leuten, die man Schönredner nennt, weit verbreitet ist. Es besteht darin, mit gesuchten & zuweilen lächerlich gewählten Worten triviale oder alltägliche Dinge zu sagen: Aus diesem Grunde sind die Schönredner gewöhnlich so unerträglich für die Männer von Geist, die mehr Wert darauf legen, richtig zu denken, als schön zu sprechen, oder besser gesagt, die annehmen, es genüge, richtig zu denken, um gut zu sprechen: denn ein neuer starker, richtiger, einleuchtender Gedanke soll seinen Ausdruck mit sich bringen, ein alltäglicher Gedanke soll immer nur so wiedergegeben werden, wie er wirklich ist, das heißt mit einem einfachen Ausdruck. ✧ *d'Alembert*

AGNUS SCYTHICUS (**Naturgeschichte, Botanik**). Kircher ist der erste, der diese Pflanze erwähnt hat. Zuerst werde ich, um das *Agnus scythicus* bekannt zu machen, berichten, was Scaliger darüber gesagt hat, sodann werden Kämpfer & der Gelehrte Hans Sloane uns zeigen, was man davon zu halten hat. »Nichts«, so sagt Julius Scaliger, »läßt sich mit dem wunderbaren Strauch aus Skythien vergleichen. Er gedeiht hauptsächlich im Zacollham, einem Landstrich, der durch sein hohes Alter ebenso berühmt ist wie durch den Mut seiner Bewohner. Man sät dort ein Korn, das große Ähnlichkeit mit dem Kern einer Melone hat, nur daß es weniger länglich ist. Dieser Samen bringt eine etwa drei Fuß hohe Pflanze hervor, die man *Barometz* oder *Lamm* nennt, weil sie genauso aussieht wie dieses Tier & dessen Beine, Hufe, Ohren & Kopf aufweist; es fehlen ihr lediglich die Hörner, an deren Stelle sie ein Haarbüschel trägt. Sie ist mit einer zarten Haut bedeckt, aus der die Bewohner Hauben herstellen. Man sagt, ihr Fleisch ähnele dem des Hummers, es fließe Blut heraus, wenn man hineinschneide, & es sei von äußerst süßem Geschmack. Die Wurzel der Pflanze breitet sich weit in der Erde aus, & was das Wunder noch vergrößert: sie zieht ihre Nahrung aus den umliegenden Sträuchern & stirbt, wenn diese sterben oder man sie herausreißt. Der Zufall hat daran keinen Teil; es war jedesmal ihr Tod, wenn man sie der Nahrung beraubte, die sie aus den benachbarten Pflanzen zieht. Ein weiteres Wunder ist, daß die Wölfe die einzigen fleischfressenden Tiere sind, die danach gieren.« (Das konnte ja nicht ausbleiben.) Im Folgenden sieht man, daß Scaliger von dieser Pflanze als einziges nicht wußte, auf welche Weise die Beine gebildet werden & aus dem Stamm herauswachsen.

Wäre es möglich, daß nach all den Autoritäten, welche die Existenz des skythischen Lamms bezeugen, nach der ausführlichen Beschreibung Scaligers, der lediglich nicht wußte, wie die Beine entstehen, das skythische Lamm eine Fabel war? Was soll man in der Naturgeschichte noch glauben, wenn dem so ist?

Kämpfer, der in der Naturgeschichte nicht minder bewandert war als in der Medizin, hat allen erdenklichen Fleiß darauf verwandt, dieses Lamm in der Tatarei zu finden, ohne daß es ihm gelungen wäre. »Man kennt hier«, sagt dieser Autor, »weder bei den kleinen Leuten noch bei den Botanikern irgendein grasendes Pflanzentier, & von meinen Nachforschungen habe ich lediglich die Scham davongetragen, zu leichtgläubig gewesen zu sein.« Er fügt hinzu, der Anlaß zu diesem Märchen, von dem er sich wie so viele andere habe einlullen lassen, sei der Gebrauch, den man in der Tatarei von dem Fell bestimmter Lämmer macht, deren Geburt man dadurch zuvorkommt, daß man die Mutter tötet, bevor sie die Jungen wirft, um an deren feinere Wolle zu gelangen. Mit diesen Lammfellen säumt man Mäntel, Kleider & Turbane. Die Reisenden haben, entweder weil sie sich über die Natur dieser Häute getäuscht haben oder aus Unkenntnis der Landessprache oder aus irgendeinem anderen Grund, ihren Landsleuten etwas vorgemacht, indem sie das Fell eines Tieres für das einer Pflanze ausgaben.

Hans Sloane sagt, das *Agnus scythicus* sei eine mehr als ein Fuß lange Wurzel mit Knollen, aus deren Enden ungefähr drei bis vier Zoll lange Stengel wüchsen, die denen des Farnkrauts ziemlich ähnlich sähen; ein großer Teil ihrer Oberfläche sei von gelblich-schwarzem Flaum bedeckt, der wie Seide glänze, ein Viertel Zoll lang sei & gegen das Blutspucken angewandt werde. In Jamaika, so fügt er hinzu, finde man verschiedene Farnarten, die so dick wie ein Baum würden & mit einem Flaum bedeckt seien, der dem gleiche, den man an unseren Frauenhaarpflanzen bemerkt. Übrigens scheint man eine gewisse Kunstfertigkeit aufzubieten, um ihnen die Gestalt eines Lamms zu geben, denn die Wurzeln ähneln dem Körper & die Stengel den Beinen dieses Tiers.

So führt aller Wunderglaube beim *Agnus scythicus* zu nichts oder zumindest zu sehr wenig, nämlich zu einer behaarten Wurzel, der man ungefähr die Gestalt eines Lamms gibt, indem man sie entsprechend zurechtbiegt.

Dieser Artikel wird uns auf Gedanken bringen, die nützlicher gegen den Aberglauben & das Vorurteil sind als das skythische Lamm gegen das Blutspucken. Kircher – & nach Kircher auch Julius Scaliger – schreibt ein wunderbares Märchen, & zwar in jenem gewichtigen & überzeugenden Ton, der uns immer irreführt. Das sind Männer, deren Einsicht & Rechtschaffenheit gewiß nicht verdächtig sind: alles spricht zu ihren Gunsten. Sie finden Glauben, & bei wem? Bei den ersten Genies ihrer Zeit. Und so bekräftigen plötzlich eine Unmenge von Aussagen, die stärker sind als die ihrigen, alle ihre Worte & sind für diejenigen, die nach ihnen kommen, eine gewichtige Autorität, der zu widerstehen diese weder die Kraft noch den Mut haben, & das *Agnus scythicus* gilt dann als ein wirkliches Lebewesen.

Man muß die Tatsachen in zwei Klassen einteilen: in gewöhnliche & außergewöhnliche Tatsachen. Für die gewöhnlichen Tatsachen genügen die Aussagen einiger gelehrter & wahrheitsliebender Personen; für die anderen verlangt der denkende Mensch überzeugendere Autoritäten. Im allgemeinen müssen die Autoritäten in einem umgekehrten Verhältnis zur Wahrscheinlichkeit der Tatsachen stehen; das heißt, sie müssen um so zahlreicher & bedeutender sein, je geringer die Wahrscheinlichkeit ist.

Man muß sowohl die gewöhnlichen als auch die außergewöhnlichen Tatsachen noch in vergängliche & beständige unterteilen. Vergänglich sind diejenigen, die nur einen Augenblick existiert haben; beständig sind diejenigen, die immer existieren & von denen man sich jederzeit überzeugen kann. Man sieht, daß man den letzteren eher glauben kann als den ersteren & daß die Möglichkeit, die jeder hat, sich von der Wahrheit oder Unwahrheit der Aussagen zu überzeugen, die Zeugen vorsichtig machen muß & die anderen Menschen dazu bewegt, ihnen zu glauben.

Die vergänglichen Tatsachen muß man einteilen in Tatsachen, die in einem aufgeklärten Zeitalter auftreten, & in solche, die in Zeiten der Finsternis & der Unwissenheit aufgetreten sind. Die beständigen Tatsachen müssen unterteilt werden in solche, die an einem zugänglichen oder an einem unzugänglichen Ort bestehen. Man muß die Aussagen zunächst in sich selbst betrachten & sie dann miteinander vergleichen; man muß sie in sich selbst betrachten, um festzustellen, ob sie keinen Widerspruch enthalten & ob sie von aufgeklärten & gebildeten Leuten stammen; man muß sie miteinander vergleichen, um zu entdecken, ob die einen nicht ein Abklatsch der anderen sind & ob jene Masse von Autoritäten sich nicht etwa auf nichts oder auf die Autorität eines einzigen Mannes zurückführen läßt.

Man muß berücksichtigen, ob die Zeugen Augenzeugen sind oder nicht, was sie gewagt haben, um sich Glauben zu verschaffen, welche Befürchtungen oder welche Hoffnungen sie gehegt hatten, als sie den anderen Tatsachen mitteilten, deren Augenzeugen sie angeblich gewesen waren. Wenn sie ihr Leben auf Spiel gesetzt haben, um ihre Aussage zu verteidigen, so muß man wohl zugeben, daß sie dadurch große Überzeugungskraft gewinnt. Wie aber wäre es darum bestellt, wenn sie ihr Leben geopfert & eingebüßt hätten?

Man darf die Tatsachen, die sich vor den Augen eines ganzen Volkes abgespielt haben, auch nicht mit denen vermengen, denen nur wenige Personen als Zuschauer beigewohnt haben. Die verborgenen Tatsachen verdienen, so einleuchtend sie auch sein mögen, kaum Glauben; dagegen können die offenkundigen Tatsachen, gegen die man früher keinen Einspruch erhoben hat oder gegen die nur von wenigen übelwollenden oder schlecht unterrichteten Menschen Einspruch erhoben worden ist, kaum angefochten werden. – Das ist ein Teil der Prinzipien, nach denen man sich richten muß, um etwas glauben zu können oder nicht, wenn man nicht auf Hirngespinste hereinfallen will & wenn man die Wahrheit aufrichtig liebt. *Diderot*

AGUAXIMA (**Naturgeschichte, Botanik**). Pflanze in Brasilien & auf den Inseln Südamerikas. Das ist alles, was man uns von ihr erzählt, & ich möchte fragen, für wen derartige Beschreibungen gemacht sind. Wohl kaum für die Eingeborenen, die wahrscheinlich mehr Kennzeichen der *Aguaxima* kennen, als in dieser Beschreibung enthalten sind, & die man nicht darüber zu belehren braucht, daß die *Aguaxima* in ihrem Land gedeiht. Das ist, als sagte man einem Franzosen, der Birnbaum sei ein Baum, der in Frankreich, Deutschland & anderswo wächst. Jene Beschreibung ist auch nicht für uns bestimmt; denn was liegt uns daran, daß es in Brasilien einen Baum gibt, der *Aguaxima* heißt, wenn wir nur dessen Namen kennen? Was nützt uns dieser Name? Er läßt die Unwissenden so, wie sie sind, & lehrt die anderen nichts. Wenn ich diese Pflanze & verschiedene andere, die ebenso schlecht beschrieben sind, hier trotzdem erwähne, so geschieht es nur aus Gefälligkeit gegenüber gewissen Lesern, denen es lieber ist, in einem Artikel unseres Wörterbuchs nichts außer einer Dummheit zu finden als überhaupt keinen Artikel. *Diderot*

AIUS LOCUTIUS. *Gott des Wortes,* den die Römer unter diesem ungewöhnlichen Namen verehrten. Aber da man auch schweigen können muß, hatten sie auch den Gott des Schweigens. Als die Gallier im Begriff waren, in Italien einzufallen, hörte man aus dem Hain der Vesta eine Stimme rufen: »Wenn ihr die Mauern eurer Stadt nicht erhöht, dann wird sie erobert werden.« Man mißachtete diese Warnung, die Gallier kamen, & Rom wurde erobert. Nach ihrem Rückzug erinnerte man sich des Orakels & errichtete ihm einen Altar unter dem Namen, von dem wir sprechen. Später erhielt er in Rom einen Tempel an dem Ort, an dem er zum erstenmal vernommen wurde. Cicero sagt im zweiten Buch der *Weissagung:* Wenn dieser Gott auch niemandem bekannt war, so sprach er doch; aber er schwieg, seitdem er einen Tempel & Altäre hatte; ja, der Gott des Wortes verstummte, sobald er angebetet wurde. Es ist schwer, die besondere Verehrung, welche die Heiden ihren Göttern entgegenbrachten, mit der Geduld, die sie den Reden gewisser Philosophen gegenüber zeigten, in Einklang zu bringen. Haben jene Christen, die sie so erbittert verfolgten, nichts Überzeugenderes gesagt als das, was man bei Cicero liest? Die Bücher der *Weissagung* sind nur Abhandlungen über den Unglauben. Aber welchen Eindruck mußten diese Meisterwerke der Beredsamkeit, in denen die Götter als Zeugen angerufen & beschworen werden & ihre Drohungen ins Gedächtnis zurückgerufen werden, kurz, wo ihr Dasein vorausgesetzt wird, auf die Völker machen, wenn sie von Männern vorgetragen wurden, von denen man eine Menge philosophischer Schriften hatte, worin die Götter & die Religion als Märchen behandelt wurden! Könnte man nicht die Lösung für alle diese Schwierigkeiten in den seltenen Manuskripten aus dem Altertum finden? Damals las das Volk noch nicht: Es lauschte den Worten seiner Redner, & diese Worte waren immer voll Frömmigkeit gegenüber den Göttern; aber es wußte nicht, wie der Redner darüber dachte & was er in seinem Arbeitszimmer schrieb. Diese Werke waren nur für die Augen seiner Freunde bestimmt. Sollte es nicht, da es immer unmöglich sein wird, die Menschen am Denken & Schreiben zu hindern, wünschenswert sein, daß es bei uns ebenso wäre wie bei den Alten? Die Erzeugnisse des Unglaubens sind nur im Hinblick auf das Volk & auf den Glauben der Einfältigen zu fürchten. Diejenigen, die richtig denken, wissen sehr wohl, woran sie sich zu halten haben, & eine Broschüre wird sie nicht von dem Weg abbringen, den sie wohlweislich eingeschlagen haben & aus Neigung verfolgen. Absurde kleine Vernunftschlüsse bringen einen Philosophen nicht so weit, seinen Gott aufzugeben: die Gottlosigkeit ist also nur bei denen zu fürchten, die sich verleiten lassen. Ein Mittel, die Achtung, die man dem Glauben eines Volkes & dem nationalen Kult schuldig ist, mit der Gedankenfreiheit, die zur Entdeckung der Wahrheit so wünschenswert ist, & mit der öffentlichen Ruhe, ohne die es kein Glück für den Philosophen & für das Volk geben kann, in Einklang zu bringen, könnte darin bestehen, alles zu verbieten, was in der Volkssprache gegen die Regierung & die Religion geschrieben wird, aber diejenigen, die in einer gelehrten Sprache schreiben, ungeschoren zu lassen & nur ihre Übersetzer zu verfolgen. Wenn man sich so verhielte, könnten die von den Autoren geschriebenen Absurditäten, wie mir scheint, niemandem schaden. Übrigens ist die Freiheit, die man durch dieses Mittel erlangen würde, meiner Ansicht nach die größte, die man in einer wohlgesitteten Gesellschaft gewähren könnte. So wird man vielleicht überall, wo man die Freiheit nicht in solchem Maße genießt, nicht weniger gut regiert; vielmehr wird sich mit Sicherheit in der Regierungsweise überall dort eine Unzulänglichkeit ergeben, wo diese Freiheit weiter ausgedehnt ist. Das ist, glaube ich, bei den Engländern & Holländern der Fall: Es scheint, daß man in jenen Ländern annimmt, man sei unfrei, wenn man nicht ungestraft zügellos sein kann. *Diderot*

AKALIPSE – **Acalipse.** Nicander erwähnt einen Fisch & Gellius einen Vogel dieses Namens. Der ebenso genannte Fisch, von dem Athenaeus spricht, hat zartes & leichtverdauliches Fleisch. Das ist wieder eines jener Wesen, dessen Kenntnis man von den Fortschritten der Naturgeschichte erwarten muß & von dem man vorerst nur den Namen kennt, als ob wir in den Wissenschaften & Künsten nicht schon genug nichtssagende Namen hätten. *Diderot*

ALKATRAS – **Alcatrace.** Kleiner Vogel, den man vergeblich im Bereich des Indischen Ozeans unter dem sechzehnten Breitengrad sowie an den Küsten Arabiens suchen würde, wo er nach der Aussage Wiqueforts zu finden ist; denn um ihn wiederzuerkennen, müßte man eine andere Beschreibung von ihm haben, & aufgrund dieser Beschreibung würde man dann vielleicht feststellen, daß dieser Vogel schon unter einem anderen Namen bekannt ist. Wir fordern die Reisenden auf, schärfer zu beobachten, wenn sie wünschen, daß die Naturgeschichte durch ihre Beobachtungen bereichert werde. Solange sie uns nur Namen angeben, werden wir kaum einen Schritt weiterkommen. *Diderot*

ALLIGATOR. Eine Art Krokodil aus Westindien. Er wird bis zu achtzehn Fuß lang, & seine Dicke richtet sich nach seiner Länge. Er ist eine Amphibie. Man sagt, daß er nicht aufhört zu wachsen, bis er stirbt. Er verströmt einen starken Moschusgeruch, von dem die Luft & das Wasser weithin geschwängert sind. *Diderot*

AMAZONE (**Alte Geschichte**). Eine furchtlose & kühne Frau, die großer Taten fähig ist. Siehe VIRAGO, HEROINE &c.

Amazonen ist im engeren Sinne der Name eines einstigen Volks streitbarer Frauen, die in Kleinasien, an der Schwarzmeerküste, nahe dem Fluß Thermodon ein Reich gegründet haben sollen.

Es gab keine Männer unter ihnen; zu ihrer Fortpflanzung holten sie sich Fremde. Sie töteten alle männlichen Kinder, die ihnen geboren wurden, & schnitten den Mädchen die rechte Brust ab, damit sie besser mit dem Bogen schießen konnten. Aus diesem Grunde wurden sie *Amazonen* genannt, ein Wort, das sich aus einem Privativ & *mamella* zusammensetzt, das heißt »brustlos« oder »einer Brust beraubt«.

Nicht alle Autoren stimmen darin überein, daß es tatsächlich ein Amazonenvolk gegeben habe. Strabon, Palaiphatos & mehrere andere verneinen es ausdrücklich; doch Herodot, Pausanias, Diodor aus Sizilien, Pompeius Trogus, Justinus, Plinius, Pomponius Mela, Plutarch & viele andere bejahen es. Hippokrates sagt, es habe bei ihnen ein Gesetz gegeben, das die Mädchen dazu verurteilte, so lange jungfräulich zu bleiben, bis sie drei Feinde des Staates getötet hätten. Er fügt hinzu, daß sie ihren Töchtern die rechte Brust abnahmen, damit der Arm auf dieser Seite daraus Nutzen ziehe & stärker werde.

Einige Autoren meinen, daß sie ihre männlichen Kinder nicht töteten, sondern ihnen nur die Beine ausrenkten, um zu verhindern, daß sie eines Tages danach trachten, die Herrschaft an sich zu reißen.

Das Jahr 2197 vor unserer Zeitrechnung: Es soll nicht behauptet werden, daß die Jahreszahl richtig ist, aber wenn es den Staat der Amazonen wirklich gegeben hat, so müssen äußerst ernst zu nehmende Damen darin gewohnt haben. Denn hätten sie etwa nur einen etwas gewalttätigen Frauenrechtsverein dargestellt, so wären sie in der Geschichte höchstens zur Reputation der Abderiten oder Sancho Pansas gekommen und bis zum heutigen Tag ein Beispiel unweiblicher Komik geblieben. Statt dessen leben sie in heldenhaftem Andenken, und man darf daraus schließen, daß sie zu ihrer Zeit in einer überaus beachtenswerten Weise gebrannt, gemordet und geraubt haben. Mehr als ein indogermanischer Mann muß vor ihnen Angst gehabt haben, ehe sie es zu ihrem Ruf brachten. Mehr als ein Held wird vor ihnen davongelaufen sein. Mit einem Wort, sie müssen dem prähistorischen Mannesstolz nicht wenig zugesetzt haben, bis er endlich zur Entschuldigung von so viel Feigheit sagenhafte Geschöpfe aus ihnen gemacht hat: einem Gesetz folgend, wonach auch ein Sommerfrischler, der vor einer Kuh flüchtet, immer behaupten wird, daß es zumindest ein Ochse gewesen sei.

ROBERT MUSIL, GESCHICHTE AUS DREI JAHRHUNDERTEN

Petit, Arzt zu Paris, hat 1681 eine Abhandlung in lateinischer Sprache veröffentlicht, um zu beweisen, daß es tatsächlich ein Amazonenvolk gegeben habe; diese Abhandlung enthält viele kuriose & interessante Bemerkungen über ihre Art, sich zu kleiden, über ihre Waffen & über die Städte, die sie gegründet haben. Auf Gedenkmünzen wird die Büste der *Amazonen* gewöhnlich mit einer kleinen Doppelaxt, *bipennis* oder *securis* genannt, die sie auf der Schulter tragen, sowie einem halbmondförmigen Schild, den die Lateiner *pelta* nannten, im linken Arm dargestellt, was Ovid in den *Briefen vom Schwarzen Meer*, III, 1, zu den Worten veranlaßt:

Kein amazonisches Schlachtbeil brauchst du für mich
zu ergreifen,
mußt keinen Halbmondschild führen mit hurtiger Hand.

Geographen & moderne Reisende behaupten, daß es an einigen Orten noch *Amazonen* gebe. Pater João de los Sanctos, ein portugiesischer Kapuziner, sagt in seiner Beschreibung Äthiopiens, in Afrika gebe es eine Amazonenrepublik, & Aeneas Sylvius berichtet, in Böhmen habe neun Jahre lang eine Amazonenrepublik bestanden, die von einem mutigen Mädchen namens *Valasca* gegründet worden sei. *Mallet*

AMERIKA – **Amérique.** Auch *Neue Welt* oder *Westindien* genannt, ist einer der vier Erdteile, vom Ozean umspült, 1491 von dem Genueser Christoph Kolumbus entdeckt & *Amerika* genannt nach dem Florentiner Amerigo Vespucci, der 1497 an dem südlich des Äquators gelegenen Teil des Kontinents landete. Es steht hauptsächlich unter der Herrschaft der Spanier, der Franzosen, der Engländer, der Portugiesen & der Holländer. Durch den Golf von Mexiko & die Landenge von Panama wird es in eine nördliche & eine südliche Hälfte geteilt. Das uns bekannte *nördliche Amerika* erstreckt sich vom 11. bis zum 75. Breitengrad. Seine wichtigsten Landstriche sind Mexiko, Kalifornien, Louisiana, Virginia, Kanada, Neufundland, die Inseln Kuba, Santo Domingo & die Antillen. Das *südliche Amerika* erstreckt sich vom 12. Grad nördlicher bis zum 60. Grad südlicher Breite; seine Landstriche sind Terra firma, Peru, Paraguay, Chile, die Magellanländer, Brasilien & Amazonas.

Das *südliche Amerika* liefert Gold & Silber: Gold in Barren, Spänen, Klumpen & als Staub; Silber in Barren & in Piastern. Das *nördliche Amerika* liefert Felle von Bibern, Ottern, Elchen, Luchsen &c. Die Perlen kommen entweder aus Margarita im Nordmeer oder aus den Las-Perlas-Inseln im Südmeer; Smaragde aus der Gegend von Sainte-Foy & Bogette. Die gebräuchlichsten Handelswaren sind Zucker, Tabak, Indigo, Ingwer, Kassie, Mastix, Aloe, Baumwolle, Perlmutt, Wolle, Leder, Chinarinde, Kakao, Vanille; Hölzer wie das Kampeschen-, Sandel-, Sassafras-, Brasilien-, Guajak-, Kanell-, Blauholz &c.; Balsame wie der Tolu-, Kopaiva-, Perubalsam; Ziegenstein, Cochenille, Brechwurz, Drachenblut, Bernstein, Kopalharz, Muskat, Quecksilber, Ananas, Jalappa, schwarzer Rhabarber, Weine, Liköre, Barbadoswasser, Leinen &c. Nicht in jedem Landstrich *Amerikas* gibt es alle diese Waren: wir verweisen auf die Artikel über den Handel der einzelnen Provinzen oder Königreiche & die besonderen Waren, die dort hergestellt werden. *Diderot*

AMOR oder CUPIDO – **Amour ou Cupidon (Mythologie).** Heidnischer Gott, dessen Geburt man auf hunderterlei Weise beschrieben & den man in hunderterlei Formen dargestellt hat, die fast alle gleichermaßen auf ihn zutreffen. *Amor* bettelt unaufhörlich, so daß Platon ihn den

Wenn der mächtige Amor einen Sterblichen befällt, macht er ein dummes, schreckliches Tier aus ihm, dessen Stärken und Schwächen er aufs äußerste steigert; und das sich gebärdet, als hätte man ihm die Haut abgezogen, toll vor Empfindlichkeit und Gewalt. Er verwandelt für dieses Wesen alles ringsumher in eine Wildnis. Nichts gilt ihm mehr etwas außer dem, was seine Leidenschaft anfacht oder verschlimmert. Blind stößt es sich an allem, was ihm sonst in seiner Umgebung vertraut war. Zertrampeln, zerreißen, was ihm in die Quere kommt, ist seine Hauptbeschäftigung. Alle Gesetze sind über den Haufen geworfen. Seine Intelligenz wird phantastisch verstärkt und bedrohlich umdunkelt. Es bringt im Geiste jedweden Lebenden um, den es fürchtet oder als Hindernis beargwöhnt. Ja, im heftigsten Augenblick würde es das geliebte Wesen unterschiedslos sowohl töten wie besitzen. Paul Valéry, Cahiers

Sohn der Armut nannte. Er liebt die Verwirrung & scheint dem Chaos entsprungen zu sein, wie Hesiod behauptet. Er ist eine Mischung aus erhabenen Gefühlen & derben Begierden; was offenbar Sappho meinte, als sie *Amor* zum Sohn des Himmels & der Erde erklärte. Ich glaube, Simonides dachte an die Verbindung von Kraft & Schwäche, als er meinte, *Amor* sei der Sohn von Venus & Mars. Alkmaion zufolge stammt er von Flora & Zephir ab, Symbolen der Unbeständigkeit & der Schönheit. Die einen legen ihm eine Binde um die Augen, um zu zeigen, wie blind er ist; andere legen ihm einen Finger auf den Mund, um darauf hinzuweisen, daß er Diskretion wünscht. Man verleiht ihm Flügel, Symbole der Flatterhaftigkeit; einen Bogen, Symbol der Stärke; eine brennende Fackel, Symbol der Tätigkeit. Bei einigen Dichtern ist er ein Gott des Friedens, der Eintracht & aller Tugenden; bei anderen ein grausamer Gott & Vater aller Laster. Und tatsächlich ist *Amor* alles dies, je nach den Seelen, über die er herrscht. Er hat in ein & derselben Seele sogar mehrere dieser Charakterzüge: es gibt Liebende, die ihn uns bald als Gott des Himmels, bald als Gott der Hölle zeigen. *Amor* wird manchmal auch dargestellt, wie er einen Schmetterling an den Flügeln hält, ihn quält & zerreißt: diese Allegorie ist allzu deutlich, als daß sie einer Erklärung bedürfte. *Diderot*

Analyse – **Analyse (Verstand, Vernunft, Philosophie oder Wissenschaft, Naturwissenschaft, reine Mathematik, Arithmetik oder Algebra).** Die *Analyse* ist das Instrument oder das allgemeine Mittel, mit dem man seit ungefähr zweihundert Jahren in der Mathematik so schöne Entdeckungen gemacht hat. Sie liefert die vollkommensten Beispiele für die Methode, die man in der Kunst des vernünftigen Denkens anwenden muß, & verleiht dem Geist eine wunderbare Gewandtheit, um mit Hilfe einer kleinen Anzahl von gegebenen Dingen unbekannte Dinge zu entdecken. Da sie Abkürzungszeichen benutzt, welche die Ideen leicht auszudrücken vermögen, bietet sie dem Verstand Dinge dar, die sonst scheinbar außerhalb seines Bereiches liegen würden. Dadurch können die geometrischen Beweisführungen in erstaunlicher Weise abgekürzt werden; denn eine lange Reihe von Argumenten, in welcher der Geist nicht ohne die höchste Beanspruchung der Aufmerksamkeit den Zusammenhang der Ideen entdecken könnte, wird in anschauliche Zeichen verwandelt, & die verschiedenen Operationen, die dazu erforderlich sind, werden durch die Kombination dieser Zeichen bewirkt. Aber noch außergewöhnlicher ist dabei, daß vermittels dieser Kunst eine große Anzahl von Wahrheiten oft in einer einzigen Zeile ausgedrückt wird. Wenn man dagegen die gewöhnliche Methode des Erklärens & Beweisens verfolgte, so würden diese Wahrheiten ganze Bände füllen. So kann man durch das Studium einer einzigen Zeile der Rechenkunst in kurzer Zeit ganze Wissenschaften erlernen, die sonst kaum in mehreren Jahren erlernt werden könnten. *Malouin*

Anarchie **(Politik).** Zustand der Unordnung in einem Staat, der darin besteht, daß niemand genügend Autorität besitzt, um zu befehlen & für die Einhaltung der Gesetze zu sorgen, so daß folglich das Volk ohne jede Unterordnung & Aufsicht tut, was es will.

Man kann behaupten, daß im allgemeinen jede Regierung entweder dem Despotismus oder der *Anarchie* zustrebt. *Diderot*

Angeboren – **Inné (Grammatik & Philosophie).** *Angeboren* ist das, was mit uns geboren wird. Nur das Empfindungs- & Denkvermögen ist *angeboren*; alles andere ist erworben. Beseitigen Sie das Auge, so heben Sie gleichzeitig alle Ideen auf, die zum Gesichtssinn gehören. Beseitigen Sie die Nase, so heben Sie gleichzeitig alle Ideen auf, die zum Geruchssinn gehören, & ebenso geht es mit dem Geschmacks-, Gehör- & Gefühlssinn. Sind alle diese Ideen & alle diese Sinne aufgehoben, so bleibt kein abstrakter Begriff; denn durch das Sinnliche werden wir zum Abstrakten geführt. Aber nachdem wir die Frage unter dem Gesichtspunkt der Aufhebung geprüft haben, wollen wir nun die umgekehrte Methode verfolgen. Nehmen wir an, eine Masse sei formlos, aber empfindungsfähig; dann wird sie alle Ideen haben, die man vom Gefühlssinn bekommen kann. Vervollkommnen wir ihren organischen Bau, entwickeln wir diese Masse, so öffnen wir gleichzeitig den Empfindungen & Kenntnissen den Zugang. Mit diesen zwei Methoden kann man den Menschen in den Zustand der Auster zurückversetzen & die Auster in den Zustand des Menschen erheben. Siehe auch in dem Artikel Idee, was von den *angeborenen* Ideen zu halten ist. *Diderot*

ANSIKO – Ansico (Moderne Geographie). Königreich in Afrika, unterhalb des Äquators. Man liest im *Geographischen Wörterbuch* von Vosgien, daß sich die Bewohner von Menschenfleisch ernähren; daß sie öffentliche Schlachthäuser besitzen, in denen man menschliche Gliedmaßen hängen sieht; daß sie ihre Väter, Mütter, Brüder & Schwestern essen, sobald sie verstorben sind; & daß man zweihundert Menschen am Tag tötet, um sie an der Tafel des Großen Makoko aufzutragen. Je außergewöhnlicher diese Umstände, desto mehr bedarf es Augenzeugen, um diese glaubhaft zu machen.

Gibt es unter dem Äquator wirklich ein Königreich, das *Ansiko* heißt? Sind die Bewohner *Ansikos* wirklich so barbarisch, wie man sie uns schildert, & verspeist man wirklich täglich zweihundert Menschen im Palast des Makoko? Das sind Sachverhalte, die nicht alle gleich wahrscheinlich sind: Für den ersten genügt die Aussage einiger Reisender, die anderen erfordern mehr. Man muß im allgemeinen annehmen, daß jeder Reisende & jeder gewöhnliche Historiker die Dinge ein wenig aufbauscht, wenn man sich nicht der Gefahr aussetzen will, den unsinnigsten Erdichtungen zu glauben. Das Prinzip, mit dem ich diesen Argwohn begründe, ist folgendes: Man will nicht zur Feder greifen, um alltägliche Abenteuer zu erzählen, & will auch nicht Tausende von Meilen zurücklegen, nur um das zu sehen, was man auch sehen kann, ohne so weit zu fahren. Und diesem Prinzip zufolge möchte ich fast behaupten, daß der große Makoko nicht so viele Menschen verspeist, wie man erzählt: zweihundert pro Tag – das wären ungefähr dreiundsiebzigtausend im Jahr. Was für ein Menschenfresser! Aber die Herren seines Hofes verzichten auf diese Nahrung offenbar ebensowenig wie die anderen Untertanen. Wenn aber das Land einer so schrecklichen Menschenfresserei gewachsen wäre & wenn das Vorurteil dieses Volkes darin bestünde, daß es eine große Ehre sei, von seinem Herrscher verspeist zu werden, so würden wir in der Geschichte Sachverhalte finden, die auf Vorurteilen beruhen & so außergewöhnlich sind, daß sie dem Sachverhalt, um den es sich hier handelt, einige Wahrscheinlichkeit verleihen würden. Wenn es Gegenden gibt, in denen sich Frauen furchtlos auf dem Scheiterhaufen ihres Ehemanns verbrennen lassen, wenn das Vorurteil einem von Natur aus schwachen & furchtsamen Geschlecht so viel Mut einflößt & wenn dieses Vorurteil, so grausam es auch ist, trotz der Maßnahmen, die man ergriffen haben mag, es zu zerstören, noch immer besteht: warum sollten dann in einer anderen Gegend die Menschen, die von der falschen Ehre besessen sind, auf der Tafel ihres Monarchen serviert zu werden, nicht freudig herbeiströmen, um sich in den königlichen Schlachthäusern die Kehle durchschneiden zu lassen? *Diderot*

Hier in Kairo sieht man eine Menge Einäugige und Blinde; die Kinder der Armen werden buchstäblich von den Fliegen gefressen, was sie nicht hindert, Halsbänder anzulegen und an den Festtagen, wie Beschneidungen und Hochzeiten, Mützen und Jacken zu tragen, die mit Goldpiastern verziert sind und die ihnen die Vornehmen leihen, um die Feier zu verschönern.
Man kann hier seinem Geschmack für menschliche Modelle frönen; eine Menge Herren gehen vollständig nackt, bei welchem Anblick die Engländerinnen den Kopf wegwenden. Die Kerle sind übrigens famos gebaut und haben ein tüchtiges Instrument. Bei den Frauen sieht man nichts vom Gesicht als die volle Brust. Auf dem Lande zum Beispiel nehmen sie, wenn sie einen kommen sehen, ihr Gewand, führen es vors Gesicht, und um dieses zu verhüllen, entblößen sie, was man den Busen zu nennen pflegt, nämlich die Partie zwischen Kinn und Nabel. Ach, ich habe hier Brüste gesehen! Brüste habe ich gesehen! Brüste! GUSTAVE FLAUBERT, ÄGYPTEN

ANTI – Anti (Grammatik). Vorsilbe, die mit verschiedenen Wörtern fest verbunden ist. Mitunter kommt diese Vorsilbe von der lateinischen Präposition *ante*, davor, & bedeutet dann etwas, das vorausgeht, wie in *antichambrieren, antizipieren,* oder etwas, das in der Zeit zurückgelegt wird, wie in *antedatieren,* das heißt mit einem früheren Datum versehen &c. Häufig stammt *anti* auch von der gleichlautenden griechischen Vorsilbe mit der Bedeutung *gegen*, die im allgemeinen eine Entgegensetzung oder eine Alternative bezeichnet. Sie bedeutet Entgegensetzung in *Antipoden*, den Völkern, die auf dem genau entgegengesetzten Erdteil stehen & deren Beine deshalb die uns entgegengesetzte Ausrichtung haben, ebenso *Antidote* (gegen & *dotum*), Gegengabe, heilendes Gegengift, das bei einer Vergiftung verordnet wird, desgleichen *Antipathie, Antipapst* &c.

Wenn das Wort nach der Vorsilbe mit einem Vokal beginnt, wird das *i* bisweilen weggelassen: Man redet von der *Antarktis* & nicht von der *Anti-Arktis,* wenn man den Pol meint, der auf der dem arktischen Pol gegenüberliegenden Seite der Erdkugel liegt. Manchmal wird das *i* auch nicht ausgelassen, wie in *alkoholisch, antialkoholisch.* Gegendarstellungen & literarische Streitschriften tragen häufig die Bezeichnung *Anti-*. Monsieur Ménage hat ein Buch mit dem Titel *Anti-Baillet* geschrieben. Auch einen *Anti-Menagiana* gibt es. Cicero verfaßte auf die Bitte Brutus' hin eine Schrift zum Preis von Cato, dem Jüngeren, Cäsar hielt mit zwei Schriften dagegen & betitelte sie *Anti-Catones.* Cicero nannte diese Schriften unverschämte Erwiderungen: »Cäsar hat allzu unverschämt davon Gebrauch gemacht gegen meinen Cato.« *(Topica, die Kunst, richtig zu argumentieren).* Die Rede für *Cato, den Jüngeren,* & die beiden *Anti-Catones* von Cäsar sind der Nachwelt nicht überliefert.

Der Arzt Patin erwähnt einen Scharlatan aus seinem Jahrhundert, der die Unverfrorenheit besaß, in Paris *antiekliptische* & *antikometische* Heilmittel zu verkaufen, die den angeblich schädlichen Einflüssen von Sonnenfinsternissen & Kometen auf die Gesundheit abhelfen sollten. *Dumarsais*

ARBEIT – **Travail (Grammatik).** Tägliche Verrichtung, zu welcher der Mensch durch seine Bedürftigkeit verurteilt ist & der er gleichzeitig seine Gesundheit, seinen Unterhalt, seine Heiterkeit, seinen gesunden Verstand & vielleicht seine Tugend verdankt. Die Mythologie, die sie als ein Übel ansah, ließ sie aus Erebos, der Finsternis, hervorgehen. *Anonym*

Was ist eigentlich Arbeit? Es gibt zweierlei Arten: einmal, Verlagern der Materie auf oder nahe der Erdoberfläche in bezug auf andere derartige Materien; zweitens, andere Leute anweisen, es zu tun. Arbeit der ersten Art ist unangenehm und schlecht bezahlt, der zweiten angenehm und hoch bezahlt. Außerdem läßt sich die zweite Art unbegrenzt erweitern: Es gibt nicht nur Leute, die befehlen, sondern auch welche, die Ratschläge geben, was zu befehlen sei. Gewöhnlich werden zwei gegensätzliche Arten von Ratschlägen von zwei organisierten Gruppen von Menschen gleichzeitig erteilt; das nennt man Politik. Die Befähigung für diese Art von Arbeit braucht nicht auf Kenntnis der Personen, denen der Rat erteilt wird, zu beruhen, vielmehr nur auf der Beherrschung der Kunst, durch Wort und Schrift zu überzeugen, das heißt, auf Beherrschung der Werbung und Propaganda.
BERTRAND RUSSELL, LOB DES MÜSSIGGANGS

ARBEITSLEUTE – **Travail, gens de (Handel).** Man nennt sie auch Tagelöhner & Handlanger; es sind jene, die durch ihren Stand zu mühseligen *Arbeiten* bestimmt sind, wie dazu, schwere Lasten zu tragen oder irgendeine andere beschwerliche Verrichtung zu übernehmen. Siehe LASTTRÄGER. *Anonym*

ATHEISTEN – **Athées (Metaphysik).** *Atheisten* nennt man diejenigen, welche die Existenz eines Gottes als Schöpfer der Welt leugnen. Man kann sie in drei Klassen einteilen: Die einen leugnen, daß es einen Gott gibt; die anderen tun so, als seien sie in dieser Frage ungläubig oder skeptisch; die dritten schließlich, die sich von den ersten kaum unterscheiden, leugnen die Hauptattribute des göttlichen Wesens & nehmen an, Gott sei ein Wesen ohne Intelligenz, das nur aus Notwendigkeit handle, das heißt ein Wesen, das eigentlich überhaupt nicht handelt, sondern immer passiv ist. Der Irrtum der *Atheisten* entspringt notwendig aus einer dieser drei Quellen.

Er entspringt erstens aus der Unwissenheit & Dummheit. Es gibt verschiedene Personen, die niemals etwas aufmerksam untersuchen, niemals von ihren natürlichen Geistesgaben nützlichen Gebrauch gemacht haben, nicht einmal, um die Kenntnis der einleuchtendsten Wahrheiten zu erwerben, die am leichtesten zu finden sind. Sie verbringen ihr Leben in einer Untätigkeit des Geistes, die sie auf die Stufe der Tiere herabdrückt, ja erniedrigt. Manche glauben, es habe Völker gegeben, die so ungebildet & so wild waren, daß sie keine Ahnung von Religion hatten. Strabon berichtet, daß es in Spanien & in Afrika Völker gab, die ohne Götter lebten & bei denen man keine Spur von Religion entdecken könnte. Wenn das zuträfe, so müßte man daraus folgern, daß sie immer *Atheisten* gewesen waren; denn es scheint keinesfalls möglich, daß ein ganzes Volk von der Religion zum Atheismus übergeht. Die Religion ist eine Sache, die in einem Lande, wenn sie einmal gestiftet worden ist, ewig fortdauern muß – man hält aus Gründen des Interesses & in der Hoffnung auf eine zeitliche oder ewige Glückseligkeit an ihr fest. Man erwartet von den Göttern die Fruchtbarkeit des Bodens & den guten Ausgang der Unternehmungen; man fürchtet, daß sie Unfruchtbarkeit, Pest, Unwetter & verschiedene andere Plagen schikken könnten, & befolgt daher aus Furcht & aus Hoffnung die öffentliche Ausübung der Religion. Man ist sehr darauf bedacht, die Erziehung der Kinder damit zu beginnen; man empfiehlt ihnen die Religion als eine Sache von größter Bedeutung & als die Quelle des Glücks oder Unglücks, je nachdem, ob man sich befleißigt oder verabsäumt, den Göttern die Ehren zu erweisen, die ihnen gebühren; denn solche Gesinnungen, die man mit der Muttermilch aufnimmt, verlieren sich nicht aus dem Geist eines Volkes; sie können sich zwar in mancherlei Weise ändern – ich meine, man kann Zeremonien oder Dogmen ändern, sei es aus Ehrfurcht vor einem neuen Theologen, sei es unter den Drohungen eines Eroberers; aber sie können nicht völlig verschwinden. Übrigens wollen die Personen, die in Dingen der Religion einen Zwang auf die Völker ausüben, diese gewiß nicht zum Atheismus verleiten; alles läuft nur darauf hinaus, die Formeln des Kults & des Glaubens, die ihnen mißfallen, durch andere Formeln zu ersetzen.

Die zweite Quelle des Atheismus ist die Entartung & Verderbtheit der Sitten. Es gibt Menschen, die durch Laster & Ausschweifungen ihre natürlichen Geistesgaben fast zerstört & ihre Vernunft verdorben haben; denn anstatt sich in unvoreingenommener Weise der Erforschung der Wahrheit zu widmen & sich sorgfältig über die Vorschriften & Pflichten zu unterrichten, die uns die Natur auferlegt, gewöhnen sie sich daran, Einwände gegen die Religion vorzubringen, ihnen größere Überzeugungskraft zu verleihen, als diese haben, & sie hartnäckig zu verfechten. Sie sind zwar nicht davon überzeugt, daß es keinen Gott gibt, leben aber so, als wären sie davon überzeugt, & versuchen in ihrem Geist alle Begriffe auszulöschen, die darauf abzielen, ihnen die Existenz eines göttlichen Wesens zu beweisen. Die Existenz eines Gottes stört sie im Genuß ihres sündhaften Vergnügens; deshalb möchten sie glauben, daß es keinen Gott gibt, & bemühen sich, so weit zu gelangen. Tatsächlich gelingt es ihnen zuweilen, sich zu betäuben & ihr Gewissen einzuschläfern; aber es erwacht von Zeit zu Zeit wieder, & sie können den Pfeil, der sie zerfleischt, nicht ganz herausreißen.

Es gibt verschiedene Stufen des praktischen Atheismus, & man muß in diesem Punkt sehr vorsichtig sein. Jeder Mensch, der Verbrechen begeht, die der Idee eines Gottes widersprechen, & der sogar eine Zeitlang in ihnen verharrt, darf nicht sogleich für einen entschiedenen Atheisten erklärt werden. So schien zum Beispiel David, als er auf den Ehebruch den Mord folgen ließ, Gott zu vergessen; aber deshalb darf man ihn nicht etwa zu den entschiedenen Atheisten zählen – dieses Kennzeichen kommt nur denen zu, die in der Gewohnheit des Verbrechers verharren & deren ganzes Verhalten nur darauf abzuzielen scheint, die Existenz Gottes zu leugnen.

Der Atheismus des Herzens führt am häufigsten zum Atheismus des Geistes. Da man entschieden wünscht, daß eine Sache wahr sei, ist man schließlich davon überzeugt, daß sie wahr ist; der Geist läßt sich vom Herzen täuschen, auch die evidentesten Wahrheiten haben immer eine dunkle & unerforschliche Seite, an der man sie angreifen kann. Es genügt schon, daß eine Wahrheit uns beunruhigt & daß sie unseren Leidenschaften entgegenwirkt; denn der Geist, der nun in Übereinstimmung mit dem Herzen handelt, entdeckt bald Schwächen, an die er sich klammert: Man gewöhnt sich also unmerklich daran, die Dinge, die noch vor der Verderbnis des Herzens dem Geist im hellsten Licht erschienen, für unwahr zu halten. Es bedarf sowohl der Gewalt als der Leidenschaften, um einen so evidenten Begriff wie den vom göttlichen Wesen auszulöschen. In der vornehmen Welt, am Hof & in der Armee wimmelt es von solchen *Atheisten.* Wenn sie Gott von seinem Thron gestürzt hätten, würden sie sich nicht mehr den Anschein der Zügellosigkeit & Vermessenheit geben. Die einen, die sich nur durch ihre maßlosen Ausschweifungen hervorzutun suchen, treiben sie auf die Spitze, indem sie sich über die Religion mokieren; sie wollen von sich reden machen, & ihre Eitelkeit wäre nicht befriedigt, wenn sie nicht öffentlich & uneingeschränkt den Ruf von Gottlosen genössen. Dieser gefährliche Ruf ist das Ziel ihrer Wünsche, & sie würden mit ihren Äußerungen unzufrieden sein, wenn sie nicht besonders abscheulich wären. Die Spöttereien, Schandtaten & Blasphemien solcher Gottlosen sind kein Anzeichen dafür, daß sie tatsächlich glauben, es gebe kein göttliches Wesen; sie reden nur deshalb so, damit man von ihnen sage, sie überböten die gewöhnlichen Ausschweifungen: Ihr Atheismus ist höchst unvernünftig, er ist nicht einmal die Ursache ihrer Ausschweifungen, er ist vielmehr deren Frucht & Wirkung, ja sozusagen deren Gipfel. Die anderen, wie etwa die *Großen,* die am meisten im Verdacht des Atheismus stehen, sind zu träge, als daß sie in ihrem Geist entscheiden könnten, es gäbe keinen Gott, & sie ruhen daher lieber im weichen Schoß der Lust. »Ihre Trägheit«, sagt La Bruyère, »geht so weit, daß sie einer so wichtigen Frage wie der nach der Natur ihrer Seele & den Konsequenzen einer wahren Religion kalt & gleichgültig gegenüberstehen; sie streiten diese Dinge nicht ab, geben sie auch nicht zu, sondern denken überhaupt nicht an sie.« Diese Art des Atheismus ist am weitesten verbreitet.

Schließlich gibt es *Atheisten* aus Spekulation & aus Überlegung, die sich auf Prinzipien der Philosophie stützen & behaupten, daß ihnen die Argumente gegen die Existenz & die Attribute Gottes überzeugender & einleuchtender erscheinen als die, welche man aufbietet, um jene großen Wahrheiten festzustellen. Derartige *Atheisten* bezeichnen sich als *theoretische Atheisten.* Zu ihnen zählt man unter den Philosophen des Altertums Protagoras, Demokrit, Diagoras, Theodoros, Nikanor, Hippon, Euemeros, Epikur & seine Anhänger, Lukrez, Plinius den Jüngeren & unter den modernen Philosophen Averroës, Calderinus, Poliziano, Pomponazzi, Pietro Bembo, Cardano, Caesalpino, Taurell, Cremonini, Bérigord, Viviani, Thomas Hobbes, Benedictus Spinoza &c. Ich glaube nicht, daß man zu ihnen auch jene Männer zählen muß, die weder Prinzipien noch ein System haben, die also die Frage überhaupt nicht untersucht haben & deshalb nicht recht wissen, wie unerheblich die Bedenken sind, die sie verbreiten. Sie machen sich einen törichten Ruhm daraus, für Freidenker zu gelten; sie haben einen geschraubten Stil, um sich von der Menge zu unterscheiden, & sie wären immer bereit, Partei für die Religion zu nehmen, wenn alle Welt sich für gottlos & ausschweifend erklärte: denn ihnen gefällt das Absonderliche.

Herr von Voltaire, der merkte, wie die Religion alle Tage an Kraft verlor, sagte einmal: »Das ist doch verdrießlich, denn worüber sollen wir uns nun lustig machen?« – »Oh«, sagte ihm Herr Sabatier de Castres, »trösten Sie sich; an Gelegenheit und Mitteln wird es Ihnen nicht fehlen.« – »Mein Herr«, sagte Voltaire schmerzbewegt, »kein Heil außerhalb der Kirche.«
Nicolas Chamfort

Der Geist des Unglaubens macht jeden Tag weitere Fortschritte; er eilt mit Riesenschritten vorwärts & erobert unmerklich alle Staaten & alle Stände. Darf ich die modernen Philosophen, die Freidenker, fragen, welche Frucht sie aus ihrem Verhalten zu gewinnen gedenken? Einer von ihnen, der berühmte Lord Shaftesbury, der durch seinen Unglauben ebenso wohlbekannt ist wie durch den Ruf eines eifrigen Staatsbürgers & dessen Idee darin bestand, in der Lenkung der Welt an die Stelle des Glaubens an einen künftigen Weltzustand das Wohlwollen zu setzen, drückt sich in seinem ungewöhnlichen Stil so aus: »Auch das Gewissen – ich meine jenes Gewissen, das die Wirkung einer religiösen Disziplin ist – wird ohne das Wohlwollen nur ein armseliges Sinnbild sein: es kann vielleicht Wunder unter dem niedrigen Volk vollbringen. Der Teufel & die Hölle können auf Geister von solcher Art dann wirken, wenn das Gefängnis & der Galgen nichts auszurichten vermögen; aber der Charakter derer, die gesittet & wohlwollend sind, ist ganz anders. Sie sind von jener kindlichen Einfalt so weit entfernt, daß sie sich in ihrem Verhalten gegenüber der Gesellschaft nicht von der Idee künftiger Strafen & Belohnungen leiten lassen, sondern in ihrem ganzen Lebenslauf klar zu erkennen geben, daß sie jene frommen Begriffe nur für Märchen halten, geeignet, die Kinder & das niedrige Volk zum besten zu halten.« Ich frage nicht, wo die Religion dieses eifrigen Staatsbürgers blieb, als er so sprach, sondern wo seine Klugheit & seine Politik blieben; denn wenn es, wie er behauptet, wahr ist, daß der Teufel & die Hölle eine so starke Wirkung ausüben, falls das Gefängnis & der Galgen unwirksam sind, warum wollte dann jener Mann, der sein Vaterland liebte, es eines Zügels berauben, der doch so notwendig ist, um die Menge zurückzuhalten & Ausschreitungen zu verhindern? Wenn das nicht seine Absicht war, warum zog er dann die Religion ins Lächerliche? Wenn seine Absicht darin bestand, die Engländer gesittet & liebenswürdig zu machen, so konnte er sich doch ebensogut vornehmen, sie alle zu Lords zu machen.

Strabon sagt, es sei unmöglich, das gemeine Volk durch die Prinzipien der Philosophie zu lenken; man könne es nur mit Hilfe des Aberglaubens, dessen Grundlage & Stütze Fiktionen & Wunder seien, beeindrucken; deshalb hätten die Gesetzgeber das, was die Sage über den Blitzstrahl des Jupiter, den Schild der Minerva, den Dreizack des Neptun, den Thyrsos des Bacchus, die Schlangen & Fackeln der Furien lehrte, & alle anderen Fiktionen der antiken Theologie als ein geeignetes Schreckmittel benutzt, um der kindlichen Einbildung der Menge Furcht einzuflößen. *Yvon*

ÄTHIOPIER, Philosophie der – Ethiopiens, Philosophie des (Geschichte der Philosophie). Die *Äthiopier* sind die Nachbarn der Ägypter gewesen, & die Geschichte der Philosophie der einen ist nicht weniger unzuverlässig als die Geschichte der Philosophie der anderen. Es ist uns kein einziges glaubwürdiges Zeugnis über den Stand der Wissenschaften & der Künste in jenen Ländern erhalten geblieben. Alles, was man uns von Äthiopien erzählt, scheint von denjenigen erdacht zu sein, die darauf erpicht waren, Apollonius von Tyana mit Jesus Christus zu vergleichen, & daher das Leben des ersteren gemäß dieser Ansicht beschrieben.

Wenn man die Lebensbeschreibungen der Gesetzgeber miteinander vergleicht, so findet man sie fast immer nach ein & demselben Vorbild entworfen, & ein ziemlich zuverlässiger Maßstab der Kritik dürfte darin bestehen, daß man sorgfältig untersucht, was sie jeweils Eigentümliches haben, bevor man sie als wahr anerkennt, & daß man alles Gemeinsame, das man darin vorfindet, als unwahr verwirft. Wohlbegründet ist die Vermutung, daß die wunderbaren Dinge, die man so vielen verschiedenen Männern zuschreibt, bei keinem von ihnen zutreffen.

Die *Äthiopier* behaupteten, älter als die Ägypter zu sein, weil ihr Land von den Strahlen der Sonne, die allen Wesen das Leben spendet, stärker getroffen worden sei.

Daraus ersieht man, daß diese Völker nicht weit davon entfernt waren, die Lebewesen als Entwicklungsprodukte der Erde zu betrachten, die durch die Sonnenwärme zur Gärung gebracht wurde, & daß sie infolgedessen vermuteten, die Arten hätten unendlich viele Veränderungen erfahren, ehe sie die Gestalt annahmen, in der wir sie jetzt sehen; die Lebewesen seien bei ihrem Ursprung einzeln entstanden, später aber zugleich männlich & weiblich gewesen, wie man es noch an einigen beobachten kann; die Trennung der Geschlechter sei vielleicht nur eine Zufälligkeit & die Notwendigkeit der Paarung bloß ein Mittel der Zeugung, das unserem jetzigen organischen Bau entspricht.

Die Moralphilosophie der Äthiopier beschränkte sich auf einige Aussagen, die sich in den Schleier des Rätsels & des Sinnbildes hüllten. Sie sagten, man müsse die Götter anbeten, dürfe niemandem etwas zuleide tun, solle sich in der Standhaftigkeit üben & den Tod verachten; die Wahrheit habe nichts mit der Furcht vor den Zauberkünsten & auch nichts mit dem Blendwerk der Mirakel & Wunder zu tun; Mäßigkeit sei die Grundlage der Tugend; Unmäßigkeit beraube den Menschen seiner Würde; nur die mühsam erworbenen Güter genieße man freudig; Prunk & Hochmut seien Kennzeichen niedriger Gesinnung; in den Visionen & in den Träumen herrsche nur Eitelkeit &c.

Wir können nicht verschweigen, daß der Sophist, der diese Lehren den *Äthiopiern* zur Ehre anrechnet, sich anscheinend insgeheim vorgenommen hat, die kindische Eitelkeit seiner Mitbürger, die in ihrem kleinen Land die ganze Weisheit der Welt eingeschlossen sahen, ein wenig zu dämpfen. *Diderot*

ATOMISMUS – Atomisme (sehr alte Korpuskularphysik). Als Strabon von der Gelehrsamkeit der Phöniker spricht, sagt er: »Wenn man Poseidonios glauben darf, so ist die Lehre von den Atomen sehr alt & stammt von einem Sidonier namens Moschus, der vor dem Trojanischen Krieg gelebt hat.« Pythagoras scheint diese Lehre im Orient verbreitet zu haben, & Ekphantus, ein berühmter Pythagoräer, hat bewiesen, daß die Einheiten, von denen Pythagoras sagte, alles wäre aus ihnen zusammengesetzt, nichts anderes waren als Atome – was auch Aristoteles an verschiedenen Stellen behauptet. Empedokles, auch Pythagoräer, sagte ebenfalls, daß das Wesen aller Körper nur aus der *Verbindung & Trennung* der Teilchen hervorginge, & obwohl er die vier Elemente anerkannte, behauptete er doch, diese Elemente wären aus Atomen oder Korpuskeln zusammengesetzt. Nicht ohne Grund rühmt Lukrez so sehr Empedokles, da seine Physik in mancher Hinsicht dieselbe ist wie die Epikurs. Was Anaxagoras betrifft, so war er zwar auch Atomist, hatte aber eine besondere Meinung – nämlich die, daß jedes Ding aus Atomen eigener Art zusammengesetzt wäre, die Knochen aus Knochenatomen, die roten Körper aus roten Atomen &c.

Die Lehre von den Atomen wurde eigentlich erst von Leukipp & Demokrit in ein System gebracht. Vor diesen beiden Philosophen hatte sie nur als ein Teil des philosophischen Systems gegolten, das dazu diente, die Erscheinungen der Körper zu erklären. Beide gingen noch weiter & machten aus dieser Lehre die Grundlage zu einem ganzen philosophischen System. Das führte dazu, daß Diogenes Laertius & einige andere Autoren sie als die Erfinder dieses Systems betrachteten. Gewöhnlich nennt man die Namen dieser beiden Philosophen zusammen. »Leukipp«, sagt Aristoteles in seiner *Metaphysik*, »Leukipp & sein Gefährte Demokrit behaupten, die Prinzipien aller Dinge seien das *Volle* & das *Leere* (der Körper & der Raum), wobei das eine etwas & das andere nichts ist, & der Ursachen für die Verschiedenheit der anderen Dinge seien drei, nämlich die Gestalt, die Anordnung & die Lage.« Es gibt kein besseres Mittel, sich ein vollständiges Bild vom *Atomismus* zu machen, als das berühmte Gedicht von Lukrez zu lesen. Der Gehalt dieses Systems, wie wir ihn bei jenem lateinischen Dichter & an verschiedenen Stellen Ciceros, wo davon die Rede ist, finden, ist folgender:

Die Welt ist neuartig, & alles enthält Beweise für ihre Neuartigkeit; aber die Materie, aus der sie besteht, ist ewig. Es gab immer eine unermeßliche & in Wirklichkeit unendliche Menge von Atomen oder Korpuskeln, die hart, gekrümmt, viereckig, länglich & vielgestaltig waren, alle unteilbar, immer in Bewegung & bestrebt, von der Stelle zu kommen. Alle durchquerten im Fallen den leeren Raum. Wenn sie ihren Weg immer auf solche Weise fortgesetzt hätten, so wären niemals Ansammlungen entstanden, & die Welt würde nicht existieren; aber da einige etwas von ihrem Weg abwichen, führte diese geringe Abweichung zur Zusammenballung & Verbindung mehrerer Atome. Daher bildeten sich verschiedene Massen: Himmel, Sonne, Erde, Mensch, Intelligenz & eine Art Freiheit. Nichts ist absichtlich geschaffen worden: Man muß sich davor hüten, zu glauben, die Beine des Menschen seien in der Absicht geschaffen worden, seinen Körper von einem Ort zum anderen zu tragen; seine Finger seien mit Gelenken versehen worden, um das, was für uns notwendig ist, besser greifen zu können; der Mund sei mit Zähnen ausgestattet worden, um die Nahrung zu zerkleinern; die Augen seien geschickt an geschmeidigen & beweglichen Muskeln befestigt worden, um sich schnell drehen & sofort nach allen Seiten sehen zu können. Nein, keine Intelligenz hat diese Teile so angeordnet, daß sie uns dienen können; aber wir machen Gebrauch von dem, was wir geeignet finden, uns Dienste zu leisten: »Du glaubst doch nicht, daß das Augenlicht geschaffen wurde, damit die Augen sehen könnten, sondern daß das, was entstanden ist, auch den Gebrauch mit sich bringt.«

Das Ganze ist zufällig entstanden, das Ganze besteht zufällig weiter, & die Arten pflanzen sich ebenfalls zufällig fort; das Ganze wird sich einmal zufällig auflösen; das ganze System läuft darauf hinaus (*Geschichte des Himmels*, 2. Band).

Belphegor bedeutete sein Auditorium, daß die Theilchen Materie, die ehemals den Alexander ausmachten, als er Persien in schändlicher Weise bekriegte, nach seinem Tode zerflogen und verschiedenen Menschen, Pflanzen und Thieren zu Theil geworden wären. Er ließ daher seinen Helden unter einer Eiche begraben liegen, seine Bestandtheile in den Baum aufsteigen und zu Eicheln werden, dann unter dieser Gestalt in den Magen einer Sau hinuntersteigen, von dieser seinen Ausgang nehmen, einen Fleck düngen, zu Flachs aufwachsen und in dieser Form von einem alten babylonischen Weibe gebraucht werden, um ein Mäuseloch zu verstopfen. Auf ähnliche Weise mußte ein andrer Trupp von seinen Bestandtheilen eine Reise thun, so ein dritter und noch mehrere, und jede Reise endigte sich mit einer höchst-unangenehmen Herberge. Johann K. Wezel, Belphegor

Es wäre überflüssig, sich mit der Widerlegung dieses Haufens von Ungereimtheiten zu befassen; wenn es aber notwendig sein sollte, sie zu bekämpfen, so kann man den *Anti-Lukrez* des Kardinals Polignac zu Rate ziehen.

Der *Atomismus* des Altertums war ein reiner Atheismus, aber es wäre verkehrt, diese Anklage auf die Korpuskularphilosophie überhaupt auszudehnen. Das Beispiel Demokrits, Leukipps & Epikurs, die alle drei ebenso große Atheisten wie Atomisten waren, hat sehr viele Leute veranlaßt, anzunehmen, daß man in dem Augenblick, in dem man die Korpuskeln anerkannte, jene Lehre verwarf, die immaterielle Wesen wie das göttliche Wesen & die menschliche Seele begründete. Dennoch ist die Pneumatologie mit der Lehre von den Atomen nicht nur nicht unvereinbar, sondern sie haben sogar sehr viel gemeinsam: Darum führten dieselben Prinzipien der Philosophie, welche die Alten dahin gebracht hatten, die Atome anzuerkennen, sie auch dazu, anzunehmen, daß es immaterielle Dinge gäbe; & dieselben Grundsätze, die sie davon überzeugten, daß die körperlichen Formen nicht Entitäten wären, die von der Substanz der Körper verschieden wären, überzeugten sie auch davon, daß die Seele weder mit dem Körper hervorgebracht noch bei dessen Tod vernichtet werde.

Yvon/Formey

AUFGEKLÄRT & KLARBLICKEND – **Eclairé et clairvoyant** (**Grammatik**). Diese zwei Begriffe beziehen sich auf die Kenntnisse des Geistes. *Aufgeklärt* sagt man in bezug auf erworbene Kenntnisse, *klarblickend* in bezug auf natürliche Kenntnisse. Diese zwei Eigenschaften verhalten sich zueinander wie das Wissen zum Scharfsinn. Es gibt Fälle, in denen uns aller erdenkliche Scharfsinn nicht eingibt, wofür wir uns entscheiden sollen; dann genügt es nicht, *klarblickend* zu sein, dann muß man *aufgeklärt* sein. Umgekehrt gibt es Fälle, in denen alles erdenkliche Wissen uns im ungewissen läßt; dann genügt es nicht, *aufgeklärt* zu sein, dann muß man *klarblickend* sein. *Aufgeklärt* muß man in Fragen nach den vergangenen Tatsachen sein, etwa nach den bereits erlassenen Gesetzen & anderen ähnlichen Dingen, die nicht unserer Mutmaßung überlassen sind; *klarblickend* muß man in allen jenen Fällen sein, in denen es sich um Wahrscheinlichkeiten handelt & die Mutmaßung vorherrscht. Der *aufgeklärte* Mensch weiß, was geschehen ist; der *klarblickende* Mensch ahnt, was geschehen wird: Der eine hat viel in Büchern gelesen, der andere versteht in den Köpfen zu lesen. Der *aufgeklärte* Mensch entscheidet sich aufgrund von Autoritäten, der *klarblickende* Mensch entscheidet sich aus Vernunftgründen. Zwischen dem gebildeten & dem *aufgeklärten* Menschen besteht der folgende Unterschied: Der Gebildete kennt die Dinge, der *Aufgeklärte* versteht auch, sie entsprechend anzuwenden; doch das Gemeinsame dabei ist, daß ihrem Verdienst immer erworbene Kenntnisse zugrunde liegen. Ohne die Erziehung wären beide ganz gewöhnliche Menschen gewesen, was man von dem *Klarblickenden* nicht sagen kann. Tausend Gebildete kommen auf einen *Aufgeklärten,* hundert *Aufgeklärte* auf einen *Klarblickenden* & hundert *Klarblickende* auf ein Genie. Das Genie schafft die Dinge; der *Klarblickende* leitet daraus Prinzipien ab; der *Aufgeklärte* wendet sie an; der Gebildete kennt wohl die geschaffenen Dinge, die Gesetze, die man aus ihnen abgeleitet hat, & die Anwendungen, die man mit ihnen gemacht hat: Er weiß alles, bringt aber nichts hervor. *Diderot*

Aller Fortschritt zersetzt, trennt, löst auf, zersplittert kompakte Soliditäten, zerreißt althergebrachte Zusammenhänge, zerstört, sprengt in die Luft. Aller Fortschritt hat das Thema, das Dasein zu irrationalisieren, es widerspruchsvoller und fragwürdiger, tiefer und bodenloser zu machen. Kultur ist Reichtum an Problemen, und wir finden ein Zeitalter um so aufgeklärter, je mehr Rätsel es entdeckt hat. Egon Friedell, Ecce Poeta

AUTOMAT – **Automate** (**Mechanik**). Maschine, die sich von selbst bewegt oder die Ursache ihrer Bewegung in sich selbst trägt.

Das Wort stammt vom griechischen αὐτόματον & setzt sich zusammen aus αὐτό, *selbst,* & aus μάω, *ich bin bereit,* oder auch μάτην, *leicht, einfach,* woraus sich αὐτόματος, *spontan, freiwillig,* ableitet. Ein *Automat* war die fliegende Taube des Archytas, die Aulus Gellius im X. Buch der *Attischen Nächte* erwähnt, vorausgesetzt, die fliegende Taube ist nicht nur ein Märchen.

Manche Autoren stellen mechanische Instrumente, die durch Federn, integrierte Gewichte &c. in Gang gesetzt werden, ebenso wie Uhrwerke, Taschenuhren &c. auf eine Stufe mit *Automaten.*

Der *automatische Flötenspieler* von Jacques de Vaucanson, Mitglied der Königlichen Akademie der Wissenschaften, zählt mit der Ente & einigen anderen Maschinen desselben Erfinders zu den berühmtesten Schöpfungen, die man seit langem gesehen hat.

Siehe Androide, zu denen auch der *Flötenspieler* zählt.

Angespornt von seinem Erfolg, stellte sein Schöpfer 1741 weitere *Automaten* aus, die nicht weniger Bewunderung ernteten. Es waren:

1. Eine Ente, bei der er den Mechanismus der Eingeweide nachgebildet hat, die der Flüssigkeitsaufnahme, der Nahrungsaufnahme & der Verdauung dienen. Das Zusammenspiel aller für diese Verrichtungen notwendigen Körperteile ist ganz genau dargestellt: Die Ente reckt den Hals, um Korn von der Hand aufzupicken, sie schluckt es, verdaut es & scheidet es auf dem gewöhnlichen Weg vollständig verdaut wieder aus. Alle Bewegungen einer Ente, die ihr Fressen eilig hinunterschlingt & es durch die Bewegungen des Schlunds noch schneller in den Magen befördern will, sind nach der Natur. Im Magen wird die Nahrung wie bei echten Tieren durch Auflösung & nicht durch Zermalmen verdaut; & wie bei jenem durch die Gedärme, wird das verdaute Material durch Röhren bis zum Anus befördert, wo sich ein Schließmuskel befindet, der die Ausscheidung ermöglicht.

Ihr Schöpfer gibt nicht vor, diese Verdauung käme einer tadellosen Verdauung gleich, bei der Blut & Nährstoffe erzeugt werden, die für das Tierleben notwendig sind. Wer wäre so mißgünstig, ihm daraus einen Vorwurf zu machen? Seine Absicht ist lediglich, die Mechanik dieses Vorgangs in drei Dingen nachzuahmen:

1. das Verschlucken des Korns,
2. sein Aufweichen, seine Verschmelzung oder Auflösung,
3. seine Ausscheidung in sichtbar veränderter Gestalt.

Es bedurfte indessen einiges, um die drei Vorgänge nachzubilden, & die Mittel dazu verdienten vielleicht etwas Aufmerksamkeit derer, die gerne mehr darüber erfahren würden. Verschiedene Kniffe waren notwendig, um die künstliche Ente zu füttern & sie dazu zu bringen, das Korn einzusaugen, bis es in ihren Magen gelangte, & dort auf kleinstem Raum ein Chemielabor einzurichten, in dem das Korn in seine Hauptbestandteile zerlegt & anschließend durch die Windungen der Röhren nach Belieben an der entgegengesetzten Seite ihres Körpers wieder ausgeschieden wird.

Man kann sich kaum vorstellen, daß die Konstruktion der Flügel bei den Anatomen Wünsche offenließe. Knochen für Knochen wurde nachgebildet, einschließlich aller Knochenfortsätze, welche die Anatomen *Apophysen* nennen. Diese sind mit derselben Genauigkeit beobachtet worden wie die verschiedenen Gelenke, Hohlungen & Biegungen. Die drei Knochen, aus denen sich der Flügel zusammensetzt, sind sehr verschieden gebaut: Der erste, *Humerus* genannt, ist an der Verbindungsstelle zum Schulterblattknochen in alle Richtungen drehbar; der zweite ist das Ellenbogenbein des Flügels oder der *Cubitus,* der mit dem *Humerus* durch ein Gelenk verbunden ist, das die Anatomen *Ginglymus* oder Winkel- oder Scharniergelenk nennen; der dritte, *Radius,* dreht sich in einer Höhlung des *Humerus* & seine Enden sind wie bei anderen Tieren mit den kleinen Knochen der Flügelspitze verbunden.

Um zu zeigen, daß die Bewegungen dieser Flügel denen in nichts gleichen, die man bei den Hähnen sieht, den großen Meisterwerken der Uhren von Lyon & Straßburg, kann der Betrachter die gesamte Mechanik der künstlichen Ente offen einsehen, da ihrem Schöpfer mehr daran gelegen war, die Zusammenhänge sichtbar zu machen, als bloß eine Maschine vorzuführen.

Aufmerksamen Betrachtern wird nicht entgehen, wie schwierig es war, diesen *Automaten* so viele verschiedene Bewegungen ausführen zu lassen, etwa wenn er sich aufstellt & seinen Hals nach rechts & links dreht. Keine Verlagerung des Schwerpunkts wird ihnen verborgen bleiben; sie können sogar beobachten, wie ein Körperteil, das einem beweglichen Teil als Halt diente, selbst beweglich wird & seinerseits von dem anderen, wieder starr gewordenen Teil gehalten wird. Schließlich werden sie zahllose Einzelheiten des mechanischen Zusammenspiels entdecken.

Ist diese Maschine erst einmal aufgezogen, bewegt sie sich, ohne daß man sie berührt.

Nachzutragen bleibt noch, daß dieses Tier trinkt, im Wasser planscht, krächzt wie eine lebendige Ente. Sein Schöpfer hat versucht, ihm alle Gebärden nach dem Vorbild des lebenden Tieres zu geben, das er aufmerksam studiert hat.

2. Beim zweiten *Automaten* handelt es sich um einen Tamburinspieler, der aufrecht auf einem Sockel steht, wie ein tanzender Hirtenjunge gekleidet ist & auf einem Flageolett etwa zwei Dutzend Lieder, Menuette oder Kontertänze spielt.

Auf den ersten Blick könnte man meinen, die Schwierigkeiten wären geringer gewesen als beim *automatischen Flötenspieler.* Zwar soll der eine nicht auf Kosten des anderen hervorgehoben werden, doch muß man bedenken, daß es sich um das undankbarste aller Instrumente handelt & um dasjenige, das von sich aus den richtigen Ton am weitesten verfehlt. Ferner galt es, eine Flöte mit drei Löchern zum Klingen zu bringen, wobei die Klänge mehr oder weniger davon abhängen, wie stark man hineinbläst & welche Löcher man zur Hälfte zuhält. Die Töne müssen in den verschiedensten Stärken & in einer Geschwindigkeit angeblasen werden, die das Blasen für das Ohr kaum noch hörbar macht, & jede Note, selbst die Sechzehntel, bedarf eines Zungenstoßes, denn sonst klingt dieses Instrument nicht angenehm. Dieser *Automat* übertrifft darin alle Flötenspieler, die wir kennen. Ihnen fehlt die Beweglichkeit der Zunge, die notwendig ist, um mit derselben Leichtigkeit klar klingende & richtig bemessene Sechzehntelnoten zu erzeugen. Deshalb fließen sie bei ihnen nur halb so schnell. Jener automatische Tamburinspieler aber spielt ein ganzes Lied mit Zungenstößen bei jedem Ton.

Wie viele verschiedene Anblasstärken mußten nicht miteinander kombiniert werden, um diese Wirkung hervorzubringen? Der Schöpfer hat dabei auch ungeahnte Entdeckungen gemacht. Hätte man je gedacht, daß unter den Blasinstrumenten diese kleine Flöte die Lunge der Spieler am meisten fordert?

Ihre Lungenmuskulatur muß einen Druck erzeugen, der 56 Pfund entspricht, denn es bedarf eines solchen kraftvollen Luftstroms, das heißt, der Spieler muß mit dieser Kraft oder diesem Gewicht blasen, um das eingestrichene *h* hervorzubringen, die höchste Note, die mit diesem Instrument erreicht werden kann. Die tiefste Note, das *e,* bringt hingegen schon die Kraft von einer Unze zum Erklingen. Daran mag man ermessen, in welch unterschiedlichen Stärken Luftströme erzeugt werden mußten, um den vollen Tonumfang eines provençalischen Flageoletts zu erhalten.

Bei der beschränkten Zahl an Griffen mag man vielleicht glauben, daß es nur so vieler verschieden starker Luftströme bedurfte wie die Finger Töne greifen können. Keineswegs! Die Blasstärke, bei der zum Beispiel das *d* nach dem *c* erklingt, verfehlt denselben Ton *d* ganz & gar, wenn sie sich an das *e* darüber anschließt oder anderen Tönen folgt. Beim Durchrechnen ergibt sich, daß die doppelte

Es funktioniert überall, bald rastlos, dann wieder mit Unterbrechungen. Es atmet, wärmt, ißt. Es scheißt, fickt. Das Es… Überall sind es Maschinen, im wahrsten Sinne des Wortes: Maschinen von Maschinen, mit ihren Kupplungen und Schaltungen. Angeschlossen eine Organmaschine an eine Quellemaschine: der Strom, von dieser hervorgebracht, wird von jener unterbrochen. Die Brust ist eine Maschine zur Herstellung von Milch, und mit ihr verkoppelt die Mundmaschine. Der Mund des Appetitlosen hält die Schwebe zwischen einer Eßmaschine, einer Analmaschine, einer Sprechmaschine, einer Atmungsmaschine (Asthma-Anfall). In diesem Sinne ist jeder Bastler; einem jeden seine kleinen Maschinen.

Deleuze/Guattari, Anti-Ödipus

Was ist ein Menschenauge, wenn nicht ein technisches Gerät, durch welches das, was im Gehirn dahintersitzt, hindurchschauen kann? Was hat den Menschen mit der Mondlandschaft, mit den Sonnenflecken, mit der Bahn der Gestirne vertraut gemacht? Für diese Dinge ist er auf den Seh-Apparat angewiesen... Gleichfalls, war es das Auge oder der kleine Seh-Apparat, der uns das Vorhandensein unendlich kleiner Lebewesen gezeigt hat, von denen es ringsum wimmelt, ohne daß wir etwas davon ahnen? Wer darf behaupten, es sei der Mensch, der sehe oder höre? Er ist eine solche Generalversammlung von Schmarotzern, daß es fraglich ist, ob sein Körper nicht eher ihnen gehört als ihm und ob er überhaupt etwas anderes ist als auch so eine Art Ameisenhaufen. Könnte der Mensch nicht selber eine Art Schmarotzer auf den Maschinen werden? Eine liebevoll maschinenkitzelnde Blattlaus? Samuel Butler, Erewhon

Anzahl verschieden starker Luftströme benötigt wurde, die Halbtöne nicht mitgezählt, die immer mit besonderer Kraft geblasen werden müssen. Der Schöpfer staunte selbst darüber, daß dieses Instrument einer so vielfältigen Kombinatorik bedurfte, & mehr als einmal zweifelte er am Erfolg seines Unternehmens. Doch mit Mut & Ausdauer hat er es zu guter Letzt geschafft.

Das ist aber nicht alles: dieses Flageolett liegt nur in einer Hand. In der anderen hält der Automat einen Stock, mit dem er eine Marseiller Trommel schlägt. Er vollführt einfache & doppelte Schläge, sowie verschiedene Wirbel & schlägt den Takt zu den Liedern, die er mit dem Flageolett in der anderen Hand spielt. Diese Übung ist keine der leichtesten der Maschine. Mal muß man das Tamburin kräftig, mal schnell & immer kurz schlagen, um es zum Klingen zu bringen. Es bedurfte zahlloser Kombinationen verschiedener, aufeinander abgestimmter Hebel & Federn, um die Melodie zu begleiten. Eine genauere Beschreibung würde jedoch zu weit führen. Erwähnt sei noch, daß diese Maschine jener des Flötenspielers in einigem ähnelt, gleichwohl sie aus völlig anderen Materialien gebaut ist. *d'Alembert*

AUTORITÄT, GEWALT, MACHT, HERRSCHAFT – Autorité, pouvoir, puissance, empire (Grammatik). Die *Autorität*, sagt der Abbé Girard in seinen *Synonymen*, lasse mehr Freiheit; die *Gewalt* habe mehr Stärke; die *Herrschaft* sei etwas Absoluteres. Man gewinnt die *Autorität* durch die Überlegenheit des Standes & der Vernunft, die *Gewalt* durch die Ergebenheit, die uns die anderen zeigen, die *Herrschaft* durch die Kunst, den Schwachen zu packen. Die *Autorität* überzeugt, die *Gewalt* reißt hin, die *Herrschaft* unterjocht. Die *Autorität* setzt Verdienst bei demjenigen voraus, der sie besitzt, die *Gewalt* Verbindungen, die *Herrschaft* Einfluß. Man muß sich der *Autorität* eines weisen Menschen unterwerfen; man soll seinen Freunden eine gewisse *Gewalt* über sich selbst zugestehen; man darf niemanden die *Herrschaft* ergreifen lassen. Die *Autorität* wird durch Gesetze übertragen, die *Gewalt* durch die Treuhänder der Gesetze, die *Macht* durch die Zustimmung der Menschen oder durch die Gewalt der Waffen. Man ist glücklich, wenn man unter der *Autorität* eines Fürsten lebt, der die Gerechtigkeit liebt, dessen Minister sich keine andere *Gewalt* anmaßen, als er ihnen gibt, & der den Eifer & die Liebe seiner Untertanen als die Grundlagen seiner *Macht* betrachtet. Es gibt keine *Autorität* ohne Gesetz; es gibt kein Gesetz, das eine unumschränkte *Autorität* gewährt. Jede *Gewalt* hat ihre Grenzen. Es gibt keine *Macht*, die nicht der *Macht* Gottes unterworfen sein muß. Die geringe *Autorität* flößt Verachtung ein; die blinde *Gewalt* verletzt die Gerechtigkeit; die eifersüchtige *Macht* erregt Furcht. Die *Autorität* bezieht sich auf das Recht, die *Macht* auf das Mittel, es anzuwenden, die *Gewalt* auf die Anwendung. *Autorität* weckt die Idee von Hochachtung, *Macht* die Idee von Größe, *Gewalt* die Idee von Furcht. Die *Autorität* Gottes ist unumschränkt, seine *Macht* ewig, seine *Gewalt* absolut. Die Väter haben *Autorität* über ihre Kinder; die Könige sind *mächtig* unter ihresgleichen; die Reichen & die Würdenträger sind *mächtig* in der Gesellschaft; die Beamten haben in der Gesellschaft *Gewalt*. *Diderot*

AUTORITÄT, POLITISCHE – Autorité politique. Kein Mensch hat von der Natur das Recht erhalten, den anderen zu gebieten. Die Freiheit ist ein Geschenk des Himmels, & jedes Individuum derselben Art hat das Recht, sie zu genießen, sobald es Vernunft besitzt. Wenn die Natur irgendeine *Autorität* geschaffen hat, so ist es die väterliche Macht; aber die väterliche Macht hat ihre Grenzen, & im Naturzustand würde sie aufhören, sobald die Kinder in der Lage wären, sich selbst zu leiten. Jede andere *Autorität* entspringt aus einer anderen Quelle als der Natur. Man untersuche sie genau; dann wird man sie immer auf eine der zwei folgenden Ursprünge zurückführen können: entweder auf die Stärke & die Gewalt dessen, der sie an sich gerissen hat, oder auf die Zustimmung derer, die sich ihr tatsächlich oder angeblich durch einen Vertrag zwischen ihnen & demjenigen, dem sie die *Autorität* übertrugen, unterworfen haben.

Die Macht, die durch die Gewalt erlangt wird, ist nichts als eine Usurpation & dauert nur so lange, wie die Stärke des Gebietenden die der Gehorchenden übertrifft. Wenn die letzteren also ihrerseits die Stärkeren werden & das Joch abschütteln, so tun sie dies mit dem gleichen Recht & der gleichen Gerechtigkeit, mit denen der andere es ihnen auferlegt hat. Dasselbe Gesetz, das die *Autorität* geschaffen hat, hebt sie dann auf: Es ist das Gesetz des Stärkeren.

Manchmal ändert die auf Gewalt beruhende *Autorität* ihr Wesen. Das ist der Fall, wenn sie mit der ausdrücklichen

Zustimmung der Unterworfenen fortdauert & aufrechterhalten wird; doch kommt sie dadurch in die zweite Kategorie, von der ich noch sprechen werde, & der sie sich angepaßt hat, wird dann Fürst & ist nicht mehr Tyrann.

Die Macht, die sich von der Zustimmung der Völker ableitet, setzt notwendig Bedingungen voraus, die ihren Gebrauch rechtmäßig, nützlich für die Gesellschaft, vorteilhaft für den Staat machen, & sie festlegen & in Grenzen halten; denn der Mensch soll & darf sich nicht ganz & vorbehaltlos einem anderen Menschen ausliefern, weil er einen allerhöchsten Herrn hat, dem allein er gehört. Das ist Gott, dessen Gewalt über das Geschöpf immer unmittelbar ist, ein ebenso eifersüchtiger wie absoluter Gebieter, der nie etwas von seinen Rechten verliert & sie in keinem Fall einem anderen überträgt. Zwar gestattet er um des allgemeinen Wohls willen & zur Aufrechterhaltung der Gesellschaft, daß die Menschen untereinander eine Rangordnung schaffen, daß sie einem von ihnen gehorchen; doch will er, daß dies mit Vernunft & Maß geschehe, nicht aber blind & rückhaltlos, damit die Geschöpfe sich nicht die Rechte des Schöpfers anmaßen. Jede andere Unterwerfung ist gleichbedeutend mit dem Verbrechen der Götzendienerei. Die Knie vor einem Menschen oder einem Bildnis beugen ist nur eine äußere Zeremonie, um die sich der wahre Gott, der das Herz & den Geist befragt, überhaupt nicht kümmert & die er den Institutionen der Menschen überläßt, die daraus, wie es ihnen gefällt, Kennzeichen eines zivilen, politischen oder religiösen Kultes machen. So sind es nicht diese Zeremonien an sich, sondern es ist der Geist, von dem sie getragen sind, der ihre Ausübung harmlos oder verbrecherisch macht. Ein Engländer hat keinerlei Bedenken, dem König kniend zu dienen: Das Zeremoniell bedeutet dabei nur das, was es bedeuten sollte; doch sein Herz, seinen Geist & sein Verhalten rückhaltlos dem Willen & der Laune eines bloßen Geschöpfs ausliefern, daraus den einzigen & letzten Beweggrund seiner Handlungen machen, das ist gewiß ein Verbrechen gegen die Majestät Gottes, des höchsten Gebieters. Sonst wäre jene Gewalt Gottes, von der man so viel spricht, doch nur leerer Schall, den die menschliche Politik nach Belieben benutzen & über den der Geist der Irreligiosität sich lustig machen könnte, so daß alle Ideen von Macht & Unterordnung sich verwirren würden & der Fürst sich über Gott, der Untertan sich über den Fürsten lustig machen würde.

Die wahre & rechtmäßige Macht hat also zwangsläufig Schranken. Darum sagt uns die Heilige Schrift: »Eure Unterordnung sei vernünftig«, & »Alle Macht, die von Gott kommt, ist wohlgeordnet«. Denn so muß man diese Worte verstehen, im wörtlichen Sinne & im Sinne der rechten Vernunft, nicht aber im Sinne einer Auslegung durch Unterwürfigkeit & Schmeichelei, welche vorgeben, daß alle Macht, wie immer sie auch sei, von Gott komme. Gibt es denn keine ungerechte Macht? Gibt es nicht *Autoritäten,* die keineswegs von Gott stammen, sondern gegen seine Gebote & seinen Willen geschaffen werden? Haben die Usurpatoren etwa Gott für sich? Muß man den Verfolgern der wahren Religion stets gehorchen? Und um der Dummheit den Mund zu schließen: wird die Macht des Antichristen etwa rechtmäßig sein? Das wäre doch eine große Macht. Sind Enoch & Elias, die ihr widerstehen, denn Aufrührer & Unruhestifter, die vergessen haben, daß jede Macht von Gott stammt, oder vernünftige, unerschütterliche & fromme Männer, die wissen, daß jede Macht aufhört, sobald sie die Grenzen überschreitet, die ihr die Vernunft vorgeschrieben hat, & von den Vorschriften abweicht, die der Herr der Fürsten & Untertanen aufgestellt hat? Kurz: sind Enoch & Elias Menschen, die wie Paulus denken, daß jede Macht nur von Gott stammt, solange sie gerecht & wohlgeordnet ist?

Der Fürst erlangt doch von den Untertanen selbst die *Autorität,* die er über sie hat, & diese *Autorität* ist durch die Gesetze der Natur & des Staates eingeschränkt. Die Gesetze der Natur & des Staates sind die Bedingungen, unter denen die Untertanen sich der Regierung des Fürsten tatsächlich oder vermeintlich unterworfen haben. Eine dieser Bedingungen lautet: Da der Fürst *Autorität* & Gewalt über die Untertanen nur aufgrund ihrer Wahl & ihrer Zustimmung hat, darf er diese *Autorität* nie anwenden, um die Urkunde oder den Vertrag zu vernichten, durch den sie ihm verliehen worden ist. Er würde in diesem Fall gegen sich selbst handeln, da seine *Autorität* nur aufgrund des Rechtstitels bestehen kann, der sie begründet hat. Wer das eine zunichte macht, zerstört das andere. Der Fürst kann also über seine Gewalt & seine Untertanen weder ohne Zustimmung der Nation noch unabhängig von der im Unterwerfungsvertrag festgehaltenen Wahl verfügen. Wenn er anders ver-

Woher soll ich die Farben nehmen, um den allgemeinen Aufschrei öffentlicher Freude inmitten des furchtbarsten Schauspiels zu malen, die Explosion lärmender Fröhlichkeit, die sich ausbreitet und bis zu den Stufen des Schafotts widerhallt? Sein Name ist in aller Munde, und Verwünschungen begleiten ihn: Er ist nicht mehr, der unbestechliche, der tugendhafte Robespierre; die Maske ist gefallen … Auf dem Schafott riß ihm der Henker, gleichsam angesteckt vom allgemeinen Haß, den Verband von seiner Wunde; er schrie wie ein Tiger: Der Unterkiefer fiel herunter, wobei ein Blutschwall herausschoß, und aus diesem menschlichen Antlitz wurde eine Monstervisage, die schrecklichste, die man sich ausmalen kann. Obwohl er tödlich verwundet war, verlangte die öffentliche Rache für ihn noch ein zweites Sterben, und die Leute eilten in Scharen herbei, um nicht den Augenblick zu verpassen, in dem sich dieser Kopf unter das Messer beugen würde, unter das er so viele andere gestoßen hatte. Man klatschte mehr als fünfzehn Minuten Beifall.

Mercier, Über die Hinrichtung Robespierres, 28. Juli 1794

führe, wäre alles null & nichtig, & die Gesetze würden ihn dann von den Versprechungen & Eiden, die er vielleicht geleistet hat, ebenso entbinden wie einen Bergmann, der in Unkenntnis der wahren Sachlage gehandelt hätte – nämlich in der Annahme, daß er über das, was er nur in Verwahrung hatte & bei Verlust vertragsgemäß ersetzen mußte, ebenso frei verfügen könnte, als wenn er es als volles Eigentum & ohne jede Bedingung erhalten hätte.

Zudem ist die Regierung, auch wenn sie der Erbfolge einer Familie unterliegt & in die Hände eines einzelnen gelegt wurde, kein privates Gut, sondern ein öffentliches, das eben deshalb nie dem Volk genommen werden darf, dem es – dem Wesen nach & als volles Eigentum – zugehört. Daher verpachtet immer das Volk dieses Gut; es nimmt immer an dem Vertrag teil, der zu seiner Ausübung berechtigt. Der Staat gehört nicht dem Fürsten, sondern der Fürst gehört dem Staat; aber es ist Aufgabe des Fürsten, im Staat zu regieren, weil der Staat ihn dafür gewählt hat, weil er sich den Völkern gegenüber zur Führung der Geschäfte verpflichtet hat & weil die Völker sich ihrerseits verpflichtet haben, ihm gemäß den Gesetzen zu gehorchen. Wer die Krone trägt, kann sie wohl eigenmächtig ablegen, sie aber nicht ohne Zustimmung der Nation, die sie ihm aufgesetzt hat, einem anderen aufsetzen. Kurz: Die Krone, die Regierung & die öffentliche *Autorität* sind Güter, deren Eigentümer die gesamte Nation ist & deren Nutznießer, Verwalter & Treuhänder die Fürsten sind. Sie sind wohl Staatsoberhäupter, zugleich aber auch Mitglieder des Staates, allerdings die ersten, verehrungswürdigsten & mächtigsten, sie haben Vollmacht, was die Regierung anbetrifft, sind aber nicht berechtigt, die bestehende Regierungsweise irgendwie zu ändern oder ein anderes Oberhaupt einzusetzen. Das Zepter Ludwigs XV. geht zwangsläufig auf seinen ältesten Sohn über, & keine Macht darf sich dem widersetzen, weder die Macht der Nation, weil dies eine Bedingung des Vertrages ist, noch die Macht des Vaters – aus demselben Grund.

Bei strömendem Regen Schutz am Themse-Ufer gesucht. Sah den König in seiner Barkasse vorbeifahren; es verringerte meine Achtung vor ihm, daß er nicht in der Lage zu sein scheint, dem Regen Einhalt zu gebieten.
Samuel Pepys, Tagebuch, 19. Juli 1662

Die *Autorität* wird manchmal nur für eine begrenzte Zeit anvertraut, wie in der römischen Republik; manchmal für die Lebenszeit eines Menschen, wie in Polen; manchmal für die Zeit, die eine Familie besteht, wie in England; manchmal nur für die Lebenszeit der männlichen Nachkommen eines Geschlechts, wie in Frankreich.

Zuweilen wird sie auch einem bestimmten Stand in der Gesellschaft anvertraut, zuweilen mehreren Erwählten & zuweilen einem einzigen.

Die Bedingungen dieses Paktes sind in den verschiedenen Staaten verschieden. Überall aber ist die Nation berechtigt, unter allen Umständen den Vertrag aufrechtzuerhalten, den sie geschlossen hat; keine Macht kann ihn ändern, & sobald er nicht mehr gilt, tritt die Nation wieder in das Recht & die volle Freiheit ein, einen neuen Vertrag zu schließen, mit wem sie will & wie sie will. In Frankreich würde dies der Fall sein, wenn zum allergrößten Unglück das ganze Herrschergeschlecht bis zu den letzten Nachkommen erlöschen würde; dann fielen das Zepter & die Krone wieder an die Nation.

Es scheint, daß nur Sklaven, deren Geist ebenso beschränkt wäre wie ihre Gesinnung niedrig, anders denken könnten. Derartige Kreaturen sind nicht geboren zum Ruhm der Fürsten & zum Vorteil der Gesellschaft: sie haben weder Tugend noch Seelengröße. Furcht & Selbstsucht sind die Triebfedern ihrer Handlungsweise. Die Natur bringt sie nur hervor, um desto mehr Licht auf die Tugendhaften zu werfen, & die Vorsehung bedient sich ihrer nur, um die tyrannische Macht zu schaffen, mit der sie gewöhnlich Völker & Herrscher straft, die Gott beleidigen, indem sie entweder die ganze Gewalt an sich reißen oder einem Menschen zuviel von jener höchsten Gewalt gewähren, die der Schöpfer sich über seine Geschöpfe vorbehalten hat.

Die Befolgung der Gesetze, die Erhaltung der Freiheit & die Liebe zum Vaterland sind die ergiebigen Quellen aller großen Dinge & aller schönen Handlungen. Darauf beruht das Glück der Völker sowie der wahre Ruhm der Fürsten, die sie regieren; darin besteht auch der rühmliche Gehorsam sowie die erhabene Herrschaft. Schmeichelei, Privatinteresse & Untertanengeist sind dagegen der Ursprung aller Übel, die einen Staat befallen, & aller Niederträchtigkeiten, die ihn entehren. In einem solchen Staat sind die Untertanen unglücklich & die Fürsten verhaßt; da hört der Monarch nie, daß man ihn den »Vielgeliebten« nennt; da ist die Unterwerfung schimpflich & die Herrschaft grausam. Wenn ich unter ein & demselben Gesichtspunkt Frankreich & die Türkei betrachte, so sehe ich einerseits eine Gesellschaft von Menschen, die durch die Vernunft vereint, durch die Tugend zum Handeln bestimmt & von einem ebenso weisen wie ruhmreichen Oberhaupt nach den Geboten der Gerechtigkeit regiert werden, & andererseits eine Herde von Tieren, welche die Gewohnheit zusammenhält, das Gebot der Peitsche antreibt & ein absoluter Herrscher nach seiner Laune gängelt. *Diderot*

AUTORITÄT IN DER REDE & IN DER SCHRIFT – Autorité dans les discours et dans les écrits. Unter *Autorität in der Rede* verstehe ich den Anspruch auf Glauben an das, was man sagt. Je größeren Anspruch man also auf Glauben an die eigenen Worte hat, desto größere *Autorität* hat man. Dieser Anspruch beruht auf dem Grad von Wissen & Aufrichtigkeit, der am Sprecher zu erkennen ist.

Nur die eigenen Gedanken haben Wahrheit und Leben; denn nur die eigenen Gedanken versteht man ganz. Fremde, gelesene Gedanken sind geschissene Scheiße. Arthur Schopenhauer, Manuskriptbuch

Das Wissen verhindert, daß man sich selbst täuscht, & schließt den Irrtum aus, der aus der Unkenntnis entstehen könnte. Die Aufrichtigkeit verhindert, daß man die anderen täuscht, & bekämpft die Unwahrheit, zumal wenn die Bosheit versucht, sie glaubwürdig zu machen. Aufgeklärtheit & Aufrichtigkeit sind also der wahre Maßstab für *Autorität in der Rede*. Diese zwei Eigenschaften sind unbedingt notwendig. Der gescheiteste & aufgeklärteste Mann verdient keinen Glauben mehr, sobald er trügerisch ist, ebensowenig wie der frömmste & heiligste Mann, sobald er von Dingen spricht, die er nicht kennt. So hat der heilige Augustin mit Recht gesagt, daß nicht der Wohlklang der Worte, sondern das Verdienst der Schriftsteller ausschlaggebend sei. Übrigens darf man das Verdienst nicht nach dem Ruf beurteilen, besonders nicht bei Leuten, die Mitglieder einer Körperschaft sind oder durch eine Intrige gestützt werden. Der wahre Prüfstein, falls man ihn richtig anzuwenden versteht, ist ein sorgfältiger Vergleich der Rede mit der für sich genommenen Materie, die Gegenstand der Rede ist. Nicht der Name des Autors soll dem Werk Achtung, sondern das Werk dem Autor Gerechtigkeit verschaffen.

Nur auf dem Gebiet der Tatsachen, in Fragen der Religion & in der Geschichte hat meines Erachtens die *Autorität* ihren Wert. Sonst ist sie nutzlos & überflüssig. Was liegt daran, daß andere ebenso wie wir gedacht haben oder anders, vorausgesetzt, daß wir nach den Regeln des gesunden Menschenverstandes & gemäß der Wahrheit richtig denken? Daß andere die gleiche Anschauung haben wie Aristoteles, vorausgesetzt, daß sie den Gesetzen des logischen Denkens entspricht. Wozu diese häufigen Zitate, wenn es sich um Fragen handelt, die einzig & allein vom Zeugnis der Vernunft & der Sinne abhängen? Warum soll ich mich vergewissern, daß es Tag ist, wenn ich die Augen offen habe & die Sonne scheint? Große Namen taugen nur dazu, die Menge zu blenden, die kleinen Geister zu täuschen & den Scharlatanen Stoff für ihr Geschwätz zu liefern. Die Menge, die all das bewundert, was sie nicht versteht, glaubt immer, daß derjenige, der am meisten & am unnatürlichsten redet, der Tüchtigste sei. Diejenigen, die nicht so viel Geistesgröße haben, um selbst zu denken, begnügen sich mit fremden Gedanken & zählen die Stimmen. Die Scharlatane, die nicht schweigen können & die Schweigen & Bescheidenheit für Symptome von Unwissenheit oder Dummheit halten, legen sich unerschöpfliche Zitatenschätze zu.

Ich behaupte jedoch nicht, daß *Autorität* in den Wissenschaften völlig zwecklos sei. Ich will nur klarmachen, daß sie zwar dazu dienen soll, uns zu stützen, nicht aber dazu, uns zu leiten. Sonst würde sie in die Rechte der Vernunft eingreifen. Diese ist eine Fackel, die von der Natur angezündet wurde & dazu bestimmt ist, uns zu leuchten; die *Autorität* dagegen ist bestenfalls nur ein Stock, der von Menschenhand geschaffen wurde & uns im Fall der Schwäche auf dem Weg zu helfen vermag, den uns die Vernunft zeigt.

Diejenigen, die sich bei ihren Forschungen nur an die *Autorität* halten, haben große Ähnlichkeit mit Blinden, die sich von anderen führen lassen. Wenn ihr Führer schlecht ist, bringt er sie auf Irrwege, auf denen er sie müde & erschöpft stehenläßt, bevor sie einen Schritt auf dem richtigen Weg des Wissens gemacht haben. Ist er geschickt, so läßt er sie zwar eine große Strecke in kurzer Zeit zurücklegen; doch hatten sie dabei nicht das Vergnügen, das Ziel zu sehen, auf das sie zustreben, oder die Gegenstände zu bemerken, die das Ufer schmückten & es erfreulich machten.

Diese Engstirnigen, die nichts ihren eigenen Reflexionen verdanken wollen & die sich unaufhörlich nach den Ideen der anderen richten, stelle ich mir vor als Kinder, deren Beine nie kräftig werden, oder als Kranke, die nie aus dem Genesungszustand herauskommen & keinen Schritt ohne fremde Hilfe machen. *Diderot*

Babel (Alte geistliche Geschichte). Hebräisch *Verwirrung*, Name einer Stadt & eines Turms, die in Genesis 11 erwähnt werden, im Land Schinar nach Chaldäa am Euphrat gelegen, welche die Nachkommen Noahs zu bauen beschlossen, bevor sie sich auf der Erde zerstreuten. Der Turm sollte bis zum Himmel reichen, Gott aber bestrafte den kindischen Hochmut dieses Versuchs, den die Menschen gewiß auch von sich aus aufgegeben hätten. Den Plan dazu schreibt man Nimrod zu, dem Enkel von Ham; auf diese Weise gedachte er, sein Andenken zu verewigen & sich eine Zuflucht vor einer neuen Sintflut zu bereiten. Man baute den Turm von *Babel* im Jahr der Welt 1802. Peleg, der letzte Patriarch der Familie von Sem, war damals 14 Jahre alt; ein Datum, das mit den Himmelsbeobachtungen übereinstimmt, die Kallisthenes aus Babylon an Aristoteles sandte. Diese Beobachtungen erstreckten sich über 1903 Jahre, genau die Zeitspanne, die zwischen der Grundsteinlegung des Turms von *Babel* & dem Einzug Alexanders in Babylon verstrichen war. Der Turm bestand aus mit Erdpech verbundenen Backsteinen. Kaum hatte er eine bestimmte Höhe erreicht, hörten die Arbeiter auf, einander zu verstehen, & mußten das Werk aufgeben. Einige Autoren führen den Ursprung der verschiedenen Sprachen auf dieses Ereignis zurück; andere fügen hinzu, daß die Heiden, die später davon hörten, sich darunter den Krieg der Giganten gegen die Götter vorstellten. Casaubon meint, daß die Sprachenvielfalt die Wirkung & nicht die Ursache der Teilung der Völker war; daß die Arbeiter des Turms von *Babel,* als sie sich, nachdem sie lange daran gebaut hatten, noch immer in derselben Entfernung vom Himmel befanden, innehielten, so wie Kinder, die auf den Horizont zugehen, weil sie glauben, den Himmel mit der Hand greifen zu können, schließlich innehalten; daß sie sich zerstreuten & daß ihre Sprache verfiel. Eine Viertel Meile östlich des Euphrat findet man Ruinen, die man ziemlich unbegründet für die Überreste des berühmten Turms hält. *Diderot*

Javier Marías
Babel

Wir sind so gewöhnt an die Vielfalt der Sprachen und die daraus folgende permanente Notwendigkeit von Dolmetschern und Übersetzungen, daß wir uns kaum je die grundlegende Frage stellen: Warum gibt es verschiedene Sprachen, noch dazu so viele, anstelle einer einzigen? Warum gibt es Sprachen und nicht einfach das Sprechen, mehr oder weniger so wie es das Denken gibt, also eine Fähigkeit, die grundsätzlich allen Menschen gemeinsam ist? Man versucht dies – die Fähigkeit oder natürliche Anlage zu sprechen, die ebenso allen Menschen grundsätzlich gemeinsam ist – ebenfalls mit dem Wort Sprache zu bezeichnen. Und dennoch, dieser zweite Inhalt des Worts hebt die vorangehenden Fragen nicht auf, vielmehr könnten wir weitere hinzufügen: Warum hat Sprache – im Sinne von Sprechfähigkeit – so viele und so unterschiedliche Erscheinungsformen, daß diese inkompatibel, das heißt die einen für die anderen unverständlich und somit gewissermaßen, nämlich jenseits einer bestimmten Sprachgrenze, unbrauchbar sind? Wie ist es möglich, daß ein Vehikel der Vermittlung und Verständigung so leicht seine Bestimmung verlieren und sich ins Gegenteil kehren kann, in ein unüberwindbares Hindernis, eine undurchdringliche Mauer, in etwas Unentzifferbares für den Sprecher einer *anderen* Sprache, in ein Vehikel der Verwirrung und des Nicht-Verstehens? Warum wohnt dem, was der Klarheit und Transparenz dient, das Vermögen inne, dunkel und undurchsichtig und trüb zu erscheinen? Noch einmal: Warum gibt es unzählige Sprachen, die sich alle den Rücken zukehren und sich im Grunde gegenseitig negieren und ausschließen, warum gibt es nicht allein *die* Sprache?

Diese implizite Verneinung der anderen Sprachen – allein die Existenz jeder einzelnen von ihnen trägt dies in sich –, ist in bestimmten historischen Epochen mancherorts auch explizit gewesen. Unter anderen hat der Linguist Agustín García Calvo darauf hingewiesen, daß selbst der Begriff der Übersetzung, so wie wir ihn heute verstehen, nicht immer existiert hat und relativ spät aufgekommen ist (vgl. Agustín García Calvo, *Lalia:* Ensayos de estudio lingüístico de la Sociedad. Madrid 1973). Für das antike Griechenland stellen wir fest, daß es kein eigenes und eindeutiges Wort gab, um die Tätigkeit des Übersetzens zu bezeichnen: Thukydides verwendet das Verb μεταγράμεσθαι, das dem Lateinischen *transcribere* und unserem heutigen *transkribieren* entspricht. Bei Herodot hingegen taucht der Begriff ἑρμηνεύειν auf, zur Bezeichnung der Aufgabe der Dolmetscher, die unter Sprechern unterschiedlicher Sprachen Botschaften vermitteln – ein Verb, das dem lateinischen *interpretari* gleichkommt und unserem heutigen *interpretieren,* und zwar in seiner explizit hermeneutischen Bedeutung. Lateinische Autoren wie Plautus, Terenz oder Cicero schließlich verwenden, um das Überführen von einer Sprache in eine andere zu bezeichnen, die Verben *vertere, reddere,* das bereits erwähnte *interpretari* und sogar *retractare* (also *umgießen, wiederherstellen* oder *in einen anderen Zustand versetzen, auslegen* und schließlich *umarbeiten* oder *sich etwas neu vornehmen*); und die Substantive – *interpretatio, aemulatio, imitatio* – zeigen deutlich, daß das Übersetzen nicht strikt getrennt wurde von anderen Verfahren wie dem der Interpretation schwieriger oder schwer verständlicher Texte, des Nacheiferns, der Nachahmung und sogar dem des einfachen Transkribierens. Die Begriffe *traductio* und *translatio* stammen aus dem Mittellateinischen, das heißt aus einer Epoche, die den Begriff des Übersetzens bereits genauso oder ähnlich abgrenzte, wie wir es heute tun.

Das alles ist um so verwunderlicher, als die griechisch-römische Welt keineswegs abgelegen oder isoliert war, so daß es unvorstellbar ist, daß sie von der Existenz *anderer* Sprachen, oder von Sprachen, die ihrem Umfeld fremd waren, nichts gewußt haben sollte. In einer abgelegenen, isolierten Welt nämlich, in der es keine Nachbarn gäbe und man keine andere Sprache kennte als die der eigenen Sprecher (man denke an die vielen über Jahrhunderte isolierten Dörfer und Gemeinden, oder vielleicht an Stämme, die bis heute versteckt und abseits leben), dort wäre die eigene Sprache nämlich sehr wohl *die* Sprache, und für die Bewohner jener Welt wäre der doppelte Gehalt des Wortes – die Sprechfähigkeit und deren Erscheinungsform – sehr wohl deckungsgleich.

Sonderbarerweise passiert in der griechischen Welt etwas Ähnliches, etwas, das die Zeitgenossen als Ausdruck von Arroganz gewertet haben dürften, wenn nicht als Überheblichkeit oder sogar – man entschuldige die anachronistischen Worte zur Beschreibung der Antike – als Imperialismus und Ethnozentrismus – letzteres überdies ein sehr häßliches Wort. Nun, auch García Calvo erinnert noch einmal daran, daß das Verb ἐλληνίζειν für die Griechen nicht einfach »griechisch reden« bedeutete (oder »in hellenischer Sprache«), wie man auf den ersten Blick meinen könnte, sondern schlicht »reden«, »gut reden« oder in den Worten des Linguisten »der Norm gemäß reden«. Und genauso hieß das Verb βαρβαρίζειν nicht nur »Barbarisch reden«, also in einer fremden Sprache, wie es auf den ersten Blick, unter streng etymologischen Gesichtspunkten erscheinen könnte, sondern »brabbeln«, stammeln; das heißt, »Barbarisch reden« war ununterscheidbar von der Bedeutung, sich schlecht artikuliert auszudrücken, nahezu »präverbal«, und auf diese Weise brachten die griechischen Sprachen die fremden Sprachen in die Nähe des Tierrufs, des rudimentären Brabbeln des Kindes, das man nur entgegen allen Normen als »der Norm gemäß reden« bezeichnen könnte.

Würde man diesen Tatbestand einzig und allein als Verachtung unbekannter oder fremder Sprachen interpretieren, als Zeichen von Überlegenheit oder Selbstherrlichkeit, oder als Signal für das ungerechtfertigte Aufbauen einer sprachlichen Hierarchie (nach der alles, was nicht den griechischen Sprachen angehört, noch nicht einmal verdiente, als Sprache eingeordnet zu werden), wäre dies genauso plump, wie zu verneinen, daß etwas von alledem möglicherweise in diesem Tatbestand steckt. Natürlich kann kein Zweifel daran bestehen, daß die Einordnung der griechischen Sprachen in eine höhere Kategorie hier zugrunde liegt, und zwar in eine Kategorie solcher Sprachen, die *stricto sensu* diese Bezeichnung verdienen. Dennoch ist es unwahrscheinlich, daß dies den einzigen Hintergrund darstellt, und noch unwahrscheinlicher, daß es sich hierbei um einen Willensakt oder eine Strategie handelt mit dem Ziel, die anderen Sprachen mit »Komplexen« zu beladen, indem man ihnen ihren Status als solche verweigert und sie mit Kindergebrabbel und Tierrufen gleichsetzt. Hingegen ist denkbar, daß die beiden Verben ἑλληνίζειν und βαρβαρίζειν mit einer gewissen »Natürlichkeit« verwendet wurden, kaum anders als zum Beispiel ein Amazonasstamm eine zweite Sprache aufnehmen würde, ein Stamm, der noch nie eine andere Sprache als seine eigene gehört hat, mehr noch, der sich niemals auch nur die Möglichkeit – wir sagen bewußt nicht, die Notwendigkeit – vorgestellt hätte, daß es eine *andere* Sprache gibt, denn das ist genau der Punkt: daß es etwas anderes gibt, das trotzdem und paradoxerweise *demselben* dient. Tief im Innern eines jeden zivilisierten und gebildeten Sprechers von heute, der mehrere Sprachen kennt und überdies gewohnt ist, mit ihnen umzugehen, lebt gewiß ein Rest dieser Vorstellung weiter (oder, wenn man so will, des Gefühls oder der Wahrnehmung): daß die eigene Sprache *die* Sprache ist und alle anderen unnötig. Oder, um es in einer weniger mißverständlichen und verfänglichen Weise auszudrücken: Tief im Innern eines jeden zivilisierten und gebildeten Sprechers von heute besteht die Sehnsucht fort nach einer einzigen Sprache, genauso wie der Verdacht, daß die Existenz Tausender von Sprachen überflüssig, ja verschwenderisch sei.

Ist dies denn so abwegig? Schauen wir uns an, was der Mythos sagt (zumindest einer von ihnen, der Mythos der westlichen Welt). Wie bei allen Geschichten, die erzählt und wieder erzählt, von den Exegesen und der Kunst neu erschaffen und neu interpretiert werden, wird auch der Turmbau zu Babel meist mit mehr Ausschmückungen und größerer Ausführlichkeit aufgerufen, als die Bibel ihm zugesteht. Ähnlich wie es für einige Überraschung sorgt, wenn man beim Nachlesen feststellt, daß die Geschichte vom Trojanischen Pferd gar nicht in der *Ilias* steht, ist auch das, was uns die *Genesis* über Babel sagt, recht spärlich und hat nicht viel zu tun mit dem sogenannten Volksglauben oder der am meisten verbreiteten Version, schon gar nicht mit der ikonographischen und oralen Tradition.

»Alle Menschen«, verkündet der erste Vers, »hatten die gleiche Sprache und gebrauchten die gleichen Worte.« Es ist auffällig, daß die Erzählung von der Errichtung des Turms damit beginnt, daß zunächst einmal ein Zustand erwähnt wird, der offenkundig wenig mit der Sache selbst zu tun hat. Der nächste Vers, auf den es sich aufmerksam zu machen lohnt, ist der, in dem die Menschen sich untereinander mitteilen, warum sie sich eine derartige Aufgabe stellen: »Dann sagten sie: Auf, bauen wir uns eine Stadt und einen Turm mit einer Spitze bis zum Himmel, und machen wir uns damit einen Namen, dann werden wir uns nicht über die ganze Erde zerstreuen.« An erster Stelle steht das Ziel, sich einen Namen zu machen, einen Ruf und Ruhm zu erlangen, und nicht so sehr, Jahwe herauszufordern oder mit dem Turm den Himmel zu erreichen, denn letzteres wird nur beiläufig genannt und könnte auch ohne weiteres in ausschließlich metaphorischem oder figurativem Sinn verstanden werden. Doch weiter, dieser Ruhm wird mit dem Ziel angestrebt, nicht in alle Länder zerstreut zu werden, das heißt mit dem Ziel, die Einheit zu erhalten oder die drohende Auflösung der Gemeinschaft zu verhindern.

Sehen wir uns nun den nächsten Vers an, der Jahwes Überlegungen mitteilt und teilweise auch erklärt, welche Gründe ihn dazu bewegen, in die Angelegenheit einzugreifen: »Da stieg der Herr herab, um sich Stadt und Turm anzusehen, die die Menschenkinder bauten. Er sprach: Seht nur, *ein* Volk sind sie, und *eine* Sprache haben sie alle. Und das ist erst der Anfang ihres Tuns. Jetzt wird ihnen nichts mehr unerreichbar sein, was sie sich auch vornehmen.« Verweilen wir kurz an dieser Stelle, denn hier begegnen wir zum zweiten Mal der Erwähnung einer einzigen Sprache der Menschen, und hier wird dies auch explizit von Jahwe oder Jehova benannt, der darin die Tatkraft dieser Menschen verankert sieht. Sein Nachsinnen ist nicht bestrafender Natur, wie von der Exegese zum Teil etabliert und von »Tradition und Volksglauben« abgesegnet. In dem Text steht nichts davon, was so viele Male hineingelesen oder nachträglich als selbstverständlich angenommen wurde, nämlich: daß Jahwe den Turmbau als Hochmut – oder *Hybris* – ansah und darum beschloß, dies zu bestrafen und den Menschen eine Lektion zu erteilen.

Tatsächlich aber zeigt dieses Nachdenken einen merkwürdig unsicheren und furchtsamen und auch arglistigen Gott. Was ihn offenbar besorgt oder stört und ihn zum Einschreiten bewegt, ist, daß dies »der Anfang ihres Tuns« sei und daß, wenn das, was sie begonnen haben, erst einmal von Erfolg gekrönt sein würde, »ihnen nichts mehr unerreichbar sein (würde), was sie sich auch vornehmen«. Und dieses Vermögen oder diese Kraft, die der Herr ihnen zuspricht, basiert darauf, daß sie eine einzige Sprache haben.

Und daran schließt Jahwe an: »Auf, steigen wir hinab, und verwirren wir dort ihre Sprache, so daß keiner mehr die Sprache des anderen versteht.« Und weiter folgt nur noch die Feststellung oder der Ausführungsbericht der geplanten und wohldurchdachten Maßnahme: »Der Herr zerstreute sie von dort aus über die ganze Erde, und sie hörten auf, an der Stadt zu bauen. Darum nannte man die Stadt Babel (Wirrsal), denn dort hat der Herr die Sprache aller Welt verwirrt, und von dort aus hat er die Menschen über die ganze Erde zerstreut.«

Jahwe handelt hier arglistig, habe ich gesagt, denn obwohl er die Stadt und den Turm ohne weiteres zerstören oder überfluten oder durch einen Blitzschlag hätte vernichten können, wählt er eine indirekte Taktik – eine höchst indirekte, eigentlich sogar eine Verschleierungstaktik –, um zu erreichen, daß das Vorhaben scheitert, als wollte er kein Indiz liefern für Furcht, Unsicherheit oder Schwäche. Und diese indirekte Taktik besteht darin, das mit der Wurzel auszureißen, was nach seiner Überlegung und Einschätzung die Menschen dazu ermächtigt, grenzenlose Macht zu erlangen: die gemeinsame oder einzige Sprache und somit der Zusammenhalt und das natürliche gegenseitige Verstehen. Was die Menschen anspornte, den Turm zu errichten, war die Furcht, in alle Welt verstreut zu enden, wenn sie es nicht täten; was Jahwe mit seiner Entscheidung und seiner arglistigen oder heimtückischen Intervention erreicht, ist ausgerechnet die Bestätigung dieser menschlichen Furcht; er verdammt die Menschen dazu, sich zu zerstreuen und – nicht als Auswirkung der Zerstreuung, sondern als Grund für diese – sich nicht mehr zu verstehen. Seine Maßname ist transzendent: Nicht weil sich die Menschen zerstreuen, haben sie keine gemeinsame Sprache mehr, sondern weil sie sie verlieren, deshalb zerstreuen sie sich.

In dem Text der *Genesis* über Babel erscheint die Sprachverwirrung und Sprachvervielfältigung, ich sage es noch einmal, nicht als Strafe, sondern als »Verteidigungsmaßnahme« Jahwes gegenüber den Menschen, denen ansonsten bald nichts mehr verschlossen bliebe. Jahwe greift ein, weil er sich bedroht fühlt, oder vielleicht spürt er, daß dieses Volk, das in der Lage ist, zu erreichen, was es sich vorgenommen hat, ihn am Ende nicht mehr brauchen würde. Jedenfalls bleibt kein Zweifel daran, daß in dem Mythos die Existenz vieler Sprachen einen Fluch konstituiert und sich in eine unfehlbare Waffe gegen die Sprecher in ihrer Gesamtheit wendet. Die Sprachenvielfalt kommt in dem Mythos als tiefgreifendes Unglück über diejenigen, die sie besitzen und Gebrauch von ihr machen, als das, was sie beschränken und ihre Unternehmungen – gleichsam im Keim erstickt – zum Scheitern verurteilen wird. Und nebenbei erscheint dies als »antinatürliches« Tun, handelt es sich doch um eine wohlüberlegte Maßnahme Gottes, die das verändert, was bis dahin da war, also das »Natürliche«. Und darum könnte man sagen, daß der Mythos vom Turmbau zu Babel in einem gewissen Sinn die Änderung oder Korrektur von Gott an seinem eigenen Werk mitteilt.

Wenn das Alte Testament diese Geschichte wiedergibt, dann enthält das Neue Testament sein Korrelat oder Gegenstück, in diesem Fall unter umgekehrten Vorzeichen: Das Pfingstwunder, in dem die plötzliche Annullierung oder Aufhebung des Fluchs von Babel als unglaubliches und unerklärliches Wunder erlebt wird. Nach dem Besuch des Heiligen Geistes ziehen die Apostel los, das Wort Christi zu verbreiten, und alle Zuhörer staunen: »Parther, Meder und Elamiter, Bewohner von Mesopotamien, Judäa und Kappadozien, von Pontus und der Provinz Asien, von Phrygien und Pamphylien, von Ägypten und dem Gebiet Libyens nach Zyrene hin, auch die Römer, die sich hier aufhalten, Juden und Proselyten, Kreter und Araber, wir hören sie in unseren Sprachen Gottes große Taten verkünden.« Und weiter: »Alle gerieten außer sich und waren ratlos. Die einen sagten zueinander: Was hat das zu bedeuten? Andere aber spotteten: Sie sind vom süßen Wein betrunken.« – Aber das ist dann schon eine andere Geschichte.

Aus dem Spanischen von Stefanie Gerhold

BACCHIONITEN – **Bacchionites (Geschichte des Altertums)**. Das waren, wie man sich erzählt, Philosophen, die den Dingen dieser gewöhnlichen Welt gegenüber generelle Verachtung hegten, so daß sie sich weiter nichts vorbehielten als eine Trinkschale. Als einer von ihnen, so wird weiter erzählt, auf den Feldern einmal einen Hirten mit der hohlen Hand Wasser aus einem Bach schöpfen sah, warf er seine Trinkschale gleich einem unbequemen & überflüssigen Gegenstand weg. Dasselbe behauptet man auch von Diogenes. Wenn es so uneigennützige Menschen überhaupt gegeben hat, dann muß man wohl zugeben, daß ihre Metaphysik & ihre Moral es verdienten, besser bekannt zu sein. Nachdem sie die verhängnisvolle Unterscheidung von *Dein & Mein* aus ihrem Kreis ausgeschlossen hatten, blieb nur noch wenig zu tun, um keinen Grund zu Streitigkeiten mehr zu haben & so glücklich zu werden, wie es dem Menschen zu sein vergönnt ist. *Diderot*

Backenzahn – **Molaire dent** (**Anatomie**). Großer Zahn des Mundes mit einer oder mehreren Wurzeln. Gewöhnlich zählt man beim Menschen zwanzig *Backenzähne,* das heißt zehn in jedem Kiefer, fünf auf jeder Seite.

Die *Backenzähne* sind dicker als die Schneidezähne & die Eckzähne, breit, flach & auf ihrer oberen Fläche höckrig; ihr Körper ist fast quadratisch. Sie befinden sich im hinteren Teil der Kiefer im Anschluß an die Eckzähne.

Man unterscheidet kleine & große *Backenzähne;* sei es, weil die zwei ersten bei den Erwachsenen gewöhnlich weniger dick sind als ihre Nachbarn derselben Art & ihre Kronen weniger Höcker aufweisen; sei es, weil sie gemeinhin weniger Wurzeln haben als jene, die hinter ihnen liegen. Zuweilen befindet sich in dem einen Kiefer eine größere Anzahl von *Backenzähnen* als im anderen, weil einige von ihnen manchmal erst in fortgeschrittenem Alter herauskommen, weshalb der gemeine Mann sie Weisheitszähne nennt. Alle diese Zähne im hinteren Teil der Kiefer heißen *Molare,* Mahlzähne, weil ihre Form & Anordnung sie dazu befähigen, auch die festeste Nahrung zu zermahlen; sie vollenden damit die Zerkleinerung, welche die Schneidezähne & die Eckzähne begonnen haben.

Ich sagte bereits, daß die neben den Eckzähnen liegenden *Backenzähne* gewöhnlich kleiner sind als die von ihnen entfernteren; in der Tat ähneln sie den Eckzähnen so sehr, daß die Schwierigkeit, zu bestimmen, welcher Gattung sie angehören, der Grund dafür ist, daß die Anzahl der Eckzähne von einigen Autoren unterschiedlich festgelegt wird.

Man muß jedoch einräumen, daß die Anzahl der wahren *Backenzähne* variiert. Bald sind es fünf, bald nur vier auf jeder Seite; manchmal befinden sich vier auf der linken & fünf auf der rechten Seite, oder fünf auf der linken & vier auf der rechten Seite, oder fünf im Oberkiefer & vier im Unterkiefer.

Es kommt sehr selten vor, daß die *Backenzähne* nachwachsen, wenn sie ausgefallen sind; indes erwähnen Eustachio & Fallopia einige solcher Fälle. Diemerbroek will einen vierzigjährigen Mann gesehen haben, bei dem der neben dem Eckzahn gelegene *Backenzahn* nachgewachsen war.

Der Durchbruch der letzten *Backenzähne* verursacht den Erwachsenen häufig große Schmerzen; das sicherste Mittel, den Durchbruch dieser Art von Zähnen zu befördern, besteht darin, mit der Lanzette einen Einschnitt in das Zahnfleisch über dem Zahn zu machen. *Jaucourt*

Bäder – **Bains** (**Architektur**). Große & prachtvolle Gebäude, welche die Alten als Zierde & Annehmlichkeit errichteten. Man muß die natürlichen *Bäder* von den künstlichen unterscheiden. Die natürlichen *Bäder* sind entweder kalt wie das Wasser der Flüsse oder warm wie die der Gesundbrunnen, die sich zur Heilung mehrerer Krankheiten eignen. Siehe Gesundbrunnen.

Was die von den Palästren abgesonderten *Bäder* anbelangt, so geht aus Vitruvs Beschreibung hervor:

1. daß diese *Bäder* gewöhnlich doppelt waren, die einen für die Männer, die anderen für die Frauen, zumindest bei den Römern, die in diesem Punkt mehr auf Schicklichkeit achteten als die Lakedämonier, bei denen beide Geschlechter gemeinsam badeten;

2. daß die beiden warmen *Bäder* dicht beieinanderlagen, damit man sie mit demselben Ofen heizen konnte;

3. daß sich in der Mitte dieser *Bäder* ein großes Becken befand, das sein Wasser aus verschiedenen Rohren erhielt & in das man mittels einiger Stufen gelangte;

4. daß dieses Becken von einer Balustrade umgeben war, hinter der sich ein ziemlich breiter Korridor, *schola,* für diejenigen befand, die warteten, bis die zuerst Gekommenen das *Bad* verließen;

5. daß die beiden Schwitzbäder, *laconicum* & *tepidarium* genannt, miteinander in Verbindung standen;

6. daß diese Räumlichkeiten kreisförmig waren, damit sich der heiße Dampf von der Mitte aus ringsum verteilen konnte;

7. daß sie ebenso breit waren wie hoch bis zum Scheitel der Kuppel, in deren Mitte man für das Tageslicht eine Öffnung aussparte, an der mit einer Kette eine eherne Scheibe befestigt war, durch welche die Hitze nach Belieben erhöht oder verringert werden konnte;

8. daß der Fußboden unter diesen Schwitzbädern hohl war, damit sich die Wärme der Feuerungsanlage, *hypocausis,* ausbreiten konnte, das heißt eines darunter gemauerten großen Ofens, den man mit Holz & anderem Brennmaterial füllte & dessen Hitze sich den Schwitzräumen durch den Hohlraum unter dem Boden mitteilte;

9. daß dieser Ofen nicht nur dazu diente, die beiden Schwitzräume zu erwärmen, sondern noch einen weiteren, *vasarium* genannten Raum in der Nähe der Schwitzräume & der warmen *Bäder,* in dem sich drei große, wegen ihres Fassungsvermögens *miliaria* genannte Kessel befanden, einer für das heiße, einer für das lauwarme & einer für das kalte Wasser. Von diesen Kesseln gingen Rohre aus, die mittels eines Hahns je nach den Bedürfnissen der Badenden das Wasser in die entsprechenden *Bäder* leiteten.

Die Alten badeten gewöhnlich vor dem Abendessen, & nur die Wollüstigen nach dieser Mahlzeit. Beim Verlassen des *Bades* ließen sie sich von *aliptae* oder *unctuarii* genannten Dienern mit parfümierten Ölen oder Salben einreiben. Wenn man Plinius glauben darf, waren die *Bäder* in Rom erst seit der Zeit des Pompeius in Gebrauch; seitdem sorgten die Ädilen dafür, mehrere von ihnen bauen zu lassen. Cassius Dio berichtet in seiner *Römischen Geschichte,* daß Maecenas das erste öffentliche *Bad* errichten ließ; doch Agrippa ließ im Jahr seiner Amtszeit als Ädil siebzig von ihnen bauen. Seinem Beispiel folgend ließen Nero, Vespasian, Titus, Domitian, Severus, Gordian, Aurelian, Diokletian & fast alle Kaiser, die sich dem Volk gefällig erweisen wollten, *Bäder* aus dem kostbarsten Marmor & nach den Regeln der schönsten Architektur errichten, in denen sie mit dem Volk zu baden beliebten. Es heißt, daß es bis zu 800 solcher Gebäude gab, die in allen Stadtvierteln Roms verstreut waren.

Als Hauptregel für diese *Bäder* galt zuerst, sie nie vor zwei oder drei Uhr nach Mittag zu öffnen, später nicht vor Sonnenaufgang & nicht nach Sonnenuntergang. Alexander Severus erlaubte indes, daß man sie während der großen Sommerhitze auch des Nachts geöffnet hielt, & er war außerdem so großzügig, das Öl bereitzustellen, das in den Lampen brannte. Die Öffnungszeiten der *Bäder* wurden durch den Ton einer Art Glocke angekündigt. Der Eintrittspreis war sehr niedrig & belief sich nur auf ein Viertel As, *quadrans* genannt, was etwa einem Viertel Sou entsprach. Das kostenlose *Bad* war Teil der Geschenke, welche die Kaiser anläßlich irgendeiner öffentlichen Belustigung dem Volk machten, aber auch in Notzeiten trug man Sorge, ihm diese Annehmlichkeit nicht zu nehmen, ebensowenig wie das Vergnügen der Schauspiele.

In den *Bädern* ging alles sittsam zu: die *Bäder* der Frauen waren gänzlich von denen der Männer getrennt, & es wäre ein Verbrechen gewesen, wenn sich jemand des einen Geschlechts in das *Bad* des anderen begeben hätte. Die Schamhaftigkeit wurde sogar so weit getrieben, daß geschlechtsreife Kinder niemals zusammen mit ihren Vätern oder Schwiegersöhne mit ihren Schwiegervätern badeten. Die Leute, die in den verschiedenen *Bädern* Dienst taten, hatten jeweils das Geschlecht, für welches das *Bad* bestimmt war. Als jedoch der Luxus & das wollüstige Leben die Sittsamkeit verfemt hatten & das Laster in die ganze Stadt eingedrungen war, wurden auch die *Bäder* nicht davon verschont. Die Frauen mischten sich unter die Männer, & es gab keine Zurückhaltung mehr; Personen des einen & des anderen Geschlechts suchten sie sogar nur deshalb auf, um ihre Absichten zu befriedigen oder ihre Intrigen zu verbergen; sie brachten Sklavinnen oder Dienerinnen dorthin, damit sie die Kleider bewachten. Die Bademeister prahlten sogar mit ihnen, von denen eine schöner sei als die andere, um eine größere Anzahl von Kunden zu gewinnen.

Anfangs konnten die Magistrate nichts anderes tun, als allen Personen zu verbieten, zur Bewachung der Kleider oder für andere Dienstleistungen in den *Bädern* Frauen oder Mädchen zu benützen, bei Strafe, als ehrlos zu gelten. Doch Kaiser Hadrian verbot unter Androhung strenger Strafen jegliche Vermischung von Männern & Frauen. Marc Aurel & Alexander Severus bekräftigten dieses Gesetz; unter ihrer Regierung wurden die *Bäder* der Männer erneut von denen der Frauen getrennt, & die Sittsamkeit kehrte wieder ein.

Neben den Gefäßen zum Erhitzen & Ausgießen des Wassers gehörten zu den Utensilien der *Bäder* Badewannen & Striegel. Siehe Badewanne, Striegel.

Die Privatbäder waren, obgleich weniger geräumig als die öffentlichen *Bäder*, von der gleichen Art, häufig jedoch prachtvoller & bequemer, mit kostbaren Möbeln, Spiegeln, Marmor, Gold & Silber ausgeschmückt. Dort konnte man zu jeder Tageszeit baden; & von den Kaisern Commodus & Galienus wird berichtet, daß sie fünf- oder sechsmal täglich ein *Bad* nahmen. Bei uns sind die öffentlichen *Bäder* am Fluß nichts anderes als mit grobem Tuch bedeckte große Boote aus Fichtenholz, um die herum mit Seilen kleine Leitern befestigt sind, damit man in eine Stelle des Flusses steigen kann, wo man in Abständen eingeschlagene Pflöcke findet, an denen die Badenden sich festhalten.

Hausbäder nennen wir jene, die im Haus der Großen oder bei Privatpersonen eingerichtet werden; man badet in Wannen aus Metall, in die das Wasser mittels Leitungen aus Blei aus einem etwas höher gelegenen Behälter gelangt, der mit Regenwasser oder mit Hilfe einer Pumpe gefüllt wird. Diese mit Hähnen versehenen Rohre werden, bevor sie in die Wanne gelangen, in einen auf einem Ofen angebrachten Bottich geleitet, der für den gewünschten Wärmegrad sorgt.

Diese *Bäder* bestehen aus einer Anlage, die sich auf mehrere Räume verteilt, das heißt aus einem Vorzimmer, in dem sich die Dienstboten aufhalten, während der Hausherr sich im *Bad* befindet; aus einem Raum mit einem Bett, auf dem man sich nach dem *Bad* ausstrecken kann; einem Saal, in dem die Badewanne steht, einem Kommoditätenkabinett oder einer Garderobe, einem Toilettenraum, einer Kammer zum Trocknen der Wäsche & zum Erwärmen des Wassers,

---

Während es für einen klassischen Kapitalisten nichts Schöneres gäbe, als das eigene Geld zu zählen, ist für Dagobert Duck dies eher Last denn Lust. Seine allerhöchste Freude besteht vielmehr darin, direkt im Geld zu baden, sich regelrecht darin zu suhlen, wie ein Seehund ins Münzenmeer hineinzuspringen und die Geldstücke auf die Glatze prasseln zu lassen, eine Form des Jungbrunnens. Hierbei liebkost er die Taler mit zärtlichen Küssen und gibt beim Durchwühlen unmißverständliche Geräusche höchster (sexueller?) Erregung von sich (»Schnorch! Schnurch!«), möchte er doch stets »mit nackten Füßen darin herumwaten können und die knisternden Scheinchen zwischen meinen Zehen fühlen«. Dieser ungeschützt intime Kontakt führt einmal zu einer schweren (zum Glück nur kurzzeitigen) Geldallergie namens »Rhinitis allergica pecuniae«, ein andermal zum Verlust der Lebensfreude aufgrund akuter Porenverstopfung, die eine Kur nötig werden läßt (Arzt: »Wie hat Ihnen das nur passieren können? Wälzen Sie sich etwa in Gold?« Dagobert: »Darüber möchte ich nicht reden. Ahem!«). Auch sonst scheint Geld ungesunde Miasmen von sich zu geben, beweist doch »Der schwarze Mittwoch«, daß die jährliche Lüftung des Geldspeichers entenhausenweit bei sensiblen Menschen zu Haarausfall führt.

Otto Johannes Adler, Von der Lust, im Geld zu baden

---

einem Nebenausgang &c. Häufig werden in diesen Räumen zwei Wannen & zwei Betten untergebracht, da man diese *Bäder,* wenn man bei guter Gesundheit ist, gewöhnlich in Gesellschaft nimmt.

Dergleichen *Bäder* müssen einen kleinen privaten Garten haben, wo die Personen, die diese *Bäder* eher wegen einer Unpäßlichkeit als aus Gründen der Sauberkeit nehmen, sich Bewegung verschaffen können, ohne gesehen zu werden. *Blondel/Diderot/Mallet*

BARDOCUCULLUS oder BARDAICUS CUCULLUS (Alte Geschichte). Teil des Gewandes der Gallier aus Langres & Saintes. Es war eine Art Umhang mit Kapuze für jene, die auf der Straße nicht erkannt werden wollten. Martial gibt ihm die Form einer Gewürztüte. Wie der gelehrte Pater Montfaucon sagt, gibt es Leute, die nicht ohne Grund glauben, daß diese Kapuze ein Anhängsel hatte & daß sie an einem Umhang befestigt war. Wie dem auch sei, man stimmt darin überein, daß der *cucullus* dasselbe war wie der *bardocucullus,* daß dieses Kleidungsstück von den Galliern stammt, daß man ihn vor allem in der Saintonge trug & daß die Ausschweifung ihn in Rom heimisch machte, wo man ihn überaus geeignet fand, des Nachts unerkannt auf Liebesabenteuer auszugehen: »Was, wenn du in der Nacht als Ehebrecher dir die Schläfen verhüllst & bedeckst mit satonischer Kapuze?« (Juvenal, *Achte Satire*)

Ich weiß nicht, ob es in der Saintonge noch Spuren vom Gebrauch des *cucullus* & des Umhangs gibt, aber in Langres tragen die Frauen aus dem Volk noch heute einen ihnen eigentümlichen Umhang, dessen Vorteile sie sehr wohl kennen. *Diderot*

BASCHMAKLIK – Paschmaklyk (Neue Geschichte). Dieses türkische Wort bedeutet *Pantoffel.* So nennt man das der Mutter des herrschenden Sultans zugewiesene Einkommen. Es beträgt gewöhnlich tausend Börsen oder fünfzehnhunderttausend französische Livres. Siehe auch HASSEKI. *Anonym*

BAUCIS & PHILEMON (Mythologie). Einst lebten in einer Hütte Phrygiens ein Mann & eine Frau, die sich liebten: es waren *Philemon & Baucis.* Als Jupiter & Merkur im Pilgergewand die Erde durchstreiften, gelangten sie in das Land unseres Ehepaares. Es war spät, & die Götter hätten die Nacht im Freien verbringen müssen, den Unbilden der Witterung ausgesetzt, wären *Philemon & Baucis* nicht menschlicher gewesen als die übrigen Bewohner. Gerührt von ihrer Frömmigkeit & verärgert über die Kaltherzigkeit ihrer Nachbarn, führte Jupiter das Ehepaar auf den Gipfel eines Berges, von dem aus sie sahen, daß das Land überflutet war, mit Ausnahme ihrer Hütte, die sich in einen Tempel verwandelte. Jupiter hieß sie, einen Wunsch zu äußern, & schwor ihnen, er werde augenblicklich in Erfüllung gehen. »Wir möchten«, sagten *Philemon & Baucis,* »in diesem Tempel den Göttern dienen, uns immer lieben & gemeinsam sterben.« Diese Wünsche verdienten es, erhört zu werden, & sie wurden erhört. *Philemon & Baucis* dienten in dem Tempel lange Zeit den Göttern; sie liebten einander bis ins hohe Alter; eines Tages, als sie sich an der Pforte des Tempels unterhielten, wurden sie in Bäume verwandelt. La Fontaine, Prior & Doktor Swift haben diese Fabel in Verse gebracht. La Fontaine hat *Philemon & Baucis* in einfachem & naivem Stil gepriesen & an dem Sujet nur wenig verändert. Prior & Swift dagegen haben daraus ein burleskes & satirisches Gedicht gemacht. La Fontaine wollte zeigen, daß die Ehrfurcht gegenüber den Göttern stets belohnt werde; Prior, daß wir nicht aufgeklärt genug seien, um einen guten Wunsch zu äußern; & Swift, daß es vielleicht von größerem Nachteil sei, eine Hütte in einen Tempel als einen Tempel in eine Hütte zu verwandeln. Wie viele Lehren enthält doch diese Fabel! Eheliche Liebe, Ruhe & Glück, die Zuflucht in einer Hütte finden; Mitgefühl, das die Bedürftigen & die Unglücklichen nur bei den kleinen Leuten finden; die Hütte, die in einen Tempel verwandelt wurde, weil die Gatten darin durch ihren Bund den Göttern den allerreinsten Kult weihten; die Schlichtheit ihrer Wünsche, die zeigt, daß das Glück in der Bescheidenheit & im Schatten liegt, & wie töricht die Menschen sind, es so fern von sich selbst zu suchen. *Diderot*

BEDUINEN – Bedouins (Geographie & neue Geschichte). Völker Arabiens, die immer in Wüsten & in Zelten leben. Untertan sind ihre Fürsten nur den Emiren, oder andere subalterne Herren den Scheichs. Sie behaupten, von Ismael abzustammen. Derjenige ihrer Oberhäupter, der die meiste Autorität besitzt, wohnt in der Wüste, die zwischen dem Berg Sinai & Mekka liegt. Die Türken entrichten ihm einen jährlichen Tribut für die Sicherheit der Karawanen. Es gibt *Beduinen* in Syrien, Palästina, Ägypten & anderen Gegenden Asiens & Afrikas. Sie sind Mohammedaner, behandeln die Christen deshalb jedoch nicht schlechter. Sie sind von Natur aus ernst, bescheiden & gastfreundlich; sie sprechen wenig, lästern nicht & lachen nie. Sie leben in großer Eintracht, doch wenn ein Mann einen anderen tötet, so zerbricht die Freundschaft unter den Familien, & es herrscht unversöhnlicher Haß. Der Bart genießt bei ihnen hohe Verehrung; es ist schändlich, ihn abzurasieren. Sie haben keine Rechtskundigen; der Emir, der Scheich oder der Erstbeste schlichtet ihre Zwistigkeiten. Sie haben Pferde & Sklaven. Sie machen wenig Aufhebens von ihrer Abstammung, von der ihrer Pferde jedoch sehr viel. Sie haben drei Arten davon: Adlige, unter ihrem Stand Verheiratete & Gemeine. Sie haben weder Ärzte noch Apotheker. Ihr Abscheu vor Klistieren ist so groß, daß sie lieber sterben, als dieses Mittel anzuwenden. Sie sind hager, robust & unverwüstlich. Ihre Frauen sind schön, gut gebaut & sehr weiß. (Siehe das *Geographische Wörterbuch* von Vosgien.) Nach dem zu urteilen, was man uns über diese Völker berichtet, darf man vermuten, daß sie, da sie weder Ärzte noch Rechtskundige haben, keine anderen Gesetze kennen als die der natürlichen Gleichheit & keine anderen Krankheiten als das Alter. *Diderot*

BEDÜRFTIG – **Indigent** (**Grammatik**) ist ein Mensch, dem im Kreise seiner Mitmenschen, die mit einem verletzenden Aufwand allen möglichen Überfluß genießen, die lebensnotwendigsten Dinge fehlen. Eine der schlimmsten Folgen der schlechten Administration ist, daß sie die Gesellschaft in zwei Klassen von Menschen teilt, von denen die einen im Überfluß & die anderen im Elend leben. Die *Bedürftigkeit* ist für uns kein Laster, sondern etwas viel Schlimmeres. Man empfängt den Lasterhaften, man meidet den *Bedürftigen.* Man sieht bei ihm immer nur die ausgestreckte offene Hand. Unter den Wilden gibt es keine *Bedürftigen.* *Diderot*

BELBUCH & ZEOMBUCH (**Mythologie**). Gottheiten der Vandalen. Sie waren ihr guter & ihr böser Genius: *Belbuch* war der weiße Gott, *Zeombuch* der schwarze Gott. Beiden erwies man göttliche Ehren. Der Manichäismus ist ein System, von dem man in den zurückliegendsten Jahrhunderten & bei den wildesten Völkern Spuren findet. Er hat denselben Ursprung wie die Seelenwanderung, die scheinbare Unordnung, die in der moralischen & in der physikalischen Ordnung herrscht, welche die einen einem bösen Genius zuschrieben & welche diejenigen, die nur einen einzigen Genius anerkannten, für den Beweis eines künftigen Zustandes ansahen, in dem sich die moralischen Dinge in einer Position befinden würden, die ihrer tatsächlichen entgegengesetzt wäre. Doch haben beide Meinungen ihre Schwierigkeiten.

Wer zwei Götter anerkennt, erkennt im Grunde keinen an. Siehe Manichäismus. Zu sagen, die bestehende Ordnung der Dinge sei an sich schlecht, bedeutet, an der Ordnung der kommenden Dinge Zweifel zu wecken. Denn wer die Unordnung einmal zugelassen hat, könnte sie auch ein zweites Mal zulassen. Nur die Offenbarung kann uns Sicherheit geben, & dieses Vorrecht genießt allein das Christentum. Siehe Unsterblichkeit & Seele. *Diderot*

BELEIDIGUNG, BELEIDIGEN, BELEIDIGER, SCHULD – **Offense, Offenser, Offenseur, Offense** (**Grammatik & Moral**). Eine *Beleidigung* ist jede Handlung, die hinsichtlich des Schadens, den ein anderer dadurch an seiner Person, seinem Ansehen oder seinem Vermögen erleidet, als ungerecht betrachtet wird. Man *beleidigt* mit Worten & mit Taten. Es gibt *Beleidigungen,* über die man nicht hinweggehen kann. Nur derjenige, gegen den sie sich richten, kann ihr Gewicht vollständig ermessen. Je nach Denkart wird sie in jeder Nation anders zurückgewiesen. Bei den Römern, die zu Friedenszeiten keine Waffen trugen, wurde der *Beleidiger* vor Gericht zitiert. Wir haben Gesetze wie die Römer, aber wir rächen uns für eine *Beleidigung* wie die Barbaren. Kaum ein Christ, der nicht beim Morgengebet den Zorn & die Rache Gottes auf sich zöge, sofern er sich bei den Worten *»vergib uns* unsere Schuld, *wie auch wir vergeben* unseren *Schuldigern«* noch erinnert, was man ihm ungerechterweise zugefügt hat. Er könnte ebensogut sagen: »Mein Herz ist voller Haß, ich brenne darauf, meinem Groll freien Lauf zu lassen. Gott, da ich dich beleidigt habe, bin ich einverstanden, wenn du mit mir machst, was ich mit meinen Feinden machen würde, wenn es in meiner Macht stünde.« Die Philosophie & die Religion sind sich einig in der Forderung, die *Beleidigung* zu verzeihen. Stoiker wie Platoniker lehnten es ab, daß man sich rächt. Zwischen einer *Beleidigung* & der vom Gesetz auferlegten Wiedergutmachung besteht fast kein Zusammenhang. Eine *Beleidigung* & eine Geldsumme oder eine körperliche Züchtigung sind zwei grundverschiedene, nicht miteinander vergleichbare Dinge. Das Licht der Wahrheit *beleidigt* höchstens gewisse Menschen, die Dunkelheit gewohnt sind. Ihnen die Wahrheit vor Augen zu führen heißt, einen Sonnenstrahl ins Nest einer Eule zu schicken: Das Licht schmerzt sie in den Augen, so daß sie zu kreischen beginnen. Glücklich ist, wer niemanden *beleidigt* & sich von nichts *beleidigt* fühlt. Doch das ist nicht leicht zu bewerkstelligen, denn das eine bedarf großer Aufmerksamkeit, das andere eines dicken Fells. *Anonym*

BERBEREI – **Barbarie** (**Geographie**). Großer Landstrich Afrikas zwischen dem Atlantik, dem Mittelmeer, Ägypten, Nigritien & Guinea. Ihre Länge von Osten nach Westen ist beträchtlich, ihre Breite jedoch variiert. Ihre wichtigsten Teile sind die Königreiche von Tripolis, Tunis, Algier, Fez, Marokko, Tafilet & die Wüste Sahara. Diese Staaten haben eine große Anzahl von Häfen am Mittelmeer, die Königreiche von Fez & Marokko sogar einige am Ozean: es sind dies die Häfen von Tripolis, La Goulette, Tunis, Algier & Salé. In Algier gibt es Händler aller Nationen; die Juden haben dort ein eigenes Viertel. Die Flotte der Algerier ist sehr stark. Man kann von dort Getreide beziehen. In Couco handelt man ebenfalls mit Getreide, Oliven, Ölen, Feigen, Rosinen, Honig & Wachs. Auch findet man dort Eisen, Alaun & Kleinvieh. In Tripolis wird wenig Handel getrieben. Aus der *Berberei* kommen Straußenfedern, Indigo, Goldstaub, Datteln, Damaszenertrauben, gegerbtes & ungegerbtes Leder, Kupfer, Wachs, Zinn, Wolle, Ziegenhäute, Korallen, die in Bastion de France gefischt werden;

Getreide wie Weizen, Gerste, Puffbohnen, Hirse; Pferde. Man liefert diesen Küsten Stoffe, Scharlach, Samt, Taft, Musselin, Seide, Gewürze, Arzneien, Baumwolle, Tabak, Zucker, Kampescheholz; Weinstein, Alaun, Schwefel, Cochenille, Papier, Stahl, Blei, alle Arten von Eisenwaren. Es ist sehr vorteilhaft, von diesen Räubern alles zu erwerben, was bei ihnen nicht in Gebrauch ist & was sie deshalb von ihrer Beute weiterverkaufen. In der *Berberei* gibt es fast nur fremde Münzen. Doch haben sie auch ihre eigenen Burbas, Doublas, Rubics & einige andere Geldstücke. Überall an dieser Küste wird mit denselben Waren gehandelt, außer in Salé & Bastion de France. Das Gold & Elfenbein, das aus Salé nach Europa gelangt, wird von arabischen Kafillas aus Sudan & Gagho in Guinea herbeigeschafft. Die Straußenfedern kommen aus der Sahara. Der Handel von Timbuktu, der Hauptstadt von Gagho, geht auf sonderbare Weise vonstatten, er besteht im Tausch von Gold gegen Salz. Der Händler legt sein Salz auf Schilfmatten auf die Erde & zieht sich zurück; der Neger kommt, prüft den Salzhaufen, der ihm genehm ist, legt soviel Goldstaub neben ihn, wie er dafür geben will, & zieht sich seinerseits zurück. Der Händler tritt heran: ist er mit der Goldmenge einverstanden, so nimmt er eine Handvoll Salz & legt sie neben das Gold; ist er nicht zufrieden, so legt er nichts hin, dann zieht er sich zurück. Der Neger tritt heran & nimmt sein Salz mit oder erhöht die Goldmenge oder nimmt sein Gold weg. Das alles geschieht, ohne daß ein Wort gesprochen wird. Das Schweigen ist vom Gesetz vorgeschrieben als das einzige Mittel, Streitigkeiten unter den Händlern vorzubeugen, & wird strikt befolgt.

Bastion de France läßt Korallen fischen & treibt einen besonderen Handel damit. Siehe KORALLE. *Diderot*

BERGPREDIGT – **Sermon de J. C. (Kritik der Heiligen Schrift)**. So nennt man die Rede, die Jesus Christus auf dem Berg vor seinen Aposteln hielt & die sich bei Matthäus 5–7 findet. Über diese Rede unseres Herrn müssen wir uns hier ausführlicher als sonst verbreiten, weil sie mehrere Vorschriften enthält, die wegen der Konsequenzen, die sich aus ihnen notwendigerweise ergeben, & undurchführbar erscheinen. So sagt Jesus Christus zum Beispiel: »Ich aber sage euch, daß ihr nicht widerstreben sollt dem Übel; sondern, wenn dir jemand einen Streich gibt auf deine rechte Backe, dem biete die andere auch dar« (Mt 5, 39). Das heißt die Notwehr verbieten, die zum Naturrecht aller Menschen gehört, sonst könnten sie sich nicht erhalten. Ebenda: »Und wenn jemand mit dir rechten will & deinen Rock nehmen, dem laß auch den Mantel.« Man führe diese Vorschrift aus, & die guten Menschen werden allen Beleidigungen durch die bösen Menschen ausgesetzt sein; man wird sie schlagen & sich über ihre Langmut lustig machen, die sie weiteren Beleidigungen sowie der Verachtung aussetzt. Man wird sie ihrer Habe berauben & sie samt Angehörige an den Bettelstab bringen. Weiterhin: »Ihr sollt euch nicht Schätze sammeln auf Erden, wo sie die Motten & der Rost fressen ...« (Mt 6, 19) Ist es also einem Christen untersagt, aus dem Segen des Himmels, dem Erbe seiner Vorfahren & dem Erfolg seiner Arbeit Nutzen zu ziehen? Darf er weder Schätze für die Zukunft sammeln noch Schicksalsschlägen zuvorkommen? Muß er in den Tag hineinleben, obwohl er sich in sehr harmloser Weise gegen die Not schützen & Schätze für seinen Lebensunterhalt sammeln könnte, falls das Alter oder die Krankheit ihn arbeitsunfähig machen? Jesus Christus sagt auch: »Darum sollt ihr nicht sorgen & sagen: Was werden wir essen? Was werden wir trinken? Womit werden wir uns kleiden?« (Mt 6, 31) Dann verweist der Herr seine Jünger auf das Beispiel der Vögel unter dem Himmel, die nicht säen, nicht ernten & nicht in die Scheunen sammeln, & auf die Lilien auf dem Felde, die nicht arbeiten, die auch nicht spinnen & die Gott dennoch kleidet. Er untersagt auch, daß man für den anderen Morgen sorge, denn der morgende Tag wird für das Seine sorgen (Mt 6, 34). Er will schließlich, daß seine Jünger um die Dinge, deren sie bedürfen, in der Gewißheit bitten, daß Gott sie ihnen geben wird (Mt 7, 7).

Um diese Gebote Jesu Christi mit der Klugheit & der Gerechtigkeit in Einklang zu bringen, suchten die Schriftgelehrten nach Erklärungen. Sie schränkten die allgemeinen Ausdrücke des Erlösers ein; sie fügten Bedingungen hinzu. Einige nahmen an, der Evangelist hätte einige Worte Jesu Christi weggelassen, die seine Gebote verständlich gemacht & die schlimmen Folgen verhütet hätten, die sich aus ihnen ergeben würden, wenn die Christen sie genau beachteten; andere dachten, dies seien Ratschläge des Evangeliums, das heißt Ratschläge für die Vervollkommnung, die man nicht unbedingt braucht, um erlöst zu werden, die

---

Der tolle Mensch – *Wohin ist Gott? rief er, ich will es euch sagen! Wir haben ihn getödtet, – ihr und ich! Wir Alle sind seine Mörder! Aber wie haben wir dies gemacht? Wie vermochten wir das Meer auszutrinken? Wer gab uns den Schwamm, um den ganzen Horizont wegzuwischen? Was thaten wir, als wir diese Erde von ihrer Sonne losketteten? Wohin bewegt sie sich nun? Wohin bewegen wir uns? Fort von allen Sonnen? Stürzen wir nicht fortwährend? Und rückwärts, seitwärts, vorwärts, nach allen Seiten? Giebt es noch ein Oben und ein Unten? Irren wir nicht wie durch ein unendliches Nichts? Haucht uns nicht der leere Raum an? Ist es nicht kälter geworden? Kommt nicht immerfort die Nacht und mehr Nacht? Müssen nicht Laternen am Vormittage angezündet werden? Hören wir noch Nichts von dem Lärm der Todtengräber, welche Gott begraben? Riechen wir noch Nichts von der göttlichen Verwesung? – auch Götter verwesen! Gott ist todt! Gott bleibt todt! Und wir haben ihn getödtet!*

NIETZSCHE, DIE FRÖHLICHE WISSENSCHAFT

---

aber denen, die sie beachten, ein höheres Verdienst als den anderen verleihen & Stufen des Ruhms im Himmel sichern. Das ist ein schlechter Vorwand: Alles ist Vorschrift, alles Gebot, & zwar so sehr, daß unser Herr seine *Bergpredigt* mit einem überzeugenden Vergleich beendet: dem Vergleich zwischen einem klugen Mann, der sein Haus auf den Felsen baute, das heißt zwischen dem, der die Gebote beachtet, die der Herr vorgeschrieben hat, & einem törichten Mann, der sein Haus auf den Sand baute (Mt 7, 24ff).

Da man aber zugibt, daß die Gesellschaft bald auf den Kopf gestellt würde, wenn die Christen mehrere dieser Gebote Jesu Christi befolgen wollten, daß also die guten Menschen dann der Gewalt der bösen Menschen ausgeliefert wären & der Gläubige dem Hungertod preisgegeben wäre, weil er in Zeiten des Wohlstandes nichts zurückgelegt hätte, um sich in Zeiten der Not zu nähren & zu kleiden – kurz, da alle Welt einräumt, daß die Vorschriften unseres Herrn mit der öffentlichen Sicherheit & Ruhe unvereinbar sind, so sehen sich die Schriftgelehrten gezwungen, zu Einschränkungen, Änderungen & zweideutigen Worten Zuflucht zu nehmen. Aber all das ist nicht notwendig & erscheint uns allzu gesucht. Ein Gesetzgeber, der Vorschriften macht, muß sich klar ausdrücken; Paradoxe passen nicht zu den Gesetzen; sonst könnte jeder dabei nach seinem Gutdünken Einschränkungen & Änderungen vornehmen.

Was die Schriftgelehrten zum Irrtum verleitet hat, ist der Umstand, daß sie angenommen haben, die Vorschriften des Herrn in diesen drei Kapiteln beträfen alle Christen; aber gerade davor mußten sie sich hüten, da es zwar viele Vorschriften gibt, die für alle Christen gelten, aber auch viele andere, die nur die Apostel des Herrn betreffen & die ihnen für die Ausübung des Amtes erteilt wurden, das sie bekleiden.

Sobald man das Prinzip aufgestellt hat, daß die *Bergpredigt* unseres Herrn nur an seine Apostel gerichtet ist, besteht keine Schwierigkeit mehr. Alle Vorschriften, die gegen die Klugheit & die Gerechtigkeit zu verstoßen, die öffentliche Sicherheit zu untergraben & Unruhe in die Gesellschaft zu bringen scheinen, alle diese Vorschriften – so behaupte ich – sind durchaus richtig & bedürfen keiner Einschränkung & keines Vorbehaltes. Die mit ihren Aufgaben betrauten Apostel Jesu Christi dürfen keine Schätze auf Erden anhäufen. Sie müssen sich vor allem vor der Habsucht hüten, da dieser Fehler allein den ganzen Nutzen ihrer Tätigkeit zerstören könnte. Sie sind es, die Gott wie die Vögel unter dem Himmel ernährt & wie die Lilien auf dem Felde kleidet; sie sind es, die nach dem Vorbild ihres Herrn, dem sie nachfolgten, dem, der sie auf eine Backe schlägt, auch die andere darbieten, das heißt sich der größten Mäßigkeit befleißigen müssen. Sie werden die Opfer der Welt sein, aber der christliche Glaube, dessen Diener sie sind, kann sich nur auf Langmut gründen. Sie sind es, die nicht für den anderen Morgen sorgen dürfen, weil Gott es übernommen hat, unmittelbar für alle ihre Bedürfnisse zu sorgen. Aus diesem Grunde sandte der Herr sie aus, nachdem er sie auserwählt hatte, & untersagte ihnen, etwas auf den Weg mitzunehmen, denn der Arbeiter ist seiner Speise wert (Lk 9,3 & Mt 10,10). *Jaucourt*

BETTLER – **Mendiant (Politische Ökonomie).** Gewerbsmäßiger Taugenichts oder Landstreicher, der aus Faulheit & Verkommenheit um Almosen bettelt, anstatt seinen Lebensunterhalt durch Arbeit zu verdienen. Im Jahre 1614 trieben die bittere Armut auf dem Lande & der Luxus der Hauptstadt ein Heer von *Bettlern* nach Paris; man verbot, ihnen Almosen zu geben, & schloß sie in ein Hospiz ein, das zu diesem Zweck gegründet wurde. Es fehlte dieser guten Absicht nur etwas, nämlich die Vervollkommnung dieser Einrichtung durch Arbeit; doch hatte man dafür nicht gesorgt.

Fallen die Menschen, die man einsperrt, etwa der Gesellschaft weniger zur Last, wenn sie vom Ertrag der Felder ernährt werden, an deren Bestellung sie nicht mitgearbeitet haben? Mehr als die *Bettelei* an sich fallen der Öffentlichkeit der Müßiggang & das schlechte Beispiel zur Last.

Hospize braucht man nur für die Kranken & die Leute, die das Alter zu jeder Arbeit unfähig macht. Gerade solche Hospize sind jedoch am schlechtesten gestellt, es fehlt in ihnen zuweilen das Notwendigste; & während Tausende von Müßiggängern gut gekleidet & wohlgenährt sind, sieht sich ein Arbeiter gezwungen, während einer Krankheit alles zu verbrauchen, was er besitzt, oder sich zusammen mit anderen Kranken, deren Leiden das seinige verschlimmern, ins Bett zu legen. Wenn man die Zahl der Kranken, die im Laufe eines Jahres in die Krankenhäuser unseres Königreichs kommen, & die Zahl der Sterbefälle berechnet, so wird man sehen, ob in einer Stadt mit gleicher Einwohnerzahl die Pest mehr Opfer dahinraffen würde als dieses Übel.

Könnte man nicht den Krankenhäusern den größten Teil der Geldmittel zukommen lassen, die für die *Bettler* bestimmt sind? Und wäre es nicht möglich, im Interesse ihres Unterhalts allerorts ihre Arbeitskraft einem Unternehmer zur Verfügung zu stellen? Die Gebäude sind doch schon errichtet, & die Kosten, die aufgewendet werden müßten, um einen Teil von ihnen in Werkstätten umzuwandeln, wären sehr bescheiden. Man brauchte die schon bestehenden Einrichtungen nur dazu anzuregen. In einem gutgeleiteten Armenhaus darf die Ernährung eines Menschen nicht mehr als fünf Sous am Tag kosten. Vom zehnten Lebensjahr an können Personen beiderlei Geschlechts diese fünf Sous verdienen; & wenn man ihnen wohlweislich genau ein Sechstel ihres Arbeitslohns läßt, falls er mehr als fünf Sous beträgt, so wird ihre Leistung noch steigen. Was die gewerbsmäßigen Landstreicher betrifft, so gibt es in den Kolonien nützliche Arbeiten, für die man ihre wohlfeilen Kräfte verwenden kann. *Jaucourt*

BEVÖLKERUNG – Population (Physik, Politik, Moral). Dieses Wort ist abstrakt, im weitesten Sinn bezeichnet es die Summe aller Lebewesen, die sich durch Fortpflanzung vermehrt haben, denn die Erde ist nicht allein von Menschen, sondern auch von Tieren aller Art bevölkert, die mit ihnen leben. Die Hervorbringung von seinesgleichen ist bei jedem Individuum die Folge der Zeugungskraft; die *Bevölkerung* ist ihr Resultat. Doch wird dieser Ausdruck vornehmlich auf den Menschen angewandt, & in diesem besonderen Sinn bezeichnet er das Verhältnis der Anzahl der Menschen zur Größe der Bodenfläche, die sie einnehmen.

Montesquieu sagt im *Geist der Gesetze* & im *112. Persischen Brief*, er habe aufgrund einer Rechnung, die so genau sei, wie sie bei solchen Dingen überhaupt sein könne, festgestellt, daß es auf der Erde kaum noch den zehnten Teil der Menschen gibt, die einst auf ihr gelebt haben; das Erstaunliche dabei sei, daß ihre Zahl täglich weiter abnehme, & wenn das so weitergehe, werde die Erde in zehn Jahrhunderten nur noch eine Einöde sein.

Man hätte Montesquieu im Hinblick auf diese Befürchtung beruhigen können, die Strabon & Diodorus von Sizilien wahrscheinlich wie er, aber früher als er gehabt haben. Die Bevölkerungsdichte jener Teile der Erde, die er überblickt hat, wird vielleicht noch mehr abnehmen, als sie bis heute abgenommen hat; aber höchstwahrscheinlich wird es, solange die Erde fortbesteht, auch Menschen geben, die sie bewohnen. Vielleicht sind für ihr Dasein Menschen ebenso notwendig, wie die Erde für das Dasein des Universums notwendig ist.

So wie die Gesellschaft Vorteile bietet, an denen alle Mitglieder, aus denen sie besteht, teilhaben müssen, so hat sie auch ihre Lasten, die ihre Mitglieder billigerweise zu tragen haben. Jeder Staatsbürger muß ihr seinen Beitrag an Arbeit & seinen Teil an den Steuern leisten. Wer sich diesen Aufgaben entzieht, ist ein schlechter Staatsbürger, ein unnützes Mitglied, eine zusätzliche Last für die Gesellschaft & darf in ihr nicht geduldet werden. Doch müssen sich die Steuern genau nach den Reichtümern des Landes richten & im rechten Verhältnis zu den besonderen Fähigkeiten jedes einzelnen Bürgers erhoben werden. Wenn die Bedürfnisse des Staats diese Verhältnisse übersteigen, so wird die Erhebung schwierig & beginnt das Übel; wird das Mißverhältnis allzu groß, dann ist keine Erhebung mehr möglich, es kommt die Zeit des öffentlichen Notstands; alle Triebkräfte sind aufs äußerste angespannt, & bei der ersten Erschütterung kann die Maschine auseinanderbrechen.

Die Abgaben müssen sich immer nach den Möglichkeiten der Völker richten. Wenn die Bedürfnisse höhere Abgaben erfordern sollten, so wären es nicht mehr die Bedürfnisse des Staates, sondern die Bedürfnisse einzelner Menschen; denn die Bedürfnisse des Staates können nur die der Völker sein oder vielmehr jene, die ihr Interesse erfordert hat, & die Völker können keine Bedürfnisse haben, die sie nicht zu befriedigen vermögen. Was sind wohl die Ursachen dafür?

Wenn die Völker nicht in der Lage sind, Ausgaben zu bestreiten, werden sie keinen Krieg führen. Sie werden keine Niederlassungen gründen, wenn sie zu diesem Zweck ihren Lebensunterhalt schmälern müssen. Sie werden sich damit begnügen, die baufälligen Häuser wieder instand zu setzen, & werden keine stolzen Bauten errichten, wenn sie sich dadurch selbst zugrunde richten. Sie werden nicht die Lasterhaftigkeit & die Verweichlichung jener Unmenge von verächtlichen & prunkliebenden Höflingen bezahlen; die Erhabenheit des Throns wird das öffentliche Glück gewährleisten, es wird weniger Sklaven & mehr Staatsbürger geben; ihre Bedürfnisse werden niemals dermaßen steigen, daß sie gezwungen sind, anderen das Recht zu verkaufen, sie unter allen möglichen Formen & sogar im Namen der Gerechtigkeit zu unterdrücken; sie werden nur so viele Truppen haben, wie für ihre eigene Sicherheit & für den Schutz ihrer Besitztümer notwendig sind. Da sie selbst sich unmittelbar an das göttliche Wesen wenden können, werden sie inmitten der Gesellschaft keine großen brachliegenden Körperschaften erhalten, die an ihrer Substanz zehren & ihnen nichts dafür bieten. Schließlich werden sie alle jene Bedürfnisquellen beseitigen, die – um das noch einmal zu betonen – nicht die des Staates sind. Wenn die Bedürfnisse des Staates zugleich diejenigen der Völker sind, dann werden sie die notwendigen Steuern entrichten, diese werden mäßig sein, der Staat wird mächtig sein, Landwirtschaft & Handel werden blühen, & die Menschen werden zahlreich sein, weil sie sich immer im Verhältnis zu dem Wohlstand vermehren, dessen sie sich erfreuen.

Das Gegenteil wird der Fall sein, wenn die Abgaben den Ertrag der Felder & den der Arbeit verschlingen oder wenn nicht genügend übrigbleibt, um den Unterhalt des Landmanns & des Handwerkers zu gewährleisten; die Felder werden also brachliegen, & es wird niemand mehr arbeiten. Man wird dann erleben, wie Greise ohne Bedauern sterben & wie junge Leute Angst haben, Kinder zu bekommen. Werden sich denn Menschen, die nicht auf ihre eigene Nahrung rechnen können, der Gefahr aussetzen, weiteren Unglücklichen das Leben zu schenken, das heißt Nachkommen, die ihre Verzweiflung steigern würden, weil es unmöglich wäre, sie zu ernähren? Kann eine Brust, die das Elend vertrocknen ließ, ihnen Milch spenden? Kann ein von der Not geschwächter Vater ihre Jugend stützen & versorgen? Er hätte dazu weder die Kraft noch die Möglichkeit. Das öffentliche Elend verweigert diesem jede Arbeit; & was für Wesen würden in diesem Zustand der Not noch geboren werden? Schwache & gebrechliche Kinder, die nicht heranwachsen; denn die Konstitution derer, die sowohl die schlechte Körperbeschaffenheit als auch die weitverbreiteten Krankheiten überwinden, wird durch die schlechte Nahrung, die sie erhalten, endgültig untergraben. Diese Geschöpfe, die sozusagen schon erloschen sind, ehe sie gelebt haben, sind wohl kaum der Fortpflanzung fähig. So entartet & verkommt die Gattung dort, wo die Völker elend sind; aber wo allgemeiner Überfluß herrscht, da nimmt sie an Kraft & an Zahl zu. Natur & Wohlstand fordern die Individuen auf, sich fortzupflanzen.

Der Unterschied, den die in der modernen Politik vorherrschende Ungleichheit der Stände & der Vermögen in die Lage der Menschen bringt, ist eine der Ursachen, die am meisten zum Rückgang der *Bevölkerung* beitragen dürfte. Einer der größten Nachteile dieser Erniedrigung besteht darin, daß er in allen jene natürlichen gegenseitigen Gefühle der Zuneigung auslöscht, die sie einander schuldig sind. Es besteht in ihren Geschicken eine solche Disproportion, daß sie, wenn sie sich von Stand zu Stand betrachten, kaum zu derselben Gattung zu gehören glauben. So hat man gesehen, wie Menschen, die vergaßen, daß sie in der Niedrigkeit geboren sein könnten & daß sie ihre Würde nur durch Abkommen wahrten, andere Menschen zu Diensten erniedrigten, die ihren Tieren aufzuerlegen sie gescheut hätten, & wie sie sich einredeten, daß Wesen ihresgleichen nicht für solche Freuden & Leiden empfänglich seien, wie sie selbst sie empfinden mochten.

Menschengeschichte als Naturgeschichte begreifen. Die verrückte Entwicklung der Technik resultiert aus dem unbeschreiblichen Vermehrungsdrang dieser Rasse. Die dazugehörige Technik drückt bloß die Brutalität gegenüber aller übrigen Natur aus. Die Menschen wollen überhandnehmen.
Max Horkheimer, Notizen

Die Natur hat nur zwei große Ziele: die Erhaltung des Individuums & die Fortpflanzung der Gattung. Wenn es aber wahr ist, daß alles danach strebt, zu leben oder Leben zu schenken; wenn es wahr ist, daß wir das Leben nur empfangen haben, um es weiterzugeben, so müssen wir wohl zugeben, daß jede Institution, die uns von diesem Ziel zu entfernen sucht, nicht gut ist & der Ordnung der Natur widerspricht.

Wenn es wahr ist, daß alle Mitglieder einer Gesellschaft gemeinsam nach ihrem allgemeinen Wohl streben müssen; wenn die besten politischen Gesetze die sind, die keinen Bürger & keine Kraft im Gemeinwesen unbeschäftigt lassen, seine Reichtümer in Umlauf bringen & alle seine Bemühungen auf das öffentliche Wohl lenken, gleich Triebfedern, die auf seine Erhaltung & sein Glück hinwirken – dann muß man wohl einräumen, daß Einrichtungen, die dem Staat einen großen Teil der Bürger entziehen, also seine Reichtümer verschlingen, ohne sie ihm jemals in Form von Naturprodukten oder in Form von Tauschprodukten zurückzuerstatten, schädliche Einrichtungen sind, die einen Staat untergraben & schließlich zugrunde richten müssen.

Unsere Vorfahren (so sagt ein Kaiser der Tang-Dynastie in einer Verordnung, die man bei dem Pater Duhalde findet) hielten an folgendem Grundsatz fest: Wenn es einen Mann gibt, der nicht pflügt, & eine Frau, die nicht Flachs spinnt, dann leidet irgend jemand im Reich Hunger & Kälte. Und aufgrund dieses Prinzips ließ er zahlreiche Fakirklöster zerstören.

Dieses Prinzip wird immer das aller weisen & wohlgeregelten Regierungen sein. Jene großen Körperschaften von unverheirateten Männern führen zur Entvölkerung, die um so größer ist, als sie nicht nur dem Staat Bürger rauben, indem sie der Natur & der Gesellschaft versagen, was sie ihr schuldig sind, sondern auch an solchen Grundsätzen festhalten, weil sie unermeßliche Reichtümer & Ländereien besitzen.

Zu große Heere geben Anlaß zur Entvölkerung, die Kolonien tragen ebenfalls dazu bei. Diesen beiden Ursachen liegt dasselbe Prinzip zugrunde: Eroberungsdrang & Expansionslust. Daß dieser Eroberungsdrang die Eroberer ebenso zugrunde richtet wie die Unterworfenen, zeigt sich wohl am deutlichsten im Fall der Kolonien.

Man hat behauptet, daß man erst dann an Manufakturen denken dürfe, wenn man kein unbebautes Land mehr habe, & man hat damit etwas Wahres gesagt. Ebenso darf man erst dann an Kolonien denken, wenn man zu viele Menschen & nicht genügend Raum hat. Die europäischen Mächte haben sich seit der Gründung jener Kolonien, die sie besitzen, unaufhörlich entvölkert, um diese Kolonien zu bevölkern, & doch gibt es unter ihnen sehr wenige, die tatsächlich bevölkert sind – ausgenommen Pennsylvanien, welches das Glück hatte, einen Philosophen zum Gesetzgeber zu haben sowie Kolonisten, die niemals zu den Waffen greifen, & eine Verwaltung, die ohne Unterschied des Kultes jeden Mann aufnimmt, der sich den Gesetzen unterwirft. Man könnte die Menge der Menschen, die nach jenen neuen Niederlassungen ausgewandert sind, nicht zählen, wohl aber ohne Mühe jene, die aus ihnen zurückgekommen sind. Die Verschiedenheit des Klimas & des Lebensunterhalts, die Gefahren & Krankheiten während der Überfahrt & unzählige andere Ursachen lassen die Menschen zugrunde gehen. Welche Vorteile hat man denn zur *Bevölkerung* Amerikas aus der erstaunlich großen Anzahl von Negern gezogen, die man immer wieder von Afrika dorthin bringt? Sie gehen alle zugrunde; es ist traurig, einzugestehen, daß die abscheulichen Mißhandlungen, denen man sie aussetzt, & die unmenschlichen Arbeiten, zu denen man sie zwingt, ebenso dazu beitragen wie die Änderung der Temperatur & der Nahrung. Noch einmal: welche Anstrengungen haben die Spanier nicht unternommen, um Westindien & Amerika wieder zu bevölkern, aus denen sie Einöden gemacht hatten! Diese Länder sind noch heute Einöden, & zur Einöde ist auch Spanien geworden: Seine Völker holen für uns Gold aus den Bergwerken & sterben dabei. Je ansehnlicher die Masse Gold in Europa wird, desto menschenleerer wird Spanien; je ärmer Portugal ist, desto länger bleibt es eine

Provinz Englands, ohne daß dort irgend jemand reicher wird.

Ist das Land, dessen man sich bemächtigen will, bevölkert, so gehört es denen, die darin wohnen. Warum es ihnen rauben? Welches Recht hatten die Spanier, die Bewohner eines so großen Teils der Erde auszurotten? Welches Recht haben wir, Nationen aus dem Raum zu vertreiben, den sie auf dem Erdball einnehmen & dessen Nutznießung ihnen ebenso zusteht wie uns? Ist das, was sie besitzen, nicht das erste & unanfechtbarste Eigentumsrecht? Wir selbst würden es geltend machen, wollte man uns unsere Besitztümer nehmen, & doch rauben wir sie anderen auf bedenkenlose Weise.

Wenn wir doch wenigstens nur das Gebiet erobert hätten! Aber wir haben auf seine Bewohner – sogar auf die Wilden – unseren Haß übertragen; wir haben ihnen einige unserer Laster & das Feuerwasser gebracht, die sie bis in ihre Nachkommenschaft zugrunde richten. Man setzt diesen Wahrheiten politische Maximen entgegen & macht vor allem das Interesse des Handels geltend; aber sind diese Maximen wirklich so weise & dieser Handel so vorteilhaft, wie man anzunehmen scheint? Die Schweiz, die sicher, wie wir schon gesagt haben, das beständigste Staatswesen in Europa sein wird, ist zugleich am dichtesten bevölkert & treibt am wenigsten Handel.

Der Handel mit Luxusartikeln & die Luxusgewerbe fügen zu allen diesen Nachteilen noch die gefährliche Lockung, daß sie den Menschen mehr Gewinn & weniger Mühe in Aussicht stellen, als sie bei der Landarbeit finden. Wer wird also mühsam Ackerfurchen ziehen? Wer wird vom Sonnenaufgang bis zum Sonnenuntergang den Rücken beugen, um die Weinberge zu bestellen & die Felder abzuernten? Wer wird schließlich bei so harter Arbeit die Hitze des Sommers & die Kälte des Winters ertragen, da man doch in aller Ruhe, den ganzen Tag über sitzend & vor den Unbilden der Jahreszeit geschützt, weitaus mehr verdienen kann, wenn man Seide webt oder in den Luxusmanufakturen andere Rohstoffe verarbeitet? So haben diese Manufakturen & dieser Handel die Menschen in die Städte gelockt & ihnen den Anschein einer großen *Bevölkerungsdichte* gegeben; aber gehen Sie auf das Land, so finden Sie es ausgestorben & der Dürre ausgeliefert. Da seine Erzeugnisse nicht Gegenstand des Handels sind, baut man nur noch so viel an, wie für die Ernährung der Landbevölkerung unbedingt notwendig ist; es gibt dort gerade noch so viele Menschen, wie für den Anbau erforderlich sind; denn sie vermehren sich niemals über dieses Verhältnis hinaus.

So entvölkert der Handel mit Luxusartikeln das Land, um die Städte zu bevölkern; aber das geschieht nur zufällig. Diese *Bevölkerung* ist ebenso unsicher wie der Reichtum aus diesem Handel, & beides hängt von allen möglichen Ereignissen ab. Der geringste Umstand läßt sie verschwinden; der Krieg, die Gründung ähnlicher Manufakturen, ihre Verlegung in andere Staaten, das Fehlen der Rohstoffe, die man in ihnen verarbeitet, & unzählige andere Ursachen lassen diesen Handel eingehen & die Arbeit in diesen Manufakturen aufhören. Dann bleibt ein ganzes Volk, das man der Landarbeit entzogen hat, unbeschäftigt; es kann sein Brot nicht mehr verdienen, so daß der Staat es ihm geben muß. Zahlreiche Familien betteln plötzlich um Brot oder wandern aus, um im Ausland die Arbeit zu suchen, die ihnen der Staat nicht mehr verschaffen kann. Diese Menschen, die nun der Gesellschaft zur Last fallen, hätten diese bereichert & vergrößert, wenn man sie nicht von ihrer eigentlichen Beschäftigung abgelenkt hätte. Sie hatten kleine Grundstücke, die sie an das Land banden & zu Staatsbürgern machten; als sie zu bloßen Tagelöhnern wurden, hörten sie auf, Patrioten zu sein; denn wer nichts besitzt, hat kein Vaterland; er trägt seine Arbeitskraft & seinen Fleiß überallhin & läßt sich dort nieder, wo er seinen Lebensunterhalt findet. So ist man schließlich ohne Handel, ohne Reichtum & ohne *Bevölkerung*, weil man die wahre Ursache, die sie hervorbringt, nicht erkannt & vernachlässigt hat.

Hauptsächlich in den Städten & vor allem den Hauptstädten der großen Reiche, wo der Sittenverfall jedes Maß übersteigt, leidet die menschliche Spezies unter einem merklichen Rückgang. Für die Provinzen sind sie so etwas wie Kolonien, die sie alljährlich wiederbevölkern müssen. In Rom mußten die Sklaven ständig erneuert werden. Heute ist dies in Konstantinopel der Fall; Paris, London & die anderen Hauptstädte der Monarchien Europas machen beträchtliche Rekrutierungen erforderlich. Sie alle sind Abgründe, die das Gold & die Bewohner der Provinzen

Demokrit… Wieviel? Sagen wir: Demokrit, 400.000.
Der heilige Franz von Assisi, 50.000.000.
Kościuszko, 500.000.000.
Brahms, 1.000.000.000
Gombrowicz, 2.500.000.000.

Die Ziffern hinter dem Namen sollen den »Menschenhorizont« des Betreffenden bezeichnen, das heißt, was für eine Vorstellung er ungefähr von der Anzahl der Menschen zu seiner Zeit hatte – wie er sich selbst empfand, als »einer von vielen«.

Bin ich verständlich? Niemals bisher, sage ich, hat der Mensch seine Menge als Problem erkannt. Er war nicht richtig durchdrungen von der Vielzahl. Ich bin ein Mensch – gewiß. Aber einer von vielen. Von wie vielen? Wenn ich einer von zwei Milliarden bin, so ist das nicht das gleiche, als wenn ich einer von zweihunderttausend wäre. Es genügt mir nicht, daß Homer oder Zola die Masse besingen, sie beschreiben; noch daß Marx sie analysiert; ich würde gern an ihrer Stimme schon erkennen, daß der eine einer von Tausenden, der andere einer von Millionen war.

Witold Gombrowicz, Tagebuch, 1962

verschlingen. Man könnte meinen, der Überfluß, in dem sie zu leben scheinen, & die Pracht der Gebäude, die sie zur Schau stellen, seien aus den Trümmern der ländlichen Regionen gebildet. Doch wer den Reichtum eines Volkes nach dem Glanz der Hauptstadt beurteilt, ist wie einer, der das Vermögen eines Kaufmanns nach der Pracht seines Gewandes beurteilen würde. Diejenigen, die in diesen Städten den Überfluß, den diese ihnen verheißen, genießen & vergeuden, gehen darin unter & können sich nicht fortpflanzen. Bei den einen ist das die Folge der Zügellosigkeit, der Verweichlichung, des Leichtsinns, der Verleugnung aller Pflichten, des Widerwillens gegen nützliche Beschäftigungen, der Gleichgültigkeit gegen alle ehrbaren Dinge, der aufwendigen & erlesenen Nahrung, schließlich der Vergnügungssucht & des Aufruhrs aller Leidenschaften, die ihr Leben bestimmen; bei den anderen ist es die Folge der gefährlichen Arbeiten, die sie verrichten, der Trägheit, der Armut & der schlechten Nahrung, die ebenfalls eine der *Bevölkerung* schädliche Wirkung haben. Allein die ungeheure Anzahl von Domestiken, die der Luxus in diesen Städten versammelt, verbraucht eine Unmenge der Menschen einer jeden Generation. Man hindert sie daran, zu heiraten, & verschmäht sie, wenn sie verheiratet sind. Folglich hat die Natur bei ihnen nur die Ausschweifung als Hilfsmittel, das heißt das für die Nachkommenschaft widrigste Mittel. Es scheint, als hätten sich die modernen Sitten allesamt gegen sie verschworen. Das erinnert an einige Autoren, die über die derzeitige *Bevölkerung* & die der vergangenen Jahrhunderte geschrieben haben & die meinten, der Brauch der Haussklaverei, der bei den Alten bestand, sei der Vermehrung der Gattung förderlicher gewesen als die heutigen Lebensbedingungen der Domestiken & die Art, wie man die Armen versorgt.

Im übrigen gibt es unendlich viele Ursachen für die Zunahme oder den Rückgang der Anzahl der Menschen. Da diese Teil der physischen & moralischen Weltordnung sind, da sie Gegenstand aller religiösen & weltlichen Einrichtungen, aller Sitten & Gebräuche sind, da sich also alles auf sie bezieht, beeinflußt auch alles ihre Fähigkeit, sich fortzupflanzen, fördert oder hemmt sie. Die Natur des vorliegenden Werks erlaubt uns nicht, auf alle diese Ursachen ausführlich einzugehen & uns über die wichtigsten, die wir erwähnt haben, in der ihnen gebührenden Breite auszulassen. Doch aus allem, was wir gesagt haben, kann man schließen, daß die Gesamtzahl der Menschen, die auf der Erde leben, zu allen Zeiten, wenn man diese in größere Epochen unterteilt, ungefähr dieselbe war, ist & bleiben wird; daß nur bestimmte Räume mehr oder weniger bewohnt sind & daß der Unterschied von dem Glück oder der Mühe abhängt, die sie dort finden werden; daß unter sonst gleichen Bedingungen die Regierung, deren Einrichtungen sich am wenigsten von denen der Natur entfernen, die den Menschen mehr Gleichheit, mehr Sicherheit für ihre Freiheit & ihren Unterhalt bietet, wo man mehr Liebe zur Wahrheit als Aberglauben, mehr Sitten als Gesetze, mehr Tugenden als Reichtümer findet & wo sie daher seßhafter sind, diejenige sein wird, in der die größte Anzahl von Menschen lebt & wo sie sich stärker vermehren. *Damilaville*

BIBLIOMANE – **Bibliomane.** Das ist der Mensch, der von der Sucht nach Büchern besessen ist. Dieser originelle Charakter ist La Bruyère nicht entgangen. Im dreizehnten Kapitel seines Buches über die *Charaktere*, in dem er viele andere Originale an unseren Augen vorüberziehen läßt, beschreibt er ihn. Er tut so, als treffe er mit einem jener Männer zusammen, welche die Büchersucht haben, & als der andere ihm zu verstehen gegeben hat, daß er eine Bibliothek besitzt, zeigt er Verlangen, sie zu besichtigen. »Ja«, sagt er, »ich suche diesen Mann auf, der mich in einem Haus empfängt, wo ich schon auf der Treppe wegen des penetranten Geruchs von schwarzem Saffianleder, in das alle seine Bücher eingebunden sind, fast in Ohnmacht falle. Vergeblich schreit er mir, um mich wiederzubeleben, ins Ohr, sie seien alle mit Goldschnitt versehen, auch mit goldenen Initialen geschmückt & samt & sonders gute Ausgaben; vergeblich nennt er mir nacheinander die besten, erklärt mir, sein Saal habe Wände, die derart bemalt seien, daß man glaube, es handle sich um echte Bücher, die in kleinen Regalen aufgestellt seien, & das Auge werde so getäuscht; vergeblich fügt er hinzu, daß er niemals lese, auch niemals jenen Saal betrete, ihn aber mir zu Gefallen heute betreten wolle. Ich danke ihm für sein Entgegenkommen & habe nun ebensowenig Lust wie er, seine langweilige Höhle zu betreten, die er Bibliothek nennt.« Ein *Bibliomane* ist also nicht etwa ein Mensch, der sich Bücher anschafft, um sich zu bilden – er ist von einem solchen Gedanken weit entfernt, da er sie überhaupt nicht liest. Er hat Bücher, nur um sie zu besitzen, um sich an ihrem Anblick zu weiden; sein ganzes Wissen beschränkt sich darauf, zu erkennen, ob es gute Ausgaben sind & ob sie gut gebunden sind. Was ihren Inhalt betrifft, so ist er ein Geheimnis, in das eingeweiht zu sein er keinen Anspruch erhebt; das ist nur gut für diejenigen, die Zeit zu verlieren haben. Diese Besessenheit, die man *Bibliomanie* nennt, ist oft ebenso kostspielig wie Ehrgeiz & Wollust. Ein solcher Mensch hat nur noch so viel Vermögen übrig, wie nötig ist, um in einer wohlanständigen Mittelmäßigkeit leben zu können, die sich das Notwendigste versagt, damit sie diese Leidenschaft zu befriedigen vermag. *Anonym*

BIBLIOMANIE – **Bibliomanie.** Sucht, Bücher zu besitzen & zu sammeln. Descartes hat gesagt, die Lektüre sei eine Unterhaltung, die man mit den großen Männern der Vergangenheit führe, aber eine auserlesene Unterhaltung, in der sie uns nur ihre besten Gedanken enthüllen. Das mag bei *großen Männern* zutreffen. Da aber die großen

Grabinschrift des Bibliomanen: Hier liegt / unter einem Deckel aus Holz / ein Folioband / der besten Ausgabe / Mensch / geschrieben in der Sprache / eines goldenen Zeitalters / welche die Welt / nicht mehr versteht. / Er ist heute / ein altes Buch / verfault / makuliert / inkomplett / das Titelblatt unvollkommen / von Würmern zerfressen / und stark beschädigt / vom Schimmel. / Wir wagen nicht / die späten Ehren / die unnützen / eines Neudruckes / für ihn zu erwarten. Charles Nodier, Der Bibliomane

Männer sehr selten sind, so wäre es verkehrt, diese Maxime auf alle möglichen Bücher & alle Arten der Lektüre anzuwenden. Es haben so viele mittelmäßige Leute & auch so viele Toren geschrieben, daß man im allgemeinen eine große Büchersammlung, von welcher Art sie auch immer sein mag, als eine Sammlung von Denkschriften über die Geschichte der Verblendung & Torheit der Menschen betrachten kann, & so könnte man über dem Eingang aller großen Bibliotheken die folgende philosophische Inschrift anbringen: *Narrenhäuser des menschlichen Geistes.* Daraus folgt, daß die Liebe zu den Büchern, wenn sie nicht von der Philosophie & von einem aufgeklärten Geist gelenkt wird, eine der lächerlichsten Leidenschaften ist. Sie gleicht der Narrheit eines Mannes, der unter einem Haufen von Kieselsteinen fünf oder sechs Diamanten aufbewahrt.

Die Liebe zu den Büchern ist nur in zwei Fällen lobenswert: erstens, wenn man richtig zu schätzen versteht, wieviel sie wert sind, wenn man sie als Philosoph liest, um Vorteil aus dem zu ziehen, was darin gut sein mag, & über das Schlechte, das sie enthalten, zu lachen; zweitens, wenn man sie ebenso für die anderen besitzt wie für sich selbst & wenn man sie freudig & vorbehaltlos daran teilnehmen läßt. Man kann in diesen beiden Punkten Falconet als Vorbild für alle die hinstellen, die Bibliotheken besitzen oder einmal solche besitzen werden.

Ich habe einen der großartigsten Geister unseres Jahrhunderts sagen hören, es sei ihm gelungen, durch ein sehr sonderbares Mittel eine recht auserlesene & umfangreiche Bibliothek zusammenzustellen, die dennoch wenig Platz einnehme. Wenn er zum Beispiel ein zwölfbändiges Werk kauft, von dem nur sechs Seiten gelesen zu werden verdienen, so trennt er diese sechs Seiten von den übrigen los & wirft das Werk ins Feuer. Diese Art, eine Bibliothek einzurichten, würde mir sehr zusagen.

Die Leidenschaft, Bücher zu besitzen, führt zuweilen zum schmutzigsten Geiz. Ich habe einen Narren gekannt, der von einer übersteigerten Leidenschaft für alle Bücher über Astronomie besessen war, obgleich er kein Wort von dieser Wissenschaft verstand; er kaufte sie zu einem ungeheuren Preis & schloß sie in eine Kassette ein, ohne jemals einen Blick hineinzuwerfen. Er hätte sie Halley oder Monnier nicht geliehen, ja nicht einmal gezeigt, wenn diese das Bedürfnis danach gehabt hätten. Ein anderer ließ sich seine Bücher sehr sauber binden, lieh sie aber aus Angst, sie zu beschädigen, wenn er sie brauchte, von anderen, obwohl sie in seiner Bibliothek standen. Er hatte über den Eingang seiner Bibliothek geschrieben: *Ite ad vendentes!* – Geht zu den Buchhändlern! Auch er lieh niemandem Bücher.

Im allgemeinen verhält es sich mit der *Bibliomanie* – bei wenigen Ausnahmen – wie mit der Leidenschaft für Gemälde, Raritäten, Häuser: Die, welche sie besitzen, erfreuen sich ihrer kaum. So könnte ein Philosoph beim Betreten einer Bibliothek sagen, was ein Philosoph einst beim Betreten eines prächtig eingerichteten Hauses sagte: *Quam multis non indigeo* – »Wie viele Dinge gibt es doch, mit denen ich mich nicht zu beschäftigen brauche!«
d'Alembert

BIGOTT – **Bigot (Geschichte & Moral).** So nannte man eine Person, die hartnäckig einer Meinung anhing. Das Wort kommt von dem deutschen *bey-Gott* oder dem englischen *by-God.*

Camden führt eine recht sonderbare Herkunft dieses Wortes an: er sagt, daß die Normannen deshalb *bigott* genannt wurden, weil Herzog Raoul oder Rollon, als er die Prinzessin Gissa oder Giselle, Tochter Karls des Einfältigen, des Königs von Frankreich, zur Frau & mit ihr das Herzogtum Normandie als Lehen erhielt, sich weigerte, zum Zeichen der Vasallenschaft dem König die Füße zu küssen, es sei denn, der König selbst komme ihm dabei zu Hilfe, & der dann, als er gedrängt wurde, die Huldigung in der üblichen Form zu leisten, antwortete: *no by God,* & daß der König dies zum Anlaß nahm, ihn *bigod* oder *bigott* zu nennen, eine Bezeichnung, die dann auf seine Untertanen überging.

In moralischem Sinn ist *bigott* ein gehässiger Ausdruck, der einen *Scheinheiligen* bezeichnet, eine Person, die sich zwar peinlich genau an die äußeren Andachtsübungen der Religion hält, deren wesentliche Pflichten jedoch verletzt.
Mallet

BLAU – **Bleu.** Ein Körper erscheint *blau,* weil seine Teile eine Position & Gestalt haben, bei denen er die *blauen* Strahlen in größerer Menge reflektiert als die anderen. Siehe Farbe.

Newton erklärt die *blaue* Farbe des Firmaments damit, daß alle Dämpfe, wenn sie sich zu verdichten & zu versammeln beginnen, zuerst die Fähigkeit erwerben, *blaue* Strahlen zu reflektieren, bevor sie andersfarbige Wolken bilden können. Das *Blau* ist demnach die erste Farbe, welche die klarste & durchsichtigste Luft zu reflektieren beginnt, solange die Dämpfe noch nicht dicht genug sind, um andere Farben zu reflektieren.

Nach Leonardo da Vinci merkt de La Hire an, daß ein beliebiger schwarzer Körper, den man durch einen anderen, weißen & durchsichtigen Körper betrachtet, von *blauer* Farbe zu sein scheint, & damit erklärt er die himmelblaue

Azzurro, / il pomeriggio è troppo azzurro, / è lungo per me. / Mi accorgo / di non avere più risorse / senza di te, / e allora / io quasi prendo il treno / e vengo, vengo da te, / ma il treno dei desideri, / dei miei pensieri all'incontrario va.

Azzurro, / zu blau ist der Nachmittag / und zu lang für mich. / Ich spüre, / daß ich kaum noch Kraft habe, / seit du weg bist, / und da / hätte ich beinahe den Zug genommen / und wäre zu dir, zu dir gekommen, / aber der Zug meiner Wünsche / meiner Gedanken fährt in die andere Richtung.

Paolo Conte, Azzurro

Farbe des Firmaments, dessen unendliche Weite, die ganz ohne Licht ist, durch die vom Licht der Sonne erleuchtete & gleichsam gebleichte Luft wahrgenommen wird. Er fügt hinzu, daß aus demselben Grund mit Weiß vermischter Ruß *Blau* ergibt. Mit demselben Prinzip erklärt er die *blaue* Farbe der Venen auf der Oberfläche der Haut, obwohl das Blut, mit denen sie gefüllt sind, dunkelrot ist; denn, so sagt er, solange man die rote Farbe nicht bei Tageslicht sieht, wirkt sie wie ein dunkles, fast schwarzes Rot, & da sie sich in den Venen in einer Art von Dunkelheit befindet, kann sie den Eindruck von schwarzer Farbe erwecken, die, durch die Membran der Venen & die Weiße der Haut betrachtet, den Eindruck von *Blau* hervorruft. Siehe Schwärze. ✥ *d'Alembert*

BLAU, PREUSSISCH – **Bleu de Prusse.** Eine wichtige Substanz in der Malerei. Man nennt sie *Preußischblau*, weil ihre Herstellung in Preußen gefunden wurde. Siehe den ersten Band der *Miscellanea Berolinensia*, 1710; & im Januar & Februar 1724 wurde in den *Transactions philosophiques* ihre Zusammensetzung veröffentlicht. Später hat Geoffroy von der medizinischen Fakultät & der Akademie der Wissenschaften zu Paris in seinem Bericht von 1725 die Zubereitung bekanntgegeben.

Die Herstellung von *Preußischblau* erfolgt über eine Reihe schwieriger Verfahren. Es gibt mehrere Gründe für die Annahme, daß dieses *Blau* vom Eisen herrührt. Man weiß, daß Eisenauflösungen im Wasser durch den Gallapfel eine *blaue* Farbe annehmen. Gut polierter & bei mäßigem Feuer erhitzter Stahl nimmt eine *blaue* Farbe an; & infolge dieser Experimente scheint es, als rühre diese *blaue* Farbe von einer fettigen Substanz her, die das Feuer an die Oberfläche des Eisens steigen läßt. Man weiß, daß sich im Eisen eine bituminöse Masse befindet, die mit den anderen Grundstoffen nicht völlig verschmolzen ist oder sich in zu großer Menge darin befindet.

Dieses Bitumen oder Erdpech, das der Grundbestandteil des *Blau* sein muß, das man herstellen will, ist sicherlich zu fest; man muß es verfeinern, & die natürlichen Lösungsmittel des Bitumens sind die Alkalien.

Anscheinend hat man zur Herstellung von *Preußischblau* mehrere pflanzliche Öle ausprobiert, jedoch ohne Erfolg. Man hat es auch mit tierischen Ölen versucht, & kalziniertes & pulverisiertes Ochsenblut erfüllte die Erwartungen. Was die Alkalien angeht, so hat man das kräftigste verwandt, nämlich den Weinstein. – Das Bitumen des Eisens haftet an einer metallischen gelben Erde, & diese Erde verfälschte die *blaue* Farbe des Bitumens, so verdünnt es auch sein mochte. Man überträgt es von der gelben Erde auf eine weiße Erde, die des Alaun; dann wird die *blaue* Farbe nicht nur nicht mehr von ihrer Unterlage verfälscht, sondern ihr zuvor zu dunkler Ton wird heller & lebhafter.

Anzumerken ist, daß man dieses gewünschte Bitumen nicht im Eisen als solchem sucht, sondern in Vitriol, wo das Eisen bereits stark zersetzt ist.

Zur Herstellung von *Preußischblau* benötigt man also drei Flüssigkeiten: eine Lauge aus dem mit Alkalisalz kalziniertem Ochsenblut; eine Vitriollösung & eine Alaunlösung.

Aus all diesen Vorgängen ergibt sich eine Art von gelbgrünem Mehl, das durch den Geist des Salzes augenblicklich eine schöne dunkelblaue Farbe erhält, & genau das ist das *Preußischblau.* ✥ *Dieser Artikel stammt von Formey, Ständiger Sekretär der königlichen Akademie von Preußen.*

BLAU als Ersatz von Ultramarin in der Tuschmalerei. Um das Ultramarin zu ersetzen, das zu teuer ist & zuviel Körper hat, um in der Tuschmalerei Verwendung zu finden, sammelt man im Sommer große Mengen an Blüten von Kornblumen, die auf den Getreidefeldern wachsen. Man reinigt die Blüten sorgfältig von allem, was nicht *blau* ist, & gibt dann in lauwarmes Wasser sehr feines Alaunpulver. Von diesem Alaunwasser gießt man ein wenig in einen Mörser aus Marmor & wirft die Blüten hinein. Dann zerstampft man das Ganze mit einem Stößer aus Marmor oder Holz, bis es soweit zerkleinert ist, daß sich der Saft leicht herauspressen läßt, den man durch ein frisches Tuch seiht & dabei die Flüssigkeit in ein gläsernes Gefäß fließen läßt, in das man zuvor mit sehr weißem Gummi arabicum versetztes Wasser gefüllt hat. – Zu beachten ist, daß man nur wenig Alaun zugeben darf, damit der Glanz erhalten bleibt, denn wenn man zuviel davon hineingibt, verdunkelt man die Färbung. Ebenso kann man aus allen stark leuchtenden Blumen Farben gewinnen, sofern man sie mit Alaunwasser zerstampft, das verhindert, daß die Farbe sich verändert. Damit man diese Farben leicht mit sich tragen kann, läßt man sie im Dunkeln in gut zugedeckten Gefäßen aus Glas oder Porzellan trocknen. ✥ *Landois*

BLITZ – **Foudre (Grammatik & Physik).** Entzündete Materie, die laut & heftig aus einer Wolke schlägt. Die Materie des *Blitzes* scheint dieselbe zu sein wie die der Elektrizität, siehe die Artikel Elektrischer Schlag, Elektrizität, Elektrisches Feuer.

Der *Blitz* kommt in Gegenden, wo der Boden mehr Schwefel ausdünstet, sehr viel häufiger vor, während er in feuchten, kalten & mit Wasser bedeckten Ländern selten ist. In Ägypten & Äthiopien ist der Boden nicht schwefelhaltig, so daß der *Blitz* in diesen Ländern selten ist. Die Alten sagten sprichwörtlich: die Äthiopier fürchten den *Blitz* so wenig wie die Bewohner Galliens ein Erdbeben. (Siehe Plutarch, *Über den Aberglauben,* Kapitel III.) Italien dagegen ist ein sehr schwefelhaltiges Land, weshalb es für den Donner sehr anfällig ist. Aus diesem Grunde auch donnert es in Jamaika das ganze Jahr über.

Der Nutzen des *Blitzes* besteht darin, daß er 1. die Atmosphäre erfrischt, da man fast immer beobachten kann, daß es nach dem Donner kälter ist; 2. die Luft von einer Unzahl schädlicher Ausdünstungen reinigt & sie vielleicht sogar nützlich macht, indem er sie abschwächt. Es heißt, der Regen, der während eines Gewitters fällt, sei geeigneter als jeder andere, die Felder zu befruchten.

Nach den Beobachtungen von Musschenbroek donnert es in Utrecht im Durchschnitt fünfzehnmal im Jahr; außerdem fiel ihm auf, daß die Richtung & die Natur des Windes im allgemeinen den *Blitz* nicht beeinflußt, daß es aber gewöhnlich bei Südwind öfter donnert. Der *Blitz* ist im Sommer häufiger als im Winter, weil die Ausdünstungen der Erde infolge der Hitze stärker sind. Demselben Physiker zufolge ist die Materie der Feuerkugeln dieselbe wie die des *Blitzes,* siehe Feuerkugel. Manchmal blitzt & donnert es bei schönem Wetter, was Musschenbroek den Ausdünstungen zuschreibt, die sich entzünden, bevor sie hoch genug aufgestiegen sind, um Wolken zu bilden. Ein starker Regen vermindert den *Blitz* oder gebietet ihm sogar Einhalt, weil dieser Regen einen großen Teil der Materie, die zur Bildung des *Blitzes* beiträgt, mitnimmt. Manchmal ist der Dunst so dicht, daß man den *Blitz* nicht sieht, obwohl man ihn hört.

Viele Flüssigkeiten gären unter dem Einfluß des *Blitzes*; andere hören auf zu gären wie der Wein & das Bier; andere verderben wie die Milch. Diese so einfachen Erscheinungen sind sehr schwer zu erklären, & wir versuchen es auch nicht. – Man kann den *Blitz* durch Kanonenschüsse ablenken. Der Ton der Glocken ist ein sehr viel weniger sicheres Mittel: manchmal schadet er mehr, als er nützt, denn er läßt die Wolke über dem Ort, an dem man die Glocke läutet, aufplatzen, statt sie abzulenken. (Siehe den Bericht der *Académie* von 1718.)

Die Priscillianisten glaubten, der *Blitz* sei eine Manifestation des Dämons; doch wurde ihre Meinung auf einem Konzil verurteilt, das sich, wie Musschenbroek anmerkt, in diesem Punkt sehr klug verhalten hat. *d'Alembert*

BLITZSCHLAG – **Foudre (Medizin & Anatomie)**. Die Ärzte suchen mit großer Wißbegier nach der Ursache des Todes von Menschen & Tieren, die vom *Blitz* getroffen sterben, ohne daß man bei ihnen ein Übel oder eine Spur dessen findet, was ihnen das Leben geraubt haben könnte. Sterben sie an dem Schrecken, den ihnen das schreckliche Getöse des Donners & das große Feuer einjagen, von dem sie sich umgeben sehen? Ersticken sie am Dampf des entzündeten Schwefels, der für alle Tiere das am schnellsten wirkende Gift ist? Oder könnte man nicht auch glauben, daß die Tiere, wenn der *Blitz* aufleuchtet & die Luft von dem Ort vertreibt, wo er einschlägt, & sie gleichzeitig ihrer Geschmeidigkeit beraubt, sich gleichsam in einer vollkommenen Leere befinden & auf dieselbe Weise sterben wie jene, die man im Behälter einer Luftpumpe einschließt? Es ist sehr wahrscheinlich, daß diese drei Ursachen, einzeln oder zusammen, die Zerstörung der Maschine bewirken.

Scheuchzer berichtet, daß eine Frau, die ihr Kind auf den Armen trug, von einem *Blitzschlag* getroffen wurde, an dem sie starb, ohne daß dem Kind das geringste widerfuhr. An diesem Beispiel sieht man, daß allein der Schrecken zum Tod dieser Frau geführt haben kann, da die beiden anderen Ursachen hier nicht vorgelegen zu haben scheinen.

Als Lower & Willis einen jungen Mann öffneten, der vom *Blitzschlag* getroffen worden war, fanden sie ein gesundes Herz & stark geschwollene Lungen; dieser junge Mann war also nicht an der dritten Ursache gestorben, sondern an einer der beiden ersten.

Aus anderen Fällen erfahren wir, daß die Menschen vor Entsetzen sterben können oder daß das Entsetzen sie aufs äußerste einschränken kann. Zum Beweis mögen zwei Beispiele genügen. Als im Jahre 1717 ein *Blitz* in den Turm der Peterskirche zu Hamburg einschlug, erschrak ein fünfzehnjähriger Junge, der auf einem Stuhl schlief, so sehr, daß er eine Zeitlang regungslos & gefühllos verharrte. Als im selben Jahr der Stadtturm von Eperjes in Ungarn vom *Blitz* getroffen wurde, fiel ein Student, der am Fenster stand, halb tot zu Boden & kam erst mit Hilfe der Medizin wieder zu sich.

Doch wenn man solchen Erscheinungen begegnet oder auch Verletzungen oder Wunden bei denen antrifft, die am *Blitzschlag* gestorben sind, so überrascht weniger ihr Tod als der ganz sonderbare Weg, den der *Blitz* genommen hat, als er Verletzungen & Wunden der äußeren oder inneren Körperteile verursachte; freilich sind diese Sonderbarkeiten des *Blitzschlags* nicht nur den belebten Körpern eigentümlich. *Jaucourt*

BOA – **Boa (Naturgeschichte)**. Das ist der Name einer ungeheuer großen Wasserschlange, die es vor allem auf Rinder, französisch *bœufs,* abgesehen hat, da sie deren Fleisch bevorzugt. Der Name, den sie trägt, leitet sich auch von dort her. Sie trinkt besonders gern Milch. Wenn es wahr ist, wie Duncan behauptet, daß sie von nichts anderem leben kann, so muß ihre Art verhältnismäßig selten sein, & wenn man sie zuweilen, wie uns versichert wird, in

Kalabrien antrifft, ist es verwunderlich, daß wir von ihr keine genauere Beschreibung haben. Unter der Herrschaft von Kaiser Claudius tötete man einst eine Boa, in der man ein ganzes Kind fand. Wer behauptet hat, sie könnte einen Ochsen verschlingen, verdient nicht mehr, als daß man seine Meinung anführt, um zu zeigen, wie weit die Übertreibung gehen kann. Die Historiker sind meistens das Gegenteil von einem kreißenden Berg: Handelt es sich auch nur um eine Maus, bringt doch ihre Feder einen Elefanten hervor. *Diderot*

BOMBE – **Bombe** (**Artillerie**). Eine große, hohle Kugel, die mit Pulver gefüllt wird & die man mittels einer Bombarde auf die Stellen wirft, die man zerstören will. Sie wirkt auf zweierlei Weise: durch ihr Gewicht legt sie die stärksten Bauwerke in Schutt & Asche, & ihre Splitter verursachen großes Durcheinander, denn sobald sich das Pulver entzündet, mit dem sie geladen ist, bricht die Bombe auseinander oder zerplatzt & die Splitter werden durch die Gegend geschleudert.

In der militanten Geschichte des Widerstandes hat sich der Einsatz von Brandsätzen bewährt. Der Brandsatz besteht aus: Zündmechanismus – elektrischer Wecker mit Relaisgeschalteter Glocke oder durchgehendem Signalton (kein Quarz-Wecker) / elektrische Zünder-Blitzbirnen (Blitzwürfel) / Zündstoff-Schwefel von schwefelhaltigen Streichholzköpfen (keine Öko-Streichhölzer) aus 5 Schachteln / Pattex / 3 Liter Benzin (kein Öl, Spiritus oder Diesel) / 250-Gramm-Joghurtbecher / 2 x PET-Flaschen (Fanta, Cola, Sprite) oder 2 x Volvic-Flaschen / 4,5 V-Flachbatterie / einen Satz Bananenstecker / elastisches Kabel (nicht aus nur einer Kupferseele) / Teppichklebeband / breites und schmales Tesa-Gewebeband / 2 kleine Glühbirnen (4,5–6 V), die bei dieser Spannung ausreichend hell leuchten / Postkarton Größe M oder L. Der Wecker muß beim Klingeln ein konstantes Geräusch erzeugen, um einen konstanten Stromfluß zu liefern. N. N.: BRANDSATZANLEITUNG

Das Wort *Bombe* kommt aus dem Lateinischen von *bombus,* Getöse, wegen des Krachs, den sie macht.

Monsieur Blondel glaubt, die ersten *Bomben* seien 1588 bei der Belagerung von Wachtendonck im Herzogtum Geldern geworfen worden. Andere behaupten, man habe ein Jahrhundert zuvor, 1495 in Neapel unter Karl VIII. welche geworfen, & sie versuchen es mit einer Stelle aus dem von Octavien de Saint-Gelais & Andrieu la Vigne verfaßten *Vergier d'honneur* zu beweisen. Strada Famiano sagt, ein Bewohner der Stadt Venlo, dessen Geschäft das Abbrennen von Feuerwerken war, habe die *Bomben* erfunden. Die Bürger Venlos beschlossen, die Erfindung dem Herzog von Kleve vorzuführen, der ihrer Stadt gerade einen Besuch abstattete & für den sie ein großes Essen gegeben hatten. So sollte denn der erste Versuch vor ihm stattfinden, & er glückte weit besser, als sie vorausgesehen hatten: Denn die *Bombe* durchschlug Dach & Fußböden des Hauses, das getroffen wurde, & setzte es in Brand, & nachdem das Feuer auf die benachbarten Häuser übergegriffen hatte, brannten zwei Drittel der Stadt nieder, weil das Feuer so gewaltig war, daß es nicht mehr gelöscht werden konnte. Der Herzog bediente sich dieser Erfindung bei der Belagerung von Wachtendonck, die er wenige Tage danach begann.

»Ich weiß«, fügt Strada hinzu, »einige haben geschrieben, in Berg-op-zoom sei ein oder zwei Monate zuvor ein ähnlicher Versuch unternommen worden von einem italienischen Überläufer aus den spanischen Truppen, der sich den Holländern ergeben & ihnen versprochen hatte, er könne hohle Kugeln aus Stein oder Eisen fertigen, die, in eine belagerte Stadt geworfen, nach dem Einschlag zerplatzen & alles in Brand stecken würden. Bei der Vorbereitung seines Feuerwerks fiel jedoch ein Funken auf das Pulver: Dabei wurde er getötet, & er ließ diejenigen, für die er gearbeitet hatte, im Ungewissen darüber, ob sein Geheimnis erfolgreich gewesen wäre.«

In Frankreich kam es erst bei der Belagerung von la Motte im Jahre 1634 zum erstmaligen Gebrauch von *Bomben.* König Ludwig XIII. hatte einen englischen Ingenieur namens Malthus aus Holland kommen lassen, der *Bomben* bei mehreren Belagerungen erfolgreich einsetzte & 1658 bei der Schlacht von Gravelines umkam. Diesem Ingenieur verdanken wir ein Buch mit dem Titel *Anleitung zur Kriegsführung, darin enthalten der Gebrauch von Artillerie, Bomben &c.*

Zur Herstellung einer wirksamen Bombe bedarf es eines guten Gusses & eines weichen & geschmeidigen Materials, um Gußblasen, Hohlräume & Luftlöcher zu vermeiden, & damit sie jeder Art von Belastung standhält. Innen muß sie sehr sauber sein, & das Eisenstück, das nach dem Guß immer am Gehäuse hängt & das Rohr genannt wird, sollte gehärtet sein.

Die *Bombe* muß außerdem von gutem Zuschnitt, außen gut geglättet & möglichst rund sein, sie sollte ein unversehrtes Zündloch & vollständige Griffe haben, damit man sie leichter in die Bombarde legen kann. *Le Blond*

BÖSARTIG – **Mal-faisant** (**Grammatik & Moral**). Was schädlich ist, was Böses zufügt. Wenn der Mensch frei ist, das heißt, wenn er einen eigenständigen Geist besitzt, kraft dessen er sich entscheiden kann, etwas zu tun oder zu lassen, ohne von seinen Gewohnheiten oder denen des Körpers, seinen Leidenschaften, seinem Temperament, seinem Alter & seinen Vorurteilen &c. bestimmt zu werden, so gibt es gewiß tugendhafte Menschen & lasterhafte Menschen. Wenn keine Freiheit besteht, gibt es nur noch wohltätige Menschen & *bösartige* Menschen. Aber die Menschen lassen sich ebenso zum Guten wie zum Bösen hin ändern. Gute Beispiele, Belehrungen, Strafen, Belohnungen, Tadel, Lob & die Gesetze haben immer ihre Wirkung getan: *Bösartig* wird der Mensch bedauerlicherweise geboren. *Anonym*

BRAHMINEN oder BRAHMANEN – Bramines, Bramenes, Bramins ou Bramens (Moderne Geschichte). Sekte von indischen Philosophen. Es sind Priester, die vor allem dreierlei verehren: den Gott Fo, sein Gesetz & die Bücher, die ihre Satzungen enthalten. Sie behaupten, die Welt sei nur Illusion, Traum, Blendwerk, & die Körper müßten, um wirklich zu existieren, aufhören, in sich selbst zu sein, & mit dem Nichts eins werden, das durch seine Einfachheit die Vollkommenheit aller Wesen ausmache. Für sie besteht die Heiligkeit darin, nichts zu wollen, nichts zu denken, nichts zu empfinden & aus seinem Geist jede Idee, auch die der Tugend, so weit zu entfernen, daß die vollkommene Ruhe der Seele dadurch nicht gestört werde. Der tiefe Schlummer des Geistes, die Ruhe aller Kräfte, die völlige Aufhebung der Sinne ist das, was die Vollkommenheit ausmacht. Dieser Zustand gleicht dem Schlaf so sehr, daß sicher einige Körner Opium einen *Brahminen* weitaus zuverlässiger heilig machen würden als alle seine Bemühungen. Dieser Quietismus wurde in Indien leidenschaftlich angegriffen, aber auch verteidigt. Übrigens kennen die *Brahminen* ihren Ursprung nicht. Der König Brahma ist nicht ihr Schöpfer. Sie behaupten, sie seien aus dem Haupt des Gottes Brahma hervorgegangen, bei dem nicht nur das Gehirn fruchtbar war; seine Füße, seine Hände, seine Arme, sein Magen, seine Schenkel brachten ebenfalls Wesen hervor, die allerdings weniger edel waren als die *Brahminen*. Sie haben alte Bücher, die sie heilig nennen. Sie sprechen noch die Sprache, in der diese Bücher geschrieben sind. Sie glauben an die Seelenwanderung. Sie behaupten, die Kette der Wesen sei aus dem Schoß Gottes hervorgegangen & kehre immer wieder in ihn zurück, wie die Spinnwebe aus dem Leib der Spinne hervorgehe & in ihn zurückkehre. Übrigens scheint es, daß dieses religiöse System örtlich verschieden ist. An der Koromandelküste ist Wischnu der Gott der *Brahminen*. Brahma dagegen ist nur der erste Mensch. Brahma erhielt von Wischnu die Fähigkeit zur Schöpfung; er schuf acht Welten wie die unsrige, deren Regierung er acht Statthaltern überließ. Die Welten vergehen & entstehen wieder. Unsere Erde hat im Wasser angefangen & wird im Feuer enden; dann wird sich aus ihrer Asche eine neue Welt bilden, in der es keine Meere & keinen Wechsel der Jahreszeiten mehr geben wird. Die *Brahminen* lassen die Seele durch verschiedene Körper wandern; die Seele des sanftmütigen Menschen wandert in den Körper einer Taube, die des Tyrannen in den Körper eines Geiers & so fort. Die *Brahminen* haben infolgedessen eine übertriebene Ehrfurcht vor den Tieren; sie haben ihnen sogar Spitäler erbaut: Die Frömmigkeit bewegt sie dazu, die Vögel loszukaufen, die von den Moslems gefangen werden. Die *Brahminen* werden auch von den Banianen in ganz Indien sehr verehrt, vor allem aber von denen der Malaberküste, die diese Verehrung so weit treiben, daß sie ihnen sogar ihre Frauen vor der Eheschließung überlassen, damit jene göttlichen Männer nach ihrem heiligen Willen mit ihnen machen können, was sie wollen, & damit die Neuvermählten glücklich & gesegnet seien. Sie stehen an der Spitze der Religion; sie erklären ihre Phantastereien den Schwachsinnigen & beherrschen dadurch diese Schwachsinnigen & indirekt auch das kleine Häuflein derer, die nicht schwachsinnig sind. Sie leiten kleine Schulen. Die Strenge ihrer Lebensführung & die Zurschaustellung ihrer Enthaltsamkeit machen tiefen Eindruck. Sie sind in ganz Indien verbreitet, aber ihre eigentliche Schule ist in Banassi. Wir könnten die Darlegung der Extravaganzen der Philosophie & Religion der *Brahminen* noch weiter treiben, doch dürften ihre Absurdität, ihre Zahl & ihre Fortdauer nichts Verwunderliches an sich haben; denn ein Christ erblickt darin die Wirkung des göttlichen Zorns. Im menschlichen Verstand hängt alles zusammen; die Unklarheit einer Idee geht auch auf die Ideen über, die sie umgeben; ein Irrtum verdunkelt die an ihn grenzenden Wahrheiten; & wenn es in einer Gesellschaft Menschen geben sollte, die ein Interesse daran haben, Stätten der Finsternis zu bilden, so versinkt bald das ganze Volk in finsterer Nacht. Dieses Unglück haben wir nicht zu fürchten; denn niemals waren die Stätten der Finsternis seltener & begrenzter als heute; die Philosophie schreitet mit Riesenschritten voran, & das Licht begleitet sie & folgt ihr nach. Siehe in der neuen Voltaire-Ausgabe den *Brief eines Türken über die Brahminen*. *Diderot*

BRECHMITTEL – Vomitifs (Literatur). Gegen Ende der Republik gebrauchten die Römer die *Brechmittel* zu ganz anderen als medizinischen Zwecken: sie nahmen sie unmittelbar vor & nach der Mahlzeit ein, nicht nur für ihre Gesundheit, sondern aus Wollust. Sie nehmen ein *Brechmittel*, sagt Seneca, um besser essen zu können, & sie essen, um ein *Brechmittel* zu nehmen. Durch diese Entleerung vor dem Essen bereiteten sie sich darauf vor, noch mehr zu essen, & indem sie ihren Magen nach dem Essen leerten, meinten sie, jeder Schädigung vorzubeugen, die eine Überfüllung nach sich ziehen könnte. So soll Vitellius, obgleich er ein berühmter Vielfraß war, mit Hilfe von *Brechmitteln* am Leben geblieben sein, während er alle seine Kameraden, die diese Vorsichtsmaßnahme nicht ergriffen hatten, zu Tode brachte.

Cicero berichtet, daß Cäsar häufig diesem Brauch frönte. Er schreibt im Jahre 708 des römischen Kalenders an Atticus, daß der Besieger Galliens ihn während der Saturnalien in seinem Landhaus aufsuchte, wo er ihm ein glänzendes Mahl bereitet habe. Nachdem er sich hatte salben & parfümieren lassen, so setzt Cicero hinzu, nahm er am Morgen ein *Brechmittel,* ging am Nachmittag spazieren, setzte sich am Abend zu Tisch, wo er dann unbekümmert & mit Appetit aß & trank. Indem Cäsar bei Cicero ein *Brechmittel* einnahm, bewies er, daß er vorhatte, seiner Tafel Ehre zu erweisen. Was dem Redner von Rom indes noch mehr gefiel, war die feinsinnige Unterhaltung, die bei diesem »gut gekochten & gut gewürzten« Mahl herrschte. Dennoch gehörte er, setzt Cicero hinzu, nicht zu jenen Gästen, denen man sagt: »Schauen Sie doch auf Ihrem Rückweg wieder vorbei.« Einmal genügt. Cäsar hatte nämlich zweitausend Mann in seinem Gefolge. Barba Cassius ließ die Soldaten auf freiem Felde ihr Lager errichten. Außer Cäsars Tafel gab es noch drei weitere sehr gut gedeckte für die wichtigsten Leute seines Gefolges sowie für seine Freigelassenen erster & zweiter Ordnung. Der Empfang war in der damaligen Zeit einigermaßen beschwerlich; doch sprach man nicht von ernsten Dingen, die Unterhaltung drehte sich ganz zwanglos & anmutig nur um Literatur. So erholten sich die Römer von den Staatsgeschäften mit Vergnügungen des Geistes. *Jaucourt*

BUCHDRUCK – **Imprimerie (Geschichte der modernen Erfindungen).** Die Kunst, den Abdruck der Buchstaben, der beweglichen, gegossenen Lettern, die als Form dienen, auf Papier abzuziehen. Sie wird auch *typographische Kunst* genannt, was ein sehr guter Terminus ist. Kommen wir zur Sache. Der *Buchdruck,* diese für den Fortschritt der Wissenschaften, die sich mit der Vermehrung der Kenntnisse ständig vervollkommnen, so vorteilhafte Kunst, wurde Mitte des 15. Jahrhunderts erfunden, etwa zu der Zeit, als der Kupferstich aufkam, & den Römern fehlte nur noch ein Schritt, um sich dieser Kunst rühmen zu dürfen.

Die Autoren, die über diesen Gegenstand geschrieben haben, nennen als Geburtsjahr dieser Kunst nahezu einhellig das Jahr 1440 & ehren Mainz als die Stadt, in deren Schoß sie entstanden ist. Die Stadt Haarlem, die sich dessen rühmt, hat Befürworter, unter anderen Boxhorn. Schließlich hat auch die Stadt Straßburg die ihren, insbesondere Mentelin & Schefflin.

Wenn man jedoch unparteiisch urteilt, so läßt sich kaum daran zweifeln, daß Gutenberg der wahre Urheber des *Buchdrucks* ist. Er wurde in Mainz geboren & stammte aus einer dort ansässigen Patrizierfamilie, die verschiedene Namen gehabt zu haben scheint, unter anderen Gensfleisch zur Laden. In den 1441 & 1442 zu Straßburg geschlossenen Verträgen nannte er sich *Joannes* dictus *Gensfleisch, alias nuncupatus Gutenberg de Moguntia.*

Man versichert, daß Gutenberg, als er 1439 in Straßburg weilte, mit drei Bürgern dieser Stadt einen Vertrag abschloß, um mehrere Künste & »ans Wunderbare grenzende Geheimnisse« ins Werk zu setzen. Dies waren, sagt Schefflin, die Worte des (in deutscher Sprache abgefaßten) Schriftstücks, ohne daß indes spezifiziert wurde, worin diese Künste bestanden. Doch darf man vermuten, daß die Kunst des *Buchdrucks* zu diesen als »wunderbar« bezeichneten Geheimnissen gehörte.

Tatsächlich wurde die Erfindung des *Buchdrucks* anfangs als Wunder & sogar als Zauberei betrachtet. Die Vertragspartner hielten es wohl nicht für angebracht, sich deutlicher zu erklären, in der Hoffnung, erheblichen Profit aus einer Kunst zu ziehen, für die es noch nicht einmal einen Fachausdruck gab.

1450 ging Gutenberg, als er sich in Mainz aufhielt, um Freunde zu suchen, die seinen erschöpften Mitteln zu Hilfe kämen, eine neue Geschäftsverbindung mit Fust aus Mainz ein. Aus diesem Grunde hat Peter Schöffer, Fusts Teilhaber & Schwiegersohn, den Zeitpunkt der Erfindung des *Buchdrucks* in Mainz auf besagtes Jahr datiert.

1452 fand derselbe Peter Schöffer, der Gehilfe von Fust, das Geheimnis, die Lettern zu gießen, & legte somit letzte Hand an die Vervollkommnung des *Buchdrucks.* Denn bis dahin hatten Gutenberg & Fust nur mit aus Holz & Metall geschnittenen Lettern gedruckt. Man benötigte gegossene bewegliche Lettern, & eben dies bewerkstelligte Schöffer.

1465 beehrte der Kurfürst von Mainz, Adolf II., Gutenberg mit seiner Gunst, trug Sorge für sein Vermögen & nahm ihn unter Zahlung einer ansehnlichen Pension als Hofmann auf. Gutenberg erfreute sich nicht lange dieser Vergünstigungen; er starb drei Jahre später, 1468, in Mainz & wurde in der Franziskanerkirche dieser Stadt beigesetzt.

Man weiß, wie sich der *Buchdruck* nach 1462 ausgebreitet hat, nämlich durch die Revolution, die Mainz in jenem Jahr erschütterte. Nachdem Adolf, Graf von Nassau, von Papst Pius II. unterstützt, diese Reichsstadt erstürmt hatte, nahm er ihr alle ihre Freiheiten & Privilegien. Daraufhin ergriffen alle Arbeiter, die sie barg, mit Ausnahme Gutenbergs, die Flucht, zerstreuten sich & trugen ihre Kunst in die Orte & Länder, wo sie unbekannt war. Mit diesem Ereignis beginnt für alle Historiker & auch Johann Schöffer, Sohn von Peter & Enkel von Fust, die Zeit der Zerstreuung, die sich Europa zunutze machte.

Denn durch diese Zerstreuung trugen die Arbeiter aus Mainz ihr Gewerbe überallhin. Ulrich Han, Sweynheim & Arnold Pannartz begaben sich nach Rom, wo man sie im Palazzo Massimi unterbrachte. Dort druckten sie 1467 Augustinus' Traktat *Über den Gottesstaat,* eine lateinische Bibel, Ciceros *Über die Pflichten* & andere Bücher. 1468 verließ ein Werk die Druckerei von England. In Venedig veröffentlichten Johann & Wendelin von Speyer 1474 die Episteln des hl. Cyprianus. Im selben Jahr ließ Sixtus Rufinger in Neapel einige fromme Werke erscheinen. In Mailand brachte Filippo de Lavagna 1474 einen Sueton heraus.

Ein Übel, das uns der Buchdruck brachte: das Schwarz. Ach, das Schwarz in der Neuzeit! HENRI MICHAUX, ECUADOR, 13. Februar 1928

So kam es, daß man mit Hilfe des Druckens nicht nur rasch alle Kenntnisse vervielfältigen, sondern auch die Gedanken der Menschen festhalten & sie bis ans Ende der Zeiten überliefern konnte, während ihr Leib in der Materie aufgegangen & ihre Seele zum Wohnsitz der Geister aufgeflogen war.

Alle anderen Künste, die dazu dienen, unsere Ideen zu verewigen, vergehen mit der Zeit. Statuen zerfallen am Ende zu Staub. Gebäude haben nicht so lange Bestand wie die Statuen, & die Farben vergehen schneller als die Gebäude. Michelangelo, Fontana & Raffael sind, was Phidias, Vitruv & Apelles in der Bildhauerei waren, & deren Arbeiten existieren nicht mehr.

Der Vorteil, den Schriftsteller gegenüber diesen großen Meistern haben, besteht darin, daß man ihre Schriften vervielfältigen & immer von neuem in so vielen Exemplaren auflegen kann, wie man will, ohne daß die Kopien den Originalen an Wert nachstehen.

Wieviel würde man nicht für einen Vergil, einen Horaz, einen Homer, einen Cicero, einen Platon, einen Aristoteles, einen Plinius zahlen, wenn sich ihre Werke nur an einem einzigen Ort oder in den Händen nur einer Person befänden, so wie eine Statue, ein Gebäude, ein Gemälde!

Dank der schönen Kunst des *Buchdrucks* können also die Menschen ihre Gedanken in Werken zum Ausdruck bringen, die ebenso lange währen wie die Sonne & erst mit der allgemeinen Umwälzung der Natur untergehen. Erst dann werden die unnachahmlichen Werke Vergils & Homers zusammen mit all den Welten zugrunde gehen, die sich über unseren Köpfen im Kreise drehen.

Da Bücher die Jahrhunderte überdauern, müssen die Autoren nicht mit aller Sorgfalt ihre Talente auf Werke verwenden, die danach trachten, die menschliche Natur zu vervollkommnen? Wenn wir als Einzelne keine Dinge erschaffen können, die würdig sind, aufgeschrieben zu werden, sagte Plinius der Jüngere, sollten wir wenigstens versuchen, Dinge zu schreiben, die würdig sind, gelesen zu werden. *Jaucourt*

BÜRGER, STAATSBÜRGER, BEWOHNER – **Bourgeois, Citoyen, Habitant** (**Grammatik**). Das sind Ausdrücke, die sich auf den Wohnsitz an einem bestimmten Ort beziehen. *Bürger* ist derjenige, dessen gewöhnlicher Wohnsitz in einer Stadt ist; *Staatsbürger* ist ein Bürger hinsichtlich der Gesellschaft, deren Mitglied er ist; der *Bewohner* ist ein einzelner Mensch, der allein im Hinblick auf seinen jeweiligen Wohnsitz betrachtet wird. Man ist *Bewohner* der Stadt, der Provinz oder des Landes; man ist *Bürger* von Paris. Der *Bürger* von Paris, der die Interessen seiner Stadt gegenüber den sie bedrohenden Anschlägen ehrlich vertritt, wird zum *Stadt-* oder *Staatsbürger.* Die Menschen sind *Bewohner* der Erde. Die Städte sind voll von *Bürgern*; doch gibt es unter diesen *Bürgern* nur wenige *Staatsbürger.* Das *Wohnen* setzt einen Ort voraus, das *Bürgertum* eine Stadt, die Eigenschaft des *Staatsbürgers* eine Gesellschaft, deren Angelegenheiten jeder einzelne kennt, deren Wohl ihm am Herzen liegt & in der er zu den ersten Würden zu gelangen hofft. *Diderot*

CHALDÄER, PHILOSOPHIE DER – **Chaldéens, Philosophie des.** Die *Chaldäer* gehören zu den ältesten Völkern des Orients, die sich mit der Philosophie befaßt haben. Der Titel der ersten Philosophen wurde ihnen von den Ägyptern streitig gemacht. Diese Nation, die sich ihrer Erfindungen ebenso rühmte wie ihres hohen Alters, hielt sich nicht allein für das älteste aller Völker, sondern auch für die Wiege der Künste & Wissenschaften. Deshalb seien die *Chaldäer* nach Meinung der Ägypter lediglich eine Ägypten entsprungene Kolonie; & von ihnen hätten sie alles gelernt, was sie wissen. Da die nationale Eitelkeit stets ein schlechter Bürge für die Tatsachen ist, die außer ihr keine andere Stütze haben, ist diese Überlegenheit, die sich die Ägypter auf allen Gebieten über die anderen Nationen anmaßten, unter den Gelehrten noch heute eine Streitfrage.

Wenn die Überschwemmungen des Nils, welche die Feldmarken der Äcker verwischten, den Ägyptern die ersten Begriffe der Geometrie eingaben, da sie jedermann vor die Notwendigkeit stellten, genaue Maße zu ersinnen, um sein Feld von dem seines Nachbarn unterscheiden zu können, so darf man sagen, daß die große Muße, deren sich die einstigen Schäfer Chaldäas erfreuten, in Verbindung mit der reinen & heiteren Luft, die sie unter einem stets wolkenlosen Himmel atmeten, sie zu den ersten Beobachtungen veranlaßte, welche die Grundlagen der Astronomie waren. Und da Chaldäa den ersten Menschen der neuen Welt als Aufenthalt diente, ist die Vorstellung nicht von der Hand zu weisen, daß das babylonische Reich den Anfängen der Monarchie Ägyptens vorausging & daß infolgedessen Chaldäa, das ein bestimmter Bezirk innerhalb dieses Reichs war & das seinen Namen von den *Chaldäern* erhielt – fremden Philosophen, denen es als Heimstatt gewährt wurde –, das erste Land ist, das von den Lichtern der Philosophie erleuchtet wurde. Siehe ASTRONOMIE.

Die *Chaldäer* standen bei den Babyloniern in hohem Ansehen. Sie waren die Priester der Nation; sie erfüllten die gleichen Funktionen

Was die Nation betrifft, so versuche man einem Nationalisten beizubringen, daß es sich um eine mehr oder weniger freie Erfindung französischer Intellektueller des 17. und 18. Jahrhunderts handelt und daß etwas früher das Wort Nation am ehesten noch eine Studentenverbindung an einigen alten Universitäten meinte. Exkurs Ende.
VILÉM FLUSSER, VON DER FREIHEIT DER MIGRANTEN

wie die Magier bei den Persern, indem sie das Volk in allem unterwiesen, was sich auf die Dinge der Religion wie die Zeremonien & die Opfer bezog. Deshalb haben die griechischen Geschichtsschreiber sie häufig miteinander verwechselt, womit sie ihre Ungenauigkeit zu erkennen gaben, da sie den Zustand, in dem sich die Philosophie bei den alten Babyloniern befand, nicht, wie sie es hätten tun müssen, von dem unterschieden, in den sie herabgesunken war, als diese Völker unter die Herrschaft der Perser gerieten.

Nebenbei ist anzumerken, daß bei allen alten Völkern wie den Assyrern, den Persern, den Ägyptern, den Äthiopiern, den Galliern, den Bretonen, den Germanen, den Skythen, den Etruskern allein diejenigen als die Weisen & die Philosophen der Nation angesehen wurden, die sich zu Priestern & Dienern der Religion aufgeworfen hatten. Es waren biegsame & geschickte Männer, welche die Religion in den Dienst der eigennützigen & politischen Pläne der jeweils Regierenden stellten.

> *Die Machtmittel der Götter sind auf unsere Bedürfnisse zugeschnitten: Einer heilt Pferde, einer Menschen; einer die Pest, einer den Kopfgrind; einer den Husten, einer diese Art Krätze, einer jene … Einer läßt die Trauben wachsen, einer den Knoblauch; einer ist für die Bordelle zuständig, einer für den Warenhandel: Jedem Gewerbe seinen Gott! … Der Mensch ist zweifellos von Sinnen. Keine Milbe könnte er erschaffen, Götter aber erschafft er dutzendweise.* MONTAIGNE, APOLOGIE FÜR RAYMOND SEBOND

Folgendes lehrten die *Chaldäer* über die Gottheit. Sie verehrten einen höchsten Gott, Urheber aller Dinge, der jene schöne Harmonie, die alle Teile des Universums miteinander verbindet, eingesetzt hatte. Obgleich sie die Materie, die schon vor dem Wirken Gottes bestanden habe, für ewig hielten, meinten sie doch nicht, daß die Welt ewig sei; denn ihre Kosmologie zeigt uns unsere Erde an ihrem Anfang als ein dunkles Chaos, in dem sich die Elemente in großem Wirrwarr befanden, bevor sie jene Ordnung erhielt, die sie zu einem bewohnbaren Ort machte. Sie vermuteten, daß sich im Schoß dieses Chaos monströse Tiere & verschiedene Gestalten gebildet hatten, die einer Frau namens Omerca unterworfen waren; daß der Gott Belos diese Frau in zwei Teile zerschnitten & aus einem von ihnen den Himmel & aus dem anderen die Erde geformt hatte & daß der Tod dieser Frau den Tod all dieser Tiere zur Folge hatte; daß Belos, nachdem er die Welt geformt & die Tiere, die in ihr leben, hervorgebracht hatte, sich den Kopf hatte abschlagen lassen; daß die Menschen & die Tiere aus der Erde hervorgingen, welche die anderen Götter mit dem Blut, das aus der Wunde des Gottes Belos floß, getränkt hatten, & daß dies der Grund ist, warum die Menschen Intelligenz besitzen & einen Teil der Göttlichkeit erhalten haben. Berosos, der dies in den uns überlieferten Fragmenten berichtet, merkt an, diese ganze Kosmologie sei lediglich eine geheimnisvolle Allegorie, durch welche die *Chaldäer* erklärten, auf welche Weise der Schöpfergott das Chaos entwirrt & Ordnung in das Durcheinander der Elemente gebracht hatte. Zumindest sieht man hinter den Schleiern dieser überraschenden Allegorie, daß der Mensch seine Entstehung Gott verdankt & daß der höchste Gott sich eines anderen Gottes bedient hat, um diese Welt zu formen. Diese Lehre vertraten nicht nur die *Chaldäer.* Im ganzen Orient herrschte die allgemein anerkannte Meinung, daß es Geister, subalterne, vom höchsten Wesen abhängige Götter gebe, die in allen Teilen dieses weiten Universums verstreut seien. Man glaubte, es sei der Majestät des höchsten Gottes nicht würdig, das Geschick der Völker unmittelbar zu lenken.

Es stand ihm nicht an, sich um die Gedanken & Handlungen der einfachen Sterblichen zu kümmern; das überließ er lokalen Schutzgottheiten. Und nur diesen zu Ehren brannte deshalb der Weihrauch in den Tempeln & floß das Blut der Opfertiere. Doch neben den guten Geistern, die sich befleißigten, den Menschen Gutes zu tun, kannten die *Chaldäer* auch böse Geister. Diese waren gröber geformt als die guten, mit denen sie ständig in Krieg lagen. Erstere waren das Werk des bösen Prinzips, so wie letztere das Werk des guten Prinzips waren; denn es scheint, als sei die Lehre der zwei Prinzipien in Chaldäa entstanden, von wo aus sie zu den Persern gelangt ist. Dieser Glaube an böse Dämonen, der nicht nur bei den *Chaldäern,* sondern auch bei den Persern, den Ägyptern & den anderen Völkern des Orients verbreitet war, scheint seinen Ursprung in der ehrwürdigen Überlieferung einer Verführung des ersten Menschen durch einen bösen Dämon zu haben. Sie nahmen alle möglichen Formen an, um diejenigen, die so unvorsichtig waren, sich ihnen anzuvertrauen, besser täuschen zu können.

Von solcher Art waren wahrscheinlich die Mysterien, in welche die *Chaldäer* wohlweislich nur eine kleine Anzahl von Adepten einweihten, die ihnen nachfolgen sollten, um die Tradition dieser Mysterien von Generation zu Generation bis hin zu den fernsten Nachkommen fortleben zu lassen. Es war den Schülern nicht erlaubt, in ihren Gedanken über das hinauszugehen, was ihre Lehrer sie gelehrt hatten. Sie beugten sich sklavisch unter das Joch, das ihnen die blinde Ehrfurcht auferlegte, die sie vor ihren Lehrern hatten. Diodorus Siculus rechnet ihnen das als Verdienst an & erhebt sie in diesem Punkt weit über die Griechen, die seiner Meinung nach zum ewigen Spielball von tausenderlei Meinungen wurden, zwischen denen ihr unschlüssiger Geist schwankte, weil sie sich in ihrer Denkweise nur von ihrem Genie leiten lassen wollten. Aber man muß wohl selbst sehr unphilosophisch sein, um nicht einzusehen, daß das schönste Vorrecht unserer Vernunft darin besteht, nichts unter dem Zwang eines blinden mechanischen Triebes zu glauben, & daß es der Vernunft zur Schande gereicht, wenn man sie in Ketten legt, wie es die *Chaldäer* taten. Der Mensch ist dazu geboren, selbständig zu denken. Gott allein verdient das Opfer unserer Einsicht, weil er der einzige ist, der uns nicht täuschen kann, ob er nun selbst zu uns spricht oder ob er aus dem Munde derjenigen spricht, denen er den heiligen Schatz seiner Offenbarungen anvertraut hat. Da die Philosophie der *Chaldäer* nichts anderes war als ein Haufen von Maximen & Dogmen, die auf dem Weg der Tradition weitergegeben wurden, so verdienen sie keinesfalls den Namen von Philosophen. Dieser Titel kommt in der strengsten Bedeutung des Wortes nur den Griechen zu & auch den Römern, die sie nachahmten, indem sie in ihre Fußstapfen traten. Denn über die anderen Nationen muß man dasselbe Urteil fällen wie über die *Chaldäer,* da bei ihnen derselbe Geist der Knechtschaft herrschte, wogegen die Griechen & die Römer selbständig zu denken wagten. Sie glaubten nur das, was sie sahen, oder zumindest nur das, was zu sehen sie sich einbildeten. Wenn der Starrsinn sie in zahlreiche Irrtümer stürzte, so nur deshalb, weil es uns nicht gegeben ist, plötzlich & gleichsam instinktiv die Wahrheit zu entdecken. Wir können zur Wahrheit nur auf dem Weg sehr vieler Ungereimtheiten & Extravaganzen gelangen; das ist ein Gesetz, dem uns die Natur unterworfen hat. Da aber die Griechen alle Torheiten erschöpft haben, die man über jede Sache sagen kann, haben sie uns einen bedeutenden Dienst erwiesen, weil sie uns gleichsam gezwungen haben, schon am Anfang unserer Laufbahn den Weg der Wahrheit einzuschlagen. *Diderot*

CHARIDOTES – Charidotès (Mythologie). Beiname, unter dem Merkur auf der Insel Samos angebetet wurde. Es folgt nun eine merkwürdige Anekdote über seinen Kult. An seinem Namenstag stahlen die Bewohner von Samos, während man ihm Opfer darbrachte, ungestraft alles, was ihnen in die Finger kam, & zwar zur Erinnerung daran, daß ihre von den Feinden besiegten & in alle Winde zerstreuten Vorfahren gezwungen waren, zehn Jahre lang nur von Diebstahl & Straßenraub zu leben, ganz nach dem Vorbild jenes Gottes, der als Schutzpatron der Diebe galt. Diese kleine Geschichte würde, wenn uns das Altertum nicht unzählige andere böte, schon genügen, um zu beweisen, wie wichtig es ist, daß die Menschen richtige Vorstellungen vom göttlichen Wesen haben. Wenn der Aberglaube einen rachsüchtigen, mißgünstigen, spitzfindigen, jähzornigen Jupiter, der den Betrug liebt & die Menschen zum Diebstahl, Meineid, Verrat anspornt, auf den Altar erhebt, so bezweifle ich nicht, daß mit Hilfe der Betrüger & der Dichter das Volk bald alle diese Fehler bewundert & eine Vorliebe für sie faßt; denn es ist leicht, Laster in Tugenden zu verwandeln, wenn man sie an einem Wesen, zu dem man ehrfürchtig die Augen erhebt, zu erkennen glaubt. Das war auch die Wirkung der skandalösen Geschichten, welche die heidnische Theologie ihren Göttern zuschrieb. Bei Terenz entschuldigt ein junger Wüstling eine Schandtat durch das Vorbild Jupiters. »Wie«, sagt er zu sich selbst, »ein Gott hat es nicht verschmäht, sich in einen Menschen zu verwandeln & sich über das Dach in das Zimmer eines jungen Mädchens einzuschleichen, & noch dazu welcher Gott! Derjenige, der den Himmel durch seinen Donner erschüttert! Und ich, ein armer Sterblicher, sollte Bedenken haben? Ich sollte fürchten, das gleiche zu tun? *Ich habe das auch getan, & zwar mit Wonne.*« Petronius wirft dem Senat vor, er führe die Gerechtigkeit der Götter durch Geschenke in Versuchung & scheine dadurch das Volk darauf hinzuweisen, daß es nichts gebe, was man nicht für dieses Edelmetall tun dürfe.

Platon vertrieb die Dichter aus seinem Staatswesen zweifellos deshalb, weil sie in der Verstellungskunst, die sie ausübten, die Götter, die Menschen & die Natur nicht achteten & es keine Autoren gab, die den Völkern Dinge weiszumachen wußten, deren Kenntnis nicht verfälscht wären & durch welche die Sitten nicht verdorben wurden. Selbst der Senat, der Lehrer des Richtigen & des Guten, pflegt im Kapitol tausend Pfund Gold zu versprechen, & niemand zweifelt mehr daran, daß er das Geld begehrt & von Jupiter Reichtum erfleht.

Das Christentum hat alle diese falschen Götter & alle diese schlechten Beispiele verworfen, um den Menschen ein anderes Beispiel zu geben, das sie um so frommer macht, je vollkommener sie es nachahmen. *Diderot*

CHINA – La Chine (Geographie). Großes Kaiserreich in Asien, das im Norden von der Tatarei, von der es durch eine vierhundert Meilen lange Mauer getrennt ist, im Osten vom Meer, im Westen von hohen Bergen & von Wüsten & im Süden vom Ozean & von den Königreichen Tongking, Laos & Kotschinchina begrenzt ist.

China ist ungefähr siebenhundertfünfzig Meilen lang & fünfhundert Meilen breit. Es ist das am dichtesten bevölkerte & am besten bebaute Land, das es in der Welt gibt;

Die Europäer sind großartige Chinesen. Es heißt oft, die Chinesen hätten alles erfunden … Hm! Seltsam ist, daß die Europäer genau das erfunden und »gesucht« haben, was die Chinesen erfunden und gesucht haben. Wenn sich die Chinesen damit brüsten, das Diabolospiel erfunden zu haben, das Polospiel, das Bogenschießen, den Fußball, das Jiu-Jitsu, das Papier, usw., na wenn schon, das stellt den Chinesen nicht höher. Wäre ich eine Zivilisation, würde ich mich nicht damit brüsten, das Diabolo erfunden zu haben. O nein, ich würde mich vielmehr schämen und vor mir selbst verstecken. Ich würde bessere Vorsätze für die Zukunft fassen. Die Chinesen und die Weißen leiden an der gleichen Krankheit. Tagsüber basteln sie, und dann brauchen sie Spiele. HENRI MICHAUX, EIN BARBAR IN CHINA

es wird von mehreren großen Flüssen bewässert & von unzähligen Kanälen durchschnitten, die man dort anlegt, um den Handel zu erleichtern. Der bedeutendste ist derjenige, den man den *Königskanal* nennt & der ganz *China* durchquert. Die Chinesen sind sehr fleißig; sie lieben die Künste, die Wissenschaften & den Handel. Der Gebrauch des Papiers, des Buchdrucks, des Schießpulvers war dort schon sehr lange bekannt, ehe man in Europa daran dachte. Dieses Land wird von einem Kaiser regiert, der zugleich das Oberhaupt der Religion ist & unter dessen Befehlsgewalt Mandarine stehen, die die großen Herren des Landes sind; denn sie haben das Recht, ihn auf seine Fehler hinzuweisen. Die Regierung ist sehr mild. Die Bewohner dieses Landes sind Götzendiener: sie nehmen so viele Frauen, wie sie wollen. Der Handel *Chinas* umfaßt Reis, Seide, alle möglichen Stoffe &c. *Anonym*

CUBA (**Mythologie**). Römische Gottheit, nach dem Wort *cubo,* lateinisch *cubare:* liegen, so genannt. Man rief sie an, um die Kinder zum Einschlafen zu bringen. Schwer zu glauben, daß Menschen, die so viele Götter haben, sehr religiös sind; sie haben Grund, sich über sie zu beklagen. Ein Darmgrimmen, das ein kleines Kind die ganze Nacht lang schreien ließ, mußte seiner Amme wohl tausend Lästerungen gegen die Göttin *Cuba* entreißen. *Diderot*

DENKFREIHEIT – **Liberté de penser** (**Moral**). Das Wort *Denkfreiheit* hat zwei Bedeutungen: eine allgemeine & eine begrenzte. Im ersten Fall bedeutet es jene großartige Fähigkeit des Geistes, die unsere Überzeugung einzig & allein an die Wahrheit knüpft. Im zweiten Fall drückt es nur die Wirkung aus, die man nach Ansicht der Freigeister von einer freien & genauen Prüfung erwarten kann, das heißt die Unüberzeugtheit. So lobenswert das eine ist & so viel Beifall es verdient, so tadelnswert ist das andere & verdient daher, bekämpft zu werden. Die wahre *Denkfreiheit* schützt den Geist vor Vorurteilen & Voreiligkeit. Unter der Leitung jener weisen Minerva stimmt sie den Lehren, die man ihr vorschlägt, nur in dem Maße zu, als sie wahrscheinlich sind. Sie glaubt entschieden denen, die evident sind; sie reiht die übrigen, die nicht evident sind, unter die Wahrscheinlichkeiten ein; es gibt allerdings auch Lehren, bei denen sie ihren Glauben in der Schwebe läßt; aber wenn das Wunderbare hinzukommt, wird sie weniger gläubig; sie beginnt dann zu zweifeln & mißtraut den Lockungen der Illusion. Mit einem Wort: sie schenkt dem Wunderbaren erst Glauben, wenn sie sich gegen den allzu starken Hang, der uns zum Wunderbaren hinzieht, gut gewappnet hat. Sie sammelt vor allem ihre ganzen Kräfte gegen die Vorurteile, die uns die Erziehung in unserer Jugend in bezug auf die Religion annehmen ließ, denn das sind die Vorurteile, von denen wir uns am schwierigsten frei machen; es bleibt immer eine Spur davon zurück, oft auch dann noch, wenn wir uns davon weit entfernt haben. Da wir es müde sind, auf uns selbst angewiesen zu sein, setzt uns ein Einfluß zu, der stärker ist als wir, & veranlaßt uns, zu den Vorurteilen zurückzukehren. Wir wechseln die Mode & die Ausdrucksweise; es gibt tausend Dinge, bei denen wir uns unmerklich daran gewöhnen, anders über sie zu denken als in unserer Kindheit; unsere Vernunft läßt sich gern dazu herbei, solche neuen Formen aufzugreifen; aber die Ideen, die sie sich über die Religion gebildet hat, haben für sie etwas Ehrwürdiges; selten wagt sie, diese Ideen zu prüfen, & der Eindruck, den jene Vorurteile auf den Menschen gemacht haben, als er noch Kind war, stirbt gewöhnlich erst mit ihm selbst. Man muß sich darüber nicht wundern; die Bedeutung der Sache sowie das Beispiel unserer Eltern, die wir wirklich davon überzeugt sehen, sind mehr als ausreichende Gründe, um sie tief in unserem Herzen einzugraben, so daß es schwer ist, sie später auszulöschen.

Denn diese ersten Zeichen, die sich unseren Seelen einprägen, hinterlassen stets tiefe & bleibende Eindrücke. Unser Aberglaube ist so stark, daß wir Gott dadurch zu ehren meinen, daß wir unserer Vernunft Fesseln anlegen; wir fürchten, uns vor uns selbst zu entlarven & uns im Irrtum zu sehen, als müßte die Wahrheit Angst davor haben, im hellen Licht zu erscheinen.

Daraus schließe ich in keiner Weise, daß die Fragen, die allein den Glauben betreffen, vor dem Richterstuhl der stolzen Vernunft entschieden werden müssen. Gott hat Geheimnisse, die, wenn man sie der Prüfung unterzieht, absurd erscheinen würden, nicht unseren Erörterungen preisgegeben. Im Bereich der Offenbarung hat er allen unseren Bemühungen unüberwindliche Schranken gesetzt; er hat einen Punkt festgelegt, an dem die Evidenz aufhört, für uns zu leuchten, & dieser Punkt ist die Grenze der Vernunft: dort, wo sie endet, beginnt der Glaube, der das Recht hat, vom Geist in den Dingen, die er nicht begreift, völlige Zustimmung zu verlangen. Doch erschüttert diese Unterwerfung der blinden Vernunft unter den Glauben dennoch nicht ihre Grundlagen, ebensowenig wie sie die Grenzen der Erkenntnis umstößt. Was! Wenn diese Vernunft, die manche so sehr verleumden, in Dingen der Religion nicht stattfände, dann hätten wir keinerlei Recht, die Lehrsätze aufgrund der extravaganten Zeremonien, die man in allen Religionen außer der wahren antrifft, lächerlich zu machen. Wer sieht nicht, daß dies dem überspanntesten Fanatismus & dem unsinnigsten Aberglauben Tür & Tor öffnen würde? Bei derlei Grundsätzen gibt es nichts, was man nicht glaubte, & die ungeheuerlichsten Ansichten, die Schande der Menschheit, werden übernommen. Ist die Religion, die ihr zur Ehre gereicht & die uns am meisten von den Tieren unterscheidet, nicht häufig das, worin die Menschen am unvernünftigsten erscheinen? Wir sind höchst sonderbare Wesen; nie können wir die rechte Mitte halten. Wer nicht abergläubisch ist, ist gottlos. Es hat den Anschein, als könne man nicht aus Vernunft gehorsam & als Philosoph gläubig sein. Ich will hier nicht entscheiden, was unvernünftiger ist & die Religion mehr beleidigt: der Aberglaube oder die Gottlosigkeit. Wie dem auch sei, die Grenzen, die zwischen beiden gezogen wurden, hatten unter der Kühnheit des Geistes weniger zu leiden als unter der Verderbtheit des Herzens. Der Aberglaube ist gottlos & die Gottlosigkeit selbst abergläubisch geworden; ja, in allen Religionen der Erde ist die *Denkfreiheit,* die über die Frommgläubigen ebenso spottet wie über die schwachen Seelen, die abergläubischen Geister & die Sklavenseelen, bisweilen gläubiger & abergläubischer, als man meint. Welchen Gebrauch der Vernunft kann ich bei Menschen erkennen, die von Autoritäts wegen glauben, man dürfe der Autorität nicht glauben? Wer sind diese Kinder, die sich rühmen, keine Religion zu haben? Wenn man sie reden hört, sind sie die einzigen Weisen, die einzigen Philosophen, die diesen Namen verdienen; sie allein besitzen die Kunst, die Wahrheit zu prüfen; sie allein sind imstande, ihre Vernunft in vollkommenem Gleichgewicht zu halten, das lediglich durch das Gewicht der Beweise zerstört werden könnte. Alle anderen Menschen, träge Geister, ängstliche & feige Herzen, kriechen unter dem Joch der Autorität & lassen sich widerstandslos von den herrschenden Meinungen gängeln. Doch wie viele sehen wir unter ihnen, die sich von einem schlaueren Kinde unterwerfen lassen. Sobald sich unter ihnen einer jener glücklichen Geister findet, dessen lebhafter & origineller Verstand fähig ist, den Ton anzugeben, so fällt dieser ansonsten aufgeklärte Geist dem Unglauben anheim, weil er sich von einem verderbten Herzen hat täuschen lassen; seine starke, kräftige & vorherrschende Einbildungskraft wird auf ihre Meinungen eine um so despotischere Macht ausüben, als ein geheimer Hang zur *Freiheit* seinen obsiegenden Gründen neue Kraft verleihen wird. Sie wird seine Begeisterung den noch jugendlichen Vorstellungen mitteilen, sie unter seinen Willen beugen, sie unterjochen & umstoßen.

Nach einer Stunde habe ich zwei Sätze geschrieben. Mühsam geht das. Ich suche ein Wort, das Wort, das treffende, einzige. Um es zu verwerfen, sobald ich es gefunden habe, es auszutauschen gegen seine mildere Variante, nicht zu milde, die nächstliegende Nuance, aber druckbar. Nichtdruckbares wird nicht zu Ende gedacht. Es ist nur ein kurzer Weg von undruckbar zu undenkbar, sobald man sich darauf eingelassen hat, die Wirklichkeit an diesem Maß zu messen; dazwischen liegt nur unaussprechlich. Ich habe mir fast schon abgewöhnt, öffentlich über Alternativen zu reden, Gedanken auszusprechen, deren Undruckbarkeit ich ermessen kann. Wozu auch? Ich weiß vorher, was man mir antworten würde, und es hängt mir zum Halse raus: Damit lieferst du dem Gegner die Argumente.

Monika Maron, Flugasche

Es läßt sich nicht leugnen, daß es unter den Ungläubigen höchst verdienstvolle Männer gegeben hat & noch immer gibt; daß ihre Werke an zahlreichen Stellen von Geist, Urteilsvermögen & Kenntnis zeugen; daß sie der Religion sogar einen Dienst erwiesen haben, indem sie deren Mißbräuche anprangerten; daß sie unsere Theologen gezwungen haben, sich mehr Wissen anzueignen & behutsamer vorzugehen; & daß sie unendlich viel dazu beigetragen haben, den heiligen Geist des Friedens & der Toleranz unter den Menschen einzuführen. Aber man muß auch eingestehen, daß es unter ihnen einige gibt, bei denen man sich mit Swift fragen darf, ob man von ihrer Existenz je etwas geahnt hätte, wenn die Religion, dieser unerschöpfliche Gegenstand, sie nicht weidlich mit Geist & Syllogismen versorgt hätte. »Welch anderer Gegenstand im ganzen Reich der Kunst & der Natur hätte sie zu tiefgründigen Autoren gemacht & ihnen Leser verschaffen können? Denn hätten sich hundert solcher Autoren für das Christentum eingesetzt, so wären sie sofort in Schweigen & Vergessenheit versunken.« Wem wäre es je in den Sinn gekommen, ihre Werke zu lesen, wären ihre Mängel nicht gleichsam mit einer dicken Schicht von Irreligion übertüncht worden. Für so manche ist die Gottlosigkeit von großem Nutzen. Sie finden darin die Talente, welche die Natur ihnen versagt. Die Besonderheit der Meinungen, die sie zur Schau tragen, kennzeichnet bei ihnen weniger einen überlegenen Geist als vielmehr den heftigen Wunsch, den Schein eines solchen zu erwecken. Wird ihre Eitelkeit auf ihre Kosten kommen, wenn sie lediglich den erwiesensten Ansichten Beifall spenden? Werden sie sich mit der bescheidenen Ehre begnügen, die Beweise dafür zu untermauern oder sie durch irgendwelche neuen Gründe zu bekräftigen? Nein. Die ersten Plätze sind vergeben, die zweiten können ihren Ehrgeiz nicht befriedigen. Gleich Cäsar möchten sie lieber in einem Marktflecken die Ersten als in Rom die Zweiten sein; sie streben nach der Ehre, Parteiführer zu sein, indem sie alte Irrtümer ausgraben oder neue Streitigkeiten in einer Einbildung suchen, die der Hochmut schärft & fruchtbar macht. Siehe Intoleranz & Jesus Christus. *Mallet*

Diana – **Diane (Mythologie).** Tochter von Jupiter & Latona & Zwillingsschwester von Apollo. Latona brachte sie als erste zur Welt, & *Diana* diente ihr bei der Geburt von Apollo als Hebamme. Die Schmerzen, die Latona litt, flößten *Diana* Abscheu gegen die Ehe ein, nicht aber gegen die Galanterie. Man beschuldigt sie, Endymion geliebt & begünstigt, den in einen weißen Widder verwandelten Pan erhört & Priapus in Gestalt eines Esels empfangen zu haben. Sie war die Göttin der Wälder auf der Erde, des Mondes im Himmel & die Göttin Hekate in der Unterwelt. Man verehrte sie unter unzähligen Namen. Die *Diana* von Athen erkennt man an dem Blatt ihrer goldenen

Krone, die von Ephesus an ihrem Tempel. Ein Kind las ein Blatt auf, das sich von der Krone der *Diana*-Statue zu Athen gelöst hatte, & die Richter verurteilten es ungeachtet seiner Unschuld & seiner Jugend zum Tode, weil es dem Blatt aus glänzendem Metall, das es gefunden hatte, nicht die Knöchelchen vorzog, die man ihm dafür anbot. Der Tempel der *Diana* von Ephesus galt als eines der Weltwunder. Ein Teil der Welt trug mehrere Jahrhunderte lang zu seiner Verschönerung bei. Er konnte nur dank mehreren Wundern vollendet werden, denen unserer Meinung nach kein verständiger Leser Glauben schenken sollte, ungeachtet der Autorität des überaus seriösen Autors, der davon berichtet. Der Beschreibung nach zu urteilen, die uns von der Statue der *Diana* von Ephesus überliefert ist, scheint sie ein Symbol der Natur gewesen zu sein. Der Tempel von Ephesus wurde von einem gewissen Herostratus oder Heratorastus niedergebrannt, dem es durch diese Schandtat weit sicherer gelang, seinen Namen unsterblich zu machen, als es den Künstlern gelang, die ihren durch die Meisterwerke unsterblich zu machen, die dieser Tempel barg, oder den Anbetern der *Diana* durch die Votivbilder, mit denen sie ihn geschmückt hatten. Was aber taugt ein Andenken, das eine Greueltat begleitet? Sollte es nicht besser der Vergessenheit anheimfallen? *Diderot*

DIDYMA – **Dydime** (**Moderne Geographie & Wahrsagekunst**). So heißt ein Ort auf der Insel Milet, der durch ein Orakel des Apollo berühmt ist, das Licinius, wie man erzählt, über die Aussichten des Krieges befragte, den er gegen Konstantin wieder beginnen wollte, & das ihm mit zwei Versen Homers antwortete: »Unglücklicher, greife nicht Jünglinge an, da die Kräfte dich verlassen haben & du von der Bürde der Jahre gebeugt bist!« Man erzählt auch, daß der Kaiser Julian, der kein kleiner Geist war, sein möglichstes tat, um dieses Orakel wieder zu Ehren zu bringen, & daß er selbst den Titel eines Verkünders des Orakels von *Didyma* annahm. Aber man darf auf solche Märchen von Orakeln nichts geben. Welche Autorität sie auch immer stützen mag, so ersetzt sie doch niemals ganz die Wahrscheinlichkeit, die ihnen ihrem Wesen nach fehlt. Man muß sich dabei stets an die Erfahrung halten, die ihnen zehntausendmal widerspricht, gegenüber einem einzigen Fall, in dem sie die Orakel weder verbürgt noch bestreitet. Man muß sich vor allem davor hüten, solche Begebenheiten mit den natürlichen & historischen Tatsachen zu verwechseln. Diese gewinnen im Laufe der Zeit immer mehr Gewißheit; jene dagegen verlieren sie immer mehr. Das Zeugnis der Überlieferung & der Geschichte verhält sich zu den einen & den anderen wie die Aussage eines Menschen, den wir auf einem bestimmten Sachgebiet bei einer Lüge ertappen würden, wann immer wir fähig wären, sie nachzuprüfen, & der uns auf einem anderen Sachgebiet stets die Wahrheit sagen würde. Wäre es nicht sehr wahrscheinlich, daß dieser Mensch uns auch in den Fällen belogen hat, in denen wir uns nicht selbst vergewissern konnten? Und reicht diese Überlegung nicht allein schon aus, um alle induktiven Schlüsse zu verwerfen, die scharfsinnige Geister aus den Orakeln & anderen Wundern des Heidentums ziehen zu können glaubten? Siehe auch ORAKEL. *Diderot*

DONAU – **Danube** (**Neue Geographie**). Der berühmteste & längste Fluß Europas nach der Wolga. Hesiod hat als erster Autor die Donau erwähnt, siehe *Theogonie*, Vers 339. Um Größe & Umfang ihres Reichs zu verdeutlichen, gaben die persischen Könige Wasser aus diesem Fluß & aus dem Nil zu ihren anderen Schätzen in Gaza. Die *Donau* hat ihre Quelle oberhalb von Donaueschingen, einem Ort des Fürstentums der Fürstenbergs, sie fließt durch Schwaben, Bayern, Österreich, Ungarn, Serbien, Bulgarien & mündet schließlich mit zwei Armen in das Schwarze Meer.

In der Beschreibung, die uns Abbé Regnier Desmarais von seiner Reise nach München gegeben hat, äußert er sich recht gefällig über den Lauf dieses Flusses.

Unbeständig haben wir die Donau schon gesehen
Die mal katholisch & mal protestantisch fließet
Mal Rom, mal Luther dient mit ihren Fluten,
& die hernach, wenn neben Lutherianern
Auch die Römischen nur noch spärlich
Zu finden sind, nicht einmal christlich
Ihren unsteten Lauf beendet.
Nur selten wird, wer reiset
Um die Welt, ein beßrer Mensch.

Alles über den Lauf der *Donau*, die naturgeschichtlichen & geographischen Einzelheiten der Länder, die sie bewässert, sowohl aus moderner als auch aus vergangener Zeit, erfährt der interessierte Leser aus dem großartigen Werk des Comte de Marsigly über die *Donau*. Es ist 1726 in sechs Folianten, verziert mit ausgezeichneten Kupferstichen, in Den Haag erschienen. Nur wenigen ist ein so umfassender Blick auf etwas vergönnt gewesen, wie diesem berühmten Autor, & noch weniger waren vermögend genug, um das zu leisten, was er für die Wissenschaften geleistet hat. *Jaucourt*

DONNERKEILE – **Foudre, pierres de** (**Naturgeschichte & Physik**). Steine, von denen der gemeine Mann glaubt, daß sie den Einschlag oder sogar die Bildung des *Blitzes* stets begleiten. Ihre Existenz ist höchst zweifelhaft. Lemery indes glaubt, es sei nicht ganz & gar unmöglich, daß die Orkane, während sie rasch zu den Wolken aufsteigen, steinartige & mineralische Stoffe mit sich reißen, die, wenn sie durch die Hitze weich werden & sich verbinden, sogenannte *Donnerkeile* bilden. Wenn diese Idee von Lemery kein Hirngespinst ist, so fehlt doch nicht viel daran.

Was man für einen *Donnerkeil* hielt, ist eine mineralische, unter der Wirkung des Blitzes geschmolzene & geformte Materie oder vielleicht sogar irgendeine Substanz, wie die Erde sie an vielen Stellen birgt, wo sie durch heute erloschene Vulkane aufgewühlt worden ist.

Nachdem der Blitz an diesen Stellen eingeschlagen war & das Volk danach diese Substanzen vorgefunden hatte, die äußerlich offenkundige Spuren der Einwirkung des Feuers tragen, mag es sie für die von ihm so genannten *Donnerkeile* gehalten haben. *Diderot*

DOPPELZÜNGIGKEIT – **Duplicité (Moral).** Das ist das eigentümliche Laster des verschlagenen Menschen, & der verschlagene Mensch ist ein böser Mensch, der zwar das Äußere des guten Menschen hat, das heißt: den schönen Schein, aber ein falsches Spiel treibt. Die *Doppelzüngigkeit* setzt, wie mir scheint, eine entschiedene Verachtung der Tugend voraus. Der verschlagene Mensch hat sich gesagt, daß er immer geschickt genug sein müsse, sich als rechtschaffener Mensch zu zeigen, aber niemals die Dummheit begehen dürfe, ein solcher zu sein. Ich möchte annehmen, daß es zwei Arten der Doppelzüngigkeit gibt: eine systematische, wohlüberlegte & eine angeborene, sozusagen tierische; man überwindet die erste selten, aber die zweite niemals. Ich bezweifle, daß es jemals einen Menschen gegeben hat, dessen *Doppelzüngigkeit* so vollendet war, daß sie sich durch nichts verriet. Es gibt Umstände, unter denen die Raffiniertheit der *Doppelzüngigkeit* sehr nahe kommt. Der verschlagene Mensch täuscht Sie; der raffinierte Mensch dagegen bewirkt, daß Sie sich selbst täuschen. Man sollte zuweilen den Ton, die Gebärde, das Mienenspiel & die Ausdrucksweise berücksichtigen, um festzustellen, ob der Handlung eines Menschen *Doppelzüngigkeit* zugrunde liegt oder nur Raffiniertheit. Was man auch zugunsten der Raffiniertheit sagen mag, sie wird immer eine der Spielarten der *Doppelzüngigkeit* sein. *Diderot*

DRACHE – **Dragon (Naturgeschichte, Geschichte der Tiere).** Fabeltier, das man sich in Gestalt einer Schlange mit Füßen & Flügeln vorgestellt hat. Die Autoren der Antike haben uns sehr unterschiedliche Beschreibungen von Größe, Farbe & Gestalt dieses angeblichen Tieres gegeben; nicht weniger Gegensätzliches erfahren wir auch über die schlechten Eigenschaften, die man ihm zugeschrieben hat. Man hat große & kleine *Drachen* voneinander unterschieden: letztere sollen fünf Ellen gemessen & die größeren eine Länge von dreißig, 40 oder 50 Ellen erreicht haben. Man hat sogar geglaubt, es gäbe welche von 100 & mehr Ellen Länge. Die großen *Drachen* fraßen angeblich Hirsche & anderes Wild. Dies haben, sosehr man sich darüber wundern mag, verschiedene Autoren von großen Schlangen in Indien berichtet & bestätigt. Siehe auch den Artikel SCHLANGEN. Die Herkunft bestimmter *Drachen,* von denen es heißt, sie seien aus der Paarung eines Adlers mit einer Wölfin hervorgegangen, ist ebenso wundervoll wie falsch. Man unterschied auch männliche & weibliche *Drachen* voneinander, *dracones* & *draconae,* wobei die männlichen größer, stärker & mutiger waren als die weiblichen, einen Kamm hatten & die allerhöchsten Bergregionen bewohnten, von wo sie nur herabstiegen, um Beute zu suchen, wohingegen die weiblichen Drachen in den Niederungen der Sümpfe blieben, langsam waren & keinen Kamm hatten. Es soll aschefarbene, goldbraune & schwarze Drachen gegeben haben, nur der Bauch war angeblich bei allen grün. Es würde kein Ende nehmen, wollte ich alles berichten, was man über ihre Bosheit, ihre Lebensweise, ihre Paarung &c. gesagt hat, & dazu die verschiedenen Gestalten beschreiben, in denen *Drachen* dargestellt wurden, & dazu jene, die aus kleinen, getrockneten Rochen gemacht sind & die man unter Namen wie *Drachen, Basilisken* &c. in den naturgeschichtlichen Sammlungen bewahrt.

In vielen Büchern wimmelt es allerdings von Fabelgeschichten mit Drachen. Ich räume ein, daß sich einige darunter auf große Kapazitäten stützen können, & ich bin fast geneigt zu glauben, daß sie mit einigen Einschränkungen einen wahren Kern haben. Ich denke, man hat zu allen Zeiten alle ungeheuerlichen Tiere, die durch ihre außergewöhnliche Größe oder Gestalt auffielen, wie jene von der Art der Schlangen, Echsen, Krokodile &c., unterschiedslos mit dem Namen *Drachen* bezeichnet. Es ist nicht bekannt, welche Größe ein solches Reptil erreichen kann. Wenn es über einen sehr langen Zeitraum unentdeckt in seiner Höhle bleibt, wird sich seine Gestalt mit den Jahren wahrscheinlich verändern, & nach einigen Generationen werden genügend Mißbildungen & Scheußlichkeiten auftreten, um aus einem Tier, das zu einer gewöhnlichen Tierart gehört, einen *Drachen* zu machen. Folglich handelt es sich bei Drachen, ausgegeben als eine bestehende Tierart, die unveränderlich in der Natur vorkommt, um Fabelwesen. Will man jedoch Mißgestalten oder Tiere von außergewöhnlicher Größe als Drachen bezeichnen, so mag man an ihre Existenz glauben. *Daubenton*

DRAGONADE – **Dragonade (Moderne Geschichte).** So nannten die Calvinisten die Exekution, die im Jahre 1648 an ihnen in Frankreich vollzogen wurde. Sie finden in der Geschichte des Zeitalters Ludwigs XIV. den Ursprung des Wortes *Dragonade* & Einzelheiten über diese Exekution, die von unserer Nation heute einmütig verurteilt wird. Tatsächlich widerspricht jegliche Verfolgung dem Ziel einer guten Politik & – was ebenso wichtig ist – auch der Lehre & Moral der Religion, die nur Milde, Nächstenliebe & Barmherzigkeit atmet. *Jaucourt*

DROHUNG – **Menace (Grammatik & Moral).** Das ist das äußere Zeichen des Zorns oder des Grolls. Es gibt erlaubte *Drohungen,* nämlich solche, die den Beschimpfungen zuvorkommen & die den Angreifer einschüchtern & zurückhalten können. Es gibt aber auch unerlaubte *Drohungen,* nämlich solche, die dem Übel folgen. Wenn die Rache nur Gott erlaubt ist, dann ist die *Drohung,* die sie ankündigt, beim Menschen lächerlich. Ob erlaubt oder unerlaubt, sie ist immer ungehörig. Die Ausdrücke *Drohung* & *drohen* wurden in hunderterlei Weise bildlich gebraucht. Man kann zum Beispiel sehr wohl sagen: Wenn die Regierung eines Volkes sich gegen die Philosophie erklärt, das heißt, wenn sie schlecht ist, *droht* sie das Volk verdummen zu lassen. Wenn rechtschaffene Leute vor Gericht geladen werden, so sind sie von einer noch heftigeren Verfolgung *bedroht;* man sucht sie zunächst in den Augen des Volkes herabzusetzen & bedient sich zu diesem Zweck eines Anytos, eines Milites oder irgendeiner anderen verrufenen Person, die kein Ansehen zu verlieren hat. Der Verlust der Vaterlandsliebe *bedroht* den Staat mit völliger Auflösung. *Diderot*

DRUIDE – **Druide (Schöne Wissenschaften).** Diener der Religion bei den Völkern Britanniens, den Germanen & den alten Galliern. Die *Druiden* vereinten auf sich das Priesteramt & die politische Autorität mit nahezu unumschränkter Macht.

Sie nahmen in Gallien den höchsten Rang ein, während die Adligen den zweiten besetzten & das Volk in Knechtschaft & Unwissenheit schmachtete. Diogenes Laertius sagt auch, daß sie bei den alten Bretonen genau denselben Rang hatten wie die Philosophen bei den Griechen, die Magier bei den Persern, die Gymnosophisten bei den Indern, die Weisen bei den Chaldäern; aber sie waren mehr als dies alles.

In allen öffentlichen, religiösen & zivilen Angelegenheiten geschah nichts ohne ihr Einverständnis. Zudem führten sie den Vorsitz bei allen Opferungen & kümmerten sich um alle Dinge, welche die Religion betrafen. Die Jugend Galliens lief in großer Zahl in ihre Schule, um sich belehren zu lassen, & dennoch unterrichteten sie, Mela zufolge, nur den vornehmsten Teil dieser Jugend. Cäsar teilt uns mit, daß sie auch in allen Streitfällen entschieden; denn die Religion lieferte ihnen nicht nur einen Anlaß, sich an der Regierung zu beteiligen, sondern sie behaupteten, sie berechtige sie auch, sich in private Angelegenheiten einzumischen. Deshalb fällten sie Urteile bei Morden, Erbschaftsstreitigkeiten, bestimmten den Verlauf einer Grenze & setzten Belohnungen & Strafen fest.

Unter dem Vorwand, daß es keine Handlung gebe, bei der nicht die Religion im Spiel sei, maßten sie sich das Recht an, all jenen die Teilnahme an den Opferungen zu untersagen, die sich weigerten, sich an ihre Entscheidungen zu halten, womit sie sich sehr gefürchtet machten. Diese Art der Exkommunikation galt als so schimpflich, daß keiner mit einer Person verkehren wollte, die dieser Bannstrahl getroffen hatte.

Inmitten der Wälder, in denen sie tagten, beendeten sie die Zwistigkeiten der Völker. Sie waren die Herren über Krieg & Frieden, mußten keinen Heeresdienst leisten, brauchten keine Steuern zu zahlen & waren von jeder Art ziviler oder militärischer Lasten befreit. Die Generäle wagten nicht, in die Schlacht zu ziehen, ohne zuvor ihren Rat eingeholt zu haben, & Strabon versichert, daß sie bisweilen die Macht hatten, Bewaffnete, die in den Kampf zogen, aufzuhalten, sie zu einem Waffenstillstand zu bewegen & Frieden zu schaffen. Ihre Urteile waren unwiderruflich; & das Volk war überzeugt, daß die Macht & das Wohl des Staates vom Glück der *Druiden* & den Ehren abhing, die man ihnen erwies.

Unabhängig von den religiösen Ämtern, der Gesetzgebung & der Justizverwaltung übten sich die *Druiden* auch in der Medizin oder, wenn man so will, verwendeten zur Behandlung der Krankheiten abergläubische Praktiken. Wie dem auch sei, man kann sagen, wie Duclos treffend bemerkt, daß sie alles besaßen, was nötig war, um ihre Autorität zu festigen & die Menschen zu unterdrücken, sie nährten Hoffnung & Furcht.

Ihr Oberhaupt war der Souverän der Nation, & seine absolute, auf der Ehrfurcht des Volks gründende Autorität wurde noch gestärkt durch die Zahl der ihm ergebenen Priester, eine Zahl, die so ungeheuer groß war, daß Stephanos von Byzanz sie als ein Volk bezeichnet. Nach dem Tod des Pontifex maximus kam der angesehenste der *Druiden* durch Wahl zu dieser hohen Würde, die so begehrt war, daß man bisweilen zu den Waffen greifen mußte, bevor man eine Wahl traf.

Es gab auch Priesterfunktionen wie die Prophetie oder Wahrsagung, die von *Druidinnen* versehen wurden, von den Frauen oder Verwandten der *Druiden,* & man befragte sie wie einst die Priesterinnen von Delphi. Die Autoren der Geschichte von Augustus, unter anderen Lampridius & Vopiscus, erwähnen sie & lassen sie sogar richtige Prophezeiungen machen. Vopiscus berichtet, daß Aurelius die *Druidinnen* danach fragte, ob die Herrschaft in seinem Haus bleiben werde, & daß sie ihm antworteten, kein Name werde ruhmreicher sein als der der Nachfahren von Claudius. Demselben Vopiscus zufolge sagte eine tongrische *Druidin* dem Diokletian voraus, daß er Kaiser sein werde. Eine andere *Druidin* antwortete, Lampridius zufolge, auf die Frage von Alexander Severus nach seinem weiteren Schicksal, er werde nicht glücklich sein. Kehren wir zu den männlichen *Druiden* zurück.

Ihre Oberhäupter trugen ein von einem vergoldeten Lederriemen umgürtetes Gewand, einen Mantel mit enganliegenden Ärmeln & eine einfache weiße Haube; ihr Oberpriester zeichnete sich durch eine wollene Quaste mit zwei Stoffstreifen aus, die wie bei den Mitren der Bischöfe hinten herabhingen. Die *Barden* trugen ein braunes Gewand, einen mit einer hölzernen Agraffe daran befestigten Mantel aus demselben Stoff & eine Kapuze wie die Capes der Frauen aus dem Béarn, derjenigen der Franziskaner recht ähnlich.

Diese Priester, zumindest jene, die das heilige Amt innehatten, zogen sich außerhalb der Zeiten ihrer öffentlichen Tätigkeiten in Zellen inmitten der Wälder zurück. Dort unterrichteten sie die vornehmsten jungen Leute, die sich aus freien Stücken unterweisen ließen oder die ihre Eltern zu ihnen schickten. Diejenigen unter ihnen, die in ihren Orden eintreten wollten, mußten durch ihre Tugenden ihrer würdig sein oder sich durch ein zwanzigjähriges Studium dazu befähigen; während dieser Zeit durften sie nicht das geringste von dem Erlernten aufschreiben: sie mußten alles auswendig lernen, was mit Hilfe von Versen geschah.

Das erste & ursprünglich einzige Kollegium der *Druiden* Galliens befand sich im Gebiet der Charten oder der Carnuten, vielleicht zwischen Chartres & Dreux. Cäsar schreibt im sechsten Buch seines historischen Berichts, daß dort alljährlich eine allgemeine Zusammenkunft aller *Druiden* aus diesem Teil Galliens stattfand, den man *Gallia comata* nannte. Dort brachten sie öffentliche Opfer dar. Dort schnitten sie alljährlich mit großer Feierlichkeit die Eichenmisteln ab, die wir durch die detaillierte Beschreibung von Plinius so gut kennen. Nachdem die *Druiden* sie eingeholt hatten, verteilten sie diese zu Jahresbeginn als Neujahrsgeschenke; daher rührt der Brauch des Volks der Charten, die Geschenke, die man noch heute an diesem Tag macht, *aiguilabes,* das heißt »Mistel des neuen Jahres« zu nennen.

Es wäre zu wünschen, daß wir mehr Kenntnisse über die Lehren der *Druiden* hätten; aber die verschiedenen Autoren, von denen wir gesprochen haben, sind sich nicht einig. Die einen behaupten, daß sie an die Unsterblichkeit der Seele glaubten, & andere, daß sie dem System der Seelenwanderung anhingen. Wie Cäsar sagt auch Tacitus, daß sie den Wäldern oder Hainen, in denen sie ihren Kult verrichteten, die Namen ihrer Götter gaben. Origines dagegen meint, daß Britannien durch die Glaubenssätze der *Druiden,* welche die Einheit eines Schöpfergottes lehrten, auf das Evangelium vorbereitet worden sei. Vielleicht ist jeder Autor hier nur seinen Vorurteilen gefolgt. Freilich überrascht es nicht, daß man die Religion der *Druiden* so wenig kennt, da sie nichts darüber geschrieben haben & ihre Gesetze es verboten, ihre Lehren den Fremden mitzuteilen. Wie dem auch sei, ihre Religion hat sich sowohl in Britannien wie in Gallien lange erhalten; sie drang sogar bis nach Italien, wie es aus dem Verbot des Kaisers Augustus hervorgeht, ihre Mysterien zu feiern, & ihre Ausübung wurde in Gallien bis zu der Zeit fortgesetzt, da Tiberius aus Furcht, sie könnte eine Gelegenheit zum Aufstand bieten, die *Druiden* umbringen & alle ihre Haine abholzen ließ.

Man hat sich sehr darum bemüht, den Ursprung des Namens *Druide* herauszufinden, eine Suche, die selten nützlich ist & fast immer in Ungewißheit endet. Um sich davon zu überzeugen, braucht man im *Wörterbuch von Trévoux* nur die lange Liste der verschiedenen etymologischen Mutmaßungen über dieses Wort zu lesen, obgleich man dort die wohl natürlichste zu erwähnen vergaß, nämlich die von Freret, der den Namen *Druide* aus den beiden keltischen Wörtern *de,* Gott, & *rhouid,* sagen, herleitet. Tatsächlich waren die *Druiden* die einzigen, die von den Göttern sprechen durften, die einzigen Deuter ihres Willens. Und da Cäsar uns mitteilt, daß diejenigen, die eine tiefere Kenntnis der Religion der *Druiden* erwerben wollten, nach Britannien gingen, um sie dort zu studieren, ist es wahrscheinlich, daß man mit Freret die Etymologie, Orthographie & Aussprache des Namens *Druide* in der gälischen & irischen Sprache suchen muß.

Doch wo dieser Name auch herkommen mag & da alles der Veränderung unterliegt, hat das Christentum ihn in den Königreichen Britanniens so verhaßt gemacht, wie er bisher achtbar gewesen war. In den gälischen & irischen Sprachen gibt man ihn nur noch den Hexern & Wahrsagern. *Jaucourt*

DRYADEN – Dryades. In der Mythologie waren es Waldnymphen, imaginäre Gottheiten der Wälder & der Bäume im allgemeinen; denn das griechische Wort δρῦς, das eigentlich *Eiche* bedeutet, wird häufig auch für jeden Baum im allgemeinen verwendet.

Daher dachte man sich aus, daß die Wälder & Haine unter dem besonderen Schutz der *Dryaden* stünden, die angeblich in ihnen umherirrten, & das war der Unterschied, den man zwischen ihnen & den Hamadryaden machte, die den Dichtern zufolge zwar ebenfalls in den Wäldern lebten, jedoch so, daß sie einem bestimmten Baum gleichsam einverleibt, unter seiner Rinde verborgen waren & daß sie mit ihm geboren wurden & mit ihm starben, was man ersonnen hatte, um die Völker davon abzuhalten, die Wälder allzu leichtfertig zu zerstören. Wenn man Bäume fällen wollte, mußten die Priester zuvor erklärt haben, daß die Nymphen, die darin wohnten, sich von ihnen zurückgezogen & sie verlassen hätten. Ovid & Lucanus haben diese damals herrschenden Vorstellungen zwei schönen Erdichtungen zugrunde gelegt; & Tasso läßt in seinem *Befreiten Jerusalem* Tankredi seine Clorinda in einer Pinie eingeschlossen finden, wo sie durch einen Schlag verletzt wird, den er dem Stamm dieses Baumes versetzt, & Armida unter der Rinde einer Myrte, als es darum geht, den von den Teufeln besetzten großen Wald zu fällen. Diese Fabeln gehören zum Wunderbaren seines Epos. Siehe HAMADRYADEN.

Einige Autoren haben geschrieben, daß es bei den alten Galliern *Dryaden* genannte Prophetinnen oder Wahrsagerinnen gab. Doch darf man darunter lediglich die Frauen der Druiden verstehen, die in den Wäldern lebten & sich damit befaßten, die Zukunft vorherzusagen. Siehe DRUIDEN. ✧ *Mallet*

DYSURIE – Dysurie (Medizin). Lateinisch *dysuria*, von δὺς, »schwierig«, & ὄρον, »Urin«. Wer ein wenig im Griechischen bewandert ist, wird auf Anhieb alle Kunstwörter verstehen, die mit der Vorsilbe *Dys* beginnen.

Mit Dysurie wird eine schmerzhafte & beschwerliche Ausscheidung des Urins bezeichnet oder, um mich gewöhnlicher Ausdrücke zu bedienen, der Vorgang des Harnlassens, sofern er mit Schwierigkeiten & einer gewissen unerquicklichen Empfindung von Hitze & Schmerz verbunden ist.

Wenn dieser Vorgang nur noch tröpfchenweise vonstatten geht, spricht man von *Strangurie*, die eigentlich nur ein stärkerer Grad von *Dysurie* ist; in den Ursachen sowie den Heilmitteln besteht zwischen beiden kein Unterschied.

Kommt aber überhaupt kein Urin mehr, nennt man dies *Ischurie, Harnverhaltung*; dann hat die Krankheit ihr letztes Stadium erreicht, & es besteht höchste Lebensgefahr. Der Aufmerksamkeit entsprechend, die sie verdient, werden wir deshalb vor allem über die Harnverhaltung sprechen: Die Menschheitsliebe ebenso wie die enzyklopädische Ordnung erfordern es vernünftigerweise, daß wir so verfahren, was im übrigen mit den Zielen & dem Plan dieses Werkes vollkommen übereinstimmt. ✧ *Jaucourt*

EIFERSUCHT – Jalousie (Moral). Unruhe der Seele, die sie dazu treibt, anderen ihren Ruhm, ihr Glück, ihre Talente zu neiden; diese Leidenschaft ist in ihrer Natur & ihren Wirkungen ihrer Schwester, dem Neid, so ähnlich, daß sie miteinander verschmelzen. Doch scheint mir, daß wir beim Neid ein Gut nur insoweit schätzen, als ein anderer es genießt & wir es für uns begehren, während es bei der *Eifersucht* um unser Eigentum geht, das wir zu verlieren fürchten oder an dem ein anderer teilhaben könnte. Man beneidet andere um ihre Autorität, man wacht *eifersüchtig* über die, die man selbst besitzt.

Die *Eifersucht* herrscht nicht nur zwischen Privatpersonen, sondern zwischen ganzen Nationen, bei denen sie manchmal mit der unheilvollsten Gewalt ausbricht; sie hat ihren Grund in der Rivalität der Stellung, des Handels, der Künste, der Talente & der Religion.

Was die *Eifersucht* in der Liebe betrifft, dieses heftige Fieber, das die Bewohner der von der Macht der Sonne verbrannten Landstriche verzehrt & das auch in unseren gemäßigten Breiten nicht unbekannt ist, so glauben wir, daß sie einen gesonderten Artikel verdient. ✧ *Jaucourt*

Die *Eifersucht* in letzterem Sinne ist die argwöhnische Veranlagung einer Person, die liebt & die fürchtet, das geliebte Wesen könnte sein Herz, seine Gefühle & alles, was angeblich allein ihr vorbehalten ist, anderen mitteilen; die sich über seine geringsten Schritte ängstigt, in seinen gleichgültigsten Handlungen sichere Hinweise auf das Unglück sieht, das sie fürchtet; die in ständigem Argwohn lebt & einen anderen in Zwang & in Qual leben läßt.

Diese grausame & kleinliche Leidenschaft zeigt das mangelnde Vertrauen in die eigenen Verdienste an, ist ein Eingeständnis der Überlegenheit eines Rivalen & beschleunigt gewöhnlich das Übel, das sie fürchtet.

Nur wenige Männer & wenige Frauen sind frei von *Eifersucht;* feinfühlige Liebende fürchten, sie einzugestehen, & Ehegatten erröten darob.

Vor allem ist sie die Tollheit der Greise, die damit ihre Unzulänglichkeit eingestehen, & die der Bewohner warmer Länder, die das heiße Temperament ihrer Frauen kennen.

Die *Eifersucht* zerquetscht in China die Füße der Frauen, & in fast allen Landstrichen des Orients opfert sie deren Freiheit. ✧ *Diderot*

EIGENTUM – Propriété (Naturrecht & Politik). Das ist das Recht, das jedes Individuum, das Teil einer gesitteten Gesellschaft ist, auf die Güter hat, die es rechtmäßig erworben hat.

Eine der Hauptabsichten der Menschen bei der Gründung von bürgerlichen Gesellschaften ging dahin, sich den ungestörten Besitz der Vorteile zu sichern, die sie erworben hatten oder erwerben konnten. Sie wünschten, daß niemand sie im Genuß ihrer Güter stören könnte; deshalb stimmte jeder zu, einen Teil dieser Güter, den man »Abgaben« nennt, für die Erhaltung & Unterstützung der ganzen Gesellschaft zu opfern. Dadurch wollte man den Oberhäuptern, die man gewählt hatte, die Mittel liefern, jeden einzelnen im Genuß des Teils zu erhalten, den er sich vorbehalten hatte. So groß die Begeisterung der Menschen für die Herrscher, denen sie sich unterwarfen, auch gewesen sein mag, so haben sie doch nie beabsichtigt, ihnen eine absolute, unbegrenzte Gewalt über alle ihre Güter zu

Herwarth! Gestern war ein Monstrum im Café mit orangeblonden, angesteckten Locken, und wartete scheints bis Mitternacht auf Dich, Herwarth. Leugne nur nicht, Du kennst sie; sie sprach genau so im Tonfall wie Du, überhaupt ganz in Deiner Ausdrucksweise. Nachher ging sie in die Telephonzelle; ich und Zeugen hörten sie unsere Nummer rufen, aber Deine Sekretärin mußte wohl schon gegangen sein, denn das Monstrum stampfte so wütend mit dem Fuß, daß die gläserne Tür des kleinen Kabinetts klirrte. Und so stampfen nur Verhältnisse! Es wäre doch eine Gemeinheit von Dir, wenn Du mir untreu wärst. Jemand hat hier gesehn, wie sie Dir unter dem Tisch eine ihrer orangefarbenen Locken schenkte.

ELSE LASKER-SCHÜLER, BRIEFE

geben, & auch nie damit gerechnet, daß sie einmal in die Zwangslage kommen könnten, nur für ihre Herrscher zu arbeiten. Die Schmeichelei jener Höflinge, die sich auch mit den absurdesten Prinzipien abfinden, hat zwar manchmal versucht, den Fürsten einzureden, daß sie ein absolutes Recht auf die Güter ihrer Untertanen hätten; aber nur Despoten & Tyrannen haben sich so unvernünftige Maximen zu eigen gemacht. Der König von Siam behauptet, er sei Eigentümer aller Güter seiner Untertanen; die Frucht eines so barbarischen Rechtes ist, daß der erste erfolgreiche Rebell sich zum Eigentümer der Güter des Königs von Siam macht. Jede Gewalt, die nur auf Stärke beruht, wird auf gleiche Weise aufgehoben. In den Staaten, in denen man die Vorschriften der Vernunft befolgt, steht das *Privateigentum* unter dem Schutz der Gesetze; der Familienvater ist befugt, die Güter zu genießen, die er durch seine Arbeit angehäuft hat, & sie auf seine Nachkommen zu übertragen. Gute Könige haben die Besitztümer ihrer Untertanen immer geachtet; sie haben die öffentlichen Güter, die ihnen anvertraut waren, nur als einen Schatz betrachtet, den sie nicht vergeuden durften, um ihre frivolen Leidenschaften, die Habsucht ihrer Günstlinge & die Raubgier ihrer Höflinge zu befriedigen. *Anonym*

EINSIEDLER – **Solitaire (Moral)**. So heißt derjenige, der allein lebt, getrennt vom Umgang & der Gesellschaft der anderen Menschen, die er für gefährlich hält.

Ich bin weit davon entfernt, die Mönche, die *Einsiedler*, die Klausner auch nur im geringsten lächerlich machen zu wollen; ich weiß zu gut, daß das zurückgezogene Leben unschuldiger ist als das der großen Welt; aber abgesehen davon, daß in den ersten Jahrhunderten der Kirche die Verfolgung mehr Weltflüchtlinge als wahre *Einsiedler* hervorgebracht hat, scheint mir, daß in unseren ruhigen Zeiten eine wahrhaft starke Tugend darin besteht, trotz aller Hindernisse sicheren Schrittes seinen Weg zu gehen & sich nicht durch die Flucht zu retten.

Welchen Wert hat denn jene Weisheit von schwacher Beschaffenheit, die weder die kräftige Luft vertragen noch unter den Menschen leben kann, ohne sich von ihren Lastern anstecken zu lassen, & die Angst hat, eine müßige Einsamkeit zu verlassen, um so der Verderbtheit zu entgehen? Sind Ehre & Rechtschaffenheit so anfällig, daß man sie nicht berühren kann, ohne sie zu verletzen? Was würde ein Steinschneider tun, wenn er den Makel eines Smaragds nicht beseitigen könnte, ohne ihn um einen guten Teil seiner Größe & seines Wertes zu bringen? Er würde den Makel an ihm lassen. Achtet man auf die Reinheit der Seele, so darf man ihre wahre Größe, die sich in den Widrigkeiten des regen Verkehrs in der Gesellschaft erweist, nicht verändern oder verringern. Ein *Einsiedler* ist gegenüber den übrigen Menschen gleichsam ein lebloses Wesen; seine Gebete & sein beschauliches Leben, die niemand sieht, haben nicht den geringsten Einfluß auf die Gesellschaft, die mehr der Tugendvorbilder vor ihren Augen als in den Wäldern bedarf. *Jaucourt*

EKLEKTIZISMUS – **Eclectisme (Geschichte der alten & modernen Philosophie)**. Der Eklektiker ist ein Philosoph, der das Vorurteil, die Überlieferung, alles Althergebrachte, die allgemeine Zustimmung, die Autorität, ja alles, was die meisten Köpfe unterjocht, mit Füßen tritt & daher wagt, selbständig zu denken, auf die klarsten allgemeinen Prinzipien zurückzugehen, sie zu prüfen & zu erörtern, kein Ding anzuerkennen ohne das Zeugnis seiner Erfahrung & seiner Vernunft, & aus allen Philosophien, die er rücksichtslos & unvoreingenommen untersucht hat, eine besondere, ihm eigentümliche Hausphilosophie zu bilden. Ich sage »eine besondere Hausphilosophie«, weil das Bestreben des Eklektikers dahin geht, weniger der Erzieher der Menschheit zu sein als ihr Schüler, weniger die anderen zu bessern als sich selbst, weniger die Wahrheit zu lehren, als sie zu erkennen. Er ist kein Mensch, der pflanzt & sät; er ist ein Mensch, der sammelt & sieht. Er würde die Ernte, die er eingebracht hat, ruhig genießen, würde glücklich leben & unbekannt sterben, wenn die Schwärmerei, die Eitelkeit oder vielleicht auch ein edleres Gefühl ihn nicht veranlaßten, seinen Charakter aufzugeben.

Der Anhänger einer Schule ist ein Mensch, der sich die Lehre eines Philosophen angeeignet hat; der Eklektiker ist dagegen ein Mensch, der keinen Lehrer anerkennt. Wenn man also von den Eklektikern sagt, sie seien eine Schule von Philosophen gewesen, so verbindet man zwei sich widersprechende Ideen – es sei denn, daß man unter dem Ausdruck Schule die Vereinigung einer gewissen Anzahl von Männern verstehen will, die nur ein einziges Prinzip gemeinsam haben, nämlich das, ihre Erkenntnisse von niemandem abhängig zu machen, alles mit ihren eigenen Augen zu sehen & lieber an einer richtigen Sache zu zweifeln, als sich der Gefahr auszusetzen, in Ermangelung der Prüfung eine falsche Sache anzuerkennen.

Der *Eklektizismus*, der seit der Entstehung der Welt die Philosophie der einsichtigen Geister gewesen war, bildete erst gegen Ende des zweiten Jahrhunderts eine Schule & erhielt erst am Anfang des dritten Jahrhunderts einen Namen. Der einzige Grund, den man dafür anführen kann, ist, daß bis dahin die Schulen aufeinandergefolgt waren & sich sozusagen geduldet hatten, daß aber der *Eklektizismus* nur aus ihrem Streit hervorgehen konnte. Es kam zu diesem Streit, als die christliche Religion sie alle durch die Schnelligkeit ihrer Fortschritte zu beunruhigen & durch eine bisher beispiellose Unduldsamkeit in Empörung zu versetzen begann. Bis dahin war man Pyrrhoniker, Skeptiker, Kyniker, Stoiker, Platoniker, Epikuräer ohne jede Konsequenz gewesen. Welches Aufsehen mußte unter jenen ruhigen Philosophen nun eine Schule erregen, die als ersten Grundsatz aufstellte, es gäbe außerhalb ihres Schoßes keine Rechtschaffenheit in dieser Welt & kein Heil anderswo, weil ihre Moral die einzig wahre Moral & ihr Gott der einzig wahre Gott wäre! Der Aufruhr der Priester, der Menge & der Philosophen wäre allgemein gewesen ohne eine kleine Anzahl von kühlen Köpfen, wie man sie stets in den Gesellschaften findet: Menschen, die lange gleichmütig zuschauen & zuhören, reiflich erwägen, keiner Partei angehören & schließlich ein versöhnendes System schaffen, weil sie hoffen, die Mehrheit werde zu ihm zurückkehren.

Der *Eklektizismus,* diese so vernünftige Philosophie, die von den größten Genies lange Zeit gelehrt worden war, noch ehe sie einen Namen hatte, blieb bis zum Ende des sechzehnten Jahrhunderts vergessen. Damals strengte sich die Natur, die so lange untätig geblieben war, als wäre sie erschöpft gewesen, besonders an & brachte endlich einige Männer hervor, die auf das schönste Vorrecht der Menschheit, nämlich die Freiheit, selbständig zu denken, bedacht waren, & so sah man die eklektische Philosophie wiederaufblühen unter Giordano Bruno von Nola, Geronimo Cardano, Francis Bacon von Verulam, Tommasio Campanella, Thomas Hobbes, René Descartes, Gottfried Wilhelm Leibniz, Christian Thomasius, Nikolaus Hieronymus Grundlingius, François Budé, Andreas Rudigerus, Hans Jakob Syrbius, Jean Leclerc, Malebranche &c.

Sieh jetzt hier unseren guten Vater Uriel! Er war einmal sehr jung und wissensdurstig; er wollte immer an der Spitze der modernen Bewegungen stehen und entdeckte neue Weltanschauungen. Um 1820 begann er die sogenannte Aufklärungsphilosophie zu entdecken, die schon zwanzig Jahre im Grab gelegen hatte. Alles war so klar und einfach. Er war jetzt ein entschiedener Gegner alles Religiösen und verfolgte vor allem die Mesmeristen, wie man damals die Hypnotiseure nannte. – 1830 wurde Freund Uriel Hegelianer, etwas spät allerdings! Und jetzt hatte er Gott wiedererhalten, aber Gott in der Natur und im Menschen, und er entdeckte, daß er selbst ein kleiner Gott war. – Aber nun wollte es das Unglück, daß es zwei Hegel gab, so wie es zwei Voltaire gibt, und der spätere oder höhere Hegel hatte seine Allgottheit zu einem Kompromiß mit dem Christentum entwickelt, und so wurde Vater Uriel, der nie hintenan stehen wollte, zu einem rationalistischen Christen, dem die undankbare Aufgabe zufiel, den Rationalismus und sich selbst zu bekämpfen … 1850 wurde er Materialist und neuerlich ein Feind des Christentums. – 1870 wurde er Hypnotiseur, 1880 Theosoph, und 1890 dachte er daran, sich zu erschießen.

August Strindberg, Nach Damaskus

Wir würden kein Ende finden, wollten wir hier die Arbeiten dieser großen Männer darlegen, die Geschichte ihres Denkens verfolgen & zeigen, wieviel sie für den Fortschritt der Philosophie im allgemeinen & für den der modernen eklektischen Philosophie im besonderen getan haben. Wir verweisen lieber auf das, was in den entsprechenden Artikeln über sie gesagt wird, & beschränken uns darauf, in wenigen Worten ein Bild von der Erneuerung der eklektischen Philosophie zu entwerfen.

Der Fortschritt der menschlichen Kenntnisse ist ein vorgezeichneter Weg, von dem der menschliche Geist kaum abzuweichen vermag. Jedes Jahrhundert hat sein Sondergebiet & seine besondere Art von großen Männern. Wehe denen, die durch ihre angeborenen Talente dazu bestimmt sind, sich auf diesem Gebiet auszuzeichnen, aber erst im darauffolgenden Jahrhundert geboren werden & von dem Strom der vorherrschenden Studien zu literarischen Beschäftigungen getrieben werden, für die sie nicht die gleiche Begabung erhalten haben! Früher hätten sie leicht & erfolgreich gearbeitet & sich einen Namen gemacht; jetzt arbeiten sie mühsam, mit wenig Erfolg & ohne Ruhm, & sterben unbekannt. Wenn aber die Natur, die sie zu spät auf die Welt gebracht hat, sie zufällig zu jenem erschöpften Gebiet zurückführt, auf dem kein Ruhm mehr zu erwerben ist, so sieht man an den Leistungen, die sie vollbringen, daß sie den führenden Männern auf diesem Gebiet gleichgekommen wären, wenn sie deren Zeitgenossen gewesen wären. Wir haben keine von einer Akademie herausgegebene Sammlung, die uns nicht an hundert Stellen den Beweis für das liefert, was ich hier behaupte. Was trat also bei der Erneuerung der Wissenschaften in unserem Lande ein? Niemand dachte daran, Werke zu verfassen – das war nicht zweckmäßig, da es schon so viele Schriften gab, die man nicht verstand; auch wandten sich die Geister der Grammatik, der Gelehrsamkeit, Kritik, der Altertumskunde, der Literatur zu. Als man in der Lage war, die Autoren des Altertums zu verstehen, nahm man sich vor, sie nachzuahmen, & schrieb rhetorische Abhandlungen & alle möglichen Verse. Die Lektüre der Philosophen rief ebenfalls eine Art Wettstreit hervor; man argumentierte, man baute Systeme, & der Streit um sie deckte bald ihre starken & schwachen Seiten auf: So empfand man die Unmöglichkeit, irgendein System ganz anzuerkennen oder ganz abzulehnen. Die Anstrengungen, die man unternahm, um das System herauszustreichen, dem man sich angeschlossen hatte & dadurch das wiederherzustellen, was die tägliche Erfahrung zerstörte, führte zur Entstehung des Synkretismus. Die Notwendigkeit, eine an allen Seiten einstürzende Festung schließlich zu verlassen, sich in eine andere zu stürzen, der bald dasselbe Schicksal widerfuhr, & diese gegen eine dritte zu vertauschen, die von der Zeit wieder zerstört wurde, veranlaßte zuletzt andere Unternehmer (um meinen Vergleich beizubehalten), sich auf das freie Feld zu begeben, um aus dem Material so vieler zerstörter Festungen, dem man einige Festigkeit zutrauen durfte, eine beständige, ewige Stadt aufzubauen, die den Angriffen, durch die alle Festungen zerstört worden waren, zu widerstehen vermochte. Diese neuen Unternehmer nannten sich *Eklektiker.* Kaum hatten sie die ersten Fundamente gelegt, da bemerkten sie, daß ihnen eine Unmenge Material fehlte & daß sie gezwungen waren, die schönsten Steine wegzuwerfen, weil ihnen die fehlten, die beim Bau als Verbindungssteine dienen müssen. Und so sagten sie zueinander: »Aber dieses Material, das uns fehlt, ist doch in der Natur vorhanden – suchen wir es also!« Sie begannen es in der Leere der Luft, im Inneren der Erde, auf dem Grund der Gewässer zu suchen, & das nannte man »Erfahrungsphilosophie betreiben«. Aber bevor sie das Bauvorhaben aufgaben & das Material auf dem Boden verstreut liegenließen gleich ebenso vielen Verbindungssteinen, mußten sie sich durch den Versuch einer Zusammenfügung davon überzeugen, daß es völlig unmöglich war, ein festes & regelmäßiges Gebäude nach dem Vorbild der Welt zu errichten, die sie vor Augen hatten. Denn diese Männer nahmen sich nichts Geringeres vor, als die Entwürfe des großen Baumeisters & die verlorengegangenen Pläne dieser Welt wiederzufinden; aber die Zahl dieser Kombinationsmöglichkeiten ist unendlich. Sie haben schon eine große Anzahl von Kombinationen mit ziemlich wenig Erfolg versucht; doch kombinieren sie unaufhörlich weiter. Man kann sie daher *systematische Eklektiker* nennen.

Diejenigen, die nicht nur davon überzeugt sind, daß es uns an Material fehlt, sondern auch davon, daß wir mit dem Material, das wir besitzen, in dem Zustand, in dem es sich befindet, niemals etwas Gutes zustande bringen werden, beschäftigen sich unaufhörlich damit, weiteres Material zu sammeln. Die anderen aber, die im Gegenteil annehmen, daß man in der Lage ist, irgendeinen Teil des großen Gebäudes anzufangen, werden nicht müde, das Material zu kombinieren, & gelangen so im Laufe der Zeit & der Arbeit zu der Vermutung, daß es Steinbrüche gebe, aus denen sie einige Steine, die sie brauchen, holen könnten. So ist die Lage der Dinge in der Philosophie, & sie werden noch lange in dieser Lage bleiben, zu der sie der Kreis, den wir gezogen haben, notwendigerweise zurückführen würde, wenn sich die Erde infolge irgendeines unbegreiflichen Ereignisses für lange Zeit in eine undurchdringliche Finsternis hüllen sollte & wenn dadurch die Arbeiten auf allen Gebieten einige Jahrhunderte lang unterbrochen würden.

Daraus ist zu ermessen, daß es zwei Arten des *Eklektizismus* gibt: einen auf Erfahrung beruhenden, der darin besteht, die bekannten Wahrheiten & die gegebenen Tatsachen zu sammeln & ihre Zahl durch das Studium der Natur zu vergrößern, & den systematischen, der sich damit beschäftigt, die bekannten Wahrheiten miteinander zu vergleichen & die gegebenen Tatsachen zu kombinieren, um daraus entweder die Erklärung einer Erscheinung oder die Ahnung einer Erfahrung abzuleiten. Der auf Erfahrung beruhende *Eklektizismus* ist Sache der fleißigen Männer, der systematische dagegen Sache der Männer von Genie. Wer die beiden Arten des *Eklektizismus* zu vereinen vermag, wird seinen Namen unter die von Demokrit, Aristoteles & Bacon erhoben sehen.

Zwei Ursachen haben die Fortschritte dieses *Eklektizismus* verzögert: eine notwendige & unvermeidliche, die in der Natur der Dinge begründet liegt, & eine zufällige, die mit Ereignissen zusammenhängt, welche die Zeit entweder gar nicht oder zumindest nicht unter weniger ungünstigen Umständen herbeiführen konnte. Ich richte mich bei dieser Unterscheidung nach der gewöhnlichen Anschauungsweise & sehe von einem System ab, das einen Mann, der gründlich & scharf nachdenkt, nur zu leicht dazu verleiten könnte, anzunehmen, daß alle jene Ereignisse, von denen ich soeben gesprochen habe, in gleichem Maße notwendig sind. Die erste Ursache für die Verzögerung des modernen *Eklektizismus* ist der Weg, den der menschliche Geist bei seinen Fortschritten natürlicherweise verfolgt & der ihn unweigerlich veranlaßte, sich ganze Jahrhunderte lang mit Kenntnissen zu beschäftigen, die in allen vorausgegangenen Zeiten zur Aufgabe der Philosophie gehört haben & immer zu ihr gehören werden. Der menschliche Geist hat sein Kindes- & Mannesalter; hoffentlich hat er nicht auch seinen Niedergang, sein Greisenalter & seine Hinfälligkeit. Die Gelehrsamkeit, die Literatur, die Sprachen, die Altertumskunde beschäftigen ihn in seinen ersten Jahren & in seiner Jugend; die Philosophie kann nur die Beschäftigung seines Mannesalters & der Trost oder der Kummer seines Greisenalters sein: Das hängt von der Verwendung der Zeit & vom Charakter ab. Nun hat aber die menschliche Gattung ihre Eigenart & bemerkt in ihrer allgemeinen Geschichte sehr gut die leeren Zwischenräume & diejenigen, die mit Taten ausgefüllt sind, die ihr zur Ehre oder zur Schande gereichen. Was die Ursachen für die Verzögerung der eklektischen Philosophie betrifft, aus denen wir eine andere Gruppe bilden, so genügt es, wenn wir sie aufzählen. Es sind die Religionsstreitigkeiten, die so viele gute Köpfe beschäftigen, die Unduldsamkeit des Aberglaubens, die so viele andere verfolgt & entmutigt, die Bedürftigkeit, die einen Mann von Genie zwang, das Gegenteil von dem zu tun, wozu ihn die Natur berufen hat, die Unwürdigen zugesprochenen Belohnungen, die ihn verbittern & ihm die Feder aus der Hand fallen lassen, die Gleichgültigkeit der Regierung, die in ihrer politischen Rechnung das Ansehen, das die Nation durch die Wissenschaften & die geselligen Künste erlangt, unendlich geringer veranschlagt, als es in Wirklichkeit ist, & die unter Vernachlässigung der Fortschritte der nützlichen Künste keine Summe für die Bemühungen eines Mannes von Genie opfert, der schließlich mit seinen Projekten im Kopf stirbt, ohne daß man vermuten könnte, daß die Natur jemals diesen Verlust wiedergutmachen wird. Denn in der ganzen Reihe der Individuen der menschlichen Gattung, die existiert haben & die existieren werden, kann es keinesfalls zwei geben, die sich vollkommen gleichen, & daraus ergibt sich für diejenigen, die logisch denken können, folgendes: Wann immer eine nützliche Entdeckung gemäß dem spezifischen Unterschied, der ein bestimmtes Individuum von allen unterschied & es zu einem solchen machte, nicht gemacht oder nicht veröffentlicht worden ist, wird sie nicht mehr gemacht werden; & das bedeutet einen ebenso großen Verlust für den Fortschritt der Wissenschaft & der Künste wie für das Glück & den Ruhm der menschlichen Gattung. Ich fordere diejenigen, die versucht sind, diese Überlegung für allzu spitzfindig zu halten, auf, hierüber einige unserer hervorragenden Zeitgenossen zu befragen; ich berufe mich auf ihr Urteil. Ich fordere sie auch auf, ihren Blick auf die Originalwerke des Altertums & der Neuzeit, um welches Gebiet es sich auch immer handeln mag, zu richten, einen Augenblick darüber nachzudenken, worin die Originalität besteht, & mir zu sagen, ob es zwei Originale gibt, die sich gleichen – ich meine nicht genau, aber doch ungefähr. Ich führe schließlich noch jene Protektion an, die nicht Männern zuteil wird, die ihre Nation bei den anderen Nationen würdig vertreten & denen das eigene Volk den Rang verdankt, den es bei künftigen Völkern einnehmen wird, kurz: Männern, die im Schoß der Nation verehrt werden & von denen man mit Bewunderung in den entlegensten Gegenden spricht, sondern denen Unglückliche vorgezogen werden, die zu der Rolle, die sie spielen, verurteilt sind, sei es von der Natur, die sie mittelmäßig oder bösartig geschaffen hat, sei es durch die Verderbtheit des Charakters, die sie solchen Umständen wie der schlechten Erziehung, der schlechten Gesellschaft, der Ausschweifung, der Selbstsucht & der Engstirnigkeit gewisser kleinmütiger Männer zu verdanken haben, die sie fürchten, die ihnen schmeicheln, die sie vielleicht irritieren, die sich schämen, ihre erklärten Gönner zu sein, obwohl die Öffentlichkeit, der nichts entgeht, schließlich doch solche Männer zu ihren Protegés zählt. Es scheint, daß man sich in der Gelehrtenrepublik von derselben grausamen Politik leiten läßt, die in den Demokratien des Altertums herrschte, in denen jeder Bürger, der allzu mächtig geworden war, vernichtet wurde. Dieser Vergleich ist um so richtiger, als jenes Gesetz, sobald man einige rechtschaffene Männer durch Ostrazismus geopfert hatte, auch die zu entehren begann, die es verschonte. Ich schrieb diese Betrachtungen am 11. Februar 1755 nach der Rückkehr von dem Leichenbegängnis eines unserer größten Männer, tief betrübt über den Verlust, den die Nation & die Wissenschaft in seiner Person erlitten hatten, & höchst empört über die Verfolgungen, die ihm widerfahren waren. Die Verehrung, die ich seinem Andenken entgegenbrachte, meißelte in sein Grabmal jene Worte, die ich kurz zuvor dazu bestimmt hatte, als Motto zu seinem großen Werk, dem *Geist der Gesetze,* zu dienen: *alto quaesivit coelo lucem, ingemuitque reperta.* – »Vom erhabenen Himmel forderte er Licht & beklagte die heimlichen Ränke.« Mögen sie der Nachwelt überliefert werden & ihr verkünden, daß für diesen so feinfühligen Mann, der durch das Geflüster seiner Feinde, die er fürchtete, beunruhigt wurde & der sich die fortwährenden Beleidigungen zu Herzen nahm, die er ohne das Siegel der Obrigkeit, mit denen sie versehen zu sein schienen, zweifellos verachtet hätte, der Verlust der Ruhe der traurige Lohn war für die Ehre, die er Frankreich gebracht hatte, & für den bedeutenden Dienst, den er der ganzen Welt geleistet hatte!

Bisher hat man den *Eklektizismus* nur in Dingen der Philosophie angewendet; aber angesichts der Gärung der Geister ist es nicht schwer, vorauszusehen, daß er sich weiter verbreiten wird. Ich glaube nicht – vielleicht ist es auch nicht zu wünschen –, daß seine ersten Wirkungen schnell eintreten werden, da diejenigen, die in der Praxis der Künste bewandert sind, nicht logisch genug denken & die anderen, die logisch zu denken pflegen, zuwenig gebildet & auch nicht geneigt sind, sich über den mechanischen Teil der Künste zu unterrichten. Wenn man die Reform voreilig durchführt, so kann es leicht vorkommen, daß man alles verbessern will & doch alles verdirbt. Die erste Einstellung hat zur Folge, daß man sich zu Extremen hinreißen läßt. Ich fordere die Philosophen auf, ihr zu mißtrauen. Wenn sie vorsichtig sind, werden sie sich entschließen, auf vielen Gebieten Schüler zu werden, ehe sie Lehrer sein wollen; sie werden auch einige Mutmaßungen wagen, bevor sie Prinzipien aufstellen. Mögen sie bedenken, daß sie es gewissermaßen mit Automaten zu tun haben, denen man einen Anstoß um so schonender geben muß, je weniger die schätzenswertesten unter ihnen zu überstehen vermögen. Wäre es nicht vernünftig, zuerst die Hilfsmittel der Kunst zu untersuchen, bevor man ihre Grenzen zu erweitern oder zu verengen sucht? Fehlt uns diese Eingeweihtheit, so können wir weder bewundern noch tadeln. Die falschen Liebhaber der Künste verderben die Künstler, die halben Kenner entmutigen sie – ich meine die freien Künste. Aber während das Licht, das nach allen Richtungen ausstrahlt, alles durchdringen & der Geist unseres Jahrhunderts die Umwälzung, die er eingeleitet hat, weiter vorantreiben wird, werden die mechanischen Künste dort stehenbleiben, wo sie jetzt sind, wenn die Regierung es verschmäht, an ihren Fortschritten in einer nützlicheren Weise als bisher Anteil zu nehmen. Wäre es nicht zu wünschen, daß auch sie ihre Akademie hätten? Glaubt man etwa, daß die fünfzigtausend Francs, welche die Regierung jährlich ausgeben würde, um sie zu gründen & zu erhalten, schlecht angelegt wären? Was mich betrifft, so ist für mich klar erwiesen, daß aus einer solchen Akademie in zwanzig Jahren fünfzig Quartbände hervorgehen würden, in denen man kaum fünfzig unnütze Zeilen finden würde; die Erfindungen, die wir besitzen, würden sich vervollkommnen; die Verbreitung der Kenntnisse würde notwendigerweise weitere Kenntnisse entstehen lassen & zur Wiederentdeckung verlorengegangener alter Kenntnisse führen, & der Staat würde fünfzig unglücklichen Bürgern, die sich abgearbeitet haben & die kaum noch Brot für sich selbst & ihre Kinder haben, eine ehrenwerte Einnahmequelle & das Mittel bieten, der Gesellschaft weitere Dienste zu leisten, die vielleicht noch größer wären als die geleisteten, da sie in Denkschriften die wertvollen

Beobachtungen niederlegen würden, die sie in vielen Jahren gemacht haben. Wie vorteilhaft wäre das für diejenigen, die sich zu derselben Laufbahn entschlössen, wenn sie diese mit der ganzen Erfahrung derer antreten könnten, die sie erst aufgeben, nachdem sie dabei weißes Haar bekommen haben! Da uns aber die Einrichtung, die ich vorschlage, noch fehlt, gehen alle diese Beobachtungen verloren, zerrinnt diese ganze Erfahrung, verfließen die Jahrhunderte, wird die Welt älter & stecken die mechanischen Künste noch immer in den Kinderschuhen. *Diderot*

ELEGANZ – **Elégance (Dichtung)**. Nach Auffassung einiger Autoren leitet sich das Wort ab von *electus*, ausgewählt. Kein anderes lateinisches Wort bietet sich für seine Etymologie an, & tatsächlich liegt allem, was elegant ist, eine Auswahl zugrunde. *Eleganz* ist das Ergebnis von Ausgewogenheit & Gefälligkeit. Man verwendet den Begriff in der Bildhauerei & in der Malerei. Lange stellte man das *elegans signum*, die elegante Darstellung, dem *signum rigens*, der steifen Darstellung, gegenüber; eine in den Proportionen ausgewogene Darstellung mit runden, weich geschwungenen Formen einer Darstellung, die steif & schlecht ausgearbeitet war. Doch streng, wie die frühen Römer waren, erhielt der Begriff *elegantia* bei ihnen eine Bedeutung, die etwas Verachtenswertes hatte. Jedwede *Eleganz* war für sie Ausdruck von Affektiertheit & gekünstelter Höflichkeit, dem feierlichen Ernst der Frühzeit mithin unwürdig, & dies galt auch in Fragen der Dichtkunst. Sie schimpften einen *eleganten Mann*, was wir heute einen Stutzer & was die Engländer einen *Beau* nennen. Doch zu Zeiten Ciceros, als die Sitten den Gipfel der Höflichkeit erreicht hatten, war *elegant* immer als Lob zu verstehen. Cicero gebraucht das Wort an zahllosen Stellen, um mit ihm einen höflichen Menschen, eine vornehme Unterhaltung zu kennzeichnen. Sogar von *elegantem Essen* war damals die Rede, was heute schwerlich jemandem zu sagen einfiele. Wie bei den späten Römern wird der Begriff im Französischen für die Bildhauerei, die Malerei, die Redekunst & vor allem für die Dichtkunst verwendet. Dabei besitzt er in der Malerei & in der Bildhauerkunst nicht ganz dieselbe Bedeutung wie Anmut. Anmutig ist insbesondere ein Gesicht, & man sagt nicht etwa ein elegantes Gesicht, ebensowenig spricht man von eleganten Umrissen. Denn in der Anmut liegt immer etwas Lebendiges, & auf dem Gesicht erscheint die Seele. Aus dem gleichen Grund redet man nicht von einem *eleganten Gang*, denn der Gang ist belebt.

Die *Eleganz* einer Rede ist nicht die Redekunst, sie ist ein Bestandteil davon. Nicht die Harmonie, die Einheit allein, sondern die Verbindung aus Klarheit, Einheit & Wortwahl schafft *Eleganz*. Es gibt in Europa Sprachen, in denen nichts seltener ist als eine elegante Rede. Harte Endungen, Häufung der Konsonanten, Hilfsverben, die im selben Satz wiederholt werden müssen, beleidigen selbst das Ohr der Landeskinder. Eine Rede kann *elegant* sein, ohne eine gute Rede zu sein; *Eleganz* ist tatsächlich nur der Wortwahl zu verdanken. Doch eine Rede kann nicht wirklich gut sein, wenn sie nicht auch *elegant* ist.

Noch mehr *Eleganz* als in der Redekunst bedarf es in der Dichtkunst, wo sie ein Hauptbestandteil jener Harmonie ist, deren der Vers bedarf. Ein Redner kann auch ohne *Eleganz*, ohne Klarheit & Einheit überzeugen, ja sogar bewegen. Ein Gedicht, das nicht elegant ist, hinterläßt keine Wirkung. Dies ist eines der Hauptverdienste Vergils gegenüber Horaz, der in seinen Satiren, seinen Episteln weitaus weniger *elegant* ist. Er ist darin auch weniger Dichter, *sermoni propior* – »dem Alltagsgespräch näher«.

Hauptpunkt in der Dichtkunst & Redekunst ist, daß *Eleganz* nie den kräftigen Ausdruck mindern soll. Hierin hat der Dichter, wie in allem anderen, größere Schwierigkeiten zu überwinden als der Redner. Da Harmonie die Grundlage seiner Kunst ist, darf er sich auf keinen Wettstreit derber Worte einlassen. Er muß sogar manchmal einen Teil des Gedankens der *Eleganz* des Ausdrucks opfern. Diesem Zwang ist der Redner nie ausgesetzt.

Wenn *Eleganz* immer leicht wirkt, so muß doch festgehalten werden, daß nicht alles elegant ist, was leicht & natürlich wirkt. Es gibt nichts Leichteres, nichts Natürlicheres als La Fontaines: »Die Grille hatte den ganzen Sommer lang gesungen« & »Meister Rabe auf einem Baum hockend«. Warum fehlt diesen Fabeln die *Eleganz?* Weil diese Einfalt bar aller gewählten Worte & ohne Harmonie ist. »Glücklich Liebende, wollt ihr wirklich in die Ferne schweifen? / Dann sei's doch nur zu nahen Ufern« & zahllose andere Passagen des Dichters besitzen neben anderen Vorzügen jenen der *Eleganz*.

Von einer Komödie sagt man selten, sie sei elegant geschrieben. Die Einfalt & das Tempo eines alltäglichen Dialogs schließen dieses Verdienst aus, das aller anderen Dichtung eigen ist. Die *Eleganz* scheint der Komik zu schaden, man lacht nicht über etwas, wenn es elegant ausgedrückt ist. Dennoch sind mit Ausnahme der bloßen Scherze die meisten Verse in Molières *Amphitryon* elegant. Der Grund liegt möglicherweise darin, daß sich in diesem Stück, das in seiner Art einzigartig ist, Götter & Menschen mischen, & die freien Verse eine große Zahl von Madrigalen bilden.

Ein Madrigal muß weit eleganter sein als ein Epigramm, denn ein Madrigal faßt einen Gedanken in lyrische Verse, während ein Epigramm ans Komische rührt. Das eine dient dem Ausdruck zarter Gefühle, das andere drückt das Lächerliche aus.

Dem Erhabenen soll man die *Eleganz* nicht anmerken, es würde dadurch geschwächt werden. Wollte man die *Eleganz* der Zeusstatue von Phidias in Olympia rühmen, würde man den Gott zum Satyr machen. Die Venus des Praxiteles darf *elegant* genannt werden. Siehe REDEKUNST, STIL, GESCHMACK. *Voltaire*

ELEKTRISCHER SCHLAG – **Coup foudroyant (Physik)**. Experiment der Leydener Flasche oder der Kommotion: So heißt ein Experiment, bei dem die Person oder die Personen, die es anstellen, das Gefühl haben, als würden sie zugleich an mehreren Stellen des Körpers von einem heftigen Schlag getroffen. Die gewöhnliche Ausführungsweise dieses Experiments ist sehr einfach & besteht in folgendem: Füllen Sie eine Flasche oder ein ziemlich dickes & sehr sauberes Glasgefäß bis zur Mitte oder etwas darüber mit Wasser, & zwar so, daß es über dem Wasserspiegel sowohl innen als auch außen ganz trocken bleibt; nehmen Sie es in die eine Hand, & zwar so, daß Sie es an der Stelle berühren, die derjenigen entspricht, an der sich innen das Wasser befindet, & sorgen Sie dafür, daß ein vom Konduktor ausgehender Metalldraht in das Wasser taucht, ohne die Wände des Gefäßes zu berühren, siehe KONDUKTOR. Wenn Sie nun, nachdem man die Glasglocke eine Zeitlang elektrisiert hat, mit dem mittleren Gelenk eines Fingers der anderen Hand einen Funken aus dem Konduktor ziehen, so machen Sie das Experiment des *elektrischen Schlages* oder besser, sie empfangen den *elektrischen Schlag*. Das heißt: Sie fühlen, wie Sie in dem Augenblick, da Sie den Funken ziehen, an den Handgelenken, den Ellenbogen, den Schultern & sogar an der Brust von einem heftigen Schlag getroffen werden, sobald die Elektrizität eine gewisse Kraft hat. Die Art & Weise, in der dieses Experiment sich fühlbar macht & diese oder jene Körperteile in Mitleidenschaft zieht, ist sehr verschieden, je nach der Kraft der Elektrizität & nach der Konstitution & dem Temperament der Personen, die es anstellen. Bei den einen, & zwar gewöhnlich bei denen, die eine schwache Konstitution haben, zieht das Experiment eine größere Zahl von Körperteilen in Mitleidenschaft & ruft auch ein lebhafteres Schmerzgefühl hervor; bei den anderen löst es eine so große Überraschung aus, daß sie geneigt sind, zu glauben, irgendeiner der Anwesenden habe sie geschlagen, da sie sich nicht vorstellen können, daß das, was sie soeben empfunden haben, nur von dem Experiment herrühre, das sie angestellt haben. Aber im allgemeinen sind sich alle einig über die Schnelligkeit & Heftigkeit des Schlages, den sie verspürt haben. Dieser Schlag wird in den Körperteilen, die in Mitleidenschaft gezogen werden, immer von einer Erschütterung oder Konvulsion begleitet, die so heftig ist, daß die Personen häufig das Gefäß auf den Boden fallen ließen. Wegen dieser Konvulsion hat man das Experiment, wie wir schon gesagt haben, auch als *Experiment der Kommotion oder des Schocks* bezeichnet.

Man wird wohl ohne weiteres glauben, daß alle Physiker zu der Zeit, da die Nachricht von einem so ungewöhnlichen Experiment sich in der gelehrten Welt verbreitete, begierig darauf waren, es zu wiederholen. Aber daß dies auch beim Volk & bei den gleichgültigen Menschen der Fall gewesen sei, daß dieses Experiment ihre Neugierde in so hohem Grade erregt habe, hätte man sich wohl kaum vorstellen können, wenn die Sache nicht doch zu neu gewesen wäre, als daß man an ihr hätte zweifeln können. Tatsächlich hatte vielleicht niemals ein solcher Eifer geherrscht, das Experiment zu sehen oder es selbst anzustellen, da es allen sehr schwerfiel, das Wunderbare zu glauben, was man sich davon erzählte. Unsere Physiker wurden von Leuten bedrängt, die sich bei ihnen vergewissern wollten, wie es sich damit verhielte. So wurde dieses Experiment zum Gegenstand des Tagesgesprächs in der Stadt & am Hofe. Schließlich gingen die Dinge so weit, daß die Elektrizität, die bis dahin in den Kabinetten der Physiker eingeschlossen war, für Geld öffentlich gezeigt wurde. Leute mit Elektrisiermaschinen ließen sich auf den Jahrmärkten nieder & zogen durch Stadt & Land, um jenes Verlangen zu befriedigen, das man, wie gesagt, überall an den Tag legte – das Verlangen, dieses berühmte Experiment anzustellen. *Le Roy*

Der Elektriker Siemens bestieg einmal die Cheopspyramide, schon unterwegs hatten ihm die Gesichter seiner Begleiter nicht gefallen. Oben blieb wenig Zeit, die Aussicht zu bewundern, denn die Beduinen griffen zur Pistole, plünderten Siemens aus. Aber dieser, dem schon lange die elektrische Ladung der Wüstenluft aufgefallen war, warf in höchster Schlauheit seinen Gummimantel unter die Füße, hob den durchnäßten Finger in die Luft und senkte ihn, gerade als der Scheich vor ihm stand, langsam auf dessen Nasenspitze. Ein Funke fuhr aus der lebenden Leidner Flasche hinüber. Die Beduinen rannten schreiend davon und Siemens, als er den mühseligen Abstieg, allein und ohne Magie, endlich hinter sich hatte, staunte selber noch lange über »seine« Kraft. Er hatte sich durchaus als Zauberer bewährt; aber wie kommt die Aufklärung zum Aberglauben, die Regeldetri zum Hexeneinmaleins? –: sie lacht darüber und sieht ihm schließlich ähnlich. ERNST BLOCH, SPUREN

ELEKTRIZITÄT – **Electricité (Physik)**. Dieses Wort bezeichnet im allgemeinen die »Wirkungen einer dünnflüssigen, sehr feinen Materie«, die sich durch ihre Eigentümlichkeiten von allen anderen flüssigen Stoffen, die wir kennen, deutlich unterscheidet. Sie vermag sich, wie man festgestellt hat, mit fast allen Körpern zu verbinden, aber mit einigen besser als mit anderen. Sie scheint sich nach besonderen Gesetzen sehr schnell zu bewegen & ruft durch ihre Bewegungen höchst seltsame Erscheinungen hervor. Siehe auch den Artikel ELEKTRISCHER SCHLAG.

Die Meinungen der Physiker über die *Elektrizität* sind geteilt: Alle sind sich jedoch einig über die Existenz einer *elektrischen Materie*, die sich um die elektrisierten Körper mehr oder weniger dicht ansammelt & die durch ihre Bewegungen die Wirkungen der *Elektrizität* hervorruft, die wir wahrnehmen; aber jeder von ihnen erklärt die Ursachen &

die Richtungen dieser verschiedenen Bewegungen anders. Siehe Elektrisches Feuer, wo wir ihre Anschauungen wiedergeben. Wir begnügen uns hier damit, die Haupterscheinungen der *Elektrizität* sowie die Gesetze darzulegen, die die Natur zu befolgen schien, als sie diese Erscheinungen hervorbrachte. – Da man das Wesen der elektrischen Materie noch nicht kennt, ist es unmöglich, sie auf andere Weise zu definieren als durch ihre Haupteigenschaften. Die Eigenschaft, leichte Körper anzuziehen & abzustoßen, ist eine ihrer bemerkenswertesten Eigenschaften, die um so besser dazu dienen könnte, die elektrische Materie zu kennzeichnen, als sie mit fast allen ihren Wirkungen verknüpft ist & ihr Vorhandensein leicht erkennen läßt, auch an den Körpern, die die kleinste Menge elektrischer Materie enthalten … *d'Aumont*

ELEND – **Misère, Misérable (Grammatik).** Das ist die Lage des *elenden* Menschen.

Es gibt nur wenige Seelen, die so stark sind, daß sie nicht schließlich durch das *Elend* gebeugt & erniedrigt werden. Das niedrige Volk ist unglaublich einfältig. Ich weiß nicht, welches Blendwerk es die Augen vor seinem gegenwärtigen *Elend* & dem noch größeren *Elend* schließen läßt, das es im Alter zu erwarten hat. Das *Elend* ist die Mutter der großen Verbrechen; es sind die Herrscher, die so viele Menschen elend machen & die sich in unserer & in der anderen Welt wegen der Verbrechen, die das *Elend* begangen hat, zu verantworten haben. Man sagt in einer ganz anderen Bedeutung: »Das ist ein *Elend*«, um etwas Nichtiges zu sagen. In der eigentlichen Bedeutung aber sagt man: »Es ist ein *Elend*, daß man es mit Vertretern des Gesetzes & mit Priestern zu tun hat.« *Anonym*

Elend ist jener, der sich im Unglück, in Not, im Leid, im Elend, kurz in irgendeiner Lage befindet, die ihm das Dasein zur Last macht, obgleich er sich vielleicht nicht das Leben nehmen möchte & auch nicht wollte, daß es ihm ein anderer nimmt. Aberglaube & Despotismus erfüllen heute wie zu alten Zeiten die Erde mit *Elenden*. Das Wort wird auch noch in anderen Bedeutungen gebraucht; man sagt ein *elender* Autor, ein *elender* Scherz, zwei *elende* Pferde, ein *elendes* Vorurteil. *Anonym*

Wem es vermöge einer an Mitleid überreichen Einbildungskraft gelänge, Buch zu führen über alles Leid in der Welt und gleichsam der Zeitgenosse sämtlicher Mühen und Ängste eines beliebigen Augenblicks zu werden, der würde – vorausgesetzt, daß es ein solches Wesen überhaupt geben könnte – ein Ungeheuer an Liebe sein und das größte aller von der Geschichte des Herzens jemals geforderten Opfer. Wollten wir die Unzahl der Todesängste rings um uns, wollten wir all die Leben, die ja nur verkappte Tode sind, verstehen und lieben lernen, wir brauchten ebensoviele Herzen, als es Lebewesen gibt, die leiden. Und besäßen wir ein Gedächtnis, in dem alles wunderbar gegenwärtig bliebe, ein Gedächtnis, das all unsere vergangene Mühsal getreu aufbewahrte: wir würden zusammenbrechen unter dieser Last. Das Leben ist nur möglich dank der Mangelhaftigkeit unserer Vorstellungskraft und unseres Gedächtnisses. E. M. Cioran, Vom Mitleid

EMPFINDSAMKEIT – **Sensibilité (Moral).** Die Empfänglichkeit eines weichen & feinfühligen Herzens, mit der es sich leicht ergreifen & rühren läßt.

Die *Empfindsamkeit*, sagt der Autor der *Abhandlung über die Sitten* vollkommen zutreffend, verleiht ihrem Besitzer eine Art Scharfblick für alles Rechtschaffene & durchdringt die Dinge tiefer, als der Verstand es vermag. *Empfindsame* Seelen können aufgrund lebhafter Eindrücke Fehler begehen, die zupackenden Menschen niemals unterlaufen würden, doch sie übertreffen diese bei weitem aufgrund der Vielzahl ihrer guter Taten. *Empfindsame* Menschen leben intensiver, das Gute & das Üble nimmt in ihrem Blick größere Ausmaße an. Nachdenklichkeit kann den Menschen rechtschaffen machen, doch erst *Empfindsamkeit* verleiht ihm Tugend. Von der *Empfindsamkeit* rühren die Menschlichkeit & die Großmütigkeit her. Sie dient dem Ansehen, unterstützt den Geist & ist zu guter Letzt überzeugend. *Jaucourt*

EMPÖRUNG – **Indignation (Grammatik).** Ein Gefühl der Verachtung & des Zorns, das bestimmte unerwartete Ungerechtigkeiten in uns hervorrufen. Die *Empörung* billigt die Rache, lenkt jedoch nicht zu ihr hin. Der Zorn legt sich, die wohlüberlegtere *Empörung* dauert an; sie hält uns vom Unwürdigen fern. Die *Empörung* ist stumm; sie äußert sich weniger in Worten als in Affekten. Sie reißt uns nicht hin, sie läßt nur unser Herz erbeben. Nur selten ist sie ungerecht; oft *empören* wir uns über ein übles Betragen, das uns selber gar nicht betrifft. Eine empfindsame Seele *empört* sich zuweilen über Hindernisse, die man ihr entgegensetzt, über Motive, die man ihr unterstellt, über Rivalen, die man ihr gibt, über Entschädigungen, die man ihr verspricht, über Lob, das man ihr spendet, ja sogar über den Vorzug, den man ihr gewährt; kurz, über alles, was anzeigt, daß man ihr nicht die Achtung entgegenbringt, die sie zu verdienen glaubt. *Diderot*

ENTDECKUNG & ERFINDUNG – **Découverte & Invention (Philosophie).** Mit diesem Begriff kann im allgemeinen alles bezeichnet werden, was an Neuem in den Künsten & in den Wissenschaften gefunden wird. Indessen wird & soll er nur für das verwandt werden, was nicht nur neu, sondern zugleich wissenswert, nützlich & schwer ausfindig zu machen ist, & dem folglich ein hoher Grad an Bedeutung zukommt. Weniger beachtliche *Entdeckungen* bezeichnen wir lediglich als Erfindungen. Siehe Erfindung.

Überdies ist es nicht unabdingbar notwendig für eine *Entdeckung,* daß ihr Gegenstand zugleich nützlich, wissenswert & schwer zu erkennen ist. *Entdeckungen*, die diese drei Eigenschaften auf sich vereinigen, sind in Wahrheit *Entdeckungen* ersten Rangs. Es gibt andere, die diese drei Vorzüge nicht zugleich aufweisen, notwendig ist aber, daß sie zumindest einen davon besitzen. Die *Entdeckung* des Kompasses zum Beispiel war eine überaus nützliche Sache, doch sie wurde möglicherweise zufällig gemacht & stellte folglich keine schwer überwindbare Schwierigkeit dar. Die *Entdeckung* des elektrischen Schlags ist höchst interessant, doch auch sie geschah zufällig, hat folglich keiner großen Anstrengungen bedurft & war außerdem bis zum heutigen Tage nicht besonders nützlich. Siehe Elektrischer Schlag. Mit der *Entdeckung* der Quadratur des Kreises würde sicher eine besondere Schwierigkeit gemeistert werden, doch in der Praxis wäre diese *Entdeckung* streng genommen nicht nützlich, denn hier genügen Annäherungswerte, zumal die Methoden, diese Annäherungswerte zu berechnen, bereits sehr genau sind.

Indessen beobachten wir, daß sich eine *Entdeckung,* deren erstes Verdienst die gemeisterte Schwierigkeit darstellt, zumindest noch durch Nützlichkeit oder Einzigartigkeit auszeichnen muß: Letzteres wäre bei der Quadratur des Kreises der Fall, von der wir gerade gesprochen haben. Sie würde eine schwierige & einzigartige *Entdeckung* sein, denn man sucht schon lange nach ihr.

Demzufolge sind *Entdeckungen* also das Ergebnis des Zufalls oder eines genialen Geistes. Praktische *Entdeckungen* etwa in Kunst, Handwerk & Gewerbe werden häufig zufällig gemacht. Zweifellos sind diejenigen, die in Kunst & Handwerk die nützlichsten Dinge entdeckten, unbekannt geblieben, weil sie zumeist unbeabsichtigt darauf stießen & ohne danach gesucht zu haben, & damit fiel ihnen auch nicht das Verdienst zu, sie gefunden zu haben. Die *Entdeckung* ist geblieben, ohne daß man sich an den Entdecker erinnert. Zudem könnte man noch anführen, daß das meiste in Kunst & Handwerk nicht auf einmal, sondern erst nach & nach entdeckt worden ist, daß die *Entdeckung* das Ergebnis der Bemühungen einer Kette von Handwerkern war, in der jeder dem Vorgefundenen etwas hinzufügte, ohne daß man ihre einzelnen Beiträge klar voneinander unterscheiden könnte. Außerdem, nicht zu vergessen, schreiben Handwerker in der Regel nicht, & die meisten Schreibenden sind ausschließlich mit ihrem eigenen Thema beschäftigt & haben kein ausgesprochenes Interesse an den *Entdeckungen* anderer.

Entdeckungen durch geniale Geister kommen hauptsächlich in den Wissenschaften vor. Ich möchte damit nicht behaupten, daß Geisteskraft in Kunst & Handwerk zu keinen *Entdeckungen* gelangt, sondern lediglich, daß im Bereich der Wissenschaft gewöhnlich weniger durch Zufall entdeckt wird als durch Geisteskraft. Trotzdem gibt es auch in den Wissenschaften ganz & gar zufällige *Entdeckungen:* die Anziehungskraft eines Magneten auf Eisen konnte zum Beispiel weder an sich noch durch irgendeine Analogie erdacht werden. Um dies herauszufinden, war es vielmehr notwendig, daß ein Magnetstein & ein Stück Eisen zusammenkamen. Allgemein läßt sich sagen, daß wir im Bereich der Physik die Kenntnis vieler Tatsachen dem Zufall verdanken. Es gibt in den Wissenschaften auch *Entdeckungen*, die zugleich Frucht des Genies wie des Zufalls sind: Dies ist der Fall, wenn man beim Forschen & unter Nutzung verschiedener Werkzeuge des Verstandes etwas herausfindet, nach dem man gar nicht gesucht hat. Auf diesem Wege haben einige Chemiker bei ihren Bemühungen, bestimmte Dinge zu entdecken, & als sie sich verschiedene, komplizierte & scharfsinnige Verfahren dafür ausdachten, außerordentliche Erkenntnisse gewonnen, mit denen sie keineswegs gerechnet hatten. Es gibt keine Wissenschaft, in der so etwas nicht vorkäme. Einige Mathematiker zum Beispiel haben bei der vergeblichen Suche nach der Quadratur des Kreises durch Zufall glänzende Theoreme entdeckt, die zudem von großem Nutzen sind. Solche *Entdeckungen* sind ein Glücksfall, doch dieses Glück fällt nur denen zu, die sich darum verdient machen. Und wenn man gesagt hat, daß eine kluge & im rechten Augenblick verfaßte Entgegnung das Glück eines geistreichen Mannes ausmacht, kann man die Art von *Entdeckung*, um die es sich hier handelt, das berechtigte Glück eines Genies nennen. Wir erinnern bei dieser Gelegenheit daran, was König Wilhelm III. von Oranien vom Marschall de Luxembourg sagte, der ihn so häufig besiegt hatte: »Er hat zuviel Glück, als daß es nur Glück sein könnte.«

Sie sind auf dem Rückweg und alle wohlauf. Wie soll man ihr Unternehmen bezeichnen? Unser Wortschatz reicht nicht mehr aus; es »Flug«, »Ritt« oder Raum-»Schiffahrt« zu nennen heißt, es herunterzuspielen oder blaß auszudrücken. Das sind umgekehrte Hyperbeln … Angesichts dieses jüngsten Zeugnisses von Mut und Geisteskraft empfindet man nicht nur Bewunderung oder distanzierte Solidarität. In gewisser Weise, und das nicht unbegründet, sieht jeder von uns, daß er daran teilhat. Wie jeder Mensch, auch der Unschuldige, sogar das Opfer, sich für Hiroshima, Dallas oder Vietnam mitverantwortlich fühlt und Scham empfindet, so glaubt auch jeder, selbst derjenige, dem die kolossale Leistung der Weltraumflüge völlig unverständlich ist, daß das Verdienst der gesamten menschlichen Gattung zukommt, folglich auch ein geringer Anteil auf ihn persönlich, und er geht gestärkt aus dieser Erfahrung hervor. Im Guten wie im Schlechten sind wir eine einzige Nation.

Primo Levi, Mond und Mensch, 27. Dezember 1968

Entdeckungen, die der Geisteskraft entspringen (& von diesen soll hier vor allem die Rede sein), kommen auf drei Weisen zustande: Entweder werden eine oder mehrere vollkommen neuartige Ideen gefunden, oder eine neue Idee kommt zu einer bekannten hinzu, oder zwei bekannte Ideen werden miteinander verbunden. Die Arithmetik scheint auf die erste Weise entdeckt worden zu sein, denn die Idee, alle Zahlen durch neun Ziffern darzustellen, & besonders der Einfall, die Null hinzuzufügen, die den Zahlenwert bestimmt & das Mittel darstellt, Rechenoperationen auf abgekürzte Weise durchzuführen, diese Idee scheint, so meine ich, vollkommen neuartig & originell gewesen zu sein, & keine andere Idee konnte den Anstoß dazu gegeben haben. Ein Geistesblitz hat sozusagen schlagartig eine ganze Wissenschaft hervorgebracht. Die *Entdeckung* der Algebra scheint von der zweiten Art zu sein: Tatsächlich war es eine vollkommen neue Idee, alle denkbaren Größen durch allgemeine Buchstaben zu repräsentieren & sich den Weg auszudenken, mit diesen Größen zu rechnen, oder vielmehr sie durch den einfachsten Satz darzustellen, den sie in ihrer allgemeinen Form annehmen können. Um diese Idee jedoch ganz auszuschöpfen, mußte man die bereits bekannten Rechenoperationen mit Zahlen hinzuziehen, kurz: die Arithmetik. Denn dieser Rechnungen bedarf es fast immer für algebraische Operationen, um den einfachsten Ausdruck für die Größen zu finden. Die *Entdeckung* schließlich, wie die Algebra in der Geometrie anzuwenden ist, gehört zur dritten Art, wie *Entdeckungen* gemacht werden, denn diese Anwendung gründet hauptsächlich auf der Darstellung von Kurven durch Gleichungen mit zwei Variablen. Welche Überlegungen waren notwendig, um Kurven auf diese Weise darzustellen? Folgendes: Gemäß der Vorstellung, die ihr schon immer zugrunde gelegt worden ist, bildet eine Kurve eine unendliche Menge von Punkten ab, die ein & derselben Aufgabe gerecht werden. Siehe Kurve. Eine Aufgabe jedoch, die unendlich viele Lösungen besitzt, ist eine unbestimmte Aufgabe. Eine unbestimmte Aufgabe wird in der Algebra durch eine Gleichung mit zwei Unbekannten ausgedrückt. Siehe Gleichung. Also kann man eine Gleichung mit zwei Unbekannten benutzen, um eine Kurve darzustellen. Wie man sieht, waren beide Prämissen dieser Überlegung bekannt, & es hat den Anschein, als wäre es ein leichtes gewesen, sie zu verbinden. Indessen war Descartes der erste, der diese Schlußfolgerung zog. Offenbar ist der letzte Schritt auf dem Gebiet der *Entdeckungen,* auch wenn er scheinbar leicht aussieht, häufig der schwierigste, den man vollbringt. Mit der *Entdeckung* der Differentialrechnung verhält es sich ähnlich wie mit jener von der Anwendung der Algebra in der Geometrie.

Ansonsten können *Entdeckungen*, die auf der Verknüpfung zweier Ideen beruhen, von denen keine neuartig ist, nur dann als *Entdeckungen* gelten, wenn sie entweder etwas Bedeutendes hervorbringen oder die Verknüpfung schwierig herzustellen war. Ebenso kann man festhalten, daß eine *Entdeckung* häufig aus der Verknüpfung von zwei oder mehreren Ideen besteht, von der jede einzelne unergiebig war oder erschien, obwohl sie ihren Erfindern viel abverlangt hat. Diese könnten dann bei sich sagen: »Also arbeitet ihr, & habt nichts davon«: aber nicht immer dürften sie auch mit Recht hinzufügen. »Ein anderer hat den Ruhm dafür.« Denn der wahre Ruhm gebührt demjenigen, der etwas zu Ende bringt, mag die Mühe, es begonnen zu haben, auch noch so groß gewesen sein. Die Wissenschaften sind ein großes Bauwerk, an dessen Errichtung viele Menschen gemeinsam arbeiten: Die einen klopfen im Schweiße ihres Angesichts den Stein aus dem Steinbruch, andere schleppen ihn unter großer Anstrengung zur Baustelle, wieder andere bringen ihn mit der Kraft ihrer Arme & mit Maschinen nach oben, doch dem Architekten, der den Bau ausführt & errichtet, fällt der ganze Ruhm des Erbauers zu.

> *Wie? die Menschheit verdummt zugunsten des maschinellen Fortschrittes, und wir sollten uns diesen nicht einmal zunutze machen? Sollten mit der Dummheit Zwiesprache halten, wenn wir ihr in einem Automobil entfliehen können?* Karl Kraus, Sprüche und Widersprüche

Im Bereich der Bildung sind die eigentlichen *Entdeckungen* selten, denn die Gegenstände, mit denen sich die Bildung befaßt, lassen sich nicht erahnen oder finden, & folglich müssen diese Gegenstände bereits von irgendeinem Autor beschrieben sein. Dennoch kann man es zum Beispiel eine *Entdeckung* nennen, wenn ein antikes Monument, das die Gelehrten bislang vergebens beschäftigt hat, eine grundlegende & geniale Erläuterung erfährt, wenn ein einzigartiger oder wichtiger Sachverhalt, der bis dato unbekannt oder strittig war, bewiesen & dargelegt wird &c.

Es sieht so aus, als wären die Theologie & die Metaphysik die einzigen Wissenschaften, in denen keinerlei *Entdeckungen* denkbar sind: erstere, weil im Christentum die Gegenstände der Offenbarung von Anfang an feststehen & alles, was die Theologen hinzugefügt haben, sich auf reine, mehr oder weniger geglückte Lehrgebäude beschränkt, über die man sich streiten darf, wie etwa über die Lehren von der Erklärung des Gnadenbeweises & vielen anderen Gegenständen, die fortwährend Anlaß zu Auseinandersetzungen geben & bisweilen für Verwirrung sorgen. Was die Metaphysik angeht, so ist, von einer kleinen Zahl bekannter & seit langem erwiesener Grundsätze abgesehen, alles andere nicht weniger umstritten.

Im übrigen haben die Menschen immer aus demselben Bestand von Gefühlen & einfachen Vorstellungen geschöpft, so daß die Kombinationsmöglichkeiten bald erschöpft sein müssen. In der Metaphysik trägt jeder einzelne, wenn man so will, die Tatsachen in sich, & es genügt ein wenig Aufmerksamkeit, um sie zu erkennen. Im Gegensatz dazu bedarf es in der Physik mehr Scharfsinn, um sie zu entdecken, weil die Gegenstände außerhalb von uns sind, & manchmal kann man sogar vollkommen neue Sachverhalte schaffen, indem man die Körper auf neue Weise miteinander verbindet, wie zum Beispiel mehrere Versuche mit der Elektrizität & einige in der Chemie &c. zeigen. Aus alldem möchte ich nicht schlußfolgern, daß es kein Verdienst ist, wenn man verständlich über die Metaphysik schreibt. Locke & Condillac, der Verfasser der *Abhandlung über die Systeme des Geistes,* haben dies hinlänglich bewiesen, & man könnte eine Textstelle des Horaz anführen: »Es ist schwer, sich auf der Höhe dessen zu zeigen, was alle Welt zu wissen scheint.« *d'Alembert*

ERFINDUNG – **Invention (Künste & Wissenschaften).** Oberbegriff für alles, was in den Künsten, Wissenschaften & im Handwerk entdeckt, erfunden sowie an Nützlichem oder Interessantem herausgefunden wird. Dieser Begriff deckt sich weitgehend mit dem der ENTDECKUNG, ist allerdings weniger glanzvoll; man möge mir jedoch gestatten, sie an dieser Stelle ohne Unterschied zu benutzen, ohne die wissenswerten Dinge noch einmal zu wiederholen, die der Leser unter dem Stichwort ENTDECKUNG nachlesen möge.

Erfindungen sind der Zeit, dem bloßen Zufall, glücklichen & unvorhergesehenen Umständen, dem Sinn für die Mechanik, der Geduld bei der Arbeit & den darin entfalteten Talenten geschuldet.

Die nützlichen *Erfindungen* aus dem dreizehnten & vierzehnten Jahrhundert verdanken wir nicht den Forschungen jener Menschen, die die Welt *Geistesgrößen* zu nennen pflegt, & ebensowenig den spekulativen Philosophen. Sie waren die Früchte jenes Sinns für die Mechanik, den die Natur bestimmten Menschen unabhängig von der Philosophie mitgegeben hat. Die *Erfindung,* dem geschwächten Blick von Greisen durch Augengläser abzuhelfen, die man *Brillen* nennt, stammt aus dem dreizehnten Jahrhundert. Es heißt, man verdanke sie Alexandro della Spina. Im selben Jahrhundert kamen die Venezianer hinter das Geheimnis der Kristallspiegel; das Steingut, das in Europa die Stelle des Porzellans einnehmen sollte, wurde in Faenza erfunden; ungefähr aus derselben Zeit stammen Mühlen, die mit Hilfe des Windes angetrieben werden. Papier wurde zu Beginn des vierzehnten Jahrhunderts aus zerfaserten & gekochten Lumpen erfunden. Cortusius nennt einen gewissen Pax, der mehr als ein Jahrhundert vor *Erfindung* des Buchdrucks in Padua die erste Papiermanufaktur gegründet haben soll. So sind die Anfänge in den mechanischen Künsten auf glückliche Weise gelegt worden & oft durch ungebildete Menschen.

Ich sage die Anfänge, denn man muß festhalten, daß das Interessanteste & Nützlichste, was wir in den Künsten besitzen, nicht in der Gestalt erfunden wurde, wie wir es heute vor uns haben. All diese Dinge sind in groben Zügen oder in Teilen erfunden & auf unmerkliche Weise zu größerer Vollkommenheit gebracht worden. So scheint es wenigstens bei den *Erfindungen* zu sein, von denen soeben die Rede war, & dasselbe läßt sich auch bei solchen wie dem Glas, dem Kompaß, der Buchdruckkunst, bei Uhren, Mühlen, Teleskopen & vielen anderen feststellen.

Entdeckungen in den Wissenschaften, die auf die Arbeiten aus vorausgegangenen Jahrhunderten zurückgreifen konnten, übergehe ich stillschweigend; dieses Thema wäre ein zu weites Feld. Ich will auch nicht weiter auf angeblich moderne Entdeckungen eingehen, die lediglich Wiederauflagen alter Möglichkeiten darstellen, die man aufpoliert hat. Die Auseinandersetzung mit ihnen wäre zudem wenig anschaulich. Um im Bereich der Künste zu bleiben, will ich mich vielmehr mit der Feststellung begnügen, daß es mehr oder weniger lange Zeit brauchte, um *Erfindungen* zu vervollkommnen, die in weniger feinsinnigen Jahrhunderten das Werk eines Zufalls oder eines mechanischen Genius waren.

Gutenberg stellte sich lediglich reliefartig geschnitzte Lettern aus Holz oder Metall vor, die beweglich sein sollten. Es war Schöffer, der diese Erfindung verbessern wollte & dann auf die Idee kam, die Buchstaben zu gießen; & jeder weiß, zu welcher Vollkommenheit diese Kunst seit Schöffer gebracht wurde.

Ob es der in Melfi gebürtige Seefahrer Gioia, die Engländer, die Franzosen oder die Portugiesen waren, die den Gebrauch des Kompasses im 12. Jahrhundert fanden, mit dieser Entdeckung verhält es sich wie mit der Erfindung des Buchdrucks. Anfangs bestand die Technik nur darin, daß man eine an Kork befestigte Magnetnadel auf die Wasseroberfläche legte; dann gelangte man dahin, sie an eine Pinne zu hängen & in ein Gehäuse zu stecken, das selbst aufgehängt war; & schließlich befestigte man sie über einer Rosette aus Karton oder Talk, die zwei konzentrische Kreise zeigt, von denen der eine zur Bezeich-

Geschütz erfunden: und siehe! die alte Tapferkeit der Theseus, Spartaner, Römer, Ritter und Riesen weg – der Krieg anders und wie viel anders mit diesem andern Kriege! / Buchdruckerei erfunden! und wie sehr die Welt der Wissenschaften geändert! erleichtert und ausgebreitet! licht und flach geworden! Alles kann lesen, buchstabieren – alles, was lesen kann, wird gelehrt. / Mit der kleinen Nadel auf dem Meer – wer kann die Revolutionen in allen Weltteilen zählen, die damit bewürkt sind. Länder gefunden, soviel größer als Europa. Küsten erobert voll Gold, Silber, Edelsteine, Gewürz und Tod! Menschen in Bergwerke, Sklavenmühlen und Lastersitten hineinbekehrt oder hinein kultiviert! Europa entvölkert, mit Krankheiten und Üppigkeit an seinen geheimsten Kräften verzehrt … das Rad, in dem sich seit drei Jahrhunderten die Welt bewegt, ist unendlich – und woran hing's, was stieß es an? die Nadelspitze zwei oder drei mechanischer Gedanken! HERDER, AUCH EINE PHILOSOPHIE DER GESCHICHTE ZUR BILDUNG DER MENSCHHEIT

nung der 32 Windrichtungen in 32 gleiche Abschnitte unterteilt ist, der andere, mit dem die Winkel & Abweichungen des Kompasses gemessen wurden, in 360 Grade.

Die *Erfindung* der Windmühle (ursprünglich vielleicht aus Asien stammend) trat ihren strahlenden Siegeszug erst an, nachdem diese Maschine, die ganz auf der Lehre vom Zusammenwirken der Kräfte beruht, von der Geometrie zur Vollkommenheit gebracht worden war.

Wie viele Jahrhunderte brauchte es für die Vervollkommnung von Uhren & Taschenuhren seit Ktesibios, der wahrscheinlich das erste Uhrwerk gebaut hat & der um das Jahr 613 in Rom wirkte, bis zu der Pendeluhr, wie sie in jüngster Zeit in England von Graham oder in Frankreich von Julien le Roi geschaffen wurde! Haben sich nicht auch Huygens, Leibniz & viele andere darum bemüht?

Fast dasselbe könnte ich über das Fernrohr sagen, von Metius bis zu dem Benediktiner Dom Noël.

Wer wollte den Unterschied bezweifeln zwischen dem Rohschliff des Diamanten, wie er durch Zufall vor ungefähr dreihundert Jahren von Ludwig von Berguen entdeckt wurde, & der Schönheit des Rosetten- oder des Brillantschliffs, den Formen, die unsere Edelsteinschleifer ihm heute geben? Das überlieferte Wissen & die große Erfahrung haben sie alle nur denkbaren Schliffe gelehrt, während ihre Augen & ihre Hände ihnen den Weg weisen. Durch den 47. Satz des ersten Buchs von Euklid haben sie das Ebenmaß gefunden, nach dem sie den wertvollen Stein in Rauten, Dreiecken, mit Facetten & Schrägkanten schleifen, damit es ein Brillant wird, & alle Schliffe zusammen verleihen ihm ebensoviel Glanz wie Funkeln. – So haben die Menschen, die, mit dem entsprechenden Talent geboren, zu einer vollendeten Kenntnis der Mechanik gelangten, die groben Entwürfe der ersten *Erfindungen* nutzen können & sie dank ihres Scharfsinns allmählich zu jenem Grad der Vollkommenheit gebracht, in dem wir sie heute sehen.

Wenngleich die Zeit die *Erfindungen* hervorbringt, mit denen sie uns segnet, kann das Gewerbe, wenn ich so sagen darf, zur Beschleunigung ihrer Niederkunft beitragen. Wie viele Jahrhunderte sind vergangen, in denen die Menschen über Seide gegangen sind, bevor sie ihren Nutzen erkannten & herausfanden, wie sie ihre Garderobe damit schmücken konnten? Sicher bewahrt die Natur in ihren Magazinen noch Schätze von ebenso großem Wert für uns auf, um sie in dem Augenblick preiszugeben, in dem wir am wenigsten damit rechnen; dann sollten wir aufnahmebereit sein, um daraus Nutzen zu ziehen.

Häufig wirft eine *Erfindung* Schlaglichter auf diejenige, die ihr vorausging, & läßt ahnen, welche auf sie folgen wird. Ich will nicht behaupten, daß eine *Erfindung* immer aus sich selbst heraus fruchtbar ist: Die großen Flüsse gehen nicht immer auseinander hervor; doch *Erfindungen*, die nichts miteinander gemein haben, sind deshalb nicht fruchtlos, denn sie bieten allerlei Hilfestellungen & gelangen auf tausend Wegen immer wieder zum Einsatz, wenn es darum geht, dem Menschen die Arbeit zu erleichtern.

Es gibt nichts Schmeichelhafteres als eine *Erfindung* oder die Vervollkommnung in einer Kunst, die das Glück der menschlichen Gattung befördert. Solche *Erfindungen* haben gegenüber politischen Unternehmungen den Vorzug, daß sie das Gemeinwohl erhöhen, ohne dem Einzelnen zu schaden. Die schönsten Eroberungen haben nur Schweiß, Tränen & Blut gekostet. Wer den Schlüssel für ein neues, dem Leben zuträgliches Mittel findet, etwa das zur Auflösung von Nierensteinen, müßte sich nicht vor den Gewissensbissen fürchten, die Ruhm zwangsläufig mit sich bringt, wenn er auf Verbrechen & Unglück fußt. Durch die *Erfindung* des Kompasses & des Buchdrucks wurde die Welt weiter, schöner & aufgeklärter. Ein Gang durch die Geschichte beweist: Die ersten Apotheosen galten *Erfindern;* in ihnen bewunderte die Welt den Gott gewordenen Menschen.

So ist es nicht verwunderlich, daß sie es genießen, wenn ihre Entdeckungen ihnen Ruhm einbringen; es ist das Höchste, für das der Mensch alles hinzugeben vermag. Nachdem Thales herausgefunden hatte, in welchem Verhältnis der Sonnendurchmesser zu dem Kreis steht, den dieser Stern um die Erde beschreibt, teilte er es einem Privatmann mit, der ihm zur Belohnung alles bot, was er fordern würde. Thales bat ihn lediglich darum, er möge ihm den Ruhm für seine Entdeckung sichern. Dieser arme & betagte Weise aus Griechenland machte sich nichts aus Geld, Gewinn oder irgendeinem anderen Vorteil, sondern war allein darum besorgt, daß sich jemand den Ruhm zuschreiben

---

Der Lyoner Arzt Jean Baptiste Guillotin wird gewöhnlich, und wie ich glaube, mit Recht, für den Erfinder der berüchtigten Maschine gehalten, durch die er selbst am 14. März 1794, weil er einer verdächtigen Korrespondenz mit Turin beschuldigt wurde, sein Leben endigen mußte. Des Mannes Absicht war gut, denn, wenn doch einmal Köpfe abgeschlagen werden sollen, so ist nicht leicht eine vollkommenere Maschine zu dieser Absicht möglich, als die Guillotine. Sie wird indessen nunmehr das so unsichere Schwert oder das nicht viel zuverlässigere Beil bei uns nicht mehr verdrängen, seitdem die Hunnen des achtzehnten Jahrhunderts sie zu einer Absicht genützt haben, die mit ihrer eigentlichen ersten Bestimmung fast eben einen solchen Kontrast macht, als Herrn Guillotins Vorname (Johannes der Täufer) mit Herrn Guillotins Erfindung selbst. Man hat darüber gespottet, daß ein Arzt eine Köpfmaschine erfunden habe; gerade als wenn es so etwas Seltenes wäre, daß Ärzte Mittel erfänden, die Menschen geschwind aus der Welt zu schaffen. Es ist noch eine große Frage, durch welche Erfindung mehr Menschen gefallen sind: durch die Guillotine oder durch die beliebten Pülverchen des Herrn Doktor Ailhaud. Lichtenberg, Über das Altern der Guillotine

---

könnte, der ihm gebührte. – Darüber hinaus werden alle, die dank ihres Scharfsinns, ihrer Arbeit, ihrer Begabungen & Studien imstande sind, Forschung mit Beobachtung, tiefschürfende Theorie mit Erfahrungswissen zu verbinden, unablässig zur Mehrung von *Erfindungen* wie zur Vertiefung bereits gemachter Entdeckungen beitragen & den Ruhm erlangen, neue Entdeckungen vorzubereiten.

Man möge mir erlauben, an dieser Stelle die Worte der Herausgeber dieses Werks zu wiederholen, »die *Encyclopédie* wird Schätze dieser Art aus unserem Jahrhundert zusammenstellen; sie wird sie zusammenstellen, um dieses Jahrhundert & auch die künftigen Jahrhunderte über sie in Kenntnis zu setzen, damit sie, wenn sie erst auf den Weg gebracht sind, darauf fortschreiten können. Es ist nicht mehr zu befürchten, daß Entdeckungen in den Künsten in Vergessenheit geraten. Wir werden dem Philosophen die Tatsachen vor Augen führen, & das Denken wird eine blind ausgeübte Praxis einfacher machen & aufklären.«

Doch für den Erfolg dieses Vorhabens ist es unerläßlich, daß die aufgeklärte Regierung die Güte hat, ihm starken Schutz & Unterstützung angedeihen zu lassen gegen alle ungerechten Vorwürfe, Verfolgungen & Unannehmlichkeiten, die ihm seine Gegner bereiten. *Jaucourt*

Erwin Chargaff
Entdeckung und Erfindung

Kolumbus hat Amerika entdeckt; erfunden wurde es lange vorher.« Es hat immer ein lebhaftes Bedürfnis nach einem Paradies auf Erden gegeben, nach einem versunkenen Atlantis. *Entdecken* bedeutet hier, auf etwas Existierendes zu stoßen, *erfinden* bezieht sich hier auf etwas Herbeiphantasiertes; die viel häufigere Bedeutung von *Erfindung*, mit der sich der Artikel der *Encyclopédie* befaßt, wird bald erwähnt werden.

Das große Lexikon der französischen Aufklärung ist mit der überlegenen Ruhe einer gefestigten Zivilisation geschrieben, für Leser, denen man nicht klarzumachen brauchte, daß »Wissen« und »Information« nicht dasselbe sind. Sie hätten mich nicht verstanden, wenn ich ihnen gesagt hätte, daß nach meiner Meinung Wissen nicht ins Patentbüro gehört, wohl aber Information; noch hätten sie den Ausruf verstanden, der mir bei einem Interview entwischte: »Wäre Newton jetzt noch am Leben, er hätte die Schwerkraft patentiert!«

Der Sinn der Begriffe *Entdeckung* und *Erfindung* kann vielleicht am besten erörtert werden, wenn man ihre Verwendung in den Wissenschaften betrachtet. Während Entdeckungsreisen und archäologische Entdeckungen schon seit Jahrhunderten die Landkarten füllen, ging es in den Naturwissenschaften langsamer zu. So fanden die meisten wichtigen Entdeckungen in der Chemie in den letzten 220 Jahren statt. Viele andere Wissenschaften, zum Beispiel die Genetik, die Bakteriologie oder die Immunologie, sind noch viel jünger. Entdeckungen werden bekannt gemacht, indem sie in einer einschlägigen, allgemein anerkannten Zeitschrift publiziert werden. Das wird nur geschehen, wenn eine Gruppe von fachmännischen Lesern die Veröffentlichung der Arbeit gutheißt. Veröffentlichung ist kein Beweis der Wahrheit, sondern nur der Plausibilität. Erst die Bestätigung der Beobachtungen durch andere Forscher kann den Beweis liefern. Ich kann hinzufügen, daß in den von mir in einem langen Zeitraum beobachteten Forschungsrichtungen – in der Biochemie, der Molekularbiologie usw. – der Schwindel und noch mehr die Schlamperei zugenommen haben. Zu d'Alemberts Zeiten war es vielleicht leichter, zwischen ehrlichen Forschern und Scharlatanen zu unterscheiden.

Wer heutzutage eine Forschungsstätte besucht, ein Universitäts- oder Industrielaboratorium, das einem der jetzt populären Themen gewidmet ist, wird den Eindruck einer geradezu hektischen Tätigkeit davontragen, an der jung und alt mit von Ehrgeiz und Konkurrenzneid getriebenem Enthusiasmus teilhaben. Das wäre, sagen wir, vor fünfzig Jahren, nicht ganz so gewesen, die Laboratorien waren nicht so überfüllt, und es stand viel weniger Geld für Forscher, Assistenten und Apparaturen zur Verfügung. Das hat damit zu tun, daß die Funktion der Forschung in mehreren Naturwissenschaften sich in unserem traurigen zwanzigsten Jahrhundert geändert hat.

Man kann nicht umhin festzustellen, daß in den fünfziger Jahren die allmähliche geordnete Entwicklung der meisten Naturwissenschaften einen plötzlichen Stoß erlitt; sie wurden auf einmal sehr populär und erhielten viel mehr öffentliche Unterstützung, der Zustrom eifriger Studenten, die sich Wissenschaften wie Physik, Chemie oder Biologie widmen wollten, nahm enorm zu. Der Charakter der neu Hinzukommenden war anders, und so veränderten sich auch die Universitäten: Plötzlich waren da mehr Dekane, Finanzexperten und Geldschnorrer als Professoren. Was war geschehen?

Die Antwort, die ich mir geben mußte, war unerwartet. Die Wissenschaften hatten sich in ein Element der »Freien Marktwirtschaft« verwandelt; sie waren von ihr eingenommen worden. Ich frage mich, ob dieser Wandel nicht von der damals sehr populär gewordenen, höchst fragwürdigen »Philosophie« Karl Poppers beschleunigt wurde. Wie alles andere in den Vereinigten Staaten wurden die Naturwissenschaften in das mir rätselhafte, dort herrschende System eines demokratischen Kapitalismus oder einer kapitalistischen Demokratie hineingezogen, so daß ich mich fragen mußte, in welcher Weise selbst ein Ballett oder eine Symphonie am »Kalten Krieg« teilnahmen. Eine geschliffene Genetik, ein kranker Traum vom Klonieren hatten bereits im untersten Parterre einer trottelhaften Fernsehpremiere Platz genommen.

Auch die experimentellen Wissenschaften begannen den Regeln zu folgen, die für andere Institutionen der Marktwirtschaft galten. Geld und *Celebrity* bildeten den Maßstab des Erfolgs, der ohne Reklame und fortwährende gnadenlose *Innovation* nicht erreicht werden konnte. Man war erschüttert, als man den ersten wissenschaftlichen Publikationen begegnete, die, sagen wir, zwanzig oder noch viel mehr Autoren aufwiesen, verstreut über mehrere Weltteile. Es wurde zur Regel, daß die Forscher ihre Mitarbeiter nicht von Angesicht kannten und sich mit ihnen nur *via* E-Mail oder Fax verständigen konnten. Aus den Laboratorien waren Börsenbetriebe geworden, deren Kurswerte notiert werden konnten, deren Produkte Ursprungsangaben hätten tragen sollen wie »Made in Taiwan«. Ein aus kommerziellen Artikeln geläufiger Slogan wie *Globalization* konnte jetzt auch auf wissenschaftliche Entdeckungen angewendet werden.

Diese Art von *Entdeckung* wäre selbstverständlich nicht nur im achtzehnten Jahrhundert unvorstellbar gewesen, sondern noch in der ersten Hälfte des zwanzigsten. Erst zur Zeit des Zweiten Weltkriegs traten die USA mit dem »Manhattan Project« auf die Weltbühne der Großforschung, und hier sehe ich den Beginn der von Amerika regierten, industriell motivierten wissenschaftlichen Neuzeit. Der Geist und das Gewissen des Einzelnen wurden als unzureichend und leistungsunfähig erkannt und durch wirksamere ökonomischere, dem Großindustriellen wohlgefälligere Methoden ersetzt. Wenn ich nicht vor der Hyperbel zurückschreckte, würde ich sagen: Die Ästhetik und die Ethik der Forschung wurden von der Ökonomie der Forschung abgelöst.

Man könnte einwenden, daß die scheinbare Gleichsetzung von *entdecken* und *forschen* falsch sei. Forschen ist der Versuch zu entdecken. Wenn ich einen Freund frage: »Was tut dein Sohn?« und er antwortet: »Er ist Forscher«, so ist das genug; Forscher sein ist ein angesehener Beruf. Wollte ich mehr fragen, so wäre das zuviel gewesen. Hätte die Antwort des Freundes gelautet: »Er ist Leichenbestatter«, hätte ich auch nicht fragen durfen, was für Leichen er bestatte. Hätte mein Freund jedoch geantwortet: »Er ist Entdecker«, so hätte ich mich erkundigen müssen, »Ja, was hat er denn entdeckt?« Archäologe zu sein ist ein Beruf, nichts entdeckt zu haben ist keiner. Trotzdem betrachte ich die Gleichsetzung im gegenwärtigen Fall für ungefährlich.

So wie die in der jetzt herrschenden Marktwirtschaft miteinander konkurrierenden Riesenfirmen fortwährend Neues entdecken und bearbeiten müssen, um konkurrenzfähig zu bleiben, sind auch die Wissenschaften hungrig nach neuen Problemen, die im allgemeinen nicht leichter zu finden sind als in der Tiefe versunkene antike Triremen. Die Wissenschaften haben sich daher darauf verlegt, fortwährend neue Probleme zu erfinden, um sie dann zu lösen. Das ist eine völlig neue Vorgehensweise. Normalerweise springt ein neues unerwartetes Problem einem im Laufe der Forschung entgegen, aber jetzt wird das Problem konstruiert, um gelöst zu werden. Man erfindet, um zu entdecken. Das trägt zum fieberhaften Tempo bei, mit dem jetzt gearbeitet wird, bringt uns aber nicht weiter. Diese bizarre Aktivität erinnert mich an das, was der große Filmregisseur Jean-Luc Godard über meinen Lieblingskomiker Jacques Tati gesagt hat: »He sees problems where there are none, and finds them.«

In der letzten Zeit hatte die Welt die Ohren voll von lautem Geschrei über eine sehr wichtige wissenschaftliche Entdeckung, nämlich die angebliche »Entschlüsselung, Enträtselung« der Nukleotidsequenz des menschlichen Genoms. Diese Großtat erforderte eine viele Jahre dauernde Arbeit von Hunderten von Forschern und führte zur Erteilung einer Unzahl von Patenten, die sich auf die allmählich erarbeiteten Strukturen von Teilsequenzen bezogen. Warum habe ich diese große Leistung mit Anführungszeichen versehen? Ich habe schon gesagt, daß im allgemeinen die Richtigkeit einer Entdeckung von einer anderen Forschungsgruppe bestätigt werden muß. Wie jedoch die für einen chemischen Giganten vorgeschlagene Struktur (Milliarden von aneinandergereihten Nukleotiden) durch die Wiederholung der Analyse bewiesen werden kann, ist eine meines Erachtens unbeantwortbare Frage.

Ob die Resultate naturwissenschaftlicher Forschungen patentierbar sein dürften, darum brauchten die Mitarbeiter der *Encyclopédie* sich nicht zu kümmern. Patentbüros gab es in Frankreich erst seit der Konstitution von 1791. Für uns, freudige Nutznießer der Freien Marktwissenschaft – dieses Wort hat der Computer aus eigenem Antrieb getippt –, also der Freien Marktwirtschaft ist die Frage des Patentierens wichtig.

Hätte ich das Recht, mich als Rhadamantys zu verkleiden, so würde ich sagen: Nichts, was in der Natur vorkommt, darf patentiert werden, ganz im Gegensatz zu dem, was erfunden wurde. Noch auch dürfte Ergebnissen von durch öffentliche Gelder unterstützten Arbeiten Patentschutz gewährt werden.

Bevor wir uns mit dem zweiten Gegenstand meines Titels, dem *Erfinden*, befassen, möchte ich fragen, woher es kommt, daß es in den mir zugänglichen Arbeiten der Enzyklopädisten so still zugeht. Die öffentliche Meinung spielt keine Rolle, nichts wird dramatisiert, die jetzt so penetranten unerträglichen Reklametrompeten werden nicht gehört.

Die Antwort ist trivial: Es waren eben andere Zeiten. Dennoch, ich war dabei, als die gleiche Stille herrschte, allerdings nur in bezug auf eine gerade erschienene wissenschaftliche Arbeit. Der Zweite Weltkrieg zeigte Zeichen des Abflauens, und man schrieb das Jahr 1944. Die Arbeit hieß *Studies on the chemical Nature of the Substance inducing Transformation of pneumococcal Types* und war unterzeichnet von O. T. Avery, C. M. MacLeod und M. McCarty. Ich glaube, daß ich einer der wenigen Leser war, die ahnten, daß dies der erste Hinweis darauf war, daß die Gene aus Desoxyribonukleinsäure bestanden. Obwohl das Jahrhundert noch nicht halb vorbei war, verkündete ich allen, die hören wollten, dies sei die größte wissenschaftliche Entdeckung des zwanzigsten Jahrhunderts.

Und sie ist es geblieben. Was man nicht voraussehen hätte können, war die Intensität, mit der die Erkenntnisse verwendet und erweitert, aber auch mißbraucht und ausgeschlachtet wurden. Die Heilserwartungen, die mit der »Enträtselung« des menschlichen Genoms verknüpft sind, die schlecht gelüfteten Geheimnisse, die allenthalben kolportiert werden, legen die Gefahr nahe, daß die Molekularbiologie im Begriff ist, sich in eine Form von Molekularmystagogie zu verwandeln. Die Journaille hat sich auf das Ganze mit einer Wucht gestürzt, die sie sonst für eingänglichere Formen von Getratsch reserviert.

Worin unterscheiden sich die Begriffe *Entdeckung* und *Erfindung?* Aus den betreffenden Artikeln der *Encyclopédie* scheint hervorzugehen, daß die Unterscheidung zwischen den beiden sich auf den Wert, die Bedeutung des Entdeckten und Erfundenen stützt. Man entdeckt das Wichtige, man erfindet allerhand. Das entsprach mehr den ursprünglichen Gepflogenheiten, die die beiden Wörter als nahezu synonym ansahen. Aber nicht lange nach dem Erscheinen der *Encyclopédie* scheint sich die gegenwärtige Verwendung angebahnt zu haben.

Der Artikel Entdecken im Grimmschen Wörterbuch führt zwei Stellen an, in denen der Bedeutungswandel sich klar präsentiert.

Das erste Zitat stammt von Klopstock:

»Wer entdecken will, siehet sich gar genau um in dem Gewimmel der Dinge, so um ihn her sind, und siehet er darin etwas, das sonst noch niemand hatte gesehen, so hat er entdeckt. Wer erfindet, setzt Vorhandnes auf neue Art und Weise zusammen.«

Die folgenden Zeilen hat Kant geschrieben:

»Etwas erfinden ist ganz was andres als etwas entdecken. Denn die Sache, die man entdeckt, wird als vorher schon existierend angenommen, nur daß sie nicht bekannt war, z. B. Amerika vor dem Columbus. Was man aber erfindet, z. B. das Schießpulver, war vor dem Künstler, der es machte, noch gar nicht bekannt.«

Kants Definition entspricht mehr oder weniger dem gegenwärtigen Stand. Sie erklärt auch, warum die Zahl neuer Entdeckungen mit der Zeit abnehmen muß, während dem zu Erfindungen führenden Ideenreichtum der Menschheit keine Grenzen gesetzt sind. – Vor diesem Ideenreichtum haben wir in unseren Zeiten Gründe genug, Furcht zu haben. Es gibt jetzt Naturforscher, die Entdeckung mit Erfindung verwechseln. Und dann gehen diese wohlmeinenden, ehrsüchtigen Phantasten zu den entsprechenden Journalisten, und was da manchmal herauskommt, hätte Dr. Mengele stolz gemacht.

Was mir in meinen langen Jahren aufgefallen ist, war, daß die Gedanken über die Natur, die wir durch ihre experimentelle Erforschung gewannen, oft ganz verschieden waren von denen, die uns aus der meditierenden Betrachtung der Natur erstehen. Welches war die Entdeckung, welches die Erfindung?

Erfindungen können unter Umständen viel Geld einbringen, Entdeckungen viel seltener. In den Naturwissenschaften drückt sich das an einen Taumel gemahnende Wachstum der Erfindungen seit der Mitte des letzten Jahrhunderts besonders klar aus in der Zunahme der Patente.

Etwa um die Mitte des vorigen Jahrhunderts scheinen wir in eine Epoche eingetreten zu sein, auf der der Fluch der Machbarkeit lastet. Man hörte mehr und mehr von der Notwendigkeit, die Natur zu verbessern und das Naturgesetz zu korrigieren. Eine große Anzahl von Erfindungen war dieser Aufgabe gewidmet. Die neu aufgetauchte Regel »Was gemacht werden kann, muß gemacht werden« fand weitgehende Beachtung. Es begann, was ich die Denaturierung der Natur genannt habe. Daß die Natur voll unvorstellbarer Wunder sei, wurde zugegeben, aber es wurde vorausgesetzt, daß es einträgliche, nützliche Wunder waren; was der englische Barockdichter Thomas Traherne in einem seiner Gedichte *profitable wonders* nannte.

Dabei dachte er natürlich an etwas ganz anderes. Der Leitgedanke unserer Zeit hat die ungeheure Menge von Erfindungen, und von Patenten, hervorgebracht, welche für unsere Zeit so typisch sind.

Was mögen die Verfasser der Aufsätze in der *Encyclopédie* über das Anschwellen von Entdeckungen und Erfindungen, das zu ihrer Zeit nicht sehr groß gewesen sein wird, gedacht haben? Sie haben es zweifellos begrüßt als ein Zeichen des von ihnen allen gepriesenen Fortschritts der Menschheit. War nicht der Marquis de Condorcet unter den Beiträgern der Fortsetzungsbände, der Verfasser des berühmten *Entwurfs einer historischen Darstellung der Fortschritte des menschlichen Geistes?*

Der arme Condorcet erlebte (oder erstarb) die Französische Revolution: sein Leben endete im Kerker. Alles in allem muß ich gestehen, daß ich zur Minorität gehöre, die sich nicht nur als Nutznießerin, sondern auch als Opfer der gerühmten Beglückung betrachtet. Die Verwissenschaftlichung unseres Lebens, unserer Interessen und Neigungen ist beklagenswert: eine Welt ohne Laien wird keine schöne Welt sein.

Enthaltsamkeit – Continence. Moralische Eigenschaft, dank derer wir den Gelüsten des Fleisches widerstehen. Zwischen Keuschheit & *Enthaltsamkeit* scheint der folgende Unterschied zu bestehen: Es kostet keine Anstrengung, keusch zu sein, & das ist eine der natürlichen Folgen der Unschuld; dagegen scheint die *Enthaltsamkeit* die Frucht eines Sieges zu sein, den man über sich selbst davongetragen hat. Ich nehme an, daß der keusche Mensch in sich keine Regung des Geistes, des Herzens & des Körpers empfindet, die der Reinheit widerspricht, & daß dagegen der Zustand des enthaltsamen Menschen darin besteht, von solchen Regungen gepeinigt zu werden & ihnen zu widerstehen – woraus folgen würde, daß tatsächlich mehr Verdienst darin liegt, enthaltsam als keusch zu sein. Die Keuschheit hängt entschieden von der Ausgeglichenheit des Temperaments ab, die *Enthaltsamkeit* dagegen von der Macht, die man über die Aufwallung gewonnen hat. Der Wert, den man auf diese Tugend legt, ist nicht belanglos in einem Volksstaat. Wenn die Männer & die Frauen die Unenthaltsamkeit öffentlich zur Schau tragen, dann verbreitet sich dieses Laster überall, sogar im Bereich des Geschmacks; aber insbesondere leidet darunter die Fortpflanzung der Gattung, die notwendigerweise in dem Maße abnimmt, in dem dieses Laster zunimmt. Man braucht nur einen Augenblick über seine eigene Natur nachzudenken, um physische & moralische Ursachen für diese Wirkung zu finden. *Diderot*

---

4. *3.2.1. Feuer! Das, was aus diesem Zurücklaufen folgt, ist immer dasselbe: Stillstand, Defekt oder Explosion eines Frühstarts. Eine antichronologische Methode, die alles, oder beinahe alles, der photographischen Momentaufnahme, beziehungsweise dem Kino verdankt, gleichzeitig Fritz Lang und Georges Méliès, dem Erfinder von Trickaufnahmen, die den Eindruck vermitteln, daß man scheinbar in der Zeit zurückgeht. Dieses Verfahren scheint heute keine Probleme mehr zu bereiten, noch nicht einmal den Philosophen… Und doch ist diese Umkehrung des Zeitlaufs nichts Nebensächliches, denn sie macht paradoxerweise jede Form der Dauer zu einer Art Palindrom und führt auf diese Weise in unsere Alltäglichkeit eine praktische Umkehrbarkeit ein, die dazu führt, daß sich niemand mehr über das doppelte Verständnis der zeitlichen Wirklichkeit wundert. Durch die Kinovorführungen, vor allem aber durch das Replay im Fernsehen in das allgemeine Bewußtsein gelangt, ist die »Zeitmaschine« schließlich zum Bestandteil unserer Welt geworden, bis hinein in die Astrophysik des berühmten Big Bang, der uns über mehrere Milliarden Jahre hinweg bis zum Urknall, dem Countdown der Geburt der Zeit, zurückführt!* Paul Virilio, Krieg und Fernsehen

---

Entstehen – Naître (Grammatik). *Entstehen* heißt in die Welt treten. Wenn man eine ganz genaue Definition der zwei Wörter *entstehen* & *vergehen* geben müßte, würde man vielleicht auf Schwierigkeiten stoßen. *Was wir darüber sagen wollen, ist rein systematisch.* Eigentlich *entsteht* & vergeht man nicht; man war schon am Anfang der Dinge da & wird bis zu ihrer Vollendung dasein. Ein lebender Punkt hat durch die allmähliche Anlagerung unzähliger lebender Teilchen oder Moleküle zugenommen & sich bis zu einer gewissen Grenze entwickelt. Wird diese Grenze überschritten, so nimmt das Ganze ab & löst sich in einzelne Moleküle auf, die sich in der allgemeinen & gemeinsamen Masse verteilen. Das Leben kann nicht das Ergebnis des organischen Baus sein. Stellen Sie sich die drei Moleküle A, B, C vor. Wenn sie in der Verbindung A, B, C leblos sind, warum sollten sie dann in der Verbindung B, C, A oder C, A, B wohl Leben bekommen? Das wäre unbegreiflich. Mit dem Leben verhält es sich nicht wie mit der Bewegung; beides sind verschiedene Dinge. Hat etwas Leben, so hat es Bewegung; doch was sich bewegt, lebt deshalb noch nicht. Wenn Luft, Wasser, Erde & Feuer sich verbinden, so bekommen sie, obwohl sie vorher inaktiv waren, ein unbezwingbares Bewegungsvermögen, erzeugen aber kein Leben. Das Leben ist eine wesentliche & ursprüngliche Eigenschaft des Lebewesens; dieses gewinnt sie nicht & verliert sie nicht. Man muß inaktives & aktives Leben unterscheiden: Sie verhalten sich zueinander wie die lebendige Kraft zur toten Kraft. Heben Sie den Widerstand auf, so wird die tote Kraft zur lebendigen Kraft; heben Sie den Widerstand auf, so wird das inaktive Leben zum aktiven Leben. Es gibt ferner das Leben des Elements & das Leben des Aggregats oder der Masse. Nichts nimmt dem Element sein Leben & kann es ihm nehmen; doch das Aggregat oder die Masse wird im Laufe der Zeit des Lebens beraubt. Man lebt in einem Punkt, der sich bis zu einer gewissen Grenze ausdehnt, innerhalb derer das Leben nach allen Seiten hin seinen bestimmten Umfang hat; dieser Raum, in dem man lebt, wird allmählich kleiner; das Leben wird in jedem Punkt dieses Raums weniger aktiv; es gibt sogar Punkte, in denen es seine ganze Aktivität schon vor der Auflösung der Masse verloren hat, & schließlich lebt man nur noch in einer Unmenge von isolierten Atomen. Die Ausdrücke Leben & Tod haben nichts Absolutes; sie bezeichnen nur die aufeinanderfolgenden Zustände ein & desselben Wesens. Für den, der in der Philosophie zu Hause ist, ist die Urne, welche die Asche eines Vaters, einer Mutter, eines Gatten, einer Geliebten enthält, wahrhaftig ein rührender Gegenstand: Es ist noch Leben & Wärme in ihr; vielleicht kann diese Asche unsere Tränen spüren & darauf reagieren; wer weiß, ob die Bewegung, die sie in ihr hervorrufen, während sie sie nässen, nicht mit irgendeiner Empfindung verbunden ist? *Entstehen* hat zahlreiche verschiedene Bedeutungen: Der Mensch, das Tier, die Pflanze *entsteht;* die größten Wirkungen *entstehen* oft aus den kleinsten Ursachen; die Leidenschaften *entstehen* in uns, die Gelegenheit entwickelt sie &c. *Diderot*

Enzyklopädie – **Encyclopédie** (**Philosophie**). Dieses Wort bedeutet »Verknüpfung der Wissenschaften«; es setzt sich zusammen aus der griechischen Präposition ἐν, »in«, & den Substantiven κύκλος, »Kreis«, & παιδεία, »Lehre«, »Kunde«, »Kenntnis«.

Tatsächlich zielt eine *Enzyklopädie* darauf ab, die auf der Erdoberfläche verstreuten Kenntnisse zu sammeln, das allgemeine System dieser Kenntnisse den Menschen darzulegen, mit denen wir zusammenleben, & es den nach uns kommenden Menschen zu überliefern, damit die Arbeit der vergangenen Jahrhunderte nicht nutzlos für die kommenden Jahrhunderte gewesen sei; damit unsere Enkel nicht nur gebildeter, sondern gleichzeitig auch tugendhafter & glücklicher werden, & damit wir nicht sterben, ohne uns um die Menschheit verdient gemacht zu haben.

Schwerlich hätte man sich eine umfangreichere Aufgabe stellen können als die, alles zu behandeln, was sich auf die Wißbegierde des Menschen, seine Pflichten, seine Bedürfnisse & seine Vergnügen bezieht. Gewisse Leute, die gewohnt sind, von der Möglichkeit eines Unternehmens auf den Mangel an Fähigkeiten zu schließen, den sie in sich selbst entdecken, haben denn auch öffentlich erklärt, daß wir unser Werk nie vollenden würden. Siehe das *Wörterbuch von Trévoux,* letzte Ausgabe, unter dem Stichwort *Enzyklopädie.* Sie sollen von uns als einzige Antwort nur das folgende Wort des Kanzlers Bacon zu hören bekommen, das insbesondere an sie gerichtet zu sein scheint: »Im Hinblick auf die Unmöglichkeit stelle ich folgendes fest: Bei allen Dingen, die für möglich & vortrefflich zu halten sind, sind diejenigen, die von diesem oder jenem vollbracht werden können, nicht allen vergönnt, & diejenigen, die von vielen zusammen vollbracht werden können, nicht einem einzigen, & diejenigen, die im Laufe der Jahrhunderte vollbracht werden können, nicht jedem Zeitalter, & diejenigen, die durch die Sorge & Mühe vieler vollbracht werden können, gewiß nicht den Bemühungen & dem Fleiße einzelner.« (Francis Bacon, *De augmentis scientiarum*, 2. Buch, 1. Kapitel.)

Wenn man den unermeßlichen Stoff einer *Enzyklopädie* überblickt, erkennt man deutlich nur eins: nämlich daß sie keinesfalls das Werk eines einzigen Menschen sein kann. Wie sollte ein einzelner es in dem kurzen Zeitraum seines Lebens fertigbringen, das universelle System der Natur & der Kunst kennenzulernen & darzustellen, obwohl die große & gelehrte Gesellschaft der Crusca-Akademie vierzig Jahre gebraucht hat, um ihr Vokabularium zusammenzustellen, & die Mitglieder der französischen Akademie sechzig Jahre lang an ihrem Wörterbuch gearbeitet hatten, bevor sie die erste Ausgabe veröffentlichten? Was ist ein Wörterbuch der Sprache – ein Vokabularium, wenn es so vollkommen wie möglich ausgeführt ist? Eine sehr genaue Sammlung der Bezeichnungen, die ein wohldurchdachtes enzyklopädisches Wörterbuch enthalten soll.

Ein einziger Mensch, wird man sagen, ist doch Herr über alles, was vorhanden ist; er kann nach Belieben über alle Schätze verfügen, die andere Menschen angehäuft haben. Dieses Prinzip kann ich nicht anerkennen. Ich glaube nicht, daß es einem einzelnen vergönnt ist, alles kennenzulernen, was man kennenlernen kann, alles zu verwenden, was es gibt, alles zu sehen, was man sehen kann, & alles zu verstehen, was verständlich ist. Wenn ein wohldurchdachtes Wörterbuch der Wissenschaften & Künste nur eine methodische Zusammenstellung ihrer Elemente wäre, so würde ich doch fragen, wem es zusteht, die richtigen Elemente zusammenzutragen: ob die elementare Darstellung der Grundprinzipien einer Wissenschaft oder einer Kunst der erste Versuch eines Schülers oder das gelungene Werk eines Meisters sei. Siehe den Artikel Wissenschaften, Elemente der.

Ein allumfassendes & wohldurchdachtes Wörterbuch der Wissenschaften & Künste kann nicht das Werk eines einzigen Menschen sein. Ja mehr noch: Ich glaube, es könnte auch nicht von einer der bestehenden literarischen oder gelehrten Gesellschaften geschaffen werden – nimmt man nun jede für sich oder alle zusammen.

Die Französische Akademie könnte zu einer *Enzyklopädie* nur das beitragen, was zur Sprache & ihrem Gebrauch gehört; die Akademie für alte & neue Geschichte nur Kenntnisse in bezug auf die profane Geschichte des Altertums & der Neuzeit, Chronologie, Geographie & Literatur; die Sorbonne nur Theologie, heilige Geschichte & Aberglauben; die Akademie der Wissenschaften nur Mathematik, Naturgeschichte, Physik, Chemie, Medizin, Anatomie &c.; die Akademie für Chirurgie nur die gleichnamige Kunst; die Akademie der Künste nur Malerei, Bildhauerei, Stiche, Zeichnungen, Architektur &c.; die Universität nur das, was man unter humanistischen Wissenschaften versteht: Schulphilosophie, Jurisprudenz, Typographie &c.

Betrachten Sie kurz die anderen Gesellschaften, die ich vielleicht übergangen habe, & Sie werden feststellen, daß jede sich zwar mit einem besonderen Gegenstand beschäftigt, der zweifellos zum Bestand eines allumfassenden Wörterbuches gehört, & daß alle dennoch zahllose andere Gegenstände vernachlässigen, die in ein solches Wörterbuch ebenfalls einbezogen werden müssen. Sie werden unter ihnen keine Gesellschaft finden, die Ihnen die Gesamtheit der Kenntnisse, deren Sie bedürfen, verschaffen könnte. Oder noch besser: verlangen Sie von allen einen Beitrag; dann werden Sie sehen, wie viele Gegenstände Ihnen noch fehlen, & wer-

Der Mond nimmt ab: er hat wieder so viel Schlechtes gesehen, daß er sein Angesicht wegwendet und wieder um die Ecke geht. In vier Wochen kommt er wieder, weil er hofft, daß die Menschen sich gebessert haben. Sei recht brav, mein Kind, vielleicht bleibt er dann.
Friedrich Hebbel, Tagebuch, 1859

den genötigt sein, sich auf die Hilfe zahlreicher Menschen aus verschiedenen Klassen zu verlassen, obgleich diesen wertvollen Menschen – aufgrund ihres Standes – die Tore der Akademien verschlossen sind. Man braucht nicht alle Mitglieder dieser gelehrten Gesellschaften, um einen einzigen Gegenstand des menschlichen Wissens darzustellen; doch genügen alle diese Gesellschaften zusammen nicht, um Kenntnis vom Menschen im allgemeinen zu gewinnen.

Was man von jeder gelehrten Gesellschaft im besonderen bekommen könnte, wäre zweifellos sehr nützlich, & was sie alle zusammen beitragen könnten, würde das allumfassende Wörterbuch schnell seiner Vollendung entgegenführen. Es gibt sogar eine Aufgabe, die ihre Leistungen auf das Ziel dieses Werkes richten würde & die ihnen gestellt werden sollte. Ich unterscheide zwei Mittel zur Pflege der Wissenschaften: Das eine besteht darin, die Menge der Kenntnisse durch Entdeckungen zu vermehren (& damit verdient man sich zugleich den Namen »Erfinder«), & das andere darin, die Entdeckungen in Zusammenhang zu bringen & sie systematisch zu ordnen, damit mehr Menschen als bisher aufgeklärt werden & damit jeder – gemäß seinem Begriffsvermögen – an der Aufklärung seines Zeitalters teilnehme. Die erfolgreichen Männer auf diesem Gebiet, das nicht ohne Schwierigkeiten ist, nennt man »klassische Autoren«. Wenn die in Europa verbreiteten gelehrten Gesellschaften sich damit beschäftigen wollten, die Kenntnisse des Altertums & der Neuzeit zu sammeln, diese Kenntnisse miteinander zu verknüpfen & vollständige methodische Abhandlungen darüber zu veröffentlichen, dann würden die Dinge – offen gestanden – viel besser stehen, wenigstens nach der Wirkung zu urteilen. Vergleichen wir die achtzig Quartbände der Akademie der Wissenschaften, die gemäß dem in unseren berühmtesten Akademien herrschenden Geist zusammengestellt worden sind, mit acht bis zehn Bänden, wie ich sie plane, & sehen wir zu, ob dabei eine Wahl überhaupt in Frage kommt. Die acht bis zehn Bände würden doch eine Unmenge vortrefflichen Materials enthalten, das bisher in zahlreichen Werken verstreut ist & dort ruht, ohne irgendeine nützliche Erkenntnis hervorzurufen, ähnlich wie vereinzelte Kohlen, die nie eine Glut bilden werden. Für diese zehn Bände könnte selbst die umfangreichste akademische Sammlung höchstens einige Stoffe liefern. Man werfe einen Blick auf die Denkschriften der Akademie für Alte & Neue Geschichte & rechne aus, wie viele Seiten aus ihnen man für eine wissenschaftliche Abhandlung wohl brauchen kann. Übrigens geraten alle diese riesigen Sammlungen schon ins Wanken, & es besteht kein Zweifel darüber, daß der erstbeste Abbreviator, der Geschmack & Geschicklichkeit besitzt, sie zu Fall bringen kann. Dies ist wahrscheinlich ihr Endschicksal.

Nachdem ich darüber gründlich nachgedacht habe, stelle ich fest, daß das besondere Arbeitsfeld eines Akademiemitglieds in der Vervollkommnung jenes Zweiges bestehen könnte, dem es sich gewidmet hat, & daß es sich dabei durch Werke, die nicht solche der Akademie wären & nicht ihren Sammlungen zugute kämen, sondern unter seinem Namen erschienen, einen unsterblichen Namen machen würde. Doch sollte die Akademie danach trachten, alles zu sammeln, was über irgendeinen Gegenstand veröffentlicht wird, & sollte dies verarbeiten, erläutern, zusammenfassen, ordnen & Abhandlungen darüber herausgeben, in denen jede Sache nur so viel Raum einnimmt, wie ihr gebührt, & bloß die Bedeutung hat, die ihr niemand nehmen könnte. Wie viele Denkschriften, die unsere Sammlungen so umfangreich machen, könnten keine Zeile zu solchen Abhandlungen beitragen!

Zur Verwirklichung dieses Planes, der nicht nur die verschiedenen Gegenstände unserer Akademien, sondern auch alle Zweige des menschlichen Wissens umfaßt, soll eine *Enzyklopädie* beitragen; ein Werk, das nur von einer Gesellschaft von Gelehrten & Künstlern geschaffen werden kann, die getrennt arbeiten, jeder auf seinem Gebiet, & nur durch das allgemeine Interesse der Menschheit & durch das Gefühl des gegenseitigen Wohlwollens zusammengehalten werden.

Ich sage *eine Gesellschaft von Gelehrten & Künstlern,* um alle Talente zu sammeln. Ich meine, daß sie getrennt arbeiten werden, weil noch keine Gesellschaft besteht, von der man alle Kenntnisse, deren man bedarf, erlangen kann. Wenn man das Werk aber immer fortsetzen & nie abschließen wollte, so wäre es nur nötig, eine solche Gesellschaft zu gründen. Jede Gesellschaft hat ihre Versammlungen; diese Versammlungen finden in bestimmten Abständen statt, sie dauern nur einige Stunden; ein Teil dieser Zeit geht bei Diskussionen verloren, & die einfachsten Gegenstände brauchen deshalb Monate. Aus diesem Grund, so sagte eines der vierzig Akademiemitglieder, das im Gespräch mehr Geist verrät, als viele Autoren in Schriften legen, werden die zwölf Bände der *Encyclopédie* wohl erschienen sein, wenn wir in der Akademie noch beim ersten Buchstaben unseres Vokabulariums sein werden; doch wenn die Mitarbeiter der *Encyclopédie* enzyklopädische Sitzungen hätten, wie wir akademische Sitzungen haben, dann würden wir das Ende unseres Werkes erleben, während sie noch beim ersten Buchstaben des ihrigen wären; & damit hatte er recht.

Ich füge hinzu: *Männer, die durch das allgemeine Interesse der Menschheit & das Gefühl des gegenseitigen Wohlwollens zusammengehalten werden,* weil diese Motive nicht nur die ehrlichsten sind, die rechtschaffene Seelen erfüllen können, sondern auch die dauerhaftesten. Man beglückwünscht sich im stillen zu dem, was man geleistet hat; man gerät in Feuer, man unternimmt für seinen Kollegen & Freund das, was man aus keiner anderen Rücksicht versuchen würde, & um so zuverlässiger, so möchte ich aus Erfahrung versichern, ist der Erfolg solcher Versuche. Die *Encyclopédie* hat in verhältnismäßig kurzer Zeit ihr Material gesammelt. Kein niedriges Interesse hat ihre Autoren zusammengebracht & zur Eile getrieben: Sie haben gesehen, wie ihre Bemühungen durch die Mehrzahl jener Schriftsteller unterstützt wurden, von denen sie einige Hilfe erwarten durften, & sie sind bei ihrer Arbeit nur von denjenigen behelligt worden, die nicht das nötige Talent hatten, um auch nur eine gute Seite beizutragen.

Mischt sich die Regierung in ein solches Werk ein, so kommt es überhaupt nicht zustande. Ihr ganzer Einfluß sollte sich darauf beschränken, seine Ausarbeitung zu fördern. Ein Monarch kann wohl mit einem einzigen Wort ein Schloß aus dem Rasen hervorzaubern; doch mit einer Gesellschaft verhält es sich nicht wie mit einer Schar von Handlangern. Eine *Enzyklopädie* läßt sich nicht befehlen. Das ist eine Arbeit, die nicht so sehr mit Begeisterung angefangen als mit Hartnäckigkeit durchgeführt werden muß. An den Höfen werden gelegentlich, bei einer Plauderei, solche Unternehmungen vorgeschlagen; doch finden sie dort nie so viel Interesse, daß sie nicht in der Aufregung & Verwirrung zahlloser anderer, mehr oder weniger wichtiger Geschäfte vergessen werden. Die literarischen Projekte der Großen gleichen Blättern, die im Frühling sprießen, im Herbst aber alle verdorren & unaufhörlich, eines nach dem anderen, auf den Boden der Wälder fallen, wo die Nahrung, die sie einigen unfruchtbaren Pflanzen liefern, der ganze Nutzeffekt ist, den man dabei bemerkt. Von unzähligen Beispielen auf allen Gebieten, die mir bekannt sind, will ich hier nur das folgende anführen: Man hatte Versuche über die Lebensdauer der Wälder geplant. Sie zielten dahin, alle Bäume zu entrinden & sie auf der Stelle absterben zu lassen. Die Bäume wurden entrindet, sie starben – jeder auf seiner Stelle – ab, sie wurden anscheinend »umgelegt«; das heißt, es wurde alles durchgeführt, nur kein Versuch über die Lebensdauer der Wälder. Wie hätten solche Versuche auch durchgeführt werden können? Es mußten doch sechs Jahre zwischen den ersten Befehlen & den letzten Ausführungen vergehen. Wenn der Mann, auf den sich der Herrscher verlassen hat, nun aber stirbt oder in Ungnade fällt, so werden die Arbeiten aufgeschoben & nicht wieder aufgenommen, da sich ein Minister gewöhnlich nicht die Absichten seines Vorgängers zu eigen macht, obwohl ihm dies jedenfalls einen selteneren, wenn nicht größeren Ruhm sichern würde als das Schmieden solcher Pläne. Privatpersonen beeilen sich, die Frucht der Ausgaben zu ernten, die sie sich gemacht haben; die Regierung kennt solche Geschäftigkeit nicht. Ich weiß nicht, aus welchem Gefühl – einem sehr verwerflichen Gefühl – man mit dem Fürsten weniger ehrlich verhandelt als mit seinen Untertanen. Man übernimmt die geringsten Verpflichtungen & fordert die höchsten Belohnungen. Die Ungewißheit, ob die Arbeit überhaupt Nutzen bringen wird, verbreitet unter den Arbeitenden eine unbegreifliche Trägheit. Und um den Nachteilen den größtmöglichen Nachdruck zu verleihen: die von den Herrschern befohlenen Werke werden nie aufgrund der Nützlichkeit, sondern immer aufgrund des Ansehens der Person geplant. Das heißt: Man plant sie im größten Maßstab; die Schwierigkeiten nehmen dabei zu; man braucht also mehr Menschen, Talente & Zeit, um sie zu überwinden, & dann tritt fast zwangsläufig eine Umwälzung ein, welche die alte Geschichte vom ehrgeizigen Schulmeister bestätigt. Wenn die durchschnittliche Dauer der Leistungsfähigkeit eines Menschen höchstens zwanzig Jahre beträgt, so beträgt die eines Ministers höchstens zehn. Aber nicht genug, daß die Unterbrechungen häufiger eintreten; sie sind auch schädlicher für die literarischen Projekte, wenn die Regierung an der Spitze dieser Projekte steht, als wenn sie von Privatpersonen geleitet werden. Eine Privatperson sammelt wenigstens die Überreste ihres Unternehmens, bewahrt vorsorglich das Material auf, das ihr in einer glücklicheren Zeit noch dienen kann, & geht immer auf Vorteile aus. Der Herrschergeist verschmäht solche Vorsicht. Die Menschen sterben, & die Früchte ihrer schlaflosen Nächte verschwinden, ohne daß man entdecken könnte, was aus ihnen geworden ist.

Das größte Gewicht aber muß den vorausgegangenen Erwägungen die Tatsache geben, daß eine *Enzyklopädie* – wie ein Vokabularium – in einem bestimmten Zeitraum begonnen, ausgearbeitet & vollendet werden muß & daß ein schmutziges Interesse stets danach trachtet, die von den Königen befohlenen Werke in die Länge zu ziehen. Würde man für ein allumfassendes & wohldurchdachtes Wörterbuch so viele Jahre verwenden, wie der Umfang seines Gegenstandes zu erfordern scheint, so würde dieses Wörterbuch wegen der Umwälzungen, die in den Wissenschaften & vor allem in den Künsten kaum weniger schnell eintreten als in der Sprache, schließlich einem vergangenen Jahrhundert angehören, so wie ein Vokabularium, das allmählich vollendet würde, schließlich nur noch einer vergangenen Ära angehören könnte. Die Anschauungen veralten & verschwinden wie die Wörter; das Interesse, das man gewissen Erfindungen entgegengebracht hat, wird von Tag zu Tag schwächer & erlischt schließlich ganz. Wenn sich die Arbeit in die Länge zieht, so verbreitet man sich über Tagesfragen, von denen schon bald nicht mehr die Rede ist, & sagt gar nichts mehr über andere Fragen, die dann an ihre Stelle treten. Diesen Nachteil haben wir selbst gespürt, obwohl nicht viel Zeit zwischen der Ankündigung dieses Werkes & dem Zeitpunkt, zu dem ich dies schreibe, verflossen ist. So wird man denn in einem Werk, das den

Jetzt macht man schon Enzyklopädien: ein d'Alembert und Diderot selbst lassen sich dazu herunter: und eben dieses Buch, was den Franzosen ihr Triumph ist, ist für mich das erste Zeichen zu ihrem Verfall. Sie haben nichts zu schreiben und machen also Abrégés, Dictionnaires, Histoires, Vocabulaires, Esprits, Encyclopédien, usw.

HERDER, JOURNAL MEINER REISE IM JAHRE 1769

Zustand der Dinge in der ganzen vorausgegangenen Zeit doch im richtigen Verhältnis darstellen soll, das unerfreulichste Mißverhältnis bemerken & wichtige Dinge unterdrückt, belanglose dagegen aufgebauscht finden. Mit einem Wort: das Werk wird unter den Händen der Mitarbeiter unaufhörlich an Wert verlieren, wird durch den bloßen Ablauf der Zeit mehr verschlechtert werden, als es durch ihre Sorgfalt verbessert werden kann, & durch das, was in ihm gekürzt, gestrichen, berichtigt oder ergänzt werden sollte, an Gehalt & Wert verlieren, anstatt nach & nach an Gehalt zu gewinnen.

Welche Veränderung tritt doch täglich in der Sprache der Künste, in den Maschinen & in den Arbeitsweisen ein! Angenommen, ein Mensch verbrächte einen Teil seines Lebens mit der Beschreibung der Künste, würde dieser anstrengenden Arbeit überdrüssig, ließe sich also zu ergötzlicheren, aber weniger nützlichen Beschäftigungen verleiten & höbe unterdessen sein erstes Werk in seinen Mappen auf; dann wird er schon nach zwanzig Jahren in diesem Werk statt neuer & merkwürdiger Dinge, die einst durch ihre Eigenart fesselten & wegen ihrer Brauchbarkeit, wegen des herrschenden Geschmacks, wegen einer momentanen Bedeutung interessant erschienen, nur noch unzutreffende Begriffe, veraltete Arbeitsweisen, unvollkommene oder außer Gebrauch gekommene Maschinen finden. In den zahlreichen Bänden, die er einst verfaßt hat, wird es keine Seite geben, die er nicht umarbeiten müßte, & in der Menge der Bildtafeln, die er anfertigen ließ, kaum eine Abbildung, die er nicht neu machen lassen müßte. Das sind dann Illustrationen, deren Originale nicht mehr bestehen. Der Luxus, dieser Vater der Künste, gleicht dem Saturn der Sage, dem es Freude machte, seine eigenen Kinder zu vernichten.

Mag die Umwälzung in den Wissenschaften & freien Künsten auch weniger wirksam & fühlbar sein als in den mechanischen Künsten, so ist doch auch hier eine solche Umwälzung eingetreten. Schlägt man die Wörterbücher des vergangenen Jahrhunderts auf, dann findet man in ihnen unter »Aberration« nichts von dem, was unsere Astronomen unter diesem Fachausdruck verstehen, & über »Elektrizität«, diese so fruchtbare Erscheinung, kaum einige Zeilen, selbst diese enthalten nur falsche Begriffe & alte Vorurteile. Für wie viele Ausdrücke der Mineralogie & der Naturgeschichte gilt das gleiche! Wenn unser Wörterbuch schon etwas weiter fortgeschritten gewesen wäre, so wären wir in die Gefahr gekommen, bei dem Wort »Mutterkorn« die Irrtümer der vergangenen Jahrhunderte über die Getreidekrankheiten & den Getreidehandel zu wiederholen, weil die Entdeckungen Tillets & das System Herberts aus neuester Zeit stammen.

Kann man beim Verfassen einer Abhandlung über die Dinge der Natur mehr tun als alle ihre Eigentümlichkeiten gewissenhaft aufzeichnen, soweit sie in dem Augenblick, da man darüber schreibt, bekannt sind? Da die Beobachtung & die experimentelle Physik aber die Tatsachen & die Erscheinungen unaufhörlich vermehren & die rationale Philosophie sie miteinander vergleicht & verbindet, erweitern oder verengen sie unaufhörlich die Grenzen unserer Kenntnisse, ändern also die Bedeutung der eingeführten Wörter, machen dadurch die Definitionen, die man von ihnen gegeben hat, ungenau, falsch, unvollständig & veranlassen uns sogar, sie durch neue Wörter zu ersetzen.

Was ein solches Werk veraltet erscheinen läßt & es der Mißachtung preisgibt, ist aber vor allem die Umwälzung, die im Geist der Menschen & im Nationalcharakter stattfindet. Heute, da die Philosophie mit großen Schritten vorwärtsschreitet & ihrer Herrschaft alle Gegenstände in ihrem Bereich unterwirft, da sie tonangebend ist & da man das Joch der Autorität & des Vorbilds abzuwerfen beginnt, um sich an die Gesetze der Vernunft zu halten, gibt es kaum noch ein elementares Lehrbuch, von dem man völlig befriedigt ist. Man findet, daß diese Produkte auf den Fiktionen der Menschen, nicht aber auf den Wahrheiten der Natur beruhen. Man wagt Zweifel an Aristoteles & Platon zu äußern, & so naht die Zeit, in der Werke, die heute noch den höchsten Ruf genießen, einen Teil dieses Rufes verlieren oder völlig in Vergessenheit geraten werden. Gewisse Literaturgattungen, die keine unveränderliche & sinnvolle Poetik haben können, weil ihnen kein wirkliches Leben & keine bestehenden Sitten zum Vorbild dienen, werden vernachlässigt werden; andere, die fortdauern, weil ihr Gehalt sie erhält, werden eine ganz neue Form annehmen. So wirkt der Fortschritt der Vernunft – ein Fortschritt, der soundso viele Standbilder umstürzt & einige, die umgestürzt sind, wieder aufstellt. Dies sind die Standbilder jener außergewöhnlichen Menschen, die ihren Jahrhunderten vorausgeeilt sind. Wir hatten, wenn wir uns so ausdrücken dürfen, Zeitgenossen im Zeitalter Ludwigs XIV.

Die Kenntnisse, die im vergangenen Jahrhundert am wenigsten verbreitet waren, verbreiten sich von Tag zu Tag immer mehr. Es gibt jetzt keine einigermaßen gebildete Frau, die nicht alle Fachausdrücke der Malerei, Bildhauerei, Architektur & schönen Literatur richtig anwendet. Wie viele Kinder gibt es, die zeichnen können, etwas von Geometrie verstehen & musizieren, denen die Umgangssprache keineswegs vertrauter ist als die Sprache der Künste & die sagen: »ein Akkord«, »eine schöne Form«, »eine gefällige Kontur«, »eine Parallele«, »eine Hypotenuse«, »eine Quinte«, »ein Intervall«, »ein Arpeggio«, »ein Mikroskop«, »ein Teleskop«, »ein Brennglas«, so wie sie sagen würden: »ein Opernglas«, »ein Degen«, »ein Spazierstock«, »eine Kutsche«, »ein Federbusch«. Durch eine andere allgemeine Bewegung wird der Geist auch zur Naturgeschichte, Anatomie, Chemie & Experimentalphysik hingeführt. Die Fachausdrücke dieser Wissenschaften sind schon sehr weit verbreitet & werden notwendig noch bekannter werden. Was wird die Folge davon sein? Die Sprache – sogar die Volkssprache – wird sich ändern; sie wird um so reicher werden, je mehr unser Gehör sich an die Wörter durch deren passende Anwendung gewöhnen wird. Denn wenn man darüber nachdenkt, dann waren die meisten der Fachausdrücke, die wir heute gebrauchen, ursprünglich doch »Neubildungen«. Der Gebrauch & die Zeit nahmen ihnen das Zweideutige; sie wurden klar, wirkungsvoll, notwendig. Die übertragene Bedeutung war nicht mehr fern von der eigentlichen Bedeutung. Sie wirkten anschaulich. Die Beziehungen, auf denen die neue Anwendung beruhte, waren nicht allzu gesucht; sie waren real. Die übertragene Bedeutung erschien keineswegs gewollt; das Wort wirkte außerdem harmonisch & flüssig. Die Grundidee dieses Wortes war nun verbunden mit anderen Ideen, die wir uns nie ohne Belehrung oder Vergnügen ins Gedächtnis zurückrufen. Das sind die Grundlagen der glücklichen Entwicklung, die solche Ausdrücke durchgemacht haben; das Gegenteil aber ist die Ursache des Verrufs, in den so viele andere Ausdrücke geraten werden & schon geraten sind.

Unsere Sprache ist bereits hochentwickelt. Sie verdankte – wie alle anderen Sprachen – ihre Entstehung dem Bedürfnis & ihren Reichtum dem Schwung der Einbildungskraft, der Zügelung durch die Poesie & dem Wohlklang oder der Harmonie der ungebundenen Rede. Unter der Herrschaft der Philosophie wird sie gewaltige Fortschritte machen, & wenn nichts den Siegeszug des Geistes aufhielte, würde vor Ablauf eines Jahrhunderts ein Wörterbuch der Dicht- & Redekunst aus dem Zeitalter Ludwigs XIV. oder sogar aus unserem Jahrhundert kaum zwei Drittel der Wörter enthalten, die unseren Nachkommen zur Verfügung stehen werden.

Bei einem Vokabularium, bei einem allumfassenden & wohldurchdachten Wörterbuch, bei jedem Werk, das für die Allgemeinbildung der Menschen bestimmt ist, muß man also seinen Gegenstand zuerst unter den größten Gesichtspunkten betrachten & den Geist seiner Nation erkennen, seine Richtung vorausahnen, ihn schnell einholen, damit er unsere Arbeit nicht hinter sich läßt, sondern sie im Gegenteil vor sich sieht. Ja, man muß sich entschließen, nur für die kommenden Generationen zu arbeiten, weil der Moment, in dem wir existieren, schnell vergeht; kaum ist ein so großes Unternehmen vollendet, so lebt die jetzige Generation auch schon nicht mehr. Will man aber für längere Zeit nützlich & zeitgemäß sein, indem man dem unaufhörlich vorwärtsschreitenden Nationalgeist möglichst weit vorauseilt, so muß man die Zeitdauer der Arbeit verkürzen, indem man die Zahl der Mitarbeiter vermehrt; doch ist dieses Mittel, wie man später sehen wird, nicht ohne Nachteil.

Allerdings werden & können die Kenntnisse nur bis zu gewissem Grade allgemein werden. Man weiß in Wahrheit nicht, wo die Grenze dafür ist. Man weiß nicht, wie weit der Mensch kommen kann. Man weiß noch weniger, wie weit die menschliche Gattung kommen könnte & wozu sie fähig wäre, wenn sie in ihren Fortschritten nicht aufgehalten würde. Aber die Umwälzungen sind notwendig; es hat immer solche gegeben & wird immer solche geben; wir sehen gegenwärtig den größten Zeitraum zwischen zwei Umwälzungen; allein diese Ursache begrenzt die Ausdehnung unserer Arbeiten. Es gibt in den Wissenschaften einen Punkt, den sie wohl kaum zu überschreiten vermögen. Sobald dieser Punkt erreicht ist, bilden die bleibenden Denkmale dieses Fortschritts stets einen Gegenstand der Bewunderung für die ganze Gattung. Doch wenn die Gattung in ihren Leistungen beschränkt ist – wie soll das Individuum dann in seinen Leistungen unbeschränkt sein? Das Individuum besitzt nur ein gewisses Leistungsvermögen, sowohl in seinen animalischen wie auch in seinen intellektuellen Fähigkeiten; es lebt nur eine Zeitlang; es ist genötigt, zwischen Arbeit & Ruhe abzuwechseln; es hat Bedürfnisse & Leidenschaften, die es befriedigen muß, & ist unendlich vielen Ablenkungen ausgesetzt. Wann immer das Negative in diesen Größen die kleinstmögliche Summe oder das Positive in ihnen die größtmögliche Summe bildet, entwickelt ein Mensch, der sich einzig & allein irgendeinem Zweig des menschlichen Wissens widmet, diesen Zweig so weit, wie er durch die Leistungen eines Individuums entwickelt werden kann. Vermehren Sie die Leistung dieses außerordentlichen Individuums durch die eines anderen Individuums & so fort, bis sie den Zeitraum zwischen einer Umwälzung & der allerfernsten Umwälzung ausgefüllt haben, so bekommen Sie einen gewissen Begriff von dem Vollkommensten, das die ganze Gattung schaffen kann; besonders wenn Sie annehmen, daß dieser Arbeit eine gewisse Zahl von zufälligen Umständen zugute kommt, die den Erfolg verringern würden, wenn sie ihm entgegenwirkten. Doch die große Masse unserer Gattung ist nicht dazu geschaffen, diesen Siegeszug des menschlichen Geistes zu verfolgen & zu erkennen. Der höchste Bildungsgrad, den sie erreichen kann, hat seine Grenzen; woraus folgt, daß es Werke geben wird, die dem allgemeinen Verständnis der Menschen stets verschlossen sein werden; andere Werke, die nach & nach allgemeinverständlich werden können, & wieder andere, die beide Schicksale durchmachen werden.

Zu welchem Vollkommenheitsgrad eine *Enzyklopädie* auch gebracht werden mag, so geht aus ihrer Natur doch klar hervor, daß sie notwendig zu den Werken der letzten Art gehören wird. Es gibt Gegenstände, die in den Händen des Volkes sind, aus denen es seinen Lebensunterhalt gewinnt & mit deren Erkenntnis – einer praktischen Erkenntnis – es sich unablässig beschäftigt. Was für eine Abhandlung man auch darüber schreibt, es wird immer ein Zeitpunkt kommen, in dem das Volk klüger sein wird als das Buch. Über andere Gegenstände wird es indes fast ganz in Unkenntnis bleiben, weil die Zunahme seines Wissens zu gering & zu langsam sein wird, um jemals eine tiefere Einsicht zu gestatten, sogar wenn man annimmt, diese Zunahme finde unaufhörlich statt. So werden der Mann aus dem Volk & der Gelehrte immer zugleich Wünsche haben & sich Kenntnisse aus einer *Enzyklopädie* aneignen. Der rühmlichste Zeitpunkt für ein derartiges Werk wäre der Moment unmittelbar nach einer großen Umwälzung, die den Fortschritt der Wissenschaften aufgehalten, die Leistungen der Künste unterbrochen & einen Teil unserer Hemisphäre wieder in Finsternis getaucht hätte. Wie dankbar würde dann die Generation, die nach diesen unruhigen Zeiten kommt, den Männern sein, die lange vorher solche Zeiten befürchtet & durch rechtzeitige Rettung der Kenntnisse aus den vergangenen Jahrhunderten die Vernichtung verhütet hätten! In diesem Fall (so wage ich ohne Prahlerei zu behaupten, weil unsere *Encyclopédie* vielleicht nie die Vollkommenheit erreichen wird, die ihr so viel Ehre einbringen könnte) würde man mit diesem großen Werk auch die Ära des Monarchen nennen, unter dem es unternommen wurde, den Minister, dem es gewidmet wurde, die Großen, die seine Ausarbeitung förderten, die Autoren, die sich ihm ganz hingaben, & alle Gelehrten, die mitarbeiteten. Die Stimme, die solche Hilfeleistungen rühmen würde, vergäße auch nicht, von den Leiden zu sprechen, die diese Autoren durchmachen mußten, & von den Mißgeschicken, die ihnen widerfuhren; & das Denkmal, das man ihnen setzen würde, hätte verschiedene Seiten, auf denen man abwechselnd Ehrenzeichen zu ihrem Andenken & Empörungszeichen zur Erinnerung an ihre Feinde sehen würde.

Aber die Kenntnis der Sprache ist die Grundlage für alle diese großen Hoffnungen; sie werden unerfüllt bleiben, wenn die Sprache nicht in ihrer ganzen Vollkommenheit festgelegt & der Nachwelt überliefert wird, & deshalb ist dieser Gegenstand der allerwichtigste, mit dem Enzyklopädisten sich gründlich beschäftigen sollten. Wir haben dies leider zu spät bemerkt, & diese Unachtsamkeit hat zur Unvollkommenheit unseres ganzen Werkes geführt. Die sprachliche Seite (ich sage die sprachliche Seite & nicht die grammatikalische) ist schwach geblieben; deshalb muß gerade sie den Hauptgegenstand eines Artikels bilden, in dem man seine Arbeit unvoreingenommen prüft & Mittel zur Verbesserung der Fehler sucht. So werde ich hier, wie ich muß, insbesondere auf die Sprache eingehen. Ich möchte auch unsere Nachfolger auffordern, diesem Aufsatz einige Aufmerksamkeit zu schenken, & erhoffe von den anderen Menschen, für die er weniger bestimmt ist, daß sie seine Bedeutung anerkennen & seine Länge entschuldigen werden.

Die Einführung von Lautzeichen, die Ideen wiedergaben, & von Schriftzeichen, die Laute wiedergaben, war der erste Ansatz für die Entwicklung des menschlichen Geistes. Eine Wissenschaft & eine Kunst entstehen nur bei der Anwendung unserer Reflexionen auf vorausgegangene Reflexionen & durch die Verbindung unserer Gedanken, Beobachtungen & Erfahrungen mit den Gedanken, Beobachtungen & Erfahrungen unserer Mitmenschen. Ohne den doppelten Brauch, der Ideen mit Lauten & Laute mit Schriftzeichen verband, wäre alles im Innern des Menschen verschlossen geblieben & dort erloschen. Ohne die Grammatiken & Wörterbücher, die universelle Dolmetscher unter den Völkern sind, würde alles auf eine Nation beschränkt bleiben & mit ihr verschwinden.

Was für ein seltsamer Mechanismus war sie doch, ohne einen einzigen Gedanken im Kopf zu haben, lebte sie, eingetaucht in die Sätze anderer, und mußte nachtwandlerisch mit gleichen, aber anderslautenden Sätzen sofort nachkommen, sie konnte aus »machen« to make, faire, fare, hacer und delat' machen, jedes Wort konnte sie so auf einer Rolle sechsmal herumdrehen, sie durfte nur nicht denken, daß machen wirklich machen, faire faire, fare fare, delat' delat' bedeutete, das konnte ihren Kopf unbrauchbar machen, und sie mußte schon aufpassen, daß sie eines Tages nicht von den Wortmassen verschüttet wurde. INGEBORG BACHMANN, SIMULTAN

Durch diese Werke wurden die Fähigkeiten der Menschen in Zusammenhang gebracht & miteinander verbunden; ohne diese Vermittlung wären sie isoliert geblieben. Eine Erfindung, so bewunderungswürdig sie auch gewesen wäre, hätte nur die Stärke eines einzelnen Genies oder einer besonderen Gesellschaft widergespiegelt, nie aber das Leistungsvermögen der Gattung. Ein gemeinsames Idiom wäre das einzige Mittel, eine Übereinstimmung zwischen allen Gliedern der Menschheit herzustellen: eine Übereinstimmung, die sie zum Kampf gegen die Natur zusammenschließen könnte, die wir doch unablässig bezwingen müssen, sowohl im Physischen wie im Moralischen. Angenommen, dieses Idiom sei anerkannt & festgelegt, dann werden die Begriffe sofort beständig, dann verschwinden die Zeitunterschiede, berühren sich die Orte, entstehen Verbindungen zwischen allen bewohnten Orten in Raum & Zeit, verständigen sich alle lebenden & denkenden Wesen.

Die Sprache eines Volkes bringt dessen Wortschatz hervor, & der Wortschatz ist ein ziemlich getreues Verzeichnis aller Kenntnisse dieses Volkes. Schon aus der vergleichenden Betrachtung des Wortschatzes einer Nation in verschiedenen Zeitabschnitten könnte man sich eine Idee über ihre Fortschritte bilden. Jede Wissenschaft hat ihren Namen, jeder Begriff darin hat seinen Namen. Bezeichnet ist alles, was in der Natur bekannt ist, alles, was man in den Künsten erfunden hat, & jede Erscheinung, jedes Handwerk, jedes Werkzeug. Es gibt Ausdrücke für die Dinge, die außer uns bestehen, wie für die Dinge, die in uns bestehen. Bezeichnet hat man sowohl das Abstrakte als das Konkrete, sowohl das Besondere als das Allgemeine, sowohl die Formen als die Zustände, sowohl das Seiende als das Aufeinanderfolgende & das Bleibende. Man sagt »das Weltall«, man sagt »das Atom«: Das Weltall ist das Ganze, das Atom ist der kleinste Teil davon. Von der allgemeinen Sammlung aller Ursachen bis zum Einzelding hat alles seine Bezeichnung: sowohl das, was in der Natur oder in unserer Einbildung jede Grenze überschreitet, als auch das, was möglich, & das, was unmöglich ist; sowohl das, was weder in der Natur noch in unserem Verstand existiert, als auch das, was unendlich klein, unendlich groß, unendlich ausgedehnt, unendlich dauerhaft, unendlich vollkommen ist. Die vergleichende Betrachtung der Erscheinung heißt *Philosophie.* Die Philosophie ist praktisch oder spekulativ; jeder Begriff kommt entweder von der Sinneswahrnehmung oder von der Induktion; die Natur wird entweder von unseren bloßen Organen oder von den durch ein Werkzeug unterstützten Organen ausgenutzt. Die Sprache ist ein Symbol dieser Vielzahl von heterogenen Gegenständen: Sie zeigt dem Scharfsinnigen an, wie weit man in einer Wissenschaft in den am weitesten zurückliegenden Zeiten gekommen ist. Man bemerkt auf den ersten Blick, daß die Griechen reich an abstrakten Begriffen sind, die den Römern fehlen, & daß es den letzteren – wegen des Fehlens solcher Begriffe – unmöglich war, all das wiederzugeben, was die anderen über Logik, Moral, Grammatik, Metaphysik, Naturgeschichte &c. geschrieben haben. Wir aber haben in allen diesen Wissenschaften so große Fortschritte gemacht, daß es schwierig wäre, sie auf der Stufe, auf die wir sie gebracht haben, in griechischer oder lateinischer Sprache zu beschreiben, ohne eine Unmenge von Zeichen zu erfinden. Diese Beobachtung allein zeigt uns schon die Überlegenheit der Griechen über die Römer & unsere Überlegenheit über beide...

Nachdem wir die Sprache oder das Werkzeug zur Vermittlung der Kenntnisse behandelt haben, wollen wir nun den besten Zusammenhang suchen, den man ihnen geben kann. Da ist zuerst eine allgemeine Ordnung – diejenige, die dieses Wörterbuch von jedem anderen Werk unterscheidet, in dem die Stoffe ebenfalls der alphabetischen Ordnung unterworfen sind: die Ordnung, die dazu geführt hat, es *Enzyklopädie* zu nennen. Von diesem Zusammenhang – gesehen im Hinblick auf den ganzen enzyklopädischen Stoff – wollen wir nur etwas sagen: Es ist selbst dem schöpferischsten Baumeister nicht möglich, beim Entwurf eines großen Gebäudes in die Ausschmückung der Fassaden, in die Verbindung der Stockwerke, kurz, in alle Teile der Struktur eine solche Mannigfaltigkeit zu bringen, wie sie die enzyklopädische Ordnung zuläßt. Diese kann auf zweierlei Weise gebildet werden: entweder durch die Beziehung unserer verschiedenen Kenntnisse auf die verschiedenen Fähigkeiten unserer Seele (dies ist das System, an das wir uns gehalten haben) oder durch die Beziehung unserer Kenntnisse auf die Dinge, die sie zum Gegenstand haben. Dabei ist dieser Gegenstand ein solcher der reinen Wißbegierde, des Luxus oder der Notwendigkeit. Man kann das allgemeine Wissen in das Wissen von den Sachen & das Wissen von den Zeichen oder in das Wissen vom Konkreten & das Wissen vom Abstrakten einteilen. Die zwei allgemeinsten Ursachen – Kunst & Natur – führen auch zu einer schönen & großartigen Einteilung. Zu weiteren Einteilungen kommt man bei der Unterscheidung des Physischen & des Moralischen, des Existierenden & des Möglichen, des Materiellen & des Spirituellen, des Realen & des Intelligiblen. Entspringt denn nicht alles, was wir wissen, dem Gebrauch unserer Sinne & dem Gebrauch unserer Vernunft? Ist es nicht entweder natürlich oder geoffenbart? Sind es nicht Wörter, Dinge oder Tatsachen? Also läßt sich die Willkür von dieser großen Grundeinteilung nicht ausschließen. Das Weltall bietet uns nur besondere Dinge, unendlich viele, fast ohne irgendeine feststehende & bestimmte Einteilung; es gibt dabei kein Ding, das man das erste oder das letzte nennen kann; alles hängt zusammen & ergibt sich durch unmerklich feine Übergänge. Und wenn aus diesem unermeßlichen Meer von Gegenständen einige wie Bergspitzen hervorragen & die Oberfläche zu beherrschen scheinen, so verdanken sie diesen Vorzug nur besonderen Systemen, vagen Konventionen & gewissen sonderbaren Zufälligkeiten, nicht aber der natürlichen Anordnung der Dinge & der Absicht der Natur. Siehe den Prospekt.

Im allgemeinen kann die Beschreibung einer Maschine von jedem beliebigen Teil ausgehen. Je größer & komplizierter die Maschine ist, desto mehr Verbindungen bestehen zwischen ihren Teilen; je weniger man diese Verbindungen kennt, desto verschiedener kann man an die Beschreibung herangehen. Was tritt also ein, wenn die Maschine in jeder Hinsicht unendlich ist, wenn es sich um das reale Weltall & um das intelligible Weltall oder um die Schöpfung handelt, die gleichsam der Abdruck der beiden ist? Das Weltall, das reale wie das intelligible, hat doch unendlich viele Gesichtspunkte, unter denen es dargestellt werden kann, & die Zahl der möglichen Systeme des menschlichen Wissens ist ebenso groß wie die Zahl dieser Gesichtspunkte. Das einzige System, in dem die Willkür ausgeschlossen wäre, ist – wie wir schon in unserem Prospekt gesagt haben – das System, das seit aller Ewigkeit im Willen Gottes existiert hat; & dieses System, in dem man von jenem ewigen ersten Wesen zu allen im Laufe der Zeit aus seinem Schoße hervorgegangenen Wesen gelangen könnte, würde jener astronomischen Hypothese gleichen, bei der sich der Philosoph in der Idee in den Mittelpunkt der Sonne versetzt, um die Erscheinungen der Himmelskörper in ihrer Umgebung zu berechnen. Zwar hat diese Ordnung Einfachheit & Größe, doch könnte man ihr in einem Werk, das von Philosophen verfaßt & an alle Menschen & Zeiten gerichtet ist, einen schwerwiegenden Fehler vorwerfen: den Fehler eines allzu engen Zusammenhangs mit unserer Theologie, einer erhabenen Wissenschaft, die zweifellos nützlich ist, weil der Christ von ihr seine Kenntnisse erlangt, & die um so nützlicher erscheint, als sie Opfer von ihm fordert & ihm dafür Belohnungen verspricht.

Für uns aber wäre dieses allgemeine System, in dem die Willkür ausgeschlossen ist & das wir nie besitzen werden, vielleicht gar nicht so vorteilhaft. Welcher Unterschied bestünde denn zwischen der Lektüre eines Werkes, in dem alle Triebkräfte des Weltalls dargelegt wären, & der Erforschung des Weltalls selbst? Fast keiner! Wir wären immer nur in der Lage, einen gewissen Abschnitt dieses großen Buches zu verstehen, & sobald die Ungeduld & die Neugierde, die uns beherrschen & so häufig den Lauf unserer Beobachtungen unterbrechen, Verwirrung in unsere Lektüre gebracht hätten, würden unsere Kenntnisse ebenso unzusammenhängend sein, wie sie sind. Da wir die Kette der Induktionen verlieren & die früheren & späteren Zusammenhänge nicht mehr wahrnehmen würden, so würden wir bald die gleichen Lücken & die gleichen Ungewißheiten spüren. Wir bemühen uns jetzt, diese Lücken durch die Betrachtung der Natur auszufüllen; doch in dem anderen Fall würden wir uns bemühen, sie durch das Ausdenken eines unermeßlichen Buches auszufüllen, das unserer Ansicht nach nicht vollkommener als das Weltall & deshalb der Vermessenheit unserer Zweifel & Einwände nicht weniger ausgesetzt wäre.

In jenem Reich erlangte die Kunst der Kartographie eine solche Vollkommenheit, daß die Karte einer einzigen Provinz den Raum einer Stadt einnahm und die Karte des Reichs den einer Provinz. Mit der Zeit befriedigten diese maßlosen Karten nicht länger, und die Kollegs der Kartographen erstellten eine Karte des Reichs, die die Größe des Reichs besaß und sich mit ihm in jedem Punkt deckte. Die nachfolgenden Geschlechter, die dem Studium der Kartographie nicht mehr so ergeben waren, waren der Ansicht, diese ausgedehnte Karte sei unnütz, und überließen sie, nicht ohne Verstoß gegen die Pietät, den Unbilden der Sonne und der Winter. In den Wüsten des Westens überdauern zerstückelte Ruinen der Karte, behaust von Tieren und von Bettlern; im ganzen Land gibt es keine anderen Überreste der geographischen Lehrwissenschaften.

Jorge Luis Borges, Von der Strenge der Wissenschaft

Da die absolute Vollkommenheit eines allumfassenden Planes nicht die Schwäche unseres Erkenntnisvermögens ausgleichen könnte, so wollen wir uns an das halten, was unserem menschlichen Zustand angemessen ist, & uns damit begnügen, auf irgendeinen sehr allgemeinen Begriff zurückzugreifen. Je erhabener der Standpunkt ist, von dem aus wir die Gegenstände betrachten, desto weiter ist die Aussicht, die er uns erschließt, & desto lehrreicher & großartiger die Ordnung, der wir folgen. Diese muß ebendeshalb einfach sein, weil es selten Größe & Einfachheit gibt; sie muß klar & übersichtlich sein, nicht etwa ein gewundenes Labyrinth, in dem man sich verirrt & nichts anderes wahrnimmt als den Punkt, an dem man sich befindet, sondern eine große & breite Straße, die sich in die Ferne erstreckt & von der ebenso gut angelegte Seitenstraßen ausgehen, die auf dem bequemsten & kürzesten Weg zu den einzelnen, abgesonderten Gegenständen führen.

Vor allem darf man eine Überlegung nicht außer acht lassen: Wenn man den Menschen oder das denkende, die Erdoberfläche von oben betrachtende Wesen ausschließt, dann ist das erhabene & ergreifende Schauspiel der Natur nur noch eine traurige & stumme Szene. Das Weltall verstummt, Schweigen & Dunkelheit überwältigen es; alles verwandelt sich in eine ungeheure Einöde, in der sich die Erscheinungen – unbeobachtete Erscheinungen – dunkel & dumpf abspielen. Das Dasein des Menschen macht die Existenz der Dinge doch erst interessant. Kann man sich bei der Geschichte dieser Dinge denn etwas Besseres vornehmen, als sich dieser Überlegung zu fügen? Warum sollten wir in unser Werk nicht den Menschen einführen, da er doch in die Welt gesetzt ist? Warum sollen wir ihn nicht zum gemeinsamen Mittelpunkt machen? Gibt es im unendlichen Raum irgendeinen vorteilhafteren Punkt, von dem wir jene unermeßlichen Linien ausgehen lassen könnten, die wir zu allen anderen Punkten ziehen wollen? Was für lebendige & erfreuliche Wechselbeziehungen von den Dingen ergeben sich in unserem Plan!

Das ist es, was uns dazu bestimmt hat, in den Hauptfähigkeiten des Menschen die allgemeine Einteilung zu suchen, der wir unsere Arbeit untergeordnet haben. Man darf irgendeinen anderen Weg, den man lieber gehen würde, nur dann einschlagen, wenn man dabei den Menschen nicht durch ein stummes, empfindungsloses, kaltes Wesen ersetzt. Der Mensch ist der einzigartige Begriff, von dem man ausgehen & auf den man alles zurückführen muß, wenn man sogar bei den nüchternsten Betrachtungen & den trockensten Einzelheiten gefallen, fesseln, ergreifen will. Was liegt mir, wenn ich von meiner Existenz & von dem Glück meiner Mitmenschen absehe, noch an der übrigen Natur?

Eine zweite Ordnung, die nicht weniger wichtig ist als die vorausgehende, soll den relativen Umfang der verschiedenen Teile des Werkes bestimmen. Ich gestehe, daß dabei eine jener Schwierigkeiten auftaucht, die man am Anfang überhaupt nicht überwinden kann & in einer späteren Auflage schwerlich überwinden könnte. Wie soll man eine richtige Proportion zwischen den verschiedenen Teilen eines so großen Ganzen herstellen? Wenn das Ganze das Werk eines einzigen Menschen wäre, würde die Aufgabe schon nicht leicht sein. Wie schwierig ist diese Aufgabe also, wenn das Ganze das Werk einer großen Gesellschaft ist! Vergleicht man das allumfassende & wohldurchdachte Wörterbuch des menschlichen Wissens mit einem riesigen Standbild, so ist man nicht besser daran; denn man weiß nicht, wie man die absolute Größe des Riesen bestimmen & mit welchen Wissenschaften & Künsten man seine verschiedenen Teile darstellen soll. Welcher Gegenstand soll als Maßstab dienen? Der vornehmste, der nützlichste, der wichtigste oder der umfangreichste? Soll man der Moral die Mathematik, der Mathematik die Theologie, der Theologie die Jurisprudenz, der Jurisprudenz die Naturgeschichte &c. vorziehen? Wenn man sich an gewisse Gattungsbezeichnungen hielte, die jeder anders versteht, obwohl alle sie anstandslos gebrauchen, weil man sich darüber nie auseinandersetzt, & wenn man von jedem einen Grundriß oder eine vollständige allgemeine Abhandlung verlangte, so sähe man sofort ein, wie ungewiß & unzuverlässig ein solcher Nenner als Maßstab ist. Und wer geglaubt hat, er könnte mit seinen verschiedenen Mitarbeitern solche Vorsichtsmaßnahmen treffen, daß das Material, das ihm übergeben wird, ungefähr in den Rahmen seines Planes passen werde, hat keine Idee von seinem Gegenstand & keine Ahnung von seinen Mitarbeitern! Jeder hat seine eigene Anschauungs- & Empfindungsweise. Ich erinnere mich: Ein Handwerker, dem ich – meiner Meinung nach – ziemlich genau auseinandergesetzt hatte, was er über sein Handwerk schreiben sollte, brachte mir eines Tages, angeblich aufgrund meiner Angaben über das Tapezierverfahren, für das ungefähr ein Schriftbogen & eine halbe Bildtafel vorgesehen waren, zehn bis zwölf Tafeln, alle mit Abbildungen überladen, & drei vollgekritzelte dicke Foliohefte, die Stoff für ein bis zwei Bände in Duodezformat abgegeben hätten. Ein anderer dagegen, dem ich genau die gleichen Vorschriften wie dem ersten gemacht hatte, brachte mir in bezug auf eine jener Manufakturen, die wegen der Verschiedenartigkeit der Werkstücke, die man in ihnen herstellt, wegen der verschiedenen Stoffe, die man dabei verwendet, wegen der zahlreichen Maschinen, die man benutzt, & wegen der mannigfachen Arbeitsgänge, die man dabei durchführt, sehr ausgedehnt sind, nur ein kleines Wörterverzeichnis ohne Definitionen, ohne Erklärungen, ohne Abbildungen, & versicherte mir ganz entschieden, daß sein Handwerk nichts weiter aufzuweisen hätte. Alles andere war nach seiner Meinung entweder bekannt oder konnte nicht beschrieben werden. Den Artikel KOMPOSITION IN DER MALEREI hatten wir von einem unserer berühmtesten Kunstfreunde erwartet. (Watelet hatte uns damals noch nicht seine Hilfe angeboten.) Wir bekamen von dem Kunstfreund aber nur eine ungenaue Definition in zwei Zeilen, eine stillose & ideenlose Definition, mit dem beschämenden Geständnis, daß er nicht mehr wüßte, & so mußte ich den Artikel KOMPOSITION IN DER MALEREI selbst schreiben, obgleich ich weder aus Liebhaberei noch von Beruf Maler bin. Solche Erscheinungen setzten mich nicht in Erstaunen. Ebensowenig wunderte ich mich über die gleichen Unterschiede zwischen den Arbeiten der Gelehrten & denen der Schriftsteller. Der Beweis dafür ist an hundert Stellen unserer *Encyclopédie* zu finden. Hier erscheinen wir geschwollen & unförmig, dort mager, klein, winzig, kraft- & saftlos. An einer Stelle gleichen wir Gerippen, an einer anderen sehen wir aus wie Wassersüchtige. Wir sind abwechselnd Zwerge & Riesen, Giganten & Pygmäen; bald gerade gewachsen, gut geraten & wohlproportioniert, bald bucklig, lahm & mißraten. Fügen Sie zu all dem Absonderlichen & Wunderlichen noch die bizarre Vortragsweise hinzu, die manchmal abstrakt, unklar oder gesucht & öfter nachlässig, schleppend & matt ist, & Sie werden das ganze Werk mit dem Ungeheuer aus Boileaus *Dichtkunst* oder mit etwas noch Scheußlicherem vergleichen. Aber solche Fehler sind unvermeidbar bei einem ersten Versuch, & es ist für mich klar erwiesen, daß nur die Zeit, nur die kommenden Jahrhunderte sie überwinden können. Wenn unsere Nachfolger sich mit der *Encyclopédie* unaufhörlich beschäftigen, können sie die Anordnung der Stoffe wohl bis zu einer gewissen Stufe der Vollkommenheit bringen. Doch solange ein unveränderlicher gemeinsamer Maßstab fehlt, gibt es keinen Ausweg; man muß zuerst, ohne Ausnahme, alles aufnehmen, was eine Wissenschaft erfaßt, jeden Stoff sich selbst überlassen & ihm keine anderen Grenzen setzen, als sein Zweck ihm setzt. Da also in der *Encyclopédie* jede Sache so erscheint, wie sie an sich ist, wird sie ihre richtige Proportion bekommen, sobald die Zeit die Gegenstände zusammengedrängt & jeden Gegenstand auf seinen richtigen Umfang gebracht hat.

Warum ist die enzyklopädische Ordnung so vollkommen & so wohlgeregelt bei dem englischen Autor Ephraim Chambers? Weil er sich darauf beschränkt hat, unsere Wörterbücher zu kompilieren & eine kleine Anzahl von Werken zu analysieren; weil er nichts Neues erfunden, sondern sich geflissentlich an das Bekannte gehalten hat; weil ihm alles gleich interessant oder gleich belanglos erschien; weil er keine Vorliebe für irgendeinen Stoff hatte & keine günstige oder ungünstige Arbeitszeit kannte, mit Ausnahme der Zeiten der Migräne oder des »Spleens«! So glich er einem Pflüger, der seine Furche oberflächlich, aber gleichmäßig & schnurgerade zieht. Anders verhält es sich bei unserem Werk. Wir haben unseren Stolz, wir verlangen mustergültige Aufsätze; vielleicht ist dies in diesem Augenblick auch mein Ehrgeiz. Das Beispiel des einen spornt den anderen an. Die Herausgeber beklagen sich, aber umsonst; man macht ihre eigenen Fehler gegen sie geltend, & alles wächst ins Maßlose. Chambers' Artikel sind ziemlich regelmäßig gegliedert, aber unregelmäßig. Hätte Chambers seinen Artikeln mehr Gehalt gegeben, so hätte seine Ordnung, wie ich nicht bezweifle, ebenfalls gelitten.

Eine dritte Ordnung sorgt für die besondere Gliederung jedes Teils. Das ist das erste, was man von einem Mitarbeiter verlangen muß. Diese Ordnung erscheint mir nicht völlig willkürlich; es verhält sich mit einer Wissenschaft eben nicht wie mit dem Weltall. Das Weltall ist das unendliche Werk eines Gottes; eine Wissenschaft ist ein unendliches Werk des menschlichen Verstandes. Es gibt Grundprinzipien, allgemeine Begriffe, feststehende Axiome. Das sind die Wurzeln des Baums. Dieser Baum muß sich so weit wie möglich verzweigen; er muß von dem allgemeinen Gegenstand ausgehen wie von einem Stamm, zuerst zu den großen Zweigen oder ersten Abschnitten emporstreben, dann von diesen Hauptzweigen zu den Nebenzweigen übergehen & so fort, bis er zu den besonderen Begriffen gelangt, die gleichsam das Laub die Krone des Baumes darstellen. Warum sollte diese Ausführlichkeit unmöglich sein? Hat nicht jedes Wort seinen Platz oder, wenn man sich so ausdrücken darf, seinen Stiel & seinen Ansatz? Alle diese besonderen Bäume sollen sorgfältig zusammengestellt werden. Um dieselben Ideen durch ein Bild noch genauer darzustellen: die allgemeine enzyklopädische Ordnung ist gleichsam eine Weltkarte, auf der man die großen Gebiete findet; die besonderen Ordnungen sind gleichsam besondere Karten von Königreichen, Provinzen, Landschaften; das Wörterbuch ist gleichsam die Erdkunde, die ausführliche Beschreibung aller Orte, die wohldurchdachte allgemeine Topographie all dessen, was wir in der intelligiblen Welt & in der sichtbaren Welt kennen; & die Verweise dienen als Routen in diesen zwei Welten, wobei die sichtbare als die alte Welt & die intelligible als die neue Welt betrachtet werden kann.

Ich fordere lediglich Methode, ganz gleich, welche. Ich wünschte, es wäre kein Artikel ohne Einteilung & Gliederung; denn Ordnung entlastet das Gedächtnis. Schwerlich aber schenkt ein Autor dem Leser diese Beachtung, ohne daß sie zu seinem eigenen Vorteil ausschlägt. Nur bei gründlichem Nachdenken über die Stoffe findet man eine allgemeine Aufgliederung. Meistens kommt man zuletzt auf die entscheidende Idee, auf einen einzigen Gedanken, der sich entwickelt, erweitert & verzweigt, indem er sich von allen anderen Gedanken nährt, die sich ihm gleichsam von selbst nähern. Die Gedanken, die sich einer derartigen Anziehung widersetzen, sind entweder von ihrem Bereich zu weit entfernt oder haben irgendeinen anderen auffallenden Mangel, & in beiden Fällen erscheint es angebracht, sie zu verwerfen. Außerdem soll ein Wörterbuch ein Ratgeber sein, & das wichtigste ist dabei, daß der Leser das Ergebnis seiner Lektüre klar & deutlich in sein Gedächtnis aufnimmt. Ein Weg, den man zuweilen einschlagen sollte, weil er recht gut die Methode der Erforschung zeigt, besteht darin, daß man von den einzelnen, besonderen Erscheinungen ausgeht, um zu umfangreicheren & weniger spezifischen Kenntnissen & von diesen zu noch allgemeineren zu gelangen, bis man zur Lehre von den Axiomen oder jenen Grundsätzen kommt, die aufgrund ihrer Einfachheit, Allseitigkeit & Evidenz unbeweisbar sind. Denn bei jedem beliebigen Stoff hat man die ganze Strecke, die man zurücklegen mußte, erst dann zurückgelegt, wenn man zu einem Prinzip gelangt ist, das man nicht beweisen, definieren, erläutern, verschleiern oder leugnen kann, ohne einen Teil der Helligkeit zu verlieren, der man die Aufklärung verdankt, & auf eine Finsternis zuzuschreiten, die schließlich sehr tief werden würde, wenn man der Argumentation keine Grenze setzte.

Wenn ich auch denke, daß es gefährlich ist, in der Argumentation über einen gewissen Punkt hinauszugehen, so denke ich doch, daß man erst haltmachen darf, wenn man ganz sicher ist, diesen Punkt erreicht zu haben. Jede Wissenschaft & jede Kunst hat ihre Metaphysik. Dieser Teil ist immer abstrakt, erhaben & schwierig; dennoch muß dies der Hauptteil eines philosophischen Wörterbuches sein, & solange dabei noch etwas der Erforschung bedarf – so kann man behaupten –, gibt es unerklärliche Erscheinungen, & umgekehrt. So schreiten der Schriftsteller, der Gelehrte & der Künstler in der Finsternis vorwärts. Wenn sie irgendwelche Fortschritte machen, verdanken sie dies dem Zufall; sie gelangen zum Ziel wie ein verirrter Wanderer, der den richtigen Weg geht, ohne dies zu wissen. Es ist also von größter Wichtigkeit, die Metaphysik der Dinge oder ihre ersten & allgemeinen Gründe gut darzulegen; alles andere wird eben dadurch im Geist klarer & gewisser. Alle jene angeblichen Geheimnisse, die einigen Wissenschaften so sehr zum Vorwurf gemacht & von anderen vorgeschützt werden, um ihre Mängel zu bemänteln, verschwinden bei der metaphysischen Erörterung wie Phantome der Nacht bei Tagesanbruch. Wird die Kunst vom ersten Schritt an erläutert, so kommt sie sicher, schnell & stets auf dem kürzesten Weg vorwärts. Deshalb muß man sich bemühen, die Gründe der Dinge anzugeben, wenn es Gründe für sie gibt; muß die Ursachen bezeichnen, wenn man sie kennt, & die Wirkungen zeigen, wenn sie gewiß sind; muß die Hauptschwierigkeiten durch unmittelbare Anwendung der Prinzipien lösen, die Wahrheiten beweisen, die Irrtümer aufdecken, die Vorurteile geschickt entkräften, die Menschen das Zweifeln & Abwarten lehren, die Unwissenheit beseitigen, den Wert des menschlichen Wissens ermessen, das Wahre vom Falschen, das Wahre vom Wahrscheinlichen, das Wahrscheinliche vom Wunderbaren & Unglaublichen, die gewöhnlichen Erscheinungen, die gewissen Vorkommnisse von den zweifelhaften & diese von den widersinnigen, der Naturordnung widersprechenden Vorkommnissen unterscheiden, den allgemeinen Lauf der Ereignisse erkennen, jede Sache so nehmen, wie sie ist, & dadurch Freude an der Wissenschaft, Abscheu vor der Lüge & dem Laster & Liebe zur Tugend einflößen; denn alles, was

Das Universum (das andere die Bibliothek nennen), setzt sich aus einer unbegrenzten und vielleicht unendlichen Zahl sechseckiger Galerien zusammen, mit weiten Entlüftungsschächten in der Mitte, die mit sehr niedrigen Geländern eingefaßt sind. Von jedem Sechseck aus kann man die unteren und oberen Stockwerke sehen: ohne ein Ende. Die Anordnung der Galerien ist unwandelbar dieselbe. Zwanzig Bücherregale, fünf breite Regale auf jeder Seite, verdecken alle Seiten außer zweien: ihre Höhe, die sich mit der Höhe des Stockwerks deckt, übertrifft nur wenig die Größe eines normalen Bibliothekars. Eine der freien Wände öffnet sich auf einen schmalen Gang, der in eine andere Galerie, genau wie die erste, genau wie alle, einmündet… BORGES, DIE BIBLIOTHEK VON BABEL

nicht das Glück & die Tugend zum Endziel hat, bedeutet nichts.

In den wissenschaftlichen Abhandlungen lenkt die Verknüpfung der Ideen oder der Erscheinungen den Gang, während man vorwärtsschreitet; der Stoff entwickelt sich, indem er entweder allgemeiner oder spezieller wird, je nach der Methode, die man gewählt hat. Ebenso verhält es sich im Hinblick auf die allgemeine Form eines besonderen Artikels der *Encyclopédie* – allerdings mit dem Unterschied, daß das Wörterbuch oder die Koordination der Artikel gewisse Vorteile hat, die man sich in einer wissenschaftlichen Abhandlung nur auf Kosten irgendeiner Qualität verschaffen kann, & diese Vorteile verdankt die *Encyclopédie* den »Verweisen«, einem besonders wichtigen Teil der enzyklopädischen Ordnung.

Ich unterscheide zweierlei Verweise: solche auf Sachen & solche auf Wörter. Die sachlichen Verweise erläutern den Gegenstand, zeigen seine nahen Zusammenhänge mit den unmittelbar angrenzenden Gegenständen & seine fernen Zusammenhänge mit anderen, die man sonst für völlig abgesondert halten könnte, rufen die gemeinsamen Begriffe & die ähnlichen Prinzipien in Erinnerung, bekräftigen die Folgen, verbinden den Zweig mit dem Stamm & geben dem Ganzen jene Einheit, die für die Feststellung der Wahrheit & für die Überzeugung so günstig ist. Nötigenfalls rufen diese Verweise aber auch eine völlig entgegengesetzte Wirkung hervor: Sie fechten Begriffe an, widerlegen Prinzipien, greifen heimlich lächerliche Anschauungen an, deren offene Anfechtung zu riskant wäre, erschüttern sie & stoßen sie um. Wenn der Autor unvoreingenommen ist, haben solche Hinweise immer die doppelte Aufgabe, zu bestätigen & zu widerlegen, zu beunruhigen & zu beschwichtigen.

In den letztgenannten Verweisen liegt wohl eine große Kunst sowie ein unendlicher Vorteil. Das ganze Werk könnte dadurch eine innere Stärke & einen verborgenen Nutzen gewinnen, deren heimliche Wirkungen mit der Zeit notwendigerweise fühlbar werden. So sollte man zum Beispiel ein nationales Vorurteil, wann immer es Ehrfurcht verdient, in einem speziellen Artikel ehrfürchtig behandeln, mit allem, was dazugehört an Wahrscheinlichkeit & Verführung; aber dann sollte man dieses tönerne Gebäude umstürzen & die nichtige Staubwolke durch Verweise auf jene Artikel zerstreuen, in denen feststehende Prinzipien als Grundlagen für entgegengesetzte Wahrheiten dienen. Diese Methode zur Belehrung der Menschen wirkt sehr schnell auf gute Köpfe, aber unfehlbar & ohne irgendeine ärgerliche Folge, heimlich & ohne Skandal auch auf alle anderen Köpfe. Darin besteht eben die Kunst, stillschweigend die wirksamsten Konsequenzen zu ziehen. Wenn diese Verweise, solche zur Bestätigung & solche zur Widerlegung, rechtzeitig vorgesehen & geschickt vorbereitet werden, können sie einer *Enzyklopädie* den Charakter geben, den ein gutes Wörterbuch haben soll. Dieser Charakter zielt auf die Änderung der herkömmlichen Denkweise ab. Das Werk, das diese große allgemeine Wirkung ausüben soll, wird Mängel in der Ausführung haben, das gebe ich zu; aber sein Plan & sein Gehalt werden vortrefflich sein. Ein Werk, das nichts dergleichen bewirkt, ist schlecht. So gut man auch darüber sprechen mag – das Lob wird vergehen & das Werk in Vergessenheit geraten.

Die Verweise auf Wörter sind sehr nützlich. Jede Wissenschaft & jede Kunst hat ihre Sprache. Wohin käme man, wenn man bei jeder Anwendung eines Fachausdruckes – im Interesse der Klarheit – die Definition dieses Fachausdruckes wiederholen müßte? Wie viele Wiederholungen ergäbe das! Und kann man daran zweifeln, daß so viele Abschweifungen & Parenthesen, so viele Längen nur verwirrend wirken würden? Man ist ebenso häufig weitschweifig & unklar wie wortkarg & unklar, & wenn das eine manchmal ermüdend wirkt, so ist das andere immer langweilig. Man muß freilich, wenn man solche Fachausdrücke gebraucht, ohne sie zu erklären, stets mit größter Gewissenhaftigkeit auf die Stellen verweisen, an denen von ihnen die Rede ist: Stellen, auf die man sonst nur durch die Analogie, eine Art Leitfaden, den nicht jeder besitzt, gebracht werden könnte. In einem allumfassenden Wörterbuch der Wissenschaften & Künste mag man in manchen Fällen genötigt sein, Urteilskraft, Geist, Scharfsinn vorauszusetzen; aber es gibt keinen Fall, bei dem man Kenntnisse voraussetzen dürfte. Ein geistig beschränkter Mensch mag sich, wenn er will, über die Stiefmütterlichkeit der Natur oder über die Schwierigkeit des Stoffes beklagen, aber nicht über den Autor, wenn nichts fehlt, was nötig ist, um die Gegenstände & die Fachausdrücke zu verstehen.

Es gibt eine dritte Art von Verweisen, auf die man sich nicht zu sehr einlassen, auf die man aber auch nicht ganz verzichten darf. Das sind die Verweise, die bei den Wissenschaften gewisse Abhängigkeiten, bei den natürlichen Substanzen analoge Eigenschaften, bei den Künsten ähnliche Arbeitsweisen in Zusammenhang bringen & dadurch zu neuen spekulativen Wahrheiten, zur Vervollkommnung

Die Bibliothek existiert ab aeterno. *An dieser Wahrheit, aus der unmittelbar die künftige Ewigkeit der Welt folgt, kann kein denkender Verstand zweifeln. Der Mensch, der unvollkommene Bibliothekar, mag ein Werk des Zufalls oder böswilliger Demiurgen sein; das Universum, so elegant ausgestattet mit Regalen, mit rätselhaften Bänden, mit unerschöpflichen Treppen für den wandernden und mit Latrinen für den seßhaften Bibliothekar, kann nur Werk eines Gottes sein. Um die Kluft, die zwischen dem Menschlichen und dem Göttlichen liegt, so recht zu ermessen, braucht man nur die zittrigen Zeichen, die meine hinfällige Hand auf den Einband eines Buches krakelt, mit den organischen Lettern im Innern zu vergleichen: gestochen, feingeschwungen, tiefschwarz, unnachahmlich symmetrisch.*

Borges, Die Bibliothek von Babel

der bekannten Künste, zur Erfindung neuer Künste oder zur Wiederherstellung vergessener alter Künste führen können. Solche Verweise sind eine Sache des Mannes von Genie. Glücklich, wer sie zu finden vermag! Er hat jene Kombinationsgabe, jenes Fingerspitzengefühl, das ich in einigen meiner *Gedanken über die Interpretation der Natur* definiert habe. Es ist jedenfalls besser, riskante Vermutungen zu wagen, als nützliche Vermutungen zu unterlassen. Das ermutigt mich dazu, die folgenden Vermutungen vorzubringen:

Könnte man aufgrund der Inklination & Deklination der Magnetnadel nicht vermuten, daß ihre Spitze vermöge einer zusammengesetzten Bewegung auf ähnliche Weise eine kleine Ellipse beschreibt wie das Ende der Erdachse eine große Ellipse?

Könnte man aufgrund der sehr seltenen Fälle, in denen die Natur uns solche seltsamen & beständigen Erscheinungen wie den Ring des Saturn zeigt, diese Erscheinung nicht in das allgemeine & gemeinsame Gesetz dadurch einbeziehen, daß man diesen Ring nicht als einen zusammenhängenden Körper betrachtet, sondern als eine gewisse Anzahl von Satelliten, die sich in ein & derselben Ebene so schnell bewegen, daß in unseren Augen ein ununterbrochener Eindruck von Schatten & Licht entsteht? Es obliegt meinem Kollegen d'Alembert, diese Mutmaßungen einzuschätzen.

Es gibt schließlich eine letzte Art von Verweisen, die ein Wort oder eine Sache betreffen können: nämlich die Verweise, die ich satirisch oder epigrammatisch nennen möchte. Von dieser Art ist der Verweis, der in einem unserer Artikel zu finden ist, in dem man nach einem pompösen Lob liest: »Siehe KAPUZE.« Das spaßige Wort »Kapuze« & das, was man in dem Artikel KAPUZE findet, könnten die Ahnung hervorrufen, daß das pompöse Lob nur Ironie sei & daß man diesen Artikel mit Vorsicht lesen & alle seine Ausdrücke genau erwägen müsse.

Ich möchte diese Verweise nicht ganz unterlassen, weil sie manchmal ihren Nutzen haben. Heimlich kann man sie gegen gewisse lächerliche Bräuche richten, wie die philosophischen Verweise gegen gewisse Vorurteile. Das ist zuweilen ein feines & leichtes Mittel, um eine Beleidigung zurückzugeben, ohne in die Defensive zu gehen, um jenen Standespersonen, »die die Curier spielen & bacchantisch leben« (Juvenal, 2. Satire, 3. Vers), die Maske abzureißen. Aber die Häufung solcher Verweise liebe ich nicht. Sogar der, den ich angeführt habe, gefällt mir nicht recht. Häufige Anspielungen von solchem Charakter machen ein Werk unklar & verworren. Die Nachwelt, die die einzelnen Umstände nicht kennt, weil sie nicht wert waren, ihr überliefert zu werden, fühlt die feine Spitze der Anspielung nicht mehr & findet solche Scherze, die uns belustigen, nur albern. Anstatt ein ernstes philosophisches Wörterbuch zu verfassen, verfällt man dabei in den Stil der Schmähschrift. Bei gründlicher Überlegung wäre es mir lieber, wenn man die Wahrheit unumwunden sagte. Hat man es unglücklicher- oder zufälligerweise mit Menschen von schlechtem Ruf, mit sittenlosen & einsichtslosen Leuten, deren Namen beinahe Schimpfwörter bedeuten, zu tun, so soll man sich aus Scham oder aus Barmherzigkeit enthalten, ihre Namen zu nennen, oder schonungslos über sie herfallen, ihnen die ganze Schimpflichkeit ihrer Laster vorhalten, sie durch Geißelhiebe an ihren Stand & ihre Pflichten erinnern & sie mit der Bitterkeit eines Persius & der Galle eines Juvenal oder Buchanan verfolgen.

Man kann Verweise, wie immer sie auch beschaffen sein mögen, nicht oft genug geben. Überflüssige Verweise wären immerhin besser als unterlassene. Eine der unmittelbarsten Wirkungen & einer der bedeutendsten Vorteile bei der Vervielfachung der Verweise bestehen vor allem in der Vervollkommnung der Nomenklatur. Steht ein wesentlicher Artikel in Beziehung zu soundso vielen anderen Artikeln, so wäre es wohl unmöglich, daß nicht irgendein Mitarbeiter auf ihn hingewiesen hat. Daraus geht hervor, daß dieser Artikel nicht vergessen werden kann; denn ein bestimmtes Wort, das bei einem Stoff nebensächlich erscheint, ist bei einem anderen das entscheidende Wort. Doch mit den Sachen verhält es sich nicht wie mit den Wörtern. Der eine erwähnt eine Erscheinung & verweist auf den besonderen Artikel über diese Erscheinung; der andere erwähnt eine Eigenschaft & verweist auf den Artikel über die Substanz; dieser erwähnt ein System, jener ein Verfahren, & jeder gibt seinen Verweis auf die entsprechende Stelle, aber nicht auf ihren wirklichen Inhalt, der ihm ja nicht mitgeteilt worden ist, sondern auf ihren vermutlichen Inhalt, um den Artikel, den er ausarbeitet, sozusagen zu erläutern & zu ergänzen. Jeden Augenblick weist die Grammatik also auf die Dialektik hin, die Dialektik auf die Metaphysik, die Metaphysik auf die Theologie, die Theologie auf die Jurisprudenz, die Jurisprudenz auf die Geschichte, die Geschichte auf die Geographie & die Chronologie, die Chronologie auf die Astronomie, die Astronomie auf die Algebra, die Algebra auf die Arithmetik &c. Es ist eine äußerst wichtige Vorsicht, einem Kollegen nicht so viel zuzutrauen, daß man glaubt, er habe nichts ausgelassen. Außer der Unaufrichtigkeit gibt es für das Übergehen eines Artikels oder für die unzureichende Behandlung seines Gegenstandes doch so viele andere Gründe, daß man nicht gewissenhaft genug auf diese Gefahr hinweisen kann.

Dies trägt zweitens zur Vermeidung von Wiederholungen bei. Alle Wissenschaften greifen ineinander: Sie sind zusammenhängende, von ein & demselben Stamm ausgehende Zweige. Wer sein Werk verfaßt, dringt nicht plötzlich in seinen Stoff ein, um sich darin zu vergraben & plötzlich wieder aufzutauchen. Er sieht sich oft genötigt, auf ein Gebiet überzugreifen, das auf der einen Seite an seine Wissenschaft angrenzt; die Folgerungen führen ihn dann wieder auf ein Gebiet, das auf der gegenüberliegenden Seite angrenzt. Wie viele andere Exkursionen sind notwendig im Text des Werkes! Was ist der Zweck der Vorbemerkungen, der Einleitungen, der Vor- & Nachworte, der Episoden, Abschweifungen, der Schlußbemerkungen? Wenn man gewissenhaft aus einem Buch alles ausschlösse, was nicht zu dem Stoff gehört, den man in ihm behandelt, so würde man es meistens auf ein Viertel seines Umfangs reduzieren. Wofür sorgt die enzyklopädische Verknüpfung? Für genaue Abgrenzung. Sie bestimmt die Grenzen eines Stoffgebietes so genau, daß in einem Artikel nur das bleibt, was für ihn wesentlich ist. Eine einzige neue Idee bringt unter der Feder eines Schriftstellers Bände hervor; doch unter der Feder eines Enzyklopädisten schrumpfen diese Bände auf einige Zeilen zusammen. Man wird also, ohne sich dessen bewußt zu sein, zu jener Kürze & Bestimmtheit gezwungen, die der Methode der Mathematiker eigen ist. Man geht schnell vor. Eine Seite bietet immer etwas anderes als die vorausgegangene oder die folgende. In der *Encyclopédie* erheischt das Bedürfnis nach einem Grundsatz, einer Tatsache, einem Aphorismus, einer Erscheinung, einem System nur ein Zitat, also nicht mehr als in der Mathematik. Der Mathematiker verweist von einem Theorem oder Problem auf ein anderes, & der Enzyklopädist von einem Artikel auf einen anderen. So bildet jedes der beiden Werke, die von so verschiedener Natur scheinen, mit Hilfe ein & desselben Mittels schließlich ein sehr geschlossenes, gut verbundenes & zusammenhängendes Ganzes. Was ich behaupte, stimmt so genau, daß die Methode, nach der in unserem Wörterbuch die Mathematik behandelt wird, dieselbe ist, die wir auf anderen Stoffgebieten befolgt haben. Unter diesem Gesichtspunkt besteht kein Unterschied zwischen einem Artikel über Algebra & einem Artikel über Theologie.

Vermittels der enzyklopädischen Ordnung, der Allseitigkeit der Kenntnisse & der Häufigkeit der Verweise nehmen die Beziehungen zu, führen Verbindungen nach allen Richtungen, wächst die Beweiskraft, wird die Nomenklatur vollständiger, verdichtet & festigt sich das Wissen. Man bemerkt die Zusammenhänge oder die Lücken unseres Systems, seine schwachen Seiten, seine starken Stellen & erkennt mit einem Blick, an welchen Gegenständen man arbeiten muß, sowohl zu seinem eigenen Ruhm als zum größten Nutzen der Menschheit. Wenn unser Wörterbuch gut ist, wieviel bessere Werke wird es dann hervorbringen!

Wie aber sollte ein Herausgeber alle diese Verweise überhaupt prüfen, wenn er nicht das ganze Manuskript vor Augen hat? Diese Bedingung erscheint mir so wichtig, daß ich von demjenigen, der den ersten Bogen einer *Enzyklopädie* drucken läßt, ohne vorher die Korrektur zwanzigmal gelesen zu haben, behaupten möchte, er erkenne den Umfang seiner Aufgabe nicht & sei nicht würdig, ein so großes Unternehmen zu leiten, oder er sei unter dem Zwang unvorhergesehener Ereignisse, ähnlich wie wir, unversehens in dieses Labyrinth geraten & müsse nun – um der Ehre willen – zusehen, daß er so gut wie möglich aus ihm herauskomme.

Ich betone die Notwendigkeit des Besitzes der ganzen Abschrift um so stärker, als Weglassungen – meiner Ansicht nach – die größten Mängel eines Wörterbuches sind. Es ist jedenfalls besser, daß ein Artikel schlecht geschrieben ist, als wenn er gar nicht geschrieben ist. Nichts verdrießt einen Leser so sehr, wie das Wort, das er sucht, nicht zu finden. Hier ein schlagendes Beispiel dafür, das ich um so freimütiger anführe, als der Vorwurf dabei zum Teil mich selber trifft: Ein ehrlicher Mann kauft ein Werk, das *Medizinische Wörterbuch*, an dem ich mitgearbeitet habe. Er wurde von Krämpfen geplagt & hatte nichts Eiligeres zu tun, als den Artikel »Krampf« zu lesen. Er findet dieses Wort, aber mit einem Hinweis auf »Konvulsion«; er greift auf »Konvulsion« zurück, wird aber von dort auf »Muskel« verwiesen & weiter auf »Spasma«, wo er nichts über den »Krampf« findet. Das ist – offen gestanden – ein sehr lächerlicher Fehler; doch bezweifle ich nicht, daß wir ihn in der *Encyclopédie* zwanzigmal begangen haben. Wir dürfen allerdings mit Recht einige Nachsicht verlangen. Das Werk, an dem wir arbeiten, ist kein Gegenstand unserer Wahl; wir haben das erste Material dafür nicht bestellt, sondern man hat es uns übergeben & uns sozusagen in ein tolles Durcheinander gestürzt, das wahrscheinlich jeden abgeschreckt hätte, der weniger Pflichtgefühl oder weniger Mut gehabt hätte. Unsere Mitarbeiter können bezeugen, wieviel Mühe wir uns gegeben haben & noch geben: Niemand weiß besser als sie, wie schwer es uns gefallen ist & noch fällt, dem Werk wenigstens den ganzen Schliff eines ersten Versuches zu geben. Zwar haben wir nicht die Absicht, den Vorwürfen zuvorzukommen, die uns widerfahren werden; doch wollen wir ihnen wenigstens dadurch abhelfen, daß wir unser

---

Er wußte wenigstens 10000 Wörter im Deutschen und konnte sie alle, insofern es anging, deklinieren und konjugieren, aber wenigstens 8000 davon hatten sich in seinem Gehirn so von den eigentlichen Begriffen, die sie bezeichnen sollten, weggeschoben, daß sie öfters auf ganz andere zu liegen kamen oder daß sie doch über die Hälfte drüber oder drunter weg lagen, daher kamen die sonderbaren Vorstellungen von den Wissenschaften, wovon er doch täglich die Bücher unter Händen hatte… Das Wort Beruf drückte bei ihm die Begriffe Hang, Neigung und Leidenschaft aus. Kurz, in einem Kopf, wo die Wörter nicht recht liegen, da ist eine ganz andere Denkungs-Art, ein anderes Jus naturae, andere Belleslettres, die ganze Haushaltung muß sich ändern, man wird Fremdling in seinem eigenen Vaterland und in der Welt. Also wollte ich allen jungen Leuten raten, alle neue Wörter fein zu ordnen und so wie die Mineralien in ihre Klassen zu bringen, damit man sie finden kann, wenn man darnach fragt oder sie selbst gebrauchen will. Dieses heißt Wörter-Ökonomie, und ist dem Verstand ebenso einträglich, als die Geld-Ökonomie dem Beutel. LICHTENBERG, SUDELBÜCHER

Wörterbuch, sobald es vollendet ist, noch einmal durchsehen, um die Nomenklatur, das Inhaltsverzeichnis & die Verweise zu vervollkommnen.

Es gibt nichts Bedeutungsloses bei der Ausarbeitung eines großen Werkes; die geringste Nachlässigkeit hat schwerwiegende Folgen; das Manuskript bietet mir ein Beispiel dafür. Da es so reich an Eigennamen, Fachausdrücken, Schriftzeichen, Ziffern, Buchstaben, Zitaten, Verweisen &c. ist, wird die Ausgabe, wenn sie nicht äußerst exakt gearbeitet ist, von Fehlern wimmeln. Ich wünschte also, man forderte die Enzyklopädisten auf, alle jene Wörter, bei denen man sich leicht irren könnte, in großen Buchstaben zu schreiben. Durch dieses Mittel könnte man fast alle Druckfehler vermeiden; die Artikel wären dann fehlerlos, die Autoren hätten sich nicht zu beklagen, & der Leser wäre nie verdutzt. Obwohl wir nicht so glücklich daran waren, ein solches Manuskript zu bekommen, wie wir es uns gewünscht hätten, gibt es doch wenige Werke, die so sauber & zierlich gedruckt sind wie das unsere. Die Sorgfältigkeit & die Geschicklichkeit des Druckers haben über die Unordnung & die Mängel in der Abschrift triumphiert, & wir kränken wohl keinen unserer Kollegen, wenn wir versichern, daß unter den vielen, die irgendeinen Anteil an der *Encyclopédie* gehabt haben, wohl keiner seinen Verpflichtungen besser nachgekommen ist als der Drucker. In dieser Hinsicht, in der die erste Auflage die Leute von Geschmack & die Bücherfreunde in Erstaunen gesetzt hat & zu allen Zeiten in Erstaunen setzen wird, werden die späteren Auflagen wohl kaum der ersten gleichkommen.

Wir glauben alle Vorzüge eines solchen Unternehmens wie des unsrigen zu kennen. Wir glauben nur allzuoft Gelegenheit gefunden zu haben, zu erkennen, wie schwierig es war, aus einem ersten Versuch einigermaßen erfolgreich hervorzugehen, & warum die Talente eines einzigen Menschen, & wäre er noch so begabt, diesem Projekt nicht gewachsen waren. Wir waren uns darüber einigermaßen klar, bevor wir an die Arbeit gingen, & hatten das ganze Mißtrauen, das langes Nachdenken einflößen kann. Die Erfahrung hat an dieser Einstellung nichts geändert. Wir haben im Laufe der Arbeit gesehen, wie sich der Stoff ausdehnte, wie die Nomenklatur verworren wurde, wie Substanzen unter einer Vielzahl verschiedener Namen angeführt wurden, wie sich Werkzeuge, Maschinen & Handwerke maßlos vermehrten & wie die zahlreichen Windungen eines ausweglosen Labyrinths immer verwickelter wurden. Wir haben gesehen, wieviel Mühe es kostete, sich zu vergewissern, daß die »gleichen« Sachen wirklich die gleichen waren, & wieviel Mühe, um festzustellen, daß andere, die grundverschieden schienen, nicht verschieden waren. Wir haben gesehen, daß jene alphabetische Ordnung, die uns jeden Augenblick zu Pausen nötigte, aber so viel Mannigfaltigkeit in die Arbeit brachte & unter diesem Gesichtspunkt recht vorteilhaft für ein so langes Werk erschien, ihre Schwierigkeiten hatte, die man Schritt für Schritt überwinden mußte. Wir haben gesehen, daß diese Ordnung uns in die Gefahr brachte, entweder den Hauptartikeln eine ungeheure Länge zu geben, wenn man in sie alles einbezog, was man in ihnen naturgemäß erwarten durfte, oder sie trocken & dürftig zu machen, wenn man sie mit Hilfe der Verweise kürzte & viele Gegenstände ausschloß, die man keinesfalls ausschließen durfte. Wir haben gesehen, wie wichtig & schwierig es war, den richtigen Mittelweg einzuhalten. Wir haben gesehen, wieviel Unzutreffendes & Falsches zum Vorschein kam & wieviel Wahres übersehen wurde. Wir haben gesehen, daß es eine jahrhundertlange Arbeit erfordern würde, um so viele zusammengetragene Stoffe in die wahrhaft geeignete Form zu bringen, die jedem Teil die entsprechende Ausdehnung geben, jeden Artikel auf die richtige Länge bringen, das Schlechte in ihm unterdrücken, das Fehlende ergänzen & ein Werk vollenden würde, das den Zweck erfüllt, den man sich gesetzt hat, als man es begann. Aber wir haben auch eingesehen, daß die allergrößte Schwierigkeit darin bestand, das Werk geschlossen herauszubringen, so unförmig es auch anfangs erschien, & daß uns niemand die Ehre der Überwindung dieses Hindernisses rauben würde. Wir haben eingesehen, daß die *Encyclopédie* nur der Versuch eines philosophischen Jahrhunderts sein könne, daß dieses Jahrhundert gekommen war, daß die Ruhmesgöttin, wenn sie die Namen derjenigen, die das Große vollbracht, der Unsterblichkeit entgegenführte, vielleicht nicht verschmähen würde, auch unsere Namen mitzunehmen. Wir fühlten uns ermutigt durch die tröstliche & erfreuliche Idee, daß man noch von uns reden würde, wenn wir nicht mehr wären; wir fühlten uns auch ermutigt durch das wohlwollende Geflüster aus dem Munde einiger Zeitgenossen, das uns verkündete, was später jene Menschen über uns sagen würden, für deren Bildung & Glück wir uns aufopferten, die wir schätzten & liebten, obwohl sie noch nicht geboren waren. Wir spürten, wie sich in uns der Keim jenes Wettstreites entwickelte, der dem Tod den besten Teil von uns selbst entreißt & dem Nichts die einzigen Momente unseres Daseins abtrotzt, auf die wir wirklich stolz sein können. Wahrhaftig, der Mensch tritt vor seine Zeitgenossen hin & sieht sich so, wie er ist: ein sonderbares Wesen, gemischt aus erhabenen Eigenschaften & beschämenden Schwächen. Doch die Schwächen folgen der sterblichen Hülle ins Grab & verschwinden mit ihr; dieselbe Erde bedeckt sie; nur die großen Eigenschaften leben fort in Denkmälern, die der Mensch sich selbst errichtet hat oder die er der öffentlichen Verehrung & Anerkennung verdankt. Von solchen Ehren verschafft ihm das Bewußtsein seines eigenen Verdienstes einen Vorgenuß, der ebenso rein, stark & real ist wie irgendein anderer Genuß & bei dem es nur etwas Imaginäres geben kann, nämlich die Rechtstitel, auf die man seine Ansprüche gründet.

Unsere Ansprüche sind in diesem Werk niedergelegt. Die Nachwelt wird über sie entscheiden.

Ich habe gesagt, daß es nur einem philosophischen Jahrhundert zustand, eine *Encyclopédie* zu wagen, & ich habe dies behauptet, weil dieses Werk durchwegs mehr geistigen Mut erfordert, als man in den kleinmütigen Jahrhunderten des feinen Geschmackes zu haben pflegt. Man muß dabei alles prüfen, alles ausnahmslos & schonungslos in Frage stellen; man muß, wie wir uns jetzt zu überzeugen beginnen, den Mut haben einzusehen, daß es mit den Literaturgattungen beinahe ebenso geht wie mit den allgemeinen Gesetzessammlungen & mit der Gründung der Städte: daß sie einem seltsamen Zufall, einem sonderbaren Umstand, manchmal auch einem genialen Aufschwung ihre Entstehung zu verdanken haben; daß diejenigen, die nach den ersten Erfindern kamen, größtenteils nur ihre Sklaven waren; daß Erzeugnisse, die man als erste Stufe zum Erfolg hätte betrachten sollen, aber blindlings für die letzte Stufe hielt, eine Kunst nicht ihrer Vollendung entgegenführten, sondern nur dazu beitrugen, sie aufzuhalten, weil sie andere Menschen in die inferiore Lage von Nachahmern brachten. Sobald nämlich einer Schöpfung von besonderem Charakter ein Name gegeben war, mußten alle darauffolgenden Werke genau nach diesem Muster geschaffen werden. Wenn aber von Zeit zu Zeit ein Mann von kühnem & originellem Genie auftrat, der das übernommene Joch abzuschütteln wagte, weil er seiner überdrüssig war, & der sich von der ausgetretenen Straße entfernte & irgendein Werk hervorbrachte, auf das der gegebene Name & die vorgeschriebenen Gesetze – strenggenommen – nicht anwendbar waren, so geriet er in Vergessenheit & blieb auch lange Zeit vergessen. Man muß diesen ganzen alten Unfug ausrotten, die Schranken umstoßen, die nicht die Vernunft gesetzt hat, den Wissenschaften & Künsten eine Freiheit wiedergeben, die für sie so unersetzlich ist, & zu den Bewunderern des Altertums sagen: Nennt Lillos *Kaufmann von London,* wie ihr wollt, wenn ihr nur zugebt, daß dieses Stück glänzende & erhabene Stellen hat! Es mußte endlich ein vernünftiges Zeitalter kommen, in dem man die Regeln nicht mehr bei den Schriftstellern suchte, sondern in der Natur, & das Falsche & das Wahre so vieler willkürlicher Poetiken erkannte. Ich fasse das Wort »Poetik« in seiner allgemeinen Bedeutung auf als ein System von feststehenden Regeln, nach denen man angeblich in jeder beliebigen Gattung arbeiten muß, um Erfolg zu haben.

Während die Jahrhunderte dahinfließen, wächst die Masse der Werke unaufhörlich, und man sieht einen Zeitpunkt voraus, in dem es fast ebenso schwer sein wird, sich in einer Bibliothek zurechtzufinden wie im Weltall, & beinahe ebenso einfach, eine feststehende Wahrheit in der Natur zu suchen wie in einer Unmenge von Büchern. Man müßte sich dann notgedrungen einer Arbeit widmen, die man bis dahin vernachlässigt hätte, weil man die Notwendigkeit dieser Arbeit nicht rechtzeitig erkannte.

Wenn man sich das Gesicht der Literatur in den Zeiten vorstellt, in denen es noch keinen Buchdruck gab, so sieht man, wie eine kleine Anzahl von genialen Männern Schriften verfaßt & wie eine unzählige Menge von Gehilfen sie abschreibt. Wenn man dagegen einen Blick in die kommenden Jahrhunderte wirft & sich vorstellt, welches Gesicht die Literatur haben wird, nachdem der nie ruhende Buchdruck riesige Gebäude mit Büchern angefüllt hat, so wird man eine Einteilung der Literatur in zwei Gruppen von Menschen vornehmen können. Die eine Gruppe wird wenig lesen & sich Forschungen widmen, die neu sind oder für neu gelten (denn da wir schon jetzt einen Teil des Inhaltes so vieler Bücher, die in allen möglichen Sprachen veröffentlicht worden sind, nicht kennen, so werden wir dann einen noch geringeren Teil des Inhaltes aller jener Bücher kennen, deren Zahl sich inzwischen hundertmal, ja tausendmal vermehrt haben wird); die andere Gruppe, die der Gehilfen, die unfähig sind, etwas Eigenes hervorzubringen, wird Tag & Nacht unermüdlich diese Bücher wälzen, um aus ihnen das auszuziehen, was sie für wert befindet, zu sammeln & aufzubewahren. Geht diese Vorhersage nicht bereits in Erfüllung? Beschäftigen manche unserer Literaten sich nicht schon jetzt damit, unsere dicken Bücher in kleine umzuwandeln, in denen man freilich noch immer viel Überflüssiges findet? Nehmen wir an, ihre Extrakte seien bereits gemacht & in alphabetischer Form – nach den Anordnungen intelligenter Männer – auf eine gewisse Anzahl von Büchern verteilt worden; dann haben wir doch das Material für eine *Enzyklopädie.*

Schon jetzt haben wir also zum Wohl der Literatur & im Interesse der Menschheit ein Werk unternommen, dem sich sonst unsere Nachkommen notgedrungen widmen müßten, aber unter viel weniger günstigen Umständen, da ihnen der Überfluß von Büchern die Durchführung dieses Werkes sehr erschweren würde.

Bevor ich in der Prüfung des enzyklopädischen Materials fortfahre, darf ich wohl einen Blick auf jene Autoren werfen, die schon so viele Regale in unseren Bibliotheken einnehmen, täglich an Boden gewinnen & in ein oder zwei Jahrhunderten große Gebäude füllen werden. Recht demütigend, so scheint mir, ist für solche Vielschreiber die Idee, daß einer so großen Masse Papier, wie sie vollgeschrieben haben, nicht eine einzige Zeile für das allumfassende Wörterbuch des menschlichen Wissens entnommen werden kann. Wenn sie sich nicht durch den glänzenden Stil – eine besondere Eigenschaft der Männer von Genie – behaupten, so frage ich mich, was aus ihnen werden wird.

Aber solche Gedanken, die uns im Hinblick auf das Schicksal so vieler anderer kommen, veranlassen uns natürlich, in uns zu gehen & zu überlegen, welches Schicksal uns erwartet. Ich prüfe unsere Arbeit unvoreingenommen, sehe dabei, daß es vielleicht keinerlei Fehler gibt, die wir nicht begangen haben, & muß gestehen, daß aus einer solchen *Enzyklopädie* wie der unsrigen kaum zwei Drittel in eine echte *Enzyklopädie* eingehen könnten. Das ist schon viel, besonders wenn man zugibt, daß man beim Schaffen der Grundlagen für ein derartiges Werk genötigt gewesen ist, irgendeinen schlechten Autor zugrunde zu legen: Chambers, Alstedius oder einen anderen. Es gibt unter unseren Kollegen kaum einen, den wir zur Mitarbeit gebracht hätten, wenn wir ihm vorgeschlagen hätten, seinen Teil ganz neu zu schreiben; alle wären entsetzt gewesen, & die *Encyclopédie* wäre überhaupt nicht zustande gekommen. Da wir aber jedem einen Stoß Papier übergaben, den es nur durchzusehen, zu korrigieren & auszuarbeiten galt, so fiel die schöpferische Arbeit weg, vor der man sich immer fürchtete, & man gab sich der trügerischen Erwartung hin; denn diese Bruchstücke waren, wie sich bald herausstellte, so unvollständig, so schlecht geschrieben, so schlecht übersetzt, so lückenhaft, so falsch, so ungenau & den Ideen unserer Mitarbeiter so zuwider, daß die meisten sie verwarfen. Schade, daß nicht alle den gleichen Mut gehabt haben! Der einzige Vorteil, den die Anfänger daraus zogen, war wohl der, daß sie die Nomenklatur ihres Teils mit einem Blick erfassen konnten – eine Nomenklatur, die sie freilich ebenso vollständig in den Inhaltsverzeichnissen verschiedener Werke oder in irgendeinem Wörterbuch der Sprache hätten finden können.

Dieser oberflächliche Vorteil ist uns sehr teuer zu stehen gekommen. Wieviel Zeit ging bei der Übersetzung schlechter Artikel verloren! Was für Ausgaben für ein fortgesetztes Plagiat! Wie viele Fehler & Vorwürfe, die man sich durch eine einfache Nomenklatur hätte ersparen können! Hätte diese allein aber genügt, um uns Mitarbeiter zu gewinnen? Außerdem konnte auch dieser Teil nur während der Ausarbeitung verbessert werden. Während man einen Aufsatz ausarbeitet, entwickelt sich die Nomenklatur; Ausdrücke, die der Definition bedürfen, treten massenhaft auf; es erscheint eine Unmenge von Ideen, die man in verschiedene Hauptartikel verweisen muß; das, was man nicht selbst ausführt, gehört eben, wie durch einen Hinweis wenigstens angedeutet werden muß, zum Fachgebiet eines anderen. Mit einem Wort: das, was jeder beiträgt & umgekehrt von dem anderen erwartet, ist eben die Quelle, aus der die Wörter fließen.

Daraus ist folgendes zu ersehen:

1. Bei der Erstausgabe konnte die Zahl der Mitarbeiter auf keinen Fall zu groß werden; doch wenn unsere Arbeit nicht völlig nutzlos ist, wird für die Ausarbeitung einer zweiten Auflage wohl eine kleine Zahl von gut ausgewählten Männern genügen. Zwar müßte man ihnen verschiedene subalterne Mitarbeiter zuweisen, denen sie für ihre Unterstützung die gebührende Ehre zukommen lassen müßten; doch sollten sie dazu verpflichtet werden, die Verantwortung für das Werk der anderen zu übernehmen, damit sie nicht umhinkönnen, selbst die letzte Hand anzulegen; ihr eigener Ruf stünde dabei ja auf dem Spiel, & niemand käme folglich in die Lage, sie unmittelbar der Nachlässigkeit oder Unfähigkeit zu beschuldigen. Wenn ein Mitarbeiter darum zu bitten wagt, daß sein Name am Schluß eines seiner Artikel nicht angegeben werde, so gesteht er, daß er diesen Artikel schlecht oder zumindest seiner nicht würdig findet. Bei dieser neuen Vereinbarung, so glaube ich, wäre es nicht unmöglich, daß sich ein einziger Mann mit Anatomie, Medizin, Chirurgie, Arzneikunde & einem Teil der Pharmazie befaßte; ein anderer mit Chemie, dem übrigen Teil der Pharmazie & allem, was in solchen Künsten wie der Metallurgie, der Färberei, einem Teil der Gold- & Kupferschmiedekunst, einem Teil der Klempnerei, der Herstellung von Farben jeglicher Art, Metallfarben & anderen, zur Chemie gehört. Ein einziger Mann, der in der Kunst der Eisenbearbeitung gut ausgebildet wäre, könnte die Handwerke des Nagelschmieds, des Messerschmieds, des Schlossers, des Kleinschmieds &c. übernehmen. Ein anderer, der in der Bijouterie bewandert wäre, würde sich mit den Künsten des Juweliers, des Diamantenschleifers, des Steinschneiders, des Zurichters befassen. Den Vorzug würde ich dabei immer einem Mann geben, der schon mit Erfolg über den Gegenstand geschrieben hat, den er übernehmen will. Dagegen würde ich denjenigen, der eine Arbeit über diesen Gegenstand erst vorbereitet, nur dann zum Mitarbeiter nehmen, wenn er schon mein Freund wäre & wenn ich ihm nicht ohne die größte Beleidigung seiner Person die heimliche Absicht zutrauen könnte, unser Werk seinem eigenen zu opfern.

2. Die Erstausgabe einer *Enzyklopädie* kann nur eine sehr formlose & unvollständige Sammlung sein.

Auch ist eine so ansehnliche & schöne Sammlung von Maschinenzeichnungen bisher nicht zustande gekommen & wird auch so bald nicht wieder zustande kommen. Wir haben ungefähr tausend Bildtafeln. Wir sind fest entschlossen, bei den Kupferstichen nicht zu sparen.

Da gibt es nichts Überflüssiges, nichts Veraltetes, nichts Imaginäres; alles ist in Bewegung & lebendig. Aber ganz abgesehen von diesem Verdienst, & so groß der Unterschied zwischen der Erstausgabe & den späteren Ausgaben auch sein mag & notwendig sein muß – bedeutet es nicht schon genug, daß wir damit überhaupt angefangen haben? Unter zahllosen Schwierigkeiten, die sich dem Geist von selbst aufdrängen werden, erwäge man bloß, wie schwierig es gewesen ist, eine ausreichende Zahl von Mitarbeitern zusammenzubringen, die nun alle, ohne sich zu kennen, in

Sollte die Schrift aufgegeben werden, dann wird es in unserer Umwelt nur noch Packpapier und keine andere Papierart mehr geben. Von Heimweh ergriffen wird die Zellulose in ihre Zellen zurückkehren, die Wälder werden grünen, und das Schilf wird sich nicht nur an den Ufern des Nils, sondern an allen Gewässern der Erde im Morgenwind wiegen. Packt uns Bücherwürmer, uns durch Papier durchbeißende Termiten bei dieser grünen Utopie nicht das reine Entsetzen? Vilém Flusser, Die Schrift

freundschaftlicher Zusammenarbeit an der Fertigstellung eines gemeinsamen Werkes zu stehen scheinen. Schriftsteller haben für ihre Mitmenschen & ihre Berufsgenossen das geleistet, was man von ihnen aus keiner anderen Rücksicht hätte erlangen können. Das ist das Motiv, dem wir unsere ersten Mitarbeiter zu verdanken haben, & demselben Grund verdanken wir diejenigen, die sich uns täglich anschließen. Unter ihnen allen herrscht ein Wetteifer, eine Rücksichtnahme, eine Eintracht, die man sich kaum vorstellen kann. Man achtet nicht nur darauf, die versprochene Hilfe zu leisten; man bringt sich auch gegenseitig Opfer, was noch schwieriger ist. Daher kommen so viele Artikel aus fremder Hand, ohne daß dies jemals einer der zuständigen Bearbeiter der fraglichen Wissenschaften übelgenommen hätte. Es geht dabei eben nicht um ein privates Interesse; es herrscht unter uns keine kleinliche persönliche Eifersucht, sondern der Gedanke an die Vollendung des Werkes & an den Nutzen für die Menschheit hat jenes Gemeinschaftsgefühl hervorgerufen, von dem wir alle beseelt sind.

Wir haben einen seltenen & unersetzlichen Vorteil genossen, den man bei dem Entwurf einer zweiten Auflage nicht übersehen sollte. Schriftsteller von größtem Ruf & Künstler von höchstem Rang verschmähten es nicht, uns einige Aufsätze über ihr Fach zu übersenden. Die Artikel Redekunst, Eleganz, Geist &c. verdanken wir Monsieur Voltaire, Monsieur von Montesquieu überließ uns kurz vor seinem Tod Bruchstücke zu dem Artikel über den Geschmack; Herr von Latour versprach uns seine Ideen über Malerei; der jüngere Cochin würde uns den Artikel Gravierkunst nicht verweigern, wenn seine Beschäftigungen ihm Zeit zum Schreiben ließen…

Nach der Behandlung des *enzyklopädischen* Stoffes im allgemeinen erwartet man wohl von uns, daß wir nun an die Prüfung jedes einzelnen Teils im besonderen gehen werden; aber es steht der Öffentlichkeit & nicht uns zu, die Arbeit unserer Mitarbeiter & unsere eigene zu beurteilen.

Denjenigen, die es gern gesehen hätten, daß wir die Theologie unterdrückten, wollen wir kurz antworten: Die Theologie ist eine Wissenschaft, eine sehr ausgedehnte & sehr merkwürdige Wissenschaft, die man noch interessanter erscheinen lassen könnte als die Mythologie, deren Weglassung man gewiß bedauert hätte.

Denjenigen, die aus unserem Wörterbuch die Geographie ausschließen möchten: Die Namen, die Länge & die Breite der Sterne, die man gelten ließe, haben doch nicht mehr Anspruch auf einen Platz in der *Encyclopédie* als die Namen, die Länge & die Breite der Städte, die man verwürfe.

Denjenigen, die sich eine weniger trockene Darstellung der Geographie wünschen: Es ist notwendig gewesen, sich an die einzige Kunde von den Städten zu halten, die wissenschaftlich ist – die Kunden, die uns, wenn wir sie besäßen, die Herstellung von guten Karten des Altertums ermöglichen würde & die es der Nachwelt, wenn wir sie ihr vermitteln, ermöglichen wird, gute Karten unseres Zeitalters herzustellen; & alles übrige ist ausschließlich Aufgabe der Geschichte, nicht unsere Aufgabe.

Denjenigen, die gewisse historische Einzelheiten – Kochkunst, Mode &c. – unwillig betrachtet haben: Sie vergessen, wie viele gelehrte Werke auch solchen Stoffen gewidmet sind; der kürzeste unserer Artikel auf diesem Gebiet wird unseren Nachkommen vielleicht jahrelange Forschungen & Bände von Streitschriften ersparen. Wenn man auch annimmt, daß die Gelehrten in Zukunft viel zurückhaltender sein werden als in unserem Zeitalter, so darf man doch annehmen, daß sie es trotzdem nicht verschmähen werden, einige Seiten zu schreiben, um zu erklären, was eine »Garnierung« oder ein »Pompon« ist. Eine Schrift über unsere Moden, die man heute als oberflächliches Zeug abfertigt, wird in zweitausend Jahren als ein gescheites & gründliches Werk über die französischen Trachten beurteilt werden & als ein recht lehrreiches Werk für Literaten, Maler & Bildhauer gelten. Was schließlich die Kochkunst betrifft, so kann man nicht bestreiten, daß sie ein wichtiger Zweig der Chemie ist.

Denjenigen, die sich beklagt haben, daß unsere Botanik nicht vollständig & interessant genug ist: Solche Vorwürfe sind völlig unbegründet. Es wäre nicht möglich gewesen, über die Gattungen hinauszugehen, ohne Folianten zu füllen. Wir haben keine der Nutzpflanzen weggelassen, sondern sie alle beschrieben & ihre chemische Analyse, ihre Eigenschaften – als Arzneimittel oder als Nahrungsmittel – angegeben. Das einzige Wissenschaftliche, das wir hätten hinzufügen können & das nicht allzuviel Raum beansprucht hätte, wäre in jedem Artikel über eine Gattung die Angabe gewesen, wie viele Arten & Unterarten es gibt. Und was die

Prinzipien der Wälzer oder Die Kunst, dicke Bücher zu machen. I. Die ganze Ausführung muß von der dauernden wortreichen Darlegung der Disposition durchwachsen sein. II. Termini für Begriffe sind einzuführen, die außer bei dieser Definition selbst im ganzen Buch nicht mehr vorkommen. III. Die im Text mühselig gewonnenen begrifflichen Distinktionen sind in den Anmerkungen zu den betreffenden Stellen wieder zu verwischen. IV. Für Begriffe, über die nur in ihrer allgemeinen Bedeutung gehandelt wird, sind Beispiele zu geben: wo etwa von Maschinen die Rede ist, sind alle Arten derselben aufzuzählen. V. Alles, was a priori von einem Objekt feststeht, ist durch eine Fülle von Beispielen zu erhärten. VI. Zusammenhänge, die graphisch darstellbar sind, müssen in Worten ausgeführt werden. Statt etwa einen Stammbaum zu zeichnen, sind alle Verwandtschaftsverhältnisse abzuschildern und zu beschreiben. VII. Von mehreren Gegnern, denen dieselbe Argumentation gemeinsam ist, ist jeder einzeln zu widerlegen.

Walter Benjamin, Einbahnstrasse

Abteilung »Bäume« betrifft, die so wichtig erscheint, so nimmt sie in der *Encyclopédie* – vom dritten Band an – den vollen Raum ein, den man ihr wünschen kann.

Denjenigen, die mit der Abteilung »Künste« unzufrieden, & denjenigen, die mit ihr zufrieden sind: Sie haben beide recht, denn in diesem unermeßlichen Stoffgebiet gibt es Gegenstände, die man nicht schlechter darstellen könnte, & andere, die wohl kaum besser dargestellt werden könnten.

Mit dem Ursprung & der Entwicklung einer Kunst verhält es sich nicht wie mit dem Ursprung & der Entwicklung einer Wissenschaft. Die Gelehrten setzen sich auseinander; sie schreiben, machen ihre Entdeckungen geltend, widersprechen anderen & stoßen auf Widerspruch. Solche Auseinandersetzungen machen die Fakten bekannt & legen die Daten fest. Die Künstler dagegen leben im Unbekannten & Verborgenen, jeder für sich; sie tun alles im eigenen Interesse, aber kaum etwas für ihren Ruhm. Es gibt Erfindungen, die jahrhundertelang von einer Familie gehütet werden; sie gehen von den Vätern auf die Söhne über & werden verbessert oder verdorben, ohne daß man genau weiß, auf wen & auf welche Zeit man die Entdeckung beziehen muß. Die unmerklichen Schritte, durch die eine Kunst zur Vollkommenheit gelangt, machen auch die Daten unsicher. Der eine pflückt den Hanf, ein anderer weicht ihn ein, ein dritter macht aus ihm Bast. Zuerst ist es ein Seil, dann ein Faden, schließlich ein Gewebe; doch vergeht ein Jahrhundert über jedem dieser Fortschritte. Wer ein Erzeugnis von seinem natürlichen Zustand bis zu seiner vollkommensten Verwendung entwickelt hätte, würde wohl kaum unbekannt bleiben. Wie sollte ein Volk, wenn es sich plötzlich mit einem neuen Stoff bekleidet sieht, nicht fragen, wem es diesen Stoff zu verdanken hat? Aber solche Fälle treten gar nicht oder nur selten ein.

Gewöhnlich regt der Zufall die ersten Versuche an; doch sind sie fruchtlos & bleiben unbekannt. Ein anderer nimmt sie wieder auf – es kommt zum ersten Erfolg, doch spricht man nicht davon; ein dritter folgt den Spuren des zweiten, ein vierter den Spuren des dritten &c., bis das letzte Produkt der Erfahrungen vortrefflich ist, & dieses Produkt ist das einzige, das Aufsehen erregt. Es kommt auch vor, daß eine Idee eine Werkstatt verläßt, sobald sie in ihr aufgetaucht ist, & sich verbreitet. Man arbeitet dann gleichzeitig an mehreren Stellen, jeder Handwerker für sich, & dieselbe Erfindung, die zu derselben Zeit von mehreren beansprucht wird, gehört eigentlich keinem oder wird nur demjenigen zugeschrieben, den sie reich macht. Hat man die Erfindung aus dem Ausland, so verschweigt der nationale Neid den Namen des Erfinders, & dieser Name bleibt unbekannt.

Es wäre zu wünschen, daß die Regierung gestattet, die Manufakturen zu betreten, bei der Arbeit zuzusehen, die Arbeiter auszuforschen & Zeichnungen von den Werkzeugen, den Maschinen & dem Gebäude selbst zu machen.

Es gibt Fälle, in denen die Künstler so verschlossen sind, daß es am einfachsten wäre, selbst bei ihnen in die Lehre zu gehen oder irgendeine Vertrauensperson in diese Lehre zu schicken.

Es gibt nur wenige Geheimnisse, die man auf solche Weise nicht ergründen könnte. Nach ihrer Ergründung müßte man alle diese Geheimnisse – ohne Ausnahme – öffentlich bekanntmachen.

Ich weiß, daß diese Meinung nicht jedermanns Meinung ist: Es gibt engstirnige Köpfe & bösartige Seelen, die dem Schicksal der Menschheit gegenüber gleichgültig sind & die sich derart auf ihren eigenen kleinen Kreis beschränken, daß sie nichts außer ihrem eigenen Interesse sehen. Diese Leute verlangen, daß man sie »gute Staatsbürger« nenne, & ich bin damit einverstanden, wenn sie mir gestatten, sie »schlechte Menschen« zu nennen. Hört man sie reden, so könnte man meinen, daß eine fertige *Enzyklopädie* – eine allgemeine Geschichte der Künste – nichts anderes sein dürfte als ein großes Manuskript, das in der Bibliothek des Monarchen fürsorglich eingeschlossen & nur seinen Augen, nicht aber anderen zugänglich ist: ein Buch für den Staat & nicht für das Volk. Wozu – sagen sie – soll man die Kenntnisse der Nation, ihre geheimen Angelegenheiten, ihre Erfindungen, ihre Gewerbe, ihre Hilfsquellen, ihre Geheimnisse, ihr Wissen, ihre Künste, ja ihre ganze Weisheit allgemein kundmachen? Sind das denn nicht gerade die Dinge, denen sie einen Teil ihrer Überlegenheit über die mit ihr rivalisierenden Nachbarnationen verdankt? So reden sie, diese »guten Staatsbürger«, & es fehlte nur noch, daß sie hinzufügten: Wäre es nicht zu wünschen, daß wir Finsternis über das Ausland verbreiten könnten, anstatt es aufzuklären, & daß wir die übrige Erde in Barbarei versenken können, um sie desto sicherer zu beherrschen? Ihnen wird dabei nicht bewußt, daß sie nur einen Punkt auf der Erde einnehmen & nur einen Augenblick leben. Diesem Punkt & diesem Augenblick opfern sie das Glück der kommenden Jahrhunderte & der ganzen Gattung. Sie wissen besser als irgend jemand, daß die durchschnittliche Dauer eines Reiches nicht zweitausend Jahre beträgt & daß man vielleicht nach kürzerer Frist den Namen *Franzose* – diesen Namen, der in der Geschichte ewig fortleben wird – auf der Erdoberfläche vergeblich suchen würde. Solche Überlegungen erweitern nicht ihren Gesichtskreis; das Wort *Menschheit,* so scheint es, ist für sie ein sinnloses Wort. Wenn sie wenigstens konsequent wären! Doch im nächsten Augenblick toben sie darüber, daß uns die Heiligtümer des alten Ägypten verschlossen sind, beklagen den Verlust der Kenntnisse des Altertums, tadeln die Nachlässigkeit oder die Schweigsamkeit jener Autoren, die über unzählige wichtige Gegenstände geschwiegen oder von ihnen unzureichend gesprochen haben, & bemerken dabei nicht, daß sie von den früheren Menschen das fordern, was sie den heutigen Menschen als Verbrechen anrechnen, & daß sie die anderen rügen, weil sie so gewesen sind, wie sie selbst zu sein sich rühmen. Diese »guten Staatsbürger« sind die gefährlichsten Feinde, die wir gehabt haben. Im allgemeinen soll man aus Kritiken, wenn sie gut sind, Nutzen ziehen, ohne darauf zu antworten, & sie unbeachtet lassen, wenn sie schlecht sind. Für diejenigen, die sich darauf versteifen, im Kampf gegen uns Papier vollzuschmieren, ist es doch sicher eine recht erfreuliche Perspektive, daß in zehn Jahren nicht mehr die Rede von ihren Schriften sein wird, während die *Encyclopédie* noch den Ruf haben wird, den sie jetzt genießt, & daß erst recht nicht die Rede von ihnen sein wird, wenn die *Encyclopédie* vergessen sein sollte!

Ich habe gehört, wie einmal jemand zum Herrn von Fontenelle sagte, daß seine Wohnung nicht alle jene Schriften bergen könnte, die man gegen ihn veröffentlicht hätte. Wer kennt eine einzige von ihnen? Montesquieus *Geist der Gesetze* & Buffons *Naturgeschichte* erscheinen noch immer, doch die Kritiken, die man über sie geschrieben hat, sind völlig unbekannt. Wir haben schon darauf hingewiesen, daß unter denjenigen, die sich zu Richtern über die *Encyclopédie* aufgeworfen haben, kaum einer das Talent hatte, das nötig wäre, um sie durch einen guten Artikel zu bereichern. Ich glaube, ich übertreibe nicht, wenn ich hinzufüge, daß sie ein Buch ist, dessen größter Teil gerade von diesen Leuten studiert werden sollte. Der philosophische Geist ist der Geist, in dem wir sie verfaßt haben, & es ist noch ein weiter Weg, bis die meisten unserer Kritiker wenigstens in dieser Hinsicht auf der Höhe ihres Zeitalters stehen. Ich berufe mich dabei auf ihre Schriften. Aus diesem Grund werden sie nicht fortleben, während unser Wörterbuch, wie wir anzunehmen wagen, in einigen Jahren noch mehr gelesen werden wird als jetzt. Es würde uns nicht schwerfallen, andere Autoren zu nennen, die das gleiche Schicksal gehabt haben & haben werden. Die einen sind (wie wir schon weiter oben gesagt haben) anfangs angehimmelt worden, weil sie für die Menge geschrieben, sich den herrschenden Ideen unterworfen & sich zum Niveau des Durchschnittslesers herabgelassen hatten; doch haben sie in dem Maße, wie der menschliche Geist Fortschritte machte, ihren Ruf verloren & wurden schließlich ganz vergessen. Andere dagegen, zu erhaben für die Zeit, in der sie hervortraten, sind wenig gelesen, kaum verstanden, wenig geschätzt worden & lange unbekannt geblieben, bis das Jahrhundert, dem sie vorausgeeilt waren, & ein anderes Jahrhundert, dem sie ebenfalls voraus waren, sie einholte & endlich ihrem Verdienst gerecht wurde.

Ich glaube, ich habe meine Mitbürger gelehrt, den Kanzler Bacon zu schätzen & zu lesen; man hat in den letzten fünf oder sechs Jahren die Werke dieses tiefen Denkers mehr studiert als je zuvor. Wir sind indes noch weit davon entfernt, die volle Bedeutung seiner Werke zu erkennen; das Denken ist noch nicht weit genug fortgeschritten; es gibt noch zu wenige Menschen, die sich zur Höhe seiner Meditationen aufzuschwingen vermögen, & vielleicht wird ihre Zahl nie größer werden. Wer weiß, ob das *Novum organum*, die *Cogitata et visa* & das Buch *De augmentis scientiarum* nicht allzu hoch über dem Durchschnittshorizont des menschlichen Geistes stehen, um in irgendeinem Jahrhundert eine leichte & weitverbreitete Lektüre zu werden? Die Zeit muß diese Zweifel klären.

Doch diese Betrachtungen über den Geist & den Stoff eines *enzyklopädischen* Wörterbuches führen uns naturgemäß zu dem Stil, der einem derartigen Werk eigen ist.

Der lakonische Stil ist für ein Wörterbuch ungeeignet; er gibt dem Durchschnitt der Leser mehr Rätsel auf als nötig. Ich wünschte, man unterließe es nicht, zu bedenken, wieviel dadurch verlorengehen könnte, ohne daß man gründlicher unterrichtet würde. Abwechslung ist in einem Wörterbuch nicht nur unvermeidlich, sondern auch, wie mir scheint, sehr wohl am Platze. Jeder Mitarbeiter, jede Wissenschaft, jede Kunst, jeder Artikel, jeder Gegenstand hat doch seine Sprache & seinen Stil. Warum sollte es unzweckmäßig sein, ihn zu bewahren? Wenn der Herausgeber überall seine eigene Hand wiedererkennen müßte, so würde das Werk dadurch in die Länge gezogen & keineswegs besser werden. Ein Herausgeber, & wäre er noch so gebildet, würde sich in der Absicht, einen sprachlichen Fehler zu verbessern, oft der Gefahr aussetzen, einen sachlichen Irrtum zu begehen.

Ich möchte den allgemeinen Charakter des Stils einer *Enzyklopädie* in wenige Worte zusammenfassen: *Communia proprie; propria communiter.* Hielte man sich an diese Regel, so wäre das Gewöhnliche immer geschliffen, das Eigenartige & Besondere immer klar.

Man muß ein universelles Wörterbuch der Wissenschaften und Künste betrachten wie eine weite Landschaft mit Bergen, Ebenen, Felsen, Gewässern, Wäldern, Tieren & allen jenen Gegenständen, die eben die Mannigfaltigkeit einer großartigen Landschaft ausmachen. Das Licht des Himmels beleuchtet sie alle, doch werden sie von ihm verschieden getroffen. Die einen rücken durch ihre Beschaffenheit & ihre Stellung in den Vordergrund, andere sind auf zahllosen vermittelnden Ebenen verteilt; es gibt auch solche, die sich in der Ferne verlieren; alle heben sich voneinander ab.

Wenn es überhaupt ein Werk gibt, das Mannigfaltigkeit im Stil verträgt, so ist es eine *Enzyklopädie;* doch wie ich verlangt habe, daß sogar die gleichgültigsten Gegenstände immer im verborgenen auf den Menschen bezogen werden sollen, weil sie dadurch moralische Bedeutung gewinnen & Gesittung, Würde, Feingefühl, Seelengröße atmen; kurz, daß man überall den Atem der Rechtschaffenheit spüre: so habe ich auch gewünscht, daß der Stil diesen Absichten entsprechen & deshalb eine gewisse Nüchternheit annehmen möge, sogar an den Stellen, an denen die glänzendsten & heitersten Farben nicht unangebracht gewesen wären. Man verfehlt sein Ziel, wenn man unterhalten und gefallen will, obwohl man belehren & rühren kann.

Was die Reinheit der Diktion betrifft, so darf man sie mit Recht in jedem Werk fordern. Ich weiß nicht, woher jene leidige Nachsicht kommt, die man dickleibigen Büchern – besonders Wörterbüchern – gegenüber hat. Der Foliant, so scheint es, darf schwerfällig, nachlässig, geist-, geschmack- & witzlos geschrieben sein. Glaubt man, es sei unmöglich, solchen Eigenschaften wie Geist, Geschmack & Witz Eingang in ein umfangreiches Werk zu verschaffen? Oder sollte man bei den meisten umfangreichen Werken, die bisher erschienen sind, diese Fehler als unvermeidliches Zubehör des Formats betrachtet haben?

Doch bei näherer Betrachtung der Dinge wird man einsehen, daß es wohl kein Werk gibt, in das man so leicht Stil bringen könnte wie in ein Wörterbuch. Zwar ist das Ganze dabei durch Artikel gegliedert, aber die umfangreichsten Aufsätze sind weniger auf solche Weise gegliedert als eine Rede.

In Wahrheit aber ist es so: Selten streben die Schreibenden nach dem Höchsten, auch können sie selten ein so schwieriges Streben lange fortsetzen. Bei gemeinsamen Werken, bei denen der Ruhm des Erfolges geteilt & die Arbeit des einen Mannes mit der Arbeit vieler anderer verschmolzen wird, wählt man sich übrigens einen Mitarbeiter, dem man nacheifert. Man vergleicht seine Arbeit mit der des anderen; man würde erröten, wenn man unterlegen wäre, fragt aber kaum danach, ob man überlegen ist; man wendet nur einen Teil seiner Kräfte an; man hofft, daß das, was man vernachlässigt hat, in der Unermeßlichkeit so vieler Bände unbemerkt bleiben wird.

So wird das Interesse eines jeden um so schwächer, je größer die Zahl der Mitarbeiter wird, & da die Leistung eines einzelnen um so weniger hervorragt, je mehr Kollegen er hat, bekommt das Buch überhaupt eine um so größere Mittelmäßigkeit, je mehr Kräfte man dabei beschäftigt.

Doch die Zeit lüftet den Schleier; jeder wird dann nach seinem Verdienst beurteilt. Man unterscheidet den nachlässigen Mitarbeiter von dem redlichen, der seine Pflicht erfüllt hat. Das, was einige vollbracht haben, zeigt deutlich, was man mit Recht von allen fordern durfte; die Öffentlichkeit nennt diejenigen, mit denen sie unzufrieden ist, & bedauert, daß sie der Bedeutung des Unternehmens & der Wahl, durch die man sie geehrt hatte, so wenig entsprochen haben.

Ich spreche mich gerade darüber so offen aus, weil niemand diesem Tadel mehr ausgesetzt sein wird als ich & weil immer, wie man auch unsere Arbeit im allgemeinen oder im besonderen beurteilen mag, feststehen wird, daß es sehr schwierig wäre, eine zweite Gesellschaft von Schriftstellern & Künstlern zusammenzubringen, die ebenso groß, aber besser zusammengesetzt wäre als die Gesellschaft, die um die Fertigstellung dieses Wörterbuches bemüht ist. Wenn es auch möglich war, an einen besseren Autor & Herausgeber zu geraten als mich, so war es doch, wie man wohl zugeben muß, viel leichter möglich, an einen weniger fähigen Mann als d'Alembert zu geraten, & zwar unter beiden Gesichtspunkten: als Autor & als Herausgeber. Wieviel würde ich bei einer derartigen Rechnung, in der sich die Kräfte kompensieren, wohl gewinnen! Bedenken wir ferner, daß es Aufgaben gibt, bei denen wir keine Auswahl treffen können, & daß dieser Nachteil bei allen Auflagen bestehen wird. So groß das Honorar, das man jemandem anbietet, auch sein mag – es ist nie ein entsprechendes Entgelt für die Zeit, die man von ihm verlangt. Ein Künstler hat in seiner Werkstatt zu tun. Ein Staatsmann muß seinen Pflichten nachkommen. Leider ist der Künstler zu stark beschäftigt & der Staatsmann nicht gelehrt genug. Also zieht man sich aus der Verlegenheit, so gut es eben geht.

Wenn es auch durchaus möglich ist, daß ein Wörterbuch gut geschrieben wird, so gibt es doch kaum Werke, bei denen dies wichtiger wäre. Je länger eine Straße sein muß, desto wünschenswerter ist es, daß sie angenehm sei. Übrigens haben wir einigen Grund zu glauben, daß wir in dieser Hinsicht nicht ganz erfolglos gewesen sind. Es gibt Personen, die unsere *Encyclopédie* vom Anfang bis zum Ende gelesen haben; & wenn man von dem Bayleschen Wörterbuch absieht, weil es täglich etwas von diesem Vorzug verliert, so genoß & genießt ihn wohl nur noch unser Wörterbuch. Wir wünschen indes, daß es ihn nur kurze Zeit behalte, weil wir die Fortschritte des menschlichen Geistes mehr lieben als die Fortdauer unserer Erzeugnisse, & daß der Erfolg unsere Hoffnungen auf die Popularisierung des Wissens übertreffe, damit schon bald ein stärkeres Werk als die *Encyclopédie* nötig werde, um die Allgemeinheit zu fesseln & zu unterrichten.

Je abstrakter die Gegenstände sind, desto mehr muß man sich bemühen, sie allen Lesern begreiflich zu machen.

Ein Herausgeber, der Erfahrung hat & sich beherrschen kann, wird sich in die Gruppe der mittelmäßigen Geister versetzen. Wenn die Natur ihn auf die Stufe der größten Genies gestellt hätte & wenn er nie von ihr herabstiege, sondern unaufhörlich nur mit den scharfsinnigsten Männern verkehrte, so würde er die Gegenstände von einem Standpunkt aus betrachten, den die Menge nie erreichen kann. Da er zu hoch über ihr stünde, so würde sein Werk für allzu viele unverständlich werden. Wenn er aber unglücklicherweise zu tief stünde oder wenn er sich aus Gefälligkeit zu weit herabließe, dann würde der Stoff, sozusagen für Dummköpfe zurechtgemacht, flach & langweilig werden. Also wird der Herausgeber die Welt als seine Schule & die Menschheit als seinen Schüler betrachten & Aufgaben stellen müssen, die für gute Köpfe keine Zeitvergeudung bedeuten & die Menge der gewöhnlichen Köpfe nicht abschrecken. Es gibt zwei Gruppen von Menschen, zwei ungefähr gleich kleine Gruppen, die man dabei unbeachtet lassen muß: nämlich die überragenden Genies & die Dummköpfe – beide brauchen keine Lehrer.

Aber wenn es nicht leicht ist, das durchschnittliche Begriffsvermögen zu bestimmen, so ist es für den genialen

Menschen noch viel weniger leicht, sich auf dieses Begriffsvermögen einzustellen. Das Genie trachtet naturgemäß danach, sich zu erheben; es sucht die Region der Wolken auf, vergißt sich dabei für einen Augenblick, wird in schnellem Flug entführt, & schon bald sehen die gewöhnlichen Augen es nicht mehr & können ihm auch nicht folgen.

Wenn jeder Enzyklopädist seine Arbeit gut erledigt hätte, würde die hauptsächliche Aufmerksamkeit eines Herausgebers sich darauf beschränken, die verschiedenen Gegenstände genau abzugrenzen, die Teile zusammenzudrängen & Wiederholungen auszumerzen – was jedenfalls leichter ist, als Lücken zu füllen. Wiederholungen werden bemerkt & mit einem Federstrich beseitigt; Lücken entziehen sich dem Blick & lassen sich nicht mühelos ausfüllen. Das Schlimmste dabei ist, daß Lücken, wenn sie sich überhaupt zeigen, so plötzlich sichtbar werden, daß der Herausgeber in eine Klemme gerät zwischen der Sache, die Zeit verlangt, & der Notwendigkeit des schnellen Drucks, die ihm keine Zeit läßt. So muß das Werk verhunzt oder die Ordnung auf den Kopf gestellt werden: das Werk verhunzt, wenn man seine Aufgabe pünktlich erfüllt, & die Ordnung auf den Kopf gestellt, wenn man die Aufgabe auf irgendeine weit entfernte Stelle des Wörterbuches abwälzt.

Wo ist der Mensch, der überall so gut bewandert ist, daß er sofort über alle Stoffe ebenso gut schreiben kann, wie wenn er sich lange Zeit mit ihnen beschäftigt hätte? Wo ist der Herausgeber, dem die Prinzipien eines Autors so vertraut oder die Begriffe dieses Autors so konform sind, daß er nie in einen Widerspruch mit ihm geraten wird?

Geht es nicht schon über seine Kräfte, jene Widersprüche zu bemerken, die sich zwischen den Prinzipien & Ideen seiner Mitarbeiter notwendigerweise ergeben? Obgleich es nicht zu seiner Pflicht gehört, sie aufzuheben, wenn es wirkliche Widersprüche sind, so ist er doch dazu verpflichtet, wenn es nur scheinbare Widersprüche sind. Könnte er im ersten Fall davon befreit sein, auf diese Widersprüche hinzuweisen, sie hervorzuheben, ihre Quelle anzugeben, den gemeinsamen Weg, den zwei Autoren gegangen sind, & den Punkt ihrer Trennung zu zeigen, ihre Gründe zu erwägen, Beobachtungen & Erfahrungen dafür & dagegen anzuführen & festzustellen, auf welcher Seite die Wahrheit oder die Wahrscheinlichkeit liegt? Er kann sein Werk vor Tadel nur schützen, indem er ausdrücklich bemerkt, daß nicht das Wörterbuch sich widerspricht, sondern daß die Wissenschaften & Künste sich widersprechen, weil sie nicht einig sind. Wenn er noch weitergehen & die Schwierigkeiten lösen könnte, wäre er ein Genie. Aber kann man von einem Herausgeber fordern, daß er ein Genie sei? Und wäre es nicht Torheit, zu verlangen, daß er ein Universalgenie sei?

Dem Herausgeber, der nach uns kommt, möchte ich sowohl zum Besten des Werkes als auch zur Sicherheit seiner Person empfehlen, den Zensoren nur die Druckbogen zu schicken, nicht aber das Manuskript. Bei dieser Vorsicht können die Artikel weder verlorengehen noch verpfuscht, noch ganz unterdrückt werden; vielmehr wird dann der Schnörkel des Zensors am unteren Rand jedes Druckbogens am sichersten dafür bürgen, daß man nichts hinzugefügt, nichts geändert, nichts gestrichen hat & daß das Werk in dem Zustand geblieben ist, in dem es für den Zweck des Druckes zensiert worden ist.

Doch Name & Funktion des Zensors erinnern mich an eine wichtige Frage. Man hat gefragt, ob es nicht besser wäre, wenn eine *Enzyklopädie* stillschweigend erlaubt statt ausdrücklich genehmigt würde. Diejenigen, die dafür waren, sagten: »In diesem Fall würden die Autoren die volle Freiheit genießen, die notwendig ist, um ein vortreffliches Werk zu schaffen. Wie viele wichtige Themen könnte man dann in ihm behandeln! Welch großartige Artikel würde das Staatsrecht liefern! Wie viele andere könnte man in zwei Spalten drucken, um in der einen das Für & in der anderen das Wider darzulegen! Das Historische würde unvoreingenommen dargestellt, das Gute laut gelobt, das Schlechte rücksichtslos getadelt werden; die Wahrheiten würden festgestellt, die Zweifel vorgebracht, die Vorurteile zerstört werden, & der Gebrauch der versteckten Verweise wäre stark eingeschränkt.«

Ihre Gegner antworteten einfach: »Wieviel besser wäre es doch, ein wenig Freiheit zu opfern, als sich der Gefahr auszusetzen, in Willkür zu verfallen! Außerdem«, fügten sie hinzu, »ist unsere Umwelt so beschaffen, daß ein außergewöhnlicher Mensch, der sich das Ziel gesetzt hätte, ein so umfangreiches Werk wie das unsrige zu schaffen, & dem es vom höchsten Wesen vergönnt wäre, die Wahrheit in allem zu erkennen, dennoch zu seiner Sicherheit einen unerreichbaren Aufenthaltsort in den Lüften bekommen müßte, von dem dann die Blätter seines Manuskriptes auf die Erde herabfallen würden.«

Da es dennoch sehr zweckmäßig ist, die Zensur über sich ergehen zu lassen, darf man keinen zu intelligenten Zensor haben. Er muß fähig sein, sich dem allgemeinen Charakter des Werkes anzupassen, muß uneigennützige &

In der Universitätsbibliothek zu Salzburg hat sich an dem großen Luster im großen Lesesaal der Bibliothekar erhängt, weil er, wie er auf einem hinterlassenen Zettel schreibt, es nach zweiundzwanzig Dienstjahren plötzlich nicht mehr ertragen hatte können, Bücher zu ordnen und Bücher auszuleihen, die nur dazu geschrieben worden sind, um Unheil anzurichten, wobei er sich auf alle jemals geschriebenen Bücher bezieht. Das hat mich an den Bruder meines Großvaters erinnert, der Revierjäger in Altentann bei Henndorf gewesen ist und sich auf dem Gipfel des Zifanken erschossen hat, weil er das Unglück der Menschen nicht mehr ertragen habe können. Auch er hatte diese eine Erkenntnis auf einem Zettel hinterlassen.

Thomas Bernhard, der Stimmenimitator

großzügige Ansichten haben, nur das achten, was wirklich Achtung verdient, & den Ton kennen, der jeder Person & jedem Sujet geziemt; er darf vor nichts zurückschrecken, weder vor den zynischen Bemerkungen des Diogenes noch vor den Fachausdrücken Winslows, noch vor den Syllogismen des Anaxagoras, & darf nicht fordern, daß man das, was man nur historisch berichtet, widerlegen, abschwächen oder gar unterdrücken soll; er muß den Unterschied zwischen einem unermeßlichen Werk & einer kleinen Broschüre kennen & die Wahrheit, die Tugend, den Fortschritt des menschlichen Wissens & die Ehre der Nation so sehr lieben, daß er nur diese großen Gegenstände vor Augen hat.

So sieht der Zensor aus, den ich mir wünsche. Was den Menschen, den ich mir zum Autor wünschen könnte, betrifft, so soll er standhaft, gebildet, rechtschaffen & wahrheitsliebend sein, gewissermaßen keinem Land, keiner Sekte, keinem Stand angehören, über die Vorgänge zu der Zeit, in der er lebt, so berichten, als wäre er von ihr tausend Jahre entfernt, & über die Vorgänge in dem Ort, in dem er wohnt, als wäre er von ihm zweitausend Meilen entfernt. Was für ein Herausgeber wäre notwendig für einen so würdigen Mitarbeiter? Ein Mann mit großem Verstand, berühmt durch seine umfassenden Kenntnisse, durch die Erhabenheit seiner Gefühle & seiner Ideen & durch seine Arbeitsliebe; beliebt & geachtet wegen seines Charakters, sowohl im Privatleben als im öffentlichen Leben, & nur begeistert für Wahrheit, Tugend & Menschlichkeit.

Man darf sich nicht einbilden, daß das Zusammentreffen so vieler glücklicher Umstände jede Unvollkommenheit in der *Encyclopédie* ausschließen könnte. In einem so umfangreichen Werk wird es immer Mängel geben. Zunächst wird man sie durch Nachträge soweit beseitigen, wie sie entdeckt werden; doch wird notwendig eine Zeit kommen, in der die Öffentlichkeit selbst eine allgemeine Umarbeitung verlangen wird. Da man aber nicht wissen kann, welchen Händen diese wichtige Arbeit anvertraut wird, bleibt es ungewiß, ob die neue Ausgabe stärker oder schwächer sein wird als die vorausgegangene. Man sieht doch nicht selten, wie bedeutende Werke im Laufe der Bearbeitung, Korrektur & Ergänzung durch ungeschickte Hände bei jeder Neuauflage schlechter werden & schließlich der Verachtung anheimfallen. Wir könnten ein Beispiel aus jüngster Zeit anführen, wenn wir nicht fürchteten, hierbei unserem Groll freien Lauf zu lassen, obwohl wir glauben würden, nur der Wahrheit zu dienen.

Die *Encyclopédie* kann leicht verbessert werden, aber ebenso leicht verdorben werden. Die Gefahr, der man vor allem vorbeugen muß & die wir hoffentlich verhütet haben, besteht darin, daß die Sorge für spätere Ausgaben dem Despotismus irgendeiner Gesellschaft, irgendeiner Kompanie überlassen wird. Wir haben darauf aufmerksam gemacht – & rufen die Nachwelt wie unsere Zeitgenossen zum Zeugen dafür auf –, daß das geringste Übel, das daraus entspringen könnte, darin bestünde, daß man Wesentliches unterdrückt, dafür aber die Zahl & den Umfang der Gegenstände, die unterdrückt werden sollten, unendlich vermehrt; daß der Korpsgeist, der gewöhnlich engstirnig, eifersüchtig & selbstsüchtig ist, den Kern des Werkes verdirbt; daß die Künste vernachlässigt werden; daß ein Gegenstand von vergänglichem Interesse die anderen Gegenstände unterdrückt & daß die *Encyclopédie* das Schicksal so vieler anderer umstrittener Werke erleidet. Als sich die Katholiken & die Protestanten, die der Streitigkeiten müde & der Beschimpfungen überdrüssig waren, zu Stillschweigen & Ruhe entschlossen, sah man im Nu einen Haufen von hochgepriesenen Büchern verschwinden & der Vergessenheit anheimfallen, so wie man den Niederschlag einer gärenden Flüssigkeit, die sich klärt, auf den Boden eines Gefäßes sinken sieht.

Das sind die ersten Ideen, die sich meinem Geist beim Entwurf eines allumfassenden & wohldurchdachten Wörterbuches des menschlichen Wissens aufgedrängt haben: Ideen über seine Möglichkeit, seinen Zweck, seine Stoffe, die Anordnung dieser Stoffe im allgemeinen & im besonderen, den Stil, die Methode, die Verweise, die Nomenklatur, das Manuskript, die Autoren, die Zensoren, die Herausgeber & den Drucker.

Wenn man die Bedeutung dieser Gegenstände erwägt, wird man wohl einsehen, daß es unter ihnen keinen gibt, der nicht Stoff für eine sehr lange Abhandlung liefern könnte; daß ich viel mehr zu sagen übriglasse, als ich gesagt habe, & daß Weitschweifigkeit & Schmeichelei wohl nicht zu den Fehlern gehören, die man mir vorwerfen kann.

Diderot

Horst Günther
Enzyklopädie

Enzyklopädische Neugier. – Ein Taugenichts muß man schon sein, um überhaupt mit mehr als gewöhnlicher Aufmerksamkeit Enzyklopädien zu lesen. Denn es genügt ja nicht, eine Sache nachzuschlagen, die man wissen will. Gerade was daneben steht, und wohin von dort aus verwiesen wird, ist fruchtbar für die labyrinthischen Gänge einer Lektüre, die Enzyklopädien kennenlernen, kritisieren und neue konzipieren will. Und noch wichtiger, was nicht da steht, aber vielleicht durch andere Artikel erschlossen werden kann. Den Punkt zu finden, wo ein fruchtbarer Begriff tausend Verbindungen schlägt und einen ganzen Wissensbereich erfassen läßt.

Es genügt ganz und gar nicht, ein Fach zu haben und es zu verstehen, sein Fach in Sachbegriffe aufzuteilen, und andere Fachleute heranzuziehen, die mit ihrem Gebiet ebenso verfahren. Man muß sich schon über die Routine des hergebrachten Schlendrians hinwegsetzen, um Beziehungen zwischen den Fächern und über sie hinweg zu ahnen und auszuprobieren, Fährten aufzunehmen und zu verfolgen, ins Unbekannte vorzustoßen und das Vertraute mit anderen Augen zu sehen und neu zusammenzusetzen.

Ein Taugenichts, der sich in kein gegebenes Fach schikken und allen Mahnungen zum Trotz keinen sicheren Beruf wählen wollte, war der junge Diderot. »Aber was wollen Sie denn werden?« fragte der väterliche Freund verzweifelt. »Wahrhaftig nichts, aber auch gar nichts. Ich liebe das Studium; ich bin glücklich und zufrieden; ich will gar nichts anderes.« So verbrachte er zehn volle Jahre mit wenig Geld und ganz dem Glück und auch dem Schmerz des Forschens und Grübelns, des Findens und beinahe Verzweifelns überlassen. Das waren Diderots enzyklopädische Lehrjahre.

Enzyklopädisches Studium. – Planvoll kann man gar nicht studieren, was man für eine fruchtbare wissenschaftliche Tätigkeit braucht. Aus den vorhandenen Darstellungen der Wissenschaften lernt man gerade nicht, was man können müßte, um sie in neue Beziehungen zu setzen. Alexander von Humboldt, der gewiß eine der sorgfältigsten Erziehungen genossen hat, die sich planen ließen, bekennt doch, nachdem er Südamerika bereist und wie im Vorbeigehen ein halbes Dutzend neuer Disziplinen aus Beobachtungen und Messungen geschaffen hat: »Ich mußte mich dem Finanzwesen widmen und habe nie in meinem Leben Gelegenheit gehabt, einen Kurs in Botanik oder in Chemie zu absolvieren; nahezu alle Wissenschaften, mit denen ich mich gegenwärtig beschäftige, habe ich mir selbst und sehr spät angeeignet.«

Enzyklopädische Breite. – Man kann sie nicht über einen Leisten schlagen, weder die einzelnen Artikel in ihrem Umfang noch das ganze Unternehmen. Aber von allen Artikeln, die Diderot oder seine Mitarbeiter je geschrieben haben, ist ausgerechnet dieser, Encyclopédie, der von der Planung und den Schwierigkeiten der Ausführung Rechenschaft ablegt, hoffnungslos aus dem Rahmen geplatzt. Erst beim Korrekturlesen ist Diderot noch so unerläßlich Wichtiges eingefallen, daß er zwei zusätzliche Druckbogen benötigte und, um die Paginierung des schon weitergedruckten Bandes nicht durcheinanderzubringen, statt der Seiten nur die ganzen Blätter numerieren ließ. Was wir die Folio-Ausgabe nennen, ist ein Großoktav, so daß der Artikel statt der vorgesehenen 14 nun 28 zweispaltige Seiten umfaßt.

Die Bücher wurden bogenweise gesetzt und gedruckt, das Manuskript oft erst nach und nach geliefert. Oder neue Einsichten, gar Entdeckungen traten während der Drucklegung auf. In den fast gleichzeitig zum Artikel Encyclopédie geschriebenen *Gedanken zur Interpretation der Natur* sieht Diderot sich genötigt, mehrfach in den schon gedruckten Text einzugreifen. Man klebt einzelne Blätter ein, man ergänzt im schon gedruckten Buch ganze Bogen, so daß man die Zahlen mit Sternchen versieht usw. Was die heutigen Buchhersteller auf die Palme treiben würde, war zur Ersparnis des teuren Papiers gängige Praxis.

So betrifft auch die einzige Unwahrheit in diesem langen Artikel den Umfang des Werkes. Der *Prospectus* von 1750, der noch dazu behauptete, das Manuskript liege bereits fertig vor, versprach »nicht weniger als acht Bände«. Hier stellt Diderot den achtzig Quartbänden der Akademie der Wissenschaften voll ungeordneter Materialien sein Werk »von acht bis zehn Bänden« gegenüber. Dabei ist er bereits auf der Seite 635 des 5. Bandes angekommen und noch nicht mit dem Buchstaben E zu Ende. Allerdings wuchs die Neugier des Publikums, und gerade die Zensurschwierigkeiten hatten sich wieder einmal als Werbeposaunen erwiesen. Es wurden siebzehn Textbände.

Enzyklopädische Kritik. – Um die Mitte des 18. Jahrhunderts, und bis zum Hals in dessen Alltagsschwierigkeiten, konnte man nicht wissen, daß Späteren diese Epoche als das Jahrhundert der Aufklärung erscheinen würde. All die vielen herrlichen Pläne zur Verbesserung benachteiligter Gruppen der Gesellschaft, zur Entwicklung der Landwirtschaft und des Gewerbefleißes, zur Förderung der Wissenschaften waren auf eine hierarchische Befehlsstruktur ausgerichtet. Ein Fürst sollte sie anordnen und die Mittel bereitstellen. Noch die Französische Revolution fand nach Tocqueville die größten Hindernisse gegen ihre administrativen und gesetzgeberischen Neuerungen darin, daß nicht zwei Menschen gewohnt waren, miteinander zu handeln.

Aber was ordnen die Fürsten an? Akademiewörterbücher, die einen normativen Wortgebrauch gegen das Leben und gegen die lebendige Poesie fixieren sollen, in generationenlanger Trödelei von beflissenen Sekretären den greisenhaften Würdenträgern abgerungen. Keine Erkenntnis, keine Einsicht, kein praktisches Wissen schlägt sich in diesen Definitionen nieder. Denn man muß ganz andere Leute fragen als diejenigen, die sich um die Aufnahme in die Akademie bewerben. Menschen, die forschen, experimentieren, erfinden, und vor allem Menschen, die selbständig nach eigener Einsicht und dem Streben nach Verbesserung ihrer Verfahren arbeiten und die für Fehlschläge das Risiko tragen. Solche Menschen kommen nicht von selbst zu den Verfassern eines Wörterbuchs der Künste und Wissenschaften. Man muß sie aufsuchen, man muß ihnen ihr Wissen und vor allem dessen klare und verständliche Darstellung abringen, Fragen stellen und Formulierungshilfe geben.

»Eine Enzyklopädie läßt sich nicht befehlen.« *Une encyclopédie ne s'ordonne point.* – Eine Gesellschaft von Künstlern und Gelehrten, die jeder auf seinem Gebiet arbeiten und »nur durch das allgemeine Interesse der Menschheit *(genre humain)* und ein Gefühl gegenseitigen Wohlwollens *(bienveillance réciproque)* verbunden sind«. Ein Muster dafür war vielleicht der Vorgänger der englischen Royal Society, das nicht ganz im Scherz so genannte *Invisible College:* seltsame Individuen von unbändigem Erfindungsgeist und Forscherdrang, die sich zum Austausch ihrer Erkenntnisse und zur gegenseitigen Unterrichtung trafen. Mit der Institutionalisierung zieht auch der sektenbildende, kontroversenausfechtende Ungeist pfäffischer Intoleranz ein.

Die Geistlichkeit hatte ja nicht lediglich das Monopol des gesamten Bildungswesens durch Jahrhunderte ererbt, ganz gleichgültig, ob einzelne einsichtige Vertreter dieses Standes das noch für richtig hielten. Institutionen übertragen, das hatte Diderot an Klöstern und Orden erkannt, selbst dann, wenn sie sich nicht auf natürlichem Wege fortpflanzen, Verhalten und Denkweise auf ihre Mitglieder, woher diese auch kommen mögen. So muß Diderots Darstellung seiner Herausgebertätigkeit eine heftige Kritik der obrigkeitlich verfügten Wissenschaft und des geistlichen Procedere der Akademien enthalten. Nichts ist unnötiger, als wenn alle Mitglieder, wie bei einem Konzil, sich über die Definition jedes einzelnen Wortes der Sprache vereinigen müssen. Nichts unwahrer, als daß gerade diese Mitglieder die Kenntnis aller Wissensbereiche umfaßten, von der Neugier und Fähigkeit, sich dieses Wissen anzueignen, ganz zu schweigen.

Die französische Akademie brauchte sechzig Jahre, um auch nur eine erste Ausgabe ihres Sprachwörterbuchs vorzulegen. In dieser Zeit wandelt sich die Sprache, das Wissen und die Art der Definition. Dabei ist ein Wörterbuch der Künste und Wissenschaften herauszubringen ja keine Tätigkeit unmittelbarer Forschung, sondern eine organisatorische Leistung. Und das Bedürfnis dafür ist dort um so größer – und die Neugier darauf, die sich an den Subskribenten ablesen läßt, bei denen Weltgeistliche und Beamte einen großen Anteil ausmachen – wo es an der aktuellen Wissensvermittlung durch überall zugängliche und auf dem Stand gehaltene Bibliotheken gewaltig mangelt. Daß es eine vergleichbare Publikation im Gegensatz zu den Sprachwörterbüchern und den historisch-geographischen Nachschlagewerken überhaupt noch nicht gab, kennzeichnet ja die Situation.

Gäbe es übersichtliche Handbücher der wichtigsten Wissenschaften und Künste auf neuem Stand und zugänglich in jeder Stadt, so wäre eine Enzyklopädie ein kommerzielles Unternehmen zur Befriedigung von Privatleuten oder dem Landadel, der gern auch zu Hause bequem über dieses Wissen verfügen möchte. Da es aber nicht nur in den größeren Städten jämmerlich aussah mit öffentlichen Bibliotheken und selbst in der Hauptstadt die königliche Bibliothek nur wenige Stunden geöffnet war, so handelte es sich um ein öffentliches Erfordernis von höchster Dringlichkeit. Der Hof und die Sorbonne erwiesen sich nicht nur als unfähig, dem nachzukommen, sondern sie behinderten zu allem Überfluß auch noch das Unternehmen. Und wenn nicht einige Verleger schon ihr Geld dahinein investiert hätten und auf die Regierung Druck ausübten, so hätte es für Diderot und seine Sache trotz der Gesellschaft von Künstlern und Gelehrten schlecht ausgesehen. Ihr Einfluß hätte nicht ausgereicht.

Auf der anderen Seite läßt sich als Regel aufstellen: öffentliche Unternehmen werden – nicht nur unter Monarchien – schlecht ausgeführt. Es schleicht sich in sie die fürchterliche Logik der Bürokratie ein: Verschleppung der Arbeit, Verantwortungslosigkeit der einzelnen, Nebensächliches und Tagesaktualität schieben sich an die Stelle der Aufgabe, in der Routine geht der Ernst der Durchführung verloren. Minister und Direktiven wechseln, Amtsträger altern. Wo einst Begriffe und Ideen waren, bleiben Wortspiele und fade Scherze, statt fähiger Köpfe rekrutiert man Kreaturen aus der eigenen Klientel. Was als ein Nachlassen der Spannung beginnt und als Unfähigkeit, sie wieder zu heben, sich fortsetzt, endet in der Katastrophe: alles läuft und es merkt fast keiner mehr, daß mit dem Anspruch der Sache auch diese selbst verlorenging.

Aber man stelle sich den Zustand des Mißverhältnisses von Obrigkeit und Wissenschaft zu Diderots Zeit nicht idyllisch vor, weil wir inzwischen auf grausamere Despotien zurückblicken müssen. Die Mißgeschicke der *Encyclopédie* sind uns von geistreichen Männern überliefert, die Ereignisse anekdotisch zugespitzt. Natürlich ist es herrlich, wenn der Lieutenant der Pariser Polizei, der eine Haussuchung durchzuführen hat, nicht nur rechtzeitig warnt, sondern Diderot anbietet, die Papiere für das große Werk, die er nicht in der Eile ordnen und verstecken kann, bei ihm selbst unterzubringen, denn da werde man sie gewiß nicht suchen.

Aber eben das Jahrhundert, das die *Encyclopédie* schließlich doch erwerben und studieren konnte, wurde um Diderots wichtigste Werke betrogen. Traumatisiert von der Haft im Turm von Vincennes und von der Gefahr, durch mißliebige Publikationen noch einmal die Herausgabe der *Encyclopédie* aufs Spiel zu setzen, veröffentlichte er die weit in die Zukunft deutenden Werke entweder gar nicht oder nur in der lediglich im Ausland an Fürstenhöfen verbreiteten *Correspondance littéraire.* So ist es kein Zufall, daß Goethe *Rameaus Neffen* mit dem Gefühl höchster Aktualität übersetzt und kommentiert und daß Hegel Sätze daraus als Zeitanalysen in die *Phänomenologie des Geistes* einbaut, Jahrzehnte nachdem Diderot den Dialog geschrieben hat und Jahrzehnte bevor man ihn in Frankreich endlich zur Diskussion stellen kann.

Man darf sich den Umgang mit der herrschenden und tödlichen Zensur- und Unterdrückungsmentalität des Ancien Régime nicht als ein lustiges Räuber-und-Gendarm-Spiel vorstellen, bei dem sich die Aufklärer vor der nächsten drohenden Verhaftung durch kühne Äußerungen oder versteckte Anspielungen ihr Mütchen kühlten. Oder gar, daß sie tapfer gegen unsinnige Dogmen fochten, an die kein höherer Geistlicher mehr glaubte. Sie wußten, daß sie gegenüber der Öffentlichkeit und vor der Geschichte die Verantwortung für Forschung, philosophische Klärung der Begriffe und Verbreitung des Wissens trugen. Und daß das weder Spiel noch Scherz ist. Ein Absturz in ein erneutes Mittelalter durch Epidemien, Mißernten und Kriege stand ihnen stets vor Augen. Was sie taten und wie sie für die *Encyclopédie* ihre Kräfte vereinten, um dieses vom Verlust bedrohte Wissen zu retten und verfügbar zu halten, geschah wirklich für die Menschheit.

Die weitere Regel, die Vernunft nirgendwo aufzuopfern, selbst nicht in der Erörterung theologischer Glaubenssätze, betrifft allerdings das Spiel der Aufklärung und das Trainieren des aufmerksamen Lesers. Die Absurditäten der Kirchenspaltungen wegen unterschiedlicher Auslegung weniger des Glaubens als der Gebräuche, des gesäuerten oder ungesäuerten Brotes beim Abendmahl, der Form der Kapuzen bei den Mönchsorden werden so musterhaft durchargumentiert, die Unsinnigkeit Andersgläubiger gegenüber der katholischen Lehre so erschöpfend erwiesen, daß sich ein leichter Zweifel erhebt. Die sokratische Kunst der Ironie, die Diderot sonst im Dialog zu neuem Leben erweckt hat, wird hier auch in der Form des erläuternden Enzyklopädieartikels geübt.

Enzyklopädische Bäume. – Es ist dafür gesorgt, daß auch die Bäume des Wissens nicht in den Himmel wachsen. Ganze Lehrbücher haben seit dem 16. Jahrhundert und besonders in der Folge von Petrus Ramus alles Wissen aufs Spalier gezogen. Teile und Unterteile nach ihrem logischen Gewicht von Gattung oder Art, Allgemeinem oder Einzelnem wurden als Bäume dargestellt, die Enzyklopädie von J. H. Alsted kann das über Hunderte von Seiten zur Bewunderung ihrer Leser fortführen. Der entscheidende Unterschied liegt darin, ob es sich lediglich um Unter- und Nebenordnungen handelt, oder ob der Baum des Wissens die Entstehung des einen aus dem anderen belegen kann.

Bei genealogischen Stammbäumen ist das nicht zu bezweifeln, aber selbst da steht jeder in den Gezweigen vieler Bäume. Was aber hat es mit Bacons Baum des Wissens auf sich? Bacon glänzt durch eindrucksvolle programmatische Formulierungen, er hat, wie William Harvey, der Entdecker des Blutkreislaufs, schon sagte, eine rechte Kanzlerphilosophie. Kluge Blicke auf die Welt, aber, wie bei so vielen Predigern des Empirismus, keine eigene Beobachtung, die Folgen hat, keine Entdeckung, und schon gar kein Verständnis für die sich entwickelnde moderne Wissenschaft von Kopernikus, Galilei und Kepler, die mathematisch und platonisch ist. Es ist immer ein Vorteil, Wissenschaften nicht nach ihren Objekten, sondern nach den Erkenntnisvermögen zu ordnen. Aber in einer Dreiheit Gedächtnis neben die Vernunft zu stellen, das hat auch schon Augustinus getan, wenn bei ihm auch die dritte Kraft nicht Phantasie, sondern Liebe heißt.

Wie schön gliedern sich nun auf Ästen und Zweigen die einzelnen Wissenschaften, nach dem vorwaltenden Vermögen unseres Geistes gruppiert. Aber wer wüßte besser als Diderot, wie viel Vernunft und klaren Verstand man braucht, um aus Überresten, Legenden oder selbst persönlichen Erinnerungen Geschichte zu schreiben, wie viel Vernunft, um im Bereich der Einbildungskraft ein Theaterstück aufzubauen, seine Motive zu verknüpfen und eine Lösung so zu konstruieren, daß sie wie von selbst einzutreten scheint. Daß die Gottesgelehrsamkeit aus derselben Wurzel wächst wie die anderen Wissenschaften, ist nur eine Folgerung selbst aus scholastischer Philosophie. Wo sie Philosophie und mithin Arbeit der Vernunft ist, unterliegt sie den gleichen Regeln. Nur dort, wo die Offenbarung mit der Vernunft nicht zu vereinbaren scheint, hat sich im Mittelalter die Vernunft schweigend gebeugt, während sie nun, durch die traurige Erfahrung jahrhundertelanger Kontroverstheologie und Religionskriege geprüft, gelegentlich eine Frage zu stellen wagt.

Die Erfahrung lehrte damals schon, daß ganze Bibliotheken dieser Streitliteratur der Theologie zur Befehdung der modernen Wissenschaft und der neuen Philosophie sich bald wieder in der Nichtigkeit begraben sahen, aus der sie sich zur Scheinexistenz aufgeblasen hatten. Andererseits nährt eine wohlgegliederte Enzyklopädie die Hoffnung, einen großen Teil der verteidigenden und beweisenden Literatur durch schlichtes Aufzeichnen des Ergebnisses und den Hinweis auf das Beweisverfahren überflüssig zu machen. Und dann kann man Bäume pflanzen und hegen, wie Fragonard sie gemalt hat, die zwischen Wolken und Fontänen sich flammend und züngelnd erheben, die wie ein Dschungel sich ausbreiten und alles zu verschlingen scheinen, wahrhaft enzyklopädische Bäume.

Enzyklopädisches außerhalb der Encyclopédie. – Die Gesetze der Gattung verwehrten es, daß Diderot seine besten enzyklopädischen Werke in Artikel faßte. Der *Brief über die Blinden zum Gebrauch für die Sehenden*, der ihn in der Planungsphase der *Encyclopédie* in die Dunkelhaft des Turmes von Vincennes brachte, entwirft eine ganze Welt, die mittels des Tastsinns die sichtbare Welt ersetzt, und träumt kosmogonisch von experimentellen und mißglückenden Welten. *D'Alemberts Traum,* worin er dem mathematisch schöpferischen, aber auch begrifflich fixierten Mitarbeiter und Freund den großen Paradigmenwechsel von der geometrischen zur biologischen, genetischen Weltanschauung nahelegt und der im Traum entwickelt, was er wach verweigert: kein Werk steht geistvoller und fruchtbarer an der Schwelle zweier Weltauffassungen.

Rameaus Neffe erfaßt tiefer als jede Abhandlung den Widerspruch einer Gesellschaft und den der Kunst darin und ließ sich doch nicht auf Artikel ziehen. Und gerade ein Buch, das man lange als erotische Leichtfertigkeit mißverstand, *Die geschwätzigen Kleinode,* seiner damaligen Freundin aus Geldnöten zu helfen, wie die Legende will, in kaum zwei Wochen geschrieben, kann gar nicht anders bei einem, der eine Enzyklopädie konzipiert und vorbereitet, als in nuce eine Welt darzustellen. Natürlich ist es die Welt der *Encyclopédie,* nur durch das Fernrohr verkehrt herum betrachtet. Es ist eine Phänomenologie des Leibes, die der Geist skizziert hat, und es enthält die zauberhafteste metaphysische Seelenlehre aus dem Mund der Favoritin des Sultans, die den Aufstieg der Seele aus den strampelnden Füßen des Säuglings und des hüpfenden Kindes über Knie und Lenden des Heranwachsenden hinauf, manchmal zum Herzen und gelegentlich bis in den Kopf lehrt. Aus dieser Grundeinsicht in die Beweglichkeit der Seele lassen sich die fruchtbarsten Folgerungen ziehen, zu denen der Sensualismus noch nicht gelangt war.

Während der Arbeit an der *Encyclopédie* erfindet Diderot ganz eigentlich die moderne Kunstkritik, aushilfsweise, um die *Correspondance littéraire* zu füllen, während sein Freund Melchior Grimm auf Reisen ist. Es geschieht zur gleichen Zeit, da Winckelmann jenseits der antiquarischen Notizen den Begriff der Schönheit und ihre geschichtliche Entwicklung in der Kunst des Altertums entdeckt. All dem muß sich die *Encyclopédie* verschließen, um überhaupt einmal durchgeführt zu werden und an ein Ende zu kommen. Diderot ist längst mit seinen Gedanken woanders. Er hat unterdessen in *D'Alemberts Traum* und in *Jakob und sein Herr* die sprunghafte Ideenassoziation und die Komposition aus lauter Abschweifungen künstlerisch verwirklicht und theoretisch begründet. Dem steht die alphabetische Ordnung ja nicht so fern.

Könnte man den Bäumen des Wissens mehr Vertrauen schenken, so ließe sich eine sachliche Ordnung denken, wie sie Plinius in der *Naturgeschichte* ausführt, vom Weltall zur Erde, den Kontinenten und Flüssen, Pflanzen und Tieren, deren Produkten und ihrer Bearbeitung, die bis zur Medizin und den Künsten führt. Alexander von Humboldt wird das im *Kosmos* noch einmal in ähnlicher Ordnung versuchen. Nur war die Welt inzwischen aus der objektiven Antike in die subjektive Moderne gelangt, so daß die Arten der Anschauung der Natur und ihres Genusses, die Geschichte der Entdeckungen und die wissenschaftliche Methode selbst thematisch werden müssen. Aber man täusche sich nicht. Selbst ein Meister der Darstellung wie Humboldt schafft es nicht, noch einmal so anschaulich und konzis zu sein wie auf den wenigen Seiten strukturierender Synthese »Über die Steppen und Wüsten« in den *Ansichten der Natur.*

Wunschenzyklopädien. – Die zahlreichen Unternehmungen nach Diderots Werk gliedern sich nach dem Vorwiegen der knappen Definition und Erläuterung oder der zusammenhängenden Darstellung von Sachverhalten *(Brockhaus* oder *Encyclopaedia Britannica).* Aber mit der Zeit ändern sich Begriffe und Anschauungen. Gab eine Auflage der *Britannica* unter »Mittelalter« noch die bloße Wortgeschichte, so bietet die andere eine enzyklopädische Übersicht dessen, was vorher unter einzelnen Ländern und Künsten usw. verteilt war. Auch muß das kein Gegensatz sein. Die wissenschaftliche Erklärung weicht oft der Anschauung aus und ist selbst nicht präzis genug.

Der Zauber alter enzyklopädischer Wörterbücher liegt darin, daß sie unbewußt eine vergangene Welt vergegenwärtigen. Unter einem Stichwort schreiben sie nicht nur, was es ist, sondern wie man es bereitet, Tinte z.B., oder wie man es im Hause hält, z.B. Nachtigallen. In die von Historikern ausgesparte Wirklichkeit des Alltags stürzt den Leser ein Artikel »Kriegsbäckerei«, der fouragierende Soldaten, Müller und Fuhrknechte, Bäckerburschen und Feldöfen, Zelte zum Trocknen des Kommißbrotes und seine berechenbare knappe Haltbarkeit in Worten und Zahlen erstehen läßt, in Krünitz' *Oeconomischer Encyclopädie.* Und man ahnt, warum Napoleon all das aufgab, seine Truppen sich aus dem Land versorgen ließ, und wie das seine Operationen beschleunigte.

Es gibt eine enzyklopädische Genauigkeit. Man möchte Rom so beschrieben finden, wie Gadda es in der *Gräßlichen Bescherung* tut. Die unendliche Liebe zum Detail ließ Francis Ponge das große Lehrgedicht von Lukrez' *Natur der Dinge* noch einmal im einzelnen schreiben, so daß auch Großmutters Wäschetopf und die Pellkartoffel die verdiente Unsterblichkeit erlangen. Die ausgedehnten Sachverhalte bedürfen keiner umfangreichen romanhaften Darstellung, auch wenn man sich wünschen möchte, Flaubert hätte in *Bouvard und Pécuchet* nicht lediglich die unanwendbaren Bücher des 19. Jahrhunderts so gnadenlos beschrieben, sondern etwa die in Morhofs wundersamem *Polyhistor* genannten seinerseits noch einmal rezensiert. Dafür würde das labyrinthische Wesen der Zeit nicht durch endlose Romane dargestellt, sondern durch etwas so Knappes wie Borges' »Garten der Pfade, die sich verzweigen«.

Wie die verschiedenen Zukünfte sich nicht alle realisieren, so wie der erste Satz eines Textes bereits die unbegrenzten Möglichkeiten des Brouillons der Gedanken bestimmt und einengt, so verhält es sich auch mit den Enzyklopädien, die jeder Leser sich entwerfen mag. Es gibt so viele Tatsachen, die als richtig erkannt wurden, und doch keinerlei Bedeutung für uns haben. So viele nützlichen Erfindungen, die sich als schädlich erweisen. Ein Optimierungswahn, der die elementarsten Ansprüche verweigert, da er die unabdingbarsten Elemente verwüsten muß. Und eine grauenvolle Dummheit, die immer erst vernichten muß, was sie selbst nicht versteht, um einen kümmerlichen Ersatz anzubeten.

Diderots *Encyclopédie* ist ein Orientierungsmittel innerhalb einer Gesellschaft, die im Widerspruch zu sich selbst steht. Eine Regierung, die nicht zu leiten vermag, eine Geistlichkeit, die die Transzendenz verraten hat, ein Adel, der zur bloßen Kaste verkommen ist, ein Bürgertum ohne politische Rechte und Verantwortung, haltlos das Ganze. Die Philosophen um Diderot sind durchaus einer großen

Katastrophe gewärtig. Sie fühlen eine Verantwortung für das Ganze und gegenüber einer möglichen ganz anderen Zukunft. Das treibt sie dazu an, Werke zu erfinden und Enzyklopädieartikel zur Sicherung des Wissens zu schreiben – und um zu zeigen, wie man die Kräfte unseres Geistes in Tätigkeit setzt.

EPIDELIUS – (**Mythologie**). Name des Apollo. Menophanes, der die Flotte des Mithridates befehligte, nahm Delos ein, plünderte den Apollo-Tempel & warf die Statue des Gottes ins Meer. Doch wundersamerweise trug das Wasser sie zur Küste Lakoniens, unweit des Vorgebirges von Mala, wo die Lakedämonier dem Apollo *Epidelius,* das heißt dem aus Delos gekommenen Apollo, einen Tempel errichteten. Die Wunderstatue wurde in diesem Tempel aufgestellt & das Sakrileg des gottlosen Menophanes mit einem sofortigen & qualvollen Tod bestraft. Obwohl es kaum ein Wunder gibt, das von so vielen schwer anzuzweifelnden Umständen begleitet wurde; obwohl das Wunder, um das es sich handelt, einen nicht alltäglichen Grad an Glaubwürdigkeit zeigt; & obwohl es durch das Zeugnis & das Denkmal eines ganzen Volkes bekräftigt ist, darf man es dennoch nicht glauben. Die Gründe dafür braucht man nicht darzulegen; um es zu verwerfen, genügt es, zu wissen, daß der wahre Gott, hätte er dergleichen Wunder zugelassen, die Menschen zum Götzendienst verleitet haben würde. Es gibt Fälle, bei denen man die Wahrheit der Tatsachen nach ihren Folgen, & andere, bei denen man die Folgen nach der Wahrheit der Tatsachen beurteilen muß. *Diderot*

ERDE, SCHICHTEN DER – **Terre, couches de (Naturgeschichte, Mineralogie)**. *Strata telluris;* man nennt *Schichten der Erde* verschiedene Lagen aus Erden, Gestein, Sand, aus denen unser Erdball zusammengesetzt ist. Sowenig man die Natur auch beobachten mag, so nimmt man doch wahr, daß die Erde, die wir bewohnen, von einer großen Anzahl verschiedener Substanzen bedeckt ist, die in horizontalen & parallelen Schichten übereinander angeordnet sind, wenn nicht irgendeine außergewöhnliche Ursache diesen parallelen Verlauf verhindert hat. Diese Schichten variieren an verschiedenen Stellen im Hinblick auf die Zahl, ihre Dicke & die Eigenschaft der Stoffe, die sie enthalten; in einigen Gegenden findet man, wenn man sehr tief gräbt, nur zwei, drei, vier verschiedene Schichten, während man in anderen dreißig oder vierzig übereinanderliegende Schichten findet. Manche Schichten sind ausschließlich aus *Erden* wie Ton, Kreide, Ocker &c. zusammengesetzt, andere dagegen aus Sand & Kies; wieder andere sind mit Kiesel- & Feldsteinen oder mit rundgeschliffenen Steinen ausgefüllt, wie man sie am Ufer der Meere & Flüsse findet; wieder andere enthalten Felsbrocken, die an anderen Orten losgerissen & an den Orten abgelagert worden sind, wo man sie jetzt findet; andere Schichten bestehen nur aus zusammenhängendem Gestein, das zuweilen einen sehr beträchtlichen Raum einnimmt; dieses Gestein ist nicht überall von der gleichen Art; bald ist es Kalkstein, bald Gips, Marmor, Alabaster, Nagelfluh, Glimmer, Schiefer, & häufig ist das Gestein, das eine Schicht bildet, aus mehreren Schichten oder Lagen von Gestein zusammengesetzt, die sich voneinander unterscheiden: Man findet auch Schichten, die mit bituminösen Stoffen gefüllt sind, wie etwa die Steinkohlenminen, siehe auch STEINKOHLE. Andere sind eine Anhäufung von salzhaltigen Stoffen; so finden sich in ihnen Natron & Steinsalz. Siehe auch diese Artikel.

Mehrere Schichten schließlich sind nur Anhäufungen von metallischen Substanzen & Erzen, die, wie uns scheint, nach der Losreißung von den Orten, wo sie entstanden sind, von den Gewässern zu den Orten gebracht worden sind, wo wir sie finden. Alle diese verschiedenen Schichten sind zuweilen mit Muscheln, Korallen, Meerestieren, Holz & anderen pflanzlichen Substanzen, Fischgräten, Knochen von Vierfüßern & einer großen Anzahl von Körpern angefüllt, die der *Erde* völlig fremd sind.

Alle diese Umstände, von denen die *Schichten der Erde* begleitet sind, haben zu allen Zeiten die Einbildungskraft der Physiker angeregt. Da uns die Geschichte keine Erinnerung an eine Überschwemmung überliefert hat, die noch umfassender gewesen wäre als die Sintflut, haben die Naturforscher keine Bedenken gehabt, sie als die einzige Ursache für die *Schichtung der Erde* zu betrachten. Unter denen, die diese Meinung vertreten, steht Woodward an erster Stelle; er vermutet, daß das Wasser der Sintflut alle Teile unserer *Erde* aufgeweicht & aufgelöst hat & daß sich dann, als die Fluten zurückgingen, die Substanzen ablagerten, die sie aufgeweicht hatten, & die verschiedenen Schichten bildeten, aus denen die *Erde* zusammengesetzt ist. Diese Hypothese, die eher genial als wahr ist, hat zahlreiche Anhänger gefunden; man muß jedoch nur wenig Aufmerksamkeit darauf verwenden, um zu sehen, daß die angebliche Aufweichung der ganzen Masse unserer *Erde* eine aus der Luft gegriffene Idee ist. – Wie soll man sich denn vorstellen, daß eine vorübergehende Überschwemmung, die nach der Aussage des Moses nicht einmal ein Jahr gedauert hat, alle jene Schichten aus so verschiedenen Substanzen hervorbringen konnte, aus denen die verschiedenen Teile unserer *Erde* zusammengesetzt sind?

Die wahrscheinlichste Anschauung über die Entstehung der *Schichten der Erde* ist die, welche sie größtenteils auf das Verweilen der Meere zurückführt, die nacheinander mehrere Jahrhunderte lang die Kontinente bedeckt haben, die heute bewohnt sind.

Man würde sich allerdings täuschen, wenn man die Entstehung aller Schichten, die wir auf der *Erde* sehen, allein dem Meer zuschreiben wollte; die Überschwemmungen der Flüsse spülen auf die Gebiete, die sie überfluten, eine erstaunliche Menge Schlamm, die nach mehreren Jahrhunderten Schichten bildet, die das Auge leicht unterscheiden kann & an denen man die Zahl der Überschwemmungen jener Flüsse feststellen könnte, deren Bett eben dadurch oft zwangsläufig verändert worden ist.

Einige Länder bieten dem Auge Schichten dar, die von ganz anderer Beschaffenheit sind als die, von denen wir bisher gesprochen haben; diese Schichten sind gewaltige Anhäufungen von Aschemassen, in Kalk & Kristall verwandeltem Gestein, Bimsstein &c. Es ist leicht einzusehen, daß solche Schichten nicht durch die Gewässer hervorgebracht worden sind; sie sind das Produkt unterirdischer Feuerherde & Vulkane, die bei verschiedenen Ausbrüchen in zuweilen sehr großen Zeitabständen diese Stoffe ausgeworfen haben: Solcher Art sind die Schichten, die man in Sizilien in der Nähe des Ätna, in Italien in der Umgebung des Vesuvs, in Island in der Nähe des Hekla findet, & die Untersuchung derartiger Schichten hat Lazzaro Moro veranlaßt, anzunehmen, daß *alle Schichten der Erde* nur von Vulkanen geschaffen worden sind – woraus man ersieht, daß er auf unsere ganze *Erde* jene Erscheinungen ausgedehnt hat, die nur in der Gegend existierten, in der er wohnte, & in anderen, die den gleichen Umwälzungen unterworfen sind. *d'Holbach*

Der frühern Zeit gedenk' ich, / Da alle Glieder noch gelenkig. / Bis auf eins. / Diese Zeiten kehren niemals wieder, / Versteift sind alle Glieder. / Bis auf eins. Heinrich Heine

Erektion – Erection (Medizin, Physiologie).

Mit diesem Terminus bezeichnet man den Zustand des männlichen Glieds, in dem es nicht herabhängt & sich von selbst aufgerichtet hält, so daß die Eichel, die sein unterer Teil war, zu seinem oberen wird. Das rührt daher, daß die Schwellkörper, aus denen das Glied besteht, mit Blut gefüllt & gestrafft sind, was es hart & fest macht, während es vor dieser Veränderung schlaff & weich war.

Die *Erektion* ist die notwendige Voraussetzung dafür, das männliche Glied in die Vagina einzuführen, gemäß der Zeugungsfunktion, für die dieses Organ bestimmt ist. Im selben Sinne, wenngleich zu einem anderen Zweck, sagt man von der Klitoris, sie sei der *Erektion* fähig, in Anbetracht, daß dieser Teil im kleinen die gleiche Struktur hat wie das männliche Glied.

Als eine Art von *Erektion* läßt sich auch das Anschwellen der Brustwarzen des einen wie des anderen Geschlechts betrachten, vor allem bei dem weiblichen, bei dem es ausgeprägter ist.

Alle diese Körperteile haben die gemeinsame Eigenschaft, daß sie in diesen Zustand der *Erektion* infolge der Einbildungskraft übergehen, die durch die Vorstellung oder den tatsächlichen Anblick der Gegenstände erhitzt wird, die geeignet sind, die venerische Begierde zu wecken, besonders infolge einer sinnlichen Berührung oder jedes anderen äußeren Eindrucks, welche die Empfindlichkeit dieser Organe ins Spiel bringen & den *Erethismus* der reizbaren Teile, aus denen sie bestehen, bedingen können, was verhindert, daß das Blut, das von den Arterien in die Höhlen oder Zellen fließt, welche die Anatomie in der Struktur all dieser verschiedenen Organe nachweist, durch die Venen zurückströmt.

Der Mechanismus des für die *Erektion* notwendigen Blutstaus ist auf unterschiedliche Weise erklärt worden, insbesondere im Hinblick auf das männliche Glied (siehe Penis), aber die Gründe, die man bisher genannt hat, scheinen nicht ganz befriedigend zu sein, weil sie für alle der *Erektion* fähigen Teile gelten müßten, da es Grund zu der Annahme gibt, daß die Natur im einen Teil dieselbe Wirkung erzielt wie im anderen. Diese gemeinsame Ursache bleibt noch zu bestimmen; sie läßt sich nur nach der anatomischen Darstellung der Körperteile selbst erforschen. Daher muß alles, was zu diesem Thema gesagt werden kann, in den Artikeln über die verschiedenen Organe, um die es sich handelt, zur Sprache kommen. Siehe die Artikel Penis, Klitoris, Brustwarze, Koitus, Zeugung, Schwangerschaft. *d'Aumont*

Erhaltung – Conservation (Moral).

Das Gesetz der *Erhaltung* ist eines der Hauptgesetze der Natur: Es verhält sich zu den anderen Gesetzen wie die Existenz zu den anderen Eigenschaften. Hört die Existenz auf, so hören alle anderen Eigenschaften auf; wird das Gesetz der *Erhaltung* übertreten, so wird die Grundlage der anderen Gesetze erschüttert. Sich selbst auf irgendeine beliebige Weise vernichten heißt sich des Selbstmords schuldig machen. Man muß so lange wie möglich existieren – nämlich für sich, für seine Freunde, für seine Verwandten, für die Gesellschaft, für die Menschheit; alle Beziehungen, die ehrbar & erfreulich sind, bestimmen uns dazu. Wer gegen das Gesetz der *Erhaltung* verstößt, tritt diese Beziehungen mit Füßen: »Ich will nicht mehr dein Vater, dein Bruder, dein Gatte, dein Freund, dein Sohn, dein Mitbürger, dein Mitmensch sein.« Freiwillig sind wir einige dieser Verhältnisse eingegangen, es hängt nicht mehr von uns ab, sie ohne Ungerechtigkeit zu lösen. Das ist ein Pakt, zu dem wir weder genötigt noch überlistet worden sind; wir können ihn nicht eigenmächtig brechen; wir bedürfen der Zustimmung derer, mit denen wir ihn geschlossen haben. Die Bedingungen dieses Vertrages sind uns lästig geworden; doch hätten wir dies sehr wohl voraussehen können. Lästig konnten sie auch anderen & der ganzen Gesellschaft werden; in diesem Fall hätte man uns nicht im Stich gelassen. Bleiben wir also da! Es gibt auf der Erdoberfläche – moralisch gesehen – niemanden, der so unnütz & so allein wäre, daß er scheiden könnte, ohne Abschied von einem anderen als sich selbst zu nehmen. Die Ungerechtigkeit einer solchen Handlungsweise wird mehr oder weniger groß sein; doch wird immer Ungerechtigkeit darin liegen. Handle so, daß alle deine Handlungen auf deine *Selbsterhaltung* & die *Erhaltung* der anderen abzielen: das ist der Ruf der Natur; aber sei vor allem ein rechtschaffener Mensch. Es gibt keine Wahl zwischen der Existenz & der Tugend. *Diderot*

EROTISCH – **Erotique (Medizin).** Ein Epitheton, das sich auf alles erstreckt, was die Liebe der Geschlechter betrifft. Vornehmlich verwendet man es zur Bezeichnung des Wahns, den die erotische Zügellosigkeit, das Übermaß an körperlicher Begierde verursacht & der bewirkt, daß man den Gegenstand dieser Leidenschaft als das höchste Gut ansieht & sehnlich wünscht, sich mit ihm zu vereinen. Es ist eine Art melancholischen Leidens, eine wahre Krankheit. Willis nennt sie *eroto-mania* & Sennert *amor insanus.*

Man unterscheidet den Liebeswahn von der Nymphomanie & der Satyriasis, die ebenfalls Exzesse dieser Leidenschaft sind, insofern die darunter Leidenden alle Scham verloren haben, während Liebende noch Scham empfinden, die häufig sogar mit einem zuweilen unangebrachten Gefühl großer Ehrfurcht einhergeht.

Der *erotische* Wahn hat verschiedene Grade. Einige der darunter leidenden Personen lieben leidenschaftlich einen Gegenstand, in dessen Genuß sie sich nicht bringen können; dennoch behalten sie ihren Verstand & fühlen durchaus die Sinnlosigkeit ihrer Leidenschaft. Sie gestehen ihre Verirrung ein, ohne sie ablegen zu können, weil sie infolge ihrer Liebesmelancholie (siehe MELANCHOLIE) wider Willen gedrängt werden, sich mit dem Gegenstand ihrer vergeblichen Wünsche zu befassen. Sie erleiden alle Folgen dieser Krankheit, wollen weder essen noch trinken, weigern sich, für ihre dringendsten Bedürfnisse zu sorgen, & gehen offenen Auges zugrunde, ohne gegen die Geisteskrankheit, die sie ins Grab bringt, etwas ausrichten zu können. Andere verspüren diese Leidenschaft auf noch mißlichere Weise: sie werden Tag & Nacht von Ängsten, Kümmernissen, Traurigkeit, Tränen, Eifersucht, ja sogar Zorn & Wut gepeinigt, Gefühlen, denen sie sich überlassen, wenn sie über ihre unglückliche Leidenschaft nachdenken, & häufig kommt es vor, daß sie den Verstand verlieren & sich den Tod geben, wenn sie keine Hoffnung auf Erfüllung ihrer Wünsche mehr haben. Wenn sie sich dagegen vorstellen, daß sie glücklich sein werden & ihre Wünsche in Erfüllung gehen, überlassen sie sich Gefühlen der Zufriedenheit & unmäßiger Freude, die mit schallendem Gelächter einhergeht, wenn sie allein sind; sind sie mit anderen zusammen, so halten sie über dieses Thema extravagante Reden. Häufig setzen sie sich Gefahren aus, in der Hoffnung, ihr Glück vollständig zu machen.

Eine gute Beschreibung der Auswirkungen der exzessiven Liebe findet man bei Plautus (*Cristellaria,* 2. Akt, 1. Szene). Auch andere Autoren haben sie sehr genau beschrieben, so Paulus von Ägina, Galenus, Valerius Maximus, Amatus Lusitanus, Valleriola, Sennert &c. Bei Tulpius findet man ein Beispiel von *Erotomanie,* bei welcher der Kranke in Starrsucht fiel. Manget erwähnt einen Liebestollen, der hohes Fieber hatte.

Die maßlose Liebe kündigt sich jedoch nicht immer durch augenfällige Zeichen an; manchmal hält sie sich im Herzen verborgen. Das Feuer, mit dem sie es verbrennt, zehrt die Substanz desjenigen auf, der von dieser Leidenschaft befallen ist, & läßt ihn dahinsiechen. Es ist schwierig, die Ursache all dieser schlimmen Auswirkungen zu erkennen, die sie im Stillen hervorruft. Jedermann weiß, auf welche Weise Erasistratos die Liebe von Antiochos zu seiner Stiefmutter Stratonike erkannte: als er dem Liebenden in Gegenwart des Gegenstands seiner Leidenschaft den Puls fühlte, verriet die Erregung sein Geheimnis. Die wahre Ursache einer durch die Liebe hervorgerufenen Krankheit läßt sich, wenn man diese Leidenschaft vermutet, auch dadurch erkennen, daß man mit dem Kranken über alles spricht, was mit ihr zusammenhängen kann, sowie über die Person, die möglicherweise den Anlaß dazu gegeben hat. Eine jähe Veränderung des Pulses, die Unregelmäßigkeit, das stockende Pulsieren der Arterie, die sich dann bemerkbar machen, geben unfehlbar das Geheimnis der Seele preis, besonders dann, wenn der Puls sich beruhigt, nachdem man das Gesprächsthema gewechselt hat.

Aus dem Gesagten sieht man, welche Zerrüttungen der Liebeswahn bei einem lebenden Organismus hervorruft; deshalb ist er eine sehr gefährliche Krankheit, vor allem, wenn er ein solches Ausmaß erreicht, daß alle moralischen Heilmittel wie Vernunft, Reflexion, Religion keine Hilfe bringen, nachdem alle anderen Mittel nahezu vergeblich angewandt worden sind. Dennoch mag man die Wirkung derer ausprobieren, welche die Pharmazie bereithält & die

Wenn man mich frägt, wo denn die Intimste Erkenntniß *jenes innern Wesens der Welt, jenes Dinges an sich, das ich den* Willen zum Leben *genannt habe, zu erlangen sei? oder wo jenes Wesen am deutlichsten ins Bewußtsein tritt?, oder wo es die reinste Offenbarung seines Selbst erlangt? – so muß ich hinweisen auf die* Wollust im Akt der Kopulation. *Das ist es! Das ist das wahre Wesen und der Kern aller Dinge, das Ziel und Zweck alles Daseyns. Daher auch ist es, für die lebenden Wesen,* subjective, *das Ziel alles ihres Thuns, ihr höchster Gewinn; und ist* objective *das Welterhaltende, denn die Unorganische Welt hängt an der organischen durch die Erkenntniß. Daher die Andacht zum* Lingam *und zum* Phallus. ARTHUR SCHOPENHAUER

am geeignetsten sind, den Geist zu besänftigen, da sie den Aufruhr der Säfte beruhigen: zum Beispiel erfrischende & lindernde Mittel wie Milch, kalte Samenemulsionen, bestimmte Kräutertees, Bäder, schmerzstillende Mittel; auch mit Vorsicht angewandte Bleipräparate können gute Wirkungen erzielen, da sie den *erotischen* Appetit betäuben. Alle diese Mittel müssen mit einer strengen Diät einhergehen; auch können Aderlässe & Abführmittel bei dieser Behandlung eingesetzt werden, je nach den verschiedenen Indikationen, die sich gemäß dem Alter, dem Temperament, der Kraft des Kranken ergeben. Siehe Liebe, Leidenschaft, Trübsal. *d'Aumont*

EUROPA – **Europe (Geographie).** Großer Landstrich der bewohnten Welt. Die vielleicht wahrscheinlichste Etymologie leitet das Wort *Europa* vom phönizischen *urappa* her, das in dieser Sprache »weißes Gesicht« bedeutet, ein Epitheton, das man der Tochter von Agenor, der Schwester von Kadmos, gegeben haben könnte, das aber zumindest auf die Europäer zutrifft, die weder braun sind wie die Südasiaten noch schwarz wie die Afrikaner.

Europa hatte nicht immer denselben Namen noch dieselbe Aufteilung hinsichtlich der wichtigsten Völker, die es bewohnten; & was deren Zusammensetzung angeht, so läßt sie sich unmöglich im einzelnen angeben, da es keine Historiker gibt, die uns einen Faden an die Hand geben können, der imstande wäre, uns aus diesem Labyrinth herauszuführen.

Doch ich will in diesem Artikel *Europa* nicht so betrachten, wie es die Alten, deren Schriften uns überliefert sind, gekannt haben, sondern nur ein Wort zu seinen Grenzen sagen.

Es erstreckt sich in seiner größten Länge vom Kap St. Vincent in Portugal & der Algarve an der Küste des Atlantischen Ozeans bis zur Mündung des Obi am Nordmeer über eine Entfernung von 1200 französischen oder 900 deutschen Meilen. Seine größte Breite, vom Kap Matapan im Süden von Morea bis zum Nordkap im nördlichsten Teil Norwegens, beträgt etwa 733 französische oder 550 deutsche Meilen. Im Osten wird es von Asien begrenzt, im Süden von Afrika, von dem es durch das Mittelmeer getrennt ist; im Westen vom Atlantischen Ozean & im Norden vom Eismeer.

Ich weiß nicht, ob man die Erde zu Recht in vier Teile teilt, von denen einer *Europa* ist; zumindest scheint die Einteilung nicht exakt zu sein, weil man dabei die Arktis & die Antarktis nicht berücksichtigt, die, obzwar weniger bekannt als der Rest, dennoch existieren & einen freien Platz auf den Globen & Landkarten verdienen.

Wie dem auch sei, *Europa* ist noch immer der kleinste Teil der Welt; doch hat es, wie Montesquieu im *Geist der Gesetze* anmerkt, eine solche Macht erlangt, daß sich in der Geschichte fast nichts mit ihm vergleichen läßt, wenn man die ungeheuren Ausgaben betrachtet, die Höhe der Verpflichtungen, die Zahl der Truppen & die Stetigkeit ihres Unterhalts, auch wenn sie völlig nutzlos sind & man sie nur aus Prahlerei beibehält.

Im übrigen ist es unwichtig, daß *Europa* in Hinsicht auf die Größe des Terrains der kleinste der vier Erdteile ist, da es in Hinsicht auf seinen Handel, seine Seefahrt, seine Fruchtbarkeit, die Aufgeklärtheit & den Fleiß seiner Völker der angesehenste ist, ebenso durch die Kenntnis der Künste, der Wissenschaften, der Handwerke & vor allem durch das Christentum, dessen wohltätige Moral nur das Glück der Gesellschaft erstrebt. Wir verdanken dieser Religion in der Regierung ein gewisses politisches Recht & im Krieg ein gewisses Recht der Menschen, das die menschliche Natur gar nicht hoch genug veranschlagen kann, da sie, wiewohl sie nur die Glückseligkeit eines anderen Lebens zum Gegenstand zu haben scheint, uns auch in diesem glücklich macht.

Europa, dieser Nasenpopel / Aus einer Konfirmandennase. / Wir wollen nach Alaska gehn … Gottfried Benn, Alaska

Europa wurde in den ältesten Zeiten *Keltenreich* genannt. Es liegt zwischen dem 9. & 34. Längengrad & zwischen dem 34. & 73. Grad nördlicher Breite. Über die weiteren Einzelheiten werden die Geographen den Leser unterrichten. *Jaucourt*

EXPERIMENTELL – **Expérimental (Naturphilosophie).** Als *experimentelle Philosophie* bezeichnet man die Philosophie, die den Weg der Erfahrung beschreitet, um die Gesetze der Natur zu entdecken. Siehe auch den Artikel Erfahrung.

Die Alten, über die wir uns in den Wissenschaften sehr erhaben dünken, weil wir es einfacher & bequemer finden, für uns den Vorrang zu beanspruchen, als sie zu lesen, haben die *experimentelle Physik* nicht etwa vernachlässigt, wie wir uns gewöhnlich einbilden; sie haben frühzeitig eingesehen, daß die Beobachtung & die Erfahrung das einzige Mittel zur Erkenntnis der Natur waren. Die Werke des Hippokrates allein würden ausreichen, um zu zeigen, von welchem Geist sich die Philosophen damals leiten ließen. An Stelle jener zumindest lächerlichen, wenn nicht sogar mörderischen Systeme, die von der modernen Medizin hervorgebracht & später verdammt worden sind, findet man bei Hippokrates trefflich beobachtete & miteinander in Einklang gebrachte Tatsachen; man erkennt bei ihm auch ein System von Beobachtungen, das der Heilkunde noch heute zugrunde liegt. Nun glaube ich aber aus dem Stand der Medizin bei den Alten auf den Stand, den die Physik bei ihnen erreicht hatte, schließen zu können, & zwar aus zwei Gründen: einmal, weil die Werke des Hippokrates die bedeutendsten Zeugnisse sind, die uns von der Physik der Alten überliefert sind; zum anderen, weil die Medizin der wesentlichste & interessanteste Teil der Physik ist & man folglich aus der Art & Weise, wie diese betrieben wird, stets zuverlässig darauf schließen kann, wie jene behandelt wird. Wie die Physik, so die Medizin, & umgekehrt: wie die Medizin, so die Physik. Das ist eine Wahrheit, von der uns die Erfahrung überzeugt; denn wir haben zumindest seit der Erneuerung der Wissenschaften, obwohl wir auch noch weiter zurückgehen könnten, immer wieder gesehen, daß die eine dieser Wissenschaften Wandlungen erfahren hat, welche die andere verändert oder vom richtigen Weg abgebracht haben.

Protokoll vom 18. April 1931 – 23 Uhr W(alter) B(enjamin) 1,0 Gramm. 24 Uhr plötzliches Lachen, wiederholte kurze Lachstöße. »Ich möchte mich in einen Mausberg verwandeln.« (Natürlich: Parturiunt montes, nascetur ridiculus mus) – »Das ist mehr Simulin als Haschisch.« Diese Bemerkung brachte besonders deutlich zum Ausdruck das die Versuchsperson im Anfang durchweg beherrschende Mißtrauen in die Qualität des Präparats. V. P. ruft plötzlich in betont militärischer Ausdrucksweise: »Halt, stillgeschreibt«. Diese Ausdrucksweise findet sich später wieder. Das Vertrauen in die Qualität des Präparates beginnt sich einzustellen. V. P. äußert, es wäre ein Präparat zum »wippen«… V. P. spricht dem Protokollierenden den Wunsch aus, von ihm nicht geduzt zu werden. Begründung: »Ich bin nicht ich, ich bin der Haschisch in gewissen Augenblicken.«

Fritz Fränkel/Walter Benjamin, Protokolle zu Drogenversuchen

Wir wissen im übrigen, daß sich schon zur Zeit des Hippokrates mehrere große Männer, an deren Spitze man Demokrit stellen muß, erfolgreich mit der Beobachtung der Natur befaßt haben.

Die *experimentelle Physik* beruht auf zwei Dingen, die man nicht verwechseln darf: dem eigentlichen *Experiment* & der Beobachtung. Die Beobachtung, die weniger originell & tiefgründig ist, beschränkt sich auf die Tatsachen, die man vor Augen hat, das heißt darauf, Erscheinungen aller Art, die uns das Schauspiel der Natur darbietet, gut zu betrachten & ausführlich zu beschreiben; dagegen sucht das Experiment die Natur tiefer zu erforschen, ihr das zu entreißen, was sie verbirgt, & durch mannigfache Kombination der Körper neue Erscheinungen hervorzubringen, um diese wiederum zu studieren – kurz, es beschränkt sich nicht darauf, die Natur zu belauschen, sondern es befragt sie & zwingt sie zur Auskunft. Man könnte die erste Methode als *Physik der Tatsachen* oder noch besser als *alltägliche & greifbare Physik* bezeichnen & der zweiten den Namen *okkulte Physik* vorbehalten – vorausgesetzt, daß man mit diesem Wort eine philosophischere & wahrere Idee verknüpft als gewisse moderne Physiker & daß man mit ihm nur die Erkenntnis unbekannter Tatsachen bezeichnet, deren man sich vergewissert, indem man sie betrachtet, & nicht den Roman mutmaßlicher Tatsachen, die man wohl oder übel errät, aber weder sucht noch sieht.

Wer einen Blick auf die Pariser Universität werfen wollte, könnte in ihr einen überzeugenden Beweis für das finden, was ich behaupte. Das Studium der Mathematik & der *experimentellen Physik* beginnt dort vorzuherrschen. Mehrere junge Professoren, die reich an Wissen & an Geist sind & Mut haben (denn den muß man zu Neuerungen – auch den harmlosesten – immer besitzen), haben es gewagt, den ausgetretenen Weg zu verlassen & sich einen neuen zu bahnen, während in anderen Schulen, die wir nicht nennen wollen, um ihnen Schande zu ersparen, die Bewegungsgesetze von Descartes & sogar die peripatetische Physik noch in hohen Ehren stehen. Die jungen Lehrer, von denen ich spreche, bilden Schüler aus, die wirklich Bescheid wissen, weil sie nach dem Verzicht auf ihre bisherigen philosophischen Grundsätze in die wahren Prinzipien aller physikalisch-mathematischen Wissenschaften eingeweiht & durchaus nicht (wie früher) gezwungen werden, zu vergessen, was sie gelernt haben, sondern im Gegenteil davon Gebrauch machen dürfen, um sich mit den Gebieten der Physik zu befassen, die ihnen am meisten zusagen. Der Nutzen, den man aus dieser Methode ziehen kann, ist so groß, daß es zu wünschen wäre, daß man in den Hochschulen die Vorlesungen über Philosophie um ein Jahr verlängerte oder daß man sich schon im ersten Jahr dazu entschlösse, die Metaphysik & die Logik, denen das erste Jahr gewöhnlich ganz vorbehalten ist, beträchtlich zu kürzen. Ich hüte mich davor, zwei Wissenschaften verächtlich zu machen, deren Nützlichkeit & Unentbehrlichkeit ich anerkenne; aber ich glaube, daß man weitaus schneller damit zu Rande käme, wenn man sie auf das beschränkte, was sie an Wahrem & Nützlichem enthalten. Würden sie auf wenige Seiten gebracht, so würden sie nur gewinnen, & ebenso die Physik, die ihnen folgen muß.

Wie viele Dinge hätte ich doch hier noch über das zu sagen, was man als physikalisch-mathematische Wissenschaften bezeichnet, unter anderem über die physikalische Astronomie, die Akustik, die Optik & ihre verschiedenen Zweige, über die Art & Weise, in der Experiment & Berechnung zusammenwirken müssen, um diese Wissenschaften möglichst vollkommen zu machen! Aber um diesen Artikel nicht zu sehr in die Länge zu ziehen, verweise ich diese Betrachtungen & einige andere in den Artikel Physik, der von diesem nicht zu trennen ist. Ich beschränke mich vorerst auf das, was der eigentliche & gleichsam der einzige Gegenstand der *experimentellen* Physik sein muß, das heißt auf jene Phänomene, deren Zahl ins unendliche wächst & über deren Ursache uns kein Vernunftschluß aufzuklären vermag, deren Verknüpfung wir nicht wahrnehmen können oder deren Zusammenhang wir zumindest nur sehr unvollkommen & sehr selten erkennen, nachdem wir sie unter sehr vielen Aspekten betrachtet haben. Dazu gehören zum

Beispiel die Phänomene der Chemie, der Elektrizität, des Magneten & unzählige andere. Das sind die Tatsachen, die klar zu erkennen der Physiker vor allem versuchen muß: Er kann nicht sehr viel mehr finden; je mehr Tatsachen dieser Art er gesammelt hat, desto eher wird er in der Lage sein, ihren Zusammenhang zu sehen; seine Aufgabe muß darin bestehen, sie in der Ordnung aneinanderzureihen, die ihnen entspricht, die einen durch die anderen zu erklären, soweit dies möglich ist, & aus ihnen sozusagen eine Kette zu bilden, in der sich möglichst wenige Lücken finden; es werden allerdings noch immer genügend Lücken bleiben, dafür hat die Natur gesorgt. Er hüte sich vor allem davor, Aufschlüsse dort geben zu wollen, wo ihm etwas entgeht; er mißtraue der Sucht, alles erklären zu wollen, die Descartes in die Physik gebracht hat & die den größten Teil seiner Anhänger daran gewöhnt hat, sich mit Prinzipien & vagen Gründen zu begnügen, die gleichermaßen das Für & das Wider zu unterstützen vermögen. Man kann sich des Lachens nicht enthalten, wenn man in bestimmten Werken über Physik die Erklärungen für die Schwankungen des Barometers, für den Schnee, den Hagel & unzählige andere Tatsachen liest. Jene Autoren würden bei den Prinzipien & bei der Methode, deren sie sich bedienen, wohl ebensowenig in Verlegenheit geraten, wenn sie durchaus widerspruchsvolle Tatsachen erklären & zum Beispiel beweisen wollten, daß bei Regenwetter das Barometer steigen, der Schnee im Sommer, der Hagel im Winter fallen müsse &c.

In einer Vorlesung über Physik müssen die Erklärungen wie die Überlegungen in der Geschichte kurz, vernünftig, tiefgründig sein & entweder durch die Tatsachen herbeigeführt werden oder aufgrund der Art & Weise, wie man sie darstellt, in den Tatsachen selbst enthalten sein.

Übrigens schließe ich aus der Physik zwar die Sucht nach Erklärungen aus, aber keineswegs jenen Sinn für Mutmaßungen, der zugleich vorsichtig & weitblickend ist & zuweilen zu Entdeckungen führt, sofern er sich nur für das ausgibt, was er ist, bis er zur wirklichen Entdeckung gelangt ist, & auch nicht jenen Sinn für Analogien, dessen Kühnheit, gepaart mit Klugheit, weiter vorstößt, als sich uns die Natur anscheinend enthüllen will, & Tatsachen voraussieht, ehe er sie wahrgenommen hat. Diese beiden wertvollen & so seltenen Talente täuschen zwar bisweilen den, der von ihnen nicht mit erforderlicher Zurückhaltung Gebrauch macht; aber niemand täuscht sich auf solche Weise, wenn er es ehrlich meint. *d'Alembert*

FANATISMUS – **Fanatisme (Philosophie)**. Das ist ein blinder & leidenschaftlicher Eifer, der abergläubischen Anschauungen entspringt & dazu führt, daß man nicht nur ohne Scham & Reue, sondern sogar mit einer Art Freude & Genugtuung lächerliche, ungerechte & grausame Handlungen begeht. Der *Fanatismus* ist also nichts weiter als ein in die Tat umgesetzter Aberglaube.

Die besonderen Quellen des *Fanatismus* liegen:

1. Im Wesen der Dogmen. Wenn diese der Vernunft widersprechen, so untergraben sie die Urteilskraft & unterwerfen alles der Einbildungskraft, deren Mißbrauch das größte aller Übel ist. Die Japaner, die zu den geistvollsten & aufgeklärtesten Völkern gehören, ertränken sich zur Ehre Amidas, ihres Erlösers, weil die Überspanntheiten, von denen ihre Religion strotzt, ihren Verstand verwirrt haben. Die unklaren Dogmen geben Anlaß zu einer Unmenge von Erklärungen & dadurch zur Aufspaltung in Sekten. Die Wahrheit bringt keine *Fanatiker* hervor. Sie ist so klar, daß sie kaum Widerspruch zuläßt, & so einleuchtend, daß auch der heftigste Widerspruch den Genuß an ihr nicht im geringsten beeinträchtigen kann. Da sie vor uns existiert, behauptet sie sich ohne uns & uns zum Trotz durch ihre Evidenz. Es genügt also nicht, wenn man sagt, der Irrtum habe seine Märtyrer; denn er bringt weitaus mehr Märtyrer hervor als die Wahrheit, da jede Sekte & jede Schule eigene Märtyrer aufzuweisen hat.

2. In der Verruchtheit der Moral. Menschen, für die das Leben unaufhörliches Dasein von Gefahr & Qual bedeutet, müssen den Tod entweder als Endpunkt oder als Entschädigung für ihre Leiden herbeisehnen: aber wie verheerend muß doch jener, der den Tod herbeiwünscht, in der Gesellschaft wirken, wenn er mit den Beweggründen, die ihn den Tod hinnehmen lassen, auch Vernunftgründe verbindet, andere in den Tod zu schicken! *Fanatiker* kann man also all jene überspannten Geister nennen, welche die Lehren der Religion wörtlich auslegen & den Wortlaut streng befolgen, jene despotischen Theologen, die sich für die empörendsten Systeme entscheiden, jene unerbittlichen Kasuisten, welche die Natur zur Verzweiflung bringen & welche Ihnen, nachdem sie Ihnen das Auge ausgestochen & die Hand abgeschnitten haben, noch sagen, Sie sollten die Sache, die Sie tyrannisiert, lieben.

3. In der Verwechslung der Pflichten. Wenn eigenwillige Ideen zu Vorschriften geworden sind & wenn geringfügige Unterlassungen als große Verbrechen bezeichnet werden, dann weiß der Geist, da er der Unmenge seiner Verpflichtungen erliegt, nicht mehr, welchen er den Vorzug geben soll: Er verletzt die wesentlichen aus Rücksicht auf die unwesentlichen; er ersetzt die guten Werke durch die Kontemplation & die gesellschaftlichen Tugenden durch die Opfer; der Aberglaube tritt an die Stelle des Naturgesetzes, & die Furcht vor dem Sakrileg führt zum Mord. So gibt es in Japan eine Sekte von wackeren Dogmatikern, die alle Fragen & alle Schwierigkeiten durch Säbelhiebe löst, & dieselben Männer, die sich kein Gewissen daraus machen, sich gegenseitig umzubringen, schonen mit höchster Religiosität die Insekten. Gibt es, sobald ein barbarischer Eifer das Verbrechen zur Pflicht gemacht hat, überhaupt noch eine unmenschliche Handlung, die nicht begangen würde? Fügen Sie der ganzen Schrecklichkeit der Leidenschaften noch die Befürchtungen eines irregeführten Gewissens

hinzu, so ersticken Sie schnell die Gefühle der Natur. Wird ein Mensch, der sich selber so sehr verkennt, daß er sich selber quält & den Sinn der Buße in der Verwerfung & Verabscheuung all dessen sieht, was für den Menschen geschaffen ist, nicht seinen Vater mit Stockschlägen in die Wüste zurücktreiben, die dieser verlassen hatte? Wird ein Mensch, dem ein Mord ewiges Glück bedeutet, auch nur einen Augenblick zögern, den zu opfern, den er als Feind Gottes & seines Kultes bezeichnet? Ein Arminianer, der auf dem Eis einen Gomaristen verfolgt, fällt ins Wasser; der Gomarist bleibt stehen & reicht ihm die Hand, um ihn aus der Gefahr zu retten; aber kaum ist der andere gerettet, da ersticht er den Retter. Was halten Sie davon?

4. Im Verhängen entehrender Strafen, weil der Verlust des guten Rufes zahlreiche wirkliche Übel nach sich zieht. So müssen in den Ländern, wo jene unsichtbaren Blitze herabzucken, die einen Fürsten seinem ganzen Volk verhaßt machen, die Umwälzungen häufiger & die Mißbräuche entsetzlich sein. Aber glücklicherweise haben nur diejenigen, die von solchen Blitzen nicht getroffen werden, Angst davor; denn ein Monarch verfügt nicht immer wie König Heinrich II. von England oder wie Ludwig der Fromme über die Schwäche, daß er die Strafe der Sklaven auf sich nimmt, um wieder König zu werden.

5. In der Intoleranz einer Religion gegenüber den anderen Religionen oder einer Sekte gegenüber den anderen Sekten derselben Religion, weil dann alle Hände die Waffen gegen den gemeinsamen Feind ergreifen. Sogar die Neutralität gilt nicht mehr für eine Gewalt, die herrschen will, & wer nicht für sie ist, der ist gegen sie. Welche Verwirrung muß doch daraus entspringen! Der Friede kann erst nach der Vernichtung der herrschsüchtigen Partei allgemein & beständig werden; denn hätte jene Sekte alle anderen vernichtet, so würde sie sich bald selbst bekriegen: Der Ruf »Halt, wer da?« würde also erst mit ihr selbst verstummen. Die Intoleranz, die behauptet, sie mache der Zwietracht ein Ende, muß diese zwangsläufig vermehren. Man braucht bloß allen Menschen zu befehlen, nur ein & dieselbe Denkweise zu haben, damit ein jeder sich für seine Anschauungen dermaßen begeistert, daß er freudig für deren Verteidigung stirbt. Aus der Intoleranz würde demnach die Ansicht hervorgehen, daß es keine Religion gibt, die für alle Menschen bestimmt sei; denn die eine erkennt keine Gelehrten an, die andere keine Könige, wieder eine andere keine Reichen; diese verwirft die Kinder, jene die Frauen; diese verdammt die Ehe & jene die Ehelosigkeit. Das Oberhaupt einer Sekte zog daraus den Schluß, daß die Religion etwas Ungewisses sei, das aus dem Geist Gottes & aus der Meinung des Menschen zusammengesetzt wäre; man müßte alle Religionen dulden, fügte er hinzu, um in Frieden mit aller Welt zu leben: Er starb auf dem Schafott.

6. In der Verfolgung. Sie entspringt vor allem der Intoleranz. Wenn der zelotische Eifer auch zuweilen Verfolger hervorgebracht hat, so muß man doch zugeben, daß die Verfolgung noch mehr Zeloten hervorgebracht hat. Zu welchen Exzessen lassen sich dieselben nicht hinreißen, bald gegen sich selbst, wenn sie den Todesstrafen die Stirn bieten, bald gegen die Tyrannen, wenn sie an deren Stelle treten; denn ihnen fehlt niemals ein Grund, um abwechselnd zu Feuer & Schwert zu greifen.

Also bitte ein wenig Toleranz & Mäßigung! Verwechseln Sie vor allem niemals (wie der Unglaube) ein Unglück mit einem Verbrechen, das immer beabsichtigt ist. Alle Erbitterung des zelotischen Eifers sollte sich gegen die richten, die glauben, aber nicht handeln; die Ungläubigen aber sollten in jener Vergessenheit verbleiben, die sie verdienen & die sie sich wünschen müssen. Bestrafen Sie rechtzeitig jene Freigeister, die nur deshalb an den Grundfesten der Religion rütteln, weil sie sich gegen jegliches Joch auflehnen, & die sowohl die Gesetze als auch die Sitten heimlich & öffentlich angreifen; ja, bestrafen Sie sie, weil sie sowohl der Religion, in der sie geboren sind, als auch der Philosophie, zu der sie sich bekennen, Schande bereiten; verfolgen Sie sie als Feinde der Ordnung & der Gesellschaft; aber beklagen Sie sie als jene, denen es leid tut, daß ihnen die Überzeugung fehlt. Ach, trifft denn der Verlust des Glaubens sie nicht schon hart genug, so daß man nicht noch Verleumdung & Plagen hinzuzufügen braucht? Es soll dem Pöbel nicht erlaubt sein, mit Steinen nach dem Haus eines rechtschaffenen Mannes zu werfen, weil er aus der Kirche ausgeschlossen ist; er soll sich des Wassers & Feuers noch erfreuen, wenn man ihm auch das Brot der Gläubigen versagt hat; man schließe nicht unter dem Vorwand, er sei nicht im Schoße der Auserwählten gestorben, seinen Leichnam vom Begräbnis aus; kurz, die Gerichtshöfe mögen statt

Fanatismus – das ist, wenn man in Hinsicht auf etwas Beliebiges ja oder nein sagt. Es gibt keine andere Definition. »Eure Rede sei ja, ja; nein, nein. Alles, was darüber ist, das ist vom Übel.« Das ist die Formel des Fanatismus in der Bergpredigt. Sie sehen, wie einfach das ist. Man muß es nur wissen. Wenn man Sie fragt: »Sind Sie Christ?«, und Sie umstandslos mit Ja antworten, sind Sie ein Fanatiker. Wenn Sie mit Nein antworten, sind Sie immer noch ein Fanatiker. Wenn Sie gar nicht antworten, wird man Sie des gefährlichsten Fanatismus zeihen. Und ebenso wird es sein, wenn es sich um irgend etwas anderes Religiöses handelt. Im allgemeinen sind Lakonismus, bündige Knappheit und folglich auch jede Art von Präzision des Fanatismus verdächtig, und die Reisigbündel entzünden sich ganz von allein. Ein Sekretär, der in der Lage ist, übermäßig zu plärren, ein geschwätziger Advokat, ein redseliger, sogar bauchrednerischer Abgeordneter oder ein Seiltänzer auf seinem Gerüst werden niemals Fanatiker sein. Ich denke, das bedarf keines weiteren Beweises.

Léon Bloy, Auslegung der Gemeinplätze

der Altäre als Zufluchtsstätten dienen. *Wie nichtswürdig,* sagt ihr, *ist doch jene Freizügigkeit, die unsere Religion der Verachtung preisgeben will!*

Stützt sich denn die Religion auf Arme von Fleisch & Blut? Soll man sie als ein Werkzeug der Politik betrachten? Führen Sie also Verordnungen der Menschen nicht mehr auf die göttliche Autorität zurück, & unterwerfen Sie sich als erster einer Macht, der Sie Ihre eigene zu verdanken haben; machen Sie die Religion vor allem dadurch beliebt, daß Sie es jedem freistellen, ihr zu folgen. Beweisen Sie die Wahrheit durch Ihre Werke & nicht durch Prahlerei mit Taten, die nichts mit Moral zu tun haben & in Widerspruch zu Ihren Beispielen stehen; seien Sie mild & friedlich – dann ist der Religion der Sieg gesichert & dem *Fanatismus* der Weg versperrt.

Der *Fanatismus* hat weitaus mehr Unglück über die Welt gebracht als die Gottlosigkeit. Worauf gehen die Gottlosen aus? Sie wollen sich von einem Joch frei machen, wohingegen die *Fanatiker* die ganze Welt in ihre Ketten schlagen wollen. Ein teuflischer Zelotismus! Hat man jemals Sekten von Ungläubigen sich zusammenrotten & in Waffen gegen das göttliche Wesen vorgehen sehen? Ihre Seelen sind zu schwach, als daß sie Menschenblut vergießen könnten; doch bedarf es einer gewissen Stärke, um ohne Beweggrund, ohne Hoffnung & ohne Eigennutz Gutes zu vollbringen. Es zeugt von Mißgunst & Bosheit, wenn Sie Seelen, die sich selbst beherrschen, nur deshalb in Unruhe versetzen, weil sie weder die Ansprüche noch die Mittel besitzen, die Sie haben … Man hüte sich übrigens, sich derartige Vernunftschlüsse zu eigen zu machen, die so vielen Männern Qualen gebracht haben – Männern, die durch ihr Unglück ebenso berühmt sind wie durch die Schriften, die es herbeigeführt haben. – Aber wenn wir uns im Interesse der Menschlichkeit für einen Augenblick des schwärmerischen Stils bedienen dürften, der so oft gegen sie angewendet worden ist, so würde das einzige Gebet, das man gegen die *Fanatiker* richten könnte, so lauten:

»Du, der du das Wohl aller Menschen willst & wünschst, daß keiner von ihnen zugrunde gehe, da du nicht einmal am Tod des Bösen Gefallen findest, erlöse uns – nicht von den Verheerungen des Krieges & den Erdbeben, die vorübergehende, begrenzte & außerdem unvermeidliche Übel sind, sondern von der Raserei der Verfolger, die deinen heiligen Namen anrufen. Lehre sie, daß du das Blutvergießen verabscheust, daß der Geruch des verbrannten Fleisches nicht bis zu dir aufsteigt & daß er nicht die Kraft hat, den Blitz in den Lüften zu zerstreuen & den Tau vom Himmel herabfallen zu lassen. Erleuchte deine zelotischen Eiferer, damit sie sich wenigstens davor hüten, das Sühneopfer mit dem Mord zu verwechseln. Erfülle sie so sehr mit der Selbstliebe, daß sie ihren Nächsten vergessen, denn ihre Frömmigkeit wirkt nur zerstörend. Ach, wo ist der Mensch, dem du deine Rache übertragen hast & der sie nicht hundertmal eher verdiente als die Opfer, die er dir darbringt? Mache ihnen klar, daß weder der Verstand noch die Gewalt, sondern deine Erleuchtung & deine Güte die Seelen auf deinen Wegen leiten & daß man deine Macht beleidigt, wenn man den Arm des Menschen darin eingreifen läßt. Riefst du denn, als du die Welt schaffen wolltest, den Menschen zu Hilfe? Und wenn es dir gefällt, bist du dann nicht unendlich in deinen Wundern? Aber du willst uns nicht gegen unseren Willen erlösen? Warum ahmt man nicht die Milde deiner Gnade nach, sondern sucht mich durch Furcht so weit zu bringen, daß ich dich liebe? Verbreite auf Erden den Geist der Menschlichkeit & das allumfassende Wohlwollen, das uns mit Ehrfurcht gegenüber allen Wesen erfüllt, mit denen wir das kostbare Geschenk der Empfindung teilen, welches bewirkt, daß alles Gold & alle Edelsteine zusammen vor dir niemals das fromme Gelübde eines zartfühlenden & mitleidigen Herzens aufwiegen, geschweige denn die Entsetzlichkeit eines Mordes tilgen könnten.«

Fanatismus des Patrioten. Es gibt eine Art von *Fanatismus* in der Vaterlandsliebe, die man den »Kult der Heimat« nennen kann. Er beruft sich auf die Gebräuche, die Gesetze, die Religion, & vor allem in diesem Sinne verdient er diesen Namen. Man kann nichts Großes hervorbringen ohne diesen übermäßigen Eifer, der, indem er die Gegenstände vergrößert, auch die Zuversicht stärkt & Wunder an Mut & Standhaftigkeit bewirkt. So war der *Patriotismus* der Römer beschaffen. Dieses Prinzip des Heldentums gab allen Jahrhunderten das einmalige Schauspiel eines eroberungslustigen & tugendhaften Volkes. Man kann den alten Brutus, Cato, die beiden Decius & die 300 Männer namens Fabius in der Menschheitsgeschichte als das ansehen, was die Löwen & Wale in der Naturgeschichte sind, & ihre großartigen Taten als jene unerwarteten Vulkane, die, indem sie die Oberfläche der Erde verwüsten, ihre Grundfesten verstärken & nach dem Schrecken Bewunderung hervorrufen. Aber setzen Sie diesen Männern nicht die eitlen Phrasendrescher gleich, die sich unterschiedslos für alle Vorurteile des Staates begeistern & stets ihrem Land den Vorzug geben, nur weil sie darin geboren wurden. Gewiß ist es schön, für sein Vaterland zu sterben; & für welche Sache stirbt man nicht? Die Natur hat diesen Maximen also keine Grenzen gesetzt. *Deleyre*

ZIFFEL: *Wenn ich mir vorstell, in was für einem Land ich leben wollte, wähl ich eins, wo einer schon, wenn er einmal in einem gedankenlosen Augenblick so was murmelt wie »ganz hübsch hier die Gegend«, sofort ein Denkmal als Patriot kriegt. Deshalb, weil es in diesem Land ganz und gar unerwartet kommt, so daß es eine Sensation ist und wirklich geschätzt wird. Natürlich, einer, der nichts murmelt, muß ebenfalls ein Denkmal kriegen, und zwar, weil er nichts Überflüssiges gesagt hat.*

BERTOLT BRECHT, FLÜCHTLINGSGESPRÄCHE

FANFARE – Fanfare. Eine meist kurze & schmetternde Militärmelodie, die von Trompetern gespielt wird & die man auf anderen Instrumenten nachahmt. Die *Fanfare* besteht gemeinhin aus zwei von Pauken begleiteten Diskanttrompeten; & wenn sie gut gespielt wird, hat sie etwas Martialisches & Fröhliches, das ihrer Verwendung sehr gut entspricht. Von allen Truppen Europas haben die deutschen die besten Militärmusikinstrumente, & daher machen ihre Märsche & *Fanfaren* einen wunderbaren Eindruck. Es ist bemerkenswert, daß es im gesamten Königreich von Frankreich keine einzige Trompete gibt, die richtig klingt, & daß die besten Truppen Europas diejenigen sind, welche die wenigsten & verstimmtesten Musikinstrumente haben; was nicht immer von Vorteil ist. Während der letzten Kriege hielten die Bauern aus Bayern & Österreich, lauter geborene Musiker, die nicht glauben mochten, daß reguläre Truppen so falsche & abscheuliche Instrumente haben, all diese alten Garden für neu ausgehobene Truppen, die sie zu verachten begannen, & man weiß nicht, wie vielen tapferen Männern diese falschen Töne das Leben gekostet haben. Das heißt also, daß man in der Zurüstung des Kriegs nichts vernachlässigen darf, was die Sinne beeindruckt.
Rousseau

FARCE (Literatur). Bühnenstück von derber Komik, in dem die guten Sitten, die Wahrscheinlichkeit & der gesunde Menschenverstand gleichermaßen verletzt werden. Das Absurde & das Obszöne sind für die *Farce* dasselbe wie das Lächerliche für die Komödie.

Fragt sich, ob es gut ist, daß diese Sorte Schauspiel in einem zivilisierten Staat auf ordentlichen & gesitteten Theatern gespielt wird. Jene, die die *Farce* in Schutz nehmen, geben als Grund an, daß sie offenbar Vergnügen bereitet, sonst ginge man nicht hin, daß nicht jeder in der Lage ist, wahre Komik zu schätzen, & daß es dem Publikum freigestellt bleiben muß, mit was es sich vergnügt.

Niemand kann bestreiten, daß man sich vergnügt, wenn eine *Farce* auf die Bühne kommt. Das römische Volk ließ für die Gaukler das Theater des Terenz im Stich, & in unseren Tagen haben viele Bühnenneuheiten wie Voltaires *Merope* oder *Der Niederträchtige* von Gresset während der beiden Monate, in denen sie zur Aufführung gelangten, keinen merklichen Sog auf die Menge ausgeübt, während die scheußlichste Farce über zwei Spielzeiten hinweg erfolgreich gespielt wurde.

Es besteht also kein Zweifel, daß der Teil des Publikums, der unbeirrbar dem Wahren, Nützlichen & Schönen zugeneigt ist, zu allen Zeiten zahlenmäßig gering war & daß sich die Masse gerne für das Übertriebene & Absurde entscheidet. Wir wollen daher keineswegs den Erfolg bestreiten, den die *Farce* hat, sondern statt dessen anmerken, daß man kein anderes Schauspiel mehr mag, hat man an diesem erst einmal Gefallen gefunden: Wenn ein Mann, der sich täglich dieses grobschlächtigen Unsinns erfreut, von der Schönheit eines *Misanthropen* & einer *Athalie* berührt würde, wäre dies ebenso verwunderlich, wie wenn ein Mann, der bislang die Ausschweifung genoß, sich plötzlich in der Gesellschaft einer tugendhaften Frau gefiele.

Es heißt, man besuche eine *Farce*, um sich zu erholen. Ein vernünftiges Schauspiel übt & fordert den Geist, die *Farce* belustigt, reizt zum Lachen, ohne ihn im geringsten zu beanspruchen. Zugegeben, es gibt Gemüter, die eine geregelte Abfolge von Einfällen & Gefühlen langweilen muß. Der Geist kennt Ausschweifungen & Verirrungen, bei denen er sich behaglicher fühlt, & bei dem zwangsläufigen & grobschlächtigen Vergnügen, das er ohne nachzudenken darin findet, verliert er seinen Sinn für Anstand & Nützlichkeit. Nachzudenken verlernt man wie das Laufen, & wie der Körper stumpft die Seele bei trägem Müßiggang ab & wird zermürbt. Die *Farce* fordert weder Geschmack noch Vernunft: Aus diesem Grund finden träge Gemüter Gefallen an ihr, & allein deshalb ist diese Sorte Schauspiel verderblich. Hätte es keinen Reiz, wäre es einfach nur schlecht.

Doch wer fragt schon danach, ob das Publikum recht hat, sich zu vergnügen? Reicht es nicht, daß es sich vergnügt? So fallen einem besonders jene ins Wort, die keinen Gedanken daran verschwendet haben. Als ob man sagen würde: Was bedeutet es schon, wie gut die Nahrung ist, mit der man ein Kind füttert, Hauptsache, es ißt gerne! Das Publikum setzt sich aus drei Klassen zusammen: das niedere Volk, dessen Geschmack & Geist gänzlich ungebildet sind & es auch nicht zu sein brauchen; die ehrbare & gesittete Welt, die neben angenehmen Umgangsformen eine geschärfte Intelligenz & ein feines Gefühl für den Wert einer Sache besitzt, dazu der mittlere Stand, der größer ist, als man vermutet, & der aus Eitelkeit versucht, sich den Gebildeten anzunähern, durch ein natürliches Gefälle jedoch dem niederen Volk zuneigt. Es geht also nur darum, sich klarzumachen, welche Ausrichtung man dieser mittleren & gemischten Klasse geben will. Unter Tyrannen & in einer Sklavengesellschaft ist diese Frage zweifelsfrei geklärt. Dort ist es Politik, die Menschen zum Tier herabzuwürdigen, & deshalb müssen ihre Lebensumstände dieselben sein & erfordern es, sie gleichermaßen stumpfsinnig zu halten. Doch warum fürchtet man unter einer Verfassung, in der alles auf Recht & Vernunft gründet, das Wissen & die Empfindungen einer Vielzahl von Bürgern zu mehren & aufzuklären, wo deren Beruf schon zumeist erhabene Auffassungen, feine Gefühle & gebildeten Geist erfordert? Man kann doch kein politisches Interesse daran haben, die Neigung zum Laster bei dieser Klasse des Publikums zu unterstützen.

Die *Farce* ist das Schauspiel für den Pöbel, & man muß ihm dieses Vergnügen lassen, doch in der Form, die ihm gebührt, das heißt auf Gerüstbühnen statt in Theatern, & auf Umschlagplätzen statt in Sälen. Dort gehört diese Vergnügung hin, dort bekommt die *Farce* die Zuschauer, für die sie geschrieben ist. Ihr richtige Säle & einen geordneten Rahmen zu geben, sie mit Musik, Tanz, einer hübschen Dekoration auszustatten heißt, den Rand des Bechers zu vergolden, aus dem das Publikum »das Gift des schlechten Geschmacks trinken wird«. *Marmontel*

FARCE – **Farce** (**in der Küche**) bezeichnet eine Füllung oder eine Mischung aus verschiedenen, kleingehackten Fleischsorten, die man vermengt & mit Gewürzen & Kräutern abschmeckt.

Farce nennt man unter Köchen auch ein Gericht aus verschiedenen Kräutern wie Sauerampfer, Lattich, Lauch &c., die gehackt & mit Eiern zusammen zu Rührei verrührt werden. Vor dem Servieren fügt man noch Viertel von hartgekochten Eiern hinzu, um die *Farce* hübsch anzurichten & den aufdringlichen Geschmack der Kräuter zu mildern. *Anonym*

FASTENZEIT – **Carême** (**Kirchengeschichte**). *Quadragesima,* Bußzeit, während der man vierzig Tage fastet, um sich auf das Osterfest vorzubereiten.

In der römisch-katholischen Kirche währte die Fastenzeit ehemals nur sechsunddreißig Tage. Um das vierzigtägige Fasten von Jesus Christus in der Wüste genauer nachzuahmen, fügten manche im fünften Jahrhundert vier Tage hinzu & dieser Brauch wurde im Abendland übernommen, mit Ausnahme der Kirche von Mailand, die an dem alten Brauch der sechsunddreißigtägigen *Fastenzeit* festhielt.

Einige behaupten, mit der vierzigtägigen *Fastenzeit* gedenke man der Sintflut, die ebenso lang währte; andere meinen, sie erinnere an die vierzig Jahre, in denen die Juden in der Wüste umherirrten; wieder andere, es geschehe, um der vierzig Tage zu gedenken, die den Bewohnern Ninives gewährt wurden, um Buße zu tun; die einen sagen, damit werde an die vierzig Peitschenhiebe erinnert, die man den Übeltätern versetzte, um sie zu züchtigen; die anderen, an die vierzig Tage, die Moses fastete, als er das Gesetz empfing, oder an die vierzig Tage, die Elias fastete, oder schließlich an die vierzig Tage, die Jesus Christus fastete.

Die Disziplin der Kirche hat sich im Hinblick auf die strenge Einhaltung der Fastengebote unmerklich gelockert. In der ersten Zeit bestand das Fasten in der Kirche des Abendlandes darin, sich des Fleischs, der Eier, der Milchspeisen & des Weins zu enthalten & nur abends ein Mahl zu sich zu nehmen. Da aber einige verlangten, Geflügel sollte kein verbotenes Gericht sein, weil in der Genesis geschrieben stehe, daß die Vögel wie die Fische aus Wasser geschaffen seien, so erlaubten sie sich, Geflügel zu essen; aber man unterdrückte diesen Mißbrauch. In der orthodoxen Kirche sind die Fastengebote immer sehr streng gewesen; die meisten lebten damals nur von Brot & Wasser sowie von Gemüse. Vor dem Jahr 800 hatte man schon weitgehende Zugeständnisse im Hinblick auf den Genuß von Wein, Eiern & Milchspeisen gemacht. Zuerst bestand das Fasten darin, nur einmal am Tage, abends nach der Vesper, ein Mahl zu sich zu nehmen – was in der römischen Kirche bis zum Jahre 1200 eingehalten wurde. Die Griechen speisten mittags & nahmen vom sechsten Jahrhundert an auch abends einen kleinen Imbiß aus Gemüse & Früchten zu sich. Die Lateiner begannen im dreizehnten Jahrhundert Eingemachtes zur Stärkung des Magens zu essen & gönnten sich später auch abends eine *collatio,* einen kleinen Imbiß. Das Wort *collatio* wurde von den Mönchen entlehnt, die nach dem Abendbrot zur *collatio* gingen, das heißt zur Vorlesung von Texten der heiligen Väter, die im Lateinischen *collationes* hießen. Hierauf durften sie an den Fastentagen Wasser oder auch ein wenig Wein trinken, & diese kleine Erfrischung hieß ebenfalls *collatio.* Das Mittagessen fand aber an Fastentagen nicht Punkt zwölf Uhr statt. Der erste Schritt zur Veränderung bestand darin, das Abendessen auf die Stunde der None vorzuverlegen, das heißt auf drei Uhr nachmittags. Man sagte damals None, später Messe, schließlich Vesper; danach ging man essen. Um das Jahr 1500 verlegte man die Vesper auf die Mittagsstunde, & man glaubte die vorgeschriebene Enthaltsamkeit zu beachten, wenn man sich während der vierzigtägigen *Fastenzeit* des Fleisches enthielt & sich auf zwei Imbisse beschränkte: einen kräftigeren & einen leichteren gegen Abend. Man verband mit der *Fastenzeit* auch Enthaltsamkeit sowie den Verzicht auf Spiele, Zerstreuung & Gerichtsprozesse. Während der *Fastenzeit* ist es nicht erlaubt, ohne Dispens zu heiraten. *Mallet*

FEINSCHMECKEREI – **Gourmandise** (**Moral**). Verfeinerte & unmäßige Liebe zum guten Essen & Trinken. Horaz nennt sie *ingrata ingluvies.* Dies war auch die Definition von Kallimachos, der folgenden Gedanken hinzufügte: »Alles, was ich meinem Magen gegeben habe, ist verschwunden, & alle Nahrung, die ich meinem Geist gegeben habe, habe ich bewahrt.«

Varro, über einen der Curtillus seines Jahrhunderts erbost, der seinen Fleiß dareinsetzte, den Gegensatz, die Harmonie & die Proportionen der verschiedenen Geschmacksrichtungen miteinander zu verbinden, sagte zu diesem Mann: »Wenn Sie von all den Mühen, die Sie auf sich genommen haben, um Ihren Koch zu schulen, einige darauf

Und item wünsch ich Gottes Dienern / den Carmelitern, Augustinern, / den Bettelmönchen, Jakobinern, / nie Mangel an Kapaun und Hühnern. / Und wenn sie auch, trotz Süßigkeiten / hie und da ein Nönnchen reiten, / Kasteiung predigen – nanu, / ich drücke gern ein Auge zu.
François Villon, Das kleine Testament

verwandt hätten, die Philosophie zu studieren, so hätten Sie sich selbst geschult.«

Varros Worte besserten weder diesen sinnesfrohen reichen Mann noch seinesgleichen; im Gegenteil, sie machten diesen des Landlebens höchst kundigen, auf dem Gebiet der Grammatik, der Geschichte & vielen anderen Gebieten gebildetsten Römer lächerlich. Wundern wir uns nicht: die *Feinschmeckerei* ist ein Verdienst in Ländern des Luxus & der Eitelkeit, wo die Laster zu Tugenden erhoben werden. Sie ist die Frucht der üppigen Verweichlichung; sie entsteht in ihrem Schoß, vervollkommnet sich durch die Gewohnheit & wird schließlich so ausgesucht, daß es des ganzen Genies eines Kochs bedarf, um ihre Raffinessen zu befriedigen. Siehe Küche.

Die Römer erlagen dem Gewicht ihrer Größe, als die Mäßigung der Verachtung anheimfiel & auf die Genügsamkeit eines Curius & Fabricius die Sinnlichkeit eines Catius & Apicius folgte. Drei Männer letzteren Namens machten damals durch ihre ausgesuchte *Feinschmeckerei* von sich reden: sie wollten, daß ihre Tafel mit Vögeln aus Phasis bedeckt sei, die man, den Gefahren des Meeres trotzend, einfing, & daß köstlich zubereitete Zungen von Pfauen & Nachtigallen darauf erschienen. Wenn ich mich nicht irre, war es der zweite von den dreien, den Plinius »unter allen Feinschmeckern den größten Schlemmer« nannte: er lehrte seine Kunst in Theorie & Praxis, gab fünf Millionen heutiger Livres aus, um in ihr zu glänzen, & als er sich für ruiniert hielt, weil ihm nur noch fünfhunderttausend Francs blieben, vergiftete er sich aus Angst, bei so wenig Geld zu verhungern.

Zu jener Zeit brachte Rom *Feinschmecker* hervor, die behaupteten, ihr Gaumen sei fein genug, um zu erkennen, ob der Seewolf genannte Fisch zwischen zwei Tiberbrücken oder an der Mündung dieses Flusses gefangen worden war; & sie goutierten nur den, den man zwischen zwei Brücken gefangen hatte. Sie verschmähten die Leber von Gänsen, die mit getrockneten Feigen gemästet worden waren, & schätzten sie nur, wenn man sie mit frischen Feigen gemästet hatte.

Wir werden nicht von den Tafelexzessen eines Antiochos Epiphanes sprechen, von den Ausschweifungen eines Vitellius & denen eines Heliogabal. Auch wollen wir nicht an die schändlichen Begierden der alten Sybariten erinnern, die den Fischern ich weiß nicht welchen Fisches jedwede Steuer erließen, weil es sie über die Maßen nach ihm gelüstete. Auch unsere modernen Sybariten werden wir nicht erwähnen, die bei einem einzigen Mahl den Lebensunterhalt von hundert Familien verschlingen. Die Folgen dieses Lasters sind grausam; wer sich ihm im Übermaß hingibt, setzt sich allen nur möglichen Übeln aus.

Homer gab es seinen Zeitgenossen zu verstehen, indem er die Tafel seiner Helden nur mit gebratenem Rind deckte & von dieser Regel weder die Hochzeitsfeiern noch die Gastmähler des Alkinoos, noch das hohe Alter Nestors, ja nicht einmal die Schlemmereien der Freier Penelopes ausnahm.

Es scheint, als habe Agesilaos, König von Sparta, Homers Vorschrift befolgt, denn seine Tafel war die gleiche wie die der in der *Ilias* verewigten griechischen Heerführer; & als ihm die Thaser einmal teure Leckereien zum Geschenk machten, verteilte er sie sogleich an die Heloten, um den Lakedämoniern darzulegen, daß sich sein einfaches, dem der Bürger Spartas ähnliches Leben nicht geändert hatte.

Sogar Alexander machte sich die Lektion seines Lieblingsdichters zunutze. Plutarch berichtet, daß Adda, die Königin von Candia, als sie den Schutz dieses Fürsten gegen Orontopates, den Herrscher Persiens, erhalten hatte, ihm ihre Dankbarkeit dadurch bezeigen zu können meinte, daß sie ihm allerlei erlesene Gerichte & die besten Köche sandte, die sie finden konnte. Doch Alexander schickte ihr alles zurück & antwortete, er brauche diese Köstlichkeiten nicht, sein Erzieher Leonidas habe ihm einst die besten Köche der Welt gegeben & ihn gelehrt, man müsse, wenn man mit Vergnügen zu Mittag speisen wolle, früh aufstehen & Leibesübungen treiben, & man dürfe, wenn man mit Vergnügen zu Abend essen wolle, mittags nur wenig zu sich nehmen. Das köstlichste Mahl ist jenes, bei dem allein der Appetit auf seine Kosten kommt. Keine Krebssuppe wird Ihnen so gut schmecken wie ein Stück Speck unseren Arbeitern oder die Gayette-Zwiebeln Papst Julius III.

Wollen Sie sich davon überzeugen, daß der beste Koch der Hunger ist? Dann bieten Sie einem Genußmenschen Brot an: er wird es ablehnen. Doch warten Sie bis zum Abend: »Wenn er Hunger hat, wird demselben das Brot zart und wie aus Weizen gemacht erscheinen.«

Schließen wir daraus, daß wir die Jagd nach dem guten Essen als einem der höchsten Güter des Lebens im Gegenteil als gesundheitsschädlich ansehen dürfen. Die Frische & das glückliche Alter der Perser & Chaldäer war ein Gut, das sie ihrem Gerstenbrot & ihrem Quellwasser verdankten. Alles, was über das Maß der Natur hinausgeht, ist unnütz & meist schädlich. Man braucht der Natur nicht einmal immer so weit zu folgen, wie sie es erlaubt: besser ist es, sich diesseits der Grenzen zu halten, die sie uns gesetzt hat, als sie zu überschreiten. Am Ende stumpft der Geschmack ab, erlahmt bei den köstlichsten Gerichten, & ungezählte Gebrechen rächen die beleidigte Natur – die gerechte Strafe für die Exzesse einer Genußsucht, deren Wonnen man allzusehr ausgekostet hat! *Jaucourt*

FLÜCHTIG – **Fugitif (Grammatik)**. Was entflieht, entweicht. Adjektivisch gebraucht in der Wendung »flüchtige Gelegenheiten«; substantivisch in »ein Flüchtiger«. So nennt man heute jeden Mann, der sich von seinem Vaterland entfernt hat, in dem er, aus welchem Grund auch immer, nicht mehr in Sicherheit war. Früher wurde ein entlaufener Sklave so genannt; wurde er wieder eingefangen, so war sein Herr vom Gesetz ermächtigt, ihn entweder mit glühenden Eisen zu brandmarken oder ihn ins öffentliche Gefängnis einzusperren, oder ihm die Beinmuskeln durchzuschneiden, oder ihm sogar das Leben zu nehmen. Siehe SKLAVE. Wenn man einen Sklaven verkaufte, der zur Flucht neigte, so mußte man, wie aus einer Stelle bei Horaz hervorgeht, den Käufer davon in Kenntnis setzen. *Diderot*

FOLTER – Question ou Torture (Jurisprudenz). Dieses Mittel wendet man zuweilen in Strafprozessen an, um den Angeklagten so weit zu bringen, daß er das Verbrechen gesteht, dessen man ihn beschuldigt, oder daß er seine Mitschuldigen verrät.

Dieses Verfahren besteht darin, den Angeklagten heftige Qualen ausstehen zu lassen, die allerdings gewöhnlich nicht zum Tode führen …

Ganz abgesehen von der Stimme der Menschlichkeit erfüllt die *Folter* nicht den Zweck, zu dem sie bestimmt ist. Ganz im Gegenteil: sie ist eine zuverlässige Erfindung, um einen Unschuldigen von schwacher & zarter Konstitution zugrunde zu richten & einen Schuldigen von kräftiger Konstitution zu retten. Diejenigen, die eine solche Qual ertragen können, & die anderen, die nicht soviel Kraft besitzen, als nötig ist, um sie auszuhalten, leugnen im gleichen Maße. Die *Folter,* die man beim hochnotpeinlichen Verhör anwendet, ist gewiß, das Verbrechen des Menschen, der sie erleidet, ist dies nicht. Jener Unglückliche, den Sie der *Folter* aussetzen, denkt weniger daran, auszusagen, was er getan hat, als sich von dem zu befreien, was er verspürt. So sagt Montaigne, die Höllenqualen seien eine gefährliche Erfindung. »Es ist mehr eine Geduldsprobe als eine Wahrheitsprobe«, fährt er fort. »Denn warum soll der Schmerz einen Unglücklichen eher dazu bringen, zu gestehen, was er ist, als ihn zwingen, zu sagen, was er nicht ist? Und umgekehrt: wenn der, welcher die Tat, deren man ihn beschuldigt, nicht begangen hat, die nötige Ausdauer besitzt, um solche Qualen zu ertragen, warum soll dann der, welcher ein Verbrechen begangen hat, nicht eine ebenso starke Veranlagung haben, da ihm doch als schöne Entschädigung das Leben sicher ist? Kurz, das ist ein sehr unzuverlässiges & gefährliches Mittel; denn was würde man nicht alles sagen & tun, um so grausamen Schmerzen zu entgehen? So kommt es, daß der, den der Richter Höllenqualen ausstehen ließ, damit er nicht unschuldig stürbe, unschuldig & unter Höllenqualen stirbt.«

Sehr beklagenswert ist also der Zustand eines Menschen, dem die *Folter* das Geständnis eines Verbrechens entreißt; aber der Zustand eines Richters, der sich durch das Gesetz ermächtigt glaubt & diesen unschuldigen Menschen die *Folter* erdulden läßt, muß meiner Meinung nach ein gräßlicher Zustand sein. Hat er denn irgendwelche Mittel, ihn für seine Leiden zu entschädigen? Es hat in allen Zeiten unschuldige Menschen gegeben, welche die *Folter* zum Geständnis von Verbrechen gebracht hat, deren sie nicht schuldig waren. Die Heftigkeit des Schmerzes oder die persönliche Schwäche läßt den Unschuldigen etwas gestehen, das er nicht begangen hat, & die Hartnäckigkeit der Schuldigen, die sich trotz ihrer Verbrechen stark & sicher fühlen, läßt sie alles leugnen. *Boucher d'Argis*

FORDICIDIA – Fordicides (Mythologie). So hießen die Feste, welche die Römer am fünften April feierten & bei denen sie der Erde eine trächtige Kuh opferten. *Fordicidia* kommt von *forda*, »trächtige Kuh«, & *caedo,* »ich töte«, & *forda* von φοράς φοράδος. Jede Kurie opferte ihre Kuh. Es ist nicht überflüssig, zu erwähnen, daß diese Opfer von Numa zu einer Zeit allgemeiner Unfruchtbarkeit der Ländereien & der Zugtiere eingeführt wurden. Allem Anschein nach wollte der Gesetzgeber das eine Übel durch Beseitigung des anderen abschwächen & ließ so die trächtigen Kühe töten, weil der Boden nichts hervorgebracht hatte, um sie & ihre Kälber zu ernähren; aber das Unglück ging vorüber, & das Opfer der trächtigen Kühe blieb bestehen. Das ist der Nachteil der abergläubischen Bräuche, die vom allgemeinen Nutzen diktiert werden & unter diesem Gesichtspunkt anerkennenswert sind; sie fallen den Völkern, denen sie nur einen Augenblick geholfen haben, viele Jahrhunderte lang zur Last. Wenn das Eingreifen der Gottheit auch ein ziemlich zuverlässiges Mittel ist, den einfältigen Menschen an irgendeinen Brauch zu gewöhnen, der seinen augenblicklichen Interessen & seiner gegenwärtigen Leidenschaft entspricht oder widerspricht, so ist das doch andererseits ein Brauch, den er nicht mehr aufgibt, wenn er ihn einmal angenommen hat; er hat seine vorübergehende Nützlichkeit empfunden & hält teils aus Furcht, teils aus Dankbarkeit an ihm fest. Je mehr Weisheit also der Gesetzgeber in jenem Augenblick gezeigt hat, desto größer ist das Unheil, das er für später angerichtet hat. Daraus folgere ich, daß man nicht vorsichtig genug sein kann, wenn man den Menschen irgend etwas im Auftrag der Götter befiehlt. *Diderot*

FORMEL – Formulaire (Theologie & Kirchengeschichte). So nennt man allgemein jede Glaubensformel, die man zur Annahme & Unterschrift vorschlägt; aber heute gibt man diesen Namen (gleichsam als Auszeichnung) jener berühmten *Formel,* deren Unterzeichnung der französische Klerus im Jahre 1661 befohlen hat & durch die man die sogenannten fünf Sätze des Jansenius verdammt.

Diese *Formel,* der eine kleine Anzahl von Geistlichen noch immer die Anerkennung verweigert, ist eine der Hauptursachen für die Streitigkeiten, von denen die Kirche Frankreichs seit hundert Jahren heimgesucht wird. Wird die Nachwelt die Urheber dieser Streitigkeiten bemitleiden oder über sie empört sein, wenn sie erfährt, daß ein so erbitterter Zwist nur auf die Frage zurückzuführen ist, ob jene fünf Sätze die Lehre des Bischofs von Ypern ausdrücken oder nicht? Denn alle verurteilten einmütig diese Sätze an sich. *Jansenisten* nennt man (sehr zu Unrecht) jene, die sich weigern, zu unterschreiben, daß Jansenius diese Sätze gelehrt habe. Sie bezeichnen ihrerseits (& das ist genauso lächerlich) ihre Gegner als *Molinisten*, obgleich der Molinismus gar nichts mit der *Formel* zu tun hat, & die weisen Männer, die über diese nichtigen Streitigkeiten lachen, als *Atheisten*. Daß Luther & Calvin durch ihre Anschauungen Europa aufgewühlt & gespalten haben, ist zweifellos traurig; aber diese irrigen Anschauungen betrafen immerhin reale & für die Religion wichtige Gegenstände. Aber daß die Kirche & der Staat auf den Kopf gestellt wurden, um festzustellen, ob fünf unverständliche Sätze in einem Buch stehen, das niemand liest; daß Männer wie Arnauld, die das Menschengeschlecht durch ihre Schriften hätten aufklären können, ihr Leben & ihre Ruhe diesen albernen Streitigkeiten geopfert haben; daß man den Wahnwitz schließlich so weit getrieben hat, sich einzubilden, das höchste Wesen hätte durch Wunder einen Streit entschieden, der barbarischer Zeiten würdig ist – das ist, wie man wohl zugeben muß, die tiefste Erniedrigung für unser Jahrhundert. Diese Streitigkeiten haben nur etwas Gutes hervorgebracht: Sie gaben nämlich den Anlaß zu den *Provinzialbriefen* – dem Musterbeispiel eines guten Witzes über eine Sache, die dafür kaum empfänglich zu sein schien. Es wäre an diesem unsterblichen Werk nichts auszusetzen, wenn die *Fanatiker* der beiden Parteien darin gleichermaßen lächerlich gemacht worden wären; aber Pascal hat seine Pfeile nur auf eine von beiden abgeschossen, nämlich auf jene, die damals die meiste Macht besaß & die es nach seiner Ansicht allein verdiente, dem öffentlichen Gelächter preisgegeben zu werden. Voltaire hat in seinem Kapitel über den Jansenismus, das einen Abschnitt des *Zeitalters Ludwigs XIV.* bildet, einen unparteilicheren & nützlicheren Gebrauch vom Witz gemacht; es wird dort nach rechts & nach links ausgeteilt, mit einem Scharfsinn & einer Leichtigkeit, die alle jene Parteigänger unauslöschlicher Verachtung preisgeben soll. Vielleicht gibt es kein Werk, das geeigneter wäre, uns klarzumachen, wieviel Einsicht & Weisheit die Regierung gezeigt hat, als sie endlich Schweigen über diese Fragen gebot, & wie sehr es zu wünschen gewesen wäre, daß eine so unsinnige Fehde schon bei ihrer Entstehung unterdrückt worden wäre. Aber konnte der Kardinal Mazarin, der damals regierte, denn voraussehen, daß vernünftige Menschen wegen eines solchen Gegenstandes mehr als hundert Jahre lang gegeneinander eifern würden? Der Fehler, den der große Staatsmann in diesem Falle beging, lehrt die Machthaber, daß Religionsstreitigkeiten – sogar die nichtigsten – niemals zu verachten sind, daß man sich wohlweislich davor hüten muß, sie durch Verfolgung zu verschärfen, daß die Lächerlichkeit, der man sie von ihrer Entstehung an aussetzen kann, das sicherste Mittel ist, sie beizeiten aus der Welt zu schaffen, daß man die Fortschritte des philosophischen Denkens gar nicht genug unterstützen kann, da es den Menschen Gleichgültigkeit gegenüber solchen albernen Streitigkeiten einflößt & folglich die zuverlässigste Stütze des Friedens in Religion & Staat sowie die sicherste Grundlage für das Glück der Menschen darstellt. *d'Alembert*

FOSSIL – **Fossile (Naturgeschichte & Mineralogie).** Unter allen Phänomenen, die uns die Naturgeschichte darbietet, hat keine die Aufmerksamkeit der Naturforscher mehr gefesselt als die erstaunliche Menge von Fremdkörpern auf der Erde, die teils in ihrem Inneren begraben, teils auf ihrer Oberfläche verstreut sind; sie haben Hypothesen aufgestellt & Mutmaßungen gewagt, um zu erklären, wie diese Substanzen, die ursprünglich anderen Reichen angehörten, aus diesen sozusagen ausgeschlossen & in das Mineralreich versetzt wurden …

Zwar haben mehrere Naturforscher weder Burnets Ansichten über die Ursache der Sintflut noch die Hypothese Woodwards anerkannt, es jedoch nicht unterlassen, die Sintflut zur Zeit Noahs für den Anlaß zu halten, der die Fremdkörper auf die Erde gebracht hatte; sie haben angenommen, daß infolge einer Veränderung in der Lage der Erdachse das Meer vielleicht ungestüm gegen das Festland geschleudert wurde, dieses völlig überflutete & so die ihm eigenen Pflanzen & Tiere dorthin brachte.

Man kann an der Wirklichkeit der Sintflut, wie immer Gott auch diese große Umwälzung herbeigeführt haben mag, nicht zweifeln; aber es scheint, daß ein Naturforscher, ohne gegen die Ehrfurcht zu verstoßen, die man dem Zeugnis der Heiligen Schrift schuldet, wohl untersuchen darf, ob die Sintflut wirklich Ursache der Erscheinungen gewesen ist, von denen wir sprechen, zumal die Genesis darüber tiefes Stillschweigen wahrt. Übrigens schließt nichts die Vermutung aus, daß die Erde – abgesehen von der Sintflut – noch andere Umwälzungen erfahren hat. Unter dieser Voraussetzung darf man wohl annehmen, daß die Meereskörper, die man im Innern der Erde findet, nicht der Sintflut zu verdanken sind, von der Moses spricht & die nur vorübergehend bestanden hat. Die Unmenge von Muscheln & anderen Meereskörpern, an denen die Erde so reich ist, ganze Gebirge, die fast ausschließlich aus ihnen zusammengesetzt sind, die riesigen & immer parallelen Schichten dieser Muscheln & die erstaunlichen Muschelkalkbrüche lassen tatsächlich auf eine sehr lange, mehrere Jahrhunderte währende Anwesenheit des Meerwassers & nicht auf eine vorübergehende, nur einige Monate dauernde Überflutung schließen, wie es nach der Genesis die Sintflut gewesen ist. Wären übrigens die *fossilen* Muscheln durch eine plötzliche & ungestüme Überflutung nach der Art der Sintflut oder, wie einige Autoren behauptet haben, durch Strömungen herbeigetragen worden, so wären alle diese

Körper unregelmäßig über die Oberfläche der Erde verstreut worden: Das steht aber, wie wir schon erwähnt haben, im Widerspruch zu den Beobachtungen. Wenn sie auf solche Weise herbeigetragen worden wären, müßte man sie doch eher in den Talgründen als auf den Bergen finden; doch stellt man fast immer das Gegenteil fest. Aus all dem Gesagten ist zu ersehen, daß die wahrscheinlichste Ansicht die der Alten ist, die angenommen haben, daß einst das Meer das Festland, das wir bewohnen, bedeckt hatte. Jedes andere System sieht sich unüberwindlichen Schwierigkeiten ausgesetzt, denen es sich keineswegs entziehen kann. *d'Holbach*

FÖTUS – **Foetus** (**Physiologie**). Fötus wird jedes Lebewesen genannt, bei dem es die Natur so eingerichtet hat, daß es sich in einer Gebärmutter heranbildet; im Tierreich das Tier, das sich im Bauch seiner Mutter heranbildet, & folglich auch das Kind im Leib der Frau: Von letzterem soll hier die Rede sein.

Welches sind die ersten Ursachen dieses Körpers? Wie nimmt er seinen Ausgang? Ist er von Anfang an vollständig geformt & entfaltet sich lediglich? Alle Untersuchungen & Beobachtungen über die Fortpflanzung versuchen Licht in diesen Punkt zu bringen. Ohne uns bei den verschiedenen, mehr oder weniger auf Tatsachen gestützten Hypothesen aufzuhalten, die sich Autoren haben einfallen lassen, um die Grundzüge der Entwicklung von Lebewesen zu erklären, wenden wir uns direkt der kleinsten Gestalt des menschlichen Lebens zu, wie es die in der Beobachtung am besten geübten Augen bereits wahrnehmen konnten. Ihre Beobachtungen lehren uns das Folgende.

Chirurgen, Geburtshelfer, Anatomiker haben beobachtet, daß drei oder vier Tage nach der Empfängnis eine ovale Blase in der Gebärmutter entsteht, & sieben Tage nach der Empfängnis läßt sich der *Fötus* in den ersten Grundzügen mit dem bloßen Auge erkennen. Diese Grundzüge scheinen allerdings lediglich eine gallertartige, durchsichtige Masse zu sein, die bereits eine gewisse Festigkeit besitzt & in der sich Kopf & Leib abzeichnen.

Nach vierzehn Tagen kann man den Kopf & die besonders auffälligen Züge des Gesichts deutlich ausmachen; die Nase ist zu diesem Zeitpunkt noch ein kleiner, hervorstechender Strich, der senkrecht auf eine Linie zuläuft, welche die Lippenspalte andeutet; wo die Augen sitzen, sieht man zwei schwarze Punkte, bei den Ohren zwei kleine Löcher; an beiden Seiten der oberen Rumpfpartie erscheinen kleine Ausbuchtungen, die ersten Ansätze zu Armen & Beinen. Am Ende der dritten Woche ist der Leib des *Fötus* etwas weiter ausgebildet; Arme & Beine, Hände & Füße sind zu erkennen. Die Arme wachsen schneller als die Beine, & die Finger der Hand lösen sich früher voneinander als die Zehen.

Mit einem Monat hat der *Fötus* an Länge zugelegt & entschieden menschliche Gestalt angenommen, alle Teile des Gesichts sind bereits erkennbar, der Körper ist umrissen, Hüften & Bauch haben sich herausgestülpt, die Gliedmaßen sind geformt, die Zehen & Finger haben sich voneinander getrennt, die Eingeweide sind bereits durch ein Knäuel von Fasern angedeutet. In der sechsten Woche ist der *Fötus* größer, das menschliche Gesicht beginnt sich vollends auszubilden; lediglich der Kopf ist, unter Wahrung der Proportionen, größer als die anderen Körperteile. Nach zwei Monaten ist er noch mehr gewachsen, & nach dreien hat er an Größe & Gewicht weiter zugelegt. Viereinhalb Monate nach der Empfängnis sind alle Teile seines Körpers so weit entwickelt, daß man sie eindeutig voneinander unterscheiden kann; an Zehen & Fingern kommen sogar schon die Nägel zum Vorschein. So entwickelt er sich immer weiter bis zum neunten Monat, ohne daß es möglich wäre, die Maße seiner Körperteile zu bestimmen. Sicher ist nur, daß der *Fötus* immer mehr an Länge zunimmt, solange er im Bauch seiner Mutter ist, & daß er nach der Geburt bis zur Pubertät weiter wächst, in den ersten Jahren allerdings mehr als in den darauf folgenden.

Wir halten neun Monate für den üblichen Zeitraum, in welchem das Kind im Leib seiner Mutter bleibt; doch verschiedentlich wurde beobachtet, daß Kinder lebten, die mit 6, 7, 8, 10, 11 & 13 Monaten geboren wurden, während andere, die im Leib starben, 4 & 6 Monate darin blieben, ohne zu verwesen, & sogar 23 Monate, zwei Jahre, drei Jahre, vier Jahre, sieben Jahre, sechsundzwanzig & sechsundvierzig Jahre, ohne daß die Gesundheit der Mutter darunter gelitten zu haben schien, wiewohl sie, um die Wahrheit zu sagen, einige Wandlungen durchgemacht haben; & wenn wir Krantzius, Aventinus oder Wolf Glauben schenken wollen, so ist sogar einmal ein Kind nach zwei Jahren

Bokanowskyverfahren«, wiederholte der Direktor. Ein Ei – ein Embryo – ein erwachsener Mensch: das Natürliche. Ein bokanowskysiertes Ei dagegen knospt und sproßt und teilt sich. Acht bis sechsundneunzig Knospen – und jede Knospe entwickelt sich zu einem vollausgebildeten Embryo, jeder Embryo zu einem vollentwickelten Menschen. Sechsundneunzig Menschenleben entstehen zu lassen, wo bisher nur eines entstand: Fortschritt. Völlig identische Geschwister, aber nicht lumpige Zwillinge oder Drillinge wie in den alten Zeiten des Lebendgebärens, als sich ein Ei manchmal zufällig teilte, sondern Dutzendlinge, viele Dutzendlinge auf einmal. Menschen einer einzigen Prägung, in einheitlichen Gruppen. Ein einziges bokanowskysiertes Ei lieferte die Belegschaft für eine kleine Fabrik. »Sechsundneunzig völlig identische Geschwister bedienen sechsundneunzig völlig identische Maschinen!« Seine Stimme bebte fast vor Begeisterung. »Da weiß man doch wirklich, woran man ist! Zum ersten Mal in der Weltgeschichte!«

ALDOUS HUXLEY, SCHÖNE NEUE WELT

aus dem Bauch der Mutter gekommen, das bereits sprechen & gehen konnte. Wie philosophisch!

Der *Fötus* ist in der Gebärmutter wie ein Fisch von Flüssigkeiten umgeben, das heißt, man kann das Ganze als eine Art Ei betrachten, das mit einer Flüssigkeit gefüllt ist, in welcher der *Fötus* schwimmt, & an dessen Innenwand er an einer bestimmten Stelle mit einer Art Schnur festgemacht ist, die an seinem Nabel austritt & aus Gefäßen besteht, die sich zu einer Vielzahl immer feinerer Verästelungen verzweigen, um an der bezeichneten Stelle in die Wand des Eis hineinzuwachsen, sie zu durchdringen & sich in der Gebärmutter zu verankern, aus welcher er auf diesem Wege seine Nahrung zieht.

Etwa im letzten Monat, das heißt gegen Ende des achten Monats, macht der *Fötus* einen Purzelbaum, & von da an zeigt sein Kopf auf die innere Öffnung des Uterus, & sein Gesicht richtet sich zum Steißbein der Mutter. In dieser Lage, während der letzten Phase der Schwangerschaft, drückt er mit seinem Gewicht ebenso wie mit seinen Bewegungen auf die Öffnung des Uterus & veranlaßt die Gebärmutter, sich zusammenzuziehen. Dieses Zusammenziehen der Gebärmutter bewirkt mit dem Zusammenziehen der Unterleibsmuskulatur, der erhöhten Tätigkeit des Zwerchfells & anderen Ursachen, über die noch nicht viel bekannt ist, daß das Kind aus seinem Gefängnis herauskommt, oder, um es schlichter zu sagen, seine Geburt. Kaum hat es das Licht der Welt erblickt, tut es in seinem Dünkel laut schreiend kund, daß es der König des Universums sei, & dieser vermeintliche König des Universums, der nunmehr zwanzig bis vierundzwanzig Pfund wiegt, ist neun Monate zuvor aus einem Tropfen Lust entstanden. *Tarin/Jaucourt*

FRANKREICH – France (Geographie). Großes Königreich in Europa, im Norden von den Niederlanden, im Osten von Deutschland, der Schweiz & Savoyen begrenzt; im Süden vom Mittelmeer & den Pyrenäen, im Westen vom Ozean.

Nach der von Cassini vorgelegten Landkarte der Erde ist *Frankreich* von Osten nach Westen 220 Meilen breit & vom Norden bis zum Süden, von Dünkirchen bis zu den Grenzen Spaniens, 230 Meilen lang. In der Diagonalen ist *Frankreich*, von der entferntesten Küste der Bretagne bis Nizza an der provenzalischen Küste 250 Meilen & von den Grenzen Spaniens südlich von Bayonne bis zu den Grenzen Deutschlands in Richtung der Niederlande etwa 210 Meilen lang. Legt man einen Durchschnitt von 220 Meilen zugrunde, so erhält man für *Frankreich* eine Fläche von etwa 400 Quadratmeilen.

In diesem Raum ist die Luft rein & gesund, mit einem fast überall gemäßigten Klima. Der Ozean umspült *Frankreich* auf der einen Seite, das Mittelmeer auf der anderen. Es hat hohe Berge & schöne Flüsse. Sein fruchtbares & liebliches Land ist reich an Salz, Getreide, Gemüse, Obst, Weinen & Eisen-, Blei-, Kupferminen &c. Es gibt in *Frankreich* 18 Erzbistümer, 112 Bistümer, 14777 Klöster, 12400 Prioreien, 1356 Abteien, 240 Komtureien des Malteserordens &c. Man zählt hier 13 Gerichtshöfe, 12 Statthalterschaften oder, wenn man will, 36 Provinzregierungen & 25 Universitäten, die nicht alle berühmt sind. Der Akademie der Wissenschaften zufolge befindet es sich zwischen dem 13. & 25. Längengrad & dem 42. & 51. Breitengrad.

Die Geschichte dieses Königreichs, sagt ein Mann von Genie, zeigt uns, wie die Macht der Könige von *Frankreich* sich entwickelt, zweimal stirbt & ebensooft wiederersteht, dann einige Jahrhunderte kränkelt, sodann aber unmerklich zu Kräften kommt, sich nach allen Seiten hin ausdehnt & den höchsten Gipfel erreicht; gleich jenen Flüssen, die während ihres Laufs Wasser verlieren oder sich unter der Erde verbergen, dann wieder auftauchen &, von den Nebenflüssen angeschwollen, alles mit sich reißen, was sich ihnen in den Weg stellt. Die Völker waren in *Frankreich* bis zur Zeit Philipp Augusts völlig versklavt. Die Grundherren waren Tyrannen bis zur Zeit Ludwigs XI., der selbst ein Tyrann war & nur auf die Stärkung der königlichen Macht hinarbeitete. Franz I. ließ Handel, Schiffahrt, Wissenschaften & Künste aufblühen, die aber alle mit ihm untergingen. Heinrich der Große, zugleich Vater & Überwinder seiner Untertanen, wurde mitten unter ihnen ermordet, als er für ihr Glück sorgen wollte. Der Kardinal Richelieu war darauf aus, den Einfluß des Hauses Österreich, des Calvinismus & der Großen zu verringern. Der Kardinal Mazarin dachte nur daran, sich durch Geschicklichkeit & List in seiner Stellung zu behaupten.

So waren die Franzosen neunhundert Jahre lang ohne Gewerbe & verharrten in Unordnung & Unwissenheit; deshalb hatten sie keinen Anteil an den großen Entdeckungen & schönen Erfindungen der anderen Völker. Der Buchdruck, das Schießpulver, die Spiegel, die Fernrohre, der Kompaß, der Blutkreislauf, die Luftpumpe, das wahre System des Universums stammten nicht von ihnen; sie veranstalteten Turniere, während die Portugiesen & die Spanier im Osten & Westen der bekannten Welt neue Welten entdeckten & eroberten. Endlich änderten sich die Dinge um die Mitte des letzten Jahrhunderts; die Künste, die Wissenschaften, der Handel, die Schiffahrt & die Marine traten unter Colbert mit einem herrlichen Glanz zutage, über den Europa staunte: Demnach ist die französische Nation fähig, alles zu erreichen – eine geschmeidige Nation, die am leichtesten murrt, am besten gehorcht & ihr Unglück am schnellsten vergißt.

Sicher wird man mich davon dispensieren, hier auf Einzelheiten im gegenwärtigen Zustand unseres Königreichs einzugehen. Seine wirkliche & relative Stärke, seine Regierungsform, die Staatsreligion, die Macht des Monarchen, seine Einkünfte, seine Hilfsquellen & seine Herrschaft – all das ist jedermann bekannt. Es ist auch bekannt, daß die unermeßlichen Reichtümer *Frankreichs,* die vielleicht in Gold & Silber eine Milliarde in heutigem Geld betragen (die Goldmark zu 680 Livres, die Silbermark zu 50 Livres), unglücklich verteilt sind, wie einst die Reichtümer Roms beim Untergang der Republik. Man weiß schließlich, daß die Hauptstadt sozusagen den Staat ausmacht, daß alles zu diesem Abgrund – diesem Zentrum der Macht – hinströmt, daß die Provinzen dadurch übermäßig entvolkert werden & daß der von seiner Armut bedrückte Landmann fürchtet, unglückliche Wesen zur Welt zu bringen. Zwar glaubte Ludwig XIV., als er vor beinahe hundert Jahren (im Jahre 1666) dieses tiefwurzelnde Übel bemerkte, die Fortpflanzung zu fördern, indem er alle, die zehn Kinder hätten, das heißt Wunder vollbrächten, zu belohnen versprach; es wäre jedoch besser gewesen, die Ursachen für das Übel zu suchen & ihm durch echte Heilmittel abzuhelfen. Nun, diese Ursachen & diese Heilmittel sind nicht schwer zu finden, siehe Abgaben, Toleranz &c. *Jaucourt*

FRANZÖSISCH – **François ou Français (Geschichte, Literatur & Moral)**. Die französische Sprache begann erst um das 10. Jahrhundert Gestalt anzunehmen; sie entstand aus den mit einigen altdeutschen Wörtern vermischten Trümmern des Lateinischen & Keltischen. Diese Sprache war anfangs das *romanum rusticum*, die lateinische Volkssprache, & zur Zeit Karls des Kahlen war das Altdeutsche die Sprache des Hofs.

Ende des 10. Jahrhunderts bildete sich das *Französische* heraus. Zu Beginn des 11. Jahrhunderts schrieb man *französisch*; aber dieses *Französisch* ähnelte noch sehr viel mehr der lateinischen Volkssprache als dem heutigen *Französisch*.

Unter der Feder von Montaigne kam das *Französische* zu Kräften; aber es fehlte ihm noch an Erhabenheit & Harmonie. Ronsard verdarb die Sprache, indem er die griechischen Komposita, deren die Philosophen & Mediziner sich bedienten, in die *französische* Poesie übertrug. Malherbe machte Ronsards Unrecht zum Teil wieder gut. Mit der Einrichtung der *französischen* Akademie wurde die Sprache erhabener & harmonischer & erwarb im Jahrhundert Ludwigs XIV. schließlich die Vollkommenheit, die sie für alle Gattungen tauglich machte.

Der Geist der *französischen* Sprache ist Klarheit & Ordnung; denn jede Sprache hat ihren Geist, & dieser Geist besteht in der uns von der Sprache verliehenen Fähigkeit, uns mehr oder weniger glücklich auszudrücken & anderen Sprachen vertraute Redewendungen zu verwenden oder zu verwerfen. Die natürliche Reihenfolge, in der man seine Gedanken ausdrücken & seine Sätze bilden muß, verleiht der *französischen* Sprache eine Anmut & Beschwingtheit, die allen Völkern gefällt, & der Geist der Nation, der sich mit dem Geist der Sprache vereinte, hat mehr erfreulich geschriebene Bücher hervorgebracht, als man bei irgendeinem anderen Volk findet.

Da die Ungezwungenheit & Annehmlichkeit der Gesellschaft lange Zeit nur in Frankreich bekannt war, gewann die Sprache dadurch eine Zartheit des Ausdrucks & eine ganz natürliche Vornehmheit, die anderswo kaum zu finden sind. Zuweilen hat man diese Vornehmheit übertrieben; aber die Leute von Geschmack haben immer verstanden, sie in die richtigen Bahnen zurückzulenken.

Es wurde häufig angenommen, die *französische* Sprache sei seit der Zeit Montaignes & Amiots ärmer geworden: Tatsächlich findet man bei diesen Autoren eine Reihe von Ausdrücken, die jetzt nicht mehr zulässig sind; aber es sind meistens Ausdrücke der Umgangssprache, die man durch gleichwertige ersetzt hat. Sie ist viel reicher an vornehmen & kraftvollen Wörtern geworden & hat, ohne daß ich von der Beredsamkeit der Dinge sprechen will, die Beredsamkeit der Wörter gewonnen. Im Zeitalter Ludwigs XIV. soll diese Beredsamkeit ihren größten Glanz erhalten haben & die Sprache endgültig festgelegt worden sein. Wie viele Veränderungen ihr die Zeit & die Willkür auch noch bringen mögen, so werden doch die guten Autoren des siebzehnten & achtzehnten Jahrhunderts immer als Vorbild dienen.

Man durfte nicht erwarten, daß die *französische* Sprache sich auch in der Philosophie auszeichnen würde. Eine seit langem veraltete Regierungsweise erstickte fast zwölfhundert Jahre lang jegliche Aufklärung, & Lehrer von Irrtümern, die dafür bezahlt wurden, daß sie die menschliche Natur verdummten, verdichteten noch die Finsternis; doch heute gibt es in Paris mehr Philosophie als in irgendeiner Stadt auf der Erde & vielleicht in allen Städten zusammen, mit Ausnahme Londons. Der Geist der Vernunft durchdringt sogar die Provinzen. Kurz: Der *französische* Geist kommt heute in der Philosophie vielleicht dem englischen gleich, ist in der Literatur seit achtzig Jahren vielleicht allen anderen Völkern überlegen & steht zweifellos an erster Stelle im Hinblick auf die Annehmlichkeiten der Gesellschaft & jene so ungezwungene, so natürliche Höflichkeit, die man zu Unrecht »Urbanität« nennt. *Voltaire*

FRAU – **Femme (Anthropologie)**. *Femina*, auf Hebräisch *ischa*; das Weibchen des Menschen. Siehe Mann, Weibchen & Geschlecht.

Ich werde nicht über den Unterschied im Skelett des Mannes & der Frau sprechen: dazu konsultiere man Daubenton, *Kabinett des Königs,* Bd. III, *Naturgeschichte des Menschen,* Monro, Anhang zu seiner *Ostéologie*; & Ruysch, der eine Besonderheit beim Vergleich der Rippen beider Geschlechter beobachtet hat. Siehe Skelett.

Ich werde auch keine Beschreibung der Zeugungsorgane geben; dieses Thema gehört unmittelbarer zu anderen Artikeln. Jedoch muß hier ein sinnreiches System über den Unterschied dieser Organe bei Mann & *Frau* dargelegt werden.

Daubenton (Bd. III, *Naturgeschichte*), der hinsichtlich der Absonderung & Ausspritzung des Samens zwischen beiden Geschlechtern die größte Analogie festgestellt hat, glaubt, daß der einzige Unterschied, den man in der Größe & der Lage bestimmter Körperteile finden kann, die Gebärmutter ist, welche die *Frauen* zusätzlich haben, & daß die Zeugungsorgane bei beiden Geschlechtern völlig gleich wären, wenn auch die Männer dieses innere Organ besäßen. Daubenton stützt dieses System auf die Beschreibung einiger Föten im Frühstadium, die Ruysch zur Kenntnis gebracht hat oder die sich im Kabinett des Königs befinden. Diese Föten, wiewohl weiblichen Geschlechts, wirken auf den ersten Blick männlich, & Ruysch hat dies für alle vier Monate alten weiblichen Föten zur Regel erhoben.

Von alters her ist bekannt, daß Frauen existieren, Kinder gebären, keine Bärte haben und selten kahl werden; doch außer in diesen Punkten und in anderen, wo man sie mit den Männern identisch glaubt, wissen wir wenig über sie und haben wenig verläßliche Zeugnisse, auf die wir unsere Urteile stützen können. Virginia Woolf, Männer und Frauen

Daubenton stimmt bis zu einem bestimmten Punkt mit Galenus überein, der im zweiten Buch, Kap. V, zwischen den Geschlechtsteilen von Mann & *Frau* keinen anderen Unterschied sieht als den der Lage oder der Entwicklung. Um zu beweisen, daß diese Teile, die zuerst im Sack des Bauchfells angedeutet sind, darin eingeschlossen bleiben oder ihn je nach den Kräften oder der Unvollkommenheit des Tieres verlassen, nimmt er auch Sezierungen trächtiger Weibchen & Föten von Frühgeburten zu Hilfe. Dieselbe Hypothese findet man in Galenus' Abhandlung *De usu partium*, Buch XIV, & Avicenna hat sie im dritten Buch seines *Kanons* vollständig übernommen.

Galenus glaubt indes nicht, daß den Männern die Gebärmutter fehlt; er glaubt, daß sie sich ausstülpt & somit das Skrotum bildet & die Hoden einschließt, die sich außerhalb der Gebärmutter befinden. Er läßt das männliche Glied aus einem *prolapsus* der Vagina entstehen, statt es in der Klitoris zu suchen.

Piccolomini & Paré hatten sich Galenus' Meinung angeschlossen; Dulaurent, Kyper & einige andere Anatomen sahen darin nur einen falschen Anschein von Wahrscheinlichkeit. Diese Frage scheint eng mit der der Hermaphroditen verbunden zu sein, zumal uns nur sagenhafte & poetische Beispiele von zu *Frauen* gewordenen Männern vorliegen, während man mehrere in Männer verwandelte *Frauen* findet, deren Metamorphose ernsthaft bezeugt ist. Diese seltsame Beobachtung findet sich, samt den entsprechenden Beweisen, in Formann, *De fascinatione magica*. Siehe Hermaphrodit.

Hippokrates (Aphorismus 43, Buch VII) sagt ausdrücklich, daß eine *Frau* niemals beidhändig wird. Galenus bestätigt es & fügt hinzu, daß dies an ihrer natürlichen Schwäche liege; indes sieht man barmherzige Damen, die sehr wohl mit der einen & mit der anderen Hand zur Ader lassen. Ich weiß, daß dieser Aphorismus von Sextus Empiricus damit erklärt wurde, daß die weiblichen Föten niemals in der rechten Seite der Gebärmutter empfangen werden. J. Albert Fabricius hat zu Recht angemerkt, daß Galenus in seinem *Kommentar* auf diese Deutung hingewiesen hat; doch er müßte hinzufügen, daß Galenus sie an derselben Stelle mißbilligt.

Die Anatomen sind nicht die einzigen, welche die *Frau* in gewisser Weise als einen verfehlten Mann ansehen; platonische Philosophen hatten einen ähnlichen Gedanken. Marsilius Ficinus versichert in seinem *Kommentar* zum zweiten Buch der *Neuheiten* von Plotin, daß die Zeugungskraft eines jeden Tiers sich bemühe, ein Männchen hervorzubringen, das in seiner Art das vollkommenere sei; daß aber die universelle Natur manchmal ein Weibchen wünsche, damit die dem Zusammenwirken beider Geschlechter geschuldete Fortpflanzung das Universum vervollkommne.

Die verschiedenen Vorurteile über die Vortrefflichkeit des Mannes in bezug auf die *Frau* sind von den Bräuchen der alten Völker, den politischen Systemen & den Religionen hervorgebracht worden, die sie ihrerseits veränderten. Die christliche Religion nehme ich davon aus, die, wie ich weiter unten ausführen werde, zwar eine reale Überlegenheit beim Mann festgestellt, aber nichtsdestoweniger der *Frau* die Rechte der Gleichheit bewahrt hat.

Man hat die Erziehung der *Frauen* bei allen gesitteten Völkern so sehr vernachlässigt, daß es wunder nimmt, daß man eine so große Zahl von ihnen sieht, die sich durch ihre Bildung & ihre Werke auszeichnen. Chrétien Wolf hat im Anschluß an die Fragmente illustrer Griechinnen ein Verzeichnis gerühmter *Frauen* vorgelegt, die in Prosa geschrieben haben. Gesondert hat er die Fragmente der Sappho & die Elogen veröffentlicht, die sie erhielt. Die Römer, die Juden & alle Völker Europas, welche die Wissenschaften kennen, hatten gelehrte *Frauen*.

A. Marie de Schurman hat die Frage gestellt: Schickt sich das Studium der Wissenschaften für eine christliche *Frau?* Sie bejaht es & will sogar, daß die christlichen Damen keine davon ausnehmen. Ihr zweites Argument beruht darauf, daß das Studium der Wissenschaften aufklärt & zu einer Weisheit verhilft, die sich durch die gefährlichen Hilfeleistungen der Erfahrung nicht erwerben läßt. Man könnte jedoch fragen, ob diese frühzeitige Klugheit nicht ein wenig Unschuld kostet. Zu ihren Gunsten läßt sich anführen, daß das Studium der Wissenschaften ganz gewiß für Zerstreuungen sorgt, welche die lasterhaften Neigungen abschwächen.

Ein hebräisches Sprichwort beschränkt nahezu das ganze Geschick der *Frauen* auf ihren Spinnrocken, & Sophokles sagte, Schweigen sei ihre größte Zierde. In einer entgegengesetzten Übertreibung will Platon, daß sie denselben Beschäftigungen nachgehen wie die Männer. Siehe den fünften Dialog.

An derselben Stelle will der große Philosoph, daß in seiner Republik *Frauen* & Kinder Gemeingut sind. Diese Regelung erscheint absurd; daher hat sie Jean de Serres Anlaß zu sehr scharfen Schimpfreden gegeben.

Die häusliche Sklaverei der *Frauen* & die Polygamie haben im Orient das schöne Geschlecht der Verachtung anheimgegeben & es schließlich verachtenswert gemacht. Die Verstoßung & die Scheidung sind dem Geschlecht untersagt, das ihrer am meisten bedurfte & das sie am wenigsten mißbrauchen konnte. Das Gesetz der Burgunder verurteilte eine *Frau,* die ihren legitimen Gatten verstoßen würde, zum Tod durch Ersticken im Schlamm. Zu allen diesen Themen kann man in dem vorzüglichen Werk *Vom Geist der Gesetze,* Buch XVI, nachschlagen. Alle griechischen Dichter von Orpheus bis Gregor von Nazianz haben viel Schlechtes über die *Frauen* gesagt. Euripides hat sie gröblich beleidigt, & von Simonides bleibt uns fast nichts außer einer harschen Schmährede auf sie. Eine große Anzahl die *Frauen* schmähender Zitate griechischer Dichter findet man in Samuel Clarkes *Kommentar* zu den Versen 416 & 455 des elften Gesangs der *Odyssee.* Der galante Anakreon, der den *Frauen* eine Schönheit beimißt, die Feuer & Eisen besiege, sagt gleichzeitig, die Natur habe ihnen die Klugheit versagt, die das Erbteil der Männer sei.

Die lateinischen Dichter sind dem Geschlecht kaum gewogener; & ohne Juvenals berühmte Satire zu erwähnen, ohne Stellen von Ovid & mehreren anderen zusammenzutragen, will ich mich damit begnügen, folgenden Ausspruch von Publilius Syrus zu zitieren, den einer unserer Dichter wie folgt wiedergegeben hat: »Eine Frau, die denkt, denkt ganz gewiß schlecht.« In seinem *Dialog* (Bd. II) unterstellt Platon hauptsächlich den *Frauen* den Ursprung des Aberglaubens, der Gelübde & der Opfer. Strabon ist derselben Ansicht im VII. Buch seiner *Geographie:* die Juden, die nicht an ihre abergläubischen Zeremonien glauben, beschuldigen die *Frauen* der Magie & sagen, je mehr *Frauen* es gebe, desto mehr Hexen gebe es.

Vielleicht hat man den *Frauen* nur deshalb okkulte Kräfte wie Aberglauben & Magie zugeschrieben, weil man ihnen mehr Geistesgaben unterstellte, als man ihnen bewilligen wollte; deshalb sagte Titus Livius, die *Frau* sei ein ohnmächtiges & unbezähmbares Tier. Das Prinzip der Schwäche & der Minderwertigkeit der *Frauen* würde ihnen zum Vorteil gereichen, wenn alle Welt mit Aristoteles daraus den Schluß zöge, daß es ein größeres Verbrechen ist, eine *Frau* zu töten, als einen Mann. (Siehe die *Problemata* von Aristoteles, Abschnitt. 29.11.)

Es ist bemerkenswert, daß man glaubte, man besudele sich durch den legitimen Verkehr mit den *Frauen,* & daß man sich bei den Babyloniern, den Arabern, den Ägyptern, den Griechen & den Römern am Vortag der Opferfeste seiner enthielt. Die Hebräer meinten, man verliere durch einen legitimen Verkehr sogar die Gabe der Prophezeiung; was mich an die hoffärtige Maxime eines alten Philosophen erinnert, der sagte, man solle den *Frauen* nur beiwohnen, wenn man schlechter werden wolle.

Die Rabbiner glauben nicht, daß die *Frau* nach dem Bilde Gottes geschaffen wurde; sie versichern, sie sei weniger vollkommen gewesen als der Mann, weil Gott sie nur deshalb gebildet habe, damit sie ihm eine Hilfe sei. Ein christlicher Theologe (Lambertus Danaeus, *In antiquitatibus*) lehrte, das Bild Gottes sei beim Mann sehr viel lebhafter als bei der *Frau.* In der Geschichte der Juden von Basnage findet man eine merkwürdige Stelle: »Gott wollte die *Frau* weder aus dem Kopf noch aus den Augen &c. erschaffen (aus Angst, sie könne die mit diesen Körperteilen verbundenen Laster haben); aber mochte man auch einen ehrbaren & harten Teil des Mannes wählen, von dem kein Makel ausgehen zu können scheint (eine Rippe), die *Frau* verfehlte dennoch nicht, sie alle zu haben.« Dies ist die Beschreibung, welche die jüdischen Autoren uns von ihr geben. Vielleicht wird man sie für so zutreffend halten, fügt Basnage hinzu, daß man sie nicht als eine ihrer Visionen ansehen mag & sich vorstellt, daß sie damit eine bekannte Wahrheit in bildliche Worte kleiden wollten. Andere Rabbiner haben das hebräische Wort *stelah,* das man gewöhnlich als *Rippe* auffaßt, mit *Seite* übersetzt: sie erzählen, daß der erste Mensch ein Zwitter & androgyn war & man eine Axt benötigte, um die beiden Körper zu trennen. Dieselbe Fabel liest man bei Platon, dem die Rabbiner sie entlehnt haben, wenn man Le Clerc in seinem *Kommentar* zum Pentateuch Glauben schenken darf.

Das, was am Weibe Respekt und oft genug Furcht einflößt, ist seine Natur, die natürlicher ist als die des Mannes, seine echte, raubtierhafte, listige Geschmeidigkeit, seine Tigerkralle unter dem Handschuh, seine Naivität im Egoismus, seine Unerziehbarkeit und innere Wildheit, das Unfaßliche, Weite, Schweifende seiner Begierden und Tugenden... Was, bei aller Furcht, für diese gefährliche und schöne Katze Weib Mitleiden macht, ist, daß es leidender, verletzbarer, liebebedürftiger und zur Enttäuschung verurteilter erscheint als irgendein Tier.

Friedrich Nietzsche, Jenseits von Gut und Böse

Gotthard Heidegger hat angemerkt *(De historia patriarcharum),* daß Moses nicht von Evas Seele spricht & daß man den Grund dafür ahne. Fest steht, daß die *Frauen* im jüdischen Gesetz zu beklagen waren, wie Le Clerc dargelegt hat. Jesus Christus selbst hat uns gesagt, daß den Hebräern nur wegen ihrer Hartherzigkeit die Verstoßung erlaubt war; aber als er nicht wollte, daß der Mensch scheide, was Gott zusammengefügt hat, schrien seine Jünger auf & meinten, so werde die Ehe eine Last. Th. Crenius bemerkt in seinen *Animadversiones philologicas & historicae,* daß niemand die

Frauen mehr mißhandelt & mehr empfohlen hat, sich vor ihnen zu hüten, als Salomon, der diesem Laster dennoch frönte; während Jesus Christus ihnen gegenüber sanfter war & eine große Zahl von ihnen bekehrt hat. Deshalb glauben manche, so sagt er, Jesus Christus habe eine Vorliebe für dieses Geschlecht gehabt. Tatsächlich hat er auf der Erde eine Mutter gehabt & keinen Vater; die erste Person, die sich nach seiner Auferstehung zeigte, war Maria Magdalena, &c.

Die Personen, die auf die Ehe verzichten, sollen seit der Einführung der christlichen Religion der Vollkommenheit näherkommen; die Juden dagegen halten die Ehelosigkeit für einen fluchwürdigen Stand.

Der hl. Petrus befiehlt in seinem ersten Brief (3,7) den Männern, ihre *Frauen* rücksichtsvoll zu behandeln, weil sie das schwächere Geschlecht seien. Die Juden sagen, die *Frau* sei ein unvollkommenes Gefäß; daß der Ehemann, so schließt der Hebräer, mehr Kraft habe; denn das kann bedeuten, daß die *Frau* ohne Hilfe des Mannes nur ein Embryo ist. (Siehe *Talmud,* Gemara über Sanhedrin, Kap. II, Segm. 5.)

Petrus Calanna wagt in einem sonderbaren Buch mit dem Titel *Philosophia seniorum sacerdotia & platonica* zu sagen, Gott sei männlich & weiblich zugleich. Godofredus Arnoldus vertrat in seinem Buch *De Sophia* diese monströse Ansicht, die dem Platonismus entsprungen ist, welcher auch die Äonen oder hermaphroditische Gottheiten der verschiedenen Valentinians ins Leben gerufen hat. Beausobre (*Histoire du Manichéisme*, Bd. II) meint, daß diese Äonen allegorisch waren, & er stützt sich darauf, daß der christliche Bischof Synesios Gott zwei Geschlechter beilegte, wiewohl er wußte, daß Gott keine Körperorgane, erst recht keine Zeugungsorgane hat. Bei Synesios liest man aber nur, daß der Körper der Gottheit nicht aus der Hefe der Materie gebildet ist, was nicht heißt, daß Gott kein Körperorgan hat. Außerdem läßt sich leicht nachweisen, & Nikephoros Gregoras sagt es in seinem *Kommentar* zu Synesios an mehreren Stellen, daß Synesios ein Nachahmer & Anhänger Platons war.

Die Manichäer meinten, daß Gott, als er den Menschen schuf, ihn weder als Mann noch als Frau geformt habe, sondern daß die Trennung der Geschlechter das Werk des Teufels sei.

Gemeinhin wird gesagt, daß Mohammed die *Frauen* aus dem Paradies ausgeschlossen hat; Vers 30 der 33. Sure des Koran deutet auf das Gegenteil hin. Dennoch ist es eine Tradition, über die zwei mohammedanische Autoren geschrieben haben, wie man in der *Orientalischen Bibliothek* von d'Herbelot sehen kann. Mohammed verurteilt jeden, der die *Frauen* anklagt & nicht vier Zeugen gegen sie beibringen kann, zu achtzig Peitschenhieben; & er verflucht die Verleumder in dieser & in der anderen Welt. Der Ehemann kann, wenn er keine Zeugen hat, seine *Frau* bezichtigen, sofern er viermal schwört, daß er die Wahrheit sagt, & zum fünften Mal, daß der Fluch Gottes auf ihn komme, wenn er ein Lügner sei (24. Sure, Vers 4 & 6). Aber es geht daraus nicht deutlich hervor, ob er den *Frauen,* die gezwungen sind, sich zu prostituieren, die göttliche Barmherzigkeit verspricht, wie es der Gelehrte Louis Maracci in seiner *Widerlegung des Koran* behauptet hat.

Der arabische Prophet will (4. Sure), daß ein Mann von einem Erbe doppelt soviel erhält wie die *Frau.* Er sagt ausdrücklich (Vers 38), daß die Männer den *Frauen* überlegen sind & daß diese ihnen gehorchen müssen. Sind sie widerspenstig, so rät er ihren Gatten, sie in die Schlafgemächer zu verbannen, & sogar, sie zu schlagen. Für *Frauen,* die Unzucht treiben oder Ehebruch begehen, hat er schwere Strafen vorgesehen; aber auch wenn Maracci ihn bezichtigt, Männer, die sich dieser Verbrechen schuldig gemacht haben, nicht zu bestrafen, so steht doch fest, daß er sie zu hundert Peitschenhieben verurteilt, wie Selden angemerkt hat *(Uxor Ebraica).*

Alle Welt hat von einer anonymen Abhandlung gehört, in der behauptet wird, daß die *Frauen* nicht zum Menschengeschlecht gehören: *mulieres homines non esse.* In diesem Werk erklärt Alcidalius alle Texte, die vom Heil der *Frauen* & ihrem irdischen Wohlergehen sprechen. Er stützt sich auf fünfzig der Heiligen Schrift entnommene Zeugnisse & bittet zum Schluß die Frauen um ihr Wohlwollen für ihn; »wenn sie aber nicht wollen«, sagt er, »dann sollen sie, die wilden Tiere, zugrunde gehen auf alle Ewigkeit.« Er hat etwas gegen die Art & Weise, wie die Wiedertäufer & andere Ketzer die Heilige Schrift erklären; aber seine Scherze sind unanständig. Simon Gediccus, der ihn so verdrießlich wie irgend möglich widerlegt & mit theologischen Schmähungen überhäuft hat, wirft ihm schließlich vor, er sei ein Zwitterwesen, aus der monströsen Paarung von Satan mit dem Menschengeschlecht hervorgegangen, & wünscht ihm die ewige Verdammnis. ✤ *Barthez*

FRAU – Femme (Naturrecht). Auf Lateinisch *uxor,* Weibchen des Menschen, insofern geschätzt, als sie durch die Bande der Ehe mit ihm vereint ist. Siehe daher Ehe & Ehemann.

Da das höchste Wesen geurteilt hat, es sei nicht gut, daß der Mann allein sei, hat er ihm den Wunsch eingegeben, sich mit einer Gefährtin in enger Gemeinschaft zusammenzutun, & diese Gemeinschaft wird durch eine freiwillige Vereinbarung beider Seiten gebildet. Da das Hauptziel dieser Gemeinschaft die Zeugung & Erhaltung der aus ihr hervorgehenden Kinder ist, verlangt sie, daß Vater & Mutter alle ihre Sorgfalt darauf verwenden, diese Unterpfänder ihrer Liebe zu ernähren & großzuziehen, bis sie imstande sind, sich selbst zu unterhalten.

Doch auch wenn Mann & *Frau* im Grunde dieselben Interessen an ihrer Gemeinschaft haben, so ist es doch wesentlich, ob die Autorität der Aufsicht dem einen oder der anderen zufällt. Nun sprechen aber das positive Recht der gesitteten Nationen, die Gesetze & Gebräuche Europas diese Autorität einhellig & endgültig dem Mann zu, der, da an Geist & Körper stärker, mehr zum gemeinsamen Wohl beiträgt, in menschlichen wie in heiligen Dingen; so daß die *Frau* notwendig ihrem Ehemann untergeordnet ist & seinen Befehlen in allen häuslichen Angelegenheiten gehorchen muß. Das ist die Meinung der alten & modernen Rechtsgelehrten & auch die förmliche Entscheidung der Gesetzgeber.

So erklärt das 1750 erschienene Gesetzbuch Friedrichs, der versucht zu haben scheint, ein allgemeines & sicheres Recht einzuführen, daß der Ehemann von Natur aus der Herr des Hauses, das Oberhaupt der Familie ist & daß die *Frau,* sobald sie aus freien Stücken in sie eintritt, gewissermaßen der Gewalt des Ehemanns untersteht, woraus sich verschiedene Vorrechte ergeben, die ihn persönlich betreffen. Schließlich schreibt die Heilige Schrift der *Frau* vor, sie müsse ihm als ihrem Herrn untertan sein.

Dennoch sind die Gründe, die soeben für die eheliche Gewalt angeführt werden, im menschlichen Sinne nicht unwidersprochen geblieben, & der Charakter dieses Werks erlaubt uns, es kühn darzulegen.

1. scheint es schwer nachweisbar zu sein, daß die Autorität des Ehemanns von der Natur kommt, weil diese dem Prinzip der natürlichen Gleichheit der Menschen zuwiderläuft & weil allein aus der Tatsache, daß einer tauglich ist, zu befehlen, noch nicht folgt, daß er auch tatsächlich das Recht dazu hat.

2. ist der Mann nicht immer an Körper, Weisheit, Geist & Tatkraft stärker als die *Frau.*

3. weist die Vorschrift der Heiligen Schrift, da sie in Form einer Strafe erfolgte, zur Genüge darauf hin, daß sie nur dem positiven Recht untersteht.

Man kann also behaupten, daß es in der ehelichen Gemeinschaft keine andere Unterordnung gibt als die des Zivilrechts, & infolgedessen spricht nichts dagegen, daß besondere Übereinkünfte das Zivilrecht verändern können, solange das Naturgesetz & die Religion nichts Gegenteiliges bestimmen.

Wir leugnen nicht, daß in einer aus zwei Personen bestehenden Gemeinschaft die eine oder die andere notwendigerweise den Ausschlag geben muß, & da gewöhnlich die Männer befähigter sind als die *Frauen,* die besonderen Angelegenheiten zu leiten, ist es vernünftig, die allgemeine Regel aufzustellen, daß die Stimme des Mannes den Ausschlag gibt, solange die Parteien nicht gemeinsam eine gegenteilige Abmachung getroffen haben, weil sich das allgemeine Gesetz aus der menschlichen Einrichtung & nicht aus dem Naturrecht ableitet.

Hat jedoch eine *Frau,* die überzeugt ist, daß sie mehr Urteilsvermögen & Tatkraft besitzt, oder die weiß, daß sie ein größeres Vermögen hat oder von höherem Stand ist als der Mann, der als ihr Gatte auftritt, das Gegenteil dessen vereinbart, was das Gesetz vorsieht, & zwar mit Zustimmung eben dieses Gatten, muß sie dann kraft des Naturgesetzes nicht die gleiche Macht haben, die der Ehemann kraft des Gesetzes des Fürsten hat? Der Fall einer Königin, die aus eigenem Antrieb einen Fürsten unter ihrem Stand ehelicht, reicht aus, um zu zeigen, daß die Autorität einer *Frau* über ihren Ehemann auch in Dingen, welche die Leitung der Familie betreffen, mit der Natur der Ehegemeinschaft nicht unvereinbar ist.

Genau genommen ist das menschliche Wesen übrigens weder männlich noch weiblich: das unterschiedliche Geschlecht ist nicht dazu da, einen Unterschied in der Ausprägung herauszubilden, sondern es dient lediglich der Fortpflanzung. Das einzige wesenhafte Merkmal besteht in der vernunftbegabten Seele. Und wenn es erlaubt ist, beiläufig einen kleinen Scherz zu machen, dann wäre hier wohl jene anzügliche Bemerkung nicht unpassend, die besagt: nichts ähnelt dem Kater auf einer Fensterbank mehr als – die Katze. Der Mensch wurde sowohl als Mann wie Frau geschaffen. Männer und Frauen sind eins. Wenn der Mann mehr ist als die Frau, dann ist die Frau gleichfalls mehr als der Mann. Marie le Jars de Gournay, Zur Gleichheit von Männern und Frauen, 1622

Tatsächlich hat es in den zivilisiertesten Nationen Ehen gegeben, die den Ehemann der Herrschaft der *Frau* unterwarfen; man sah eine Prinzessin, Erbin eines Königreichs, die ungeachtet ihrer Heirat alleine die souveräne Macht im Staat behielt. Jedermann kennt das Eheabkommen, das zwischen Philipp II. & Maria, Königin von England, getroffen wurde; das von Maria, Königin von Schottland, & das von Ferdinand & Isabella, um das Königreich Kastilien gemeinsam zu regieren.

Das Beispiel Englands & Rußlands zeigt deutlich, daß die *Frauen* sowohl in der gemäßigten Regierung als auch in der despotischen Regierung Erfolg haben können; & wenn es nicht wider die Vernunft & wider die Natur ist, daß sie ein Weltreich regieren, so scheint es nicht widersinnig zu sein, daß sie auch in einer Familie die Herrinnen sind.

Wenn die Ehe der Lakedämonier im Begriff war, vollzogen zu werden, legte die *Frau* das Gewand eines Mannes an; das war das Symbol für die Macht, die sie mit ihrem Gatten teilen würde. Man weiß, was Gorgo, die *Frau* von Leonidas, König von Sparta, einer fremden *Frau* antwortete, die diese Gleichheit sehr verwunderte: »Wissen Sie denn nicht«, antwortete die Königin, »daß wir Männer zur Welt bringen?« Früher gaben sogar in Ägypten die Eheverträge zwischen Privatleuten ebenso wie die zwischen König & Königin der *Frau* die Autorität über den Ehemann. (Diodoros von Sizilien, Buch I)

Zumindest spricht nichts dagegen (denn es geht hier nicht darum, sich auf einmalige & allzu beweiskräftige Beispiele zu berufen), daß dank der Vereinbarungen zwischen Personen gleichen Standes auch einer *Frau* die Autorität in der Ehe zufallen kann, sofern der Gesetzgeber, ungeachtet der freien Zustimmung der Parteien, nicht jede Ausnahme von der Regel verbietet.

Die Ehe ist ihrer Natur nach ein Vertrag, & folglich bestimmen in allem, was vom Naturgesetz nicht verboten ist, die zwischen dem Ehemann & der *Frau* eingegangenen Verpflichtungen deren gegenseitige Rechte.

Und warum sollte schließlich die alte Maxime: »Die Vorsicht des Menschen hebt die Vorsicht des Gesetzes auf«, dieser Gelegenheit nicht Anwendung finden, so wie man sie bei der Mitgift, der Teilung der Güter & mehreren anderen Dingen zuläßt, wo das Gesetz nur dann herrscht, wenn die Parteien meinten, nichts anderes vereinbaren zu können, als was das Gesetz vorschreibt? *Jaucourt*

FRAU – **Femme** (**Moral**). Schon der Name berührt die Seele, aber er erhebt sie nicht immer; er läßt nur angenehme Ideen entstehen, die einen Augenblick später zu unruhigen Empfindungen oder zärtlichen Gefühlen werden, & der Philosoph, der aufmerksam zu beobachten glaubt, ist bald nur noch ein Mann, der begehrt, oder ein Liebhaber, der träumt. – Eine *Frau* ließ sich malen; was ihr fehlte, um schön zu sein, war genau das, was sie hübsch machte. Sie wollte, daß man ihre Schönheit vermehre, ohne ihrer Anmut etwas wegzunehmen; sie wollte alles auf einmal: daß der Maler ungetreu sei & das Porträt ähnlich; so werden sie sich alle gegenüber dem Schriftsteller verhalten, der von ihnen sprechen soll.

Diese Hälfte des Menschengeschlechts ist körperlich gesehen der anderen an Anmut überlegen & an Kraft unterlegen. Die Rundung der Formen, die Feinheit der Züge, der Glanz des Teints sind ihre Unterscheidungsmerkmale. Die *Frauen* unterscheiden sich von den Männern weniger durch Herz & Geist als vielmehr durch Größe & Gestalt; aber die Erziehung hat ihre natürlichen Anlagen auf so vielerlei Weisen verändert, die Verstellung, die für sie eine Standespflicht zu sein scheint, hat ihre Seele so sehr verborgen, & die Ausnahmen von der Regel sind so zahlreich, daß man, je mehr Beobachtungen man macht, desto weniger Ergebnisse findet.

Mit der Seele der *Frauen* ist es wie mit ihrer Schönheit; es scheint, als gäben sie nur deshalb etwas davon preis, um die Phantasie anzuregen. Mit den Charakteren ist es wie mit den Farben: es gibt Grundfarben & changierende Farben; es gibt unendlich viele Nuancen, die ineinander übergehen. Die *Frauen* haben meist gemischte, mittlere oder veränderliche Charaktere; sei es, weil die Erziehung ihr Naturell mehr verändert als das unsere, sei es, weil die Zartheit ihres Körperbaus aus ihrer Seele einen Spiegel macht, der alle Gegenstände empfängt, sie lebhaft zurückwirft & keinen bewahrt.

Wer vermag die *Frauen* zu definieren? Zwar spricht alles in ihnen, aber in einer zweideutigen Sprache. Jene, die am gleichgültigsten erscheint, ist bisweilen die empfindsamste; die indiskreteste gilt häufig als die falscheste: stets diktiert die Liebe oder der Verdruß die Urteile, die wir über sie fällen, & der freieste Geist, jener, der sie am besten studiert hat, wirft, wenn er Probleme zu lösen glaubt, lediglich neue auf. Es gibt drei Dinge, sagte ein Schöngeist, die ich immer sehr geliebt habe, ohne sie je zu begreifen: die Malerei, die Musik & die *Frauen.*

Wenn es stimmt, daß aus der Schwäche die Schüchternheit, aus der Schüchternheit die Finesse & aus der Finesse die Falschheit erwächst, so muß man zu dem Schluß kommen, daß bei den *Frauen* die Wahrheit eine überaus schätzenswerte Tugend ist.

Wenn jene Zartheit der Organe, welche die Einbildungskraft der *Frauen* stärker anregt, ihren Geist weniger zur Aufmerksamkeit befähigt, dann kann man sagen, daß sie rascher wahrnehmen, ebensogut sehen, aber weniger lange schauen.

Wie bewundere ich die tugendhaften *Frauen,* wenn sie in der Tugend ebenso standhaft sind, wie mir die lasterhaften *Frauen* im Laster beharrlich erscheinen!

Die Jugend der *Frauen* ist kürzer & glänzender als die der Männer; ihr Alter ist beschwerlicher & länger.

Die *Frauen* sind rachsüchtig. Die Rache, das Werk einer momentanen Stärke, ist ein Beweis der Schwäche. Die Schwächsten & die Schüchternsten müssen grausam sein: das allgemeine Gesetz der Natur bemißt bei allen empfindsamen Wesen das Ressentiment nach der Gefahr.

Wie sollten sie diskret sein? Sie sind neugierig; & wie sollten sie nicht neugierig sein? Man macht vor ihnen aus allem ein Geheimnis: sie werden weder zur Ratsversammlung noch zur Hinrichtung gerufen.

Es gibt weniger Einigkeit zwischen den *Frauen* als zwischen den Männern, da sie nur einen einzigen Gegenstand haben.

Durch Ungleichheiten ausgezeichnet, haben beide Geschlechter nahezu gleiche Vorzüge. Die Natur hat die eine Seite mit Kraft & Majestät, Mut & Vernunft bedacht, die

Erklärung der Rechte der Frau und Bürgerin, zu erlassen durch die die Nationalversammlung. *Präambel: Die Mütter, Töchter, Schwestern, Vertreterinnen der Nation verlangen, in die Nationalversammlung aufgenommen zu werden. Sie sind der Meinung, daß die Unkenntnis, die Vergessenheit oder die Mißachtung, in welche die Rechte der Frau geraten sind, die einzige Ursache der öffentlichen Mißstände und der Verderbtheit der Regierungen sind. Infolgedessen erkennt und verkündet das Geschlecht, das überlegen ist durch Schönheit und Mut im Ertragen der Mutterschaft, in Gegenwart und unter dem Schirm des höchsten Wesens die folgenden Rechte der Frau und Bürgerin. Art. 1. Die Frau ist frei geboren und bleibt dem Manne gegenüber gleichberechtigt. Die sozialen Unterschiede können nur auf den allgemeinen Nutzen gegründet sein…* Olympe de Gouges, 1789

andere mit Anmut & Schönheit, Feinheit & Gefühl. Diese Vorzüge sind nicht immer unvereinbar; manchmal dienen verschiedene Eigenschaften einander als Gegengewicht; manchmal auch dieselben, jedoch in unterschiedlichem Grade. Was bei dem einen Geschlecht Zierde oder Tugend ist, ist bei dem anderen Makel oder Verunstaltung. Die Unterschiede der Natur müssen sich in der Erziehung auswirken; nur die Hand des Bildhauers kann einem Stück Ton solchen Wert verleihen.

Bei den Männern, die alle Verrichtungen des bürgerlichen Lebens unter sich aufteilen, entscheidet der Stand, dem sie bestimmt sind, über die Erziehung & den Unterschied. Bei den *Frauen* ist die Erziehung um so schlechter, je allgemeiner sie ist, & wird um so mehr vernachlässigt, je nützlicher sie ist. Man kann sich nur wundern, daß derart ungebildete Seelen so viele Tugenden hervorbringen & daß nicht mehr Laster in ihnen keimen.

Frauen, die der Welt entsagt haben, noch bevor sie sie kennenlernten, sind beauftragt, denen, die in ihr leben müssen, Verhaltensregeln zu geben. Von dort wird ein Mädchen häufig vor einen Altar geführt, damit sie sich eidlich Pflichten auferlegt, die sie nicht kennt, & sich für immer mit einem Mann verbindet, den sie noch nie gesehen hat. Noch häufiger wird sie in ihre Familie zurückgerufen, wo sie eine zweite Erziehung erhält, die alle Ideen der ersten umstößt, mehr die Manieren als die Sitten betrifft & einem ständigen Tausch schlecht geschliffener Diamanten gegen falsche Steine gleicht.

Nachdem sie dann drei Viertel des Tages vor einem Spiegel oder einem Klavier zugebracht hat, betritt Chloé mit ihrer Mutter das Labyrinth der Welt. Dort verirrt sich ihr umherschweifender Geist auf tausend Umwege, aus denen nur der Faden der Erfahrung heraushelfen kann. Dort steht sie nun, steif & schweigsam, ohne jede Kenntnis dessen, was Achtung oder Verachtung verdient, & weiß nicht, was sie denken soll; sie fürchtet, etwas zu fühlen, sie wagt weder zu sehen noch zu hören, oder sieht, indem sie alles mit ebensoviel Neugier wie Unwissenheit betrachtet, oft mehr, als es zu sehen gibt, hört mehr, als gesagt wird, errötet auf unschickliche Weise, lächelt widersinnig, & in der Gewißheit, sowohl für das, was sie zu wissen schien, wie für das, was sie nicht weiß, getadelt zu werden, wartet sie voller Ungeduld in Zwang & Langeweile, daß eine Namensänderung ihr zur Unabhängigkeit & zum Vergnügen verhelfe.

Man redet mit ihr nur über ihre Schönheit, was ein einfaches & natürliches Mittel ist, zu gefallen, wenn es einem nicht darum zu tun ist, & über den Schmuck, der ein System künstlicher Mittel ist, die Wirkung ersterer zu erhöhen oder sie zu ersetzen, & der meist weder das eine noch das andere leistet. Das Lob des Charakters oder des Geistes einer *Frau* ist fast immer ein Beweis für Häßlichkeit; es scheint, als seien Gefühl & Vernunft lediglich ein Ersatz für die Schönheit. Nachdem man Chloé zur Liebe herangebildet hat, sorgt man dafür, ihr deren Gebrauch zu verbieten.

Die Natur scheint den Männern das Recht zu regieren verliehen zu haben. Die *Frauen* haben die Kunst zu Hilfe genommen, um sich zu befreien. Beide Geschlechter haben ihre jeweiligen Vorzüge, die Stärke & die Schönheit, dazu mißbraucht, andere unglücklich zu machen. Die Männer haben ihre natürliche Stärke durch Gesetze erhöht, die sie diktierten; die *Frauen* haben den Preis ihres Besitzes durch die Schwierigkeit erhöht, ihn zu erlangen. Unschwer ließe sich angeben, auf welcher Seite heute die Versklavung liegt. Wie dem auch sei, die Autorität ist das Ziel, das die *Frauen* anstreben: die Liebe, die sie geben, führt sie zu ihm; die Liebe, die sie empfangen, entfernt sie von ihm. Das Bemühen, Liebe einzuflößen, selbst jedoch keine zu empfinden oder zumindest jene, die sie empfinden, zu verbergen: das ist ihre ganze Politik & ihre ganze Moral.

> *Es gibt eine Frau. Ihr geht es mit mir wie mir mit ihr, sie haßt mich, liebt mich. Wenn sie mich haßt, liebe ich sie, wenn sie mich liebt, hasse ich sie. Einen anderen Fall gibt es nicht.* PÉTER ESTERHÁZY, EINE FRAU

Diese Kunst zu gefallen, dieser Wunsch, allen zu gefallen, dieses Verlangen, mehr als eine andere zu gefallen, dieses Schweigen des Herzens, diese Liederlichkeit des Geistes, diese *Koketterie* genannte ständige Lüge scheint bei den *Frauen* ein grundlegender Charakterzug zu sein, der, aus ihrer von Natur aus untergeordneten, unverdientermaßen knechtischen Lage erwachsen & durch die Erziehung verstärkt, nur durch eine Anstrengung der Vernunft abgeschwächt & nur durch große Gefühlswärme zerstört werden kann. Man hat diesen Charakterzug sogar mit dem heiligen Feuer verglichen, das nie erlischt.

Sehen Sie nun, wie Chloé die Bühne der Welt betritt. Derjenige, der ihr das Recht gibt, allein zu gehen, weil er zu liebenswürdig ist, um seine *Frau* zu lieben, oder von der Natur allzu stiefmütterlich behandelt wurde, zu sehr von der Pflicht bestimmt ist, um von ihr geliebt zu werden, scheint ihr auch das Recht zu geben, einen anderen zu lieben. Eitel & leichtfertig, weniger begierig zu sehen, als sich zu zeigen, eilt Chloé zu allen Schauspielen, zu allen Festen. Kaum erscheint sie dort, wird sie von jenen Männern umringt, die, eingebildet & hochmütig, ohne Tugenden & ohne Talente, die *Frauen* durch Winkelzüge verführen, ihren Ehrgeiz dareinsetzen, sie zu entehren, sich an ihrer Verzweiflung zu weiden & durch Indiskretionen, Treulosigkeiten & Trennungen tagtäglich die Zahl ihrer Eroberungen zu erhöhen; eine Art von Vogelfängern, welche die Vögel, die sie gefangen haben, schreien lassen, um andere herbeizulocken.

Folgen Sie Chloé inmitten dieser geschäftigen Menge: sie ist die Kokette von der Insel Kreta, die sich zum Tempel von Knidos begeben hat. Sie lächelt dem einen zu, flüstert dem anderen ins Ohr, stützt ihren Arm auf einen dritten, gibt zwei anderen ein Zeichen, ihr zu folgen? Einer von ihnen spricht ihr von seiner Liebe? Es ist Armide. In diesem Augenblick verläßt sie ihn, kommt einen Augenblick später zu ihm zurück & verläßt ihn erneut: sind sie eifersüchtig aufeinander? Sie ist die Célimène aus dem *Menschenfeind*, sie beruhigt sie abwechselnd durch das Schlechte, das sie jedem von ihnen über seine Rivalen sagt. Auf diese Weise vermengt sie arglistig Geringschätzung & Bevorzugung, bestraft sie Kühnheit mit einem strengen Blick, weckt Hoffnung mit einem zärtlichen Lächeln. Sie ist die *betrügerische Frau* des Archilochos, die in der einen Hand das Wasser & in der andern das Feuer hält.

Aber je mehr *Frauen* die Kunst vervollkommnet haben, das, was nicht zu gewähren sie beschlossen haben, erhoffen, erstreben zu lassen, desto mehr haben die Männer die Mittel vervielfacht, in seinen Besitz zu gelangen. Die Kunst, Wünsche zu wecken, die man nicht erfüllen will, hat allenfalls die Kunst hervorgebracht, Gefühle vorzutäuschen, die man nicht hat. Chloé will sich erst dann verbergen, wenn man sie gesehen hat; Damis weiß sie in Bann zu ziehen, indem er so tut, als sähe er sie nicht. Nachdem dann beide alle Irrwege der Kunst durchlaufen haben, finden sie sich endlich dort wieder, wo die Natur sie hingestellt hatte.

In allen Herzen gibt es ein heimliches Prinzip der Vereinigung. Es gibt ein Feuer, das sich, kürzer oder länger verborgen, ohne unser Wissen entzündet, um so stärker um sich greift, je mehr wir uns bemühen, es zu löschen, & das dann gegen unseren Willen erlischt. Es gibt einen Keim, der Furcht & Hoffnung, Schmerz & Lust, Geheimnis & Indiskretion birgt; der Streitigkeiten & Aussöhnungen, Klagen & Lachen, sanfte & bittere Tränen enthält; allenthalben verbreitet, entwickelt er sich mehr oder weniger rasch, je nach dem Beistand, dem man ihm gewährt, & den Hindernissen, die man ihm entgegensetzt.

Wie ein schwaches Kind, das sie beschützt, nimmt Chloé nun Amor auf ihre Knie, spielt mit seinem Bogen, vergnügt sich mit seinen Pfeilen, beschneidet die Spitze seiner Flügel, bindet ihm die Hände mit Blumen, & bereits selbst in Fesseln gefangen, die sie nicht sieht, wähnt sie sich noch in Freiheit. Während sie ihn an ihre Brust zieht, ihm lauscht, ihm zulächelt, sich sowohl über jene lustig macht, die sich über ihn beklagen, als auch über jene, die Angst vor ihm haben, zwingt ein unwillkürlicher Zauber sie plötzlich, ihn in die Arme zu schließen, & schon ist Amor in ihrem Herzen. Noch wagt sie nicht, sich einzugestehen, daß sie liebt, ganz allmählich meint sie, daß es süß ist, zu lieben. Alle die Verehrer, die sie im Triumph hinter sich herzieht, will sie nun von sich fernhalten, sosehr sie auch vorher Gefallen daran fand, sie zu sich zu locken. Da ist einer, auf den ihre Blicke sich unaufhörlich richten & von dem sie sich immer wieder abwenden. Manchmal könnte man meinen, sie bemerke kaum seine Gegenwart, doch hat er nichts getan, was sie nicht sah. Wenn er spricht, scheint sie ihm nicht zuzuhören; doch hat er nichts gesagt, was sie nicht vernahm. Spricht sie dagegen mit ihm? Ihre Stimme wird zaghafter, ihr Ausdruck belebter. Begibt sie sich ins Theater, wo er weniger ins Auge fällt? Dennoch ist er der erste, den sie erblickt, sein Name stets der letzte, den sie ausspricht. Sollte das Gefühl ihres Herzens noch unbekannt sein, dann nur ihr allein; es wurde durch all das enthüllt, was sie tat, es zu verbergen; es wurde durch all das geschürt, was sie tat, es zum Schweigen zu bringen. Sie ist traurig, doch ist ihre Traurigkeit einer der Reize der Liebe. Und in dem Maße, wie sie sensibler wird, hört sie schließlich auf, kokett zu sein, & scheint nur deshalb immerzu Fallen gestellt zu haben, um selber hineinzugeraten.

Ich habe gelesen, daß von allen Leidenschaften die Liebe diejenige ist, die den *Frauen* am besten stehe; zumindest stimmt es, daß sie dieses Gefühl, den sanftesten Charakterzug des Menschengeschlechts, bis zu einem Grad an Zartheit & Lebhaftigkeit steigern, den nur sehr wenige Männer zu erreichen vermögen. Ihre Seele scheint einzig für das Gefühl geschaffen zu sein, sie scheinen einzig für das süße Amt der Liebe herangebildet zu sein. Dieser Leidenschaft, die ihnen so natürlich ist, gibt man als Widersacher eine Entbehrung, die man *Ehre* nennt; aber es wurde gesagt, & das ist nur allzu wahr, die Ehre sei wohl nur deshalb ersonnen worden, um geopfert zu werden.

Kaum hat Chloé das für ihre Freiheit verhängnisvolle Wort ausgesprochen, macht sie ihren Geliebten zum Gegenstand aller ihrer Pläne, zum Ziel aller ihrer Handlungen, zum Schiedsrichter ihres Lebens. Sie kannte nur das Vergnügen & die Langeweile, sie kannte weder Kummer noch Wonne. Nun sind alle ihre Tage ausgefüllt, alle ihre Stunden voller Leben, es gibt keine lustlosen Momente mehr; die Zeit, die für sie stets zu langsam oder zu schnell dahinfloß, vergeht nun ohne ihr Wissen. Alle jene so eitlen, so teuren Namen, jener süße Austausch von Blicken & Lächeln, jenes Schweigen, das mehr sagt als Worte, tausend Erinnerungen, tausend Pläne, tausend Ideen, tausend Gefühle kräftigen in jedem Augenblick ihre Seele & weiten ihr Dasein. Doch der letzte Beweis ihrer Empfindsamkeit ist auch die erste Zeit der Unbeständigkeit ihres Geliebten. Können die Bande der Liebe sich also niemals auf der einen Seite zusammenziehen, ohne sich auf der andern zu lockern?

Auch wenn es unter den Männern einige privilegierte Seelen gibt, bei denen die Liebe mit den Wonnen nicht nachläßt, sondern aus ihnen neue Kräfte zu schöpfen scheint, so ist es doch meist ein falscher Genuß, dem ein unbestimmtes Verlangen vorausgeht & dem augenblicks ein deutlicher Überdruß folgt, den nur allzu häufig Haß oder Verachtung begleitet. Man sagt, daß am Ufer eines Meeres Früchte von seltener Schönheit wachsen, die, sobald man sie berührt, zu Staub zerfallen: es ist das Bild dieser flüchtigen Liebe, eine eitle Laune der Phantasie, das zerbrechliche Werk der Sinne, der schwache Tribut, den man der

Schönheit zollt. Liegt die Quelle der Wonnen im Herzen, so versiegt sie nicht; die auf Achtung gründende Liebe ist unveränderlich, sie ist der Zauber des Lebens & der Preis der Tugend.

Einzig mit ihrem Geliebten befaßt, bemerkt Chloé zunächst, daß er weniger zärtlich ist, bald verdächtigt sie ihn der Untreue. Sie beklagt sich, er beruhigt sie; er fährt fort, sich ins Unrecht zu setzen, sie beklagt sich aufs neue. Auf der einen Seite mehren sich die Treulosigkeiten, auf der anderen die Vorwürfe; die Streitigkeiten sind heftig & häufig, die Zerwürfnisse lang, die Versöhnungen kalt. Die Stelldicheine werden seltener, die Zwiegespräche kürzer, alle Tränen sind bitter. Chloé zieht Amor zur Rechenschaft. Was ist aus den Schwüren geworden? fragt sie. Aber es ist aus, Chloé wird verlassen; sie wird für eine andere verlassen, sie wird mit Eklat verlassen.

Der Schande & dem Schmerz preisgegeben, schwört sie ebensooft, nie wieder zu lieben, wie sie geschworen hatte, immer zu lieben. Hat man indes einmal für die Liebe gelebt, so kann man nur noch für sie leben. Wenn sie sich in einer Seele niederläßt, entfaltet sie dort ich weiß nicht welchen Zauber, der die Quelle aller anderen Vergnügungen verdirbt; & wenn sie enteilt, hinterläßt sie allen Schrecken der Wüste & der Einsamkeit. Vermutlich heißt es deshalb, es sei leichter, eine *Frau* zu finden, die noch kein Verhältnis gehabt hat, als eine, die nur ein einziges gehabt hat.

Chloés Verzweiflung wandelt sich unmerklich in eine Mattigkeit, die aus allen ihren Tagen ein Gewebe aus Langeweile macht; niedergedrückt von der Last ihres Daseins, weiß sie mit dem Leben nichts mehr anzufangen, sie ist an einen kahlen Felsen gekettet. Doch einstige Verehrer stellen sich hoffnungsfroh bei ihr ein, neue erklären sich, *Frauen* arrangieren Soupers; sie willigt ein, sich zu zerstreuen, & am Ende tröstet sie sich. Sie hat eine neue Wahl getroffen, die, wiewohl überlegter, kaum glücklicher sein wird als die erste & der bald eine weitere folgen wird. Sie gehörte der Liebe, nun gehört sie dem Vergnügen; ihre Sinne gehorchten ihrem Herzen, nun gehorcht ihr Geist ihren Sinnen. Die Kunst, die sich überall sonst so leicht von der Natur unterscheiden läßt, ist jetzt nur noch durch eine kaum wahrnehmbare Nuance von ihr getrennt. Sogar Chloé selbst verwechselt sie zuweilen. Was liegt schon daran, daß ihr Geliebter dabei getäuscht wird, wenn er doch glücklich ist! Mit den Lügen der Galanterie ist es wie mit den Erdichtungen des Theaters, wo die Wahrscheinlichkeit oft reizvoller ist als die Wahrheit.

Horaz schildert die Sitten seiner Zeit wie folgt (Ode VI, Buch III): »Kaum ist ein Mädchen den unschuldigen Spielen der zarten Kindheit entwachsen, so gefällt es sich darin, wollüstige Tänze & alle Künste & alle Geheimnisse der Liebe zu erlernen. Kaum sitzt eine *Frau* am Tisch ihres Gatten, sucht sie mit unruhigem Blick dort einen Geliebten; bald wählt sie nicht mehr, sie glaubt, im Dunkeln seien alle Freuden erlaubt.« Bald wird auch Chloé dieses letzte Stadium der Galanterie erreichen. Schon versteht sie der Wollust allen Anschein des Gefühls, der Gefälligkeit alle Reize der Wollust zu verleihen. Ebenso versteht sie es, Wünsche zu verbergen & Gefühle vorzutäuschen, in Lachen auszubrechen & Tränen zu vergießen. Nur selten ist in ihrer Seele, was in ihren Augen ist; fast nie ist auf ihren Lippen, was in ihren Augen oder in ihrer Seele ist. Hat sie etwas im geheimen getan, so redet sie sich ein, es nicht getan zu haben; hat man sie etwas tun sehen, so weiß sie uns davon zu überzeugen, daß man es nicht gesehen hat; & was die Geschicklichkeit der Worte nicht zu rechtfertigen vermag, das lassen ihre Tränen ihr verzeihen, ihre Liebkosungen vergessen.

Auch galante *Frauen* haben ihre Moral. Chloé hat sich einen Kodex geschaffen, in dem sie sagt, es sei für eine *Frau*, welche Vorliebe man auch immer für sie hege, welche Leidenschaft man ihr auch entgegenbringe, unredlich, einer *Frau* ihrer Gesellschaft den Liebhaber auszuspannen. Es heißt darin auch, daß es zwar keine ewige Liebe gebe, daß man jedoch niemals ein Verhältnis eingehen solle, dessen Ende man voraussehe. Sie fügt hinzu, daß zwischen einer Trennung & einer neuen Verbindung sechs Monate liegen müssen; & gleich darauf legt sie fest, daß man einen Liebhaber nie verlassen soll, ohne ihm einen Nachfolger bestimmt zu haben.

Schließlich gelangt Chloé zu der Überzeugung, daß nur ein dauerhaftes Verhältnis oder das, was sie eine *regelmäßige Affäre* nennt, eine *Frau* ins Verderben stürzt. Sie verhält sich entsprechend; sie hat nur noch vorübergehende Neigungen, die sie *Launen* nennt, die zwar Argwohn erregen können, diesem jedoch nie die Zeit lassen, zur Gewißheit zu werden. Kaum wirft das Publikum einen Blick auf einen Gegenstand, so entgleitet er ihm auch schon, denn er wurde bereits durch einen anderen ersetzt; ich wage zu behaupten, daß sich häufig mehrere zugleich zeigen. Bei Chloés *Launen* wird der Geist zuerst dem Aussehen untergeordnet, wenig später das Aussehen dem Vermögen. Bei Hofe vernachlässigt sie jene, um die sie sich in

Wenn ich in der ersten Person schreibe, fühle ich mich aufrichtiger, als es der Mann in seinen Verallgemeinerungen ist. In der Analyse bin ich bereit, mit A. über das tragische Schuldgefühl bei Dostojewski zu diskutieren; ich weiß dabei die ganze Zeit, daß er von seinem eigenen Schuldgefühl spricht, das er nicht erkennen und benennen möchte. Ich bin bereit, mit B. über den Hunger in China und Indien zu sprechen, der für ihn ein Ausdruck seiner eigenen Nöte ist. Diese Vertauschung des Persönlichen mit dem Unpersönlichen ist die Sprache des Mannes, aber sie ist auch nur eine andere Form des Selbstbetrugs. Das Ich versteckt sich darin, es ist nicht überwunden, wie sie glauben. Anaïs Nin, Tagebuch

der Stadt bemühte, kennt in der Stadt jene nicht, für die sie auf dem Land eingenommen war, & vergißt am Abend die *Laune* vom Vormittag so gründlich, daß sie denjenigen, der ihr Gegenstand war, fast daran zweifeln läßt. In seinem Verdruß glaubt er, nicht verschweigen zu müssen, was zu verdienen man ihm nicht zugesteht, wobei er seinerseits vergißt, daß eine *Frau* stets das Recht hat zu leugnen, was ein Mann niemals das Recht hat zu sagen. Es ist weit sicherer, Chloé sein Begehren zu zeigen, als ihr seine Gefühle zu erklären. Manchmal gestattet sie noch Schwüre der Beständigkeit & Treue; doch wer sie überzeugt, ist ungeschickt, wer Wort hält, perfide. Das einzige Mittel für ihn, sie zur Beständigkeit zu bekehren, wäre vielleicht, ihr zu verzeihen, untreu zu sein; sie fürchtet mehr die Eifersucht als den Meineid, die Zudringlichkeit mehr als das Verlassenwerden. Sie verzeiht ihren Liebhabern alles & erlaubt sich selbst alles außer der Liebe.

Die Weiber. Repetieruhren, nicht zu entbehren, und ewig zu reparieren. Man verwünscht und wünscht sie unaufhörlich.
JEAN PAUL, IDEEN-GEWIMMEL

Obwohl mehr als nur galant, glaubt sie indes, nur kokett zu sein. In dieser Überzeugung wird sie an einem Spieltisch, abwechselnd aufmerksam & zerstreut, dem einen mit dem Knie antworten, dem anderen die Hand drücken, während sie die Spitzenmanschetten lobt, & gleichzeitig einem dritten einige verabredete Worte zuwerfen. Sie sagt, sie habe keine Vorurteile, weil sie keine Grundsätze hat; sie maßt sich den Titel *honnête homme* an, weil sie auf den der *honnête femme* verzichtet hat; & was überraschen mag: bei aller Vielfalt ihrer *Launen* dient ihr das Vergnügen nur selten als Entschuldigung.

Sie hat einen großen Namen & einen nachsichtigen Ehemann. Solange sie Schönheit oder Anmut oder zumindest die Zierde der Jugend hat, werden ihr die Begierden der Männer & die Eifersucht der *Frauen* die Wertschätzung ersetzen. Ihre Grillen werden sie erst dann aus der Gesellschaft verbannen, wenn die Lächerlichkeit sie verstärkt. Schließlich kommt diese Lächerlichkeit, die grausamer ist als Entehrung. Chloé gefällt nicht mehr & will dennoch nicht aufhören zu lieben; sie will noch immer in Erscheinung treten, & niemand will sich mit ihr zeigen. In dieser Lage ist ihr Leben ein unruhiger & mühseliger Schlaf, eine tiefe, mit Aufwallungen vermischte Niedergeschlagenheit. Sie hat kaum eine andere Wahl als die Schöngeisterei oder die Frömmigkeit. Die wahre Frömmigkeit ist die ehrenhafteste Zuflucht für galante *Frauen*; aber nur wenige vermögen die Liebe zu den Männern durch die Liebe zu Gott zu ersetzen; nur wenige verstehen es, vor Reue weinend, sich davon zu überzeugen, daß es Reue ist; & nur wenige können, nachdem sie das Laster zur Schau getragen haben, sich dazu entschließen, wenigstens Tugend zu heucheln.

Noch sehr viel weniger dieser *Frauen* können vom Tempel der Liebe ins Heiligtum der Musen wechseln &, indem sie sich Gehör verschaffen, zurückgewinnen, was sie verlieren, indem sie sich sehen lassen. Wie dem auch sei, Chloé, die so oft in die Irre gegangen ist, als sie eitlen Vergnügungen nachjagte & sich immer weiter vom Glück entfernte, geht ein weiteres Mal in die Irre, indem sie einen neuen Weg einschlägt. Nachdem sie fünfzehn oder zwanzig Jahre damit vergeudet hat, zu liebäugeln, zu spötteln, schönzutun, Schwierigkeiten & Scherereien zu machen; nachdem sie irgendeinen Ehemann unglücklich gemacht, sich einem Laffen hingegeben, sich einer Menge von Dummköpfen gefällig gezeigt hat, schlüpft diese Irrsinnige nun in eine andere Rolle, vertauscht eine Bühne gegen eine andere & glaubt, da sie keine *Phryne* mehr abgeben kann, eine *Aspasia* sein zu können.

Ich bin sicher, daß keine *Frau* sich in Chloés Porträt wiedererkennen wird; tatsächlich gibt es nur wenige, deren Leben so deutlich ausgeprägte Perioden aufweist.

Es gibt eine *Frau*, die soviel Geist hat, um geliebt & nicht gefürchtet zu werden; soviel Tugend, um geachtet zu werden, nicht um andere zu verachten, genügend Schönheit, um ihrer Tugend Wert zu verleihen. Gleich weit entfernt von der Schande, rückhaltlos zu lieben, wie von der Qual, nicht zu lieben zu wagen, & vom Verdruß, ohne Liebe leben zu müssen, hat sie soviel Nachsicht mit den Schwächen ihres Geschlechts, daß auch die galanteste *Frau* ihr verzeiht, treu zu sein. Sie hat soviel Achtung vor den Regeln des Anstands, daß auch die prüdeste ihr verzeiht, zärtlich zu sein. Während sie den Irrsinnigen, von denen sie umgeben ist, die Koketterie, die Frivolität, die Launen, die Eifersucht, alle diese kleinen Leidenschaften, alle die Bagatellen überläßt, die ihr Leben sinnlos oder strittig machen, zieht sie inmitten dieser verderblichen Händel stets lieber ihr reines Herz & ihre gesunde Vernunft zu Rate als die öffentliche Meinung, diese Königin der Welt, die so despotisch über die Verrückten & die Dummköpfe herrscht. Glücklich die *Frau*, die diese Vorzüge besitzt, noch glücklicher jener, der das Herz einer solchen *Frau* besitzt!

Schließlich gibt es eine andere, die noch dauerhafter glücklich ist. Ihr Glück besteht darin, daß sie nicht kennt, was die Welt *das Vergnügen* nennt, & ihr Ruhm darin, daß sie unerkannt lebt. Auf die Pflichten der *Frau* & Mutter beschränkt, widmet sie ihre Tage der Übung verborgener Tugenden.

Mit der Aufsicht ihrer Familie beschäftigt, herrscht sie über ihren Ehemann durch Nachgiebigkeit, über ihre Kinder durch Sanftmut, über ihre Dienstboten durch Güte. Ihr Haus ist die Wohnung der religiösen Gefühle, der Kindesliebe, der ehelichen Liebe, der mütterlichen Zärtlichkeit, der Ordnung, des inneren Friedens, des sanften Schlafs & der Gesundheit. Sparsam & häuslich hält sie Leidenschaften & Not von ihr fern; der Bedürftige, der sich auf ihrer Schwelle zeigt, wird niemals abgewiesen; niemals zeigt sich dort ein liederlicher Mensch. Sie ist zurückhaltend & würdevoll, was ihr Achtung einträgt, nachsichtig & sensibel, wofür man sie liebt, klug & entschlossen, weswegen man sie fürchtet. Sie verbreitet eine sanfte Wärme, ein reines Licht, das alles, was sie umgibt, erhellt & belebt. Ist es die Natur oder die Vernunft, die sie auf den höchsten Rang erhoben hat, auf dem ich sie sehe? *Desmahis*

FRAU – **Femme** (**Jurisprudenz**). Unter diesem Terminus versteht man im allgemeinen alle Personen weiblichen Geschlechts, seien sie ledig, verheiratet oder verwitwet; in gewisser Hinsicht jedoch unterscheiden sich die Mädchen & die Witwen von den verheirateten Frauen.

Alle *Frauen* & Mädchen werden bisweilen unter dem Terminus *hommes* (Menschen, Männer) subsumiert.

Dennoch unterscheidet sich die Lage der *Frauen* im allgemeinen in mehrerer Hinsicht von der der Männer.

Die *Frauen* sind früher geschlechtsreif als die Männer, das Alter der Pubertät wird bei ihnen auf zwölf Jahre festgesetzt. Auch ihr Geist ist gewöhnlich früher ausgebildet. *Citius pubescunt, citius senescunt* – »Sie werden früher erwachsen, erreichen aber auch früher das Greisenalter.«

Die Männer sind durch das Vorrecht ihres Geschlechts & die Kraft ihres Temperaments von Natur aus zu allen Arten von Tätigkeiten & Verpflichtungen befähigt, während die *Frauen* infolge ihres schwachen Geschlechts & ihrer natürlichen Zartheit von vielen Funktionen ausgeschlossen & zu bestimmten Verpflichtungen ungeeignet sind.

Was zunächst den geistlichen Stand betrifft, so können die *Frauen* zwar Stiftsdamen, Nonnen, Äbtissinnen einer Frauenabtei werden, doch können sie weder ein Bischofsamt bekleiden noch andere Pfründen besitzen, noch zu den höheren oder niederen geistlichen Orden zugelassen werden. Zwar gab es in der Urkirche gleichwohl Diakonissinnen, doch besteht dieser Brauch heute nicht mehr.

In einigen Monarchien, wie in Frankreich, sind die *Frauen*, ob ledig, verheiratet oder verwitwet, von der Thronfolge ausgeschlossen.

Von wenigen Sonderfällen abgesehen, sind die *Frauen* auch zu militärischen Ämtern oder Ritterorden nicht zugelassen.

Nach dem römischen Recht, das in diesem Punkt im ganzen Königreich befolgt wird, dürfen die *Frauen* keine öffentlichen Ämter bekleiden; so können sie weder Richter sein noch irgendeine Magistratur ausüben, noch als Advokat oder Staatsanwalt auftreten.

Früher waren sie als Pair tätig & hatten in dieser Eigenschaft einen Sitz im Parlament. Heute können sie zwar ein Herzogtum besitzen & den entsprechenden Titel annehmen, aber sie amtieren nicht mehr als Pair.

Früher konnten in Frankreich die *Frauen* Schiedsrichter sein, sie sprachen sogar persönlich auf ihren Ländereien Recht; aber seit die Grundherren nicht mehr persönlich Recht sprechen dürfen, können die *Frauen* weder Richter noch Schiedsrichter mehr sein.

Gleichwohl können sie ihren Kenntnissen gemäß in irgendeiner ihrem Geschlecht eigenen Kunst oder Profession als Sachverständige auftreten.

In den alten Verordnungen sieht man, daß früher eine *Frau* das Amt des Henkers bei *Frauen* innehatte, wenn zum Beispiel eine *Frau* ausgepeitscht werden sollte. Siehe Scharfrichter.

Man darf sie nicht zur Vormündin oder Kuratorin ihrer eigenen Kinder oder Enkel ernennen; gleichwohl gibt es Beispiele dafür, daß eine *Frau* zur Kuratorin ihres verschollenen, rasenden & unter Kirchenbann stehenden Ehemannes ernannt wurde.

Die *Frauen* sind von der Kopfsteuer & anderen Steuern befreit. Dagegen sind sie nicht von Frondiensten oder anderen Lasten befreit, seien sie dinglich oder persönlich. Die Fron einer *Frau* wird nach dem Gewohnheitsrecht von Troyes, Art. 192, auf 6 Deniers & die eines Mannes auf 12 Deniers veranschlagt.

Einige *Frauen* & Mädchen sind in literarischen Akademien zugelassen worden; mehrere von ihnen haben sogar an Universitäten den Doktorhut erhalten. Elena Lucrezia Piscopia Cornaro verlangte an der Universität von Padua den Doktortitel in Theologie; Kardinal Barbarigo, Bischof von Padua, widersetzte sich dem: sie mußte sich mit dem Doktor in Philosophie begnügen, der ihr am 25. Juni 1678 unter allgemeinem Beifall verliehen wurde (Bayle, *Œuvres*). Diesen Titel erhielt dort auch Demoiselle Patin, & am 10. Mai 1732 erhielt dort Laura Bassi, Bürgerin der Stadt Bologna, den Doktortitel der Medizin in Anwesenheit des Senats, des Kardinals von Polignac, zweier Bischöfe, des Hochadels & der Professorenschaft der Universität. 1750 schließlich wurde Signora Maria Gaetana Agnesi dazu ernannt, öffentlich als Mathematikprofessor in Bologna zu wirken.

Man kann *Frauen* nicht als Zeugen bei Testamenten oder Verträgen vor dem Notar heranziehen; doch kann man sie sowohl in zivilen wie in Strafsachen anhören (siehe das Edikt vom 15. November 1394).

Gewöhnlich sagt man, es bedürfe zweier *Frauen*, um einen Zeugen abzugeben. Doch werden nur die Aussagen der *Frauen* in bezug auf die Aussagen der Männer in diesem arithmetischen Verhältnis gezählt, was sich allein darauf gründet, daß das Zeugnis der *Frauen* im allgemeinen leichtfertig & wechselhaft ist; deshalb berücksichtigt man es weniger als das der Männer. Es hängt von der Klugheit des Richters ab, den Aussagen der *Frauen* mehr oder weniger Glauben zu schenken, & auch von anderen Umständen.

Es gibt religiöse Häuser, Gemeinschaften oder Hospitäler für *Frauen* & Mädchen, deren Leitung *Frauen* anvertraut ist.

Man nimmt keine *Frauen* in Körperschaften & Innungen von Männern auf wie die Zünfte der Kaufleute & Handwerker; *Frauen*, die dem Gewerbe & dem Handwerk ihres

Ehemannes nachgehen, werden dennoch nicht als öffentliche Händlerinnen angesehen. Doch haben in denjenigen dieser Innungen die Töchter von Meistern das Recht, demjenigen, den sie heiraten, den Meistertitel zu übertragen; & die Witwen von Meistern dürfen das Gewerbe & Handwerk ihres Ehemannes weiterführen, solange sie Witwen bleiben; oder sie können, wenn es sich um eine Kunst handelt, die eine *Frau* nicht auszuüben vermag, ihr Privileg vermieten, wie es die Witwen von Chirurgen tun.

Einige Gewerbe & Handwerke sind *Frauen* & Mädchen vorbehalten, die untereinander eigene Körperschaften & Zünfte bilden wie die Hebammen, die Leinwandhändlerinnen, die Fischhändlerinnen, die Samenhändlerinnen, die Näherinnen, die Blumenhändlerinnen &c.

Die *Frauen* dürfen nicht wegen privater Schulden an ihrer Person belangt werden, sofern sie nicht öffentliche Händlerinnen sind oder ihrerseits kein betrügerischer Verkauf vorliegt. Siehe Schuldhaft.

Zu verschiedenen Zeiten hat man Gesetze erlassen, um den Luxus der *Frauen* einzudämmen, von denen das älteste die Lex Oppia ist. Siehe Lex Oppia & Luxus.

Einige Sonderregelungen bestehen auch für das Begräbnis der *Frauen*. In der Abtei von St. Bertin beerdigte man keine einzige. *Boucher d'Argis*

FREYJA oder FRIGGA (**Alte Geschichte oder Mythologie**). Sie war eine der Hauptgottheiten der alten Sachsen, Gemahlin von Wotan & Bewahrerin der öffentlichen Freiheit. Sie wurde in Form einer nackten Frau dargestellt, mit Myrte bekränzt, eine entzündete Flamme auf der Brust, eine Kugel in der rechten Hand, drei goldene Äpfel in der linken Hand &, mit den Grazien im Gefolge, auf einem von Schwänen gezogenen Wagen: so fand man sie in Magdeburg, wo Drusus Nero ihren Kult einführte. Man sagt, daß von *Freyja* der *Freitag* der Deutschen, der *dies Veneris* der Römer & unser *vendredi* herkomme. Woraus man schloß, daß die *Freyja* der Germanen auch die Venus der Lateiner war. Wie aber kommt es, daß Völker wie die Germanen, die Römer, die Syrer, die Griechen noch vor jeder historisch bekannten Beziehung zueinander gemeinsame Götter verehrten? Diese Überreste einer Ähnlichkeit der Sitten, der Idiome, der Meinungen, der Vorurteile, des Aberglaubens der Völker sollten die Gelehrten anregen, die Geschichte der früheren Jahrhunderte anhand dieser Denkmäler zu studieren, der einzigen, welche die Zeit nicht gänzlich zu vernichten vermag. *Diderot*

FURZ – **Pet.** Ein Wind, der in den Gedärmen entsteht & geräuschvoll aus dem Anus entweicht. Er ist eine Folge der Verdauung & tritt auf je nach Beschaffenheit der Nahrungsmittel, von Kälte, Wärme &c.

In der Antike kannte man einen Gott des Furzes: *Peteos.*

NONNENFURZ – **Pet** (**Kochkunst**). Ein kleiner, in Fett ausgebackener Krapfen. Der Teig besteht aus Mehl, Milch, Zucker & Eigelb. *Anonym*

GEHORSAM – **Obéissance** (**Naturrecht & Politik**). In jedem Staat mit einer guten Verfassung ist *Gehorsam* gegenüber der rechtmäßigen Gewalt die unerläßliche Pflicht der Untertanen. Sich der Hoheitsgewalt nicht zu fügen heißt, auf die Vorteile des Lebens in einer Gesellschaft zu verzichten, die Ordnung umstürzen & Anarchie schaffen zu wollen. Völker, die ihren Fürsten gehorchen, folgen der Vernunft & den Gesetzen, & ihr Streben gilt dem Wohl der Gesellschaft. Nur Tyrannen befehlen etwas Gegenteiliges. Sie überschreiten die Grenzen der rechtmäßigen Gewalt, & alle Völker haben uneingeschränkt das Recht, sich gegen die Gewalt zu erheben, die ihnen dabei angetan wird. Nur schändliche Schmeichelei & abscheuliche Erniedrigung konnten dazu führen, daß ein römischer Senator zu Tiberius sagte: »Dir haben die Götter alle Rechte gegeben, nur die Ehre des Gehorsams ist unser.« Der *Gehorsam* soll also keineswegs ein blinder sein. Nichts kann Untertanen zwingen, gegen die Gesetze der Natur zu verstoßen. Karl IX., dessen unmenschliche Politik darin gipfelte, seiner Religion in einer Nacht all jene Untertanen zu opfern, die sich den Reformierten angeschlossen hatten, war das grauenhafte Massaker noch nicht genug, das vor seinen Augen in seiner Hauptstadt an ihnen verübt wurde: Er gab auch den Stadtkommandanten im ganzen Königreich den Befehl, die bedauernswerten Sektierer ebenso grausam zu verfolgen. Der tapfere d'Orte, Kommandant von Bayonne, war nicht der Ansicht, daß es seine Amtspflicht sei, solch blutrünstigen Befehlen *Gehorsam* zu leisten. Er ließ den König wissen: »Ich habe den Befehl Eurer Majestät vor die treuen Bürger der Stadt & die Soldaten der Garnison gebracht & habe dort nur gute Untertanen & ergebene Soldaten gefunden, jedoch keinen Henker. Deshalb bitten sie & ich in aller Bescheidenheit, Eure Majestät möge unsere Kraft & unser Leben für das Machbare einsetzen. Wir werden kein Risiko scheuen & bis zum letzten Blutstropfen dafür kämpfen.« Die Comtes von Tende & Charny entgegneten den Überbringern derselben Befehle, ihre Hochachtung vor dem König sei viel zu groß, als daß sie glauben könnten, diese unmenschlichen Befehle würden von ihm stammen. Welcher ehrbare Mann, welcher Christ wollte diese großmütigen Untertanen dafür tadeln, daß sie nicht gehorcht haben? *Anonym*

GEISSELUNG – **Flagellation** (**Alte Geschichte**). Strafe, die mit der Peitsche vollzogen wurde. Sie war bei den Juden in Gebrauch. Man zog sie sich leicht zu; sie gereichte nicht zur Schande. Sie wurde in der Synagoge vollstreckt.

Der Sünder wurde mit nackten Schultern an einen Pfahl gebunden. Das Gesetz schrieb vierzig Hiebe vor, die man auf dreizehn Hiebe mit einer aus drei Riemen bestehenden Peitsche herabsetzte. Der Sünder sollte drei Hiebe auf einmal erhalten, & man erließ ihm den vierzigsten oder den vierzehnten. Man gab ihm lieber einen Hieb zu wenig als zwei Hiebe zuviel. Diese Art der Züchtigung verlangte die Anwesenheit dreier Richter: der eine las die Worte des Gesetzes; der zweite zählte die Hiebe; der dritte sprach dem Ausführenden, der gemeinhin der Priester der Woche war, Mut zu.

Die *Geißelung* war auch bei den Griechen & Römern gebräuchlich. Es war eine grausamere Folter als die Stäupung. Man *geißelte* jene, die gekreuzigt werden sollten; aber man kreuzigte nicht alle, die *gegeißelt* wurden. Die Personen, die zur *Geißelung* verurteilt worden waren, band man an eine Säule im Justizgebäude oder führte sie in der Arena vor. Es war schmachvoller, *gegeißelt* als mit Ruten geschlagen zu werden. Die Peitschen waren manchmal mit Hammelknöchelchen versehen; dann starb der arme Sünder gewöhnlich unter den Hieben. *Diderot*

GEISSELUNG – **Flagellation** (**Kirchengeschichte & Philosophie**). Mit der Peitsche vollzogene Leibesstrafe oder Kasteiung, die sich Büßer auferlegen oder früher auferlegt haben. Siehe KASTEIUNG & FLAGELLANTEN.

Ab dem Jahre 508 findet man die *Geißelung* als Strafe für unbotmäßige Nonnen & Mönche in einer von Bischof Cäsarius von Arles erlassenen Ordensregel. Seit dieser Zeit wurde sie als Strafe auch in mehrere andere Klosterregeln aufgenommen. Beispiele für die freiwillige *Geißelung* findet man jedoch nicht vor dem 9. Jahrhundert: die ersten Beispiele sind der hl. Guido, Abt von Pomposa, gestorben im Jahre 1040, & der hl. Poppo, Abt von Stablo, gestorben im Jahre 1048. Die Mönche von Monte Cassino hatten diese Praxis nach dem Beispiel von Petrus Damiani zusammen mit dem Freitagsfasten eingeführt. Danach fand diese Andachtsübung weite Verbreitung, doch da sie einige Gegner hatte (was nicht schwer zu glauben ist), schrieb Petrus Damiani zu ihren Gunsten. Fleury hat uns in seiner *Kirchengeschichte* einen Auszug aus der Schrift dieses frommen Autors gegeben, einer Schrift, in der man, nach einer Bemerkung von Fleury selbst, nicht nach folgerichtigen Vernunftschlüssen suchen darf.

In der freiwilligen *Geißelung* hat sich der hl. Dominikus der *Gepanzerte* am stärksten hervorgetan, so genannt wegen eines Kettenhemdes, das er immer trug & nur ablegte, um sich über alle Maßen zu *geißeln*. Es nimmt nicht wunder, wie Fleury hinzufügt, daß seine Haut schwarz wie die eines Negers geworden war. Dieser selige Mann peitschte sich nicht nur für sich selbst, sondern für die anderen. Damals glaubte man, daß das Aufsagen von zwanzig Psalter während der Kasteiung hundert Jahre Buße begliche; denn dreitausend Hiebe waren ein Jahr wert, & man zählte tausend Hiebe für zehn Psalter. Der hl. Dominikus beglich diese Schuld ohne weiteres innerhalb von sechs Tagen; auf diese Weise konnte er, nach seiner Berechnung, sechzig Seelen aus der Hölle erretten. Aber Fleury verhehlt nicht, wie sehr man dabei im Irrtum war & wie sehr diese *Geißelung* zur Lockerung der Sitten beigetragen hat. *d'Alembert*

GEISTIG – **Intellectuel** (**Grammatik**). Alles, was zum Intellekt, zum Verstand gehört. Die Gegenstände sind *geistiger* oder sinnlich wahrnehmbarer Art. Zur Klasse der *geistigen* Dinge zählt man alles, was in uns geschieht, & zur Klasse der sinnlich wahrnehmbaren Dinge alles, was außerhalb von uns geschieht. Der Unterschied zwischen den sinnlich wahrnehmbaren Gegenständen & den *geistigen* Gegenständen ist der von Ursache & Wirkung.

Man verwendet das Wort *geistig* gleichwohl im Gegensatz zu materiell. So sind die Engel *geistige* Substanzen; die Seele ist ein *geistiges* Wesen. Im Schlaf, in der Ekstase, im Aufruhr der Leidenschaften setzen die *geistigen* Kräfte aus; in der Begeisterung erhitzen sie sich. Bei der Betrachtung moralischer Dinge stehen sie in Wettstreit mit den sinnlichen Kräften. Im ersten Fall denkt man; im zweiten liebt oder haßt man, während man gleichzeitig denkt. Aus diesem Grunde ist es angenehmer, sich mit bestimmten Gegenständen zu befassen; & wenn man sagt, daß bestimmte Wahrheiten interessanter zu untersuchen oder zu überdenken sind als andere, so deshalb, weil das Herz oder die inneren Organe des Begehrens & der Abneigung in der gleichen Zeit erregt werden, wie der Geist sich mit ihnen beschäftigt. Man denkt nach & man genießt. Die angenehmste Situation ist diejenige, die aus dem Zusammenwirken von Verstand, Herz & den zur Befriedigung der Wünsche bestimmten Organen erwächst; & es gibt kaum etwas anderes als die Liebe, die uns zu diesem Entzücken, bei dem so viele Ursachen zusammenwirken, verhelfen kann. *Diderot*

In unserem Jahrhundert der Luftfahrt und der drahtlosen Elektrizität. Mit dem Verstand möchte ich ein Genie werden, mit dem Gefühl möchte ich nackt unter üppigen nackten jungen Frauen sitzen, die stark nach ihren Geschlechtsorganen riechen und die, wenn sie mich ansehen, erregt werden.
DANIIL CHARMS, NOTIZBUCH

GELD – **Pécune** (**Literatur**). Der hl. Augustinus hat es zu einer Gottheit der Römer erhoben, wiewohl Juvenal, der darüber sicherlich besser Bescheid wußte als der Autor des *Gottesstaats*, sagte: »Unseliger Reichtum! Zwar hast du bei uns keine Tempel, doch brauchen wir dir nur einen solchen zu bauen & dich dort zu verehren, so wie wir den Frieden, den rechten Glauben, die Tugend, die Eintracht verehren.« *Anonym*

GELEHRSAMKEIT – Erudition (Philosophie & Literatur). Die *Gelehrsamkeit* umfaßt in Ansehung des derzeitigen Standes der Literatur drei Hauptzweige: die Kenntnis der Geschichte, die der Sprachen & die der Bücher.

Die Kenntnis der Geschichte zerfällt in mehrere Unterabteilungen: alte & neue Geschichte; heilige, weltliche, Kirchengeschichte; Geschichte unseres Landes & der fremden Länder; Geschichte der Wissenschaften & der Künste; Chronologie; Geographie; Altertümer & Münzen &c.

Die Kenntnis der Sprachen umfaßt die gelehrten Sprachen, die modernen Sprachen, die orientalischen Sprachen, tote wie lebende.

Die Kenntnis der Bücher setzt, zumindest bis zu einem bestimmten Punkt, die Kenntnis der Gebiete, die sie behandeln, sowie die Kenntnis der Autoren voraus. Vornehmlich aber besteht sie in der Kenntnis des Urteils, das die Gelehrten über diese Werke abgegeben haben, des Nutzens, den man aus ihrer Lektüre ziehen kann, der Anekdoten, die sich auf die Autoren & die Bücher beziehen, der verschiedenen Ausgaben & der Wahl, die zwischen ihnen zu treffen ist.

Derjenige, der alle diese drei Zweige vollkommen beherrschen würde, wäre ein Mann von wahrhafter *Gelehrsamkeit;* aber der Gegenstand ist zu groß, als daß ein einzelner Mensch ihn ganz zu erfassen vermöchte. Um heute grundgelehrt zu sein oder so zu erscheinen, genügt es daher, jeden dieser Teile nur bis zu einem gewissen Grad an Vollkommenheit zu beherrschen; aber selbst dazu waren nur wenige Gelehrte in der Lage, & man gilt schon zu einem sehr viel geringeren Preis als *gelehrt.* Doch auch wenn man die Bedeutung des Worts *gelehrsam* einschränken & seine Anwendung erweitern muß, so scheint es zumindest richtig zu sein, es nur auf diejenigen anzuwenden, die in einem bestimmten Umfang den ersten Zweig der *Gelehrsamkeit* beherrschen, nämlich die Kenntnis der historischen Tatsachen, insbesondere der alten historischen Tatsachen, & der Geschichte mehrerer Völker. Denn ein Wissenschaftler, der sich beispielsweise auf die Geschichte Frankreichs oder auch auf die römische Geschichte beschränkte, würde den Namen eines *gelehrsamen* Mannes nicht wirklich verdienen; man könnte von ihm lediglich sagen, er besitze viel *Gelehrsamkeit* in der Geschichte Frankreichs, in der römischen Geschichte &c., indem man jedesmal das Gebiet benennt, mit dem er sich befaßt. Ebensowenig wird man von einem Mann, der sich allein in der Kenntnis der Sprachen & der Bücher auszeichnet, sagen, er sei *gelehrt,* sofern er diese beiden Eigenschaften nicht mit einer umfassenden Kenntnis der Geschichte verbindet.

Man rühmt zugunsten der exakten Wissenschaften sehr den philosophischen Geist, zu dessen Verbreitung sie bei uns gewiß beigetragen haben; aber glaubt man etwa, daß dieser philosophische Geist nur selten Gelegenheit findet, sich auch in Dingen der *Gelehrsamkeit* zu betätigen? Wie notwendig ist er doch in der Kritik, um das Richtige vom Falschen zu unterscheiden! Wie viele Kennzeichen des Betruges, der Dummheit, des Irrtums & der Verschrobenheit der Menschen, aber auch der Philosophen liefert uns die Geschichte! Welch ein Gegenstand für Reflexionen, der für einen Menschen, der zu denken versteht, ebenso unermeßlich wie erfreulich ist! Die exakten Wissenschaften, wird man sagen, haben in dieser Hinsicht einen großen Vorteil; der philosophische Geist, den ihr Studium nährt, findet in diesem Studium kein Gegengewicht; dagegen hat das Studium der Geschichte ein solches für durchschnittliche Geister. Ein Gelehrter, der auf Fakten begierig ist, die ja die einzigen Kenntnisse sind, die er sucht & auf die er Wert legt, kommt in die Gefahr, sich eine allzu weitgehende Nachsicht auf diesem Gebiet anzugewöhnen. Jedes Buch, das Fakten enthält oder vorgibt, solche zu enthalten, ist für ihn beachtenswert; je älter dieses Buch ist, desto mehr ist er geneigt, ihm Glauben zu schenken; denn er bedenkt dabei nicht, daß die Unzuverlässigkeit der modernen Geschichte, deren Fakten wir nachzuprüfen vermögen, uns sehr vorsichtig im Hinblick auf das Maß des Vertrauens machen muß, das wir der alten Geschichte schenken. Ein Dichter ist für ihn nur ein Geschichtsschreiber, der über die Sitten seiner Zeit aussagt; er sucht wie der verstorbene Abbé de Longuerue bei Homer nur die Geographie & die Sitten des Altertums; der große Gestalter & der große Mensch entgehen ihm. Aber erstens würde aus diesem Einwand höchstens folgen, daß die *Gelehrsamkeit,* um wirklich schätzenswert zu sein, durch den philosophischen Geist erhellt werden muß & daß man sie an sich keinesfalls verachten darf. Macht man nicht zweitens auch dem Studium der exakten Wissenschaf-

Ich muß endlich (denn ich sehe, das nimmt mir niemand ab) das Hauptproblem unserer Zeit formulieren, das die gesamte epistêmê *des Westens restlos beherrscht. Es ist dies weder das Problem der* Geschichte, *noch das Problem der* Existenz, *noch das Problem der* Praxis, *der* Struktur, *des* Cogito *oder des* Psychismus, *noch irgendeins der Probleme, die sich in unserem Gesichtskreis breitgemacht haben. Das wichtigste Problem ist das Problem* je klüger, desto dümmer. *Ich habe überlegt und überlegt, in welchem* Gesetz *die spezifische Situation des europäischen* Geistes *am bündigsten zu fassen wäre. Ich sehe kein anderes als* Je klüger, desto dümmer.
Seht all die Orgien des Intellekts: diese Konzeptionen! Diese Entdeckungen! Perspektiven! Subtilitäten! Publikationen! Kongresse! Diskussionen! Institute! Universitäten! Und trotzdem: dumm.
Witold Gombrowicz, Tagebuch, 30. Oktober 1966

ten einen gewissen Vorwurf, nämlich den, daß es die Einbildungskraft auslösche oder schwäche, daß es ihr etwas Trockenes gebe, unempfindlich gegen die Reize der schönen Wissenschaften & der Künste mache, an eine gewisse Unbeweglichkeit des Geistes gewöhne, die Beweise fordert, wenn Wahrscheinlichkeiten genügen, & die mathematische Methode auf Gebiete zu übertragen suche, für die sie sich nicht eignet? Wenn dieser Vorwurf eine bestimmte Anzahl von Mathematikern, die es verstanden haben, die Annehmlichkeiten des Geistes mit gründlichen Kenntnissen zu verbinden, nicht trifft, gilt er dann auch für die größere Anzahl der anderen nicht, & ist er nicht zumindest in mancher Hinsicht wohlbegründet? Kommen wir also überein, daß in dieser Frage zwischen der Wissenschaft & der *Gelehrsamkeit* sowohl in bezug auf die Nachteile als auch in bezug auf die Vorteile alles ungefähr gleich ist.

Man beklagt sich darüber, daß die Vermehrung der Zeitschriften & Wörterbücher aller Art bei uns der *Gelehrsamkeit* den Todesstoß versetzt habe & den Geschmack am Studium nach & nach abtöten werde. Wir glauben auf diesen Vorwurf in der *Einleitung zur Encyclopédie,* in der *Vorbemerkung zum dritten Band* & am Schluß des Artikels Wörterbücher der Wissenschaften & der Künste eine ausreichende Antwort gegeben zu haben. Die Anhänger der *Gelehrsamkeit* behaupten, daß es uns so ergehen wird, wie es unseren Vätern ergangen ist, denen die in den ungebildeten Jahrhunderten von Mönchen & Geistlichen verfaßten Abrisse, Analysen & Sammlungen von Sentenzen nach & nach die Liebe zu den Wissenschaften, die Kenntnis der Originale & sogar die Originale selbst entzogen. Wir aber sind in einer ganz anderen Lage: Die Buchdruckerkunst schützt uns vor der Gefahr, ein wirklich nützliches Buch zu verlieren. Hoffentlich hat sie nicht den Nachteil, die schlechten Werke zu sehr zu vermehren! In den Jahrhunderten der Unwissenheit war es so schwer, sich Bücher zu verschaffen, daß man überaus glücklich war, wenn man von ihnen kurze Abrisse & Auszüge besaß. Damals galt man aus diesem Grund schon als gelehrt; heute wäre man es nicht mehr.

Dank der Übersetzungen, die in unserer Sprache von einer sehr großen Anzahl von Autoren angefertigt worden sind, & überhaupt dank der sehr großen Zahl von Werken, die in der französischen Sprache über alle möglichen Sachen veröffentlicht worden sind, könnte allerdings jemand, der nur die französische Sprache beherrscht, schon allein durch die Lektüre dieser Werke sehr gelehrt werden. Aber abgesehen davon, daß nicht alles übersetzt ist, kann die Lektüre der Übersetzungen auch in Dingen der reinen & bloßen *Gelehrsamkeit* (denn es handelt sich hier nicht um schöne Literatur) niemals das Studium der Originale in ihrer eigenen Sprache vollkommen ersetzen. Tausend Beispiele überzeugen uns täglich von der Unzuverlässigkeit der durchschnittlichen Übersetzer & von der Unachtsamkeit der exaktesten Übersetzer.

Schließlich – denn das ist ein Vorteil, den wir nicht mit Stillschweigen übergehen dürfen – muß das Studium der Wissenschaften auch viele Einsichten aus der Lektüre der Alten gewinnen. Zweifellos kann man die Geschichte des menschlichen Denkens kennenlernen, ohne selbst zu denken; doch kann ein Philosoph mit großem Nutzen die ausführliche Beschreibung der Anschauungen anderer Philosophen lesen. Er findet darin oft Ansätze zu wertvollen Ideen, die er weiterentwickeln, Mutmaßungen, die er nachprüfen, Tatsachen, die er klären, Hypothesen, die er bestätigen kann. Es gibt in unserer modernen Physik kaum allgemeine Prinzipien, deren Wortlaut oder zumindest Gehalt nicht schon bei den Alten zu finden wäre. Man wird darüber nicht staunen, wenn man bedenkt, daß in diesem Bereich die wahrscheinlichsten Hypothesen sich dem Geist in so natürlicher Weise darbieten, daß die möglichen Verknüpfungen der grundlegenden Ideen sehr bald erschöpft sein dürften & durch eine Art zwangsläufiger Umwälzung nach & nach durch andere ersetzt werden müssen. Siehe Eklektizismus. Vielleicht hat sich aus diesem Grund – beiläufig gesagt – die moderne Philosophie in verschiedenen Punkten dem genähert, was man im Kindesalter der Philosophie gedacht hat; denn es scheint, daß der erste Eindruck der Natur darauf hinausläuft, uns richtige Ideen zu vermitteln, die man aber aus Unbeständigkeit oder aus Liebe zur Neuartigkeit bald aufgibt & zu denen zurückzukehren man schließlich gezwungen ist.

Aber wenn wir den Philosophen auch die Lektüre ihrer Vorgänger empfehlen, so suchen wir keineswegs, wie es einige Gelehrte getan haben, die Modernen unter dem falschen Vorwand herabzusetzen, daß die moderne Philosopie nicht mehr entdeckt hat als die alte. Was schadet es dem Ruhm Newtons, daß Empedokles einige unklare & verschwommene Ideen vom System der Gravitation gehabt hat, da diese Ideen doch der Beweise entbehrten, die notwendig gewesen wären, um sie zu stützen? Was schadet es der Ehre des Kopernikus, daß einige Philosophen des Altertums an die Bewegung der Erde geglaubt haben, wenn die Beweise, die sie dafür lieferten, nicht ausreichten, um zu verhindern, daß die Mehrzahl an die Bewegung der Sonne glaubte? Der ganze Vorzug in dieser Hinsicht gebührt, was immer man auch darüber sagen mag, den Modernen, nicht weil sie an Einsichten ihren Vorgängern überlegen sind, sondern weil sie später auf die Welt gekommen sind. Die meisten Anschauungen der Alten über das Weltsystem & über fast alle Gegenstände der Physik sind so unbestimmt

D'Alembert war bei Voltaire mit einem berühmten Professor der Rechte. Dieser bewunderte die Universalität Voltaires und sagte zu d'Alembert: »Nur im Staatsrecht finde ich ihn etwas schwach.« – »Und ich in der Mathematik«, sagte d'Alembert. Nicolas Chamfort

& so schlecht bewiesen, daß man daraus keine wirkliche Einsicht gewinnen kann. Man findet bei ihnen nicht jene genauen, exakten & tiefgründigen Einzelheiten, die der Prüfstein für die Wahrheit eines Systems sind & die einige Autoren mit Vorliebe den »Apparat« nennen, aber die man als Gehalt & Substanz ansehen muß & die infolgedessen die Schwierigkeit & das Verdienst ausmachen. Vergeblich hat ein berühmter Gelehrter, der unsere Hypothesen & unsere Anschauungen auf die alte Philosophie zurückführte, geglaubt, sie für eine ungerechte Geringschätzung rächen zu müssen, die ihr die wahren Gelehrten & die einsichtigen Geister niemals entgegengebracht haben; seine Streitschrift über dieses Thema (gedruckt im Band XVIII der *Denkschriften der Akademie der schönen Wissenschaften*) fügt – wie mir scheint – weder den Modernen großes Unrecht zu, noch erweist sie den Alten große Ehre; sondern sie bedeutet nur große Ehre für die *Gelehrsamkeit* & die Kenntnisse ihres Verfassers.

Geben wir also einerseits zugunsten der *Gelehrsamkeit* zu, daß die Lektüre der Alten den Modernen Ansätze zu Entdeckungen bieten kann, & erkennen wir andererseits zugunsten der modernen Gelehrten an, daß diese die Beweise & die Konsequenzen der glücklichen Anschauungen viel weiter vorangetrieben haben als die Alten, die sich gewissermaßen damit begnügt hatten, diese Anschauungen zu wagen. *d'Alembert*

GEMETZEL – **Massacre (Grammatik)**. Das ist die unbarmherzige Tötung derer, denen gegenüber man irgendeinen Vorteil besitzt, der sie wehrlos macht. Man gebraucht das Wort meistens nur dann, wenn eine Schar von Männern einer anderen gegenübersteht – für das *Gemetzel* der Bartholomäusnacht, eine ewige Schande für jene, die dazu rieten, jene, die es zuließen, jene, die es durchführten, & den abscheulichen Mann, der es später zu verteidigen wagte; den Bethlehemitischen Kindermord; die Niedermetzelung der Bewohner einer Stadt. *Anonym*

GENEALOGIE – **Généalogie (Geschichte)**. Das Studium der *Genealogien* ist für die Geschichte von größter Wichtigkeit; abgesehen davon, daß sie dazu dienen, historische Personen desselben Namens & derselben Familie voneinander zu unterscheiden, zeigen sie die Verwandtschaftsbeziehungen, die Erbfolgen, die Rechte, die Ansprüche auf. Doch muß man sich vor den Absurditäten einiger Geschichtsschreiber hüten, die aus Lobhudelei die Abstammung der Häuser oder Fürsten, zu deren Gunsten sie schreiben, bis zu den heroischen Zeiten zurückverfolgen, wie es einem spanischen Autor widerfuhr, der Philipp II. schmeicheln wollte. Er ließ ihn in gerader Linie von Adam abstammen, von dem aus er bis zu diesem Fürsten eine lückenlose & ununterbrochene Folge von hundertachtzehn Generationen aufzählte. Es gibt kaum eine Nation, die in dieser Hinsicht nicht ihre Fabeln hätte.

Wenn man die genaue & wahre *Genealogie* jeder Familie besäße, dann würde höchstwahrscheinlich kein Mensch mehr aufgrund seiner Herkunft geachtet oder verachtet werden. Es gibt auf den Straßen kaum einen Bettler, der nicht in gerader Linie von irgendeinem erlauchten Mann abstammen dürfte, & keinen einzigen durch die höchsten Würden des Staates sowie durch weltliche & geistliche Orden ausgezeichneten Adligen, der in der Reihe seiner Ahnen nicht eine Menge von Niedriggeborenen entdecken würde. Angenommen, ein Mann ersten Ranges, der von seiner hohen Geburt sehr eingenommen ist, sähe vor seinen Augen die ganze Reihe seiner Vorfahren vorbeiziehen, etwa so wie Vergil den Aeneas alle seine Nachkommen erblicken läßt – wie unterschiedlich wären dann die Gefühlsregungen, von denen er sich ergriffen fühlte, wenn er Heerführer & Hirten, Minister & Handwerker, Fürsten & Tölpel aufeinanderfolgen sähe, vielleicht sogar ziemlich dicht in einem Zeitraum von viertausend Jahren! Von welcher Trauer oder von welcher Freude würde sein Herz nicht bewegt angesichts der Launen des Schicksals bei einer so buntscheckigen Ausstattung mit Lumpen & Purpurmänteln, Werkzeugen & Zeptern, Zeichen der Ehre & des Schimpfs? Welchen Wechsel von Hoffnung & Furcht, von Freudenausbrüchen & tiefer Beschämung würde er nicht empfinden, je nachdem, ob seine *Genealogie* glänzend oder düster erschiene? Aber wenn dieser vornehme Mann, der auf seine Ahnen so stolz ist, in sich geht & mit philosophischem Blick alle diese Wechselfälle betrachtet, dann wird er sich darüber nicht mehr aufregen. Die Generationen der Sterblichen, bald hervorragend & bald niedrig, zerfließen, vermengen & verlieren sich wie die Wellen eines reißenden Stroms; nichts vermag die Zeit aufzuhalten, die alles mit sich reißt, auch das, was am unbeweglichsten scheint & es für immer in ewigem Dunkel begräbt. *Jaucourt*

GENF – **Genève (Geschichte & Politik)**. Diese Stadt liegt auf zwei Hügeln, an der Stelle, wo der See endet, der heute ihren Namen trägt & der früher *Lac Leman* hieß. Ihre Lage ist überaus angenehm; auf der einen Seite sieht man den See, auf der anderen den Rhône, rings um sie herum eine anmutige Gegend, mit Landhäusern bedeckte Hänge entlang des Sees & einige Meilen entfernt die ewig vereisten Gipfel der Alpen, die wie silberne Berge wirken, wenn sie bei schönem Wetter von der Sonne beschienen werden. Der Hafen von Genf auf dem See mit seinen Molen, seinen Barken, seinen Märkten &c. sowie ihre Lage zwischen Frankreich, Italien & Deutschland machen die Stadt zu einem betriebsamen & reichen Handelsplatz. Sie hat mehrere schöne Gebäude & reizende Promenaden; die Straßen sind nachts beleuchtet, & man hat auf dem Rhône eine äußerst einfache Pumpmaschine gebaut, die bis zu den höchstgelegenen Stadtvierteln Wasser liefert. Die Länge des Sees beträgt achtzehn Meilen & seine größte Breite zwischen vier & fünf Meilen. Es ist eine Art kleines Meer, das seine Stürme hat & noch andere wunderliche Erscheinungen hervorbringt.

In *Genf* duldet man keine Komödien; das heißt, man mißbilligt dort nicht die Schauspiele an sich, aber man fürchtet angeblich die Vorliebe für Putz, Verschwendung & Zügellosigkeit, welche die Schauspielertruppen unter der Jugend verbreiten. Aber wäre es nicht möglich, diesem Übel durch strenge & sogleich vollstreckbare Gesetze hinsichtlich des Lebenswandels der Schauspieler abzuhelfen? Dank diesem Mittel hätte *Genf* dann Schauspiele & gute Sitten & könnte den Vorteil der beiden genießen: Die Theatervorstellungen würden den Geschmack der Bürger verfeinern & ihnen ein Schicklichkeits- & Feingefühl verleihen, das man ohne diese Hilfe sehr schwer erwerben kann; die Literatur würde daraus Vorteil ziehen, ohne daß die Zügellosigkeit Fortschritte machte, & *Genf* würde zu der Weisheit Spartas die Gesittung Athens hinzufügen. Eine andere Überlegung, die einer so weisen & aufgeklärten Republik würdig wäre, sollte sie vielleicht dazu bewegen, die Schauspiele zu erlauben. Das barbarische Vorurteil gegenüber dem Beruf des Schauspielers, die von uns bewirkte Herabwürdigung dieser Menschen, die für den Fortschritt & die Erhaltung der Künste so notwendig sind, ist sicher eine der Hauptursachen für die Sittenlosigkeit, die wir ihnen vorwerfen; denn sie versuchen, sich durch Vergnügungen dafür zu entschädigen, daß ihr Stand sich keine Achtung verschaffen kann. Bei uns wäre ein Schauspieler, der gute Sitten hat, doppelt hochzuachten; doch ist man ihm dafür kaum dankbar. Der Steuerpächter, der die öffentliche Armut beschimpft & der von ihr zehrt, ein Höfling, der kriecht & seine Schulden nicht bezahlt: das ist der Menschenschlag, den wir am meisten ehren. Wenn die Schauspieler in *Genf* nicht nur geduldet, sondern auch durch weise Vorschriften zunächst gezügelt & später geschützt würden, wenn sie angesehen wären, sobald sie dessen würdig wären, & wenn sie schließlich genau auf dieselbe Stufe gestellt würden wie andere Bürger, so würde jene Stadt zu ihrem Vorteil bald das besitzen, was man für so ungewöhnlich hält & dies nur durch unsere Schuld: eine ehrbare Schauspielertruppe. Fügen wir hinzu, daß diese Truppe bald die beste Europas wäre & daß verschiedene Personen voll Geschmack & mit einer Vorliebe für das Theater, die befürchten, ihre Ehre unter uns zu verlieren, wenn sie dieser Vorliebe nachgeben, nach *Genf* eilen würden, um dort nicht nur ohne Schande, sondern sogar mit Anerkennung ein so erfreuliches & ungewöhnliches Talent zu pflegen. Der Aufenthalt in jener Stadt, den sehr viele Franzosen trostlos finden, weil Schauspiele fehlen, würde dann zu einem an rechtschaffenen Vergnügen reichen Aufenthalt, wie er schon reich an Philosophie & Freiheit ist, & die Fremden würden nicht mehr darüber staunen, daß man in einer Stadt, wo schickliche & sittsame Schauspiele verboten sind, die Aufführung plumper & geistloser Schwänke erlaubt, die dem guten Geschmack ebenso widersprechen wie den guten Sitten. Das ist aber noch nicht alles: Das Beispiel der Genfer Schauspieler, die Züchtigkeit ihres Lebenswandels & das Ansehen, das sie dort genössen, würden nach & nach den Schauspielern der anderen Nationen zum Vorbild & denen, die sie bisher mit solcher Strenge & solcher Inkonsequenz behandelt haben, zur Lehre dienen. Man würde sie nicht mehr einerseits als Pensionsempfänger der Regierung & andererseits als Nichtswürdige ansehen; unsere Priester würden die Gewohnheit ablegen, sie aus der Kirche auszuschließen, & unsere Bürger die Gewohnheit, verächtlich auf sie herabzusehen; & eine kleine Republik genösse dann den Ruhm, Europa in diesem Punkt, der wichtiger ist, als man vielleicht annimmt, reformiert zu haben.

Genf, den 14. September 1830 – Wenn ich, von dem Anblick der schönen Natur hingerissen, Herz und Augen an Seen, Bergen und Tälern weidete, schien irgendein unsichtbarer kleiner Teufel sein Spiel mit mir zu treiben, indem er mir jedesmal die Verse zuflüsterte: Und hätt ich nicht gerüttelt und geschüttelt, wie wäre diese Welt so schön? Alle vernünftige Anschauung war sodann mit einem Mal verschwunden, die Absurdität fing an zu herrschen, ich fühlte eine Art Umwälzung in meinem Innern, und es war keine Hülfe, als jedesmal mit Lachen zu endigen. Eckermann, Gespräche mit Goethe

Die Geistlichkeit von *Genf* hat vorbildliche Sitten: Die Priester leben in großer Einigkeit; man sieht sie nicht wie in anderen Ländern erbittert über unverständliche Dinge streiten, sich gegenseitig verfolgen, in ungehöriger Weise bei den Gerichten verklagen. Es fehlt allerdings noch viel daran, daß sie alle gleicher Ansicht über die Glaubensartikel wären, die man anderswo für die wichtigsten Artikel der Religion hält. Manche glauben nicht mehr an das göttliche Wesen Jesu Christi, das Calvin, ihr Oberhaupt, so eifrig verteidigte & um dessentwillen er Servet verbrennen ließ. Wenn man sie auf diese Marter hinweist, die der Barmherzigkeit & Mäßigung ihres Patriarchen einigen Abbruch tut, versuchen sie nicht, ihn zu rechtfertigen; sie geben zu, daß Calvin eine sehr verwerfliche Handlung begangen hat, & begnügen sich (wenn es ein Katholik ist, der mit ihnen spricht) damit, der Verbrennung Servets zwei Tatsachen entgegenzuhalten: die abscheuliche Bartholomäusnacht, die jeder gute Franzose gern mit seinem Blut aus unserer Geschichte tilgen würde, & die Hinrichtung des Jan Hus, die ihrer Meinung nach sogar die Katholiken nicht mehr zu rechtfertigen wagen, da sie die Menschlichkeit & den wahren Glauben in gleichem Maße verletzt hat & das Andenken des Kaisers Sigismund mit ewiger Schande bedeckt.

So sagt Voltaire in seinem eigenen *Versuch über die Weltgeschichte:* »Es ist kein unbedeutendes Beispiel für den Fortschritt der menschlichen Vernunft, daß man in Genf mit öffentlicher Zustimmung gedruckt hat, Calvin hätte sowohl eine grausame Seele als einen aufgeklärten Geist gehabt. Der Mord an Servet erscheint heute abscheulich.« Wir glauben, daß das einer solchen edlen Freiheit des Denkens & Schreibens gebührende Lob in gleichem Maße zwischen dem Autor, seinem Zeitalter & *Genf* zu teilen ist. Wie viele Länder gibt es, wo die Philosophie ebenso große Fortschritte gemacht hat, wo aber die Wahrheit noch gefangen liegt, wo die Vernunft nicht ihre Stimme zu erheben wagt, um alles zu zerschmettern, was sie zum Schweigen verurteilt, & wo allzu viele kleinmütige Schriftsteller, die man »weise« nennt, noch die Vorurteile achten, die sie doch mit ebensoviel Schicklichkeit wie Sicherheit bekämpfen könnten!

Die Hölle, einer der Hauptpunkte unseres Glaubens, ist dies heute für manche Prediger in *Genf* nicht mehr; man würde ihrer Meinung nach das göttliche Wesen beleidigen, wenn man sich einbildete, dieses Wesen voller Güte & Gerechtigkeit sei fähig, unsere Fehler mit ewigen Qualen zu bestrafen; sie erklären, so gut sie es eben können, die diesbezüglichen Stellen der Heiligen Schrift, die in Widerspruch zu ihrer Anschauung stehen; sie behaupten, man dürfe niemals alles, was in den heiligen Büchern Menschlichkeit & Vernunft zu verletzen scheint, wörtlich nehmen. Sie glauben nun, daß es in einem anderen Leben zwar Strafen gibt, aber nur für eine bestimmte Zeit; so ist das Fegefeuer, das eine der Hauptursachen für die Abspaltung der Protestanten von der römischen Kirche darstellte, nach Annahme einiger von ihnen heute die einzige Strafe nach dem Tod – ein neuer Zug, der in die Geschichte der menschlichen Widersprüche einzureihen ist.

Kurz zusammengefaßt: eine Reihe von Genfer Pastoren hat keine andere Religion als einen vollkommenen Sozinianismus, denn sie verwerfen alles, was man »Mysterien« nennt, & bilden sich ein, das erste Prinzip einer wahren Religion bestehe darin, nichts als glaubwürdig zu empfehlen, sofern es gegen die Vernunft verstößt; deshalb ersetzen einige von ihnen, wenn man sie über die *Notwendigkeit* der Offenbarung, dieses für das Christentum so wesentliche Dogma, ausfragt, jenen Begriff durch den der *Nützlichkeit*, der ihnen erfreulicher erscheint. Sind sie in diesem Punkt auch nicht orthodox, so sind sie doch in ihren Prinzipien zumindest konsequent.

Eine Geistlichkeit, die so denkt, muß tolerant sein, & sie ist es in der Tat in solchem Maße, daß sie von den Vertretern der anderen reformierten Kirchen nicht mit freundlichem Blick angesehen wird. Übrigens kann man, ohne die Religion *Genfs* gutheißen zu wollen, wohl behaupten, daß es wenige Länder gibt, wo die Theologen & die Geistlichen dem Aberglauben feindlicher gesinnt sind. Dafür klagt man aber, zumal Intoleranz & Aberglaube nur zur Vermehrung der Ungläubigen beitragen, in *Genf* weniger als anderswo über die Fortschritte der Ungläubigkeit – was nicht überraschen dürfte; denn die Religion ist dort fast ganz auf die Anbetung eines einzigen Gottes beschränkt, zumindest bei fast allen, die nicht den unteren Volksschichten angehören. Ehrfurcht vor Christus & der Heiligen Schrift ist vielleicht das einzige, was das Genfer Christentum von einem reinen Deismus unterscheidet.

Die Geistlichen sind in *Genf* mehr als tolerant: Sie beschränken sich einzig & allein auf ihre Aufgaben & geben als erste den Bürgern ein Beispiel in der Unterwerfung unter die Gesetze. Das Konsistorium, das die Sitten zu überwachen hat, verhängt nur geistige Strafen. Der große Streit zwischen Papsttum & Kaisertum, der in Zeitaltern der Unwissenheit den Thron so vieler Kaiser zum Wanken gebracht hat & der, wie wir nur allzu gut wissen, auch in aufgeklärteren Zeitaltern ärgerliche Störungen hervorgerufen hat, ist in *Genf* unbekannt; die Geistlichkeit unternimmt dort nichts ohne Zustimmung der Behörden.

Vielleicht werden wir den größten Monarchien keinen so umfangreichen Artikel widmen; aber für die Augen des Philosophen ist die Republik der Bienen nicht weniger interessant als die Geschichte der großen Reiche, & vielleicht kann man nur in den kleinen Staaten das Modell einer vollkommenen politischen Verwaltung finden. Wenn uns die Religion auch nicht anzunehmen erlaubt, daß die Genfer wirklich für ihr Glück in der anderen Welt gesorgt haben, so zwingt uns doch die Vernunft, zu glauben, daß sie fast so glücklich sind, wie man es in dieser Welt eben sein kann: *O fortunatos nimium, sua si bona norint!* – »Wie überaus glücklich sind doch diejenigen, die ihr Glück wirklich kennenlernen!« *d'Alembert*

GENIE – **Genie (Literatur & Philosophie)**. Geistige Weite, Einbildungskraft & seelische Regsamkeit: all das zusammen bedeutet *Genie*. Von der Weise, wie man seine Ideen empfängt, hängt die Weise ab, wie man sie sich ins Gedächtnis zurückruft. Der in die Welt geworfene Mensch empfängt mit mehr oder weniger lebhaften Empfindungen Ideen von allen Dingen. Die meisten Menschen bekommen lebhafte Empfindungen nur durch den Eindruck von den Gegenständen, die eine unmittelbare Beziehung zu ihren Bedürfnissen, ihrer Neigung &c. haben. Alles, was ihren Leidenschaften fremd ist, & alles, was ihrer Daseinsweise nicht verwandt ist, wird von ihnen entweder gar nicht wahrgenommen oder nur einen Augenblick gesehen, aber nicht empfunden, & dann für immer vergessen.

Genial ist der Mensch, dessen Seele die größte Weite hat, also von allen Dingen Empfindungen erfährt, Anteil an allem nimmt, was in der Natur existiert, & deshalb keine Idee empfängt, ohne daß in der Seele ein Gefühl geweckt wird. Alles belebt die Seele & bleibt darin bewahrt.

Ist die Seele vom Gegenstand selbst affiziert worden, so wird sie auch durch die Erinnerung an ihn affiziert. Beim *genialen* Menschen aber geht die Einbildungskraft darüber hinaus: er erinnert sich der Ideen mit einem Gefühl, das lebhafter ist als dasjenige, das er beim Empfangen der Ideen hatte, weil sich mit diesen Ideen tausend andere verbinden, die noch geeigneter sind, das Gefühl hervorzurufen.

Ist das *Genie* von Gegenständen umgeben, mit denen es sich beschäftigt, so erinnert es sich nicht, sondern schaut; doch beschränkt es sich nicht auf das Schauen, sondern wird dadurch bewegt. In der Stille & Dunkelheit des Arbeitszimmers genießt es den Anblick einer lachenden & fruchtbaren Landschaft, wird es eiskalt vom Heulen des Sturmes, wird es heiß unter der glühenden Sonne, erschrickt es vor dem Unwetter. Die Seele gefällt sich oft in solchen plötzlichen Affektionen; sie bereiten ihr ein Vergnügen, das ihr köstlich erscheint; sie gibt sich allem hin, was dieses Vergnügen steigern kann; sie möchte den Phantomen, die ihr Werk sind & die sie entzücken oder belustigen, Gestalt durch echte Farben & unauslöschliche Umrisse geben.

Wenn sie einige dieser Gegenstände, die sie bewegen, malen will, so verlieren die Dinge manchmal ihre Mängel. In ihre Bilder geht nur das Erhabene & Erfreuliche ein. In diesem Fall malt das *Genie* nur das Schöne. Ein andermal sieht die Seele in tragischen Ereignissen nur die schrecklichsten Umstände, & in diesem Augenblick verteilt das *Genie* die düstersten Farben, die wirkungsvollsten Ausdrücke der Klage & des Schmerzes, beseelt dadurch den Gegenstand & färbt den Gedanken. In der glühenden Begeisterung beherrscht es nicht mehr die Natur & Folgerichtigkeit seiner Ideen; es wird in die Lage der Personen versetzt, die es handeln läßt, & nimmt dabei ihren Charakter an. Wenn es im höchsten Grade heroische Leidenschaften empfindet, so zum Beispiel die Zuversicht einer großen Seele, die das Gefühl ihrer eigenen Kräfte über jede Gefahr erhebt, oder die bis zur Selbstvergessenheit gesteigerte Vaterlandsliebe, dann bringt es das Erhabene hervor: den Ausruf der Medea: »Ich habe es getan«, den Ausspruch des greisen Horatius: »Er sterbe ...«, die Erklärung des Brutus: »Konsul bin *ich!*« Wird das *Genie* von anderen Leidenschaften hingerissen, so läßt es die Hermione fragen: »Wer hat dir das verraten?« oder den Orosman sagen: »Ich ward geliebt« oder den Thyestes ausrufen: »Ich erkenne meinen Bruder!«

Diese Begeisterungsfähigkeit gibt das sachgemäße Wort ein, wenn es kraftvoll ist; oft opfert sie es auch kühnen Bildern; sie inspiriert zum täuschenden Wohlklang, zu Vergleichen aller Art, zu lebhaftesten Zeichen & zu täuschenden Lauten ebensooft wie zu charakteristischen Worten.

Die Einbildungskraft nimmt verschiedene Formen an; sie verleiht diesen Formen verschiedene Eigenschaften, die den Charakter der Seele formen. Manche Leidenschaften, die Mannigfaltigkeit der Umstände, gewisse Eigenschaften des Geistes geben der Einbildungskraft eine besondere Richtung; die Seele erinnert sich aber nicht aller ihrer Ideen mit Gefühl, weil nicht immer Beziehungen zwischen ihr & den Dingen bestehen.

Das *Genie* ist nicht immer *Genie.* Manchmal ist es eher liebenswürdig als erhaben; es empfindet dabei an den Gegenständen weniger das Schöne als das Anmutige & malt das Anmutige. Es empfindet weniger Entzückung als sanfte Rührung & läßt diese nachempfinden.

Zuweilen ist im *genialen* Menschen die Einbildungskraft auf das Heitere eingestellt; dann beschäftigt sie sich mit kleinen menschlichen Schwächen, gewöhnlichen Fehlern & Torheiten. Das Gegenteil der Ordnung erscheint ihr nur lächerlich, aber auf so neue Weise, als ob der Blick des *Genies* das Lächerliche in den Gegenstand gebracht hätte, obgleich er es an diesem doch nur entdeckt. Die auf das Heitere eingestellte Einbildungskraft des *Genies* erweitert den Bereich des Lächerlichen, & während die Menge es in all dem erblickt & empfindet, was die bestehenden Bräuche verletzt, entdeckt & empfindet das *Genie* es in dem, was die Weltordnung verletzt.

Der Geschmack ist oft getrennt vom *Genie.* Das *Genie* ist ein reines Geschenk der Natur. Was es hervorbringt, ist das Werk eines Augenblicks. Der Geschmack dagegen ist das Produkt des Studiums & der Zeit; er legt Wert auf die Kenntnis einer Menge von feststehenden oder vorausgesetzten Regeln; er bringt nur Schönes hervor, das herkömmlich ist. Soll eine Sache schön nach den Regeln des Geschmackes sein, so muß sie geschliffen, vollendet, ausgearbeitet sein, ohne so zu scheinen. Soll sie *genial* sein, so muß sie zuweilen nachlässig sein & unregelmäßig, zerklüftet, wild aussehen. Das Erhabene & das Geniale blitzen bei Shakespeare wie in tiefer Nacht auf; doch Racine ist immer schön, Homer reich an *Genie* & Virgil reich an Anmut.

Die Regeln & Gesetze des Geschmacks würden dem *Genie* Fesseln anlegen; es sprengt sie, um sich zum Erhabenen, zum Ergreifenden, zum Großartigen aufzuschwingen. Die Liebe zu diesem Ewigschönen, das so bezeichnend für die Natur ist, & das leidenschaftliche Verlangen, die eigenen Bilder irgendeinem Modell anzugleichen, das sich das *Genie* geschaffen hat & mit dem seine Ideen & Gefühle des Schönen im Einklang stehen, bilden den Geschmack des Mannes von *Genie.* Das Bedürfnis nach dem Ausdruck der Leidenschaften, die ihn bewegen, wird durch die Gesetze der Sprache & durch die Sitten fortwährend gehemmt. Oft sträubt sich die Sprache, in der er schreibt, gegen den Ausdruck eines Bildes, das in einer anderen Sprache erhaben wäre. Homer konnte nicht in einer einzigen Mundart die

Man hat es selber empfunden, wenn man irgendeine neue Idee in die große passive Vulva Londons einrammte, eine Erregung analog der männlichen Erregung bei der Kopulation. Und das Denken des Genies ist ganz offensichtlich in seiner Weise dasselbe, nämlich ein jäher Erguß der Intelligenz, der die Form annimmt, die das Problem verlangt. Ezra Pound

notwendigen Audrücke für sein *Genie* finden; Milton verletzt in jedem Augenblick die Regeln seiner Sprache & sucht nach wirkungsvollen Ausdrücken in drei oder vier anderen Sprachen. Kurz: Kraft & Fülle, irgend etwas Schroffes, das Unregelmäßige, das Erhabene, das Ergreifende, das alles ist in den Künsten charakteristisch für das *Genie*. Es rührt nicht oberflächlich, es gefällt nicht, ohne Erstaunen hervorzurufen, & erregt auch Erstaunen durch seine Fehler.

In der Philosophie, in der man vielleicht immer strenge Aufmerksamkeit, Zurückhaltung & Überlegung üben muß – Dinge, die sich mit glühender Einbildungskraft kaum vereinbaren, geschweige denn mit der Zuversicht, die das *Genie* gibt –, ist der Weg des *Genies* ebenso eigenartig wie in den Künsten: es verbreitet in ihr häufig glänzende Irrtümer, erzielt zuweilen aber auch große Erfolge. In der Philosophie muß man das Wahre emsig suchen & es geduldig erwarten. Da braucht man Menschen, die Herr über die Ordnung & Aufeinanderfolge ihrer Ideen sind & ihre Kette verfolgen oder unterbrechen können, um zu folgern oder zu zweifeln; da bedarf es der Forschung, der Erörterung, der Bedächtigkeit, & solche Eigenschaften besitzt man weder im Aufruhr der Leidenschaften noch im Ungestüm der Einbildungskraft. Eigentümlich sind sie dem forschenden Geist, der sich beherrscht & keine Wahrnehmung empfängt, ohne sie mit einer anderen Wahrnehmung zu vergleichen; der das sucht, was verschiedene Gegenstände gemeinsam haben, & das, was sie voneinander unterscheidet; der Schritt für Schritt einen großen Zwischenraum durchmißt, um weit auseinanderliegende Ideen in Zusammenhang zu bringen; der einen besonderen Gegenstand aus der Menge der gleich- oder verschiedenartigen Gegenstände herauszugreifen versteht, um die besonderen, feinen, flüchtigen Verbindungen zwischen einigen verwandten Ideen oder deren Gegensatz & Kontrast zu erfassen; der gleichsam ein Mikroskop auf einen unsichtbaren Punkt einstellt & irgend etwas erst dann genau gesehen zu haben glaubt, wenn er es lange betrachtet hat. Solche Menschen gehen von Beobachtungen zu Beobachtungen über, kommen zu richtigen Folgerungen & finden nur natürliche Analogien. Die Wißbegierde ist ihr Antrieb, die Wahrheitsliebe ihre Leidenschaft; der Wunsch nach der Entdeckung des Wahren ist bei ihnen ein beständiger Wille, der sie beseelt, ohne sie zu erhitzen, & ihren Gang lenkt, dessen Richtigkeit die Erfahrung bestätigen muß.

Auf das *Genie* wirkt alles ein, & wenn es nicht sofort seinen Gedanken ganz hingegeben ist & von der Begeisterung überwältigt wird, forscht es sozusagen, ohne sich dessen bewußt zu sein. Durch die Eindrücke, die ihm die Gegenstände machen, wird es genötigt, sich unaufhörlich mit Kenntnissen zu bereichern, die es nichts gekostet haben. Es wirft allgemeine Blicke auf die Natur & dringt in ihre Abgründe ein. Es sammelt in seinem Schoß unsichtbare Keime, die unbemerkt in diesen eingehen & im Laufe der Zeit so überraschende Wirkungen hervorbringen, daß es selbst in die Versuchung kommt, sich für inspiriert zu halten; dennoch hat es Freude an Beobachtungen, beobachtet aber im Nu einen großen Raum & eine Vielzahl von Dingen.

Die Bewegung, die sein natürlicher Zustand ist, ist zuweilen so sanft, daß es sie kaum bemerkt. Meistens ruft diese Bewegung jedoch Stürme hervor, & das *Genie* wird eher von einem reißenden Strom von Ideen ergriffen, als daß es freiwillig ruhigen Betrachtungen nachhängt. Bei dem Menschen, den die Einbildungskraft beherrscht, werden die Ideen durch die Umstände & durch das Gefühl verbunden: er sieht abstrakte Ideen oft nur in ihrer Beziehung zu sinnlichen Ideen. Er gibt den Abstraktionen ein eigenes Dasein, unabhängig von dem Geist, der sie gebildet hat; er verleiht seinen Phantomen Gestalt, seine Begeisterung wächst beim Anblick der eigenen Schöpfungen, das heißt seiner neuen Kombinationen, dieser einzigartigen Schöpfungen des Menschen. Da er vom Strom seiner Gedanken fortgerissen wird, ganz in der Möglichkeit aufgeht, sie zu verbinden, & zum Schaffen genötigt wird, findet er tausend blendende Beweise & kann sich doch von keinem überzeugen. Er errichtet kühne Gebäude, in denen die Vernunft gewiß nicht wohnen möchte & die ihm durch ihre riesigen Ausmaße, nicht aber durch Festigkeit gefallen. Er bewundert seine Systeme, wie er den Entwurf einer Dichtung bewundern würde, er nimmt sie als schöne Systeme an & bildet sich dabei ein, er liebe sie als wahre Systeme.

Das Wahre & das Unwahre in philosophischen Erzeugnissen ist kein Unterscheidungsmerkmal für das *Genie*. Es gibt sehr wenige Irrtümer bei Locke & zu wenig Wahr-

Opium: *De Quincey, Coleridge, Poe.* Absinth: *Musset, Wilde.* Äther: *Maupassant (außer Alkohol und Opium), Jean Lorrain.* Haschisch: *Baudelaire, Gautier.* Alkohol: *Alexander, Socrates, Seneca, Alcibiades, Cato, Septimus Severus (starb im Rausch), Cäsar, Muhamed II., der Große (starb im Delirium tremens), Steen, Rembrandt, Schubert (trank seit dem 15. Jahr), Nerval, Tasso, Händel, Dussek, G. Keller, Hoffmann, Poe, Musset, Verlaine, Lamb, Murger, Grabbe, Lenz, Jean Paul, Reuter (Dipsomane, Quartalssäufer), Scheffel, Liliencron, Reger, Hartleben, Löns, Beethoven (starb bekanntlich an alkoholischer Lebercirrhose). Es starben an* arteriosclerotischer Verblödung: *Kant, Stendhal, Faraday, Linné, G. Keller, Böcklin. Litten an* Epilepsie: *van Gogh, Platen, Flaubert, Dostojewski. Hatten klinisch manifeste* Schizophrenien: *Hölderlin, van Gogh, Tasso, Newton, Strindberg, Panizza. Starben an* Paralyse: *Manet, Makart, Maupassant, Nietzsche, Lenau, Hugo Wolf, Baudelaire, Donizetti, Jules de Goncourt, Lautensack. Waren ihr Leben lang* asexuell: *Newton, Kant, Menzel.*

Gottfried Benn, Genie und Gesundheit

heiten bei Shaftesbury: der erste ist allerdings nur ein umfassender, durchdringender & richtig urteilender Geist, der zweite dagegen ein außergewöhnliches *Genie*. Locke hat beobachtet, Shaftesbury geschaffen & erbaut. Wir verdanken Locke große, kühl erkannte, methodisch verfolgte, nüchtern verkündete Wahrheiten & Shaftesbury glänzende, oft kaum begründete, aber an erhabenen Wahrheiten reiche Systeme. Selbst in Momenten seines Irrtums gefällt & bezwingt er noch durch den Zauber seiner Beredsamkeit.

Das *Genie* beschleunigt indes die Fortschritte der Philosophie durch die glücklichsten & am wenigsten erwarteten Entdeckungen. Mit Adlerflug erhebt es sich zu einer leuchtenden Wahrheit, einer Quelle von tausend Wahrheiten, zu denen später die vorsichtige Menge der klugen Beobachter gewissermaßen auf allen vieren gelangt. Aber neben dieser leuchtenden Wahrheit errichtet das *Genie* die Gebäude seiner Einbildungskraft: es ist nicht fähig, den vorgeschriebenen Weg zu gehen & alle Etappen Schritt für Schritt zurückzulegen, sondern es geht von einem Punkt aus & stürmt auf das Ziel los; es entreißt der Finsternis ein fruchtbares Prinzip, verfolgt aber selten die Kette der Konsequenzen; es ist, um einen Ausdruck Montaignes zu gebrauchen, »sprunghaft«. Es stellt sich mehr vor, als es gesehen hat, bringt mehr hervor, als es entdeckt, & reißt mehr mit, als es führt. *Genie* hat Menschen wie Platon, Descartes, Malebranche, Bacon, Leibniz beseelt. Je nachdem bei diesen großen Männern die Einbildungskraft mehr oder weniger vorherrschte, brachte es glänzende Systeme hervor oder führte zur Entdeckung großer Wahrheiten.

In der unermüdlichen, noch nicht ergründeten Wissenschaft von der Regierung sind der Charakter & die Wirkungen des *Genies* ebenso leicht zu erkennen wie in den Künsten & in der Philosophie. Doch ich bezweifle, ob das *Genie*, das so oft erfaßt hat, auf welche Weise die Menschen in gewissen Zeiten geführt werden müssen, selbst fähig ist, sie zu führen. Gewisse Eigenschaften des Geistes sowie gewisse Eigenschaften des Herzens hängen mit gewissen anderen zusammen & schließen fernere aus. Alles an den großen Männern zeigt auch Schwächen oder Grenzen an.

Ist die Kaltblütigkeit, diese Eigenschaft, die für die Regierenden so notwendig ist – & ohne die man nur selten die Mittel auf die Umstände richtig anwenden könnte, Inkonsequenzen unterworfen wäre & keine Geistesgegenwart hätte; ist die Kaltblütigkeit, die die Tätigkeit der Seele ja der Vernunft unterwirft & uns bei allen Ereignissen vor Furcht, Trunkenheit, Überstürzung bewahrt, nicht eine Eigenschaft, die in den von der Einbildungskraft beherrschten Menschen nicht bestehen kann? Widerspricht diese Eigenschaft nicht unbedingt dem *Genie*? Dieses hat seine Quelle in einer außerordentlichen Sensibilität, die es empfänglich für eine Menge neuer Eindrücke macht, durch die es von seiner Hauptabsicht abgelenkt & zwangsläufig so weit gebracht werden kann, daß es das Geheimnis verletzt, die Gesetze der Vernunft überschreitet & durch die Ungleichmäßigkeit seiner Haltung die Macht verspielt, die es durch überlegene Einsicht hätte gewinnen können. Die Männer von *Genie*, die nicht umhinkönnen, alles zu empfinden, die durch ihre Neigungen & Abneigungen bestimmt & durch tausend Gegenstände abgelenkt werden, die zu viel ahnen, aber zu wenig voraussehen, die ihre Wünsche & Hoffnungen maßlos übertreiben & unaufhörlich etwas zur Wirklichkeit der Dinge hinzufügen oder etwas von ihr wegnehmen, erscheinen mir eher dazu geschaffen, Staaten zu stürzen oder zu gründen, als sie zu erhalten, & auch mehr dazu, die Ordnung wiederherzustellen, als sie zu befolgen.

Bei den Staatsgeschäften wird das *Genie* durch die Umstände, die Gesetze & die Sitten nicht mehr gefesselt als in den schönen Künsten durch die Regeln des Geschmacks & in der Philosophie durch die Methode. Es gibt Augenblicke, in denen das *Genie* sein Vaterland rettet, obgleich es, wenn es die Macht behielte, dieses später wieder zugrunde richten würde. In der Politik sind Systeme gefährlicher als in der Philosophie: die Einbildungskraft, die den Philosophen irreführt, verleitet ihn nur zu Irrtümern; aber die Einbildungskraft, die den Staatsmann irreführt, verleitet ihn dazu, schwere Fehler zu begehen & die Menschen unglücklich zu machen.

Im Krieg & im Staatsrat möge das *Gene*, gleich der Gottheit, die Vielzahl der Möglichkeiten schnell überblicken, die beste erkennen & sie verwirklichen; doch soll es nicht lange die Staatsgeschäfte führen, bei denen Aufmerksamkeit, Findigkeit & Beharrlichkeit notwendig sind. Mögen Alexander & Condé am Tage der Schlacht die Lage meistern & inspiriert erscheinen in den Momenten, in denen die Zeit für die Überlegung fehlt & der erste Gedanke der beste sein muß. Mögen sie entscheiden in den Augenblicken, in denen es darauf ankommt, die Beziehungen zwischen einer Stellung & einer Bewegung der eigenen Streitkräfte, die Lage des Feindes & das Ziel, das man sich setzt, mit einem Blick zu erkennen. Turenne & Marlborough sollen ihnen jedoch vorgezogen werden, wenn es gilt, die Operationen eines ganzen Feldzuges zu leiten.

In den Künsten, den Wissenschaften & den Staatsgeschäften scheint das *Genie* die Natur der Dinge zu ändern; sein Charakter überträgt sich auf alles, was es anpackt, & seine weit über das Vergangene & das Gegenwärtige hinausgehende Einsicht erhellt die Zukunft; es eilt seinem Jahrhundert voraus, da es ihm nicht zu folgen vermag; es läßt den Geist hinter sich, der es mit Recht kritisiert, aber in seinem gleichmäßigen Gang nie aus der Einförmigkeit der Natur herauskommt. Das *Genie* wird von dem Menschen, der es definieren will, besser empfunden als erkannt. Es sollte selbst sprechen. Und dieser Artikel, den vielleicht nicht ich hätte schreiben sollen, müßte das Werk eines jener außergewöhnlichen Menschen (zum Beispiel Monsieur Voltaire) sein, der unserem Jahrhundert Ehre macht & der, um das *Genie* zu erkennen, nur sich selbst zu betrachten braucht. *Saint-Lambert*

GENUSS – **Jouissance (Grammatik & Moral).** Genießen heißt die Vorteile des Besitzes kennen, erfahren, empfinden: häufig besitzt man, ohne zu genießen. Wem gehören jene herrlichen Paläste? Wer hat jene unübersehbaren Gärten gepflanzt? Der Souverän. Wer genießt sie? Ich.

Doch lassen wir diese herrlichen Paläste, die der Souverän für andere als sich erbaut hat, diese bezaubernden Gärten, in denen er nie lustwandelt, & verweilen wir bei der Wollust, welche die Kette der Lebewesen stetig fortsetzt & der man den Namen *Genuß* gegeben hat.

Sie, der Sie eine Seele haben, sagen Sie mir, ob es unter den Gegenständen, welche die Natur allenthalben unseren Begierden darbietet, auch nur einen gibt, der unseres Trachtens würdiger wäre, dessen Besitz & *Genuß* uns so glücklich macht wie der des Wesens, das so denkt & fühlt wie Sie, das die gleichen Ideen hat, das die gleiche Wärme, das gleiche Entzücken verspürt, das seine zärtlichen Arme den Ihren entgegenstreckt, das Sie umfängt & aus dessen Liebkosungen das Leben eines neuen Wesens erwachsen wird, das einem von Ihnen ähneln wird, das in seinen ersten Regungen Sie suchen wird, um Sie zu umarmen, das Sie an Ihrer Seite aufziehen & gemeinsam lieben werden, das Sie in Ihrem Alter beschützen & Sie immer achten wird & dessen glückliche Geburt das Band, das Sie vereinte, bereits verstärkt hat?

Die rohen, empfindungslosen, unbeweglichen, des Lebens beraubten Wesen, die uns umgeben, können unserem Glück dienen, doch ohne es zu wissen & ohne es zu teilen; & unser unfruchtbarer & zerstörerischer *Genuß*, der sie alle verdirbt, bringt kein einziges Leben hervor.

Gäbe es irgendeinen perversen Menschen, der mir mein Lob der erhabensten & allgemeinsten aller Leidenschaften übelnähme, so würde ich ihm die Natur vor Augen führen, ich würde sie sprechen lassen, & sie würde ihm sagen: Warum errötest du, wenn du den Namen einer Wollust aussprechen hörst, über die du nicht errötest, wenn du ihren Reiz im Dunkel der Nacht verspürst? Weißt du nicht, welches Ziel sie verfolgt & was du ihr zu verdanken hast? Glaubst du, deine Mutter hätte ihr Leben aufs Spiel gesetzt, um es dir zu schenken, wenn ich mit den Umarmungen ihres Gatten nicht einen unaussprechlichen Zauber verbunden hätte. Schweig, Unglücklicher, & bedenke, daß nur die Lust dich aus dem Nichts gezogen hat.

Die Fortpflanzung der Lebewesen ist der große Zweck der Natur. Gebieterisch fordert sie beide Geschlechter dazu auf, sobald sie erhalten haben, was sie ihnen an Kraft & Schönheit zudachte. Eine unbestimmte & melancholische Unruhe kündigt ihnen den Augenblick an; ihr Zustand ist eine Mischung aus Kummer & Lust. Nun hören sie auf ihre Sinne & betrachten sich selbst mit nachdenklicher Aufmerksamkeit. Zeigt sich ein Individuum einem anderen derselben Art & anderen Geschlechts, so erlischt das Gefühl für jedes andere Bedürfnis; das Herz pocht; die Glieder beben; wollüstige Bilder irren durch das Gehirn; Ströme von Lebensgeistern fließen in den Nerven, erregen sie & gelangen zum Sitz eines neuen Sinnes, der sich kundtut & Qualen verursacht. Der Blick trübt sich, der Wonnerausch entsteht; die Vernunft, Sklave des Instinkts, begnügt sich damit, ihm zu dienen, & die Natur ist befriedigt.

So geschahen die Dinge bei der Entstehung der Welt, & so geschehen sie noch heute in der Höhle der erwachsenen Wilden.

Als jedoch die Frau zu unterscheiden begann, als sie ihre Wahl mit Sorgfalt zu treffen schien & es unter mehreren Männern, über welche die Leidenschaft ihre Blicke schweifen ließ, einen gab, der sie fesselte, der sich schmeicheln durfte, bevorzugt zu werden, der glaubte, die hohe Meinung, die er von sich selber hatte, in ein Herz zu senken, das er schätzte, & der die Lust als Lohn für irgendein Verdienst ansah; als die Schleier, welche die Schamhaftigkeit über die Reize warf, der entbrannten Phantasie die Macht überließen, nach Belieben darüber zu verfügen, wirkten die zartesten Illusionen mit den erlesensten Sinnen zusammen, um das Glück zu vergrößern: die Seele wurde von einer nahezu göttlichen Begeisterung ergriffen; zwei liebestrunkene junge Herzen weihten sich einander für immer & ewig, & der Himmel vernahm die ersten unbedachten Schwüre.

Wie viele glückliche Augenblicke hatte nicht der Tag, bevor die ganze Seele sich aufzuschwingen & sich in der Seele des geliebten Gegenstandes zu verlieren suchte! Man erlebte *Genüsse* von dem Augenblick an, da man hoffte.

Doch das Vertrauen, die Zeit, die Natur & die Freizügigkeit der Liebkosungen hatten zur Folge, daß man sich selbst vergaß; nachdem man den letzten Wonnerausch genossen hatte, schwor man, daß es keinen anderen gebe, der sich mit ihm vergleichen ließe; & das erwies sich jedesmal als wahr, wenn empfindsame & junge Glieder sich zusammenfanden, ein zärtliches Herz & eine unschuldige Seele, die weder Mißtrauen noch Gewissensbisse kannte. *Diderot*

Für die Männer ist Sex gar nicht der Antrieb, der ihr Leben am stärksten beherrscht. Am Hurenhaus gefällt ihnen die Vorstellung von Sünde und Freiheit, von Geselligkeit ohne die Lügen der gesellschaftlichen Stellung, ohne die Scheuklappen, die sich die Gesellschaft anlegt. Sie fühlen sich wohl in der Gesellschaft anderer Männer – Trinken, Rauchen, derbe Kameraderie. Minna sagte mir einmal: »Die Damen sind ihnen gar nicht das liebste. Am liebsten sind ihnen Karten, Würfel, Pferderennen. Wenn es nicht unmännlich wäre, das zuzugeben, würden sie die meiste Zeit nur spielen und nicht vögeln.« Für die Professoren, die sich mit Sex beschäftigen, ist das vielleicht ein Schock, aber ich weiß, daß es stimmt.

NELL KIMBALL, MEMOIREN AUS DEM BORDELL

Mathias Greffrath
Genuß

VERMUTUNGEN ÜBER DEN STAND DER FORSCHUNG

Der kleine Mann stand mitten in einer zugigen Fußgängerzone. Es war November, und er hielt mir mit ernstem Gesicht ein Transparent entgegen, das war so groß und so schwer, daß der Wind ihn fast umwarf. »Die Physiker betrügen uns«, stand darauf, »sie sagen, zwischen den Atomen ist leeres Nichts. Wenn das stimmt, könnte man die Erde auf die Größe eines Tennisballs zusammenpressen.« Der kleine Mann war ein Paranoiker, der glaubte, es sei nicht genug Welt für ihn übrig, aber ich glaube, er hat recht. Seine Intervention erinnerte mich an einen Besuch in Los Alamos, in einem der Labore des Human Genome Project. Einen halben Tag lang hatten wir mit wilden Optimisten geredet, denen die Entdeckung des Legasthenie-, des Geschicklichkeits- und des Depressionsgens schon sicher vor Augen stand. Und nun breitete ein älterer Physiker vor uns auf dem langen Tisch eine große Karte aus. Tausende und Abertausende von Punkten auf weißem Grund: DNA-Nukleotide, in unendlichen, scheinbar regellosen Schleifen. »Das ist nur ein winziges Stück eines Gens, in einem Augenblick, vom Elektronenmikroskop ertastet«, sagte er. Dann schwieg er. Mein Blick wanderte im Slalom durch das Chaos der Nukleotide; und die schöne Idee wohlgeordneter DNA-Spiralen, aus denen man etwas herausschneiden, in die man etwas einfügen kann, verpuffte. »Wir haben viel zu einfache Ideen«, sagte der Forscher und fuhr mit dem Finger durch die Zwischenräume, eine sehr lange Weile.

Was geschieht, wenn die Sonne unsere Lider durchdringt und unser ganzer Leib zinnoberrot wird, warum erfüllt der Duft dieses Holunderbaums mich mit einer wohligen Traurigkeit, aus der mich die samtene Wärme der Schokolade auf der Zunge zurückholt; warum dringt zu Zeiten der halbgehörte Klang einer Glocke in uns und zu anderen nicht; wie geschieht es, daß wir einmal durch eine Menge von Menschen laufen, die sich wie von selbst vor uns teilt, und ein andermal überall anstoßen; was passiert da, wenn unser ganzer Körper sich weitet, weil ein neuer Gedanke ihn durchfährt? Ganz zu schweigen von den interessanteren Genüssen, denen wir unser Leben verdanken und ohne die dieses Leben ein grauer folgenloser Schatten bliebe.

Warum blieb mein Herz still stehen, als ich unter allen just diese Frau, von der ich nichts wußte, über die Straße gehen sah? Und umgekehrt: Warum kann ich denselben Menschen, der mir vor einer Sekunde noch begehrenswert erschien, in der nächsten ganz anders sehen – ich meine wirklich: sehen. Ich vermute, es steckt alles in diesen Zwischenräumen, diesen weißen Flecken auf der großen Landkarte des winzigen Molekülschnipsels. Alles: unsere Geschichte, unser Schicksal – und das der Erde. Mit Sicherheit, seit wir diese hochdifferenzierten Seelen der Neuzeit haben, in denen *die zartesten Illusionen mit den erlesensten Sinnen zusammenwirken*, hat sich vor dem höchsten Genuß ein ganzer Irrgarten der Individualität aufgebaut, mit vielen Windungen, Toren, Türen und Fenstern. Und nur wer alle Schlüssel hat, landet im Innern unseres Verlangens. Welche Vorarbeit steckt nicht in einem – oder einer –, damit sie auch nur unser Interesse erwecken: DNA-Stränge, die auf bestimmte Weise umeinander getanzt sein müssen, um den Rücken genau dieser Nase, den Glanz dieses Haares, diese Rundung der Hüften, diesen Duft der Haut zu gebären; und für einen anderen: dieses leicht metallische Klirren der Stimme, diese stämmige Gestalt, diese starken Oberarme. Und weiter: Mütter, deren gelassene Geduld diesen schwungvollen Gang nicht niedergedrückt, Väter, deren aufmunternde Blicke diese fröhliche Frechheit gestattet haben; Lehrer, die uns diese Worte, ein Garten, der uns diesen Geschmack, eine Region, die uns genau diese gutturalen Konsonanten gegeben hat.

Mit alldem ausgestattet, kommt der Andere in unser Labyrinth, und in Millionen von Augenstäbchen, Geschmacksknospen und Geruchszellen stehen Wächter an den Türen, den Verzweigungen, den Abkürzungen, die er nimmt. Wieviel tausend stumme Paßwörter muß er noch sagen, nachdem unser Verstand schon geurteilt hat, daß er klug, aktiv und sportlich, daß sie selbstbewußt und schön ist, lachen kann und gerne ißt; wie oft wird seine Herkunft überprüft, wie oft werden Recherchen im ortlosen Archiv des Gedächtnisses angestellt, bis er ins Zentrum des Irrgartens gelangt ist und dort das Bild seiner Gegenwart aufrichtet und unser schlafendes Begehren weckt. Und das ist erst der Anfang, die Aufforderung zum Tanz. Denn umgekehrt gehen durch die geöffneten Tore und Türchen die Kundschafter unseres Körpers, die Abgesandten unserer Erfahrungen in sein Labyrinth, und mit dem Schlüsselbund unserer Geschichte versehen lassen sie uns in den anderen ein, suchen sie sein Zentrum, um ihrerseits dort empfangen zu werden.

Das sei Poesie? Ich sollte doch von Nukleotiden, Rezeptoren, Membranen, Peptiden, Bauplänen reden? Ach, das alles sind, bis auf weiteres, nur Metaphern, viel zu grob und viel zu ungenau. Bei den Mathematikern haben wir uns daran gewöhnt, daß sie ihre Vorstöße in die Grenzländer der Berechenbarkeit in blumigen Bildern ausdrücken, und die Wissenschaft vom Leben sollte sich auf die Mechanik der Moleküle beschränken? Lusthormone – das klingt so klar, aber es ist nur gut, um Forschungsvorhaben zu formulieren und Patente zu beantragen. Oxytocin, so heißt es, erregt Lust und wird bei Lust ausgeschüttet. Seine chemische Zusammensetzung ist bei Ihnen und mir gleich, und bei sechs Milliarden anderer Menschen ebenso, aber warum verlieren wir uns in diesem, fallen über jene her – und nicht jenen dort und diese hier? Es muß noch viel mehr dazukommen. Zumindest seit *die ganze Seele sich aufzuschwingen & sich in der Seele des geliebten Gegenstandes zu verlieren sucht!* Und, da Anziehung ein physisches Geschehen ist: Müssen wir uns nicht endlich an die Vorstellung gewöhnen, daß jedes Molekül *leidet und genießt, … daß die Beziehung zweier lebender Moleküle etwas ganz anderes bedeutet als das Aufeinanderstoßen zweier lebloser Massen,* und auch an jene andere: daß kein Oxytocin-Molekül dem anderen gleicht, ja: *kein Molekül auch nur einen Augenblick sich selber gliche?* (Diderot, *D'Alemberts Traum*)

In Washington haben sie kürzlich verkündet, der Bauplan des Menschen sei entschlüsselt. Werden wir in weiteren 250 Jahren von den Expeditionen in die weißen Flecken zwischen den Nukleotiden zurückgekehrt sein? Wo dort liegen die Gräben der Sprödigkeit, die meine Erziehung, die Palisaden der Abwehr, die meine Erfahrung, die Schluchten der Furcht, die diese plötzliche Nähe in mir erweckt? Durch welche Gebirge führen die Passagen der Prüfung? Fließen dort die Ströme eines Scheidewassers, das diesen Augenaufschlag jenem vorzieht, spielt dort eine Musik, in deren Akkorde dieser zärtliche Oberton sich fügt und jener nicht, sind sie Gewürzgärten gleich, in denen dieses Aroma gedeiht, jenes nicht? Gibt es da nur eine Zentralinstanz, die entscheidet, daß die Pupillen, die Hautzellen, die eben noch in beide Richtungen durchlässig waren, sich wieder schließen und die Membranen zu Mauern werden, die Häute zu Hindernissen und die Augen zu kalten Spiegeln, in denen wir nur uns selber sehen? Müssen wir nicht dem Gedanken wieder folgen, *daß der Fuß, die Hand, die Schenkel, der Bauch, der Magen, die Brust, die Lunge und das Herz ihre besonderen Empfindungen* und Erinnerungen besitzen? (Diderot, a. a. O.)

Sequenzen, Reize, Botenstoffe, Moleküle der Gefühle, Trigger der Lustempfindung – wie armselig und grob ist das noch. Und wie erbärmlich allgemein das Gerede von der Chemie, die zwischen uns stimmt. In den Zwischenräumen der Moleküle liegen unsere Geschichte, unsere Dramen, unsere Verletzungen und das Schicksal unserer Lust, das den einen Zellhaufen neugierig auf Fremdes, und den anderen süchtig nach Ähnlichem macht. Was ist die Biochemie der Neugier, wieviel molekulare Gnade ist erforderlich, damit diese zwei Menschen im Genuß vereinigt sind? Die ganze Weltgeschichte liegt in diesen Zwischenräumen. Weltgeschichte, ganz materiell und ökonomisch. In diesem unbekannten drei-, vier-, fünfdimensionalen Raum wirkt der andere in mir und ich in ihm, in diesen unerforschten Regionen durchzieht ein Tanz alle meine Zellen; und dieser selbe Raum kann undurchlässig werden; er kann erstarren, nicht nur vom Erbe archaisch-tierischer Angst, nicht nur von klug zügelnder Zivilisation, lieber Gewohnheit oder weisem Zögern, sondern überformt von Bildern perfekter Schönheit, vor der alles lebende Fleisch verblaßt, von den standardisierten Klängen virtueller Sirenen, vom synthetischen Geruch künstlicher Klimata, vom planierenden Reiz der Geschmacksverstärker, die diese pulsierenden Räume ausschmieren und die Bewegung der Partikel lenken.

Zwischenräume sind unbewehrt. In sie dringen die Verirrungen des Bewußtseins und die falschen Verheißungen der plakatierten Welt. Sie sind ein Kampfplatz zwischen Konventionen, käuflichen Matrizen des Begehrens, und den machtvollen Wünschen unserer einmaligen Lebensgeschichte: hier finden die unhörbaren Schlachten statt zwischen dem wilden Piraten, der die vollbusig laute Zirkusschönheit will, und dem braven Aufsteiger, dem die Welt jenseits des Twin-Sets verboten ist; zwischen der italienischen Mama und dem Career-Girl, das mitspielen will, zwischen den machtvollen Schablonen und den kleinen Wahrnehmungen des wirklichen Anderen, das vor mir steht, dort über die Straße geht, mich hier anfaßt. In diesen Zwischenräumen kriecht der Leistungswahn in die Lenden, in sie legen ungreifbare Ideale Stolpersteine und die Zukunftsangst Barrieren, und all das verwirbelt die archaische Energie, die endlich und auf alle Zeit nur eines will: Vereinigung und Fortpflanzung, durchdringen und durchdrungen werden und besitzen wollen und besessen werden.

Genuß ist Öffnung; ein anderer Aggregatszustand der Welt, nicht Schleifung der Grenzen, sondern die Bewegung ihrer Überschreitung. Im Frühling öffnet die Erde ihre Poren und fängt an zu duften; das ist ein rationaler Vorgang und hat weniger mit Eichendorff als mit nachlassendem Luftdruck zu tun. Die Erdpartikel können auseinanderrücken, Zwischenraum entsteht und etwas anderes hat Durchlaß. Das ist ein universelles Prinzip: Membranen pulsieren, Zellen vibrieren. Nur der Druck hält sie zusammen und zerteilt sie, der Druck der Luft, der machtergreifenden Bewegung, des fixierenden Denkens, des prüfenden Geschmacks. Verdichtung preßt zusammen, Beschleunigung macht die Bewegung eng, Angst läßt nur schnelle schmale Bahnen zu. Deshalb ist das Gegenteil zu Genießen: Verschließen. So wie die Erde ihre Poren öffnet und Gerüche freisetzt, so fließt, wenn ich beim Schreiben innehalte, das Gelächter der Kinder auf dem Hof durch meinen Text – und verändert ihn, so können Vermeers Pigmente durch mein träumendes Auge hindurchziehen und bis zum Zwerchfell gelangen. Genuß ist: sich entsperren, sich in die Welt einlassen. Das Bewußtsein verschwindet nicht, es dankt ab, wird demütig, sucht die Gemeinschaft der übrigen Sinne.

Es gibt kein Subjekt, keinen Souverän des Genusses. Wenn ich genieße: den Wind, die Wärme, die Wollust, dann genießen sie genauso mich. Die Welt, der Andere: sie gehen durch mich hindurch, spielen in mir mit sich selbst; ein alter Japaner in Kalifornien, ein Pionier der Molekulargenetik, hat herausgefunden, daß einige der Bindungsstrukturen der Proteine poetische Formen haben, sie fügen sich zu Strophen, bilden Palindrome, verdichten sich zu Fugen im Taumel der Elementarteilchen, im unendlichen Tanz der Moleküle. Und mit der Welt strömt auch die Zeit durch mich, bin ich in ihr aufgehoben, in flüchtiger Allgegenwart: im Kanon, den wir summten, in den wir eingehüllt waren, die ganze Autofahrt hindurch; im Geschmack der Mousse, die ohne mein verzehrendes Tun zwischen Zunge und Gaumen schmilzt und Besitz von mir ergreift; in der Dämmerung, in der ich sitze und das Tal, den Turm, das Blau über den Hügeln nicht mehr sehe, sondern in ihm bin; im Geruch der Geliebten, wenn ich eintauche in ihre Aura; in der Raserei des Zorns, der durch mich tobt, in der Raserei der Lust, in der wir einander erkennen. Und nicht zuletzt im Genuß wirklicher Arbeit: »Ich bin dann außer mir, ich habe mich nicht mehr, ich bin dann Wir«, erzählt meine Freundin, die Ärztin, vom Operieren: »Wir sind dann wie ein Organismus, wie eine Maschine, und ich vergesse mich. Es ist wie beim Tanzen, wenn ich nicht mehr an die Schritte denke.«

Genuß ist immer Gemeinschaft: Ich habe der Liebe genossen, sagten unsere Großeltern kürzlich erst noch. Im Genitiv. Das heißt: wir waren in einem Fluß, der durch uns hindurchströmte. »Des Lebens genießen« sagten sie noch im 19. Jahrhundert, im Genitiv der Zugehörigkeit, nicht im Akkusativ *unseres unfruchtbaren & zerstörerischen Genusses, der kein einziges Leben hervorbringt,* im Modus der Teilhabe an etwas, das größer ist als wir und älter, das uns umfängt, beschenkt. Oder gar: uns allen gehört. »Des Holzes genießen« heißt es in alten Gemeindechroniken; »Eichens Holz, was man des genießen mag« in Baumeisterbüchern. Das deutet auf den Gemeinbesitz am Wald, und auf die dankbare Entgegennahme des von Natur Vorhandenen. Wir nehmen es, und es verpflichtet uns. Die Allmende genießt unsere Pflege, das alte Holz, der kostbare Stein, das Schlachtrind, die wir besitzen, unseren achtsamen Umgang, unsere handwerkliche Meisterschaft, unsere haushälterische Sorgsamkeit.

Welche Mißachtung, welche Entgliederung, welche Verarmung, wenn aus gemasertem Holz Spanplatten werden, aus klingendem Glas gepreßte Gefäße, aus Kaffee kryokonservierte Körner!

Die Zwischenräume verschwinden, in denen die Welt atmet, und wenig Unerhörtes nur kann noch durch sie passieren, wenn der Akkusativ des Befehls und des Machens in ihnen regiert. Wenn der Alkohol die Achtsamkeit auflöst, Testosteron die fehlende Bereitschaft herstellt und Insemination die zögerliche Empfangslust überlistet, profitable Chemie das alternde Begehren potenziert, das Zögern der Zellen, das Gedächtnis der Nase außer Kraft setzt, das Ich sich überrennt, statt im Spiel der Welt sich aufzuheben. Wenn die *entbrannte Phantasie,* fremde und entmaterialisierte Traumbilder, die den Widerstand der molekularen Welt nicht kennen, die Oberhand gewinnen. Wenn der Imperativ sagt: »Genieße!« und wir das Andere verzehren, wenn wir den Tanz durch uns hindurch nicht länger spüren, ist das Genießen anspruchslos geworden. Dann reichen uns die Hauptstraßen der Biologie, und die der Welt.

Und vielleicht werden wir uns dann eines nahen Tages nicht einmal mehr unserer Haut wehren können, des Organs, das sich weniger leicht betrügen, schwächen, verblenden läßt als die anderen Sinne. Die *Madonna* im Gedächtnis meiner Augen kann den Blick auf die Frau neben mir stumpf machen, das soziale Urteil meines Verstandes mir sagen: mit diesem da kannst du keinen Staat machen – die Haut und ihr Geruch sind untrüglich. Der Wille sagt Ja, aber die Hand spürt lebloses Fleisch; der Kopf sagt Nein, aber die Berührung öffnet die Poren – und es fließt ein Strom durch dieses eine Organ, das Sender und Empfänger ist, Gebendes und Nehmendes, Berührtes und Ergriffenes – und fast völlig kulturresistent. Würden wir uns mehr berühren, wer weiß, was aus unserer Zivilisation würde.

Der kleine Mann, der ganz allein in der Einkaufszone stand und sein Plakat gegen den Novemberwind hielt, hatte recht; er hat sich nur im Adressaten geirrt: es sind nicht nur die Physiker, die die kleinen Männer um die Zwischenräume betrügen, und also um den Genuß der Welt.

Die Allmenden sind zu Privateigentum geworden. Das Eigentum zieht Grenzen. Die Ökonomie der Zeit schließt die Poren des Arbeitstages. Im Gelderwerb wird Gegenwart zum Vorgefühl. Die Maschinen potenzieren die Energie der Arbeitenden und rauben sie den *empfindungslosen, unbeweglichen, des Lebens beraubten Wesen, die uns umgeben … und unser unfruchtbarer & zerstörerischer Genuß, der sie alle verdirbt, bringt kein einziges Leben hervor.* Die Welt ist eng gepackt, die Zwischenräume vollmöbliert, mit immer neuen Dingen, Diensten und dem Fundus abrufbarer Phantasien, und was noch draußen liegt, wird patentiert. Das Kapital verzehrt die Zeit der kleinen Leute und kompensiert sie mit Genuß-Artikeln. Und je voller die Welt, je potenter die Maschinen, je pausenloser die Arbeit, je souveräner das Kapital, desto weniger brauchen die Eigentümer die kleinen Leute. Nun haben wir Zeit, doch unseren Anspruch an die Welt verloren. Und lange Weile verheißt nicht mehr Genuß, sie ist zum leeren Nichts geworden.

Am Ende steht der kleine Mann mit einem Transparent in der Einkaufsmeile und kämpft für den Zwischenraum. Für eine weniger konzentrierte Welt, in die er eindringen kann. Für eine weniger kondensierte Zeit, in der die Welt sich ausdehnen kann. Allein kämpft der kleine Mann im Gegenwind. Um in den Genuß der Welt zu kommen, brauchen wir: Genossen.

GESCHENKE – **Largesses (Geschichte).** Gaben, Spenden, Zuwendungen. *Geschenke* wurden in Rom mit dem Sittenverfall eingeführt, & seitdem erhielt nur der Freigebigste Stimmen. Die *Geschenke,* die jene Römer, die Ämter anstrebten, am Ende der Republik in reichem Maße an das Volk verteilten, bestanden aus Geld, Weizen, Erbsen, Bohnen; & die Ausgabe war hier so enorm, daß mehrere sich dabei völlig ruinierten. Ich nenne als Beispiel nur Julius Cäsar, der, als er nach seiner Prätur nach Spanien aufbrach, sagte, daß er in Anbetracht seiner Ausgaben an *Geschenken* dreihundertdreißig Millionen bräuchte, um dann immer noch vor dem Nichts zu stehen, weil er diese Summe über sein Erbteil hinaus schuldig sei. In dieser Lage mußte er notwendigerweise untergehen oder den Staat umstürzen, & beides traf ein. Aber die Dinge waren bereits so weit gediehen, daß die Kaiser, wollten sie sich auf dem Thron halten, gezwungen waren, dem Volk weiterhin *Geschenke* zu machen. Diese *Geschenke* erhielten den Namen *Congiaria* & jene, die sie den Soldaten zukommen ließen, den Namen *Donativa.*

In unserer Geschichte nannte man *Geschenke* einige kleine Zuwendungen, die unsere Könige an bestimmten Feiertagen an das Volk verteilten. Sie ließen Humpen oder Kelche voll von Gold- & Silbermünzen bringen, & nachdem die Herolde *Geschenke* gerufen hatten, verteilte man sie an die Umstehenden. Im *Cérémonial de France* heißt es, bei der Zusammenkunft von Franz I. & Heinrich VIII. im Jahre 1520 bei Guignes »wurde während des Festmahls von den Königen & Wappenherolden, die einen großen, mit Gold gefüllten Topf trugen, *Geschenke* gerufen«.

Dies ist meines Wissens das letzte Mal, daß man in unserer Geschichte von dieser Art von *Geschenken* gesprochen hat, & im Grunde ist das Ende dieses frivolen Brauchs für die Nation ohne jede Bedeutung. Die wahren *Geschenke* der Könige bestehen in der Herabsetzung der Steuern, die das unglückliche Volk erdrücken. *Jaucourt*

GESCHICHTE – **Histoire.** Der Bericht von Ereignissen, die wirklich stattgefunden haben, im Gegensatz zur Fabel, die von Ereignissen berichtet, die in Wirklichkeit nicht stattgefunden haben.

Neben der *Geschichte* der Meinungen, in der lediglich die menschlichen Irrtümer zusammengetragen sind, gibt es die *Geschichte* der Künste, die vielleicht von allen am nützlichsten ist, wenn sie das Wissen über die Errungenschaften & den Fortschritt in den Künsten mit der Beschreibung ihrer inneren Zusammenhänge verbindet, sowie die Naturgeschichte, die fälschlicherweise *Geschichte* genannt wird, eigentlich aber ein Hauptteil der Physik ist.

Die *Geschichte* der Ereignisse unterteilt sich in die geistliche & die weltliche *Geschichte.* Die geistliche stellt sich in all den göttlichen & wunderbaren Handlungen dar, durch die Gott nach seinem Willen einst das jüdische Volk führte & uns heute in unserem Glauben leitet. Auf diesen ehrwürdigen Gegenstand werde ich hier nicht eingehen.

Die Überlieferungen der Väter an die Söhne, die von einer Generation zur nächsten weitergegeben werden, bilden die ersten Grundlagen aller *Geschichte.* Diese Überlieferungen sind nur in ihren Anfängen glaubhaft & büßen mit jeder Generation mehr von ihrer Glaubhaftigkeit ein. Mit der Zeit wächst der Anteil des Erdichteten, & die Wahrheit geht verloren. Aus diesem Grund sind alle Berichte über die Ursprünge der Völker voller Ungereimtheiten. So sollen die Ägypter viele Jahrhunderte lang von Göttern regiert worden sein, anschließend von Halbgöttern, & zuletzt sollen sie elftausenddreihundertvierzig Jahre lang Könige gehabt haben. In diesem Zeitraum soll die Sonne viermal ihren Lauf von Osten nach Westen umgekehrt haben.

Die Phönizier behaupteten, seit dreißigtausend Jahren in ihrem Land ansässig zu sein, & diese dreißigtausend Jahre waren mit ebensoviel Wundern gesegnet wie die ägyptische Zeitrechnung. Die lachhafte Märchenwelt in der *Geschichte* der alten Griechen ist bekannt. Die Römer haben, so ernsthaft sie waren, die *Geschichte* ihrer Frühzeit nicht weniger in Dichtung gekleidet. Dieses im Vergleich mit den asiatischen Völkern so junge Volk kannte fünfhundert Jahre lang keine Geschichtsschreibung. Daher ist es nicht verwunderlich, daß Romulus der Sohn des Mars war, daß eine Wölfin ihn säugte, daß er mit zwanzigtausend Männern aus dem Dorf Rom gegen fünfundzwanzigtausend Krieger aus dem Dorf der Sabiner zog & zuletzt ein Gott wurde, daß Tarquinius der Ältere einen Stein mit einer Klinge durchgehauen & eine Vestalin mit ihrem Gürtel ein Schiff an Land gezogen hat &c.

Die ersten Annalen unserer modernen Nationen sind nicht weniger fabelhaft & voll wundersamer, unerhörter Dinge, über die man berichten sollte, allerdings als Beweisstücke für die Leichtgläubigkeit des Menschen. Sie gehören zur *Geschichte* der Meinungen.

Um mit Gewißheit etwas über die Anfänge der *Geschichte* zu erfahren, gibt es nur einen Weg, & das ist die Suche nach unbestreitbar alten Bauwerken & Denkmälern. Wir besitzen nur drei schriftliche Denkmäler. Das erste ist eine Sammlung astronomischer Beobachtungen, die eintausendneunhundert Jahre lang in Babylon aufgezeichnet, von Alexander nach Griechenland gesandt & im *Almagest* des Ptolemäus verwendet wurden. Diese Auflistung von Beobachtungen, die zweitausendzweihundertvierunddreißig Jahre vor unsere Zeitrechnung zurückreichen, beweist unzweifelhaft, daß die Babylonier bereits mehrere Jahrhunderte zuvor ein Volk bildeten, denn die Künste sind nichts anderes als eine Errungenschaft der Zeit. Tausende von Jahren verharren die Menschen aufgrund ihrer angeborenen Trägheit ohne andere Kenntnisse & Fähigkeiten als diejenigen, sich zu ernähren, sich vor den Widrigkeiten des Wetters zu schützen & sich gegenseitig umzubringen. Man braucht nur die Germanen & die Angelsachsen zu Zeiten Cäsars zu betrachten, & in der heutigen Zeit die Tataren, halb Afrika & alle Völker, die wir in Amerika entdeckt haben, mit Ausnahme vielleicht der Königreiche von Peru & Mexiko sowie der Republik von Tlaxcala.

Das zweite Denkmal ist die Berechnung einer totalen Sonnenfinsternis aus China, die zweitausendfünfundfünfzig Jahre vor unserer Zeitrechnung vorgenommen & von allen unseren Astronomen bestätigt wurde. Für die Chinesen gilt dasselbe wie für das babylonische Volk, auch sie bildeten bereits ein großes, zivilisiertes Reich. Was jedoch die Chinesen allen Völkern der Erde voraus haben, ist die Tatsache, daß sich ihre Gesetze, Sitten, die Sprache, die ihre Schriftkundigen sprechen, seit ungefähr viertausend Jahren nicht verändert haben. Dennoch wurde diese Nation, das älteste unter allen heute noch bestehenden Völkern, die das größte & das schönste Land besitzt & nahezu alle Künste erfunden hat, bevor wir auch nur einige von ihnen erlernen konnten, in unseren vorgeblichen *Universalgeschichten* bis auf den heutigen Tag immer übergangen, & würde ein Spanier oder ein Franzose die Nationen aufführen, so würde weder der eine noch der andere es versäumen, sein Land als die älteste Monarchie der Welt zu bezeichnen.

Das dritte Denkmal sind Arundels Marmorplatten. Im Jahr 263 vor unserer Zeitrechnung wurde auf ihnen die Geschichte Athens eingraviert, die Chronik reicht vom Zeitpunkt der Gravur eintausenddreihundertneunzehn Jahre zurück bis zu Kekrops. Das ist alles, was wir von der gesamten *Geschichte* des Altertums an sicherem Wissen besitzen.

Wen wundert es, daß wir für einen Zeitraum von ungefähr dreitausend Jahren keine weltliche *Geschichte* des Altertums besitzen? Die Umwälzungen auf diesem Erdball, die lange & weltweite Unkenntnis der Kunst, Ereignisse zu überliefern, indem man sie aufschreibt, sind die Ursache dafür. Noch immer gibt es einige Völker, die den Schriftgebrauch nicht kennen. Diese Kunst war nur einer sehr kleinen Anzahl zivilisierter Nationen vorbehalten, & noch immer verfügen sehr wenige Menschen darüber. Bis ins dreizehnte & vierzehnte Jahrhundert gab es nur wenige schriftkundige Franzosen & Deutsche, weshalb für die meisten Geschehnisse aus dieser Zeit nur Zeugenberichte, aber keine Urkunden vorliegen. In Frankreich wurden erst unter Karl VII. die Landesgesetze aufgeschrieben. Noch weniger war die Schriftkunst in Spanien verbreitet, & daher kommt es, daß seine *Geschichte* bis zur Zeit Ferdinands II. & Isabellas I. so mager & ungewiß ist. Man kann daran ablesen, wieviel die sehr kleine Anzahl derjenigen erreichen konnte, die des Schreibens mächtig waren.

Es gibt Nationen, die einen Teil der Erde unterjocht haben, ohne den Gebrauch von Schriftzeichen zu kennen. Wir wissen, daß Dschingis-Khan Anfang des dreizehnten Jahrhunderts einen Teil Asiens eroberte. Doch es ist uns weder durch ihn noch durch die Tataren überliefert. Ihrer *Geschichte,* die von den Chinesen aufgezeichnet & von Pater Gaubil übersetzt wurde, entnehmen wir, daß die Tataren keine Schrift kannten.

Dem Skythen Ogus-Khan, den die Perser & Griechen Madies nannten & der lange Zeit vor dem Perser Kyros II. einen Teil Europas & Asiens eroberte, dürfte die Schrift ebenso unbekannt gewesen sein.

Es ist nahezu gesichert, daß damals kaum zwei von hundert Nationen Schriftzeichen benutzten.

Bleiben die Denkmäler jener anderen Art, anhand derer man lediglich feststellen kann, daß bestimmte Völker so weit ins Altertum zurückreichen, daß sie allen bekannten Epochen & allen Aufzeichnungen vorausgingen. Es handelt sich um die Wunder der Architektur wie die Pyramiden & die Paläste in Ägypten, die die Zeit überdauert haben. Herodot, der vor zweitausend Jahren lebte & sie besucht hat, konnte von den ägyptischen Priestern nicht in Erfahrung bringen, zu welcher Zeit sie errichtet wurden.

Es fällt schwer, sich damit abzufinden, daß die ältesten Pyramiden höchstens viertausend Jahre vor unserer Zeit entstanden, doch man muß bedenken, daß diese Zurschaustellung des Königtums erst lange nach der Errichtung von Städten in Angriff genommen werden konnte. Um jedoch in einem Land, das Jahr für Jahr überschwemmt wurde, Städte zu bauen, mußte zuvor der Grund erhöht werden, mußten über dem schlammigen Grund Städte auf Pfählen entstehen & diese vor den Überschwemmungen gesichert werden. Bevor man sich entschloß, solch umfangreiche Arbeiten zu wagen, & auch imstande war, sie durchzuführen, mußten sich die Völker für die Zeit der Nilschwemme Zufluchtsorte zwischen den Felsen geschaffen haben, die rechts & links des Flusses eine Kette bilden. Diese Völker mußten allesamt Werkzeuge für die Bestellung des Bodens & für die Baukunst, umfangreiche Kenntnisse in der Vermessung sowie Gesetze & eine Ordnungsmacht besessen haben. All das erforderte notwendigerweise riesige Zeiträume. Wir sehen an den vielen Einzelheiten, die immer wieder unsere dringendsten Unternehmungen ebenso verzögern wie die belanglosesten, wie schwer es ist, Großes zu schaffen, & daß es nicht nur einer unermüdlichen Beharrlichkeit bedarf, sondern mehrerer Generationen, die mit dieser Beharrlichkeit weiterarbeiten.

Ob es indessen Menes oder Thot, Cheops oder Ramses war, der ein oder zwei dieser großartigen Bauwerke errich-

Warum machte Luther die Reformation? Warum wurde der 30jährige Krieg nicht vermieden? Warum führten Schiller–Goethe die deutsche Literatur auf Abwegen? Wir wissen jetzt ganz genau, daß man das alles viel klüger hätte anfangen müssen. Aber nach 50 Jahren! Dann werden wir angeschrieben. Du wirst vielleicht noch lesen, daß Bismarck ein Cretin gewesen sei. Theodor Fontane

tete, von der *Geschichte* des ägyptischen Altertums werden wir es nicht erfahren, denn die Sprache dieses Volkes ist verlorengegangen. Wir wissen also lediglich mit den frühesten Geschichtsschreibern, daß es dort Stoff genug für eine *Geschichte* des Altertums gab.

Die *Geschichte,* die wir *Geschichte* des Altertums nennen & die tatsächlich nahe an unserer Zeit ist, reicht kaum dreitausend Jahre zurück. Über das, was vor dieser Zeit war, können wir nur Vermutungen anstellen. Nur zwei weltliche Werke haben diese Vermutungen aufbewahrt: die chinesische Chronik & das *Geschichtswerk des Herodot.* Die alten chinesischen Chroniken behandeln nur dieses Reich & schließen die übrige Welt aus. Für uns interessanter ist Herodot, der von der damals bekannten Welt berichtet. Er begeisterte die Griechen, wenn er ihnen aus den neun Büchern seines Geschichtswerks vorlas, durch die Neuartigkeit seines Unternehmens, die Anmut seiner Sprache & besonders durch die Geschichten selbst. Nahezu alles, was er über den Glauben fremder Völker erzählt, ist erfunden, doch alles, was er gesehen hat, ist wahr. Man erfährt bei ihm zum Beispiel, welch maßloser Überfluß & Prunk in Kleinasien herrschten, das heute arm & entvölkert ist. In Delphi sah er die erstaunlichen Goldgeschenke, die die lydischen Könige nach Delphi geschickt hatten, & er sprach vor Zuhörern, die Delphi ebenso kannten wie er. Aber wieviel Zeit hat es gebraucht, bis die lydischen Könige so viele Schätze im Überfluß angehäuft hatten, daß sie dem Tempel eines fremden Landes solch beachtliche Geschenke machen konnten!

Doch wenn Herodot Geschichten erzählt, die ihm zu Ohren kamen, wird sein Buch zu einem Roman, der den Milesischen Geschichten gleicht. Dann führt Kandaules dem Freund Gyges seine vollkommen nackte Frau vor, & diese Frau läßt Gyges schlicht & einfach keine andere Wahl, als entweder ihren Ehegatten zu töten & die Witwe zu heiraten oder zu sterben. Das Orakel von Delphi verrät, daß zur selben Zeit, während es spricht, der hundert Meilen entfernte Krösus eine Schildkröte in einer ehernen Pfanne brät. Der Rektor der Pariser Universität, Rollin, der alle Märchen dieser Art wiederholt, bewundert die Kunst des Orakels & die Wahrheit des Apollon sowie die Schamhaftigkeit der Frau von König Kandaules, & bei dieser Gelegenheit rät er der Polizei, Jugendliche daran zu hindern, in Flüssen zu baden. Zeit ist kostbar & die *Geschichte* unermeßlich, wir wollen also dem Leser weitere Geschichten & moralische Unterweisungen ersparen.

Die *Geschichte* des Kyros, des Begründers der persischen Großmacht, ist in den überlieferten Fabeln vollkommen unkenntlich geworden. Alles deutet darauf hin, daß dieser Kiro, den man Kyros nennt, als Anführer der kriegerischen Elamiten tatsächlich das der Genußsucht verfallene Babylon eroberte. Doch man weiß nicht einmal, welcher König damals in Babylon regierte. Manche behaupten Belsazar, andere Anabot. Bei Herodot stirbt Kyros bei einem Feldzug gegen die Massageten. Xenophon läßt ihn in seinem moralischen & politischen Roman im Bett sterben.

Über diese dunklen Zeiten der *Geschichte* weiß man nur, daß es schon sehr lange große Reiche & Tyrannen gab, deren Macht auf dem Elend des Volkes gründete, daß die Tyrannei so weit gediehen war, daß sie Männer ihrer Männlichkeit beraubte, um sie als Heranwachsende zu schändlichen Spielen zu benutzen & sie im Alter zu Haremswächtern zu machen, daß die Menschen von Aberglauben beherrscht waren, daß ein Traum als Wink des Himmels galt, der über Krieg & Frieden entschied &c.

Je mehr Herodot sich in seinem Geschichtswerk seiner eigenen Zeit nähert, desto gründlicher & wahrheitsgetreuer ist er. Wir müssen zugeben, daß die *Geschichte* für uns erst mit den Feldzügen der Perser gegen die Griechen beginnt. Vor diesen großen Ereignissen stößt man nur auf Berichte vom Hörensagen, die in kindische Märchen gekleidet sind. Zum Vorbild für Historiker wird Herodot, wenn er die gewaltigen Vorbereitungen des Xerxes zur Unterwerfung von Griechenland & anschließend Europa beschreibt. Er folgt ihm & seinen fast zwei Millionen Soldaten von Susa bis nach Athen. Wir erfahren von ihm, wie die vielen verschiedenen Völker bewaffnet waren, die mit diesem Monarchen zogen: keines wird übergangen, vom tiefsten Arabien & Ägypten bis über Baktrien & die nördlichsten Regionen des Kaspischen Meers hinaus, Gegenden, in denen damals mächtige Völker lebten & in denen heute die Tataren umherziehen. Alle Völker vom thrakischen Bosporus bis zum Ganges versammeln sich unter seiner Fahne. Verwundert stellt man fest, daß das Reich dieses Fürsten so groß war wie das Römische Imperium: Er besaß das ganze Land diesseits des Ganges, das heute dem Großmogul gehört, ganz Persien, alle Länder der Usbeken, das gesamte türkische Reich mit Ausnahme Rumäniens, dafür aber Arabien. An der Ausdehnung seines Herrschaftsgebiets erkennt man, wie unrecht die Deklamatoren hatten, wenn sie Alexander, den Rächer Griechenlands, in ihren Versen & ihrer Prosa als Verrückten behandelten, weil er sich das Reich des Feindes unterwarf. Er marschierte nach Ägypten, Tyros &

Nehmen wir doch einmal an, daß Hitler nicht geboren wurde. Stellen Sie sich vor, wie anders die Geschichte unseres Jahrhunderts verlaufen wäre. Hitler wird nicht geboren, weil sein Vater in dieser Nacht nicht mit seiner Frau schläft. Warum nicht? Er hat den ganzen Tag während der Arbeit an seine Frau gedacht. Als er von der Arbeit kommt, trifft er einen Freund, beide gehen in eine Bar und trinken ein Glas nach dem anderen. Herr Hitler kommt stockbesoffen nach Hause, schläft auf dem Teppich und rührt seine Frau nicht an… Die Beispiele sind willkürlich, aber sie illustrieren, was ich meine. Die kleinsten Details können ein Leben verändern, ja die ganze Geschichte.
Louis Buñuel

Indien, weil er es als seine Pflicht ansah, & weil Tyros, Ägypten & Indien zu jenem Herrschaftsbereich gehörten, der Griechenland zerstört hatte.

Herodots Verdienst ist ebenso groß wie das Homers. Er war der erste Historiker, wie Homer der erste epische Dichter war, & beide erfaßten alle Schönheit einer Kunst, die vor ihnen unbekannt war. Bei Herodot ist der Einmarsch des Herrschers über Asien & Afrika ein wunderbares Schauspiel. Nachdem er zuvor seine riesige Armee mit einer Schiffsbrücke von Asien nach Europa übersetzen ließ, nachdem er Thrakien, Makedonien, Thessalien, die obere Hälfte von Achaia eingenommen hat, findet er Athen verlassen & menschenleer. Man rechnet überhaupt nicht damit, daß die Athener, die ihre Stadt & ihr Land verloren & sich mit einigen anderen Griechen auf ihre Schiffe geflüchtet haben, die riesige Flotte des großen Königs in die Flucht schlagen werden, daß sie als Sieger heimkehren & Xerxes zwingen werden, schmachvoll die Reste seiner Armee einzusammeln, & daß sie ihm schließlich durch einen Vertrag verbieten werden, ihre Meere zu befahren. Diese Überlegenheit eines kleinen, großherzigen & freien Volkes über das ganze versklavte Asien ist vielleicht das ruhmreichste Kapitel in der *Geschichte* der Menschheit. Es belehrt einen auch darüber, daß die Völker im Westen immer bessere Seeleute waren als die asiatischen Völker. Wenn man die moderne Geschichte liest, erinnert man sich beim Sieg in der Seeschlacht von Lepanto an jenen von Salamis, & man vergleicht Juan d'Austria & Colonna mit Themistokles & Euribiades. Das ist vielleicht die einzige Lehre, die wir aus dem Wissen um diese fernen Zeiten ziehen können.

Thukydides, der Nachfolger Herodots, beschränkt sich darauf, uns die Einzelheiten der *Geschichte* des Peloponnesischen Kriegs zu schildern, eines Gebiets, das nicht größer ist als eine französische oder deutsche Provinz, aus dem jedoch Männer hervorgegangen sind, die sich in jeder Hinsicht einen unsterblichen Ruf erworben haben, & als ob der Bürgerkrieg, die furchtbarste aller Plagen, den menschlichen Geist von neuem befeuern & ihm neue Kräfte verleihen würde, erblühten die Künste in Griechenland gerade zu dieser Zeit. So geschah es auch später, in Rom, als sie während verschiedener Bürgerkriege zu Zeiten Cäsars vervollkommnet wurden, & in unserem gewöhnlichen Zeitalter, wo sie im fünfzehnten & sechzehnten Jahrhundert in den Wirren in Italien wiedererstanden.

Auf den von Thukydides beschriebenen Peloponnesischen Krieg folgt die berühmte Zeit Alexanders, eines Fürsten, der es würdig war, von Aristoteles erzogen zu werden, der sehr viel mehr Städte gegründet hat, als andere zerstört haben, & der der Welt ein neues Gesicht gab. In seiner Regierungszeit & der seiner Nachfolger erlebte Karthago den Höhepunkt seiner Macht, & die römische Republik zog allmählich die Blicke der anderen Nationen auf sich. Die restliche Welt ging in Barbarei unter: die Kelten, die Germanen, alle nordischen Völker sind unbekannt.

Die *Geschichte* des Römischen Imperiums verdient unsere Aufmerksamkeit am meisten, denn die Römer waren unsere Lehrmeister & unsere Gesetzgeber. Ihre Gesetze sind noch in den meisten unserer Provinzen in Kraft. Ihre Sprache wird noch gesprochen, & lange Zeit nach dem Untergang Roms war sie ausnahmslos die Sprache, in der man in Italien, Deutschland, Spanien, Frankreich, England & Polen Urkunden verfaßte.

Mit dem Zerfall des Römischen Reichs im Westen setzte sich eine neue Ordnung durch, & diese nennt man *Geschichte des Mittelalters.* Es ist eine barbarische *Geschichte* von barbarischen Völkern, die zwar Christen, aber nicht besser geworden waren.

Während Europa erschüttert wird, treten im 7. Jahrhundert die Araber hervor, die bislang zurückgezogen in den Wüsten lebten. Sie erweiterten ihre Macht & ihr Herrschaftsgebiet im vorderasiatischen Raum wie in Afrika & fielen in Spanien ein. Ihnen folgten die Türken, die Mitte des 15. Jahrhunderts Konstantinopel zum Zentrum ihres Reichs machten.

Am Ausgang dieses Jahrhunderts steht die Entdeckung der Neuen Welt, & bald darauf nehmen die Politik in Europa & die Künste eine neue Gestalt an. Dem Buchdruck & der Wiederbelebung der Wissenschaften verdanken wir es schließlich, daß wir zuverlässige Geschichtswerke haben, statt lächerliche Chroniken, wie sie seit Gregor von Tours in den Klöstern unter Verschluß gehalten wurden. Jede Nation in Europa hat bald ihre *Geschichtsschreiber.* Der frühere Mangel verkehrt sich in Überfluß: Kaum eine Stadt ist zu finden, die nicht ihre eigene *Geschichte* haben will. Man wird mit Einzelheiten überhäuft. Jeder, der etwas über die *Geschichte* erfahren will, ist gezwungen, sich an die großen Ereignisse zu halten & von all den kleinen

---

Der Inhalt der Geschichte. *Um mich zu belehren, schlage ich ein altes Schulbuch auf, den sogenannten kleinen Plötz: Auszug aus der alten, mittleren und neuen Geschichte, Berlin 1891, Verlag A. G. Plötz. Ich schlage eine beliebige Seite auf, es ist Seite 337, sie handelt vom Jahre 1805. Da findet sich: 1x Seesieg, 2x Waffenstillstand, 3x Bündnis, 2x Koalition, einer marschiert, einer verbündet sich, einer vereinigt seine Truppen, einer verstärkt etwas, einer rückt heran, einer nimmt ein, einer zieht sich zurück, einer erobert ein Lager, einer tritt ab, einer erhält etwas, einer eröffnet etwas glänzend, einer wird kriegsgefangen, einer entschädigt einen, einer bedroht einen, einer marschiert auf den Rhein zu, einer durch ansbachisches Gebiet, einer auf Wien, einer wird zurückgedrängt, einer wird hingerichtet, einer tötet sich – alles dies auf einer einzigen Seite, das Ganze ist zweifellos die Krankengeschichte von Irren.*

Gottfried Benn, Zum Thema: Geschichte

Nebensächlichkeiten abzusehen, die ihm in die Quere kommen. Aus der Vielzahl an Umwälzungen erfaßt er den Geist der Zeit & die Sitten der Völker. In erster Linie gilt es, sich an die *Geschichte* des eigenen Landes zu halten, sie zu studieren, sie zu beherrschen. Die Einzelheiten sollten ihr vorbehalten bleiben, während auf die anderen Nationen ein allgemeinerer Blick gerichtet wird. Ihre *Geschichte* ist nur hinsichtlich ihrer Beziehungen zu uns interessant oder wegen der großen Dinge, die sie hervorgebracht haben. bisweilen bestritten wird. In einer solchen Sammlung kann man nichts über die politische *Geschichte* & das Rechtswesen in Europa erfahren. England ist von allen Ländern dasjenige, das unbestritten die ältesten Archive & die mit den wenigsten Lücken besitzt. Diese Akten, die Rimer unter der Obhut von Königin Anne gesammelt hat, reichen ins 11. Jahrhundert zurück & sind ohne Unterbrechung bis heute weitergesammelt worden. Sie werfen ein sehr erhellendes Licht auf die französische *Geschichte.* Zum Beispiel zeigen sie, daß die Guyenne England gehörte, das vollkommene Souveränität darüber hatte, als König Karl VII. sie per Erlaß & mit Waffengewalt der französischen Krone einverleibte. Man erfährt, welche beträchtlichen Summen & welche Tribute Ludwig XI. an Eduard IV. zahlte, den er schlagen konnte, & wieviel Geld Königin Elisabeth Heinrich IV. lieh, um ihm auf den Thron zu helfen, &c.

Jeder kennt unsere geschichtliche Last, die unvergängliche Schande, kein Tag, an dem sie uns nicht vorgehalten wird. Könnte es sein, daß die Intellektuellen, die sie uns vorhalten, dadurch, daß sie uns die Schande vorhalten, eine Sekunde lang der Illusion verfallen, sie hätten sich, weil sie wieder im grausamen Erinnerungsdienst gearbeitet haben, ein wenig entschuldigt, seien für einen Augenblick sogar näher bei den Opfern als bei den Tätern? Eine momentane Milderung der unerbittlichen Entgegengesetztheit von Tätern und Opfern. Ich habe es nie für möglich gehalten, die Seite der Beschuldigten zu verlassen… Kein ernstzunehmender Mensch leugnet Auschwitz; kein noch zurechnungsfähiger Mensch deutelt an der Grauenhaftigkeit von Auschwitz herum; wenn mir aber jeden Tag in den Medien diese Vergangenheit vorgehalten wird, merke ich, daß sich in mir etwas gegen diese Dauerpräsentation unserer Schande wehrt. Anstatt dankbar zu sein für die unaufhörliche Präsentation unserer Schande, fange ich an wegzuschauen.
MARTIN WALSER, DIE BANALITÄT DES GUTEN

Vom Nutzen der Geschichte. Er besteht darin, daß ein Staatsmann oder Staatsbürger fremde Gesetze & Sitten mit denen seines Landes vergleichen kann. Dies fördert den Wettstreit zwischen den modernen Nationen, einander in den Künsten, im Gewerbe & in der Landwirtschaft zu übertreffen. Die großen Fehler der Vergangenheit sind dabei in jeder Hinsicht nützlich. Man kann sich die Verbrechen & Katastrophen, die durch unsinnige Streitigkeiten verursacht wurden, gar nicht oft genug vor Augen führen. Fest steht, daß man ihre Wiederkehr verhindern kann, indem man sie sich immer wieder ins Gedächtnis ruft.

Wie wir bereits festgestellt haben, werden die ersten Jahrhunderte nach dem Untergang des Römischen Reichs, die Zeit Karls des Großen ausgenommen, von den Kriegszügen bestimmt, die die Barbaren führen. England ist bis zur Herrschaft Eduards II. nahezu isoliert. Nordeuropa bleibt bis ins 16. Jahrhundert hinein von der Zivilisation unerreicht. In Deutschland herrscht lange Zeit Anarchie. Sechshundert Jahre lang lasten die Kriege zwischen Kaisern & Päpsten auf Italien, & es ist schwierig, aus den leidenschaftlich Partei ergreifenden Berichten der ungebildeten Autoren & den unvollkommenen Chroniken, die sie aus dieser elenden Zeit hinterlassen haben, die Wahrheit herauszufiltern. Das spanische Königreich kennt unter den Westgoten nur ein bedeutendes Ereignis, & das ist seine Zerstörung. Bis zur Regentschaft von Isabella & Ferdinand herrschen nur Wirren. Frankreich wird bis zur Zeit Ludwigs XI. immer wieder von dunklen Zeiten heimgesucht & von Regentschaften, die kein Gesetz kennen. Mag Pater Daniel auch behaupten, die Anfänge Frankreichs seien interessanter als die Roms: Er übersieht, daß die Anfänge eines so gewaltigen Reichs um so interessanter sind, je schwächer sie erscheinen, & daß man gerne die kleine Quelle eines Stroms sehen würde, der die halbe Welt überschwemmt hat.

Um in das finstere Labyrinth des Mittelalters einzudringen, muß man auf Archive zurückgreifen, doch es gibt kaum welche. Einige alte Klöster haben Urkunden, Diplome aufbewahrt, die Schenkungen ausweisen, deren Gültigkeit

So hat sich der berühmte Marschall Moritz von Sachsen, nachdem er alle Einzelheiten über die Schlachten von Crécy-en-Ponthieu, Poitiers, d'Azincourt, Saint-Quentin, Gravelines &c. nachgelesen hatte, dazu entschlossen, die gegnerischen Truppen möglichst viel in, wie er es nannte, »des affaires de poste«, Stellungskämpfe, zu verwickeln.

Beispiele aus der *Geschichte* haben eine große Wirkung auf den Geist eines Fürsten, der sie aufmerksam liest. Er wird erkennen, daß Heinrich IV., der die europäische Ordnung verändern sollte, seinen großen Krieg erst begann, nachdem er gewiß war, genügend Mittel für einen Krieg zu besitzen, um ihn mehrere Jahre lang ohne jede finanzielle Unterstützung führen zu können.

Er wird sehen, daß sich Königin Elisabeth I. allein aufgrund der Einnahmen durch den Handel & einer klugen Finanzwirtschaft gegen den mächtigen Philipp II. behaupten konnte, & daß von den einhundert Schiffen, die sie in die Schlacht gegen die unbesiegbare Flotte schickte, drei Viertel von englischen Handelsstädten ausgerüstet worden waren.

Daß Frankreich unter Ludwig XIV. von den neun Jahren eines verheerenden Krieges nicht berührt wurde, zeigt natürlich den Nutzen der Grenzbefestigungen, die dieser errichten ließ. Umsonst schmäht der Verfasser des Buchs über den Untergang des Römischen Reichs Justinian, daß dessen Politik der Ludwigs XIV. gleiche. Er sollte besser die Herrscher tadeln, die ihre Grenzbefestigungen vernachlässigen & den Barbaren die Tore ihres Reichs öffnen.

Zuletzt besteht der große Nutzen der modernen *Geschichte* & ihr Vorzug gegenüber der *Geschichte* des Altertums darin, daß sie alle Machthaber lehrt, daß sich seit dem 15. Jahrhundert die Menschen stets gegen eine allzu übermächtige Gewaltherrschaft verbündet haben. Dieses System des Gleichgewichts kannten die Alten zu keiner Zeit, & das ist der Grund für den Erfolg des römischen Volks: Seine Bürger bildeten ein Heer, das denen anderer Völker überlegen war & vom Tiber bis zum Euphrat eines nach dem anderen unterwarf.

Von der Gewißheit der Geschichte. Jede Gewißheit, die kein mathematischer Beweis ist, ist nur höchste Wahrscheinlichkeit. Eine andere Gewißheit gibt es in der *Geschichte* nicht.

Als Marco Polo als erster & einziger von der Größe & der Bevölkerung Chinas erzählte, glaubte ihm niemand, & er konnte es auch nicht verlangen. Mit den Portugiesen, die mehrere Jahrhunderte später in diesem gewaltigen Reich landeten, wuchs die Wahrscheinlichkeit, daß die Berichte stimmten. Heute haben wir Gewißheit darüber, weil Tausende von Augenzeugen aus unterschiedlichen Nationen dasselbe berichteten, ohne daß jemand etwas gegen ihr Zeugnis eingewandt hätte.

Wenn nur zwei oder drei Historiker davon berichtet hätten, daß sich König Karl XII. nach seiner Niederlage gegen Peter den Großen darauf versteifte, im Staatsgebiet seines Wohltäters, des Sultans Achmed III., zu bleiben, obwohl er mit seinen Getreuen gegen ein Heer von Janitscharen & Tataren kämpfte, hätte ich meinen Standpunkt geändert. Doch nach Gesprächen mit mehreren Augenzeugen, & nachdem ich nicht die geringsten Zweifel an diesen Berichten vernommen hatte, mußte ich es wohl glauben, denn auch wenn es weder klug noch üblich ist, so steht es doch nicht im Widerspruch zu den Gesetzen der Natur oder dem Charakter des Helden.

Die *Geschichte* des Mannes mit der Eisenmaske hätte ich nach meinem Gutdünken für ein Märchen gehalten, wenn ich sie nur vom Schwiegersohn des Chirurgen erzählt bekommen hätte, der diesen Mann während seiner letzten Erkrankung behandelte. Da mir jedoch der Offizier, der ihn damals bewachte, den Sachverhalt ebenso bestätigte wie alle, die davon wissen mußten, & da auch die noch lebenden Nachkommen jener Minister davon wußten, die in dieses Geheimnis eingeweiht waren, halte ich diese *Geschichte* für sehr wahrscheinlich, wenn auch für nicht ganz so wahrscheinlich wie die Belagerung von Bendery durch Karl XII. Der Grund ist, daß es dafür mehr Zeugen gibt als für den Mann mit der Eisenmaske.

Was dem gewöhnlichen Ablauf der Natur widerspricht, sollte keinen Glauben finden, es sei denn, es wird von Menschen bezeugt, die von göttlichem Geist beseelt sind. Deshalb stellt es ein großes Paradox dar, daß in diesem Wörterbuch unter dem Stichwort Gewissheit gesagt wird, man müsse ebenso glauben, ein Toter sei auferstanden, wenn ganz Paris Zeuge davon gewesen sein will, wie man ganz Paris glaubt, wenn es behauptet, die Schlacht von Fontenoy sei gewonnen worden. Es scheint auf der Hand zu liegen, daß das Zeugnis aller Pariser für einen unwahrscheinlichen Sachverhalt nicht mit demselben Zeugnis für einen wahrscheinlichen Sachverhalt gleichzusetzen ist. Hier handelt es sich um die ersten Einsichten einer vernünftigen Metaphysik. Dieses Wörterbuch ist der Wahrheit gewidmet: Ein Artikel sollte den anderen korrigieren, & wenn sich an dieser Stelle ein Irrtum einschleicht, sollte ein Mann mit mehr Wissen ihn aufklären.

Ungewißheit in der Geschichte. Wir haben die Zeitalter in mythologische & historische unterschieden. Aber auch für die historischen Zeiten hätte zwischen Tatsachenberichten & fabelhaften Berichten unterschieden werden müssen. Ich meine hier nicht jene Fabeln, die heute als solche erkannt sind. Es geht nicht um die Wundertaten, mit denen etwa Titus Livius seine *Geschichte* ausgeschmückt oder verdorben hat. Doch welchen Grund hat man, an den überall anerkannten Sachverhalten zu zweifeln? Man beachte, daß die römische Republik fünfhundert Jahre ohne Geschichtsschreibung war & daß Titus Livius selbst den Verlust der Annalen der Pontifizes & anderer Denkmäler beklagt, die fast alle beim Brand von Rom vernichtet wurden. Man bedenke, daß die Kunst zu schreiben in den ersten dreihundert Jahren nur von sehr wenigen beherrscht wurde. Dann muß es erlaubt sein, an allen Ereignissen zu zweifeln, die aus dem üblichen Rahmen des menschlichen Tuns & Handelns herausfallen. Kann man wirklich annehmen, daß Romulus, der Enkel des Königs der Sabiner, gezwungen war, die Sabinerinnen zu entführen, um Frauen zu bekommen? Kann man der *Geschichte* von Lukrez Glauben schenken? Fällt es nicht trotz des Zeugnisses von Titus Livius schwer, zu glauben, daß der etruskische König Porsenna die Belagerung Roms aufgab & voller Bewunderung für die Römer floh, weil ihn ein Fanatiker ermorden wollte? Neigt man im Gegenteil nicht eher dazu, Polybios zu glauben, der zweihundert Jahre vor Titus Livius berichtet, daß Porsenna die Römer unterwarf. Soll man glauben, was von Regulus berichtet wird, der von den Karthagern in eine mit Eisenspitzen gespickte Tonne gesperrt wurde? Hätte sein Zeitgenosse Polybios nicht davon erzählt, wenn es zuträfe? Er schweigt sich darüber aus. Liegt nicht die Vermutung nahe, daß diese Geschichte lange Zeit später erfunden wurde, um die Karthager verächtlich zu machen? Lesen Sie den Artikel *Regulus* im *Grand Dictionnaire historique* von Moreri nach, er versichert Ihnen, Titus Livius habe über die Bestrafung dieses Römers berichtet. Indessen ist das Jahrzehnt, aus dem Titus Livius darüber hatte berichten können, verlorengegangen. Wir besitzen lediglich die Ergänzung von Johann Freinsheim, & also stützt man sich in Moreris Wörterbuch nur auf einen Deutschen aus dem 16. Jahrhundert, in der Meinung, einen Römer aus der Zeit des Augustus zu zitieren. Man könnte Bände mit berühmten Überlieferungen füllen, die äußerst zweifelhaft sind. Das würde allerdings den Rahmen dieses Artikels sprengen.

Dienen Baudenkmäler, jährliche Feiern, Münzen als historische Beweise? Man neigt unwillkürlich dazu, zu glauben, daß ein Baudenkmal, das von einer Nation zur Feier eines Ereignisses errichtet wurde, dessen Wirklichkeit verbürgt. Doch wenn diese Denkmäler nicht von Zeitgenossen errichtet wurden, wenn sie reichlich unwahrscheinliche Ereignisse feiern, was beweisen sie dann anderes, als daß man der öffentlichen Meinung huldigen wollte?

Die *Columna rostrata,* die Duilische Säule, von Zeitgenossen des Gajus Duilius nach dem ersten Seesieg über die Karthager in Rom errichtet, ist ohne Zweifel ein Beweis für die siegreiche Seeschlacht des Duilius. Doch wie verhält es sich mit der Statue des Auguren Navius, der einen Kieselstein mit einem Schwert durchschlägt? Beweist sie, daß Navius dieses Wunder vollbracht hat? Bezeugten die Statuen der Ceres & des Triptolemus in Athen, daß Ceres den Athenern die Kunst des Ackerbaus lehrte? Ist das berühmte Bildnis des Laokoon, das noch heute vollständig erhalten ist, ein Beweis, daß die *Geschichte* vom Trojanischen Pferd wahr ist?

Die Feste & jährlichen Feiern, die in allen Nationen abgehalten werden, sind keine besseren Beweise für den Ursprung, den man ihnen zuschreibt. Die Römer feierten ebenso wie die Griechen das Fest des Sängers Arion, der auf einem Delphin reitet. Das Fest zu Ehren des Fauns erinnerte an dessen Abenteuer mit Herkules & Omphale, als der in Omphale verliebte Faun das Bett des Herkules mit dem seiner Geliebten verwechselte.

Die berühmten *Luperkalien* wurden zu Ehren der Wölfin begangen, die Romulus & Remus gesäugt hatte.

Und worauf gründet das Fest, das zu Ehren Orions an den Iden des Mais gefeiert wurde? Ich will es Ihnen sagen: Zeus, Poseidon & Hermes waren bei Hyrieus zu Gast. Als sich die Gäste verabschiedeten, gestand ihnen dieser gute Mann sein Leid: Er hatte keine Frau mehr, wünschte sich aber ein Kind. Man wagt nicht zu sagen, was die Gäste daraufhin auf der Kuhhaut machten, mit deren Fleisch sie bewirtet worden waren. Anschließend bedeckten sie die Haut mit etwas Erde, & daraus wurde neun Monate später Orion geboren.

Fast alle römischen, syrischen, griechischen & ägyptischen Feste beruhten auf ähnlichen Märchen, ebenso die Tempel & die Statuen der Helden des Altertums. Denkmäler, die die Leichtgläubigkeit dem Irrtum gewidmet hatte.

Eine Münze, selbst eine zeitgenössische, ist manchmal kein Beweis. Wie oft hat nicht die Eitelkeit Münzen geprägt für siegreiche Schlachten, die unentschieden ausgegangen waren, & Unternehmungen, die gescheitert & nur in der Legende erfolgreich zu Ende gebracht worden waren. Wurde nicht in jüngster Zeit während des Krieges der Engländer gegen den spanischen König 1740 eine Münze geprägt, die die Einnahme von Cartagena durch Admiral Vernon bestätigte, obwohl dieser Admiral die Belagerung aufgab?

Münzen sind nur dann zweifelsfreie Zeugnisse, wenn das Ereignis von zeitgenössischen Autoren bestätigt wird. Dann stützen diese Beweise einander & bestätigen sich gegenseitig.

Soll man bei der Darstellung der Geschichte *Reden einfügen & Porträts entwerfen?* Wenn ein General oder ein Staatsmann in einem wichtigen Moment auf einzigartige & eindringliche Weise das Wort ergriffen hat, & seine Rede kennzeichnend ist für seinen Geist & den seines Jahrhunderts, muß man diese zweifellos Wort für Wort wiedergeben. Solche Reden sind vielleicht der brauchbarste Teil der *Geschichte.* Doch warum sollte man einen Menschen etwas sagen lassen, was er nicht gesagt hat? Ebensogut könnte man ihm eine Tat zuschreiben, die er nicht vollbracht hat. Das wäre eine Dichtung à la Homer. Doch was in einem Gedicht erfunden ist, wird bei einem Geschichtsschreiber schlimmstenfalls zur Lüge. Daß früher etliche Historiker diese Darstellungsweise verwendeten, beweist nichts anderes, als daß sie mit ihrer Redekunst zu Lasten der Wahrheit brillieren wollten.

Noch häufiger zeigt sich in Porträts der Wille zu glänzen, statt Wissen zu vermitteln. Alle Zeitgenossen tun recht, wenn sie die Porträts jener Staatsmänner malen, mit denen sie verhandelten, jener Generäle, unter denen sie im Krieg waren. Doch Vorsicht, daß nicht die Leidenschaft den Pinsel führt! Es hat den Anschein, als wären die Porträts bei Clarendon mit mehr Unparteilichkeit, Ernst & Umsicht entworfen als jene, die man mit Vergnügen bei Kardinal de Retz liest.

Doch die Alten zu zeichnen, ihr Seelenleben auszubreiten, die Ereignisse wie Buchstaben zu nehmen, in denen man mit Gewißheit lesen kann, was in ihrem Herzen vorging, ist eine äußerst heikle Angelegenheit, bei einigen eine kindische Anwandlung.

Von der Maxime Ciceros die Geschichte *betreffend, der Historiker solle sich nicht erdreisten, etwas Falsches zu behaupten, noch eine Tatsache verbergen.* Den ersten Teil dieser Regel wird niemand bestreiten, den zweiten gilt es zu prüfen. Wenn eine Tatsache dem Staat möglicherweise von Nutzen ist, wäre Stillschweigen sträflich. Doch angenommen, Sie arbeiteten an der *Geschichte* eines Fürsten, der Ihnen ein Geheimnis anvertraut hat – sollen Sie es öffentlich machen? Sollen Sie der Nachwelt etwas mitteilen, was Sie keinem Menschen sagen können, ohne sich schuldig zu machen? Ist die Aufgabe des Historikers wichtiger als eine andere, größere Pflicht?

Angenommen, Sie wurden Zeuge einer Schwäche, die keinen Einfluß auf die Staatsgeschäfte hatte, sollen Sie diese Schwäche aufdecken? Dann allerdings wäre die *Geschichte* eine Satire.

Man muß zugeben, daß die meisten Verfasser von Anekdoten schwatzhafter sind, als es nötig wäre. Was soll man da von jenen unverschämten Kompilatoren halten, die es als ihr Verdienst ansehen, andere mit empörenden Offenbarungen zu verleumden, diese in Druck zu geben & zu verkaufen wie einst Lecauste seine Gifte?

Von der Geschichte als Satire. Plutarch hat einst Herodot gerügt, er habe manche griechischen Städte nicht so ruhmvoll ins Licht gesetzt, wie er es hätte tun müssen, & hätte etliche bekannte Tatsachen übergangen, die es wert gewesen wären, daß man sich an sie erinnert – doch wieviel mehr sind heute jene zu rügen, die mit keinem Verdienst an Herodot heranreichen, aber Fürsten & Nationen scheußliche Taten vorwerfen, ohne auch nur den geringsten Beweis dafür zu liefern! Der Krieg von 1741 wurde in England beschrieben. In dieser *Geschichte* kann man lesen, in der Schlacht von Fontenoy hätten die Franzosen »mit vergifteten Kugeln & giftigen Glasscherben auf die Engländer geschossen«, & der Herzog von Cumberland soll dem König von Frankreich »eine mit giftigen Geschossen gefüllte Dose aus dem Körper eines verletzten Engländers gesandt« haben. Derselbe Autor fügt hinzu, nachdem die Franzosen bei dieser Schlacht vierzigtausend Männer verloren hätten, habe das Parlament in Paris eine Anordnung erlassen, in der unter Androhung körperlicher Züchtigung verboten wurde, darüber zu sprechen.

Gefälschte Erinnerungen, wie sie seit kurzem gedruckt werden, sind gespickt mit ähnlichem unverschämtem Unsinn. Daraus erfährt man, daß die Allianz von Engländern & Habsburgern bei der Belagerung von Lille die Stadt mit Flugblättern überschwemmte, auf denen stand: »Tröstet Euch, Franzosen, die Maintenon wird nicht Eure Königin.«

Fast jede Seite ist voll von erschwindelten Nachrichten & Angriffen gegen die königliche Familie & die führenden Adelsgeschlechter im Königreich. Man hat sich nicht einmal die Mühe gemacht, ihnen den geringsten Anschein von Wahrscheinlichkeit zu geben, den man bei dieser Lüge mit ein wenig Farbigkeit hätte erwecken können. So verfaßt man keine *Geschichte,* sondern aufs Geratewohl Verleumdungen.

In den Niederlanden wurden unter dem Namen *Geschichte* eine Unmenge von Schmähschriften gedruckt, deren Stil ebenso grob ist wie die darin enthaltenen Verunglimpfungen & deren Nachrichten ebenso falsch wie schlecht geschrieben sind. Es heißt, dies sei die verdorbene Frucht des prächtigen Baums der Freiheit. Doch wenn die elenden Verfasser dieses Gewäschs die Freiheit hatten, die Leser zu täuschen, muß man hier die Freiheit nutzen, sie zu widerlegen.

Von der Methode, der Art & Weise & vom Stil der Geschichtsschreibung. Über dieses Thema wurde schon so viel gesagt, daß wir uns hier kurz fassen können. Es ist wohl bekannt, daß Methode & Stil des Titus Livius, sein Ernst, seine kluge Redekunst der Erhabenheit der römischen Republik entsprechen, daß die Stärke von Tacitus eher in der Beschreibung von Tyrannen liegt, daß man von Polybios viel über den Krieg lernt & Dionysios von Halikarnassos die Vorzeit besser auszubreiten versteht.

Doch bei aller Orientierung an diesen großen Meistern ist heute die Last, die man zu tragen hat, viel größer als bei ihnen. Von einem modernen Geschichtsschreiber werden mehr Einzelheiten, besser bestätigte Fakten, genauere Daten & Gewährsmänner verlangt, er muß viel mehr die Bräuche, Gesetze, Sitten, den Handel, das Finanzwesen, die Landwirtschaft & die Bevölkerung mit einbeziehen. Mit der *Geschichte* verhält es sich wie mit der Mathematik & der Physik. Der Stoff, der bewältigt werden muß, ist beträchtlich angewachsen. So leicht es heute ist, den täglichen Klatsch zusammenzuschreiben, so schwer ist es, *Geschichte* zu schreiben.

Es herrscht die Auffassung, daß die *Geschichte* eines fremden Landes nicht in einen Topf mit der des eigenen Landes geworfen werden soll.

Wenn Sie über die französische *Geschichte* schreiben, bedarf es keiner Schilderung des Laufs der Seine & der Loire, doch wenn Sie die *Geschichte* der portugiesischen Eroberungen in Asien wiedergeben wollen, müssen Sie die Landkarte der entdeckten Länder mitliefern. Sie sind aufgefordert, Ihre Leser an der Hand zu nehmen & sie um Afrika herum oder entlang der persischen & der indischen Küste zu führen. Man erwartet von Ihnen, über die Sitten, Gesetze, Bräuche in diesen für Europa neuen Nationen unterrichtet zu werden.

Wir besitzen zwanzig *Geschichten* der portugiesischen Besitzungen in Indien, doch keine stellt uns die verschiedenen Regierungsformen in diesen Ländern vor, ihren Glauben, ihre Frühgeschichte, die Brahmanen, die Parsen,

Die Geschichte hat keinerlei Sinn: wir haben also Grund zur Freude. Sollten wir vielleicht Qualen ausstehen um eines günstigen Ausgangs des Geschehens willen, um eines letzten Festes willen, dessen Kosten von unserem Schweiß und unserem Scheitern bestritten würden? Künftigen Idioten zuliebe, die über unsere Qual frohlocken und auf unserer Asche umherhüpfen? Die Vision eines paradiesischen Endzustandes übertrifft in ihrer Absurdität die schlimmsten Verirrungen der Hoffnung. Das Weltall hebt an und hört auf mit einem jeden einzelnen, mag dieser Shakespeare oder Soundso heißen; denn jeder einzelne erlebt im Absoluten seinen Wert und seine Nichtigkeit.
E. M. Cioran, Lehre vom Zerfall

die Banjanen. Diese Überlegung gilt für nahezu alle *Geschichten* fremder Länder.

Wenn Sie nichts anderes mitzuteilen haben, als daß an den Ufern des Oxus & der Iaxarte ein Barbar dem anderen auf den Thron folgte, wozu sind Sie dann dem Leser nütze?

Die *Geschichte* des eigenen Landes erfordert eine andere Methode als die Beschreibung der Entdeckungen in der Neuen Welt. Man schreibt nicht in derselben Weise über eine Stadt wie über ein großes Reich. Mit dem Rückzug ins Private ist Schluß, wenn man eine *Geschichte* Spaniens oder Englands verfaßt.

Diese Regeln sind hinreichend bekannt. Doch die Kunst, gut über *Geschichte* zu schreiben, wird man immer sehr selten antreffen. Man weiß auch, daß es eines angemessenen, klaren, abwechslungsreichen Stils bedarf. Wie jede Geisteswissenschaft hat auch die *Geschichtsschreibung* ihre Regeln: Es gibt viele Rezepte & wenige große Meister. *Voltaire*

Aleida & Jan Assmann *Geschichte*

Geschichte erzählen und schreiben. Voltaires Artikel entstand gut eine Generation vor der Wende, die Reinhart Koselleck die »Sattelzeit« genannt und mit der Entstehung eines neuen Begriffs von Geschichte als »Kollektivsingular« in Verbindung gebracht hat. Dieser Begriff bezog sich auf »die« Geschichte an sich, als Inbegriff alles Geschehenden, nicht die Geschichte von etwas. Unser moderner Begriff von Geschichte war Voltaire noch vollkommen fremd. Er beruht auf einer Fusion von Darstellung und Geschehen und bezieht sich sowohl auf die Berichterstattung vergangener Ereignisse als auch auf diese Ereignisse selbst. Für Voltaire dagegen ist Geschichte ausschließlich der Bericht, die Kunde, das Wissen von Vergangenheit, nicht die ihr zugrundeliegenden Geschehnisse. Er definiert Geschichte als Erzählung, als *récit.* Das deutsche Wort Erzählung läßt auch an mündliche Formen der Weitergabe denken. Das gilt auch für das französische Wort *récit,* das von *recitare* abzuleiten ist. In der Tat beginnt nach Voltaire jegliche Kunde von Vergangenem mit Erzählungen von Vätern an ihre Söhne. Mündliches Erzählen von Generation zu Generation unterliegt, wie wir alle wissen, den Verformungen der »stillen Post«; am Ende einer langen Kette von Überlieferung kommt selten das heraus, was am Anfang eingegeben wurde. Deshalb legt sich für Voltaire ein Schleier über die Wahrheit aller frühen Ereignisse. Je weiter wir von ihnen entfernt sind, desto unzuverlässiger wird die Kunde. In der Frühzeit menschlicher Existenz gibt es weder Formen der Stabilisierung von Überlieferungen noch Chancen ihrer Verifikation. Kein Wunder also, daß aus frühen Zeiten nur unsinnige Abstrusitäten überliefert sind. Man sieht schon: Im Gegensatz zu den Romantikern ist Voltaire kein Freund der Ursprungsmythen: »toutes les origines des peuples sont absurdes«.

Aus diesem Grund schließt Voltaire sofort eine Unterscheidung zwischen wahren und falschen, zuverlässigen und unglaubwürdigen Geschichten in seine Definition von Geschichte mit ein. Obwohl er dies nicht ausdrücklich erwähnt, läßt sich die Scheidelinie zwischen fabulöser Erzählung und zuverlässigem Bericht entlang zweier Überlieferungsmedien ziehen: der Mündlichkeit und Schriftlichkeit. Während mündliche Rede sich verformt und verfliegt, entstehen durch Gebrauch der Schrift dauerhafte Dokumente vergangener Zeiten, auf die der Historiker später zurückgreifen kann.

Wenden wir uns zunächst der mündlichen Seite zu. Was genau ist es, das die Väter den Söhnen übermitteln? Es ist zum einen die uralte Überlieferung der Mythen, zum anderen sind es die Berichte eigener rezenter Erfahrungen. Während die Mythen in einer langen Überlieferungskette weitergereicht werden, haben die aktuellen Erzählungen jeweils eine nur kurze Laufzeit. Voltaire, der die alten Mythen als phantastisch und absurd einstuft, hätte dem Bericht eigener Erfahrungen größeres Interesse entgegengebracht. In diesem Sinne unterstreicht er, daß die Berichte Herodots um so zuverlässiger und genauer werden, je näher sie seiner Gegenwart kommen.

Von der komplexen Struktur eines Geschichtsbewußtseins ohne Schrift macht sich Voltaire allerdings noch kein genaues Bild. Hier haben uns insbesondere die Forschungen Jan Vansinas inzwischen einen tieferen Einblick verschafft. Das mündliche Geschichtsbewußtsein ist durch ein *floating gap* gekennzeichnet, die sich ständig verschiebende Lücke zwischen den mythischen Überlieferungen über die Urgeschichte der Welt, der Gemeinschaft, des Stammes und der eigenen Genealogie auf der einen, und der jüngsten, durch Hörensagen und eigene Erfahrung verbürgten Vergangenheit auf der anderen Seite, die sich typischerweise höchstens auf einen Zeithorizont von 80 bis 100 Jahren beschränkt. Auch Herodot bewegt sich in diesem Horizont der jüngsten Vergangenheit; seine Geschichte greift um jene 80 bis 100 Jahre in die Vergangenheit zurück, die ihn von Kroisos als dem Ausgangspunkt seiner Erzählung trennen. Das ist genau der Zeithorizont der *Oral History;* weiter reicht die mündlich, *de père en fils* überlieferte, verläßliche Kunde von der Vergangenheit selten zurück.

Die überlieferten Mythen dagegen erhellen eine imaginierte Frühzeit. Ihre Überlieferung ist stabiler als die wechselnden Erfahrungen der Generationen. Voltaire macht keinen Unterschied zwischen Fabeln und Mythen. Wenn Fabeln Erzählungen ohne Wahrheitsanspruch sind, läßt sich Gleiches von Mythen nicht behaupten. Mythen erheben durchaus einen Wahrheitsanspruch, denn auf ihnen ruht die Identität, Autorität und Legitimität des Stammes. Freilich läßt sich dieser Anspruch nicht überprüfen. Voltaire geht es um einen neuen Begriff von Wahrheit, der sich auf Möglichkeiten kritischer Verifikation gründet. Diese Überprüfbarkeit, die dem *Wahrheitsanspruch* die zusätzliche Eigenschaft eines *Wahrheitswertes* verleiht, hängt eng mit der Schrift zusammen, und zwar mit der Schriftlichkeit nicht der Erzählung, sondern der Dokumente, auf denen diese basiert. Es ist genau dieser schriftinduzierte Wahrheitswert, der für Voltaire die Geschichte auszeichnet. Die Geschichte ist für ihn eben nicht nur (mündliche oder schriftliche) Erzählung, sondern ein quellengestützter kritischer Diskurs, der darauf abhebt, die falschen Vorstellungen zu zerstreuen, die im Raum der mündlichen Überlieferung über die Vergangenheit kursieren. In diesem Sinne hängen bei ihm Schrift und Geschichte zusammen. Die Schrift erschließt einen Raum der nachprüfbaren Beurkundung, einen auf Tatsächlichkeit gegründeten Datenspeicher, dessen sich die Geschichte als Erzählung bedienen kann, um die Wahrheit über das Geschehene zu bekunden.

Den entscheidenden Einschnitt in der Mediengeschichte der Geschichte markiert für Voltaire aber nicht die Schrift, sondern der Buchdruck. Nun erst übernehmen die Historiker auf breiter Linie das Geschäft der Erzählung des Vergangenen; jedes Gemeinwesen legt sich seinen Historiker zu. Dabei kommen so viele *minuties* zur Sprache, daß sich der moderne Historiker in einer vollkommen anderen Lage befindet als der antike. Ging es in der Antike darum, die Daten auf ihre Verläßlichkeit zu prüfen und sie dann in den Zusammenhang der Erzählung zu ordnen, so steht der moderne Historiker vor der Aufgabe, im Labyrinth der nicht mehr überschaubaren Datenfülle »sich an den Faden der großen Ereignisse zu halten und von all den kleinen Besonderheiten abzusehen, die ihm in die Quere kommen«. Vergessen wird für den Historiker also ebenso wichtig wie erinnern.

Für wen schreibt der Historiker? Wichtig ist in diesem Zusammenhang, daß Voltaire auf die Standortbezogenheit der geschichtlichen Darstellung aufmerksam gemacht hat. Dabei hat er drei Hauptformen von Geschichte unterschieden. Die eine, die man heute »Mikrohistorie« oder auch Kulturgeschichte nennen würde, beschreibt den »Geist der Zeit« *(l'esprit du temps)* und die Sitten der Völker *(les mœurs des peuples)*, die zweite widmet sich der »vaterländischen Geschichte« *(l'histoire de sa patrie)*, und die dritte gilt der Geschichte der anderen Nationen, aber nur, um sie mit der eigenen in Vergleich zu setzen. Die zweite ist für Voltaire die wichtigste Form; ihr muß man sich vor allen anderen widmen. Alle drei Formen sind auf ein »Wir« bezogen, dem sich der Historiker zugehörig weiß und dem er die Geschichte erzählt. Diese Standortgebundenheit des Historikers tritt bei Voltaire keineswegs in Konflikt mit seinem Wahrheitsethos. Für ihn ist der Wahrheitswert der Geschichte an die Verbürgtheit der Fakten, aber nicht an die »Unparteilichkeit« der Darstellung gebunden. Standortgebundenheit und Wahrheit schließen einander bei Voltaire nicht aus.

Noch einmal: *récit*, Erzählen ist für Voltaire der ursprüngliche Impuls für die Entstehung von Geschichte. Am Anfang haben die Väter ihren Söhnen von der Vergangenheit erzählt. Später übernahmen die schreibenden Historiker die Aufgabe der Überlieferung des Vergangenen von den Vätern. Warum aber erzählen die Väter ihren Söhnen von der Vergangenheit? Warum nicht die Mütter? Warum nicht den Töchtern? Voltaires Formulierung – *de père en fils* – macht uns aufmerksam auf den patriarchalischen Zug mündlicher und schriftlicher Geschichtskonstruktionen. Ein paradigmatischer Fall ist die Geschichte des Auszugs des Volkes Israel aus Ägypten, die ausdrücklich die Väter ihren Söhnen erzählen sollen. Die Geschichte wird an die Söhne überliefert, damit sie den Sinn der Gesetze lernen und sich in die Gemeinschaft des auserwählten Volkes eingliedern können. Vielleicht liegt in diesem Impuls überhaupt der Ursprung des Erzählens von der Vergangenheit: um sich der Zugehörigkeit zu der Gemeinschaft zu vergewissern. Der Weg in diese identitätsstiftende Vergangenheit führt über die väterliche Unterweisung und Einweihung, die immer schon mit bestimmten Formen von Ausgrenzung verbunden ist. Nach Jahrtausenden männlich bestimmter Geschichtskonstruktionen wird uns heute immer deutlicher bewußt, daß in einer solchen Geschichtskultur den weiblichen Mitgliedern der Gesellschaft strukturell der Zugang zur Geschichte verwehrt wurde.

Warum schreibt der Historiker? Die Frage nach dem Warum und Wozu der Geschichtsdarstellung hängt eng mit ihrer Standpunktbezogenheit zusammen. Mit dieser unaufgebbaren Beziehung zwischen Vergangenheit und Identität wird die Erzählung zu einer Sache der Erinnerung. Geschichte und Gedächtnis lassen sich in dieser Sicht nicht unterscheiden. Es geht immer auch um die Impulse kollektiver Erinnerungsarbeit, wenn nach den Motiven gefragt wird, die die Menschen dazu veranlassen, Vergangenes für die Gegenwart aufzubereiten und in ihr bewußt zu erhalten. Die Frage nach dem Nutzen von Geschichtserzählung als einer Form des sozialen Gedächtnisses ist allerdings eine ganz andere als die nach der Wahrheit und Verläßlichkeit der Fakten. Diese Frage bestimmt den Bogen der Erzählung, die Aufteilung in Vordergrund und Hintergrund und gibt der Verknüpfung der Fakten und Episoden Zusammenhang, Ausrichtung und Sinn. Voltaire nennt verschiedene Motivationen, denen das Erzählen von Geschichte entspringt. Ein Motiv ist die Überwindung einer Katastrophe. Sein Beispiel hierfür ist das Geschichtswerk Herodots. Nie standen sich ungleichere Gegner gegenüber als Perser und Griechen. Xerxes bot fast die ganze Welt gegen Griechenland auf: »von Ägypten und Arabien bis zum Ganges und zum Norden des Kaspischen Meers«. Um so unglaublicher und erzählenswerter ist die Rettung von solcher Gefahr. In China wiederum, einem anderen Beispiel Voltaires, geht es um Rechenschaft und Legitimität. Hier schreibt die siegreiche Dynastie die Geschichte ihrer Vorgängerin. Nur aus den Umständen, wie die Vorgängerdynastie das Mandat des Himmels erst erringen und dann verspielen konnte, erklärt sich der Übergang dieses Mandats auf die nachfolgende Dynastie. Ein weiteres Motiv der Geschichtsdarstellung ist der kulturelle Wettbewerb. Man schreibt die Geschichte des eigenen Gemeinwesens, um seine Bedeutung und Anciennität vor den anderen herauszustreichen, und man studiert die Geschicke, Gesetze und Sitten der anderen Völker, um sie zu überbieten.

Voltaires sicherlich interessanteste Gebrauchsfunktion von Geschichte bestimmt diese als Erinnerungspädagogik. In diesem Sinne soll man gerade nicht die Siege und Erfolge, sondern die Verbrechen und Katastrophen erinnern, um sich in der Zukunft gegen sie wappnen und ihre Wiederholung vermeiden zu können. Es ist außerordentlich wichtig, festzustellen, daß Voltaire hier von »Verbrechen« spricht und nicht von Niederlagen, aus deren Erinnerung leicht eine revanchistische, gewaltorientierte Politik erwachsen kann, wie wir sie heute überall auf der Welt beobachten können. Nein, er spricht von Verbrechen und denkt gerade nicht an *Vergeltung*, sondern an *Vermeidung* und Überwindung. In dieser Perspektive wird Geschichte zur Erinnerung und erhält eine ethische Dimension.

Als ein antikes Beispiel für Geschichte als Erinnerungspädagogik ließe sich auf die biblische Geschichtsschreibung verweisen, die Voltaire selbst respektvoll beiseite läßt. Anders als bei Herodot erwächst hier der Impuls zur Erinnerungsarbeit aus der Erfahrung des Scheiterns und nicht aus der Erfahrung einer glücklichen Rettung. Das Buch der Könige sucht nach den Gründen des Scheiterns und findet sie in den Verbrechen der Vergangenheit: der Untreue der Könige gegenüber dem Gesetz und dem Bund mit Jahwe. Die über Jahrhunderte aufgehäufte Schuld rächt sich und führt zur Katastrophe der Eroberung Jerusalems, der Zerstörung des Tempels und der Deportation ins babylonische Exil. Die biblischen Historiker erzählen Geschichte im Sinne einer posttraumatischen Trauerarbeit, um Rechenschaft abzulegen über die eigenen Verfehlungen und den Strafcharakter der Ereignisse. Genau diese Erinnerung wird, ganz im Sinne von Voltaire, als Erinnerungspädagogik zur Vermeidung künftiger Wiederholungen in die Bibel hineingeschrieben. Ein anderes, aktuelles Beispiel ist die deutsche Geschichtserinnerung nach dem Zweiten Weltkrieg und dem Trauma des Holocaust. Auch hier gilt Voltaires Forderung, die zwölf Jahre, die »für die Opfer wirklich tausend waren«, nicht zu verdrängen und nicht zu vertuschen, sondern »in die Erinnerung zu integrieren und als ein ›negatives Eigentum‹ in Anspruch zu nehmen« (Jean Améry).

Voltaires Erinnerungspädagogik will aber nicht nur negative, sondern auch positive Lehren vermitteln. In einer solchen positiven Lehre sieht er zum Beispiel den entscheidenden Vorteil der »modernen« gegenüber der »alten« Geschichte. Die moderne Geschichte vermag den Herrschenden Richtlinien politischen Handelns aufzuzeigen, die den Alten noch unbekannt waren. Während im Altertum der Aufbau von Großreichen das politische Ziel bestimmte und es den Assyrern, Babyloniern, Persern, Alexander dem Großen und zuletzt und am erfolgreichsten den Römern darum ging, mit Hilfe einer überlegenen Streitmacht alle anderen Völker zu unterwerfen, kann es seit dem 15. Jahrhundert nur noch darum gehen, ein Gleichgewicht zwischen den Staaten aufrechtzuerhalten und durch geschickte Bündnispolitik die Übermacht eines einzelnen Partners in diesem *système d'équilibre* zu verhindern.

Trotz der Fokussierung auf negative und positive Bezugspunkte bleibt ein großer Teil vergangenen Geschehens immer unerzählt. Hegel, der von einer katastrophenorientierten Geschichtsschreibung ausging, brachte die »leeren Blätter« der Weltgeschichte mit den »Perioden des Glücks« in Verbindung: »Die Weltgeschichte ist nicht der Boden des Glücks. Die Perioden des Glücks sind leere Blätter in ihr; denn sie sind die Perioden der Zusammenstimmung, des fehlenden Gegensatzes.« Die leeren Blätter zeugen aber nicht nur von Glück, sondern auch von der Unverfügbarkeit der Erinnerung oder der Unmöglichkeit ihrer Mitteilung. Es gibt vieles, was sich der Darstellung entzieht: traumatische Erfahrungen, die sich bewußter Verarbeitung versperren, sowie Tabus, die den Raum des öffentlich Sagbaren einschränken. Uns ist bewußt geworden, daß Geschichte nicht ganz so einfach erzählbar ist, wie Voltaire sich das vorstellt. Sein Programm einer Geschichte als Erinnerungspädagogik ist wegweisend; aber die Grenzen dieses Programms blieben seinem aufklärerischen Optimismus verborgen. Ian Hacking hat einmal festgestellt, daß die Moderne eher von dem bestimmt ist, was wir vergessen haben, als von dem, was wir erinnern. »Eins der paradoxesten Merkmale der Moderne ist, daß das Vergessene zum bestimmenden Faktor wird.«

Was können wir von Voltaire lernen? Hier erscheint vor allem die Einschränkung des Geschichtsbegriffs auf Wissen und Überlieferung, Forschung und Darstellung als heilsam. Voltaire könnte uns dazu verhelfen, den klebrigen Doppelbegriff von Geschichte als *res gestae* und *historia rerum gestarum* hinter uns zu lassen. Liegt nicht eine unzulässige, kurzschlüssige Ontologisierung in der Verknüpfung von Ereignis und Erzählung, Vergangenheit und Erinnerung, wie sie durch den klassisch modernen Begriff von Geschichte suggeriert wird? Gefährlich wird solche Ontologisierung vor allem dann, wenn sie politisch eingesetzt wird und dazu verführt, Geschichte zur Norm kulturtypologischer Klassifizierung zu machen. Dann gelangt man schnell zu einer Unterscheidung zwischen Völkern mit und solchen ohne Geschichte. Der Begriff Geschichte wurde nämlich im 19. Jahrhundert mit evolutionistischen Vorstellungen gefüllt und zu einer Norm erhoben, von der aus das »Fehlen« von Geschichte als Rückständigkeit diffamiert und entsprechenden Völkern der Status des vollen »Menschseins« aberkannt wurde. Von solchen normativen Hypotheken des 19. Jahrhunderts, von denen wir uns in postkolonialen Zeiten endlich zu lösen beginnen, ist Voltaire noch auf wohltuende Weise frei.

»Solange etwas ist, ist es nicht das, was es gewesen sein wird«, schreibt Martin Walser in seinem autobiographischen Roman *Der springende Brunnen* und unterscheidet damit klar zwischen Geschichte als gegenwärtiger Erfahrung und nachträglicher Erzählung. Geschichte als gegenwärtige Erfahrung ist von einem offenen Zukunftshorizont bestimmt, auf den Werte und Handlungsziele projiziert werden. Für Geschichte als retrospektive Erzählung ist dieser Zukunftshorizont immer schon geschlossen. Dadurch setzt sich die Geschichtsschreibung von der ehemaligen Gegenwart ab. Dieser Bruch zwischen Gegenwart und Vergangenheit ist die Voraussetzung ihrer Praxis. Vom Ende her erscheint alles Geschehen in einem anderen Licht, wie etwa das Ancien Régime nach 1789, das Sowjet-Imperium nach 1989 und die Nazi-Herrschaft nach 1945. Das Licht der Geschichte leuchtet nur dem Erzähler, aber nicht dem ins Geschehen Verstrickten. Mit dem Kompaktbegriff von Geschichte, der Geschehen und Erzählung in eins setzt, wird eine Grenze verwischt und die Suggestion einer »Objektivität« der Geschichte geschaffen. Geschichtsschreibung ist und bleibt jedoch vom Gegenwartsmoment des Geschehens abgeschnitten. Sie ist der unabschließbare Prozeß einer diskursiven Rekonstruktion von Vergangenheit, die nie objektiv gegeben, sondern nach immer neuen Kriterien von Wahrheit und Wahrscheinlichkeit ausgehandelt werden muß.

GESCHMACK – Goût (Grammatik, Literatur & Philosophie). Der Sinn, die Gabe, unsere Nahrungsmittel zu unterscheiden, hat in allen bekannten Sprachen jene Metapher hervorgebracht, die durch das Wort *Geschmack* das Gefühl für die Schönheiten & die Mängel in allen Künsten ausdrückt. Es ist ein Unterscheidungsvermögen, das genauso schnell ist wie das der Zunge & des Gaumens & das wie diese der Reflexion zuvorkommt; es ist im Hinblick auf das Gute ebenso empfindlich & genußsüchtig; es lehnt ebenso empört das Schlechte ab; es ist häufig unsicher & verlegen, da es nicht einmal weiß, ob ihm das, was man ihm darbietet, gefallen soll, & da es zuweilen ebenso der Gewöhnung bedarf, um sich herauszubilden. Es ist für den *Geschmack* nicht ausreichend, die Schönheit eines Werkes zu erkennen; er muß sie empfinden, muß von ihr ergriffen werden. Es genügt auch nicht, etwas verschwommen zu empfinden & von ihm irgendwie ergriffen zu werden, man muß vielmehr die verschiedenen Nuancen unterscheiden; nichts darf der Schnelligkeit des Unterscheidungsvermögens entgehen, & so besteht wieder eine Ähnlichkeit zwischen diesem geistigen *Geschmack*, diesem *Geschmack* für die Künste, & dem sinnlichen *Geschmack;* denn wie der Feinschmecker sofort die Mischung zweier Liköre empfindet & erkennt, so sieht der Mann von *Geschmack*, der Kenner, mit einem kurzen Blick die Mischung zweier Stilarten; er erblickt einen Mangel neben einer Annehmlichkeit; er begeistert sich an Corneilles Vers aus dem *Horatius* »Was sollte er ausrichten gegen drei? Mochte er sterben!« Und er empfindet unwillkürlich Abscheu vor dem darauffolgenden Vers: »Oder ihm eine schöne Verzweiflung beistehn!«

Wie der schlechte *Geschmack* in der Physiologie darin besteht, nur Gefallen an allzu scharfen & gesuchten Gewürzen zu finden, so besteht der schlechte *Geschmack* in den Künsten darin, nur Gefallen an ausgeklügelten Zierden zu finden & die schöne Natur nicht zu empfinden.

Der verdorbene *Geschmack* in bezug auf Nahrungsmittel besteht darin, die auszuwählen, welche andere Menschen anwidern – das ist eine Art Krankheit. Der verdorbene *Geschmack* in den Künsten besteht darin, Gefallen an Sujets zu finden, über die rechtschaffene Geister empört sind; das Burleske dem Edlen, das Preziöse & Affektierte dem einfachen & natürlichen Schönen vorzuziehen – das ist eine Krankheit des Geistes. Der *Kunstgeschmack* prägt sich viel stärker aus als der *Sinnesgeschmack;* denn beim physischen *Geschmack* wollte die Natur, obwohl man zuweilen schließlich die Dinge liebt, gegen die man anfangs Abneigung empfunden hat, nur erreichen, daß die Menschen generell empfinden lernen, was für sie notwendig ist; aber der geistige *Geschmack* braucht mehr Zeit, um sich herauszubilden. Ein empfindsamer junger Mensch, der aber noch keinerlei Kenntnisse besitzt, unterscheidet zunächst nicht die Sätze eines großen musikalischen Chorwerks; seine Augen unterscheiden zunächst in einem Gemälde nicht die Abstufungen, das Helldunkel, die Perspektive, die Harmonie der Farben, die Genauigkeit der Zeichnung. Aber nach & nach lernen seine Ohren hören & seine Augen sehen; er wird von einer schönen Tragödie, die er zum erstenmal sieht, tief bewegt; aber er erkennt dabei weder den Wert der drei Einheiten noch jene feine Kunst, nach der keine Person ohne Grund auftritt oder abgeht, auch nicht jene noch vollendetere Kunst, die verschiedene Interessen in einem einzigen konzentriert, & ebensowenig schließlich die Überwindung weiterer Schwierigkeiten. Nur durch Gewohnheit & Überlegung vermag er mit einem Mal freudig all das zu empfinden, was er vorher nicht unterschieden hat. Unmerklich entwickelt sich der *Geschmack* bei einer Nation, die vorher keinen hatte, denn man macht sich nach & nach den *Geschmack* der guten Künstler zu eigen. Man gewöhnt sich daran, Gemälde mit dem Blick eines Lebrun, Poussin, Le Sueur zu sehen; man hört das Rezitativ in Szenen Quinaults mit dem Gehör eines Lully, die Lieder & Sinfonien mit dem eines Rameau. Man liest die Bücher mit dem Geist der guten Autoren.

Wenn eine ganze Nation in der Anfangszeit des Aufkommens der schönen Künste in ihrer Vorliebe für bestimmte Autoren übereinstimmte, die viele Mängel haben & mit der Zeit der Vergessenheit anheimfallen, so nur deshalb, weil diese Autoren natürliche Schönheiten offenbarten, die jedermann empfand, & weil man noch nicht in der Lage war, ihre Schwächen zu erkennen. So wurde Lucilius von den Römern verehrt, bevor ihn Horaz in Vergessenheit geraten ließ, so wurde Régnier von den Franzosen geliebt, ehe Boileau erschien; & ältere Autoren, die auf jeder Seite straucheln, haben nur deshalb ihren großen Ruf behalten, weil bei solchen Nationen noch kein reiner, makelloser Autor aufgetreten ist, der ihnen die Augen geöffnet hätte, wie es Horaz bei den Römern & Boileau bei den Franzosen besorgt hat.

Ein Riese ist kein geschmackvoller Anblick. Ein Erdbeben, ein Lava und Dreck ausspeiender Vulkan ist keine geschmackvolle Erscheinung. Keine Naturkatastrophe, kein Elementarereignis, keinerlei Überlebensgröße ist »geschmackvoll«. Geschmackvoll ist der Durchschnitt, die Konvention, die saubere Schablone, das Bekannte: schon dadurch, daß wir uns in irgendeinem Phänomen nicht auskennen, wirkt es auf uns verwirrend, irritierend, beunruhigend; es hat die Geschmacklosigkeit, uns auf die Nerven zu gehen.
EGON FRIEDELL, KULTURGESCHICHTE DER NEUZEIT

Es heißt, man solle über den *Geschmack* nicht streiten; das ist richtig, wenn es sich um den *Sinnesgeschmack* handelt, um die Abneigung, die man gegen eine bestimmte Nahrung hat, um den Vorzug, den man einer anderen einräumt; man solle darüber nicht streiten, weil man einen organischen Mangel nicht berichtigen kann. Anders verhält es sich in den Künsten. Da sie wirkliche Schönheiten aufweisen, gibt es einen guten *Geschmack*, der sie erkennt, & einen schlechten *Geschmack*, der sie nicht erkennt; & man berichtigt oft den geistigen Mangel, der zu einem verkehrten *Geschmack* führt. Es gibt allerdings auch kalte Seelen & unreine Geister, die man weder begeistern noch berichtigen kann; mit ihnen soll man nicht über den *Geschmack* streiten, weil sie keinen haben.

Der *Geschmack* ist in manchen Dingen willkürlich, wie etwa bei Stoffen, Gewändern, Equipagen, kurz bei allem, was nicht auf der Stufe der schönen Künste steht; dann verdient er eher den Namen Laune. Es ist nicht der *Geschmack*, sondern vielmehr die Laune, die so viele neue Moden hervorbringt.

Der *Geschmack* kann bei einer Nation verdorben werden; dieses Unglück tritt gewöhnlich nach Jahrhunderten der Vollkommenheit ein. Da die Künstler fürchten, Nachahmer zu bleiben, geraten sie auf Abwege; sie entfernen sich von der schönen Natur, die ihre Vorgänger erfaßt haben. Es liegt zwar ein gewisses Verdienst in ihren Bemühungen; dieses Verdienst bemäntelt ihre Fehler, das Publikum, das auf Neuartiges erpicht ist, läuft ihnen nach; doch wird es ihrer bald überdrüssig, & es treten andere auf, die sich ihrerseits bemühen, zu gefallen; sie entfernen sich noch weiter von der Natur als die ersteren. So geht der *Geschmack* verloren, man sieht sich von neuartigen Dingen umgeben, die einander schnell ablösen; das Publikum weiß nicht mehr, woran es ist, & trauert vergeblich dem Jahrhundert des guten *Geschmacks* nach, das nicht wiederkehren kann; es ist ein Erbe, das nur einige weit von der Menge entfernte gute Köpfe bewahren.

Es gibt große Länder, wohin der *Geschmack* niemals gelangt ist; es sind jene Länder, wo sich die Gesellschaft nicht vervollkommnet hat, wo Männer & Frauen sich nicht versammeln, wo gewisse Künste, wie die Skulptur & die Malerei, die beseelte Wesen darstellen, von der Religion verboten sind. Wenn wenig Geselligkeit herrscht, verkümmert der Geist, er stumpft ab, er bietet nichts, woran sich der *Geschmack* bilden könnte. Fehlen mehrere schöne Künste, dann haben die anderen selten etwas, worauf sie sich stützen könnten; denn alle Künste halten sich an der Hand & sind voneinander abhängig. Das ist einer der Gründe, weshalb die Asiaten fast in keiner Gattung gelungene Werke aufzuweisen haben & der *Geschmack* nur wenigen Völkern Europas zuteil geworden ist. *Voltaire*

Wir fügen diesem vortrefflichen Artikel das Fragment über den Geschmack hinzu, das der Präsident Montesquieu, wie wir schon in unserer Lobrede auf ihn im fünften Band dieses Werkes gesagt haben, für die Encyclopédie *bestimmt hatte. Das Fragment wurde in unvollendetem Zustand unter seinen Papieren gefunden. Der Autor fand keine Zeit mehr, letzte Hand daran zu legen; aber die ersten Gedanken der großen Lehrmeister verdienen der Nachwelt ebenso überliefert zu werden wie die Skizzen der großen Maler.*

VERSUCH ÜBER DEN GESCHMACK IN DINGEN DER NATUR & KUNST: Bei unserer derzeitigen Lebensweise findet unsere Seele *Geschmack* an drei Arten von Vergnügen. Es gibt ein Vergnügen, das sie aufgrund ihrer eigenen Existenz findet, ein anderes, das sich aus ihrer Verbindung mit dem Körper ergibt, & schließlich wieder ein anderes, das auf den Gewohnheiten & den Vorurteilen beruht, das bestimmte Einrichtungen, bestimmte Sitten, bestimmte Gepflogenheiten uns annehmen ließen.

Diese verschiedenen Arten des Vergnügens bilden die Gegenstände des *Geschmacks*, wie das Schöne, das Gute, das Angenehme, das Naive, das Feine, das Zarte, das Graziöse, das gewisse Etwas, das Edle, das Große, das Erhabene, das Majestätische &c. Wenn wir zum Beispiel Vergnügen daran finden, eine Sache zu betrachten, die uns Nutzen bringt, so sagen wir, sie sei *gut*; wenn wir Vergnügen daran finden, sie anzusehen, ohne in ihr einen gegenwärtigen Nutzen zu entdecken, so nennen wir sie *schön*.

Die Alten haben das nicht klar erkannt; sie betrachteten alle zu unserer Seele gehörenden Eigenschaften als positive Eigenschaften – was bewirkt, daß die Dialoge, in denen Platon den Sokrates vernünfteln läßt, jene von den Alten so sehr bewunderten Dialoge, heute unerträglich sind, weil sie auf einer falschen Philosophie beruhen; denn alle diese Vernünfteleien über das Gute, das Schöne, das Vollkommene, das Weise, das Törichte, das Harte, das Weiche, das Trockene, das Feuchte, die als positive Dinge behandelt werden, haben heute keine Bedeutung mehr.

Die Quellen des Schönen, des Guten, des Angenehmen &c. liegen also in uns selbst; & die Gründe dafür suchen heißt nach den Ursachen für das Vergnügen unserer Seele suchen.

Untersuchen wir also unsere Seele, erforschen wir sie in ihren Handlungen & Leidenschaften, beobachten wir sie bei ihrem Vergnügen; denn darin offenbart sie sich vor allem. Die Poesie, die Malerei, die Skulptur, die Architektur, die Musik, der Tanz, die verschiedenen Arten des Spiels & schließlich die Werke der Natur & der Kunst können ihr Vergnügen bereiten. Sehen wir, warum, wie & wann sie ihr Vergnügen bereiten; werden wir uns über unsere Gefühle klar: das kann dazu beitragen, daß wir den *Geschmack* finden, der weiter nichts ist als der Vorzug, mit Feingefühl & Scharfsinn das Maß des Vergnügens zu entdecken, das jede Sache den Menschen bereiten soll.

Vom Vergnügen unserer Seele: Die Seele kennt – unabhängig von dem Vergnügen, das aus den Sinnen kommt – ein Vergnügen, das nicht von den Sinnen abhängt & ihr allein eigen ist. Dazu gehört jenes, das ihr die Wißbegierde, die Vorstellung von ihrer Größe & ihrer Vollkommenheit, die Vorstellung von ihrer Existenz, die der Empfindung der Finsternis entgegengesetzt ist, das Vergnügen, alles in einer allgemeinen Idee zusammenzufassen, das, eine große Anzahl von Dingen zu sehen, & das, Ideen zu vergleichen, zu verbinden & zu trennen, bereiten. Diese Arten des Vergnügens liegen – unabhängig von den Sinnen – im Wesen der Seele, weil sie zu jedem denkenden Wesen gehören; & es wäre völlig belanglos, hier zu untersuchen, ob die Seele diese Arten des Vergnügens als eine mit dem Körper verbundene oder von ihm getrennte Substanz empfindet, weil sie sie immer empfindet & weil sie Gegenstand des *Geschmacks* sind. So unterscheiden wir hier die Arten des Vergnügens, die vom Wesen der Seele herrühren, nicht von denen, die von ihrer Verbindung mit dem Körper herrühren; wir nennen alles das natürliches Vergnügen, was wir vom erworbenen Vergnügen unterscheiden, das sich die Seele durch gewisse Verbindungen mit dem natürlichen Vergnügen verschafft; & ebenso – & aus demselben Grund – unterscheiden wir den natürlichen *Geschmack* vom erworbenen *Geschmack*. Es ist gut, die Quelle des Vergnügens zu kennen, dessen Maßstab der *Geschmack* ist; denn Kenntnis über das natürliche & das erworbene Vergnügen kann uns dazu dienen, unseren natürlichen & unseren erworbenen *Geschmack* zu berichtigen. Man muß von dem Zustand ausgehen, in dem sich unser Dasein befindet, & erkennen, worin sein Vergnügen besteht, um sein Vergnügen ermessen & zuweilen sogar empfinden zu können.

Wäre unsere Seele nicht mit dem Körper verbunden gewesen, so hätte sie erkannt & wahrscheinlich geliebt, was sie erkannt hätte. Jetzt lieben wir eigentlich nur das, was wir nicht erkennen.

Unsere Daseinsweise ist durchaus willkürlich; wir könnten geschaffen sein, wie wir sind, oder auch anders; aber wenn wir anders geschaffen worden wären, dann hätten wir auch anders empfunden; ein Organ mehr oder weniger in unserer Maschine hätte eine andere Beredsamkeit & eine andere Poesie hervorgebracht; eine unterschiedliche Beschaffenheit der gleichen Organe hätte wieder eine andere Poesie hervorgebracht. Wenn uns zum Beispiel die Beschaffenheit unserer Organe zu längerer Aufmerksamkeit befähigt hätte, so würden alle Regeln, welche die Anordnung der Stoffe im Verhältnis zum Grad unserer Aufmerksamkeit bestimmen, nicht mehr gelten. Wären wir zu größerem Scharfsinn befähigt worden, so würden alle Regeln, die auf dem Grad unseres Scharfsinns beruhen, hinfällig; kurz, alle Gesetze, die sich daraus ergeben, daß unsere Maschine auf bestimmte Weise beschaffen ist, würden sich ändern, wenn unsere Maschine nicht so beschaffen wäre.

Einmal fanden wir bei einem gebildeten Händler im Nordosten von Paris, in der Gegend von La Villette, eine Flasche alten Yquem, Jahrgang 1947; er hatte ihn in dem früheren Restaurant in der Gare de l'Est gekauft, das seinen Weinkeller in einem alten unterirdischen Steinbruch hatte – eine Flasche aus den Katakomben. Die Flüssigkeit hatte ein dunkles Gold angenommen, ein Gelborange, das ins Kupferne ging, durchzogen von rosafarbenen Reflexen. Wie ein Kupferkessel, den Zeit und Geduld poliert haben, in einer etwas dunklen flämischen Küche, zwischen Balken aus schwarzem Holz. Der Wein leuchtete wie Stroh in einem Stall, wie das Kompaßgehäuse die Striche erleuchtet des Nachts im Wind. Der noch feste Korken ging bereits ein wenig ins Flüssige über, sein Braun ins Blonde, alles näherte sich einem Phasenwechsel. Wir haben uns so viel Zeit genommen, diesen Wein zu trinken, daß wir heute noch davon reden. Michel Serres, Die fünf Sinne

Wenn unser Gesichtssinn schwächer & unklarer gewesen wäre, dann hätte man bei den architektonischen Elementen weniger Verzierungen & eine stärkere Gleichförmigkeit benötigt. Wäre unser Gesichtssinn schärfer & unsere Seele fähig gewesen, mehrere Dinge auf einmal zu erfassen, so wären in der Architektur mehr Ausschmückungen notwendig gewesen. Wären unsere Ohren wie die gewisser Tiere beschaffen gewesen, so hätte man sehr viele unserer Musikinstrumente ändern müssen. Ich weiß wohl, daß die Beziehungen, welche die Dinge zueinander haben, weiterbestanden hätten; aber da die Beziehung, die sie zu uns haben, eine andere wäre, würden die Dinge, die im gegenwärtigen Zustand eine bestimmte Wirkung auf uns ausüben, diese nicht mehr ausüben; & da die Vollkommenheit der Künste darin besteht, uns die Dinge so darzustellen, daß sie uns möglichst viel Vergnügen bereiten, müßte in den Künsten eine Änderung eintreten, weil sie erst dann am geeignetsten wären, uns Vergnügen zu bereiten.

Man nimmt zunächst an, es genüge, die verschiedenen Quellen unserer Vergnügen zu kennen, um *Geschmack* zu besitzen; & wenn man gelesen habe, was die Philosophie darüber sagt, so habe man *Geschmack* & könne daher kühn über Kunstwerke urteilen. Aber der natürliche *Geschmack* stellt keine theoretische Erkenntnis dar, er ist eine schnelle & vortreffliche Anwendung von Regeln, die man gar nicht kennt. Man braucht nicht zu wissen, daß das Vergnügen, das uns eine bestimmte Sache bereitet, die wir schön finden, von der Überraschung herrührt; es genügt, daß sie uns in solchem Maße überrascht, wie sie soll, nicht mehr & nicht weniger.

So vermag alles, was wir hierzu bemerken, & jede Vorschrift, die wir für die Ausbildung des *Geschmacks* geben können, nur den erworbenen *Geschmack* zu betreffen, das heißt nur diesen erworbenen *Geschmack* direkt, obwohl dieser indirekt noch mit dem natürlichen *Geschmack* zusammenhängt; denn der erworbene *Geschmack* beeinflußt, ändert, hebt oder senkt den natürlichen *Geschmack*, so wie der natürliche *Geschmack* den erworbenen *Geschmack* beeinflußt, ändert, hebt oder senkt.

Die allgemeine Definition des *Geschmacks*, ungeachtet der Frage, ob er gut oder schlecht, richtig oder falsch sei, beruht auf dem, was uns gefühlsmäßig an eine Sache bindet – was nicht ausschließt, daß er auch auf geistige Dinge angewendet werden kann, deren Kenntnis unserer Seele so viel Vergnügen bereitet, daß dies das einzige Glück wäre, das gewisse Philosophen verstehen könnten. Die Seele erkennt durch ihre Ideen & durch ihre Empfindungen & findet an diesen Ideen & diesen Empfindungen Vergnügen; denn obwohl wir die Idee vorhin der Empfindung entgegengesetzt haben, empfindet doch die Seele eine Sache, sobald sie diese sieht; es gibt keine Dinge, die dermaßen geistig wären, daß die Seele sie nicht sähe oder nicht zu sehen glaubte & folglich nicht empfände.

Vom Geist überhaupt: Der Geist ist die Gattung, zu der mehrere Arten gehören – Genie, gesunder Verstand, Unterscheidungsvermögen, Folgerichtigkeit, Talent, *Geschmack.*

Der Geist ist so beschaffen, daß er gutgebaute Organe für die Gegenstände hat, auf die er sich richtet. Wenn der Gegenstand ein ganz besonderer ist, so heißt er *Talent*; bezieht er sich mehr auf ein bestimmtes feines Vergnügen der vornehmen Welt, dann heißt er *Geschmack;* ist der besondere Gegenstand bei einem Volk einzigartig, so heißt das Talent *Geist* wie etwa die Kriegskunst & die Landwirtschaft bei den Römern, die Jagd bei den Wilden &c.

Von der Wißbegierde: Unsere Seele ist dazu bestimmt, zu denken, das heißt wahrzunehmen. Nun muß aber ein solches Wesen Wißbegierde haben; denn da alle Dinge in einer Kette verknüpft sind, in der jeder Idee eine andere vorausgeht & eine andere folgt, kann man eine Sache nicht gern sehen, ohne den Wunsch zu haben, eine andere zu sehen; & wenn wir nicht den Wunsch nach jener hätten, so fänden wir auch kein Vergnügen an dieser. Zeigt man uns einen Teil eines Gemäldes, dann wollen wir auch jenen Teil sehen, den man uns verbirgt, & erhoffen von ihm ebensoviel Vergnügen, wie uns der Teil, den wir gesehen, bereitet hat.

Das Vergnügen, das uns ein Gegenstand bereitet, führt also zu einem anderen; deshalb sucht die Seele immer nach neuartigen Dingen & kommt niemals zur Ruhe.

Man kann also immer sicher sein, der Seele zu gefallen, wenn man ihr viele Dinge zeigt oder mehr, als zu erblicken sie hoffen konnte. So kann man begründen, warum wir Vergnügen empfinden, wenn wir einen gepflegten Garten sehen, & warum wir auch Vergnügen empfinden, wenn wir eine verwilderte Landschaft sehen. Ein & dieselbe Ursache bringt diese Wirkungen hervor.

Da wir gern eine große Anzahl von Gegenständen sehen, möchten wir unsere Sicht erweitern, an mehreren Orten sein, einen größeren Raum durcheilen. Kurz: unsere Seele sehnt sich über die Grenzen hinaus & möchte sozusagen den Bereich ihrer Gegenwart ausdehnen. So ist es für sie ein großes Vergnügen, ihren Blick in die Ferne schweifen zu lassen. Aber wie wäre das möglich? In den Städten wird unser Blick von den Häusern, auf dem Lande von tausend

Die Speisen haben vermutlich einen sehr großen Einfluß auf den Zustand der Menschen, wie er jetzo ist, der Wein äußert seinen Einfluß mehr sichtbarlich, die Speisen tun es langsamer, aber vielleicht ebenso gewiß, wer weiß ob wir nicht einer gut gekochten Suppe die Luftpumpe und einer schlechten den Krieg oft zu verdanken haben. Es verdiente dieses eine genauere Untersuchung. Allein wer weiß ob nicht der Himmel damit große Endzwecke erreicht, Untertanen treu erhält, Regierungen ändert und freie Staaten macht, und ob nicht die Speisen das tun was wir den Einfluß des Klima nennen.
Lichtenberg, Sudelbücher

Hindernissen begrenzt: Wir können kaum drei oder vier Bäume zugleich sehen. Die Kunst kommt uns zu Hilfe & entdeckt uns die Natur, die sich verbirgt; wir lieben die Kunst, & zwar mehr als die Natur, das heißt die unseren Augen entzogene Natur. Aber wenn wir schöne Gegenden finden, wenn unser freier Blick in der Ferne Wiesen, Bäche, Hügel & sozusagen einmalig geschaffene Anlagen entdecken kann, dann ist er noch entzückter, als wenn er die Gärten von Le Nôtre sieht; denn die Natur ahmt sich nicht selbst nach, wohingegen die Kunst sich immer ähnlich ist. Deshalb lieben wir eine gemalte Landschaft mehr als die Anlage des schönsten Gartens in der Welt; denn die Malerei erfaßt die Natur nur dort, wo sie schön ist, wo der Blick in die Ferne schweifen kann, & auch nur dort, wo sie mannigfaltig ist, wo sie also mit Vergnügen betrachtet werden kann.

Vom Vergnügen der Überraschung: Diese Veranlagung der Seele, die sie immer zu verschiedenen Gegenständen hinzieht, bewirkt, daß sie *Geschmack* an jedem Vergnügen findet, das von der Überraschung herrührt – einer Empfindung, die der Seele wegen des Anblicks & der Schnelligkeit der Handlung gefällt; denn sie bemerkt oder empfindet eine Sache, die sie nicht erwartet, oder empfindet sie in einer Weise, die sie nicht erwartet hat.

Eine Sache kann uns als wunderbar, als neuartig & schließlich auch als unerwartet überraschen; in den beiden letzten Fällen verbindet sich mit der Hauptempfindung eine Nebenempfindung, die darauf beruht, daß die Sache neuartig oder unerwartet ist.

Deshalb reizen uns die Glücksspiele; sie führen uns eine ununterbrochene Reihe unerwarteter Ereignisse vor Augen. Deshalb gefallen uns die Gesellschaftsspiele; sie sind ebenfalls eine Reihe unvorhergesehener Ereignisse, welche die Geschicklichkeit sowie den Zufall zur Ursache haben.

Deshalb gefallen uns auch die Theaterstücke; sie entwickeln sich nach & nach, verbergen die Ereignisse, bis sie eintreten, bereiten uns immer auf neue Gegenstände der Überraschung vor & fesseln uns oft dadurch, daß sie uns Ereignisse so zeigen, daß wir sie hätten voraussehen müssen.

Schließlich werden die geistvollen Werke gewöhnlich nur deshalb gelesen, weil sie uns angenehme Überraschungen bereiten & uns für die Langeweile der sich stets in die Länge ziehenden Unterhaltungen entschädigen, die diese Wirkung keineswegs ausüben.

Die Überraschung kann durch die Sache oder durch die Weise, wie man sie wahrnimmt, hervorgerufen werden; denn wir sehen eine Sache größer oder kleiner, als sie in Wirklichkeit ist, oder anders, als sie ist; oder wir sehen die Sache selbst richtig, aber mit einer zusätzlichen Vorstellung, die uns überrascht. Eine solche zusätzliche Vorstellung ist bei einer Sache zum Beispiel der Gedanke an die Schwierigkeit, mit der sie vollbracht worden ist, an die Person, die sie vollbracht hat, an die Zeit, in der sie vollbracht worden ist, an die Art & Weise, in der sie vollbracht worden ist, oder an irgendeinen anderen hinzukommenden Umstand.

Sueton schildert uns die Verbrechen Neros mit einer Gelassenheit, die uns überrascht, da er uns fast glauben macht, er empfinde keinen Abscheu vor dem, was er beschreibt; doch schlägt er plötzlich einen anderen Ton an & sagt: »Nachdem die Welt vierzehn Jahre lang unter diesem Ungeheuer gelitten hatte, verließ er sie endlich« – *tale monstrum per quatordecim annos perpessus terrarum orbis tandem destituit.* Das ruft im Geist verschiedene Arten der Überraschung hervor; wir sind überrascht von dem Stilwechsel des Autors, von der Entdeckung seiner andersgearteten Denkweise, von seiner Art & Weise, in so wenigen Worten eine der damals eingetretenen großen Umwälzungen wiederzugeben. So erlebt die Seele eine sehr große Anzahl verschiedener Empfindungen, die alle dazu beitragen, sie zu erschüttern & ihr ein Vergnügen zu bereiten.

Von den verschiedenen Ursachen, die eine Empfindung hervorrufen können: Man muß feststellen, daß eine Empfindung in unserer Seele gewöhnlich nicht nur eine einzige Ursache hat; es ist, wenn ich mich dieses Ausdrucks bedienen darf, eine bestimmte Dosis, welche die Stärke & die Mannigfaltigkeit der Empfindung bedingt. Der Geist vermag zugleich auf mehrere Organe einzuwirken; & wenn man die verschiedenen Schriftsteller prüft, so wird man vielleicht finden, daß die besten sowie die, welche uns am meisten gefallen haben, jene sind, die in der Seele zugleich die meisten Empfindungen erweckt haben.

Achten Sie bitte auf die Vielzahl der Ursachen. Wir sehen lieber einen gepflegten Garten als ein Durcheinander von Bäumen, & zwar aus folgenden Gründen: 1. Unser Blick, der sonst begrenzt wäre, ist frei. 2. Jede Allee ist ein Ganzes & bildet einen großen Gegenstand, während in dem Durcheinander zwar jeder Baum ein Gegenstand ist, aber ein kleiner. 3. Wir sehen eine Anordnung, die wir sonst nicht zu sehen pflegen. 4. Wir sind dankbar für die Mühe, die man sich gegeben hat. 5. Wir bewundern die Sorgfalt, mit der man unablässig die Natur bekämpft, die durch Erzeugnisse, welche man nicht von ihr verlangt, alles in Unordnung zu bringen sucht – was so wahr ist, daß ein vernachlässigter Garten für uns unerträglich ist. Zuweilen gefällt uns die Schwierigkeit der Arbeit, zuweilen deren Leichtigkeit; & wie wir in einem prachtvollen Garten die Größe & den Aufwand des Besitzers bewundern, so sehen wir manchmal auch mit Vergnügen, daß man uns mit wenig Aufwand & geringer Mühe zu gefallen versteht.

Das Spiel gefällt uns, weil es unsere Habgier befriedigt, das heißt die Hoffnung, mehr zu besitzen. Es schmeichelt unserer Eitelkeit durch die Vorstellung, daß uns das Glück den Vorzug gibt & daß die anderen unserem Glück Beachtung schenken; es befriedigt auch unsere Neugierde, indem es uns ein Schauspiel verschafft. Schließlich bereitet es uns das wechselnde Vergnügen der Überraschung.

Der Tanz gefällt uns durch die Beschwingtheit, durch eine gewisse Grazie, durch die Schönheit & Mannigfaltigkeit der Attitüden, durch seine Verknüpfung mit der Musik, da der Tanzende gleichsam ein begleitendes Instrument ist; aber er gefällt uns vor allem aufgrund einer bestimmten Veranlagung unseres Gehirns, die im stillen die Vorstellung sämtlicher Bewegungen auf bestimmte Bewegungen & die Vielzahl der Attitüden auf bestimmte Attitüden zurückführt.

Von der Empfindsamkeit: Fast immer gefallen & mißfallen uns die Dinge in verschiedener Hinsicht. So dürften uns zum Beispiel die italienischen Kastraten aus verschiedenen Gründen nur wenig Vergnügen bereiten: 1. Es ist nicht erstaunlich, daß sie gut singen; sie sind gleichsam ein Instrument, das der Hersteller zurechtgeschnitzt hat, damit es Töne hervorbringe. 2. Die Leidenschaften, die sie spielen, stehen zu sehr im Verdacht der Unwahrheit. 3. Sie sind weder von dem Geschlecht, das wir lieben, noch von dem, das wir schätzen. Andererseits können sie uns gefallen, weil sie sehr lang ein jugendliches Aussehen behalten, & um so mehr, weil sie eine geschmeidige, ihnen allein eigene Stimme besitzen. So flößt uns jede Sache eine Empfindung ein, die aus vielen anderen zusammengesetzt ist, die sich gegenseitig abschwächen & zuweilen gegenseitig stoßen.

Wir alle ähneln mehr oder weniger irgendwelchen Speisen. Es gibt eine Menge Bourgeois, die mir wie Suppenfleisch vorkommen: viel Dampf, kein Saft und kein Geschmack. Man hat sofort genug davon, und es nährt die Bauernlümmel. Es gibt auch eine Menge weißes Fleisch, Flußfische, schlanke Aale, die im Morast der Flußbetten leben, Austern (mehr oder weniger salzig), Kalbsköpfe und süßes Mus. Ich? Ich bin wie Makkaroni mit zerlaufenem stinkendem Käse; man muß sich erst daran gewöhnen, bis man auf den Geschmack kommt. Mit der Zeit ist man dann soweit, nachdem sich einem zuvor so manches Mal der Magen gedreht hat. FLAUBERT AN LOUISE

Oft legt sich unsere Seele selbst Gründe für das Vergnügen zurecht, & das gelingt ihr vor allem infolge der Verbindungen, die sie zwischen den Dingen herstellt. So gefällt uns eine Sache, die uns gefallen hat, nur deshalb noch immer, weil sie uns einmal gefallen hat & weil wir die alte Vorstellung mit der neuen verbinden. So gefällt uns eine Schauspielerin, die uns auf der Bühne gefallen hat, auch in ihrem Zimmer; ihre Stimme, ihre Ausdrucksweise, die Erinnerung daran, daß sie bewundert werde – was soll ich noch sagen? –, die Vorstellung von der Prinzessin, die an ihre Person geknüpft ist, das alles bildet eine gewisse Mischung, die Vergnügen hervorruft.

Wir alle haben viele zusätzliche Vorstellungen. Eine Frau, die einen großen Ruf & einen kleinen Fehler hat, kann ihn zu ihren Gunsten geltend machen & uns veranlassen, ihn als etwas Anmutiges zu betrachten. Die meisten Frauen, die wir lieben, haben nur etwas für sich: die Eingenommenheit von ihrer Herkunft oder von ihrem Reichtum, die Ehre oder die Hochachtung, die ihnen gewisse Leute deshalb zollen.

Vom gewissen Etwas: In den Personen oder in den Dingen liegt zuweilen ein unsichtbarer Reiz, eine natürliche Grazie, die man nicht definieren kann & die man daher das »gewisse Etwas« nennen muß. Mir scheint, daß diese Wirkung hauptsächlich auf Überraschung beruht. Wir werden davon berührt, daß uns eine Person mehr gefällt, als sie uns allem Anschein nach zunächst gefallen durfte, & wir sind angenehm davon überrascht, daß sie Fehler zu überwinden vermochte, die uns unsere Augen zeigen, an die aber unser Herz nicht mehr glaubt. Deshalb haben die häßlichen Frauen sehr oft & die schönen Frauen nur selten Grazie; denn eine schöne Frau tut gewöhnlich das Gegenteil von dem, was wir erwartet haben; sie bringt es fertig, uns weniger liebenswürdig zu erscheinen; nachdem sie uns im Guten überrascht hat, überrascht sie uns im Schlechten. Aber der gute Eindruck ist alt, der schlechte Eindruck neu, & so erwecken die schönen Frauen selten große Leidenschaften; das ist fast immer denen vorbehalten, die Grazie haben, das heißt Annehmlichkeiten, die wir nicht erwartet hatten & die zu erwarten wir keinen Grund hatten. Großartige Gewänder haben selten Grazie, die Kleidung der Schäferinnen dagegen oft. Wir bewundern die Erhabenheit der Draperien von Paolo Veronese; aber von der Schlichtheit Raffaels & von der Reinheit Correggios sind wir gerührt. Paolo Veronese verspricht viel & erfüllt, was er verspricht. Raffael & Correggio versprechen wenig & erfüllen viel, & das gefällt uns noch mehr.

Die Grazie ist gewöhnlich mehr im Geist als im Gesicht zu finden; denn ein schönes Antlitz zeigt sich zunächst & verbirgt kaum etwas; der Geist aber zeigt sich erst nach & nach, nur wenn er will & soweit er will; er kann sich verbergen, um sich dann zu zeigen & jene Art der Überraschung hervorzurufen, die eben die Grazie ausmacht.

Die Grazie ist weniger in den Gesichtszügen zu finden als in den Umgangsformen; denn die Umgangsformen entwickeln sich in jedem Augenblick & können jederzeit Überraschungen hervorrufen. Mit einem Wort: eine Frau kann nur auf eine Art schön sein, aber sie ist auf tausenderlei Arten hübsch.

Das Gesetz der beiden Geschlechter hat bei den gesitteten Nationen & den wilden Völkern festgelegt, daß die Männer begehren & die Frauen nur gewähren sollen; daher ist die Grazie besonders den Frauen eigen. Da sie alles zu verteidigen haben, müssen sie alles verbergen; das unbedeutendste Wort, die geringste Geste, alles, was sich bei ihnen zeigt, ohne daß es gegen die höchste Pflicht verstößt, alles, was sich frei äußert, wird zur Grazie, & die Weisheit der Natur ist so groß, daß das, was ohne das Gebot der Züchtigkeit nichts wäre, dank diesem glücklichen Gebot, das der ganzen Welt zum Glück gereicht, unendlich wertvoll wird.

Da weder die Gezwungenheit noch die Affektiertheit uns überraschen können, findet sich die Grazie weder in gezwungenen noch in affektierten Umgangsformen, sondern allein in einer gewissen Ungezwungenheit & Leichtigkeit, die zwischen den beiden Extremen liegt, & die Seele ist angenehm überrascht zu sehen, daß beide Klippen vermieden worden sind.

Es könnte so scheinen, als müßten die natürlichen Umgangsformen die einfachsten sein; aber sie sind es am wenigsten, denn die Erziehung, die uns etwas aufzwingt, läßt uns immer an Natürlichkeit verlieren. Wir sind aber entzückt, wenn wir sie zurückkehren sehen.

Nichts gefällt uns an einem Gewand so sehr wie jene Nachlässigkeit, ja sogar Aufgelöstheit, die uns alle jene Sorgfalt verbirgt, welche der Ordnungssinn nicht verlangt hat & welche allein die Eitelkeit hätte aufwenden können; man besitzt im Geist immer nur dann Grazie, wenn das, was man ausspricht, glücklich gefunden & nicht gesucht ist.

Wenn Sie Dinge sagen, die Sie viel Mühe gekostet haben, so können Sie damit wohl zeigen, daß Sie Geist haben, aber nicht, daß Sie Grazie des Geistes besitzen. Wollen Sie solche Grazie aufweisen, dann dürfen Sie selber diese nicht sehen, & die anderen, denen im übrigen ein naiver & einfältiger Zug an Ihnen nichts dergleichen versprochen hat, müssen angenehm überrascht sein, solche Grazie an Ihnen wahrzunehmen.

So läßt sich Grazie nicht erwerben; denn um Grazie zu besitzen, muß man naiv sein. Wie kann man aber darauf hinwirken, naiv zu sein?

Eine der schönsten Fiktionen Homers ist die von dem Gürtel, der Aphrodite die Gabe zu gefallen verlieh. Nichts ist geeigneter, jenen Zauber & jene Macht der Grazie fühlbar zu machen, die einem Menschen anscheinend von einer unsichtbaren Macht verliehen werden & die sich von der Schönheit unterscheiden. Nun konnte aber dieser Gürtel nur der Aphrodite verliehen werden; er paßte nicht zu der majestätischen Schönheit der Hera, denn das Majestätische verlangt eine gewisse Würde, das heißt einen Zwang, der im Widerspruch zur Naivität der Grazie steht; er paßte auch nicht recht zur stolzen Schönheit der Pallas Athene, denn der Stolz steht im Widerspruch zur Zartheit der Grazie & ist im übrigen oft der Affektiertheit verdächtig.

Fortgang der Überraschung: Groß ist die Schönheit, wenn eine Sache so ist, daß die Überraschung zuerst mäßig ist, daß sie aber anhält, daß sie zunimmt & schließlich zur Bewunderung führt. Die Werke Raffaels machen auf den ersten Blick wenig Eindruck; denn er ahmt die Natur so gut nach, daß man darüber zunächst ebensowenig staunt, als wenn man das Objekt selbst sähe, das keine Überraschung hervorriefe. Aber ein außergewöhnlicher Ausdruck, ein stärkeres Kolorit, eine wunderliche Attitüde von einem weniger guten Maler fesselt uns auf den ersten Blick, weil man diese anderswo nicht zu sehen pflegt. Man kann Raffael mit Vergil vergleichen & die venezianischen Maler & ihre gekünstelten Attitüden mit Lukian. Vergil, der natürlicher ist, macht zuerst weniger, dann aber um so mehr Eindruck. Lukian macht zuerst mehr, dann aber weniger Eindruck.

Die genaue Proportion der berühmten Peterskirche bewirkt, daß sie zunächst nicht so groß erscheint, wie sie ist; denn wir wissen zunächst nicht, woran wir uns halten sollen, um ihre Größe zu beurteilen. Wäre sie weniger breit, so würde uns ihre Länge auffallen; wäre sie weniger lang, so würde uns ihre Breite auffallen. Aber je länger das Auge sie betrachtet, desto größer erscheint sie, & desto größer wird das Erstaunen. Man kann sie mit den Pyrenäen vergleichen, wo das Auge, das sie anfangs zu ermessen glaubt, Berge über Berge entdeckt & sich immer weiter verliert.

Es kommt häufig vor, daß unsere Seele Vergnügen empfindet, wenn sie eine Empfindung hat, die sie selbst nicht enträtseln kann, & wenn sie etwas sieht, das ganz anders ist als sie selbst; das ruft in ihr ein Gefühl der Überraschung hervor, aus dem sie nicht klug werden kann. Hier ein Beispiel dafür: Der Petersdom ist unermeßlich groß. Bekanntlich hat Michelangelo angesichts des Pantheons, das der größte Tempel Roms war, gesagt, er wolle etwas Ähnliches machen, es solle aber in der Luft schweben. Er baute also nach diesem Modell den Petersdom, aber er machte die Pfeiler so wuchtig, daß dieser Dom, der einem Gebirge zu unseren Häuptern gleicht, dem betrachtenden Auge federleicht vorkommt. Die Seele schwebt also in Ungewißheit zwischen dem, was sie sieht, & dem, was sie weiß, & sie ist überrascht, eine Masse zu sehen, die zugleich so gewaltig & so beschwingt ist.

Betäubend heulte die Straße rings um mich. Hochgewachsen, schlank, in tiefer Trauer, hoheitsvoller Schmerz, ging eine Frau vorüber; üppig hob und wiegte ihre Hand des Kleides wellenhaften Saum; / Leicht und edel setzte sie wie eine Statue das Bein. Ich aber trank, im Krampf wie ein Verzückter, aus ihrem Auge, einem fahlen, unwetterschwangeren Himmel, die Süße, die betört, die Lust, die tötet. / Ein Blitz… und dann die Nacht! – Flüchtige Schönheit, unter deren Blick ich plötzlich neu geboren war, soll ich dich in der Ewigkeit erst wiedersehen? / Anderswo, sehr weit von hier! zu spät! niemals *vielleicht! Denn ich weiß nicht, wohin du enteilst, du kennst den Weg nicht, den ich gehe, o du, die ich geliebt hätte, o du, die es wußte!*

BAUDELAIRE, AN EINE, DIE VORÜBERGING

Von den Schönheiten, die einer gewissen Verwirrung der Seele entspringen: Oft rührt die Überraschung der Seele daher, daß sie das, was sie sieht, nicht mit dem vereinbaren kann, was sie gesehen hat. In Italien gibt es einen großen See, der Lago Maggiore heißt; es ist ein kleines Meer, dessen Ufer nur Verwilderung zeigen. Fünfzehn Meilen vom Ufer entfernt liegen in diesem See zwei Inseln von einer

Viertelmeile Umfang, die Borromeischen Inseln, die meiner Ansicht nach der zauberhafteste Aufenthaltsort in der Welt sind. Die Seele staunt über diesen märchenhaften Kontrast & erinnert sich mit Vergnügen an die Wunder in den Romanen, wo man nach einer Wanderung über Felsen & unfruchtbares Land in eine für Feen geschaffene Gegend gelangt. – Alle Kontraste machen uns Eindruck, weil Dinge, die im Gegensatz zueinander stehen, sich voneinander abheben. Wenn also ein kleiner Mann neben einem großen steht, läßt der kleine den anderen größer & der große den anderen kleiner erscheinen.

Solche Überraschungen machen das Vergnügen aus, das man an allen auf Gegensätzlichkeiten beruhenden Schönheiten, an allen Antithesen & ähnlichen Figuren findet. Wenn Florus sagt: »Sorus & Algides – wer hielte das für möglich? – waren uns furchtbar, Satrien & Corniculus waren Provinzen; wir erröten vor den Borilern & Verulern, aber wir haben sie besiegt; schließlich waren Tibur, unsere Vorstadt, & Praeneste, wo unsere Lusthäuser sind, Gegenstand der Gelübde, die wir im Kapitol ablegten«, so zeigt uns dieser Autor, meine ich, zugleich die Größe Roms & die Winzigkeit seiner Anfänge, & wir staunen über beides.

Man kann daran erkennen, wie groß der Unterschied zwischen den Antithesen der Ideen & den Antithesen des Ausdrucks ist. Die Antithese des Ausdrucks ist nicht verborgen, wohl aber die der Ideen: Die eine hat immer dasselbe Gewand, die andere wechselt es, wie man will; die eine ist mannigfaltig, die andere nicht.

Derselbe Florus sagt von den Samnitern, ihre Städte seien dermaßen zerstört worden, daß es schwierig sei, dort nun noch das Ziel der vierundzwanzig Triumphzüge zu finden – *ut non facile appareat quattuor et viginti triumphorum.* Mit denselben Worten, die auf die Vernichtung dieses Volkes hinweisen, zeigt er die Größe seines Mutes & seiner Hartnäckigkeit.

Wenn wir uns des Lachens enthalten möchten, bricht unser Gelächter wegen des Kontrastes zwischen der Situation, in der wir sind, & der, in der wir sein sollten, erst recht aus. Entdecken wir in einem Gesicht einen groben Fehler, wie zum Beispiel eine sehr große Nase, so lachen wir, weil wir sehen, daß dieser zu den anderen Gesichtszügen kontrastierende Teil keine Berechtigung hat. So sind die Kontraste sowohl eine Ursache für die Mängel als auch für die Schönheiten. Wenn wir sehen, daß sie unbegründet sind, daß sie einen anderen Fehler hervorheben oder beleuchten, so sind sie die großen Hilfsmittel der Häßlichkeit, die, wenn sie uns sogleich auffällt, eine gewisse Freude in unserer Seele hervorrufen & uns zum Lachen reizen kann. Betrachtet unsere Seele sie als ein Unglück für die Person, die sie aufweist, dann kann in ihr Mitleid entstehen. Wenn unsere Seele sie mit der Vorstellung betrachtet, daß sie uns schaden kann, & sie in der Vorstellung mit dem vergleicht, was uns zu bewegen & unsere Begierden zu erregen pflegt, so betrachtet sie sie mit einem Gefühl des Abscheus.

Wenn unsere Gedanken einen Gegensatz enthalten, der gegen den gesunden Verstand verstößt, & wenn dieser Gegensatz alltäglich & leicht erkennbar ist, so gefallen uns die Gedanken keinesfalls & sind ein Fehler, weil sie keine Überraschung hervorrufen. Sind sie dagegen allzu gesucht, so gefallen sie uns erst recht nicht. Man muß sie in einem Werk empfinden, weil sie in ihm enthalten sind, nicht aber weil man sie zeigen will; denn in diesem Fall gilt die Überraschung allein der Torheit des Autors.

Etwas, das uns ungemein gefällt, ist das Naive, aber das ist zugleich der Stil, der am schwierigsten zu erwerben ist; der Grund dafür ist, daß er genau zwischen dem Edlen & dem Unedlen liegt; & er kommt dem Unedlen so nahe, daß es schwer ist, ihn immer beizubehalten, ohne in das Unedle zu verfallen.

Die Musiker haben erkannt, daß die Musik, die am leichtesten zu singen ist, am schwierigsten zu komponieren ist – ein sicherer Beweis dafür, daß unser Vergnügen & die Kunst, die es uns bereitet, innerhalb bestimmter Grenzen liegen. Wenn man sieht, wie prachtvoll doch die Verse Corneilles & wie natürlich die Verse Racines sind, dürfte man wohl kaum ahnen, daß Corneille leicht & Racine mühsam gearbeitet hat.

Das Unedle wird zum Erhabenen in den Augen des Volkes, das gern etwas sieht, was für es geschaffen & ihm verständlich ist.

Die Ideen, die den Menschen kommen, die sehr hoch stehen & viel Geist besitzen, sind naiv, edel oder erhaben.

Wird uns etwas unter Umständen oder Begleitumständen gezeigt, die es groß machen, so erscheint es uns edel. Das empfindet man vor allem bei jenen Vergleichen, in denen der Geist immer gewinnen muß & niemals verlieren kann; denn sie müssen immer etwas hinzufügen, müssen die Sache größer &, falls es sich nicht um Größe handelt, feiner & zarter erscheinen lassen. Aber man muß sich davor hüten, der Seele eine Beziehung zum Niedrigen zu zeigen, denn sie würde sich diese verheimlichen, wenn sie sie entdeckt hätte.

Da es darauf ankommt, Feinheiten zu zeigen, sieht es die Seele lieber, daß man eine Weise mit einer anderen Weise, eine Handlung mit einer anderen Handlung vergleicht, als eine Sache mit einer anderen Sache, wie etwa einen Helden mit einem Löwen, eine Frau mit einem Stern & einen behenden Mann mit einem Hirsch.

Michelangelo versteht es meisterhaft, allen seinen Sujets Adel zu verleihen. Bei seinem berühmten *Bacchus* verfährt er nicht wie die niederländischen Maler, die uns eine taumelnde Gestalt zeigen, die gewissermaßen in der Luft hängt. Das wäre der Erhabenheit eines Gottes unwürdig. Er malt ihn fest auf beiden Beinen stehend, verleiht ihm aber so ausgezeichnet die Heiterkeit des Trunkenen & das Vergnügen, das er angesichts des in seinen Becher fließenden Weins empfindet, daß es nichts gibt, was bewundernswürdiger wäre.

In der *Passion*, die in der Galerie von Florenz hängt, hat er die Muttergottes stehend gemalt: wie sie ihren gekreuzigten Sohn ohne Schmerz, ohne Mitleid, ohne Trauer, ohne Tränen betrachtet. Er setzt voraus, daß sie in das große Mysterium eingeweiht ist, & läßt sie daher mit Größe den Anblick dieses Todes ertragen.

Es gibt kein Werk von Michelangelo, in das er nichts Edles gelegt hätte. Man findet sogar in seinen Skizzen Erhabenes, wie in jenen Versen, die Vergil nicht vollendet hat.

Giulio Romano zeigt in seiner zu Mantua befindlichen *Höhle der Giganten*, wo er darstellt, wie Jupiter diese zerschmettert, alle Götter starr vor Entsetzen; aber Juno steht neben Jupiter & weist mit siegessicherer Miene auf einen Giganten, gegen den er seinen Blitz schleudern soll; das verleiht ihr etwas Großartiges, das die übrigen Götter nicht haben; je näher sie Jupiter stehen, desto ruhiger sind sie; & das ist ganz natürlich, denn in einem Kampf verliert sich unsere Furcht an der Seite dessen, der im Vorteil ist … *Montesquieu*

Der auf genialen Werken beruhende Ruhm Montesquieus verlangte zweifellos nicht, daß wir diese Fragmente veröffentlichen, die er uns hinterlassen hatte; aber sie werden ein unvergängliches Zeugnis für das Interesse sein, das die großen Männer der Nation unserem Werk entgegengebracht haben, & man wird in den kommenden Jahrhunderten sagen: Auch Voltaire & Montesquieu haben Anteil an der Encyclopédie *gehabt.* *Diderot*

GESUNDER VERSTAND – **Bon-sens** (**Metaphysik**). *Gesunder Verstand* ist jenes Maß von Urteilskraft & Intelligenz, durch dessen Hilfe jeder mit den gewöhnlichen Angelegenheiten der Gesellschaft fertig wird.

Nehmen Sie dem Menschen den *gesunden Verstand*, so reduzieren Sie ihn auf die Qualität eines Automaten oder die eines Kindes. Von den Kindern, so scheint mir, fordert man eher Geist als *gesunden Verstand;* so nehme ich an, daß *gesunder Verstand* stets Erfahrung voraussetzt & daß man der Fähigkeit, deduktive Schlüsse aus Erfahrungen zu ziehen, ganz allgemein die unmittelbarsten Induktionen verdankt. In der französischen Sprache besteht ein großer Unterschied zwischen einem Menschen von *Verstand* & einem Menschen von *gesundem Verstand:* Der Mensch von *Verstand* besitzt Tiefe in den Kenntnissen & große Genauigkeit im Urteil; dies ist eine Auszeichnung, mit der man jedem Menschen schmeicheln kann. Der Mensch von *gesundem Verstand* gilt dagegen als ein so gewöhnlicher Mensch, daß man glaubt, man könne sich ohne Eitelkeit für einen solchen ausgeben. Übrigens gibt es nichts Relativeres als die Ausdrücke *Verstand, gesunder Verstand, Geist, Urteilskraft, Durchdringungsvermögen, Scharfsinn, Genie* & alle jene anderen Ausdrücke, die sowohl das Ausmaß als auch die Art der Intelligenz eines Menschen bestimmen. Man verleiht jemandem diese Eigenschaften oder erkennt sie ihm zu, je nachdem, ob man sie selbst mehr oder weniger verdient. *Diderot*

GEWALT – **Pouvoir** (**Naturrecht & Politik**). Die Zustimmung der zur Gesellschaft zusammengeschlossenen Menschen ist die Grundlage der *Gewalt*. Wer sich nur durch *Gewalt* Macht verschafft hat, kann sich nur durch *Gewalt* an der Macht halten. Niemals kann die *Gewalt* einen Rechtstitel verleihen, & die Völker behalten immer das Recht, Einspruch gegen sie zu erheben. Bei der Gründung der Gesellschaft haben die Menschen auf einen Teil der Unabhängigkeit, in der die Natur sie zur Welt kommen ließ, nur deshalb verzichtet, um sich die Vorteile zu sichern, die sich aus ihrer Unterwerfung unter eine rechtmäßige & vernünftige Autorität ergeben; sie haben niemals beabsichtigt, sich vorbehaltlos willkürlichen Herrschern auszuliefern, der Tyrannei & der Unterdrückung Vorschub zu leisten & anderen das Recht zu verleihen, sie unglücklich zu machen.

Das Ziel jeder Regierung ist das Wohl der von ihr regierten Gesellschaft. Um die Anarchie zu verhindern, um die Gesetze wirksam zu machen, um die Völker zu schützen, um die Schwachen vor den Übergriffen der Stärkeren zu bewahren, mußte jede Gesellschaft Souveräne einsetzen, die mit einer zureichenden *Gewalt* ausgestattet wurden, um alle diese Aufgaben zu erfüllen. Die Unmöglichkeit, alle Umstände vorauszusehen, in welche die Gesellschaft geraten könnte, hat die Völker veranlaßt, denen, die sie mit ihrer Regierung beauftragten, eine mehr oder weniger ausgedehnte *Gewalt* zu verleihen. Mehrere Nationen, die auf ihre Freiheit & ihre Rechte bedacht waren, schränkten diese *Gewalt* ein; doch sahen sie ein, daß es oft notwendig war, sie nicht allzusehr einzuschränken. So ernannten die Römer zur Zeit der Republik einen Diktator, dessen *Gewalt* sich ebenso weit erstreckte wie die des absolutesten Monarchen. In einigen Monarchien ist die *Gewalt* des Souveräns durch die Gesetze des Staates beschränkt, die ihr Grenzen setzen, welche er nicht überschreiten darf; so

Ein Briefträger ist in Lend suspendiert worden, der jahrelang alle Briefe, in welchen er traurige Nachrichten vermutete, und naturgemäß alle an ihn gekommenen Partezetteln nicht ausgetragen, sondern bei sich zuhause verbrannt hat. Die Post hat ihn schließlich in die Irrenanstalt Schernberg einweisen lassen, wo er in einer Briefträgeruniform umhergeht und fortwährend Briefe austrägt, die von der Irrenhausverwaltung in einen eigens dafür an einer der Irrenhausmauern angebrachten Briefkasten hineingeworfen werden und die an seine Mitpatienten adressiert sind. Der Briefträger habe schon gleich nach seiner Einweisung in die Irrenanstalt Schernberg um seine Briefträgeruniform ersucht, um nicht wahnsinnig werden zu müssen, *wie es heißt.* THOMAS BERNHARD, DER STIMMENIMITATOR

kommt in England die gesetzgebende *Gewalt* dem König & den beiden Kammern des Parlaments zu. In anderen Ländern üben die Monarchen mit Zustimmung der Völker eine absolute *Gewalt* aus, aber sie ist immer den Grundgesetzen des Staates untergeordnet, die die gegenseitige Sicherheit des Souveräns & der Untertanen gewährleisten. – So unbegrenzt die *Gewalt*, welche die Souveräne besitzen, auch sein mag, so dürfen sie doch niemals die Gesetze brechen, die Völker unterdrücken, Vernunft & Rechtlichkeit mit Füßen treten. Siehe auch SOUVERÄNE. *Anonym*

GEWOHNHEIT – **Habitude** (**Moral**). Das ist eine Neigung, die man durch die stete Wiederkehr der gleichen Gefühle oder durch die häufige Wiederholung der gleichen Handlungen erworben hat. Die *Gewohnheit* unterrichtet die Natur & ändert sie; sie verleiht den Sinnen Wirksamkeit, den Körperbewegungen & Geistesfähigkeiten Gewandtheit & Kraft; sie stumpft den Schmerz ab. Dank der *Gewohnheit* wirkt der bitterste Wermut schließlich geschmacklos. Sie nimmt den Gegenständen einen Teil jener Reize, mit denen die Einbildungskraft sie ausgeschmückt hat. Sie gibt den Gütern, deren Wert unsere Begierden übertrieben haben, den richtigen Wert. Sie verdrießt nur, insofern sie enttäuscht. Die *Gewohnheit* macht den Genuß schal & die Entbehrung grausam.

Wenn unser Herz an Dingen hängt, die unsere Wertschätzung verdienen, wenn wir uns Beschäftigungen gewidmet haben, die uns vor Langeweile schützen & uns Ehre machen, dann verstärkt die *Gewohnheit* in uns das Bedürfnis nach gleichen Gegenständen & gleichen Arbeiten; sie werden ein wesentlicher Modus unserer Seele, ein Teil unseres Seins. Dann trennen wir sie nicht mehr von unserem Trugbild des Glücks. Vor allem gibt es *ein* Vergnügen, das die Zeit & die *Gewohnheit* nicht abnützen, weil die Reflexion es vermehrt: das Vergnügen, Gutes zu tun.

Man unterscheidet *Gewohnheiten* des Körpers & *Gewohnheiten* der Seele, obwohl sie alle ihren Ursprung in der angeborenen oder angenommenen Veranlagung der Organe des Körpers zu haben scheinen: die einen in der Veranlagung der äußeren Organe, wie der Augen, des Kopfes, der Arme, der Beine, & die anderen in der Veranlagung der inneren Organe, wie des Herzens, des Magens, des Darms, der Gehirnfasern. Die letzteren lassen sich besonders schwer bändigen, eine unwillkürlich aufkommende Regung oder eine plötzlich auftauchende Idee reizt & quält uns & zieht uns ungestüm zu Gegenständen hin, deren Gebrauch uns die Vernunft, das Alter, die Gesundheit, die Behaglichkeit & unzählige andere Erwägungen untersagen. So suchen wir im Alter mit vertrockneten, zitternden, gichtkranken Händen & verkrümmten Fingern nach Gegenständen, die doch die Wärme & Lebendigkeit der Sinne der Jugend verlangen. Das Verlangen ist noch da, aber die Sache entflieht, & uns überkommt Trauer.

Kants Einschlafritual ist der Bekanntgabe wert. Zunächst setzte er sich auf die Bettkante, dann warf er sich mit einem leichten Hüftschwung schräg nach hinten auf seinen Platz. Sobald er ausgestreckt war, schob er einen Zipfel der Bettdecke unter seiner linken Schulter hindurch über den Rücken bis zur rechten Schulter. Das gleiche Manöver unternahm er mit dem anderen Zipfel, so daß er schließlich vollkommen eingewickelt war, bandagiert wie eine Mumie. In dieser Position brauchte er nur noch auf den Schlaf zu warten, der sich für gewöhnlich rasch einstellte. Wenn es einmal länger dauerte, sagte Kant mehrmals »Cicero« vor sich hin: diese drei Silben hatten eine einschläfernde Wirkung auf ihn.
FRÉDÉRIC PAGÈS, FRÜHSTÜCK BEI SOKRATES

Wenn man in Betracht zieht, wie sehr die Kinder manchmal ihren Eltern gleichen, wird man nicht bezweifeln, daß es vererbbare Neigungen gibt. Führen solche Neigungen zum Rechtschaffenen & Löblichen, so ist man glücklich geboren; führen sie zum Verwerflichen & Schimpflichen, so ist man unglücklich geboren.

Je nach dem Charakter der Handlungen nehmen die *Gewohnheiten* die Namen »Tugenden« oder »Laster« an. Erziehen Sie Ihren Kindern *gute Gewohnheiten* an. Gewöhnen Sie diese kleinen Maschinen daran, die Wahrheit zu sagen & den Unglücklichen hilfreich die Hand zu reichen, & sie werden schon bald mit Lust, Leichtigkeit & Vergnügen das tun, was sie vorher als Automaten getan haben. Ihr unschuldiges & zartes Gemüt kann nicht frühzeitig genug durch Töne des Lobes bewegt werden.

Die Macht der *Gewohnheit* ist so groß & ihr Einfluß so ausgedehnt, daß wir, wenn wir eine einigermaßen zuverlässige Kunde von unserem Leben & eine einigermaßen genaue Kenntnis von unserem Körperbau gewinnen könnten, in der *Gewohnheit* den Ursprung zahlloser guter & schlechter Gelüste, vernünftiger Neigungen & Verrücktheiten entdecken würden, die oft ebenso lange dauern wie unser Leben. Wer kennt die volle Macht einer Idee, einer Angst, die einer ganz unberührten Seele frühzeitig eingeflößt worden ist?

Man nimmt die *Gewohnheit* an, eine bestimmte Luft zu atmen & von bestimmten Nahrungsmitteln zu leben; man gewöhnt sich an ein bestimmtes Getränk, an Bewegungen, Arzneien, Gifte &c.

Ein plötzlicher Übergang von etwas, das uns vertraut ist, zu etwas Neuem ist immer unangenehm & manchmal gefährlich: sogar ein Übergang von dem, was für gesundheitsschädlich gilt, zu dem, was wir aufgrund der Erfahrung für gesundheitsförderlich halten.

Eine Krankenschwester besuchte jedes Jahr ihre Familie in Saint-Germain-en-Laye; sie wurde jedesmal krank & erst wieder gesund, wenn sie wieder die Luft des Krankenhauses atmete.

Sollte es sich mit den moralischen *Gewohnheiten* ebenso verhalten? Könnte sich ein Mensch das Laster dermaßen angewöhnen, daß die Ausübung der Tugend ihn nur unglücklich machen könnte?

Sobald die Organe die *Gewohnheit* angenommen haben, sich in Gegenwart gewisser Gegenstände zu bewegen, bewegen sie sich trotz aller Gegenanstrengungen der Vernunft. Warum konnte Hobbes nicht durch die Finsternis gehen, ohne zu zittern & Gespenster zu sehen? Nun, weil seine Organe dann unwillkürlich wieder jene Schauer der Angst annahmen, die ihnen die Märchen seiner Amme angewöhnt hatten. *Anonym*

GEZINKT – **Chargé (Spiel)**. So wird von den Würfeln gesagt, bei denen man eine der Seiten schwerer gemacht hat als die anderen; es ist ein Betrug, der darauf abzielt, nach Belieben eine niedrige oder eine hohe Zahl würfeln zu können. Man *zinkt* die Würfel, indem man die Vertiefungen mit irgendeinem Stoff füllt, der bei gleichem Volumen schwerer ist als die Menge Elfenbein, die man entfernt hat, um sie zu kennzeichnen. Man *zinkt* sie auch in einer noch raffinierteren Weise, nämlich dadurch, daß man den Schwerpunkt außerhalb des Mittelpunktes der Masse verlegt – was möglich ist, ja sogar oft gegen die Absicht des Drechslers & der Spieler geschieht, wenn das Material der Würfel keine einheitliche Konsistenz besitzt. Natürlich bleibt der Würfel dann häufiger auf der Seite liegen, von welcher der Schwerpunkt am wenigsten entfernt ist. *Beispiel:* Wenn ein Würfel aus einem Elfenbeinzahn so herausgeschnitten wurde, daß eine seiner Seiten aus dem unmittelbar an die Hohlrundung des Zahnes grenzenden Elfenbein bestand & folglich die entgegengesetzte Seite aus dem massiven äußeren Ende des Zahnes herausgearbeitet wurde, so ist es klar, daß diese Stelle kompakter sein muß als die entgegengesetzte & daß der Würfel auf ganz natürliche Weise *gezinkt* ist. Man kann also, ohne auf Betrug auszusein, die Würfel beim Tricktrack & bei jedem anderen Würfelspiel studieren. Die kleine Gewichtsdifferenz, die in alle Richtungen oder, genauer gesagt, zwischen dem Schwerpunkt & dem Mittelpunkt der Masse besteht, läßt sich im Laufe der Zeit feststellen & verschafft dem, der sie kennt, einen gewissen Vorteil. Nun ist aber der geringste Vorteil, dessen einer der Spieler unter Ausschluß der anderen sicher ist, bei einem Glücksspiel fast der einzige, der ihm bleibt, wenn das Spiel lange dauert. *Diderot*

GLAUBEN – **Croire (Metaphysik)**. *Glauben* heißt von der Wahrheit einer Tatsache oder eines Satzes überzeugt sein, weil man sich nicht die Mühe der Prüfung gemacht hat oder weil man geprüft hat, & zwar schlecht oder gut. Nur im letzten Fall kann die Zustimmung entschieden sein & befriedigen. Man ist nur selten zufrieden mit sich selbst, wenn man keinen Gebrauch von seiner Vernunft gemacht hat oder wenn der Gebrauch, den man von ihr gemacht hat, schlecht ist. Wer *glaubt,* ohne einen Grund zum *Glauben* zu haben, fühlt sich auch dann, wenn er zufällig die Wahrheit gefunden hat, immer schuldig, weil er das wichtigste Vorrecht seiner Natur vernachlässigt hat, & kann sich nicht vorstellen, daß ein glücklicher Zufall die Verkehrtheit seines Verhaltens bemäntelt. Wer sich täuscht, obwohl er die Fähigkeiten seiner Seele in vollem Maße anwendet, kann sich selbst das Zeugnis ausstellen, daß er seine Pflicht als vernünftiges Geschöpf erfüllt hat. Es wäre ebenso verwerflich, etwas ohne Prüfung zu *glauben,* wie eine evidente oder klar bewiesene Wahrheit *nicht zu glauben.* Man hat also seine Zustimmung richtig gelenkt & sie so gebraucht, wie man soll, wenn man in allen Fällen & bei allen Dingen auf die Stimme seines Gewissens & seiner Vernunft gehört hat. Hätte man anders gehandelt, so hätte man gegen seine eigene Aufgeklärtheit gefehlt & Fähigkeiten mißbraucht, die uns nur zu dem Zweck gegeben sind, daß wir der größten Wahrscheinlichkeit folgen können. Diese Prinzipien kann man nicht bestreiten, ohne die Vernunft aufzuheben & den Menschen in arge Verwirrung zu stürzen. *Diderot*

GLEICHGÜLTIGKEIT – **Indifférence (Grammatik & moralische Philosophie)**. Zustand der Ruhe, in dem die Seele, die einen Gegenstand vor sich hat, diesen weder begehrt noch sich von ihm abwendet & durch seinen Genuß ebensowenig berührt wird wie durch seinen Verlust.

Die *Gleichgültigkeit* erzeugt nicht immer Untätigkeit. Mangels Interesse & Neigung folgt man fremden Eindrücken & befaßt sich mit Dingen, deren Erfolg man selbst sehr gleichgültig gegenübersteht.

Die *Gleichgültigkeit* kann drei Quellen entspringen, der Natur, der Vernunft & dem Glauben; sie läßt sich unterteilen in natürliche *Gleichgültigkeit*, philosophische *Gleichgültigkeit* & religiöse *Gleichgültigkeit.*

Die natürliche *Gleichgültigkeit* ist das Resultat eines kalten Temperaments. Bei groben Organen, dickem Blut, träger Einbildungskraft ist man nicht wach; man döst inmitten der Dinge der Natur; man empfängt von ihr nur matte Eindrücke; man bleibt gleichgültig & stumpf. Vielleicht aber liegt auch der philosophischen *Gleichgültigkeit* nur die natürliche *Gleichgültigkeit* zugrunde.

Wenn der Mensch seine Natur & die Natur der Gegenstände aufmerksam prüft, wenn er die Vergangenheit betrachtet & von der Zukunft nichts Besseres erhofft, dann sieht er, daß das Glück ein Phantom ist. Er erkaltet bei der Verfolgung seiner Wünsche; er sagt sich: »Es gibt kein anderes Gut, Numicius, als die Ruhe der *Gleichgültigkeit.*«

Die philosophische *Gleichgültigkeit* bezieht sich auf drei Hauptgegenstände: den Ruhm, den Reichtum & das Leben. Möge der, welcher nach dieser *Gleichgültigkeit* strebt, sich prüfen & beurteilen. Fürchtet er, verkannt zu werden? Arm zu sein? Zu sterben? Er glaubt sich frei, aber er ist ein Sklave. Die großen Phantome verlocken ihn noch immer.

Die philosophische *Gleichgültigkeit* unterscheidet sich von der religiösen *Gleichgültigkeit* nur durch das Motiv. Der Philosoph ist gleichgültig gegen die Dinge des Lebens, weil er sie verachtet; der religiöse Mensch, weil er sich von seinem kleinen Opfer eine unendliche Belohnung erhofft.

Wenn die natürliche, wohlüberlegte oder religiöse *Gleichgültigkeit* übermäßig ist, so lockert sie die allerheiligsten Bindungen. Dann ist man kein aufmerksamer Vater mehr, keine zärtliche Mutter, kein Freund noch Geliebter, noch Gatte. Man ist gegen alles gleichgültig. Man ist gar nichts mehr, oder man ist ein Stein. *Diderot*

GLOBUS – **Globe** (**Astronomie & Geographie**). Als *Himmelsglobus* & *Globus* werden zwei Instrumente der Mathematik bezeichnet. Ersterer dient zur konkaven Darstellung des Himmels mit seinen Sternbildern, der zweite zur Darstellung der Erdoberfläche samt ihren Meeren, Inseln, Flüssen, Seen, Städten &c. Auf dem einen wie auf dem anderen sind verschiedene Kreislinien eingezeichnet, die den Kreisen entsprechen, die von den Astronomen ersonnen wurden, um die Himmelsmechanik zu erklären.

Man unterscheidet zehn Hauptkreise, davon sechs große & vier kleine Kreise. Die ersten sind der Himmelsäquator, der Meridian, die Ekliptik, die Wendekreise der Sonne, der Äquinoktialkreis sowie der Horizont, die zweiten sind die Wendekreise des Krebses, des Steinbocks & die beiden Polarkreise.

Globus & Sphäre unterscheiden sich darin, daß der *Globus* ausgefüllt, die Sphäre dagegen hohl ist.

Wir wissen nicht, von wem & wann diese Instrumente erfunden wurden. Fest steht indessen, daß man ihren Nutzen bereits zu Zeiten von Archimedes kannte. Strabo, *Geographika,* Buch II, berichtet von einem Globus des Philosophen Krates als einem überaus vorteilhaften Instrument, um die bekannten Erdteile wirklichkeitsgetreu darzustellen. Dieser Krates stammte aus Mallos in Kilikien & war Schüler des Panaitios aus Rhodos, der um 130 v. Chr. lebte.

Die wichtigsten Globen, die man seit der Erneuerung der Wissenschaften in Europa kennt, sind die des berühmten Astronomen Tycho Brahe, darunter jener aus Kupfer hergestellte Globus, den Monsieur Picard 1671 im Auditorium der Akademie von Kopenhagen ausgestellt sah & der einen Durchmesser von vier Fuß & sieben Daumen hat. Weiter ein Globus, der wegen seiner gewaltigen Größe Peter den Großen in Staunen versetzte: Zwölf Personen können in seinem Innern um einen Tisch sitzen & von dort ihre Beobachtungen machen. Er wurde von Herzog von Holstein-Gottorp nach Petersburg gebracht, wo ihn der Astronom Guillaume Delisle nach eigener Aussage gesehen & eigenhändig ausgerichtet hat.

In Frankreich besitzen wir die schönen *Globen*, die Kardinal d'Etrées für Ludwig XIV. ausführen ließ. Ihr Durchmesser beträgt zwölf Fuß. Sie wurden in Marly aufgestellt, befinden sich jedoch gegenwärtig in der königlichen Bibliothek in Paris. Coronelli machte durch *Globen* mit einem Durchmesser von drei Fuß & acht Daumen auf sich aufmerksam, deren Anfertigung die europäischen Fürsten durch Subskription sicherstellten. Der *Himmelsglobus* wurde in Frankreich hergestellt, der *Globus* in Venedig. Zu Beginn dieses Jahrhunderts baute Guillaume Delisle einen Globus von einem Fuß Durchmesser. Die jüngsten sind jene, die im Auftrag des Königs gebaut & 1752 ausgestellt wurden. In England kennt man die *Globen* des berühmten Astrologen Senex, & man ist gespannt auf die neuen, zu denen die Königliche Gesellschaft zu Göttingen ein Subskriptionsvorhaben präsentiert hat.

Es wäre nutzlos, wenn wir uns weiter damit aufhielten, all die verschiedenen *Globen* zu erwähnen, die seither der Öffentlichkeit vorgestellt wurden; diese Instrumente sind für ihre Urheber mehr Handelsobjekte als ein klarer Beweis ihres Wissens. Wir wollen uns vielmehr dem Bau dieser Instrumente zuwenden. Ich unterscheide zwei Bereiche, den rein geometrischen & den mechanischen.

Der erste gibt das Verfahren vor, wie auf einer ebenen Fläche die Elemente anzuordnen sind, die auf der sphärischen Oberfläche des *Globus* erscheinen. Im zweiten geht es um den Bau von Kugeln & um alles, was die Ausstattung betrifft, die zu vollständigen *Globen* gehört.

Betrachtet man eine Kugel, auf der beide Pole eingezeichnet sind & deren Äquator in 360 Grade unterteilt ist, dann liegt zwischen den Kreisen, die durch die beiden Pole & jeden Gradpunkt gehen, jeweils eine Fläche, die vom Äquator aus zu den Polen hin immer schmaler wird. Diese Fläche heißt Kugelzweieck. Es geht darum, die Gleichung für die Kurve aufzustellen, die diese Fläche begrenzt. Man könnte meinen, je mehr Zweiecke man bildet, desto genauer ist die Annäherung. Doch darin widerlegt die Praxis die Theorie, weshalb man sich gewöhnlich damit begnügt, den Äquator in zwölf gleiche Abschnitte zu unterteilen. *Robert de Vaugondy*

GLÜCK – **Bonheur** (**Moral**). Das *Glück* gilt hier als ein Zustand, eine Lage, deren unabänderliche Fortdauer man wünschte; & darin unterscheidet sich das *Glück* vom Vergnügen, das nur ein angenehmes, aber kurzes & vergängliches Gefühl ist & niemals ein Zustand sein kann. Eher hätte der Schmerz das Vorrecht, ein Zustand zu sein.

Alle Menschen sind sich einig in dem Wunsch nach *Glück*. Die Natur hat uns allen ein Gesetz für unser eigenes *Glück* gegeben. Alles, was kein *Glück* ist, ist uns fremd; einzig das *Glück* hat eine unverkennbare Macht über unser

Herz. Wir fühlen uns zu ihm durch eine plötzliche Neigung, einen starken Zauber, eine unwiderstehliche Lockung hingezogen; es ist ein unauslöschlicher Eindruck der Natur, die es unserem Herzen eingeprägt hat, es bedeutet Entzücken & Vollkommenheit.

Alle Menschen sind sich auch über das Wesen des *Glücks* einig. Sie geben alle zu, daß es das gleiche ist wie das Vergnügen oder daß es zumindest dem Vergnügen das verdankt, was an ihm besonders reizvoll & köstlich ist. Ein *Glück*, das nicht von Zeit zu Zeit neu vom Vergnügen belebt wird & über das das Vergnügen nicht seine Wonnen ausbreitet, ist weniger ein wahres *Glück* als ein Zustand, eine ruhige Lage: das ist ein trauriges *Glück*. Wenn man uns in träger Gleichgültigkeit verharren läßt, in der unsere Tätigkeit nichts zu erfassen vermag, können wir nicht glücklich sein. Um unsere Wünsche zu erfüllen, müssen wir aus der Trägheit, die an uns zehrt, herausgerissen werden; man muß die Freude bis ins Innerste unseres Herzens strömen lassen, muß es durch angenehme Gefühle anregen, durch heimliche Regungen beleben, ihm köstliche Begeisterung verleihen, es durch Anwandlungen reiner Lust, die nichts zu trüben vermag, trunken machen. Aber die menschliche Natur verträgt einen solchen Zustand nicht; denn nicht alle Augenblicke unseres Lebens können vom Vergnügen bestimmt sein. Der köstlichste Zustand hat viele unerfreuliche Unterbrechungen. Ist die erste Glut des Gefühls erloschen, so ist das beste, was daraus hervorgehen könnte, ein ruhiger Zustand. Unser vollkommenstes *Glück* in diesem Leben ist also, wie wir am Anfang dieses Artikels gesagt haben, nur ein ruhiger Zustand, *in den hin & wieder einige Vergnügen eingestreut sind, die seinen Hintergrund aufhellen*.

So bezieht sich die Meinungsverschiedenheit der Philosophen über das *Glück* nicht auf sein Wesen, sondern auf seine wirksame Ursache. Ihre Anschauung geht auf die Epikurs zurück, der Glückseligkeit wesentlich im Vergnügen bestehen läßt. Siehe Epikur. Der Besitz von Gütern ist wohl die Grundlage für unser *Glück*, aber nicht das *Glück* selbst; denn was würde geschehen, wenn wir zwar Güter besäßen, doch kein Gefühl dafür hätten? Jener Narr in Athen, der glaubte, daß alle Schiffe, die in Piräus einliefen, ihm gehörten, genoß das *Glück* des Reichtums, ohne einen solchen zu besitzen; & die, denen diese Schiffe wirklich gehörten, besaßen sie vielleicht, ohne Vergnügen daran zu finden. Wenn Aristoteles die Glückseligkeit also in der Erkenntnis des höchsten Gutes & der Liebe zu ihm bestehen läßt, so will er offenbar das *Glück* durch seine Grundlagen bestimmen, sonst hätte er sich sehr getäuscht; denn wenn man das Vergnügen von dieser Erkenntnis & dieser Liebe trennen wollte, würde man einsehen, daß einem noch etwas fehlt, um glücklich zu sein. Die Stoiker, die lehrten, daß das *Glück* im Besitz der Weisheit bestünde, waren nicht so unvernünftig, sich einzubilden, daß man von der Idee des *Glücks* die innere Zufriedenheit, die ihnen jene Weisheit einflößte, trennen müßte. Ihre Freude rührte von der Trunkenheit ihrer Seele her, welche sich zu einer Unerschütterlichkeit beglückwünschte, die sie nicht hatte. Im allgemeinen erkennen alle Menschen notwendigerweise dieses Prinzip an, & ich weiß nicht, warum sich einige Autoren darin gefallen haben, sie gegeneinander auszuspielen, obwohl es feststeht, daß unter ihnen nie eine so einheitliche Meinung herrschte wie in diesem Punkt. Der Geizige weidet sich nur an der Hoffnung, seine Reichtümer zu genießen, das heißt, das Vergnügen zu empfinden, das er an ihrem Besitz hat. Es ist wahr, daß er sie nicht genießt; aber es ist eben sein Vergnügen, sie zu bewahren. Er begnügt sich mit dem Gefühl ihres Besitzes, er schätzt sich auf solche Weise glücklich, & warum soll man ihm, da er es ist, sein *Glück* streitig machen? Hat nicht jeder das Recht, auf seine Weise glücklich zu werden? Der Ehrgeizige trachtet nach Würden nur wegen des Vergnügens, sich über andere erhoben zu sehen. Der Rachsüchtige würde sich nicht rächen, wenn er nicht hoffte, in der Rache seine Genugtuung zu finden.

Die Lösung des Problems des Lebens merkt man am Verschwinden dieses Problems. Kann man aber so leben, daß das Leben aufhört, problematisch zu sein? Daß man im Ewigen lebt und nicht in der Zeit? Ist nicht dies der Grund, warum Menschen, denen der Sinn des Lebens nach langen Zweifeln klar wurde, warum diese dann nicht sagen konnten, worin dieser Sinn bestand. Ludwig Wittgenstein, Philosophische Betrachtungen

Man darf diese Maxime, die zuverlässig ist, nicht die Moral & Religion Jesu Christi entgegensetzen, der zugleich unser Gesetzgeber & unser Gott ist & der nicht erschienen ist, um die Natur zu vernichten, sondern um sie zu vervollkommnen. Er läßt uns keineswegs auf die Liebe zum Vergnügen verzichten & verurteilt die Tugend nicht dazu, auf Erden unglücklich zu sein. Sein Gesetz ist reizvoll & anziehend; es besteht allein in der Liebe zu Gott & zum Nächsten. Die Quelle des rechtmäßigen Vergnügens fließt für den Christen ebenso wie für den Gottesleugner; aber nach dem Gesetz der Gnade ist er viel glücklicher durch das, was er erhofft, als durch das, was er besitzt. Das *Glück*, das er auf Erden genießt, wird für ihn der Keim zum ewigen *Glück*. Die Arten seines Vergnügens sind Mäßigkeit, Wohltätigkeit, Enthaltsamkeit, Gewissen: reine, edle geistige Arten des Vergnügens, die das Vergnügen der Sinne bei weitem übertreffen. Siehe Vergnügen.

Wenn ein Mensch behauptete, er könnte die Tugend so sehr überspitzen, daß sie ihm kein Gefühl der Freude & des Vergnügens mehr ließe, so würde er unser Herz sicher nur abstoßen. Es ist nämlich so beschaffen, daß es sich nur dem Vergnügen erschließt; das Vergnügen allein vermag alle seine verborgenen Falten zu erfüllen & seine geheimsten Triebfedern in Bewegung zu setzen. Eine Tugend, die nicht vom Vergnügen begleitet wäre, könnte wohl unsere Achtung finden, nicht aber unsere Zuneigung. Ich muß gestehen, daß ein & dasselbe Vergnügen nicht für alle gleich ist: Die einen sind für das grobe Vergnügen, die anderen für das feine, die einen für das lebhafte, die anderen für das beständige, die einen für das der Sinne, die anderen für das des Geistes, die einen für das des Gefühls, die anderen für das des Nachdenkens; aber alle – ohne Ausnahme – sind für das Vergnügen. *Pestré*

GLÜCKLICH – **Heureux (Moral).** Was man *Glück* nennt, ist eine abstrakte Idee, die sich aus einigen Vorstellungen vom Vergnügen zusammensetzt; denn wer bloß einen Augenblick des Vergnügens kennt, ist kein *glücklicher* Mensch, gleichwie ein Augenblick des Schmerzes keinen Menschen *unglücklich* macht. Das Vergnügen ist kürzer als das *Glück* & das *Glück* vergänglicher als die *Glückseligkeit.* Wenn man sagte: »Ich bin in diesem Augenblick *glücklich*«, so mißbraucht man das Wort; denn das bedeutet nur: »Ich empfinde Vergnügen.« Empfindet man etwas häufiger Vergnügen, dann kann man sich in diesem Zeitraum als *glücklich* bezeichnen; dauert dieses *Glück* noch etwas länger, so ist es ein Zustand der *Glückseligkeit.* Man ist im Wohlstand zuweilen sehr weit davon entfernt, *glücklich* zu sein, gleichwie ein Kranker, den alles anwidert, bei einem großen Festschmaus, den man für ihn zubereitet hat, nichts ißt.

Das alte Sprichwort »Man soll niemanden vor seinem Tode *glücklich* nennen« scheint auf sehr falschen Prinzipien zu beruhen; man müßte aufgrund dieser Maxime sagen, man dürfe einen Menschen nur dann *glücklich* nennen, wenn er von seiner Geburt bis zu seiner letzten Stunde immer *glücklich* gewesen wäre. Eine solche ununterbrochene Reihe von erfreulichen Augenblicken ist unmöglich aufgrund des Baus unserer Organe, der Beschaffenheit der Elemente, von denen wir abhängig sind, & der Beschaffenheit der Menschen, von denen wir noch stärker abhängig sind. Zu behaupten, man sei immer *glücklich,* bedeutet, den Stein der Weisen für die Seele zu besitzen; denn es heißt für uns schon viel, wenn wir uns nicht lange in traurigem Zustand befinden; aber der, von dem man annehmen könnte, er hätte sich immer eines *glücklichen* Lebens erfreut, bis er elend zugrunde ging, hätte sicher den Namen eines *Glücklichen* bis zum Tode verdient; & man könnte kühn behaupten, er sei der *glücklichste* Mensch gewesen. Es ist durchaus möglich, daß Sokrates der *glücklichste* Grieche gewesen ist, obgleich Richter, die abergläubisch & nichtswürdig oder ungerecht oder all das zugleich waren, ihn im Alter von siebzig Jahren auf den Verdacht hin, daß er an einen einzigen Gott glaubte, kraft des Gesetzes vergiftet haben.

Jene so abgedroschene philosophische Maxime »Niemand ist vor seinem Tode *glücklich*« – *nemo ante obitum felix,* scheint also in jeder Hinsicht völlig falsch zu sein; & wenn sie besagt, daß ein *glücklicher* Mensch eines *unglücklichen* Todes sterben kann, so wirkt sie nur trivial. Das Sprichwort des Volkes »*Glücklich* wie ein König« ist noch unwahrer; wer gelesen & gelebt hat, weiß sicher, wie leicht der große Haufen sich täuscht.

Man fragt, ob ein Stand *glücklicher* sei als ein anderer, ob der Mann im allgemeinen *glücklicher* sei als die Frau; man müßte Mann & Weib gewesen sein wie Teiresias & Iphis, um diese Frage entscheiden zu können; man müßte auch in allen Ständen mit einem für jeden Stand gleich geeigneten Geist gelebt & alle möglichen Zustände des Mannes & der Frau durchlaufen haben, um darüber urteilen zu können.

Man fragt weiter, ob von zwei Menschen der eine *glücklicher* sei als der andere; es ist ganz klar: Wer den Stein & die Gicht hat, wer sein Vermögen, seine Ehre, seine Frau & seine Kinder verliert & wer dazu verurteilt ist, unmittelbar nach der Entfernung des Steins aufgehängt zu werden, ist in dieser Welt – alles in allem genommen – weniger *glücklich* als ein kräftiger junger Sultan oder der Schuster in der Fabel von La Fontaine. Will man aber wissen, welcher von zwei Männern, die gleich gesund, gleich reich & von gleichem Stande sind, *glücklicher* ist, so ist es klar, daß darüber ihr Temperament entscheidet. Der mäßigere, geruhsamere & zugleich empfindsamere ist der *glücklichere;* aber *unglücklicherweise* ist der empfindsamste immer der unruhigste: Nicht unser Stand, sondern die Verfassung unserer Seele macht uns *glücklich.* Diese Gemütsverfassung ist von unseren Organen abhängig, & unsere Organe wurden eingerichtet, ohne daß wir daran den geringsten Anteil hatten: Es ist Sache des Lesers, sich darüber Gedanken zu machen; es gibt sehr viele Artikel, über die er sich selber mehr sagen kann, als man ihm zu sagen hat. Im Hinblick auf die Künste muß man ihn unterrichten, im Hinblick auf die Moral muß man ihn selbst nachdenken lassen.

Es gibt Hunde, die man streichelt, die man kämmt, die man mit Biskuits füttert, denen man hübsche Hündinnen gibt; es gibt andere, die ganz räudig sind, die man aus dem Haus jagt & schlägt, die verhungern & die schließlich ein junger Chirurg bedächtig seziert, nachdem er ihnen vier große Nägel in die Pfoten geschlagen hat. Hing es von diesen armen Hunden ab, ob sie *glücklich* oder *unglücklich* waren?

Man sagt *glücklicher* Gedanke, *glücklicher* Einfall, *glückliche* Antwort, *glücklicher* Gesichtsausdruck, *glückliches*

Und am meisten genieße ich die Zeitlosigkeit, wenn ich – in einer aufs Geratewohl herausgegriffenen Landschaft – unter seltenen Schmetterlingen und ihren Futterpflanzen stehe. Das ist Ekstase, und hinter der Ekstase etwas anderes, schwer Erklärbares. Es ist wie ein kurzes Vakuum, in das alles strömt, was ich liebe. VLADIMIR NABOKOV

Klima; diese *glücklichen* Gedanken, diese *glücklichen* Einfälle, die uns kommen wie plötzliche Inspirationen & die man *Glücksfälle der Menschen von Geist* nennt, werden uns eingegeben, so wie das Licht von selbst in unsere Augen fällt, ohne daß wir es suchen; sie liegen ebensowenig im Bereich unserer Macht wie der *glückliche* Gesichtsausdruck, der sanft, edel, von uns ganz unabhängig & doch oft so trügerisch ist.

Man spricht bei den Künstlern vom *glücklichen Genie,* niemals aber vom *unglücklichen Genie*; der Grund dafür liegt auf der Hand: Wer keinen Erfolg erzielt, dem fehlt es völlig an Genie.

Das Genie ist nur mehr oder weniger *glücklich;* das Genie Vergils war bei der Episode von Dido weniger *glücklich* als bei der Fabel von Lavinia & bei der Beschreibung der Einnahme Trojas weniger *glücklich* als bei der Beschreibung des Krieges von Turnus; Homer ist bei der Erfindung des Gürtels der Aphrodite *glücklicher* als bei der Erfindung der in einen Schlauch eingeschlossenen Winde.

Man spricht von einer *glücklichen* oder *unglücklichen* Erfindung; aber das betrifft das Moralische, das heißt, man betrachtet dabei die Übel, die eine Erfindung hervorbringt: *Unglücklich* ist die Erfindung des Schießpulvers, *glücklich* dagegen die Erfindung des Kompasses, des Astrolabiums, des Winkelmaßes &c.

Der Kardinal Mazarin wünschte sich einen *glücklichen* General; er meinte, ja er mußte damit meinen: ein *geschickter* General; denn wenn man wiederholt Erfolg gehabt hat, sind *Geschicklichkeit* & *Glück* gewöhnlich gleichbedeutend.

Wenn man von einem *glücklichen* Schurken spricht, so meint man mit diesem Wort nur seine Erfolge – *felix Sulla, glücklicher Sulla;* ein Alexander VI. & ein Herzog von Borgia haben *glücklich* geplündert, verraten, vergiftet, verwüstet, gemordet; höchstwahrscheinlich waren sie sehr *unglücklich,* auch wenn sie ihresgleichen nicht gefürchtet haben sollten.

Es könnte wohl sein, daß ein schlecht erzogener Schurke, ein Sultan zum Beispiel, dem man gesagt hätte, es sei ihm erlaubt, Christen gegenüber treulos zu sein, seine Wesire, wenn sie reich wären, mit einer seidenen Schnur erwürgen zu lassen, seine erdrosselten oder niedergemetzelten Brüder in den Bosporus zu werfen & um seines Ruhmes willen hundert Meilen Landes zu verwüsten; es könnte wohl sein, sage ich mit allem Nachdruck, daß ein solcher Mann nicht mehr Gewissensbisse hätte als ein Mufti & daß er sehr *glücklich* wäre. Auch darüber mag sich der Leser eigene Gedanken machen; alles, was wir hierzu bemerken können, ist: Es steht zu wünschen, daß dieser Sultan der *unglücklichste* unter den Menschen wäre.

Das vielleicht Beste, was man über die Möglichkeit, *glücklich* zu werden, geschrieben hat, ist Senecas Buch *Vom glückseligen Leben;* aber dieses Buch hat weder seinen Verfasser noch seine Leser *glücklich* gemacht.

Es gab einst *glückliche* & *unglückliche* Planeten; zum *Glück* gibt es sie jetzt nicht mehr.

Man wollte der Öffentlichkeit unser nützliches Wörterbuch entziehen, *glücklicherweise* ist das nicht gelungen.

Kotseelen, wahnwitzige Fanatiker, stacheln tagtäglich die Mächtigen & die Unwissenden gegen die Philosophen auf. Wenn man *unglücklicherweise* auf sie hörte, so würden wir in die Barbarei zurückfallen, aus der uns doch allein die Philosophen herausgeführt haben. *Voltaire*

GOTTLOS – **Impie** (**Grammatik**). *Gottlos* ist, wer einen Gott lästert, den er im Grunde seines Herzens verehrt. Man darf nicht den Ungläubigen & den *Gottlosen* verwechseln. Der Ungläubige ist ein beklagenswerter Mensch; der *Gottlose* ist ein verachtenswerter Bösewicht. Die Christen, die wissen, daß der Glaube die größte aller Gaben ist, müssen bei der Anwendung dieses Schimpfwortes vorsichtiger sein als andere Menschen. Sie wissen doch, daß es eine Art Bezichtigung bedeutet & daß man das Vermögen, die Ruhe, die Freiheit, ja sogar das Leben dessen gefährdet, den man als *Gottlosen* hinzustellen beliebt. Es gibt viele irrgläubige Bücher, aber wenige *gottlose* Bücher. Als *gottlos*

Dekret über das Höchste Wesen, 7. Mai 1794: *Artikel 1. Das französische Volk erkennt die Existenz des höchsten Wesens und die Unsterblichkeit der Seele an. / Artikel 2. Es erkennt an, daß der Kult, der des Höchsten Wesens würdig ist, in der Erfüllung der Menschenpflichten besteht … / Artikel 4. Es werden Feiertage angesetzt, um den Menschen daran zu erinnern, daß er der Gottheit und der Würde ihres Wesens eingedenk sein soll. An den zehnten Tagen jeder Dekade werden die hierunter aufgezählten Festtage begangen: zu Ehren des Höchsten Wesens und der Natur / zu Ehren des Menschengeschlechts / zu Ehren des französischen Volkes / zu Ehren der Wohltäter der Menschheit / zu Ehren der Märtyrer der Freiheit / zu Ehren der Freiheit und Gleichheit / zu Ehren der Republik / zu Ehren der Freiheit der Welt / zu Ehren der Vaterlandsliebe / zu Ehren des Hasses auf die Tyrannen und Verräter / zu Ehren der Wahrheit / zu Ehren der Gerechtigkeit / zu Ehren der Bescheidenheit / zu Ehren ruhmvoller Taten und der Unsterblichkeit / zu Ehren der Freundschaft / zu Ehren der Genügsamkeit / zu Ehren des Mutes / zu Ehren der Redlichkeit / zu Ehren der Heldenhaftigkeit / zu Ehren der Uneigennützigkeit / zu Ehren des Stoizismus / zu Ehren der Liebe / zu Ehren der ehelichen Treue / zu Ehren der Vaterliebe / zu Ehren der zärtlichen Mutterliebe / zu Ehren der frommen Sohnesliebe / zu Ehren der Kinder / zu Ehren der Jugend / zu Ehren des Mannesalters / zu Ehren des Alters / zu Ehren der vom Unglück Verfolgten / zu Ehren der Landwirtschaft / zu Ehren der Gewerbe / zu Ehren unserer Ahnen / zu Ehren der Nachwelt / zu Ehren des Glücks.* Maximilien Robespierre

darf man nur die Werke bezeichnen, in denen ein inkonsequenter & ketzerischer Autor wider die Religion, zu der er sich bekennt, lästert. Ein Mensch hat seine Zweifel; er unterbreitet sie der Öffentlichkeit. Mir scheint, daß man sein Buch, anstatt es zu verbrennen, lieber der Sorbonne zuschicken sollte, damit man eine Ausgabe vorbereite, wo man auf der einen Seite die Behauptungen des Verfassers & auf der anderen die Antworten der Theologen sähe. Was lehren uns eine Zensur, die verbietet, & ein Beschluß, der zur Verbrennung verurteilt? Nichts. Wäre es nicht der Gipfel der Vermessenheit, zu bezweifeln, daß unsere geschickten Theologen alle armseligen Spitzfindigkeiten des Ungläubigen wie Staub hinwegblasen könnten? Dadurch würde dieser in den Schoß der Kirche zurückgeführt, & alle davon erbauten Gläubigen würden in ihrem Glauben erst recht bestärkt werden. Ein Mann von Geschmack hat einmal der Französischen Akademie eine Beschäftigung vorgeschlagen, die ihrer recht würdig wäre: nämlich die, von unseren besten Autoren Ausgaben zu veröffentlichen, in denen diese alle Sprachschnitzer, die ihnen entschlüpft sind, bemerken würden. Ich möchte der Sorbonne ein Projekt vorschlagen, das ihrer recht würdig & von viel größerer Bedeutung wäre: nämlich das, Ausgaben unserer berühmtesten Ketzer mit einer detaillierten Widerlegung herauszubringen. *Diderot*

GOTT-ZUM-HEIL – Vive-Dieu (Geschichte Frankreichs). Schlachtruf in der berühmten Schlacht von Ivry, aus der Heinrich IV. als Sieger hervorging. Etienne Pasquier, der Verfasser der *Recherches sur la France,* berichtet in einem Brief an Monsieur de Sainte-Marthe: »Als der König also sah, daß es schlecht um seine Sache stand, redete er seinen Leuten mit wenigen Worten zu. Einige machten Anstalten zu fliehen: Dreht euch zu mir, sagte er zu ihnen, denn wenn ihr schon nicht kämpfen wollt, sollt ihr wenigstens sehen, wie ich sterbe! Auf dieses Wort hin gab er seinem Pferd die Sporen, & mit der Losung *Gott-zum-Heil* auf den Lippen stürzten sich er & die Seinen so heldenmütig ins Schlachtengetümmel, daß seine Feinde nur noch den Schwanz einzogen.« *Jaucourt*

GÖTZE, GÖTZENDIENER, GÖTZENDIENST – Idole, Idolâtre, Idolâtrie. *Idol* kommt von dem griechischen Wort εἶδος, Gestalt, εἴδωλον, Darstellung einer Gestalt, λατρεύειν, dienen, verehren, anbeten. Das Wort *adorare* (anbeten) ist lateinisch & hat viele verschiedene Bedeutungen, unter anderem respektvoll »die Hand zum Munde führen«, »sich bücken, niederknien, grüßen« & schließlich überhaupt »anbeten«.

Es ist nützlich, hier anzumerken, daß das *Wörterbuch von Trévoux* den Artikel mit der Behauptung beginnt, alle Heiden seien *Götzendiener* gewesen & die Inder seien noch heute *götzendienerische* Völker. Erstens nannte man vor Theodosius dem Jüngeren niemanden einen Heiden; sodann wurde dieser Name den Bewohnern der Dörfer Italiens gegeben, *pagorum incola pagani,* die an ihrer alten Religion festhielten. Zweitens ist Hindostan mohammedanisch, & die Mohammedaner sind unerbittliche Gegner der Abbilder & des *Götzendiensts.* Drittens darf man viele Völker Indiens, die der alten Religion der Perser angehören, ebensowenig *Götzendiener* nennen wie die Bewohner bestimmter Küstenstriche, die keine *Götzen* haben.

Ob es überhaupt jemals eine götzendienerische Regierung gegeben hat. Es scheint, als habe es auf der Erde niemals irgendein Volk gegeben, das sich *Götzendiener* nannte. Dieses Wort ist ein Schimpfwort, das die Heiden, die Polytheisten zu verdienen scheinen; sicher aber ist, daß, hätte man im römischen Senat, auf dem Areopag Athens, am Hof der Könige Persiens gefragt: »Seid ihr *Götzendiener?*«, sie diese Frage kaum verstanden hätten. Keiner hätte geantwortet: wir verehren Bilder, *Götzen.* Man findet das Wort *Götzendiener, Götzendienst* weder bei Homer noch bei Hesiod, noch bei Herodot, noch bei irgendeinem Autor der Religion der Heiden. Nie hat es irgendeine Verordnung, irgendein Gesetz gegeben, das befahl, *Götzen* anzubeten, ihnen wie Göttern zu dienen, sie für Götter zu halten.

Wenn die Heerführer Roms & Karthagos ein Abkommen trafen, so riefen sie alle Gottheiten als Zeugen an: in ihrer Gegenwart, so sagten sie, geloben wir Frieden. Aber die Statuen all dieser Götter, deren Liste sehr lang war, befanden sich nicht im Zelt der Generäle; für sie waren die Götter bei den Handlungen der Menschen als Zeugen, als Richter anwesend, & es war eindeutig nicht das Götzenbild, das die Gottheit ausmachte.

Mit welchen Augen betrachteten sie dann die Statuen ihrer falschen Gottheiten in den Tempeln? Mit denselben Augen, wenn man so sagen darf, mit denen wir die Abbilder der wahren Gegenstände unserer Verehrung betrachten. Der Irrtum bestand nicht darin, ein Stück Holz oder Marmor anzubeten, sondern eine durch dieses Holz & diesen Marmor dargestellte falsche Gottheit anzubeten. Der Unterschied zwischen ihnen & uns ist nicht, daß sie Abbilder hatten & daß wir keine haben; daß sie vor Abbildern Gebete sprechen & daß wir keine sprechen. Der Unterschied ist, daß ihre Bilder Phantasiewesen einer falschen Religion darstellten & daß unsere Bilder reale Wesen einer wahren Religion darstellen.

Was die Vielgötterei anbetrifft, so sagt Ihnen der gesunde Menschenverstand: Seitdem es Menschen gibt, das heißt gebrechliche Lebewesen, die zwar des Verstandes fähig, aber allen möglichen Zufälligkeiten – Krankheit & Tod – ausgesetzt sind, haben diese Menschen ihre Gebrechlichkeit & ihre Abhängigkeit empfunden; sie haben also leicht erkannt, daß es etwas gibt, das mächtiger ist als sie. Sie fühlten eine Kraft in der Erde, die ihre Nahrungsmittel hervorbringt, eine in der Luft, die sie häufig vernichtet, eine im Feuer, die sie verzehrt, & schließlich eine im Wasser, die alles überflutet. Was ist bei unwissenden Menschen natürlicher, als daß sie sich Wesen ausdenken, die diese Elemente beherrschen? Was ist natürlicher, als daß sie die unsichtbare Macht verehren, die vor ihren Augen die Sonne & die Sterne leuchten läßt? Und als man sich eine Idee von diesen dem Menschen überlegenen Mächten bilden wollte, was war da natürlicher, als sie sich in anschaulicher Weise vorzustellen? Die jüdische Religion, die der unsrigen vorausging & die von Gott selbst gegeben wurde, war reich an solchen Bildern, unter denen Gott dargestellt wird. Er geruht in einem Dornbusch die menschliche Sprache zu sprechen; er erscheint auf einem Berg. Die himmlischen Geister, die er aussendet, erscheinen alle in menschlicher Gestalt; schließlich ist also das Heiligtum von Cherubimen erfüllt, die aus Menschenkörpern mit Flügeln & Tierköpfen bestehen. Das verleitete Plutarch, Tacitus, Apio & so viele andere zu dem schwerwiegenden Irrtum, den Juden vorzuwerfen, sie beteten einen Eselskopf an. Gott hat sich also trotz seines Verbots, irgendeine Gestalt zu malen oder zu schnitzen, dazu herbeigelassen, sich der menschlichen Unzulänglichkeit anzupassen, die erforderte, daß man durch Bilder zu den Sinnen spräche.

Unser Vater Kapital, der Du bist von dieser Welt, allmächtiger Gott, der Du den Lauf der Flüsse veränderst und Berge durchstichst, der Du Erdteile von einander trennst und Nationen zusammenkettest, Schöpfer der Waren und Quelle des Lebens, der Du Königen und Untertanen, Arbeitern und Unternehmern befiehlst, Dein Reich werde errichtet auf Erden. Gib uns Käufer in Menge, die unsere Waren abnehmen, die guten wie die schlechten. Gib uns notleidende Arbeiter, die ohne Murren die härteste Arbeit und den niedrigsten Lohn annehmen. Gib uns Gimpel, die auf den Leim unserer Prospekte gehen. Gib, daß unsere Schuldner ihre Schulden völlig an uns abzahlen. Führe uns nicht in das Zuchthaus, sondern befreie uns von dem Bankrott und verleihe uns ewige Renten. Amen.

Paul Lafargue, Die Gebete des Kapitalisten

• Jesaja sieht im 6. Kapitel, wie der Herr auf einem hohen Stuhl sitzt & wie der Saum seines Gewandes den Tempel füllt. Der Herr streckt seine Hand aus & berührt den Mund des Jeremias im 1. Kapitel dieses Propheten. Hesekiel sieht im 3. Kapitel einen Thron aus Saphir, & Gott erscheint ihm als ein auf diesem Throne sitzender Mensch. Diese Bilder trüben nicht die Reinheit der jüdischen Religion, die niemals Gemälde, Statuen & *Götzen* verwendet hat, um den Augen des Volkes Gott zu zeigen.

Aber welchen genauen Begriff hatten die Völker des Altertums von allen diesen Götzenbildern? Welche Kraft, welche Macht schrieben sie ihnen zu? Glaubt man etwa, daß die Götter vom Himmel herabstiegen, um sich in diesen Statuen zu verbergen, oder daß sie etwas vom göttlichen Geist auf sie übertrugen oder daß sie ihnen gar nichts verliehen? Vergeblich hat man sich bemüht, etwas darüber zu schreiben. Es ist klar, daß jeder Mensch darüber nach dem Maße seiner Vernunft, seiner Leichtgläubigkeit oder seines Fanatismus urteilte. Es liegt auf der Hand, daß die Priester ihren Statuen soviel Göttlichkeit wie möglich beimaßen, um sich mehr Opfergaben zu verschaffen; man weiß, daß die Philosophen solche abergläubischen Vorstellungen verachteten, die Krieger sich darüber lustig machten, die Richter sie duldeten & daß das stets so törichte Volk nicht wußte, was es tat: Das ist in kurzen Worten die Geschichte aller Völker, denen Gott sich nicht zu erkennen gab.

Die ersten Opfergaben waren Früchte; aber bald darauf brachte man Tiere für den Altar der Priester; sie töteten diese selbst; sie wurden Schlächter & damit grausam; schließlich führten sie den abscheulichen Brauch ein, Menschenopfer darzubringen, vor allem Kinder & junge Mädchen. Niemals machten die Christen, Perser & Inder sich solcher Scheußlichkeiten schuldig; aber in Heliopolis – in Ägypten – opferte man nach dem Bericht des Porphyrios Menschen. Auf Tauris opferte man die Fremden; doch glücklicherweise schienen die Priester von Tauris darin noch nicht viel Erfahrung zu besitzen. Die ersten Griechen, die Zyprioten, die Phöniker, die Tyrer, die Karthager waren ebenfalls von diesem abscheulichen Aberglauben besessen. Sogar die Römer verfielen in dieses Religionsverbrechen, & Plutarch berichtet, daß sie zwei Griechen & zwei Gallier opferten, um die Buhlerei dreier Vestalinnen zu sühnen. Prokop, ein Zeitgenosse des Frankenkönigs Theodebert, erzählt, die Franken hätten zu der Zeit, da sie unter diesem Fürsten in Italien einfielen, Menschen geopfert. Die Gallier & die Germanen brachten ganz allgemein diese entsetzlichen Opfer dar.

Man kann die Geschichte nicht studieren, ohne Abscheu gegenüber der menschlichen Gattung zu fassen. Es ist wahr, daß bei den Juden Jephta seine Tochter opferte & Saul bereit war, seinen Sohn zu opfern. Es ist wahr, daß jene, die durch Bannfluch dem Herrn preisgegeben wurden, nicht freigekauft werden konnten, wie man die Tiere freikaufte, & daß sie sterben mußten. Gott, der die Menschen geschaffen hat, kann ihnen wohl das Leben nehmen, wann er will & wie er will; aber es ist nicht Sache der Menschen, sich an Stelle Gottes zum Herrn über Leben & Tod zu machen & sich die Rechte des höchsten Wesens widerrechtlich anzueignen. *Voltaire*

GRAUSAMKEIT – **Cruauté (Moral)**. Eine blutrünstige Leidenschaft, die Strenge & Härte gegen andere, Mitleidlosigkeit, Rachsucht in sich schließt & aus Herzlosigkeit oder aus dem Vergnügen, andere leiden zu sehen, sich daran ergötzt, Böses zu tun.

Dieses verabscheuungswürdige Laster entspringt der Feigheit, der Tyrannei, der Blutrünstigkeit des Naturells, dem Anblick des Schreckens der Kämpfe & der Bürgerkriege & anderer grausamer Schauspiele, der Gewohnheit, das Blut der Tiere zu vergießen, dem schlechten Beispiel, schließlich einem zerstörerischen & abergläubischen Eifer.

Der verheerende Glaubenseifer führt vor allem zur *Grausamkeit* – einer *Grausamkeit,* die um so schrecklicher ist, als man sie seelenruhig aufgrund falscher Prinzipien verübt, die man für rechtmäßig hält. Sie war die Quelle der unglaublichen Greuel, welche die Spanier an den Mauren, den Amerikanern & den Bewohnern der Niederlande verübten. Man berichtet, daß der Herzog von Alba in den sechs Jahren seiner Regierung achtzehntausend Personen dem Henker übergab, & dieser Unmensch hatte ein friedliches Ende, während Heinrich IV. ermordet wurde.

Als der Unglaube, so sagt ein Schöngeist unseres Jahrhunderts, jene Seuche verbreitete, die wir *Kreuzzug* nennen, das heißt, als jene Fahrten über das Meer von den Mönchen gepredigt, durch die Politik der römischen Kurie gefördert & von den europäischen Königen, Fürsten & ihren Vasallen durchgeführt wurden, brachte man in Jerusalem alles um, ohne Unterschied des Geschlechtes & des Alters; & als die Kreuzfahrer, geschmückt mit ihren Kreuzen, die noch vom Blut der Frauen trieften, die sie nach der Vergewaltigung niedergemetzelt hatten, zum Heiligen Grab gelangten, da küßten sie den Boden & zerflossen in Tränen. So vermag die menschliche Natur seltsamerweise eine sanfte & heilige Religion mit dem abscheulichsten Laster, das dieser am meisten widerspricht, zu vereinen.

Man hat beobachtet (wie man im *Geist der Gesetze* nachlesen kann), & die Beobachtung ist zutreffend, daß äußerst glückliche & äußerst unglückliche Menschen gleichermaßen zur *Grausamkeit* neigen; Beispiele dafür sind die Eroberer & die Bauern einiger Staaten Europas. Nur das Mittelmaß & die Mischung von Glück & Unglück verleihen Sanftmut & Mitleid. Was man bei den Menschen im Besonderen antrifft, findet sich auch in den verschiedenen Nationen. Bei den wilden Völkern, die ein sehr hartes Leben haben, & bei den despotisch regierten Völkern, wo es nur einen vom Glück übermäßig begünstigten Mann gibt, während alle anderen von ihm verhöhnt werden, ist man ebenfalls grausam.

Man muß sogar offen gestehen, daß die Menschlichkeit im weiten Sinn in allen Ländern eine sehr viel seltenere Eigenschaft ist, als man denkt. Liest man die Geschichte der gesittetsten Völker, so sieht man darin so viele Beispiele von Barbarei, daß man darob ebenso betrübt wie beschämt ist. Es überrascht mich immer wieder, wenn ich Personen von einem gewissen Rang in der Unterhaltung Urteile fällen höre, die der allgemeinen Menschlichkeit, von der man doch durchdrungen sein sollte, zuwiderlaufen. Zum Beispiel scheint mir, daß selbst bei der Justiz alles, was über die einfache Tötung hinausgeht, zur *Grausamkeit* neigt. Daß man die Strafen an den toten Körpern der Missetäter vollstreckt, kann ich mir noch gefallen lassen; vorher jedoch würde ich mit ihren Qualen geizen. Ich achte die Menschlichkeit sogar noch gegenüber den Schurken, die sich an ihr vergangen haben; ich achte sie auch gegenüber den Tieren. Selten fange ich ein lebendiges Tier, das ich nicht sogleich wieder freilasse, wie Montaigne es tat; & ich habe nicht vergessen, daß Pythagoras den Vogelfängern ihre Beute abkaufte, um dasselbe zu tun. Aber die meisten Menschen haben über diese Tugend so unterschiedliche Vorstellungen, daß ich allmählich fürchte, die Natur selber habe den Menschen einen gewissen Hang zur Unmenschlichkeit eingepflanzt. Könnten der Grundsatz, den die vermeintlichen Herrscher des Universums aufgestellt haben, daß alles für sie gemacht sei, & die falsche Auslegung einiger Stellen der Heiligen Schrift nicht dazu beitragen, sie in ihrer Neigung zu bestärken?

»Selbst die Religion schreibt uns vor, die Tiere freundlich zu behandeln; wir schulden den Geschöpfen Dank, die uns zu Diensten waren oder die uns nichts zuleide getan haben. Es bestehen mancherlei Beziehungen zwischen ihnen & uns, & mancherlei wechselseitige Verpflichtungen.« Zu meiner Freude finde ich bei Montaigne diese Empfindungen & diese Worte, denen ich mich anschließe. Wir schulden den Menschen Gerechtigkeit & Güte; wir schulden den Mißgeschicken unserer Feinde Beweise des Mitgefühls, & sei es nur im Bewußtsein unseres Glücks & der Wechselfälle der irdischen Dinge. Dieses Mitgefühl ist eine Art von zärtlicher Fürsorge, eine edelmütige Sympathie, die alle Menschen vereint & sie demselben Los unterwirft. Siehe Mitgefühl.

Senken wir den Vorhang über die blutrünstigen Ungeheuer, die dazu geboren sind, Schrecken zu verbreiten, & richten wir unsere Augen auf die Wesen, die dazu geschaffen

Bereits in seinem ersten Schuljahr in der Grundschule in Charny war Michel die Grausamkeit der Jungen aufgefallen. Es handelte sich zwar um Bauernsöhne, also um kleine Tiere, die der Natur noch sehr nahe standen. Aber man mußte sich trotzdem wundern, mit welch fröhlicher, instinktiver Ungezwungenheit sie Kröten mit der Spitze ihres Zirkels oder ihres Federmessers aufspießten … Sie standen im Kreis und betrachteten mit glänzenden Augen den Todeskampf. Ein anderes ihrer Lieblingsspiele bestand darin, den Schnecken mit einer Schere die Fühler abzuschneiden. Das gesamte Empfindungsvermögen der Schnecke bündelt sich in den Fühlern, die an der Spitze kleine Augen tragen. Ohne Fühler ist die Schnecke nur noch eine leidende, hilflose weiche Masse. Michel begriff sehr schnell, daß er gut daran täte, sich in gewissem Abstand von diesen kleinen Rohlingen aufzuhalten; von den Mädchen dagegen, diesen viel sanfteren Wesen, hatte er wenig zu befürchten. Diese erste Intuition bezüglich der Welt wurde durch die Sendung Das Leben der Tiere *bestärkt, die jeden Mittwochabend im Fernsehen gezeigt wurde.* Michel Houellebecq, Elementarteilchen

Die modernen Humanitätsapostel liegen uns mit einer besonders kosmischen Glaubenslehre in den Ohren. Sie behaupten, wir seien mit der Zeit immer humaner geworden, was heißen soll, daß Gruppen oder Untergruppen von Lebewesen (Sklaven, Kinder, Frauen, Kühe und was nicht noch alles) sukzessive der Barmherzigkeit oder Gerechtigkeit teilhaftig wurden …
Ich halte es für unrecht, auf einem Menschen zu sitzen. Bald werde ich es für unrecht halten, auf einem Stuhl zu sitzen … Mag sein, daß wir schließlich nicht einmal mehr das Denken anderer Menschen durch ein Argument oder den Schlaf der Vögel durch Husten stören dürfen. Die Krönung des Ganzen wäre dann der Mensch, der gänzlich stillsitzt und weder wagt, sich zu rühren (aus Angst, eine Fliege zu stören) noch etwas zu essen (aus Angst, einer Mikrobe zu nahe zu treten). G. K. Chesterton, Orthodoxie

sind, die menschliche Natur zu ehren & die göttliche darzustellen. Wenn wir, nachdem wir von den *Grausamkeiten* eines Tiberius & eines Caligula gelesen haben, bei Trajan & Marc Aurel auf Zeichen der Güte treffen, dann beginnen wir, von uns selbst eine bessere Meinung zu haben, weil wir wieder eine bessere Meinung von den Menschen gewinnen. Wir bewundern Perikles, der sich glücklich schätzte, daß unter ihm kein einziger Bürger Trauer tragen mußte; einen Epameinondas, diese Seele von so reichem Gemüt, der all seinen Tugenden noch die Tugend höchster & zartfühlendster Menschlichkeit hinzufügte: sie war ihm in die Wiege gelegt worden, & er hatte sie stets durch die Einhaltung der Regeln der Philosophie genährt. Schließlich ermessen wir den Wert der Güte, des Mitgefühls, wir sind davon durchdrungen, wenn wir selbst ihrer würdig waren; dagegen verabscheuen wir die *Grausamkeit,* sowohl ihrer Natur nach als aus Prinzip, nicht nur weil sie sich mit keiner guten Eigenschaft verbindet, sondern weil sie der Höhepunkt aller Laster ist. Ich hoffe, daß meine Leser davon überzeugt sind. *Jaucourt*

GROSSER HERR, GROSSER MANN – **Seigneur grand, homme grand** (**Sprache**). Die beiden Ausdrücke *großer Herr* & *großer Mann* bedeuten nicht ein & dasselbe. Weit gefehlt! Die *großen Herren* sind in der Welt sehr häufig, die *großen Männer* dagegen sehr selten; der eine ist zuweilen für den Staat eine Last, der andere immer dessen Rückhalt & Stütze. Herkunft, Titel & Ämter machen jemanden zum *großen Herrn;* außergewöhnliches Verdienst, Genie & hervorragende Talente machen jemanden zum *großen Mann.* Ein *großer Herr* hat Umgang mit dem Fürsten, hat Ahnen, Schulden & Pensionen; ein *großer Mann* dient in hervorragender Weise seinem Vaterland, ohne eine Belohnung dafür zu erwarten, ja sogar ohne Rücksicht auf den Ruhm, den er dadurch gewinnen kann. Der Herzog von Epernon & der Marschall von Retz waren *große Herren;* der Admiral von Coligny & La Noue waren *große Männer.*

Als die Römer durch die Reichtümer der eroberten Provinzen verdorben waren, sah man, wie aus ihrer Entwürdigung allmählich die Zeit des Worts *großer Herr* hervorging, während der Philosoph die Bezeichnung *großer Mann* jenen wenigen Sterblichen vorbehielt, die ihr Land lieben, ihm dienen & es aufklären. Derjenige, der ein edles Ziel mit edlen Mitteln erreicht, der, in Ungnade gefallen, noch in der Verbannung & in Ketten lacht, ob er nun wie Antoninus regiert oder wie Sokrates stirbt, ein solcher Mensch ist in den Augen der Weisen ein *großer Mann.* Aber die bloßen *großen Herren* haben den gewöhnlichen Menschen nur ein wenig Firnis voraus, der sie bedeckt. Ich füge hinzu, daß einer unserer Dichter, der die *großen Herren* beschreiben wollte, nicht sagte, sie seien groß nur durch die Launen Fortunas & des Zufalls, sondern sie uns als eine Seifenblase zeigt, die das Schicksal

Mal mehr, mal weniger weit weht,
Mit der es nach Gutdünken spielt,
Eine Kugel aus Wasser und Seife
Die ein Kind mit seinem Strohhalm
Durch seinen leichten Atem formt.

Mehr darüber zu sagen ist hier nicht der Ort. Siehe Gross & Grösse. *Jaucourt*

HAND – **Main** (**Literatur**). Die Ungleichheit zwischen linker *Hand* & rechter *Hand,* für die Gewohnheit, Erziehung & Vorurteile gesorgt haben, läuft ebenso der Natur wie dem gesunden Menschenverstand zuwider. Die Natur hat ihre Gaben allen symmetrischen Körperteilen gleichermaßen zuteil werden lassen. Das rechte Ohr hört nicht besser als das linke, das linke Auge sieht genauso wie das rechte, & man geht mit dem einen Bein nicht leichter als mit dem anderen. Auch bei der gewissenhaftesten anatomischen Untersuchung wohlgestalteter Kinder kann man keinen wahrnehmbaren Unterschied zwischen den Nerven, den Muskeln & den Gefäßen der doppelt vorhandenen Körperteile erkennen. Wenn dieselbe Beobachtung auf Körper fortgeschrittenen Alters nicht mehr zutrifft, liegt dies am übermäßigen Gebrauch der rechten *Hand,* mit der wir genötigt werden, fast alles zu tun, während wir die linke meist untätig lassen: Das hat zur Folge, daß die nährenden Säfte beträchtlich stärker in die *Hand* fließen, die ständig benutzt wird, als in die ruhende. Es wäre also zu wünschen, daß man jene Kinder, die unterschiedslos die eine wie die andere *Hand* gebrauchen, zur rechten Zeit daran gewöhnt, sich ihrer natürlichen doppelten Geschicklichkeit zu bedienen, aus der sie im Laufe ihres Lebens große Vorteile ziehen können, anstatt sie umzugewöhnen. Platon dachte ebenso & mißbilligte es schon zu seiner Zeit in höchstem Maße, daß man die rechte *Hand* zum Nachteil der linken bevorzugte. Er behauptete zu Recht, daß die Menschen hierbei nicht ihren wahren Interessen folgten & sich unter

Daß das Thier keine Hand, sondern eine haarige Pfote hat, war so oft in der Begeisterung über das Götterall mein Schmerz.
JEAN PAUL, IDEEN-GEWIMMEL

dem lächerlichen Vorwand des guten Aussehens & der anmutigen Geste selbst um den Nutzen brachten, den sie bei tausend Gelegenheiten aus dem Gebrauch beider *Hände* ziehen könnten. Es ist verwunderlich, daß man in den letzten Jahrhunderten nicht auf den Gedanken gekommen ist, für die Kriegskunst wieder die Beidhändigkeit zu üben, die denjenigen, die darin gedrillt sind, große Überlegenheit verschafft. Heinrich IV. entließ vier brave Männer aus seiner Gendarmerie aus dem einzigen Grund, daß sie Linkshänder waren. So groß ist der Einfluß von Mode & Gewohnheit auf den menschlichen Geist! *Jaucourt*

HANDKUSS – **Baise-main (Alte & neue Geschichte).** Form der Ehrerbietung, die fast überall auf der Welt verbreitet ist & zuweilen in der Religion wie in der Gesellschaft üblich war. Schon in den allerfernsten Zeiten begrüßte man die Sonne, den Mond & die Sterne durch einen Kuß auf die Hand. Hiob wehrt sich gegen diesen Aberglauben: »Wenn ich die leuchtende Sonne sah, den Mond, & meine Hand dem Mund zum Kuß sich bot...« Diese Ehre wurde auch Baal erwiesen. Lukian, der von den verschiedenen Opfern spricht, welche die Reichen den Göttern darbrachten, fügt hinzu, daß die Armen sie durch bloße *Handküsse* verehrten. Plinius zählt diesen zu seiner Zeit üblichen Brauch zu den Gepflogenheiten, deren Ursprung unbekannt war: »Beim Beten bringen wir die rechte Hand an den Mund«, sagt er. Sogar in der Kirche halten die Bischöfe & Offizianten den anderen Meßdienern die Hand zum Kuß hin.

In der Gesellschaft wurde der *Handkuß* immer als eine stumme Formel angesehen, um Versöhnung zu bekunden, Gunstbezeigungen zu erbitten, für erhaltene zu danken, Vorgesetzten seine Verehrung zu bezeugen. Bei Homer küßt der greise Priamos dem Achill die Hände, als er ihn beschwört, ihm den Leichnam seines Sohnes Hektor herauszugeben. Bei den Römern hielten Tribunen, Konsuln & Diktatoren ihren Untergebenen die Hand zum Kuß hin, was diese *accedere ad manum* nannten. Unter den Kaisern wurde diese Sitte sogar für hochgestellte Personen zur Pflicht; denn die Höflinge niederen Ranges mußten sich damit begnügen, den Purpur mit einem Kniefall zu ehren, worauf sie das Gewand des Fürsten mit der rechten Hand berührten & diese sodann an ihren Mund führten: eine Gunst, die später nur den Konsuln & den ersten Offizieren des Reichs gewährt wurde, während die anderen sich damit zufriedengeben mußten, den Fürsten von ferne zu grüßen, indem sie die Hand an ihren Mund führten, wie man es tat, um den Göttern zu huldigen.

Der Brauch, dem Fürsten die Hand zu küssen, herrscht an fast allen Höfen Europas, besonders in Spanien, wo bei großen Zeremonien die Granden dem König die Hand küssen dürfen. Dapper versichert in seiner Beschreibung Afrikas, daß die Neger ihren Fürsten oder Häuptlingen ihre Ehrerbietung durch *Handküsse* bezeigen. Und Fernando Cortez traf diese Sitte auch in Mexiko an, wo ihn mehr als tausend Landesherren begrüßten, indem sie zuerst die Erde mit ihren Händen berührten & sie dann an ihren Mund führten. *Mallet*

HANDWERK – **Métier (Grammatik).** Man gibt diesen Namen jedem Beruf, der den Gebrauch der Arme erfordert & der sich auf eine bestimmte Anzahl mechanischer Tätigkeiten beschränkt, die ein & dasselbe Werkstück, das der Arbeiter immer wieder herstellt, zum Ziel haben. Ich weiß nicht, warum sich mit diesem Wort eine Geringschätzung verbindet; denn von den *Handwerkern* erhalten wir doch alle notwendigen Dinge des Lebens. Wer sich die Mühe macht, durch die Werkstätten zu gehen, sieht dort überall die Nützlichkeit mit den überzeugendsten Beweisen für Scharfsinn verknüpft. Das Altertum machte Götter aus denen, die *Handwerke* erfanden; die späteren Zeiten zogen die, welche sie vervollkommnet haben, in den Schmutz. Ich überlasse es denen, denen irgendein Gerechtigkeitsprinzip innewohnt, zu entscheiden, ob uns Vernunft oder Vorurteile veranlaßt haben, mit scheelem Blick so bedeutende Männer zu betrachten. Der Dichter, der Philosoph, der Redner, der Minister, der Krieger, der Held liefen nackt herum & hätten kein Brot, wenn nicht jener Handwerker wäre, den sie zum Gegenstand ihrer schrecklichen Verachtung machten. *Anonym*

HANDWERKER – **Artisan.** So nennt man die Arbeiter, die jene mechanischen Künste ausüben, die am wenigsten Intelligenz voraussetzen. Man sagt von einem guten Schuhmacher, er sei ein tüchtiger *Handwerker*, & von einem geschickten Uhrmacher, er sei ein großer Künstler. *Diderot*

HARZ oder HERZYNISCHER WALD – **Hartz ou Forêt Hercinienne (Geographie).** Gebirgskette & sehr ansehnlicher Wald im Herzogtum Braunschweig zwischen Weser & Saale, der sich im Fürstentum Grubenhagen-Anhalt & in den Grafschaften Reinstein & Hohenstein von der Leine bis zur Selke erstreckt. Der *Harz* ist durch seine Silbergruben & auch anderer Metalle wegen berühmt. Alle Silbergruben gehören dem Kurfürsten von Hannover, mit Ausnahme eines Siebtels, das dem Herzog von Braunschweig-Wolfenbüttel gehört. Der Blocksberg oder Brocken ist der höchste Berg des *Harzes* & nach Ansicht einiger Autoren sogar von ganz Deutschland. Nirgendwo in Europa haben die Bergwerkskunde & die Metallurgie größere Bedeutung als im *Harz.* Es gibt dort fast überall Bergwerke, in denen der Abbau emsig vorangeht, & Gießereien für alle möglichen Metalle. Der *Harz* ist ein Teil des *Herzynischen Waldes,* den die Römer kannten & der wegen seiner riesigen Ausdehnung berühmt war. *d'Holbach*

HASSEKI – **Aseki ou assekai (Neue Geschichte).** Name, den die Türken den Favoritinnen des Sultans geben, die einen Sohn zur Welt gebracht haben. Hat eine der Sultaninnen des großen Herrschers auf diese Weise den Rang einer *Hasseki* erlangt, genießt sie mehrere Vorrechte. So hat sie eine von den Gemächern der anderen Sultaninnen abgetrennte Wohnung, die mit Gärten, Brunnen, Gesindestuben, Bädern & sogar einer Moschee geschmückt ist & wo sie von Eunuchen & anderen Hausgehilfen bedient wird. Der Sultan setzt ihr eine Krone aufs Haupt zum Zeichen der von ihm gewährten Freiheit, ungerufen & so oft es ihr gefällt die kaiserlichen Gemächer zu betreten. Er teilt ihr einen Vertrauensmann als Oberaufseher ihres Hauses & eine große Schar von Baltadschis zu, die ihre Befehle auszuführen haben. Schließlich begleitet sie den Kaiser, wenn er wegen einer Spazierfahrt oder einer Jagdpartie Konstantinopel verläßt & es ihm beliebt, ihr diese Kurzweil zu gewähren. Der Sultan regelt die Pension der *Hassekis* nach Gutdünken, doch darf sie nicht weniger als fünfhundert Börsen im Jahr betragen. Man nennt sie *Baschmaklik,* was soviel wie *Pantoffel* bedeutet, als wäre sie dazu bestimmt, der Sultanin Pantoffeln zu liefern, so wie wir von Nadelgeld &c. sprechen. Die Türken nehmen keine Stadt ein, ohne eine Straße für den *Baschmaklik* vorzusehen. Siehe Baschmaklik. Man kann die *Hassekis* als Kaiserinnen betrachten, & ihre Ausgaben sind kaum geringer als die einer legitimen Gemahlin. Die erste von ihnen, die dem Kaiser ein männliches Kind schenkt, wird als solche angesehen, auch wenn sie nicht deren Namen trägt & man ihr nur den Titel der ersten oder großen Favoritin gibt. Ihr Ansehen hängt von ihrem Geist, von ihrem Frohsinn & von ihrem Geschick ab, den Herrscher für sich einzunehmen; denn seit Bajesid I. verwehrt ein Gesetz den Sultanen die Ehe. Soliman II. freilich übertrat es zugunsten von Roxelane.

Der Sultan kann bis zu fünf *Hassekis* auf einmal mit der Krone ehren & aushalten; aber diese enorme Ausgabe ist nicht immer nach seinem Geschmack, & die Belange des Staates machen es zuweilen erforderlich, sie einzuschränken. Die *Hassekis* waren des öfteren an der Regierung & den Umwälzungen des türkischen Reiches beteiligt. *Mallet*

HÄSSLICHKEIT – **Laideur.** Die *Häßlichkeit* ist das Gegenteil der *Schönheit.* Schönes oder Häßliches gibt es in der moralischen Welt nicht ohne Regeln, in der physischen Welt nicht ohne Beziehungen & in den Künsten nicht ohne Modell. Daher gibt es keine Kenntnis des Schönen oder Häßlichen ohne Kenntnis der Regel, ohne Kenntnis des Modells, ohne Kenntnis der Beziehungen & des Endzwecks. Das Notwendige ist in sich weder gut noch schlecht, weder schön noch häßlich; unsere Welt ist also in sich selbst weder gut noch schlecht, weder schön noch häßlich; denn was nicht völlig erkannt ist, kann nicht als gut oder schlecht, schön oder häßlich bezeichnet werden. Nun kennt man aber weder das ganze Weltall noch seinen Zweck; man kann also über seine Vollkommenheit oder seine Unvollkommenheit nichts aussagen. Wird ein unförmiger Marmorblock in sich selbst betrachtet, so bietet er nichts, was zu bewundern oder zu tadeln wäre. Wenn Sie ihn aber auf seine Eigenschaften hin betrachten, wenn Sie ihn in Ihrem Geist zu irgendeinem Gebrauch bestimmen, wenn er unter der Hand des Bildhauers schon irgendeine Form angenommen hat, dann entstehen die Ideen von Schönheit & *Häßlichkeit.* In diesen liegt nichts Absolutes. Dort steht ein gut gebauter Palast, seine Mauern sind festgefügt, alle seine Teile sind gut miteinander verbunden. Sie nehmen eine Eidechse & setzen sie in einem seiner Gemächer aus: dann wird das Tier, da es kein Loch findet, in das es schlüpfen könnte, diese Wohnung sehr unbequem finden; Schuttmassen würden ihm lieber sein. Nehmen Sie an, ein Mensch sei lahm & bucklig, & fügen Sie zu diesen Gebrechen noch alle erdenklichen anderen hinzu: dann ist er doch nur im Vergleich mit einem anderen schön oder häßlich, & dieser andere ist auch nur im Verhältnis zu der mehr oder weniger großen Fertigkeit, mit der er seine Lebensfunktionen erfüllt, schön oder häßlich. Ebenso verhält es sich mit den moralischen Eigenschaften. Angenommen, Newton hätte allein auf der Erde gelebt & hätte sich aus eigenen Kräften zu all jenen Entdeckungen aufschwingen können, die wir ihm zu verdanken haben: welches Zeugnis hätte er sich wohl ausstellen können? Gar keines. Er konnte sich nur deshalb als groß bezeichnen, weil die Mitmenschen, die ihn umgaben, klein waren. Eine Sache ist unter zwei verschiedenen Aspekten schön oder häßlich. Betrachten wir die Verschwörung von Venedig im Hinblick auf ihren Anfang, ihre Entwicklung & ihre Werkzeuge, so rufen wir aus: Was für ein Mann ist doch der Graf von Bedmar! Wie groß ist er! Betrachten wir aber dieselbe

Dich will ich loben: Häßliches, / du hast so was Verläßliches. / Das Schöne schwindet, scheidet, flieht – / fast tut es weh, wenn man es sieht. / Wer Schönes anschaut, spürt die Zeit, / und Zeit meint stets: Bald ist's soweit. / Das Schöne gibt uns Grund zur Trauer. / Das Häßliche erfreut durch Dauer.

Robert Gernhardt, Nachdem er durch Metzingen gegangen war

Verschwörung unter moralischen Gesichtspunkten – im Hinblick auf die Menschlichkeit & die Gerechtigkeit, dann sagen wir: Wie schrecklich ist sie, & wie abscheulich der Graf von Bedmar! *Diderot*

HEBAMME – **Accoucheuse.** Frau, die den Beruf einer Geburtshelferin ausübt. *Tüchtige Hebamme.* Man sagt besser *weise Frau.*

Es gibt Krankheiten, sagt Boerhaave, die von ganz besonderen Ursachen herrühren & die man klar erkennen muß, weil sie Anlaß zu einer schlechten Körperbildung geben. Hauptursachen sind die Einbildungskraft der Mütter, die Unvorsichtigkeit der *Hebammen* &c. »Es kommt sehr häufig vor«, bemerkt hierzu sein Kommentator, La Mettrie, »daß diese Frauen die weichen Körper der Kinder völlig verunstalten & die Form ihres Kopfes verderben, da sie ihn zu grob anfassen. Daher gibt es so viele Narren, deren Kopf mißraten, das heißt, zu lang oder eckig ist oder irgendeine andere unnatürliche Form hat. Es wäre für die Frauen besser«, fügt La Mettrie hinzu, »wenn es keine *Hebammen* gäbe. Die Kunst der Geburtshilfe ist nur dann angebracht, wenn irgendein Hindernis im Wege steht: Aber jene Frauen warten die Zeit der Natur nicht ab; sie zerreißen die Eihaut & holen das Kind heraus, ehe die Mutter wirkliche Wehen hat. Ich habe Kinder gesehen, deren Glieder bei diesem Eingriff verrenkt worden waren, & andere, die einen gebrochenen Arm hatten. Wenn ein Glied verrenkt ist & der Schaden unerkannt bleibt, so behält ihn das Kind zeitlebens. Handelt es sich um einen Bruch, so zeigt er sich in der Verkürzung des Glieds. Ich rate euch also, bei der Ausübung eures Berufes solche leichtfertigen *Hebammen* in die Schranken zu weisen.« Siehe die *Institutiones* von Boerhaave.

Wegen des Anteils, den jeder rechtschaffene Mensch an der Geburt künftiger Bürger nehmen muß, halte ich mich für verpflichtet, zu erklären, daß ich mich einmal, getrieben von einer Wißbegierde, die dem, der ein wenig nachdenkt, eigen ist, nämlich der Wißbegierde, einen Menschen auf die Welt kommen zu sehen, nachdem ich so oft hatte Menschen sterben sehen, zu einer jener *Hebammen* führen ließ, die Schüler ausbilden & junge Leute empfangen, die sich über die Geburtshilfe unterrichten wollen, & daß ich dort Beispiele einer Unmenschlichkeit sah, die selbst unter Barbaren fast unglaublich wäre. In der Hoffnung, eine größere Anzahl von Zuschauern & damit auch von Zahlern anzulocken, ließen jene *Hebammen* durch ihre Sendboten überall bekanntmachen, hier gäbe es eine in den Wehen liegende Frau, deren Kind sicher auf unnatürliche Weise zur Welt kommen würde. Man eilte herbei, & um die Erwartungen nicht zu enttäuschen, drehten sie das Kind im Mutterleib um & zogen es an den Füßen heraus. Ich würde nicht wagen, diesen Tatbestand anzuführen, wenn ich ihn nicht mehrere Male mit eigenen Augen beobachtet hätte & wenn die *Hebamme* selbst nicht so unvorsichtig gewesen wäre, ihn mir gegenüber zuzugeben, nachdem die Zuschauer alle fortgegangen waren.

Ich fordere also diejenigen, die beauftragt sind, in der Gesellschaft vorkommende Übergriffe zu überwachen, ausdrücklich auf, ihr Augenmerk darauf zu richten. *Tarin/ Diderot*

Sokrates: *Mit meiner Entbindungskunst steht es nun im übrigen so wie bei jenen; der Unterschied aber ist der, daß meine Technik Männer, nicht Frauen entbindet, und daß es die Seelen der Männer sind, auf deren Geburtswehen sie ihr Augenmerk richtet, nicht ihre Leiber. Meine Klienten machen nun aber auch insofern dieselbe Erfahrung wie die gebärenden Frauen, als sie an Wehen leiden und Tag und Nacht von Zweifelsschmerzen geplagt werden, weit mehr als jene. Diesen Schmerz vermag meine Kunst zu wecken und auch zu stillen.* PLATON, THEAITET

HEILIGER STUHL – **Siège, le Saint** (**Kirchengeschichte**). Der *Heilige Stuhl* ist eigentlich der Bischofssitz von Rom, den die römische Kirche als den Mittelpunkt ihrer Einheit zu betrachten pflegt; aber wenn Rom zerstört würde oder der Ketzerei verfiele, dann müßte die Kirche einen anderen Mittelpunkt der Einheit vereinbaren, den man immer als den *Heiligen Stuhl* ansehen würde. So muß sich nicht die Kirche nach dem Bischofssitz richten, wo der *Heilige Stuhl* ist – denn er war einst in Antiochia; sondern dieser Bischofssitz muß die Dogmen hüten & sich nach den Vorschriften der Kirche richten; & nur solange er diese Dogmen bewahrt & diese Vorschriften beachtet, betrachtet die Kirche ihn als den Mittelpunkt der Einheit.

Die römische Kurie ist grundverschieden vom *Heiligen Stuhl.* Zuweilen meint man mit diesem Wort bloß die Würdenträger des Papstes; in diesem Sinne beruft man sich auf die römische Kurie; aber in einem anderen Sinne ist die römische Kurie jene Versammlung von Höflingen, die darauf ausgehen, die Größe & die Macht der Päpste zu steigern, um so Möglichkeiten zur Auszeichnung & Bereicherung zu finden.

Das ist eine Schar von Schmeichlern, die den römischen Päpsten eine Vollkommenheit zuschreiben, die nur Gott besitzt & die er keinem Sterblichen verliehen hat; es sind schließlich Leute, die nichts unterlassen, um die heilige Demut & die apostolische Selbstlosigkeit in eine verwerfliche Selbstsucht & in eine Willkürherrschaft zu verwandeln. Aus dieser übertriebenen Anmaßung sind so viele Mißbräuche & Unruhen entsprungen, welche die christliche Kirche untergraben & das Schisma verstärken. *Jaucourt*

Luigi Malerba
Heiliger Stuhl

Als Papst Johannes Paul II. im Jahre 1994 den Sudan besuchte, erbat und erhielt der berühmte islamische Ideologe Hassan El Turabi eine Einladung zu einer Privataudienz. Erst etliche Jahre später erfuhr man, daß Hassan El Turabi während dieses Gesprächs versucht hatte, den römischen Papst zum islamischen Glauben zu bekehren. Die außergewöhnliche Reserviertheit des sudanesischen Ideologen hat es uns nicht gestattet zu erfahren, wie Johannes Paul II. auf den Vorschlag reagiert hat und ob er – man kennt seine grenzenlose Entschlossenheit – seinerseits versucht hat, den sudanesischen Ideologen zum katholischen Glauben zu bekehren. Die Episode an sich war dazu bestimmt, keine Spuren zu hinterlassen, aber die Herausforderung des islamischen Ideologen wurde im Vatikan als ein wie auch immer paradoxes Zeichen für den maßlosen Ehrgeiz gedeutet, den der Islam im Zuge seiner fortschreitenden Ausbreitung in Europa entwickelt hatte.

Wenn ich mir nun die Aufgabe stellte, den dem Papst gewidmeten und vom unermüdlichen Chevalier de Jaucourt verfaßten Artikel in der großen *Encyclopédie* auf den neuesten Stand zu bringen, dann dürfte ich das Problem der Moslems in Europa gewiß nicht vernachlässigen. Die paradoxalen und katastrophalen Hypothesen in dem kurzen Lexikonartikel (»wenn Rom zerstört würde oder der Ketzerei verfiele«) müßten heute korrigiert werden, und die Hypothese Nummer eins würde dann lauten: »wenn Rom islamisch würde«. Diese Hypothese ist natürlich unrealistisch (genauso wie die Hypothese vom ketzerischen Rom unrealistisch war), aber im Bewußtsein der oberen katholischen Hierarchien setzt sich immer mehr die Überzeugung durch, daß die tägliche Invasion Europas durch die Einwanderer aus den östlichen Ländern und vom afrikanischen Kontinent, der unter unseren Augen dahinsiecht, das Ausmaß eines wahren »historischen Ereignisses« angenommen hat. Es handelt sich also nicht nur um einen vorübergehenden Notstand, sondern um ein Phänomen, das sich gerade wegen seiner »historischen Ausmaße« jeglicher Kontrolle entzieht.

Die triumphhafte Ausrufung des Heiligen Jahres und die erfolgreichen Medienauftritte Johannes Pauls II. scheinen die Umgebung des Heiligen Stuhls zur Tat anzuspornen und das Maß verlieren zu lassen. Um die Mitte des Jahres 2000 forderte Kardinal Biffi aus Bologna – unter Mißachtung der guten Absichten des Papstes – die italienischen Behörden auf, von den regelmäßig an den Küsten Italiens landenden Immigranten alle diejenigen energisch zurückzuweisen, die dem islamischen Glauben anhingen. Die Aufforderung des Kardinals zeitigte beträchtliche Polemiken und Proteste, trotzdem hat sich wohl ins Unbewußte der Italiener – die offenkundig keinerlei Interesse daran haben, diese religiöse Diskriminierung in die Tat umzusetzen – als tückischer Virus der Gedanke eingeschlichen, daß die Moslems das Böse verkörpern.

Der Bürgermeister der Stadt Lodi, der großzügig ein Gemeindegrundstück für den Bau einer Moschee zur Verfügung gestellt hatte, wurde mit einer Flut von Protesten seitens der ausländerfeindlichen italienischen Rechtsextremisten überschüttet, die sich in dieser Frage im Einklang mit den katholischen Fundamentalisten befinden.

Und als auf dem Monte Antenne in Rom die prächtige römische Moschee errichtet wurde, trafen vom Heiligen Stuhl diskrete Botschaften mit der Bitte ein, das Minarett möge die Kuppel des Petersdoms nicht überragen. Mit gebührender Diskretion wurde diesem Wunsch stattgegeben.

Das Anekdotische beim Thema Islam ließe sich um weitere Episoden bereichern, und schnell glitte man dabei ins Folkloristische ab: Aber wenn man bedenkt, daß die Zahl der Moslems in Frankreich rund vier Millionen beträgt (es ist bezeichnend, daß die erste große Versammlung der katholischen Jugend auf Wunsch Johannes Pauls II. in Paris stattfand), während es in Deutschland etwas über zwei Millionen, in Italien aber wenig mehr als eine Million Moslems gibt, durch die tägliche Ankunft heimlicher Einwanderer freilich in raschem Wachstum begriffen – dann wird einem klar, daß die Ratschläge des Kardinals Biffi, so unvorsichtig sie auch waren, einem Problem Rechnung tragen, von dem die römisch-katholische Kirche nicht weiß, wie sie es anpacken soll.

Angesichts dieser neuen »ungläubigen« Eindringlinge kann der Heilige Stuhl nicht auf einen bewaffneten Widerstand hoffen, wie er sich einst in Poitiers und Lepanto zutrug, um das Vordringen der Araber zu verhindern. Er kann auch nicht seine Schweizer Garde mit ihren Hellebarden und ihren von Michelangelo entworfenen eleganten, überladenen Uniformen ins Feld schicken, er muß machtlos der unaufhaltsamen Ausbreitung neuer Ethnien zusehen, die bereits im Begriff sind, nicht nur das soziale Gefüge zu verändern, sondern auch – und das interessiert uns hier – die religiöse Ordnung Europas.

Nach zwei Jahrzehnten intensiver ökumenischer Missionsarbeit in einem engmaschigen Netz über den ganzen Globus gingen die Anstrengungen Papst Woitylas während des Heiligen Jahres hauptsächlich dahin, die katholische Vormachtstellung Roms zu sichern – und zwar nicht die des Vatikans, sondern die der Stadt Rom. Im September 1870 war Rom von den piemontesischen Truppen erobert worden, als diese durch die Bresche der Porta Pia in die Stadt eindrangen. Papst Pius IX., der vergeblich versucht hatte, sich kraft der weltlichen Macht der Kirche gegen die Eroberung von Rom zu wehren, protestierte nun dadurch, daß er sich als Gefangener in der Vatikanstadt einschloß, die seit diesem Zeitpunkt als neuer Heiliger Stuhl der katholischen Kirche figuriert (in der Zeit der großen *Encyclopédie* war der Heilige Stuhl in jeder Hinsicht die Stadt Rom).

Statt sich hinter einem fruchtlosen Protest zu verschanzen, wie es Papst Pius IX. tat, oder sich passiv und gleichgültig gegenüber der Stadt zu verhalten wie seine Vorgänger, hat Papst Woityla während des Heiligen Jahres die Stadt Rom mit seinen Pilgertruppen erneut besetzt. Die Besetzung gipfelte in einem »ozeanischen« Jugendtreffen in Tor Vergata östlich von Rom: zwei Millionen junge Menschen waren aus allen Teilen der Welt zusammengeströmt, was sowohl dem ökumenischen Engagement des Papstes als auch seiner Absicht entgegenkam, die Grenzen des Vatikans und damit auch des Heiligen Stuhls um die Stadt Rom zu erweitern.

Ein paar Seitenhiebe des Chevaliers de Jaucourt stünden heute unter einem anderen Vorzeichen. »Das ist eine Schar von Schmeichlern, die den römischen Päpsten eine Vollkommenheit zuschreiben, die nur Gott besitzt und die er keinem Sterblichen verliehen hat.« – Ein Hieb gegen die Jesuiten, die von allen Seiten angegriffen wurden und deshalb versuchten, die Gunst des Papstes Clemens IX. durch übertriebene und verstiegene Lobreden zu gewinnen. Im übrigen wurde diese »Vollkommenheit, die nur Gott besitzt« auf dem von Pius IX. einberufenen Ersten Vatikanischen Konzil durch den Beschluß der »Unfehlbarkeit« des Papstes offiziell bestätigt – also im Jahr der Besetzung Roms durch die piemontesische Armee. (Nebenbei bemerkt: Dieser antisemitische, reaktionäre, antiliberale und verbissen für die weltliche Macht der Kirche kämpfende Papst wurde während des Heiligen Jahres von Papst Woityla seliggesprochen.)

Ein Dogma, das sich für seine Nachfolger als sehr peinlich erweisen konnte (die Unfehlbarkeit bezieht sich nicht nur auf die Dogmen in Glaubensfragen, sondern auch auf die Grundsätze von Moral und Heiligsprechung). Pius XII. mit seinem vorsichtig passiven Verhalten gegenüber den Nationalsozialisten ließ es nicht unfehlbar werden, während Johannes Paul II. sich sogar mit unbefangener Energie darüber hinwegsetzte, als er im Namen seiner eigenen Unfehlbarkeit die »Globalisierung« des katholischen Glaubens erfolgreich vorantrieb und zugleich die zunehmende Sexophobie der römischen Kirche entschlossen unterstützte.

Auf dem Heiligen Stuhl – ein Ausdruck, der laut Jaucourt den physischen Sitz der katholischen Kirche und gegebenenfalls die Kurie oder Verwaltungsbehörde umfaßt – versammeln sich alle Sorgen und Malaisen der katholischen Welt, und von hier aus werden die Befehle an den Klerus und die Gläubigen erteilt. Zur Zeit der großen *Encyclopédie* standen Scheidung und Abtreibung noch nicht einmal zur Debatte. Obwohl der italienische Gesetzgeber sich heute zugunsten beider ausgesprochen hat, hat Papst Woityla bewiesen, daß er gänzlich unbeugsam ist – alle Kontrazeptiva sind verboten, und das im Zeitalter von Aids. Ganz sicher kommt die sexophobe Haltung des Papstes aus den eisigen Weiten Polens, und Bestandteil der katholischen Tradition ist sie ohnehin. Es scheint aber – und das hat offenbar noch niemand gemerkt –, daß sie mittlerweile auch immer besser in den langfristigen politischen Plan einer globalen Expansion der katholischen Kirche paßt – so als wolle man durch eine bloße zahlenmäßige Übermacht eine Ausbreitung der »Ungläubigen« in Afrika und Asien verhindern.

In den einundzwanzig Jahren des Erscheinens der großen *Encyclopédie* (1751 bis 1772) hat die römische Kirche versucht, mit den Waffen der Zensur gegen deren Ideen anzukämpfen – gegen einen noch größeren Feind als die arabischen Armeen und die »ungläubigen« Immigranten. Die Eintragung des großen französischen intellektuellen und verlegerischen Unternehmens in den Index librorum prohibitorum brachte jedoch nicht den erhofften Erfolg, und die *Encyclopédie* setzte ihren Weg inmitten der stürmischen Zeitläufte erfolgreich fort. Ohne Gefechtspausen mußte sie Angriffe über sich ergehen lassen – auch von seiten der Jesuiten, die gewollt hätten, daß man ihnen die Redaktion der Artikel zu Religion und Theologie überließe. Statt dessen wurde die Gesellschaft Jesu in jenen zwei Jahrzehnten aufgrund ihres Machtanspruches und ihrer Arroganz nacheinander aus Portugal, Spanien, dem Herzogtum Parma und Piacenza, Paraguay und Frankreich vertrieben. Am Ende war es ausgerechnet der Heilige Stuhl – in der Person von Clemens XIV. –, der unter dem Druck der europäischen Staaten die Auflösung der Gesellschaft Jesu dekretierte.

Viele Dinge haben sich geändert unter dem Himmel von Rom seit der Zeit, als der Chevalier de Jaucourt seinen Artikel über den Heiligen Stuhl schrieb, aber geblieben ist der Heilige Stuhl, verstanden als eine »Versammlung von Höflingen, die darauf ausgehen, die Größe & die Macht der Päpste zu steigern, um so Möglichkeiten zur Auszeichnung & Bereicherung zu finden«. Hier bedarf es keiner Anmerkungen und Aktualisierungen, aber wenn man sich eine aktuelle Bestätigung der Definition des gestrengen Jaucourt verschaffen möchte, genügt es, die Chroniken der Finanzskandale aus den letzten Jahrzehnten zu überfliegen, in welche die Bank des Heiligen Stuhls verwickelt war, die sich mit einem hübschen Euphemismus »Opere di Religione« nennt.

Trotz ihres übermäßigen Interesses am Mammon, am »Teufelskot«, neigt die römische Kirche zu einem inflationären Ge- und Mißbrauch der Idee und des Wortes »Heiligkeit«: zuallererst der »Heilige Stuhl«, dann der »Heilige Vater« oder »Seine Heiligkeit«, die »Heilige Messe«, die »Heilige Kommunion«, das »Heilige Amt«, das »Heilige Leichentuch« Christi und sogar die »Heilige Inquisition«.

Nicht zu vergessen, das riesige Repertoire an alten Heiligen, bereichert durch einige hundert nagelneue Heilige, ernannt von Johannes Paul II.

Aus dem Italienischen von Iris Schnebel-Kaschnitz

HERBERGEN, TÜRKISCHE – **Hôtellerie de Turquie** (**Neue Geschichte**). Öffentliche Gebäude zur kostenlosen Beherbergung von Reisenden & Leuten, die sich auf der Durchreise befinden. Entlang der Verbindungsstraßen & in den asiatischen Städten sind sie zahlreich anzutreffen.

Die *Herbergen* entlang der Hauptstrecken sind laut Monsieur Tournefort große, langgestreckte oder quadratische Gebäude, die einer Scheune ähneln. Ihre Einrichtung besteht lediglich aus einer Bank, die in einer Höhe von etwa drei Fuß an der Wand befestigt ist & ungefähr sechs Fuß in der Breite mißt. Der übrige Raum ist für Esel & Kamele gedacht. Die Bank dient als Bett, Tisch & Kochstelle. Im Abstand von sieben oder acht Fuß gibt es kleine Kamine, unter denen jeder sein Süppchen kocht. Ist die Brühe gar, legt man das Tischtuch auf & setzt sich mit gekreuzten Beinen wie die Schneider um die Bank. Nach dem Essen ist das Bett schnell gerichtet: Man rollt seine Decke neben dem Kamin aus & verstaut seine persönliche Habe, schiebt den Pferdesattel unter den Kopf & benutzt den Umhang als Laken & Decke.

Am Eingang dieser *Herbergen* kann man Brot, Geflügel, Eier, Früchte & manchmal Wein kaufen, alles zu einem außerordentlich niedrigen Preis. Was sonst noch fehlt, besorgt man sich im nahegelegenen Dorf. Die Unterkunft ist unentgeltlich: diese öffentlichen Zufluchtsorte pflegen in gewisser Weise noch die Gastfreundschaft, die in der Antike so geschätzt war. Siehe GASTFREUNDSCHAFT.

Die *Herbergen* in den Städten sind sauberer & besser gebaut. Sie ähneln Klöstern, denn viele von ihnen besitzen kleine Moscheen. Der Brunnen befindet sich gewöhnlich in der Mitte des Hofes, angrenzend Kammern zur Verrichtung der Notdurft. Die Zimmer befinden sich längs einer großen Galerie, oder man kommt in einem der gut beleuchteten Schlafsäle unter.

In den *Herbergen*, die zu einer Stiftung gehören, entrichtet man lediglich eine kleine Summe an den Verwalter, & in den anderen wohnt man zu einem Spottpreis. Ein Zimmer, das als Küche dient, genügt, um sich dort wohl zu fühlen. An der Pforte werden Fleisch, Fisch, Brot, Früchte, Butter, Öl, Pfeifen, Tabak, Kaffee, Kerzen, sogar Holz verkauft. Wein ist bei Juden oder Christen erhältlich, die einen für wenig Geld heimlich beliefern.

Manche dieser *Herbergen* sind finanziell so gut ausgestattet, daß man auf Kosten des Stifters Stroh, Gerste, Brot & Reis bekommt. Das ist das Ergebnis des hohen Stellenwerts, den die Wohltätigkeit in der mohammedanischen Religion hat. Diese mildtätige Gesinnung ist unter den Türken so weit verbreitet, daß man gute Mohammedaner trifft, die sich in Hütten entlang der Hauptverbindungsstraßen einquartiert haben & es sich in der Mittagshitze angelegen sein lassen, erschöpften Durchreisenden einen Rastplatz & Erfrischung zu bieten. Wir sind voll des Lobes für diese lebendige Menschenliebe, doch wir haben nicht viel davon in unserem Herzen. Wir sind sehr höflich & sehr hartherzig. *Jaucourt*

HERMAPHRODIT – **Hermaphrodite** (**Anatomie**). Eine Person, die beide Geschlechter oder die Schamteile von Mann & Frau hat.

Das Wort kommt von den Griechen: sie bildeten es aus dem Namen eines Gottes & einer Göttin, um gemäß ihrem Brauch in einem einzigen Wort die Mischung oder Vereinigung von Merkur & Venus auszudrücken, die sie für die Urheber dieses außergewöhnlichen Wesens hielten. Doch ob die Griechen dieses Vorurteil nun aus den Prinzipien der Astrologie schöpften oder sie der hermetischen Philosophie entnahmen, sie haben sich auf sinnreiche Weise vorgestellt, daß der Hermaphrodit der Sohn von Merkur & Venus sei. Freilich mußte man sodann dem Sohn eines Gottes & einer Göttin einen ehrenvollen Platz geben, & dazu hat die Fabel mit ihren Illusionen beigetragen. Die Nymphe Salmakis, die sich unsterblich in den jungen *Hermaphroditos* verliebt hatte & ihn nicht für sich gewinnen konnte, bat die Götter, ihre beiden Körper zu einem einzigen zu verbinden. Die Götter gewährten Salmakis diese Gunst, hinterließen auf dem Körper jedoch die Merkmale beider Geschlechter.

Indessen wurde dieses Wunder der Natur, das beide Geschlechter in einem einzigen Geschöpf vereint, von vielen Völkern nicht günstig aufgenommen, wenn es stimmt, was Alexander ab Alexandro berichtet, daß nämlich Personen, die das Geschlecht von Mann

In den Hotels – selbst in denen 1. Klasse – gibt es nur Betten ohne Bettwäsche, und wenn der Gast sie anfordert, erhält er ein Handtuch. Für Reisen in Preußen ist eine Reisedecke als Ersatz für fehlendes Bettzeug unerläßlich. Die Küche steht im Einklang mit dem übrigen. – Sage mir, was du ißt, und ich sage dir, was du bist –. Man muß über drei wesentliche Fähigkeiten verfügen, um den Restaurants und den »Tables d'hôte« trotzen zu können: keine Skrupel in bezug auf Sauberkeit, eine Engelsgeduld und einen Magen, gepanzert wie ein Kriegsschiff. Es sieht so aus, als ob alle berühmten Giftmischer sich in Preußen ein Stelldichein gegeben hätten, um weiter ungestraft ihr Handwerk ausüben zu können. VICTOR TISSOT, REPORTAGEN
VICTOR TISSOT, REPORTAGEN AUS BISMARCKS REICH, 1874 bis 1876

& Frau in sich trugen, oder, um es kurz zu sagen, die *Hermaphroditen*, von den Athenern & den Römern als Ungeheuer angesehen wurden, die man in Athen ins Meer & in Rom in den Tiber warf.

Doch gibt es wirkliche *Hermaphroditen?* In den unwissenden Zeiten mochte man diese Frage erörtern; in aufgeklärten Zeiten dürfte man sie nicht mehr stellen. Auch wenn die Natur sich zuweilen bei der Hervorbringung des Menschen verirrt, so geht sie doch nie so weit, Metamorphosen, Vermischungen der Substanzen & vollständige Verbindungen beider Geschlechter zu erzeugen. Das Geschlecht, das sie bei der Geburt, vielleicht sogar bei der Empfängnis verliehen hat, verwandelt sie nicht in ein anderes. Es gibt niemanden, bei dem beide Geschlechter vollkommen ausgebildet sind, das heißt, »der in sich als Frau & außerhalb seiner als Mann zu zeugen vermag«, wie ein Kanoniker sagte. Niemals vermischt die Natur für immer ihre wahren Merkmale & ihre wahren Kennzeichen; am Ende zeigt sie den Charakter, der das Geschlecht bestimmt; & wenn sie ihn dann & wann in einiger Hinsicht während der Kindheit verhüllt, so verrät sie ihn unweigerlich im Alter der Pubertät.

Der Klang der Trompeten erstarb und Orlando stand splitternackt da. Kein menschliches Wesen, seit Anbeginn der Welt, sah je hinreißender aus. Seine Gestalt vereinigte in sich die Kraft eines Mannes und die Anmut einer Frau. Orlando war eine Frau geworden – das ist nicht zu leugnen. Der Wechsel des Geschlechts schien sich schmerzlos und vollständig und auf eine Art vollzogen zu haben, daß Orlando selbst keine Überraschung darüber zeigte. Dies berücksichtigend und mit der Behauptung, ein solcher Wechsel des Geschlechts widerspreche der Natur, haben viele Menschen keine Mühen gescheut, zu beweisen, 1.) daß Orlando immer eine Frau gewesen sei, 2.) daß Orlando auch in diesem Augenblick ein Mann sei. Sollen Biologen und Psychologen dies entscheiden. Für uns genügt es, die schlichte Tatsache festzuhalten; Orlando war ein Mann bis zum Alter von dreißig Jahren; als er eine Frau wurde und es seitdem geblieben ist. VIRGINIA WOOLF, ORLANDO

Die angeblichen männlichen *Hermaphroditen,* bei denen Menstruationsblut fließt, sind nichts anderes als Mädchen, deren innere Schamteile Colombus untersucht zu haben versichert, ohne daß er etwas Wesentliches fand, das sich von den Schamteilen der anderen Frauen unterschied. Jener runde, so empfindliche kleine Schwellkörper, der sich vor der Vulva befindet, hat fast immer dazu geführt, daß man Mädchen, die durch das Spiel der Natur einen Körperteil besaßen, der lang genug war, um ihn zu mißbrauchen, als *Hermaphroditen* bezeichnete. Der erwähnte Colombus bekam einmal eine Zigeunerin zu Gesicht, die ihn bat, ihr diesen Teil abzuschneiden & den Kanal ihrer Scham zu erweitern, damit sie, so sagte sie, die Umarmungen eines Mannes, den sie liebe, empfangen könne.

Der schwarze *Hermaphrodit* aus Angola, der Mitte dieses Jahrhunderts in London soviel Aufsehen erregte, war eine Frau, die sich in der gleichen Lage befand wie die Zigeunerin des Colombus. Dieser Fall kommt in den heißen Ländern Afrikas & Asiens weniger selten vor als bei uns.

Demnach muß man einräumen, daß die Natur höchst seltsame Spiele mit den Schamteilen treibt & daß es manchmal Personen gegeben hat, die eine so bizarre Leibesgestalt aufwiesen, daß diejenigen, die deren wahres Wesen nicht darzulegen vermochten, in gewisser Weise entschuldbar sind. *Jaucourt*

HERMAPHRODITOS – Hermaphrodite (Mythologie). Sohn des Merkur & der Venus, wie der Name besagt. Dieser junge Mann, der, so will es die Fabel, mit allen Liebreizen der Natur begabt war, wurde glühend von der Nymphe Salmakis geliebt, gegen deren Zärtlichkeit er sich sträubte. Sie erblickte ihn, als er eines Tages in einer Quelle Kariens badete, & die Gelegenheit erschien ihr günstig, um ihre Liebe zu befriedigen. Aber das Herz des Undankbaren blieb kalt, & in der Verzweiflung, in der sich die Nymphe befand, weil sie das Feuer, das sie verzehrte, nicht auf ihn zu übertragen vermochte, flehte sie die Götter an & bat sie, doch wenigstens ihre beiden Körper für immer zu vereinen. Ihr Gebet wurde erhört, & in einer seltsamen Metamorphose verschmolzen sie zu einer einzigen Person. Ovid schildert diese Veränderung mit folgenden Worten:

So sind sie nicht Mädchen nicht Knabe weiter zu nennen,
erscheinen so keines von beiden & beides.

Der Sohn der Venus wiederum erhielt das Versprechen, daß alle, die in derselben Quelle badeten, das gleiche Schicksal ereilen würde.

Die Erklärung dieser Fabel ist nicht einfach; man weiß nur, daß es in Karien, nahe der Stadt Halykarnassos, eine berühmte Quelle gab, in der einige Barbaren, die wie die Griechen dort Wasser schöpfen mußten, menschlicher wurden. Der Handel, den sie mit diesen trieben, machte sie nicht nur höflicher, sondern flößte ihnen auch die Liebe zum Luxus dieser wollüstigen Nation ein; & dies mag vielleicht, sagt Vitruv, dieser Quelle den Ruf eingetragen haben, sie würde das Geschlecht verändern. Doch was liegt letztlich an dem Grund? Die Fabel ist sehr hübsch. *Jaucourt*

HEROISMUS – Héroïsme (Moral). Seelengröße gehört zum Begriff des *Heroismus.* Mit einem niedrigen & unterwürfigen Herz kann man kein Heros sein. Aber *Heroismus* unterscheidet sich von einfacher Seelengröße insofern, als er glänzende Tugenden voraussetzt, die Erstaunen & Bewunderung erregen. Um seine lasterhaften Neigungen zu überwinden, muß man zwar edle Bemühungen unternehmen, die der eigenen Natur schwerfallen;

erfolgreiche Bemühungen in dieser Hinsicht bedeuten, wenn man will, wohl Seelengröße, aber nicht immer das, was man *Heroismus* nennt. Der Heros oder Held in der herkömmlichen Bedeutung dieses Wortes ist ein Mensch, der *standhaft* gegenüber Schwierigkeiten, *unerschrocken* in Gefahren & *tapfer* in Kämpfen ist.

Nie zählte Griechenland so viele Helden wie in seiner Jugendzeit, das heißt der Zeit, in der es von Räubern & Mördern bevölkert war. In einem aufgeklärteren Zeitalter sind die Helden nicht so zahlreich; die Sachverständigen überlegen es sich zweimal, bevor sie jemandem diesen Titel zuerkennen; man spricht ihn Alexander ab, versagt ihn dem Eroberer des Nordens, & kein Fürst kann ihn beanspruchen, wenn er, um ihn zu erlangen, nur mit Siegen & Siegeszeichen aufwartet. Heinrich IV. wäre dieses Titels unwürdig gewesen, wenn er sich damit begnügt hätte, seine Staaten erobert zu haben, & nicht ihr Verteidiger & Vater gewesen wäre.

Die meisten Helden, sagt La Rochefoucauld, haben Ähnlichkeit mit gewissen Bildern; um sie richtig einzuschätzen, braucht man sie nur aus der Nähe zu betrachten. Aber die Menge ist & bleibt immer Menge, & da sie keine Idee von echter Größe hat, erscheint ihr als Held oft gerade derjenige, der – bei Licht betrachtet – eine Schande & Geißel der Menschheit ist. *Anonym*

HIRN oder GEHIRN – Cerveau (Anatomie). So nennt man im allgemeinen die weiche, zum Teil graue, zum Teil weiße Substanz, die, im Schädel eingeschlossen, die Quelle unserer Sinne ist & in der auf besondere Weise die Seele wohnen soll.

Wenn man den Schädel öffnet, so findet man eine Substanz, die ihn ganz & gar ausfüllt & die von verschiedenen Membranen eingehüllt ist. Als erstes zeigt sich die *dura mater* oder harte Hirnhaut, die innen die Knochen auskleidet & ihnen als Haut dient: mit ihren verschiedenen Falten, deren wichtigste die Falx oder Hirnsichel & das Tentorium oder Hirnzelt sind, teilt sie das *Gehirn* in unterschiedliche Teile. Unter dieser Membran befindet sich eine weitere, die *pia mater* oder weiche Hirnhaut, die allen Vertiefungen des *Gehirns* folgt. In den Duplikaturen, die sie dabei bildet, liegen die Gefäße des *Gehirns*.

Das Wort *Gehirn* im engeren Sinn bezeichnet also jene an der Oberfläche graue Substanz, welche die gesamte obere Schädelhöhle einnimmt & die Form eines ovalen, gewölbten Körpers hat, der ziemlich genau der Hälfte eines Eies gleicht, das man der Länge nach in zwei gleiche Teile geschnitten hätte, ohne diese voneinander zu trennen; das flachere Ende der eiförmigen Wölbung liegt hinten, das schmalere vorne.

Alle Anatomen stimmen allgemein darin überein, daß der Mensch im Verhältnis mehr *Hirn* hat als alle anderen Tiere, der Ochse, das Pferd &c.

Im Bemühen zu ergänzen, was man nicht sehen kann, hat die Einbildungskraft verschiedene Systeme zur Deutung der Hirnstruktur ersonnen, von denen das von Malphighi & das von Ruisch zu nennen sind.

Malphighi glaubte, die Rindensubstanz bestehe aus Drüsen, die wegen ihrer Kleinheit & der schleimigen & durchsichtigen Natur des *Gehirns* nicht einmal den Mikroskopen von Marthall zugänglich sind, die er denen von Leeuwenhoek vorzog. Mit deren Hilfe sah er, daß diese Substanz kleine Erhebungen aufwies. Wenn man ein *Gehirn* kocht, so schwillt seine Substanz zu drüsenähnlichen Molekülen an: mit Hilfe von Tinte, die man über die Rindensubstanz gießt, entdeckt man kleine Erhebungen, die durch kleine Furchen voneinander getrennt sind. Das erstarrte *Gehirn* weist eine mit Kügelchen bedeckte Oberfläche auf. Aus den Öffnungen, die man im Schädel anbringt, dringt eine schwammige, drüsenartige Masse. Die äußeren Teile des *Gehirns* verwandeln sich beim Wässern in kleine Kugeln. Beweist dies alles nicht, daß die Substanz des *Gehirns* drüsenartig ist?

Ruisch indes vermochten diese Beweise nicht davon zu überzeugen, daß die Rindensubstanz drüsenartig sei; er glaubte im Gegenteil, das gesamte *Gehirn* sei eine Verlängerung der Arterien, die sich auf verschiedene Weise zusammenfalten & an ihren Enden dann die Nerven bilden.

Die beiden Autoren unterscheiden sich also in folgendem: Malphighi vermutet zwischen dem äußersten Ende der Gefäße, welche die Rindensubstanz bilden, & dem äußersten Ende derjenigen, die das Mark bilden, drüsen-

Einsteins Gehirn ist ein mythisches Objekt. Paradoxerweise liefert die größte Intelligenz das Bild der vollkommensten Mechanik. Der allzu kraftvolle Mann wird von der Psychologie losgelöst und in eine Welt der Roboter versetzt. Einstein selbst hat ein wenig zu der Legende beigetragen, indem er sein Gehirn der Forschung vermachte. Zwei Kliniken streiten sich darum, als ob es sich um einen außergewöhnlichen Mechanismus handelte, den man nun endlich auseinandernehmen kann. Ein Bild zeigt ihn ausgestreckt, den Kopf von einer Vielzahl elektrischer Drähte umgeben. Man registriert die Wellen seines Gehirns, während man ihn bittet, »an die Relativitätstheorie zu denken«. Man will uns wohl zu verstehen geben, daß die Seismogramme besonders heftig sein werden, da die Relativitätstheorie ein schwieriges Thema ist. Die Einsteinmythologie macht aus ihm ein so wenig magisches Genie, daß man von seinem Denken wie von einer funktionellen Arbeit spricht, die der mechanischen Herstellung von Würstchen, dem Mahlen von Korn oder dem Zerstampfen von Erz gleichkommt. Er brachte ohne Unterlaß Denken hervor wie die Mühle Mehl, und der Tod war für ihn vor allem das Aufhören einer lokalisierten Funktion: »Das mächtigste Gehirn hat aufgehört zu denken.« Roland Barthes, Mythen des Alltags

artige Kapseln; Ruisch dagegen behauptet, daß die Gefäßenden der Rindensubstanz in die Enden der Markgefäße übergehen. Doch weder das eine noch das andere System kann sich auf hinreichend überzeugende Gründe stützen, die uns veranlassen könnten, uns eher für das eine als für das andere zu entscheiden.

Wie dem auch sei, die Philosophen betrachten das *Hirn* als das Organ unserer Gedanken. Astruc geht noch weiter: er behauptet, die Phänomene des Vernunftschlusses & der Urteilskraft durch die Analogie zu erklären, die er zwischen den Fasern des *Gehirns* & den Saiten der Musikinstrumente vermutet. Ihm zufolge ist es eine Tatsache, daß jede einfache Idee durch die Schwingung einer bestimmten Faser hervorgerufen & jede zusammengesetzte Idee durch die isochronen Schwingungen mehrerer Fasern hervorgerufen wird; daß der höhere oder geringere Grad an Evidenz mit der größeren oder geringeren Stärke der Schwingung der Fasern zusammenhängt.

Was den Sitz der Seele angeht, so sind die Autoren übereingekommen, sie in einem einzigen Teil des *Gehirns* anzusiedeln, da sie befürchten, ein Sitz in jedem Lappen setze eine doppelte Empfindung voraus; deshalb haben die einen die Seele, das heißt das erste Prinzip unserer Empfindungen & unserer Gedanken, in die durchsichtige Scheidewand, das Septum, verlegt. Für Descartes & seine Anhänger ist ihr Sitz die Zirbeldrüse; Lancisi siedelte sie im Balken, dem Corpus callosum, an; dieser Meinung hat sich Vieussens angeschlossen. Unter den Alten hat Possidonius & bei den Modernen Willis die verschiedenen Fähigkeiten der Seele auf verschiedene, ihnen jeweils eigentümliche Teile des *Gehirns* verteilt, doch nichts hat uns bisher erkennen lassen, wo diese vermeintlichen Abteilungen liegen. Das *Gehirn*, das stark verletzt sein kann, ohne den Gebrauch der Sinne wesentlich zu beeinträchtigen, zeigt deutlich, wie groß die Ausdehnung des *sensorium commune,* des Empfindungswerkzeugs, ist.

Einige Beobachtungen lassen es zweifelhaft erscheinen, daß das *Gehirn* für das Leben unbedingt notwendig ist. Es gibt mehrere anatomische Beispiele von Tieren, die den Verlust dieses Körperteils überlebt haben. Wir kennen die Geschichte eines in Paris ausgetragenen Kindes, das weder *Gehirn* noch Kopf & statt dessen eine Fleischmasse von leberähnlicher Farbe hatte. Denys beschreibt den Fall eines 1573 geborenen Kindes, das recht wohlgestaltet war, mit Ausnahme des Kopfes, der weder *Hirn* noch verlängertes Mark, noch irgendeine Höhle besaß, diese aufzunehmen. Der Schädel, falls man ihn so nennen kann, war fest & wies keinerlei Verbindung zu den Wirbeln auf, so daß auch das Rückenmark keine Verbindung zum Kopf hatte. Leduc nennt ein drittes Beispiel aus dem Jahre 1695: ein Subjekt, das ohne *Gehirn,* ohne verlängertes Mark & sogar ohne Rückenmark gefunden wurde; die Höhlung, die sie hätte enthalten sollen, war äußerst klein & mit einer fahlen, weißlichen Substanz gefüllt, die geronnenem Blut ähnelte; er fügt hinzu, es sei das dritte Subjekt, das er in diesem Zustand vorgefunden habe. Duverney glaubt, daß diese Substanz Rückenmark war, wiewohl sie nicht dessen Konsistenz hatte: mit einem Wort, er hält sie sogar für ein *Gehirn,* dem ähnlich, das sich im Schädel befinde, & für das Leben notwendiger & empfindlicher als das Großhirn & das Kleinhirn; denn eine Verletzung oder Quetschung des Rückenmarks sei immer tödlich, was für das *Gehirn* nicht zutreffe, wie aus den von Duverney & Chirac geschilderten Beobachtungen hervorgehe. Ersterer entnahm einer Taube *Hirn* & Kleinhirn, & sie lebte weiter, suchte ihre Nahrung & kam allen ihren Funktionen nach. Chirac entnahm einem Hund das *Hirn*, & der lebte weiter, starb jedoch, nachdem man ihm das Kleinhirn entfernt hatte; aber er merkt an, daß er das Tier nach dem Verlust dieses Teils noch eine Stunde am Leben hielt, indem er in seine Lungen blies. Er beobachtete auch, daß ein anderer Hund, bei dem er das verlängerte Mark vom Rückenmark getrennt & ihm das Groß- & Kleinhirn entnommen hatte, weiterlebte, wenn er in seine Lungen blies. Dem lassen sich noch verschiedene von Boyle genannte Beispiele nicht nur von Tieren hinzufügen, die nach Abtrennung ihrer Köpfe weiterlebten, sondern sogar von mehreren Insekten, die sich nach diesen verschiedenen Operationen paarten & befruchteten; woraus möglicherweise zu schließen ist, daß für die Empfindung, die Bewegung & Sekretion der tierischen Lebensgeister das Rückenmark ausreicht.

Das *Gehirn* ist bei den verschiedenen Tieren von unterschiedlicher Größe. Bei den Vögeln ist es im Verhältnis zum Körper nicht groß, beim Rind & beim Pferd jedoch sehr viel kleiner. Der Affe, ein kluges & geschicktes Tier, hat ein großes *Gehirn.* Die Wiederkäuer haben weniger *Gehirn* als der Mensch, aber mehr als die anderen Tiere, wie man sehen kann, wenn man die *Gehirne* der Ziege oder des Elchs mit denen des Löwen & des Luchses vergleicht. Bei kämpfenden Tieren ist es klein, da sie sehr starke Schläfenmuskeln haben, die ihren Schädel verengen, indem sie die Seiten, die bei uns rund sind & vorspringen, zu einer geneigten & hohlen Fläche zusammenpressen. Daher kann man mit Recht sagen, daß ein kleines *Gehirn* kein Zeichen von Schwachsinn, sondern von Blutrünstigkeit ist. Dieses Organ ist bei den Fischen sehr viel kleiner als bei den Vierbeinern; der Hai, der dreihundert Pfund wiegt, hat keine drei Unzen *Hirn;* bei Arten, die klüger zu sein scheinen, wie der Seehund, ist es größer. Bei den Insekten ist es so winzig, daß man nicht weiß, worin das *Gehirn* besteht: man sieht nur das Rückenmark, das einzig in die

Das Gehirn ist ein Irrweg. Stein fühlt auch das Tier. / Stein ist. Doch was ist außer Stein? Worte! Geplärr! / (langt sich sein Gehirn herunter) / Ich speie auf mein Denkzentrum. / Worte haben wir hervorgehurt, / Mich ekelt die Blutschande. Gottfried Benn, Fleisch

Sehnerven überzugehen scheint; bei der Eintagsfliege, dem Maikäfer, der Biene ist das *Gehirn* allerhöchstens ein kleines Teilchen, nicht größer als ein Ganglion des Rückenmarks, so bei der Raupe, dem Einsiedlerkrebs, dem Seidenspinner. Der Mensch, das klügste aller Tiere, hat das größte *Gehirn;* sodann kommen die Tiere, die der Mensch abrichten kann; schließlich haben diejenigen, die sehr wenige Ideen haben & nur die allereinfachsten Tätigkeiten verrichten, das kleinste *Gehirn.* Aber haben diese Vorstellungen über die Bedeutung der Quantität des *Gehirns* auch Bestand? Das ist zwar wahrscheinlich, doch fehlt es uns hier an Erfahrung. Sicher ist nur, daß der Mensch, der dazu geschaffen ist, so viele Ideen zu haben, sie nicht in einem kleineren *Gehirn* hätte unterbringen können. *Tarin*

Detlef Linke
Das Gehirn

Der Anatom Tarin beschrieb das Gehirn 1750 von der Form her als eine Ellipse, wobei er sicherlich an den Blick auf das Gehirn von oben dachte, dies ist schließlich auch die Perspektive, von der her sich dem Pathologen bei der Schädeleröffnung das Gehirn darstellt. Tarin hatte damit eine präzise Beschreibung geliefert, die uns heute in den Begriffen der Hirnhemisphären, also Hirnhalbkugeln, verlorengegangen zu sein scheint. Der Drang, das Gehirn als geschlossene Kugel wahrzunehmen, hat sich gegenüber der augenfälligen Erscheinung des Ovals durchgesetzt. Offenbar hat einer der Leitgedanken der abendländischen Kultur, alles in einem Kreis mit einem Mittelpunkt umfassen zu können, die Vorstellung einer zweizentrischen Ellipse nicht tolerieren können. Die Vorstellung von zwei Hemisphären, zwei Halbkugeln, sollte die Vorstellung des Ganzen, der Kugel, evozieren, in der dann weniger die Teilbarkeit abgelesen wurde als vielmehr die Freude darüber, daß aus zwei Hälften durchaus ein geschlossener Kreis gestaltet werden konnte. Hätte man Tarins Beobachtung ernst genommen, dann wäre die *Encyclopédie* eigentlich in *Enellipsopédie* umzubenennen gewesen. Heute, nach den Debatten um das Unbewußte und der Weiterentwicklung der Hirnforschung, wissen wir, daß sich das Wissen um ein zweites Zentrum bewegt, so daß wir keine beliebige Verfügbarkeit besitzen.

Aber auch dies stellt noch eine Verharmlosung einfacher geometrischer Metaphorik angesichts der Verflechtung der über 100 Milliarden Nervenzellen des Gehirns dar.

Die Abwehrhaltung gegenüber dem Materiellen des Gehirns, das sich in seinen Hirnwindungen wie ein Medusenhaupt, bei einer blutigen Eröffnung eher sogar wie ein Mutterkuchen ausnimmt, ist angesichts der goldenen Buntheit der Hirndarstellung durch nuklearmedizinische bildgebende Verfahren einer Lust an der Identifizierung mit dem Farbenfrohen gewichen, bietet die Schädelkapsel in der immer durchgängiger werdenden Welt doch das Gefühl einer letzten territorialen Absicherung für den Diskurs von Ich und Eigenem. Das Ich ist dadurch aber keinesfalls ins trockene gelangt, daß es sich nun mit den Naturgewalten identifiziert. Wollte sich das Ich auf dem Höhepunkt seiner philosophischen Karriere als eine Art Töter des Drachens bewähren, so scheint es nun Schutz im Rumpf desselben zu suchen, kaum gewahrend, daß sich unter der Konstanz der Ich-Rede die Transsubstantiation der Freiheit des Ich zu dessen ausgelassenem Selbstinteresse vollzieht.

Die Gleichsetzung von Ich und Gehirn kann jedoch nicht nur zur Gefährdung der Freiheit werden, sie geht bereits im Hinblick auf die »Außenwelt« des eigenen Körpers nicht auf. Als Beleg für die Fähigkeit des Gehirns, eine selbständige Semantik und Selbstrepräsentation herzustellen, wird häufig das Beispiel amputierter Gliedmaßen genannt. Der Phantomschmerz, der unter derartigen Bedingungen auftritt, zeigt aber, daß das isolierte Gehirn nicht als reines Ego, wohl aber als reiner Schmerz verstanden werden kann. Das schwierige Zusammenspiel von Ich und Freiheit wird von vielen Philosophen des Gehirns in eine feste Verdrahtung der Selbstinteressen überführt, als ob der Mensch unter allen gesellschaftlichen Bedingungen zu diesen angestiftet oder auch zurückgedrängt wäre. Die Hirnforschung wird dadurch wieder einmal zum Träger von politischen Positionen – diesmal ohne die Aufteilung in Geist und Materie. Vielmehr wird die Hirnkugel global zur Mitte des Selbstinteresses, als ob die »Software« der Ich-Rede schon die ursprüngliche »Maschinensprache« des Gehirns wäre. Die Zerebrisierung des Ego tut der Freiheit, für welche das Ich in den letzten 250 Jahren aufgestanden ist, jedoch keinen Gefallen. Das Ich als Algorithmus der Hirnfunktionen anzusehen ergibt wohl eine Bauanleitung für einen Androiden, nicht aber für einen Menschen.

Tarin weist auf Theorien hin, in denen das menschliche Gehirn mit einem Musikinstrument verglichen wird. Dies ist bereits ein wissentlicher Fortschritt gegenüber der Vorliebe des 17. Jahrhunderts für die Mechanik der Uhr, die selbst bei Physiologen des 20. Jahrhunderts noch als Orientierung dienen konnte. Am Musikinstrument läßt sich verdeutlichen, daß das Gehirn keine fixierte Codierung und in bezug auf die Zeit auch keinen konstanten Taktgeber aufweist. Das Zusammenspiel und die Kohärenzen der Neuronen gestalten sich in Abhängigkeit von den Vorgaben. Der Ablauf der Klänge erweist sich in Abhängigkeit von der gewählten Tonart als zusammenstimmend oder unharmonisch. Das Gehirn funktioniert nicht wie ein Metronom oder eine Uhr, sonst könnten verschiedene Gehirne gar nicht miteinander kommunizieren. Zeit ist dem Gehirn ein Nebeneffekt der gewählten Informationsinhalte. Die Sprache ist ein exzellentes Mittel zum Umgang mit Zeit, die Grammatik vermag mehrere Fenster der Zeit zugleich aufzustoßen, und ein Leitsatz kann eine Spur in die Zeitlosigkeit hineinziehen. Erst in der Rückbindung an die im Übergang zum Rückenmark liegenden Zentren der Atmung gewinnt die Sprache im Gehirn eine Dimension, die mit Intervallen meßbar wird. Der größere Zusammenhang, der die Denktätigkeit des Gehirns kennzeichnet, kommt in der Poesie als Sonetten-Kranz, bei der Verflechtung des Wissens aber als *Encyclopédie* zu seiner kunstvollen Ausgestaltung.

Das Gehirn ist ein Musikinstrument, das sich selber spielt. Gerade dadurch, daß das Gehirn über verschiedene Zeiten verfügt, kann es sie aufeinander beziehen und dadurch völlig neue Codes generieren, die schließlich stets von der Definition von Zeit abhängig sind. Das Charakteristische des menschlichen Gehirns liegt demnach nicht in seiner Größe, sondern in seiner Selbstaffektion in der Tiefe der Generierung von Zeit, verstehbar als Spiel verschiedener Gruppen aktivierter Neuronen mit ihren unterschiedlichen Zeitcodes. Wenn es eine Überlegenheit und Dominanz gegenüber der Tierwelt besitzen sollte, wie Tarin annimmt, dann eben darin, daß es seine Kontrollmechanismen durch Umgruppierungen selber einer Kontrolle zu unterwerfen versuchen kann. Gerade die vielfache Parallelverarbeitung im menschlichen Gehirn ermöglicht dessen Leistungsfähigkeit.

Tarin weist darauf hin, daß ein Modell, das Gehirn zu verstehen, darin bestünde, es als Drüse anzusehen. Dies mag uns heute auf den ersten Blick etwas seltsam anmuten. Zunehmende Einsicht in die große Bedeutung der Diffusion von Gasen im Gehirn (zum Beispiel Stickstoffmonoxid) und die Kenntnis der Neurosekretionshormone, des Ionenaustauschs und der Verschiebung größerer Moleküle zwischen den Zellen lassen die Funktion des Nervensystems in einem veränderten Licht erscheinen. Informationsverarbeitung beschränkt sich in dieser Perspektive nicht auf die Fortleitung und Integration elektrischer Impulse, sondern bezieht sich auch auf das molekulare und atomare Umfeld ihrer Generierung. Daß solch eine »elektrische Drüse« nicht in allen ihren Funktionen von einem Zentrum heraus (noch nicht mal aus zweien) gesteuert werden kann, ist offenkundig.

Die kulturell in den Vordergrund getretene Subjektrede erscheint aus der Sicht der Hirnforschung zunehmend als nachträglich. Dies sollte uns jedoch in keiner Weise davon abhalten, die Zusprechung von Recht (und Würde) gegenüber dem Menschen auch vorlaufend zu praktizieren. Es wäre ein grausamer Irrtum und schwerer Kategorienfehler, die Leistung des Humanismus deswegen zurückweisen zu wollen, weil dem, was wir elliptisch (im rhetorischen Sinne der Auslassung) als Kontrolle erleben, auf neuronaler Ebene ein Wechselspiel von Kontrolle und Kontrolliertwerden entspricht.

Selbst wenn das Ich, wie in extremen Situationen der Überwindung der Angst, aus den Strukturen der Zeit herauszutreten scheint und all seiner Parallelitäten und Verschiebungen gewärtig wird, bleibt mit der Aufforderung, den anderen nicht auszuschließen, die Öffnung meiner Zeitreihen ein Erfordernis. Die Erweiterung des Kreises zur Ellipse genügt dafür noch nicht. Vielleicht sollten wir zur Parabel übergehen?

Zur Zeit zeichnet sich ab, daß der Begriff der Freiheit und des Selbstentwurfs von der biographischen auf die biologische Ebene überwechselt. Wird sich die Semantik der konstruierten Konstrukteure in 250 Jahren noch mit der heutigen verflechten? Oder wird »Mensch« ein Begriff sein, der unsere Gegenwart und unser Gehirn ausläßt?

HOF – Cour (Moderne & alte Geschichte). Der *Hof* ist immer der Wohnsitz eines Herrschers & setzt sich aus Fürsten, Fürstinnen, Ministern, großen Herren & hohen Beamten zusammen. Es ist also nicht erstaunlich, daß er der Mittelpunkt einer Nation ist. Die Höflichkeit besteht dort aufgrund der Gleichheit, in der die Erhabenheit eines einzigen Mannes alle diejenigen hält, die ihn umgeben, & der Geschmack wird dort durch den beständigen Genuß eines Überflusses an Reichtümern verfeinert. In diesem Überfluß begegnet man notwendigerweise Kunstgegenständen von höchster Vollkommenheit. Das Bewußtsein solcher Vollkommenheit erstreckt sich auch auf andere, weitaus bedeutendere Gegenstände; es durchdringt die Sprache, die Urteile, die Gefühle, das Benehmen, die Umgangsformen, den Ton, den Spott, die geistigen Leistungen, die Galanterie, die Anpassungsfähigkeit, ja sogar die Sitten. Ich möchte fast behaupten, daß es keinen Ort gibt, an dem die feine Lebensart besser bekannt ist, von den Gebildeten genauer beachtet & von den Höflingen gewandter zur Schau getragen wird.

Der Verfasser des *Geistes der Gesetze* bezeichnet die Atmosphäre des *Hofes* als den Tausch seiner angeborenen Erhabenheit gegen eine entlehnte Erhabenheit. Mag es sich mit dieser Bezeichnung verhalten, wie es will, so ist doch diese Atmosphäre meiner Ansicht nach jener verführerische Lack, unter dem sich alle möglichen Dinge verbergen: der Ehrgeiz hinter dem Müßiggang, die Niedrigkeit hinter dem Stolz, der Wunsch, ohne Arbeit reich zu werden, die Abneigung gegen die Wahrheit, die Schmeichelei, der Verrat, die Perfidie, die Preisgabe jeder Verpflichtung, die Geringschätzung der Staatsbürgerpflichten, die Furcht vor der Macht des Fürsten, die Hoffnung auf seine Schwächen &c. Kurz: Die Unaufrichtigkeit mit ihrem ganzen Gefolge versteckt sich hinter dem Schein höchster Aufrichtigkeit, die Realität des Lasters hinter dem Trugbild der Tugend. In unserem Land bewirkt nur der Mangel an Erfolg, daß man den Taten die Namen gibt, die sie verdienen, & darum macht sich bei uns nur die Ungeschicklichkeit Gewissensbisse. *Diderot*

HOLOCAUST – Holocauste (Alte Geschichte). Opferung, bei der das Opfertier gänzlich verbrannt wurde, ohne daß etwas von ihm übrigblieb, um der Gottheit zu zeigen, daß man ihr völlig ergeben war. Bei den Opfern an die Götter der Unterwelt brachte man nur *Holocausts* dar, man verbrannte das ganze Opfertier auf dem Altar, da es nicht erlaubt war, etwas von diesem den Toten geopferten Fleisch zu essen. Die Alten, die Hyginus & Hesiod zufolge bei den Opferungen große Zeremonien abhielten, ließen die Opfertiere ganz verbrennen; da aber die Armen diese Ausgabe nicht bestreiten konnten, bewog Prometheus, so sagt man, Jupiter dazu, ihnen zu gestatten, nur einen Teil des Tieres ins Feuer zu werfen & sich von dem anderen zu nähren. Um mit gutem Beispiel voranzugehen & einen Opferbrauch einzuführen, opferte er zwei Stiere & warf ihre Leber ins Feuer. Dann trennte er das Fleisch von den Knochen & machte daraus zwei Haufen, die aber so kunstvoll angeordnet & von den Häuten so gut bedeckt waren, daß man sie für zwei Stiere hätte halten können. Jupiter, den Prometheus aufgefordert hatte, einen der beiden Haufen auszuwählen, täuschte sich in ihnen & nahm jenen, der nur aus Knochen bestand. Seit jener Zeit wurde das Fleisch der Opfertiere immer für die Opfernden beiseite gelegt & die Knochen zu Ehren der Götter verbrannt. Trotz dieser Erdichtung, die Prometheus' Scharfsinn größere Ehre erwies als dem Jupiters, gilt es als sicher, daß es Zeiten & Orte gegeben hat, wo man das ganze Opfertier verbrannte, & daß der *Holocaust* daher seinen Namen hat: ὅλος, »alles«, & καίω, »ich verbrenne«. *Mallet*

HOSPITAL – Hôpital (Moral & Politik). Dieses Wort bezeichnete früher nur das Gasthaus; *Hospitäler* waren öffentliche Häuser, in denen fremden Reisenden Gastfreundschaft zuteil wurde. Solche Häuser gibt es nicht mehr; heute sind es Stätten, in denen Arme Zuflucht suchen & wo sie schlecht oder recht mit dem Lebensnotwendigen versorgt werden.

In den ersten Zeiten der Kirche war der Bischof mit der unmittelbaren Versorgung der Armen seiner Diözese betraut. Als die Geistlichen gesicherte Renten bezogen, teilte man den vierten Teil davon den Armen zu, & man gründete die Armenhäuser, die wir *Hospitäler* nennen. Siehe ZEHNT, KLERUS.

Es wäre viel wichtiger, darauf hinzuarbeiten, das Elend zu verhüten, als die Zufluchtsstätten für die Elenden zu vermehren.

Ein sicheres Mittel, die gegenwärtigen Einkünfte der *Hospitäler* zu vergrößern, würde darin bestehen, die Zahl der Armen zu vermindern.

Überall, wo eine bescheidene Tätigkeit ausreicht, die Bedürfnisse des Lebens zu befriedigen, & wo ein wenig Sparsamkeit im rüstigen Alter dem vorsorgenden Menschen einen Rückhalt im gebrechlichen Alter verschafft, gibt es wenig Arme.

Arm darf in einem gutregierten Staat nur sein, wer in der Not geboren oder durch Zufall in Not geraten ist.

Ich kann zu den Armen nicht jene kräftigen jungen Faulenzer zählen, die durch unsere falsch verstandene Wohltätigkeit einen Unterhalt finden, der bequemer & ansehnlicher ist als jener, den sie sich durch Arbeit verdienen könnten, & die daher unsere Straßen, unsere Gotteshäuser, unsere Landstraßen, unsere Marktflecken, unsere Städte & das Land überfüllen. Solches Ungeziefer kann es nur in einem Staat geben, wo der Wert der Menschen unbekannt ist.

Die Lage der gewerbsmäßigen Bettler & die der wahrhaft Armen einander angleichen, indem man sie in denselben Häusern zusammenbringt, heißt vergessen, daß wir unbebaute Ländereien zu bestellen, Kolonien zu bevölkern, Manufakturen zu unterhalten & öffentliche Arbeiten weiterzuführen haben.

Wenn es in einer Gesellschaft Asyle nur für die wahrhaft Armen gibt, so entspricht es der Religion, der Vernunft, der Menschlichkeit & der gesunden Politik, daß sie dort in der bestmöglichen Weise untergebracht sind.

Die *Hospitäler* sollen keine Schreckensstätten für die Unglücklichen sein, aber für die Nichtstuer soll die Regierung furchtbar sein. Unter den wahrhaft Armen sind die einen gesund, die anderen krank.

Es liegt kein Nachteil darin, daß die Wohnstätten der gesunden Armen in den Städten sind; es gibt aber, wie mir scheint, mehrere Gründe, die erfordern, daß die Wohnungen der kranken Armen vom Aufenthaltsort der gesunden Menschen entfernt liegen.

Ein *Hospital* für Kranke ist ein Gebäude, bei dem die Architektur ihre Kunstfertigkeit den Ansichten des Arztes unterordnen muß; denn die Kranken an ein & demselben Ort zusammenzupferchen heißt die einen durch die anderen vernichten.

Zweifellos muß es überall *Hospitäler* geben; aber sollten sie nicht alle durch allgemeine Übereinkünfte miteinander verbunden sein?

Wenn es für die Almosen ein allgemeines Reservoir gäbe, aus dem sie über ein ganzes Königreich verteilt würden, so könnte man dieses rettende Wasser überall dorthin leiten, wo der Brand am heftigsten wütete.

Eine unerwartete Hungersnot & eine Epidemie vermehren plötzlich die Armen in einer Provinz; warum sollte man dann nicht den gewöhnlichen oder zeitweiligen Überschuß des einen *Hospitals* auf ein anderes übertragen?

Man höre die, welche über diesen Plan entrüstet sind, & man wird sehen, daß die meisten von ihnen abscheuliche Menschen sind, die den Armen das Blut aussaugen & die in der allgemeinen Unordnung ihren besonderen Vorteil finden.

Der Herrscher ist der Vater aller seiner Untertanen; warum sollte er nicht auch der allgemeine Schatzmeister seiner armen Untertanen sein? *Jaucourt*

HOTTENTOTTEN – **Hottentots (Geographie).** Afrikanisches Volk aus der Kaffraria in der Gegend des Kaps der Guten Hoffnung. Die *Hottentotten* sind weithin bekannt, da ihr Lebensraum an die von den Holländern besiedelten Gebiete grenzt & alle Reisenden von ihnen berichtet haben, unter anderen auch Junigo de Bervillas, William Dampier, Robert Lade, Joris van Spilbergen, Pater Tachard & Kolb.

Einige Merkwürdigkeiten von der schwarzen Farbe der Menschen. *1. Die Neger werden weiß gebohren, außer ihren Zeugungsgliedern und einem Ringe um den Nabel, die schwarz sind. Von diesen Theilen aus ziehet sich die Schwärze im ersten Monate über den ganzen Körper. – 2. Wenn ein Neger sich verbrennt, so wird die Stelle weiß. Auch lange anhaltende Krankheiten machen die Neger ziemlich weiß; aber ein solcher, durch Krankheit weißgewordener Körper, wird nach dem Tode noch viel schwärzer, als er es ehedeß war. – 3. Die Europäer, die in dem heißen Erdgürtel wohnen, werden nach vielen Generationen nicht Neger, sondern behalten ihre europäische Gestalt und Farbe. Die Portugiesen am Capo Verde, die in 200 Jahren in Neger verwandelt seyn sollen, sind Mulatten. – 4. Die Neger, wenn sie sich nur nicht mit weißfarbigen Menschen vermischen, bleiben selbst in Virginien durch viele Generationen Neger … – 8. Die Mohren, ingleichen alle Einwohner der heißen Zone, haben eine dicke Haut, wie man sie denn auch nicht mit Ruthen, sondern gespaltenen Röhren peitschet, wenn man sie züchtiget, damit das Blut einen Ausgang finde, und nicht unter der dicken Haut eitere.*
IMMANUEL KANT, PHYSISCHE GEOGRAPHIE

Die *Hottentotten* sind keine Neger, heißt es zu Recht in Herrn Buffons *Naturgeschichte des Menschen.* Sie sind Kaffer & wären lediglich sonnenverbrannt, wenn sie sich die Haut nicht mit Fett & Talg schwarz färben würden, die sie vermischen, um sich damit zu bestreichen. Ihre Haut ist olivfarben & niemals schwarz, soviel Mühe sie sich auch geben, es zu werden. Ihrer abscheulichen Unreinlichkeit wegen ist ihr Haar verklebt & gleicht dem von Kot verschmutzten Vlies einen schwarzen Schafs. Diese Völker sind nicht seßhaft, sie sind ungebunden & hüten eifersüchtig ihre Freiheit. Sie sind von mittlerer Größe & ausgesprochen gut zu Fuß. Ihre Sprache ist merkwürdig, sie glucksen wie Truthähne. Die Frauen sind sehr viel kleiner als die Männer. Die meisten haben über dem Schambein eine Art Auswuchs oder einen harten & großen Hautlappen, der wie eine Schürze bis zur Mitte ihrer Schenkel herabhängt. Tachard & Kolb berichten, daß die Frauen der Naturvölker am Kap eine Veranlagung zu dieser gräßlichen Verunstaltung besitzen & sie bereitwillig allen zeigen, die neugierig genug oder so kühn sind, zu fragen, ob man sie sehen oder berühren darf. Die Männer wiederum sind, wie dieselben Reisenden versichern, alle halbe Eunuchen. Nicht weil sie so geboren wären, sondern weil man ihnen gewöhnlich im Alter von acht Jahren, manchmal auch später, einen Hoden entfernt.

Die *Hottentotten* haben sehr platte & große Nasen, indessen besäßen sie diese nicht, hätten nicht ihre Mütter es sich zur Pflicht gemacht, sie ihnen kurz nach ihrer Geburt platt zu drücken, weil ihnen eine große Nase mißgestaltet erscheint. Ihre Lippen sind schwulstig, vor allem die Oberlippe, die Zähne sehr weiß, die Brauen dicht, der Kopf rund, der Körper mager, die Glieder klein. Sie werden selten älter als vierzig Jahre. Der Schmutz, in dem sie sich behaglich fühlen, das verdorbene Fleisch, das ihre Hauptnahrung bildet, tragen neben anderen Gründen wesentlich zu ihrer kurzen Lebensdauer bei. Alle Haushalte der Stadt am Kap beschäftigen solche Eingeborenen, die sich bereitwillig für die niedersten & schmutzigsten Dienste im Haus verdingen.

Sie gehen nahezu unbekleidet, immer mit unbedecktem Kopf, & schmücken das Haar mit Muschelschalen. Ihre Hütten sind neun bis zehn Fuß hoch & zehn bis zwölf Fuß lang. Sie bestehen aus eingerammten Pfählen, die oben zusammentreffen, die Seiten & der First sind aus Zweigen, die grob zwischen die Pfosten eingeflochten sind. Die Spitze ist mit Binsen oder Fellen abgedeckt. An einer Ecke der Hütte befindet sich eine Öffnung von vier Fuß Höhe, die als Ein- & Ausgang dient. Das Feuer machen sie in der Mitte der Hütte, & sie schlafen auf dem Boden.

Sie haben weder Tempel noch Götter noch Kult, will man nicht ihre nächtlichen Tänze bei Neu- & Vollmond als solchen bezeichnen. Den Namen *Hottentotten* erhielten diese Wilden von den Europäern, weil sie beim Tanzen einander ständig dieses Wort zurufen. *Jaucourt*

HUMOR – **Humour (Moral).** Die Engländer bedienen sich dieses Wortes, um einen ursprünglichen, ungewöhnlichen & höchst eigenartigen Spott zu bezeichnen. Unter den Autoren dieser Nation besaß keiner *Humor* oder ursprünglichen Spott in einem höheren Grade als Swift, der durch das Eigenartige, das er seinen Spöttereien zu geben verstand, zuweilen unter seinen Landsleuten Wirkungen hervorrief, die man von den ernstesten & am besten fundierten Werken niemals hätte erwarten können. Indem dieser Autor den Engländern riet, die kleinen Kinder der Iren mit Blumenkohl zu verspeisen, brachte er die englische Regierung, die damals im Begriffe war, ihnen ihre letzten Handelsquellen zu entziehen, zur Besinnung. Diese Flugschrift hat den Titel *Bescheidener Vorschlag, um dem Königreich Irland zur Blüte zu verhelfen. Gullivers Reisen* von demselben Autor ist eine Satire voll *Humor.* Von solcher Art ist auch der Spott, mit dem derselbe Swift dem Phantasten Partridge seinen Tod vorausgesagt & sich dann nach verstrichener Frist unterfangen hat, ihm zu beweisen, daß er tatsächlich gestorben sei, ungeachtet aller Verwahrungen, die sein Gegner einlegen mochte, um das Gegenteil zu beweisen. Übrigens sind die Engländer nicht die einzigen, denen *Humor* zuteil geworden ist. Swift hat sehr viel aus den Werken von Rabelais & Cyrano de Bergerac gelernt. Die *Denkwürdigkeiten des Chevalier de Grammont* sind voll *Humor* & können für ein Meisterwerk in diesem Genre gelten. Überhaupt scheint diese Art Spott dem leichten & übermütigen Geist der Franzosen eher zu liegen als der ernsten & vernünftigen Denkweise der Engländer. *Anonym*

HYSTERISCH – Hysterique (Medizin). Adjektiv, das im allgemeinen auf alles angewandt wird, was mit der Gebärmutter (lateinisch *hystericus*) zusammenhängt. So haben die meisten Krankheiten dieses Körperteils das Beiwort *hysterisch.* Man spricht von einer *hysterischen* Kolik, einer *hysterischen* Aufwallung, einem *hysterischen* Anfall &c. Die Menschen, die unter diesen Krankheiten leiden, werden *Hysteriker* genannt, & die Heilmittel, die man speziell zu ihrer Behandlung eingesetzt, werden als *Hysterika* bezeichnet. Siehe Gebärmutter.

HYSTERISCHES LEIDEN ODER HYSTERISCHE ANWANDLUNG – Hysterique (passion ou affection). Man bezeichnet damit unter den Ärzten gemeinhin eine Erkrankung, die hinsichtlich ihrer Ursachen & ihrer Symptome zu den kompliziertesten zählt, & in der die meisten Autoren, & insbesondere die antiken, eine Krankheit vermuteten, deren Hauptursache in der Gebärmutter zu suchen sei, weshalb man sie als *hysterisches Leiden* bezeichnet.

Da jedoch der vernünftige Teil der modernen Autoren zwischen *hysterischem* Leiden & hypochondrischem Leiden nur hinsichtlich der auslösenden Ursache unterscheidet, die im ersten Fall mit einer Funktionsstörung der weiblichen Geschlechtsorgane zusammenhängt, nicht aber hinsichtlich der nachfolgenden Krankheitsursachen, die dieselben sind – denn sie stimmen darin überein, daß sowohl bei der einen als auch der anderen Erkrankung hauptsächlich das Nervensystem betroffen ist, was sich an den ebenso zahlreichen wie vielfältigen Symptomen zeigt, die sie begleiten & die alle mit der Beschaffenheit der konvulsivischen oder spasmotischen Bewegungen zu tun haben –, ergibt sich daraus, daß man die Krankheit, um die es sich hier handelt, auch mit der Melancholie in Verbindung bringen muß, die dasselbe Krankheitsbild hat. Siehe Trübsal.

Und da die Zerrüttung des Denkens eines der häufigsten Symptome des *hysterischen Leidens* sowie der hypochondrischen Anwandlung ist, weithin bekannt auch unter der Bezeichnung Vapeurs, soll es unter diesem Stichwort behandelt werden, siehe Vapeurs. Aus diesem Artikel wird sich ein weiterer ergeben, in welchem auf die Unterschiede eingegangen wird, welche die Melancholie bei den beiden Geschlechtern aufweist. *Anonym*

IDEENASSOZIATION – Association d'idées. Sie tritt ein, wenn im Geist zwei oder mehrere Ideen aufeinanderfolgen & einander beständig & unmittelbar begleiten, so daß die eine unfehlbar die andere hervorruft – ganz gleich, ob zwischen ihnen eine natürliche Relation besteht oder nicht. Siehe auch Idee & Verzerrung.

Ich wurde in der Nacht zwischen dem ersten Sonntag *und dem ersten* Montag *im Monat* März *im Jahre des Herrn eintausendsiebenhundertundachtzehn gezeugt. Dies weiß ich mit aller Bestimmtheit. Mein Vater, müßt ihr wissen, war, glaube ich, in allem was er tat, ob fürs Geschäft oder zum Ergötzen, einer der regelmäßigsten Menschen, die jemals gelebt haben. Um nur ein Pröbchen seiner ungemeinen Pünktlichkeit zu geben, deren Sklave er in Wahrheit war, – so hatte er's sich seit vielen Lebensjahren zur Regel gemacht, – am ersten* Sonntagabend *eines jeden Monats im Jahr, – so gewiß wie dieser* Sonntagabend *kam, – mit eigener Hand eine große Hausuhr aufzuziehen, die wir auf dem oberen Absatz der Hinterstiege stehen hatten: Und da er zu der Zeit, von der ich gesprochen habe, von den Fünfzig auf die Sechzig zusteuerte, – hatte er allmählich gewisse andere Familienobliegenheiten gleichfalls auf diesen Termin geschoben, um sie, wie er oft zu meinem Onkel Toby zu sagen pflegte, alle auf einen Streich vom Hals zu haben, und den Rest des Monats über nicht weiter damit geplagt und geplackt zu sein. Es war dies nur von einer kleinen Mißlichkeit begleitet, die in großem Maß auf mich niederschlug und an deren Auswirkungen ich, fürchte ich, bis an mein Grab werde zu schleppen haben; nämlich, daß es, durch eine unglückselige Verknüpfung von Ideen, zwischen denen der Natur nach keinerlei Zusammenhang besteht, schließlich dahinkam, daß meine arme Mutter nie das Aufziehen der besagten Uhr hören konnte, – ohne daß ihr dabei unweigerlich der Gedanke an gewisse andere Dinge in den Kopf fuhr, &* vice versa: *eine jener absonderlichen Ideenverknüpfungen, von denen der scharfsinnige Locke, der die Natur solcher Dinge gewißlich besser verstand als die meisten Menschen, behauptet, sie hätten mehr verquere Handlungen hervorgebracht, als alle anderen möglichen Quellen des Vorurteils zusammen.*

Laurence Sterne, Tristram Shandy

Wenn zwischen den Ideen ein Zusammenhang & eine natürliche Relation besteht, so ist dies das Kennzeichen eines hervorragenden Geistes, der Ideen zu sammeln, zu vergleichen & in der Reihenfolge anzuordnen versteht, die notwendig ist, wenn man sich bei seinen Forschungen Klarheit verschaffen will. Wenn aber weder Zusammenhang zwischen ihnen besteht noch ein Beweggrund, sie miteinander zu verbinden, & wenn man sie nur zufällig & gewohnheitsmäßig miteinander verknüpft, dann ist diese unnatürliche *Assoziation* ein großer Fehler &, allgemein gesprochen, eine Quelle von Irrtümern & falschen Vernunftschlüssen. Siehe Irrtum.

So hat die Idee von *Gespenstern* & *Geistern* in Wirklichkeit ebensowenig eine Beziehung zur Idee der *Finsternis* wie zu der des *Lichts;* doch werden im Geist der Kinder die Idee von *Gespenstern* & die Idee der *Finsternis* gewohnheitsmäßig miteinander verbunden, so daß es den Kindern zuweilen unmöglich ist, diese Ideen im Laufe ihres weiteren Lebens voneinander zu trennen, & ihnen die Nacht & die Dunkelheit meistens furchtbare Ideen einflößen. Ebenso kann man die Kinder daran gewöhnen, mit der Idee von *Gott* die Idee von einer *Gestalt* & von einem *Gesicht* zu verbinden, & dadurch ruft man in ihnen alle jene Absurditäten hervor, die sie dann mit der Idee vom göttlichen Wesen vermischen.

Diese falschen Ideenverbindungen sind nach der Ansicht Lockes die Ursache für den unversöhnlichen Gegensatz, der zwischen den verschiedenen philosophischen & religiösen Sekten besteht; denn man kann doch vernünftigerweise nicht annehmen, daß so viele Leute, die verschiedene & sich zuweilen widersprechende Anschauungen vertreten, freiwillig & freudigen Herzens sich selbst betrügen & sich der Wahrheit verschließen. Aber die Erziehung, die Gewohnheit & der Parteigeist haben in ihrem Geist gegensätzliche Ideen so fest miteinander verbunden, daß ihnen diese Ideen eng verknüpft erscheinen; & da sie diese nicht voneinander zu trennen vermögen, bilden sie sich sozusagen nur eine einzige Idee. Diese Voreingenommenheit führt dazu, daß sie einer unverständlichen Sprache Verständlichkeit beimessen, daß sie Absurditäten für Beweise halten; kurz, sie ist die Quelle der größten, ja fast aller Irrtümer, durch die die Welt vergiftet wird. *Yvon*

IDIOT (**Grammatik**) wird genannt, bei wem die Organe, die der Urteilskraft dienen, von Natur aus so schwach sind, daß er nicht imstande ist, den geringsten Gedanken zu bilden, so daß seine Verfassung in dieser Hinsicht beschränkter zu sein scheint als die eines Tieres. Der Unterschied zwischen dem *Idioten* & dem Dummkopf scheint mir darin zu liegen, daß man als *Idiot* zur Welt kommt, während man zum Dummkopf wird. Das Wort *Idiot* kommt von griechisch ἰδιώτης, was soviel wie *Privatmann* bedeutet, der ein zurückgezogenes Leben fern von Regierungsgeschäften führt. Einen solchen würden wir heute einen *Weisen* nennen. Ein berühmter Mystiker hatte aus Bescheidenheit die Eigenschaften des *Idioten* angenommen, die ihm weit besser zu Gesicht standen, als er dachte. *Diderot*

ILLAPSUS – **Illaps** (**Theologie**). Eine Art von kontemplativer Ekstase, in welche man ganz allmählich fällt & in der die äußeren Sinne schwinden & die inneren Organe sich erhitzen, in Wallung geraten & einen sehr sanften & süßen Zustand herbeiführen, der sich wenig von dem unterscheidet, der dem Besitz einer geliebten & hochgeachteten Frau folgt. *Diderot*

IMPFUNG – **Inoculation** (**Chirurgie, Medizin, Moral, Politik**). Dieses Wort, gleichbedeutend mit *Insertion,* hat sich als Bezeichnung für die Operation durchgesetzt, mit der man die Pocken künstlich überträgt, um die Gefahr & die verheerenden Folgen dieser auf natürliche Weise hervorgerufenen Krankheit zu verhindern.

Auch wenn ganz Frankreich von der Bedeutung & Nützlichkeit dieses Verfahrens überzeugt wäre, könnte es bei uns doch nicht ohne die Gunst der Regierung eingeführt werden, aber wird die Regierung sich jemals dazu entschließen, ohne vorher die Zeugnisse zu befragen, die in einer solchen Sache am entscheidendsten sind?

Es obliegt also der theologischen & der medizinischen Fakultät, den Akademien, den obersten Richtern, den Gelehrten & den Schriftstellern, die Bedenken zu beseitigen, die durch Unwissenheit genährt werden, & dem Volke klarzumachen, daß sein eigener Nutzen, die christliche Nächstenliebe, das Wohl des Staates & die Erhaltung der Menschen an der Einführung der *Impfung* beteiligt sind. Wenn es sich um das öffentliche Wohl handelt, ist es Pflicht des denkenden Teils der Nation, jene aufzuklären, die für Aufklärung empfänglich sind, & durch das Gewicht der Autorität jene Menge mitzureißen, der die Evidenz nicht einleuchtet.

Bedarf es noch weiterer Experimente, sind wir noch nicht genügend über alles unterrichtet, so befehle man den Krankenhäusern, in ihren Jahreslisten die Zahl der Krankheits- & Todesfälle bei jeder einzelnen Krankheit sorgfältig zu unterscheiden, wie man es in England zu tun pflegt. Mit der Zeit würde man dann die Nützlichkeit dieses Verfahrens immer deutlicher erkennen. Man mache nun in einem dieser Krankenhäuser das Experiment der *Impfung* an hundert Patienten, die sich ihm freiwillig unterwerfen, & behandle hundert andere gleichaltrige Patienten, die von den Pocken befallen sind; all das geschehe unter der Mitwirkung verschiedener Meister der Heilkunde vor den Augen & unter der Leitung eines Verwaltungsbeamten, dessen Einsicht ebenso groß ist wie sein Eifer & seine gute Absicht. Ver-

Dolmance: *Amüsieren wir uns indessen; ich würde sagen, wir sollten uns alle geißeln: Madame de Saint-Ange prügelt Lapierre, damit er Madame de Mistival feste fickt; ich prügle Madame des Saint-Ange, Augustin prügelt mich, Eugenie prügelt Augustin und wird selbst heftig vom Chevalier gepeitscht.* (All dies findet statt. Nachdem Lapierre die Fotze gefickt hat, befiehlt ihm sein Herr, den Arsch zu ficken, und er tut es.) Dolmance, nachdem alles vorbei ist: *Hier hast du zehn Louis. Bei Gott, das ist eine Impfung, wie Tronchin sie sein Leben lang nicht gemacht hat!*
Marquis de Sade, Philosophie im Boudoir

gleicht man darauf die Liste der Sterbefälle auf der einen & auf der anderen Seite & gibt sie der Öffentlichkeit bekannt, so wird es an Mitteln, sich aufzuklären & Zweifel zu beseitigen, falls solche noch bestehen sollten, gewiß nicht fehlen, wenn man an höherer Stelle auch den Willen dazu hat.

Die *Impfung*, so wiederhole ich, wird eines Tages in Frankreich eingeführt werden, & man wird sich dann wundern, daß man sie sich nicht schon früher zunutze gemacht hat; aber wann wird dieser Tag endlich kommen? Darf ich es sagen? Er wird vielleicht erst kommen, wenn ein Ereignis wie jenes von 1752 (nämlich die Pocken des Dauphins), das unter uns eine so lebhafte Unruhe verbreitete, welche sich jedoch in einen Freudentaumel verwandelte, die öffentliche Aufmerksamkeit erregt; oder wenn – der Himmel bewahre uns davor! – wieder eine so verhängnisvolle Katastrophe eintritt wie jene, die im Jahre 1711 die Nation in Trauer versetzte & den Thron zu erschüttern schien. Wäre damals die *Impfung* schon bekannt gewesen, so hätten der Schmerz über den Schlag, der uns getroffen, & die Furcht vor dem, der unsere teuersten Hoffnungen noch bedrohte, uns wohl dazu gebracht, dieses Vorbeugungsmittel, das wir heute vernachlässigen, als ein Geschenk des Himmels hinzunehmen. Aber zur Schande der stolzen Vernunft, die uns nicht immer deutlich genug vom Vieh unterscheidet, machen Vergangenheit & Zukunft kaum Eindruck auf uns – nur die Gegenwart bewegt uns. Werden wir denn immer nur durch Unglück weise? *Tronchin*

INDISKRET – **Indiscret (Grammatik).** *Indiskret* ist, wer ausplaudert, was ihm anvertraut wurde. Wer denken, sprechen & die Folgen seiner Worte voraussehen kann, ist nicht *indiskret*. Aus übermäßigem Vertrauen öffnet man Gleichgültigen sein Herz; man breitet seine Seele vor ihnen aus: dies ist eine Schwäche, der man aus Unerfahrenheit & Kummer erliegt. Der Kummer sucht sich zu erleichtern; die Unerfahrenheit verbirgt uns die Gefahr unserer Aufrichtigkeit. Die Unglücklichen & die Kinder sind fast immer *indiskret*. Die Indiskretion kann zum Verbrechen werden. Eine Geste, ein Blick, ein Wort, ja sogar das Schweigen ist *indiskret*. Meidet die *Indiskreten*. Die Eitelkeit macht *indiskret*. Aber die Indiskretion betrifft nicht allein das Vertrauen; sie erstreckt sich auch auf andere Gegenstände. Von einem Eiferer sagt man, er sei *indiskret;* von einer Handlung, sie sei *indiskret*. Diese Indiskretion findet bei allen Gelegenheiten statt, bei denen wir aus Unbesonnenheit oder Unverstand versagen. Eine zärtliche Frau verläßt sich auf die Diskretion des Mannes, dem sie ihre Gunst schenkt; es ist eine stillschweigende Voraussetzung, die man nie vergessen darf, nicht einmal gegenüber seinem Freund. Warum ihm ein Geheimnis anvertrauen, das einem nicht allein gehört? Es gibt viele *indiskrete* Liebhaber, weil es nur wenige rechtschaffene Männer gibt. Neben der Indiskretion der glücklichen Liebhaber ist die verbreitetste Indiskretion die der Wohltäter. Unter ihnen gibt es kaum einen, der fühlt, wie wohl es tut, als einziger zu wissen, welch großmütige Tat man vollbracht hat; daß womöglich nicht einmal der, dem Sie geholfen haben, davon weiß. Warum zwischen dem Himmel & Ihnen einen Dritten ins Vertrauen ziehen? Zur Ehre des Menschengeschlechts möchte ich gern glauben, daß es großmütige Seelen gegeben hat, die ihr Leben lang heldenhafte Taten für sich behalten & ihr Geheimnis mit ins Grab genommen haben. *Diderot*

INNUNGEN – **Maîtrises (Künste, Handel, Politik).** Die *Innungen* dienen, wie man annimmt, dazu, die ausreichende Befähigung derer festzustellen, die im Handel & in den Künsten tätig sind, & darüber hinaus, unter ihnen den Wetteifer, die Ordnung & die Rechtlichkeit aufrechtzuerhalten; aber in Wahrheit sind es nur Verfeinerungen des Monopols, die tatsächlich das nationale Interesse schädigen & die außerdem keine notwendige Beziehung zu den weisen Bestimmungen haben, die den Handel einer großen Nation leiten sollen. Wir werden sogar beweisen, daß nichts mehr dazu beiträgt, die Unkenntnis, die Unaufrichtigkeit, die Faulheit in den verschiedenen Berufen zu fördern.

Der schwerwiegendste Nachteil der *Innungen* besteht darin, daß sie die alltägliche Ursache für die Existenz zahlreicher Nichtstuer, Banditen & Diebe sind, die man überall sieht; denn da der Zugang zu den Künsten & zum Handel durch sie erschwert, wenn nicht versperrt wird, meiden sehr viele Leute aus Angst vor diesen ersten Hindernissen für immer nützliche Berufe & fristen später gewöhnlich ihr Dasein nur durch Bettelei, Falschmünzerei, Schleichhandel, Betrügereien, Diebstähle & andere Verbrechen.

Wahrhaftig, die meisten jener Verbrecher, die man zur Zwangsarbeit oder zum Tode verurteilt, sind ihrer Herkunft nach arme Waisen, entlassene Soldaten, stellungslose Dienstboten & andere sich selbst überlassene Untertanen, die nicht in soliden Berufen untergebracht worden sind, Menschen, die bei allem Guten, das sie tun könnten, immer wieder auf Hindernisse stoßen & die sich daher gleichsam auf eine schreckliche Bahn des Verbrechens & des Unglücks getrieben sehen.

Wie viele andere Leute verschiedener Herkunft, Eigenbrötler, Zubläser, Scharlatane, & wie viele Anwärter auf unnütze oder schädliche Berufe, die zu nichts anderem berufen scheinen, als den Fortgang der Künste & des Handels zu erschweren, & die meistens ohne Vermögen & Beschäftigung sind, sehen sich nur allzu häufig gezwungen, in ihrer Verzweiflung nach Auswegen zu suchen, da sie nichts anderes finden!

Man fördere den Handel, die Landwirtschaft & alle notwendigen Künste, man erlaube allen Untertanen, ihre Werte & ihre Talente geltend zu machen, man lasse alle Soldaten Berufe erlernen, man beschäftige & unterrichte die Kinder der Armen, man sorge in den Armenhäusern für Ordnung, Arbeit & Annehmlichkeit, man nehme alle auf, die sich dort melden, man sperre schließlich die gesunden Bettler ein & weise sie zurecht; dann wird man bald statt Landstreichern & Dieben, die heutzutage so häufig sind, nur noch fleißige Menschen sehen; denn wenn die Menschen ihren Lebensunterhalt verdienen & durch Arbeit das Elend fernhalten können, werden sie niemals zu schlimmen oder verhängnisvollen Ausschreitungen getrieben. ⟴ *Faiguet de Villeneuve*

Die Inquisition: *Da hat sich nichts bewegt. Da ist alles noch genauso wie vor hundert Jahren. Die Autodafés, die Scheiterhaufen, die Armesünderhemden, die spanischen Stiefel, die Folterbänke, die Streckbetten, die Zangen, die Pfähle, die Sägen, die Feilen, die Geißeln, die Nagelbretter, die glühenden Kohlen und die Hebelwinden – das zieht immer. Das Folterinstrument ist ein Bedarfsartikel von höchster Notwendigkeit. Die Seele des Florwebers und die des Planierers müssen fortgesetzt davon überzeugt werden, daß die Geschichte der Kirche eine einzige lange Brat- und Garzeit ist.* Der Bürger, *welchen Beruf er auch haben mag, kann an der Menge zweifeln, aber er* weiß, *daß es einen oder mehrere Mönchsorden gegeben hat, die zu dem einzigen Zweck ins Leben gerufen wurden, die Denker auf kleiner Flamme zu rösten oder sie von Kopf bis Fuß abzuhäuten. Ach! Diese* Denker, *war meine Kindheit damit nicht genug gesättigt, vollgepfropft, überfüllt, genudelt, verstopft, berauscht! Und zwar bis zu dem Grade, daß mir jeder Priester inmitten von Flammen und Scheiterhaufen erschien, umgeben von frommen Opfern. Und was noch schrecklicher war: Je tugendhafter und kirchentreuer man war, um so weniger entrann man diesen Tigern. Und da sich das alles mit dem euphonischen Gewieher der Pubertät verquickte, begann ich meinerseits, Denker und »Freigeist« zu werden …*
Léon Bloy, Auslegung der Gemeinplätze

INQUISITION – Inquisition (Kirchengeschichte). Segnen wir den Tag, an dem man in unserem Königreich die glückliche Hand hatte, eine Gerichtsbarkeit aufzuheben, die der Unabhängigkeit unserer Könige, dem Wohl ihrer Untertanen, den Freiheiten der gallikanischen Kirche, kurz jeder vernünftigen Ordnung so sehr widersprach. Die *Inquisition* ist ein Tribunal, das unter allen Regierungen zu verwerfen ist. In der Monarchie kann es nur Heuchler, Denunzianten & Verräter hervorbringen. In der Republik kann es nur unehrliche Leute schaffen. Im despotischen Staat wirkt es zerstörend wie dieser. Es hat lediglich dazu gedient, den Papst um eine der schönsten Perlen seiner Krone – die Vereinigten Niederlande – zu bringen, & hat anderwärts ebenso grausam wie sinnlos eine große Anzahl von Unglücklichen verbrannt.

Dieses schändliche Tribunal, das erfunden wurde, um die Ketzerei auszurotten, ist gerade das, was alle Protestanten am weitesten von der römischen Kirche entfernt; es ist für sie Gegenstand des Abscheus. Sie würden lieber tausend Tode sterben, als sich ihm zu unterwerfen, & die geschwefelten Hemden des Heiligen Offiziums sind das Wahrzeichen, gegen das sie immer zusammenhalten werden. Daher stellen ihre geschicktesten Schriftsteller die Frage, ob die protestantischen Mächte sich nicht gerechterweise verbünden könnten, um für immer eine grausame Gerichtsbarkeit aufzuheben, unter der das Christentum schon so lange stöhnt.

Ohne dieses Problem lösen zu wollen, dürfen wir mit dem Verfasser des *Geistes der Gesetze* wohl behaupten: Wenn irgendeiner unserer Nachkommen zu sagen wagt, im achtzehnten Jahrhundert seien alle Völker Europas gesittet gewesen, so wird man die *Inquisition* anführen, um zu beweisen, daß sie zum großen Teil Barbaren waren; & die Idee, die man daraus gewinnen wird, wird dieses Jahrhundert brandmarken & Haß über jene Nationen bringen, die damals diese abscheuliche Einrichtung noch anerkannten. ⟴ *Jaucourt*

INTELLEKT – Intellect (Grammatik & Philosophie). *Intellekt* ist die Seele, soweit sie begreift, gleichwie der Wille die Seele ist, soweit sie Begierde oder Abneigung hat. Wenn eine Substanz empfindungsfähig ist, versteht sie & hat Ideen. Die Erfahrung wird sie dann lehren, diese Ideen zu verbinden, zu schlußfolgern, zu lieben, zu hassen, zu wollen.

Der *Intellekt* ist dem Menschen & dem Tier gemeinsam; der Wille ebenfalls. Der *Intellekt* des Tieres ist beschränkt, der des Menschen dagegen nicht. Der Wille des Tieres ist nicht frei; der Wille des Menschen ist frei. Der Mensch ist vernünftiger, das Tier empfindlicher. Wenn der Mensch nicht empfindet, kann er nachdenken; wenn das Tier nicht empfindet, kann es nicht nachdenken, sondern schläft. ⟴ *Diderot*

INTELLEKTUELLE – **Gens de lettres** (**Philosophie & Literatur**). Diese Bezeichnung deckt sich mit der Bezeichnung *Grammatiker:* Bei den Griechen & Römern verstand man unter einem *Grammatiker* nicht nur jemanden, der im engeren Sinn in der Grammatik, der Grundlage aller Erkenntnis, bewandert war, sondern einen Mann, der mit Geometrie, Philosophie, allgemeiner & besonderer Geschichte vertraut war, der sich vor allem in der Dichtkunst & der Redekunst geübt hatte, kurz dasselbe, was heute bei uns einen *Intellektuellen* ausmacht. Auf keinen Fall verwendet man die Bezeichnung für jemanden, der sich mit beschränkten Kenntnissen nur einem Gebiet widmet. Wer nur Romane gelesen hat, wird nur Romane schreiben; wer ohne umfassende Bildung aufs Geratewohl einige Theaterstücke verfaßt, wer ohne jede Wissenschaft seinen Sermon von sich gibt, wird nicht zu den *Intellektuellen* gezählt werden. Diese Bezeichnung erstreckt sich heute noch über weitere Wissensgebiete als die Benennung *Grammatiker* bei den Griechen & den Römern. Die Griechen beherrschten nur ihre eigene Sprache, die Römer lernten nur Griechisch. Heute kommt bei einem *Intellektuellen* zum Studium des Griechischen & Lateinischen oft noch die Kenntnis des Italienischen, des Spanischen & vor allen Dingen des Englischen hinzu. Der Werdegang eines Historikers erfordert hundertmal mehr Wissen, als es bei den Alten der Fall war, & die Naturgeschichte ist so angewachsen, wie es die Geschichte der Völker ist. Man wird von einem *Intellektuellen* nicht verlangen, daß er sich in all diese Gebiete vertieft; ein Mensch kann nicht mehr alles Wissen auf sich vereinen. Doch echte *Intellektuelle* schaffen sich die notwendigen Voraussetzungen für den Zugang zu diesen unterschiedlichen Gebieten, auch wenn es ihnen nicht möglich ist, in alle vorzudringen.

Im sechzehnten & bis weit ins siebzehnte Jahrhundert hinein setzten sich Schriftsteller ausgiebig mit Sprache & Grammatik griechischer & lateinischer Autoren auseinander. Ihrer Arbeit verdanken wir Wörterbücher, kritische Ausgaben & Kommentare zu den Meisterwerken der Antike. Heute ist diese kritische Sichtung weniger dringlich & vom philosophischen Denken abgelöst worden. Dieses scheint das Wesensmerkmal der *Intellektuellen* zu sein. Gepaart mit gutem Geschmack macht es den vollendeten Literaten aus.

Ein bedeutender Vorzug unseres Jahrhunderts ist die große Anzahl gebildeter Menschen, die von den Dornen der Mathematik zu den Blumen der Dichtkunst übergehen & gleichermaßen ein Buch über Metaphysik wie ein Schauspiel beurteilen können. Der Geist des Jahrhunderts hat sie für die Gesellschaft zumeist ebenso befähigt wie für das Studierzimmer, & darin sind sie jenen aus den vorausgegangenen Jahrhunderten weit überlegen. Noch zur Zeit der Schriftsteller Jean-Louis Guez de Balzac & Vincent Voiture fanden die *Intellektuellen* in der Gesellschaft keine Beachtung, inzwischen sind sie ein notwendiger Teil von ihr geworden. Die vertiefte & geläuterte Vernunft, die viele von ihnen in ihren Schriften & Gesprächen verbreiteten, hat sehr zur Bildung & Verfeinerung der Nation beigetragen. Ihre Kritik erschöpfte sich nicht mehr in der Auseinandersetzung mit griechischen & lateinischen Ausdrücken, sondern hat, auf eine vernünftige Philosophie gestützt, all die Vorurteile zertrümmert, mit denen die Gesellschaft behaftet war: astrologische Vorhersagen, hellseherische Prophetie, Hexerei aller Art, Wunderglaube, Geisterkontakt, abergläubische Praktiken. Sie verwies Tausende von kindischen Disputen aus den Schulsälen, die früher gefährlich waren, nun aber in ihrer Schändlichkeit entlarvt wurden. Damit haben sie dem Staat tatsächlich gedient. Bisweilen staunt man darüber, daß etwas, das einst die Welt bewegte, heute niemanden mehr aufregt. Wir sind den wahren *Intellektuellen* dafür zu Dank verpflichtet.

Gewöhnlich sind sie geistig unabhängiger als andere Menschen; & jene, die ohne Vermögen geboren sind, finden in den Stiftungen Ludwigs XIV. leicht das Auskommen, das ihnen diese Unabhängigkeit sichert. Jene Widmungsepisteln, mit denen sich Eigennutz & Erbärmlichkeit einst vor der Eitelkeit verbeugten, sind heute verschwunden. Siehe EPISTEL.

Ein *Intellektueller* ist nicht dasselbe wie ein *Schöngeist.* Ein Schöngeist bedarf weniger Bildung, weniger Studium & keinerlei philosophischer Kenntnisse. Sein Vermögen liegt, gestützt auf die Kenntnis der gängigen Literatur, vor allem in einer schillernden Einbildungskraft & der Kunst, angenehm zu unterhalten. Ein Schöngeist kann meilenweit davon entfernt sein, ein *Intellektueller* zu sein, der *Intellektuelle* darf auf keinen Fall nach dem schillernden Glanz des Schöngeistes streben.

> *Bei einem Denker sollte man nicht fragen: welchen Standpunkt nimmt er ein, sondern: wie viele Standpunkte nimmt er ein? Mit anderen Worten: hat er einen geräumigen Denkapparat oder leidet er an Platzmangel, das heißt: an einem System.* EGON FRIEDELL, STEINBRUCH

Es gibt viele *Intellektuelle*, die keine Schriftsteller sind, & wahrscheinlich sind diese am glücklichsten. Sie sind sicher vor den Widerwärtigkeiten, die der Beruf des Schriftstellers manchmal mit sich bringt, den Streitigkeiten, die aus Konkurrenz entstehen, den Feindseligkeiten der Gegner & Falschurteilen. Unter ihnen herrscht ein größerer Zusammenhalt & sie genießen das gesellschaftliche Leben mehr. Sie fällen die Urteile & die anderen werden beurteilt.
Voltaire

INTOLERANZ – **Intolérance** (**Moral**). Unter dem Wort *Intoleranz* versteht man im allgemeinen jene schreckliche Leidenschaft, die dazu führt, alle im Irrtum befangenen Menschen zu hassen & zu verfolgen. Aber um zwei grundverschiedene Dinge nicht zu verwechseln, müssen wir zwei Arten der *Intoleranz* unterscheiden: die kirchliche & die staatliche.

Die kirchliche *Intoleranz* besteht darin, jede andere Religion als die, zu der man sich bekennt, für unwahr zu halten & dies überall auszuposaunen, ohne sich von irgendeiner Befürchtung, irgendeiner menschlichen Rücksicht zurückhalten zu lassen, sogar auf die Gefahr hin, das Leben zu verlieren. Es handelt sich aber in unserem Artikel nicht um diesen Heldenmut, der zu allen Zeiten der Kirche so viele Märtyrer hervorgebracht hat.

Die staatliche *Intoleranz* besteht darin, jeden Umgang mit denen abzubrechen, die über Gott & dessen Verehrung anders denken als wir, & sie mit allen möglichen Gewaltmitteln zu verfolgen.

Es ist gottlos, dem Gewissen, dem allgemeinen Maßstab für unsere Handlungen, Gesetze auferlegen zu wollen. Man muß es aufklären, darf es aber nicht unterdrücken.

Die Menschen, die sich guten Glaubens irren, sind zu beklagen, niemals aber zu bestrafen.

Man darf weder die Aufrichtigen noch die Unaufrichtigen verfolgen, sondern muß das Urteil über sie Gott überlassen.

Wenn man das Band zu dem zerreißt, den man gottlos nennt, so wird man auch das Band zu dem zerreißen, den man habgierig, schamlos, ehrgeizig, jähzornig, lasterhaft nennt. Man wird auch den anderen zu diesem Bruch raten, & so werden drei oder vier *Intolerante* ausreichen, um die ganze Gesellschaft aufzulösen.

Wenn man dem, der anders denkt als wir, ein Haar krümmen darf, so wird man auch über seinen Kopf verfügen, weil es keine Grenzen für die Ungerechtigkeit gibt. Das Interesse, der Fanatismus, der Augenblick oder die Umstände werden über das Mehr oder Weniger an Unrecht entscheiden, das man sich erlaubt.

Wenn ein ungläubiger Fürst die Sendboten einer *intoleranten* Religion fragte, wie diese mit denen verfährt, die nicht an sie glauben, so müßten sie Abscheulichkeiten eingestehen oder lügen oder ein beschämendes Stillschweigen wahren.

Welches ist der Weg der Menschlichkeit? Ist es der des Verfolgers, der zuschlägt, oder der des Verfolgten, der sich beklagt?

Wenn ein ungläubiger Fürst einen unbestreitbaren Anspruch auf den Gehorsam seines Untertanen hat, so hat ein ungläubiger Untertan einen unbestreitbaren Anspruch auf den Schutz seines Fürsten. Das ist eine gegenseitige Verpflichtung.

Wenn der Fürst sagt, der ungläubige Untertan sei des Lebens nicht wert, ist dann nicht zu befürchten, daß der Untertan sagt, der ungläubige Fürst sei der Regierung nicht wert? Ihr *Intoleranten*, ihr Blutdürstigen, seht doch die Folge eurer Prinzipien & erschreckt! Ihr Menschen, die ich liebe, ich habe für euch, was immer eure Gesinnung sei, diese Gedanken gesammelt & beschwöre euch, darüber nachzudenken. Denkt ihr darüber nach, so werdet ihr ein so schreckliches System verwerfen, das weder mit der Aufrichtigkeit des Geistes noch mit der Güte des Herzens im Einklang steht.

Wirkt auf euer Heil hin. Betet für das meinige & glaubt, daß alles andere, was ihr euch herausnehmt, in den Augen Gottes & der Menschen eine abscheuliche Ungerechtigkeit ist. *Diderot*

IRRELIGIÖS – **Irreligieux** (**Grammatik**). *Irreligiös* ist, wer keine Religion hat, es den heiligen Dingen gegenüber an Ehrfurcht fehlen läßt, keinen Gott anerkennt & daher die Frömmigkeit & die anderen Tugenden, die mit der Existenz der heiligen Dinge & ihrer Verehrung im Zusammenhang stehen, für sinnlose Wörter hält.

Irreligiös ist man nur innerhalb der Gesellschaft, zu der man gehört; es steht fest, daß man in Paris einem Moslem kein Verbrechen aus seiner Verachtung gegenüber dem Gesetz Mohammeds & in Konstantinopel einem Christen kein Verbrechen aus der Mißachtung seines Kultes machen wird.

Anders verhält es sich mit den moralischen Prinzipien; sie sind überall dieselben. Ihre Nichtbeachtung ist an allen Orten & zu allen Zeiten tadelnswert. Die Völker scheiden sich auf Grund verschiedener Kultur in *religiöse* & *irreligiöse*, je nach dem Ort auf der Erde, zu dem sie wandern oder den sie bewohnen; doch die Moral ist überall dieselbe.

Sie ist das universelle Gesetz, das der Finger Gottes allen Herzen eingeprägt hat. Sie ist die ewige Vorschrift für die Empfindsamkeit & die allgemeinen Bedürfnisse.

Man darf also Unmoral & Unglaube nicht verwechseln. Die Moral kann ohne Religion bestehen, & die Religion kann mit Unmoral verknüpft sein & ist dies auch häufig.

Auch wenn man seine Blicke nicht über das Leben im Diesseits hinausschweifen läßt, gibt es zahlreiche Gründe, die einem Menschen bei reiflicher Überlegung beweisen können, daß man, um in dieser Welt glücklich zu sein, nichts Besseres tun kann, als tugendhaft zu sein.

Es bedarf nur des Verstandes & der Erfahrung, um zu erkennen, daß es kein Laster gibt, das nicht irgendein Unglück nach sich zieht, & keine Tugend, die nicht von irgendeinem Glück begleitet ist; daß der Böse gewiß nicht durchaus glücklich, der Gute gewiß nicht durchaus unglücklich sein kann & daß ihm trotz des Interesses & trotz der Lockung des Augenblicks nur ein Weg zu gehen bleibt.

Von Irreligion hat man das Wort *irreligiös* abgeleitet, das in seiner allgemeinen Bedeutung sehr selten gebraucht wird. *Diderot*

ISOLIERT, ISOLIEREN – **Isolé, isoler** (**Grammatik**). Bedeutet vom Rest absondern, vereinzeln. Man *isoliert* einen Körper von den anderen; ein Gebäude vom Rest einer Siedlung, eine Statue in einem Garten, eine Figur auf einem Gemälde &c.

Ein *isolierter* Mann ist ein freier, unabhängiger Mann, dem an nichts etwas liegt. Man erspart sich viel Kummer, beraubt sich jedoch vieler Freuden, wenn man sich *isoliert.* Ist dabei mehr zu gewinnen als zu verlieren? Ich weiß es nicht. Die Erfahrung hat mich gelehrt, daß es viele Umstände gibt, unter denen der *isolierte* Mann für sich selbst & die anderen unnütz wird: wenn die Gefahr ihn bedrängt, kennt ihn niemand, keiner interessiert sich für ihn, reicht ihm die Hand. Er hat alle Welt vernachlässigt, in der Not kann er sich an niemanden wenden.

Wo sie am schönsten sind, in ihrer Vereinzelung, sehen die Menschen einander nicht. Jede Verzweiflung, die man vor einem anderen Menschen zeigt, ist zum Vorwurf gegen ihn entleert. Wir jagen mit unseren Schwächen und strafen wie Artemis denjenigen mit tödlicher Verachtung, vor dem wir uns eine empfindliche Blöße gaben. Nähe von Geliebtem bleibt ein störrischer Widerspruch. Botho Strauss, Beginnlosigkeit

Bekanntschaften nehmen viel Zeit in Anspruch; doch sind sie zur Stelle, wenn man sie braucht. In der Einsamkeit ist man ganz für sich, aber allein auf der Welt.

Wenn man sich nicht zeigt, läßt man anderen die Freiheit, sich uns so vorzustellen, wie es ihnen gefällt, & das ist ein Nachteil; aber man riskiert alles, wenn man sich zeigt. Da ist es noch besser, sie stellen sich uns so vor, wie wir nicht sind, als daß sie uns so sehen, wie wir sind.

Wenn Sie viel in Gesellschaft gehen, schließen Sie sich an die anderen an & diese an Sie; Sie bilden eine Einheit mit ihnen, man wird Sie schwerlich verletzen können. Wenn Sie sich aber *isolieren,* so wird nichts Sie stärken, & es wird desto leichter sein, Sie zu zerstören. *Diderot*

JESUIT – Jésuite (**Kirchengeschichte**). Religiöser Orden, von Ignatius von Loyola gegründet & unter dem Namen »Gesellschaft Jesu« bekannt.

Wir selbst werden hier nichts dazu sagen. Dieser Artikel ist lediglich eine getreue Zusammenfassung der Berichte, welche die Generalprokuratoren der Gerichte erstattet haben, der auf Anweisung der Parlamente gedruckten Memoranden, der verschiedenen Urteile, Geschichten, alten wie neuen, & der Werke, die in jüngster Zeit in so großer Zahl veröffentlicht worden sind.

Lesen Sie die *Assertionen,* ein Werk, das in diesem Jahr – 1762 – auf Beschluß des Parlaments von Paris veröffentlicht worden ist, & schaudern Sie vor den Scheußlichkeiten, welche die Theologen der Gesellschaft Jesu seit deren Gründung über Simonie, Blasphemie, Sakrileg, Magie, Irreligion, Astrologie, Unzucht, Hurerei, Päderastie, Meineid, Doppelzüngigkeit, Lüge, Beeinflussung, falsches Zeugnis, Pflichtvergessenheit der Richter, Diebstahl, heimliche Bestechung, Totschlag, Selbstmord, Prostitution & Königsmord verbreitet haben – ein Wust von Meinungen, die – wie der Generalstaatsanwalt des Königs am Parlament der Bretagne in seinem zweiten Bericht Seite 73 sagt – offen die heiligsten Prinzipien angreifen & danach trachten, das natürliche Gesetz aufzuheben, die menschliche Aufrichtigkeit in Zweifel zu ziehen, die Bande der bürgerlichen Gesellschaft zu zerreißen, indem sie die Übertretung ihrer Gesetze gutheißen, jedes Gefühl der Menschlichkeit unter den Menschen zu ersticken, die königliche Autorität zu untergraben, durch die Lehre vom Königsmord Unruhe & Verzweiflung in den Reichen zu verbreiten, die Grundlagen der Offenbarung zu zerstören & an die Stelle des Christentums abergläubische Vorstellungen jeglicher Art zu setzen.

Lesen Sie im Beschluß des Pariser Parlaments vom 6. August 1762 die schändliche Liste der Verdammungen, die sie von allen Tribunalen der christlichen Welt erfahren haben, & die noch schändlichere Liste der Bezeichnungen, die man ihnen gegeben hat.

Hier wird man zweifellos innehalten, um sich zu fragen, wie jene Gesellschaft sich behaupten konnte, trotz allem, was sie getan hat, um sich zugrunde zu richten, & wie sie sich hervortun konnte, trotz allem, was sie getan hat, um sich zu erniedrigen; wie sie das Vertrauen der Herrscher gewonnen hat, obgleich sie Herrscher ermordete, wie sie den Schutz der Geistlichkeit erlangt hat, obgleich sie diese herabsetzte, & wie sie sich eine so große Autorität in der Kirche verschafft hat, obgleich sie Unruhen in ihr hervorrief & ihre Moral & ihre Lehren entstellte.

Es kam daher, daß man zur gleichen Zeit in derselben Gesellschaft die Vernunft an der Seite des Fanatismus, die Tugend an der Seite des Lasters, die Religion an der Seite der Gottlosigkeit, die Sittenstrenge an der Seite der Zügellosigkeit, das Wissen an der Seite der Unwissenheit, den Geist der Einkehr neben dem Geist der Intrige & Kabale – kurz alle Kontraste vereint sah. Nur die Demut konnte bei jenen Männern niemals eine Zufluchtsstätte finden.

Sie hatten Dichter, Geschichtsschreiber, Redner, Philosophen, Geometer & Gelehrte.

Ich weiß nicht, ob die Talente & die Heiligkeit einiger weniger jene Gesellschaft zu einer so hohen Stufe des Ansehens führte, dessen sie sich freilich nur einen Augenblick erfreute; aber ich versichere ohne Furcht, widerlegt zu werden, daß diese Mittel die einzigen waren, die sie hatte, um sich auf dieser Stufe zu behaupten; & das haben jene Männer übersehen.

Da sie sich dem Handel, der Intrige, der Politik & anderen Beschäftigungen hingaben, die ihrem Stand fremd & ihrer Berufung nicht würdig waren, so mußten sie der Verachtung anheimfallen, die zu allen Zeiten & in allen frommen Häusern auf den Niedergang der Studien & die Verderbtheit der Sitten folgte & folgen wird.

Weder das Gold, o meine Väter, noch die Macht konnten verhindern, daß eine so kleine Gesellschaft wie die eurige, die in die große eingeschlossen war, erstickt wurde. Die Achtung, die man dem Wissen & der Tugend schuldig ist & auch immer entgegenbringt, hätte euch stützen & die Bemühungen eurer Feinde vereiteln sollen, gleichwie man inmitten der stürmischen Wogen einer versammelten Volksmenge einen ehrwürdigen Mann regungslos & gelassen auf einem freien & leeren Platz stehen sieht, den die Hochachtung ihm verschafft & vorbehält. Ihr habt jenes so weitverbreitete Ansehen verloren, & der Fluch des heiligen Francesco di Borgia, des dritten eurer Generale, ist an euch in Erfüllung gegangen. Er, dieser heilige & gute Mensch, sagte euch: »Es wird eine Zeit kommen, in der ihr eurem Hochmut & Ehrgeiz keine Schranken mehr auferlegen werdet, wo ihr nur noch darauf bedacht sein werdet, Reichtümer anzuhäufen & euch Einfluß zu verschaffen, & wo ihr die Ausübung der Tugenden vernachlässigen werdet; dann wird es auf Erden keine Macht geben, die euch zu eurer ursprünglichen Vollkommenheit zurückführen könnte, & wenn es möglich ist, euch zu vernichten, so wird man es tun.«

So mußten die, welche ihre Beständigkeit auf dieselbe Grundlage gestellt hatten, die das Dasein & Glück der Großen trägt, ebenso vergehen wie diese; das Glück der *Jesuiten* war nur ein etwas längerer Traum.

Aber zu welchem Zeitpunkt ist der Koloß verschwunden? Genau in dem Augenblick, da er am gewaltigsten & festesten erschien! Nur einen Augenblick füllten die *Jesuiten* die Paläste unserer Könige; nur einen Augenblick füllte die Jugend, die immer die Hoffnung der ersten Familien des Staates darstellt, ihre Schulen; nur für einen Augenblick hatte ihnen die Religion das innigste Vertrauen des Monarchen, seiner Gemahlin & seiner Kinder verschafft. Weniger die Schutzbefohlenen als Beschützer unserer Geistlichkeit, waren sie die Seele dieser großen Körperschaft. Was bildeten sie sich nicht alles ein? Ich habe diese stolzen Eichen in den Himmel ragen sehen; ich habe den Kopf abgewandt, & sie waren nicht mehr.

Aber jedes Ereignis hat seine Ursachen. Was waren die Ursachen für den unerwarteten & schnellen Untergang dieser Gesellschaft? Ich führe hier nur einige an, so wie sie sich gerade meinem Geist darbieten.

Das philosophische Denken hat das Zölibat in Verruf gebracht, & die *Jesuiten* bekamen wie die anderen geistlichen Orden zu spüren, daß man heute kaum noch Geschmack daran findet, in ein Kloster einzutreten.

Die *Jesuiten* überwarfen sich mit den Gelehrten in dem Augenblick, da diese für sie Partei gegen ihre unversöhnlichen & finsteren Feinde ergreifen wollten. Was war die Folge davon? Anstatt ihre schwache Seite zu decken, entblößte man sie & wies den düsteren Schwärmern, die sie bedrohten, mit dem Finger die Stelle, die sie treffen mußten.

Es fand sich unter ihnen keiner mehr, der sich durch ein großes Talent auszeichnete, kein Dichter, kein Philosoph, kein Redner, kein Gelehrter, kein hervorragender Schriftsteller, & so verachtete man die Körperschaft.

Eine innere Anarchie spaltete sie seit einigen Jahren, & wenn sie zufällig einen tüchtigen Mann hatten, konnten sie ihn nicht festhalten.

Man erkannte in ihnen die Anstifter all unserer inneren Unruhen & wurde ihrer überdrüssig.

Ihr Jounalist aus Trévoux, angeblich ein guter Kerl, aber ein mittelmäßiger Autor & kläglicher Politiker, zog ihnen durch sein kleines Blaubuch tausend furchtbare Feinde zu & verschaffte ihnen keinen Freund.

Er brachte törichterweise gegen die Gesellschaft Jesu unseren Voltaire auf, der auf sie & auf ihn Verachtung & Spott herabhageln ließ, da er ihn als einen Dummkopf & seine Mitbrüder bald als gefährliche & bösartige Leute, bald als Ignoranten hinstellte & so allen unseren kleinen Spaßmachern das Vorbild & den Ton angab, uns lehrte, wie man sich ungestraft über einen *Jesuiten* lustig machen konnte, & zugleich den Vornehmen klarmachte, daß sie ihn ohne weiteres auslachen konnten.

Die *Jesuiten* standen seit langem auf Kriegsfuß mit den Hütern des Gesetzes & bedachten nicht, daß die Richter, die ebenso hartnäckig waren wie sie, schließlich die Stärkeren sein könnten.

Sie kannten nicht den Unterschied zwischen notwendigen Männern & unruhestiftenden Mönchen & ahnten nicht, daß der

Und da der Rektor der Jesuiten zu Sarragoßa mir hundert mahl gesagt hat, daß die Heiligen seines Ordens ein gutes Herz haben, so wollen wir sie uns dadurch geneigt zu machen suchen, daß wir ihre Reliquien und die Örter, wo sie geehret seyn wollen, besuchen. Wir wollen bey der Mütze des heiligen Anchieta zu Orense anfangen. Hernach wollen wir besuchen die Leber des heiligen Forget zu Astorga, den Hosenschlitz des heiligen Mena zu Toro, das Scrotum des heiligen Balthasar zu Segovien, das Toupet des heiligen Gonzalez zu Colmenar, den Anus des Gombar zu Toledo, die Eingeweide des heiligen Petrus von Aviles zu Truxillo, die Nasenlöcher des heiligen Mariana zu Badajoz, den Rückgrad des heiligen Santarel zu Lorca, die Nägel des heiligen Suarez zu Penaflour, und den Nabel des heiligen Lorrin zu Sevilla. Von Sevilla wollen wir besuchen die Gekrösedrüse des heiligen Guerret zu Lebrixa, die Milz des heiligen Gonthieri zu Monda, die Hüfte des heil. Guignard zu Murcia, den Zapfen des heiligen Varade zu Valencia, den Backenzahn des heiligen Alagon zu Tortosa, den Säbel des heiligen Ignaz zu Monserat, und die Vorhaut des heiligen Giard zu Toulon. Hernach wollen wir nach Rom gehen, unser Gebet auf dem Grabe des heiligen Prälaten Tongarini zu thun, und den Pantoffel des heiligen Vaters zu küssen.

H. J. du Laurens, Mathieu

Staat, wenn er einmal Stellung beziehen müßte, sich verächtlich von Leuten abwenden würde, die nichts mehr empfahl.

Bedenken Sie schließlich, daß sie in dem Augenblick, da sich das Unwetter über ihnen entlud, in jenem Augenblick, da sich sogar der Wurm, den man zertritt, noch aufbäumt, so arm an Talenten & an Hilfsmitteln waren, daß in dem ganzen Orden kein Mann zu finden war, der sich Gehör zu verschaffen wußte. Sie hatten keine Stimme mehr & hatten schon vorher alle Münder verschlossen, die ein gutes Wort für sie hätten einlegen können.

Sie waren verhaßt & wurden beneidet.

Während das Studium an der Universität wieder einen Aufschwung nahm, verfiel es endgültig in ihrem Kollegium, & das zu einem Zeitpunkt, wo man schon halb davon überzeugt war, daß im Hinblick auf die beste Verwendung der Zeit, die gute Pflege des Geistes & die Erhaltung von Sitte & Gesundheit der öffentliche Unterricht & die häusliche Erziehung sich kaum vergleichen ließen.

Jene Männer hatten sich in zu viele verschiedene Angelegenheiten eingemischt; sie hatten ihrem Einfluß zu sehr vertraut.

Ihr General hatte sich lächerlicherweise eingeredet, daß sein Dreispitz den Kopf eines Potentaten bedecke, & er wurde unverschämt, als er um Gnade bitten mußte.

Sie waren sehr unvorsichtig, als sie ihre Satzungen veröffentlichten, noch unvorsichtiger aber, als sie vergaßen, wie unsicher ihre Existenz war, & Richter, die sie haßten, in die Lage versetzten, ihre Ordnung kennenzulernen & dieses System aus Fanatismus, Unbotmäßigkeit & Machiavellismus mit den Gesetzen des Staates zu vergleichen.

Dazu der Aufstand der Bewohner von Paraguay! Mußte er nicht die Aufmerksamkeit der Herrscher auf sich lenken & ihnen zu denken geben? Und schließlich die beiden Königsmorde im Verlauf eines einzigen Jahres!

Kurz: die verhängnisvolle Stunde war gekommen; der Fanatismus hat sie erkannt & ausgenutzt.

Was hätte den Orden im Kampf gegen so viele gefährliche Umstände retten können, die ihn alle zusammen an den Rand des Abgrunds gebracht hatten? Nur ein Mann wie Bourdaloue vielleicht, hätte es ihn unter den *Jesuiten* noch gegeben; aber dann hätten sie den Preis der Rettung erkennen, es den Vornehmen überlassen müssen, Reichtümer anzuhäufen, & daran denken sollen, Cheminais aus seiner Asche auferstehen zu lassen.

Nicht aus Haß oder Groll gegen die *Jesuiten* habe ich diese Dinge geschrieben; meine Absicht dabei war, die Regierung, die sie aufgegeben hat, & die Richter, die den Stab über sie gebrochen haben, zu rechtfertigen & den Mönchen dieses Ordens, die eines Tages versuchen werden, sich wieder in unserem Königreich niederzulassen, wenn sie – wie ich glaube – Erfolg haben sollten, vor Augen zu führen, unter welchen Bedingungen sie hoffen können, sich in ihm zu behaupten. *Diderot*

JOURNAL – **Journal (Literatur)**. Eine periodisch erscheinende Schrift, die Auszüge aus den jüngst gedruckten Büchern enthält sowie die ausführliche Beschreibung der Entdeckungen, die in den Künsten & Wissenschaften tagtäglich gemacht werden.

Das erste *Journal* dieser Art, das in Frankreich erschienen ist, ist das sogenannte *Journal des Savants,* das zur Erleichterung derer ersonnen wurde, die entweder zu beschäftigt oder zu träge sind, die Bücher im Ganzen zu lesen. Es ist ein Mittel, seine Neugier zu befriedigen & auf billige Weise gelehrt zu werden. Da dieses Vorhaben sehr bequem & nützlich erschien, wurde es in den meisten anderen Ländern unter einer Vielzahl verschiedener Namen nachgeahmt.

Wir haben jetzt in Frankreich eine Menge von *Journalen;* denn man hat festgestellt, daß es leichter ist, über ein gutes Buch zu berichten, als eine gute Zeile zu schreiben, & so haben viele unfruchtbare Geister sich diesem Gebiet zugewandt.

Aus den *Journalen* schöpfen die Vornehmen die erhabenen Kenntnisse, nach denen sie Erzeugnisse auf allen Gebieten beurteilen. Einige dieser Journalisten geben auch in der Provinz den Ton an: Man kauft oder verschmäht ein Buch je nach dem guten oder schlechten Urteil, das sie darüber fällen – ein zuverlässiges Mittel, um in seine Bibliothek fast alle schlechten Bücher aufzunehmen, die erschienen sind & die sie gelobt haben, aber kein einziges von den guten Büchern, die sie zerrissen haben.

Man täte besser daran, sich von der entgegengesetzten Regel leiten zu lassen & alles zu nehmen, was sie herabsetzen, dagegen alles zu verwerfen, was sie hervorheben. Von dieser Regel muß man allerdings die kleine Anzahl jener Journalisten ausnehmen, die mit Aufrichtigkeit urteilen & nicht wie andere das Publikum durch Bosheit & Wut zu fesseln versuchen, womit sie die anerkennenswerten Autoren & Werke verunglimpfen & zerfetzen. *Bellin*

JOURNALIST – **Journaliste (Literatur)**. Ein *Journalist* ist ein Schriftsteller, der sich damit befaßt, Auszüge aus Werken der Literatur, Wissenschaft & Kunst & Urteile darüber jeweils nach ihrem Erscheinen zu veröffentlichen. Daraus ersieht man, daß ein Mensch von dieser Art nichts schaffen könnte, wenn die anderen ruhten. Trotzdem wäre er nicht ganz ohne Verdienst, wenn er die nötigen Talente für die Aufgabe besäße, die er sich gestellt hat. Ihm lägen dann die Fortschritte des menschlichen Geistes am Herzen, er liebte die Wahrheit & bezöge alles auf diese beiden Gegenstände.

Ein Journal – eine Zeitung – umfaßt eine so mannigfaltige Fülle von Stoffen, daß ein einziger Mensch unmöglich auch nur eine mittelmäßige Zeitung zustande bringen könnte. Niemand ist zugleich ein großer Mathematiker, ein großer Redner, ein großer Dichter, ein großer Historiker &

ein großer Philosoph; niemand besitzt eine universelle Gelehrsamkeit.

Eine Zeitung muß das Werk einer Gesellschaft von Gelehrten sein; sonst wird man in ihr auf jedem Gebiet die gröbsten Schnitzer feststellen. Auch das *Journal de Trévoux*, das ich hier als einziges unter den unzähligen Blättern anführen möchte, von denen wir überschwemmt werden, ist von diesem Fehler nicht frei; & wenn ich einmal die Zeit & den Mut hätte, könnte ich eine gewiß nicht kurze Liste der Zeichen von Unkenntnis in der Mathematik, Literatur, Chemie &c. veröffentlichen, die man in diesem Journal findet. Vor allem von der Chemie scheinen die Mitarbeiter des *Journal de Trévoux* nicht die leiseste Ahnung zu haben.

Aber es genügt nicht, wenn ein *Journalist* Kenntnisse besitzt; er muß auch gerecht sein: denn ohne diese Eigenschaften wird er mittelmäßige Erzeugnisse verhimmeln & die herabsetzen, denen er sein Lob hätte vorbehalten sollen. Je bedeutender eine Sache ist, desto anspruchsvoller muß er sich zeigen, & so viel Liebe er ihr – zum Beispiel der Religion – auch entgegenbringen mag, so wird er doch einsehen, daß es nicht jedem Schriftsteller vergönnt ist, sich mit der Sache Gottes zu befassen. Er wird also kurzen Prozeß mit all denen machen, die sich mit mittelmäßigen Talenten an diese heilige Aufgabe heranwagen & die Hand an die Arche der Kirche legen, um sie zu stützen.

Möge er eine zuverlässige & tiefe Urteilskraft, Geschmack, Scharfsinn & große Übung in der Kritik haben.

Seine Kunst besteht nicht darin, andere zum Lachen zu bringen, sondern darin, zu analysieren & zu belehren. Ein über alles spottender *Journalist* wäre ein lächerlicher *Journalist*.

Möge er Humor besitzen, wenn die Sache ihn verträgt; doch möge er auf den satirischen Ton verzichten, der immer auf Voreingenommenheit schließen läßt.

Wenn er ein mittelmäßiges Werk untersucht, so weise er auf schwierige Fragen hin, mit denen sich der Autor hätte beschäftigen sollen, fördere die Lösung dieser Fragen & skizziere seine Ansichten, damit man von ihm sage, er habe einen guten Auszug aus einem schlechten Buch gemacht.

Möge sein Interesse von dem des Buchhändlers & dem des Schriftstellers streng geschieden sein.

Möge er einem Autor die hervorragenden Stellen seines Werkes nicht absprechen, um sie sich selbst zuzusprechen; & möge er sich davor hüten, zu diesem Unrecht auch noch ein anderes hinzuzufügen – nämlich die Mängel jener schwachen Stellen zu übertreiben, die er hervorhebt.

Möge er nicht die Rücksichten außer acht lassen, die er den überlegenen Talenten & den Männern von Genie schuldig ist; denn nur ein Tor kann der Feind eines Voltaire, eines Montesquieu, eines Buffon & anderer Männer ihres Formats sein.

Er mag auf ihre Fehler aufmerksam machen, darf aber keineswegs die schönen Dinge verschweigen, die diese Fehler wettmachen.

Er hüte sich insbesondere vor der Sucht, seinem Mitbürger & Zeitgenossen das Verdienst einer Erfindung zu rauben, um die Ehre dafür dem Menschen eines anderen Landes oder anderen Zeitalters zuzuschreiben.

Möge er den Kniff seiner Kunst nicht für den Kern dieser Kunst halten; möge er genau zitieren, nichts entstellen & nichts verfälschen. Wenn er sich zuweilen dem Enthusiasmus überläßt, so wähle er dafür den richtigen Augenblick.

Möge er die Dinge auf die Prinzipien zurückführen, nicht aber auf den eigenen, besonderen Geschmack, nicht auf vorübergehende Umstände der Zeit, nicht auf den Geist der Nation oder einer besonderen Körperschaft & nicht auf die üblichen Vorurteile.

Er sei einfach, rein, klar, leicht verständlich & vermeide jede Vortäuschung von Beredsamkeit & Gelehrtheit.

Er lobe ohne Abgeschmacktheit & tadle ohne Beleidigung.

Er befleißige sich, uns mit ausländischen Werken bekannt zu machen.

Aber ich bemerke: wenn ich diese Betrachtungen weiterführen wollte, so könnte ich nur das wiederholen, was wir schon in dem Artikel Kritik gesagt haben. Siehe diesen Artikel. *Diderot*

Da hatt ich einen Kerl zu Gast, / Er war mir eben nicht zur Last; / Ich hatt just mein gewöhnlich Essen, / Hat sich der Kerl pumpsatt gefressen, / Zum Nachtisch, was ich gespeichert hatt. / Und kaum ist mir der Kerl so satt, / Tut ihn der Teufel zum Nachbar führen, / Über mein Essen zu räsonieren: / »Die Supp hätt können gewürzter sein, / Der Braten brauner, firner der Wein.« / Der Tausendsakerment! / Schlagt ihn tot, den Hund! Es ist ein Rezensent. Goethe, Rezensent

Jude – Juif (Alte & neue Geschichte). Anhänger der judaischen Religion. Diese Religion, sagt der Autor der *Persischen Briefe*, ist ein alter Stamm, der zwei Äste hervorgebracht hat, das Christentum & den Mohammedanismus, die sich über die ganze Erde verbreitet haben, oder vielmehr, so fügt er hinzu, sie ist die Mutter zweier Töchter, die ihr unzählige Wunden zugefügt haben. Doch wie schlecht sie ihre Mutter auch immer behandelt haben mögen, sie rühmt sich gleichwohl, sie auf die Welt gebracht zu haben. Sie bedient sich der einen wie der anderen, um die ganze Welt zu umfassen, indes sie selbst mit ihrem ehrwürdigen Alter sich über alle Zeiten erstreckt.

Josephus, Basnage & Prideaux haben eingehend die Geschichte des Volks behandelt, das so beständig dieser alten Religion anhängt & das so deutlich die Wiege, das Alter & die Fortschritte der unseren anzeigt.

Um den Leser nicht mit Einzelheiten zu langweilen, die er in vielen Büchern über das Volk, um das es hier geht, finden kann, beschränken wir uns auf einige weniger alltägliche Bemerkungen zu seiner Zahl, seiner Zerstreuung über die ganze Welt & unverbrüchlichen Treue zum mosaischen Gesetz inmitten von Schmach & Bedrängnis.

Wenn man an die Greuel denkt, welche die *Juden* seit Jesus Christus erlitten haben, an die Metzeleien, denen sie unter einigen römischen Kaisern ausgesetzt waren, & an die anderen, die sich in allen christlichen Staaten so viele Male wiederholt haben, wundert man sich, daß dieses Volk überlebt hat; & es hat nicht nur überlebt, sondern ist allem Anschein nach heute nicht weniger zahlreich als einst im Lande Kanaan. Daran wird man nicht zweifeln, wenn man der Zahl der *Juden*, die im Abendland verstreut sind, die riesigen Schwärme derer hinzufügt, von denen es im Orient, in China, in den meisten Nationen Europas & Afrikas, in Ost- & Westindien & sogar im Innern Amerikas wimmelt.

Ihr Festhalten am Gesetz Mose ist nicht minder bemerkenswert, besonders wenn man sich ihre häufigen Apostasien vor Augen hält, als sie noch unter der Regierung ihrer Könige, ihrer Richter & im Angesicht ihrer Tempel lebten. Heute ist der Judaismus von allen Religionen der Welt diejenige, der man am seltensten abschwört, was zum Teil ein Ergebnis der Verfolgungen ist, die sie erlitten hat. Ihre Anhänger, ewige Märtyrer ihres Glaubens, halten sich mehr & mehr für den Quell aller Heiligkeit & sehen in uns lediglich abtrünnige *Juden*, die das Gesetz Gottes verfälscht haben, indem sie jene hinrichteten, die es aus seiner Hand empfangen hatten.

Ihre Vielzahl verdanken sie natürlich ihrer Befreiung vom Waffendienst, ihrem lebhaften Verlangen nach der Ehe, ihrem Brauch, sie frühzeitig innerhalb ihrer Familien einzugehen, ihrem Scheidungsgesetz, ihrer schlichten & geregelten Lebensweise, ihren Fastenzeiten, ihrer Arbeit & ihren Leibesübungen.

Ihre Zerstreuung ist nicht weniger leicht zu verstehen. Auch wenn die *Juden*, als Jerusalem mit seinem Tempel noch bestand, durch die Wechselfälle der Kaiserreiche zuweilen aus ihrer Heimat vertrieben worden sind, so wurden sie weit häufiger durch einen blinden Eifer aus all den Ländern verjagt, in denen sie sich seit den Erfolgen des Christentums & des Mohammedanismus niedergelassen hatten. Genötigt, von Land zu Land, von Meer zu Meer zu eilen, um ihren Lebensunterhalt zu verdienen, überall befeindet & davon ausgeschlossen, irgendein Grundstück zu besitzen & irgendeiner Beschäftigung nachzugehen, sahen sie sich gezwungen, von Ort zu Ort zu ziehen, ohne sich irgendwo endgültig niederlassen zu können, da es ihnen an Unterstützung, an Macht, sich dort zu halten, & an Kenntnissen der Kriegskunst mangelte.

Eine solche Zerstreuung hätte unfehlbar den religiösen Kult jeder anderen Nation zugrunde gerichtet, der Kult der *Juden* indes hat sich durch die Natur & die Kraft seiner Gesetze erhalten. Diese schreiben ihnen vor, so lange wie möglich in derselben Gemeinde oder zumindest innerhalb derselben Mauern zusammenzuleben, sich nicht mit Fremden zu vermischen, untereinander zu heiraten, nur Fleisch von Tieren zu essen, die sie selbst getötet oder das sie nach ihrer Art zubereitet haben. Diese & ähnliche Vorschriften halten sie zusammen, stärken sie in ihrem Glauben, trennen sie von den anderen Menschen & lassen ihnen als Mittel ihres Lebensunterhalts nur den Handel, einen Beruf, der von den meisten Völkern Europas lange Zeit verachtet wurde. Daher kommt es, daß man ihnen in den barbarischen Jahrhunderten diese Tätigkeit überließ; & weil sie sich dabei notgedrungen bereicherten, hieß man sie niederträchtige Wucherer.

Da die Könige sich nicht an der Börse ihrer Untertanen vergreifen konnten, folterten sie die *Juden*, die sie nicht als Staatsbürger ansahen. Was ihnen in England widerfuhr, mag eine Vorstellung von den Maßnahmen geben, die man in den anderen Ländern gegen sie ergriff. Als König Johann Geld brauchte, ließ er die reichen *Juden* seines Königreichs gefangennehmen, um es ihnen abzupressen; nur wenige entgingen den Verfolgungen seines Gerichtshofs. Einer von ihnen, dem man nacheinander sieben Zähne ausriß, um sein Vermögen zu erlangen, gab tausend Silbermark, als es an den achten ging. Heinrich III. holte aus Aaron, einem *Juden* aus York, vierzehntausend Silbermark & zehntausend für die Königin heraus. Die anderen *Juden* seines Landes verkaufte er seinem Bruder Richard für eine bestimmte Anzahl von Jahren, »so daß der Graf diejenigen, die der König geschunden hatte, nun gänzlich ausweidete«, sagt Matthieu Paris.

Für mich sind Sie, wenn Sie in New York oder irgendeiner anderen Großstadt leben, Jude. Selbst wenn Sie katholisch sind, egal; wenn Sie in New York leben, sind Sie Jude. Wenn Sie in Butte (Montana) leben, sind Sie Goi, sogar wenn Sie Jude sind. Kondensmilch ist gojisch, selbst wenn die Juden sie erfunden haben; egal. Schokolade ist jüdisch, und Fondant ist gojisch. Frühstücksfleich ist gojisch, und Roggenbrot ist jüdisch. Alle Neger sind Juden. Alle Italiener sind Juden. Iren, die sich von ihrer Religion losgesagt haben, sind Juden. Münder sind sehr jüdisch. Und Busen. Das Herumwirbeln von Taktstöcken bei Paraden ist sehr gojisch.

LENNY BRUCE, ALLE NEW YORKER SIND JUDEN

In Frankreich versäumte man es nicht, die *Juden* ebenso zu behandeln; man warf sie ins Gefängnis, raubte sie aus, verkaufte sie, bezichtigte sie der Magie, beschuldigte sie, ihre Kinder zu opfern, die Brunnen zu vergiften; man vertrieb sie aus dem Königreich, ließ sie für Geld wieder herein; & in der Zeit, da man sie duldete, unterschied man sie von den anderen Bewohnern durch schimpfliche Erkennungszeichen.

Mehr noch: in diesem Königreich bürgerte sich der Brauch ein, alle Güter der *Juden* zu konfiszieren, die zum Christentum übertraten. Dieser sonderbare Brauch ist uns durch das Gesetz bekannt, das ihn abschafft; es handelt sich um die am 4. April 1392 in Basville erlassene Verordnung des Königs. Der wahre Grund für diese Konfiszierung, den der Verfasser des *Geistes der Gesetze* so vortrefflich dargelegt hat, ist, daß die Fürsten oder die Grundherren eine Art Schutzsteuer von den *Juden* erhoben. Dieses Vorteils aber gingen sie verlustig, wenn die *Juden* das Christentum annahmen.

Judenporzellan: *Frühere Bezeichnung der Erzeugnisse der Berliner Porzellanmanufaktur, weil nach einer 1787 aufgehobenen Verordnung Friedrichs II. zur Hebung der einheimischen Porzellanindustrie kein Jude die Erlaubnis zur Verheiratung erhielt, bevor er nicht in der königlichen Manufaktur ein Service gekauft hatte, dessen Wert nach seinem Vermögen bestimmt wurde.* Meyers Grosses Konversationslexikon, 1908

Mit einem Wort, es läßt sich kaum beschreiben, wie übel man dem Volke der *Juden* allenthalben im Laufe der Jahrhunderte mitgespielt hat. Man hat ihre Güter eingezogen, wenn sie das Christentum annahmen, & wenig später hat man sie verbrannt, wenn sie es nicht annehmen wollten.

Schließlich ersannen sie, unablässig von jedem Land verfolgt, ein kunstvolles Mittel, ihre Habe zu retten & sich ein für allemal ihrer Rückwechsel zu versichern. Als sie im Jahre 1318 unter Philipp dem Langen aus Frankreich verbannt wurden, flüchteten sie in die Lombardei, übergaben dort den Kaufleuten Wechselbriefe auf diejenigen, denen sie bei ihrer Abreise ihre Habe anvertraut hatten, & diese Wechsel wurden eingelöst. Die wunderbare Erfindung der Wechselbriefe entsprang der Verzweiflung; & erst dann konnte der Handel der Gewalt ausweichen & sich überall auf der Welt behaupten.

Seit dieser Zeit haben die Fürsten auf ihre eigenen Interessen geachtet & die *Juden* maßvoller behandelt. In einigen Gegenden des Nordens & des Südens hat man eingesehen, daß man auf ihre Hilfe angewiesen war. Ganz zu schweigen vom Großherzog der Toscana haben Holland & England, von den edelsten Grundsätzen durchdrungen, ihnen unter dem unveränderlichen Schutz ihrer Regierung alle nur erdenklichen Erleichterungen gewährt. So sind sie heutzutage in allen Ländern Europas verstreut, in denen der Handel regiert, doch in größerer Sicherheit als je zuvor, zu Instrumenten geworden, mit deren Hilfe auch die entferntesten Nationen miteinander verkehren & korrespondieren können. Es verhält sich mit ihnen wie mit den Bolzen & Nägeln, die man bei einem großen Gebäude verwendet & die notwendig sind, um alle seine Teile zusammenzufügen. Es ist Spanien schlecht bekommen, daß man sie aus dem Land gejagt hat, & Frankreich bekam es schlecht, daß es Untertanen drangsalierte, deren Glauben sich von dem des Königs ein wenig unterschied. Die Liebe der christlichen Religion besteht in ihrer Praxis; & diese Praxis ist eitel Sanftmut, Menschlichkeit, Barmherzigkeit. ✧ *Jaucourt*

JUGEND – **Jeunesse (Dichtung).** Jenes Alter, lat. *juventus,* in dem Heranwachsende ihre letzten Entwicklungsschritte machen & das sich bis ins Mannesalter erstreckt, selten aber über das dreißigste Lebensjahr hinausreicht.

Die Griechen nannten dieses Alter für gewöhnlich den Herbst, denn sie erachteten die *Jugend* als jene Zeit, in der die reif gewordenen Früchte am besten zu ernten sind. Pindar sagt in der Ode II der *Isthmien:* »Von all den schönen Jungen, bei denen der Herbst (das heißt der Lenz des Lebens) die Leidenschaft der Liebe weckt.«

Den Lateinern war dieselbe Vorstellung zu eigen, oder sie entlehnten sie bei den Griechen. Von daher kommt es, daß Horaz einen jungen Mann mit einer Weintraube vergleicht, die der Herbst in den kräftigsten Farben malt.

Der bunte Herbst
Wird die blassen Trauben dir
Bald mit Purpurfarbe schmücken.
(Horaz, *Oden,* Buch II, Ode 5)

In unserem Sprachgebrauch verbinden wir mit dem Wort Herbst in bezug auf das Alter eine völlig andere Vorstellung, & wir gebrauchen es nur für Personen, die beginnen, alt zu werden. Unsere Dichter bezeichnen die *Jugend* als den schönsten Frühling, als

Die wunderbare Jahreszeit,
In der die Vernunft dem Reich
Des Herzens sich beugt.

Guarini nennt sie *verde étade,* »das grüne Alter«. Überall bringt sie Höhenflüge der Phantasie, verführerische Reize & zauberhafte Anmut mit sich.

Dieses Alter hat wie alle seine Fehler, die den Federn der großen Dichter nicht entgangen sind.

Ein junger Mann, der stets vergeht in irgendeiner Liebschaft,
Ist schnell dabei, seine Jugend im Laster zu vergeuden,
Kennt nichts als leere Worte, ist in seinen Wünschen flatterhaft,
Widerspenstig gegen Tadel & unersättlich bei allen Freuden.
(Boileau, *Die Dichtkunst*)

Ich füge hinzu, daß sich die unerfahrene *Jugend* gerne der Kritik widmet, was ihr die Vorbilder verleidet, deren sie bedarf, um ihnen nachzueifern. Anmaßend erhofft sie alles von sich selbst, auch wenn sie noch auf schwachen Beinen steht, meint, alles zu können & nichts je fürchten zu müssen. Leichtfertig & unvorsichtig öffnet sie ihr Herz. Unternehmungslustig & draufgängerisch treibt sie ihre Vorhaben weit über das hinaus, was sie erreichen & schaffen kann. Sie eilt ihren Zielen entgegen, ohne sich viel Gedanken über den Weg zu machen, ereifert sich über ihre

Hirngespinste, versucht alles aufs Geratewohl, rennt blindlings in ihr Verderben, neigt zu extremen Entschlüssen & überstürzt alles wie jene wild gewordenen Turnierpferde, die weder anhalten noch kehrtmachen wollen.

Doch trotz aller Verfehlungen, & obgleich wahr ist, was ich in dieser Skizze über ihr natürliches Gebaren gesagt habe, ist die *Jugend* immer das schönste & glanzvollste Lebensalter, sollten wir daher weder die Vorzüge der Jahreszeiten in lächerlicher Weise vom Herbst aus bemessen noch den trübseligsten Teil unseres Daseins mit dem blühendsten auf eine Stufe stellen. Wenn das fortgeschrittene Alter Achtung & Respekt verlangt, so sind die *Jugend* sowie die Schönheit, die Lebenskraft & das Genie, die zu ihrer Gefolgschaft gehören, es wert, daß wir ihnen huldigen.

Ingrid lacht. Ingrid lachte so vor sich hin. Sie saß an Luv auf dem Bordrand, hielt die Fockschot ein bißchen fest, in ihrem Nacken fühlte sie den Wind und die Sonne wühlen und sie lachte so leise am Groß-Segel hinauf. Das war sehr hoch, und von der zweitletzten Steiflatte fing das Lachen an zu springen, sprang bis zum Stander hinauf und von da auf eine kleine lustige Wolke, die sich atemlos langsam entlangschob zwischen dem leuchtenden Weiß und Blau von Himmel und Segel; dort saß nun das Lachen und freute sich. Uwe Johnson, Ingrid Babendererde

Jene Autoren, die sich zugunsten des Alters aussprechen, das ihnen als weise, reif & gemäßigt gilt, um die *Jugend* als lasterhaft, verrückt & ausschweifend zu brandmarken, schätzen den Wert der Dinge nicht richtig ein, denn die Schwächen des Alters sind gewiß zahlreicher & unverbesserlicher als die der *Jugend.* Noch tiefer als die Furchen auf der Stirn sind die, die der Winter unseres Lebens in unseren Geist gräbt. Laut Montaigne finden sich nur wenige Seelen, die im Alter nicht säuerlich & moderig riechen, & als er dies sagte, hatte er selbst weißes Haar.

Tatsächlich gehören der *Jugend* zwei große & schöne Vorrechte, die des Erfindens & des Ausführens, & wenn ihre Irrungen sie auch über das Ziel hinausschießen lassen, so verzögern die des unterkühlten & erstarrten Alters fortwährend den Lauf der Dinge & halten ihn an.

Das Blut, das bei der *Jugend* leicht in Wallung gerät, macht sie empfänglich für die Gefühle der Moral, der Tugend, der Liebe, der Freundschaft & für alles, was das Herz erweicht. Der verlangsamte Kreislauf bei den Alten führt zu Gefühlskälte gegenüber allem, was das Herz bewegen kann, & befördert in ihnen allein einen Rückgang an Menschlichkeit.

Die *Jugend* ist leichtsinnig, weil es in ihr brodelt & gärt, das Alter besonnen aus Trägheit. Auf der einen Seite das Ungestüm, das sich in allerlei Unternehmungen verausgabt, auf der anderen ein allgemeines Mißtrauen & ständiger Argwohn; Schwächen, die sich in den Blicken, Reden & im ganzen Benehmen alter Leute zeigen.

Der junge Mensch ist in das Neue verliebt, weil er neugierig ist & sich über Veränderungen freut. Der alte hält starrköpfig an seinen vorgefaßten Meinungen fest, weil es die seinen sind, & er weder die Zeit hat, sich weiter zu bilden, noch die Kraft, sich für etwas zu begeistern.

Vernünftigerweise kann man dem Abend nicht den Vorzug vor dem Mittag geben. Aber vergessen wir nicht, daß dieser Mittag, dieses schöne, zu Recht gerühmte Alter, nur eine Blüte ist, die ebenso schnell verwelkt, wie sie erblüht. Die lieblichen Reize, die süßen Freuden, die mit ihr einhergehen, ihre Kraft, Gesundheit & Ausgelassenheit verschwinden wie ein schöner Traum; es bleiben nichts als flüchtige Erinnerungen, & wenn man diese brillante *Jugend* bedauerlicherweise in schändlicher Wollust verzehrt hat, folgt darauf nur die traurige & grausame Erinnerung an die einstigen Freuden. Am Abend muß man die Lustbarkeiten des Mittags teuer bezahlen. *Jaucourt*

JUNGFRÄULICHKEIT – **Virginité** (**Physiologie**).

Wie eine Blume, umhegt im Garten, verborgen heranwächst
unbeachtet vom Vieh & nicht verschüttet vom Pfluge,
Lüfte umwehen, die Sonne stärkt & der Regen ernährt sie,
bis sich die Blüte erschließt, um den süßen Duft
zu verströmen;
viele der Burschen & viele der Mädchen ihrer begehren:
doch sie verwelkt, wenn sie ein schmaler Nagel geknickt hat,
daß sie kein Bursche dann & keines der Mädchen begehrt:
so wird die Jungfrau, &c.

Catull stand es in seinem »Hochzeitslied« zu, sich Anakreons leichten Pinsels zu bedienen, um die *Jungfräulichkeit* zu schildern, so wie es dem Autor der *Naturgeschichte des Menschen* zusteht, als geistvoller & aufgeklärter Physiker darüber zu sprechen. Man wird sehen, in welchen Farben & in welch dezentem Stil er so delikate Themen zu behandeln versteht. Nur selten finden wir Schriften dieser Art, die unser großes Werk verschönern.

Die Männer, sagt Buffon, die eifersüchtig über ihre diversen Vorrechte wachen, haben stets viel Aufhebens von alledem gemacht, was sie ausschließlich & als erste besitzen zu können glaubten; & eben diese Art von Narrheit hat die *Jungfräulichkeit* der Mädchen zu etwas Wirklichem gemacht. Die *Jungfräulichkeit,* die etwas Moralisches ist, eine Tugend, die allein in der Reinheit des Herzens besteht, ist zu einem physischen Gegenstand geworden, mit dem sich alle Männer beschäftigt haben. Sie haben Meinungen, Gepflogenheiten, Zeremonien, abergläubische Vorstellungen & sogar Urteile & Strafen darauf gegründet; unerlaubte Mißbräuche, die schimpflichsten Sitten wurden gutgeheißen; man hat unwissenden Matronen & voreingenommenen Ärzten die geheimsten Teile der Natur vor Augen gebracht, ohne zu bedenken, daß eine solche Unziemlichkeit ein Anschlag auf die *Jungfräulichkeit* ist; daß sie feststellen wollen soviel heißt wie sie vergewaltigen; daß jede schändliche Situation, jeder unschickliche Zustand, den ein junges Mädchen im Innern zum Erröten bringen muß, in Wahrheit eine Entjungferung ist.

Man darf nicht hoffen, die lächerlichen Vorurteile, die man sich hierüber gebildet hat, ausrotten zu können; Dinge, die zu glauben Freude bereitet, werden stets geglaubt werden, so nichtig & unvernünftig sie auch sein mögen. Da man aber in einer Geschichte häufig dem Ursprung der herrschenden Meinungen nachgeht, kann man in einem allgemeinen Wörterbuch nicht umhin, ein Lieblingsidol zur Sprache zu bringen, dem der Mann huldigt, & zu prüfen, ob die *Jungfräulichkeit* etwas Reales oder nur eine erdichtete Gottheit ist.

Sogar die Anatomie ist sich völlig unschlüssig über die Existenz jener Membran, die man *Hymen* nennt, & über die myrtenblattförmigen Karunkeln, von denen man so lange geglaubt hat, sie deuteten durch ihre Anwesenheit oder ihre Abwesenheit mit Gewißheit auf die Entjungferung oder die *Jungfräulichkeit* hin; die Anatomie, sage ich, erlaubt es uns, diese beiden Anzeichen nicht nur als ungewiß, sondern als imaginär zu verwerfen. Ebenso geht es mit einem anderen, gewöhnlicheren Anzeichen, das indes ebenso zweideutig ist, nämlich dem vergossenen Blut. Zu allen Zeiten glaubte man, die Blutung sei ein sicherer Beweis der *Jungfräulichkeit;* dennoch liegt es auf der Hand, daß dieses angebliche Zeichen bei all den Gelegenheiten nichtig ist, wo der Eingang der Vagina auf natürliche Weise erschlafft oder gedehnt sein kann.

Läßt sich denn ein vernünftiger Grund im Naturrecht nachweisen, das Jungfrauentum zu bewahren? Verlust des Jungfrauentums ist vielmehr verständige Zunahme; und noch nie ward eine Jungfrau geboren, daß nicht vorher ein Jungfrauentum verloren ward. Das, woraus Ihr besteht, ist Stoff, um Jungfrauen hervorzubringen. Euer Jungfrauentum, einmal verloren, kann zehnmal wieder ersetzt werden; wollt Ihr's immer erhalten, so geht's auf ewig verloren; es ist ein zu trotziger Gefährte: weg damit!
SHAKESPEARE, ENDE GUT, ALLES GUT

Nicht alle Mädchen, obgleich nicht defloriert, vergießen Blut; andere, die es tatsächlich sind, vergießen dennoch welches; bei den einen fließt es reichlich & mehrmals, bei den anderen sehr wenig & nur ein einziges Mal, bei wieder anderen überhaupt nicht; das hängt vom Alter, von der Gesundheit, vom Körperbau & von vielen anderen Umständen ab.

In der Pubertät kommt es in den Schamteilen beider Geschlechter zu erheblichen Veränderungen. Die des Mannes nehmen ein rasches Wachstum & erreichen innerhalb von ein oder zwei Jahren den Zustand, den sie dann für immer behalten. Die der Frau wachsen ebenfalls in der Zeit der Pubertät, vor allem werden die kleinen Schamlippen, die vorher fast unempfindlich waren, größer, sichtbarer & gehen bisweilen über die gewöhnlichen Dimensionen hinaus. Zur gleichen Zeit setzt der Monatsfluß ein; alle diese Teile sind durch den Blutandrang aufgebläht, & da sie sich im Zustand des Wachstums befinden, schwellen sie an, bedrängen sich gegenseitig & schließen sich an allen Punkten, wo sie sich direkt berühren, zusammen. Die Öffnung der Vagina wird somit enger, als sie vorher war, obgleich die Vagina selbst in dieser Zeit ebenfalls gewachsen ist; die Form dieser Verengung muß, wie man sieht, bei den verschiedenen Personen & in den verschiedenen Wachstumsphasen der Schamteile sehr verschieden sein. So scheint es nach dem, was die Anatomen darüber sagen, manchmal vier, manchmal drei oder zwei kleine Höcker oder Karunkeln zu geben, & häufig ist eine Art kreis- oder halbmondförmiger Ring oder auch eine Fältelung, eine Reihe kleiner Runzeln anzutreffen. Dagegen sagen die Anatomen nicht, daß diese Verengung, welche Form sie auch annimmt, nur in der Zeit der Pubertät auftritt.

Vor der Pubertät gibt es keinen Blutfluß bei jungen Mädchen, die Verkehr mit Männern haben, sofern kein zu großes Mißverhältnis besteht oder zu ungestüme Bewegungen gemacht werden; befinden sie sich dagegen mitten in der Pubertät & der Wachstumsphase dieser Teile, so kommt es sehr oft zu Blutungen, sobald man sie nur ein wenig berührt, besonders wenn sie füllig sind & keine Beschwerden mit der Regel haben; denn denjenigen, die mager sind oder Weißfluß haben, fehlt gewöhnlich dieses Zeichen von *Jungfräulichkeit;* & was offensichtlich beweist, daß es sich um ein trügerisches Zeichen handelt, ist, daß es sich mehrmals wiederholt, sogar nach beträchtlichen Zeiträumen. Eine zeitweilige Unterbrechung läßt diese vermeintliche *Jungfräulichkeit* neu entstehen, & es ist sicher, daß eine junge Person, die bei den ersten Begegnungen viel Blut vergossen hat, auch nach einer Trennung wieder welches vergießt, selbst wenn der erste Verkehr mehrere Monate lang gedauert hat & so intim & häufig gewesen war, wie man es vermuten darf. Solange der Körper im Wachstum begriffen ist, kann sich die Blutung wiederholen, sofern eine Unterbrechung des Verkehrs lange genug anhält, um den Schamteilen Zeit zu geben, sich wieder zu vereinen & in ihren ersten Zustand zurückzukehren; & es ist mehr als einmal vorgekommen, daß Mädchen, die mehr als eine Schwäche gehabt hatten, später nicht verfehlten, ihrem Ehemann diesen Beweis ihrer *Jungfräulichkeit* zu geben, ohne anderen Kunstgriff als den, eine Zeitlang auf ihren illegitimen Verkehr verzichtet zu haben.

Obwohl unsere Sitten dafür gesorgt haben, daß die Frauen in dieser Hinsicht allzu unaufrichtig sind, hat doch mehr als eine die erwähnten Tatsachen zugegeben; bei einigen hat sich die angebliche *Jungfräulichkeit* bis zu vier & sogar fünf Malen innerhalb von zwei oder drei Jahren erneuert. Doch muß man einräumen, daß diese Erneuerung nur in einem bestimmten Alter stattfindet, gewöhnlich zwischen vierzehn & siebzehn oder zwischen fünfzehn & achtzehn Jahren. Sobald der Körper ausgewachsen ist, bleiben die Dinge so, wie sie sind, & können nur unter Anwendung äußerer Hilfsmittel & Kunstgriffe, von denen zu sprechen wir Abstand nehmen, anders erscheinen.

Diese Mädchen, deren *Jungfräulichkeit* sich erneuert, sind nicht so zahlreich wie jene, denen die Natur diese Gunst versagt hat. Wenn nur die geringste Unpäßlichkeit vorliegt, der periodische Blutfluß sich kaum & nur mühsam zeigt, die Schamteile zu feucht sind & der Weißfluß sie erschlaffen läßt, kommt es zu keiner Verengung, keiner Runzelung. Die Teile wachsen zwar, doch da sie ständig befeuchtet werden, erlangen sie nicht genügend Festigkeit, um sich vereinen zu können; es bilden sich weder Karunkel noch Ring, noch Runzeln. Man stößt bei den ersten Begegnungen nur auf wenig Hindernisse, & sie erfolgen ohne jede Blutung.

Nichts also ist trügerischer als die Vorurteile der Männer in dieser Hinsicht & nichts unsicherer als diese vermeintlichen Zeichen der *Jungfräulichkeit* des Körpers. Eine junge Person verkehrt vor dem Alter der Pubertät & zum ersten Mal mit einem Mann & weist dennoch keinerlei Anzeichen dieser *Jungfräulichkeit* auf; kommt dieselbe Person nach einer Zeit der Unterbrechung dann in die Pubertät, so wird sie, wenn sie gesund ist, unfehlbar alle diese Zeichen aufweisen & bei neuen Begegnungen Blut verlieren. Sie wird erst Jungfrau, nachdem sie ihre *Jungfräulichkeit* verloren hat; sie kann es unter den gleichen Umständen sogar mehrmals hintereinander werden. Eine andere dagegen, die tatsächlich Jungfrau ist, wird keine sein oder zumindest nicht so aussehen. Die Männer sollten sich also über dies alles beruhigen, statt sich, wie sie es häufig tun, ungerechten Verdächtigungen oder falscher Freude hinzugeben.

Wollte man ein augenfälliges & unfehlbares Zeichen für die *Jungfräulichkeit* der Mädchen haben, so müßte man es bei jenen wilden & barbarischen Völkern suchen, die, da sie gar nicht in der Lage sind, ihren Kindern durch Erziehung ein Gefühl der Tugend & Ehre zu vermitteln, sich der Keuschheit ihrer Töchter durch ein Mittel versichern, das die Derbheit ihrer Sitten ihnen eingegeben hat. Die Äthiopier & einige andere Völker Afrikas, die Bewohner von Pegu & des Peträischen Arabiens & einige andere Völker Asiens vernähen bei ihren Töchtern, sobald sie zur Welt kommen, die Teile, welche die Natur getrennt hat, & lassen Raum nur für die natürlichen Ausflüsse. Mit dem Wachstum des Kindes schließen sich die Teile allmählich zusammen, so daß man sie durch einen Einschnitt trennen muß, wenn die Zeit der Ehe gekommen ist. Man sagt, daß sie für diese Infibulation der Frauen einen Asbestfaden verwenden, weil dieser Stoff nicht verdirbt. Einige Völker ziehen lediglich einen Ring hindurch. Wie die Mädchen sind auch die Frauen dieser die Tugend beleidigenden Operation unterworfen; ebenso zwingt man sie, einen Ring zu tragen, nur mit dem Unterschied, daß derjenige der Mädchen sich nicht herausnehmen läßt & derjenige der Frauen eine Art Verschluß hat, zu dem allein der Ehemann den Schlüssel besitzt.

Doch warum barbarische Völker anführen, wenn es auch in unserer Nähe solche Beispiele gibt! Ist das Zartgefühl, mit dem einige unserer Nachbarn ihren Stolz in die Keuschheit ihrer Frauen setzen, denn etwas anderes als brutale & verbrecherische Eifersucht? Welch ein Gegensatz in den Vorlieben & Sitten der verschiedenen Völker! Welch ein Widerspruch in ihrer Denkungsart! Nach allem, was wir über den Wert gesagt haben, den die meisten Männer auf die *Jungfräulichkeit* legen, über die Vorsichtsmaßnahmen, die sie ergreifen, & über die schändlichen Mittel, auf die sie verfallen, um sich ihrer zu vergewissern, könnte man sich da überhaupt vorstellen, daß andere sie geringschätzen & die Mühe, die man auf sich nehmen muß, um sie einem Mädchen zu nehmen, als ein gemeines Werk betrachten?

Der Aberglaube hat einige Völker veranlaßt, den ersten Genuß der Jungfrauen an die Priester ihrer Götzen abzutreten oder ihn zu einer Art Opfergabe an die Götzen selbst zu machen. Die Priester der Königreiche von Cochin & Calicut genießen dieses Recht; & bei den Kanarern aus Goa werden die Jungfrauen, ob sie wollen oder nicht, von ihren eigenen Eltern einem Götzen aus Eisen der Unzucht preisgegeben. Der blinde Aberglaube reißt diese Völker aus religiösen Erwägungen zu solchen Exzessen hin. Rein menschliche Erwägungen haben andere veranlaßt, ihre Töchter diensteifrig ihren Häuptlingen, ihren Herren, ihren Herrschern zu überlassen. Die Bewohner der kanarischen Inseln, des Königreichs Kongo geben ihre Töchter auf diese Weise der Unzucht preis, ohne daß diese deswegen entehrt wären. Etwas sehr Ähnliches geschieht in der Türkei, in Persien & in mehreren anderen Ländern Asiens & Afrikas, wo sich die größten Herren nur allzu geehrt fühlen, aus der Hand ihres Herrschers die Frauen zu empfangen, deren er selbst überdrüssig geworden ist.

Im Königreich von Arakan & auf den philippinischen Inseln würde sich ein Mann für entehrt halten, wenn er ein Mädchen heiratete, das nicht von einem anderen entjungfert wurde, & nur für Geld kann man jemanden dazu bewegen, dem Gatten zuvorzukommen. In der Provinz Tibet suchen die Mütter Fremde & bitten sie inständig, ihre Töchter in den Stand zu setzen, Ehemänner zu finden. Auch die Lappen geben Mädchen den Vorzug, die mit Fremden verkehrt haben; sie meinen, daß diese größere Verdienste haben als die anderen, da sie es verstanden haben, Männern zu gefallen, die sie als größere Kenner & bessere Richter der Schönheit erachten als sich selbst. Auf Madagaskar & in einigen anderen Ländern sind die leichtfertigsten & ausschweifendsten Mädchen jene, die am frühesten verheiratet sind. Wir könnten, schließt Buffon, noch viele weitere Beispiele für diesen seltsamen Geschmack nennen, der nur von der Roheit oder der Verderbtheit der Sitten herrühren kann. *Jaucourt*

KABBALA – Cabale (Philosophie). Unter dem Wort *Kabbala* verstehen wir hier nicht nur die mündliche Überlieferung, deren Quelle die Juden auf dem Berg Sinai zu finden glaubten, wo sie Moses zusammen mit dem schriftlichen Gesetz gegeben wurde, & die nach seinem Tod auf die Propheten, auf die Gott gefälligen Könige & insbesondere auf die Weisen überging, die sie jeweils in einer Art von Austausch voneinander empfingen. Wir verwenden dieses Wort hauptsächlich für die *mystische Lehre* & die *geheime Philosophie* der Juden, kurz, für ihre mysteriösen Ansichten über die Metaphysik, die Physik & die Engel- & Dämonenlehre...

Es gibt sehr viele Phantastereien; aber die Geschichte der Philosophie, das heißt der Verrücktheiten einer großen Anzahl von Gelehrten, fällt in den Rahmen unseres Werkes, & wir glauben, daß auch für die Philosophen der Anblick der Verschrobenheiten von Männern ihresgleichen recht merkwürdig & fesselnd sein kann. Man kann wohl behaupten, daß es keine Torheiten gibt, die den Menschen, ja sogar den Weisen, nicht durch den Kopf gegangen seien, & Gott sei Dank sind wir zweifellos noch nicht am Ende unseres Lateins. Jene *Kabbalisten,* die so viele Mysterien enthüllen, indem sie Buchstaben umstellen, jenes Licht, das aus dem Schädel des großen Anpinus kommt, die blaue Flamme, die die Brahmanen auf ihrer Nasenspitze suchen, das Licht des Tabor, das die Nabelbeschauer in ihrem Nabel zu sehen glaubten, alle diese Visionen liegen ungefähr auf derselben Ebene; & wenn man diesen Artikel & mehrere andere gelesen hat, so kann man aus den *Querulanten* den folgenden Vers anführen: »Welche Narren! Auf dieser Kirmes war ich nie.« *d'Alembert*

KABINETT – Cabinet (Architektur). Darunter versteht man die Räume, die entweder als Studierzimmer dienen oder in denen man besondere Angelegenheiten erörtert; oder Räume, in denen man seine kostbarsten Gemälde, Bronzefiguren, Bücher, Raritäten &c. aufbewahrt. *Kabinett* nennt man auch die Räume, in denen die Damen Toilette machen, ihr Gebet verrichten, ihre Mittagsruhe halten, oder andere, die sie Verrichtungen vorbehalten, die Sammlung & Einsamkeit verlangen. Die Kabinette der ersten Art sollten anstandshalber vor & nicht hinter den Schlafzimmern liegen, da es unschicklich ist, daß Fremde durch das Schlafzimmer des Hausherrn gehen müssen, um zum *Kabinett* zu gelangen, denn dieser Raum dient einem Mann von gewissem Rang dazu, mit denen, die sein Stand oder seine Würde zu ihm führen, besondere Angelegenheiten zu besprechen. Auf diese Weise kann der Hausherr, wenn er sein Bett verläßt, seine Besucher empfangen, über Geschäfte reden, ohne von den Dienstboten gestört zu werden, die in seiner Abwesenheit durch Nebeneingänge das Schlafzimmer betreten & dort ihre Arbeit verrichten, ohne den Ort betreten zu müssen, in dem sich der Hausherr aufhält, es sei denn, man ruft sie dorthin. Ich spreche hier von einem *Kabinett,* das Teil der Wohnung eines sehr hochgestellten Herrn ist, der mehrere solcher Räume benötigt, die nach ihren verschiedenen Verwendungen benannt werden. So hat man einen Raum, den man das *große Kabinett* der Wohnung des Hausherrn nennt; es ist der oben genannten Verwendung vorbehalten. In seinem *Raritätenkabinett* bewahrt er seine Gemälde oder Kostbarkeiten auf; sein Hinterzimmer enthält seine Bücher, seinen Schreibtisch; dort kann er mit Hilfe von Nebeneingängen Standespersonen, die Bevorzugung verlangen, unter vier Augen empfangen. Ein weiteres dient ihm als Aktenkammer: dort werden, sicher & nur für ihn zugänglich, seine Wertpapiere, seine Verträge, sein Geld aufbewahrt. Schließlich gibt es noch ein *Kabinett*, das ihm als Garderobe dient & Kommoditäten enthält & das er von seinem Schlafzimmer aus betritt, während die Dienstboten es durch einen Nebeneingang betreten. Dieses Detail erschien uns erwähnenswert.

Kabinette nennt man auch bestimmte Möbelstücke in Form eines Schranks, die mit Intarsien & ziselierter Bronze verziert sind & in denen man Münzen, Schmuckstücke &c. verwahrt. Diese *Kabinette* waren im letzten Jahrhundert sehr gebräuchlich; doch da sie innerhalb der Wohnungen ziemlich viel Platz beanspruchten, hat man sie abgeschafft. Einige davon sieht man indes noch in unseren ehemaligen Palästen, gefertigt von Boule, dem Kunsttischler des Königs, sowie Schreibtische, Sekretäre, Aktenschränke, Bibliotheken &c., die wunderbar gearbeitet sind & von einer Schönheit, welche die der heutzutage hergestellten bei weitem übertrifft.

Kabinette nennt man auch freistehende kleine Gebäude in Form von Gartenhäusern, die man am Ende einer breiten Allee, in einem Park, auf einer Terrasse oder auf einem hoch gelegenen Ort errichtet. Da sie aber fast immer eine elliptische Kugelform mit einer flachen Kuppel haben & die Mauern häufig durchbrochen sind, entspricht ihnen der Name *Salons* sehr viel besser; & wenn diese Räume von einigen anderen umgeben sind wie Vestibülen, Vorzimmern, Garderoben &c., nennt man sie *Belvedere.* Siehe BELVEDERE. *Blondel*

NATURALIENKABINETT – Cabinet d'histoire naturelle. Hier muß das Wort *Kabinett* in einem ganz anderen Sinne als üblich verstanden werden, denn ein *Naturalienkabinett* besteht gewöhnlich aus mehreren Räumen & kann gar nicht weitläufig genug sein. Auch der größte Saal oder vielmehr die größte Wohnung wäre nicht geräumig genug, um die Sammlung der verschiedenartigen Erzeugnisse der Natur zu fassen: welch ungeheure & herrliche Zusammenstellung! Kann man sich überhaupt eine richtige Vorstellung von dem Schauspiel machen, das uns die vielen Arten von Tieren, Pflanzen & Gesteinen bieten würden, wenn sie an ein & demselben Ort versammelt wären & sozusagen mit einem einzigen Blick erfaßt werden könnten? Dieses in seinen Nuancen unendlich mannigfaltige Bild läßt sich durch keinen anderen Ausdruck wiedergeben als durch die Gegenstände selbst, aus denen es besteht: ein *Naturalienkabinett* ist also eine Zusammenfassung der gesamten Natur.

Wir wissen nicht, ob die Alten *Naturalienkabinette* eingerichtet haben. Sollte es je ein solches gegeben haben, so wäre es bei den Griechen entstanden, von Alexander in Auftrag gegeben & von Aristoteles gestaltet. Dieser berühmte Naturforscher, der seinen Gegenstand mit allen Einsichten eines großen Philosophen behandeln wollte, erhielt von Alexanders Großzügigkeit erhebliche Summen & verwandte sie darauf, Tiere jeder Gattung zusammenzutragen & sie aus allen Teilen der bekannten Welt kommen zu lassen. Seine Bücher über das Tierreich beweisen, daß er fast alle Tiere ausführlich beobachtet hat, & lassen keinen Zweifel daran, daß ihm eine vollständige Menagerie zur Verfügung stand, was im Hinblick auf die Geschichte der Tiere das beste *Kabinett* ergibt, das man sich vorstellen kann. Außerdem waren die Balge der vielen Tiere & ihre verschiedenen sezierten Teile mehr als ausreichend, um in diesem Bereich ein überaus reichhaltiges *Naturalienkabinett* zu ergeben; denn es besteht kein Zweifel, daß Aristoteles die Tiere sorgfältig sezierte, da er uns die Ergebnisse seiner anatomischen Beobachtungen hinterlassen & bestimmten Arten besondere Eigenschaften zugeschrieben hat, die ausschließlich ihnen eigentümlich sind. Um zu solchen Schlüssen zu kommen, muß man sozusagen alles gesehen haben. Wenn wir bisweilen versucht sind, sie für gewagt zu halten, so liegt das vielleicht nur daran, daß die Kenntnisse, die man seit der Renaissance der Wissenschaften über die Tiere gewonnen hat, noch nicht ausreichen & unsere größten Sammlungen von Tieren im Vergleich zu denen des Aristoteles unvollkommen sind. *Daubenton*

Um ein *Naturalienkabinett* anzulegen, genügt es nicht, alle Gegenstände der Naturgeschichte, denen man begegnet, wahllos zu sammeln & ohne Ordnung & Geschmack anzuhäufen; man muß das Bewahrenswerte von dem unterscheiden können, was verworfen werden muß, & jedem Ding eine ihm gebührende Anordnung geben. Die Ordnung eines *Kabinetts* kann nicht die der Natur sein; die Natur zeigt allenthalben eine erhabene Unordnung. Von welcher Seite wir sie auch betrachten mögen, es sind Massen, die uns zu Bewunderung hinreißen, Gruppen, die sich auf die überraschendste Weise zur Geltung bringen. Ein *Naturalienkabinett* dagegen ist dazu da, uns zu belehren; dort sollen wir im Einzelnen & wohlgeordnet finden, was der Erdball uns im Ganzen vor Augen führt. Es geht darum, die Schätze der Natur nach irgendeiner relativen Einteilung darin auszustellen, sei es gemäß der mehr oder weniger großen Bedeutung der Lebewesen, sei es nach dem Interesse, das wir ihnen entgegenbringen sollen, sei es aus anderen, weniger wissenschaftlichen & vielleicht vernünftigeren Erwägungen, unter denen jene vorzuziehen sind, die eine Anordnung ergeben, die den Menschen von Geschmack gefällt, die Wißbegierigen interessiert, die Liebhaber belehrt & den Gelehrten zu Einsichten verhilft. Doch diesen verschiedenen Zielen zu genügen, ohne sie allzusehr gegeneinander auszuspielen, & den wissenschaftlichen Einteilungen soviel wie nötig zuzugestehen, ohne sich von den Wegen der Natur zu entfernen, ist kein leichtes Unterfangen; & unter den vielen *Naturalienkabinetten*, die in Europa entstanden sind, muß es neben wohlgeordneten wohl auch viele andere geben, die vielleicht den Vorzug der Reichhaltigkeit haben, nicht aber den der Ordnung. Was aber ist eine Sammlung von Naturgegenständen ohne Ordnung? Wozu in Gebäuden unter großen Mühen & mit hohen Kosten eine Vielzahl von Erzeugnissen sammeln, um sie mir kunterbunt zu präsentieren, ohne jede Rücksicht auf die Natur der Dinge oder die Grundsätze der Naturgeschichte? Diesen Naturforschern, die weder Geschmack noch Genie besitzen, würde ich gerne sagen: »Werft eure Muscheln ins Meer; gebt der Erde ihre Pflanzen & ihren Dung zurück & säubert eure Wohnungen von dieser Unmenge an Kadavern, Vögeln, Fischen & Insekten, wenn ihr daraus nur ein Chaos zu machen versteht, in dem ich nichts Bestimmtes erkenne, nur eine Ansammlung, bei der die verstreuten oder angehäuften Gegenstände mir keine klare & deutliche Vorstellung geben. Ihr versteht es nicht, den Überfluß der Natur zur Geltung zu bringen, & ihr Reichtum verkümmert in euren Händen. Bleibt in der Tiefe des Steinbruchs & behaut Steine; doch überlaßt es anderen, das Gebäude anzuordnen.« Man verzeihe diesen Ausfall eingedenk des Bedauerns, das ich empfinde, wenn ich in *Kabinetten*, sogar berühmten, sehe, daß die kostbarsten Erzeugnisse der Natur gleichsam in einen Brunnen geworfen werden: man eilt an diesen Brunnen, Sie folgen der Menge, Sie versuchen, die Finsternis zu durchdringen, die so viele Raritäten bedeckt; aber sie ist zu dicht, Sie plagen sich vergebens & nehmen nur den Kummer mit, so vieler Reich-

Ein weiterer philosophischer Ort: das Kabinett. Das Wort meint ursprünglich einen abgeschlossenen Raum, in dem man sich zu allen möglichen Anlässen in kleiner Runde versammelt: zum Regieren, zum Darmentleeren, zum Meditieren. Die Psychoanalyse wird uns vielleicht den Zusammenhang zwischen Machtausübung und Darmentleerung erklären: Man löst ein Problem nicht, man entledigt sich seiner … Jedenfalls war man bis zum 18. Jahrhundert niemals allein auf dem Abort. Die Hose aufgehakt, die Beinkleider auf den Knöcheln, diskutierte man unter Freunden. Dann kam die Zeit der Scham und der Isolation. Der Individualismus bemächtigte sich der Schließmuskeln, und das Unerhörte geschah: Einige originelle, eigenbrötlerische Geister dachten sich ein Kabinett aus, in dem sie ganz für sich allein denken konnten.
Fréderic Pagès, Frühstück bei Sokrates

tümer beraubt zu sein, sei es durch die Gleichgültigkeit desjenigen, der sie besitzt, sei es durch die Nachlässigkeit derer, denen sie anvertraut wurden.

Wir kämen nie zu einem Ende, wollten wir alle Sammlungen der Naturgeschichte, die es in Europa gibt, kritisieren oder loben; daher werden wir nur bei der blühendsten von ihnen, das heißt dem *Kabinett des Königs,* verweilen. Mir scheint, man hat nichts versäumt, um das, was es enthält, zur Geltung zu bringen oder nützlich zu machen. Seit seiner Entstehung hat es beim Publikum durch seine Sorgfalt & seine Eleganz Interesse geweckt; später hat man soviel Fleiß darauf verwandt, es zu vervollständigen, daß man von seinen Erwerbungen auf allen Gebieten überrascht ist, vor allem, wenn man sie mit den wenigen Jahren vergleicht, die seit seiner Errichtung vergangen sind. Aus allen Ecken der Welt sind die schönsten & seltensten Dinge versammelt worden & glücklicherweise in fähige Hände geraten, die sie mit soviel Anstand & soviel Ordnung zusammenstellen, daß man keine Mühe hätte, auf klare & treue Weise allen Reichtümern der Natur Rechnung zu tragen. Eine so ansehnliche & so gut geführte Einrichtung mußte unfehlbar Berühmtheit erlangen & Zuschauer anlocken, & sie kamen aus allen Ständen, allen Nationen & in so großer Zahl, daß auch in der schönen Jahreszeit, wenn kein schlechtes Wetter sie in den Sälen des *Kabinetts* zurückhielt, der Raum kaum ausreichte. Jede Woche empfängt man hier zwölf- bis vierzehnhundert Personen; es ist leicht zugänglich, jedermann kann nach Belieben eintreten, sich vergnügen oder sich bilden. Die Werke der Natur sind ungeschminkt ausgestellt & nur so zugerichtet, wie es der gute Geschmack, die Eleganz & die Kenntnis der Gegenstände selbst nahelegen; man beantwortet dort gern alle Fragen, die mit der Naturgeschichte zusammenhängen. Die Pedanterie, die ehrbare Menschen schockiert, & die Scharlatanerie, welche die Fortschritte der Wissenschaft hemmt, sind diesem Heiligtum fremd. In einer besonderen Eingebung, die ordnungsliebenden Seelen eigen ist, hat man hier gespürt, wie niederträchtig es wäre, wenn Privatpersonen, die irgendwelche naturgeschichtlichen Sammlungen haben sollten, sich dies als Verdienst anrechneten & dieses Verdienst dadurch aufzublähen trachteten, daß sie sie entweder prunkvoll zur Schau stellen oder über ihre wahre Bedeutung hinaus rühmen oder aus kleinen Kunstgriffen, die immer leicht zu finden sind, wenn man sich die Mühe machen will, sie zu suchen, ein Geheimnis machen. Man hat gespürt, daß ein solches Verhalten mit einer großen Einrichtung noch weniger zu vereinbaren wäre, wo man einzig das Wohl der Einrichtung im Auge haben soll, wo man neue Erkenntnisse gewinnt, wenn man das Publikum an den Verfahrensweisen, die man verfolgt, teilnehmen läßt, & wo man den Geschmack an diesen Tätigkeiten verbreitet. Dies ist das Ziel, das Daubenton, Aufseher & Vorführer des *Kabinetts des Königs,* sich gesetzt hat, sowohl in seiner Arbeit im *Kabinett* selbst, das er in eine so schöne Ordnung gebracht hat, als auch in der Beschreibung des *Kabinetts,* die man in seiner Naturgeschichte findet.

Darf ich diesen Artikel mit der Darlegung eines Projekts beschließen, das der Nation kaum weniger zum Vorteil & zur Ehre gereichen würde? Nämlich der Natur einen ihrer würdigen Tempel zu errichten. Ich stelle mir vor, daß er aus mehreren Gebäudeteilen besteht, die zu der Größe der Dinge, die sie bergen sollen, im rechten Verhältnis stehen. Das Gebäude in der Mitte sollte überaus geräumig & dazu bestimmt sein, die Ungeheuer der Erde & des Meeres zu beherbergen: wie erstaunt wäre man nicht beim Betreten dieses von Krokodilen, Elefanten & Walen bewohnten Orts? Von dort aus würde man in angrenzende Säle gelangen, in denen man die Natur in all ihrer Vielfalt & Abstufungen sähe. Tagtäglich unternimmt man Reisen in die verschiedenen Länder, um ihre Raritäten zu bewundern; würde ein solches Gebäude nicht Menschen anlocken, die auf alle Teile der Welt neugierig sind, & könnte ein nur etwas gebildeter Fremder sterben wollen, ohne einmal die Natur in ihrem Palast gesehen zu haben? Welch ein Anblick, all das, was die Hand des Allmächtigen auf der Erde ausgebreitet hat, an einem einzigen Ort ausgestellt zu sehen! Könnte ich den Geschmack der anderen Menschen nach dem meinen beurteilen, so scheint mir, daß niemand eine Reise von fünf- oder sechshundert Meilen bereuen würde, um diesen Anblick zu genießen. Legt man nicht oft genug die Hälfte dieses Weges zurück, um Werke von Raffael oder Michelangelo zu sehen? Die Millionen, die eine solche Einrichtung den Staat kosten würde, wären mehr als einmal durch die Vielzahl der Fremden wettgemacht, die sie zu jeder Zeit herbeilocken würde. Wenn ich der Geschichte glauben darf, so hat der große Colbert ihnen einst ein pompöses, aber schnell vergessenes Fest bereiten lassen. Welch ein Unterschied zwischen einer Parade & dem Projekt, um das es hier geht! Und welchen Tribut könnten wir uns von der Wißbegier aller Nationen nicht davon erhoffen! *Diderot*

KAPUZE – **Capuchon (Kirchengeschichte).** Ein Kleidungsstück der Bernhardiner, der Benediktiner &c. Es gibt zwei Arten von *Kapuzen:* eine weiße, sehr weite, die bei Zeremonien getragen wird; & eine schwarze, die ein Teil des gewöhnlichen Gewandes ist.

Pater Mabillon behauptet, die *Kapuze* sei ursprünglich dasselbe gewesen wie das Skapulier. Doch unterscheidet der Verfasser der Apologie Heinrichs IV. zwei Arten von *Kapuzen:* die eine war ein Kleid, das vom Kopf bis zu den Füßen reichte, Ärmel hatte & das man bei besonderen Gelegenheiten anzog; die andere war eine Art Mantel für alle Tage. Nur letzteres nannte man Skapulier im eigentlichen Sinn, da es nur den Kopf & die Schultern bedeckte.

Gemeinhin aber nennt man *Kapuze* ein kegelförmig zugeschnittenes & genähtes oder an der Spitze abgerundetes

Stück groben Stoffs, mit dem die Kapuziner, die Rekollekten, die Franziskaner & andere Bettelmönche ihren Kopf bedeckten. Die *Kapuze* gab einst den Anlaß zu einem großen Streit unter den Franziskanern. Der Orden wurde dadurch in zwei Parteien gespalten: die geistlichen Brüder & die Gemeindebrüder. Die einen wünschten sich eine enge *Kapuze*, die anderen eine weite. Der Streit wurde über ein Jahrhundert lang mit viel Hitzigkeit & Erbitterung geführt & mit Mühe & Not erst durch die Bullen der vier Päpste Nikolaus IV., Clemens V., Johannes XXII. & Benedikt XII. beendet. Die frommen Brüder dieses Ordens gedenken jetzt jenes Streites nur noch mit größter Verachtung.

Wenn aber heute irgend jemand auf den Gedanken käme, den Scotismus so abzufertigen, wie er es verdient, obwohl die Flausen des spitzfindigen Doktor Scotus ein weniger bedeutender Gegenstand sind als die Kopfbedeckung seiner Schüler, dann hätte, ich zweifle nicht daran, der Angreifer einen sehr heftigen Strauß auszutragen & dabei viele Beleidigungen einzustecken.

Doch ein Franziskaner könnte, wenn er von gesundem Verstand wäre, mit Recht zu den anderen sagen: »Mir scheint, liebe Brüder, wir machen viel Lärm um nichts; die Beleidigungen, die uns entschlüpfen, ändern nichts an der Rechthaberei des Scotus. Wenn wir abwarteten, bis die vernünftige Philosophie, deren Licht sich überall verbreitet, etwas tiefer in unsere Klöster eingedrungen wäre, so würden wir die Phantasien unseres Doktors vielleicht ebenso lächerlich finden wie den Starrsinn unserer Vorgänger im Hinblick auf das Ausmaß unserer *Kapuze*.« *Diderot*

KARCZMA – **Karesma (Geschichte des Reisens).** Eine in Polen weit verbreitete Art der Beherbergung. Karczma werden die großen Gebäude aus Lehm & Holz genannt, die in Polen an wichtigen Verbindungswegen errichtet wurden, um Reisende zu beherbergen.

Diese Gebäude bestehen aus einem breiten, geräumigen zweireihigen Stall mit genügend Platz in der Mitte für die Fuhrwerke, & am Ende des Stalls liegt ein Zimmer, das in eine zweite, *Comori* genannte Kammer führt, wo der Herbergsvater seine Vorräte aufbewahrt, insbesondere Hafer & Bier. Dieser Raum ist Speicher, Keller, Lager & Spelunke in einem, meint Monsieur le Chevalier de Beaujau, dem man hier das Wort erteilen muß.

Das große Gemeinschaftszimmer verfügt über einen Herd & einen Kamin, der nach Art des Landes wie ein Ofen hochgemauert ist. Dort logieren alle Gäste, Männer & Frauen bunt durcheinander & bedienen sich des Feuers wie auch des Zimmers in gleicher Weise. Unterschiedslos betritt jeder Reisende diese Häuser, wärmt sich dort, ißt & bezahlt seinem Gastgeber das Futter für die Pferde.

In den größeren Städten gibt es richtige Herbergen, wo man einkehren & übernachten kann. Dort findet man nur in den Vororten eine *Karczma;* wegen des Nutzens, den die Bewohner aus dem Verkauf & Verzehr von Lebensmitteln aus ihrer Umgebung ziehen, besitzt aber jedes etwas größere Dorf eine. Jeder Grundherr läßt von einem Bauern oder einem Juden, den er zum Wirt seiner *Karczma* beruft, Heu, Hafer, Stroh, Bier & Schnaps von seinem Hof oder aus seiner Brauerei verkaufen, & sonst gibt es in diesen Herbergen fast nichts zu kaufen.

Eine ihrer größten Unannehmlichkeiten ist der Gestank in den Räumen, der Dreck überall, die unmittelbare Nähe von Pferden, Kühen, Kälbern, Schweinen, Hühnern & Kleinkindern, die mit den Reisenden unterwegs sind & von denen sich ein jedes durch sein Geplapper hervortun will.

Besonders furchtbar sind die Feiertage, weil dann das ganze Dorf in der *Karczma* zusammenkommt, um zu trinken, zu tanzen, zu rauchen & Heidenlärm zu veranstalten.

Hinsichtlich all dieser Unannehmlichkeiten der polnischen *Karczma* stimme ich mit Monsieur le Chevalier de Beaujau vollkommen überein. Aber ist man nicht froh, in einem Land, das kaum aus der Barbarei herausgefunden hat, beinahe nach jeder Meile, eingangs, in der Mitte & ausgangs der Wälder, in gottverlassenen Gegenden & wenig besiedelten Provinzen Gebäude von welcher Gastlichkeit auch immer vorzufinden, wo Sie, Ihre Dienerschaft, die Mitreisenden, Kutschwagen & Pferde gegen ein geringes Entgelt vor den Unbilden des Wetters Schutz suchen, sich trocknen, aufwärmen, entspannen, ausruhen & die Vorräte essen können, die Sie mitführen oder die man Ihnen in kurzer Zeit zu einem sehr günstigen Preis vor Ort besorgt, ohne daß Sie Raub, Plünderung oder Totschlag befürchten müßten? *Jaucourt*

KARTOFFEL, TOPINAMBUR, BATATE, WEISSER TRÜFFEL, ROTER TRÜFFEL – **Pomme de Terre, Topinambour, Batate, Truffe Blanche, Truffe Rouge (Ernährungslehre).** Diese Pflanze, die aus Virginia zu uns gebracht wurde, wird in vielen Gegenden Europas angebaut, auch in mehreren Provinzen Frankreichs wie in

Eurer Exzellenz melden wir gehorsamst, daß die neu gezüchtete Kartoffelserie des Herrn Kamecke-Streckenthin »Hindenburg« den Sieg errungen hat gegenüber 19 anderen Sorten im Durchschnitt der 30 über das Deutsche Reich verteilten Versuchsfelder mit dem glänzenden Ertrage von 279,1 Doppelzentner und darin 50 Doppelzentner Stärke für das Hektar. Die Heimarbeit der deutschen Landwirtschaft hat nicht geruht, die unter Führung »Hindenburgs« wieder steigende Kartoffelernte sichert die Ernährung für Volk und Heer. / Für die Deutsche Kartoffelkulturstation des Vereins der Spiritusfabrikanten in Deutschland am Institut für Gärungszwecke, gez. A. Säuberlich, M. Delbrück, C. v. Eckenbrecher.

TELEGRAMM AN GENERALFELDMARSCHALL V. HINDENBURG, 19. Februar 1917

Lothringen, im Elsaß, im Lyonnais, im Vivarais, dem Dauphiné &c. Bei der Bevölkerung dieser Gegenden, allen voran bei den Bauern, ist die Wurzel dieser Pflanze zu einem Gutteil des Jahres das tägliche Nahrungsmittel. Sie kochen sie in Wasser, braten sie im Ofen, unter Asche & bereiten verschiedene deftige oder ländliche Eintöpfe damit zu. Wer wohlhabender ist, reicht sie mit Butter, ißt sie mit Fleisch oder bäckt sie in Fett schwimmend aus wie Krapfen &c. Egal wie man sie zubereitet, diese Wurzel schmeckt fad & mehlig. Sie sollte nicht zu den feinen Speisen gerechnet werden. Gleichwohl dient sie allen, denen es nur darum geht, sich zu ernähren, als sehr sättigendes & recht zuträgliches Lebensmittel. Zu Recht heißt es von der *Kartoffel,* sie erzeuge Winde – doch was sind schon Winde für die robusten Organe von Bauern & Handwerkern? *Venel*

KASCHMIR – **Cachemire (Geographie)**. Asiatische Provinz im Norden des Mogulstaats. Sie umfaßt ein Gebiet von ungefähr dreißig Meilen Länge & zwölf Meilen Breite. Das Land ist dicht besiedelt & fruchtbar. Es werden Reis, Weizen & Gemüse angebaut, man findet dort viel Vieh auf den Weideflächen & viel Wald. Die Bewohner sind geschickt & arbeitsam, & die Frauen dort sind sehr schön. Man nimmt an, daß sie jüdischer Abstammung sind, weil sie immer den Namen Moses im Munde führen, von dem sie meinen, er sei in ihrem Land gewesen, ebenso wie Salomon. Heute sind sie Mohammedaner oder beten Götzen an. *Anonym*

KASTRATEN – **Castrati (Neue Geschichte)**. Diese Bezeichnung, die rein italienisch ist, wird denjenigen gegeben, die man in ihrer Kindheit zu Eunuchen gemacht hat, damit sie eine reinere & höhere Stimme bekommen. Die *Kastraten* singen in Konzerten dieselben Partien wie Frauen oder den Diskant. Die körperliche Ursache für die hohe & schrille Stimme der *Kastraten* scheint ebenso schwer herauszufinden zu sein wie die Erklärung, warum sie keinen Bartwuchs haben. Allein, die Tatsache ist unbestritten, & dabei wollen wir es belassen. *d'Alembert*

KAUKASUS – **Caucase (Mythologie & Geographie)**. Gebirgszug, der oberhalb der Kolchis anfängt & am Kaspischen Meer endet. Dort zerfraß ein Geier oder ein Adler die Leber des gefesselten Prometheus. Die Bewohner jener Gegend nahmen, wenn man Philostrates glaubt, diese Sage wörtlich, bekämpften daher die Adler, holten ihre Jungen aus den Nestern & durchbohrten sie mit glühenden Pfeilen; oder sie erklärten die Sage – nach Strabo – aus der unglücklichen Veranlagung der Menschen, legten bei der Geburt der Kinder Trauer an & freuten sich über ihr Begräbnis. Es gibt keinen von den Wahrheiten seiner Religion wirklich durchdrungenen Christen, der nicht die Bewohner des *Kaukasus* nachahmen & sich zum Tod seiner Kinder beglückwünschen müßte. Der Tod sichert doch dem Kind, das soeben geboren wurde, ewige Glückseligkeit, während sogar das Los des Menschen, der anscheinend am frömmsten gelebt hat, noch ungewiß ist. Wie furchtbar & tröstlich zugleich ist doch unsere Religion! *Diderot*

KAVIAR – **Caviarisckari (Handel)**. So nennt man in Rußland die Eier des Störs, die man in der folgenden Weise zubereitet: Man zieht das Häutchen ab, das sie einhüllt, bestreut sie mit Salz & läßt sie in diesem Zustand acht Tage liegen; dann fügt man Pfeffer & feingehackte Zwiebel hinzu & läßt diese Mischung gären. Die Italiener importieren sehr viel *Kaviar;* sie halten ihn für ein besonders feines Gericht; aber er soll gesundheitsschädlich sein & Fieber hervorrufen. *Diderot*

KETZER – **Hérétique (Moral)**. Ein *Ketzer* – im eigentlichen Sinn des Wortes – ist ein Mensch, der im Hinblick auf eine Anschauung oder eine Sekte eine gute oder schlechte Wahl trifft. Im gewöhnlichen Sinn bezeichnet man mit diesem Ausdruck jeden Menschen, der eine irrige, im Widerspruch zu einem oder mehreren Dogmen der christlichen Religion stehende Meinung annimmt oder hartnäckig verteidigt.

Wir wollen hier nicht aufzeigen, wie abscheulich der Grundsatz ist, der es *Ketzern* erlaubt, keinen Glauben zu haben; diejenigen, welche diese widerwärtige Maxime vertreten sollten, sofern es in der Welt überhaupt noch welche von ihnen gibt, wären jeder Aufklärung & Belehrung unzugänglich.

Auch wollen wir uns nicht damit aufhalten, die Ungerechtigkeit des Hasses zu beweisen, den manche Leute gegenüber den *Ketzern* an den Tag legen; lieber versuchen wir, ihre Denkweise durch die der aufgeklärten & ehrwürdigen Kirchenväter zu berichtigen.

Hören wir, was der hl. Augustinus über die *ketzerischen* Manichäer sagt: »Wir werden uns enthalten, euch mit Strenge zu behandeln; das überlassen wir denen, die nicht wissen, wieviel Mühe es kostet, die Wahrheit zu finden, & wie schwierig es ist, sich vor Irrtümern zu schützen. Wir überlassen es denen, die nicht wissen, wie qualvoll es ist, sich durch die Ruhe eines gottesfürchtigen Verstandes über die Phantome einer plumpen Einbildung hinwegzusetzen. Wir überlassen es denen, die nicht wissen, wie schwer es fällt, das innere Auge des Menschen zu heilen, um es zu befähigen, die Sonne zu sehen. Wir überlassen es denen, die nicht wissen, wie vieler Seufzer & Tränen es bedarf, um nur die geringste Kenntnis der göttlichen Natur zu erwerben. Was mich selbst angeht, so muß ich euch ertragen, so wie man mich einst ertragen hat, & euch gegen-

Nur ein Jude konnte die Idee des Judentums in ihrem innersten Kern auflösen, nur ein katholischer Priester konnte den Katholizismus vom tiefsten aus verneinen; nur ein durch und durch theologisch und moralisch orientierter Geist konnte Antichrist und Immoralist werden. Und war es nicht Graf Mirabeau, der die Französische Revolution ins Rollen brachte? Um etwas mit der tiefsten Leidenschaft bekriegen zu können, und um daran wirklich leiden zu können, muß man es sein. Egon Friedell, Ecce Poeta

über die gleiche Duldsamkeit üben, die man einst gegen mich geübt hat, als ich im Irrtum war.« Dies steht in seinem *Brief gegen die Manichäer* (Kapitel II & III, Band IV der Basler Ausgabe von 1528).

Ob der hl. Augustinus bisweilen von seiner Moral abgewichen ist, will ich hier nicht untersuchen; es mag genügen, daß ich seine Ansichten mit seinen eigenen Worten darlege.

Schließlich verweise ich all jene, die geneigt sein sollten, die an den *Ketzern* verübten Gewalttaten zu verabscheuen oder zu billigen, auf die Schule des griechischen Philosophen, der den Göttern dafür dankte, daß er zur Zeit des Sokrates geboren wurde. Platon sagte, für einen Mann, der sich irrt, sei die einzige angemessene Strafe, daß er bekehrt werde.

Was unwiderlegbar beweist, inwieweit man die Irrgläubigen in Dingen der Religion gewähren lassen darf, ist die Tatsache, daß ihrem Irrtum eine lobenswerte Bestrebung, sich aufzuklären, zugrunde liegen kann, die aber leider nicht von der ganzen Fähigkeit, Aufmerksamkeit & Weitsicht des Geistes, die dazu notwendig ist, unterstützt wird.

Es ist also schändlich, sogar die Ausdrucksweise & die Tugenden der *Ketzer* zu verunglimpfen. Man hat zu dieser niederträchtigen List gegriffen, weil man befürchtete, wir könnten von der Achtung ihrer Person zur Achtung ihrer Werke & von dem Gefallen an ihrer Schreibweise zum Gefallen an ihren Anschauungen gelangen. Aber gibt es nicht bessere Mittel & Wege, die Menschen zu lehren, das Gute vom Schlechten zu scheiden? Arius, hat man einmal gesagt, war im Grunde von unglaublichem Hochmut, der unter dem Schein größter Bescheidenheit an ihm nagte. Woher aber wußte man, daß er so viel Hochmut besaß, wenn er ihn so wenig zeigte?

Aus solchen Methoden erwächst der Verteidigung der Wahrheit kein Ruhm. Sie ist durchaus nicht glücklicher, wenn sie die Schimpfnamen *Ketzer & Irrgläubige,* die man sich gegenseitig an den Kopf wirft, in Umlauf bringt; ganz davon abgesehen, daß oft gerade der Mann von Welt, der am allertiefsten im Irrtum befangen ist, mit Eifer den des Irrtums beschuldigt, der ganz richtig denkt & am meisten daran gearbeitet hat, sich aufzuklären.

Ich will die Frage, ob man die Lektüre *ketzerischer* Bücher erlauben soll, nicht entscheiden: ich frage nur, ob man, falls sie verboten sind, in das Verbot auch die Bücher der Strenggläubigen, die jene widerlegen, einbeziehen muß. Wenn die Strenggläubigen in ihren Widerlegungen, wie es ihre Pflicht ist, die Argumente der *Ketzer* in ihrem vollen Wortlaut anführen, so scheint es, als könnte man uns ebensogut die Werke der *Ketzer* selbst lesen lassen. Wenn die Strenggläubigen aber gegen diese Gerechtigkeit & diese Pflicht in Dingen der Kritik verstoßen, so bereiten sie sich selbst durch ihren Mangel an Aufrichtigkeit Schande & verraten aus Argwohn die gute Sache. *Jaucourt*

KIAKKIAK (**Neue Geschichte, Mythologie**). Das ist der Name einer Gottheit, die in Ostindien, im Königreich von Pegu, verehrt wird. Das Wort bedeutet soviel wie Gott der Götter. Der Gott *Kiakkiak* wird in menschlicher Gestalt von zwanzig Ellen Länge, liegend & als schlafender Mann dargestellt. Nach der Überlieferung des Landes schläft dieser Gott seit sechstausend Jahren, & sein Erwachen wird das Ende der Welt nach sich ziehen. Dieses Götzenbild ist in einem prunkvollen Tempel aufgestellt, dessen Türen & Fenster immer offenstehen & den jedermann betreten darf. *Anonym*

KIRCHLICH – **Ecclésiastique.** So sagt man von allem, was zur Kirche gehört. Siehe Kirche.

So ist die *Kirchengeschichte* die Geschichte all dessen, was in der Kirche seit ihrem Anfang geschehen ist. Fleury hat sie uns in einem vortrefflichen Werk, das diesen Titel trägt, dargelegt; er hat dem Werk wohldurchdachte Abhandlungen beigefügt, die noch höher zu schätzen sind als seine Geschichte. Indem dieser scharfsinnige Schriftsteller in diesen Abhandlungen darlegt, mit welchen Mitteln Gott seine Kirche erhalten hat, deckt er zugleich Mißbräuche aller Art auf, die sich in sie eingeschlichen haben. Er vertrat mit Recht das folgende Prinzip: »Man muß die volle Wahrheit sagen; wenn die Religion wahr ist, muß auch die Geschichte der Kirche wahr sein; die Wahrheit kann doch nicht der Wahrheit entgegengesetzt sein, & je größer die Übel der Kirche sind, desto mehr dienen sie dazu, die Verheißungen Gottes zu bestätigen, der die Kirche bis zum Ende der Zeiten gegen die Mächte & die Anstrengungen der Hölle verteidigen muß.« *d'Alembert*

KIRCHLICHE NACHRICHTEN – **Nouvelles ecclésiastiques.** Das ist der sehr passende Titel einer Zeitschrift oder vielmehr periodischen Schmähschrift ohne Geist, ohne Wahrheit, ohne Nächstenliebe & ohne Genehmigung, die seit 1728 heimlich gedruckt wird & regelmäßig jede Woche erscheint. Der anonyme Verfasser dieser Schrift, der seinen Namen ruhig nennen könnte, ohne dadurch bekannter zu werden, unterrichtet die Öffentlichkeit viermal im Monat über die Erlebnisse einiger Geistlicher, die soeben die Tonsur erhalten haben, einiger Laienschwestern, etlicher Seelsorger, Mönche, Verzückter, Appellanten & Reappellanten sowie über einige leichte Fieberanfälle, die auf Fürbitte des verstorbenen Herrn Pâris geheilt wurden, & einige Kranke, die eine Erleichterung zu verspüren glaubten, als sie Erde von seinem Grabe schluckten, zumal diese Erde sie nicht erstickt hat wie so viele andere. Mit diesen so interessanten Gegenständen verbindet derselbe Autor seit einiger Zeit heftige Ausfälle gegen unsere Akademien, die – so versichert er – von Ungläubigen bevölkert seien, weil man dort nicht an die Wunder des heiligen Medardus glaubt, weil es dort keine Verzückungen gibt & weil man dort nicht die Wiederauferstehung des Elias prophezeit. Er versichert auch, daß die berühmtesten Werke unseres Jahrhunderts die Religion angreifen, weil man in ihnen nicht von der Bulle *Unigenitus* spricht, & daß sie die Apologie des Materialismus betreiben, weil man in ihnen nicht die angeborenen Ideen verteidigt. Einige Leute scheinen überrascht zu sein, daß die Regierung, die doch die Verfasser von Schmähschriften maßregelt, & die Richter, die so vorurteilsfrei wie die Gesetze sind, nicht wirksam gegen dieses abgeschmackte & schändliche Sammelsurium von Absurditäten & Lügen vorgehen. Eine tiefe Verachtung ist zweifellos die einzige Ursache für diese Nachsicht – was durch die Ansicht bestätigt wird, daß der Verfasser der periodischen Schmähschrift, um die es sich handelt, sehr unglücklich darüber ist, daß man niemals einen seiner Geistesblitze zitiert. Das ist die größte Demütigung, die einem satirischen Schriftsteller widerfahren kann, denn sie unterstellt ihm die größte Unfähigkeit in jenem Genre, in dem zu schreiben am allerleichtesten ist. *d'Alembert*

KNIEBEUGUNG – **Génuflexion** (**Moderne Geschichte**). Äußeres Zeichen der Ehrerbietung, der Unterwerfung, der Abhängigkeit eines Menschen von einem anderen.

Der Brauch der *Kniebeugung* kam vom Morgenland nach dem Abendland, wo er von Konstantin & schon vorher von Diokletian eingeführt wurde. Nach dem Beispiel des abendländischen Kaisers forderten nun mehrere Könige, daß man das Knie beugte, wenn man mit ihnen spräche oder sie bediente. Die Abgesandten der Gemeinden nahmen die Gewohnheit an, kniend zum König von Frankreich zu sprechen, & Spuren davon bestehen noch heute fort. Die Herzöge von Burgund suchten in ihren Staaten ebenfalls die Etikette der Gründer ihres Hauses zu wahren. Die anderen Herrscher ahmten dieses Beispiel nach. Mit einem Wort: ein Vasall sah sich gezwungen, seinem Herrn auf beiden Knien zu huldigen. All das ist, wie Voltaire sehr richtig bemerkt, nichts anderes als die Geschichte der menschlichen Eitelkeit, & diese Geschichte verdient nicht, daß wir länger bei ihr verweilen. *Jaucourt*

KOLIK – **Colique** (**Medizin**). Mehr oder weniger heftiger Schmerz im Unterleib.

Definition. Die *Kolik* scheint ihren Namen von den Schmerzen im Grimmdarm zu haben, der auch *Kolon* heißt; indessen bezeichnet das Wort im allgemeinen jeden Schmerz im Unterleib. *Kolik* hätte man auch nur den Schmerz im *Kolon* nennen können. Doch der Sprachgebrauch hat anders entschieden, obwohl Magen-, Leber-, Milz-, Nieren-, Blasen- & Gebärmutterschmerzen auf Erkrankungen dieser Organe zurückzuführen sind. Von der *Kolik* unterschieden werden darüber hinaus jene Krankheiten, die das Bauchfell & die ganze Bauchhöhle betreffen.

Die Schmerzen der *Kolik* sind so sehr unter der Menschheit verbreitet, daß kein Alter, kein Geschlecht, kein Land & kein noch so gesunder Körper davon ausgenommen ist. Im Laufe seines Lebens wird jeder einmal davon heimgesucht. Am häufigsten leiden darunter Kinder, Menschen von heißblütigem & galligem Temperament, Frauen, Alte, Personen von schwacher & empfindlicher Natur & solche von starker Erregbarkeit.

Um möglichst genau herauszufinden, welche Erkrankung sie verursacht, & daraus die Diagnose zu erstellen, muß man sorgfältig beobachten, ob die *Kolik* auf eine Stelle beschränkt ist, nicht genau zu lokalisieren ist oder an verschiedenen Stellen auftritt, ob der Schmerz konstant bleibt, periodisch oder mit Unterbrechungen kommt, hartnäckig, dumpf oder stechend ist, ob er sich ausbreitet &c.

Die Krankheit im Altertum. Auch wenn gegenwärtig zu der erstaunlichen Vielfalt bekannter Ursachen von *Koliken* das Wissen um die Funktionsweise unseres inneren Räderwerks hinzukommt, & insbesondere um die der Eingeweide, in denen diese Krankheit angesiedelt ist, kann kein Zweifel daran bestehen, daß sie ein unveräußerlicher Erbteil der Menschheit ist. Ich weiß wohl, daß der Name dieser Krankheit bei Hippokrates nicht zu finden ist, aber daraus läßt sich nicht schließen, daß die Krankheit seinerzeit nicht vorgekommen wäre. Er hat sie zweifellos unter den Namen *Leibschneiden* oder *Bauchschmerzen* eingeordnet, von denen er an mehreren Stellen spricht, & in der Tat: Ist die *Kolik* denn etwas anderes?

Ich vermach' euch die Koliken. / Die den Bauch wie Zangen zwicken. / Harnbeschwerden, die perfiden / Preußischen Hämorrhoiden. / Meine Krämpfe sollt ihr haben. / Speichelfluß und Gliederzucken, / Knochendarre in dem Rücken. / Lauter schöne Gottesgaben. / Kodizill zu dem Vermächtnis: / In Vergessenheit versenken / Soll der Herr eu'r Angedenken. / Er vertilge eu'r Gedächtnis. Heinrich Heine, Vermächtnis

Wenn man Plinius glauben darf, war zu Zeiten von Tiberius nicht nur der Name, sondern auch das Leiden selbst völlig unbekannt, & vor diesem Kaiser soll noch niemand daran erkrankt gewesen sein, denn man hatte in Rom noch nichts von dieser Krankheit gehört, als jener sie in einem Edikt über seinen Gesundheitszustand erwähnte. Mag sein, daß der Name *Kolik* bis zu jener Zeit unbekannt war, wie die Sache zu ihrem Namen kam, ist allerdings beklagenswert. Die Ärzte erfanden ein neues Wort dafür, sei es um dem Kaiser zu schmeicheln, um sich bei der Heilung der Krankheit mehr hervorzutun oder um unter diesen Umständen besonders herauszustechen: eine Scharlatanerie, die viele Beispiele kennt.

Als *Mademoiselle,* die Nichte des Königs, vor einigen Jahren die Blattern hatte, die glücklicherweise von leichterer Natur waren, war ihr Arzt, Monsieur Sylva, dessen Behandlung aus Neologismen & den freundlichen Redensarten jener modernen Bulletins bestand, die ohne Überlegung für die Öffentlichkeit verfaßt werden, & die jene gleichgültig & ohne mehr daraus über die Krankheit zu erfahren liest, war also Monsieur Sylva damals der erste, der die Blattern Ihrer Durchlaucht als *diskrete* bezeichnete. Der rein erfundene Ausdruck wurde freudig aufgenommen, die fragliche Art von Blattern war aber keineswegs neuer auf der Welt, als es die Kolik zu Zeiten des Tiberius war. Während *diskrete* Blattern eher selten unter den Großen auftreten, ist die *Kolik* dort weit verbreitet, & selbst wenn sie keine andere Ursachen hätte als die Völlerei, könnte man getrost davon ausgehen, daß dieses Übel bis ans Ende der Welt fortdauern wird. *Jaucourt*

KOLONIE – **Colonie (Alte & neue Geschichte, Handel).** Unter diesem Wort versteht man die Übersiedlung eines Volkes oder des Teils eines Volkes von einem Land in ein anderes.

Solche Wanderungen hat es auf der Erde viele gegeben, doch hatten sie oft ganz unterschiedliche Ursachen & Wirkungen. Um sie zu unterscheiden, werden wir sie in sechs Klassen einteilen, die wir wie folgt beschreiben:

I. Etwa 350 Jahre nach der Sintflut bildete die Menschheit noch eine einzige Familie. Nach dem Tod Noahs trennten sich seine Abkömmlinge, da sie sich bereits zu stark vermehrt hatten, um alle beisammen wohnen zu können. Die Nachkommenschaft eines jeden der Söhne dieses Patriarchen, Japhet, Sem & Ham, machte sich, auf verschiedene Stämme verteilt, aus den Ebenen von Senaar auf den Weg, um neue Wohnstätten zu suchen, & aus jedem Stamm erwuchs eine eigene Nation; auf diese Weise bevölkerten sie nach & nach die verschiedenen Gegenden der Erde, sobald eine von ihnen ihre Bewohner nicht mehr zu ernähren vermochte. Dies ist die erste Gattung von *Kolonien.* Die Not veranlaßte sie, & ihre Folge war die Teilung der Stämme oder Nationen.

II. Als die Menschen sich auf der ganzen Erde verbreitet hatten, war keine Gegend so dicht besiedelt, als daß nicht neue Bewohner sie mit den alten teilen konnten.

Je weiter die Ländereien von dem gemeinsamen Zentrum entfernt lagen, von dem alle Völker aufgebrochen waren, desto mehr schweifte jede Familie nach Lust & Laune umher, ohne einen festen Wohnsitz zu haben. Doch in den Ländern, in denen eine größere Anzahl von Menschen geblieben war, hatten das natürliche Gefühl, das sie drängte, sich zusammenzuschließen, & das Wissen um ihre wechselseitigen Bedürfnisse dort Gesellschaften gebildet. Ehrgeiz, Gewalt, Krieg & sogar ihre Vielzahl zwangen später die Mitglieder dieser Gesellschaften, nach neuen Wohnstätten Ausschau zu halten.

So gründete Inachos, Phönizier von Geburt, in Griechenland das Königreich von Argos, dessen Nachkommen später von Danaos, einem anderen, aus Ägypten stammenden Abenteurer, verdrängt wurden. Kadmos, der nicht wagte, seinem Vater Agenor, dem König von Tyros, wieder unter die Augen zu treten, landete an den äußersten Grenzen von Phokis, wo er die Stadt Theben gründete. An der Spitze einer ägyptischen *Kolonie* baute Kekrops jene Stadt, die seither unter dem Namen Athen zum Tempel der Künste & Wissenschaften geworden ist. Ohne Sorge sah Afrika zu, wie die Mauern Karthagos emporwuchsen, das sie bald tributpflichtig machte. Italien nahm die den Trümmern ihrer Heimat entkommenen Trojaner auf.

Diese neuen Bewohner brachten ihre Gesetze & die Kenntnisse ihrer Künste in die Regionen mit, in die der Zufall sie verschlug; aber sie bildeten nur kleine Gesellschaften, die sich fast überall zu Republiken auswuchsen.

Die Vielzahl von Staatsbürgern in einem begrenzten oder wenig fruchtbaren Gebiet bedrohte die Freiheit: die Politik schuf Abhilfe durch die Gründung von *Kolonien.* Auch der Verlust der Freiheit, Revolutionen, Komplotte veranlaßten zuweilen einen Teil des Volkes, die Heimat zu verlassen, um eine neue Gesellschaft zu bilden, die ihrem Geist besser entsprach. Dies ist unter anderem der Ursprung der meisten *Kolonien* der Griechen in Asien, Sizilien, Italien, Gallien. Eroberungs- & Ausdehnungsabsichten hatten sie dabei nicht. Obgleich jede *Kolonie* gewöhnlich die Gesetze, die Religion & die Sprache des Mutterlandes beibehielt, war sie frei & blieb ihren Gründern nur durch die Bande der Dankbarkeit oder durch die Notwendigkeit einer gemeinsamen Verteidigung verbunden. Bei einigen, freilich recht seltenen Gelegenheiten haben sie sogar gegeneinander zu den Waffen gegriffen.

Diese zweite Gattung von *Kolonien* hatte zwar unterschiedliche Beweggründe, doch was sie kennzeichnete, war der Wunsch, unabhängige Gesellschaften unter den Völkern zu vermehren, den Verkehr zwischen ihnen auszuweiten & sie zu verbessern.

III. Als die Erde so viele Bewohner hatte, daß diese die Notwendigkeit getrennter Besitzungen einsahen, führte dieser Besitz zu Streitigkeiten unter ihnen. Diese Streitigkeiten, die zwischen den Mitgliedern einer Gesellschaft durch die Gesetze geschlichtet wurden, konnten zwischen unabhängigen Gesellschaften nicht auf diese Weise beigelegt werden. Nun erzwang die Stärke die Entscheidung. Die Schwäche des Besiegten war der Rechtstitel für eine zweite Usurpation & die Garantie des Erfolgs. Die Eroberungslust bemächtigte sich der Menschen.

Um seine Grenzen zu sichern, verteilte der Sieger die Besiegten auf die seiner Gewalt unterstehenden Ländereien & übergab die ihren seinen Untertanen; oder er begnügte sich damit, auf diesen Gebieten neue Städte zu errichten & zu befestigen, die er mit seinen Soldaten & den Bürgern seines Staates bevölkerte.

Dies ist die dritte Gattung von *Kolonien*, für die uns fast alle alten Geschichten, insbesondere die der großen Staaten Beispiele geben. Mittels solcher *Kolonien* beherrschte Alexander rasch eine Vielzahl besiegter Völker. Die Römer bedienten sich ihrer seit den Anfängen ihrer Republik, um sie zu vergrößern; & zur Zeit ihrer ausgedehnten Herrschaft waren diese *Kolonien* Schutzwälle gegen die Parther & die Völker des Nordens. Diese dritte Gattung war eine Folge der Eroberungen & sorgte für ihre Sicherheit.

IV. Die Streifzüge der Gallier nach Italien, der Goten & Vandalen in ganz Europa & Afrika, der Tataren in China bilden eine vierte Gattung von *Kolonien*. Diese Völker, die von anderen, mächtigeren Völkern oder vom Elend aus ihrem Land vertrieben worden waren oder die der Verlockung eines milderen Klimas & eines fruchtbareren Bodens gefolgt waren, eroberten Ländereien, um sie mit den Besiegten zu teilen & mit ihnen eine Nation zu bilden, im Gegensatz zu den anderen Eroberern, die lediglich nach weiteren Feinden Ausschau zu halten schienen wie die Skythen in Asien oder ihre Grenzen zu erweitern suchten wie die Gründer der vier großen Reiche.

Die Folge dieser *Kolonien* von Barbaren war, daß sie die Künste verscheuchten & in den Landstrichen, in denen sie sich festsetzten, Unwissenheit verbreiteten, während sie dort gleichzeitig die Bevölkerung vermehrten & mächtige Monarchien gründeten.

V. Die fünfte Gattung von *Kolonien* besteht aus denjenigen, die im Geist des Handels gegründet wurden & die das Mutterland bereichern.

Tyros, Karthago & Marseille, die einzigen Städte des Altertums, die ihre Macht auf den Handel gründeten, sind auch die einzigen, die diesen Plan in einigen ihrer *Kolonien* verfolgten. Utica, von den Tyrern etwa 200 Jahre vor der Flucht von Elissa errichtet, bekannter unter dem Namen Dido, beanspruchte niemals irgendeine Herrschaft über die Länder Afrikas; sie diente den Schiffen der Tyrer als Zufluchtsort, ebenso wie die *Kolonien* auf Malta & die von den Phöniziern bewohnten Küsten. Cadiz, eine ihrer ältesten & berühmtesten *Kolonien*, erstrebte stets nur den Handel mit Spanien, ohne zu versuchen, dem Land Gesetze zu geben. Bei der Gründung von Lilybäon auf Sizilien dachten die Tyrer in keinem Augenblick an die Eroberung dieser Insel. Zwar war der Handel nicht das Hauptziel der Gründung Karthagos, doch suchte die Stadt sich dadurch zu vergrößern. Ausschließlich um den Handel auszudehnen oder zu schützen, war sie kriegerisch & hat sie Rom Sizilien, Sardinien, Spanien, Italien & sogar seine Bollwerke streitig gemacht. Ihre *Kolonien* an den Küsten Afrikas, am einen & am anderen Meer bis nach Cernea, vermehrten eher ihren Reichtum als die Macht ihres Reiches.

Marseille, eine *Kolonie* der von den Tyrern aus ihrem Land & später von der Insel Korsika vertriebenen Phokäer, kümmerte sich auf einem unfruchtbaren Landstrich einzig um ihren Fischfang, ihren Handel & ihre Unabhängigkeit. Ihre *Kolonien* in Spanien & an den Südküsten Galliens verfolgten kein anderes Ziel.

Solche Niederlassungen waren für die Völker, die sich dem Handel verschrieben, in doppelter Hinsicht notwendig. In ihrer Schiffahrt, die der Hilfe des Kompasses entbehrte, waren sie ängstlich; sie wagten nicht, sich allzuweit von den Küsten zu entfernen, & die unumgängliche Länge der Reisen erforderte für die Seefahrer sichere & zahlreiche Anlegeplätze. Die meisten Völker, mit denen sie Handel trieben, lebten entweder nicht in Städten oder legten, da einzig mit ihren Bedürfnissen beschäftigt, keinen Wert auf Überflüssiges. Es war unerläßlich, Stapelplätze anzulegen, um den Binnenhandel zu besorgen. Auch konnten die Schiffe bei ihrer Ankunft dort ihren Tauschgeschäften nachgehen.

Die Form dieser *Kolonien* entsprach ziemlich genau denen der Handelsnationen Europas in Afrika & Indien; sie haben dort Faktoreien & Festungen für die Bequemlichkeit & Sicherheit ihres Handels. Diese *Kolonien* würden sich selbst schaden, wenn sie sich auf die Eroberung verlegten, es sei denn, der Staat käme für ihre Unkosten auf. Sie müssen unter der Oberhoheit einer reichen Monopolgesellschaft stehen, die politische Pläne zu entwerfen & zu verfolgen vermag.

In Indien betrachtet man unter den großen Nationen Europas, die dort Handel treiben, nur die Engländer als

Unter dem Generalgouverneur Viscount Canning (1856–1862) brach der große indische Aufstand aus. Den an sich geringen Anlaß gab die Einführung der Enfieldbüchse und deren mit Rindertalg und Schweineschmalz (ersterer den Hindu, letzteres den Mohammedanern ein Greuel) bestrichenen Patronen bei den eingebornen Truppen (Sepoys oder Sipalus). In Mirat bei Delhi kam es am 10. Mai 1857 zuerst zu einer Empörung: die Rebellen entkamen nach Delhi, wo drei eingeborne Regimenter sich ihnen anschlossen.
Meyers Grosses Konversationslexikon, 1908, aus dem Eintrag zu »Ostindien«

Kaufleute; wahrscheinlich deshalb, weil sie die wenigsten Besitztümer haben.

Die Entdeckung Amerikas gegen Ende des fünfzehnten Jahrhunderts hat die europäischen *Kolonien* vervielfacht & zeigt uns eine sechste Gattung von *Kolonien.*

Alle diese *Kolonien* unseres Kontinents haben zugleich den Handel & die Bodenbestellung zum Hauptzweck ihrer Gründung gemacht oder sich ihnen zugewandt, sobald es notwendig war, neue Gebiete zu erobern & ihre früheren Bewohner zu vertreiben, um sie durch andere zu ersetzen.

Da diese *Kolonien* nur zum Nutzen des Mutterlandes gegründet worden sind, so folgt daraus:

1. daß sie unter seiner unmittelbaren Oberhoheit & damit unter seinem Schutz stehen;

2. daß der Handel dort ausschließlich den Gründern zusteht.

Eine solche *Kolonie* erfüllt ihren Zweck um so besser, je mehr sie den Bodenertrag des Mutterlandes vermehrt, je größer die Zahl der Menschen ist, die sie ernährt, & je mehr sie zum Gewinn im Handel mit den anderen Nationen beiträgt. Diese drei Vorteile können nur unter besonderen Umständen zusammentreffen; aber der eine dieser drei Vorteile muß zumindest die anderen beiden bis zu einem gewissen Grade ausgleichen. Wenn der Ausgleich nicht vollständig ist oder wenn die *Kolonie* keinen der drei Vorteile bietet, so kann man feststellen, daß sie für das Mutterland schädlich ist & es schwächt.

So umfaßt der Gewinn aus dem Handel & aus der Bodenbestellung unserer *Kolonien* erstens den größten Ertrag, den der Absatz ihrer Erzeugnisse, abzüglich der Unkosten für den Anbau, den Grundbesitzern einbringt, zweitens das, was unsere Handwerker & unsere Seeleute, die für die *Kolonien* arbeiten, jeweils dafür erhalten; drittens all das, was sie für die Befriedigung unserer Bedürfnisse liefern; viertens den ganzen Überfluß, den sie uns für die Ausfuhr verschaffen.

Aus dieser Rechnung kann man mehrere Folgerungen ziehen:

Ich merkte, daß diese Kanaken echt mit Rauschgift umgehen konnten. Ganz anders als die Europäer. Für uns Europäer war H so ungefähr dasselbe wie früher für die Indianer das Feuerwasser. Ich dachte mal, mit H könnten die Orientalen die Europäer und Amerikaner genauso ausrotten, wie damals die Europäer mit Alkohol die Indianer.
CHRISTIANE F., WIR KINDER VOM BAHNHOF ZOO

Die erste ist, daß die *Kolonien* nicht mehr nützlich wären, wenn sie ohne das Mutterland auskommen könnten. So ist es ein aus der Natur der Sache selbst abgeleitetes Gesetz, daß man in einer *Kolonie* die Gewerbe & die Bodenbestellung gemäß den Bedürfnissen des Mutterlandes auf bestimmte Erzeugnisse beschränken muß.

Die zweite Folgerung lautet: Wenn die *Kolonie* Handel mit dem Ausland treibt oder wenn man in ihr ausländische Waren verbraucht, so ist der Erlös dieses Handels & dieser Waren ein Diebstahl am Mutterland, ein häufiger, aber nach den Gesetzen strafbarer Diebstahl, durch den die reale & relative Macht eines Staates um so viel verringert wird, wie das Ausland gewinnt.

Es heißt nicht, einen Anschlag auf die Freiheit dieses Handels zu verüben, wenn man ihn in diesem Falle einschränkt; denn jede Polizei, die aus Gleichgültigkeit einen solchen Handel duldet oder die gewissen Häfen die Möglichkeit läßt, das Grundprinzip der Errichtung der *Kolonien* zu verletzen, ist eine Polizei, die den Handel & den Reichtum einer Nation untergräbt.

Die dritte Folgerung ist, daß eine *Kolonie* um so nützlicher ist, je dichter sie bevölkert ist & je mehr ihre Ländereien bestellt sind.

Um mit Sicherheit dahin zu gelangen, muß die erste Niederlassung auf Kosten des Staates entstehen, der sie gründet, & die Aufteilung des Erbes unter die Kinder gleichmäßig sein; um durch die Aufteilung der Vermögen eine größere Besiedlung der *Kolonie* zu gewährleisten, muß die Konkurrenz im Handel vollständig entwickelt sein, weil dann der Ehrgeiz der Kaufleute den Bewohnern mehr Vorschüsse für ihre Bodenbestellung verschaffen wird, als das Monopolhandelsgesellschaften tun würden, die sowohl den Preis der Waren als auch den Termin der Zahlungen willkürlich festlegen können. Es ist auch notwendig, daß das Los der Bewohner als Entgelt für ihre Arbeit & ihre Treue ein erfreuliches ist; deshalb erheben die geschickten Nationen von ihren *Kolonien* höchstens die Unkosten für ihre Festungen & ihre Garnisonen; zuweilen begnügen sie sich auch mit dem allgemeinen Handelsgewinn.

Die Ausgaben eines Staates für seine *Kolonien* beschränken sich nicht auf die ersten Unkosten für ihre Gründung. Solche Unternehmen erfordern Beständigkeit, ja sogar Hartnäckigkeit, es sei denn, der Ehrgeiz der Nation ersetzte sie durch außergewöhnliche Anstrengungen; aber die Beständigkeit hat zuverlässigere Wirkungen & solidere Prinzipien: So bedürfen die *Kolonien* bis zu dem Zeitpunkt, an dem die Macht des Handels ihnen eine gewisse Stabilität verliehen hat, je nach der Art ihrer Lage & ihres Bodens einer ununterbrochenen Förderung. Wenn man sie vernachlässigt, so setzt man sie, ganz abgesehen vom Verlust der ersten Vorschüsse & der Zeit, der Gefahr aus, zur Beute von Völkern mit mehr Ehrgeiz & Tatkraft zu werden.

Es hieße allerdings gegen den Zweck der *Kolonien* handeln, wenn man bei ihrer Gründung das Mutterland entvölkerte. Die einsichtigen Nationen schicken nach & nach ihren Überschuß an Menschen oder die, welche der Gesellschaft zur Last fallen, in die *Kolonien*: So besteht die wichtigste Frage einer ersten Besiedlung in der Zahl der Bewohner, die notwendig sind, um das besiedelte Gebiet gegen die Feinde zu verteidigen, die es angreifen könnten; die weitere Besiedlung dient der Erweiterung des Handels.

Als Überschuß der Bevölkerung wäre die Menge der unnützen Menschen anzusehen, die sich in den *Kolonien* befänden, oder die Menge, die dem Mutterland fehlen würde. Es können also Umstände eintreten, unter denen es nützlich wäre, die Bürger des Mutterlandes daran zu hindern, dieses nach ihrem Belieben zu verlassen, um ganz allgemein in die *Kolonien* zu gehen oder nach einer bestimmten *Kolonie* auszuwandern.

Da die *Kolonien* in Amerika eine neue Form der Abhängigkeit & des Handels geschaffen hatten, war es notwendig gewesen, dort neue Gesetze zu erlassen. Die geschicktesten Gesetzgeber sahen ihr Hauptziel darin, die Besiedlung & die Bodenbestellung zu fördern; aber wenn beide eine gewisse Vollkommenheit erlangt haben, so kann es vorkommen, daß diese Gesetze dem Zweck der Gründung von *Kolonien*, nämlich dem Handel, entgegenwirken. In diesem Fall sind sie sogar ungerechtfertigt, da es doch der Handel ist, der sie durch seine Aktivität allen einigermaßen blühenden *Kolonien* gegeben hat. Es würde also zweckmäßig erscheinen, sie zu ändern oder zu modifizieren, je weiter sie sich von ihrem Sinn entfernen. Wenn die Bodenbestellung mehr gefördert wurde als der Handel, so kam das auch dem Handel zugute; aber sobald die Gründe der Bevorzugung nicht mehr bestehen, muß das Gleichgewicht wiederhergestellt werden.

Wenn ein Staat mehrere *Kolonien* hat, die miteinander in Verbindung treten können, so besteht das wahre Geheimnis, Macht & Reichtum jeder einzelnen *Kolonie* zu vermehren, darin, einen regelmäßigen Handels- & Schiffsverkehr in ihnen einzurichten. Dieser besondere Handel hat dieselbe Macht & dieselben Vorteile wie der Binnenhandel eines Staates, vorausgesetzt, daß die Waren aus den *Kolonien* niemals von solcher Art sind, daß sie mit den Waren des Mutterlandes in Konkurrenz treten können. Er vermehrt dessen Reichtum wirklich, da der Wohlstand der *Kolonien* ihm durch den Verbrauch, den er hervorruft, immer zugute kommt. Aus demselben Grund ist der rege Warenhandel, den sie für den eigenen Bedarf mit den fremden *Kolonien* treiben, vorteilhaft, wenn er in den rechtmäßigen Grenzen gehalten wird.

Der Handel in & mit den *Kolonien* unterliegt allgemeinen Regeln, die ihn allenthalben zum Blühen bringen; doch können besondere Umstände es erforderlich machen, daß man in der Verwaltung davon abweicht. Alles muß sich mit den Zeiten ändern, & in dem Nutzen, den man aus diesen erzwungenen Veränderungen zieht, zeigt sich die höchste Geschicklichkeit.

Wir sahen, daß im allgemeinen die Freiheit zugunsten des Mutterlandes eingeschränkt werden muß. Ein anderer noch immer gültiger Grundsatz besagt, daß jedes Monopol, alles, was den Kaufmann & den Bewohner des Gewinns, der Konkurrenz, des Wegegelds, der Nutzungsrechte beraubt, in einer *Kolonie* schädlichere Auswirkungen hat als an jedem anderen Ort. Der Handel ist dort so begrenzt, daß er häufiger unter Druck gerät, & der Entmutigung folgt schnell die völlige Aufgabe. Auch wenn diese Wirkungen nicht sofort eintreten sollten, so steht doch fest, daß das Übel nur um so gefährlicher wäre.

Alles, was dazu beiträgt, die Menge der Waren zu verringern oder zu verteuern, verringert zwangsläufig den Gewinn des Mutterlandes & bietet den anderen Völkern eine günstige Gelegenheit, die Vormacht zu erringen oder mit ihm in Konkurrenz zu treten.

Wir werden hier nicht im einzelnen auf die verschiedenen europäischen *Kolonien* in Amerika, Afrika & Ostindien eingehen, um diesen Artikel nicht zu lang werden zu lassen; zudem ist der rechtmäßige Ort dieser Gegenstände der Handel der einzelnen Staaten. Siehe Frankreich, London, Spanien, Portugal, Dänemark. *Véron de Forbonnais*

Tzvetan Todorov
Kolonie

Der Artikel Kolonie in der *Encyclopédie* wurde vor der letzten großen Kolonialisierungswelle, die die Welt erfahren hat, geschrieben und sehr lange vor der Bewegung der Entkolonialisierung, die auf sie folgte – Ereignisse, die die heutige Bedeutung des Wortes entscheidend geprägt haben. Der Artikel bietet uns daher keine große Hilfe, wenn wir über etwas nachdenken wollen, was zugleich eine der wichtigsten Episoden der europäischen Geschichte und einer der konstitutiven Züge der europäischen Identität ist: die koloniale Praxis.

Was verstehen wir unter *Kolonie*? Zwei Züge charakterisieren sie: zum einen ist die Beziehung zwischen dem kolonisierenden Land und dem kolonisierten ungleichartig, das eine unterwirft das andere; zum anderen entsteht zwischen den beiden eine Diskontinuität, die zugleich geographisch ist (ein Land, das sich auf Kosten seiner Nachbarn vergrößert, macht keine Kolonien: Rußland ist imperialistisch, ohne kolonialistisch zu sein; die vom osmanischen Reich unterworfenen Territorien stellen keine Kolonien dar) und kulturell (die unterworfene Bevölkerung hat andere Sitten, spricht eine andere Sprache und übt eine andere Religion aus). Der Kolonisator ist in Beziehung zum Kolonisierten zugleich Herrscher und Fremder.

Von der Geschichte Europas aus gesehen kann man drei große Perioden unterscheiden: eine Vorgeschichte und zwei Kolonialisierungswellen, auf die jeweils eine Entkolonialisierung folgte. Die Vorgeschichte dauert von den Anfängen bis zum 15. Jahrhundert, sie bildet kein zusammenhängendes Ganzes, sondern setzt sich aus zahlreichen punktuellen Expeditionen zusammen, die die Unterwerfung eines Territoriums zur Folge haben, wie zum Beispiel die Siziliens durch die Griechen.

Die erste große geschichtliche Welle ist mit der Entdeckung Amerikas durch die Europäer verbunden, und sie wird im wesentlichen durch die Spanier angeführt, die Portugiesen und die Engländer. Die rechtfertigende Ideologie dieser Expansionen wird, sofern es einer bedarf, von der christlichen Religion geliefert. Die Entkolonialisierung, die in der zweiten Hälfte des 18. Jahrhunderts beginnt und die sich im 19. Jahrhundert fortsetzt, besteht darin, daß die im Lande angesiedelten Kolonisten sich im Verhältnis zur Zentralgewalt (dem Mutterland) emanzipieren. Die eingeborene Bevölkerung profitiert davon nicht wirklich: sei es, daß sie schon ausgerottet wurde, sei es, daß sich ihre Stellung aus einer rechtlichen Unterlegenheit in eine tatsächliche Unterlegenheit verkehrt, ohne daß sie Macht oder Mittel hätte, sich dagegen zur Wehr zu setzen.

Die zweite große Kolonialisierungswelle beginnt zu dem Zeitpunkt, als die erste ihren ersten Rückgang erfährt: die Eroberung Indiens durch die Engländer geschieht zur selben Zeit wie die Bildung der Vereinigten Staaten von Amerika. Die hauptsächlichen Kolonisatoren sind erneut Engländer, zu denen jetzt Franzosen, Belgier und Holländer dazukommen; die neuen kolonisierten Territorien befinden sich in Asien oder in Afrika. Diese Eroberung setzt sich ein Jahrhundert hindurch fort bis zum Ende des 19. Jahrhunderts. Die Ideologie, die man zur Rechtfertigung bemüht, ist jetzt profan, sie appelliert an die Begriffe der Zivilisation und der Vernunft. Die Entkolonialisierung geschieht in der Mitte des 20. Jahrhunderts, und sie besteht diesmal darin, daß die eingeborenen Bevölkerungen die alten Kolonisatoren vertreiben, die in ihre Mutterländer zurückkehren (außer in Südafrika, wo eine solche Rückkehr nicht vorstellbar ist).

Diese großen europäischen Kolonialisierungen laufen gleichzeitig auf drei unentwirrbar miteinander verbundenen Ebenen ab. Eine davon ist *ökonomisch:* der Kolonisator sucht sich auf Kosten des Kolonisierten zu bereichern. Dieser Faktor spielt nicht stets die gleiche Rolle. So sind zum Beispiel bei der Eroberung Amerikas die einzelnen Konquistadoren häufig Abenteurer, die auf der Suche nach Reichtümern und nach Ruhm aufgebrochen sind; der spanische Staat jedoch hat in der ersten Zeit keinerlei ökonomische Pläne. Die französische Kolonie Algerien erlaubt es den angesiedelten Pflanzern oder den Investoren, sich zu bereichern, aber sie kostet den französischen Staat Geld (allerdings entschädigt sich dieser für seine Ausgaben auf andere Weise, durch Steuern oder Gewinntransfers nach Frankreich). Die *ideologische* Ebene ist ihrerseits in beiden Fällen gegenwärtig: Verbreitung der christlichen Religion beim ersten Mal, Verbreitung der europäischen Zivilisation beim zweiten. Dazu kommt eine eigentümliche *politische* Ebene: die kolonisierenden Länder streben danach, ihre Macht zu vermehren, ohne ein Ziel zu brauchen, dem dieser Machtgewinn diente. Die politische Macht ist ein Ziel in sich selbst, und die Existenz von Kolonien wird zum Beweis dafür, aus militärischer wie aus ökonomischer Sicht.

Diese drei Faktoren des kolonialen Prozesses geraten oft untereinander in Konflikt, doch sind sie untrennbar miteinander verbunden. Man könnte deshalb sagen, daß dieser Prozeß die Anwesenheit dreier Personentypen erfordert: des Kriegers, des Händlers und des Priesters, wobei der letztere im Laufe der zweiten großen Kolonialisierungswelle durch den Politiker ersetzt wird.

Man muß die Rechtfertigungen für die kolonialen Praktiken ein wenig genauer untersuchen. Die Repräsentanten des Menschengeschlechts, oder zumindest diejenigen seiner europäischen Ausprägung, scheinen sich nie damit zufriedenzugeben, ausschließlich im Namen ihres eigenen Interesses zu handeln (und nichts anderes tun sie); sie wollen, daß ihr Handeln darüber hinaus als eine Verherrlichung der Gerechtigkeit und des Guten erscheint. Nun handelt es sich sowohl beim ökonomischen Interesse – des einzelnen wie des Landes – als auch beim politischen Interesse der Nation stets um ein egoistisches Argument: ein mächtiger Antrieb, aber eine dürftige Rechtfertigung in den Augen Dritter. Die koloniale Eroberung bedurfte deshalb stets auch einer weiteren Motivation, die sie in der herrschenden Ideologie ihrer Zeit gesucht hat. Es handelt sich jedoch dabei nicht um eine simple Verschleierung: die Wortführer dieser Politik waren zweifellos aufrichtig – es waren großmütige Geister, und sie haben selbst an die Rechtfertigungen geglaubt, die sie gaben; und sie waren nicht die einzigen.

Bartolomé de Las Casas ist als der große Verteidiger der Indios in die Geschichte eingegangen. Während der ganzen ersten Hälfte des 16. Jahrhunderts versucht dieser Dominikaner sie vor den Grausamkeiten und der Willkür der Konquistadoren zu schützen und ihnen gegenüber eine mildere Haltung durchzusetzen. In keinem Augenblick indessen versucht er den König von Spanien zu überzeugen, daß dieser auf seine fernen Eroberungen verzichtet. Ganz im Gegenteil: die Zugehörigkeit zur christlichen Religion ist für Las Casas ein unbezweifelbares Gut, und gerade weil er die Indios liebt, will er sie bekehren; und der Einschluß Amerikas in das spanische Reich macht diese Bekehrung erst möglich. Der erste der Christen – der Papst – besitzt geistliche Rechte über die gesamte Menschheit, und das Geistliche soll das Zeitliche leiten. Der Papst hat Amerika den Spaniern zugesprochen, also ist dieser Besitz rechtmäßig – und darüber hinaus willkommen, denn er erlaubt es, die Zahl der Christen auf der Erde zu erhöhen. »Der Apostolische Stuhl kann gewisse Territorien dieser Ungläubigen auswählen und sie einem christlichen König zusprechen.« Wenn dieser sich dabei bereichert, um so besser – die Christenheit geht gestärkt daraus hervor.

Die Jahrhunderte gehen vorüber und die religiöse Rechtfertigung schwächt sich ab. Einer der letzten Enzyklopädisten, der Marquis de Condorcet, wird durch seine Schriften zur Zeit der Französischen Revolution die notwendigen Rechtfertigungen für die zweite Kolonisierungskampagne vorbereiten. Wieder einmal ist der Antrieb zu Beginn großmütig: Condorcet ist überzeugt, daß alle Menschen potentiell gleich sind, aber er denkt, daß den Wilden die Gelegenheit fehlte, in die Riege der zivilisiertesten Völker, der Franzosen und der Engländer, aufzusteigen; also ist es nötig, ihnen die Gelegenheit zu bieten und der Ungleichheit unter den Menschen ein Ende zu bereiten. Dazu muß man ihnen die Aufklärung des Fortschritts nahebringen – ob sie selbst das wünschen, ist zweitrangig, denn man tut ihnen Gutes, auch wenn sie dessen Wesen vorläufig noch verkennen. Darin besteht die edle Mission der europäischen Nationen. »Muß die europäische Bevölkerung nicht, auch ohne Eroberung, die wilden Völker, die noch weite Landstriche besetzen, zivilisieren oder zum Verschwinden bringen?« Zivilisieren oder zum Verschwinden bringen: Was für eine Wahl, aber sie wird von dem Willen geleitet, das Gute überall herrschen zu lassen.

Die französischen Ideologen der Kolonialisierung werden Condorcets Vorschrift nicht vergessen. Einhundert Jahre später wird Jules Ferry als Präsident des Ministerrats die koloniale Ausdehnung Frankreichs mit der »erzieherischen und zivilisatorischen Sendung« rechtfertigen, die seinem Land durch die Tatsache seiner Überlegenheit selbst auferlegt ist. Paul Bert, ein weiterer Republikaner, Generalgouverneur des frisch eroberten Vietnam, das damals Tonking hieß, »sah seine erste Aufgabe darin, die Menschenrechte in Hanoi plakatieren zu lassen«. Ferry wie Bert hatten sich zuvor der republikanischen Politik der öffentlichen Bildung verschrieben – sie waren beide für eine »kostenlose und obligatorische Erziehung für alle«, und ihre koloniale Strategie war auf gewisse Weise nur eine Ausdehnung ihrer Innenpolitik.

Der tatsächliche Nutzen dieser humanitären Ideologie im Bereich der kolonialen Expansion gelangt indessen schnell an seine Grenzen. Denn nimmt man das Basispostulat ernst – die gleiche Würde aller menschlichen Wesen, die Rechtfertigung der allgemeinen Verbreitung aller Güter –, wird befremdlich, daß man nicht den eigenen Willen derer berücksichtigt, die man sich zu kolonisieren anschickt. Tocqueville wurde sich dessen wohl bewußt, was ihn dazu führte, die egalitären Prinzipien, die er in *Die Demokratie in Amerika* dargelegt hatte, beiseite zu legen, als er sich als Außenminister mit der Kolonisierung Algeriens befaßte: diese läßt sich nicht durch Argumente des universalistischen Typus rechtfertigen (man will das Wohl aller), sondern allein dadurch, daß man das Verfolgen nationaler Interessen fordert. »Ich glaube nicht«, sagt er dem Parlament zur Verteidigung des militärischen Anführers, der für das Massaker an den Eingeborenen verantwortlich war, »daß das hervorstechende Verdienst des Herrn Marschall Bugeaud gerade darin liege, ein Philanthrop zu sein: nein, das glaube ich nicht; aber ich glaube, daß der Herr Marschall Bugeaud seinem Land auf dem Boden Afrikas einen großen Dienst geleistet hat.« Als man Jules Ferry vierzig Jahre später wegen seiner Kolonialpolitik kritisiert, findet er die gleichen Töne: »Ich fordere Sie auf«, antwortet er seinen Kritikern, »Ihre These, die auf der Gleichheit, der Freiheit und der Unabhängigkeit der geringeren Rassen beruht, bis zum Ende zu verfechten.«

Der wahre Universalismus, sei er nun christlich oder laizistisch, eignet sich schlecht für eine Kolonialpolitik; die egalitäre Ideologie kann eine ungleiche Situation nicht wahrhaft rechtfertigen, welche die Kolonie per definitionem mit sich bringt. Aus dem häufigen Rückgriff auf diese Ideologie bei den Kolonisatoren darf man nicht schließen, daß sie in der Praxis die Fehler enthüllte, die in der Theorie verborgen blieben; man darf, anders gesagt, nicht daraus schließen, daß die Verurteilung des Kolonialismus die des Universalismus mit sich bringt. Der wirkliche Antrieb der Kolonialeroberungen bleibt die Verfolgung persönlichen oder kollektiven Interesses; selbst wenn er nicht eine bloße Fassade war, darf der Wille mancher Eroberer, das Gute aufzuerlegen, nicht mit der universalistischen Ideologie verwechselt werden, da der erste den Willen der Unterworfenen und Empfänger dieses Guts für null und nichtig hält, während die zweite ihn respektiert.

Die Entkolonialisierung ist heute im wesentlichen abgeschlossen. Man spricht gelegentlich von Neokolonialismus, um die Beziehungen zwischen reichen und armen Ländern zu bezeichnen, aber dieser Gebrauch entspricht nicht der alten Bedeutung des Wortes *Kolonie*. Da wir uns in einer postkolonialen Lage befinden, können wir uns fragen: welches Urteil muß man über dieses historische Phänomen fällen? Die gängige Meinung will heute alles daran verurteilen, genau wie die vor einhundertundzwanzig Jahren alles daran positiv beurteilte. Nachdem man die Überquerung des Atlantik durch Kolumbus als Heldentat gepriesen hatte, wird sie nun als Ankündigung des kolonialen Fluchs stigmatisiert. Wie soll man unterscheiden?

Noch einmal, die Kolonie ist durch zwei Züge charakterisiert: die Unterwerfung einer Bevölkerung durch eine andere, und die Entfernung, die sie trennt. Man hat oft so getan, als ob diese beiden Aspekte unlösbar verbunden wären und als ob die Urteile über den einen sich auch notwendig auf den anderen bezögen. Die Kolonisatoren rühmten die Kontakte zwischen den Völkern und wollten daraus eine Rechtfertigung der Unterwerfung ziehen. Die Kolonisierten empörten sich gegen den Status der Unterlegenheit, den man ihnen aufgenötigt hatte, und verwarfen damit zugleich die Anwesenheit der Fremden. Nun gehören diese beiden Züge nicht notwendig zusammen.

Der Fremde ist nicht notwendig ein Ausbeuter; der Landsmann ist nicht notwendig ein Demokrat und ein Liberaler. Man hat es sehr deutlich zum Zeitpunkt der Entkolonialisierung gesehen: die Vertreibung der fremden Siedler hat nicht immer die Freiheit und die Gleichheit mit sich gebracht, vom Wohlstand ganz zu schweigen. Wir können von den Herrschenden, die derselben Ethnie wie wir angehören, ebenso und stärker als von den aus der Ferne gekommenen Herren ausgebeutet, unterdrückt, verfolgt und erniedrigt werden.

Zum Zeitpunkt der Entkolonialisierung konnten die Bevölkerungen glauben, daß die Vertreibung der fernen Herren notwendig das Reich der Gerechtigkeit herbeiführe. Sehr oft mußte man diese Hoffnung fallenlassen. Umgekehrt sollte die Verurteilung des Unrechts – der Ausbeutung und der Erniedrigung einer Bevölkerung durch eine andere – nicht die des Kontakts zwischen den Völkern nach sich ziehen. Kolumbus wird nicht deshalb verurteilt, weil er den Ozean überquert hat, sondern weil er die Indianer versklaven wollte – die beiden Handlungen müssen unterschieden werden, jede kann ohne die andere vollzogen werden. Die Gerechtigkeit setzt Gleichheit voraus, sie fordert kein Leben in der Isolation. An sich bedrohen die Kontakte mit den Fremden sie nicht. Sie können, das ist wahr, die kulturelle Identität der Gruppe verändern. Aber man erinnere sich, ehe man daran Anstoß nimmt, daß es mit den Kulturen wie mit den Sprachen geht: nur die sich ändern, bleiben lebendig.

Aus dem Französischen von Horst Günther

KONGO – **Congo (Moderne Geographie & Handel).** Großes Land in Afrika, das mehrere Königreiche umfaßt. Im Norden wird es vom Zaire-Fluß begrenzt, im Osten von den Königreichen Makoko & Ansico, den Monsolen, Dschagga & von Matamba; im Süden vom Dender-Fluß & im Westen vom Meer. Dieses Land wird von Negern bewohnt, unter denen es viele Christen gibt.

Die Portugiesen haben dort große Niederlassungen. Sie haben es 1484 entdeckt & sich 1491 seiner bemächtigt. Ihr Hauptsitz ist Loanda, & ihr wichtigster Handelszweig der Sklavenhandel. Die besten Neger kommen aus San Salvador & Sondy.

Das Land bringt Elfenbein, Wachs, Bisam hervor; man importiert mit Gold & Silber durchwirkte Stoffe, Samt, Seide, Kupfergeschirr, Hüte, Waffen, Schnäpse, Weine &c. Es gibt in diesem Königreich Eisen- & Kupferminen. *Anonym*

KÖNIGSMORD – **Régicide (Geschichte & Politik).** So nennt man das Attentat, das einem König das Leben raubt. Die alte & neue Geschichte liefert uns nur allzu viele Beispiele für Herrscher, die von aufgebrachten Untertanen getötet wurden. Immer wird Frankreich mit Schaudern des Verbrechens gedenken, das ihm einen der größten & besten seiner Könige, Heinrich IV., raubte. Die Tränen, welche die Franzosen wegen eines jüngeren Attentats vergossen haben, werden noch lange nicht trocknen; stets werden sie zittern bei der Erinnerung an ihr Entsetzen, an die kostbaren Tage eines Monarchen, den seine Herzensgüte & die Liebe seiner Untertanen gegen jedwedes verderbliche Unternehmen zu schützen schienen.

Die christliche Religion, diese unverbrüchliche Stütze des Throns, verbietet den Untertanen, ihren Herren nach dem Leben zu trachten. Die Vernunft & die Erfahrungen zeigen, daß die Wirren, die mit dem gewaltsamen Tod eines Königs einhergehen & ihm folgen, oft schrecklicher sind als die Auswirkungen seiner Ausschweifungen & seiner Verbrechen. Die häufigen & grausamen Umwälzungen, denen die Despoten Asiens ausgesetzt sind, beweisen, daß der gewaltsame Tod der Tyrannen immer den Staat erschüttert & fast nie die Tyrannei beseitigt. Wie kommt es dann, daß tolldreiste & perverse Männer lehren, man dürfe Monarchen das Leben nehmen, wenn falscher Eifer oder Eigennutz sie Tyrannen nennt? Diese abscheulichen Maximen, die an die hundertmal von den Gerichten des Königreichs geächtet wurden & die alle guten Staatsbürger verabscheuen, haben sich nur ehrsüchtige Fanatiker zu eigen gemacht, die danach trachten, die Grundfesten des Throns zu untergraben, wenn sie nicht an der Seite des Souveräns sitzen dürfen.

Im vergangenen Jahrhundert zeigte England der staunenden Welt das abscheuliche Schauspiel eines Königs, der von aufrührerischen Untertanen gerichtet & getötet wurde. Legen wir einer großherzigen Nation nicht ein widerwärtiges Verbrechen zur Last, das sie mißbilligt & noch immer mit ihren Tränen sühnt. Zittern wir beim Anblick

---

Heute ist sie entschieden, jene große Wahrheit, welche die Vorurteile so vieler Jahrhunderte erstickt hatten; heute hat man endlich sich überzeugt, daß ein König nur ein Mensch und daß niemand über den Gesetzen ist. Völker in Europa! Völker des Erdbodens! Betrachtet die Throne, sehet, daß sie nichts weiter als Staub sind. – Frankreich hat ein großes Beispiel den Völkern, eine wichtige Lehre den Fürsten gegeben. Möge Ludwigs Haupt der große Weltmagnet werden, der früher oder später die Häupter aller großen und kleinen, geist- und weltlichen Tyrannen nach sich zieht … Die Exekution dauerte nur einige Sekunden. Es herrschte die größte Stille, aber in dem Augenblick, wo einer der drei Scharfrichter Ludwigs Kopf nahm und ihn den Zuschauern zeigte, erscholl ein allgemeines Geschrei: »Es lebe die Nation! Es lebe die Republik!«, und alle Hüte wurden auf Bajonetten und Piken in die Höhe gehoben.

Böhmer über die Hinrichtung Ludwigs XVI., 21. Januar 1793

---

der Exzesse, zu denen der Ehrgeiz sich aufschwingt, wenn ihm der Fanatismus & der Aberglaube zur Seite stehen. *Anonym*

KONSTANZ – Constance (Geographie). Sehr bedeutende Reichsstadt im Kreis Schwaben am See desselben Namens. Sie ist berühmt wegen des Konzils, das 1414 dort begann & 1418 zu Ende ging. (Siehe die *Geschichte des Konstanzer Konzils* von Lenfant.) Auf diesem berühmten Konzil wurde beschlossen, daß das Konzil über dem Papst stehe, daß Johannes XXIII., da aller Arten von Verbrechen angeklagt, seines Amtes enthoben & Jan Hus wegen seiner Irrtümer lebendig verbrannt werde, ungeachtet des Geleitbriefs, den er von Kaiser Siegmund erhalten hatte, was es den Protestanten, so sagt man, verleidete, zum Konzil von Trient zu kommen, oder was ihnen vielmehr als Vorwand diente, davon Abstand zu nehmen. Ihre Einwände wurden jedoch entkräftet. Siehe KONZIL, PROTESTANTEN & TRIENT.

Der berühmte Johann Gerson spielte auf diesem Konzil eine große Rolle. Der Bischof von *Konstanz* hat eine sehr große Diözese & trägt den Titel *Reichsfürst*. Der *Konstanzer See* ist etwa siebentausend deutsche Meilen oder siebentausendhundertfünfundachtzig Klafter lang, wie zwei Bürger der Stadt ermittelten, die ihn vermessen wollten, indem sie im Jahre 1596 über das Eis gingen, als der See vollständig zugefroren war. *Diderot*

KONTINGENT – Contingent (Metaphysik). Begriff, der ein logisches Verhältnis bezeichnet. Wenn etwas nicht notwendig zu einer Sache gehört oder sein Gegenteil keinen Widerspruch darstellt. Die Wärme eines Steins, der in der Sonne liegt, ist *kontingent*, denn es ist nicht ausgeschlossen, daß sie allmählich verschwindet & der Stein kalt wird.

Alles, was veränderlich ist, ist *kontingent*, & alles *Kontingente* ist Gegenstand von Veränderung. Was einmal unabdingbar notwendig ist, kann nie *kontingent* werden. Es ist also die unbedingte Notwendigkeit, die *Kontingenz* zunichte macht; das gilt aber nicht für die hypothetische Notwendigkeit, die mit ihr bestehen kann. Die Theologen haben dies bereits vor langer Zeit in der Auseinandersetzung mit den Sozinianern anerkannt, aber sie haben es nicht alle mit derselben Deutlichkeit zu verstehen gegeben, obwohl die Beweisführung eigentlich ganz leicht ist. Das *Kontingente* wird nur aufgrund einer neuen Bestimmung notwendig, die dem Wesen der Sache hinzugefügt wird. Nichts vermag zu existieren, ohne daß es notwendigerweise existiert, denn das *Kontingente* hat nichts mit der Existenz zu tun. Die Notwendigkeit, die ihm anderswoher zukommt & die es dazu bestimmt, zu sein oder bestimmte Formen zu haben, verhindert nicht, daß es seinem Wesen nach *kontingent* ist, da es eine Zeit gegeben hat, in der es nicht war oder nicht hätte sein können.

In den Schriften der meisten Philosophen ist das Wort *kontingent* mehr als mißverständlich. Manche unter ihnen betrachten die *Kontingenz*, als wäre sie etwas, das jeder Notwendigkeit entgegengesetzt ist, aber in diesem Sinne wäre sie wohl unhaltbar. Im Alltag nennen wir *notwendig*, was tatsächlich nur die Folge einer moralischen Notwendigkeit ist, die kein Mensch als unvereinbar mit der *Kontingenz* erachten würde. Wir sagen auch, daß eine *kontingente* Sache, die Gott vorgesehen hat, notwendig ist. Die Alltagssprache dehnt den Gedanken der Notwendigkeit bis auf die guten Sitten aus. Es ist unumgänglich für mich, sagt man, daß ich diese Besuche mache oder jenen Brief schreibe: dies sind notwendige Angelegenheiten. Trotzdem sehen sich sowohl ganz gewöhnliche Menschen als auch die Philosophen veranlaßt, auf jene Begriffe von Notwendigkeit & *Kontingenz* zurückzukommen, die wir vorgeschlagen haben. Fragen Sie, wenn es um die unbedingte Notwendigkeit geht, einen Menschen, dem es an jedem philosophischen Wissen fehlt, warum die Sache nicht anders ist, warum es nicht Tag & Nacht zugleich ist; er wird Ihnen kurz & bündig antworten, daß es nicht anders sein kann. Fragen Sie ihn aber, warum jener Baum keine Blätter hat, wird er Ihnen antworten, dies liege daran, daß die Raupen alle aufgefressen haben, oder an irgendeinem anderen Grund, der zu einer nur hypothetischen Notwendigkeit dieser Kahlheit geführt hat. Jeder gewöhnliche Mensch kennt also den Fall der unbedingten & den der bedingten Notwendigkeit & kann diese voneinander unterscheiden. *Formey*

KOPERNIKUS, SYSTEM ODER HYPOTHESE DES KOPERNIKUS – Copernic, système ou hypothèse de Copernic (Verstand, Vernunft, Philosophie oder Wissenschaft, Naturwissenschaft, Himmelskunde, Astronomie). System, bei dem man vermutet, daß die Sonne im Mittelpunkt der Welt ruht & die Planeten & die Erde sich auf elliptischen Bahnen um sie herumbewegen.

Diesem System zufolge ruhen die Himmel & die Sterne & wird die Bewegung, die sie während des Tages von Osten nach Westen zu vollziehen scheinen, dadurch hervorgerufen, daß sich die Erde von Westen nach Osten um ihre eigene Achse dreht.

Dieses System wurde bereits von mehreren Autoren der Antike vertreten, insbesondere von Ekphantos, Seleukos, Aristarch, Philolaos, Kleanthes, Heraklit & Pythagoras, & nach letzterem wurde es »pythagoräisches System« genannt. Auch Archimedes hat es in seinem Buch *De granorum arenae numero* vertreten. Nach ihm aber wurde es stark vernachlässigt & mehrere Jahrhunderte lang sogar ganz vergessen. Endlich rief es Kopernikus vor 250 Jahren wieder ins Leben, weshalb es den Namen »kopernikanisches System« erhielt.

Nikolaus *Kopernikus,* dessen Name heute allgemein bekannt ist, pflichtete also der Meinung der Pythagoräer bei, welche die Erde nicht nur aus dem Mittelpunkt der Welt vertreibt, sondern derzufolge sie sich täglich um ihre eigene Achse, und dazu alljährlich auch um die Sonne bewegt, eine Meinung, deren Schlichtheit ihn beeindruckt hatte & die er zu vertiefen beschloß.

Infolgedessen begann er, die Himmelserscheinungen zu beobachten, zu berechnen, zu vergleichen &c., & fand nach einer langen & ernsthaften Auseinandersetzung mit den Tatsachen endlich heraus, daß er nicht nur alle Himmelserscheinungen & alle Bewegungen der Sterne erklären, sondern auch ein überaus einfaches Weltsystem aufstellen konnte.

Fontenelle schreibt in seinen *Gesprächen über die Vielheit der Welten,* daß *Kopernikus* an eben dem Tag gestorben sei, an dem man ihm das erste gedruckte Exemplar seines Werks überbrachte; es scheint, so sagt er, als habe *Kopernikus* den Einsprüchen, die gegen sein Werk erhoben werden sollten, aus dem Weg gehen wollen.

In Italien ist es verboten, das System des *Kopernikus* zu verteidigen, da man dort der Ansicht ist, es stehe wegen der von ihm vorausgesetzten Bewegung der Erde im Widerspruch zur Heiligen Schrift. Der große Galilei wurde einst der Inquisition ausgeliefert & seine Anschauung über die Bewegung der Erde als ketzerisch verdammt. Die Inquisitoren schonten in der Verfügung, die sie gegen ihn erließen, weder den Namen des *Kopernikus,* der diese Anschauung nach dem Kardinal von Cusa erneuert hatte, noch den des Diego de Zúñiga, der sie in seinen Kommentaren über das Buch Hiob gelehrt hatte, noch den des Pater Foscarini, eines italienischen Karmeliters, der in einem gelehrten Schreiben an seinen Ordensgeneral bewiesen hatte, daß diese Anschauung nicht der Heiligen Schrift widerspricht. Da Galilei trotz jenes Verdammungsspruchs fortfuhr, die Bewegung der Erde zu lehren, wurde er noch einmal verdammt & gezwungen, seine Lehre öffentlich zu widerrufen & seinen angeblichen Irrtum mündlich & schriftlich abzuschwören – was er am 22. Juni 1633 tat. Nachdem er kniend, die Hand auf den Evangelien, gelobt hatte, daß er nie wieder etwas sagen & tun würde, was dieser Verfügung widerspräche, wurde er wieder in die Kerker der Inquisition gebracht, aus denen er aber bald darauf entlassen wurde. Dieses Ereignis flößte Descartes, der dem Heiligen Stuhl sehr ergeben war, eine solche Furcht ein, daß er die Veröffentlichung seiner Abhandlung über die Welt, die gerade erscheinen sollte, verhinderte. Siehe alle diese Einzelheiten im *Leben des Descartes* von Baillet.

Seit dieser Zeit haben die aufgeklärten Philosophen & Astronomen Italiens nicht gewagt, das System des *Kopernikus* zu verteidigen; oder wenn sie ihm zufälligerweise beizupflichten scheinen, so sind sie doch sehr darauf bedacht, zu betonen, daß sie es nur als Hypothese ansehen & daß sie sich im übrigen durchaus den Erlassen der erhabenen Päpste über diese Frage fügen.

Es wäre sehr zu wünschen, daß ein Land, das an Geist & an Kenntnissen so reich ist wie Italien, endlich einen Irrtum einsähe, der für die Fortschritte der Wissenschaften so nachteilig ist, & daß es über diese Frage so dächte, wie wir in Frankreich darüber denken! Eine solche Wandlung würde des aufgeklärten Papstes, der heute die Kirche lenkt, wohl würdig sein; denn da er ein Freund der Wissenschaften & selbst ein Gelehrter ist, so obliegt es ihm, in dieser Frage den Inquisitoren sein Gebot aufzuerlegen, wie er es schon in anderen, noch bedeutenderen Angelegenheiten getan hat. Es gibt, so sagt ein berühmter Autor, keinen Inquisitor, der nicht angesichts einer Himmelskugel von *Kopernikus* erröten müßte. Dieses Wüten der Inquisition gegen die Bewegung der Erde schadet sogar der Religion; denn was werden die schwachen & einfältigen Menschen von den eigentlichen Dogmen, an die zu glauben uns der Glaube zwingt, wohl halten, wenn sich herausstellt, daß man mit diesen Dogmen zweifelhafte oder falsche Anschauungen vermengt? Ist es nicht besser, zu sagen, die Heilige Schrift spreche in Dingen des Glaubens im Sinne des Heiligen Geistes, müsse aber in Dingen der Physik sprechen wie das Volk, dessen Sprache man gut beherrschen muß, um sich ihm verständlich zu machen? Mit dieser Unterscheidung beantwortet man alles: Die Physik & der Glaube sind dann in gleichem Maße gewährleistet. Eine Hauptursache für den Verruf, in den das System des *Kopernikus* in Spanien & in Italien geraten ist, liegt darin, daß einige erhabene Päpste mit Recht entschieden haben, die Erde drehe sich nicht, & daß man dort sogar in Dingen, die nicht im geringsten das Christentum angehen, das Urteil des Papstes für unfehlbar hält. In Frankreich erkennt man nur die Kirche als unfehlbar an & findet, es sei weit-

Es ist sehr bedeutsam, daß niemand von uns in unserer alltäglichen Weltanschauung wirklich kopernikanisch denkt. Können wir uns eine Szene feierlich stiller Bergeinsamkeit denken, in der versunken ein Prophet sitzt, und dann dessen eingedenk werden, daß die ganze Szenerie mit einer Geschwindigkeit von neunzehn Meilen in der Sekunde herumwirbelt? Können wir uns mit der Vorstellung eines mächtigen Königs, der ein feierliches Edikt erläßt, abfinden, wenn wir bedenken, daß er grundsätzlich erst einmal mit dem Kopf nach unten im Raume baumelt? Man könnte eine seltsame Fabel schreiben von einem Manne, der mit dem kopernikanischen Blick gesegnet oder geschlagen wäre, und alle Menschen auf der Erde sähe wie Eisenspäne, die am Magneten kleben. Es wäre einzigartig, sich vorzustellen, wie die Ansprache eines aggressiven Egoisten wirken würde, welcher die Unabhängigkeit und Göttlichkeit des Menschen verkündet, wenn man ihn sehen könnte, wie er an seinen Schuhsohlen vom Planeten herabhängt.

G. K. Chesterton, Verteidigung der Planeten

aus besser, in der Frage des Weltsystems den Beobachtungen der Astronomen zu glauben als den Verfügungen der Inquisition. Aus demselben Grunde, so sagt Pascal, hielt der König von Spanien es für besser, was die Frage der Existenz der Antipoden angeht, dem Christoph Kolumbus zu glauben, der von ihnen kam, als dem Papst Zacharias, der dort niemals gewesen war.

In Frankreich verteidigt man ohne jede Furcht das Kopernikanische Weltsystem & ist aus Gründen, die wir angeführt haben, davon überzeugt, daß dieses System nicht im Widerspruch zum Glauben steht, obwohl Josua gesagt hat: »Sonne, stehe still!« So kann man in zuverlässiger & befriedigender Weise alle jene Einwände der Ungläubigen gegen gewisse Stellen der Heiligen Schrift widerlegen, in denen sie ohne Grund schwerwiegende physikalische oder astronomische Irrtümer entdecken wollen. *d'Alembert*

KÖRPERSCHAFTEN, CHARAKTER DER BESONDEREN GESELLSCHAFTEN ODER KÖRPERSCHAFTEN – Caractère des sociétés ou corps particuliers. Die besonderen Gesellschaften oder *Körperschaften* sind inmitten eines Volkes gewissermaßen kleine Nationen, die von einer größeren umgeben sind. Das ist gleichsam ein gutes oder schlechtes Reis, das einem dicken Stamm aufgepfropft ist; darum haben die *Körperschaften* in der Regel einen besonderen Charakter, den man *Korpsgeist* nennt. In gewissen Gesellschaften besteht zum Beispiel der allgemeine Charakter im Geist der Unterordnung, in anderen im Geist der Gleichheit, & das sind nicht die am schlechtesten ausgestatteten: Diese halten an ihren Gewohnheiten fest, jene machen es sich zur Aufgabe, sie zu ändern. Was bei einem einzelnen Menschen ein Fehler ist, das ist in einer Gesellschaft zuweilen eine Tugend. Nach der Bemerkung eines Mannes von Geist müßten zum Beispiel die literarischen Gesellschaften *pedantisch* sein.

Oft ist der *Charakter* einer Gesellschaft grundverschieden von dem der Nation, in die sie sich sozusagen verpflanzt sieht. So müßten zum Beispiel *Körperschaften*, die in einer Monarchie das Gelübde der Treue gegenüber einem anderen Fürsten als ihrem rechtmäßigen Herrscher abgelegt hätten, naturgemäß für diesen Herrscher weniger Anhänglichkeit haben als der übrige Teil der Nation; das ist der Grund, weshalb die Mönche zur Zeit der Liga Frankreich so viel Schaden zugefügt haben. Doch muß man nicht glauben, daß dieser Geist sich nicht ändere: andere Zeiten, andere Sitten. »Die Mönche, deren Oberhäupter ihren Wohnsitz in Rom haben«, sagt der berühmte Voltaire in seinem bewundernswürdigen *Versuch über das Zeitalter Ludwigs XIV.*, »sind unmittelbare Untertanen des Papstes, auch wenn sie in allen Staaten verbreitet sind. Die Gewohnheit, die alles vermag & die auch die Ursache dafür ist, daß die Welt von Mißbräuchen sowie von Gesetzen gelenkt wird, hat den Fürsten nicht immer erlaubt, eine Gefahr, die anderswo mit nützlichen & heiligen Dingen zusammenhängt, ganz zu beseitigen. Einen Eid auf einen anderen als seinen Fürsten zu leisten, ist bei einem Laien ein Majestätsverbrechen: im Kloster ist es ein Akt der Religion. Die Schwierigkeiten festzustellen, inwieweit man jenem fremden Herrscher gehorchen muß, die Leichtigkeit, mit der man sich verleiten läßt, die Freude, ein naturgegebenes Joch abzuschütteln, um ein anderes, das man sich selbst auferlegt, auf sich zu nehmen, der Geist der Unruhe, das Unglück der Zeiten haben leider nur zu häufig ganze Orden so weit gebracht, Rom gegen ihr Vaterland zu unterstützen.

Der aufgeklärte Geist, der seit hundert Jahren in Frankreich herrscht & der sich in fast allen Ständen verbreitet hat, war das beste Mittel gegen jene Unsitte. Die guten Bücher, die über diesen Gegenstand geschrieben wurden, leisten den Königen & den Völkern wirkliche Dienste, & eine der großen Veränderungen, die durch dieses Mittel unter Ludwig XIV. in unseren Sitten herbeigeführt worden sind, ist, daß die Mönche jetzt alle zu der Überzeugung neigen, daß sie zunächst Untertanen des Königs & dann erst Diener des Papstes sind.« So bricht zum Wohl der Staaten endlich die Philosophie die verschlossenen Türen auf. *d'Alembert*

KOSMETIK – Cosmétique (Medizin). Alle *Kosmetika* sind Mittel, die ersonnen wurden, um die Haut zu verschönern, die Farbe & Frische des Teints zu bewahren, die Haare, die Brauen &c. zu färben, mit einem Wort alles, worüber sich Ovid in seinem Gedicht über die Pflege des weiblichen Gesichts, *De medicamine faciei,* verbreitet, vorausgesetzt, daß dieses Gedicht von ihm stammt.

Celsius hat sehr richtig bemerkt, die meisten der so gepriesenen *kosmetischen Mittel* seien nur sinnloser Zeit-

Colin beendete seine Toilette. Nach dem Bad hatte er sich in ein riesiges, weiches Frottiertuch gewickelt, aus dem nur seine Beine und sein Oberkörper heraussahen. Er nahm den Zerstäuber von der Glasplatte und sprühte wohlriechendes Öl auf sein helles Haar. Sein Bernsteinkamm teilte die seidige Fülle in lange orangene Strähnen, so wie die Gabel des fröhlichen Landmanns Furchen in Aprikosenkonfitüre zieht. Colin legte den Kamm hin, griff zur Nagelschere und schnitt die Ränder seiner schlaffen Augenlider schräg, um seinem Blick Geheimnis zu verleihen. Er mußte die Lider häufig stutzen, denn sie wuchsen schnell wieder nach. Er knipste die kleine Lampe über dem Vergrößerungsspiegel an und hielt sein Gesicht dicht vor den Spiegel, um den Zustand seiner Haut zu prüfen. Einige Pickel erhoben sich im Umkreis seiner Nasenflügel. Als sie im Vergrößerungsspiegel ihrer Häßlichkeit gewahr wurden, zogen sie sich behende unter die Haut zurück, und Colin schaltete befriedigt die Lampe aus. Boris Vian, Der Schaum der Tage

vertreib, eine bloße Scharlatanerie; es sei zwecklos, den Sonnenbrand, die Sommersprossen, die Rötungen des Gesichts beseitigen zu wollen; es sei ein Wahn, zu hoffen, daß man die Reinheit des Teints & die natürliche Hautfarbe ändern könne, & erst recht sei es ein Wahn, die Runzeln beseitigen zu wollen; aber die Frauen, sagt er, sind in die Schönheit so vernarrt & von dem Wunsch, die Spuren des Alters zu entfernen, so besessen, daß es unmöglich ist, diesen Hang bei ihnen zu überwinden & sie von der Nichtigkeit all jener schönen Geheimnisse zu überzeugen, die den Namen *kosmetische Mittel* tragen.

Tatsächlich reduzieren sich die besten, wenn man sie reiflich abwägt, auf den Wert bloßer Abreibungen & Abwaschungen mit alkoholartigen oder öligen Flüssigkeiten, die ohne Gefahr angewendet werden können, um die Haut zu entfetten, zu glätten & zu verschönern. Das sind zum Beispiel Erdbeerwasser, Lavendelwasser, destilliertes Bohnenwasser, der Saft, den man aus den Blüten des Bärlapps &c. erhält, & allenfalls noch das Öl, das man aus Myrrhen, Mandeln, Kürbissen, Melonenkernen, Haselnüssen, Samen des weißen Mohns oder des Leindotters gewinnt, ferner Behemwurzel- oder Kakaoöl, das nicht erhitzt werden darf; das Zimmetwachs der Holländischen Ostindischen Kompanie, die Pomaden, die Walfischtran enthalten, die Zitronensalbe, die aus Kampfer & Emulsionen mehliger Substanzen hergestellt wird; das Talkwasser, das nach derselben Methode gewonnen wird, wie man sie auch beim Myrrhenöl & anderen derartigen Ölen anwendet.

In dieselbe Klasse ordnet man die Rindergalle ein, die filtriert & in einer Menge von sechs Unzen mit je einer halben Unze von pulverisiertem Alaun, Borax & Kandiszucker gemischt wird. Man wäscht das Gesicht abends, vor dem Schlafengehen, mit dieser Flüssigkeit, nachdem man sie filtriert hat, & morgens mit Lavendelwasser. *Jaucourt*

KRETINS – **Crétins** (**Neue Geschichte**). Mit diesem Namen wird ein Menschenschlag bezeichnet, der recht zahlreich im Wallis zur Welt kommt & insbesondere in seiner Hauptstadt Sion. Sie sind taub, stumm, schwachsinnig, nahezu unempfindlich gegen Schläge & haben Kröpfe, die bis zum Gürtel herabhängen; im übrigen sind es brave Leute, die zu keinen Gedanken fähig sind & nur einen, allerdings heftigen Drang kennen, nämlich den, ihre Bedürfnisse zu befriedigen. Sie überlassen sich allen Arten von sinnlichen Vergnügungen, & ihr Schwachsinn hindert sie, auch nur das geringste Vergehen darin zu erkennen. In ihrer Einfältigkeit halten die Walliser *Kretins* für Schutzengel der Familie, & jene Familien, die keine haben, glauben, sie hätten einen ziemlich schlechten Stand im Himmel. Es ist schwierig, Ursache & Wirkung des *Kretinismus* zu erklären. Unreinlichkeit, Erziehung, die außerordentliche Hitze in diesen Tälern, die Gewässer, sogar die Kröpfe sind allen Kindern der ansässigen Bevölkerung gemein. Indessen werden nicht alle als *Kretins* geboren. In Sion starb einer von ihnen während des Aufenthalts von Monsieur le Comte de Maugiron von der Société royale de Lyon in dieser Stadt; man wollte ihm partout nicht erlauben, ihn zu öffnen. Er begnügte sich mit der Untersuchung beiderlei Geschlechter am lebenden Objekt. Rein äußerlich hat er bis auf die fahle, gelbe Haut nichts Außergewöhnliches festgestellt. Siehe auch WALLIS. Diese Einzelheit ist einer Abhandlung des Comte de Maugiron entnommen, die bei der Société royale de Lyon zum Vortrag gekommen & von der uns ein Ausschnitt übermittelt worden ist. *d'Alembert*

KRIEG – **Guerre** (**Kriegskunst & Geschichte**). Streit zwischen Fürsten oder Staaten, der mit Waffengewalt ausgetragen wird. Dies ist ungefähr die Definition von Grotius, der sagt, der *Krieg* sei »der Zustand derer, die versuchen, ihre Streitigkeiten mit Gewalt beizulegen«.

Montecuccoli zufolge ist der *Krieg* »ein Kampf zwischen Heeren, die auf mancherlei Weise aufeinanderstoßen, & der mit dem Sieg endet«. Diese Definition ist nicht ganz richtig, denn wenn ein mächtiger Staat einen schwächeren angreift, so besteht das Kriegsziel bei letzterem weniger darin, den Angreifer zu besiegen, als seine Pläne zu vereiteln.

Wie dem auch sei, die Idee des *Kriegs* ist zu alltäglich & seine Wirkungen sind zu bekannt, als daß wir näher darauf eingehen müßten. Da die Fürsten auf Erden keinen Gerichtshof haben, der über ihre Streitigkeiten & ihre Ansprüche befindet, kann allein der *Krieg* oder die Stärke eine Entscheidung herbeiführen, was gewöhnlich auch geschieht.

Wir werden hier nicht im einzelnen auf die verschiedenen Umstände eingehen, die *Kriege* gerecht oder ungerecht machen. Zu diesem Thema verweisen wir auf die gelehrte Abhandlung von Grotius, *Drei Bücher vom Recht des Krieges und des Friedens*. Wir wollen nur kurz den *Offensivkrieg* & den *Defensivkrieg* erläutern; diese lassen sich jeweils in den *Bewegungskrieg* & den *Belagerungskrieg* unterteilen.

Ein *Offensivkrieg* ist derjenige, bei dem man sich vornimmt, den Feind anzugreifen. Beim *Defensivkrieg* verfolgt man hauptsächlich das Ziel, den Anstrengungen des Feindes standzuhalten & ihn daran zu hindern, Eroberungen zu machen.

Der *Bewegungskrieg* ist derjenige, der zwischen zwei sich gegenüberstehenden Heeren stattfindet. Anders als der *Belagerungskrieg* besteht er im Angriff & in der Verteidigung der Stellungen.

Bevor wir auf dieses Thema eingehen, sei zunächst darauf hingewiesen, daß der *Krieg* eine Kunst ist, die ihre Regeln & ihre Grundsätze & folglich ihre Theorie & ihre Praxis hat. »Jede Kunst & jedes Handwerk vervollkommnet sich durch Übung. Wenn diese Maxime für die kleinsten Dinge gilt, so in noch stärkerem Maße für die wichtigsten. Und wer zweifelt daran, daß die Kriegskunst die größte von allen ist? Durch sie bleiben die Freiheit, die Würden, die Provinzen & das Reich erhalten. Es ist jene Kunst, der die Lakedämonier & später die Römer alle anderen Wissenschaften unterordneten. Es ist die Kunst, das Leben der Kämpfer zu schonen & die Oberhand zu gewinnen«, schreibt Vegetius.

Das Studium einer so wichtigen Kunst muß, Folard zufolge, die Hauptbeschäftigung der Fürsten & der Großen sein. Es gibt nichts Glänzenderes als die Laufbahn eines Generals, der sein Wissen, seinen Eifer & seine Tapferkeit in den Dienst des Fürsten & des Vaterlandes stellt: »Welche Kunst«, sagt dieser Autor, »stellt eine Privatperson ihrem Herrscher gleich, den sie zum Verwahrer all seiner Macht, allen Ruhms & des gesamten Vermögens der Staaten macht?« Einzig der *Krieg* weist diesen Vorzug auf: Kann es einen edleren & interessanteren Beweggrund geben für den Versuch, sich darin auszuzeichnen? *Le Comte de Tressan*

KRIEG – Guerre (Naturrecht & Politik). Der *Krieg* ist, wie wir schon weiter oben gesagt haben, ein Streit zwischen Herrschern, der mit Hilfe der Waffen ausgetragen wird.

Von unseren Urvätern haben wir ihn übernommen;
seit der Kindheit der Welt ist es zu Kriegen gekommen.

Er herrschte in allen Jahrhunderten, selbst auf dem schwächsten Fundament; man sah ihn immer die Welt verwüsten, den Familien die Erben rauben, die Staaten mit Witwen & Waisen füllen. Ein beklagenswertes, doch alltägliches Unglück! Zu allen Zeiten haben die Menschen aus Ehrgeiz, Habgier, Mißgunst, Bosheit einander ausgeplündert, verbrannt & umgebracht. Um dies auf sinnvollere Weise zu tun, haben sie Regeln & Prinzipien erfunden, die man *Kriegskunst* nennt, & von der Anwendung dieser Regeln Ehre, Adel & Ruhm abhängig gemacht.

Der zittrige Finger einer Frau / fährt die Verlustliste entlang / am Abend des ersten Schnees. / Das Haus ist kalt und die Liste ist lang. / Es stehen all unsre Namen darauf. CHARLES SIMIC, KRIEG

Was die Folgen der Waffenergreifung betrifft, so ist es wahr, daß sie von der Zeit, den Orten, den Personen & von den tausend unvorhergesehenen Ereignissen abhängen, die sich unaufhörlich ändern & deshalb nicht bestimmt werden können. Aber es ist ebenso wahr, daß ein Herrscher erst dann *Kriege* unternehmen dürfte, wenn er in seinem Gewissen erkannt hätte, daß sie gerecht, für das öffentliche Wohl notwendig, ja unerläßlich sind & daß gleichzeitig bei dem Unternehmen, das er wagt, mehr zu hoffen als zu befürchten ist.

Nicht nur Prinzipien der Klugheit & der Religion, sondern auch die Gesetze der Verträglichkeit & der Friedensliebe erlauben den Menschen nicht, anderen Grundsätzen zu folgen. Es ist eine unerläßliche Pflicht der Herrscher, sich danach zu richten; denn dazu nötigt sie die Gerechtigkeit der Regierungsweise von Natur aus & auf Grund des Zwecks der Macht, die ihnen anvertraut ist; sie sind verpflichtet, insbesondere um die Güter & das Leben ihrer Untertanen besorgt zu sein; das Blut des Volkes darf nur vergossen werden, um dasselbe Volk aus der äußersten Not zu retten. Leider reißen aber schmeichlerische Ratschläge, falsche Vorstellungen vom Ruhm, nichtige Eifersüchteleien, Habgier, die sich hinter bloßen Vorwänden verbirgt, der falsche Ehrbegriff, nach dem man seine Macht beweisen muß, allmähliche Verpflichtungen, die man auf Einflüsterungen von Höflingen & Ministern eingegangen ist, die Könige fast immer zu *Kriegen* hin, in denen sie ohne Notwendigkeit alles aufs Spiel setzen, ihre Provinzen erschöpfen & ihren Ländern & Untertanen ebensoviel Schaden zufügen wie ihren eigentlichen Feinden.

Angenommen jedoch, ein *Krieg* werde nur im äußersten Notfall aus einem gerechten Grund unternommen, nämlich um der Selbsterhaltung willen, so muß man doch, während man ihn führt, in den Grenzen der Gerechtigkeit verbleiben & darf die Feindseligkeiten nicht über deren Grenzen & unbedingte Erfordernisse hinaus ausdehnen.

Die militärischen Gesetze Europas ermächtigen nicht dazu, vorsätzlich den Kriegsgefangenen, sei es denen, die um Gnade bitten, sei es denen, die sich ergeben, das Leben zu nehmen, geschweige denn Greisen, Frauen & Kindern & überhaupt irgendeinem von denen, die auf Grund ihres Alters oder ihres Berufes keine Waffen tragen können & am *Krieg* keinen anderen Anteil haben, als sich im Feindesland zu befinden oder zur feindlichen Partei zu gehören.

Die Rechte des *Krieges* dürfen erst recht nicht so weit gehen, daß sie sogar die Entehrung der Frauen gutheißen; denn ein solches Verhalten trägt weder zu unserer Verteidigung noch zu unserer Sicherheit bei & ebensowenig zur Behauptung unserer Rechte; es kann nur dazu dienen, die Roheit des zügellosen Söldners zu befriedigen.

Es gibt jedoch tausend andere abscheuliche Zügellosigkeiten, tausenderlei Räubereien & Greuel, die man schändlicherweise im *Krieg* zuläßt. Die Gesetze, sagt man, haben im Waffenlärm zu schweigen. Ich antworte darauf: Wenn auch die Zivilgesetze & die Gesetze der Sondergerichte eines jeden Staates, die nur in Friedenszeiten Gültigkeit haben, im *Krieg* schweigen, so gilt das doch nicht für die ewigen Gesetze, die für alle Zeiten & alle Völker bestimmt & in die Natur geschrieben sind; aber der *Krieg* erstickt die Stimme der Natur, der Gerechtigkeit, der Religion & der Menschlichkeit. Er bringt nur Raub & Verbrechen hervor; es ziehen mit ihm der Schrecken, die Hungersnot & die Verwüstung einher; er zerreißt Müttern, Gattinnen & Kindern das Herz; er verwüstet die Felder, entvölkert die Provinzen & verwandelt die Städte in Staub.

Er laugt die blühenden Staaten mitten in den größten Erfolgen aus; er setzt die Sieger tragischen Rückschlägen aus; er verdirbt die Sitten aller Nationen & macht noch mehr Menschen unglücklich, als er dahinrafft. Das sind die Früchte des *Krieges.* Zur Zeit (1757) hallen die Gazetten nur von dem Unglück wider, das er zu Lande & zu Wasser, sowohl in der Alten, als auch in der Neuen Welt, über die Völker bringt, die doch die Bande eines Wohlwollens, das leider schon schwach genug ist, fester knüpfen & nicht zerschneiden sollten. *Jaucourt*

Alexander Kluge

Krieg

Krieg verwüstet die Felder, entvölkert die Provinzen und verwandelt die Städte in Staub. EIN KRIEG IST EIN STREIT ZWISCHEN HERRSCHERN, DER MIT HILFE DER WAFFEN AUSGETRAGEN WIRD.

So Jaucourt in seinem Artikel: *Krieg* (Naturrecht und Politik). Der Artikel ist 1757 geschrieben, das heißt im zweiten Jahr des Siebenjährigen Kriegs. Die Russen haben gerade bei Groß-Jägersdorf eine preußische Armee zerschlagen. Nach dem Sieg ziehen sie sich, einer momentanen Stimmung in St. Petersburg folgend, ergebnislos nach Osten zurück. Später im Jahr schlägt Friedrich II. bei Roßbach die Armee des Deutschen Reiches und die Frankreichs in wenigen Stunden nach Art eines Blitzkriegs. Es ist die Zeit der Kabinettskriege. Von den Metzeleien des Mittelalters zu den kalkulierten Schlachten des 18. Jahrhunderts führt ein weiter Weg der »Zähmung des Kriegs«. Zwei Kilometer vom Schlachtfeld entfernt kann einer in Ruhe Mittag essen. Selten geht es ums Ganze.

Es ist ein Krieg unter Herrschern. Wie eine Schutzimpfung haben die Gesellschaften die Exzesse des Krieges, der nicht enden wollte (wir nennen ihn den Dreißigjährigen Krieg), die Religionskriege in Frankreich, die Barbarismen bei Errichtung der frühen Kolonien in sich aufgenommen. Es sind REGELN DES KRIEGES entwickelt worden. Der Umgang mit dem Ernstfall, dem des Kriegs, wird als hohe Kunst betrachtet. Die Kunst besteht nicht nur darin, den Gegner zu überwinden, sondern auch darin, die selbsttätigen Kräfte des Kriegs, seine Bewegung, die das Ganze der Welt seiner Zerstörungskraft unterwirft, in Schranken zu halten. Kriegskunst *(l'art de guerre)* gilt, noch über die Architektur hinaus, als höchste der Künste. So schreibt Friedrich II. von Preußen noch während des Kampfes bei Roßbach: »Ich kann mich nicht daran gewöhnen, die Franzosen als meine Feinde zu betrachten.« Er sorgt dafür, daß bekannt wird, wie er am Vorabend einer Schlacht Racines Tragödie *Mithridate* zur Hand nimmt und, durch das Fenster zu sehen, mit dramatischen Gesten die Verse des Tragödiendichters deklamiert.

35 Jahre später bricht, aus dem Verlauf der Französischen Revolution heraus, der moderne Krieg aus, den Jaucourt bei Abfassung seines enzyklopädischen Artikels nicht kennen konnte: der Volkskrieg. Er ist von Anfang an Weltkrieg. Der erste dieser Konflikte dauert 23 Jahre (1792 bis 1815). Er ist transatlantisch, weil die Freiheit der USA, die Okkupation fremder Kolonien durch England, der Aufbau von dessen Seemacht, die kontinentalen Schlachten Napoleons gegen Österreich, Preußen und Rußland, der Aufstand in Spanien miteinander vernetzt sind. Ehre, Adel, Ruhm; Naturrecht, »Früchte des Krieges« (alles Vokabeln von Jaucourt) werden zu Phrasen. Massenvernichtungswaffen (industrialisierter Krieg), *levée en masse* (Wehrpflicht), Propaganda, Wirtschaftskrieg und Guerilla sind die neuen Erscheinungen. Dieser neue Krieg erlischt erst in der zweiten Hälfte des 20. Jahrhunderts (und auch dann nur für die Metropolen) und wird abgelöst durch die Abschreckung.

Nach 1815 einigen sich die erschöpften Staaten auf dem Wiener Kongreß nicht etwa auf Naturrecht, Instrumente der Völkervereinigung, sondern auf die Aufteilung der Interessensphären und auf Instrumente der Repression. Es ist ein Instrumentarium aus dem 17. Jahrhundert, das das 19. Jahrhundert zähmen soll. Noch Henry Kissingers Begriffe von Krieg und Frieden gründen sich auf dieses politische Arsenal.

Auf den Krieg von 1792 bis 1815 bezieht sich der theoretische Kommentar *Vom Kriege,* hinterlassenes Werk von Carl von Clausewitz. Im ersten Buch, Kapitel 1: *Über die Natur des Krieges,* beschreibt Clausewitz den *modernen* Krieg. Der Krieg, sagt er, ist ein Akt der Gewalt, um den Gegner zur Erfüllung unseres Willens zu zwingen. Kein Wort von Herrscher, nichts bloß von Staaten und der »Kriegszustand« ist auch kein Mittel gegen das Chaos. Diese Theorie des Krieges paßt auf Haß und Friedensschluß in der Liebe, auf die Kriege zwischen Generationen, zwischen Wirtschaftsimperien und beschreibt immer noch ausreichend die Blitzkriege von 1940 bis zum bitteren Ende in Berlin. Auch der Golfkrieg oder der Krieg heute zwischen Äthiopien und Eritrea folgen der Beschreibung von Clausewitz, kaum aber noch der Krieg im Kosovo.

Krieg ist eine ernste Sache, nichts wirkt sich im Krieg barbarischer aus als Gutmütigkeit, heißt es bei Clausewitz. Nichts wirkt aus dem Geiste des Krieges der äußersten Anwendung aller Mittel, auch der unmenschlichsten, entgegen. Der Krieg, sagt Clausewitz, »träumt von seiner absoluten Gewalt«. Ihm wirkt nichts entgegen als die Wirklichkeit selbst. Zu ihr gehören das Wetter, das Mißlingen

(Friktionen), die Verluste, vor allem aber die subjektiven Kräfte. »Die Wahrscheinlichkeiten des wirklichen Lebens treten an die Stelle des äußersten und absoluten der Begriffe.« Der Krieg erstickt nur an sich selbst oder durch Eingriff eines Stärkeren.

Im Jahre 1939 veranstaltet Albert Einstein eine schriftliche Umfrage: Was man, auch durch Aktivierung der moralischen Gewissen, gegen den Kriegsausbruch in Gang setzen könne? Sigmund Freud antwortete ihm skeptisch. Gerade in der moralischen Struktur der Menschen sei Kriegsauslösendes angelegt. Die Vereinigten Gewissen glichen, schreibt er, einer Zeitbombe eher als einem Werkzeug zur Entschärfung von Bomben. Man müsse im Krieg selbst, seiner Maßlosigkeit, seiner Unverhältnismäßigkeit gegenüber der Menschenart, nach Gegenmitteln suchen. Könne der Krieg sich nicht selbst auslöschen, so gebe es wohl kein wirksames Gegenmittel. Es sei allerdings im Menschengeschlecht eine Allergie gegen den Krieg verborgen, eine Überempfindlichkeit. Diesen Schatz gelte es zu heben. Menschen, sagte der Tiefenforscher, seien fähig, auf den Krieg idiosynkratisch wie auf eine Kellerassel zu reagieren. Es sei merkwürdig, daß sie sich statt dessen von bunten Uniformen faszinieren lassen, die doch mit der Vernichtungswut des Krieges wenig zu tun haben.

Das neue Kriegsbild / Virtueller Krieg. Der durch den Krieg in Vietnam ausgelöste weltweite Protest und die objektive Unmöglichkeit der beiden Supermächte, einander durch offenen Krieg zu attackieren, ohne sich auszulöschen, haben das KRIEGSBILD IN DER ZWEITEN HÄLFTE DES 20. JAHRHUNDERTS nachdrücklich verändert. Die Jahre zwischen 1970 und 1989 sind dadurch gekennzeichnet, daß die Atom- und Raketendrohung vor allem für Europa eine den theoretischen Eifer lähmende Bedrohungsglocke errichtet. Eine allseitige Katastrophe ist offensichtlich in jedem Moment möglich. Der Schlußstein in einer aus absurden Einzelstücken zusammengefügten SICHERHEITSARCHITEKTUR heißt Frieden. Hinzu kommt die Übertragung des Abschreckungs-Szenarios auf den Weltraum (SDI). Das verhält sich wie ein Negativ zu den Auffassungen von Clausewitz. Die Wahrscheinlichkeiten des täglichen Lebens wären hier allenfalls in der Lage, die absolute Gewalt eines Krieges in Gang zu setzen. Auf der anderen Seite ist ein an der Grenze des Unwahrscheinlichen gebautes hybrides Kommunikationssystem (Experten einander feindlicher Mächte) in der Lage, ein Gleichgewichtssystem aufrechtzuerhalten. Voraussetzung dafür ist, daß nicht zugleich versucht wird, Menschenrechte oder moralische Positionen zu besetzen. Es geht insofern um Kategorien des Wiener Kongresses oder des 17. Jahrhunderts. Die zweite Prämisse scheint darin zu bestehen, daß keine planerischen Eingriffe erfolgen. Der Apparat des weltweiten Krisenmanagements über Assistenten und Unterassistenten, die ihre Führer in die Konferenzen tragen, setzt eine spezielle Unbewußtheit voraus, wie sie für den Reiter über den Bodensee oder für Börsenanalysten gilt, die, damit es nicht zum Schwarzen Freitag kommt, den Überblick vermeiden müssen.

Zehntausend Teufel, die gemeinsam
den wealth of nations entfachen.
(Adam Smith / Ezra Pound)

Die Theorie dieses NICHT-KRIEGES, DER KEIN FRIEDEN IST, blieb bisher ungeschrieben, weil sie in der öffentlichen Diskussion, die sich den Kategorien der Enzyklopädie, das heißt der Diskussion unter Vernünftigen, verbunden fühlt, absurd klingt. Tatsache ist jedoch, daß alle Formen des Kriegs, die atavistische, die der Kabinettskriege, die des totalen oder Volkskriegs, die der Abschreckungsglocke und die eines Kriegs im Weltraum oder aus dem Weltraum heraus zur gleichen Zeit koexistieren. Nichts in der Zeitgeschichte gibt ein Versprechen, daß einer dieser Aspekte des Krieges zuverlässig ausgeblendet bleibt. Es ist deshalb lebensnotwendig, die Wechselwirkung zwischen den verschiedenen Kriegsformen zu erforschen. Die Frage richtet sich weniger auf Wahrheit als auf Gleichgewicht. In einem ganz anderen Sinne, als Jaucourt im Jahre 1757 es meinte, geht es um KRIEGSKUNST. Nur wer die Maschinerie versteht, vermag die Zeitbombe zu entschärfen. Daher ist sie bislang nicht entschärft. Die wichtigste politische Frage hierbei ist, inwieweit man eine solche FRAGE DES ERNSTFALLS Experten überlassen kann. Wir brauchen eine funktionierende ÖFFENTLICHKEIT allein schon aus dem Grund, daß eine Entscheidung über Krieg und Frieden – über diese tägliche Frage, auf die sich Souveränität gründet – ohne sie nicht möglich ist.

Errungenschaften und Grenzsetzungen aufgrund von Krieg. Berichte, nach denen Kriege einen technologischen Schub, einen Prozeß der Aufklärung oder eine »schöpferische Zerstörung« angerichtet hätten, beruhen zumeist auf Gerüchten. Dagegen haben bittere Kriegserfahrungen Grenzsetzungen hervorgebracht, die zum Bestand einer Antikriegspolitik oder Kriegshemmungspolitik gehören. Dazu zählt die Einsicht in die Wildheit und Nichtbegrenzbarkeit des Krieges. Ein anderes Beispiel ist das Rote Kreuz, zum Schutz von Kriegsgefangenen und Verwundeten, hervorgegangen aus erschütternden Eindrücken in der Schlacht bei Solferino, einem halbindustriellen Gemetzel zur Befreiung Italiens. Eine wesentliche gedankliche Institution sind auch die Grenzsetzungen, die im Begriff des Krieges (also in Rechtsszenen des Völkerrechts) enthalten sind. Kann ein Einzelmensch, kann ein Amokschütze der Menschheit den Krieg erklären? Wäre der in seinen Rechten verletzte Michael Kohlhaas zu einer gültigen Kriegserklärung berechtigt? Was ist der Status einer Stadtguerilla? Haben Clan-Kriege oder das Abschlachten der Nachbarn, in Erscheinung getreten auf dem Balkan oder in Indonesien, etwas mit Krieg zu tun? Sind Morde in der

Intimsphäre, unter Liebenden, Verzweiflungstaten, Krieg? Gegeneinander oder gegen die Gesellschaft?

Das VÖLKERRECHT, das auch im Krieg gilt, ist eine Errungenschaft, entwickelt aus dem Grauen des mittelalterlichen Kriegs, wie er sich in die frühe Neuzeit hineinzog und vor allen im religiösen Fanatismus seine Spitze hat (bis heute). Die Definitionen, die den Krieg eingrenzen, so daß im Krieg zugunsten von Menschen Privilegien gelten, sind definiert bei Hugo Grotius: *Drei Bücher vom Recht des Krieges und des Friedens.* Ein Gefangener darf nicht gequält und in seinen Menschenrechten nicht mehr als für den Krieg notwendig verletzt werden. Das Zivil, das nicht kämpft, darf in die Vernichtungsaktion nicht einbezogen werden. Dieses Völkerrecht konzentriert sich auf die Freiheit der Seewege, des Handels sowie darauf, daß ein Königsweg zum endlichen Friedensschluß jederzeit möglich bleibt. »Handle stets so, daß du nach Einstellung der Kämpfe weiterarbeiten könntest.«

Radikale Verstöße gegen das Kriegsrecht, die in Nürnberg nicht bestraft wurden. Der Übergang zwischen Krieg und Barbarei war immer fließend. Soweit es einen Unterschied gibt, ist er darin markiert, daß einem Feind die Kapitulation offenbleibt. Um einem anderen meinen Willen aufzuzwingen, darf ich ihn nicht vernichten. Es steckt Pathos in Clausewitz' Vorstellung vom Krieg: daß ich den Willen des anderen nur unterwerfen kann, wenn überhaupt ein solcher Willen vorhanden bleibt.

Das Idol militärischer Fachleute liegt anders. Es kreist um die Vernichtungsschlacht einerseits (Cannae) und die Idee, »dem Gegner das Blut abzuzapfen«, also zu morden, ohne eine Entscheidung herbeizuführen (Verdun). Radikalisiert werden diese Positionen im Luftkrieg gegen die Zivilbevölkerung. Das Ziel, diese durch Bomben zum Ungehorsam oder Aufstand gegen die eigene Führung zu veranlassen *(moral bombing)* ist nachweislich sozialpsychologisch unerreichbar. Andererseits hat eine in den Kellern befindliche Bevölkerung (Strategie von unten) keine Waffen gegen das Bomberkommando (Strategie von oben). So ist eine Kapitulation einer bombardierten Bevölkerung gegenüber der anfliegenden Armada im konkreten Moment praktisch ausgeschlossen.

Die militärischen Erpressungsszenarien des 21. Jahrhunderts gehen weit über diese perverse Ausweitung des Kriegsbegriffs hinaus. Das Szenario des eigenen Schutzes gegen Raketen, bei beibehaltener Bedrohung der übrigen Welt (Raketenabwehrschild), enthält ein Exekutionspotential, das über das Prinzip des Luft- oder Gasangriffs weit hinausgeht und bereits auf der Ebene der vorangehenden wirtschaftlichen und diplomatischen Sanktionen einen Zustand herstellt, gegenüber dem es keine wirksame Kapitulation durch konkrete Menschen gibt. Sie werden durch abstrakte Mächte, einschließlich ihrer ohnmächtigen eigenen Obrigkeit, ENTREALISIERT, noch bevor getötet wird. Die Verschwörung durch den Beginn und die Ausübung dieser Art von »Kriegshandlungen«, die dem Begriff des Krieges nicht entsprechen, aber auch in allen atavistischen Formen des Gemetzels keinen historischen Untergrund haben, stellt eine neue Art des Verbrechens dar, für das eine supranationale unabhängige Gerichtsbarkeit gefordert werden muß. Wichtig ist, daß es sich hier nicht um Kriegsverbrechen, sondern um eine selbständige Verbrechensart handelt: das Geschichtsverbrechen.

Der Krieg entwickelt sein eigenes Gegengift. Es gibt seltene Fälle, in denen sich eine Kriegserfahrung überlebt. Die Zählebigkeit des Krieges und vor allem sein Gestaltwandel (zeitgleich treten moderne und älteste Formen auf) haben das Vorurteil gefestigt, nichts könne zur Abschaffung des Kriegs geschehen. Dies mag für den Krieg als Ganzes wahr sein, für jedes einzelne Element, aus denen Kriege bestehen, ist es unzutreffend. Man kann für alle Kriegsmittel von einer begrenzten Halbwertzeit ausgehen. Insofern ist der Krieg »der Menschheit aufgepfropft« (Immanuel Kant). Er ist künstlich.

Als die moderne Industrie galt 1914 die Chemie. Ihr Beitrag zum Chaos von Verdun war das Giftgas. Ein Giftgasangriff begründete 1917 die erste Durchbruchsschlacht im Osten, bei der die militärische Führung das Prinzip des Blitzkriegs entdeckte.

Die bahnbrechende und für Menschen furchtbare Waffe »schlief wieder ein«. Giftgas geisterte in Zukunftsplänen der zwanziger Jahre für den Luftkrieg umher. Es wurde im kolonialen Zusammenhang in Nordafrika angewendet. Im Zweiten Weltkrieg wurde Gas tatsächlich zwar vorrätig gehalten, aber nicht eingesetzt. Dies gibt keine Sicherheit hinsichtlich des zukünftigen Einsatzes von bakteriologischen oder chemischen Kampfmitteln. Es zeigt jedoch eine »Vergeßlichkeit des Kriegs«, die die Erfahrung nährt, daß Waffen sterblich sind.

Die Mehrzahl der Kriege entsteht aus Nebensachen. Die kriegsauslösenden Faktoren entstehen getrennt und marschieren vereint. Demgegenüber ist die menschliche Aufmerksamkeit, die auf diese Faktoren achten soll, nach Generationen getrennt, sterblich, und sie verhält sich zerstreut. Moderne Administrationen, die die Zustimmung ihrer Bürger brauchen, werden auf Hauptkonflikte aufmerksam reagieren. Gerade die Konzentration behindert die Aufmerksamkeit für Nebenschauplätze, aus denen die Krise in die Wirklichkeit eindringt. Insofern müßte neben jeder Administration, die kriegsverhütende Politik betreibt, eine zweite Institution die Nebensachen überwachen. Zum Teil geschieht dies bereits durch Stiftungen, die sich der Sicherheitspolitik widmen.

Der Zweite Punische Krieg entstand durch eine zufällige Revolte von Söldnern, die in Sizilien eine Stadt okkupierten und sich an Rom um Schutz wandten. Die Frage war für Karthago im Kern ebenso gleichgültig wie für Rom. Die beiden Großmächte wurden ausgespielt durch dritte Kräfte, eine Nebensache der Geschichte. Rom wäre beinahe (nach Cannae) und Karthago ist tatsächlich an einer so kleinen Ursache untergegangen.

The Statistics of Deadly Quarrels. Um die Gewalt, die im Ersten und Zweiten Weltkrieg unverhüllt ausbricht, zu erforschen, hat der Meteorologe I. F. Richardson seine auf Wetterwahrscheinlichkeiten ausgerichteten Computer mit den Daten aller Friedens- und Kriegszeiten von 1815 bis 1945 gefüttert. Es ergibt sich das Bild einer kontinuierlich anwachsenden Krise, die sich staut, je länger eine Friedenszeit dauert. Insofern sei, sagt Richardson, jeder neue Krieg um das grausamer, das heißt reicher an Toten, als die Friedenszeit vorher lang war.

An dieser Beobachtung fasziniert, daß sie den Blick dafür öffnet, daß die prinzipienlose, improvisierte Sicherheitsarchitektur des Wiener Kongresses keine Instrumentarien kannte, die das Aufschaukeln einer weltweiten, mindestens aber europaweiten Krise bis 1914 verhindert hätte. Richardson bezeichnet etwas Einfaches: daß nämlich der historische Prozeß eine Kontinuität besitzt und die Phasen von Krieg und Frieden nur Metamorphosen sind. Die Regel: Je längerer Frieden, desto düsterere Kriege, muß deshalb nicht für Zeiten gelten, in denen sich keine Krise aufeinanderschichtet, weil Abflüsse für die Konflikte vorhanden sind.

Alle Analysen zum Begriff Krieg kreisen um die Kategorien Wahrscheinlichkeit und Unwahrscheinlichkeit. Es ist zur Kriegsverhinderung ein Vertrauen auf das Unwahrscheinliche erforderlich, während das Rechnen in Wahrscheinlichkeiten eine große Zahl geplanter oder vorgestellter Kriege auslöste. Die daraus entstehenden Vorurteile, also der Glaube an das Wahrscheinliche, muß durch die »Lust aufs Unwahrscheinliche«, die in jedem Menschen, also auch in vielen Politikern steckt, durchbrochen werden. Dies ist die Kunst des rechten Zeitpunkts, den man in historischen Glücksfällen beobachtet. Umgekehrt arbeitet die gleiche »Lust aufs Unwahrscheinliche« in den Menschen traditionell einem Kriegsausbruch (wie dem von 1914) zu, wenn nämlich Menschen im Krieg eine Abkehr vom Realitätsprinzip, das sie unbefriedigt läßt, erwarten. Für das Verhältnis großer Industrieländer ist heute diese Erwartung, daß Krieg eine solche Unterbrechung des Alltags und nicht vielmehr unmittelbare Verletzung und nichtmenschliches Chaos erbringe, eingeschlafen. Schon 1939 wird beobachtet, daß es keine Kriegsbegeisterung mehr gibt.

Fatalisten, Skeptiker. Wenn Vorurteilslosigkeit bedeutet, sich den Unglauben an die Notwendigkeit von Kriegen zu bewahren, so sind Skeptiker, in der Tradition von Montaigne, dem Vorurteil ferner, Fatalisten dem Vorurteil näher. Überzeugungstäter, sei es gegnerisch oder fördernd in bezug auf Krieg, zählen merkwürdigerweise in der Praxis zu den Fatalisten. Ihnen fehlt ein Stück Unglaube an den Krieg.

Friedensschlüsse sind nur haltbar, wenn sie die Interessenkonflikte vollständig regeln. Clausewitz bezeichnet Krieg als Fortsetzung der Politik mit anderen Mitteln in der Hinsicht, daß unter den Einwirkungen der Realität Kriege von sich aus auf einen Friedensschluß hinführen. Irgendwann ist der Krieg erschöpft und bricht zum Frieden hin zusammen. Zugleich deutet Clausewitz aber auch an, daß die charakteristische Struktur eines Krieges auch die Struktur des Friedensschlusses beeinflußt. Ähnlich einer Handschrift. So ist das Vernichtungsprinzip, das dem Fachverstand der Militärs naheliegt, Ursache schwerwiegender Verirrungen beim Friedensschluß gewesen: bei den Deutschen gegenüber den Russen im Frieden von Brest-Litowsk von 1917, bei den Alliierten gegenüber den Deutschen in Versailles 1919. Die Struktur gewalttätiger und zugleich unvollständiger Friedensschlüsse ist nicht nur an den Folgen für den Gegner, sondern auch an den Folgen für das eigene Land zu erkennen. So ist die Zerstörung von Karthago in ihrer Rückwirkung die Ursache für das Entstehen der Alleinherrschaft in Rom, der Prätorianer, der Ära der Soldatenkaiser, der Korruption und des Untergangs des Imperiums.

Gelungene Friedensschlüsse sind Fließgleichgewichte. In einigen Fällen kann man sehen, daß sie nicht nur den Krieg beendigen, sondern ganze Wirklichkeiten hinwegschwemmen, die Kriegsauslöser waren. So sind die 1945 gefundenen neuen Machtgleichgewichte, auch wenn sie einen stabilen kalten Krieg auslösten, zusammen mit dem Marshallplan kraftvoll genug gewesen, in Mitteleuropa eine Wirklichkeit zu verändern. Noch die sekundären Folgen haben die Bundesrepublik und Frankreich nach 350 Jahren der Feindseligkeiten zusammengeführt.

Aufklärung ist der Ausgang des Menschen aus der selbstverschuldeten Unmündigkeit. Unmündig ist ein Mensch, der sich gehindert sieht, sich seines eigenen Verstandes ohne Hilfe eines Dritten zu bedienen (Immanuel Kant). Die Vorstellung des Subjekts und seiner Gesellschaft als Souverän ist besonders wesentlich im sogenannten Ernstfall. Protego ergo sum: Ich vermag zu schützen, deshalb bin ich – das ist die Urzeile der Souveränität, eine fast mütterliche Eigenschaft. Eine hierauf bezogene Selbstbewaffnung des Menschen muß tauglich sein, die gewalttätige Umstülpung aller Umweltverhältnisse, die wir entweder Krieg oder ein Verbrechen nennen, auszuschließen. Nur so ist ein Mensch oder eine Gesellschaft souverän, der Aufklärung offen.

In ihrem Buch *Autorität und Familie*, in dem es um das Verhältnis von Intimsphäre, Aufklärung, Faschismus und Krieg geht, haben Horkheimer und Adorno eine traditionelle Struktur beschrieben, aus der die Gegenkonstruktion zur Aufklärung, der autoritäre Charakter entsteht. In Millionen Familien wird, ähnlich atomaren Brutöfen, in einem KRIEG DER GEFÜHLE eine überhitzte Energie erzeugt; auf, von der Gesellschaft gesehen, isolierten Parzellen. Bei den naiven Übertragungen solcher Energien in die Gesamtgesellschaft (»Gefühlspolitik«) entstehen Massenbewegungen, Ausgrenzung, Zerstörungen, subjektiver Rohstoff für Krieg. Für den Anbruch des 21. Jahrhunderts muß man dem die Beobachtung hinzufügen, daß der gesellschaftliche Prozeß und die subjektiven Autoren dieses Prozesses stärker auseinandergeschaltet sind, als sie es je waren oder als es von den klassischen Ökonomen beschrieben ist, wenn sie sagen, die Produzenten von Leben und Gesellschaft stünden neben dem Produktionsprozeß der Geschichte, dessen Herren sie sein sollten. An einem bestimmten Punkt der Entfremdung angekommen, scheint es gleich, welchen Irrtümern und Impulsen die Menschen anhängen, der gesellschaftliche Prozeß findet ohne sie statt. Ähnlich wie bei der Abschreckungsstrategie entsteht aus dieser Auseinanderschaltung von Mensch und Gesellschaft, von Lebenswelt und Systemwelt, ein Gleichgewicht. Es macht absichtliche Kriege oder Kriege mit Willen der Menschen in den Metropolen unwahrscheinlich. Es enthält äußerste Risiken auf der Systemseite, die unzureichend unter menschlicher Beobachtung steht. Es enthält gefährliche Zündfunken in der Wechselwirkung zwischen den nach wie vor überhitzt arbeitenden Einzelzellen der Gesellschaft, von Medien nur ungefähr verdünnt, zerstreut und lateralisiert, und den für die Meinung der Bürger empfindlichen Systemen, einschließlich der globalen. Merkwürdigerweise gilt: Weil Menschen entmündigt sind, bilden sie keine Kriegsgefahr. Weil Systeme versachlicht sind, bewegen sich ihre Motive zur Gewaltanwendung unterhalb der Schwelle des Krieges.

Den Leser, der die *Encyclopédie* im Herzen trägt (und die hoffnungsvollen Gärten der Klassik von 1801 vorausweiß), kann eine Perspektive, die auf Unmündigkeit und abgerichteter Menschlichkeit beruht, nicht befriedigen. Da die modernen globalisierten Systeme breite Teile der menschlichen Gefühls- und Arbeitskraft nicht brauchen, sind diese frei, so parallel wie nötig und so eingreifend wie möglich, Trampelpfade der Mündigkeit anzulegen. Dies setzt voraus, daß wir aus bitterer Erfahrung lernen. An die Stelle der Kriegsverhinderung, zu der wir über keine unmittelbaren Mittel verfügen, tritt die Vergegenwärtigung des Kriegs. Nur aus dem Krieg selbst können wir lernen, sagt Freud, welche Gegenkräfte gegen die Elemente des Kriegs wirksam sind. Was wir gegenüber der Erfahrung von 1757 voraus haben, ist die Kenntnis, daß der Krieg als Ganzer ein viel zu großes wechselhaftes und zum Teil verborgenes Objekt ist für menschliche Kräfte: Krieg ist ein Monster. Was wir ebenfalls wissen ist, daß jedem *einzelnen* Element des Kriegs mit der Zeitbomben-Entschärfungstechnik der letzten 350 Jahre beizukommen ist. An dieser Stelle ist nach wie vor der Kampf gegen den Krieg identisch mit dem Kampf gegen die Vorurteile.

Internationale der Kriegsgegner. So wie es unverhältnismäßig ist, sich mit dem VATER ALLER DINGE, dem Krieg als Ganzem und Wechselbalg, messen zu wollen, während jedes der einzelnen Elemente besiegbar ist, so muß man sich einen Kriegsgegner nicht als Individuum oder als eine Vereinigung aus Einzelmenschen vorstellen. Freud weist zu Recht darauf hin, daß man in einem solchen Fall die im Inneren des Menschen kriegführenden Parteien, also den permanenten Krieg in uns, in die Front der Kriegsgegner importiert. Die Internationale der Kriegsgegner besteht vielmehr aus dem Park an Gefühlen, Unterscheidungen und Charaktereigenschaften, die spontan, aus sich heraus, dem Vernichtungsprinzip entgegen arbeiten. Die gärtnerischen Eigenschaften im Menschen sind der Gegenpol des Kriegs. Das bedeutet, daß man innerhalb dieser Eigenschaften nicht wieder durch Moralisierung oder unverhältnismäßige Zuspitzung Ausgrenzungen vornehmen darf. In diesem Sinne sind Menschen keine moralischen oder wahrheitssuchenden Lebewesen, sie sind vielmehr Hersteller von Illusionen. Durch Illusion schützen sie sich, wenn sie an Schutzengel, Glück, unwahrscheinliche Rettung oder menschliche Macht über Schicksal und Krieg glauben. Diese Illusion beziehungsweise dieser Glauben ist kein Vorurteil. Menschen im Kokon sind tatsächlich in der Lage, Glück aufzufinden. Es muß somit als wirksame Vereinigung gegen die Kriegsgreuel auf alle Einzelelemente der menschlichen Verfassung gesetzt werden, darunter auch die im moralischen Sinne provokativen. Ich verleugne den Krieg, ich halluziniere, daß es ihn nicht geben wird, ich halte mich und meine Kinder und Kindeskinder durch ein glückliches Geschick beschützt. Dies alles sind vorteilhafte Vorurteile, die in den Bestand der Internationale der Kriegsgegner eingereiht gehören.

Das Unaufgehobene der sozialistischen Internationale und des Spartakus-Bundes von 1917 ist deren radikale Kriegsgegnerschaft. Dies, und nicht das Prinzip der Gleichheit unter den Menschen, ist die Speerspitze der sozialistischen Internationale. Daß diese Spitze unwirksam blieb gegen den Ausbruch des Weltkriegs von 1914, löste den industriellen und emotionalen Prozeß aus, der eine kurze Zeit den Eindruck erweckte, als könne auf diesem Wege die Mündigkeit des Menschen gegenüber dem Ernstfall des Kriegs hergestellt werden. Entweder der Mord an Rosa Luxemburg und die generelle Rekapitulation dieses revolutionären Elements durch Freunde und Feinde oder aber die ungenaue Kenntnis des Trampelpfads führte zu einem vorübergehenden Versagen dieses Prozesses der Entwicklung. Er endete in realsozialistischer Administration und Repression, was die Gründer nie verstanden hätten. Sie sind Anhänger eines Sklavenaufstandes, zugleich Kriegsgegner. Kriege von Sklaven waren nur in einem einzigen Fall siegreich, in der Republik Haiti, mit unbefriedigendem Übergang zur Jetztzeit. Der antimilitaristische Impuls der sozialistischen Bewegung ist bleibender Stachel, unwiderlegt. An ihm, und nur an ihm kann sich der Unterschied zwischen »Abwiegler« und »enragé« erweisen (entsprechend revanchistisch und radikal). Alle Vorurteile, alle Irrtümer und Illusionen, die Schwarzmarktgedanken, alle moralisch verwerflichen und sinnlich attraktiven Emotionen, die Vorteilssucht, Glückssuche und die börsianische Spekulation, einschließlich gewissenlosen Unternehmertums, haben freien Eintritt zur Internationale der Kriegsgegner.

Ein Denkmal für den unbekannten Deserteur, zu errichten in Blickweite zum Brandenburger Tor. Eine der schärfsten Hypokrisien vor dem Antlitz der Aufklärung sind die Todesurteile gegen Deserteure. Wer den Gesellschaftsvertrag nicht unterschrieb, kann nicht deswegen mit dem Tode bestraft werden, weil er dem Massaker entrinnen oder den Heimweg zu seiner Geliebten finden wollte und deswegen von Straßburg über den Rhein ins Badische schwamm (»Zu Straßburg auf der Schanz«). Noch nach dem 8. Mai 1945 wurden Matrosen wegen Desertation von der Militärjustiz am Leben gestraft. Es bleibt nichts übrig, als durch ein zentral aufgestelltes Denkmal Abbitte zu leisten.

KRITIK IN DEN WISSENSCHAFTEN – **Critique dans les sciences.** Die Wissenschaften reduzieren sich auf drei Punkte: den Beweis der alten Wahrheiten, die Reihenfolge ihrer Darlegung, die Entdeckung neuer Wahrheiten.

Die alten Wahrheiten beruhen entweder auf Tatsachen oder auf Spekulationen. Die Tatsachen sind moralische oder physische. Die moralischen Tatsachen bilden die Geschichte der Menschen, in die sich oft Physisches mischt, aber immer im Zusammenhang mit dem Moralischen.

Da die biblische Geschichte offenbart ist, so wäre es gottlos, sie der Prüfung durch die Vernunft zu unterwerfen; aber es gibt eine Möglichkeit, sie sogar zum Triumph des Glaubens zu erörtern. Die Texte vergleichen & miteinander in Einklang bringen; die Ereignisse mit den Prophezeiungen, die sie voraussagen, vergleichen; der moralischen Evidenz zum Sieg über die physische Unmöglichkeit verhelfen; die Abneigung gegen die Vernunft durch die Triftigkeit der Zeugnisse überwinden; die Überlieferung an ihrer Quelle erfassen, um sie in ihrer ganzen Überzeugungskraft darzubieten, & schließlich aus der Menge der Wahrheitsbeweise jedes unbestimmte, schwache oder unzutreffende Argument, eine Art Waffe, die allen Religionen gemeinsam ist, die vom falschen Glaubenseifer angewendet wird & über die sich die Gottlosigkeit lustig macht, ausschließen – das wäre die Aufgabe des *Kritikers* auf diesem Gebiet. Manche haben das mit ebensoviel Erfolg wie Eifer unternommen, & unter ihnen muß Pascal den ersten Platz einnehmen, ihn später aber dem abtreten, der das vollbringt, was er nur zu bedenken gab.

In der weltlichen Geschichte den Tatsachen mehr oder weniger Überzeugungskraft verleihen, je nach dem Grad der Möglichkeit, der Wahrscheinlichkeit, der Berühmtheit & nach dem Gewicht der Zeugnisse, die sie bestätigen; den Charakter & die Lage der Geschichtsschreiber untersuchen & feststellen, ob es ihnen freistand, die Wahrheit zu sagen, & möglich war, sie zu erkennen, ob sie imstande waren, sie zu erforschen, & ob sie nicht Interesse daran hatten, sie zu verschleiern; nach ihnen bis zur Quelle der Ereignisse vordringen, ihre Mutmaßungen einschätzen, sie miteinander vergleichen & aneinander beurteilen – welche Aufgaben für einen Kritiker, & wie viele Kenntnisse muß er erwerben, wenn er sie lösen will! Die Sitten, das Wesen der Völker, ihre wechselseitigen Interessen, ihre Reichtümer & die ihnen zur Verfügung stehenden Kräfte, ihre ausländischen Ressourcen, ihre Erziehung, ihre Gesetze, ihre Vorurteile & ihre Prinzipien; ihre Innenpolitik, ihre Disziplin nach außen; ihre Weise, sich zu betätigen, sich zu ernähren, sich zu bewaffnen & zu kämpfen; die Talente, die Leidenschaften, die Laster, die Tugenden derer, die die öffentlichen Angelegenheiten geleitet haben; die Quellen der Projekte, Unruhen, Umwälzungen, Erfolge & Rückschläge; die Kenntnis der Menschen, Gegenden & Zeiten: kurz alles, was in der moralischen & in der physischen Welt dazu beitragen kann, die Ordnung der menschlichen Dinge hervorzubringen, zu erhalten, zu ändern, zu zerstören & wiederherzustellen, muß in den Plan einbezogen werden, nach dem ein Gelehrter die Geschichte erörtert. Wie viele Einsichten & Überlegungen verlangt auf diesem Gebiet oft eine einzige Begebenheit, die geklärt werden soll! Wer wagt zu entscheiden, ob es verkehrt war, daß Hannibal in Capua haltmachte, & ob Pompeius bei Pharsalus um die Macht oder für die Freiheit kämpfte? Siehe GESCHICHTE, POLITIK, TAKTIK &c.

Die rein physischen Tatsachen sind es, die die Naturgeschichte bilden, & ihre Wahrheit läßt sich auf zweierlei Weise beweisen: entweder indem man die Beobachtungen & die Experimente wiederholt oder indem man die Zeugnisse gegeneinander abwägt, wenn man nicht in der Lage ist, sie nachzuprüfen. Aus Mangel an Erfahrung hat man unzählige Tatsachen, die Plinius berichtet & die täglich durch die Beobachtungen unserer Naturforscher bestätigt werden, für Märchen gehalten.

Die Alten hatten das Gewicht der Luft vorausgeahnt, Torricelli & Pascal haben es bewiesen. Newton hatte die Abplattung der Erde verkündet, Philosophen sind von einer Hemisphäre zur anderen gereist, um sie zu messen. Der Spiegel des Archimedes verwirrte unseren Verstand, & ein Physiker versuchte ihn nachzubilden, anstatt dieses Phänomen abzustreiten, & weist es jetzt nach, indem er es wiederholt. So muß man die Tatsachen *kritisieren*. Aber die Wissenschaften werden, wenn sie diese Methode befolgen, kaum noch *Kritiker* haben, siehe auch Erfahrung. Es ist einfacher & leichter, das abzustreiten, was man nicht versteht. Aber ist es etwa unsere Aufgabe, die Grenzen des Möglichen abzustecken, da wir doch jeden Tag sehen, wie der Blitz nachgeahmt wird, & da wir vielleicht dem Geheimnis, ihn zu beherrschen, schon auf der Spur sind? Siehe Elektrizität.

Diese Beispiele müssen einen *Kritiker* bei seinen Entscheidungen sehr vorsichtig machen. Die Leichtgläubigkeit kommt den Unwissenden zu, die entschiedene Ungläubigkeit den Pseudogelehrten, der methodische Zweifel den Weisen. In den menschlichen Kenntnissen beweist ein Philosoph das, was er beweisen kann, glaubt das, was ihm bewiesen wird, verwirft das, was ihm widerstrebt, & enthält sich des Urteils über alles übrige.

Es gibt für die Entdeckungen eine Zeit der Reife, vor der die Forschungen fruchtlos zu sein scheinen. Eine Wahrheit wartet, bis sie die Vereinigung ihrer Elemente vor Augen führen kann. Solche Keime treffen & vereinigen sich nur aufgrund einer langen Reihe von Kombinationen: so wird das, was ein Jahrhundert, wenn man so sagen darf, nur ausgebrütet hat, durch das ihm folgende Jahrhundert hervorgebracht; so wurde das Problem der drei Körper, das Newton gestellt hatte, erst in unserer Zeit gelöst, & zwar von drei Männern zugleich. Diese Art Gärung des menschlichen Geistes, diese Verarbeitung unserer Kenntnisse, muß der *Kritiker* sorgfältig beobachten; er muß Stufe für Stufe die Wissenschaft in ihren Fortschritten verfolgen & zeigen, welche Hindernisse sie aufgehalten haben, wie diese Hindernisse beseitigt wurden, durch welche Verknüpfung von Schwierigkeiten & Lösungen die Wissenschaft vom Zweifel zur Wahrscheinlichkeit & von der Wahrscheinlichkeit zur Evidenz gelangt ist. Dadurch würde er diejenigen, die nur den Umfang der Wissenschaft vergrößern, ohne ihren Schatz zu vermehren, zum Schweigen bringen. Er würde den Schritt zeigen, den sie in einem Werk gemacht hätte, oder dieses Werk ins Nichts verweisen, wenn der Verfasser sie dort ließe, wo er sie aufgenommen hätte. Das sind auf diesem Gebiet der Gegenstand & das Ergebnis der *Kritik*. Wieviel Platz würde uns diese Reform wieder in unseren Bibliotheken verschaffen! Was würde aus jener entsetzlichen Menge von Sammlern auf allen Gebieten, aus jenen weitschweifigen Erklärern von Wahrheiten, an denen niemand zweifelt, aus jenen ganze Romane schreibenden Naturforschern, die ihre Einbildungskraft für das Buch der Natur halten & die infolgedessen ihre Hirngespinste für Entdeckungen & ihre Träume für zusammenhängende Systeme ausgeben, aus jenen findigen Aufschneidern, die eine einzige Tatsache zu zwanzig Seiten albernen Zeugs auswalzen & die unter Aufbietung ihres ganzen Geistes eine klare & einfache Wahrheit so lange strapazieren, bis sie diese unklar & verwickelt gemacht haben? Alle diese Autoren, die über die Wissenschaft plaudern, anstatt sie vernünftig zu erklären, würden dann aus der Zahl der nützlichen Bücher ausgeschlossen: Man hätte viel weniger zu lesen & weitaus mehr zu ernten. *Marmontel*

Kugel – **Globe (Geometrie).** Begriff aus der Geometrie, der einen runden oder sphärischen Körper bezeichnet, gemeinhin *Sphäre* genannt. Siehe Sphäre. Allerdings findet das Wort *Sphäre*, sofern es *Kugel* bedeutet, nur in der Geometrie Verwendung; in den anderen Wissenschaften wie Physik, Mechanik &c. spricht man eher von *Kugel* denn von *Sphäre*, wenn man einen vollkommen runden & in allen Richtungen gleichmäßigen Körper bezeichnen will.

Erde & Wasser zusammen bilden der herrschenden Ansicht nach eine *Kugel*, die wir *Erdkugel* nennen, wofür die Lateiner die genauere Bezeichnung *orbis terraqueus*, Sphäre aus Erde und Wasser, hatten.

Diese Annahme dürfte nicht weit von der Wahrheit entfernt liegen, denn obgleich uns die Gradmessungen lehren, daß die Erde nicht vollkommen rund ist, kommt doch ihre Form der *Kugel* ziemlich nahe, so daß man sie als solche ansehen kann. *d'Alembert*

Kunst – **Art (Verstand, Gedächtnis, Geschichte der Natur, Geschichte der angewandten Natur).** Abstrakte & metaphysische Bezeichnung. Zuerst machte man Beobachtungen über die Natur, die Brauchbarkeit, die Verwendung, die Eigenschaften der Dinge & ihrer Symbole; dann bezeichnete man mit *Wissenschaft, Kunst* oder *Disziplin* im allgemeinen das Zentrum oder den Sammelpunkt, auf den man die gemachten Beobachtungen bezog, um aus ihnen ein System von Regeln oder von Hilfsmitteln & Regeln zu bilden, die auf ein & dasselbe Ziel gerichtet sind; denn darin besteht – generell gesprochen – die *Disziplin*. Beispiel: Man hat über den Gebrauch & die Anwendung der Wörter nachgedacht & dann das Wort *Grammatik* erfunden. *Grammatik* ist die Bezeichnung für ein System von Hilfsmitteln & Regeln in bezug auf einen bestimmten Gegenstand, & dieser Gegenstand besteht aus dem artikulierten Laut, den Zeichen für das Wort, dem Ausdruck des Gedankens & allem, was sich darauf bezieht. Ebenso verhält es sich in den anderen Wissenschaften oder *Künsten*. Siehe auch Abstraktion.

Ursprung der Wissenschaften & Künste: Die Arbeit des Menschen, auf die Erzeugnisse der Natur angewandt, sei es zur Befriedigung seiner Bedürfnisse, seines Verlangens nach Luxus oder nach Vergnügen, sei es zur Befriedigung seiner Wißbegierde &c., hat die *Wissenschaften & Künste* hervorgebracht, & diese Sammelpunkte unserer verschiedenen Reflexionen erhielten dann die Bezeichnung *Wissenschaft* oder die Bezeichnung *Kunst*, je nach der Natur ihrer *formalen* Gegenstände, wie die Logiker sagen. Wenn der Gegenstand auf eine praktische Ausführung gerichtet ist, so werden die Sammlung & die fachmännische Anordnung der Regeln, nach denen er ausgeführt wird, *Kunst* genannt. Wird der Gegenstand unter verschiedenen Gesichtspunkten nur betrachtet, so heißen die Sammlung & die fachmännische Anordnung von Beobachtungen in bezug auf diesen Gegenstand *Wissenschaft;* so ist die *Metaphysik* eine *Wissenschaft* & die *Moral* eine *Kunst*. Ebenso verhält es sich mit der Theologie & der Pyrotechnik.

Einteilung der Künste in freie & mechanische: Bei der Untersuchung der Erzeugnisse der *Künste* hat man eingesehen, daß manche mehr das Werk des Geistes als der Hand, andere dagegen mehr das Werk der Hand als des Geistes waren. Zum Teil entspringt daraus der Vorrang, den man gewissen *Künsten* gegenüber anderen gegeben hat, & die Einteilung der *Künste* in *freie Künste & mechanische Künste*. Diese Unterscheidung, obwohl gut begründet, rief eine schlechte Wirkung hervor; denn sie setzte das Ansehen sehr achtbarer & nützlicher Menschen herab & bestärkte uns in einer natürlichen Faulheit, die uns zu dem leider nur allzu weit verbreiteten Glauben verleitete, daß eine beständige, ununterbrochene Beschäftigung mit Experimenten & mit wahrnehmbaren, materiellen Einzelgegenständen eine Entwürdigung des menschlichen Geistes bedeute & daß die Ausübung, ja sogar das Studium der *mechanischen Künste* erniedrigend sei, weil die Erforschung solcher Gegenstände mühsam, das Nachdenken über sie unwürdig, ihre Darstellung schwierig, ihr Handel entehrend, ihre Zahl unerschöpflich & ihr Wert gering sei. Dieses Vorurteil trug dazu bei, die Städte mit hochmütigen Schwätzern & unnützen Zuschauern & das Land mit unwissenden, faulenzenden & anmaßenden kleinen Tyrannen zu füllen. So haben Bacon, einer der größten Denker Englands, Colbert, einer der größten Minister Frankreichs, & die großen Köpfe & weisen Männer aller Zeiten gewiß nicht gedacht. Bacon hielt die Geschichte der *mechanischen Künste* für den wichtigsten Zweig der wahren Philosophie; deshalb hütete er sich davor, sie zu verachten. Colbert hielt den Gewerbefleiß der Bevölkerung & die Gründung von Manufakturen für die zuverlässigsten Quellen des Reichtums eines Königreiches. Nach dem Urteil derer, die heute vernünftige Ideen über den Wert der Dinge haben, hat dieser Mann, der Frankreich mit Kupferstechern, Malern, Bildhauern & Künstlern jeglichen Genres versah & der von den Engländern die Strickmaschine, von den Genfern den Sammet, von den Venezianern das Spiegelglas übernahm, wohl nicht weniger für den Staat getan als jene Männer, die seine Feinde besiegten & ihnen ihre Festungen wegnahmen. Nach der Anschauung des Philosophen aber liegt darin, daß Colbert Künstler wie Lebrun, Le Sueur & Audran gefördert & sie veranlaßt hat, die Schlachten Alexanders in Gemälden & Stichen, die Siege unserer Generale auf Wandteppichen darzustellen, vielleicht mehr Verdienst als in den Siegen selbst. Legen Sie auf eine Waagschale die realen Vorteile der hervorragendsten Wissenschaften & angesehensten *Künste* & auf die andere die realen Vorteile der *mechanischen Künste,* so werden Sie feststellen, daß die Wertschätzung, die man den einen, & die Wertschätzung, die man den anderen entgegengebracht hat, nicht im richtigen Verhältnis zu den beiderseitigen Vorteilen stehen & daß man die Männer, die uns eingeredet haben, wir seien glücklich, weitaus mehr gelobt hat als die Männer, die dafür gesorgt haben, daß wir tatsächlich glücklich wurden. Wie wunderlich sind doch unsere Urteile! Wir fordern, daß man sich nützlich mache, & verachten die nützlichen Menschen …

Dem Zufall verdanken wir eine große Zahl von Kenntnissen; er hat uns sehr wichtige Kenntnisse geschenkt, die wir nicht gesucht haben. Ist denn anzunehmen, daß wir nichts entdecken werden, wenn wir seiner Laune durch unsere Bemühungen entgegenkommen & zugleich Ordnung & Methode in unsere Forschungen bringen? Wir sind jetzt in Geheimnisse so weit eingeweiht, wie man früher nicht zu hoffen wagte, & dürfen daher Vermutungen über die Vergangenheit anstellen; warum sollte uns also die Zukunft nicht ebenfalls Schätze vorbehalten, auf die wir heute noch nicht rechnen? Wenn man vor einigen Jahrhunderten zu jenen Leuten, die die Möglichkeit der Dinge nach dem Begriffsvermögen ihres Geistes messen & sich nichts weiter vorstellen als das, was sie kennen, gesagt hätte, es gebe ein Pulver, das Felsen zerbrechen & die dicksten Mauern in phantastischen Entfernungen umwerfen könne & das, wenn es im Gewicht von einigen Pfund im Innern der Erde eingeschlossen sei, die Tiefen aufwühle, sich durch die gewaltigen Massen, die es bedecken, einen Weg zum Tageslicht bahne & dabei einen Abgrund aufreiße,

Daß die Geschichten der Wissenschaften und Künste nicht, wie man doch durchaus erwarten müßte, bloß ein Bild der unsäglichen zahllosen Verkehrtheiten und Abgeschmacktheiten der Menschen *sind, kommt daher, daß sie im Ganzen nur von den Ausnahmen Bericht erstatten, und daß nur von den verständigen, geistreichen, genialen Menschen, d. h. nur von Einem aus Tausenden die Spuren sich erhalten: die* zahllose *übrige Menge verschwindet auch dem Andenken nach: und daher, wenn man Geschichte der Künste und Wissenschaften liest, oder die aufbehaltenen Werke betrachtet, denkt man, das Menschengeschlecht sei ganz gescheut. Betrachtet man aber, zu welcher Zeit es auch sei, in der Nähe die gegenwärtig entstehenden Produktionen und ihre Producenten, liest man z.B. die binnen der letzten Jahre (jeder möglichen Zeit) erschienenen Bücher, oder geht in die Ausstellungen der lebenden Maler, oder spielt die neuesten Musikalien; so hat man allemal nichts als Pfuscherei und sieht die ganze Jämmerlichkeit des Menschengeschlechts. Wer selbst von solchem Schlage ist, dem gefällt es recht gut.*
Arthur Schopenhauer

in dem eine ganze Stadt verschwinden könnte: dann hätten sie solche Effekte sicher mit der Wirkung der Rollen, der Flaschenzüge, der Hebel, der Gegengewichte & anderer bekannter Maschinen verglichen & erklärt, daß ein solches Pulver ein Hirngespinst sei & daß nur der Blitz oder die Ursache, die das Erdbeben hervorrufe & deren Mechanismus unnachahmlich sei, solche schrecklichen Wunder vollbringen könne. So sprach der große Philosoph zu seinem Jahrhundert & zu allen kommenden Jahrhunderten. Warum (so möchten wir nach seinem Vorbild hinzufügen) sollte der Entwurf der Maschine zum Heben von Wasser vermittels des Feuers – ein Entwurf, den man in London zum erstenmal ausgeführt hat – nicht schon damals eine viel zu geringe Würdigung erfahren haben, zumal da der Schöpfer dieser Maschine so bescheiden war, sich für einen in der Mechanik nur wenig bewanderten Mann auszugeben? Wenn es in der Welt nur müßige Betrachter von Erfindungen gäbe, dann würden weder große noch kleine Dinge vollbracht. Mögen diejenigen, die solche Schöpfungen voreilig verurteilen, obgleich sie keinen Widerspruch in sich schließen, sondern höchstens einen tüchtigen Handwerker verlangen – mögen diejenigen, sage ich, die beschränkt genug sind, um zu meinen, solche Schöpfungen seien unmöglich, endlich einsehen, daß sie nur selbst nicht gescheit genug sind, um entsprechende Vorschläge zu machen. Es ist der Kanzler Bacon, der ihnen das folgende sagt: »Wer aus den Dingen, die gegenwärtig existieren, Vermutungen gezogen hat«, oder, was noch unverzeihlicher ist, »wer sie vernachlässigt hat & daher annehmen möchte, sie seien unmöglich oder unwahrscheinlich, der muß wissen, daß er nicht gelehrt genug ist – nicht einmal, um in geeigneter & der Sache entsprechender Weise etwas zu wünschen.«

Ein anderer Grund, um zu forschen: Was uns aber bei unseren Forschungen erst recht anspornen & veranlassen muß, aufmerksam Umschau zu halten, sind die Jahrhunderte, die verflossen sind, ohne daß die Menschen wichtige Dinge, die sie sozusagen vor Augen hatten, überhaupt bemerkt haben. So zum Beispiel die *Kunst,* Bücher zu drucken, & die *Kunst,* Kupferstiche herzustellen. Wie verschroben ist doch der menschliche Geist! »Wenn es zu entdecken gilt, mißtraut er seiner Kraft, verwickelt sich in Schwierigkeiten, die er sich selbst bereitet, & es erscheint ihm unmöglich, Dinge zu erfinden. Sobald sie erfunden sind, begreift er nicht mehr, warum er so lange nach ihnen suchen mußte, & bedauert sich selbst.«

Mit Bacon will ich mich auf drei Erfindungen beschränken, von denen das Altertum keine Kenntnis hatte & deren Schöpfer, zur Schande der modernen Geschichte & Dichtung, fast unbekannt sind. Ich will von der *Kunst* des Buchdrucks, von der Entdeckung des Schießpulvers & von der Eigentümlichkeit der Magnetnadel sprechen. Was für eine Umwälzung haben diese Entdeckungen doch in der Gelehrtenwelt, der Kriegskunst & der Seefahrt verursacht! Die Magnetnadel führte unsere Schiffe in die unbekanntesten Regionen; die Lettern stellten eine Übereinstimmung der Kenntnisse unter den Gelehrten aller Länder & aller künftigen Zeiten her; das Schießpulver hatte alle jene Meisterwerke der Baukunst zur Folge, die unsere Grenzen & die unserer Feinde schützen. Diese drei *Künste* haben beinahe das ganze Gesicht der Erde verändert.

Erweisen wir endlich den Künstlern die Gerechtigkeit, die ihnen gebührt! Die *freien Künste* haben sich selbst genügend besungen; sie könnten jetzt den Rest ihrer Stimme dafür verwenden, die *mechanischen Künste* zu preisen. Den *freien Künsten* obliegt es, die *mechanischen Künste* aus jener Erniedrigung emporzuziehen, in der das Vorurteil sie so lange gehalten hat, & den Königen obliegt es, sie vor einer Armut zu schützen, in der sie noch immer darben. Die Handwerker haben sich für verächtlich gehalten, weil man sie verachtet hat. Lehren wir sie, besser von sich zu denken! Das ist das einzige Mittel, um von ihnen vollkommenere Erzeugnisse zu erlangen. Hoffentlich geht aus dem Schoß der Akademien einmal ein Mann hervor, der in die Werkstätten hinabsteigt, dort die Erscheinungen der *Künste* sammelt & sie in einem Werke darstellt, das die Künstler veranlaßt zu lesen, die Philosophen, nützlich zu denken, & die Großen, endlich einen nützlichen Gebrauch von ihrer Macht & ihren Belohnungen zu machen.

Den Gelehrten möchten wir den Rat geben, in die Tat umzusetzen, was sie selbst uns lehren: daß man nicht allzu voreilig über die Dinge urteilen & eine Erfindung nicht als unnütz abtun soll, weil sie anfangs nicht alle die Vorteile bietet, die man von ihr fordern könnte. Würde sich Montaigne, dieser sonst so philosophische Mann, wenn er zu uns zurückkehren könnte, nicht schämen, den folgenden Satz geschrieben zu haben: »Die Feuerwaffen haben – abgesehen von der Betäubung des Gehörs, woran nun jeder gewöhnt ist – eine so geringe Wirkung, daß man, wie ich hoffe, ihren Gebrauch aufgeben wird?« Hätte er nicht mehr Weisheit gezeigt, wenn er die Arkebusiere seines Zeitalters aufgefordert hätte, die Lunte & das Zündrädchen durch

---

m1: *ich sein ein professor / was du sein? – m2: ich sein ein kunstler / was du sein? – m1: ich sein ein universitäten professor / was du sein? – m2: ich sein ein groß kunstler / was du sein? – m1: ich sein ein universitäten professor von geschichten / was du sein? – m2: ich sein ein groß deutschen und inder national kunstler / was du sein? – m1: ich sein ein universitäten professor kapazität von den geschichten / was du sein? – m2: ich sein ein groß deutschen und inder national nobel preisen kunstler / was du sein? – m1: ich sein ein nobel preisen universitäten professor kapazität von den deutschen geschichten / ich sein ein nobel preisen – m2: ich auch sein ein nobel preisen – m1: ich und du sein ein nobel preisen – m2: herren kollegen – m1: herren kollegen – m2: ich und du sein ein nobel preisen – m1: ich und du sein ein herren kollegen.* Ernst Jandl, Die Humanisten

---

irgendeine der Wirksamkeit des Schießpulvers entsprechende Maschine zu ersetzen, & auch mehr Scharfsinn, wenn er vorausgesagt hätte, daß man eines Tages diese Maschine erfinden würde? Stellen Sie Bacon an Montaignes Platz, & Sie werden sehen, wie der erstere als Philosoph die Natur des Wirksamen, des »Agens«, betrachtet &, wenn ich so sagen darf, die Granaten, die Minen, die Kanonen, die Bomben & das ganze Zubehör der Kriegsfeuerwerkskunst ankündigt.

Aber Montaigne ist nicht der einzige Philosoph, der ein voreiliges Urteil über die Möglichkeit oder die Unmöglichkeit der Maschinen gefällt hat. Haben Descartes, dieses außergewöhnliche Genie, geschaffen, zu führen & irrezuführen, & andere, die dem Verfasser der *Essais* wohl gleichkamen, nicht behauptet, der Spiegel des Archimedes sei ein Märchen? Jetzt aber ist dieser Spiegel im Jardin du Roi für alle Gelehrten ausgestellt, & die Wirkungen, die er dort in den Händen Buffons, der ihn wiederentdeckt hat, ausübt, lassen uns nicht mehr an den Wirkungen zweifeln, die er in den Händen des Archimedes auf den Mauern von Syrakus ausgeübt hat. So große Beispiele genügen wohl, um uns vorsichtig zu machen.

Die Künstler fordern wir auf, ihrerseits Rat von den Gelehrten anzunehmen, damit die Entdeckungen, die sie machen, nicht mit ihnen zugrunde gehen. Mögen sie einsehen, daß man sich der Gesellschaft gegenüber einer Unterschlagung schuldig macht, wenn man ein nützliches Geheimnis für sich behält, & daß es in solchen Fällen nicht weniger verwerflich ist, das persönliche Interesse dem allgemeinen Interesse vorzuziehen, als in hundert anderen Fällen, in denen sie nicht zögern würden, sich auszusprechen. Wenn sie mitteilsam werden, wird man sie von manchen Vorurteilen befreien, vor allem von dem Vorurteil, in dem sie fast alle befangen sind: daß nämlich ihre *Kunst* bereits die höchste Stufe der Vollkommenheit erreicht habe. Ihre geringe Aufgeklärtheit setzt sie oft der Gefahr aus, auf die Natur der Dinge einen Fehler abzuwälzen, der nur in ihnen selbst liegt. Die Hindernisse erscheinen ihnen unüberwindlich, sobald sie die Mittel zu ihrer Überwindung nicht kennen. Mögen sie Erfahrungen sammeln; möge jeder das Seinige zu diesen Erfahrungen beitragen; möge der Künstler für das Handwerk, das Mitglied der Akademie für Aufklärung & Rat, der Wohlhabende für den Preis des Materials, der Mühe & der Zeit sorgen: dann werden unsere *Künste* & unsere Manufakturen schon bald gegenüber denen des Auslands die Überlegenheit haben, die wir ihnen wünschen. *Diderot*

KÜNSTLER – **Artiste.** So nennt man die Arbeiter, die Hervorragendes in jenen mechanischen Künsten leisten, die Intelligenz voraussetzen, & auch diejenigen, die in gewissen, halb praktischen & halb spekulativen Wissenschaften den praktischen Teil sehr gut verstehen. So sagt man von einem Chemiker, der die von anderen erfundenen Verfahren geschickt durchzuführen versteht, er sei ein tüchtiger *Künstler*. Nur bedeutet das Wort *Künstler* im ersten Fall immer ein Lob & im zweiten beinahe einen Tadel – nämlich den Tadel, daß man nur den untergeordneten Teil seines Berufes beherrsche. *Anonym*

KURTISANE – **Courtisane** (**Moral**). Als solche bezeichnet man eine Frau, die sich zwar öffentlich der Unzucht hingibt, dieses schändliche Metier aber mit einer gewissen Billigung & Zurückhaltung ausübt, & die der Libertinage jenen Zauber verleiht, den die Prostitution ihr fast immer nimmt.

Bei den Römern scheinen die *Kurtisanen* sich größerer Beliebtheit erfreut zu haben als bei uns, & bei den Griechen noch mehr als bei den Römern. Jeder kennt die beiden Aspasien, von denen die eine sogar Sokrates in Politik & Redekunst unterrichtete; Phryne, die auf ihre Kosten das von Alexander dem Großen zerstörte Theben wieder aufbauen ließ & deren Ausschweifungen so in gewisser Hinsicht dazu dienten, die durch den Eroberer angerichteten Schäden zu beheben; Lais, die so vielen Philosophen den Kopf verdrehte, selbst Diogenes, den sie glücklich machen konnte, Aristippos, der von ihr sagte, »ich bin ihr Herr & nicht ihr Knecht« (eine große Lehre für jeden klugen Menschen); schließlich die berühmte Leontion, die über Philosophie schrieb & von Epikur & seinen Schülern geliebt wurde. Unsere berühmte Ninon Lenclos kann als moderne Leontion angesehen werden, doch es gab nicht viele ihresgleichen, & nichts kommt seltener unter uns vor als philosophische *Kurtisanen*, sofern diese Verbindung nicht ohnehin eine Herabwürdigung der Philosophie bedeutet. In einem ernsthaften Werk wie diesem werden wir uns jedenfalls über ein solches Stichwort nicht allzusehr ausbreiten. Wir halten es nur für unsere Pflicht, unabhängig von den Kenntnissen der Religion & auf die reine Moral beschränkt, mitzuteilen, daß die Leidenschaft für *Kurtisanen* Geist & Körper gleichermaßen schwächt & auf verhängnisvolle Weise Vermögen, Gesundheit, Ruhe & Glück beeinträchtigt. Man mag sich dabei an ein Wort des Demosthenes erinnern: »Keine Reue kostet mich so viel«, oder an das Kaiser Hadrians, der auf die Frage, warum man die Venus immer nackt malt, antwortete: »weil sie ihre Verehrer nackt entläßt«.

Aber sind nicht lasterhafte & kokette Frauen in gewisser Hinsicht verachtenswerter & gefährlicher für das Herz & den Verstand als *Kurtisanen?* Diese Frage wollen wir hier offen lassen.

Ein berühmter zeitgenössischer Philosoph untersucht in seiner Naturgeschichte, warum die Liebe das Glück aller Lebewesen ausmacht & das Unglück des Menschen. Seine Antwort lautet, dies liege daran, daß an dieser Leidenschaft nur das Körperliche sein Gutes habe & daß die geistige

Verfassung, das heißt das Gefühl, das mit dieser Leidenschaft einhergeht, dabei nicht zählt. Dieser Philosoph hat weder behauptet, daß die geistige Verfassung die körperliche Lust beeinträchtige, was gegen alle Erfahrung wäre, noch, daß das Liebesgefühl nur eine Illusion sei, was sicher stimmt, doch das Feuer der Lust nicht zerstört (& wie wenige Lüste richten sich auf einen echten Gegenstand!). Damit wollte er zweifellos sagen, die geistige Verfassung sei die Wurzel alles Liebesleides, & darin kann man ihm gar nicht genug zustimmen. Daraus können wir nur schließen, daß wir uns ausnehmend über die Natur zu beklagen hätten, würde uns nicht ein Wissen, das dem Verstand überlegen ist, eine bessere Verfassung verheißen, denn während die Natur uns mit der einen Hand die verführerischste aller Lüste darbietet, scheint sie uns mit der anderen von ihr fernzuhalten durch die Klippen, mit denen sie diese umgeben hat. Sie stellt uns sozusagen an den Rand eines Abgrunds, wo wir zwischen Schmerz & Entbehrung stehen.

In welchen Dunkelheiten, unter welchen Gefahren
Verbringen wir doch unsere geringe Lebenszeit!

Wenn wir oben von der Ehre sprachen, die die Griechen ihren *Kurtisanen* erwiesen haben, so meinten wir dies übrigens nur im Vergleich zu anderen Völkern: Tatsächlich besteht nicht der geringste Zweifel daran, daß Griechenland das Land war, in dem diese Frauen am meisten geehrt oder, wenn man so will, am wenigsten verachtet wurden. Monsieur Bertin von der Académie royale des Belles-lettres hat in einer Erörterung, die er 1752 vor dieser Akademie hielt & die er uns freundlicherweise übermittelte, gegen eine Menge klassischer & moderner Autoren den Beweis angetreten, daß es nicht die gesamte griechische Nation war, welche die *Kurtisanen* in Ehren hielt, sondern daß sie ihre Wertschätzung lediglich der ausgefallenen Leidenschaft einiger weniger verdanken. Der Autor versucht dies durch eine Vielzahl aufeinander bezogener Fakten zu zeigen, die er hauptsächlich Athenäus & Plutarch entnommen hat & die er jenen Fakten entgegenstellt, die man für gewöhnlich zugunsten der allgemeinen Meinung vorbringt. Da die Abhandlung Monsieur Bertins im Mai 1754, während wir diesen Artikel schreiben, noch nicht gedruckt ist, wollen wir nicht weiter ins Detail gehen & empfehlen unseren Lesern seine überaus lesenswerte Erörterung. *d'Alembert*

LAKAI – **Laquais (Grammatik)**. Ein Mensch, der jährlich für seine Dienste bezahlt wird. Seine Aufgaben bestehen darin, sich im Vorzimmer aufzuhalten, die Eintretenden anzumelden, die Schleppe seiner Herrin zu tragen, der Karosse seines Herrn zu folgen, Besorgungen zu machen, bei Tisch, wo er sich hinter dem Stuhl aufhält, zu servieren, im Haus die meisten jener Tätigkeiten zu verrichten, die für Ordnung & Sauberkeit sorgen, denen zu leuchten, die die Treppe hinauf- & hinuntergehen, ihnen nachts auf der Straße mit einer Fackel zu folgen &c., vor allem aber den Stand durch Livree & Unverschämtheit anzuzeigen.

Der Luxus hat die *Lakaien* maßlos vermehrt. Unsere Vorzimmer sind überfüllt, unsere Ländereien aber werden menschenleer; die Söhne unserer Bauern verlassen das Haus ihrer Väter & wandern in die Hauptstadt, um die Livree anzuziehen. Sie werden dazu durch die Not & die Angst vor dem Militärdienst verleitet & darin durch Ausschweifung & Nichtstun festgehalten. Sie heiraten; sie zeugen Kinder, welche die Gattung der *Lakaien* aufrechterhalten; die Väter sterben im Elend – es sei denn, sie hätten irgendeinem wohltätigen Herrn gedient, der ihnen beim Sterben ein recht knapp bemessenes Stück Brot hinterlassen hätte. Man gedachte einmal eine Abgabe auf die Livree zu legen. Es hätten sich daraus zumindest zwei Vorteile ergeben: einmal die Entlassung einer großen Anzahl von Lakaien, zum anderen ein Hindernis für alle, die in Versuchung kämen, die Provinz zu verlassen, um jenen Beruf zu ergreifen; aber diese Steuer war zu vernünftig, als daß sie hätte durchgesetzt werden können. *Anonym*

LANDMANN – **Laboureur (Landwirtschaft)**. Das ist nicht etwa jener Mühebeladene, jener Tagelöhner, der die Pferde oder die Ochsen einspannt & den Pflug führt. Man weiß nicht, was dieser Stand bedeutet, & noch weniger, was er bedeuten soll, wenn man mit ihm Ideen von Grobheit, Bedürftigkeit & Verächtlichkeit verbindet. Wehe dem Land, in dem es wahr wäre, daß der *Landmann* ein armer Mann ist! Zutreffen könnte dies nur bei einer Nation, die selbst arm wäre & bei der sich ein fortschreitender Verfall schon bald durch die verhängnisvollsten Wirkungen bemerkbar machen müßte.

Der Ackerbau ist ein Unternehmen, das große Vorschüsse verlangt; sonst ist es fruchtlos & verderbenbringend. Große Ernten verdankt man nicht der Arbeit der Menschen, sondern den Pferden oder Ochsen, die pflügen, & dem Vieh, das den Boden düngt. Eine reiche Ernte setzt notwendig Reichtum voraus, den die Arbeit, so sehr sie auch gesteigert werden mag, nicht ersetzen kann. Also muß der *Landmann* eben Besitzer eines ansehnlichen Vermögens sein, sei es, um das Gut mit Vieh & Geräten zu versehen, sei es, um die täglichen Ausgaben zu bestreiten, deren Frucht er erst zwei Jahre nach seinen ersten Vorschüssen zu ernten beginnt, siehe auch PACHTGUT & PÄCHTER.

Unter allen Formen des Reichtums werden nur die Gaben der Erde immer wieder reproduziert, weil die ersten Bedürfnisse immer die gleichen sind. Die Manufakturen produzieren nur etwas mehr, als der Lohn der in ihnen beschäftigten Menschen beträgt. Der Geldverkehr bedeutet nur einen Umlauf, der von sich aus keinen realen Wert hat. Die Erde – nur die Erde – schenkt jenen wahren Reichtum, dessen jährliche Wiedergeburt einem Staat ständige, von der Anschauungsweise unabhängige, sichtbare Einnahmen sichert, die man seinen Bedürfnissen keineswegs vorenthalten kann. Doch die Gaben der Erde stehen immer im Verhältnis zu den Vorschüssen des *Landmanns* & hängen von den Ausgaben ab, durch die man sie vorbereitet. So kann der mehr oder weniger große Reichtum der *Landleute* ein sehr genauer Gradmesser für den Wohlstand einer Nation mit einem großen Territorium sein.

Die Augen der Regierung müssen also immer auf diese Klasse von wertvollen Menschen gerichtet sein. Werden sie erniedrigt, getreten & harten Forderungen unterworfen, so werden sie einen so unfruchtbaren & ehrlosen Beruf scheuen & ihre Vorschüsse in weniger nützlichen Unternehmen anlegen; die Landwirtschaft wird dann eingehen, weil sie allen Reichtums beraubt ist, & ihr Niedergang wird zusehends den ganzen Staat in Armut & Ohnmacht bringen. Wie aber kann man das Wohl des Staates durch Förderung der Landwirtschaft gewährleisten? Durch welche Art der Förderung kann man wohlhabende Männer verpflichten, ihre Zeit & ihren Reichtum dafür herzugeben? Man kann dies nur erhoffen, wenn man dem *Landmann* den Absatz seiner Erzeugnisse sichert, ihm volle Freiheit beim Anbau läßt & ihn schließlich vor einer willkürlichen Besteuerung schützt, welche die für die Zuwächse notwendigen Vorschüsse beeinträchtigt. Wenn es wahr ist, daß man einen vorteilhaften Anbau nicht ohne große Vorschüsse betreiben kann, dann ist auch die volle Freiheit zur Ausfuhr der Erzeugnisse eine notwendige Bedingung, ohne die diese Vorschüsse nicht gegeben werden. Wie sollte man bei der Ungewißheit des Absatzes, welche die Behinderung der Ausfuhr ja zur Folge hat, seine Geldmittel aufs Spiel setzen? Das Getreide hat einen notwendigen Grundpreis. Siehe Getreide. Wo die Ausfuhr nicht frei ist, fürchten die *Landleute* notgedrungen den Überfluß & eine zu hohe Besteuerung von Erzeugnissen, deren Verkaufswert unter den Ausgaben liegt, zu denen sie genötigt gewesen sind. Die Freiheit zur Ausfuhr gewährleistet durch Gleichheit des Preises den sicheren Wiedereingang der Vorschüsse & einen Reingewinn, der allein zu neuen Vorschüssen bewegen kann. Die Freiheit beim Anbau ist eine nicht weniger notwendige Bedingung für seine Blüte, & jede Behinderung in dieser Hinsicht erscheint ebenso unnütz wie hart & lächerlich. Sie können einen *Landmann* zwingen, Weizen zu säen, werden ihn aber nie dazu nötigen, seinem Boden alle notwendigen Vorbereitungen & Düngungen, ohne die der Anbau von Weizen unergiebig ist, angedeihen zu lassen. So verwandeln Sie einen Gewinn, der vorteilhaft wäre, in einen glatten Verlust. Durch eine blinde & törichte Vorsichtsmaßnahme bereiten Sie die Hungersnot vor, die Sie verhüten möchten.

Die willkürliche Steuerauflage führt zusehends zur Lähmung aller Bemühungen des *Landmanns* & verhindert solche Vorschüsse, die er sonst gern geben würde; sie läßt die Einnahmequelle des Staates versiegen, verbreitet Mißtrauen & Furcht & erstickt dadurch jeden Keim des Wohlstandes. Es ist unmöglich, daß eine willkürliche Steuerauflage nicht oft viel zu hoch ausfiele. Auch wenn sie nicht übermäßig ist, bedeutet sie immer ein Grundübel, nämlich die Beeinträchtigung der Vorschüsse, die für die Zuwächse notwendig sind. Die Steuer sollte deshalb nicht nur niemals willkürlich sein, sondern auch keinesfalls den *Landmann* beeinträchtigen. Die Staaten durchlaufen Zeiten der Krise, in denen Einnahmen unentbehrlich sind & sofort zur Verfügung stehen müssen. Jeder Staatsbürger ist dann dem Staat eine Abgabe von seinem Wohlstand schuldig. Wenn die Steuerauflage auf die Grundbesitzer zu hoch wird, dann zehrt sie nur noch an Ausgaben, die von sich aus fruchtlos sind. Eine große Anzahl von Staatsbürgern leidet darunter & seufzt; aber das ist wenigstens nur ein vorübergehendes Übel, das nur so lange dauert wie die außerordentliche Abgabe. Wenn aber die Steuer die notwendigen Vorschüsse des *Landmanns* beeinträchtigt, bedeutet sie eine Ausplünderung. Da die Zuwächse genau in dem Maße abnehmen, in dem die Vorschüsse abnehmen, führt dies zu einem schnellen Niedergang.

Der erschöpfte Staat liegt lange Zeit danieder & gewinnt oft die Fülle, die das Kennzeichen der Stärke ist, nicht wieder. Die Anschauung, wonach der *Landmann* nur seine Arme braucht, um seinen Beruf auszuüben, ist zum guten Teil die Ursache der Irrtümer, in die man diesbezüglich geraten ist. Dieser verheerende Gedanke trifft nur im Hinblick auf einige Länder zu, in denen der Anbau im Verfall

---

Am Steilhang eines weiten Hochtales des südlichen Schwarzwaldes steht in der Höhe von 1150 Meter eine kleine Skihütte. Im Grundriß mißt sie 6 zu 7 Meter. Das niedere Dach überdeckt drei Räume: die Wohnküche, den Schlafraum und eine Studierzelle … Das ist meine Arbeitswelt. – Wenn in tiefer Winternacht ein wilder Schneesturm mit seinen Stößen um die Hütte rast und alles verhängt und verhüllt, dann ist die hohe Zeit der Philosophie. Ihr Fragen muß dann einfach und wesentlich werden. Die Durcharbeitung jedes Gedankens kann nicht anders denn hart und scharf sein. Die Mühe der sprachlichen Prägung ist wie der Widerstand der ragenden Tannen gegen den Sturm. Und die philosophische Arbeit verläuft nicht als abseitige Beschäftigung eines Sonderlings. Sie gehört mitten hinein in die Arbeit der Bauern. Wenn der Jungbauer den schweren Hörnerschlitten den Hang hinaufschleppt und ihn alsbald mit Buchenscheiten hoch beladen in gefährlicher Abfahrt seinem Hof zulenkt, wenn der Hirt langsam-versonnenen Schrittes sein Vieh den Hang hinauftreibt, wenn der Bauer in seiner Stube die unzähligen Schindeln für sein Dach werkgerecht herrichtet, dann ist meine Arbeit von derselben Art. Darin wurzelt die unmittelbare Zugehörigkeit zu den Bauern.

Martin Heidegger, Warum bleiben wir in der Provinz?, 1934

---

begriffen ist. Die Armut der *Landleute* läßt dort dem Fiskus kaum noch eine Einnahme & dem Staat kaum noch Hilfsquellen. *Diderot*

LANGEWEILE – **Ennui** (**Moral, Philosophie**). Eine Art nicht zu definierender Unlust. Es ist weder Kummer noch Traurigkeit; es ist der Verlust jeglicher Freude, hervorgerufen durch irgend etwas in unseren Organen oder in den äußeren Gegenständen, was, statt unsere Seele zu beschäftigen, Unbehagen oder Ekel hervorruft, an den man sich nicht zu gewöhnen vermag. Die *Langeweile* ist der gefährlichste Feind unseres Wesens & das Grab der Leidenschaften; der Schmerz ist weniger niederdrückend, weil er in den Zwischenzeiten wieder Glück & Hoffnung auf einen besseren Zustand keimen läßt. Mit einem Wort, die *Langeweile* ist ein so eigentümliches, so grausames Übel, daß der Mensch häufig die mühseligsten Arbeiten auf sich nimmt, um sich die Qual der *Langeweile* zu ersparen.

Diese traurige & schlimme Empfindung rührt daher, daß die Seele weder genügend angeregt noch genügend aufgewühlt wird. Enthüllen wir dieses Prinzip der *Langeweile* mit Abbé du Bos, der es vortrefflich geschildert hat, indem er die Menschen davon in Kenntnis setzte, was in ihnen vorgeht & was sie nicht zu durchschauen vermögen, da sie außerstande sind, zur Quelle ihrer Leiden vorzudringen.

Wie der Leib hat auch die Seele ihre Bedürfnisse, & eines ihrer größten Bedürfnisse ist es, beschäftigt zu sein. Dieses kann sie von sich aus auf zweierlei Arten befriedigen: entweder indem sie sich den Eindrücken hingibt, welche die äußeren Gegenstände auf sie ausüben, & das ist das, was man *fühlen* nennt; oder indem sie sich mit Spekulationen über nützliche oder sonderbare oder angenehme Dinge unterhält, & das ist das, was man *nachdenken & meditieren* nennt.

Die erste Art, sich zu beschäftigen, ist leichter als die zweite; es ist auch das einzige Mittel der meisten Menschen gegen die *Langeweile;* & sogar Personen, die sich auf andere Weise zu beschäftigen wissen, sind genötigt, wollen sie nicht der Mattigkeit verfallen, die auf die Zeit der Beschäftigung folgt, sich die Tätigkeiten & Vergnügungen des gemeinen Mannes gefallen zu lassen. Ein Wechsel der Arbeit & des Vergnügens setzt die Geister, die träge zu werden beginnen, wieder in Bewegung; dieser Wechsel scheint der erschöpften Phantasie neue Kraft zu verleihen.

Eben darum gehen die Menschen so vielen frivolen Beschäftigungen & unnützen Geschäften nach; eben das drängt sie, mit soviel Eifer dem, was sie ihr *Vergnügen* nennen, nachzujagen & sich Leidenschaften hinzugeben, deren böse Folgen sie aus eigener Erfahrung kennen. Weder die Unruhe, welche die Geschäfte verursachen, noch die Betriebsamkeit, die sie erheischen, können aus sich heraus den Menschen gefallen. Die Leidenschaften, die ihnen die lebhaftesten Freuden bereiten, bescheren ihnen auch dauerhafte & schmerzliche Kümmernisse. Doch fürchten die Menschen noch weit mehr die aus der Untätigkeit erwachsende *Langeweile* & finden in der Betriebsamkeit der Geschäfte & der Trunkenheit der Leidenschaften eine Erregung, die sie aufrüttelt. Die Aufregungen, die sie hervorrufen, erwachen noch während der Einsamkeit; sie verhindern, daß die Menschen sich selbst, sozusagen unter vier Augen, begegnen, ohne beschäftigt zu sein, das heißt Trübsal zu blasen oder sich zu *langweilen.*

Wenn sie von dem, was man die Welt nennt, angewidert sind & den Entschluß fassen, auf sie zu verzichten, so können sie nur selten daran festhalten. Sobald sie die Untätigkeit kennengelernt haben, sobald sie das, was sie durch die Beschwernisse der Geschäfte & die Unruhe der Leidenschaft erduldet haben, mit der *Langeweile* der Trägheit vergleichen, trauern sie dem stürmischen Zustand nach, dessen sie so überdrüssig waren. Oftmals bezichtigt man sie zu Unrecht, eine geheuchelte Bescheidenheit zur Schau gestellt zu haben, als sie sich für die Zurückgezogenheit entschieden, denn damals waren sie guten Glaubens; aber so wie eine übermäßige Aufregung ihnen den Wunsch nach völliger Ruhe eingab, so ließ zuviel Muße sie der Zeit nachtrauern, in der sie immerfort beschäftigt waren. Die Menschen sind eher wankelmütig als doppelzüngig; & häufig sind sie bei Gelegenheiten, da man sie der Falschheit bezichtigt, nur der Unbeständigkeit schuldig. »Ich traue den Menschen Beständigkeit weit weniger zu als alles andere, & nichts bereitwilliger & durchgängiger als Unbeständigkeit«, sagt Montaigne.

Es ist immer das gleiche, so langweilig, langweilig, langweilig. Es geschieht nichts, nichts, nichts. Wenn doch einmal etwas geschehen wollte, was nicht diesen faden Geschmack von Alltäglichkeit hinterläßt. Würden einmal wieder Barrikaden gebaut. Ich wäre der erste, der sich daraufstellt, ich wollte noch mit der Kugel im Herzen den Rausch der Begeisterung spüren. Oder sei es auch nur, daß man einen Krieg begänne, er kann ungerecht sein. Dieser Frieden ist so faul, ölig und schmierig wie eine Leimpolitur auf alten Möbeln. Was haben wir auch für eine jammervolle Regierung, einen Kaiser, der sich in jedem Zirkus als Harlekin sehen lassen könnte. Staatsmänner, die besser als Spucknapfhalter ihren Zweck erfüllten, denn als Männer, die das Vertrauen des Volkes tragen sollten… GEORG HEYM, TAGEBUCH 1911

In der Tat ist die Aufregung, in der die Leidenschaften uns sogar in der Einsamkeit halten, so lebhaft, daß neben dieser Aufregung jeder andere Zustand ein Zustand der Mattigkeit ist. Daher jagen wir instinktiv Gegenständen nach, die unsere Leidenschaften aufstacheln können, obgleich diese Gegenstände Eindrücke auf uns machen, die uns oftmals schlaflose Nächte & Tage voller Bitterkeit kosten. Doch im allgemeinen leiden die Menschen weit mehr, wenn sie ohne Leidenschaften leben, als wenn die

Leidenschaften ihnen Leiden bescheren. – Die Seele hält die zweite Art, sich zu beschäftigen, die darin besteht, zu meditieren & nachzudenken, sogar für undurchführbar, hauptsächlich dann, wenn kein aktuelles oder kurz zurückliegendes Gefühl Thema der Reflexion ist. Denn dann muß die Seele sich fortgesetzt anstrengen, um dem Gegenstand ihrer Aufmerksamkeit zu folgen; & diese Anstrengung, der die Bereitschaft der Organe des Gehirns häufig den Erfolg versagt, führt lediglich zu einer fruchtlosen Anspannung, bei der die allzu entzündete Einbildungskraft keinen einzigen Gegenstand mehr deutlich zeigt; & Unmengen zusammenhangloser Gedanken folgen ungestüm aufeinander. Dann erschlafft der Geist, der Anspannung müde; & eine trübsinnige, matte Träumerei, bei der er sich an keinem Gegenstand mehr erfreut, ist das einzige Ergebnis der Mühe, die er sich gab, sich selbst zu beschäftigen.

Es gibt wohl niemanden, der die *Langeweile* dieses Zustandes nicht schon einmal verspürt hätte, in dem man nicht die Kraft hat, an etwas zu denken; & die Pein jenes anderen Zustandes, in dem man wider Willen an zu viele Dinge denkt, ohne sich nach Belieben auf eines von ihnen konzentrieren zu können. Und wenige Personen sind so glücklich, nur selten einen dieser Zustände zu empfinden & sich die meiste Zeit selbst eine gute Gesellschaft zu sein. Eine kleine Zahl kann diese Kunst erlernen, die, um mich eines Ausdrucks von Horaz zu bedienen, »uns mit uns selbst in Freundschaft leben läßt«.

Um dazu imstande zu sein, bedarf es eines bestimmten Temperaments, für das diejenigen, die es bei der Geburt mitbringen, der Vorsehung zu großem Dank verpflichtet sind. Zudem muß man sich von Jugend an Studien & Tätigkeiten hingegeben haben, die viel Nachdenken erfordern. Der Geist muß die Gewohnheit angenommen haben, seine Gedanken zu ordnen & über das, was er liest, nachzudenken; denn eine Lektüre, bei welcher der Geist nicht tätig ist & die er nicht durch Reflexionen über das Gelesene unterstützt, setzt sich bald der *Langeweile* aus. Übt man dagegen seine Phantasie, so zähmt man sie am Ende; & diese fügsam gemachte Fähigkeit tut, was man von ihr verlangt. Durch Nachdenken nimmt man die Gewohnheit an, nach eigenem Belieben sein Denken von einem auf den anderen Gegenstand zu lenken oder es auf einem ganz bestimmten Gegenstand zu heften.

Diese Unterhaltung mit sich selbst schützt jene, die sich darauf verstehen, vor dem Zustand der Mattigkeit & des Jammers, von dem wir sprechen. Aber wie schon gesagt wurde, gibt es nur wenige Personen, die ein Blut ohne Bitterkeit & Säfte ohne Gift zu einem so süßen inneren Leben prädestiniert haben. Ihre geistige Verfassung ist den meisten Menschen sogar völlig unbekannt, die von ihrer eigenen Einsamkeit, unter der sie leiden, auf andere schließen & meinen, daß die Einsamkeit ein Übel sei, unter dem alle leiden.

Da es so selten & nachgerade unmöglich ist, die Seele immerzu allein mit der Meditation auszufüllen, & da die andere Art, sie zu beschäftigen, das heißt zu *fühlen,* indem man sich den Leidenschaften überläßt, ein gefährliches & unheilvolles Mittel ist, wollen wir nach einem praktikablen Mittel gegen die *Langeweile* suchen, zu dem jedermann Zugang hat & das keinerlei Nachteile nach sich zieht. Das wäre die körperliche Arbeit in Verbindung mit der Pflege des Geistes, durch die Befolgung eines wohldurchdachten Plans, den ein jeder beizeiten, je nach seinem Rang, seiner Stellung, seinem Alter, seinem Geschlecht, seinem Charakter & seinen Talenten, entwerfen & erfüllen kann.

Es ist leicht einzusehen, daß die Arbeiten des Körpers, selbst jene, die nur geringe Mühe zu erfordern scheinen, die Seele beschäftigen; & selbst wenn man dies nicht einsehen sollte, so lehrt doch die Erfahrung, daß dieses Phänomen existiert. Desgleichen weiß man, daß auch die Beschäftigungen des Geistes diese Wirkung haben. Die Mischung dieser beiden Arten von Tätigkeiten mit dem Ziel, ihnen Tag für Tag sorgfältig nachzugehen, wird die Menschen vor dem bitteren Schmerz der *Langeweile* bewahren.

Man muß also Untätigkeit & Müßiggang vermeiden, sowohl als Heilmittel wie zu seinem eigenen Glück. La Bruyère sagte sehr treffend, die *Langeweile* sei durch den Müßiggang in die Welt gekommen, der so großen Anteil bei der Suche habe, welche die Menschen nach den Vergnügungen der Gesellschaft anstellen, das heißt nach den Schauspielen, dem Spiel, den Tafelfreuden, den Besuchen & der Konversation. Wer sich indes eine Lebensweise zugelegt hat, bei der die Arbeit sowohl Nahrung als auch Stütze ist, der hat mit sich selbst genug & bedarf der erwähnten Vergnügungen nicht, um die *Langeweile* zu vertreiben, weil er sie dann nicht kennt. Daher ist jede Art von Arbeit das wahre Heilmittel gegen dieses Übel. Selbst wenn die Arbeit keinen anderen Vorteil hätte, wenn sie nicht das Kapital wäre, an dem es am wenigsten mangelt, wie La Fontaine sagt, so würde sie ihren Lohn in allen Zuständen des Lebens in sich tragen, bei dem mächtigsten Monarchen ebenso wie bei dem ärmsten Bauern.

Man glaube nicht, daß Macht, Größe, Gunst, Ansehen, Rang, Reichtum oder all dies zusammen uns vor der *Langeweile* bewahren kann; man würde sich gröblich täuschen. Um jedermann von dieser Wahrheit zu überzeugen, ohne sie durch philosophische Betrachtungen, die uns hier zu weit führen würden, beweisen zu wollen, begnügen wir uns damit, die Tatsachen sprechen zu lassen & hier aus den *Anekdoten aus der Zeit Ludwigs XIV.* eine sehr lehrreiche & frappierende Bemerkung aus einem der Briefe von Madame de Maintenon an Madame de la Maisonfort zu zitieren.

»Könnte ich Ihnen doch«, schreibt Madame de Maintenon, »die *Langeweile* schildern, welche die Großen verzehrt,

& die Mühe, die sie haben, ihre Tage auszufüllen! Sehen Sie denn nicht, daß ich bei einem Vermögen, das man sich kaum vorzustellen vermöchte, vor Traurigkeit sterbe? Ich stehe nun in der höchsten Gunst, & ich versichere Ihnen, liebe Tochter, daß dieser Zustand eine entsetzliche Leere in mir hinterläßt.« Ein andermal schreibt sie ihrem Bruder, dem Grafen von Aubigné: »Mir kann an dem Leben, das ich führe, nichts mehr liegen; ich wollte, ich wäre tot.« Man kennt seine Antwort.

Daraus schließe ich, daß, wenn irgend etwas die Frauen von ihrem Irrtum über das angebliche Glück der menschlichen Hoheiten abzubringen & sie von ihren fruchtlosen Vorkehrungen gegen die *Langeweile* zu überzeugen vermöchte, es diese wenigen Worte von Madame de Maintenon wären: »Mir liegt nichts mehr am Leben, ich wollte, ich wäre tot.« *Jaucourt*

LASTER – **Vice** (**Naturrecht, Moral &c.**). Alles, was den natürlichen Gesetzen & den Pflichten zuwiderläuft.

Wie der Irrtum auf falschen Maßstäben für die Wahrscheinlichkeit gründet, so gründet das Laster auf falschen Maßstäben des Wohls, & wie das Wohl mal kleiner & mal größer ist, so sind die *Laster* mal mehr, mal weniger tadelnswert. Es gibt *Laster*, die vom Glanz großer & herausragender Eigenschaften sozusagen aufgewogen, zumindest aber verdeckt werden. Man erzählt sich, Heinrich IV. habe eines Tages einen spanischen Gesandten gefragt, wer die Mätresse seines Königs sei. Der Gesandte erwiderte in schulmeisterlicher Manier, sein König sei ein gottesfürchtiger Fürst & habe keine andere Mätresse als die Königin. Heinrich IV., der den Vorwurf wohl hörte, konterte mit verächtlicher Miene, ob sein König denn so wenig Tugenden besitze, daß sie ein *Laster* nicht überdeckten?

Laster, die auf diese Weise verborgen oder verdeckt werden können, dürfen lediglich dem Temperament & dem natürlichen Charakter, weniger der Gesinnung entspringen. Ebenso dürfen es nur kurze Ausschweifungen, Leidenschaften, überraschende Ausbrüche bei einem Menschen sein. Treten sie selten hervor & gehen dann schnell vorüber, können sie verborgen werden wie Sonnenflecken. Dennoch bleiben sie ein Makel. Wenn dieser nicht behoben wird, breitet er sich aus, wirft einen Schatten über alles & verdunkelt das Licht, das ihn zuvor überstrahlte.

Lesen Sie bei Racine, was Hippolytos seinem Erzieher im 1. Akt, 1. Szene zur Antwort gibt. Man könnte diese Szene endlos bewundern. An seinem Bericht von den edlen Taten seines Vaters, so sagt er zu Theramenes, habe er sich seine Seele erhitzt. »Doch«, fährt er fort,

»Als du zu den andern Abenteuern kamst danach,
Wie überall er Treue schwor und Treue brach.
Zu Ariadne, die dem tauben Fels ihr Leiden klagt,
Zu Phädras Raub, der unter beßren Sternen stand:
Du weißt, wie widerwillig ich davon erfuhr,
Wie ich dich bat, du möchtest mir den Rest ersparen.
Wie gerne hätte ich die Schmach vergessen,
Die seinen Heldentaten gegenübersteht!
Und sollte nun das gleiche Unheil mich ereilen?
Die Götter sollten mich so weit von sich verstoßen?
Und um so tiefere Verachtung hätte ich verdient,
Als jeder Tadel doch vor Theseus' großem Werk verstummt:
Noch habe ich kein Ungetüm im Kampf bezwungen,
Das mir erlaubt, es ihm im Leben gleichzutun.«

Die Makel, die an großen Männern haften, sind wie die kleinen Sommersprossen, die man bisweilen auf einem schönen Gesicht antrifft: Es wird dadurch nicht häßlich, aber sie hindern uns, eine vollkommene Schönheit darin zu erblicken. Wenn dem so ist, bleibt die Frage, was man von jenen Menschen halten soll, die übersät sind mit den Flecken ihrer *Laster*. Mit den Moralisten könnte man eine Menge dazu sagen, doch ich beschränke mich auf einen Gedanken von Montaigne, einem Mann von Welt, dem man in solchen Dingen Glauben schenken darf. Man findet diese Überlegung im III. Buch, in seinem Essai »Über das Bereuen«:

»Es gibt keine Laster, wirkliche Laster, die nicht abstoßend wären & von einem unbestechlichen Urteil verworfen würden, denn sie belasten einen derart & sind von derart offenkundiger Häßlichkeit, daß vielleicht jene recht haben, die sagen, sie seien hauptsächlich auf Dummheit & Unwissenheit zurückzuführn – so schwer fällt die Vorstellung, daß man sie kennen könne, ohne sie zu hassen. Die Böswilligkeit saugt den größten Teil ihrer eigenen Pestsäfte ein & vergiftet sich damit. Das Laster hinterläßt in der Seele eine Reue, die jenen Geschwüren im Fleische gleicht, die von selbst immer wieder blutig aufreißen.«

Lasterhafte Frauen habe ich viele gesehen und selbst mehrfach gesündigt, aber Zola und jener Dame, die Ihnen gesagt haben will »Flopp – und fertig!«, glaube ich nicht. Lasterhafte Menschen und Schriftsteller geben sich gern als Feinschmecker und raffinierte Kenner des Lasters; sie sind kühn, entschlossen, erfindungsreich, treiben es auf 33 Arten, gleichsam sogar auf Messers Schneide, aber alles nur in Worten, in Wirklichkeit benützen sie ihre Köchinnen und gehen in billige Freudenhäuser. Alle Schriftsteller lügen. Eine Dame in der Stadt zu benützen ist nicht so einfach, wie Sie schreiben. Ich habe keine einzige Wohnung gesehen (eine anständige, natürlich), wo die Umstände es gestattet hätten, eine in Korsett, Rock und Turnüre gekleidete Frau auf die Truhe zu werfen oder aufs Sofa oder auf den Fußboden und sie so zu benützen, ohne daß die Hausangehörigen das bemerkt hätten. Alle diese Wendungen wie im Stehen, im Sitzen u. dgl. sind Unfug. Die einfachste Art ist das Bett, die übrigen 33 sind kompliziert.

ANTON TSCHECHOW AN SUVORIN, 24./25. November 1888

Der Sprachgebrauch macht einen Unterschied zwischen einem *Fehler* & einem *Laster*. Jedes *Laster* ist ein *Fehler*, doch nicht jeder *Fehler* ist ein *Laster*. Einem Menschen, der ein *Laster* besitzt, unterstellt man eine Freiheit, die ihn in unseren Augen schuldig macht. Ein Fehler geht dagegen gemeinhin zu Lasten der Natur, der Mensch wird entschuldigt, die Natur angeklagt. Wenn die Philosophie solche Unterscheidungen sorgfältig überprüft, erweisen sie sich oft als hinfällig. Hat ein Mensch mehr Gewalt über seinen Kleinmut, seine Wollust, sein aufbrausendes Wesen als über sein Schielen, seinen Buckel oder sein Hinken? Je mehr Einfluß man der Gesellschaft zugesteht, der Erziehung, den nationalen Sitten, dem Klima, den Umständen, die unser Leben bestimmt haben von dem Augenblick an, da wir den Schoß der Natur verlassen haben, bis in die Gegenwart hinein, desto weniger rühmt man sich der guten Eigenschaften, die man besitzt & doch so wenig sich selbst verdankt, & um so nachsichtiger ist man gegenüber den Fehlern & *Lastern* anderer. Je vorsichtiger man beim Gebrauch von Worten wie lasterhaft & tugendhaft ist, die niemals frei von Zuneigung oder Haß sind, desto größer wird die Neigung, sie durch Ausdrücke zu ersetzen, die unglückliche oder glückliche Umstände andeuten, die unserer Anteilnahme gewiß sind. Man hat Erbarmen mit einem Blinden, & was ist ein Bösewicht anderes als ein kurzsichtiger Mann, der über den Augenblick seines Handelns nicht hinaussieht? *Jaucourt*

LAUS – **Pou (Mikroskopische Wissenschaft)**. Die *Laus* hat eine so durchsichtige Hülle oder Haut, daß wir das, was in ihrem Körper vor sich geht, besser als in dem der meisten anderen kleinen Lebewesen erblicken können, was sie zu einem reizvollen Gegenstand für das Mikroskop macht. Sie besteht natürlicherweise aus drei Teilen: dem Kopf, der Brust & dem Hinterleib oder Schwanzteil. Am Kopf sieht man zwei feine schwarze Augen & vor jedem dieser Augen ein Horn; dieses Horn hat fünf Gelenke & ist von Haaren umgeben. Am Ende des Mundes befindet sich ein spitzer Teil, der einem Saug- oder Bohrwerkzeug als Futteral dient. Dieses Werkzeug bohrt das Tier in die Haut, um aus ihr das Blut oder die Säfte zu saugen, von denen es sich ernährt, da es keinen Mund hat, der sich öffnen kann; es ist siebenhundertmal dünner als ein Haar & von einem weiteren Futteral umschlossen, das sich innerhalb des ersten befindet. Das Tier kann es nach Belieben ausfahren oder einziehen.

Seine Brust hat in der Mitte einen Fleck; seine Haut ist durchsichtig & voll kleiner Vertiefungen. Auf der Unterseite befinden sich rings um die Brust sechs Beine, die jeweils fünf Gelenke haben & deren Haut rauh zu sein scheint, außer am Ende, wo sie weicher wirkt. Jedes Bein endet in zwei hakenförmigen Nägeln von unterschiedlicher Größe & Länge; das Tier verwendet sie wie wir unseren Daumen & Mittelfinger; zwischen diesen Nägeln & auf allen Beinen befinden sich Haare.

Am hinteren Ende des Schwanzteils erkennt man einige ringförmige Einschnitte, viele Haare & so etwas wie Male, die den von Peitschenhieben hinterlassenen Rötungen ähneln. Die Haut des Hinterleibs scheint rauh zu sein & weist am unteren Ende viele kleine Vertiefungen auf; am Ende des Schwanzteils sieht man zwei kleine halbkreisförmige, über & über mit Haaren bedeckte Gebilde, die dazu dienen, den After zu verbergen.

Wenn die *Laus* ihre Beine bewegt, erkennt man die Bewegung der Muskeln, die sich alle in einem länglichen schwarzen Fleck in der Mitte der Brust vereinen; das gleiche beobachtet man bei der Bewegung der Kopfmuskeln, wenn sie ihre Hörner bewegt. Die Bewegung der Muskeln ist auch in mehreren Beingelenken sichtbar; ebenso kann man die verschiedenen Verzweigungen der Venen & Arterien sehen, die weiß sind. Am überraschendsten aber ist die peristaltische Bewegung der Eingeweide, die sich vom Magen über die Därme bis zum After fortsetzt.

Setzt man eine hungrige *Laus* auf den Handrücken, so bohrt sie ihr Saugwerkzeug in die Haut, & man sieht, wie das Blut gleich einem dünnen Strom in den vorderen Teil des Kopfes gelangt, von dort in eine runde Höhlung fällt & sodann in einen weiteren runden Behälter in der Mitte des Kopfes gelangt, von wo aus es durch ein kleineres Blutgefäß in die Brust & von hier in einen Darm fließt, der am Hinterleib endet, wo es in einer Biegung ein wenig nach oben zurückkehrt. In der Brust & im Darm bewegt sich das Blut unablässig mit großer Kraft, vor allem im Darm, wobei sich dieser so stark zusammenzieht, daß man darüber nur staunen kann.

Legt man eine *Laus* auf ihren Rücken, so sieht man zwei schwärzliche Blutflecken, einen größeren in der Mitte des Körpers & einen kleineren zum Hinterleib hin. In dem größeren Fleck befindet sich eine weiße Blase, die sich oben & unten, vom Kopf zum Hinterleib zusammenzieht & ausdehnt; dieses Pulsieren setzt sich in dem schwarzen Blutfleck fort, an dem die weiße Blase befestigt zu sein scheint. Diese systolische & diastolische Bewegung läßt sich noch besser erkennen, wenn die *Laus* ermattet. Die derart pochende weiße Blase scheint das Herz zu sein, denn wenn man in sie hineinsticht, stirbt die *Laus* augenblicklich. Bei einer großen *Laus* kann man das Pulsieren durch den Rücken sehen, die weiße Membran jedoch nur dann, wenn man ihren Bauch nach oben dreht. Doktor Harvey vermutet, daß der hintere schwarze Fleck die Ansammlung der Exkremente in den Därmen ist.

Die *Läuse* sind keine Zwitter, wie man irrtümlich meinte, sondern männlichen & weiblichen Geschlechts. Leeuwenhoek fand heraus, daß die Männchen am Hinterleib einen Stachel haben, die Weibchen dagegen keinen, & er glaubt, daß der stechende Schmerz, den sie hin & wieder verursachen, wenn man sie quält, von ihrem Stachel herrührt;

denn wenn man sie derb in die Hand nimmt, sieht man, daß sie ihren Stachel ausstrecken. Er sagt, daß er von ihrem Saug- oder Bohrwerkzeug kaum Schmerzen oder Unannehmlichkeiten verspürte, obwohl er sieben oder acht von ihnen gleichzeitig auf seiner Hand hatte, die dort ihre Nahrung holten. Die Weibchen legen Eier oder Nissen, aus denen die jungen *Läuse* vollkommen ausgebildet mit all ihren Gliedmaßen schlüpfen, & außer dem Wachstum machen sie keine anderen Veränderungen durch.

Derselbe Leeuwenhoek, der das Ausmaß & die Dauer ihres Wachstums erkunden wollte, steckte zwei Weibchen in einen schwarzen Strumpf & entdeckte, daß das eine innerhalb von sechs Tagen fünfzig Eier gelegt hatte; doch als er es sezierte, erblickte er noch sehr viel mehr davon im Eierstock, woraus er folgerte, daß sie innerhalb von zwölf Tagen hundert Eier gelegt hätte. Diese innerhalb von zwölf Tagen sich öffnenden Eier hätten wahrscheinlich fünfzig Männchen & ebenso viele Weibchen hervorgebracht, & da die Weibchen nach achtzehn Tagen geschlechtsreif werden, hätte jedes von ihnen zwölf Tage später, wie zu vermuten ist, seinerseits hundert Eier gelegt. Diese Eier hätten nach sechs Tagen Reifezeit eine junge Brut von fünftausend Nachkommen hervorgebracht. Eine solche Vermehrung muß mit *Läusen* behaftete Menschen in Schrecken versetzen.

Man kann eine *Laus* in einem Wassertropfen auf einer Glasplatte sezieren, die sich unter das Mikroskop legen läßt; ohne Wasser ist es sehr schwierig, ihre Körperteile voneinander zu trennen, doch wenn man sie getrennt hat, werden sie gleich darauf runzlig & trocknen aus. Mit Hilfe des Wassers kann man im Eierstock eines Weibchens fünf oder sechs vollkommen ausgebildete Eier kurz vor dem Ablegen finden, zusammen mit anderen Eiern von unterschiedlicher Größe, die aber sehr viel kleiner sind.

Bei der männlichen *Laus* fällt der Penis auf, ebenso wie die Hoden, von denen sie ein doppeltes Paar hat. Diese Tiere meiden soweit wie möglich das Licht & mögen keine Kälte. Wenn die Weibchen schwanger sind, wirken sie wegen der Vielzahl der Eier weißer als die Männchen.

Die meisten Insekten sind von *Läusen* befallen, die ihre Nahrung aus ihnen saugen & sie plagen. Eine Art von Hirschkäfer, unter dem Namen *escarbot pouilleux,* Läusekäfer, bekannt, fällt durch die Vielzahl kleiner *Läuse* auf, die sehr schnell auf ihm herumlaufen & die sich nicht abschütteln lassen. Auch einige andere Käfer haben *Läuse,* jedoch unterschiedlicher Art.

Der Ohrwurm wird häufig von *Läusen* geplagt, besonders unterhalb des Kopfes; sie sind weiß & glänzend wie Motten, aber sehr viel kleiner; sie haben einen runden Rücken, einen flachen Bauch & lange Beine.

Alle Arten von Nacktschnecken, insbesondere die großen, sind von äußerst flinken *Läusen* bedeckt, die auf ihnen leben & sich von ihnen nähren.

Häufig sieht man auf den Beinen der Spinnen viele kleine rote *Läuse,* die einen winzigen Kopf haben & einer Schildkröte ähneln; sie sind eng mit der Spinne verbunden, solange sie lebt, & verlassen sie, sobald sie tot ist.

Häufig entdeckt man auf großen Bienen & Ameisen weißliche *Läuse,* die sehr schnell auf ihnen herumlaufen; mehrere Arten von ihnen findet man auch auf Fischen. Kircher sagt, er habe *Läuse* auf Flöhen gefunden. Nur wenige Lebewesen sind frei davon; auf den Walen wimmelt es auf unglaubliche Weise von ihnen.

Drei Arten von *Läusen* hat man auf dem Falken gefunden, zwei Arten auf der großen Taube, der Turteltaube, dem Huhn, dem Star, dem Kranich, dem Wasserhuhn, der Elster, dem Reiher, dem Schwan, der türkischen Ente, der Möwe & der Wildgans; zwei Arten auf der Knäkente, dem Mauerfalken, dem Pfau, dem Kapaun, der Krähe, dem weißen Star & den Menschen; zwei Arten auf der Ziege, dem Kamel, dem Esel, dem afrikanischen Widder, dem Tiger & dem Hirsch &c., & beide Arten unterscheiden sich noch bei jedem Vogel & Tier. Die *Laus* des Löwen ist größer & röter als die *Laus* des Tigers. *Jaucourt*

LEBEN, LEBENSDAUER – **Vie, Durée de la vie (Politische Arithmetik)**. Derham nimmt aus der Verschiedenheit der Lebensdauer am Anfang der Welt, nach der Sintflut & in unserer Zeit ein Argument zugunsten der göttlichen Vorsehung. Nach der Schöpfung, als es auf der Welt nur einen einzigen Mann & eine einzige Frau gab, betrug das gewöhnliche Alter neunhundert Jahre & mehr; unmittelbar nach der Sintflut, als es nur noch drei Personen gab, um die Welt zu erneuern, wurde diesen nur noch eine geringere *Lebensdauer* gewährt, & von diesen drei Patriarchen erreichte nur Sem ein Alter von fünfhundert Jahren; im zweiten Jahrhundert der Welt ist niemand zweihundertvierzig Jahre alt geworden, & im dritten hat kaum jemand ein Alter von zweihundert Jahren erreicht; denn die Welt – oder zumindest ein Teil von ihr – war damals schon so dicht bevölkert, daß man bereits Städte gebaut & Niederlassungen in sehr großer Entfernung voneinander gegründet hatte. In dem Maße, in dem die Völker an Zahl zunahmen, ging die *Lebensdauer* allmählich zurück, bis sie nur noch siebzig oder achtzig Jahre betrug, & auf dieser Stufe blieb sie seit Moses. Der Autor findet, daß dank diesem Mittel die Welt niemals zu dicht oder zu dünn bevölkert gewesen sein dürfte, daß aber ungefähr so viele Personen geboren sein müssen, wie gestorben sind.

Die gewöhnliche *Lebensdauer* des Menschen war zu allen Zeiten dieselbe, seitdem die Welt sich vollständig bevölkert hatte; das ist eine Tatsache, die sowohl von der biblischen als auch von der weltlichen Geschichte gleichermaßen bewiesen wird. Um nur einige Beispiele dafür anzuführen: Platon wurde einundachtzig Jahre alt, & man betrachtete ihn als einen Greis, & die meisten Beispiele der Langlebigkeit, die Plinius als außergewöhnlich anführt (7. Buch, 18. Kap.), kann man auch in modernen Geschichtsbüchern finden, insbesondere in der Naturgeschichte des Doktor Plott. Er spricht unter anderem von zwölf Vasallen eines & desselben Lehensherrn, die zusammen mehr als tausend Jahre alt waren, ganz zu schweigen von dem alten Parr, der hundertzweiundfünfzig Jahre & neun Monate gelebt hat, von H. Jenkins in Yorkshire, der hundertneunundsechzig Jahre gelebt hat, der Gräfin Demonde & Herrn Teklestone, die beide Iren waren & über hundertvierzig Jahre alt wurden *(Chambers).*

Gegen Ende des vorigen Jahrhunderts hatte William Petit, ein Engländer, Gesetze über die Sterblichkeit der Menschen mit Hilfe der Totenlisten von London & Dublin aufzustellen versucht; da aber diese beiden Städte große Handelsstädte sind, lassen sich in ihnen zahlreiche Ausländer nieder & sterben daselbst; die Totenlisten dieser Städte können also nicht dazu dienen, das Gesetz der allgemeinen Sterblichkeit der Menschheit aufzustellen; denn man müßte, wenn das möglich wäre, einen Ort zugrunde legen, den niemand verließe & den auch kein Fremder beträte. Doktor Haley hatte die Stadt Breslau gewählt, um eine Wahrscheinlichkeitstabelle der menschlichen *Lebensdauer* aufzustellen, weil zumindest damals nur wenige Leute diese Stadt verließen & auch nur wenige Fremde hinzukamen. Er hatte diese Tabelle mehrfach verwendet, unter anderem, um den Wert der einfachen lebenslänglichen Renten bestimmen zu können. Simpson ließ im Jahre 1742 in London ein Werk über denselben Gegenstand drucken; aber er ging von einer Tabelle aus, die aufgrund der Sterblichkeitsliste der Bewohner Londons aufgestellt worden war, so daß man auf die Schlüsse, die er aus ihr zieht, nur wenig geben darf – wegen der Gründe, auf die wir soeben hingewiesen haben. Kerseboom hat auf demselben Gebiet gearbeitet & mehr Untersuchungen angestellt als sonst irgend jemand; er hat eine Tabelle zusammengestellt, um auf Grund der Beobachtungen, die seit etwa einem Jahrhundert gemacht worden waren, die Sterblichkeitsliste der Provinzen Holland & Westfriesland aufzustellen. Siehe Sterblichkeit.

Doch das Beste, was wir auf diesem Gebiet haben, ist das Werk von Parcieux, Mitglied der Königlichen Gesellschaft von Montpellier: *Versuch über die wahrscheinliche Dauer des menschlichen Lebens.* Paris 1745. Dieser Autor ist viel weiter gekommen als alle seine Vorgänger, & er ist insbesondere der erste, der die Sterblichkeitsliste auf die einfachen & die zusammengesetzten Leibrenten angewendet hat. Aus der genauen Festlegung der Sterblichkeitsliste ergeben sich große Vorteile; denn wenn ein Staat oder Privatpersonen lebenslängliche Renten aussetzen wollen, so muß der Geldgeber sowie der Rentenempfänger wissen, wieviel man gerechterweise den verschieden alten Rentiers geben muß. Nicht weniger interessant ist die Materie für die, welche Häuser oder andere Güter auf Lebenszeit kaufen, & schließlich auch für die, welche gewisse Pensionen aussetzen & feststellen wollen, wieviel Geld sie dafür aufwenden werden. – Als Parcieux eine Liste von mehr als 3700 Kindern aufstellte, die in Paris geboren waren, fand er, daß ihre durchschnittliche *Lebensdauer* nur 21 Jahre & 4 Monate betrug, wenn man die Fehlgeburten mitrechnete, & 23 Jahre & 6 Monate, wenn man die Fehlgeburten nicht mitzählte; wahrscheinlich ist Paris in ganz Frankreich der Ort, wo die durchschnittliche *Lebensdauer* am kürzesten ist.

Ich habe bemerkt, sagt Parcieux, & man wird das ebenso wie ich feststellen können, wenn man sein Augenmerk darauf richtet, daß in Paris die Kinder der reichen oder wohlhabenden Leute nicht so früh sterben wie die Kinder des niedrigen Volkes. Erstere nehmen Ammen in Paris oder in den umliegenden Dörfern & haben jeden Tag die Möglichkeit, ihre Kinder zu besuchen & festzustellen, wie die Amme sie betreut; das niedrige Volk dagegen, das nicht die Möglichkeit hat, viel Geld aufzuwenden, kann nur Ammen in weiter Entfernung nehmen, die Väter & Mütter sehen ihre Kinder erst, wenn sie zurückgebracht werden, & im allgemeinen sterben etwas mehr als die Hälfte in den Händen der Ammen – was meistens auf die Sorglosigkeit dieser Frauen zurückzuführen ist. *Anonym*

LEICHT – **Facile (Dichtung & Moral).** Mit *leicht* wird nicht nur bezeichnet, was mühelos zu bewerkstelligen ist, sondern auch, was diesen Anschein erweckt. Der Pinselstrich von Correggio ist *leicht.* Der Stil von Quinault ist viel *leichter* als der von Boileau, vergleichbar dem Stil Ovids, der den des Dichters Persius an *Leichtigkeit* übertrumpft. In Malerei, Musik, Redekunst & Dichtung äußert sich diese *Leichtigkeit* in einer natürlichen Ungezwungenheit, die keine gesuchten Wendungen zuläßt & ohne Anstrengung & Tiefgründigkeit auskommt. So wirken die Gemälde von Paolo Veronese *leichter,* aber weniger vollendet als die von Michelangelo. Die Symphonien Rameaus übertreffen die Lullys, scheinen aber weniger *leicht.* Verglichen mit Esprit Flechier, dem Erzieher des Thronfolgers, ist Bossuet in seinen Reden tatsächlich gewandter & *leichter.* Rousseau besitzt in seinen Briefen nicht die *Leichtigkeit* & Überzeugungskraft eines Boileau. In einem Kommentar zu Boileau erfährt man, daß der erlauchte Racine von diesem gewissenhaften & fleißigen Dichter lernte, wie man unter großen Mühen Verse schmiedet & daß jene, die hinterher *leicht* erscheinen, am schwierigsten zu finden waren. Es ist nur allzu wahr: Oft kommt es einem Kraftakt gleich, sich klar auszudrücken. Zweifellos kann man durch Anstrengung zur Leichtigkeit gelangen, doch es stimmt ebenso, daß eine glückliche Begabung die *leichte* Schönheit häufig ohne jede Anstrengung hervorbringt & daß Begeisterung mehr dazu tut als Kunstfertigkeit. Die meisten leidenschaftlichen Stücke sind unseren guten Dichtern aus der Feder geflossen, & sie wirken um so *leichter,* als es tatsächlich keiner Arbeit bedurfte, sie zu verfassen: Ist die Phantasie erst beflügelt, erfolgt die Geburt mühelos. Dies gilt nicht für Werke, die belehren wollen: Sie bedürfen der Kunstfertigkeit, um *leicht* zu erscheinen. In Popes bewundernswertem *Versuch über den Menschen* überwiegt zum Beispiel der Tiefsinn. *Leicht* lassen sich die erbärmlichsten Werke fabrizieren, an denen alles eingängig ist & *leicht* erscheint. Sie sind der Beitrag jener, die ohne einen Hauch von Begabung die schlechte Angewohnheit haben, Werke zu verfassen. Das drückt eine Figur der traditionellen, sogenannten *italienischen* Komödie in einem Gespräch so aus: »Bewundernswert, wie gut du schlechte Verse machst!«

Für eine Frau ist die Bezeichnung *leicht* eine Beleidigung. Man mag bisweilen den Auftritt eines Mannes in der Gesellschaft derart rühmen, bei einem Staatsmann deutet die Bezeichnung häufig auf eine Schwäche hin. Atticus, der Freund Ciceros, besaß *Leichtigkeit* in seinem Gebaren, kein Römer ist so sympathisch wie er. Die *leichte* Cleopatra gab sich Antonius ebenso willig hin wie Cäsar. Claudius wog *leicht;* er ließ sich von Agrippina bevormunden. *Leicht* ist in bezug auf Claudius ein Hinweis auf seine Formbarkeit, die treffende Bezeichnung wäre Schwächling. *Leicht* hat man es mit einem Mann, der sich gerne Vernunft & Tadel beugt & dessen Herz sich durch Bitten erweichen läßt. Schwach nennt man denjenigen, der anderen eine zu große Herrschaft über sich gibt. *Voltaire*

LEICHTGLÄUBIGKEIT – **Crédulité.** Eine Schwäche des Geistes, durch die man dazu verleitet wird, seine Zustimmung zu Grundsätzen oder Tatsachen zu geben, bevor man die Beweise für sie erwogen hat. Man darf Gottlosigkeit, Ungläubigkeit & Unüberzeugtheit nicht verwechseln, wie es täglich bei Schriftstellern vorkommt, die in unserer Sprache ebensowenig bewandert sind wie in der Philosophie. Der Gottlose spricht mit Verachtung von dem, woran er im Grunde seines Herzens glaubt. Der Ungläubige leugnet schon bei der ersten Einsicht seines Geistes die Wahrheit dessen, was er nicht geprüft hat, & auch dessen, was ernsthaft zu prüfen er sich nicht bemühen will; denn da er von der scheinbaren Widersinnigkeit der Dinge, die man ihm als sicher hinstellt, betroffen ist, hält er sie einer wohlüberlegten Prüfung nicht für würdig. Der Unüberzeugte hat geprüft, aber beim Vergleich der Sache & der Beweise einzusehen geglaubt, daß die Gewißheit, die aus den Beweisen hervorging, nach denen die Sache so war, wie man ihm sagte, nicht seine Neigung aufwog, aufgrund der Umstände der Sache selbst oder aufgrund wiederholter Erfahrungen zu glauben, daß sie keinesfalls so war oder doch zumindest anders war, als man ihm erzählte. Zweifel kann nur im Hinblick auf eine mögliche Sache bestehen, & man ist um so weniger geneigt, an den Übergang vom Möglichen zum Vorhandenen zu glauben, je schwächer die Beweise für diesen Übergang, je ungewöhnlicher dabei die Umstände & je zahlreicher die Erfahrungen sind, nach denen sich dieser Übergang in ähnlichen Fällen oder auch in weniger ungewöhnlichen Fällen als unwahr erwiesen hat. Wenn also die Fälle, in denen sich eine solche Sache als falsch erwiesen hat, sich zu den Fällen, in denen sie sich als richtig erwiesen hat, wie hunderttausend zu eins verhalten & wenn dieses Verhältnis – ohne Berücksichtigung der Erfahrung – nur durch die Verknüpfung der Umstände der an sich betrachteten Sache verdoppelt werden könnte, so müssen die Beweise für den Übergang vom Möglichen zum Vorhandenen zumindest gleich 1 zu 999 sein. Wer diese Rechnung unter der Voraussetzung, um die es geht, durchgeführt & festgestellt hat, daß der Wert der Wahrscheinlichkeit gleich 1 zu 999 oder kleiner als diese Größe ist, ist ein aufrichtiger Unüberzeugter. Wer diese Rechnung nicht durchgeführt, aber aus der Gewohnheit eines Geistes, der die Wahrheit zu erkennen pflegt, ohne sich auf die sorgfältige Erörterung der Beweise einzulassen, angenommen hat, daß es sich damit tatsächlich so verhält, wie es sich verhalten muß, ist notwendigerweise ein Ungläubiger. Der Gottlose hat auf den Lippen die Worte des Ungläubigen & im Geist eine entgegengesetzte Mutmaßung. So wird die Unüberzeugtheit durch das Nachdenken, die Ungläubigkeit durch das Empfinden aufgeklärt, & die Gottlosigkeit betäubt sich selbst. Der Unüberzeugte verdient belehrt, der Ungläubige ermahnt zu werden, der Gottlose allein ist ohne Entschuldigung. Die Gottlosigkeit steht nicht im Widerspruch zur *Leichtgläubigkeit.* Ein Götzendiener, der an seinen Götzen glaubt & ihn zertrümmert, wenn er nicht von ihm erhört wird, ist ein Gottloser; ein Katholik, der sich dem Altar nähert, ohne in sich selbst die dafür notwendigen Neigungen zu erkennen, ist ebenfalls ein Gottloser; ein Mohammedaner, in dessen Augen die einzelnen Artikel seines Glaubens ebenso viele Hirngespinste sind, die des Nachdenkens nicht wert sind, ist ein Ungläubiger; der Protestant, der aufgrund einer unvoreingenommenen Prüfung der Dinge dahin gelangt, sich ernste Zweifel über den Vorzug zu machen, den er seiner Sekte gibt, ist ein Unüberzeugter. Übrigens könnte es, da es sich hier um moralische Fragen handelt, wohl vorkommen, daß zwar zweitausend gegen eins zu wetten wäre, daß die & die Sache existiert, & daß sie dennoch nicht vorhanden wäre. Der Unüberzeugte kann also vernünftigerweise die Wahrheit dort annehmen, wo sie nicht ist. Der Ungläubige täuscht sich dabei noch leichter. Aber es handelt sich nicht um das, was ist oder was nicht ist, sondern um das, was uns so scheint. Wir müssen mit uns selbst zu Rande kommen, & wenn wir aufrichtig sind, so wird uns die Wahrheit nicht entgehen. Alles zu verwerfen ist ebenso gefährlich, wie alles unterschiedslos anzuerkennen; das gilt für die *Leichtgläubigkeit,* jenes Laster, das die Lüge am meisten fördert. *Diderot*

LEIPZIG – **Leipsic, Leipzick ou Leipzig** (**Géographie**). Lateinisch *Lipsia.* Reiche & berühmte deutsche Stadt in der Markgrafschaft Meißen mit einem Schloß, der Pleißenburg, & einer berühmten Universität, die im Jahre 1409 unter dem Kurfürsten Friedrich gegründet wurde; mehrere Herrscher sind deren Rektoren gewesen. *Leipzig* ist ein großer Handelsplatz; die Stadt regiert sich seit dem Jahre 1263 durch eigene Gesetze & ist von dem Kurfürsten von Sachsen abhängig. Bemerkenswert ist sie aufgrund ihrer Messen & wegen der Schlachten, die dort 1630 & 1642 stattgefunden haben. Sie ist in den Kriegen Deutschlands oft Schauplatz großer Ereignisse gewesen. Sie liegt in einer Ebene, in einem fruchtbaren Landstrich zwischen der Saale & der Mulde, am Zusammenfluß der Pleiße, der Elster & der Parthe, 15 Meilen südwestlich von Wittenberg, 15 Meilen nordwestlich von Dresden, 26 Meilen südöstlich von Magdeburg, 100 Meilen nordwestlich von Wien.

Es gibt in Deutschland vielleicht keine Stadt, die so viele Gelehrte hervorgebracht hat wie *Leipzig:* Ich finde unter ihnen sogar mehrere berühmte. Es sind – abgesehen von Leibniz, dem Universalgelehrten – Männer wie Carpzov, Ettmüller, Fabricius, Jungermann, Mencken, Thomasius; denn ich sehe mich aufgrund der Fülle genötigt, mich auf diese Aufzählung zu beschränken, ohne daß mein Schweigen über die anderen das Lob, das sie verdienen, beeinträchtigen könnte.

Schließlich hätte schon Leibniz allein genügt, um *Leipzig,* seiner Vaterstadt, Ansehen zu verleihen. Dieser berühmte Leibniz – so sagt Voltaire – »starb als Weiser in Hannover am 14. November 1716 im Alter von 70 Jahren; er verehrte wie Newton einen Gott, ohne die Menschen zu befragen. Er war vielleicht der universalste Gelehrte Europas – als Historiker unermüdlich in seinen Forschungen, als Rechtsgelehrter tiefgründig & bestrebt, das Studium des Rechts durch die Philosophie zu erhellen, so fremd diese auch damals dem Rechtsstudium zu sein schien; als Metaphysiker so spitzfindig, daß er die Theologie wieder mit der Metaphysik versöhnen wollte, sogar als lateinischer Dichter, vor allem aber als Mathematiker so stark, daß er dem großen Newton die Erfindung der Infinitesimalrechnung streitig zu machen vermochte & daß man eine Zeitlang zwischen Newton & ihm schwankte.« Siehe über dieses großartige Genie auch das Lob, das ihm Fontenelle in der *Histoire de l'Académie royale des sciences* im Jahre 1716 gespendet hat, & den Artikel Leibnizianismus. *Jaucourt*

LIBELL – **Libelle** (**Politische Herrschaft**). Satirische Schmähschrift gegen die Rechtschaffenheit, die Ehre & den Ruf einer Person. Die Abfassung & die Veröffentlichung solcher Schriften verdienen den scharfen Tadel der Weisen; aber wenn wir den *Libellen* auch ihre ganze Schändlichkeit auf moralischem Gebiet lassen, so müssen wir sie doch hier auf politischem Gebiet betrachten.

In den aufgeklärten Monarchien werden die *Libelle* weniger als ein Verbrechen angesehen, sondern vielmehr als ein Gegenstand der öffentlichen Ordnung betrachtet. Die Engländer überlassen die *Libelle* ihrem Schicksal & betrachten sie als ein notwendiges Übel einer freien Regierung, das zu vermeiden nicht in der Natur der menschlichen Dinge liegt. Sie glauben, daß man zwar die zügellose Freiheit der Satire nicht dulden dürfe, wohl aber die Freiheit von Rede & Schrift als Unterpfand für die bürgerliche & politische Freiheit eines Staates gewähren müsse, weil es weniger gefährlich ist, wenn einige Ehrenmänner zu Unrecht diffamiert werden, als wenn man nicht wagen könnte, sein Land über das Verhalten der mächtigen Männer in der Regierung aufzuklären. Die Gewalt hat so wirksame Mittel, den Gemütern Angst & Unterwürfigkeit einzuflößen, sie hat einen so starken Hang, sich in ungerechter Weise zu vergrößern, daß man die Lobhudelei, die sie zur Folge hat, weitaus mehr fürchten muß als die Kühnheit, die ihre Winkelzüge aufdeckt. Wenn die Lenker eines Staates keinen realen Anlaß zur Kritik ihres Verhaltens geben, so haben sie von der Verleumdung & Lüge nichts zu befürchten. Erhaben über jeden Vorwurf gehen sie zuversichtlich ihren Weg & scheuen sich nicht, Rechenschaft über ihr Verhalten abzulegen: Die Pfeile der Satire fliegen also über ihre Köpfe hinweg oder fallen vor ihren Füßen nieder. Die rechtschaffenen Menschen ergreifen Partei für die Tugend & strafen die Verleumdung durch Verachtung.

Noch weniger sind die *Libelle* aufgrund spekulativer Anschauungen zu fürchten. Die Wahrheit siegt doch so leicht über den Irrtum! Sie braucht sich nur zu zeigen, um sich Achtung & Bewunderung zu erwerben. Wir sehen jeden Tag, wie sie die Ketten des Betruges & der Tyrannei zerbricht oder wie sie das Gewölk des Aberglaubens & der Unwissenheit durchdringt. Was könnte sie nicht alles vollbringen, wenn alle jene Schranken geöffnet würden, die man ihrem Siegeszug entgegensetzt!

Es wäre verkehrt, vom Mißbrauch einer Sache auf die Notwendigkeit ihrer Vernichtung zu schließen. Die Völker haben großes Unrecht von seiten ihrer Könige & ihrer Richter erlitten; aber muß man aus diesem Grunde das Königtum & die Gerichtshöfe abschaffen? Jeder Vorteil ist gewöhnlich von einem Nachteil begleitet & läßt sich nicht von ihm trennen. Es gilt nur zu bedenken, was ausschlaggebend ist, & sich für den größeren Vorteil zu entscheiden.

Schließlich – so sagen dieselben Politiker – sind alle Methoden, die bis heute angewendet wurden, um die *Libelle* unter monarchischen Regierungen zu verhindern oder zu verbieten, erfolglos gewesen, sowohl vor der Erfindung des Buchdrucks als auch nach seiner Verbreitung in ganz Europa. Die abscheulichen & gerechterweise verbotenen *Libelle* werden durch die Bestrafung ihrer Verfasser nur beliebter & also erst recht vervielfältigt.

Ein durchaus moderner Autor, der weit davon entfernt ist, Partei für die *Libelle* zu ergreifen, & der sie streng verurteilt, konnte doch nicht umhin zu bedenken, daß für die Augen eines ruhmliebenden Fürsten gewisse Schmeicheleien weitaus gefährlicher & folglich auch strafbarer sein können als die gegen ihn geschriebenen *Libelle.* Eine Schmeichelei, meint er, kann einen guten Fürsten ohne sein Wissen vom Weg der Tugend abbringen, während ein *Libell* zuweilen einen Tyrannen auf diesen Weg zurückführen kann: denn oft gelangen durch den Mund der allzu kühnen Freiheit die Klagen der Unterdrückten bis zu dem Thron, der nichts davon weiß.

Gott verhüte, daß ich behaupte, die Menschen dürften in herausfordernder Weise Spott & Verleumdung über ihre Vorgesetzten oder über ihresgleichen verbreiten! Die Religion, die Moral, die Rechte der Wahrheit, die Notwendigkeit der Unterordnung, Ordnung, Friede & Ruhe der Gesellschaft wirken zusammen, um uns eine solche Verwegenheit verhaßt zu machen; aber ich möchte in einem gesitteten Staat die allzu weitgehende Freiheit nicht durch Mittel unterdrücken, die unvermeidlich jegliche Freiheit aufheben würden. Man kann die Mißbräuche aufgrund weiser Gesetze bestrafen, die bei vorsichtiger Anwendung die Gerechtigkeit mit dem größten Glück der Gesellschaft & mit der Erhaltung der Regierung verbinden werden. *Jaucourt*

LIEBE – **Amour.** Gewöhnlich ist in der *Liebe* viel Sympathie im Spiel, das heißt eine Geneigtheit, deren Mittelpunkt die Sinne bilden. Doch obgleich sie ihren Mittelpunkt bilden, haben sie indes nicht immer den Hauptanteil an ihr; es ist nicht unmöglich, daß es eine *Liebe* ohne Roheit gibt.

Ein & dieselben Leidenschaften sind bei den Menschen sehr verschieden. Derselbe Gegenstand kann ihnen wegen ganz entgegengesetzter Seiten gefallen. Ich vermute, daß mehrere Männer ihr Herz an dieselbe Frau verlieren; die einen lieben sie wegen ihres Geistes, die anderen wegen ihrer Tugend, wieder andere wegen ihrer Makel &c. Und es kann auch vorkommen, daß alle sie wegen Eigenschaften lieben, die sie nicht besitzt, wenn man zum Beispiel eine liederliche Frau liebt, die man für ehrbar hält. Wie dem auch sei, man erwärmt sich für die Idee, die man sich von ihr macht; man liebt sogar nur diese Idee & nicht die liederliche Frau. So ist nicht der Gegenstand der Leidenschaften etwas, was ihn herabwürdigt oder adelt, sondern die Art & Weise, wie man diesen Gegenstand betrachtet. Nun sagte ich aber, es sei möglich, daß man in der *Liebe* etwas Reineres als das Interesse der Sinne sucht. Folgendes bringt mich zu dieser Überzeugung: Tagtäglich sehe ich in der Gesellschaft, daß ein Mann, der von Frauen umringt ist, zu denen er nie wie ein Pfarrer gesprochen hat, sich nicht immer für diejenige entscheidet, die am hübschesten ist, oder die ihm als solche erscheint. Woran liegt das? Daran, daß jede Schönheit einen ganz besonderen Charakter zum Ausdruck bringt & wir denjenigen vorziehen, der dem unseren am meisten entspricht. Uns bestimmt also unleugbar der Charakter; wir suchen die Seele. Alles, was sich unseren Sinnen darbietet, gefällt uns allein als Bild dessen, was sich dem Blick entzieht. Wir lieben die sinnlichen Eigenschaften nur als Organe unseres Vergnügens & ordnen sie den nicht-sinnlichen Eigenschaften unter, deren Ausdruck sie sind; also stimmt es zumindest, daß uns die Seele am meisten berührt. Doch nicht den Sinnen ist die Seele angenehm, sondern dem Geist; so wird das Interesse des Geistes zum hauptsächlichen Interesse, & wenn das Interesse der Sinne dem entgegensteht, dann opfern wir es ihm. Man muß uns also nur davon überzeugen, daß es ihm wirklich entgegensteht & für die Seele ein Makel ist; das ist dann die reine *Liebe.*

Dennoch darf man diese wahrhafte *Liebe* nicht mit der Freundschaft verwechseln; denn bei der Freundschaft ist der Geist das Organ des Gefühls, dort aber sind es die Sinne. & da die Ideen, die aus unseren Sinnen kommen, unendlich mächtiger sind als die Ansichten unserer Reflexion, ist das, was sie einflößen, Leidenschaft. Die Freundschaft geht nicht so weit. Doch möchte ich darüber nicht befinden; das kommt allein denen zu, die über diesen wichtigen Fragen ergraut sind.

Es gibt keine *Liebe* ohne Wertschätzung, & der Grund dafür liegt auf der Hand. Da die *Liebe* ein Wohlgefallen an dem geliebten Gegenstand ist & die Menschen nicht umhinkönnen, den Dingen, die ihnen gefallen, Wert beizumessen, überhöht ihr Herz deren Verdienst; & sie geben einander deshalb den Vorzug, weil ihnen nichts so sehr gefällt wie sie selbst.

Daher schätzt man zuallererst nicht nur sich selbst, sondern auch alle Dinge, die man liebt, wie die Jagd, die Musik, die Pferde &c. Und diejenigen, die ihre Leidenschaften verachten, tun es nur aus Überlegung & Vernunft, denn der Instinkt drängt sie zum Gegenteil.

Als natürliche Folge desselben Prinzips erniedrigt der Haß diejenigen, denen er gilt, mit ebensolcher Sorgfalt, wie die *Liebe* sie erhebt. Die Menschen können unmöglich der Überzeugung sein, daß das, was sie verletzt, ohne irgendein Laster ist – ein konfuses Urteil, das der Geist in sich trägt.

Und wenn die Reflexion diesem Instinkt widerspricht (denn es gibt Eigenschaften, die man nach allgemeiner Übereinkunft schätzen, & andere, die man verachten muß),

---

Die deutsche Liebe – *Wenn der stets zwischen Haß und Liebe hin und hergerissene Italiener von den Leidenschaften lebt und der Franzose von der Eitelkeit, so leben die braven, schlichten Nachkommen der alten Germanen von der Einbildungskraft. Kaum sind sie aus den unmittelbarsten und notwendigsten Lebenssorgen heraus, so sieht man mit Erstaunen, wie sie sich auf ihre sogenannte Philosophie stürzen, eine Art sanfter, liebenswürdiger und harmloser Narrheit.* STENDHAL, ÜBER DIE LIEBE

---

so irritiert dieser Widerspruch die Leidenschaft, & statt sich der Wahrheit zu beugen, wendet sie die Augen von ihr ab. Damit beraubt sie ihren Gegenstand seiner natürlichen Eigenschaften, um ihm andere beizulegen, die ihren vorherrschenden Interessen entsprechen; sodann überläßt sie sich leichtfertig & skrupellos ihren unsinnigen Vorurteilen.

Warum nur drücken Liebende sich so fest aneinander? Warum kann die Umarmung gar nicht eng genug sein, die Kraft gar nicht genug angespannt? – Es handelt sich dabei ja nicht um ein Bewegen oder Reiben, das Lust brächte. Das ist etwas anderes. – Ein blindes, verzweiflungsartiges Gefühl, aus dem die Lust nur ein vorläufiges Entrinnen ist. Sie bilden das Eine mit zwei Köpfen, das Janushaupt mit den Gesichtern nach innen. Jeder Kopf will die Augen des andern als Binde. Paul Valéry, Cahiers, 1921

LIEBE ZUM NÄCHSTEN – Amour du prochain. Die *Liebe zum Nächsten* ist von allen Gefühlen das gerechteste & nützlichste; es ist in der bürgerlichen Gesellschaft für das Glück unseres Lebens notwendig wie im Christentum für die ewige Glückseligkeit.

LIEBE DER GESCHLECHTER – Amour des sexes. Die *Liebe* ist, wo immer sie auftritt, stets die Gebieterin. Sie bildet die Seele, das Herz & den Geist, je nach ihrer Art. Nicht nach dem Herzen & dem Geist, den sie erfüllt, ist sie klein oder groß, sondern nach dem, was sie an sich selbst ist; & es scheint, als sei die *Liebe* tatsächlich für die Seele der Liebenden das, was die Seele für den Körper dessen ist, den sie erfüllt.

Wenn die Liebenden sich gegenseitige Aufrichtigkeit abverlangen, damit beide wissen, wann sie aufhören, einander zu lieben, so tun sie es weniger deshalb, weil sie unterrichtet sein wollen, wenn man sie nicht mehr liebt, sondern vielmehr, um sicherer zu sein, daß man sie liebt, sofern man nicht das Gegenteil sagt.

Da man nie die Freiheit hat, zu lieben oder nicht mehr zu lieben, kann sich der Liebende billigerweise nicht über die Flatterhaftigkeit seiner Geliebten & sie sich nicht über die Unbeständigkeit ihres Geliebten beklagen.

Ebensowenig wie das Feuer kann die *Liebe* ohne fortwährende Bewegung überdauern, & sie erlischt, sobald sie aufhört, zu hoffen oder zu fürchten.

Zwar gibt es nur eine Art von *Liebe,* aber tausend verschiedene Kopien von ihr. Die meisten Menschen halten die Fleischeslust für *Liebe.* Wollt ihr aufrichtig eure Gefühle ergründen & wissen, welche dieser beiden Leidenschaften das Prinzip eurer Zuneigung ist, so befragt die Augen der Person, die euch fesselt. Wenn ihre Gegenwart eure Sinne einschüchtert & sie in Ehrfurcht hält, dann liebt ihr sie. Die wahre *Liebe* untersagt dem Denken sogar jeden sinnlichen Gedanken, jede Aufwallung der Einbildungskraft, die das Zartgefühl des geliebten Gegenstandes verletzen könnte, wenn er davon erführe. Beeindrucken jedoch die Reize, die euch bezaubern, eure Sinne mehr als eure Seele, so ist es nicht *Liebe,* sondern körperliche Begierde.

Wer fähig ist zu lieben, der ist tugendhaft: ich wage sogar zu behaupten, daß jeder, der tugendhaft ist, auch fähig ist zu lieben. So wie es ein Fehler für den Körper ist, wenn er unfähig zur Zeugung ist, so ist es ein solcher für die Seele, die nicht zu lieben fähig ist.

Von seiten der *Liebe* fürchte ich nichts für die guten Sitten, sie kann sie nur vervollkommnen; denn sie macht das Herz weniger scheu, den Charakter geselliger, die Stimmung freundlicher. Wenn man liebt, hat man sich daran gewöhnt, seinen Willen dem Wunsch der geliebten Person zu beugen; dadurch nimmt man die glückliche Gepflogenheit an, seine Begierden im Zaum zu halten, zu beherrschen & zu unterdrücken, seine Neigungen den Örtlichkeiten, Zeiten & Personen anzupassen. Doch sind die Sitten nicht in solcher Sicherheit, wenn man von jenen fleischlichen Anwandlungen geplagt wird, die oberflächliche Menschen mit der *Liebe* verwechseln. – Aus dem Gesagten folgt, daß die wahre *Liebe* äußerst selten ist. Damit verhält es sich wie mit den Geistererscheinungen: alle Welt spricht davon, aber nur wenige haben welche gesehen (La Rochefoucauld, *Maximen*). ✎ *Jaucourt*

LIED – Chanson (Literatur & Musik). Das *Lied* ist so etwas wie ein sehr kurzes Gedicht, dem man eine Melodie beifügt, damit man es im vertrauten Kreis, wie bei Tisch, mit seinen Freunden singen kann oder auch allein, um sich zu erheitern & sich von den Mühen der Arbeit zu erholen; weshalb man die dörflichen *Lieder* allen noch so gelehrten Kompositionen vorzieht.

Lieder zu singen ist für den Menschen etwas sehr Natürliches: um sie zu ersinnen, brauchte er nur seine Organe zu entfalten & den Ausdruck, dessen die Stimme fähig ist, festzuhalten, mit Worten, deren Bedeutung das Gefühl erkennen ließ, das man wiedergeben, oder den Gegenstand, den man nachbilden wollte. So hatten schon die Alten, die noch keine Buchstaben kannten, ihre *Lieder;* ihre Gesetze & ihre Geschichten, das Lob der Götter & der großen Männer wurden zuerst gesungen & erst später niedergeschrieben. Daher kommt es, Aristoteles zufolge, daß ein & dasselbe griechische Wort sowohl die Gesetze wie die *Lieder* bezeichnet.

Die Verse der *Lieder* sollten ungezwungen, einfach, fließend & natürlich sein. Orpheus, Linos &c. begannen mit *Liedern; Lieder* sang Eriphanes auf den Spuren des Jägers Menalkas; *Lieder* sangen die Frauen Griechenlands, um an das Unglück der jungen Kalyke zu erinnern, die aus Liebe zu dem spröden Euathlos starb; mit Weinhefe beschmiert besingt Thespis auf der Bühne die Weinlese, Silene & Bacchus mit Trinkliedern. Alle Oden Anakreons sind *Lieder*, auch die Pindars, obgleich in einem gehobeneren Stil; ersterer ist fast immer erhaben in seinen Bildern, letzterer häufig nur im Ausdruck. Die Gedichte Sapphos waren nichts anderes als feurige & leidenschaftliche *Lieder;* die Flamme der Liebe, die sie verzehrte, beseelte ihren Stil & ihre Verse.

Unsere *Lieder* sind von vielerlei Art, doch drehen sie sich im allgemeinen um die Liebe oder um den Wein oder um den Spott: Liebeslieder, zarte Weisen, die man auch ernste Weisen nennt; Romanzen, denen es zu eigen ist, die Seele durch den zarten & naiven Bericht einer Geschichte zu rühren; Hirtenlieder, von denen viele für den Tanz bestimmt sind wie die Musette, die Gavotte, der Reigen &c.

Die Urheber der Worte unserer französischen *Lieder* sind kaum bekannt: es sind wenig durchdachte, aus mehreren Händen stammende Stücke, die meist die Freude des Augenblicks hervorgebracht hat. Die Musiker, welche die Melodien ersonnen haben, sind bekannter, weil sie komplette Sammlungen hinterlassen haben; dazu gehören die Bücher von Lambert, Dubousset &c.

Solche Werke lassen bei den Mahlzeiten die Freude fortleben, der sie ihre Entstehung verdanken. Man singt bei Tisch sowohl zarte als auch bacchantische *Lieder.* Die Fremden gestehen unsere Überlegenheit in diesem Genre ein: der Franzose, von seinen Sorgen & dem Trubel der Geschäfte befreit, der ihn tagsüber mitgerissen hat, erholt sich des Abends bei artigen Soupers von der Mühe & den Beschwernissen des Tages: das *Lied* ist sein Schutz gegen die Langeweile, der Vaudeville seine Waffe gegen die Lächerlichkeit. Manchmal spendet es ihm auch Trost bei den Verlusten & Schicksalsschlägen, die er erleidet; ihm genügt diese Entschädigung: sobald er singt, vergeht sein Haß oder seine Rachsucht. *Rousseau/Cahusac*

LIEBESLIED – **Erotique, chanson (Dichtung).** Eine Art von anakreontischer Ode, zu der die Liebe & die Galanterie den Stoff liefern. Nichts ist in unserer Sprache so verbreitet wie solche Lieder, & man kann versichern, daß es bei uns höchst vollkommene gibt. Wir wollen, daß ihre Gedanken feinsinnig, ihre Gefühle zart, ihre Bilder süß, ihr Stil leicht & ihre Verse einfach seien. Subtile Reflexionen, tiefe Gedanken & allzu gesuchte Wendungen sind hier Mängel; Geist & Kunst dürfen dabei nicht zum Vorschein kommen, nur das Herz soll sprechen. Das *Liebeslied* zieht auch viel Anmut aus den Bildern & Begebenheiten der Mythologie, die der Autor geschmackvoll einzuflechten versteht. Und gerade in der Zartheit ihrer Anspielungen & Beziehungen liegt hauptsächlich die Feinheit seiner Kunst. Eine geschickt ersonnene Fabel, die dies alles zusammenfaßte, würde ein Lied dieser Art weit interessanter machen als eine, deren oberflächliche Gedanken diese innige Verbindung nicht besitzt. Einige unserer Dichter hatten die Gabe, all die erwähnten Artigkeiten zu vereinen, & haben uns Meisterwerke dieses Genres beschert. *Jaucourt*

Margriet de Moor
Lied, das Amsterdamer

Es mag zutreffen, daß sich im Lied die beiden großen Systeme Literatur und Musik vereinen – was dabei jedoch dominiert, ist die Musik. Die Noten bemächtigen sich der Worte und geben ihnen unter Umgehung des Verstands den Charakter eines tief empfundenen persönlichen Erlebnisses. Daß die Musik als Metapher der Sprache fungieren kann, beweist ohne jeden Zweifel, daß Noten um einiges älter und weiser sind als Worte. Denn Metaphern gehören zu den zeitlosen Dingen, die uns im Laufe der Evolution eingeschliffen worden sind. Daß sie angeblich ausschließlich aus Bildern bestehen, daß es ausschließlich unserem inneren Auge zu verdanken sein soll, daß das Uralte sich so blitzschnell zum Dolmetscher des Neuen aufzuwerfen versteht, wird der betörenden Wirklichkeit nicht gerecht. Bereits Titus von Alexandrien setzte das Singen mit dem Erinnern gleich, und im 19. Jahrhundert war es Oscar Wilde, der uns die reizvolle Anregung schenkte, auf dem Wege über die Musik dränge sich uns etwas von unserer unbekannten und *wahren* Vergangenheit auf.

Das Lied bewahrt. Es ist einer der großen Zulieferanten des Gedächtnisses. Es bedient sich zwar der Worte, die, hilflos wie Worte nun einmal sind, schon bald versagen, schickt sie jedoch, wie Hermeline auf der Flucht, in entlegenere Gebiete weiter. So daß auch, wovon wir schweigen müssen, was aber gewißlich existiert, sich in unser Gedächtnis eingraben, unsere Wege lenken und diese sich unterirdisch verästeln lassen kann.

Die Überlegenheit des gesungenen Wortes gegenüber dem gesprochenen ist sehr groß. Gleichwohl besteht zwischen den beiden

Je t'aime / oh, oui je t'aime! / moi non plus / oh, mon amour … / comme la vague irrésolu / je vais je vais je viens / entre tes reins / et je / me retiens – je t'aime je t'aime / oh, oui je t'aime! / moi non plus / oh mon amour … / l'amour physique est sans issue / je vais et je viens / entre tes reins / je vais et je viens / et je me retiens / non! main- / tenant / Viens!

Brigitte Bardot & Serge Gainsbourg & Jane Birkin, Je t'aime…

nachweislich eine verwandtschaftliche Beziehung, hat sich das Gedächtnis doch mit Hilfe des Ohrs gebildet. Weit ärmer und geradezu gefährlich dagegen ist das geschriebene Wort, das unser Gedächtnis auf Papier reduziert – das am leichtesten brennbare Material der Welt.

Musik ist eine physische Angelegenheit, eine Sache der Hände und des Atems. Alle Musikinstrumente, von der Geige bis zur Pauke, sind materielle Gerätschaften, und das gleiche gilt auch für den menschlichen Körper, das wird niemand bestreiten: das Rippenwerk der Brust, das zarte Knorpelstück der Kehle, in dem sich die Stimmbänder verbergen, die Kuppel des Gaumens und die Resonanzhöhlen der Kiefer und des Kopfes. In ebendiesem Kopf aber befindet sich auch unser Gehirn mit seinen verqueren und herrschsüchtigen Vorstellungen und spricht ein deutliches Wörtchen mit. Die Technik des Singens und die Vorliebe für diese oder jene musikalische Form sind die Resultate eines Phänomens, das uns, *malgré nous,* manipuliert: der Zivilisation. So konnte es geschehen, daß das menschliche Gesangsinstrument im Neapel des 18. Jahrhunderts dem funkelnden Wahnwitz der Opernarie angepaßt wurde – neunjährige Sängerknaben wurden einem kleinen medizinischen Eingriff unterzogen. Und ebenso konnte es geschehen, daß die Franzosen mit ihrem gesunden Menschenverstand diese Opernarien wieder gründlich zurechtgestutzt haben und daß Paris den Sänger, den *primo huomo,* bei der Wiedergabe der vibrierenden Pracht, die der Mensch hervorbringen kann, einfach ausgelacht hat.

Warum ist in den Niederlanden seit deren Goldenem Zeitalter – Mitte des 15. bis Mitte des 16. Jahrhunderts, wir sprechen von der Musik – das Lied so ungeheuer populär geblieben? Und woher kommt es wohl, daß es, denkt man an die pragmatische Natur dieses Volkes, so oft von bestürzender Wehmut ist? Das traurige Lied, das heutzutage »Schnulze« genannt wird, hieß damals *regretz-chanson.* Der Popstar von damals: *maître.* Josquin van der Weydens *Plein de deuil et de melancholie* war vergleichsweise genauso beliebt und bekannt wie heute ein Hit wie *Only the lonely.* Und die Tränen, die man bei dieser Renaissancemelodie vergoß, unterscheiden sich in nichts von denen im Zeitalter des Überkonsums. Ewige Wiederkehr der Dinge: Wie kann, wer Ohren hat zu hören, daran zweifeln?

Leichtigkeit und Art des Singens sind physisch vorgegeben, wir wissen es. Niederländer, eckig und gerade wie die Tulpenfelder, die ihre Städte umgeben, haben eine Vorliebe für das übersichtliche Lied mit Strophen und Refrain. Desgleichen fühlen sie sich wohl bei gemächlichen Gesängen, die kein Ende zu nehmen scheinen. So zählt die Nationalhymne dieser Menschen, *Wilhelmus van Nassouwe ben ick van Duytschen bloet,* fünfzehn Strophen, die jeder in diesem Land Wort für Wort aus voller Kehle auswendig vorzusingen vermag. Die Tatsache, daß Niederländer keine zerebralen Menschen sind, keine Meister der Kopfarbeit wie die Deutschen und die Franzosen, sondern Materialisten, die instinktiv dem *Tun* – siehe Handel und Schiffahrt – den Vorzug geben, findet sich in den Themen ihrer Lieder und in den Chören ihrer Opern wieder.

In einer Oper von Andriessen zum Beispiel, einem Werk, das 1988 unter dem bedeutsamen Titel *Die Materie* uraufgeführt wurde, singt der Chor im ersten Akt einen Text von Nicolaas Witsen, im 17. Jahrhundert Schiffsbauer in Amsterdam. Das Lied bestätigt, was das Publikum bereits während des hämmernden Orchestervorspiels gehört und gehofft hat: Hier wird ein Schiff gebaut! *Zuvörderst macht man den Kiel. Sodann den Vorder-Steven. Den Achter-Steven. Den Heck-Balcken. Die Randsom-Höltzer. Die Piek-Stücke. Die Kant-Spanthen. Die Worpen …* Schließlich ist man am Ende der langen, akkuraten Liste der vorgefertigten Teile angelangt, und der Segler, eine schnittige *Fluyt,* geht als vollkommenes Gebilde zu Wasser.

Laßt das Schiff zur Seyte fallen. Richtet es auff.

Es heißt, beim Menschen gebe es eine direkte Verbindung zwischen Kopf und Händen. Das sollte naiverweise nicht so verstanden werden, daß sich der Kopf ausdenkt, was die Hände im folgenden tun – es ist umgekehrt. Es sind die geübten Hände, die mit beträchtlicher Geduld die träge, amorphe Gehirnmasse so lange kneten und bearbeiten, bis aus irgendeiner kleinen Ecke ein klarer, wohlformulierter Gedanke hervortritt. In besagter Oper *Die Materie* wird der Gesang über das Zusammenbauen des Schiffes in einem bestimmten Moment durch den Auftritt eines jungen Burschen, eines Genies, unterbrochen. David van Goorle aus der Stadt Leiden um 1600 spricht von den kleinsten Teilchen der Materie, *welchselbe nicht mehr getheilet werden können.*

Das ruft höfliches Interesse hervor, versteht sich. Sowohl beim Chor als auch im Saal. Hier meldet sich ein im Alter von zwanzig Jahren gestorbener Vorläufer zu Wort, ein niederländischer Neunmalklug, der meint, Materie bestehe aus Atomen, und der es wagt, Aristoteles in puncto Stoff und Form zu widersprechen.

Denn worin etwas getheilet werden kann, daraus ist ebendies zusammengesetzet …

Na klar, logisch, und jetzt wie der Blitz zurück zum Schiff. *»Säge!«* schmettert der Chor. *»Hebebaum! Vorschlaghämmer! Eisenkeile! Zangen! Beitel! Eine Mall!«*

Lieder sind in den Niederlanden von jeher zumeist Lieder der Hände. Weberlieder, Torfstecherlieder, Lieder der Kaufleute, die mit schallendem Handschlag ein Geschäft besiegeln, auf das sich beide Partner voll und ganz verlassen können. *Du plaisir physiologique à l'intérêt esthétique* ist der Titel eines Essays von Jean-Jacques Rousseau aus dem Jahr 1754. Die exquisiten Worte des Franzmanns lassen die Lieder aus dem derben Norden außer acht, natürlich, und charakterisieren sie derweil genau.

Vielleicht ist es gut, unser Ohr nun den Wohnhäusern – hoch und schmal an den Amsterdamer Grachten stehend – zuzuwenden, deren Fenster nicht verhängt werden und deren Türen so offenstehen, daß man vom Vorderhaus bis tief hinein ins Hinterhaus sehen kann.

Das Innere der Stadt. Das weibliche Amsterdam, sind es doch die Frauen, die hier das Bild von der Wirklichkeit tragen. Das taten sie im 17. Jahrhundert – an einem Tisch, das Gesicht zum Fenster gewandt; auf dem Bettrand, mit einem roten Strumpf beschäftigt; in einer nerzbesetzten gelben Jacke, eine Perlenkette ins Licht haltend –, und das tun sie auch heute noch, weil die Malerei der Stadt bereits seit Jahrhunderten einen Spiegel vorhält. Die Frauen der Niederlande und insbesondere die von Amsterdam, emanzipiert, hervorragend ausgebildet, sind nur mit Mühe für Ganztagsjobs zu gewinnen – ihre Häuser locken. Ganz im Widerspruch zu den Emanzipationstheorien, hinter denen sie selbst voll und ganz stehen, spüren sie den ästhetischen Charakter der Stadt und das Bedürfnis, sich ihm zu fügen.

Und dieser Charakter besteht nicht nur aus Bildern. Doch es sind vor allem Bilder, die uns darauf aufmerksam machen. Junge Frau am Virginal. Junge Frau mit Laute. Die Amsterdamerin hat immer musiziert und gesungen. Mädchen am Klavichord. Junger Frau mit Laute wird ein Liebesbrief überreicht, hinter ihr an der Wand hängt ein Seestück mit einem Schiff in Not. Warum, so fragt man sich wieder, ist das persönliche Lied in dieser Stadt so oft von solch bestürzender Wehmut?

Eigentlich ist das nichts, was man unbedingt erklären müßte. Stärker als jede andere Kunst ist das Lied eine, die ein Herz direkt mit dem anderen verbindet. Auch die Emotionen des Herzens, das schon lange nicht mehr schlägt. Die erotische Spannung, die Angst um den Liebsten auf See, sie bleiben im Lied bewahrt und mischen sich unter die Sorgen jüngerer Generationen. Ein Gebäude aus Leidenschaft türmt sich auf. *Láát me!* singt Ramses Shaffy in unserer Zeit und bringt, ohne es zu wissen, sowohl seinen Text als auch das Intervall seines musikalischen Motivs mit dem jahrhundertealten *Lascia far a mi* in Verbindung, einem damals sehr populären Lied. Die Stadt wird moderner. Amerikanischer. Wird, um dem liebgewonnenen Mythos zu entsprechen, die aufgeschlossenste Stadt Europas zu sein, radebrechend englischsprachig. Und doch, so unbeschwert die Lebensatmosphäre hier für gewöhnlich auch ist, plötzlich zieht sich der Himmel zu, und an den Grachten wird es dunkel und wehmütig. In den Häusern und Kneipen beginnt man, den Liebeskummer zu besingen, den Amsterdamer.

Werden die Texte überhaupt verstanden? Merkmal des Liedes ist es, daß die Worte nicht nur zu verstehen sein müssen, sondern sie müssen, vertraulich und direkt, auch begriffen werden. Trifft das in dieser, wie es heißt so gastfreien Stadt auf die Gruppe Japaner zu, die gerade die Treppengiebel fotografieren? Auf die Deutschen, die sich an der Theke interessiert umgedreht haben? Wahrscheinlich schon. Liebeslieder, gleich welcher Sprache, werden immer und überall verstanden. In dieser Hinsicht unterscheiden sie sich nicht von jenem anderen Liebeslied, dem Wiegenlied, dem dort oben, im Haus an der Gracht, der allerkleinste, allerunerfahrenste Tourist in diesem Leben ernst lauscht und dann weiterträumt: *Schlaf, Kindchen, schlaf, der Vater hüt' die Schaf'*... Erste Konfrontation mit einer »unbekannten und wahren Vergangenheit«?

Hoch sind sie, die Häuser in Amsterdam. In ihnen führen schmale Treppen im Zickzack an allen Stockwerken vorbei sehr steil nach oben. Es lohnt sich, einmal hinaufzusteigen und auf dem Dachboden herauszukommen. Manchmal wurde ein Durchbruch zum Dachboden des Nachbarhauses gemacht, wodurch ein Raum entstanden ist, der mit seinem spitzen Balkenwerk fast gotisch anmutet. Und tatsächlich, wir befinden uns in einer katholischen Kirche, in einem der geheimen Gotteshäuser jener Zeit, da dieses brave Land nun doch mal eine despotische Staatsreligion hatte, die protestantische. Das heilige Inventar ist nicht mehr vorhanden. Und dennoch hat man, wenn man an eines der Fenster tritt und nachdenklich hinausblickt, das starke Gefühl, hinter einem werde jetzt gleich der *Introitus* angestimmt und kurz darauf, erst zaghaft, doch bald schon herzzerreißend, wie es zu diesen Worten gehört, das *Kyrie eleison*, das *Herrgott, noch mal!*, das zweifelsfrei zu den Liedern Amsterdams gezählt werden muß.

Denn diese Stadt ist immer eine katholisch-jüdische und erst danach eine protestantische Stadt gewesen.

Heute hat sich das religiöse Straßenbild zu den langen Gewändern, den Schlappen, Käppchen und Kopftüchern des Islam hin verschoben. Und den Kirchenglocken, die sonntags noch immer herzhaft geläutet werden, ist freitag abends bereits das *La ilaha illallah* vorausgegangen, fürs erste noch stiefbrüderlich aus einer alten Schule oder einem Klubhaus herausgeschrien.

Amsterdam ist es recht. Tolerant und ungerührt steuert es auf die Kalverstraat zu, wo sich die Geschäfte befinden. »Diese Leute scheinen keinen anderen Zeitvertreib zu kennen als ihre Geschäfte und Verkaufsbuden«, merkt Charles Burney bereits 1770 in seinem Reisebericht an. Krittelnd. Der krittelige Ton eines Musikwissenschaftlers, in ganz Europa auf der Suche nach Klängen der »besten und modernsten Art«, den die Glockenspiele in dieser Stadt rasend gemacht haben. »Die Lieder, die man alle Viertelstunde hört, werden monatelang heruntergeleiert, und wegen der Abweichung der einzelnen Uhrwerke hat man hier in vierundzwanzig Stunden kaum fünf Minuten Ruhe ...«

Schrecklich, ja. Haben wir es hier mit der Berieselungsmusik des 18. Jahrhunderts zu tun? Doch wie beharrlich können Lieder und Menschen sein! Mehr als zweihundert Jahre später geht das Volk über den Muntplein ins *Maxima Shopping* und über den Dam in *De Bijenkorf.* Die Glockenspiele im Münzturm und im Königlichen Palast sind in Aktion. Genau wie niemand weiß, was derjenige erlebt, der in aller Stille ein Buch liest, weiß auch kein Mensch, was sich hinter der stumpfen Mimik der Schnäppchenjäger abspielt. Doch das Lied, das in dem Moment, als sie vorbeigehen, vom Turm herab erklingt, ist eines, das man hier schon seit Jahrhunderten kennt, und jeder kann es laut herunterbeten: *Willst heute nun treten vor Gott den Herrn …*

(Das Glockenspiel zu spielen ist Knochenarbeit. Burney ist perplex, als er sieht, wie sich der Glockenspieler des Rathauses hoch oben auf seinem Turm abmüht wie ein Kärrner, ein Säger oder ein Wasserträger, und er hat offenkundig auch keine Vorstellung davon, daß, wenn der Musiker, Mijnheer Pothof, mit zwei Fäusten Passagen aus seinem Instrument hervorholt, die ein anderer noch nicht mal mit zehn Fingern hinbekäme – Tremoli, Tonleitern, gebrochene Akkorde und so weiter –, daß das einem Niederländer wie auf den Leib geschneidert ist.)

Mit dem 21. Jahrhundert scheinen wir in das Jahrhundert des beschleunigten Gedächtnisverlustes eingetreten zu sein. Das Wort und seine gesteigerte Form, das gesungene Wort, sie sind beide in ein uferloses Gebiet der Verwässerung abgedriftet. Der Computer vollzieht den Schritt vom Denken zum Drucken direkt; er ist schnell und achtlos. Der gesamte Prozeß des Denkens und Überdenkens, der im Grunde ein Prozeß der Synthese und damit der Form ist, wird überschlagen und jegliche Intuition energisch seziert: Die Welt ist dazu bestimmt, rubriziert zu werden. Einst, zur Zeit der alten Griechen, schufen die Götter ihre Katastrophen, damit die Menschen nie um ein Lied verlegen wären. Wie könnte dieses Lied uns noch berühren, wenn es sich uns zu den unpassendsten Momenten in Geschäften, in Restaurants, in Taxis aufdrängte?

Hör zu.

Es war einmal eine Stadt. Diese Stadt war auf solch sumpfigem Boden erbaut, daß die Häuser auf Pfähle gestellt werden mußten. Als diese Stadt im 21. Jahrhundert eine moderne U-Bahn anlegen wollte, wurde sie freigelegt und wie ein morsches Gebiß aufgebohrt, auf neue Pfähle gestellt und dann wieder gepflastert. Die toleranten Bewohner gingen, ohne zu murren, durch den Sand und über Laufplanken. Tief unter ihnen die Baugruben. Erst nach einiger Zeit fiel es den Passanten auf, daß die Bauarbeiter da unten in aller Stille schaufelten und schleppten. Kein einziges Transistorradio lief. Wieder etwas später kamen die Lieder. Sobald die Preßlufthämmer schwiegen, begannen sie. In der Leidsestraat, die durch die Arbeiten so schmal geworden war, daß man eigentlich kaum noch durchkam, drückten sich die Menschen zuweilen an die Ladenfronten, um dem Singen zu lauschen, das sehr schön war, wenngleich mitunter von einer bestürzenden Wehmut.

Aus dem Niederländischen von Helga van Beuningen

LILITH – **Lilith** (**Alte Geschichte**). Die Juden bezeichnen mit diesem Namen ein Nachtgespenst, das Kinder entführt & tötet. Aus diesem Grund gab es, wie Rabbiner Leon da Modena berichtet, den Brauch, bei der Entbindung in allen vier Ecken des Geburtszimmers kleine Zettel anzubringen, auf denen »Adam & Eva: *Lilith* raus hier« sowie die Namen dreier Engel standen. Das sollte jeden bösen Zauber von dem Kind abwenden. In seiner Erläuterung zu den Ausführungen Leon da Modenas weist Monsieur Simon darauf hin, daß *Lilith* nach den Fabeln der Juden die erste Frau Adams war, die sich nicht dem Gesetz unterwerfen wollte, ihn deshalb verließ & mittels geheimer Magie durch die Lüfte entschwand. Eben diese *Lilith* fürchten die abergläubischen Juden als Gespenst, das in Frauengestalt erscheinen & bei der Entbindung Schaden anrichten kann. Im zweiten Kapitel seiner *Synagoga Judaica* behandelt Buxtorf diese *Lilith* recht ausführlich & erzählt über sie folgende Geschichte, die aus einem jüdischen Buch stammt: Als Gott Adam schuf, gab er ihm eine Frau, die *Lilith* genannt wurde. Diese verweigerte ihm den Gehorsam, & da sie sich auch nach mehreren Disputen nicht unterwerfen wollte, sprach sie den großen Namen Gottes, *Jehova*, gemäß den geheimen Mysterien der Kabbala aus & flog durch diesen Kunstgriff davon. Wie inständig mehrere Engel, die von Gott geschickt waren, sie auch darum baten, sie wollte unter keinen Umständen zu ihrem Mann zurückkehren.

Obgleich diese Geschichte nur eine Fabel ist, behaupten die kabbalistischen Juden, die eine Unzahl von lächerlichen Geschichten verfaßt haben, sie hätten sie dem ersten Buch Genesis entnommen, das sie auf ihre Weise erläutern.

Anonym

LIMONADE (**Pharmazie, Heilkunde & Diät**). Die *Limonade* ist ein ebenso angenehmes wie gesundes Getränk, dessen Heilkraft wir schon in dem Artikel Zitrone dargelegt haben. Siehe auch diesen Artikel.

Will man gute *Limonade* herstellen, so muß man frische, unverdorbene Zitronen nehmen, sie in der Mitte teilen, ihren Saft auspressen, indem man sie mit den Händen zusammendrückt, den Saft mit einer ausreichenden Menge Wasser verdünnen, damit das Getränk nur einen leicht säuerlichen Geschmack, einen angenehmen Säuregehalt hat; dann muß man die Flüssigkeit sogleich durch ein ganz sauberes Tuch gießen, um von ihr die Kerne & einen Teil des Fleischs der Zitrone zu trennen, die sich vielleicht während des Auspressens von ihr gelöst haben & also der *Limonade*, wenn sie in ihr verblieben, einen unangenehm bitteren Geschmack verleihen würden; oder man muß die Zitronen schälen, sie in der Mitte durchschneiden, sie in ein weißes Tuch hüllen, sie kräftig auspressen & zu dem Saft so viel Wasser zufügen, daß das Ganze einen angenehmen Säuregehalt erhält; dann süßt man das reine säuerliche

Man macht eine Kanne Kaffee. Dann kocht man sechs Tassen davon in einem Kochtopf so zusammen, daß nur noch eine Tasse übrigbleibt. In einer großen Schale oder in einem Mixgerät mischt man den Kaffee mit einem Fünftel Gin oder Wodka und annähernd einem Liter kräftiger Vanilleeiskrem. Das Getränk muß man in Pilsner Biergläsern oder altmodischen oder gleichviel welchen Gläsern servieren. Obenauf sollte man noch etwas Muskatnuß streuen. So ein Sonntagsfrühstück für acht Personen sollte genügen, zumindest die Wirkung von zwei Chloroformstößen zu erzielen.
HELEN GURLEY BROWN, SEX & THE SINGLE GIRL

Getränk, wie immer man es auch zubereitet haben mag, ausreichend mit Zucker, von dem man einen Teil an der Zitronenschale gerieben hat, um dem Getränk vermittels des hierbei entstandenen *oleosaccharums* ein angenehmes Aroma zu verleihen.

Merken Sie sich, daß dieses Verfahren zur Herstellung aromatischer *Limonade* bequemer & vorteilhafter ist als die gewöhnliche & bekanntere Methode der Limonadenverkäufer, die darin besteht, daß man in die *Limonade* einige Zitronenscheiben legt, die ihr immer einen bitteren & groben Beigeschmack verleihen. *Venel*

LISSABON – **Lisbonne (Geographie).** Hauptstadt von Portugal, liegt am Fluß Tejo, vier Meilen vom Meer entfernt, vierunddreißig Meilen südöstlich von Coimbra, sechzig Meilen nordöstlich von Sevilla, hundertsechs Meilen südöstlich von Madrid.

In dieser Stadt residiert für gewöhnlich der König, dort hält sich sein Hof auf, befinden sich der Sitz des obersten Parlaments des Königreichs, das *Relaçao* heißt, & der Sitz des Erzbischofs, der den Titel eines Patriarchen führt. Es gibt dort eine Universität, eine Zollstelle, deren Pacht eine der größten Einnahmequellen des Königs ist, & einen Hafen am Tejo von ungefähr vier Meilen Länge, der als bester & berühmtester Hafen Europas gilt, auch wenn er bisweilen gewaltigen Stürmen ausgesetzt ist.

Durch ihre Lage auf sieben Hügeln zeigt sich diese Stadt als strahlendes Amphitheater, & von oben sieht man auf den Tejo in seiner ganzen Breite, übers Land & aufs Meer. Es liegt noch keine sechs Jahre zurück, daß man die Stärke der Befestigungsanlagen *Lissabons* & seines Schlosses, die Schönheit seiner Plätze & Verwaltungsgebäude, seiner Paläste & vor allem die des Königspalastes rühmte. Sie galt daher zu Recht als eine der wichtigsten Städte Europas & Zentrum eines gewaltigen Handels. All diese schönen Werke sind durch ein umwälzendes, ebenso plötzliches wie unerwartetes Ereignis aus dem Buch des Lebens gelöscht worden.

»*Lissabon* war, es ist nicht mehr«, heißt es in einem Brief, der uns von einem Erdbeben berichtet, das am ersten November 1755 stattfand & ein zweites Herakleia schuf. Da man heute jedoch hofft, die Stadt aus ihren Ruinen wieder aufzubauen & sogar im alten Glanz erstrahlen zu lassen, senken wir für einen Moment den Vorhang über dem schrecklichen Bildnis des zerstörten *Lissabons,* um ein Wort über die Vorgeschichte & die mannigfaltigen Umwälzungen dieser Stadt zu sagen, die sie bis zur jüngsten Katastrophe erlebte, welche uns nur zu gut im Gedächtnis bleiben wird.

Obgleich von ihrem Unglück tief getroffen, vermag ich den Beginn ihrer Geschichte nicht in die Zeit des Odysseus zu legen, noch kann ich glauben, der griechische Held habe nach der Zerstörung Trojas ihre Grundmauern erbaut, so daß sie hernach *Odyssipone* oder *Odyssipo* genannt wurde. Ganz davon abgesehen, daß Odysseus das Mittelmeer wahrscheinlich nie verlassen hat, lautete der wirkliche Name *Lissabons* damals *Olyssipo*, wie aus der folgenden Inschrift hervorgeht, die man gefunden hat: *Imp. Caes. M. Julio. Philipp. Fel. Aug. Pontif. Man. Trib. Pot. II. P. P. Cons. III. Fel. Jul. Olissipo.* Diese Inschrift bestätigt, daß *Lissabon*, nachdem es als römische Provinz anerkannt worden war, den Namen *Felicitas Julia* bekam, & damit ist hinreichend bewiesen, daß es in antiker Zeit existiert hat.

Lissabon ist von verschiedenen Völkern mehrfach angegriffen, erobert & zurückerobert worden. Ordogno III., König von Leon, der im zehnten Jahrhundert herrschte, bemächtigte sich der Stadt & ließ sie schleifen. Kaum war sie wieder aufgebaut, brachten die Mauren sie unter ihre Herrschaft. Heinrich von Burgund eroberte sie zu Beginn des zwölften Jahrhunderts zurück, doch bald fiel sie wieder in die Hände der Sarazenen. Es war die Zeit der Kreuzzüge: Einen solchen unternahm der Sohn Heinrichs & spätere König Alfons I., um sie den Händen der Ungläubigen zu entreißen. Also sah man 1145 eine Flotte mit zahlreichen Schiffen, die von Flamen, Engländern & Deutschen angeführt wurde, in die Mündung des Tejo einlaufen, um die Mauren anzugreifen & *Lissabon* zu erstürmen. Sobald der König von Portugal sich im Besitz der Stadt sah, siedelte er dort Christen an & machte *Lissabon* anstelle von Coimbra zu seiner Hauptstadt. Ein Unbekannter namens Gilbert wurde zu ihrem ersten Bischof geweiht. 1373 unterwarf König Heinrich von Kastilien sie seiner Krone. Doch schon bald kam sie unter Johann I. wieder unter portugiesische Hoheit & blieb portugiesisch, bis der Herzog von Alba, der Sieger gegen den Herzog von Achuna, sie wieder unter spanische Herrschaft brachte. Nach dem Volksaufstand von 1640 wurde schließlich der Herzog von Bragança in *Lissabon* unter dem Namen Johann IV. zum König von Portugal gekrönt.

Seine Nachfolger haben sich bis heute an der Macht gehalten. Bezaubert von ihrem milden Klima & von einem quasi ewigen Frühling, der mitten im Winter Blumen blühen läßt, haben sie ihre Ständeversammlungen in die Hauptstadt geholt, die bis auf die sieben Hügel gewachsen ist & sich am Ufer des Tejo ausgebreitet hat. Sie barg in ihren Mauern eine Vielzahl prächtiger Gebäude, viele große Plätze, ein Schloß, von dem aus sie regiert wurde, ein von der Artillerie gut gefülltes Arsenal, ein riesiges Zollhaus, vierzig Pfarrkirchen, die der Klöster nicht mitgerechnet, mehrere ausgezeichnete Hospitäler & ungefähr dreißigtausend Häuser, die bei dem schrecklichen Erdbeben zerstört wurden, bei dessen Bericht selbst jene Nationen zittern, die vor solchen Verheerungen am sichersten sind.

Der Morgen des ersten Novembers 1755, um neun Uhr fünfundvierzig war der genaue Zeitpunkt dieses tragischen Ereignisses, das wißbegierige Geister nachdenklich stimmt & empfindsame Seelen zu Tränen rührt. Ich überlasse alle Mutmaßungen den Physikern, & den Historikern das ihnen zustehende Recht, solch eine Katastrophe auszumalen. »Quaeque ipsa miserrima vidi, & quorum pars magna fui«, – »All das äußerste Elend, das ich selbst gesehen habe, & wovon so viel auch mich selber betraf«, schrieb eine ausländische Besucherin, Vergil zitierend (*Aeneis*, 2. Buch), in einem Brief vom 4. November aus den Feldern, auf denen sie Zuflucht gefunden hatte, fünf Meilen von der Stelle entfernt, wo noch drei Tage zuvor *Lissabon* gelegen war.

Die wenigen Häuser der einst großen Stadt, welche die wiederholten Erdstöße der Jahre 1755 & 1756 überstanden haben, wurden ein Raub der Flammen oder sind durch Plünderungen zerstört worden. Besonders die Innenstadt von *Lissabon* wurde auf eine unbeschreibliche Weise verwüstet. Alle wichtigen Lagerhäuser sind eingestürzt oder zu Schutt & Asche geworden, das Feuer hat Waren für mehr als vierzig Millionen Cruzados verschlungen, von denen ein Großteil den Engländern gehörte. Der Schaden an Kirchen, Palästen & Häusern belief sich auf über hundertfünfzig Millionen derselben Währung, & die Zahl der Menschen, die unter den Trümmern oder in den Flammen der Hauptstadt umgekommen sind, wird auf fünfzehn- bis zwanzigtausend geschätzt.

Alle Mächte haben Ihrer Majestät dem König in Briefen ihr Mitgefühl über dieses traurige Ereignis ausgedrückt. Der König von England, der aus Freundschaft & wegen der englischen Handelsinteressen sehr eng mit ihm verbunden ist, schickte ihm zur Linderung der Not mit Gold & Vorräten beladene Schiffe, die Anfang Januar 1756 am Tejo eintrafen. Ihre Ladung wurde dem König von Portugal übergeben. Sie bestand aus dreißigtausend Pfund Goldsterling, zwanzigtausend Pfund Silbersterling in Münzen zu zweieinhalb Schilling, sechstausend Faß gepökeltem Fleisch, viertausend Faß Butter, tausend Sack Zwieback, zwölfhundert Faß Reis, zehntausend Zentner Weizen, dazu einer beträchtlichen Menge an Hüten, Strümpfen & Schuhen. Diese gewaltige Hilfslieferung, die ebenso sparsam wie gerecht verteilt wurde, rettete den Einwohnern von Lissabon das Leben, ließ die erschöpften Menschen wieder zu Kräften kommen & gab ihnen den Mut, ihre Mauern, Häuser & Kirchen wieder aufzubauen.

Der berühmte Dichter Camões machte mit dem Versepos *Die Lusiaden* seinem Vaterland Ehre & sich selbst unsterblich. Sein Leben & seine Mißgeschicke sind bekannt. Um 1524 in *Lissabon* geboren, entschied er sich für den Waffenrock & verlor bei einer Schlacht mit den Mauren ein Auge. 1553 reiste er nach Indien. Wegen seiner Abhandlungen fiel er beim Vizekönig in Ungnade & wurde des Landes verwiesen. Von Goa flüchtete er in eine wüste Gegend an der Grenze zu China. Dort verfaßte er sein Epos: Es handelt von der Entdeckung eines neuen Landes, an der er selbst beteiligt war. Auch wenn man nicht damit einverstanden ist, daß er in seinem Gedicht den Wilden gegenüber nicht an Belehrungen geizt, die völlig fehl am Platze sind, & man die Mischung aus heidnischen Fabeln & christlichen Wahrheiten in seinem Werk mißbilligt, wird man nicht umhinkönnen, zumindest die blühende Phantasie, den Bilderreichtum sowie die Mannigfaltigkeit & Farbigkeit seiner Schilderungen zu bewundern.

Es heißt, er habe dieses Werk seines Genies auf dem Weg nach Macao schon verloren geglaubt. Bei der Überfahrt erlitt er Schiffbruch, doch Camões besaß soviel Geistesgegenwart, es Cäsar gleichzumachen: Er rettete sein Manuskript, indem er es mit der einen Hand über Wasser hielt, während er mit der anderen schwamm. Nach seiner Rückkehr nach *Lissabon* 1569 verbrachte er zehn Jahre im Elend, bis er 1579 in einem Hospital starb. Dieses Schicksal war dem Vergil der Portugiesen beschieden. *Jaucourt*

LITERATUR – Littérature (Wissenschaften, Dichtung, Altertum). Dieser Allgemeinbegriff bedeutet Gelehrsamkeit, Kenntnis der schönen Wissenschaften & der Dinge, die mit ihnen zusammenhängen. Siehe den Artikel Dichtung, in dem wir die *Literatur* gerühmt & ihren engen Zusammenhang mit den eigentlichen Wissenschaften bewiesen haben.

Hier handelt es sich darum, die Ursachen des Verfalls der *Literatur* aufzudecken, deren Geschmack jeden Tag tiefer sinkt, zumindest in unserer Nation, & wir können uns keinesfalls schmeicheln, irgendein Mittel dagegen zu wissen.

Es ist in unserem Land so weit gekommen, daß man nicht mehr den geringsten Wert auf einen Gelehrten legt, der von seinem Wissen Gebrauch macht, um schwerverständliche Stellen bei Autoren des Altertums, einen Punkt der Chronologie, eine interessante Frage der Geographie oder der Grammatik zu klären oder zu berichtigen. Man stempelt

Kann man nach zwei verlorenen Kriegen, / Nach blutigen Schlachten, schrecklichen Siegen, / Nach all dem Morden, all dem Vernichten, / Kann man nach diesen Zeiten noch dichten? / Die Antwort kann nur folgende sein: / Dreimal NEIN! Robert Gernhardt, Frage

seine Gelehrsamkeit zur Pedanterie & hat damit das geeignete Mittel gefunden, alle jungen Leute abzuschrecken, die sonst wohl genügend Eifer & Talent hätten, um im Studium der Humaniora Erfolg zu erzielen. Da es keine schlimmere Beleidigung gibt, als zum Pedanten gestempelt zu werden, hütet man sich wohlweislich vor der Anstrengung, Kenntnisse in der *Literatur* zu erwerben, nur um sich hierauf der größten Lächerlichkeit preisgegeben zu sehen.

Man sollte nicht daran zweifeln, daß einer der Hauptgründe für den Niedergang der schönen Wissenschaften darin besteht, daß mehrere vermeintliche oder wirkliche Schöngeister den Brauch eingeführt haben, die Zitate aus griechischen oder lateinischen Werken & alle gelehrten Bemerkungen als Schulweisheit zu verurteilen. Sie waren ungerecht genug, um in ihre Spöttereien auch Schriftsteller einzubeziehen, welche die größte Feinheit & die tiefste Kenntnis in der Weltlehre besaßen. Wer würde also noch wagen, nach dem Ruhm des Gelehrten zu trachten, indem er sich seiner Belesenheit, seines kritischen Geistes & seiner Gelehrsamkeit rühmt?

Wenn man sich damit begnügt hätte, Leute vom Schlage eines Herillos zu verurteilen, die ohne Notwendigkeit Platon & Aristoteles, Hippokrates & Varro zitieren, um einen Gedanken zu beweisen, der allen Sekten & allen gesitteten Völkern gemeinsam ist, so hätte man nicht so viele ehrenwerte Männer entmutigt; aber mit geringschätziger Miene hat man aus der feinen Welt jeden, der zu zeigen wagte, daß er Sammlungen angelegt & seinen Geist durch den der Autoren Griechenlands & Roms bereichert hatte, in den Staub der Schulen verbannt.

Die Wirkung dieser verächtlichen Kritik war um so größer, als sie sich mit dem spitzfindigen Vorwand deckte, man müßte den Geist verfeinern & das Urteil schärfen, nicht aber in seinem Gedächtnis das anhäufen, was andere gesagt & gedacht hätten.

Je wahrer diese Maxime erschien, desto stärker schmeichelte sie den trägen Geistern & trieb sie dazu, die *Literatur* & das Wissen ins Lächerliche zu ziehen. Sagen wir es ganz offen: Der Hauptbeweggrund solcher Leute besteht nur darin, den Wert des anderen herabzusetzen, um dadurch ihren eigenen zu erhöhen. Da sie nicht fähig waren, zu arbeiten & sich zu bilden, tadelten oder verachteten sie die Gelehrten, die sie nicht nachzuahmen vermochten, & verbreiteten dadurch in der gelehrten Welt einen seichten Geschmack, der nur dazu beiträgt, sie immer tiefer in Unwissenheit & Barbarei versinken zu lassen.

Aber trotz der gehässigen Kritik unwissender Narren wagen wir zu behaupten, daß nur die schönen Wissenschaften den Geist verfeinern, den Geschmack vervollkommnen & den Wissenschaften Anmut verleihen können. Um in der *Literatur* tiefgründig zu sein, muß man allerdings auch auf die Autoren verzichten, die aus den Quellen des Altertums nur oberflächliche Kenntnisse über Religion, Politik, Regierung, Gesetze, Sitten, Gewohnheiten, Zeremonien, Spiele, Feste, Opfer & Schauspiele Griechenlands & Roms geschöpft haben. Wir können auf jene, die auf solch umfassende & erfreuliche Gelehrsamkeit begierig sind, wohl das anwenden, was Plautus so witzig im Prolog der *Zwillinge* sagt: »Der Schauplatz ist Epidamnus, eine Stadt in Makedonien; fahren Sie hin, meine Herren, & verweilen Sie dort so lange, wie unser Stück dauert.« *Jaucourt*

LOCHES (**Geographie**). Auf lateinisch *Luccae,* französische Kleinstadt in der Touraine, die eine bemerkenswerte Rolle in der Geschichte spielt. Sie liegt am Indre, 8 Meilen südlich von Amboise, 10 Meilen südöstlich von Tours, 55 östlich von Paris.

Im Chor der Stiftskirche Notre-Dame de Loches befindet sich die Grabstätte von Agnès Sorel, der »Schönen Agnès«, in die sich Karl VII., kaum daß er sie gesehen hatte, unsterblich verliebte. Das Grabmal seiner Mätresse ist aus schwarzem Marmor, & zwei Engel halten das Kissen, auf dem ihr Kopf liegt. An diesem Grabmal liest man folgendes Epitaph: »Hier ruht das edle Fräulein Agnès Seurelle, zu ihren Lebzeiten vornehme Dame zu Rochesserie, Issodun, Vernon-sur-Seine. Sie hatte ein gütiges Herz für alle & gab den Kirchen & den Armen reichlich von ihren Gütern. Sie verschied am neunten Tag im Februar 1449.« Karl VII. liebte sie sein ganzes Leben & vernachlässigte für sie die Pflege seines Reiches. Dieser Fürst überlebte sie um zwölf Jahre & hatte kaum Anteil an den Segnungen, die seinem Land während seiner Regentschaft, trotz seiner Gleichgültigkeit für die Staatsangelegenheiten, durch Zufall & Glück zuteil wurden. *Jaucourt*

LÜSTERNHEIT – **Lascivité** (**Moral**). Eine Art Schwäche, Tochter des Müßiggangs, der Verschwendung & des Wohlstands. Aus diesem Grund nennt Terenz in der *Andria* die Vergnügungen der Mächtigen *lascivia nobilium.* Die *Lüsternheit* ist im Grunde genommen ein Laster, das gegen die guten Sitten verstößt. Der erleuchtete Brahmane wird Ihnen ihren Charakter & ihre Auswirkungen mit leichter Hand vor Augen führen.

Träge hingestreckt in einer Wiege aus Blumen zieht sie die Blicke kindischer Männer auf sich, stellt ihnen Fallen & legt gefährliche Köder für sie aus.

Sie hat ein anspruchsvolles Wesen & ein schwaches Naturell, sie schmückt sich mit rührender Nachlässigkeit, ihre Blicke sind wollüstig, ihr ganzes Streben gilt der Verführung.

Fliehe ihre Reize, verschließe dein Ohr vor ihrer bezaubernden Stimme. Wenn deine Augen ihrem schmachtenden Blick begegnen, wenn sie mit süßen Worten dein Herz umgarnt, wenn sie dir in diesem Augenblick um den Hals fällt, bist du schon ihr Sklave, sie legt dich für immer in Ketten.

Schande, Krankheit, Elend & Reue folgen ihr nach. Von der Ausschweifung entkräftet, vor Schwäche eingeschlafen, von der Untätigkeit zermürbt, wirst du schmachten, die Zahl deiner Tage wird kleiner, die deiner Qualen größer. Erstere werden ruhmlos sein, letztere niemanden zu Tränen oder Mitleid rühren. *Jaucourt*

LUXUS – **Luxe.** Das ist der Gebrauch, den man vom Reichtum & Gewerbe macht, um sich ein angenehmes Dasein zu verschaffen.

Der *Luxus* hat als Hauptursache jene Unzufriedenheit mit unserem Zustand, jenen Wunsch nach einem besseren Leben, der in allen Menschen liegt & liegen muß. Er ist die Ursache ihrer Leidenschaften, ihrer Tugenden & ihrer Laster. Dieser Wunsch muß sie notwendig so weit bringen, den Reichtum zu lieben & zu erstreben; deshalb zählt der Wunsch nach Bereicherung zu den Triebfedern jeder Regierung, die nicht auf Gleichheit & Gütergemeinschaft beruht. Doch der Hauptgegenstand dieses Wunsches muß der *Luxus* sein, deshalb gibt es *Luxus* in allen Staaten, in allen Gesellschaften: Der Wilde hat seine Hängematte, die er für Tierfelle kauft; der Europäer hat sein Sofa, sein Bett; unsere Frauen legen rote Schminke auf & Brillanten an, die Frauen in Florida legen blaue Schminke auf & Glasperlen an.

Der *Luxus* war jederzeit ein Gegenstand der Klagen der Moralisten, die ihn eher mürrisch als einsichtig kritisierten, & seit einiger Zeit ist er auch ein Gegenstand des Lobes für einige Politiker, die hauptsächlich als Kaufleute oder Angestellte, weniger aber als Philosophen & Staatsmänner über ihn gesprochen haben.

Sie meinten, der *Luxus* trage zur Vermehrung der Bevölkerung bei. Italien war – laut Titus Livius – auf der höchsten Stufe der Größe & des *Luxus* der Römischen Republik nur halb so dicht bevölkert wie zu der Zeit, da es in kleine Republiken – fast ohne *Luxus* & Gewerbe – zersplittert war.

Sie meinten, der *Luxus* bereichere die Staaten. Es gibt wenige Staaten, in denen ein größerer *Luxus* herrscht als in Portugal, & doch ist Portugal mit seinen Bodenschätzen, seiner günstigen Lage & seinen Kolonien weniger reich als Holland, das nicht die gleichen Vorteile besitzt & in dessen Sitten noch Genügsamkeit & Einfachheit herrschen.

Sie meinten, der *Luxus* erleichtere den Umlauf des Geldes. Frankreich ist heute eine der Nationen, in denen der größte *Luxus* herrscht, & man klagt dennoch mit Recht über den mangelhaften Umlauf des Geldes, das aus den Provinzen in die Hauptstadt fließt, ohne aus der Hauptstadt in gleichem Umfang in die Provinzen zurückzufließen.

Sie meinten, der *Luxus verfeinere* die Sitten & verbreite die privaten Tugenden. In Japan gibt es viel *Luxus*, aber die Sitten sind dort noch immer schrecklich. In Rom & Athen gab es zur Zeit der Armut mehr private Tugenden, mehr Wohltätigkeit & Menschlichkeit als zur Zeit des *Luxus*.

Sie meinten, der *Luxus* begünstige die Fortschritte der Kenntnisse & der schönen Künste. Welche Fortschritte haben die schönen Künste & die Kenntnisse bei den Sybariten, den Lydiern & den Tonkinesen gemacht?

Sie meinten, der *Luxus* vermehre die Macht der Nationen & das Glück der Staatsbürger. Die Perser unter Cyrus hatten wenig *Luxus* & unterjochten doch die reichen & fleißigen Assyrer. Nachdem sie nicht nur reich, sondern unter allen Völkern auch das geworden waren, bei dem am meisten *Luxus* herrschte, wurden sie von den Makedoniern, einem armen Volk, unterjocht. Barbaren haben das Römische Reich gestürzt & ihrer Herrschaft unterworfen. Was das Glück des Staatsbürgers & die Frage betrifft, ob der *Luxus* zahlreichere Annehmlichkeiten & Vergnügen bietet, so können Sie bei einer Reise durch Europa & Asien feststellen, daß er diese zumindest nicht der Mehrheit der Staatsbürger verschafft.

Auch die Kritiker des *Luxus* werden durch die Tatsachen widerlegt.

Niemals, so behaupten sie, gebe es *Luxus* ohne eine sehr große Ungleichheit in der Verteilung des Reichtums, das heißt, ohne daß das Volk im Elend & eine kleine Zahl von Menschen im Wohlstand lebe. Aber dieses Mißverhältnis findet man meistens nicht in den Ländern mit dem größten *Luxus*, sondern in Polen & anderen Ländern, die weniger *Luxus* haben als Bern & Genf, wo das Volk im Überfluß lebt.

Der *Luxus*, behaupten sie, opfere die nützlichen Künste den angenehmen & ruiniere die Landwirtschaft, indem er die Landbewohner in die Städte ziehe. Die Lombardei & Flandern sind voll *Luxus* & reich an schönen Städten; dennoch sind dort die Landleute reich & das Land überall bebaut & dicht bevölkert. In Spanien gibt es wenig *Luxus*, aber die Landwirtschaft wird dort vernachlässigt, & die meisten nützlichen Künste sind dort unbekannt.

Der *Luxus*, behaupten sie, führe zur Entvölkerung. Seit einem Jahrhundert nehmen in England der *Luxus* & die Bevölkerung im gleichen Verhältnis zu; außerdem besitzt England die größten & am dichtesten bevölkerten Kolonien.

Der *Luxus*, behaupten sie, schwäche den Mut. Unter dem Befehl des Marschalls Luxembourg, des Marschalls Villars & des Marschalls von Sachsen haben sich die Franzosen, bekanntlich das Volk mit dem größten *Luxus*, am mutigsten gezeigt. Unter Sulla, Caesar & Lukull hat der verschwenderische, sogar im römischen Heer verbreitete *Luxus* den Römern nichts von ihrem Mut genommen.

Der *Luxus*, behaupten sie, töte das Ehrgefühl & die Vaterlandsliebe. Um das Gegenteil zu beweisen, führe ich an, wieviel Sinn für Ehre & wieviel *Luxus* die Franzosen in den schönen Jahren Ludwigs XIV. hatten & was später aus ihnen geworden ist, & hebe hervor, wie bezeichnend in der Gegenwart glühende Vaterlandsliebe, Begeisterung für die Tugend & Liebe zum Ruhm für die englische Nation sind.

Ich will hier nicht alles Gute & Schlechte zusammentragen, was man über den *Luxus* gesagt hat, sondern ich beschränke mich auf das Wesentliche, sei es zum Lob oder zum Tadel, & auf den Beweis, daß die Geschichte beidem widerspricht.

Die maßvollsten Philosophen, die gegen den *Luxus* schrieben, behaupteten, er schade den Staaten nur durch seine Ausartung, & sie erblickten diese Ausartung in einer besonders großen Zahl seiner Gegenstände & seiner Mittel, das heißt in der Zahl & der Vervollkommnung der Künste zu einer Zeit der größten Fortschritte des Gewerbes, das ja die Völker an den Genuß zahlreicher Bequemlichkeiten & Vergnügen gewöhnt & sie ihnen notwendig macht. Kurz: diese Philosophen sahen die Gefahren des *Luxus* nur bei den reichsten & aufgeklärtesten Nationen; doch anderen Philosophen, die mehr Logik & Temperament zeigten als diese maßvollen Männer, fiel es nicht schwer, zu beweisen, daß der *Luxus* gerade bei den armen & beinahe barbarischen Völkern am verderblichsten gewirkt habe. Schritt für Schritt wollte man also den Menschen, um ihm die Übel des *Luxus* zu ersparen, in die Wälder & in einen gewissen Urzustand zurückversetzen, den es nie gegeben hat & überhaupt nicht geben kann.

Die Verteidiger des *Luxus* fanden bisher noch keine treffende Erwiderung für diejenigen, die den Lauf der Ereignisse, den Aufstieg & den Niedergang der Reiche verfolgten & dabei feststellten, daß mit dem Aufstieg der Völker sich Schritt für Schritt der *Luxus* steigerte & daß dann die Sitten verdorben, die Reiche nach & nach geschwächt wurden, verfielen & untergingen.

Wir haben die Beispiele der Ägypter, der Perser, der Griechen, der Römer, der Araber, der Chinesen &c., bei denen der *Luxus* in derselben Zeit anstieg, in der sie an Größe zunahmen. Dagegen verloren sie seit dem Zeitpunkt ihres größten *Luxus* unaufhörlich an Tugend & Macht. Diese Beispiele für die Gefahren des *Luxus* haben eine stärkere Beweiskraft als die Vernunftgründe seiner Verteidiger. Darum ist heute die Meinung allgemein verbreitet, daß der *Luxus* notwendig sei, um die Völker aus ihrer Ohnmacht & Unwissenheit herauszuziehen & ihnen die Stärke, die Festigkeit & den Reichtum zu geben, die sie über andere Völker erheben: Dieser *Luxus* müsse immer weiterwachsen, um die Künste, das Gewerbe & den Handel zu fördern & die Völker zu jenem Reifepunkt zu führen, auf den notwendig ihre Vergreisung & ihr Untergang folgen. Diese Meinung herrscht fast überall, & sogar Hume weicht nicht von ihr ab.

Warum hat keiner jener Philosophen & Politiker, die den *Luxus* zum Gegenstand ihrer Spekulationen gemacht haben, sich gesagt: In den Anfängen der Völker hängt man mehr an den Prinzipien der Regierung & muß man mehr an ihnen hängen; in den entstehenden Gesellschaften sind alle Gesetze & Verordnungen den Mitgliedern der Gesellschaft teuer, wenn diese auf Freiheit gegründet ist. Ist sie nicht auf Freiheit gegründet, so werden alle Gesetze & Verordnungen durch die Kraft des Gesetzgebers gestützt, solange sich seine Absichten nicht ändern & seine Mittel weder an Wirksamkeit noch an Zahl abnehmen. Kurz: das persönliche Interesse jedes Staatsbürgers, jenes Interesse, das fast überall das allgemeine Interesse bekämpft & unaufhörlich danach trachtet, sich von ihm zu trennen, hat anfangs weniger Zeit & weniger Mittel, es erfolgreich zu bekämpfen, geht also mehr in diesem auf; folglich müssen in den entstehenden Gesellschaften auch der patriotische Geist, die guten Sitten & die Tugenden in stärkerem Maße bestehen als in den alten Gesellschaften.

Aber am Anfang der Völker machen Vernunft, Geist & Gewerbe geringere Fortschritte. Da gibt es weniger Reichtum, weniger Künste, weniger *Luxus*, weniger Möglichkeit, sich durch fremde Arbeit ein angenehmes Dasein zu verschaffen; da herrschen notwendig auch Armut & Einfachheit.

Wie es in der Natur der Menschen & Dinge liegt, daß die Regierungen mit der Zeit entarten, so liegt es auch in der Natur der Menschen & Dinge, daß mit der Zeit die Staaten reicher, die Künste vollkommener & der *Luxus* größer werden.

Liebe, liebe Albina, seit vielen und vielen Jahren hatte ich kein Ei mehr gegessen, hartgekocht und geviertelt. Deins hier ist höchst gelungen. Es ist himmlisch! Als ich Kind war, fragte ich immer nach dem Ei, bestrichen mit einer leichten Sardellensoße. Ich schleckte mir die Finger; und manchmal passierte es auch, daß ich dabei meine Fingerspitze verschluckte. Heute abend fand ich jene göttliche Ekstase wieder. Ich verkaufe mein Erstgeburtsrecht für ein Ei, vollkommen wie das Deine, erhöht durch die Sardellensoße. Ich rutsche unter den Tisch und gerate in eine Verzückung, zu der mich keine Frau je hinreißen könnte. Albina, gelobt seist Du in alle Ewigkeit und erstrahle für immer in der Sternenkonstellation des Ei *und im* Nebelfleck *der Sardelle! Amen.*

Gabriele d'Annunzio, Brief an die Köchin, 21. Dezember 1936

Hat man also nicht im Verhältnis von Ursache & Wirkung das gesehen, was gar nicht im Verhältnis von Ursache & Wirkung steht, sondern sich auf einem Weg zusammenfindet & auf ihm fast im gleichen Schritt weitergeht?

Hat das persönliche Interesse, obgleich es nicht sofort in Verlangen nach Reichtum & Sucht nach Vergnügen, kurz in diese zum *Luxus* führenden Leidenschaften umgeschlagen ist, nicht abwechselnd die Richter, den Herrscher & das Volk zu Änderungen der Staatsverfassung veranlaßt, die den Staat untergraben haben? Oder haben das persönliche Interesse, die Gewohnheit & die Vorurteile vielleicht Änderungen verhindert, welche die Umstände notwendig gemacht hatten? Treten nicht schließlich in der Verfassung & in der Verwaltung immer Fehler & Mängel auf, die – ganz unabhängig vom *Luxus* – zur Entartung der Regierungen & zum Verfall der Reiche führten?

Die alten Perser, so arm & tugendhaft unter Cyrus, eroberten Asien, nahmen asiatischen *Luxus* an & wurden verdorben. Aber wurden sie verdorben, weil sie Asien eroberten oder weil sie asiatischen *Luxus* annahmen? Führte die Ausdehnung ihrer Herrschaft nicht notwendig zur Änderung ihrer Sitten? Konnte in einem Reich von solcher Ausdehnung eine gute Ordnung oder überhaupt eine Ordnung bestehen? Mußte Persien nicht in den Abgrund des Despotismus stürzen? Warum muß man denn überall, wo man den Despotismus sieht, nach anderen Ursachen der Entartung suchen?

Wenn man in ganz heller Mondnacht durch einen Fluß fährt und das Wasser bei jedem Tritt des Ochsen aufspritzt, als schlage man Kristall in Stücke, das ist wahrlich ein Hochgenuß.
Das Kopfkissenbuch der Hofdame Sei Shonagon

Der Despotismus bedeutet die Willkürherrschaft eines einzelnen über die Mehrheit mit Hilfe einer Minderheit; aber der Despot kann zur Willkürherrschaft erst gelangen, nachdem er diese Minderheit verdorben hat.

Athen, so sagt man, habe nach dem Peloponnesischen Krieg, also in der Epoche seines Reichtums & seines *Luxus,* seine Stärke & seine Tugenden verloren. Ich finde eine reale Ursache für den Niedergang Athens jedoch in der Macht der Volksmenge & in der Erniedrigung des Senats. Da ich sehe, daß die ausübende & die gesetzgebende Gewalt in den Händen einer blinden Menge liegen & gleichzeitig der Areopag machtlos ist, bin ich der Meinung, daß unter solchen Umständen die Republik Athen weder Macht noch gute Ordnung behalten konnte. Durch die Demütigung des Areopags, nicht aber durch den Bau von Theatern, richtete Perikles damals Athen zugrunde. Was die Sitten dieser Republik betrifft, so blieben sie noch lange bewahrt; & in dem Krieg, der die Republik zerstörte, fehlte es ihr mehr an Klugheit als an Tugend & weniger an Sitten als an gesundem Verstand.

Das Beispiel des alten Roms, das von den Kritikern des *Luxus* so zuversichtlich angeführt wird, könnte mich ebensowenig in Verlegenheit bringen. Ich würde doch bemerken, daß anfangs die Tugenden Roms, die Stärke & die Einfachheit seiner Sitten, aus seiner Regierungsweise & seiner Lage hervorgingen. Diese Regierungsweise mußte den Römern aber auch Unruhe & Aufruhr bringen: Sie machte für sie den Krieg notwendig, & der Krieg erhielt in ihnen die Stärke der Sitten & die glühende Vaterlandsliebe. Ich würde ferner bemerken, daß zu der Zeit, da Karneades nach Rom kam & die Bildwerke aus Korinth & Athen dorthin gebracht wurden, in Rom zwei Parteien entstanden & daß eine von ihnen die andere unterjochen mußte, sobald der Staat nichts mehr von außen zu befürchten hatte. Schließlich würde ich bemerken, daß in diesem riesigen Reich der Sieg der einen Partei zwangsläufig zum Despotismus oder zur Anarchie führen mußte. Auch wenn Rom nie den *Luxus,* die Schätze Antiochiens & Karthagos, die Philosophen & die Meisterwerke Griechenlands kennengelernt hätte, wäre die Römische Republik, die nur zu unaufhörlicher Vergrößerung geschaffen war, auf dem Höhepunkt ihrer Größe zu Fall gekommen.

Nachdem ich festgestellt habe, daß der *Luxus* nicht die Ursache für den Untergang oder die Blüte der Reiche & den Charakter gewisser Völker sein kann, würde ich untersuchen, ob der *Luxus* nicht mit der Lage der Völker, mit der Art ihrer Erzeugnisse & mit der Lage & der Art der Erzeugnisse ihrer Nachbarn zusammenhängt.

Die Holländer, würde ich sagen, müssen als Packmeister & Zwischenhändler der Völker ihre Genügsamkeit behalten; sonst könnten sie nicht so billig ihre Schiffe vermieten & die Waren der ganzen Welt umsetzen.

Wenn die Schweizer aus Frankreich & Italien viel Wein, Goldbrokat, Seide, Gemälde, Plastiken & Juwelen beziehen wollten, so könnten sie aus ihrem unfruchtbaren Boden doch nicht genügend Erzeugnisse für den Austausch mit dem Ausland gewinnen. Großer *Luxus* wird ihnen erst dann erlaubt sein, wenn ihr Gewerbe den Mangel an Bodenerzeugnissen ersetzt hat.

Auch unter der Voraussetzung, daß in Spanien, Portugal & Frankreich der Boden schlecht bebaut wäre & die wichtigsten oder zweitwichtigsten Manufakturen vernachlässigt würden, blieben diese Länder noch in der Lage, sich einen großen *Luxus* zu leisten.

Portugal wird wegen seiner Bergwerke in Brasilien, wegen seiner Weine & seiner Kolonien in Afrika & Asien immer Waren für den Austausch mit dem Ausland haben & eine Rolle unter den reichen Nationen spielen.

Spanien wird immer, obgleich es in seiner Hauptstadt wenig Arbeit & in seinen Kolonien wenig Ackerbau gibt, Produkte aus fruchtbaren Ländern haben, die ihm die Herrschaft in den zwei Welten sichern, & die ergiebigen Bergwerke in Mexiko & Potosí werden den *Luxus* des Hofes sowie den *Luxus* des Aberglaubens stets aufrechterhalten.

Frankreich würde, wenn es seine Landwirtschaft & seine zweitwichtigsten Manufakturen verfallen ließe, noch sehr ergiebige Handelszweige besitzen. Der Pfeffer aus Indien, der Zucker & der Kaffee aus seinen Kolonien, die Öle & Weine aus dem Inland würden ihm noch immer Waren für den Austausch mit dem Ausland liefern, aus dem es teilweise seinen *Luxus* bezieht; außerdem könnte es diesen *Luxus* durch sein Modegewerbe aufrechterhalten. Diese Nation, seit langem von ganz Europa bewundert, wird noch heute nachgeahmt. Wenn ihr *Luxus* einmal zu groß im Verhältnis zum Ertrag ihres Bodens & ihrer wichtigsten & zweitwichtigsten Manufakturen wäre, dann könnte gerade dieser *Luxus* eine Rettung für sie bedeuten; denn er könnte eine Menge von Handwerkern im Modegewerbe ernähren & den Ruin des Staates aufhalten.

Aus diesen Beobachtungen & Überlegungen würde ich dann folgern, daß der *Luxus* dem Reichtum der Nationen abträglich oder zuträglich ist, je nachdem, ob er – mehr oder weniger – den Ertrag ihres Bodens & ihres Gewerbes oder den Ertrag des Bodens & des Gewerbes des Auslands verbraucht, & daß es eine größere oder kleinere Zahl von *Luxusgegenständen* geben muß, je nachdem, ob eine Nation mehr oder weniger Reichtum besitzt. Unter diesem Gesichtspunkt bedeutet der *Luxus* für die Völker das gleiche wie für die Privatpersonen: Die Menge der Genüsse muß im richtigen Verhältnis zu den Genußmitteln stehen.

Ich würde dabei bemerken, daß das Verlangen zu genießen bei denjenigen, die reich sind, & das Verlangen, sich zu bereichern, bei denjenigen, die nur das Notwendigste besitzen, die Künste & allerlei Gewerbe anregen müssen. Das ist die erste Wirkung des Instinkts der zum *Luxus* führenden Leidenschaften & des *Luxus* selbst; die neuen Künste & die Zunahme des Gewerbes verschaffen dann dem Volk neue Unterhaltsmittel & tragen eben dadurch zur Vermehrung der Bevölkerung bei. Ohne *Luxus* gibt es weniger Austausch & Handel; ohne Handel können die Länder nur dünner bevölkert sein: Das Land, das in seinem Innern nur Landleute hat, muß weniger Menschen haben als das Land, das Landleute, Seeleute & Tuchmacher ernährt. Sizilien, das nur wenig *Luxus* hat, ist eines der fruchtbarsten Länder der Erde, untersteht einer gemäßigten Regierung & ist trotzdem weder reich noch dicht bevölkert.

Nachdem ich festgestellt habe, daß die Leidenschaften, die den *Luxus* anregen, & der *Luxus* selbst von Vorteil für die Bevölkerungszunahme & den Reichtum der Staaten sein können, sehe ich nicht ein, warum dieser *Luxus* & diese Leidenschaften schädlich für die Sitten sein sollen. Ich kann indessen nicht verheimlichen, daß es in einigen Weltteilen Nationen gibt, die den größten Handel & den größten *Luxus* haben & doch täglich an Bevölkerung & Gesittung verlieren.

Wenn es Regierungen auf der Grundlage der völligen Gleichheit & Einheitlichkeit der Sitten, der Lebensweise & des Standes aller Staatsbürger gäbe – wie es etwa die Regierungen Spartas, Kretas & einiger wilder Völker waren –, dann könnte unter ihnen der Wunsch, sich zu bereichern, gewiß nicht unschädlich sein. Jeder, der dort den Wunsch hätte, sich ein besseres Los zu verschaffen als seine Mitbürger, würde schon aufgehört haben, die Gesetze seines Landes zu lieben & die Tugend in seinem Herzen zu bewahren.

Doch unter den heutigen Regierungen, unter denen die Verfassung des Staates & Zivilgesetze das Eigentum fördern & sichern; in unseren großen Staaten, die des Reichtums bedürfen, um ihre Größe & ihre Macht aufrechtzuerhalten: da scheint jeder, der arbeitet, um reicher zu werden, ein nützlicher Mensch, & jeder Reiche, der genießen will, ein vernünftiger Mensch zu sein. Wie sollte man also begreifen, daß Staatsbürger durch den Versuch, sich zu bereichern & ihren Reichtum zu genießen, zuweilen den Staat zugrunde richten & die Sitten verderben?

Um dieses Problem zu lösen, muß man sich die Hauptzwecke der Regierungen in Erinnerung rufen.

Sie sollen das Eigentum jedes Staatsbürgers sichern. Da sie aber auf die Erhaltung des Ganzen & die Vorteile der Mehrheit abzielen, obgleich sie in den Staatsbürgern die Liebe zum Eigentum, den Wunsch nach Vermehrung des Eigentums & den Wunsch nach Genuß des Eigentums erhalten, ja sogar fördern, müssen sie in ihnen auch den Geist der Gemeinschaft & den patriotischen Geist erhalten & fördern. Sie müssen auf die Art & Weise achten, wie sich die Staatsbürger bereichern wollen, & ebenso auf die Art & Weise, wie sie genießen dürfen. Die Mittel zur Bereicherung müssen zum Reichtum des Staates beitragen, & die Art & Weise des Genusses muß dem Staate nützen; jedes Eigentum soll der Gemeinschaft dienen; das Wohl keines Staatsbürgers darf dem Wohl irgendeines anderen geopfert werden. Kurz: der *Luxus* & die Leidenschaften, die zum *Luxus* führen, müssen dem Geist der Gemeinschaft & dem Wohl der Gemeinschaft untergeordnet sein.

Die Leidenschaften, die zum *Luxus* führen, sind nicht die einzigen, die die Staatsbürger haben müssen; mit ihnen müssen sich andere verbinden: Strebsamkeit, Ruhmesliebe, Ehrgefühl.

Alle diese Leidenschaften müssen dem Geist der Gemeinschaft untergeordnet sein. Nur er hält sie in Ordnung; ohne ihn würden sie zu häufigen Ungerechtigkeiten führen & verheerend wirken.

Keine dieser Leidenschaften darf die anderen verdrängen, sondern alle müssen sich die Waage halten. Wenn einmal der *Luxus* diese Leidenschaften ausgelöscht hätte, so würde er schädlich & verderblich geworden sein, & dann hätte er keine Beziehung mehr zum Geist der Gemeinschaft. Diesem Geist bleibt der *Luxus* aber nur so lange

> IRINA: *Als ich heute erwachte, aufstand und mich wusch, schien es mir plötzlich, als sei alles klar auf dieser Welt, und ich wußte, wie man zu leben hat. Der Mensch soll arbeiten, sich abmühen im Schweiße seines Angesichts, wer er auch sei, und darin besteht Sinn und Ziel seines Lebens, sein Glück, seine Wonne. Wie gut es ist, ein Arbeiter zu sein, der schon bei Tagesgrauen aufsteht und auf der Straße Steine klopft, oder ein Hirte, oder ein Lehrer, der die Kinder lehrt, oder ein Maschinist auf der Eisenbahn. Mein Gott, nicht bloß ein Mensch, nein besser ist es, ein Büffel zu sein, besser ein einfaches Pferd, bloß um zu arbeiten, als so eine junge Dame, die um zwölf Uhr mittags aufsteht, dann im Bett Kaffee trinkt, dann sich zwei Stunden anzieht… oh, wie entsetzlich das ist!* ANTON TSCHECHOW, DREI SCHWESTERN

untergeordnet, wie ihn die Verwaltung nicht von diesem Geist unabhängig macht, & auch dies nur, sofern in einem Land, in dem es Reichtum, Gewerbe & *Luxus* gibt, die Verwaltung nicht schon selbst den Geist der Gemeinschaft ausgelöscht hat.

Kurz: wo immer ich den *Luxus* entartet finde, wo immer ich sehe, daß der Wunsch nach Reichtum & seine Verwendung im Widerspruch zu den guten Sitten & zum Wohl des Staates stehen, da werde ich sagen, daß der Geist der Gemeinschaft, diese notwendige Grundlage für die Wirksamkeit aller Triebkräfte der Gesellschaft, durch die Fehler der Regierung vernichtet worden ist. Ich werde ferner sagen, daß der *Luxus*, der unter einer guten Verwaltung nützlich ist, nur durch die Unkenntnis oder den schlechten Willen der Verwaltungsbeamten gefährlich werden kann, & werde den *Luxus* sowohl in den Ländern prüfen, in denen noch Ordnung herrscht, als auch in den Ländern, in denen sie sich auflöst.

Dann richte ich meine Augen auf die Königreiche, in denen der größte *Luxus* herrscht & das Land zur Wüste wird. Aber bevor ich dieses Unglück auf den *Luxus* der Städte zurückführe, frage ich mich, wie sich die Verwaltungsbeamten dieser Königreiche verhalten haben, & ich sehe, daß die Entvölkerung, die man auf den *Luxus* zurückführt, & der Mißbrauch des *Luxus* aus diesem Verhalten herzuleiten sind.

Wenn man in diesen Ländern die Landbewohner mit Abgaben & Fronen überlastet hat, wenn der Mißbrauch einer rechtmäßigen Autorität sie oft in Unruhe & in Erniedrigung gehalten hat, wenn Monopole den Absatz ihrer Erzeugnisse gehemmt haben, wenn man solche Fehler & andere, von denen ich nicht sprechen will, begangen hat, so mußte ein Teil der Landbewohner in die Städte abwandern, um dort Unterhalt zu suchen. Dort fanden diese Unglücklichen den *Luxus* vor & konnten nur deshalb, weil sie in seinen Dienst traten, in ihrem Vaterland weiterleben.

Die Unterdrückung der Landbevölkerung genügt schon, um zu jener äußerst ungleichen Verteilung des Reichtums zu gelangen, auf die man die Entstehung des *Luxus* zurückführt, obgleich doch im Gegenteil nur der *Luxus* ein gewisses Gleichgewicht zwischen den Vermögen herstellen kann. Der unterdrückte Bauer hört auf, Eigentümer zu sein; er verkauft das Grundstück seiner Väter an den Herrn, in dessen Dienste er getreten ist, & so gehen alle Güter des Staates unmerklich in eine kleinere Anzahl von Händen über.

In einem Land, wo die Regierung in so große Irrtümer verfällt, bedarf es nicht des *Luxus*, um die Vaterlandsliebe auszulöschen oder dem unglücklichen Staatsbürger das Vaterland verhaßt zu machen. Der eine erzählt dem anderen, daß den Regierenden nichts am Vaterland liege, & so liebt schließlich niemand mehr sein Vaterland mit echter Leidenschaft.

Es gibt Länder, in denen die Regierung noch weitere Maßnahmen ergriffen hat, um die ungleiche Verteilung des Reichtums zu fördern, & in denen man ausschließliche Privilegien vergeben hat, sei es an Unternehmer verschiedener Manufakturen, sei es an gewisse Staatsbürger, um Kolonien auszubeuten, oder auch an gewisse Kompanien, um einen einträglichen Monopolhandel zu treiben. In anderen Ländern hat man zu diesen Fehlern den weiteren Fehler hinzugefügt, die Ämter der Finanzverwaltung äußerst lukrativ zu machen, obwohl sie nur Ehrenämter sein sollten.

Alle diese Maßnahmen haben zur Entstehung von verwerflichen, das heißt allzu schnell anwachsenden Vermögen geführt. Wenn die Bevorzugten, die sich solche Vermögen geschaffen haben, nicht in der Hauptstadt gewohnt hätten, bevor sie reich wurden, so wären sie später in dieses Zentrum der Macht & des Vergnügens gezogen. Solche Menschen haben nur noch den Wunsch nach Ansehen & Genuß & suchen beides in der Hauptstadt. Man kann sich vorstellen, wohin die Ansammlung so vieler Wohlhabender in demselben Ort schließlich führen muß.

In der Gesellschaft vergleichen sich die Menschen fortwährend miteinander; sie trachten unablässig danach, die Idee von der eigenen Überlegenheit zu festigen: zuerst in den eigenen Augen, dann aber auch in den Augen der anderen. Unter Menschen, die ein gleichartiges Verdienst haben, wird diese Rivalität besonders lebhaft. Nun können sich aber nur bei einer Regierungsweise, die – wie diejenige Spartas – den Reichtum nutzlos gemacht hat, die Menschen keinerlei Verdienst aus ihrem Reichtum machen. Sobald sie sich ein Verdienst aus ihm machen, müssen sie sich bemühen, reich zu erscheinen; also muß in allen Ständen eine Verschwendung eintreten, die über das Vermögen jedes einzelnen & über den sogenannten statthaften *Luxus* hinausgeht. Ohne ungeheuren Überfluß hält sich nun jeder Stand für verelendet.

Es ist festzustellen, daß fast überall in Europa der Wetteifer, reich zu erscheinen, & die Einschätzung nach dem Reichtum notwendig aufgekommen sind, ganz unabhängig von den durchaus natürlichen Ursachen, von denen ich soeben gesprochen habe. In den Zeiten der Barbarei, da der Handel noch unbekannt war & keine großen Manufakturen die Fabrikanten bereicherten, gab es keinen anderen Reichtum als den Grundbesitz. Wohlhabend waren damals nur die Großgrundbesitzer; doch diese Großgrundbesitzer waren zugleich Lehnsherren. Die Lehensgesetze & das Alleinrecht auf den Besitz gewisser Güter hielten den Reichtum in den Händen der Adligen fest. Nachdem die Fortschritte des Handels, des Gewerbes & des *Luxus* aber sozusagen einen neuartigen, nur dem Stadtbürger zukommenden Reichtum geschaffen hatten, verehrte die Menge, die bis dahin den Reichtum nur bei den Oberen zu verehren pflegte, ihn jetzt auch bei Gleichgestellten. Diese glaubten, sie könnten den Großen ebenbürtig werden, wenn sie deren Prunk nachahmten; die Großen aber sahen schon die ganze Rangordnung zusammenbrechen, die sie über die Menge erhob, & vermehrten ihre Ausgaben, um ihre Sonderstellung zu retten. So wurde der statthafte *Luxus* allmählich zu einer Last für alle Stände & zu einer Gefahr für die Sitten. Diese Lage der Menschen ließ den Wunsch, sich zu bereichern, in maßlose Begehrlichkeit ausarten; sie wurde in einigen Ländern die beherrschende Leidenschaft & brachte die edlen Leidenschaften, die sie zwar nicht aufheben, ihr aber gebieten sollten, zum Schweigen.

Sobald die maßlose Begehrlichkeit alle Herzen bewegt, verschwindet die Begeisterung für die Tugend. Eine solche maßlose Begehrlichkeit ist immer mit besonders übertriebenem Eigentumsgeist gepaart; aber dabei erlischt die Seele, sobald sie sich derart beschränkt.

Ja, wenn die reichen Leute Vergnügen am Geldausgeben hätten: dann müßte man freilich Sozialist werden. Aber so ... Egon Friedell, Steinbruch

Die Regierung, jetzt in großer Verlegenheit, kann diejenigen, die sie bisher durch kleine Auszeichnungen belohnt hat, nur noch mit ungeheuren Geldbeträgen belohnen.

Die vervielfachten Abgaben vervielfachen sich weiter & lasten auf dem Grundbesitz & auf dem notwendigen Gewerbe, die leichter als der *Luxus* zu besteuern sind, sei es, weil der *Luxus* durch seine unaufhörlichen Veränderungen dem Blick der Regierung entgeht, sei es, weil die Reichsten genügend Einfluß haben, um sich von den Abgaben zu befreien. Nach den Gesetzen der Wahrscheinlichkeit ist es geradezu unmöglich, daß sie nicht mehr Einfluß gewinnen, als sie haben sollten. Je mehr ihr Vermögen irgendwelchen Mißbräuchen entsprungen ist, je schneller & unmäßiger es angewachsen ist, desto mehr bedürfen sie des Einflusses & der Mittel, sich ihn zu verschaffen. Sie versuchen also diejenigen zu bestechen, die sie zurechtweisen könnten, & bestechen sie tatsächlich.

In einer Republik führen sie die Richter & die Verwaltungsbeamten in Versuchung; in einer Monarchie bieten sie Lustbarkeiten & Schätze gerade dem Adel dar, der sozusagen ein Hort des nationalen Geistes & der Sitten sein sollte wie der Richterstand ein Hort der Gesetze.

Eine der Wirkungen des Einflusses der Reichen, wenn der Reichtum ungleich verteilt ist, eine Wirkung des verschwenderischen Gebrauches des Reichtums, eine Wirkung des Bedürfnisses nach Reichen, nach der Autorität, die sie besitzen, & nach den Annehmlichkeiten ihrer Gesellschaft – eine Wirkung von alledem ist die Verwischung der Rangunterschiede, von der ich schon kurz gesprochen habe. Die Haltung, das Benehmen & die Würde jedes Standes, die mehr, als man glaubt, zur Erhaltung des Geistes jedes Standes beitragen, gehen dann verloren. Wenn man nicht mehr auf die Kennzeichen seines Ranges hält, hängt man nicht mehr an der allgemeinen Ordnung. Das heißt, sobald ein Mensch nicht mehr daran denkt, die Pflichten seines Standes zu erfüllen, vernachlässigt er sein Äußeres, seine Haltung & seine Umgangsformen, die den anderen & ihm selbst die Idee solcher Pflichten in Erinnerung rufen können. Zudem kann man die Menge weder durch Vernunftschlüsse noch durch Begriffserklärungen lenken; man muß Eindruck auf ihre Sinne machen & ihr den Herrscher, die Großen, die Richter, die Geistlichen durch deutliche Merkmale kenntlich machen. Ihr Äußeres muß Macht, Güte, Feierlichkeit, Heiligkeit ausdrücken, also das, was den Mann einer bestimmten Klasse – den mit einer bestimmten Würde bekleideten Staatsbürger – ausmacht oder ausmachen sollte. Die falsche Anwendung des Reichtums – eine Anwendung, die dem Richter zur Kutsche eines Junkers, dem Krieger zum Flitter der Verweichlichung & künstlichen Zierat, dem Priester zum Pomp der Verschwendungssucht, dem einfachen Staatsbürger zu einem großartigen Gefolge verhelfen würde – müßte also in der Menge den Eindruck abschwächen, den die Gegenwart der Männer, die dazu bestimmt sind, sie zu lenken, auf sie machen soll. Mit dem guten Benehmen jedes Standes würde schließlich auch die letzte Spur der allgemeinen Ordnung verschwinden; nichts könnte dann die Reichen noch an Pflichten mahnen, alles würde sie zum Genuß verlocken.

Nach den Gesetzen der Wahrscheinlichkeit muß also die Üblichkeit großer Reichtümer in Widerspruch mit der guten Ordnung & den guten Sitten geraten. Sobald der Reichtum ohne Arbeit oder durch Mißbrauch erworben wird, geben sich diejenigen, die soeben reich geworden sind, unbedenklich dem Genuß eines schnell errafften Vermögens hin & gewöhnen sich vor allem an das Nichtstun & das Verlangen nach seichten Vergnügen. Da sie den meisten Mitbürgern, denen sie unberechtigterweise vorgezogen worden sind & deren Aufstieg sie verhindert haben, verhaßt sind, machen sie nicht einmal den Versuch, sich von ihnen das zu verschaffen, was sie von ihnen nicht erwarten können: Achtung & Wohlwollen. Besonders verhaßt sind die ungeheuren Vermögen der Monopolbesitzer, Verwaltungsbeamten & Steuereinnehmer, weil solche Vermögen am meisten zu allerlei Mißbräuchen verleiten. Nachdem man die Tugend & den ehrlichen Ruf dem Wunsch, sich zu bereichern, geopfert hat, kommt man nicht mehr auf den Gedanken, einen rechtschaffenen Gebrauch von seinem Reichtum zu machen, sondern versucht unter dem Prunk & Schmuck des *Luxus* die Herkunft der eigenen Familie & die Herkunft seines Vermögens zu verbergen & im Strudel der Vergnügen zu vergessen, was man getan hat & was man gewesen ist.

Wenn es irgendwo Regierungen gäbe, unter denen der Gesetzgeber die Großen zu sehr an die Hauptstadt gefesselt hätte; wenn sie Ämter, Befugnisse &c. hätten, die ihnen nichts zu tun gäben; wenn sie nicht genötigt wären, sich ihre Stellen & Ehren durch große Leistungen zu verdienen; wenn man in ihnen nicht den Wetteifer in der Arbeit & in der Tugend weckte; wenn man sie durch all das so weit brächte, zu vergessen, was sie dem Vaterland schuldig sind, dann würden sie – zufrieden mit den Vorteilen ihres Reichtums & ihres Ranges – ihr Vermögen im Müßiggang verprassen.

In mehreren Ländern Europas gibt es eine Art Eigentum, die vom Eigentümer weder irgendeine ökonomische Sorgfalt noch irgendeine Pflege verlangt – ich meine die Staatsanleihen –, & ein derartiges Vermögen erscheint auch sehr geeignet, in den großen Städten jene Ausschweifungen zu vermehren, die notwendige Wirkungen eines übermäßigen, mit Nichtstun verbundenen Reichtums sind.

Aus solchen Mißbräuchen, aus solchen Fehlern & aus einem solchen Stand der Dinge bei den Völkern ist leicht zu ersehen, welchen Charakter dann der *Luxus* annehmen muß & welchen Charakter auch die verschiedenen Stände eines Volkes annehmen müssen.

Da gibt es bei den Landbewohnern keine erhabene Gesinnung mehr, auch wenig von jenem Mut, der mit der Selbstachtung, mit dem Gefühl der eigenen Stärke zusammenhängt; denn ihre Körper sind nicht mehr kräftig, sie haben auch keine Liebe zum Vaterland, das für sie nur ein Schauplatz der Erniedrigung & des Jammers ist. Unter den Handwerkern in den Städten herrscht eine ebenso niedrige Gesinnung; sie stehen denjenigen, die sie verachten, zu nahe, um sich selbst noch achten zu können; ihre Körper – durch Tätigkeit im Sitzen erschlafft – sind großen Anstrengungen kaum noch gewachsen. Die Gesetze, die unter einer wohlgeregelten Regierung die Sicherheit aller gewährleisten, bedeuten bei einer Regierungsweise, bei der die Menge unter Bedrückung seufzt, nur eine Schranke, die der Mehrheit jede Hoffnung auf einen besseren Zustand nimmt; also muß sie eher noch größere Willkür wünschen als Wiederherstellung der Ordnung. Wie das Volk, so die anderen Klassen.

Der Stand in der Mitte zwischen dem Volk & den Großen, jener Stand, der sich aus den Hauptvertretern des Luxusgewerbes, den Finanz- & Kaufleuten & fast all denen zusammensetzt, die den zweiten Platz in der Gesellschaft einnehmen, arbeitet unaufhörlich, um von einem bescheidenen Vermögen zu einem größeren zu gelangen; List & Betrug sind dabei oft seine Mittel. Wenn die Gewohnheit der rechtschaffenen Gesinnung aber die Begehrlichkeit & die zügellose Vorliebe für sogenannte Vergnügen nicht mehr in den richtigen Grenzen hält, wenn nicht mehr eine gute öffentliche Ordnung & gutes Beispiel den Menschen Achtung vor der Rechtschaffenheit & Liebe zu ihr einflößen, dann sieht man im zweiten Stand gewöhnlich die Laster des ersten & des letzten vereinigt.

Die Großen dagegen – reich ohne Pflichten & ausgezeichnet ohne Beschäftigungen – haben keinen anderen Antrieb als die Flucht vor der Langeweile, die freilich keine Genüsse verschafft, sondern die Seele von einem Gegenstand zum anderen eilen läßt, also nur zu ihrer Zerstreuung dient, sie aber nicht ausfüllt & fesselt. In diesem Zustand bringt man allem, was Vergnügen verspricht, keine Begeisterung entgegen, sondern nur Abgestumpftheit. In diesem Strom von Moden, Launen & Zerstreuungen, von denen keine dauert & die sich alle gegenseitig aufheben, verliert die Seele sogar die Fähigkeit zu genießen & vermag deshalb das Große & Schöne ebensowenig zu empfinden wie hervorzubringen. Es geht dann nicht mehr um die Frage, ob Corbulo oder Thraseas höher zu achten ist, sondern ob man Pylades oder Bathyllos den Vorzug geben soll. Für die Possen des Laberius gibt man die *Medea* von Ovid, den *Thyestes* von Varus & die Stücke von Terenz preis. Die politischen & militärischen Talente verfallen allmählich wie die Philosophie, die Beredsamkeit & alle nachahmenden Künste. Leichtsinnige Menschen, die nur genießen wollen, haben das Schöne ausgekostet & suchen das Außergewöhnliche; dabei bekommen die Ideen über die Vollkommenheit etwas Ungewisses, Gesuchtes, Albernes. Kleinmütige, die vom Großen & Starken erschreckt & gedemütigt werden, ziehen das Kleine, das Spaßige, das Lächerliche, Gekünstelte vor; am meisten werden nun die Talente gefördert, die der Lasterhaftigkeit & Geschmacklosigkeit schmeicheln, & sie vollenden die allgemeine Auflösung, die nicht durch den *Luxus* herbeigeführt worden ist, sondern den *Luxus* & die Sitten verdorben hat.

Der zügellose *Luxus* zerstört sich selbst, erschöpft seine Quellen & legt seine Kanäle trocken.

Die Müßigen, die unverzüglich von einem *Luxusgegenstand* zum anderen kommen wollen, suchen in allen Weltteilen neue Erzeugnisse & Gewerbe, die Erzeugnisse der eigenen Nation kommen also aus der Mode, & die Handwerker werden dadurch entmutigt. Ägypten, die Küsten Afrikas, Griechenland, Syrien & Spanien dienten dem *Luxus* der Römer unter den ersten Kaisern, genügten ihm aber nicht.

Die Verbreitung der maßlosen Verschwendungssucht in allen Klassen der Staatsbürger treibt die Handwerker dazu, einen übermäßigen Preis für ihre Erzeugnisse zu fordern. Sie sind übrigens, ganz abgesehen von dieser Verschwendungssucht, geradezu genötigt, die Preise zu steigern, weil sie in großen Städten wohnen & weil in wohlhabenden Städten die notwendigen Waren nie billig sind. Ärmere Nationen, deren Sitten einfacher sind, stellen bald die gleichen Gegenstände her & werden sie schneller los, weil sie diese Gegenstände billiger abgeben. Das eigene Gewerbe – auch das *Luxusgewerbe* – geht zurück, die Macht der Nation nimmt ab, ihre Städte verlieren an Bevölkerung, ihr Reichtum wandert ins Ausland, & gewöhnlich bleibt einer solchen Nation nichts anderes übrig als Erschlaffung, Entkräftung & Versklavung.

Nachdem wir festgestellt haben, wie der Charakter einer Nation ist, wenn gewisse Mißbräuche in der Regierung herrschen, & daß die Laster dieser Nation weniger vom *Luxus* herrühren als von diesen Mißbräuchen, wollen wir untersuchen, wie der nationale Geist eines Volkes sein muß, wenn es in seinem Land alle möglichen Gegenstände des größten *Luxus* anhäuft, gleichzeitig aber von einer weisen & starken, auf die Erhaltung des wahren Reichtums des Staates & der Sitten bedachten Regierung zur Ordnung angehalten wird.

Reichtum & Gesittung sind die Frucht des Wohlstandes der großen Menge & insbesondere die Frucht der äußersten Aufmerksamkeit, die eine Regierung darauf verwendet, alle Tätigkeiten zum allgemeinen Wohl zu lenken, ohne Rücksicht auf Klassen & Privatpersonen, um sich so in den Augen der Öffentlichkeit unaufhörlich durch den Beweis solcher guter Absichten auszuzeichnen.

Überall wird die große Menge aber von den Landbewohnern, den Bauern, gebildet oder soll von diesen gebildet werden. Wollen sie im Wohlstand leben, so müssen sie fleißig sein. Wenn sie fleißig sein sollen, müssen sie Aussicht darauf haben, daß ihnen ihre Arbeit ein angenehmes Dasein verschaffen wird. Sie müssen auch den Wunsch nach einem solchen Dasein haben. Entmutigte Völker begnügen sich mit dem Allernotwendigsten ebenso willig wie die Bewohner jener fruchtbaren Gegenden, in denen die Natur alles verschenkt & doch gleichzeitig alles verfällt, wenn der Gesetzgeber es nicht versteht, die Eitelkeit zu wecken & eben dadurch ein wenig *Luxus* einzuführen. In den Dörfern, den kleinsten Weilern, muß es Manufakturen für die Herstellung von Werkzeugen, Geräten, Stoffen &c. geben, soweit sie für den Lebensunterhalt & die grobe Bekleidung der Landbevölkerung notwendig sind; denn solche Manufakturen werden ebenfalls den Wohlstand der Bevölkerung heben. Das war der Plan des großen Colbert, dem man so oft vorgeworfen hat, daß er aus den Franzosen ein bloßes Handelsvolk machen wollte.

Sobald die Landbewohner gut behandelt werden, nimmt unter ihnen die Zahl der Grundbesitzer unmerklich zu. Man sieht, wie die Kluft zwischen arm & reich geringer wird & das entwürdigende Abhängigkeitsverhältnis des Armen zum Reichen aufhört; deshalb hat eine solche Bevölkerung erhabene Gesinnung, Mut, Seelenstärke, Körperkraft, Vaterlandsliebe & hegt Gefühle der Hochachtung & Anhänglichkeit für die Richter, den Fürsten, die Ordnung & die Gesetze, denen sie ihr Wohl & ihre Ruhe verdankt. Sie zittert weniger vor ihrem Herrn, als sie um ihr Gewissen & den Verlust ihrer Güter, ihrer Ehre & ihres Friedens bangt. Sie wird ihre Arbeit den Reichen teuer verkaufen, & man wird nicht erleben, daß der Sohn des ehrbaren Landmanns den edlen Beruf seiner Väter so leicht aufgibt, um sich durch die Livree & die Verachtung des Reichen schänden zu lassen.

Wenn man jene ausschließlichen Privilegien, von denen ich gesprochen habe, nicht gewährt hat, wenn das Finanzsystem nicht zur Anhäufung des Reichtums beiträgt, wenn die Regierung nicht die Bestechung der Großen begünstigt, dann werden nicht mehr so viele Wohlhabende an die Hauptstadt gefesselt sein, & diejenigen, die an sie gefesselt sind, nicht mehr dem Müßiggang frönen; es wird kaum große Vermögen & keine schnell errafften Vermögen geben. Da die Mittel, sich zu bereichern, nun unter eine größere Zahl von Staatsbürgern verteilt sind, ist für eine natürliche Verteilung des Reichtums gesorgt; tiefste Armut & höchster Reichtum sind gleich selten.

Wenn die an Arbeit gewöhnten Menschen langsam – Schritt für Schritt – zu einem großen Vermögen gelangt sind, so behalten sie die Lust an der Arbeit; kurze Vergnügen verschaffen ihnen Erholung, weil sie schon in der Arbeit selbst Genuß finden & weil sie bei unermüdlicher Tätigkeit & bei Ersparung eines kleinen Vermögens rechtzeitig Liebe zur Ordnung & Mäßigkeit in Vergnügen schätzengelernt haben.

Wenn die Menschen auf ehrliche Weise zu Vermögen gelangt sind, so bewahren sie ihre Ehrlichkeit, bewahren sie auch jene Selbstachtung, die nicht zuläßt, daß man sich tausenderlei verrückten Launen hingibt. Hat jemand bei der Erwerbung seines Reichtums seinen Mitbürgern genützt, indem er dem Staat neue Geldmittel zuführte oder einen nützlichen Zweig des Gewerbes zur Blüte brachte, so weiß er, daß man ihn um sein Vermögen nicht beneidet, sondern ihn vielmehr deshalb ehrt; er rechnet also auf die Hochachtung & das Wohlwollen seiner Mitbürger & will sich beides bewahren.

Unter der Stadtbevölkerung – zum Teil auch unter der Landbevölkerung – kommt ein gewisses Verlangen nach Bequemlichkeit & statthaftem *Luxus* auf, allerdings immer im Hinblick auf den Nutzen, & die Liebe zu solchem *Luxus* entartet nie zu tollem Wetteifer.

In der zweiten Klasse der Staatsbürger herrscht nicht nur Ordnungssinn, sondern auch jene Befähigung für Diskussionen, die Menschen auf natürliche Weise gewinnen, sobald sie sich um ihre Geschäfte kümmern. Diese Klasse von Staatsbürgern sucht stets das Solide, sogar in ihren Vergnügen: Sie ist stolz, weil schlechte Sitten sie nicht

Wenn die Arbeiterklasse sich das Laster, welches sie beherrscht und ihre Natur herabwürdigt, gründlich aus dem Kopf schlagen und sich in ihrer furchtbaren Kraft erheben wird, nicht um die famosen »Menschenrechte« zu verlangen, die nur die Rechte der kapitalistischen Ausbeutung sind, nicht um das »Recht auf Arbeit« zu fordern, das nur das Recht auf Elend ist, sondern um ein ehernes Gesetz zu schmieden, das Jedermann verbietet, mehr als drei Stunden pro Tag zu arbeiten, so wird die alte Erde, zitternd vor Wonne, in ihrem Inneren eine neue Welt sich regen fühlen. Aber wie soll man von einem durch die kapitalistische Moral korrumpierten Proletariat einen männlichen Entschluß verlangen! O Faulheit, erbarme Du Dich des unendlichen Elends! O Faulheit, Mutter der Künste und der edlen Tugenden, sei Du der Balsam für die Schmerzen der Menschheit!

Paul Lafargue, Das Recht auf Faulheit

erniedrigt haben, & wachsam gegenüber den Großen, die sie nicht verderben konnten, beobachtet ihr Verhalten & fühlt sich geschmeichelt, wenn sie die Großen aufklären kann. So strahlt von ihr die Aufklärung auf das Volk aus & vom Volk auf die Großen zurück.

Die Großen haben nun Pflichten. Im Heer & an der Grenze lernen diejenigen, die sich dem Kriegsdienst gewidmet haben, weil er ihrem Stand entspricht, ihren Beruf; andere, die sich für irgendwelche Regierungsgeschäfte entscheiden, unterrichten sich darüber lange mit Fleiß & Hingabe. Wenn keine Belohnungen in Geld verteilt werden, nicht einmal an diejenigen, die die größten Dienste geleistet haben; wenn hohe Stellungen, Regierungsämter & Befugnisse dem Geburtsadel nie ohne entsprechende Dienste gewährt werden; wenn die Großen also nie ohne Funktionen sind, so verlieren sie nicht in unnützem & leichtsinnigem *Luxus* ihre Gesinnung & Bildungsfähigkeit. Da die Langeweile sie kaum noch plagt, erschöpfen sie ihre Einbildungskraft & die Einbildungskraft ihrer Schmeichler nicht in der Suche nach albernen Vergnügen & verrückten Moden; sie verzichten auf übertriebenen Prunk, weil sie wirkliche Vorzüge & ein wahres Verdienst haben, das ihnen die Öffentlichkeit hoch anrechnet. Da sie nicht mehr so eng beisammenwohnen & in ihrer Umgebung nicht mehr so viele Reiche sehen, übertreiben sie den statthaften *Luxus* nicht ins Maßlose. In Anbetracht des Interesses, das die Regierung an der Aufrechterhaltung der Ordnung & am Wohl des Staates hat, achten sie auf beides; sie flößen Vaterlandsliebe & alle Gefühle für strenge & wahre Ehre ein, halten an guter Sitte fest & bewahren die Haltung & den Ton ihres Standes.

Dann verhindert weder Elend noch Verschwendungssucht die Heiraten; die Bevölkerung nimmt zu; man vermehrt sich in demselben Maße wie der *Luxus* & der Reichtum der Nation. Solcher *Luxus* bedeutet Repräsentation, Bequemlichkeit & Findigkeit; er bezieht in diese verschiedenen Kategorien alle nützlichen & alle schönen Künste ein. Da er durch den Geist der Gemeinschaft, durch die Pflichterfüllung & durch Beschäftigungen, die in keinem Menschen ein dauerndes Bedürfnis nach Vergnügen aufkommen lassen, immer in richtigen Grenzen gehalten wird, verteilt er sich wie der Reichtum, & nie findet man dann im Haus irgendeines Staatsbürgers alle Möglichkeiten des Genusses. Entsprechend der Verschiedenheit der Stände verteilen sich die verschiedenen Zweige & Gegenstände des *Luxus*: Der Soldat hat schöne Waffen & wertvolle Pferde; er ist wählerisch bei der Ausrüstung des ihm anvertrauten Truppenteils. Der Richter wahrt in seinem *Luxus* die Feierlichkeit seines Standes; sein *Luxus* hat Maß & Würde. Der Kaufmann & der Finanzmann sind wählerisch im Hinblick auf die Bequemlichkeit. Alle Stände erkennen den Wert der schönen Künste und genießen sie. Auch hier führen die schönen Künste wieder zu patriotischen Gefühlen & echten Tugenden; sie bedeuten für die Staatsbürger nicht nur Gegenstände der Zerstreuung, sondern auch Lehren & Vorbilder.

Wieviel Kraft, wieviel Patriotismus, was für erhabene Gefühle, wieviel Liebe zur Rechtschaffenheit, Ordnung & Menschlichkeit flößen doch die Dichtungen von Männern wie Corneille, Addison, Pope & Voltaire ein! Wenn irgendein Dichter einmal die Weichheit & die Sinneslust besingt, so werden seine Verse zu geflügelten Worten, die ein glückliches Volk nur in Augenblicken einer vorübergehenden Trunkenheit gebraucht, ohne sich dadurch von seinen Beschäftigungen & seinen Pflichten ablenken zu lassen.

Die Beredsamkeit gewinnt an Gehalt bei einem gut regierten Volk. Mit ihrer Zauberkraft könnte sie patriotische Gefühle in Momenten, da sie am Erlöschen wären, wieder entflammen. Die Philosophie, die sich mit der Natur des Menschen, mit der Politik & mit den guten Sitten beschäftigt, verbreitet mit Eifer nützliche Kenntnisse in allen Zweigen der Verwaltung, klärt über die wesentlichen Pflichten auf & zeigt den Gesellschaften ihre festen Grundlagen, die nur der Irrtum hätte erschüttern können. Wecken wir in unseren Herzen wieder die Liebe zum Vaterland, zur Ordnung, zu den Gesetzen; dann werden sich die schönen Künste nicht mehr im Dienst des Aberglaubens & der Freigeisterei entwürdigen, sondern Gegenstände von Nutzen für die Gesittung wählen & sie großartig & edel gestalten. In Frankreich wurde der *Luxus* erst übertrieben, nachdem der unglückliche Krieg von 1700 die Finanzen in Unordnung gebracht & mancherlei Mißbräuche hervorgerufen hatte. In den schönen Jahren des Zeitalters Ludwigs XIV. gab es gewiß mehr *Luxus* als im Jahre 1720, aber im Jahre 1720 artete dieser *Luxus* aus.

Der *Luxus* artet immer aus, wenn die Privatleute ihrer Prunksucht, ihrer Bequemlichkeit & ihren Launen die eigenen Pflichten oder die Interessen der Nation opfern; doch werden die Privatpersonen zu solchen Ausschreitungen nur durch Schwächen in der Staatsverfassung oder durch Fehler in der Verwaltung verleitet. Es kommt dabei nicht darauf an, ob die Völker reich oder arm, aufgeklärt oder barbarisch sind. Wenn man in ihnen weder die Vaterlandsliebe noch die nützlichen Leidenschaften nährt, werden die Sitten verdorben; der *Luxus* nimmt dann denselben Charakter an wie die Sitten: Schwäche, Trägheit, Ohnmacht, Mutlosigkeit herrschen im Volk. Das marokkanische Kaiserreich ist weder gesittet noch aufgeklärt & auch nicht reich; doch einige vom Kaiser gedungene Fanatiker haben in seinem Namen & im eigenen Interesse das Volk unterdrückt & aus ihm eine klägliche Herde von Sklaven gemacht. Unter den schwachen & trügerischen Regierungen Philipps II., Philipps IV. & Karls II. waren die Spanier unwissend & arm, ohne sittliche Stärke sowie ohne Gewerbe; sie hatten nur solche Tugenden bewahrt, wie sie die Religion pflegen muß, & dennoch herrschte sogar im spanischen Heer geschmackloser *Luxus* neben größtem Elend. In den Ländern, in denen ein primitiver, kunstloser &

barbarischer *Luxus* herrscht, ist die ungerechte & harte Behandlung, die der Schwächere überall vom Stärkeren erfährt, am grausamsten. Man weiß, wie entsetzlich die Feudalregierung gewesen ist & welchen *Luxus* damals die Grundherren getrieben haben. An den Ufern des Orinoko sind die Mütter glücklich, wenn sie ihre Töchter heimlich ertränken oder vergiften können, um sie vor den Arbeitsplagen zu bewahren, zu denen die schreckliche Faulheit & der barbarische *Luxus* ihrer Männer sie verurteilen.

Ein kleiner Emir, ein Nabob & ihre obersten Beamten unterdrücken grausam das Volk, um zahlreiche Serails unterhalten zu können. Ein kleiner deutscher Fürst ruiniert die Landwirtschaft durch die Menge von Wild, die er in seinen Gebieten hegt. Eine Wilde verkauft ihre Kinder gegen Schmuck & Branntwein. Bei den gesitteten Völkern legt eine Mutter Wert auf »großen Staat«, wie man sagt, & hinterläßt ihren Kindern keinen Heller. In Europa vergißt ein Junker die Pflichten seines Standes & widmet sich nur noch unseren raffinierten Genüssen & Künsten. In Afrika vertreibt sich ein junger Negerfürst die Zeit mit dem Pflanzen von Rosensträuchern & mit Tanzen. So verschieden ist der *Luxus* in den Ländern, in denen die Sitten verkommen; aber er nimmt den Charakter der Völker an, er bildet ihn nicht, sondern ist wie die Völker bald weichlich, bald grausam & barbarisch. Ich glaube allerdings, daß es für die Völker immerhin besser ist, wenn sie leichtsinnigen Epikuräern statt kriegerischen Wilden gehorchen & mit ihrer Arbeit den *Luxus* gewitzter & genußsüchtiger Spitzbuben bestreiten als den *Luxus* heldenmütiger, aber einfältiger Räuber.

Da der Wunsch, sich zu bereichern, & der Wunsch, den Reichtum zu genießen, in der Natur des Menschen liegen, seit er in der Gesellschaft lebt; da diese Wünsche die großen Gesellschaften erhalten, bereichern & beleben; da der *Luxus* ein Glück ist & von sich aus kein Unglück anrichtet – so darf man weder als Philosoph noch als Herrscher den *Luxus* als solchen angreifen.

Der Herrscher kann den Mißbrauch des *Luxus* & das Übermaß, das er vielleicht schon erreicht hat, leicht beseitigen, wenn er in der Verwaltung oder in der Verfassung jene Mängel oder Fehler verbessert, die zu diesem Übermaß oder diesem Mißbrauch geführt haben.

Wenn sich in einem Land der Reichtum in der Hauptstadt angehäuft hätte, wenn er sich dort nur auf eine kleine Anzahl von Staatsbürgern verteilte, in deren Häusern zweifellos der größte *Luxus* herrschte, so wäre es großer Unsinn, die Wohlhabenden plötzlich vor die Notwendigkeit zu stellen, ihren *Luxus* zu verringern. Man würde damit die Kanäle schließen, durch die der Reichtum vom Reichen zum Armen zurückfließen kann, & würde unzählige Staatsbürger, die vom *Luxus* leben, zur Verzweiflung bringen; oder jene Staatsbürger, die als Handwerker weniger mit ihrem Vaterland verbunden sind als die Landwirtschaft, würden in Scharen auswandern.

Bei einem so ausgedehnten Handel, einem so umfassenden Gewerbe & einer solchen Vielzahl von vervollkommneten Künsten darf man sich heute nicht mehr der Hoffnung hingeben, Europa zu der früheren Einfachheit zurückzuführen; das hieße Europa in Ohnmacht & Barbarei zurückversetzen. An anderer Stelle werde ich beweisen, wieviel der *Luxus* zum Glück der Menschheit beiträgt; doch hoffe ich, daß aus diesem Artikel hervorgeht, warum der *Luxus* zur Größe & Stärke der Staaten beiträgt & warum man ihn fördern, läutern & lenken muß.

Es gibt nur eine Art Luxusverbot, das nicht unsinnig ist, nämlich das Gesetz, das einer Luxusbranche, die ihre Waren aus dem Ausland bezieht, oder einer Luxusbranche, die einen Gewerbezweig auf Kosten verschiedener anderer zu sehr begünstigt, hohe Abgaben auferlegt. Es gibt allerdings Zeiten, in denen auch dieses Gesetz gefährlich werden könnte. – Kein anderes Luxusverbot kann von irgendwelchem Nutzen sei. Bei allzu ungleicher Verteilung des Reichtums, bei Müßiggang unter den Reichen & bei Abtötung des patriotischen Geistes wird der *Luxus* unaufhörlich von dem einen Mißbrauch in den anderen fallen. Wenn man ihm eines seiner Mittel nimmt, so ersetzt er es durch ein anderes, das dem allgemeinen Wohl ebensosehr widerspricht.

Fürsten, welche die eigentlichen Ursachen für die Veränderung der Sitten nicht erkannten, ließen ihren Zorn bald an dem einen Luxusgegenstand & bald an dem anderen aus. Annehmlichkeiten, Erfindungen, schöne Künste, Philosophie – alles wurde der Reihe nach von den römischen & griechischen Kaisern verboten; keiner von ihnen wollte einsehen, daß der *Luxus* nicht die Sitten bestimmte, sondern umgekehrt ihren Charakter & den Charakter der Regierung annahm.

Die erste Maßnahme, um den *Luxus* einzuschränken & das Gleichgewicht der Reichtümer wiederherzustellen, ist die Entlastung der Landbevölkerung. Ein Fürst unserer Zeit hat meiner Ansicht nach einen sehr großen Fehler gemacht, als er den Landleuten verbot, sich in den Städten niederzulassen. Nur indem man ihnen ihren Stand angenehm macht, kann man ihnen diesen Stand notwendig machen, & dann kann man auch ohne Bedenken den überflüssigen Handwerkern des Luxusgewerbes einige Abgaben auferlegen, damit sie wieder aufs Land ziehen.

Nur allmählich & nur dadurch, daß Sie die Beamten zwingen, sich um die Pflichten zu kümmern, die sie hinaus in die Provinzen rufen, dürfen Sie die Zahl der Bewohner der Hauptstadt verringern.

Wenn es nötig ist, die Reichen voneinander zu trennen, muß man den Reichtum teilen; aber ich schlage keine Agrargesetze, keine neue Güterverteilung, keine Gewaltmittel vor. Es soll keine ausschließlichen Privilegien mehr für gewisse Manufakturen & gewisse Handelszweige geben; die Finanzgeschäfte sollen nicht immer wieder auf dieselben Köpfe regnen; Müßiggang soll durch öffentliche Mißbilligung oder durch Entzug der Ämter bestraft werden; dann werden Sie, ohne den *Luxus* als solchen anzugreifen, ja ohne die Reichen zu sehr zu behelligen, wohl beobachten können, wie sich der Reichtum unmerklich besser verteilt & zunimmt, wie der *Luxus* in demselben Maße zunimmt & sich besser verteilt, wie also alles wieder in Ordnung kommt. Ich habe das Gefühl, daß die meisten Wahrheiten, die in diesem Artikel enthalten sind, ausführlicher behandelt werden müßten; doch habe ich alles kurz zusammengefaßt, weil ich einen Artikel & kein Buch schreibe. Ich bitte die Leser, sich von den Vorurteilen über Sparta frei zu machen wie von den Vorurteilen über Sybaris. Bei der Anwendung, die sie in bezug auf ihr Jahrhundert & ihre Nationen wohl von einigen Stellen in diesem Werk machen können, mögen sie ihre Nation & ihr Jahrhundert betrachten wie ich, ohne vorgefaßte – gute oder schlechte – Meinungen & ohne Begeisterung, aber auch ohne Mißmut. *Saint-Lambert*

Hans Magnus Enzensberger
Luxus

Ach, der Luxus! Jahrhundertelang haben sich Moralisten und Ökonomen darüber gestritten, was von ihm zu halten sei – eine unterhaltsame Beschäftigung, die vielleicht selber luxuriöse Züge angenommen hat. Oft scheint es, als wären die Teilnehmer an dieser Diskussion einem fatalen Irrtum erlegen: als hätten sie den Luxus mit der Verschwendung verwechselt.

Sind das nicht zwei Paar Stiefel, die gar nicht zueinander passen? Können wir uns nicht damit abfinden, daß die Verschwendung eine Natur- und Himmelsmacht ist, gegen die anzukämpfen ebenso wohlgemeint wie aussichtslos ist? Menschen, die sich mit dem Notwendigen begnügen und das Überflüssige verschmähen, gibt es nicht. Gleichgültig, auf wen man sein Augenmerk richtet, auf die australischen Aborigines oder die Bewohner von Silicon Valley, auf die Indianer des Amazonas oder die Spekulanten von Shanghai, die Verschwendung gehört zu den anthropologischen Konstanten, und ihre Wurzeln sind wahrscheinlich in der Biologie zu suchen, die ja ebenfalls mit einer Ökonomie des Überflusses zu Werke geht. Es spielt daher kaum eine Rolle, über welche Ressourcen eine Gesellschaft verfügt und wie sie konstituiert ist. Exzesse der Gastfreundschaft lassen sich gerade bei den ärmsten Völkern beobachten. Von der indischen Hochzeit bis zum rheinischen Karneval herrscht die rücksichtslose und ruinöse Verausgabung. Keine rationale Kontrolle, kein empörter Zwischenruf, kein bürokratisches Verfahren vermag daran etwas zu ändern. Im Gegenteil. In den sogenannten hochentwickelten Ländern kämpfen die Rechnungshöfe vergebens gegen die sinnlose Vergeudung von Steuergeldern. Je höher der Einsatz, desto eifriger der Kult der Vernichtung. Gespart wird nur im kleinlichsten Maßstab. Milliarden hingegen werden leichten Herzens und besinnungslos aus dem Fenster geschmissen.

Damit verglichen spielt der Luxus eine bescheidene Rolle. Er ist streng kodiert, weit entfernt von der Triebnatur der Verschwendung und hängt gänzlich von den vorherrschenden Standes- und Klassenverhältnissen ab. Entsprechend verwickelt und abwechslungsreich ist seine Geschichte. Was als Luxus zu gelten hat, unterliegt gesellschaftlichen Definitionen, die, ebenso wie das »Existenzminimum«, jeder Veränderung der Machtverhältnisse und der Produktivkräfte folgen. Geschriebene und ungeschriebene Gesetze, Kleiderordnungen und zeremonielle Vorschriften legen davon Zeugnis ab. Insofern wäre es verkehrt, im Luxus nur den Genußaspekt zu sehen; er war in feudalen Gesellschaften ebensowohl eine lästige Pflicht. Ebenso klar ist, daß jeder Form von Luxus eine Dynamik eigen ist, die zur Nachahmung drängt; ein berühmtes Beispiel dafür ist das Grand Hotel, das seine Karriere als Imitation des Adelspalastes begonnen hat. Der Imitationsdruck von seiten jener »zweiten Klasse«, die sich bereits in Saint-Lamberts Text zu Wort meldet, gefährdet die Stabilität der symbolischen Hierarchie und vollendet schließlich »die allgemeine Auflösung, die nicht durch den Luxus herbeigeführt worden ist, sondern den Luxus verdorben hat«, jedenfalls insoweit, als der Distinktionsgewinn, den er verspricht, auf seiner Seltenheit beruht. Eine Ahnung davon hat sich bis heute in der Sprache der Reklame erhalten, die wider alle Evidenz behauptet, die angepriesenen Güter, die alle Märkte überschwemmen, wären »exklusiv«.

Davon kann natürlich im Zeitalter der Massenproduktion gar keine Rede mehr sein. Längst ist eine proteische *middle class* überall, auch in den ärmsten Gesellschaften der Welt, zum unbestrittenen Hegemon der Kultur geworden. Alle anderen Schichten hetzen hinter ihr her. Geradezu rührend mutet es an, wenn wir in der *Encyclopédie* lesen: »Luxus gibt es in allen Staaten, allen Gesellschaften: der Wilde hat seine Hängematte, die er für Tierfelle kauft; der Europäer hat sein Sofa, sein Bett.« Nach einer Definition der Europäischen Kommission gilt jeder Mensch als arm, der weniger als die Hälfte des Durchschnittseinkommens verdient; daraus folgt nicht nur, daß uns, ganz egal, wie reich wir sind, die Armut nie ausgehen kann; es bedeutet auch, daß jeder irrt, der den Luxus mit dem Lebensstandard verwechselt. Dieser treibt jenen gewissermaßen vor sich her. »Ohne ungeheuren Überfluß«, das wußte Saint-Lambert schon vor zweihundertfünfzig Jahren, »hält sich nun jeder Stand für verelendet.«

Seitdem einem jeden nicht nur ein Bett zusteht, sondern auch ein Fernseher, ein Pauschalurlaub und ein Designer-Turnschuh, ist der Luxus auf der Flucht vor sich selbst. Diese Absetzbewegung nimmt dort, wo das Geld ist, geradezu hysterische Formen an. Während die neuen Russen ihre Schwimmhalle mit vergoldeten Säulen ausstatten, fährt der Milliardärserbe, um sich vom *nouveau riche* zu unterscheiden, einen ungewaschenen Kleinwagen. Die Polemik gegen den Luxuskonsum läuft ins Leere; in der Tradition der Kapuzinerpredigt und der Kulturkritik ödet sie ein Publikum an, das ganz andere Sorgen hat. Es ist mit Verteilungs- und Statuskämpfen beschäftigt, bei denen es um einen blauen Streifen oder um ein Etikett auf dem Anorak geht – eine endlose Tragikomödie, die mit dem historischen Luxusbegriff schon längst nicht mehr zu fassen ist. Eine letzte Zuflucht, die den Superreichen geblieben ist, stellt der Kunstmarkt dar, der mit hypertrophen Auktionspreisen für die ersehnte Seltenheit sorgt. In solchen Bietergefechten siegt der Mut der Verzweiflung. Der Luxus ist auf der Flucht vor sich selbst.

Hinter dem Rücken der Beteiligten, dort, wo ihn kaum jemand vermutet, taucht er wieder auf, und er zeigt ein neues, emanzipiertes Gesicht. Rar geworden sind nicht die fiktiven Luxusgüter, mit denen jeder Werbespot, jeder Tax-Free-Shop die Kundschaft verhöhnt, sondern elementare Lebensnotwendigkeiten, die der Allgemeinheit nicht mehr zu Gebote stehen. Nur wenige Privilegierte können über sie verfügen.

An erster Stelle geht es dabei um die Zeitsouveränität. Ein langer Prozeß der Disziplinierung hat dazu geführt, daß die Lebenszeit der meisten Leute strengen Regeln unterworfen ist. Dies gilt vor allem für die reicheren Gesellschaften, und in ganz besonderem Maße für ihre Kader. Bei führenden Managern, Politikern, Medienleuten und Wissenschaftlern gelten wöchentliche Arbeitszeiten von siebzig oder achtzig Stunden als normal. Terminkalender beherrschen ihre Tage und Nächte. Auch die sogenannte Freizeit unterliegt strikten Anforderungen. Mehr oder weniger unfreiwillige Knochenarbeit wird auf Skihängen und in Fitness-Kliniken geleistet. Nicht zuletzt fordern die unvermeidlichen Reparaturen und Therapien ihren Tribut an Lebenszeit. Natürlich sind es nicht nur die Reichen und die Mächtigen, denen es verboten ist, zu trödeln. Abgesehen von den Pennern müssen sich alle nach schematisierten Zeitvorschriften richten. Stundenpläne, Ladenöffnungs- und Maschinenlaufzeiten, Tarifabschlüsse, Lieferfristen, Sitzungstermine führen zu sklavischen Abhängigkeiten. Beneidenswert erscheint vor diesem Hintergrund, wer über seinen Tagesablauf frei verfügen kann.

Ebenso knapp wie die Zeit ist der Raum. Eng wird es auf den Straßen, in den Wohnungen, in Diskotheken und Fußgängerzonen. Sogar in der Luft herrscht der Stau. Luxuriös muten unter diesen Bedingungen skandinavische Verhältnisse an. (In Norwegen kommen 13,7 Personen auf einen Quadratkilometer.) Tierexperimente zeigen, daß dort, wo zuwenig Raum zur Verfügung steht, Gewaltausbrüche und psychische Störungen unvermeidlich sind.

Ein weiteres Luxusgut ist die Ruhe. Nur den wenigsten ist es vergönnt, ohne Preßlufthämmer, Verkehrslärm, Musikterror, Hubschrauberknattern und Sirenengeheul zu leben. Extrem selten und teuer ist ferner eine halbwegs intakte Umwelt. Reine Atemluft und gutes Trinkwasser, Lebensmittel, die nicht vergiftet sind, Freiheit von Qualm und Gestank – das sind keine Selbstverständlichkeiten, sondern für viele unerreichbare Güter.

Ein weiteres Verlangen, bei dem die Nachfrage das Angebot bei weitem übersteigt, ist die Sicherheit. Nicht umsonst gehören Leibwächter, Alarmanlagen, private Wachdienste zu den Insignien der Macht. Das kann sich nicht jeder leisten. In diesem Punkt zeigt sich allerdings auch die alte Zweideutigkeit des Luxus in neuer Gestalt: er war nie ein reines Vergnügen, er war immer auch eine bisweilen lästige Verpflichtung. Wer sich in Sicherheit bringen will, schließt nicht nur andere aus; er schließt sich selber ein.

Wer aber wird zu den Nutznießern einer solchen Entwicklung gehören? Das müssen nicht unbedingt die Oberschichten sein. Ein hochgestellter Bankier, ein Spitzensportler wird sich genügend Raum und ein gewisses Maß an Sicherheit kaufen können. Aber keiner von ihnen kann selber darüber entscheiden, was er mit seiner Zeit tut, wieviel er tut, wann und wo er es tut; und Ruhe gibt es für ihn höchstens in der Klinik oder nach der Verbannung in die Rente.

Noch schlechter wird die Mehrheit der Bevölkerung fahren, für die von den knappen Gütern der Zeitsouveränität, des Raums, der intakten Umwelt und der Sicherheit wenig übrigbleibt. Auch dort, wo jeder eine Quarzuhr, ein Mobiltelephon und eine Designer-Unterhose hat, bleibt die Verteilungsgerechtigkeit eine Chimäre. Der Luxus wird also auch in Zukunft bleiben, was er von jeher war: der ewige Widersacher der Gleichheit.

MACHIAVELLISMUS – **Machiavelisme (Geschichte der Philosophie)**. Eine Art von abscheulicher Politik, die sich in wenigen Worten wiedergeben läßt, nämlich durch die Kunst zu tyrannisieren, deren Grundsätze der Florentiner Machiavelli in seinen Werken verbreitet hat.

Machiavelli war ein Mann von großem Genie & sehr vielseitiger Gelehrsamkeit. Er kannte die alten & neuen Sprachen. Er war in der Geschichte bewandert. Er befaßte sich mit Moral & Politik. Er vernachlässigte auch die Literatur nicht. Er schrieb einige Komödien, die nicht ohne Talent sind. Man behauptet, er habe Cesare Borgia das Regieren beigebracht. Fest steht, daß ihm die despotische Macht des Hauses Medici verhaßt war & daß dieser Haß, den zu verhehlen so gut zu seinen Grundsätzen gepaßt hätte, ihn langen & grausamen Verfolgungen aussetzte. Man verdächtigte ihn, sich der Verschwörung von Soderini angeschlossen zu haben. Er wurde ergriffen & ins Gefängnis geworfen; doch der Mut, mit dem er der Folter widerstand, rettete ihm das Leben. Die Medici, die ihn bei dieser Gelegenheit nicht zugrunde richten konnten, protegierten ihn & verpflichteten ihn durch ihre Wohltaten, die Geschichte von Florenz zu schreiben. Er tat es. Die Erfahrung der Vergangenheit machte ihn aber nicht vorsichtiger. Er nahm noch an dem Plan einiger Bürger teil, den Kardinal Giulio de' Medici zu ermorden, der später unter dem Namen Clemens VII. zum Papst ernannt wurde. Lediglich das fortwährende Lob, das er Brutus & Cassius gezollt hatte, konnte man gegen ihn vorbringen. Auch wenn das nicht ausreichte, ihn zum Tode zu verurteilen, so war es doch mehr als genug, ihn mit dem Verlust seiner Pensionen zu bestrafen: was auch geschah. Dieser neuerliche Fehlschlag stürzte ihn ins Elend, das er eine Zeitlang ertrug. Er starb im Alter von 48 Jahren im Jahre 1527 an einem Medikament, das er sich zur Vorbeugung gegen die Krankheit selbst verabreichte. Er hinterließ einen Sohn namens Guido Machiavelli. Seine letzten Reden zeugten, falls man ihnen Glauben schenken darf, von ungeheurer Gottlosigkeit. Er sagte, lieber wolle er mit Sokrates, Alkibiades, Cäsar, Pompeius & den anderen großen Männern des Altertums in der Hölle sein als mit den Begründern des Christentums im Himmel.

Wir haben von ihm acht Bücher über die Geschichte von Florenz, sieben über die Kriegskunst, vier über die Republik, drei mit Reden über Titus Livius, das Leben des Castruccio, zwei Komödien & die Abhandlungen über den Fürsten & den Senator. – Nur wenige Werke haben soviel Aufsehen erregt wie seine Abhandlung *Der Fürst*. Darin lehrt er den Herrschern die Religion, die Regeln der Gerechtigkeit, die Heiligkeit der Verträge & alles Heilige mit Füßen zu treten, sobald das Interesse es verlange. Dem fünfzehnten & dem fünfundzwanzigsten Kapitel könnte man den Titel geben: Über die Umstände, unter denen es dem Fürsten ansteht, ein Schurke zu sein.

Wie läßt sich erklären, daß einer der glühendsten Verfechter der Monarchie plötzlich ein schändlicher Verteidiger der Tyrannei wurde? Folgendes ist meine Meinung dazu, die ich hier im übrigen nur als eine Idee darlege, der es nicht ganz an Wahrscheinlichkeit mangelt. Als Machiavelli seine Abhandlung über den Fürsten schrieb, war es, als hätte er seinen Mitbürgern gesagt: »Lest dieses Werk gründlich. Solltet ihr je einen Herrn anerkennen, so wird er sein, wie ich ihn euch schildere. So wird das wilde Tier beschaffen sein, dem ihr euch ausliefern werdet.« Es war daher die Schuld seiner Zeitgenossen, daß sie sein Ziel verkannten: sie hielten eine Satire für eine Lobrede. Lordkanzler Bacon indes hat sich nicht darin getäuscht, als er sagte: »Dieser Mann bringt den Tyrannen gar nichts bei, sie wissen nur allzu gut, was sie zu tun haben; sondern er lehrt den Völkern, wovor sie sich zu fürchten haben. Deswegen sind wir Machiavelli & Schriftstellern seiner Art dankbar, weil sie offen & ohne Verstellung vorbringen, was Menschen zu tun pflegen, & nicht, was sie tun müssen.« Wie dem auch sei, es läßt sich kaum daran zweifeln, daß Machiavelli zumindest ahnte, daß sich früher oder später ein allgemeines Geschrei gegen sein Werk erheben würde & daß seine Gegner niemals würden nachweisen können, daß sein Fürst kein getreues Abbild der meisten derjenigen ist, die auf verwerflichste Weise über die Menschen geherrscht haben.

Mir ist zu Ohren gekommen, ein Philosoph habe einem Fürsten, der ihn über eine gerade von ihm veröffentlichte Widerlegung des *Machiavellismus* befragte, geantwortet: »Sire, ich meine, die erste Lektion, die Machiavelli seinem Schüler erteilt hätte, wäre gewesen, sein Werk zu widerlegen.« *Diderot*

MAGIE. Okkulte Wissenschaft oder Kunst, die uns lehrt, Dinge zu vollbringen, die über das menschliche Vermögen hinauszugehen scheinen. Auf den Glauben an die *Magie* kann & muß man jene Heilungen zurückführen, deren Bericht so außergewöhnlich klingt, daß sie etwas von *Magie* zu haben scheinen, die aber, wenn man den Dingen auf den Grund geht, fast immer frommer Trug oder Folgen jenes Aberglaubens sind, der leider nur allzu häufig über den gesunden Verstand, die Vernunft, ja sogar die Philosophie triumphiert hat. Unsere Vorurteile, unsere Irrtümer & unsere Torheiten halten sich alle an der Hand. Die Furcht ist die Tochter der Unwissenheit; diese hat den Aberglauben hervorgebracht, der seinerseits der Vater des Fanatismus ist – eine unerschöpfliche Quelle von Irrtümern, Illusionen, Phantomen, kurz einer überhitzten Einbildungskraft, die alles, worauf sie stößt, in Kobolde, Werwölfe, Gespenster, Dämonen verwandelt. Wie sollte man bei solcher Geistesverfassung nicht an alle Hirngespinste der *Magie* glauben? Wenn der Fanatiker fromm & gläubig ist (& auf diese Tonart ist er fast immer gestimmt), so glaubt er ein Magier zum Ruhme Gottes zu sein; er maßt sich zumindest das wichtige Privileg an, andere unwiderruflich zu erlösen oder zu verdammen: Es gibt keine schlimmere *Magie* als die der falschen Gläubigen. *Polier de Bottens*

MARMAREN – **Marmares (Alte Geographie)**. Völker an der Grenze zu Kilikien, auf der Seite Assyriens. Diodorus Siculos bemerkt in Buch 17, Kap. XXXVIII, daß sie so kühn waren, Alexander den Großen anzugreifen, & daß dieser Fürst gezwungen war, sie in ihren Zufluchtsstätten im Felsengebirge zu belagern. Als sie sahen, daß sie bezwungen würden, steckten sie ihre Hütten in

Brand, durchquerten bei Nacht sogar das Lager der Makedonier und zogen sich ins nahe gelegene Gebirge zurück. *Jaucourt*

MAULWURF – **Taupe** (**Naturgeschichte, Zoologie**). Vierbeiniges Tier, das von der Schnauze bis zum Schwanz etwa fünf Zoll mißt. Der *Maulwurf* lebt unter der Erde; er ist schwarz, doch gibt es auch weiße sowie andere, deren Körper mit schwarzen & weißen Flecken gleichsam marmoriert sind. Sein Fell ist weich, kurz & dicht; seine Schnauze ähnelt dem Rüssel des Schweins; Hals, Beine & Schwanz sind sehr kurz. Er hat fünf Zehen an jedem Fuß; die vorderen sind sehr breit, & ihre Nägel sind im Verhältnis zum Körper größer als die jedes anderen Tiers. Die Vorderfüße haben mehr Ähnlichkeit mit Händen als mit Füßen; ihre Innenfläche ist nach hinten gebogen, die Finger weisen schräg nach außen & unten & sind höchst geeignet, die Erde zur Seite & nach hinten zu werfen, wenn das Tier sie umgräbt, um sich darin zu verstecken. Seine Augen sind sehr klein, zum Teil von der Haut bedeckt & gänzlich unter dem Fell verborgen, man kann sie nur entdecken, wenn man es am Ort der Augen zurückschiebt.

MAULWURF – **Taupe** (**Medizin**). Der weise Juncker höchstselbst zählt das Herz & die Leber des *Maulwurfs* zu den guten Heilmitteln gegen epileptische Anfälle; doch ist dies ein recht bescheidenes Lob im Vergleich zu dem, welches die alten Pharmakologen dem *Maulwurf* gespendet haben; zu den Mitteln rechneten sie sein Fleisch, seinen Kopf, sein Blut, sein Fett & vor allem seine Asche. Doch alle diese vermeintlichen Heilmittel, sogar das, von dem Juncker spricht, sind heute völlig ungebräuchlich. *Venel*

MEISTERSTÜCK ODER MEISTERWERK – **Chef-d'œuvre** (**Künste & Gewerbe**). Das ist eines der schwierigsten Werke, dessen Ausführung man demjenigen aufträgt, der bei einer Zunft erscheint, um als Mitglied in sie aufgenommen zu werden, nachdem er die durch die Satzungen der Zunft vorgeschriebene Gesellen- & Lehrzeit absolviert hat. Jede Zunft kennt ihr *Meisterstück;* es wird in Gegenwart der Ältesten, der Rechtsberater & anderer Beamter & Würdenträger der Zunft ausgeführt; dann wird es der Zunft vorgelegt, die es prüft & aufbewahrt. Es gibt Zünfte, in denen man dem Bewerber um den Meisterbrief die Wahl zwischen mehreren *Meisterstücken* läßt, & andere, die mehrere *Meisterstücke* fordern. Das *Meisterstück* der Baukunst ist ein Entwurf, etwa eine von oben nach unten verlaufende Abschrägung, die einen Gewölbebogen ersetzt. Das *Meisterstück* der Zimmerleute ist die Windung einer Treppe, das der Seidenweber, sei es, um als Geselle oder als Meister in die Zunft aufgenommen zu werden, ist die Wiederherstellung des Webstuhls in den Zustand, den er bei der Arbeit haben muß, nachdem die Meister & die Rechtsberater ihn in eine Unordnung gebracht haben, wie sie ihnen gerade in den Sinn kam, etwa dadurch, daß sie Seile entfernt, Kettenfäden an den Einschlägen zerrissen haben &c. Man sieht nicht recht ein, was der Nutzen der *Meisterstücke* sein mag. Wenn derjenige, der sich um die Meisterwürde bewirbt, sein Handwerk sehr gut beherrscht, so braucht man ihn nicht zu prüfen; wenn er es dagegen nicht beherrscht, so darf das seine Aufnahme nicht ausschließen, denn er wird sich dadurch nur selbst schaden; bald wird er als schlechter Handwerker bekannt sein, & da er gezwungen ist, eine Arbeit aufzugeben, in der er keinen Erfolg hat, wird er sich unfehlbar selbst zugrunde richten. Will man sich von der Wahrheit dieser Bemerkungen überzeugen, so braucht man nur einigermaßen Bescheid darüber zu wissen, wie die Dinge bei der Aufnahme in die Zunft verlaufen. Ein Mann bewirbt sich erst dann um die Meisterwürde, wenn er die Lehrzeit absolviert hat; es ist aber unmöglich, daß er in den vier bis fünf Jahren, die sie dauert, nicht etwas von seinem Handwerk gelernt hat. Wenn er der Sohn eines Meisters ist, wird ihm meistens das *Meisterstück* erlassen; wenn er das nicht ist, so fällt es ihm, wäre er auch der geschickteste Handwerker einer Stadt, sehr schwer, ein *Meisterstück* zu machen, das von der Zunft auch dann anerkannt wird, wenn er ihr verhaßt ist. Wenn er dagegen beliebt ist oder wenn er Geld hat, so wird er – wäre er auch der unfähigste aller Handwerker – diejenigen bestechen, die ihn zu überwachen haben, während er sein *Meisterstück* macht; oder er wird eine schlechte Arbeit ausführen, die man dennoch als *Meisterstück* annehmen wird; oder er wird eine vortreffliche Arbeit vorlegen, die er nicht selbst gemacht hat. Man sieht, daß alle diese Machenschaften völlig die Vorteile aufheben, die man aus den *Meisterstücken* & aus den Zünften zu ziehen gedenkt, & daß die Zünfte & die Manufakturinnungen dennoch weiterbestehen. *Diderot*

Hans Belting
Meisterwerk

Niemand konnte zu Zeiten Diderots voraussehen, welche Bedeutung den harmlosen Begriff Meisterwerk erdrücken würde, als die Kunst in der Romantik das Maß verlor, an dem sich ein altes Vokabular bewährt hatte. Der einschlägige Artikel in der *Encyclopédie* ist deshalb gleichsam zu früh entstanden, wenn man ihn an den voreiligen Erklärungen mißt, die schon die nächste Generation nicht mehr verstand. Heute dagegen ruft der gleiche Begriff nur mehr ein Thema der Erinnerung auf. Er ist in der Zwischenzeit verbraucht und mißbraucht, dramatisiert und banalisiert worden, so daß wir ihn insgeheim mit Anführungszeichen versehen, wenn wir ihn verwenden. Während sich in ihm zur Zeit der *Encyclopédie* kaum ein Prolog der künftigen Deutungsgeschichte ankündigte, liefert er heute das Stichwort zu einem Epilog. Die zeitgenössische Kunst hat sich seit hundert Jahren mit Spott oder Zorn vom Axiom des Meisterwerks verabschiedet. Sie akzeptiert nicht mehr das Emblem einer Vollendung der Kunst, die dem Gesetz des Fortschritts trotzt. Enzyklopädien können ihrem Anspruch nicht gerecht werden, zeitlose Erklärungen für ihre Themen zu liefern. Nicht nur veraltet ihr Wissensstand, er verliert dabei auch immer wieder den Sinn, den man ihm so zuversichtlich beigelegt hatte.

Das Meisterwerk erinnert in seinem Wortsinn an die Meister von einst, die sich an einem solchen Produkt bewähren konnten und bewähren mußten. Auch der Begriff des *chef-d'œuvre,* der offener angelegt ist und sich als »Hauptwerk« wiedergeben läßt, war in seiner frühen Geschichte noch an einen alten Beweis der Meisterschaft gebunden. In unserem heutigen Kunstverständnis ist diese Referenz erloschen. Was wären denn heute »Meister« in der Kunst, und wer sollte sie beglaubigen? Gerade darin aber lag die Kontrollfunktion der alten Zünfte, als die Kunst noch gewerbemäßig ausgeübt wurde. Man legte vor den Zünften, wie heute noch vor den Handwerkskammern, eine Meisterprüfung ab. Der Titel Meister schloß in diesem System auch korporative Rechte ein. Die Kunstakademien lösten die Zünfte ab, aber sie hielten noch eine Zeitlang an dem Anspruch fest, daß die Kunst lehrbar sei und sich nach Regeln ebenso ausüben wie beurteilen ließ. Deshalb richtete die Pariser Akademie im 17. Jahrhundert Kommissionen ein, vor denen selbst Externe die Meisterschaft erwerben konnten, aber sie vermied anfangs noch den Begriff des *chef-d'œuvre,* um nicht mit den Zünften verwechselt zu werden. Der Artikel in der *Encyclopédie,* der sich mit dem Meisterwerk beschäftigt, ist noch auf diesem Stand der Dinge. Das lag auch daran, daß die »mechanischen Künste« noch nicht vollständig in den »freien Künsten« aufgegangen waren.

Die Freiheit der Kunst, die im 19. Jahrhundert die bekannten Konflikte auslösen sollte, wurde zu Diderots Zeiten noch als Befreiung aus alten Abhängigkeiten verstanden. Aber es war damals schon ein fragwürdiges Unternehmen, wenn die Akademien eine Ausbildung in »Kunst« anboten, so wie die Zünfte das Handwerk der Malerei gelehrt hatten, und also das Ausbildungsprinzip von der technischen Fertigkeit auf eine konzeptuelle Leistung übertrugen. Auch das Zeitalter der Akademien, wenn man sie an ihrem alten Begriff mißt, war nur eine Etappe auf dem Weg der Kunst in die Moderne. Bald wandten sich Künstlergruppen als »Sezessionen« gegen die Autorität der alten Akademien, über Kunst zu entscheiden. Jetzt lud sich auch der Begriff des *Meisterwerks* mit jener Aura auf, welche der alte Begriff des *Meisterstücks* im Deutschen noch nicht besaß.

Das Meisterwerk wurde geradezu ein Inbegriff des Kunstwerks und stellte also jene letzte Steigerung dar, die auch jedem anderen Kunstwerk zu neuem Ansehen verhalf. Man hatte inzwischen von der Kunst die alten Begriffe verloren, ohne sie gegen neue Begriffe eintauschen zu können, die einen ähnlichen Konsens gefunden hätten. Deshalb wandte man sich an Werke, die jeden Begriff überstiegen, um die Kunst in einer gleichsam begriffslosen Präsenz zu erleben. Sie erwarb im Meisterwerk jene feierliche Epiphanie, welche zu den Kunst-Ritualen der Romantik einlud. Das Meisterwerk vertrat nicht mehr, wie in alten Zeiten, den höchsten Standard der Ausbildung. Es kehrte, obwohl es eine Ausnahme darstellte, als Archetyp einer neuen Erfahrung von Kunst zurück, die man transzendental nennen kann. Wie die alten Kultbilder dem Glauben gedient hatten, so dienten die Meisterwerke als Kultbilder dem neuen Glauben an Kunst. Die »Kunstreligion« bot sich für diesen Sinnwandel als Versöhnungsformel an. Wenn sich auch wenig über das Meisterwerk sagen ließ, so war man sich darin einig, daß sich in ihm das Genie ausdrückte. Allerdings hatte auch dieser Begriff in der Romantik die alte Bedeutung von Kunstverstand oder Kunstbegabung verloren. Das Genie war in der Künstlerschaft ein ähnliches Paradox wie das Meisterwerk unter den ausgestellten Werken, weil es eine Ausnahme blieb und gerade deshalb der Kunst die letzten Weihen gab.

Die moderne Erfahrung des Meisterwerks war geradezu konstitutionell auf die besondere Inszenierung angewiesen, die ihm erst das Museum, der öffentliche Tempel der Kunst, eröffnete. Im Museum nannte man die anerkannten Meisterwerke bald nicht nur »unnachahmlich«, sondern auch »unbeschreiblich«. Darin verbergen sich keine rhetorischen Gemeinplätze, sondern paradoxe Definitionen, deren Sinn wir heute erst wieder rekonstruieren müssen. Ebenso wie das Museum selbst, so lebte auch die Aura des Meisterwerks von einem Gefühl des Verlusts, wenn man das einst so sichere Ideal des »Schönen« im Rückblick betrachtete. Das neue Ideal des »Erhabenen« setzte die Partizipation eines andächtigen Betrachters voraus, ohne welche die Wirkung des Meisterwerks nicht möglich war. Aber die museale Situation, in welche die Kunst geraten war, richtete gegen die aktuelle Kunstszene eine unüberwindliche Schranke auf. So mußte die gleiche Avantgarde, als sie das Museum bekämpfte, auch das Meisterwerk bekämpfen. Sie sah darin einen Fetisch, der jeden Fortschritt in der Kunst und jeden Wandel im Kunstbegriff zu verhindern drohte. Aber schon Quatremère de Quincy, der erste Kritiker in der Frühzeit des Museums, schreibt in einer Anklageschrift, die erst nach der Entmachtung Napoleons erscheinen konnte: »Seit man Museen geschaffen hat, um dort Meisterwerke zu inszenieren, entstehen keine (neuen) Meisterwerke mehr, um die Museen zu füllen.«

Die Unmöglichkeit des Meisterwerks war aber ebensowenig allein eine Folge des Museums wie ein Klischee im banalen Streit um das Monopol eines verbürgerlichten Kunsturteils in den Salons. Sie war die Quintessenz einer Werkauffassung, welche die Idee absoluter Kunst in sich trug. Diese utopische Dimension wurde eine Zeitlang durch den Rückblick auf Werke der alten Kunst verdeckt, von denen man sich durch den Abgrund einer verlorenen Zeit (und einer verlorenen Naivität) getrennt fühlte. Damals, so glaubte man, war absolute Kunst nur möglich gewesen, weil sie noch vor der Reflexion über eine absolute Idee geschützt war. Diese Idee verhinderte jetzt die Verwirklichung in dem Maße, wie jede Verwirklichung sie verminderte: Die verdinglichte Idee war bereits eine verratene Idee von Kunst. Der neue Werkbegriff, der im Superlativ des Meisterwerks kulminierte, stammte nicht aus der Praxis, sondern war ein hybrides Konstrukt, in dem eine Idee mit einem Ausstellungsobjekt konkurrierte.

Balzac hat ganz in diesem Sinne jene erstaunliche Künstlernovelle geschrieben, die ihren langen Schatten auf die Kunst der Moderne warf: Noch Picasso fühlte sich, genau hundert Jahre nach ihrer Erstveröffentlichung im Jahre 1831, zu einem bildlichen Kommentar veranlaßt, in dem er seine eigene Rolle klären wollte. Der Text Balzacs handelt von einem Meisterwerk, das sich nicht mehr vollenden, sondern nur noch denken ließ. Es wurde von seinem Schöpfer, dem alten Maler Frenhofer, so lange zerstört, bis der traditionelle Frauenakt, ein Emblem der alten Naturnachahmung, für die Betrachter unkenntlich geworden war. Sie sahen dort nur eine »Wand aus Malerei«. Der Kampf um absolute Kunst führte zum Verlust jeder gegenständlichen Abbildung in der Malerei und antizipierte folglich die Idee der Abstraktion, in der Kandinsky und Malewitsch viel später ihre Mission sahen. Die Novelle hätte folglich »das unmögliche Meisterwerk« heißen können. Statt dessen sprach Balzac im Titel vom »unbekannten Meisterwerk«: *Le chef-d'œuvre inconnu.*

Der Titel verleitet zu dem voreiligen Schluß, Balzac wollte damit aussagen, daß das Meisterwerk den Freunden des Malers, die später so enttäuscht wurden, buchstäblich bis zum letzten Augenblick unbekannt blieb: Indem er das Werk vor ihren Blicken verbarg, verlegte er es in ihre Vorstellung. Doch Balzac spielt hier auf einen anderen Titel an, dessen Sinn er in überraschender Weise umkehrt. Es handelt sich dabei um ein Buch, das Themiseuil de Sainte-Hyacinthe 1714 unter dem Pseudonym Chrisostome Matanasius veröffentlicht hatte. Das *Chef-d'œuvre d'uninconnu* parodiert eine gelehrte Deutungskunst, die auf das »Meisterwerk eines Unbekannten« verschwendet wurde, das in Wirklichkeit ein banales Gedicht war und den ganzen Aufwand gar nicht verdiente. Nur die Deutung ist eine Glanzleistung, aber sie stößt ins Leere, weil es gar kein Meisterwerk gibt, das sie vermitteln könnte. Während also das alte Buch von einem Werk ausgeht, das als Werk geradezu ein Nichts ist, endet Balzacs Novelle mit einem Werk, das gar kein Werk ist. Wo im alten Text das Werk einfach schlecht ist, ist es bei Balzac, der es in der Malerei sucht, unmöglich geworden.

Der Anachronismus liegt bei Balzac darin, daß er das unmögliche Werkideal seiner Zeit in das Jahrhundert Poussins zurückverlegt, der denn auch in seiner Novelle in Person auftritt. Denn diese Werkutopie war eine Idee der Moderne, die sich angesichts der Erfahrung klassischer Kunst als verlorene Generation verstand und deshalb, in den Reihen der Avantgarde, dagegen rebellierte. Das Paradox bestand in der Entgrenzung eines Werkbegriffs, der die Kunstpraxis entmutigte oder widerlegte und sie deshalb auf den Weg des Protests schickte. So hat das Meisterwerk, ob als Phantom der Kunstliteratur oder als Klischee für den Besuch im Museum, in den Augen der modernen Kunstkritik den Tabubruch der künstlerischen Avantgarde ausgelöst. Buchstäblich im selben Augenblick, als man im Louvre beschloß, den zeitgenössischen Kunstsalon nicht mehr in den eigenen Wänden zu veranstalten, widmete man 1848 den entsprechenden Saal in ein Pantheon der absoluten Meisterwerke um und also, wie die Gegner klagten, in ein Mausoleum der Kunst.

An diesem Ort begann damals auch die eigentlich literarische Karriere der »göttlichen« Mona Lisa, wie sie der Dichter Théophile Gautier nannte. Ein Bild aus der Renaissance, das als Porträt in den allerersten Louvre-Katalogen nur am Rande erwähnt wird, wandelt sich erst jetzt zu jenem Inbegriff eines Meisterwerks, in dem das retrospektive Kunstideal, ganz im Einklang mit einer historisierten Idee von Kultur, sich selber feierte. Der Diebstahl des Bildes im Jahre 1911, der in den damaligen Massenmedien als erste Sensation galt, wurde denn auch von den zeitgenössischen Künstlern als die Befreiung von einer unbequemen Hypothek empfunden. Die Avantgarde behandelte das Gemälde, als es zwei Jahre später in den Louvre zurückkehrte, wie eine Leiche, die man endlich begraben wollte, statt sie länger im Tempel der Kunst zu feiern. Duchamp gab mit seinen Ready-Mades, darunter einem von ihm signierten Pissoir, unter allen die polemischste Antwort auf den Kult eines einzigartigen Meisterwerks.

Die Utopie einer absoluten Kunst lebte ohne den Begriff des Meisterwerks weiter, an den sie sich eine Zeitlang geheftet hatte. Sie ließ sich immer weniger von einem einzelnen Werk repräsentieren, sondern zog sich allmählich noch weiter aus der Kunstpraxis in den werklosen Raum der Theorie zurück. Aber auch die Werkidee als solche, ein Standard der Produktion für den Markt, blieb in der späten Moderne nicht unbeschädigt. Die Werkschöpfung war allzusehr von der Idee eines Künstlers als Schöpfer abhängig gewesen, eines Künstlers, der das Werk, in dem er sich ausgedrückt hatte, dem Fluß der Zeit entzog. Ephemere Rituale traten an die Stelle von endgültigen Werken, die aus einem Werkprozeß hervorgegangen waren. Dieser

Stand der Dinge löste noch einmal die nostalgische Sicht auf Meisterwerke von einst aus, die von keinem Werkzweifel berührt und berührbar erschienen. So belebte der Werkentzug in der Kunst, am anderen Ende der Moderne, die alten Mythen der Meisterwerke neu. Schon der Begriff Meisterwerk, so mißverständlich er an die vormodernen Meister erinnert, nahm eine Aura der Erinnerung an, welcher der banale Sprachgebrauch wenig anhaben konnte. Das Meisterwerk, dem keine aktuelle Praxis der Kunst mehr entspricht, repräsentiert als Wort eine kleine Mythologie der Moderne.

MENSCH – Homme. Der Mensch ist ein fühlendes & denkendes Wesen, das sich frei auf der Erde bewegt, das an der Spitze aller anderen Tiere zu stehen scheint, über die es herrscht, das in Gesellschaft lebt, Wissenschaften & Künste erfunden hat, eine ihm eigene Güte & Bosheit besitzt, sich Herren gegeben hat, sich Gesetze gemacht hat &c. *Diderot*

MENSCH – Homme (Moral). Dieses Wort hat keine präzise Bedeutung, sondern erinnert uns nur an all das, was wir sind; aber was wir sind, kann doch nicht in einer einzigen Definition enthalten sein. Auch wenn man nur einen Teil unseres Wesens zeigen will, bedarf man der Unterscheidungen & näheren Ausführungen. Wir wollen hier nicht von unserer äußeren Gestalt & dem organischen Bau sprechen, aufgrund dessen wir der Klasse der Tiere zugeordnet sind. Siehe hierüber den Artikel Mensch (Anatomie). Der *Mensch,* den wir betrachten, ist jenes Wesen, das denkt, will & handelt. Wir untersuchen also nur, welche Triebfedern ihn in Bewegung setzen & welche Beweggründe ihn bestimmen. Was diese Untersuchung erschweren kann, ist die Tatsache, daß die menschliche Gattung kein Unterscheidungsmerkmal aufweist, an dem man alle Individuen erkennen könnte. Es bestehen so große Unterschiede zwischen ihren Handlungen, daß man geneigt sein dürfte, diese Unterschiede auch in ihren Beweggründen anzunehmen. Von dem Sklaven, der in unwürdiger Weise seinem Herrn schmeichelt, bis zu Thamas, der Tausende seinesgleichen umbringt, um niemanden über sich zu haben, sieht man unzählige solcher Verschiedenheiten. Wir glauben bei den Tieren deutlichere Unterscheidungsmerkmale wahrzunehmen. Allerdings kennen wir nur die groben Erscheinungsformen ihres Instinkts. Das Sehvermögen, das uns allein unterscheiden lehrt, läßt uns im Hinblick auf die Verrichtungen der Tiere im Stich. Wenn man sie aber genau beobachtet, hält man sie des Fortschritts für fähiger, als man gewöhnlich annimmt. Siehe Instinkt. Aber alle ihre Handlungen zusammengenommen lassen zwischen den Tieren & dem *Menschen* noch einen unendlichen Abstand. Mag er die Herrschaft über sie auch widerrechtlich an sich gerissen haben, so ist das doch nichtsdestoweniger ein Beweis für die Überlegenheit seiner Mittel & folglich auch für die seiner Natur. Man kann nicht umhin, von diesem Vorteil überzeugt zu sein, wenn man die gewaltigen Leistungen des *Menschen* betrachtet, wenn man seine Fertigkeiten & den Fortschritt seiner Wissenschaften bis ins kleinste untersucht, wenn man sieht, wie er die Meere überquert, den Himmel ausmißt & dem Donner sein Getöse & seine Wirkungen streitig macht. Wie aber sollte man nicht erschrecken angesichts der Niedrigkeit oder Grausamkeit der Handlungen, durch die sich dieser König der Natur so oft entwürdigt? Aus Entsetzen vor jener abscheulichen Mischung haben einige Moralisten, um den *Menschen* zu erklären, Zuflucht zu einer Mischung von guten & bösen Prinzipien genommen, die aber selbst einer gründlichen Erklärung bedarf. Der Hochmut, der Aberglaube & die Furcht haben Systeme hervorgebracht & die Erkenntnis des *Menschen* durch tausend Vorurteile erschwert, die mit Hilfe der Beobachtung beseitigt werden müssen. Die Religion hat die Aufgabe, uns auf den Weg des Glücks zu führen, das sie uns jenseits der Zeit vorbereitet. Die Philosophie aber muß die natürlichen Beweggründe für die Handlungen des *Menschen* erforschen, um Mittel gleicher Art zu finden, ihn während des vergänglichen Lebens im Diesseits besser & glücklicher zu machen. *Le Roy*

MENSCH – Homme (Politik). Es gibt keinen wahren Reichtum außer dem *Menschen* & der Erde. Der *Mensch* ist wertlos ohne die Erde & die Erde wertlos ohne den *Menschen.* Wertvoll ist der *Mensch* durch die Anzahl. Je größer an Zahl eine Gesellschaft ist, desto mächtiger ist sie im Frieden, & desto mehr ist sie in Kriegszeiten zu fürchten. Ein Herrscher soll sich also um die Vermehrung seiner Untertanen ernstlich kümmern. Je mehr Untertanen er hat, desto mehr Kaufleute, Handwerker & Soldaten hat er. Seine Staaten sind in einer beklagenswerten Lage, wenn es sich irgendwann herausstellt, daß es unter den *Menschen,* die er regiert, einen gibt, der Angst hat, Kinder zu zeugen, & der ohne Bedauern aus dem Leben geht.

Was ist ein Mensch? *Mensch ist, wer tötet, Mensch ist, wer Unrecht zufügt oder leidet; kein Mensch ist, wer jede Zurückhaltung verloren hat und sein Bett mit einem Leichnam teilt. Und wer darauf gewartet hat, bis sein Nachbar mit Sterben zu Ende ist, damit er ihm ein Viertel Brot abnehmen kann, der ist, wenngleich ohne Schuld, vom Vorbild des denkenden Menschen weiter entfernt als der roheste Pygmäe und der grausamste Sadist. Ein Teil unseres Seins wohnt in den Seelen der uns Nahestehenden: darum ist das Erleben dessen ein nichtmenschliches, der Tage gekannt hat, wo der Mensch in den Augen des Menschen ein Ding gewesen ist.*

Primo Levi, Auschwitz, 26. Januar 1945

Aber es genügt nicht, *Menschen* zu haben; man muß fleißige & kräftige *Menschen* haben.

Kräftige *Menschen* wird man dann haben, wenn sie gute Sitten haben & wenn es ihnen leichtfällt, Wohlstand zu erwerben & zu bewahren. Fleißige *Menschen* wird man dann haben, wenn sie frei sind.

Die Verwaltung ist die denkbar schlechteste, wenn – wegen des Fehlens der Handelsfreiheit – der Überfluß für eine Provinz bisweilen eine ebenso furchtbare Plage bedeutet wie der Mangel.

Siehe auch die Artikel Regierung, Gesetze, Steuern, Bevölkerung, Freiheit &c.

Aus Kindern werden Erwachsene. Man muß für die Erhaltung der Kinder also durch eine besondere Beaufsichtigung der Väter, Mütter & Ammen sorgen.

Die fünftausend Kinder, die jährlich in Paris ausgesetzt werden, könnten in ein Reservoir von Soldaten, Matrosen & Landleuten verwandelt werden.

Die Zahl der im Luxusgewerbe beschäftigten Handwerker & der Dienstboten muß verringert werden. Es gibt Fälle, in denen der Luxus die *Menschen* nicht mit ausreichendem Gewinn beschäftigt; es gibt keinen Fall, in dem das Dienstverhältnis sie nicht mit Verlust beschäftigt. Zur Entlastung der Landwirte sollte man auf das Halten von Dienstboten eine Steuer legen.

Wenn die Landwirte, das heißt die *Menschen* im Staat, die am meisten arbeiten, am schlechtesten ernährt werden, so müssen sie entweder ihres Standes überdrüssig werden oder zugrunde gehen. Wer behauptet, die Wohlhabenheit werde sie veranlassen, ihren Stand aufzugeben, ist ein Ignorant oder ein *Unmensch.*

Nur in der Hoffnung auf ein angenehmes Leben strebt man danach, in einen bestimmten Stand einzutreten. Der Genuß eines angenehmen Lebens bindet an diesen Stand & wirkt anziehend.

Eine Beschäftigung der *Menschen* ist nur dann gut, wenn der Gewinn die Lohnausgaben übersteigt. Der Reichtum einer Nation ist der Ertrag ihrer gesamten Arbeit, der die Lohnausgaben übersteigt.

Je größer der Reinertrag ist & je gleichmäßiger er verteilt wird, desto besser ist die Verwaltung. Ein gleichmäßig verteilter Reinertrag ist einem größeren Reinertrag vorzuziehen, wenn die Verteilung des letzteren besonders ungleichmäßig ist & das Volk in zwei Klassen teilt, von denen die eine im Reichtum schwelgt & die andere in der Armut verkommt.

Solange es in einem Staat unbebaute Ländereien gibt, kann niemand in der Manufaktur ohne Verlust beschäftigt werden. – Diese klaren & einfachen Prinzipien könnten wir durch zahlreiche andere ergänzen. Ein Herrscher wird aber von selbst alle anderen finden, wenn er den Mut & den guten Willen hat, die notwendig sind, um diese Prinzipien in die Tat umzusetzen. *Diderot*

MENSCHENFRESSER – **Anthropophages** (**Alte & neue Geschichte**). Das sind Völker, die von Menschenfleisch leben. Siehe Anthropophagie.

Die Kyklopen, die Laistrygonen & Skylla werden von Homer als *Anthropophagen* oder *Menschenfresser* bezeichnet. Dieser Dichter sagt auch, daß die weiblichen Ungeheuer, Kirke & die Sirenen, die Männer durch das Bild der Sinnenlust verlockten & ins Verderben stürzten. Diese Stellen aus seinem Werk sowie eine Vielzahl anderer beziehen sich auf Bräuche, die vor seiner Zeit lagen. Orpheus schildert jene Jahrhunderte des öfteren in der gleichen Weise. »In jenen Zeiten«, sagt er, »fraßen sich die Menschen gegenseitig wie wilde Tiere & sättigten sich an ihrem eigenen Fleisch.«

Lange nach diesen Jahrhunderten beobachtet man sogar bei den gesittetsten Nationen noch Überreste dieser Barbarei, auf die wahrscheinlich auch die Menschenopfer zurückzuführen sind. Siehe Opferung.

Der Heide tötete, wenn es nötig war, seinen Feind und verspeiste ihn. Der Christ bekehrt seinen Feind. Das heißt, er ißt dessen Seele.
Martin Walser, Ich vertraue querfeldein

Die Heiden bezichtigten die ersten Christen der *Menschenfresserei:* sie erlauben, so sagten sie, das Verbrechen des Ödipus & wiederholen den Akt des Thyestes. Aus den Werken von Tacitus, dem achten Kapitel der *Apologie der Christen* von Tertullian & dem IV. Buch der *Vorsehung* von Salvianus geht hervor, daß die geheime Feier unserer Sakramente der Anlaß für diese Verleumdungen war. Sie töten, fügten die Heiden hinzu, ein Kind & essen dessen Fleisch; eine Anschuldigung, die sich nur auf die vagen Begriffe stützte, die sie den Reden schlecht unterrichteter Leute über die Eucharistie & die Kommunion entnommen hatten. Siehe Eucharistie, Kommunion, Altar &c. *Mallet*

MENSCHENVERSTAND, GESUNDER – **Sens commun.** Unter *gesundem Menschenverstand* versteht man die Veranlagung, mit der die Natur alle Menschen oder doch offenbar die meisten von ihnen bedacht hat, um sie, wenn sie zum Gebrauch der Vernunft gelangt sind, ein allgemeines & einheitliches Urteil über die verschiedenen Gegenstände der inneren Empfindung ihrer eigenen Wahrnehmung fällen zu lassen – ein Urteil, das keinesfalls die Folge irgendeines vorausgehenden Prinzips ist. Wenn man Beispiele für Urteile verlangt, die hauptsächlich durch das Maß & die Kraft des *gesunden Menschenverstandes* bestätigt werden, so kann man, wie uns scheint, die folgenden anführen:

1. Es gibt in der Welt andere Wesen & andere Menschen als mich.

2. Es gibt etwas, das Wahrheit, Weisheit, Klugheit heißt, & dies ist etwas, das nicht bloß willkürlich ist.

3. In mir befindet sich etwas, das ich Intelligenz nenne, & etwas, das nicht Intelligenz ist & das man Körper nennt.

4. Es sind durchaus nicht alle Menschen darauf aus, mich zu täuschen & mir etwas vorzumachen.

5. Was nicht Intelligenz ist, kann auch nicht alle Wirkungen der Intelligenz hervorbringen, ebensowenig wie Materieteilchen, die vom Zufall bewegt werden, ein so wohlgeordnetes & sich so regelmäßig bewegendes Werk wie eine Uhr bilden können.

Alle diese Urteile, die uns vom *gesunden Menschenverstand* diktiert werden, sind Maßstäbe der Wahrheit, die ebenso real & zuverlässig sind wie der Maßstab der Wahrheit, den man aus der inneren Empfindung der uns eigenen Wahrnehmung gewonnen hat. Dieser bringt unseren Geist zwar nicht mit derselben einleuchtenden Klarheit, immerhin aber mit derselben zwingenden Notwendigkeit zur Zustimmung. Wie es mir unmöglich ist, im Augenblick des Denkens zu urteilen, daß ich nicht denke, so ist es mir auch unmöglich, im Ernst zu urteilen, daß ich das einzige Wesen in der Welt sei, daß alle Menschen sich verschworen haben, mich in allen Dingen, die sie behaupten, zu täuschen & daß ein Werk des menschlichen Fleißes, wie eine Uhr, die regelmäßig die Stunden anzeigt, die bloße Wirkung des Zufalls ist.

Doch muß man zugeben, daß zwischen jener Art der primären Wahrheiten ein Unterschied besteht; denn man muß sich im Hinblick auf die erste Art nicht vorstellen, daß bei ihr auch nur eine Spur von Zweifel möglich sei, kann aber im Hinblick auf die anderen Arten wohl anführen, daß sie nicht eine so hervorragende Evidenz besitzen wie die erste.

Allerdings muß man dabei bedenken, daß jene primären Wahrheiten, die nicht zur ersten Art gehören, da sie nur Gegenstände außerhalb von uns betreffen, auf uns nicht einen ebenso lebhaften Eindruck machen können wie die, deren Gegenstand in uns selbst ist. So müßte man außerhalb seiner selbst sein, um die primären Wahrheiten abzustreiten, & müßte von aller Vernunft verlassen sein, um die anderen abzustreiten.

Für die Weisen, werden Sie sagen, sei es ein moralischer Grundsatz, ja gleichsam eine primäre Wahrheit, daß die Wahrheit nicht für die Menge bestimmt sei. So erscheine es nicht vernünftig, einen Maßstab der Wahrheit aufgrund dessen aufzustellen, was von der Mehrheit für wahr gehalten werde. Also sei der *gesunde Menschenverstand* kein unfehlbarer Maßstab der Wahrheit.

Ich antworte darauf: Eine exakte metaphysische Wahrheit läßt sich nicht an allgemeinen Grundsätzen messen, deren Wahrheit immer verschiedenen Ausnahmen unterworfen ist. Ein Beweis dafür ist jener Grundsatz, den man dagegen einwenden möchte, nämlich: die Wahrheit sei nicht für die Menge bestimmt. Sogar in der Frage, um die es sich hier handelt & die doch die Grundprinzipien betrifft, muß dieser letzte Grundsatz als unbedingt falsch gelten. Wenn die primären Wahrheiten nicht im Geist aller Menschen verbreitet wären, so wäre es doch unmöglich, sie zur Übereinstimmung in irgendeiner Sache zu bringen, da sie ja im Hinblick auf alle möglichen Gegenstände verschiedene Prinzipien hätten.

Wenn es also richtig ist, zu sagen, die Wahrheit sei nicht für die Menge bestimmt, dann meint man damit eine Art der Wahrheit, deren Wahrnehmung besondere Aufmerksamkeit, Fähigkeit & Erfahrung voraussetzt, das heißt Vorzüge, die der Menge nicht eigen sind. Handelt es sich aber um eine primäre Wahrheit, so sind alle in dieser Beziehung Philosophen. Der Philosoph, der mit allen Kräften seiner Vernunft die Dinge betrachtet, ist nicht vollkommener davon überzeugt, daß er existiert & denkt, als der mittelmäßigste & einfachste Geist. Bei den Dingen, bei denen Kenntnisse nötig sind, die durch vernünftiges Denken & durch besondere Überlegung erworben worden sind, die gewisse Erfahrungen voraussetzen, zu denen nicht alle fähig sind, ist ein Philosoph glaubwürdiger als ein anderer Mensch; aber bei einer Sache, die eine offenkundige & eine allen Menschen gemeinsame Meinung voraussetzt, werden alle zu Philosophen. So steht in den Grundprinzipien der Natur & des *gesunden Menschenverstandes* ein Philosoph, der im Widerspruch zur üblichen Menschheit steht, auch im Widerspruch zu hunderttausend anderen Philosophen, weil sie über die Grundprinzipien unserer gemeinsamen Meinungen ebensogut unterrichtet sind wie wir. Ja noch mehr: der Durchschnitt der Menschen ist in gewissen Dingen glaubwürdiger als gewisse Philosophen, weil er nicht versucht hat, die Meinungen & die Urteile, welche die Natur allgemein allen Menschen eingibt, zu vergewaltigen oder zu entstellen.

Im allgemeinen, sagt man, seien alle Menschen der Meinung, daß die Sonne keinen größeren Durchmesser hat als zwei Fuß. Man muß darauf antworten, es sei nicht wahr, daß alle, die über die Größe der Sonne zu urteilen vermögen, der Meinung seien, daß sie nur einen Durchmesser von zwei oder drei Fuß hat. Das ungebildetste Volk verläßt sich in diesem Punkt eher auf die Allgemeinheit oder auf die Gesamtheit der Philosophen oder der Astronomen als auf das Zeugnis seiner eigenen Augen. So hat man niemals gesehen, daß Leute – auch nicht solche aus dem Volk – im Ernst behaupteten, es sei falsch, anzunehmen, daß die Sonne größer sei als eine Kugel von vier Fuß. Hätte sich tatsächlich einmal irgend jemand gefunden, der so wenig aufgeklärt gewesen wäre, daß er dies bestritten hätte, so hätte der Streit wohl in demselben Augenblick mit Hilfe der Erfahrung beendet werden können; denn läßt man den Widersprechenden einen gewöhnlichen Gegenstand betrachten, so erscheint er doch – je nach seiner Entfernung – den Augen unvergleichlich kleiner, als wenn man sich ihm nähert. So sind auch die einfältigsten Menschen davon überzeugt, daß ihre Augen sich über das wahre Ausmaß der Gegenstände täuschen. Dieses Urteil ist also keine Empfindung der Natur, da es im Gegenteil durch die reinste Empfindung der vernünftigen Natur, nämlich durch die Reflexion, völlig entkräftet wird. *Anonym*

MENSCHLICHKEIT – **Humanité (Moral).** Das ist ein Gefühl des Wohlwollens für alle Menschen, das nur in einer großen & empfindsamen Seele aufflammt. Diese edle & erhabene Begeisterung kümmert sich um die Leiden der anderen & um das Bedürfnis, sie zu lindern; sie möchte die ganze Welt durcheilen, um die Sklaverei, den Aberglauben, das Laster & das Unglück abzuschaffen.

Sie verbirgt uns die Schwächen unserer Mitmenschen oder hindert uns, diese Schwächen zu fühlen, macht uns aber unerbittlich gegenüber Verbrechen. Sie entreißt dem Schurken die Waffe, die dem guten Menschen zum Verhängnis werden könnte. Sie verleitet uns nicht, uns der besonderen Pflichten zu entledigen, sondern macht uns – im Gegenteil – zu besseren Freunden, besseren Gatten, besseren Staatsbürgern. Es macht ihr Freude, die Wohltätigkeit auf alle Wesen auszudehnen, die die Natur neben uns gestellt hat. Ich habe diese Tugend, eine Quelle so vieler anderer Tugenden, zwar in vielen Köpfen bemerkt, aber nur in wenigen Herzen. *Anonym*

Ein Grundsatz muß für den SS-Mann absolut gelten: ehrlich, anständig, treu und kameradschaftlich haben wir zu Angehörigen unseres eigenen Blutes zu sein und zu sonst niemandem. Wir werden niemals roh und herzlos sein, wo es nicht sein muß; das ist klar. Wir Deutschen, die wir als einzige auf der Welt eine anständige Einstellung zum Tier haben, werden ja auch zu diesen Menschentieren eine anständige Einstellung einnehmen, aber es ist ein Verbrechen gegen unser eigenes Blut, uns um sie Sorge zu machen. Ich meine jetzt die Judenevakuierung, die Ausrottung des jüdischen Volkes. Es gehört zu den Dingen, die man leicht ausspricht. – »Das jüdische Volk wird ausgerottet«, sagt ein jeder Parteigenosse, »ganz klar, steht in unserem Programm, Ausschaltung der Juden, Ausrottung, machen wir.« Und dann kommen sie alle an, die braven 80 Millionen Deutschen, und jeder hat seinen anständigen Juden. Es ist ja klar, die anderen sind Schweine, aber dieser ist ein prima Jude. Von allen, die so reden, hat keiner zugesehen, keiner hat es durchgestanden. Von euch werden die meisten wissen, was es heißt, wenn 100 Leichen beisammenliegen, wenn 500 daliegen oder wenn 1000 daliegen. Dies durchgehalten zu haben und dabei – abgesehen von Ausnahmen menschlicher Schwächen – anständig geblieben zu sein, das hat uns hart gemacht. Dies ist ein niemals geschriebenes und niemals zu schreibendes Ruhmesblatt unserer Geschichte.

Heinrich Himmler, Rede an die SS, 4. Oktober 1943

METAPHYSIK – **Métaphysique.** Das ist die Wissenschaft von den Vernunftgründen der Dinge. Alles hat seine *Metaphysik* & seine Praxis: Die Praxis ohne den Vernunftgrund für die Praxis & der Vernunftgrund ohne praktische Betätigung bilden nur eine unvollkommene Wissenschaft. Befragen Sie einen Maler, einen Dichter, einen Musiker, einen Mathematiker, & zwingen Sie ihn, Ihnen Aufschluß über seine Tätigkeit zu geben, das heißt zur *Metaphysik* seiner Kunst zu kommen. Wenn man den Gegenstand der *Metaphysik* auf sinnlose abstrakte Betrachtungen über Zeit, Raum, Materie & Geist beschränkt, so ist sie eine verachtenswerte Wissenschaft; aber wenn man sie unter ihrem wahren Gesichtspunkt betrachtet, so ist das etwas anderes. Nur die, welche nicht genügend Scharfsinn besitzen, sprechen schlecht von ihr. *Anonym*

METHODE – **Méthode (Logik).** Die *Methode* ist die Ordnung, die man einhält, um die Wahrheit zu finden oder um sie zu lehren. Die *Methode*, die Wahrheit zu finden, heißt *Analyse*, & die *Methode*, sie zu lehren, *Synthese*. Man muß auch diese beiden Artikel zu Rate ziehen.

Die *Methode* ist für alle Wissenschaften wichtig, vor allem aber für die Philosophie. Sie verlangt folgendes:

1. Die Fachausdrücke müssen genau definiert sein, denn von der Bedeutung der Fachausdrücke hängt die Bedeutung der Sätze & von der Bedeutung der Sätze der Beweis ab. Es ist evident, daß man eine These nicht beweisen kann, bevor ihre Bedeutung festgelegt ist. Das Ziel der Philosophie ist die Gewißheit: Es ist aber unmöglich, zu ihr zu gelangen, solange man über unbestimmte Fachausdrücke nachdenkt.

2. Alle Prinzipien müssen hinlänglich bewiesen sein; denn jede Wissenschaft beruht auf bestimmten Prinzipien. Die Philosophie ist eine Wissenschaft, folglich hat sie Prinzipien. Von der Gewißheit & Evidenz dieser Prinzipien hängt die Realität der Philosophie ab. Führt man in die Philosophie zweifelhafte Prinzipien ein & läßt sie auch in die Beweisführung eingehen, so verzichtet man auf die Gewißheit. Alle Konsequenzen haben zwangsläufig eine gewisse Ähnlichkeit mit dem Prinzip, aus dem sie sich ergeben. Aus Ungewissem kann nur Ungewisses entspringen, & der Irrtum ist immer der Nährboden anderer Irrtümer. Nichts ist also für die vernünftige *Methode* wichtiger als der Beweis der Prinzipien.

3. Alle Sätze ergeben sich vermittels einer richtigen Folgerung aus bewiesenen Prinzipien: Man darf in die Beweisführung keinen Satz einfließen lassen – es sei denn, er gehöre zu den Axiomen –, der nicht durch die vorausgegangenen Sätze bewiesen & folglich ein notwendiges Ergebnis derselben ist. Es ist die Logik, die uns lehrt, uns von der Gültigkeit der Konsequenzen zu überzeugen.

4. Die Fachausdrücke, die später eingeführt werden, müssen sich aus den vorausgegangenen erklären. Es sind

zwei Fälle möglich: Entweder bringt man Fachausdrücke vor, ohne sie zu erklären, oder man erklärt sie nachträglich. Der erste Fall verstößt gegen die Grundregel der *Methode;* der zweite wird von ihr verurteilt. Einen Fachausdruck gebrauchen & seine Erklärung auf später verschieben heißt den Leser absichtlich verwirren & ihn in der Ungewißheit lassen, bis er die gewünschte Erklärung gefunden hat.

5. Die Sätze, die folgen, müssen durch die vorausgegangenen bewiesen sein. Man kann darüber die folgende Überlegung anstellen: Setzt man Ihnen Sätze vor, für die sich der Beweis nirgends findet, dann ist Ihre Beweisführung ein Luftschloß. Verschiebt man den Beweis dieser Sätze auf später, so errichten Sie ein unregelmäßiges & unzweckmäßiges Gebäude. Die wahre Ordnung der Sätze besteht nämlich darin, sie miteinander zu verknüpfen & auseinander hervorgehen zu lassen, damit die vorausgehenden Sätze zum Verständnis der folgenden dienen: Das ist genau die Ordnung, die unsere Seele bei der Erweiterung ihrer Kenntnisse einhält.

6. Die Bedingung, unter der das Attribut dem Subjekt angemessen ist, muß genau festgelegt sein; denn das Ziel & die ständige Aufgabe der Philosophie ist, Aufschluß über die Existenz der möglichen Dinge zu geben & zu erklären, warum dieser Satz bejaht & jener andere verneint werden muß. Da der Aufschluß darüber aber entweder in der Definition des Subjekts selbst oder in irgendeiner ihm beigeordneten Bedingung enthalten ist, so obliegt es dem Philosophen, zu zeigen, warum das Attribut dem Subjekt angemessen ist, sei es kraft seiner Definition, sei es wegen irgendeiner Bedingung; & in letzterem Fall muß die Bedingung genau festgelegt sein. Ohne diese Vorsicht bleiben Sie im unklaren & wissen nicht, ob das Attribut jederzeit & ohne jede Bedingung dem Subjekt angemessen ist oder ob die Existenz des Attributs irgendeine Bedingung voraussetzt & worin diese besteht.

> *Das Was ist ein kolossales gutmütiges Mastkalb, das Wie eine Ratte. Das Was hat drei Dimensionen, das Wie ist die vierte.*
> *Wie : Was = Trotzdem : Dem.*
> Franz Fühmann, Zweiundzwanzig Tage oder Die Hälfte des Lebens

7. Die Wahrscheinlichkeiten sollen nur als solche ausgegeben werden & folglich die Hypothesen nicht an die Stelle der Thesen treten. Wäre die Philosophie bloß auf Sätze von unbestreitbarer Gewißheit beschränkt, so wäre sie in allzu engen Grenzen eingeschlossen. Darum ist es gut, daß sie auch verschiedene offensichtliche Mutmaßungen mit einbezieht, die der Wahrheit mehr oder weniger nahekommen & die ihren Platz einnehmen in der Erwartung, daß man die Wahrheit findet: Das ist das, was man *Hypothesen* nennt. Aber wenn man sie zuläßt, ist es wichtig, sie nur für das auszugeben, was sie sind, & aus ihnen niemals eine Folgerung zu ziehen, um sie dann als einen bewiesenen Satz hinzustellen. Die Gefahr der *Hypothesen* kommt nur daher, daß man sie als Thesen hinstellt; aber solange sie sozusagen die Grenzen ihres Standes nicht überschreiten, sind sie in der Philosophie sehr nützlich. ☞ *Anonym*

MIKADO – **Jonchets** (**Spiele**). Ein altes Spiel, von dem Ovid berichtet. Früher spielte man *Mikado* mit Binsenhalmen, die erst von Strohhalmen & später von Elfenbeinstäbchen abgelöst wurden. Nach dem Etymologischen Wörterbuch von Ménage scheint der Name im Französischen von *joncs* (Binsen) abgeleitet zu sein. Rabelais vergaß nicht, das Spiel in die lange Liste der Spiele aufzunehmen, mit denen Gargantua die meiste Zeit zubrachte. *Jonchée* (gestreute Blumen oder Zweige) meint laut Nicod »eine Handvoll kleiner Zweige aus Elfenbein, um die Mädchen ausgelassen herumtollen & die man das Halmspiel nennt«. Man ergreift diese Binsenhalme, um sie alle auf einmal loszulassen, so daß sie beim Fallen wahllos verstreut werden. Unsere Kinder spielen *Mikado* heute auch mit Zündhölzern. ☞ *Jaucourt*

MILIZ – **Milice** (**Regierung, Politik**). Dieser Name wird Bauern, Pflügern & Landwirten gegeben, die mit Gewalt für die Truppen ausgehoben werden. Nach den Gesetzen des Königreichs rekrutieren sich die Heere zu Kriegszeiten aus der Landbevölkerung, die unterschiedslos zum Dienst bei der *Miliz* verpflichtet ist. Die Furcht, die diese Verfügung erzeugt, teilen der arme Landmann & der aus bescheidenen Verhältnissen mit dem wohlhabenden. Wenn der einzige Sohn eines einfachen Landwirts das väterliche Haus in dem Moment verlassen muß, in dem seine Arbeit seinen armen Eltern helfen & sie für die Anstrengungen, ihn aufgezogen zu haben, entschädigen würde, ist das ein unersetzlicher Verlust. Selbst der besser gestellte Bauer zöge seinem Stand jeden Beruf vor, der ihm ein solches Opfer ersparen würde.

Diese Einrichtung hat sich zweifellos als zu nützlich für die Monarchie erwiesen, als daß ich es wagen würde, sie anzutasten. Indessen scheint zumindest bei der Durchführung eine Mäßigung möglich, mit der man die gegebenen Schwierigkeiten teilweise beheben könnte, ohne die Monarchie in ihrem Nerv zu treffen. Könnte man nicht jeder Pfarrei gestatten, die Männer zu kaufen, die sie abzustellen hat, statt sie durch ein Los zu bestimmen? Überall finden sich junge Männer, die Dienst leisten wollen, die ihn jedem anderen Beruf vorziehen würden, & die Kosten ließen sich jedem Einwohner gemäß seiner Besteuerung anteilsmäßig auferlegen. Zweifellos wird man befürchten, diese Regelung würde die unerlaubte Entfernung von der Truppe erleichtern. Wenn die Pfarreien aber verpflichtet wären, Fahnenflüchtige zu ersetzen, hätten sie sicher mehr

Interesse daran, nach Untertanen zu suchen, von deren Loyalität sie überzeugt sind, & da das Interesse die stärkste Triebkraft des Menschen ist, wäre es da nicht ein gutes Mittel, wenn die Pfarreien ihren *Milizionären* am Ende eines jeden Jahres eine kleine Rente ausbezahlten? Die Kosten würden sich dadurch für den Pfarrbezirk nicht erhöhen, denn er würde einen Soldaten erhalten, der sich kaum ein besseres Auskommen erhoffen könnte: Zu Friedenszeiten müßte die Pfarrei lediglich für die kleinen Privilegien aufkommen, die man ihm gewähren würde, um ihn in dem Bezirk festzuhalten, der ihn eingestellt hat, & alle sechs Jahre würde entweder seine Anstellung zu äußerst maßvollen Bedingungen erneuert werden, oder man würde ihn durch einen anderen freiwilligen *Milizionär* ersetzen. Im übrigen müssen die Vorteile, die die *Miliz* selbst bietet, sorgfältig mit den Nachteilen abgewogen werden, die sich aus ihr ergeben, denn es gilt zu bedenken, ob nicht eine gesunde Landwirtschaft, Ackerbau & das Wohl der Bevölkerung dem Ruhm vorzuziehen sind, wie Xerxes große Heere aufzustellen. *Jaucourt*

MIRSA – **Mirza ou Myrza** (**Geschichte**). Würdentitel, der »Sohn des Prinzen« bedeutet; die Tataren gewähren ihn nur Personen von sehr edlem & sehr altem Geschlecht. Die Töchter des *Mirsa* dürfen nur *Mirsas* ehelichen, die Prinzen dagegen dürfen Sklavinnen heiraten, & ihre Söhne tragen den Titel *Mirsa.* Man sagt, daß alle Tataren- oder *Mirsa*-Prinzessinnen mondsüchtig sind: aus diesem Zeichen schließt man auf die Rechtmäßigkeit ihrer Geburt, was insbesondere ihre Mütter erfreut, weil es beweist, daß sie nicht aus einem Ehebruch hervorgegangen sind. Auch die Verwandten freuen sich darüber, & sie beglückwünschen einander zu dem, was ihnen zufolge ein unfehlbares Adelszeichen ist. Wenn die Mondsüchtigkeit sich kundtut, feiert man dieses Phänomen mit einem Festmahl, zu dem die Töchter der anderen *Mirsas* eingeladen sind, worauf die Mondsüchtige drei Tage & drei Nächte lang ununterbrochen tanzen muß, ohne daß sie trinken, essen & schlafen darf; & diese Übung läßt sie wie tot zu Boden fallen. Am dritten Tag gibt man ihr eine Brühe aus Pferde- & anderem Fleisch. Nachdem sie sich ein wenig erholt hat, beginnt der Tanz von neuem, & diese Übung wiederholt sich bis zu drei Malen; dann ist die Krankheit für immer geheilt. (Cantemir, *Geschichte des Osmanischen Reichs*) *d'Holbach*

MISSILIEN – **Missilia** (**Alte Geschichte**). Geldgeschenke, die man unter das Volk warf. Man umwickelte das Geld mit Stofflappen, damit es niemanden verletzte. Diese Geschenke wurden bei Krönungen gemacht. Es gab zu diesem Zweck errichtete Türme. Statt Geld verteilte man bisweilen Vögel, Nüsse, Datteln, Feigen. Man warf auch Würfel hinunter. Wer sie fangen konnte, ließ sich sodann die durch ihren Würfel bezeichneten Dinge aushändigen: Weizen, Tiere, Geld, Kleider. Kaiser Leo schaffte diese Art von Geschenken ab, die stets große Unordnung verursachten. Diejenigen, die sie machten, ruinierten sich; diejenigen, die sich zusammenrotteten, um daran teilzuhaben, verloren dabei manchmal das Leben. Das wahre Geschenk ist die Erleichterung der Steuern. Wer einem Volk, das man mit Subsidien erdrückt, etwas schenkt, der kleidet es mit der einen Hand ein & zieht ihm mit der anderen die Haut ab. *Anonym*

MISSGEBURT – **Monstre** (**Zoologie**). Lebewesen, das mit einem der Ordnung der Natur zuwiderlaufenden Körper geboren ist, das heißt mit einem Körperbau, welcher von dem für die Gattung, der es entstammt, charakteristischen Bau stark abweicht. Es gibt zahlreiche Erscheinungsformen von *Mißgeburten* je nach Art ihrer Mißbildung, & man zieht zwei Hypothesen heran, um die Entstehung von *Mißgeburten* zu erklären: Die erste geht von einer uranfänglichen, grundlegenden Mißbildung der Eier aus; die zweite sucht in den besonderen Begleitumständen nach dem Grund für all diese Mißbildungen.

Handelt es sich lediglich um eine leichte & belanglose Abweichung, ruft die Sache kein Erstaunen hervor, & man bezeichnete das Lebewesen, das davon betroffen ist, nicht als *Mißgeburt.*

Die einen haben zu viele Körperteile, den anderen fehlen welche; so gibt es *Mißgeburten* mit zwei Köpfen & solche, die keine Arme, keine Füße haben; manche leiden an außergewöhnlichen & bizarren Mißbildungen, an den

Wie geb ich Euch ein treuliches Abbild der Spottgeburt, welche ich mit so unendlicher Mühe und Sorgfalt zu formen versucht? Wohl waren die Gliedmaßen in der rechten Proportion, und auch die Züge hatte ich dem Kanon der Schönheit nachgebildet. Schönheit! – Allmächtiger! Die gelbliche Haut verdeckte nur notdürftig das Spiel der Muskeln und das Pulsieren der Adern. Das Haupthaar war freilich von schimmernder Schwärze und wallte überreich herab. Auch die Zähne erglänzten so weiß wie die Perlen. Doch standen solche Vortrefflichkeiten im schaurigsten Kontraste zu den wäßrigen Augen, welche nahezu von derselben Farbe schienen wie die schmutzigweißen Höhlen, darein sie gebettet waren, sowie zu dem runzligen Antlitz und den schwarzen, aller Modellierung entbehrenden Lippen. Oft genug hatte ich in dies Antlitz gestarrt, solange es noch nicht vollendet gewesen, und schon damals war es mir häßlich genug erschienen. Als aber seine Muskeln und Scharniere sich zu bewegen begonnen, war ein Etwas aus ihnen geworden, wie es nicht einmal ein Dante hätte aussinnen können.

Mary Shelley, Frankenstein oder Der moderne Prometheus

unausgewogenen Größenverhältnissen ihrer Körperteile, daran, daß ein oder mehrere Körperteile erheblich verrutscht sind & durch diese Mißbildung an einer ungewöhnlichen Stelle sitzen; wieder andere schließlich daran, daß Körperteile zusammengewachsen sind, die nach der Ordnung der Natur & zur Erfüllung ihrer Funktionen immer getrennt sein sollten, oder daran, daß Körperteile entzweit sind, die nach derselben Ordnung & aus den gleichen Gründen immer zusammengehören. ☚ *Formey*

In den Abhandlungen der Akademie der Wissenschaften findet sich ein langer Disput zwischen zwei berühmten Männern, der bei der Heftigkeit, mit der sie sich stritten, nie ein Ende gefunden hätte, wäre nicht einer der Gegner gestorben. Es ging um *Mißgeburten*. Mißgestalteten Tieren, denen Körperteile fehlen oder die welche zuviel haben, begegnet man bei allen Gattungen. Die beiden Anatomiker machten die Eier zum Ausgangspunkt ihres Streits. Während der eine überzeugt war, daß *Mißgeburten* schon seit jeher nur die Folgen eines Unfalls seien, den die Eier erlitten hätten, behauptete der andere, es gebe Eier, die von Anfang an mißgebildet seien, die ebenso vollkommene *Mißgeburten* enthielten wie andere Eier vollkommen wohlgeformte Lebewesen.

Der eine erklärte recht einleuchtend, wie es durch die Störung der Ordnung in den Eiern zu *Mißgeburten* kommt. Für eine *Mißgeburt*, aus der ein durch Fehlbildung verstümmeltes Kind hervorgeht, genüge es, wenn durch einen Unfall Körperteile in noch nicht gefestigtem Zustand im Ei zerstört würden; die Vereinigung oder Vermengung von zwei Eiern oder zwei Keimen eines einzigen Eis erzeuge die *Mißgeburten* mit Überschuß, Kinder, die mit überzähligen Körperteilen geboren werden. Die erste Stufe der *Mißgeburt* seien Zwillinge, die einfach zusammengewachsen sind, wie man es bisweilen gesehen hat. In diesem Fall sei kein grundlegender Teil der Eier zerstört worden. Einige unwesentliche Teile der Föten, die an einigen Stellen gerissen & von dem einen mit Hilfe des anderen geflickt worden seien, hätten dieses Zusammenwachsen der beiden Körper verursacht. *Mißgeburten* mit zwei Köpfen auf einem einzigen Körper oder zwei Körpern unter einem einzigen Kopf würden sich von den vorgenannten nicht unterscheiden, hierbei seien lediglich mehr Teile in einem der Eier zerstört worden: im ersten Fall all jene, die einen Körper bildeten, im anderen diejenigen, die einen Kopf bildeten. Ein Kind mit einem überzähligen Finger wäre demnach eine *Mißgeburt*, die aus zwei Eiern entstanden ist, von denen eines in allen seinen Teilen außer dem Finger zerstört wurde. Sein Gegner, mehr Anatomiker als Denker, ließ sich nicht blenden von einer gewissen Vernunft, die dieser Theorie innewohnte, & hielt ihr lediglich die Fälle von *Mißgeburten* entgegen, die er zum größten Teil selbst seziert hatte & in denen er auf Mißbildungen gestoßen war, die er sich durch keine zufällige Störung der Ordnung mehr erklären konnte.

Während der eine überlegte, wie er diese Störungen erklären konnte, wuchs die Zahl der *Mißgeburten*, die der andere anführte. Auf jede Ursache, die Monsieur Lemery anführte, schickte Monsieur Winslow eine neue *Mißgeburt* ins Feld, mit der sich sein Gegner herumschlagen mußte.

Schließlich war man bei den metaphysischen Gründen angelangt. Der eine fand es skandalös, anzunehmen, Gott hätte Keime erschaffen, die von Anfang an *Mißgeburten* darstellten. Der andere war überzeugt, es hieße, die Macht Gottes einzuschränken, wollte man ihn auf Regelmäßigkeit & umfassende Einheitlichkeit festlegen.

Wer sich dafür interessiert, wie diese Auseinandersetzung geführt wurde, findet sie in den Abhandlungen der Akademie, Jahrgänge 1724, 1733, 1734, 1738 & 1740.

Ein berühmter dänischer Schriftsteller vertrat eine andere Auffassung über *Mißgeburten*. Er schrieb ihre Entstehung der Einwirkung von Kometen zu. Es ist wunderlich, aber ziemlich beschämend für den menschlichen Verstand, wie dieser berühmte Arzt die Kometen als Abszesse des Himmels abhandelt & eine Diät verordnet, um sich vor Ansteckung zu schützen. ☚ *Anonym*

MISSGESCHICK – **Infortune** (**Grammatik**). Folge von Unglücksfällen, zu denen der Mensch keinen Anlaß gegeben hat & bei denen er sich keinen Vorwurf zu machen braucht. Das *Mißgeschick* bricht über uns herein; manchmal ziehen wir das Unglück an. Es scheint Menschen zu geben, die vom *Mißgeschick* verfolgt werden, das heißt, die ihr Schicksal überall hinführt, wo es Verluste zu ertragen, Widrigkeiten zu erdulden, Schmerzen zu erleiden gibt. So ist die Welt für sie eingerichtet & sie für die Welt. Allein schon diese Notwendigkeit würde ausreichen, ein halbwegs vernünftiges Wesen zur Ablehnung des Lebens zu bringen, wenn man zwischen dem Nichts & der Welt einen Ort & vor der Geburt einen Augenblick vermuten könnte, wo man ihm all das vor Augen führte, was er, wenn er leben will, zu fürchten & zu erhoffen hat. ☚ *Diderot*

MODE (**Künste**). Brauch, Sitte, Art & Weise, sich zu kleiden oder sich schön zu machen, kurz alles, was zu Schmuck & Prunk dient. So kann die *Mode* politisch & philosophisch betrachtet werden.

Obwohl das Verlangen, mehr zu gefallen als die anderen, den Schmuck hervorgebracht hat, obwohl das Verlangen, mehr zu gefallen, als man an sich gefällt, die *Moden* geschaffen hat & obwohl diese schließlich dem Leichtsinn entspringen, sind sie doch ein bedeutender Gegenstand, dank welchem ein den Luxus fördernder Staat die Zweige seines Handels unaufhörlich erweitern kann. Diesen Vorteil haben die Franzosen gegenüber mehreren anderen Völkern. Schon im sechzehnten Jahrhundert begannen

> Ich bin zur *New School* gegangen, um mich vorzustellen, wo man mir umstandslos eröffnete: »Es geht ganz und gar nicht, daß Sie sich Lévi-Strauss nennen. Hier werden Sie sich Claude L. Strauss nennen.« Warum, habe ich gefragt, und man hat mir geantwortet: »The students would find it funny.« *Wegen der* blue-jeans! *Ich lebte also mehrere Jahre in den Vereinigten Staaten mit einem verstümmelten Patronym.*
>
> Claude Lévi-Strauss, Das Nahe und das Ferne

ihre *Moden* sich auf die Höfe Deutschlands, Englands & der Lombardei zu übertragen. Die italienischen Historiker beklagten sich, daß man sich in ihrem Lande nach dem Durchzug Karls VIII. mit Vorliebe französisch kleidete & aus Frankreich alles kommen ließ, was zum Schmuck diente. Lord Bolingbroke berichtet, daß zur Zeit Colberts die Gegenstände, Verrücktheiten & Frivolitäten des französischen Luxus England im Jahr fünf- bis sechshunderttausend Pfund Sterling kosteten, das heißt mehr als elf Millionen in unserem heutigen Geld, & die anderen Nationen fast ebensoviel.

Ich lobe die Betriebsamkeit eines Volkes, das darauf ausgeht, für seine Sitten & seinen Zierat andere zahlen zu lassen; »sehr wohl aber«, sagt Montaigne, »ärgere ich mich über seine Leichtfertigkeit, sich vom Machtanspruch dessen, was im Schwange ist, derart an der Nase herumführen & mit Blindheit schlagen zu lassen, daß es, wenn die *Mode* es so will, seine Meinung jeden Monat ändert, um sie der jeweils vorherrschenden anzupassen. Solange man die Verstärkungsstäbe des Wamses oben im Brustteil trug, vertraten alle aufs lebhafteste die Auffassung, sie befänden sich am rechten Ort. Ein paar Jahre später sind sie nun bis zu den Schenkeln hinabgewandert, & schon macht man sich über den früheren Brauch lustig & findet ihn albern, ja unerträglich: Die neueste Art, sich zu kleiden, ist sogleich Grund genug, die alte entschieden & einstimmig zu verurteilen. Offensichtlich handelt es sich also um eine Art Massenwahn, der den Leuten den Verstand raubt.«

Es ist allerdings verkehrt, sich über diese oder jene *Mode* zu ereifern, die doch, so wunderlich sie auch sein mag, schmückt & schön macht, solange sie dauert, & aus der man den größten Vorteil zieht, den man erhoffen kann, nämlich den, zu gefallen. Man sollte sich nur über die Unbeständigkeit & den Leichtsinn der Menschen wundern, die kurz nacheinander die verschiedensten Dinge schmuck & gefällig finden & die das, was ihnen als würdiger Schmuck gedient hat, für das Komische & für die Maskerade verwenden.

Eine Narrheit, die unsere Engstirnigkeit verrät, ist aber die Unterwerfung unter die *Mode,* wenn man sie auch auf das ausdehnt, was den Geschmack, die Lebensweise, die Gesundheit, das Gewissen, den Geist & die Kenntnisse betrifft. *Jaucourt*

Mode: Das ist das wahre Reich der Veränderung & der Willkür. Die *Moden* heben sich gegenseitig auf & lösen einander zuweilen ohne den geringsten Anschein von Vernunft ab, denn das Verrückte wird meistens den schönsten Dingen nur deshalb vorgezogen, weil es neuartig ist. Erscheint bei uns ein scheußliches Tier, so lassen die Frauen es sogleich aus seinem Stall auf ihre Köpfe befördern. Alle Teile ihrer Kleidung nehmen seinen Namen an, & es gibt keine vornehme Dame, die nicht drei oder vier Rhinozeroshäute auf ihrem Leibe trüge; ein andermal läuft man in alle Geschäfte, um irgendeinen Kopfputz zu kaufen, eine Mütze aus Kaninchenfell, einen duftigen Hut, eine Liebeshaube, eine kometenförmige Haube.

Was man auch immer über den schnellen Wechsel der *Moden* sagen mag, so hat doch die letzte einen ganzen Frühling gedauert, & ich habe einige jener Leute, die Betrachtungen über alles anstellen, sagen hören, daß nichts allzu Außergewöhnliches an dem zur Zeit herrschenden Geschmack sei, von dem diese *Mode* doch eine gewisse Vorstellung vermittelt.

Eine Aufzählung aller vergangenen & zur Zeit nur in Frankreich herrschenden *Moden* könnte ohne Übertreibung die Hälfte aller Bände füllen, die wir angekündigt haben, & gingen wir auch nur sieben oder acht Jahrhunderte zu unseren Vorfahren zurück, die doch in jeder Hinsicht viel nüchterner dachten als wir. *Anonym*

MODERN – **Moderne.** Alles, was neu ist oder aus unserer Zeit stammt, im Gegensatz zu dem, was alt ist. Siehe Alt.

MODERN – (**Mathematik**). So nennt man die verschiedenen Teile der Mathematik & der Physik, wenn man ihren Zustand & ihr derzeitiges Anwachsen mit dem Zustand vergleicht, in dem die Alten sie uns überliefert haben. Die *moderne* Astronomie hat mit Kopernikus begonnen; die *moderne* Geometrie ist die Geometrie des unendlich Kleinen; die *moderne* Physik war die von Descartes im vorigen Jahrhundert, & in diesem Jahrhundert ist es die von Newton. *d'Alembert*

MODERNEN, DIE – **Modernes.** Naudé nennt diejenigen lateinischen Autoren *modern,* die nach Boetius geschrieben haben. Man hat viel über den Vorrang der Alten vor den *Modernen* gestritten, & obgleich letztere zahlreiche Anhänger hatten, so fehlt es doch auch ersteren nicht an erlauchten Verfechtern.

Modern sagt man auch in bezug auf den Geschmack, nicht in absolutem Gegensatz zu dem, was alt ist, sondern zu dem, was alt ist & von schlechtem Geschmack zeugt. So spricht man von »*moderner* Architektur«, wiewohl die *moderne* Architektur nur insofern schön ist, als sie dem Geschmack der Antike nahekommt. Siehe Antike. *Anonym*

MONARCH – **Monarque** (**Regierung**). Herrscher in einem monarchischen Staat. Der Thron ist das höchste Amt, das ein Sterblicher bekleiden kann, weil es dasjenige ist, in dem man am meisten Gutes tun kann. Gerne lese ich, welches Interesse der Verfasser des Buches *Vom Geist der Gesetze* dem Glück der Fürsten widmet & welche Verehrung er ihrer überragenden Stellung entgegenbringt.

Hätte der *Monarch,* sagt er, keine Furcht, fiele es ihm schwer, zu glauben, wie sehr man ihm gewogen ist & ihn liebt. Nun! Warum sollte man ihn auch nicht lieben? Er ist die Quelle fast aller Wohltaten, & fast alle Strafen gehen auf das Konto der Gesetze. Er zeigt sich dem Volk immer nur von seiner heiteren Seite: Sein Ruhm strahlt auf uns alle ab, & seine Macht stützt uns. Das Vertrauen, das man in ihn hat, ist ein Beweis für die Liebe zu ihm, & wo ein Minister abschlägig antwortet, glaubt man noch immer, der Fürst hätte zugestimmt. Selbst wenn der Staat in großen Schwierigkeiten steckt: Man klagt nicht über seine Hoheit, man beklagt sich über das, wovon er nichts weiß, oder darüber, daß er von korrupten Leuten bedrängt wird. »Wenn das der Fürst wüßte«, sagt das Volk. Es ist eine Art Anrufung.

Der *Monarch* soll sich also beliebt machen. Es muß ihm schmeicheln, wenn ihn alle bis zum geringsten seiner Untertanen lieben: Auch sie sind Menschen. Das Volk verlangt so wenig Aufmerksamkeit, daß es nur richtig ist, sie ihm zu gewähren. Die unendliche Entfernung, die zwischen dem *Monarchen* & dem Volk liegt, verhindert, daß ihm dies zur Last wird. Auch muß er an sich selbst Gefallen finden, sagt Montaigne, & sich wie Hinz & Kunz mit sich selbst bekannt machen. Gnade soll die Tugend sein, die ihn auszeichnet, doch es geht mehr darum, Seelengröße zu zeigen, als von ihr Gebrauch zu machen, sagte Cicero zu Cäsar.

Die Sitten des *Monarchen* tragen ebenso zur Freiheit bei wie die Gesetze. Wenn er die freie Seele liebt, wird er Untertanen regieren, wenn er die geknechtete Seele liebt, wird er Sklaven haben. Möchte er seiner Regentschaft Glanz verleihen, soll er sich mit Ehren, Verdiensten & Tugenden umgeben. So zugänglich er für Bitten sein soll, so sehr soll er sich gegenüber Gesuchen verschließen, denn er sollte wissen, daß sich das Volk über seine abschlägigen Bescheide freut & seine Höflinge über seine Gnaden. *Jaucourt*

MONARCHIE – **Monarchie** (**Regierungsform**). Form der Regierung, bei der ein einzelner nach fest bestimmten Gesetzen regiert.

Die *Monarchie* ist jener Staat, in dem die höchste Gewalt & alle die ihr wesentlichen Rechte ungeteilt in den Händen eines einzigen, König, Monarch oder Kaiser genannten Mannes liegen. Erläutern wir nach Montesquieu das Prinzip dieser Regierungsform, ihre Erhaltung & ihren Niedergang. Die Natur der *Monarchie* besteht darin, daß der Monarch die Quelle jeglicher politischen & zivilen Gewalt ist & daß er den Staat als einzelner nach bestimmten Grundgesetzen regiert; denn gäbe es im Staat nur die momentanen & launenhaften Entschlüsse eines einzelnen ohne jegliche Grundgesetze, so wäre es eine despotische Regierung, in der ein einzelner alles nach seinem Willen lenkt. Die *Monarchie* jedoch regiert nach Gesetzen, die in den Händen politischer Körperschaften liegen, welche die Gesetze verkünden, sobald sie erlassen sind, & sie in Erinnerung rufen, wenn man sie vergißt. *Jaucourt*

Mein Vetter Roger erzählt, daß der Erzbischof von Canterbury sich jetzt eine Geliebte hält, was offenbar allgemein bekannt ist. Lady Castlemaine hat sich in den jungen Jermin verliebt; sie hat jetzt öfter mit ihm geschlafen als mit dem König. Sie ist aber wütend, weil Jermin Lady Falmouth heiraten will, der König ist wütend, weil sie sich mit Jermin abgibt – so sind alle wütend und verrückt in unserem Königreich.

Samuel Pepys, Tagebuch, 29. Juli 1667

ABSOLUTE MONARCHIE – **Monarchie absolue** (**Regierungsform**). Form der *Monarchie,* in der die Gesamtheit der Staatsbürger die Souveränität auf den Fürsten übertragen zu müssen glaubte, & zwar mit jener Uneingeschränktheit & absoluten Gewalt, die ursprünglich bei ihnen lag, & ohne eine andere Begrenzung als die durch die Gesetze gegebene. Man darf die absolute Gewalt eines solchen Monarchen nicht mit der despotischen Willkürherrschaft verwechseln; denn der Ursprung & das Wesen der *absoluten Monarchie* wird durch ihr Wesen selbst, durch die Absicht derer, von denen sie der Monarch erhält, & durch die Grundgesetze seines Staates eingeschränkt. Da die Völker, die unter einer guten Ordnung leben, glücklicher sind als diejenigen, die ungezügelt & ohne Oberhaupt in den Wäldern umherstreifen, so sind die Monarchen, die unter den Grundgesetzen ihres Staates leben, glücklicher als die despotischen Fürsten, die nichts haben, was das Herz ihrer Völker & ihr eigenes lenken könnte. *Jaucourt*

EINGESCHRÄNKTE MONARCHIE – **Monarchie limitée** (**Regierungsform**). Eine Art der *Monarchie,* in der die drei Gewalten so eng miteinander verknüpft sind, daß sie einander die Waage halten & als Gegengewichte dienen. Die *eingeschränkte Erbmonarchie* scheint die beste Form der *Monarchie* zu sein, weil in ihr – ganz abgesehen von ihrer Stabilität – die gesetzgebende Körperschaft aus zwei Teilen besteht, von denen der eine den anderen zügeln kann, & weil beide durch die vollziehende Gewalt, die ihrerseits durch die gesetzgebende in Schranken gehalten wird, gebunden sind. So sieht die Regierung in England aus, deren stets beschnittene, stets blutende Wurzeln im Laufe der Jahrhunderte zum Erstaunen der anderen Nationen die stets gleichbleibende Mischung von Freiheit & Königsmacht hervorgebracht haben. In den anderen europäischen *Monarchien,* die wir kennen, sind die drei Gewalten nicht auf solche Weise miteinander verknüpft; jede von ihnen hat eine besondere Bestimmung, derzufolge sie der politischen Freiheit mehr oder weniger nahekommt. Sosehr man in Schweden diesen kostbaren Vorteil zu genießen scheint, so weit ist man von ihm in Dänemark entfernt. Die russische *Monarchie* aber ist reiner Despotismus. *Jaucourt*

MONOPOL – **Monopole (Jurisprudenz).** Das ist der unerlaubte & schändliche Handel, den derjenige treibt, der sich zum alleinigen Besitzer einer Ware macht, um ihr alleiniger Verkäufer zu werden & sie so hoch zu veranschlagen, wie ihn gutdünkt, oder der sich Freibriefe des Fürsten erschleicht, damit er allein befugt sei, mit einer bestimmten Ware Handel zu treiben. Schließlich spricht man auch von *Monopol,* wenn sich alle Kaufleute derselben Körperschaft einig sind, den Preis der Waren nach oben zu treiben oder irgendeine Änderung an ihm vorzunehmen. *Boucher d'Argis*

MOSAISCHE & CHRISTLICHE PHILOSOPHIE – **Mosaïque & chrétienne, philosophie (Geschichte der Philosophie).** Skeptizismus & Leichtgläubigkeit sind zwei Übel, die eines denkenden Menschen gleichermaßen unwürdig sind. Weil es Unwahres gibt, ist doch nicht alles unwahr, & weil es Wahres gibt, ist doch nicht alles wahr. Der Philosoph bestreitet oder anerkennt nichts ohne Prüfung; er hat zu seiner Vernunft ein berechtigtes Vertrauen; er weiß aus Erfahrung, daß die Erforschung der Wahrheit mühsam ist, aber er hält sie nicht für unmöglich, er wagt bis zum Boden seines Brunnens hinabzusteigen, während der mißtrauische oder kleinmütige Mensch sich nur über den Rand des Brunnens beugt, von dort aus urteilt & sich täuscht – sei's, daß er behauptet, er sehe trotz der Entfernung & der Dunkelheit den Boden, sei's, daß er erklärt, daß dort unten nichts sei. Daher jene unglaubliche Menge verschiedener Meinungen; daher der Zweifel; daher die Verachtung der Vernunft & der Philosophie; daher die angebliche Notwendigkeit, zur Offenbarung als der einzigen Fackel, die uns in den Naturwissenschaften & in den Moralwissenschaften leuchten könne, Zuflucht zu nehmen; daher die abscheuliche Vermengung der Theologie & der Systeme – eine Vermengung, welche die Religion & die Philosophie endgültig in Verruf gebracht hat: die Religion, indem sie diese der Diskussion unterwarf, & die Philosophie, indem sie diese dem Glauben unterwarf. Man räsonnierte, wenn man glauben mußte, & man glaubte, wenn man räsonnieren mußte; & man sah in einem einzigen Augenblick eine Menge schlechter Christen & schlechter Philosophen entstehen. Die Natur ist das einzige Buch des Philosophen; die Heilige Schrift ist das einzige Buch des Theologen. Sie haben jeder ihre besondere Argumentation. Die Autorität der Kirche, der Tradition, der Kirchenväter, der Offenbarung bestimmt die eine; die andere erkennt nur das Experiment & die Beobachtung als Führer an: Beide machen von ihrer Vernunft Gebrauch, aber in einer besonderen & unterschiedlichen Art & Weise, die man nicht ohne Nachteil für die Fortschritte des menschlichen Geistes & nicht ohne Gefahr für den Glauben verwechselt. Das verstanden diejenigen nicht, die sich von der sektiererischen Philosophie & dem Pyrrhonismus abgestoßen fühlten & die sich über die Naturwissenschaften aus den Quellen unterrichten wollten, aus denen allein bis dahin die Heilslehre geschöpft hatte. Die einen hielten sich gewissenhaft an den Wortlaut der Schriften, die anderen verglichen die Aussage des Moses mit den Phänomenen, erblickten dabei durchaus nicht die Übereinstimmung, die sie sich gewünscht hätten, & verirrten sich in allegorischen Erklärungen. So kam es, daß es keine Absurditäten gab, die erstere nicht verteidigt hätten, & keine Entdeckungen, welche die anderen nicht in demselben Werk gemacht hätten. *Diderot*

MUMMENSCHANZ – **Momerie (Grammatik).** Possenspiel, scheinheiliges & albernes Verhalten oder verächtliches & lächerliches Zeremoniell. Es gibt keine Religion, die nicht durch irgendeinen *Mummenschanz* entstellt wäre. Sich von den Herrschern berühren zu lassen, wenn man die Skrofeln hat, ist ein *Mummenschanz.* Der in England herrschende Brauch, den Monarchen kniend zu bedienen, ist eine Art *Mummenschanz.* Es gibt Leute, deren Leben ein beständiger *Mummenschanz* ist; sie machen sich innerlich über die Sache lustig, die sie zu verehren scheinen & vor der sie die Menge der Toren, die sie täuschen, die Stirn bis in den Staub beugen lassen. Wie viele angebliche Wissenschaften sind nur *Mummenschanz!* *Anonym*

MUSEUM – **Musée (Grammatik).** Örtlichkeit der Stadt Alexandria in Ägypten, wo man auf Staatskosten eine bestimmte Anzahl verdienstvoller Literaten unterhielt, so wie man in Athen im Prytanäum Personen unterhielt, die der Republik wichtige Dienste erwiesen hatten. Unstreitig war der Name der Musen, Göttinnen & Beschützerinnen der schönen Künste, die Quelle für den Namen *Museum.*

Das im Stadtviertel Brucheion gelegene *Museum* von Alexandria war Strabon zufolge ein großes Gebäude, geschmückt mit Säulenhallen & Galerien, in denen man lustwandelte, großen Sälen, in denen man über Literatur sprach, & einem besonderen Saal, in dem die Gelehrten gemeinsam speisten. Dieses Gebäude war ein Denkmal der Freigebigkeit der Ptolemäer, Liebhaber & Gönner der Wissenschaften.

Das *Museum* hatte seine besonderen Einkünfte für den Unterhalt der Gebäude & seiner Bewohner. Ein von den Königen Ägyptens ernannter Priester stand ihm vor. Diejenigen, die im *Museum* wohnten, trugen nicht allein durch ihre Sorgfalt zur Nützlichkeit der Bibliothek bei, sondern auch durch die Gespräche, die sie untereinander pflegten; sie nährten die Liebe zu den schönen Wissenschaften & regten den Wetteifer an; verköstigt & mit allem Nötigen versorgt, konnten sie sich ganz dem Studium widmen. Dieses glückliche & geruhsame Leben war der Lohn & gleichzeitig der Beweis für das Verdienst & für die Gelehrtheit.

Man weiß nicht genau, ob das *Museum* der Feuersbrunst zum Opfer fiel, welche die Bibliothek von Alexandria zerstörte, als Julius Cäsar, im Brucheion belagert, gezwungen war, die Flotte, die im nahe gelegenen Hafen lag, in Brand zu stecken. Sollte das *Museum* in Mitleidenschaft gezogen worden sein, so wurde es seitdem gewiß wiederhergestellt, denn Strabon, der unter Tiberius seine *Geographie* schrieb, erwähnt es als ein Gebäude, das zu seiner Zeit bestand.

Ich mißtraue den Museen, besonders, wenn es sich um Institutionen handelt, die dazu neigen, »alles« zu sammeln und zu katalogisieren. Eine Bibliothek ist pedantisch, aber ehrbar. Sie erhebt nicht den Anspruch, einmalig zu sein. Das Museum pocht auf sein solitäres, exemplarisches Wesen, seine Unwiederholbarkeit. Es besteht aus lauter einmaligen Objekten. Jedes Exemplar ist eine Beute: gekauft, ergattert, verschleppt, aufgestöbert, ausgegraben, gestohlen, verdorben, eingetauscht, heimlich entwendet. Voraussetzung für ein Museum ist eine Leidenschaft, die das Verbrechen nicht scheut, ist eine düstere Konzentration und die mythologische Einbildung, man könne einen flachen, abgeschlossenen ptolemäischen Raum aus der runden kopernikanischen Welt herausschneiden. Giorgio Manganelli, Die Uffizien

Wie dem auch sei, die römischen Kaiser, die nun über Ägypten herrschten, behielten sich das Recht vor, den Priester zu ernennen, der dem *Museum* vorstand, so wie es die Ptolemäer getan hatten.

Kaiser Claudius gründete in Alexandria noch ein weiteres *Museum* & gab ihm seinen Namen. Er ordnete an, daß man dort abwechselnd seine Schriften über die Etrusker & über die Karthager lese, die er in griechischer Sprache geschrieben hatte. Es gab dort einen ordentlichen Unterricht & gut besuchte Vorträge von Professoren, denen zu lauschen sogar Fürsten nicht verschmähten. Spartianus berichtet, daß Hadrian, als er nach Alexandria reiste, den Philosophen Fragen vorlegte & auf die Fragen antwortete, die sie ihm stellten, & daß er mehreren Gelehrten Plätze im *Museum* bewilligte.

Als sich die Stadt Alexandria unter der Herrschaft Mark Aurels auflehnte, wurde das Brucheion-Viertel, in dem sich auch die Zitadelle befand, belagert & das *Museum* zerstört. Seither waren der Serapis-Tempel & sein *Museum* die Heimstatt der Bücher & Gelehrten. Doch unter Theodosius ließ Theophilos, Patriarch von Alexandria, ein hitziger Mann, sowohl den Tempel als auch das *Museum* niederreißen, so daß von dieser Schule bis zum Jahre 630 n. Chr. nur noch ihr Ruf fortdauerte, dem Jahr, in dem die Sarazenen die Reste der Bibliothek von Alexandria niederbrannten.

Seither verwendet man das Wort *Museum* im weiteren Sinn für jede Stätte, in der Dinge aufbewahrt werden, die einen unmittelbaren Bezug zu den Künsten & den Musen haben. Siehe Kabinett.

Das *Museum* von Oxford, *Ashmolean Museum* genannt, ist ein großes Gebäude, das die Universität für den Fortschritt & die Vervollkommnung der verschiedenen Wissenschaften errichten ließ. Es wurde 1679 begonnen & 1683 fertiggestellt. Zur selben Zeit stiftete der königliche Heraldiker Elias Ashmole der Universität von Oxford eine reichhaltige Sammlung von Raritäten, die darin Eingang fanden & später von Doktor Plott, dem ersten Aufseher des *Museums*, geordnet & aufgestellt wurden.

Seitdem ist diese Sammlung beträchtlich erweitert worden, unter anderem durch eine große Anzahl von Hieroglyphen & verschiedenen ägyptischen Raritäten, die Doktor Huntington stiftete, eine von Goodgear gestiftete vollständige Mumie, ein Naturalienkabinett, das Lister dem *Museum* zum Geschenk machte, sowie verschiedene römische Altertümer wie Altäre, Münzen, Lampen &c.

Am Eingang des *Museums* liest man folgende Inschrift: *Musaeum ashmoleanum, Schola naturalis historiae, Officina chimica*. *Anonym*

Musse – **Loisir** (**Grammatik**). Freie Zeit, die unsere Pflichten uns lassen & über die wir auf angenehme & ehrbare Weise verfügen können. Wenn uns eine gute Erziehung zuteil geworden ist & man uns einen lebhaften Hang zur Tugend eingegeben hat, dann wäre die Geschichte unserer *Muße* der Teil unseres Lebens, der uns nach unserem Tod die größte Ehre macht & an den wir uns im Augenblick, da wir das Leben verlassen, mit den tröstlichsten Gedanken wiedererinnern; es wären jene guten Taten, zu denen wir uns aus Neigung & Mitgefühl entschlossen hätten, ohne daß etwas anderes uns dazu veranlaßte als unsere eigene Wohltätigkeit. *Diderot*

Nachricht – **Nouvelle** (**Politik**). Zutreffende oder falsche Meldung über ein Ereignis. Es ist eine alte politische List, auf die immer wieder jemand hereinfällt, in Kriegszeiten Falschmeldungen zugunsten seines Landes hervorzubringen & zu verbreiten. Als Stratokles erfuhr, daß die attische Flotte eine Seeschlacht verloren hatte, beeilte er sich, den Überbringern dieser traurigen *Nachricht* zuvorzukommen, setzte einen Blumenkranz auf & verkündete überall in Athen, man habe einen bedeutenden Sieg errungen. Das leichtgläubige Volk strömte in Scharen zum Tempel & hatte nichts Eiligeres zu tun, als den Göttern seine Dankbarkeit durch Opfer zu bezeugen, & der von der Öffentlichkeit getäuschte Rat ließ an jede Sippe Fleisch verteilen. Doch zwei Tage später, als die Überreste des Heeres zurückkehrten, verflog die Freude schnell & verwandelte sich in Wut auf Stratokles. Er wurde vor Gericht zitiert, wo er selbstsicher auftrat & mit kühlem Blut Rede & Antwort stand. Warum klagt ihr mich an? Ist es vielleicht ein Verbrechen, daß ich euch ungeachtet des Schicksals zwei volle Tage der Siegesfreuden verschafft & euch in dieser Zeit durch meinen Kunstgriff eurem Schmerz entrissen habe?

Eine andere, weniger edle List besteht darin, gegen die Mächte, mit denen man Krieg führt, soviel Haß wie nur möglich zu schüren. Ich werde mich auf ein Beispiel beschränken & noch lebenden Personen nicht zu nahe treten. Als 1690 auf die *Nachricht* von der Schlacht an der Boyne hin in Paris das Gerücht umging, Wilhelm III. von Oranien sei gefallen, stürzte man sich in ein unbändiges Freudenfest, die Stadt wurde festlich beleuchtet, Salutschüsse wurden abgefeuert, & in mehreren Stadtvierteln verbrannte man Puppen aus Weidengeflecht, die Wilhelm III. darstellten. Diese schamlose Freude, das Ergebnis des Hasses gegen König Wilhelm, der seit langer Zeit im französischen Volk geschürt worden war, machten diesem Fürsten Ehre & denjenigen Schande, die sich an diesen gedankenlosen Bekundungen des Hasses beteiligten. Sie alle hätten des weisen Rates eines Phokion bedurft. Als sich das Volk von Athen auf die *Nachricht* vom Tod Alexanders des Großen hin dem Freudentaumel überließ, hielt Phokion es mit folgender scharfsinnigen Bemerkung zurück: »Wenn Alexander heute tot ist, wie man es verkündet, so wird er es auch morgen noch sein. Was kostet es euch, wenn ihr die Schadenfreude ein wenig zurückhaltet & noch wartet, statt euch zu übereilen & euch unter Umständen später dafür zu schämen & es zu bereuen.

Ich rate allen, die bei Vernunft & fähig zu urteilen sind: Wißt ihr, daß die überschäumende Freude bei der *Nachricht* vom Tod eines ehrenvollen Feindes so schändlich ist, daß man diese Freude ein Verbrechen gegen die Menschheit nennen kann? Wißt ihr, daß sie ebenso ruhmvoll für den ist, der ihr Anlaß war, wie ehrlos für denjenigen, der sie verspürt?«

So verspürte auch Montecuccolli nicht die geringste Niedertracht in seinem Herzen, als er bei der Nachricht vom Tod des Vicomte de Turenne rief: »Wie schade, daß wir einen solchen Mann verloren haben, der der Natur alle Ehre machte!« *Jaucourt*

NACHTTOPF – **Pot de Chambre.** Ein Gefäß, das zum Urinieren dient. Der *Nachttopf,* lateinisch *matula*, wird der Garderobe zugerechnet. Wenn die Sybariten zum Essen eingeladen waren, brachten sie *Nachttöpfe* mit. Man stellte sie neben sie & ersparte ihnen damit, sich vom Tisch zu erheben. Andere Völker übernahmen diesen Brauch, ebenso jenen, sie den anderen an den Kopf zu werfen, wenn es hitzig & ausschweifend wurde. Durch Schnalzen mit Daumen & Mittelfinger wies man den Diener an, er möge den *Nachttopf* bringen. Es gab *Nachttöpfe* aus Horn, Ton, Zinn, Gold oder Silber. Die Matula war für den Herrn, das Scaphium für die Dame. Der Name Scaphium, vom lateinischen Wort *scapha,* Boot oder Nachen, rührt von der länglichen, einem Kahn gleichenden Form her. *Anonym*

NASE – **Nez (Anatomie).** Die *Nase* ist nicht nur das Organ des Geruchssinns, sie dient auch der Atmung sowie dazu, dem Ton mehr Kraft zu verleihen, die Stimme zu verändern & sie angenehmer zu machen, sowohl durch die Nasenhöhle als durch die entsprechenden Nebenhöhlen.

Dieser Teil des Gesichts variiert bei den verschiedenen Menschen in Größe & Gestalt schon im Augenblick der Geburt sehr stark. Die Neger, die Hottentotten & einige Völker Asiens, die sich sehr von den Juden unterscheiden, haben fast alle eine stumpfe, platte *Nase.* Die meisten Anatomen behaupten, diese Stumpfheit komme von der Kunst & nicht von der Natur. Da die Negerinnen, dem Bericht der Reisenden zufolge, ihre kleinen Kinder bei der Arbeit auf dem Rücken tragen, passiert es, wenn sie sich ruckartig bücken & aufrichten, daß die *Nase* des Kindes an den Rücken der Mutter stößt & unmerklich plattgedrückt wird. Unabhängig davon berichtet Pater du Tertre, daß die Neger ihren Kindern die *Nase* plattdrücken & auch die Lippen, damit sie dicker werden; so daß diejenigen, bei denen weder das eine noch das andere erfolgt ist, eine

Als ich von meiner kurzen geologischen Tour in Nordwales nach Hause kam, fand ich einen Brief von Henslow vor, der mir mitteilte, daß Kapitän Fitz-Roy bereit sei, einen Teil seiner eigenen Kabine irgendeinem jungen Manne abzutreten, der Lust habe, als freiwilliger Naturforscher ohne Bezahlung mit ihm die Reise auf der »Beagle« zu machen … Am Tage darauf fuhr ich nach Cambridge zu Henslow und von da nach London zu Fitz-Roy, und alles war bald abgemacht. Später, als ich mit Fitz-Roy näher bekannt geworden war, erfuhr ich, daß ich sehr nahe daran gewesen wäre, zurückgewiesen zu werden, und zwar wegen der Form meiner Nase! *Er war ein eifriger Anhänger Lavaters und war der Überzeugung, daß er den Charakter eines Menschen nach der Form seiner Gesichtszüge beurteilen könne; und er bezweifelte, ob irgend jemand mit meiner Nase hinreichende Energie und Entschlossenheit für diese Reise besitzen könne. Ich denke aber, er war später davon überzeugt, daß meine Nase falsch prophezeit hatte.*
Charles Darwin, Autobiographie

vorspringende *Nase* & ebenso schmale Lippen haben wie die Europäer.

Das mag auf die Neger des Senegal zutreffen; aber es scheint ziemlich sicher zu sein, daß bei fast allen anderen Negervölkern dicke Lippen sowie eine breite & platte *Nase* von der Natur verliehene Merkmale sind, die als Vorbild für die bei ihnen & anderen Völkern gebräuchliche Kunst diente, die *Nase* plattzudrücken & die Lippen derer zu vergrößern, die ohne diese Vollkommenheit geboren wurden. Da für sie die Schönheit der *Nase* in ihrer Plattheit besteht, sorgen die Mütter gleich nach der Niederkunft dafür, die *Nase* ihrer Kinder plattzudrücken, damit sie in ihren Augen nicht mißgestaltet seien, so bizarr sind bei den Völkern der Erde die Vorstellungen von Schönheit.

Einige begnügen sich nicht damit, der platten *Nase* den Vorzug zu geben, sie finden ein weiteres Vergnügen daran, diesen Teil zu durchbohren, um allerlei Schmuck hindurchzustecken, ein Brauch, der in Afrika & im Orient weit verbreitet ist. Die Neger von Neuguinea stecken durch beide Nasenlöcher eine Art Pflock von drei oder vier Daumen Länge. Die Wilden von Guayana stecken Fischknochen, Vogelfedern & andere Dinge dieser Art hindurch. Die Bewohner von Gudscharat, die malabarischen Frauen & die des Persischen Golfs tragen Reifen, Ringe & andere Schmuckstücke darin. Bei einigen arabischen Völkern gehört es zum Liebesspiel, den Mund ihrer Frauen durch diese Ringe hindurch zu küssen, die manchmal groß genug sind, um den ganzen Mund in ihrem Kreis zu umschließen.

Die Europäer dagegen lassen sich die Ohrläppchen durchbohren, um sie mit Ringen & Edelsteinen zu schmükken; sie meinen mit Recht, daß man die *Nase* weder belästigen noch beschädigen soll & daß sie sehr zur Schönheit beiträgt, wenn sie weder zu groß noch zu klein, weder zu stumpf noch zu spitz ist.

Ihre Position & ihre Form, die weiter herausragt als alle anderen Teile des Gesichts, sind dem Menschen eigentümlich; denn bei keinem Tier springt die *Nase* hervor. Sogar die Affen haben sozusagen nur Nasenlöcher, oder ihre *Nase* ist zumindest so flach & kurz, daß man sie nicht als einen ihr ähnlichen Teil betrachten kann. Die Vögel haben keine Nasenlöcher, nur zwei Öffnungen & zwei Kanäle für die Atmung & den Geruchssinn, während die Vierbeiner Nüstern oder knorpelige Nasenlöcher haben wie die Menschen. Ich kenne kein Beispiel für ein Kind, das ohne Nasenscheidewand zur Welt gekommen ist oder dessen Nasenlöcher aufgrund einer natürlichen Mißbildung verstopft waren, & ich weiß sogar, daß eine durch irgendeine Krankheit widernatürlich verschlossene *Nase* sich nur sehr selten der chirurgischen Kunst darbietet, um sie zu öffnen. *Anonym*

NASE – Nez (Geistliche Kritik). Der Levitikus verbietet, jemanden an den Altar treten zu lassen, dessen *Nase* zu klein, zu groß oder aufgestülpt ist (Levitikus 21,18). Die Hebräer verlegten gemeinhin den Zorn in die *Nase:* »Rauch stieg aus seiner *Nase* auf« (II. Samuel 22, 9). Dieses Wort wurde auch für den Stolz & die Seelengröße verwendet: »Deine *Nase* ist wie der Libanonturm«, heißt es von der Gattin (Hohelied 7,5); das heißt: deine *Nase* erhöht die Schönheit deines Gesichts ebensosehr, wie dieser Turm den Berg Libanon verschönt. Dieser Turm war der Stolz, der das Herz der Gattin für jeden anderen als ihren Gemahl unzugänglich machte. Einen Ring durch die *Nase* ziehen heißt den Stolz der Hochmütigen im Zaum halten. »Legst du ein Binsenseil ihm in die *Nase?*« (Hiob 40, 26) Schließlich gibt der Satz »bis es euch zur *Nase* herausgehe« (Numeri 11, 20) den Widerwillen zu erkennen, den die murrenden Israeliten vor dem Fleisch gehabt haben sollen. *Jaucourt*

Im *Bibellexikon* von Calmet liest man ebenfalls, daß die Hebräer die *Nase* als den Sitz des Zorns ansahen: »Rauch stieg aus seiner *Nase* auf«, heißt es im zweiten Buch Samuel (22, 9), wenn vom Zorn Gottes die Rede ist; ebenso Psalm 18, 9: »Rauch stieg aus seiner *Nase* auf.« Die alten griechischen & lateinischen Autoren sagen etwa das gleiche. So Persius: »Doch fort von der *Nase* den Zorn & die Runzelgrimasse.« Und Plautus: »Hunger und Verärgerung führen zu einem verdrießlichen Aussehen der *Nase.*« Die Römer hielten Leute, die eine gebogene oder Adlernase hatten, für spottsüchtig. »Er erhebt sich mit gekrümmter *Nase*«, sagt Horaz über einen Satiriker. – An manchen Orten des Orients ziehen sich die Frauen goldene Ringe durch eines ihrer Nasenlöcher. Salomon spielt auf diesen Brauch an, wenn er sagt: »Ein goldener Ring im Rüssel eines Schweins ist ein Weib, schön, aber sittenlos« (Sprichwörter 11, 22). Ringe zog man auch durch die *Nasen* von Ochsen & Kamelen, um sie zu führen. So droht Gott im zweiten Buch der Könige (19, 28) Sanherib damit, ihm einen Ring durch die *Nase* zu ziehen & einen Zaum ins Maul zu legen & ihn auf dem Weg, auf dem er herkam, wieder zurückzutreiben. (Calmet, *Bibellexikon*) *Mallet*

NASENABSCHNEIDER oder RHINOCOLUSTES – Rhinocolustés (Literatur). Herakles erhielt diesen Beinamen, weil er in Theben den Herolden aus Orchomenos die Nasen abschneiden ließ, als sie es wagten, in seiner Gegenwart von den Thebanern den Tribut zu fordern, die diese den Orchomeniern schuldeten. Vor den Toren Thebens gab es auf freiem Feld eine Statue, die so genannt wurde. *Jaucourt*

NATURFORSCHER, NATURALIST – Naturaliste. So nennt man jemanden, der die Natur erforscht hat & in der Kenntnis der Naturgegenstände, besonders der Metalle, Mineralien, Steine, Pflanzen & Tiere, bewandert ist. Siehe auch TIER, PFLANZE, MINERAL &c.

Aristoteles, Aelianus, Plinius, Solinus & Theophrastus waren die größten *Naturforscher* des Altertums; aber sie verfielen in viele Irrtümer, welche die erfolgreiche Arbeit der Modernen berichtigt hat. Aldrovandi ist der vielseitigste & vollkommenste moderne *Naturforscher;* sein Werk besteht aus dreizehn Folianten.

Als *Naturalisten* bezeichnet man die, welche keinen Gott anerkennen, sondern glauben, daß es nur eine materielle Substanz mit verschiedenen Eigenschaften gibt, die für sie ebenso wesentlich sind wie die Länge, die Breite, die Tiefe & denen zufolge in der Natur alles mit solcher Notwendigkeit geschieht, wie wir es sehen. In diesem Sinne ist *Naturalist* gleichbedeutend mit *Atheist, Spinozist, Materialist* &c. *Diderot*

NATURRECHT – **Droit naturel (Moral).** Der Gebrauch dieses Wortes ist so weit verbreitet, daß es wohl kaum jemanden gibt, der in seinem Innern nicht davon überzeugt wäre, daß ihm die Sache aufs genaueste bekannt sei. Dieses innnere Gefühl hat der Philosoph gemeinsam mit dem Menschen, der noch nie wirklich nachgedacht hat – allerdings mit dem einzigen Unterschied, daß auf die Frage, was das Recht sei, der letztere Sie an das Gericht seines Gewissens verweist & stumm bleibt, weil ihm sowohl Ideen als auch Ausdrücke fehlen. Der andere aber wird erst dann zum Schweigen & zu tieferen Überlegungen gebracht, wenn er einen *circulus vitiosus* durchlaufen hat, der ihn zu seinem Ausgangspunkt zurückführt oder ihn auf irgendeine andere Frage bringt, die noch schwerer zu lösen ist als die Frage, die er durch seine Definition erledigt zu haben glaubte.

Wird der Philosoph befragt, so sagt er: »Das Recht ist die Grundlage oder der erste Grund der Gerechtigkeit.« Was aber ist Gerechtigkeit? »Das ist die Verpflichtung, jedem das zu geben, was ihm zusteht.« Was aber steht dem einen eher zu als dem anderen in einem Zustand, in dem alles allen gehört & vielleicht die klare Idee einer Verpflichtung noch nicht besteht? Und was würde den anderen derjenige schuldig sein, der ihnen alles erlauben & von ihnen nichts verlangen würde? Da beginnt der Philosoph zu ahnen, daß unter allen Moralbegriffen das *Naturrecht* einer jener Begriffe ist, die am wichtigsten & am schwierigsten zu bestimmen sind. Darum würden wir glauben, in diesem Artikel viel vollbracht zu haben, wenn es uns gelungen wäre, einige jener Prinzipien klar darzulegen, mit deren Hilfe die Haupteinwände zu beseitigen sind, die man gegen den Begriff des *Naturrechts* zu erheben pflegt. Zu diesem Zweck ist es notwendig, noch einmal von vorn anzufangen & nichts vorzubringen, was nicht evident ist oder wenigstens nicht jene Evidenz aufweist, die in moralischen Fragen möglich ist & jeden vernünftigen Menschen befriedigt.

I. Wenn der Mensch nicht frei ist oder wenn seine momentanen Entscheidungen oder auch seine Schwankungen von irgend etwas Materiellem außerhalb seiner Seele abhängen, dann ist doch evident, daß seine Wahl keine bloße Handlung einer unkörperlichen Substanz & einer einfachen Fähigkeit dieser Substanz ist. Es gibt dann weder Gutes noch Böses, das vernünftig begründet ist, obwohl es Gutes & Böses geben könnte, das animalisch wäre; es gibt dann weder moralisch Gutes noch moralisch Böses, weder Gerechtes noch Ungerechtes, weder Pflicht noch Recht. Daraus ersieht man – beiläufig gesagt –, wie wichtig es ist, nicht nur die Realität der *Freiwilligkeit* festzustellen, sondern auch die Realität der *Freiheit,* die man nur allzu häufig mit der *Freiwilligkeit* verwechselt. Siehe die Artikel WILLE & FREIHEIT.

II. Wir fristen ein armseliges, genügsames, unruhiges Dasein. Wir haben Leidenschaften & Bedürfnisse. Wir wollen glücklich sein; doch in jedem Augenblick fühlt sich der ungerechte & leidenschaftliche Mensch geneigt, dem anderen etwas anzutun, obwohl er wünscht, daß man ihm selbst nichts antue. Das ist ein Urteil, das er im Grunde seiner Seele fällt & dem er sich nicht entziehen kann. Er sieht seine Schlechtigkeit ein & muß sie sich gestehen oder jedem ebensoviel Macht zugestehen, wie er selbst sich anmaßt.

III. Aber welche Vorwürfe können wir dem Menschen machen, der von so heftigen Leidenschaften gequält wird, daß ihm sogar das Leben zur Last fällt, wenn er sie nicht befriedigt, & der den anderen seine Existenz preisgibt, um das Recht zu erwerben, über ihre Existenz zu verfügen? Was sollen wir ihm antworten, wenn er furchtlos sagt: Ich fühle, daß ich inmitten der menschlichen Gattung Entsetzen & Unruhe verbreite; aber ich muß entweder unglücklich sein oder die anderen unglücklich machen, & niemand ist mir teurer, als ich selbst mir bin. Man werfe mir diese abscheuliche Vorliebe nicht vor; sie ist nicht freiwillig. Das ist die Stimme der Natur, die in mir am stärksten spricht, wenn sie zu meinen Gunsten spricht. Aber macht sie sich nicht ebenso heftig in *meinem* Herzen vernehmbar? Menschen, ich berufe mich auf euch! Wer von euch würde kurz vor dem Tode nicht sein Leben auf Kosten des größten Teils der Menschheit loskaufen, wenn er der Straflosigkeit & der Geheimhaltung gewiß wäre? »Aber«, wird er fortfahren, »ich bin gerechtigkeitsliebend & aufrichtig. Wenn mein Glück verlangt, daß ich mich aller Existenzen entledige, die mir lästig sind, so darf irgend jemand sich auch meiner Existenz entledigen, wenn sie ihm lästig ist. Die Vernunft will es, & ich stimme ihr zu. Ich bin nicht so ungerecht, von einem anderen ein Opfer zu fordern, das ich ihm nicht bringen will.«

IV. Ich bemerke zunächst etwas, das der Gute & der Böse, wie mir scheint, anerkennen, nämlich daß man in allem vernünftig denken muß, weil der Mensch nicht nur ein Tier, sondern darüber hinaus ein vernünftig denkendes Tier ist; weil es folglich bei der Frage, um die es geht, Mittel zum Entdecken der Wahrheit gibt; weil derjenige, der sich weigert, die Wahrheit zu suchen, auf die Eigenschaft des Menschseins verzichtet & von den übrigen Mitgliedern seiner Gattung als wildes Tier behandelt werden muß; & weil jeder, der sich nicht der Wahrheit fügt, sobald sie entdeckt ist, unvernünftig oder böse, moralisch böse ist.

V. Was werden wir also unserem leidenschaftlichen Vernünftler antworten, bevor wir ihn zum Schweigen bringen? Daß seine ganze Rede darauf hinausläuft, festzustellen, ob er ein Recht über die Existenz preisgibt; denn er will nicht nur glücklich sein, er will auch gerechtigkeitsliebend sein & durch seine Gerechtigkeitsliebe ausschließen, daß man ihn als »böse« bezeichnen könnte. Sonst müßten wir ihn ja zum Schweigen bringen, ohne ihm zu antworten. Wir werden ihn also darauf aufmerksam machen, daß er sogar in dem Fall, in dem ihm das, was er preisgibt, so vollständig gehören würde, daß er nach Belieben darüber verfügen könnte, & in dem die Bedingung, die er den anderen stellt, für sie besonders vorteilhaft wäre, keine rechtmäßige Autorität hätte, um sie zur Annahme dieser Bedingung zu zwingen. Wer zu ihm sagt: »Ich will leben« – so werden wir fortfahren –, hätte ebenso recht wie derjenige, der sagt: »Ich will sterben.« Der letztere hätte nur ein Leben & wollte sich dadurch, daß er es preisgibt, zum Herrn über zahllose Leben machen. Sein Tausch wäre auch dann nicht billig, wenn es auf der ganzen Erdoberfläche nur ihn & einen anderen bösen Menschen gäbe. Es sei absurd, anderen das aufzuzwingen, was man selbst wolle; es sei ungewiß, ob die Gefahr, in die er seinen Nächsten bringe, ebenso groß sei wie die Gefahr, der er sich gern aussetzen wolle. Was er selbst dem Zufall preisgebe, brauche kein angemessener Gegenwert für das zu sein, was ich unter seinem Zwang dem Zufall preisgeben solle. Die Frage des *Naturrechts* sei viel komplizierter, als sie ihm erscheine. Er mache sich zum Richter & zum Angeklagten, & sein Gericht könne in dieser Angelegenheit nicht zuständig sein.

VI. Wenn wir aber dem Individuum das Recht absprechen, über die Natur des Gerechten & des Ungerechten zu entscheiden, wohin werden wir dann diese große Frage bringen? Vor die Menschheit! Nur ihr steht es zu, sie zu entscheiden, weil das Wohl aller die einzige Leidenschaft ist, die sie hat. Der besondere Wille ist verdächtig; er kann gut oder böse sein, doch der allgemeine Wille ist immer gut; er hat nie getäuscht & wird nie täuschen. Wenn die Tiere zu einer Gattung gehörten, die unserer Gattung ungefähr gleicht; wenn es ein zuverlässiges Verständigungsmittel zwischen ihnen & uns gäbe; wenn sie uns ihre Gefühle & Gedanken ganz klar mitteilen & unsere Gefühle & Gedanken ebenso klar erkennen könnten; kurz, wenn sie in einer allgemeinen Versammlung abstimmen könnten, so müßten wir sie hinzuziehen, & dann würde die Sache des *Naturrechts* nicht mehr vor der *Menschheit* verhandelt werden, sondern vor der *Tierheit*. Aber die Tiere sind von uns durch unwandelbare & ewige Schranken getrennt, & es handelt sich hier doch um eine nur der menschlichen Gattung eigentümliche Ordnung von Kenntnissen & Ideen, die von der Würde der Menschheit ausgehen & ihre Würde ausmachen.

VII. An den allgemeinen Willen muß sich das Individuum wenden, um zu erfahren, inwieweit es Mensch, Staatsbürger, Untertan, Vater, Sohn sein soll & wann es ihm geziemt, zu leben oder zu sterben. Dem allgemeinen Willen obliegt es, die Grenzen aller Pflichten festzulegen. Sie besitzen das unantastbare *Naturrecht* auf alles, was Ihnen nicht von der ganzen Gattung streitig gemacht wird. Diese wird Sie über die Natur Ihrer Gedanken & Ihrer Wünsche aufklären. Alles, was Sie planen, alles, was Sie ausdenken, wird gut, groß, hervorragend, erhaben sein, wenn es von allgemeinem & gemeinsamem Interesse ist. Es gibt keine für Ihre Gattung wesentliche Eigenschaft außer derjenigen, die Sie von allen Wesen Ihresgleichen zu Ihrem Glück & zum Glück dieser Wesen fordern. Diese Übereinstimmung zwischen Ihnen & allen anderen sowie zwischen allen anderen & Ihnen wird Sie immer kennzeichnen, egal ob Sie Ihre Gattung verlassen oder in ihr bleiben. Verlieren Sie das niemals aus den Augen, sonst werden Sie sehen, wie alle Begriffe der Güte, der Gerechtigkeit, der Menschlichkeit & der Tugend in Ihrem Verstand schwanken. Sagen Sie sich oft: Ich bin Mensch & habe keine anderen wirklich unveräußerlichen *Naturrechte* als die der Menschheit.

VIII. Wo aber, werden Sie fragen, ist der Hort dieses allgemeinen Willens? Wo könnte ich ihn befragen? – In den Prinzipien des geschriebenen Rechtes aller gesitteten Nationen, in den gesellschaftlichen Handlungen der wilden & barbarischen Völker, in den stillschweigenden Übereinkünften der Feinde der Menschheit, ja sogar in der Empörung & dem Rachegefühl, jenen zwei Leidenschaften, welche die Natur auch in die Tiere gelegt zu haben scheint, um das Fehlen der gesellschaftlichen Gesetze & der öffentlichen Vergeltung auszugleichen.

IX. Wenn Sie also über alles Gesagte gründlich nachdenken, so werden Sie von dem folgenden überzeugt sein:

1. Der Mensch, der nur seinem besonderen Willen gehorcht, ist der Feind der Menschheit.

2. Der allgemeine Wille ist in jedem Individuum ein Verstandesakt, weil der Verstand, während die Leidenschaften schweigen, darüber nachdenkt, was der Mensch von einem Wesen seinesgleichen fordern darf & was dieses Wesen seinerseits von ihm fordern kann.

3. Diese Berücksichtigung des allgemeinen Willens der Gattung & des gemeinsamen Wunsches ist die Richtschnur für das Verhalten eines einzelnen gegenüber einem einzelnen in derselben Gesellschaft, eines einzelnen gegenüber der Gesellschaft, deren Mitglied er ist, & der Gesellschaft, der er angehört, gegenüber anderen Gesellschaften.

4. Die Unterwerfung unter den allgemeinen Willen ist das Band aller Gesellschaften, ohne daß davon die Gesellschaften auszunehmen wären, die durch Verbrechen ent-

standen sind. Ach, die Tugend ist so schön, daß sogar Räuber ihr Bild im Hintergrund ihrer Höhlen verehren!

5. Die Gesetze müssen für alle, nicht aber für einen gemacht sein; sonst würde dieses vereinzelte Wesen jenem leidenschaftlichen Vernünftler gleichen, den wir im Abschnitt V zum Schweigen gebracht haben.

6. Da von den zwei Willen – dem allgemeinen & dem besonderen – der allgemeine Wille niemals irrt, so ist es nicht schwer, einzusehen, welchem Willen – zum Glück der Menschheit – die gesetzgebende Gewalt gehören sollte & welche Verehrung man jenen erhabenen Sterblichen schuldig ist, deren besonderer Wille die Autorität & die Unfehlbarkeit des allgemeinen Willens vereint.

7. Wenn man annähme, daß der Begriff der Gattungen einem ewigen Wechsel unterworfen sei, so würde sich das Wesen des *Naturrechtes* doch nicht ändern, da es sich immer auf den allgemeinen Willen & den gemeinsamen Wunsch der ganzen Gattung beziehen würde.

8. Die Billigkeit verhält sich zur Gerechtigkeit wie die Ursache zu ihrer Wirkung, oder die Gerechtigkeit kann nichts anderes sein als die erklärte Billigkeit.

9. Kurz: Alle diese Konsequenzen sind evident für denjenigen, der vernünftig denkt, & wer nicht vernünftig denken will, verzichtet darauf, Mensch zu sein, & muß deshalb als entartetes Wesen behandelt werden. *Diderot*

Jutta Limbach
Das Naturrecht

Das Naturrecht ist nicht von dieser Welt. Sein Postulat, daß alle Menschen gleich und frei geboren seien, bricht sich bis heute an der Wirklichkeit. Das Naturrecht teilt mit der Utopie die Idee einer guten Gesellschaft, in der die Menschen ohne Gewalt und Demütigung zusammenleben. Sein Kontrastbezug ist die Tyrannei, auf die das Naturrecht mit humanen Gegenentwürfen antwortet. Sein Beruf ist der des Protests und nicht der des gesetzten Rechts. Demgemäß hat das Naturrecht gewöhnlich in Zeiten staatlichen Machtmißbrauchs Konjunktur. Mit dem Ende der vom Naturrecht kritisierten politischen Zustände schwindet zumeist seine Bedeutung. Es führt nur noch ein Schattendasein in den Texten der Rechtsphilosophie und speist die Lehre vom richtigen Recht.

Die als ewig und angeboren behaupteten Freiheits- und Gleichheitsrechte fungieren vorzugsweise als politische und ideelle Instrumente im Kampf gegen eine absolute Herrschaft. Mit diesen behaupten die Reformer, Revolutionäre oder Widerstandskämpfer die moralische Überlegenheit ihrer Position. Sie rechtfertigen mit dem Naturrecht ihr Aufbegehren gegen die Staatsmacht und den revolutionären Wandel der Regierungsform. In der einer Diktatur nachfolgenden Aufräumarbeit kann das naturrechtliche Räsonnement sogar zum zentralen Begründungselement von Richtersprüchen avancieren, wenn es darum geht, die politischen Machthaber und deren Handlanger strafrechtlich zur Verantwortung zu ziehen. Denn gern verteidigen diese sich mit dem Argument, daß sie sich dem positiven Recht ihrer Zeit gemäß verhalten hätten. Verfehlte dies jedoch in unerträglichem Maße die Gerechtigkeit, so gilt ausnahmsweise der Vorrang der Moral.

Die Aufgabe des Naturrechts, eine unmenschliche Staatsgewalt in die Schranken zu weisen, erklärt dessen überirdische Herkunft. Gleichgültig, ob gottgegeben oder vernunftgeboten, wird das Naturrecht außerhalb der von Menschen gesetzten Ordnung angesiedelt. Als Antigone in einem Akt zivilen Ungehorsams ihren im Kampf gegen Theben gefallenen Bruder bestattete, berief sie sich auf ungeschriebene Gottgebote. Sie setzte dem Verbot des Kreon die aller staatlichen Gesetzgebung vorausgehenden Sittengesetze entgegen. Nicht anders verankert der aufgeklärte Friedrich Schiller das Naturrecht in der Rütli-Szene des *Wilhelm Tell:*

Wenn der Gedrückte nirgends Recht kann finden,
Wenn unerträglich wird die Last – greift er
Hinauf getrosten Mutes in den Himmel
Und holt herunter seine ew'gen Rechte,
Die droben hangen unveräußerlich
Und unzerbrechlich wie die Sterne selbst –

Doch weder die gottgewollten Pflichten noch die »ew'gen Rechte« sind Rechtstitel, die sich gegen eine machtbesessene Obrigkeit durchsetzen lassen. Sie dienen vielmehr symbolisch als Wehrschild gegenüber unmenschlichen Befehlen.

Die bis in die Antike zurückreichende Lehre, die Menschen seien kraft ihrer Natur gleich und frei geboren, vertrug sich über viele Jahrhunderte mit der Abhängigkeit von Frauen und der Unfreiheit der Sklaven. Das änderte sich auch nicht durch die Übernahme des naturrechtlichen Gedankenguts in die Lehren der christlichen Kirche. Trotz der Botschaft von der Gottesebenbildlichkeit der Menschen und deren Gleichheit vor Gott konnte von einer universellen Geltung der Freiheit und Gleichheit aller Menschen in der frühen christlichen Naturrechtslehre keine Rede sein. Noch bei Thomas von Aquin lesen wir, daß es Menschen gebe, die wegen der Schwäche ihres Verstandes von Natur zum Dienen bestimmt und darum beseelte Werkzeuge in der Hand ihres Eigentümers seien. Die Inquisition und die Glaubenskriege zeigen einmal mehr, daß die Kirche mit den Gleichheitspostulaten und der Religionsfreiheit ihre Schwierigkeiten hatte. Erst Papst Johannes Paul II. hat sich zu den Ideen der Französischen Revolution bekannt und deren Trias von Freiheit, Gleichheit und Brüderlichkeit als eigentlich christliche Ideen bezeichnet.

Die Geschichte lehrt, daß die Menschenrechte weder unseren Vorfahren noch uns als Produkte der Vernunft oder als gottgegebenes Recht in den Schoß gefallen sind. Wir verdanken sie auch nicht wissenschaftlicher Erkenntnis. Die Menschenrechte sind revolutionäre Errungenschaften, die in politischen Kämpfen erstritten und durchgesetzt worden sind. Damit werden weder die religiösen Antriebskräfte geleugnet noch die intellektuellen Impulse, die die Idee der Menschenrechte von den Denkern der klassischen und neuzeitlichen Naturrechtslehre empfangen hat. Auch erleidet ihr herausforderndes Pathos keinen Abbruch durch die Erkenntnis, daß diese Rechte weder religiös noch wissenschaftlich begründet werden können. Die markanten Exempel der Neuzeit sind der Unabhängigkeitskampf der nordamerikanischen Kolonisten und die Französische Revolution. Gleichwohl wird in der Unabhängigkeitserklärung der Vereinigten Staaten von Amerika vom 4. Juli 1776 die vorstaatliche Herkunft der Menschenrechte beschworen. Dort heißt es:

»Wir halten diese Wahrheiten für selbstverständlich *(self-evident)*, daß alle Menschen gleich erschaffen worden, daß sie von ihrem Schöpfer mit gewissen unveräußerlichen Rechten begabt worden sind ...«

Doch trotz ihres universellen Anspruchs sind diese Rechte nicht selten in einer dem Vorteil der revolutionären Gruppe dienenden Weise eingeschränkt worden. Die Auseinandersetzung der nordamerikanischen Verfassungsväter mit der Sklavenfrage macht beispielhaft deutlich, in welchem Maße die tatsächliche Reichweite der naturrechtlich begründeten Menschenrechte von den realen Lebensverhältnissen abhängt, unter denen sie formuliert worden sind. So ist die Wohltat der Sklaverei mit dem – vermeintlich beschränkten – Ausmaß begründet worden, in dem Schwarze ihre natürlichen Rechte zu gebrauchen imstande seien.

Wie die amerikanischen Verfassungsdokumente beansprucht auch die französische *Déclaration des droits de l'homme et du citoyen* von 1789 für alle Völker und Zeiten zu gelten. Doch treffend hat Hasso Hofmann festgestellt, daß die Franzosen wie vordem die Amerikaner von Menschen reden, aber zunächst nur an den Mann, und zwar an den weißen denken. Das hat Olympe de Gouges veranlaßt, zwei Jahre darauf eine »Erklärung der Rechte der Frau und Bürgerin« zu veröffentlichen.

In Deutschland hat die bittere Erfahrung der voraufgegangenen Diktatur die Schöpfer des Grundgesetzes veranlaßt, die Menschen- und Bürgerrechte als gerichtlich einforderbare Rechte zu formulieren. Am Anfang steht das Prinzip von der Unantastbarkeit der Menschenwürde. Dem folgt das Bekenntnis des Deutschen Volkes zu unverletzlichen und unveräußerlichen Menschenrechten als Grundlage jeder menschlichen Gemeinschaft. Diese hehren Attribute sollen nicht nur die besondere Dignität und Höherrangigkeit der Menschenrechte betonen. Sie sollen vor allem deren Geltungsanspruch als über jeden Zweifel erhaben erscheinen lassen. Denn man will sie als »vorstaatliche« Rechte ausweisen und sie nicht als jederzeit widerrufbare Wohltat irgendeines Souveräns begreifen. Doch die bitteren Erfahrungen mit totalitären Regimen haben uns gelehrt, daß Menschenrechte, selbst wenn sie die Gestalt von verbrieften Verfassungsrechten angenommen haben, stets gefährdet sind. In positiver wie in negativer Hinsicht sind sie von den jeweiligen politischen Machtverhältnissen abhängig. Einerseits bedürfen sie des schützenden Staates und seiner Sanktionsapparate, um durchgesetzt werden zu können. Andererseits werden sie durch eine unkontrollierte Staatsmacht gefährdet. Gewaltenteilung, Machtkontrolle und unabhängige Gerichte sind daher eine »unerläßliche Bedingung für die wirkliche Geltung der Menschenrechte« (Böckenförde).

Der Inhalt des Naturrechts ist nicht weniger fragwürdig als seine Geltung. Das gilt nicht nur für das klassische, sondern auch für das rationale, aus der menschlichen Vernunft begründete Naturrecht. Dessen vornehmste Aufgabe soll es sein, gegenüber dem von fehlbaren Menschen gesetzten Recht als Korrektiv zu dienen. Das Problem auch des rationalen Naturrechts besteht darin, daß sich über seinen Maßstab und seine Methoden keine wissenschaftlich gültigen Aussagen machen lassen. Die Versuche, ein Natur- oder Vernunftrecht logisch, ontologisch oder teleologisch zu begründen, führen über sehr allgemeine Maximen nicht hinaus. Das Paradebeispiel ist die goldene Regel in ihrer negativen und positiven Gestalt. Als Prinzip der Gegenseitigkeit begegnet sie uns in dem Gemeinspruch »Was Du nicht willst, daß man Dir tu', das füg auch keinem andern zu!«. Eine positive Form der goldenen Regel ist das Grundprinzip des *suum cuique*, das heißt: »Jedem das Seine«.

Die Tatsache, daß diese drei Worte auf dem Tor eines Konzentrationslagers zu lesen waren, macht ihren Mangel offenkundig, nämlich das Fehlen jeder begrifflichen Bestimmtheit. Die naturrechtlichen Prinzipien sind derart knapp, vage und offen formuliert, daß ihr logischer Freiraum der Interpretation außerordentlich groß ist. Gerade das Prinzip des *suum cuique* gilt als markantes Beispiel für eine Leerformel, die jedes Normgehalts entbehrt, weil sie keine Verhaltens- oder Denkweise ausschließt. Vom rein logischen Standpunkt, so Ernst Topitsch, sei nichts gegen die Feststellung einzuwenden, daß das Konzentrationslager der den politischen Gegnern gemäße Aufenthaltsort sei. Daß man heute gleichwohl so nicht deduzieren dürfe, ergebe sich nicht aus zeitlosen universellen, aus der menschlichen Natur oder Vernunft abgeleiteten Normen, sondern aus den in unserer Gesellschaft verankerten moralisch-politischen Werten.

Dieses bittere Beispiel belegt einmal mehr die Einsicht: Was der Natur oder der Vernunft des Menschen gemäß ist, hängt ersichtlich von dem Standpunkt ab, den man wertend einnimmt (Karl Engsich). Die Hoffnung, daß sich ein von Wertungen freies objektives Naturrecht begründen läßt, ist trügerisch. Gerade wegen seiner Offenheit kann es als Einfallstor für Ideologien dienen. Darum ist das Naturrecht – welcher Spielart auch immer – vor dem Forum der Vernunft nicht weniger kritikbedürftig als das von ihm in Frage gestellte positive Recht. Als herausfordernde Idee mag der Topos von einem richtigen Recht unverzichtbar sein. Doch es formuliert keinen Maßstab, sondern nur eine Aufgabe. Diese zielt auf die uralte Frage nach einer menschenwürdigen gesellschaftlichen Ordnung. Unserem heutigen Problemverständnis gemäß ist eine Ordnung gemeint, die die größtmögliche Freiheit aller Menschen mit einem Höchstmaß an sozialer Gerechtigkeit vereint.

NATÜRLICHE FREIHEIT – **Liberté naturelle** (**Naturrecht**). Dieses Recht gibt die Natur allen Menschen, damit sie über ihre Personen & ihre Güter in der Weise verfügen, die ihrem Urteil nach ihrem Glück am meisten angemessen ist – allerdings mit der Einschränkung, daß sie dieses Recht in den Grenzen des Naturgesetzes anwenden & es nicht zum Schaden der anderen Menschen mißbrauchen. Die natürlichen Gesetze sind also Richtschnur & Maßstab für diese *Freiheit;* denn obwohl die Menschen im primitiven Naturzustand voneinander unabhängig sind, sind sie doch alle abhängig von den natürlichen Gesetzen, von denen sie sich bei ihren Handlungen leiten lassen müssen.

Der erste Zustand, den der Mensch von Natur aus erwirbt & der als das kostbarste aller Güter gilt, die er besitzen kann, ist der Zustand der *Freiheit;* er kann weder gegen einen anderen getauscht noch verkauft werden, noch verlorengehen; denn natürlicherweise werden alle Menschen frei geboren; das heißt, sie sind nicht der Gewalt eines Herrn unterworfen, & niemand hat auf sie ein Eigentumsrecht.

Auf Grund dieses Zustandes haben alle Menschen von Natur aus das Vermögen, zu tun, was ihnen gut erscheint, & nach ihrem Willen über ihre Handlungen & ihre Güter zu verfügen – vorausgesetzt, daß sie nicht den Gesetzen der Regierung zuwiderhandeln, der sie sich unterworfen haben.

Bei den Römern verlor ein Mann seine *natürliche Freiheit,* wenn er in offenem Kampf vom Feind gefangengenommen wurde oder wenn man ihn, um ihn für irgendein Verbrechen zu strafen, in den Sklavenstand versetzte. Aber die Christen haben die Sklaverei im Frieden & im Kriege abgeschafft, so daß selbst die Gefangenen, die sie im Krieg gegen die Ungläubigen machen, als freie Menschen gelten & daß jeder, der einen dieser Gefangenen tötet, als Mörder angesehen & bestraft werden würde.

Ja noch mehr: alle christlichen Mächte waren der Meinung, daß eine Sklaverei, die dem Herrn ein Recht über Leben & Tod seiner Sklaven gäbe, unvereinbar mit der Vollkommenheit wäre, zu der die christliche Religion die Menschen aufruft. Warum aber waren die christlichen Mächte nicht auch der Meinung, daß ebendiese Religion, unabhängig vom Naturrecht, Einspruch gegen die Negersklaverei erheben sollte? Nun, weil sie Neger für ihre Kolonien, ihre Plantagen & ihre Bergwerke brauchten! *Auri sacra fames.* – Verabscheuenswert der Hunger nach Gold. *Jaucourt*

NATÜRLICHE GLEICHHEIT – **Egalité naturelle** (**Naturrecht**). Das ist die Gleichheit, die zwischen allen Menschen aufgrund der Beschaffenheit ihrer Natur besteht. Diese Gleichheit ist das Prinzip & die Grundlage der Freiheit.

Die *natürliche* oder *moralische Gleichheit* beruht also auf der Beschaffenheit der menschlichen Natur, die allen Menschen gemeinsam ist, die in der gleichen Weise geboren werden, heranwachsen, leben & sterben.

Da die menschliche Natur sich bei allen Menschen als gleich erweist, ist es klar, daß jeder die anderen achten & behandeln muß wie ebensolche Wesen, die ihm von Natur aus gleichgestellt sind, das heißt, die ebensogut Menschen sind wie er.

Aus diesem Prinzip der *natürlichen Gleichheit* der Menschen ergeben sich mehrere Konsequenzen. Ich betrachte hier kurz die wichtigsten:

1. Aus diesem Prinzip geht hervor, daß alle Menschen von Natur aus frei sind & daß die Vernunft sie nur zu ihrem Glück abhängig machen konnte.

2. Trotz aller Ungleichheiten, die in der Staatsordnung durch die Standesunterschiede, durch den Adel, durch die Macht, durch den Reichtum &c. entstehen, müssen diejenigen, die am höchsten über die anderen gestellt sind, ihre Untergebenen als Menschen behandeln, die ihnen von Natur aus gleichgestellt sind; sie müssen jede Beleidigung vermeiden, dürfen nicht mehr fordern, als man ihnen schuldig ist, & sollen das, was ihnen ganz unstreitig zusteht, mit Menschlichkeit verlangen.

3. Wer kein Sonderrecht erworben hat, aufgrund dessen er irgendwie Bevorzugung verlangen könnte, darf nicht mehr verlangen als die anderen, sondern muß sie im Gegenteil die gleichen Rechte genießen lassen, die er sich zuerkennt.

4. Eine Sache, die dem allgemeinen Recht unterliegt, muß entweder gemeinsam genossen werden oder abwechselnd im Besitz eines jeden sein, oder sie muß zu gleichen Teilen unter die verteilt werden, die das gleiche Recht haben, oder sie muß durch eine angemessene & regelmäßige Entschädigung aufgewogen werden; oder man muß,

wenn das unmöglich ist, schließlich die Entscheidung dem Los überlassen – ein sehr bequemer Ausweg, der jeden Verdacht der Geringschätzung & der Voreingenommenheit beseitigt, ohne die Achtung gegenüber den Personen zu schmälern, für die er sich als ungünstig erweist.

Um schließlich noch mehr zu sagen: Ich begründe mit dem scharfsinnigen Hooker auf dem unanfechtbaren Prinzip der *natürlichen Gleichheit* alle Pflichten der Nächstenliebe, der Menschlichkeit & der Gerechtigkeit, die die Menschen einander schuldig sind; & es wäre nicht schwer, dies zu beweisen.

Der Leser wird weitere Konsequenzen ziehen, die sich aus dem Prinzip der *natürlichen Gleichheit* der Menschen ergeben. Ich möchte nur noch bemerken, daß gerade die Verletzung dieses Prinzips zur politischen & bürgerlichen Sklaverei geführt hat. Daher kommt es, daß in den der Willkürherrschaft unterworfenen Ländern die Fürsten, die Höflinge, die ersten Minister & die, welche die Finanzen verwalten, alle Reichtümer der Nation besitzen, während die übrigen Bürger nur das Notwendige haben & der größte Teil des Volkes in der Armut verkümmert.

Aber damit man mir nicht zu Unrecht unterschiebe, daß ich aus Fanatismus in einem Staat jenes Trugbild der *absoluten Gleichheit* gutheiße, die schwerlich ein ideales Gemeinwesen hervorbringen kann, spreche ich hier nur von der *natürlichen Gleichheit* der Menschen. Ich kenne zu gut die Notwendigkeit der Standesunterschiede, der Rangstufen, der Ehren, der Auszeichnungen, der Vorrechte, der Unterordnung, die unter allen Regierungen bestehen müssen, & ich behaupte sogar, daß die *natürliche* oder *moralische Gleichheit* ihr nicht widerspricht. Im Naturzustand werden die Menschen wohl in der *Gleichheit* geboren, können aber in ihr nicht bleiben; die Gesellschaft läßt sie diese *Gleichheit* verlieren, & sie werden erst durch die Gesetze wieder gleich. Aristoteles berichtet, daß Phaleas von Kalchedon sich ein Verfahren ausgedacht hatte, um die Vermögensverhältnisse des Gemeinwesens, die nicht gleich waren, gleich zu machen; er wollte, daß die Reichen den Armen Gaben spendeten, dafür aber nichts erhielten, & daß sie Geld für ihre Töchter bekämen & keine Abgaben zu entrichten hätten. »Aber«, so sagt der Verfasser des *Geistes der Gesetze*, »hat sich jemals ein Gemeinwesen mit einer solchen Regelung abgefunden? Sie unterwirft die Staatsbürger Bedingungen, deren Unterschiede so auffallend sind, daß sie diese *Gleichheit* sogar hassen würden, wenn man versuchen sollte, sie zu begründen, & daß es Unsinn wäre, sie einführen zu wollen.« *Jaucourt*

JAKOB. *Ein Jakob, mein Herr, ist so gut ein Mensch, wie ein anderer. /* HERR. *Jakob, du betrügst dich; ein Jakob ist nicht so gut ein Mensch, wie ein anderer. /* JAKOB. *Manchmal ist er sogar mehr werth, als ein anderer. /* HERR. *Jakob, du vergißt dich! Wenn ich die Thorheit begangen habe, dir mehr weiß zu machen, als dein Stand mit sich bringt, so werde ich dir auch wieder den Platz anzuweisen wissen, der dir gehört. Jakob, nimm deine Flasche und deinen Theekessel, und packe dich hinunter in die Gesindestube. /* JAKOB. *Meiner Treu! Das kann nicht Ihr Ernst seyn. Wie? Herr, nachdem Sie mich zehn Jahre lang gewöhnt haben, auf Gleich und Gleich mit Ihnen zu leben – /* HERR. *Jetzt beliebt es mir aber, daß das Ding ein Ende nehmen soll. /* JAKOB. *Nachdem Sie mich am Tisch neben Sich sitzen lassen, mich Ihren Freund genannt haben – /* HERR. *Du weißt nicht, was das heißt, wenn ein Oberer seinen Untergebenen* Freund *nennt. /* JAKOB. *Aber ich wußte, daß alles, was Sie befahlen, nur in den Wind geredet war, wenn Jakob es nicht confirmirte und unterschrieb; und jetzt, da Sie Ihren Namen mit dem meinigen so enge gepaart haben, daß beide sich gar nicht mehr von einander trennen lassen, und daß alle Welt* Jakob und sein Herr *sagt – jetzt kommt es Ihnen auf einmal in den Kopf, sie von einander zu reißen?*

DIDEROT, JAKOB UND SEIN HERR

NEGER – Nègre (Naturgeschichte). Ein Mensch, der verschiedene Teile der Erde bewohnt. Vom Wendekreis des Krebses bis zu dem des Steinbocks hat Afrika nur schwarze Bewohner. Aber nicht allein ihre Farbe zeichnet sie aus, sie unterscheiden sich von den anderen Menschen auch durch ihre Gesichtszüge; mit ihren breiten & platten Nasen, ihren dicken Lippen & der Wolle anstelle von Haaren scheinen sie eine neue Menschenart zu bilden.

Entfernt man sich vom Äquator zum antarktischen Pol, so hellt das Schwarz sich auf, aber die Häßlichkeit bleibt bestehen; man findet dieses garstige Volk auch an der Südspitze Afrikas. Wendet man sich dann nach oben dem Orient zu, so sieht man Völker, deren Züge sanfter & regelmäßiger werden, deren Farbe jedoch ebenso schwarz ist wie jene, die man in Afrika findet.

Nach diesen trifft man auf ein großes, schwarzbraunes Volk, das sich von den anderen Völkern durch lange, schmale & schräge Augen unterscheidet.

Begibt man sich nun in jenen großen Teil der Welt, der von Europa, Afrika & Asien getrennt zu sein scheint, so findet man, wie man wohl glauben darf, viele neue Spielarten. Es gibt dort keine weißen Menschen. Dieses Land, das von Nationen bevölkert ist, deren Hautfarbe in vielen Abstufungen vom Rötlichen bis zum tiefsten Dunkelbraun reicht, endet in Richtung des antarktischen Pols in einem Kap & Inseln, die, wie es heißt, von Riesen bewohnt sind. Glaubt man den Berichten einiger Reisenden, so findet man an diesem äußersten Ende Amerikas eine Rasse von Menschen, die fast doppelt so groß sind wie wir.

Vor Verlassen unseres Kontinents hätten wir eine weitere Art von Menschen erwähnen können, die sich von diesen stark unterscheiden. Die Bewohner im äußersten Norden Europas sind die kleinsten von allen, die wir kennen. Die Lappen im Norden & die Patagonier im Süden scheinen die Extreme der menschlichen Rasse zu sein.

Ich würde kein Ende finden, wollte ich von all den Bewohnern der Inseln sprechen, denen man im Indischen Meer begegnet, & derer, die in jenem großen Ozean liegen, der den Raum zwischen Asien & Amerika ausfüllt. Jedes Volk, jede Nation hat eine eigene Gestalt & eine eigene Sprache; & ist nicht die Gestalt selbst eine Art Sprache, & zwar diejenige von allen, die sich am besten verstehen läßt? Wenn man alle diese Inseln durchstreifte, so fände man auf einigen vielleicht Bewohner, die für uns noch weit verwirrender wären als die Schwarzen & bei denen es uns schwer ankäme, ihnen die Bezeichnung *Mensch* zu geben oder zu versagen. Kann man den Bewohnern der Wälder von Borneo, von denen einige Reisende berichten & die im übrigen den Menschen so ähnlich sind, nur deshalb das Denken absprechen, weil sie Affenschwänze haben? Und sollte, was weder von der weißen noch von der schwarzen Hautfarbe abhängt, etwa von der Zahl der Wirbel abhängen?

Auf jener Landenge, die das Nordmeer vom Pazifischen Meer trennt, trifft man anscheinend auf Menschen, die weißer sind als alle, die wir kennen: ihre Haare sollen der allerweißesten Wolle gleichen, ihre Augen für das Tageslicht zu schwach sein & sich nur im Dunkel der Nacht öffnen; unter den Menschen sind sie das, was die Fledermäuse & die Eulen unter den Vögeln sind.

Die bemerkenswerteste Erscheinung & das beständigste Gesetz in bezug auf die Hautfarbe der Erdenbewohner ist, daß jener breite Gürtel, der den Globus von Osten nach Westen umspannt & den man die »heiße Zone« nennt, nur von schwarzen oder sehr dunkelhäutigen Völkern bewohnt ist. Trotz der Unterbrechungen, die das Meer dort verursacht, findet man in dieser Zone, ob in Afrika, Asien & Amerika, auf den Inseln wie auf den Kontinenten, nur schwarze Völker; jene Nachtmenschen, von denen wir sprachen, & einige Weiße, die mitunter geboren werden, können nur als Ausnahme gelten.

Entfernt man sich vom Äquator, so hellt sich die Farbe der Völker allmählich auf; jenseits des Wendekreises ist sie noch dunkelbraun & wird erst dann völlig weiß, wenn man in die gemäßigte Zone gelangt. An den äußersten Grenzen dieser Zone findet man die weißhäutigsten Völker. Die blondhaarige Dänin blendet den verwunderten Reisenden durch ihre weiße Haut; er kann nicht glauben, daß der Gegenstand, den er vor Augen hat, & die Afrikanerin, die er kurz zuvor gesehen hat, beides Frauen sind.

Noch höher im Norden & bis hinauf zur kalten Zone, in jenem Land, das die Sonne im Winter nicht zu beleuchten geruht, in dem die Erde, die härter ist als die Pflugschar, keine der Früchte der anderen Länder trägt – in diesen abscheulichen Landstrichen trifft man auf lilien- & rosenfarbene Gesichter. Ihr reichen Gegenden des Südens, Länder Perus & Potosis: formt Gold in euren Minen, ich werde es ihnen nicht entreißen. Golkonda: filtere den kostbaren Saft, der Diamanten & Rubine hervorbringt – sie werden deine Frauen nicht schöner machen & sind nutzlos für die unseren. Mögen sie nur dazu dienen, alljährlich das Gewicht & den Wert eines schwachsinnigen Monarchen anzuzeigen, der, während er sich auf dieser lächerlichen Waage befindet, seine Staaten & seine Freiheit verliert.

Doch gibt es in diesen äußersten Landstrichen, in denen alles weiß & alles schwarz ist, nicht zuviel Gleichförmigkeit, & könnte eine Vermischung nicht neue Schönheiten hervorbringen? Diese gesegnete Spielart findet man an den Ufern der Seine in den Gärten des Louvre; an einem schönen Sommertag können Sie alles erblicken, was die Erde an Wunderwerken hervorzubringen vermag.

Sind alle die Völker, die wir hier erwähnt haben, all diese verschiedenartigen Menschen aus ein & derselben Mutter hervorgegangen? Daran kann für uns kein Zweifel bestehen.

Nun müssen wir nur noch untersuchen, wie aus ein & demselben Individuum so viele verschiedene Arten entstehen konnten. Darüber will ich einige Vermutungen wagen.

Wenn die Menschen anfangs alle von einem Ei zum anderen geformt worden sind, so könnte es in der ersten Mutter verschiedenfarbige Eier gegeben haben, die unzählige Reihen von Eiern derselben Art enthielten, die sich jedoch erst nach einer bestimmten Anzahl von Generationen öff-

Vier Farben gibt es im großen und ganzen unter den Menschen: weiß, gelb, rot und schwarz. Von diesen sind Weiß und Gelb streitsüchtig, Schwarz und Rot sanftmütig … und wir sehen, wie die Dinge verlaufen. Die Indianer haben nie eine Entdeckerfahrt oder einen Heereszug in andere Erdteile unternommen: sie blieben in ihren Jagdgründen, bemalten sich fromm das Angesicht und beteten zu dem großen Geist. Und sie haben das Tabakrauchen erfunden, welches die größte aller Erfindungen ist und der einzige wirkliche Kulturfortschritt seit Anbeginn der Zeit. Mit diesen ihren Tabakpfeifen saßen sie um das Herdfeuer des Friedens und wollten nichts Böses; und sind deshalb von den Vorfahren des Mister Wilson ausgerottet worden bis auf einen lächerlichen Rest. Die Neger haben nie versucht, andere Völker zu unterwerfen oder zu bekehren. Sie molken ihre Kühe, spielten auf der langen Trommel und schnitzten jene Holzfiguren, deren einfältige Kraft Herr Archipenko jetzt vergebens nachzuahmen sucht. Und weil sie so sanftmütig waren, sind sie von den höher gesitteten Nationen pfundweise auf dem Markt verkauft und im Weigerungsfalle mit Nilpferdpeitschen behandelt worden. Denn es muß so sein, daß die Friedfertigen vertilgt werden und die Straßenräuber bleiben… Und dann werden auf der hübsch ausgeräumten Erdkugel der Weiße und der Gelbe übrig sein, jeder mit dem Messer zwischen den Zähnen; und in aller Ruhe und Gründlichkeit wird man zu der endgültigen Metzelei schreiten können. Victor Auburtin, Auslese

Silvesterabend in Harlem. Die unverfälschten Freuden. Die Tanzfreude. Trinken ist nicht gestattet im Savoy-Tanzsaal. Trinken ist auch nicht nötig. Gute Musik und gutes Tanzen, nichts weiter. Wir erwärmen uns angesichts der allgemeinen Fröhlichkeit, Lebhaftigkeit und Menschlichkeit. Die Menschen sehen einander freimütig an, die Gesichter sind offen und ausdrucksvoll. Die Stimmen klingen herzlich. Sie tanzen von ganzem Herzen, sie lachen von ganzem Herzen. Der Neger hat Erniedrigung erlitten, ohne seelisch krank, verzerrt oder abstoßend zu werden. Er hat sich seine Feinfühligkeit, Gemütstiefe, Aufrichtigkeit und Einfachheit bewahrt, ist der einzige Menschenschlag mit vortrefflichen Manieren, Anmut und Natürlichkeit. Seine Körperbewegungen sind fließend und gelöst. Er hat natürliche Grazie und Gesittung. Er weiß zu grüßen, Glück zu wünschen, andere menschlich zu behandeln. Anaïs Nin, Tagebuch

neten, je nach der Stufe ihrer Entwicklung & dem Zeitpunkt, den die Vorsehung für die in ihnen enthaltenen Völker bestimmt hatte. Es wäre nicht ausgeschlossen, daß, wenn eines Tages die Reihe der weißen Eier, die unsere Gegenden bevölkern, ausbleiben sollte, alle europäischen Nationen die Farbe wechselten; so wie es nicht ausgeschlossen wäre, daß Äthiopien, sollte die Quelle der schwarzen Eier versiegen, nur noch weiße Einwohner hätte. So findet man in einem tiefen Steinbruch, sobald die Ader des weißen Marmors erschöpft ist, nur noch Steine von verschiedenen aufeinanderfolgenden Farben. Auf diese Weise kann es geschehen, daß auf der Erde neue Menschenrassen auftauchen & die früheren erlöschen.

Wenn man das System der Würmer zugrunde legte & alle Menschen in diesen Tieren enthalten gewesen wären, die im Samen des ersten Menschen herumschwammen, so ließe sich von den Würmern dasselbe sagen, was wir soeben über die Eier gesagt haben: der Wurm, der Vater der *Neger,* enthielt von Wurm zu Wurm alle Einwohner Äthiopiens; der Darien-Wurm, der Hottentotten-Wurm & der Patagonier-Wurm samt ihren Abkömmlingen waren schon vorgebildet & sollten eines Tages die Teile der Erde bevölkern, in denen man diese Völker heute antrifft.

Andere Physiker haben überaus gründlich nach der Ursache für die Schwärze der *Neger* gesucht; eine der beiden hauptsächlichen Vermutungen, die sie geäußert haben, sieht die Ursache in der Galle, die andere in dem Saft, der sich in den Gefäßen der Schleimhaut befindet. Siehe Schleimhaut.

Malpighi, Ruysch, Littré, Sanctorini, Heister & Albinus haben die Haut der *Neger* sorgfältig untersucht. Die erste Vermutung über die Schwärze der *Neger* stützt sich auf alle diese Beweise in einem Werk mit dem Titel *Dissertation sur la cause physique de la couleur des nègres* &c. von Barrère (Paris 1741). Er legt seine Hypothese wie folgt dar:

Hat man die Haut eines *Negers* lange in Wasser eingeweicht & löst dann die Epidermis oder Oberhaut von ihr ab, so findet man bei aufmerksamer Untersuchung, daß sie schwarz & sehr dünn ist & durchsichtig erscheint, wenn man sie gegen das Licht hält. So habe ich selbst sie in Amerika gesehen, desgleichen Winslou, einer der gelehrtesten Anatomen unserer Tage … Beim Sezieren der Lederhaut findet man ein Bindegewebe von schwärzlichem Rot. Damit ist erwiesen, daß die Farbe der *Neger* keine irgendwie entliehene Farbe ist, & folglich ist die sichtbare Farbe der Epidermis bei ihnen nicht die der Schleimhaut, wie einige meinen, oder des Bindegewebes, wie man bisher glaubte; vielmehr bezieht die Epidermis oder Oberhaut der *Neger* ihre schwarze Farbe unmittelbar aus ihrem eigenen Gewebe. Zudem muß die Epidermis der *Neger,* die natürlicherweise von durchsichtigem Schwarz ist, infolge der darunter liegenden rotbraunen, fast schwarzen Haut noch dunkler werden. Da aber die Epidermis der Mohren wie die der Weißen aus einem Netz von Gefäßen besteht, müssen diese zwangsläufig einen Saft enthalten, dessen Untersuchung sich auf die gestellte Frage bezieht.

Mit einiger Begründung läßt sich sagen, daß dieser Saft dem der Galle ähnelt & daß die Beobachtung diese Ansicht zu bestätigen scheint:

1. Bei Leichen von *Negern,* die zu sezieren ich in Cayenne Gelegenheit hatte, ist mir aufgefallen, daß die Galle stets schwarz wie Tinte war;

2. daß sie je nach der Hautfarbe der *Neger* mehr oder weniger schwarz war;

3. daß ihr Blut je nach der mehr oder weniger schwarzen Haut der *Neger* von schwärzlichem Rot war;

4. fest steht, daß die Galle mit dem Milchsaft ins Blut & mit diesem in alle Teile des Körpers gelangt, in der Leber abgesondert wird & einige Teile durch die Nieren & die anderen Körperteile entweichen. Warum kann es dann nicht sein, daß sich eben diese Galle bei den *Negern* im Gewebe der Epidermis abtrennt? Die Erfahrung zeigt nun aber, daß sich bei den *Negern* die Galle tatsächlich in besonderen Röhrchen abtrennt, denn wenn man die Fingerkuppe auf die Haut eines *Negers* legt, so bleibt ein öliger, gleichsam seifenartiger & unangenehm riechender Schleim an ihr haften, welcher der Haut zweifellos den schimmernden Glanz & die Weichheit verleiht, die man an ihr feststellt; & wenn man die Epidermis mit einem weißen Tuch abreibt, so hinterläßt sie darauf braune Schmutzflecken; alles Eigenschaften, die man mit der Galle der *Neger* in Verbindung bringt. Man meint, daß die Galle natürlicherweise im Blut der *Neger* reichlich fließt, aufgrund der Stärke & Geschwindigkeit des Pulses, der extremen Feinheit & der anderen hitzigen Leidenschaften & insbesondere der beträchtlichen Wärme der Haut, die bei ihnen zu beobachten ist. Überdies zeigt die Erfahrung, daß die Wärme des Bluts tauglich ist, viel Galle zu bilden, da bei den Weißen die Milch gelb wird, wenn eine Amme Fieber hat.

Ließe sich die Farbe der *Neger* letzten Endes nicht als eine von Natur aus schwarze Gelbsucht betrachten? ☙ *Formey*

NEGER – **Nègres (Handel).** Die Europäer treiben seit einigen Jahrhunderten Handel mit den *Negern,* die sie aus Guinea & von anderen Küsten beziehen, um die Kolonien zu erhalten, die sie in mehreren Gegenden Amerikas & auf den Antillen gegründet haben. Man versucht das Abscheuliche dieses Handels, der im Widerspruch zum Naturrecht steht, damit zu rechtfertigen, daß man behauptet, diese Sklaven fänden beim Verlust ihrer Freiheit ihr Seelenheil; & die christliche Lehre, die man ihnen vermittelt, sowie der dringende Bedarf an *Negern* für den Anbau von Zuckerrohr, Tabak, Indigo &c. milderte, was so unmenschlich an einem Handel erscheint, bei dem Menschen andere kaufen & verkaufen, wie man Tiere für die Bestellung der Felder kauft & verkauft. ☙ *Le Romain*

NEOLOGISCH – **Néologique.** Der berühmte Abbé Desfontaines veröffentlichte im Jahre 1726 ein *neologisches* Wörterbuch, das heißt ein alphabetisches Verzeichnis neuer Wörter, ungewöhnlicher Ausdrücke, nicht eingebürgerter Redensarten, die er in den berühmtesten modernen Werken gefunden hatte, die seit etwa einem Jahrzehnt erschienen waren. Als Anhang dieses Wörterbuchs folgt die historische Lobrede auf den Narren Phoebus, ein sinnreicher Scherz, bei dem jener Kritiker die meisten der neuen Ausdrücke verwendet, die vorher Gegenstand seiner Kritik waren: Die geistreiche Wendung, die er seinen Ausdrücken gibt, macht das Fehlerhafte deutlicher, & das Lächerliche, das er ihnen durch ihre Häufung verleiht, hat nicht wenig dazu beigetragen, sehr viele Schriftsteller zur Vorsicht anzuhalten.

Ich glaube, es wäre von Nutzen, alle fünfzig Jahre das *neologische* Wörterbuch des letzten halben Jahrhunderts herauszugeben. Da diese periodische Kritik die Kühnheit der *Neologen* tadeln würde, könnte sie dem Verfall der Sprache, der gewöhnlich die Folge eines in seinen Fortschritten unmerklichen *Neologismus* ist, Einhalt gebieten; außerdem würde die Fortsetzung solcher Wörterbücher gleichsam ein Memorial der Umwälzungen der Sprache bilden, da man in ihm sowohl die Zeit finden würde, in der die neuen Ausdrücke eingeführt wurden, als auch die Ausdrücke, die durch sie ersetzt wurden. Denn *neologisch* war früher dieses oder jenes Wort, das heute durchaus gebräuchlich ist, & man braucht nur den jetzigen Sprachgebrauch mit den Bemerkungen des Paters Bouhours über die Schriften des Paters R. (*Zweites Gespräch zwischen Aristes & Eugenius*) zu vergleichen, um zu erkennen, daß mehrere der Ausdrücke, die jene Autoren gewagt haben, nunmehr das Siegel der öffentlichen Anerkennung erhalten haben & folglich auch von den kleinlichsten Puristen verwendet werden können. ☙ *Douchet/Beauzée*

NEPTUN – **Neptune (Mythologie).** Sohn des Saturn & der Rhea, Bruder von Jupiter & Pluto, schon im 4. Jahrhundert mit dem griechischen *Poseidon* gleichgesetzt. Die Dichter geben ihm eine Unmenge von Geliebten & viele Namen. Sie schreiben ihm nicht nur die Gabe zu, die Erde zu erschüttern, sondern sie auch zu zerreißen. Alle Literaten kennen die schöne Stelle aus der *Ilias* (20. Gesang, Vers 61 ff.), wo der erzürnte Neptun sogar in der Unterwelt Schrecken verbreitet:

Selbst in der unteren Welt erschrak der Schattenbeherrscher,
Furchtsam sprang er vom Thron & brüllte,
damit ihm von oben
Nicht die Erde zerrisse der Bodenerschütterer Poseidon
Und den Augen von Menschen & Göttern sich öffne
die Wohnung,
Gräßlich & moderig dumpf, die selbst die Unsterblichen
hassen.

Diese Erdichtung der Poesie gründet vielleicht auf den heftigen Stößen, die das Meer der Erde versetzt, & den Bahnen, die es sich durch die härtesten Felsen bricht.

Neptun war einer der verehrtesten Götter des Heidentums. Er hatte in Griechenland & in Italien, besonders in am Meer gelegenen Orten, eine große Anzahl von Tempeln, Festen & Spielen. Die Isthmischen Spiele & die im Circus von Rom waren ihm unter dem Namen Hippius geweiht, weil dort Pferderennen stattfanden. Man feierte die Neptunalia zu seinen Ehren, & die Römer hatten ihm sogar den ganzen Monat Februar geweiht, um ihn schon im voraus zu bitten, den Seefahrern gewogen zu sein, die sich zu Beginn des Frühjahrs anschickten, aufs Meer hinauszufahren.

Von Platon erfahren wir, daß er auf der Insel Atlantis einen prachtvollen Tempel hatte, wo allenthalben die kostbarsten Metalle schimmerten. Goldene Figuren stellten den Gott auf einem von geflügelten Pferden gezogenen Wagen dar. Herodot erwähnt auch eine sieben Ellen hohe eherne Statue des *Neptun* am Isthmus von Korinth.

Schließlich weisen wir noch darauf hin, daß die Dichter den Namen *Neptun* den meisten unbekannten Fürsten gaben, die über das Meer kamen & sich in neuen Ländern niederließen oder die über Inseln herrschten oder sich durch ihre Siege oder ihren Handel auf dem Meer Ruhm erworben hatten. Daher all die Geschichten über den Grafen *Neptun,* all die Frauen, Geliebten & Kinder, die man diesem Gott beilegt, all die Metamorphosen, all die Entführungen, die man ihm zuschreibt. ☙ *Jaucourt*

NICHTS ODER NEGATION – **Néant, Rien ou Négation (Metaphysik).** *Nichts* oder *Negation* ist nach der Ansicht der scholastischen Philosophen irgend etwas, das kein reales Sein hat & nur durch eine *Negation* erfaßt & bezeichnet werden kann. – Man sieht, wie sich Leute darüber beklagen, daß sie nach allen erdenklichen Anstrengungen, um das *Nichts* zu begreifen, doch nicht damit fertig werden können. Was ist der Erschaffung der Welt vorausgegangen? Was hat ihren Platz eingenommen? *Nichts.* Wie aber soll man sich dieses *Nichts* vorstellen? Es ist leichter, sich eine ewige Materie vorzustellen. Jene Leute strengen sich dort an, wo man sich überhaupt nicht anstrengen sollte, & das ist eben der Grund, der sie in Verlegenheit bringt. Sie suchen nach einer Idee, die ihnen das *Nichts* vorstellt; aber wie jede Idee real ist, so ist auch das, was sie ihnen vorstellt, real. Sobald wir vom *Nichts* sprechen, müssen wir, wenn unsere Gedanken sich unserer Sprache gemäß einstellen & ihr entsprechen sollen, darauf verzichten, uns irgend etwas vorzustellen. Vor der Schöpfung existierte Gott; doch was existierte dabei, was nahm den Raum der Welt ein? *Nichts!* Es gab überhaupt keinen Raum; der Raum wurde mit dem Weltall geschaffen, das sein eigener Raum ist; denn es besteht in sich selbst, aber nicht außer sich. Es gab also *nichts;* aber wie soll man nun das *Nichts* begreifen? Man braucht gar *nichts* zu begreifen. Wer *nichts* sagt, erklärt durch seine Sprache, daß er jede Realität von sich weist; also muß das Denken, wenn es dieser Sprache entsprechen soll, auf jede Idee verzichten & darf seine Aufmerksamkeit nicht auf irgend etwas richten, das eine Realität vorstellt. Zwar enthält man sich dabei nicht des Denkens überhaupt, man denkt immer; aber in diesem Fall heißt denken eben einfach sich selbst empfinden, heißt empfinden, daß man sich enthält, sich Vorstellungen zu bilden. *Diderot*

Habe ich sie geträumt, diese ungeheure Gegenwart? Sie war da, lag auf diesem Park, war in diese Bäume gepurzelt, ganz wabbelig, alles verschmierend, ganz dickflüssig, eine Konfitüre … Ich haßte diese widerliche Marmelade. Es gab noch und noch davon! Das stieg bis zum Himmel, das lief überallhin aus, das erfüllte alles mit seinem glitschigen Niederschlag, und ich sah seine endlosen Weiten … Ich war nicht überrascht, ich wußte wohl, daß das die alte Welt war, die nackte Welt, die sich auf einmal zeigte, und ich erstickte vor Wut auf dieses dicke, absurde Sein. Man konnte sich nicht einmal fragen, wo das herauskam, das alles, noch wie es kam, daß eine Welt existierte als vielmehr nichts. Das hatte keinen Sinn, die Welt war überall gegenwärtig, vorne, hinten. Es hatte nichts vor ihr gegeben. Nichts. Es hatte keinen Moment gegeben, in dem sie hätte nicht existieren können. Genau das ärgerte mich: selbstverständlich gab es keinen Grund, *daß sie existierte, diese quallige Larve.* Aber es war nicht möglich, *daß sie nicht existierte. Das war undenkbar: um sich das Nichts vorzustellen, mußte man schon dasein, mitten in der Welt, und die Augen weit offen haben und leben; das Nichts, das war nur eine Idee in meinem Kopf, eine existierende Idee, die in dieser Unermeßlichkeit schwebte: dieses Nichts war nicht* vor *der Existenz gekommen, es war eine Existenz wie jede andere und war nach vielen anderen erschienen. Ich schrie, »was für eine Sauerei, was für eine Sauerei!«, und ich schüttelte mich, um diese schmierige Sauerei loszuwerden, aber sie hielt, und es gab soviel davon, Tonnen um Tonnen von Existenz, unbegrenzt: ich erstickte mitten in diesem unermeßlichen Überdruß.* Sartre, Der Ekel

Lars Gustafsson
Nichts

Folgender Dialog zwischen dem Lehrer Alcuin und seinem Studenten, einem jungen Prinzen, ist aus der Scuola Palatina in Aachen überliefert:

Der Lehrer: *Videtur mihi nihil aliquid esse.* (Mir scheint, Nichts ist irgend etwas.)

Der Schüler: *Nomen est. Res non est.* (Den Namen gibt es. Die Sache gibt es nicht.)

Die Antwort ist gut, aber sie ist nicht erschöpfend.

Diderot schreibt so, als hätten die Begriffe *Néant*, *Rien* und *Négation* denselben Inhalt. Das ist jedoch irreführend. *Néant,* oder das *Nichts,* muß als Inbegriff dessen gedacht werden, was nicht existiert. Der Begriff hat einen ontologischen und einen physikalischen Aspekt. Zwischen diesen muß man immer unterscheiden.

Der ontologische Begriff ist abhängig von der Negation als logischer Operation. Spreche ich beispielsweise von »allen Tieren, die es nicht gibt«, scheint es, als würde ich mich auf eine Art negativer Menge oder ein Nichts von Tieren beziehen. Aber eine solche Annahme ist natürlich nur nötig, wenn ich hartnäckig darauf bestehe, daß jeder sinnvolle Ausdruck der Name für etwas sein muß, anders gesagt, einen Bezug haben muß, der eine greifbare Existenz besitzt. Aber das ist natürlich nicht der Fall. Der Ausdruck »das runde Dreieck« ist begreiflich, obwohl der Begriff, der damit ausgedrückt wird, nicht einmal denkbar ist.

Arnauld und Nicole formulieren diesen Sachverhalt in *La Logique ou l'art de penser* (Port-Royal-Logik) aus dem Jahr 1662 mit der ihnen eigenen souveränen Deutlichkeit: »Die Natur einer negativen Aussage kann sich nicht deutlicher bestimmen lassen als in der Beobachtung, daß ein Ding nicht ein anderes ist.«

Das Nichts als Bezugspunkt für negative Behauptungen, die wahr sind, ist also nichts weiter als ein Hirngespinst. Das sieht man leicht ein, wenn man bedenkt, daß der Satz *Es gibt kein Krokodil in diesem Zimmer* durch genau dasselbe Interieur verifiziert werden kann, das den Satz *Es gibt keine Flußpferde in diesem Zimmer* wahr macht. (Falls, versteht sich, diese negativen Behauptungssätze wahr sind.) Es gibt keine negativen Fakten, es gibt Fakten, und diese bestätigen verschiedene wahre Sätze, die dann so affirmativ oder negativ sein können, wie sie wollen. Negative Sachverhalte lassen sich nicht abbilden. Ein Zimmer ohne Krokodil hat kein spezielles Aussehen.

Ontologisch gesehen hat Diderot recht: es gibt kein Nichts. Es ist ein Hirngespinst, geboren aus einer unzureichenden Sinntheorie.

Physikalisch ist das Nichts, als Vakuum betrachtet, das heißt als Raum in Abwesenheit von Materie, zwar ebenfalls ein problematischer Begriff, aber lange nicht so problematisch. Der zufriedene Seufzer, mit dem sich die Atmosphäre um die implodierte Glühbirne schließt, und die Tatsache, daß die Fahrradpumpe zieht, scheinen uns zu bestätigen, daß es das Vakuum wirklich gibt und daß, wie es heißt, die Natur die Leere scheut.

Wirklich? Und die großen, leeren Räume zwischen den Sternen, die dunklen Abgründe zwischen den Galaxien?

Es scheint, als würde das Vakuum, obwohl leer, dennoch Eigenschaften besitzen.

Die antiken Philosophen verwechseln gern das Nichts (im Sinn des Bezugspunkts für die wahren negativen Sätze) mit dem Vakuum als physikalischem Zustand. Wie kann das Vakuum Eigenschaften besitzen, beispielsweise Dauer in der Zeit und Ausdehnung im Raum, wenn es nichts ist? Aristoteles erörtert die Leere in seiner *Physik* (IV:6–9), er ist zutiefst überzeugt, daß das Vakuum eine Unmöglichkeit ist. Wenn ein Körper sich in einem Vakuum befindet, kann man ja nicht sagen, er befände sich irgendwo, und in einer Leere kann man sich nicht von einem Ort zum andern bewegen, da es keine Orte gibt. Ein weiteres Argument, das später großes Gewicht erhalten wird, ist die Sicht auf die Wirkung über eine Entfernung hinweg. In der *Physik* des Aristoteles kann ein Ereignis, etwa der Impuls von einem Billardstock, eine Billardkugel nur dann beeinflussen, wenn es zu einem direkten Kontakt kommt, das heißt, wenn sie durch eine Berührung oder durch eine Serie von Direktkontakten über die dazwischen liegenden Kugeln in Bewegung gesetzt wird. Dieses Dogma hat die Entwicklung des astronomischen Weltbilds verzögert, da die Wirkung der Schwerkraft (Beispiel: Ebbe und Flut, durch die Stellung des Mondes im Verhältnis zur Erde verursacht) aus der Entfernung stattfindet, scheinbar ohne Kontakt. Während der italienischen Renaissance siegt die »unwissenschaftliche«, die magische Vorstellung von der Wirkung aus der Entfernung über den »wissenschaftlichen« aristotelischen Standpunkt. Descartes und Leibniz sind gleichermaßen davon überzeugt, daß wir in einer vollständig dichten Welt leben.

Eine Standardlösung, mit der wir Isaac Newton arbeiten sehen, immer differenzierter bis hin zu seinen späten Werken wie der *Optik*, ist die, sich das Vakuum von einer feineren Art von Materie durchsetzt vorzustellen, einem Äther, der dann alle Aufgaben übernehmen muß, die das Vakuum offenbar nicht zu erfüllen imstande ist. Aber Newton gelangt nie ganz zur Klarheit darüber, wie sich das eigentlich abspielen soll. Wie kann sich das Licht seinen Weg von fernen Sternen bahnen, wenn es einen Äther durchqueren muß?

Im Alltagsleben denken wir uns Wellen, zum Beispiel Wasser- oder Lautwellen, als Impulse mit einer Frequenz und Amplitude, die sich durch ein Medium bewegen, sei es eine Flüssigkeit oder ein Gas.

Mit der Entdeckung der Wellennatur des Lichts und der übrigen elektromagnetischen Wellen wurde es unmöglich, sich Wellen beim Durchqueren eines Vakuums vorzustellen. Ein Band von Licht, das durch zwei Schlitze gezwungen wurde, bildete Interferenzmuster. Es bildete Wellen.

Das war schön und gut, bis Hertz und andere den photoelektrischen Effekt entdeckten: Wenn wir eine Glasröhre an jedem Ende mit einer Elektrode versehen und sie evakuieren, sollte vernünftigerweise kein Strom von einer Elektrode zur anderen gelangen können, falls Strom nicht durch ein Vakuum fließen kann. Das tut er auch nicht. Aber wenn wir die Röhre jetzt von der Seite mit ultraviolettem Licht bestrahlen, wird sie plötzlich leitend, als befände sich etwas darin! Das Licht kann sich also wie Partikeln oder wie Wellen verhalten. Also brauchen wir eine logisch stärkere Theorie, um seine Natur ganz zu verstehen. Über diese Theorie verfügen wir nicht.

Mit der Entwicklung der Quantenphysik rückt die Frage nach der Wirkung aus der Entfernung insgesamt in ein neues Licht. Von der homogenen Welt des klassischen Modells gelangen wir zur körnigen oder granulierten Wirklichkeit der Schrödingerschen Wellengleichung. Die Wellenbewegungen durch das große Universum werden in dem kleinen Universum zu Wahrscheinlichkeitswellen. In einer solchen Welt ist es nicht mehr sinnvoll, das Problem der Wirkung aus der Entfernung zu formulieren. Die Welt ist nach ihrer inneren Natur diskontinuierlich, und das, was aussieht wie »Verläufe«, wäre dann nichts anderes als statistische Ableitungen aus verschiedenen Wahrscheinlichkeitsmustern.

J. Archibald Wheeler hat sogar mit dem Gedanken gespielt, daß auf minimalem Niveau die Zeit nicht selbständig existiert, sondern aus Ereignissen ableitbar ist, bei denen es keinen Sinn mehr ergibt, von »vor« oder »nach« zu sprechen. Es ist kein See, über den wir gleiten. Eher wäre es mit Temperatur oder mit Entropie vergleichbar, Begriffe, die nur dann ihren Sinn erhalten, wenn eine große Anzahl von Partikeln eingeschlossen ist. Wheeler hat diese mikroskopische Urwelt ohne vor–nach mit einem »Quantenschaum« *(quantum foam)* verglichen.

Diderots Frage, die ein spätes Echo auf die Fragen des Augustinus in den *Bekenntnissen* (Buch XI: Kapitel XIII) ist: Wann ereignete sich die Schöpfung? Und wo? – wird von modernen Physikern wie J. A. Wheeler und Steven Weinberg damit beantwortet, daß die Zeit ebenso wie der Raum bei ein und demselben Ereignis mit diesem Universum geschaffen wurden. Dazu bemerkt Wheeler treffend, es sei nicht nur so, daß wir einen solchen Zustand nicht verstünden. Uns fehle auch jedes Mittel, ihn zu verstehen.

Das aktualisiert eine der Grundfragen der Philosophie: Gibt es prinzipiell unbegreifliche Fragen?

Eine heute allgemein akzeptierte Auffassung, verstärkt von der Entdeckung der kosmischen Hintergrundstrahlung von Mikrowellen in einem Universum, ist die, daß es einen Anfang hat, und daß der Prozeß, den wir Universum nennen, durch Quantenvariationen in einem Vakuum eingeleitet worden sein kann. In diesem Fall wären die eigentümlich diffusen Hintergrundmuster gigantische Vergrößerungen von ursprünglichen Ereignissen auf Quantenniveau.

Wenn es uns gelingt, die Verwechslung von physikalischem Vakuum, das durchaus Eigenschaften besitzen kann, mit dem Nichts, das ein Hirngespinst ist, zu vermeiden, ist es nicht befremdlicher, daß das Vakuum imstande ist, sich zu verändern, als daß der Würfel mit einer neuen Seite nach oben zu liegen kommen kann.

Aus dem Schwedischen von Verena Reichel

ODRYSEN – **Dranses (Geographie des Altertums).** Volksstämme des antiken Thrakiens. Es heißt, sie hätten sich über die Geburt von Kindern gegrämt & über den Tod eines Menschen gefreut. Die Geburt war ihrer Auffassung nach der Beginn des Elends, & der Tod sein Ende. Man kann sich schwerlich vorstellen, daß die *Odrysen*, die das Leben für ein Übel hielten, sich bemüßigt fühlten, den Göttern für dieses Geschenk zu danken. Wie dem auch sei, die allgemeine Auffassung eines Volkes vom Leben als einem Unglück ist weniger eine Beleidigung der Vorsehung als ein schwerwiegendes Urteil über die Art & Weise, wie dieses Volk regiert wird. Nicht die Natur, sondern die Tyrannei bürdet den Menschen eine Last auf, unter der sie stöhnen & ihre Lebensumstände verabscheuen. Sollte es irgendwo auf der Erde einen Ort gegeben haben, wo die Menschen das Heiraten fürchteten, & wo sich die Männer dem ebenso mächtigen wie süßen Trieb zur Fortpflanzung ihrer Gattung & der Zeugung ihresgleichen verweigerten & sich aus Angst, die Zahl der Unglückseligen zu erhöhen, zu unstatthaften & ihrer Natur zuwiderlaufenden Handlungen hinreißen ließen, muß die dortige Regierung so schlecht gewesen sein, wie sie schlechter nicht hätte sein können. *Diderot*

ÖKONOMIE – **Economie ou Oeconomie (Moral & Politik).** Dies Wort kommt von οἶκος (Haus) & von νόμος (Gesetz) & bedeutet ursprünglich nur die weise, rechtmäßige Verwaltung des Hauses zum Gemeinwohl der ganzen Familie. Die Bedeutung dieses Terminus wurde in der Folge auch auf die Verwaltung der großen Familie, die der Staat darstellt, erweitert. Um diese beiden Bedeutungen zu unterscheiden, spricht man in dem einen Fall von *allgemeiner* oder *politischer Ökonomie* & in dem anderen von *häuslicher* oder *privater Ökonomie*. Nur von ersterer ist in diesem Artikel die Rede. Zu *häuslicher Ökonomie* siehe auch FAMILIENVATER.

Wenn Staat & Familie so viele Gemeinsamkeiten hätten, wie mehrere Autoren behaupten, so würde daraus dennoch nicht hervorgehen, daß die Normen, die bei der Leitung einer dieser beiden Vereinigungen angebracht sind, auch für die der anderen angemessen wären. Diese sind von zu unterschiedlicher Größe, als daß sie in der gleichen Art & Weise verwaltet werden könnten, & immer wird ein erheblicher Unterschied zwischen der Regierung des Hauses, bei der der Vater alles selbst übersieht, & der Regierung des Staates bestehen, bei der das Oberhaupt fast alles nur mit den Augen anderer sieht. Damit in dieser Hinsicht gleiche Bedingungen herrschten, wäre erforderlich, daß die Talente, die Kraft & alle Fähigkeiten des Vaters im Verhältnis zur Größe seiner Familie zunähmen & der Geist eines mächtigen Monarchen sich zu dem eines gewöhnlichen Menschen wie sein ausgedehntes Reich zu dem ererbten Besitz eines einzelnen verhielte.

Aber wie könnte die Regierung eines Staates der einer Familie gleich sein, deren Grundlagen doch ganz anders sind? Da der Vater seinen Kindern körperlich überlegen ist, solange sie seine Hilfe brauchen, gilt die väterliche Gewalt zu Recht als von der Natur eingesetzt. In der großen Familie, deren Glieder ihrer Natur nach alle gleich sind, kann die politische Autorität, die ihrer Entstehung nach ganz willkürlich ist, nur auf Vereinbarungen beruhen, & die Obrigkeit darf den anderen nur kraft der Gesetze gebieten. Einem Vater werden seine Pflichten von natürlichen Gefühlen diktiert, in einem Ton, der selten Ungehorsam zuläßt. Die Staatsoberhäupter haben keine derartige Richtschnur & sind dem Volk gegenüber nur verpflichtet, ihre Versprechungen zu halten, & das Volk hat das Recht, zu verlangen, daß diese in die Tat umgesetzt werden. Ein anderer noch wichtigerer Unterschied ist folgender: Da die Kinder nichts anderes besitzen, als was sie vom Vater bekommen, ist es augenscheinlich, daß alle Eigentumsrechte ihm gehören oder von ihm ausgehen. Ganz im Gegensatz zur großen Familie; denn die allgemeine Verwaltung wurde dort nur geschaffen, um den Besitz des einzelnen, der bereits vor ihr bestand, zu sichern. Hauptziel der Anstrengungen der ganzen Familie ist, das Erbe des Vaters zu erhalten & zu mehren, damit er es dereinst unter seinen Kindern aufteilen & sie vor Armut bewahren kann. Das Vermögen des Staatshaushaltes hingegen ist nur ein – oft sehr mißverstandenes – Mittel, um die einzelnen in Frieden & Wohlstand zusammenzuhalten. Mit einem Wort, die kleine Familie ist dazu bestimmt, zu erlöschen & sich dereinst in verschiedene andere aufzulösen. Die große Familie aber ist dazu geschaffen, immer in dem gleichen Zustand zu verbleiben. Daher muß sich die eine vergrößern, um sich zu verzweigen; & für die andere genügt es nicht nur, daß sie bleibt, wie sie ist, sondern es läßt sich darüber hinaus leicht beweisen, daß jede Vergrößerung ihr mehr schadet als nützt.

Aus mehreren Gründen, die in der Natur der Sache liegen, muß der Vater in der Familie befehlen. Erstens: Die Autorität darf nicht gleichmäßig zwischen Vater & Mutter verteilt sein, sondern es muß so sein, daß einer die Herrschaft ausübt & bei Meinungsverschiedenheiten eine Stimme das Übergewicht erhält & entscheidet. Zweitens: Wie gering man auch die der Frau eigenen Unpäßlichkeiten erachtet, so bedeuten sie doch immer eine Zeit der Untätigkeit & sind deshalb Grund genug, ihr dieses Vorrecht abzusprechen; denn bei völligem Gleichgewicht genügt ein Strohhalm, um es zu zerstören. Darüber hinaus soll der Mann das Verhalten seiner Frau überwachen, weil er sich vergewissern muß, daß die Kinder, die er anerkennen & ernähren soll, niemand anderem gehören als ihm. Die Frau, die nichts Ähnliches zu fürchten braucht, hat nicht das gleiche Recht über ihren Mann. Drittens: Die Kinder müssen dem Vater zunächst aus Hilflosigkeit & später aus Dankbarkeit gehorchen; nachdem sie von ihm die halbe Zeit ihres Lebens Unterhalt empfangen haben, müssen sie die restliche Zeit dazu verwenden, für seinen zu sorgen. Viertens: Was die Hausangestellten anbelangt, so haben sie ihre Arbeit auch ihm zu verdanken; denn er sorgt für ihr Auskommen; es sei denn, sie lösen den Vertrag, wenn es ihnen nicht mehr behagt. Ich spreche nicht von der Sklaverei, weil sie im Widerspruch zur Natur steht & kein Gesetz sie rechtfertigen kann.

Nichts von alledem ist in der staatlichen Gemeinschaft zu finden. Das Staatsoberhaupt, weit davon entfernt, ein natürliches Interesse am Glück der einzelnen zu haben, sucht nicht selten das seine in ihrem Elend. Ist die Herrschaft erblich, so gebietet Männern oft ein Kind; wird sie aber gewählt, so stellen sich bei den Wahlen tausend Schwierigkeiten ein; & in dem einen wie dem anderen Fall gehen die Vorzüge der väterlichen Herrschaft verloren. Habt ihr nur ein einziges Oberhaupt, so seid ihr einem Herrn ausgeliefert, der keinen Grund hat, euch zu lieben; habt ihr mehrere, so müßt ihr zugleich ihre Tyrannei & ihre Zwietracht erdulden. Mit einem Wort, Machtmißbrauch ist unvermeidlich, & die Folgen sind verheerend in jeder Gesellschaft, in der das Gemeininteresse & die Gesetze keine natürliche Gewalt besitzen & ununterbrochen Angriffen von seiten des Einzelinteresses wie der Leidenschaften des Oberhaupts & der einzelnen Mitglieder ausgesetzt sind.

Obwohl der Familienvater & das Regierungsoberhaupt bei der Erfüllung ihrer Aufgaben das gleiche Ziel verfolgen, so geschieht dies doch auf ganz verschiedene Art & Weise; ihre Rechte & Pflichten sind so unterschiedlich, daß man sie nicht gleichsetzen kann, ohne falsche Vorstellungen von den grundlegenden Gesetzen der Gesellschaft zu haben & in Irrtümer zu verfallen, die für die Menschheit verhängnisvoll sind. In der Tat, wenn die Stimme der Natur der beste Ratgeber ist, auf den ein guter Vater hören kann, wenn er seine Pflichten recht erfüllen will, so ist sie doch für den Regierenden ein falscher Führer & sucht ihn beständig von den seinen abzubringen & stürzt ihn & den Staat früher oder später ins Unglück, falls ihn nicht die erhabenste Tugend davor bewahrt. Die einzig nötige Vorsicht, die der Familienvater walten lassen muß, ist, sich vor der Depravation in acht zu nehmen & zu verhüten, daß die natürlichen Neigungen bei ihm entarten; aber gerade sie korrumpieren den Regierenden. Um richtig zu handeln, braucht der eine nur sein Herz zu befragen, der andere wird zum Verräter, sobald er auf seins hört; selbst auf seine Vernunft kann er sich nicht verlassen & darf sich nichts anderes zur Richtschnur nehmen als die öffentliche Vernunft: das Gesetz. Daher brachte die Natur eine Menge guter Familienväter hervor, aber es ist zweifelhaft, ob seit Bestehen der Welt die menschliche Weisheit jemals zehn Männer hervorgebracht hat, die fähig gewesen wären, ihresgleichen zu regieren.

Aus all dem bisher Gesagten folgt: Man hat zu Recht zwischen der *öffentlichen* & der *privaten Ökonomie* unterschieden, & da der Staat in nichts anderem der Familie gleicht als in der Pflicht der Oberhäupter, für das Glück beider zu sorgen, können deren Rechte nicht derselben Quelle entspringen, & es wäre unangebracht, beide nach den gleichen Grundsätzen zu regieren.

Ich bitte meine Leser, ferner zu unterscheiden zwischen der *öffentlichen Ökonomie*, von mir *Regierung* genannt & Gegenstand meines Artikels, & der höchsten Autorität, von mir *Souveränität* genannt; eine Unterscheidung, die darin besteht, daß die eine die gesetzgebende Gewalt besitzt & in gewissen Fällen über den Volkskörper selbst bestimmt, während die andere nur die ausführende Gewalt besitzt & nur über die einzelnen bestimmen kann. Siehe Politik & Souveränität.

Es sei mir erlaubt, einen Augenblick einen gängigen, in vieler Hinsicht ungenauen Vergleich zu gebrauchen, der aber zum besseren Verständnis beiträgt.

Der Staatskörper kann individuell aufgefaßt als ein lebender Organismus betrachtet werden, der dem menschlichen Körper ähnlich ist. Die souveräne Macht stellt den Kopf dar; Gesetze & Sitten sind das Gehirn als Ursprung der Nerven & Sitz des Verstandes, des Willens & der Sinne; Richter & Regierungsbeamte sind die Organe; Handel, Industrie & Landwirtschaft sind Mund & Magen, die die gemeinsame Existenzgrundlage schaffen; die öffentlichen Finanzen sind das Blut, das von einer weisen *Ökonomie*, die die Funktionen des Herzens ausübt, in den ganzen Körper ausgesandt wird, um Nährstoffe & Leben zu verbreiten; die Staatsbürger sind der Körper & die Glieder, die die

Maschine in Bewegung setzen & lebens- & arbeitsfähig machen & die man an keiner Stelle verletzen kann, ohne daß sich nicht die schmerzhafte Erregung bis zum Gehirn fortpflanzte, wenn der Organismus gesund ist.

Das Leben des einen wie des anderen ist das dem Ganzen gemeinsame *Ich,* das Empfinden füreinander & die innere Entsprechung aller Teile. Wenn diese Verbindung aufhört zu bestehen, wenn sich die festgefügte Einheit auflöst & aus dem Ineinander der zusammengehörenden Teile ein Nebeneinander wird, dann ist der Mensch beziehungsweise der Staat nicht lebensfähig. Der Staatskörper ist also auch ein moralisches Wesen mit einem Willen; & dieser Gemeinwille, der stets auf die Erhaltung & das Wohl des Ganzen & jedes einzelnen Teiles gerichtet ist & die Quelle der Gesetze darstellt, ist für alle Glieder des Staates im Hinblick auf sie selbst & den Staat der Maßstab für Recht & Unrecht. Es ist dies eine Wahrheit, die nebenbei gesagt zeigt, wie wenig Grund so viele Schriftsteller hatten, es als Diebstahl zu betrachten, daß die Kinder Spartas sich ihr karges Mahl mit List verdienen mußten; als ob etwas, was das Gesetz vorschreibt, nicht legitim sein könnte!

Es war einmal ein armes, frommes Mädchen, das lebte mit seiner Mutter allein und sie hatten nichts mehr zu essen. Da ging das Kind hinaus in den Wald und begegnete ihm darin eine alte Frau, die wußte seinen Jammer schon und schenkte ihm ein Töpfchen, zu dem sollt es sagen: »Töpfchen koch!« so kochte es guten, süßen Hirschenbrei, und wenn es sagte: »Töpfchen steh!«, so hörte es wieder auf zu kochen. Das Mädchen brachte den Topf seiner Mutter heim und nun waren sie ihrer Armuth und ihres Hungers ledig und aßen süßen Brei, so oft sie wollten… Gebrüder Grimm, Vom süssen Brei

Es ist wichtig, zu beachten, daß dieser Rechtsmaßstab, der in bezug auf alle Staatsbürger richtig ist, Ausländern gegenüber falsch sein kann, & der Grund hierfür leuchtet ein: Der Wille des Staates, der zwar in bezug auf seine Glieder ein Gemeinwille ist, ist dies nicht mehr in bezug auf andere Staaten & ihre Glieder, sondern wird für sie zu einem besonderen & individuellen Willen, der seinen Rechtsmaßstab im Naturgesetz hat, was auch mit dem aufgestellten Grundsatz übereinstimmt, denn dann wird die große Stadt Welt zu dem politischen Körper, dessen Naturgesetz stets der Gemeinwille ist & dessen verschiedene Staaten & Völker nur einzelne Glieder sind.

Von diesen Unterscheidungen, auf jede staatliche Gemeinschaft & ihre Glieder angewandt, kann man die allgemeinsten & sichersten Kriterien ableiten, aus denen man auf eine gute oder schlechte Regierung & ganz allgemein auf die Sittlichkeit aller Handlungen der Menschen schließen darf.

Jede staatliche Gemeinschaft setzt sich aus anderen kleineren Gemeinschaften verschiedener Art zusammen, von denen jede ihre Interessen & Grundsätze hat. Aber diese Gemeinschaften, die jeder wahrnimmt, weil sie eine äußere autorisierte Form haben, sind nicht die einzigen, die in Wirklichkeit innerhalb des Staates existieren; alle Einzelpersonen, die ein gemeinsames Interesse verbindet, bilden genauso viele andere Gemeinschaften von kurzer oder langer Dauer, deren Kraft deshalb nicht weniger wirklich ist, weil sie weniger in Erscheinung tritt. Die genaue Beobachtung ihrer verschiedenen Beziehungen bedeutet wahrhafte Kenntnis der Sitten. Alle diese losen oder festgefügten Vereinigungen modifizieren auf so mannigfaltige Art & Weise die Erscheinungsformen des öffentlichen Willens durch den Einfluß des ihren. Der Wille dieser Einzelgemeinschaften hat stets zwei Seiten; für die Mitglieder dieser Vereinigungen ist er ein Gemeinwille; für die Gesellschaft im Großen ist er ein Einzelwille; sehr oft ist er im ersten Fall rechtmäßig & im zweiten unrechtmäßig. Jemand kann ein frommer Priester, ein tapferer Soldat oder ein beflissener Jurist & ein schlechter Staatsbürger sein. Ein Beschluß kann von Vorteil für die kleine Gemeinschaft & sehr verderblich für die große sein. Da die Einzelgemeinschaften stets den Gemeinschaften, deren Bestandteil sie bilden, untergeordnet sind, ist man freilich diesen vor den anderen Gehorsam schuldig; denn die Pflichten des Staatsbürgers kommen vor denen des Senators & die menschlichen vor denen des Staatsbürgers. Aber leider steht immer das persönliche Interesse im umgekehrten Verhältnis zur Pflicht & nimmt in dem Maße zu, wie die Vereinigung enger & die Bindung profaner wird – ein unumstößlicher Beweis dafür, daß der allgemeine Wille auch stets der gerechteste ist & die Stimme des Volkes wirklich Gottes Stimme.

Daraus folgt jedoch nicht, daß öffentlich gefaßte Beschlüsse immer gerecht sein müßten, sie können ungerecht sein, wenn es sich um auswärtige Angelegenheiten handelt, weshalb, sagte ich bereits. So ist es nicht unmöglich, daß eine gutregierte Republik einen ungerechten Krieg führt; & auch nicht, daß der Rat einer Demokratie schlechte Verordnungen ausarbeitet & Unschuldige verurteilt. Aber das wird nie geschehen, wenn das Volk nicht durch Einzelinteressen verführt wird, die einige wenige geschickte Männer glaubwürdig & beredsam an die Stelle seiner wahren Interessen setzen. Dann werden öffentlich gefaßte Beschlüsse & Gemeinwille auseinanderfallen. Man halte mir ja nicht die attische Demokratie entgegen, denn Athen war in Wirklichkeit keine Demokratie, sondern eine sehr tyrannische, von Gelehrten & Rhetoren regierte Aristokratie. Untersucht sorgfältig, auf welche Art & Weise Beschlüsse zustande kommen, & ihr werdet sehen, daß der Gemeinwille stets für das Gemeinwohl ist; aber sehr häufig kommt es zu einer geheimen Spaltung, zu einem stillschweigenden Bündnis, das zugunsten privater Absichten die natürliche Tendenz der Versammlung zu umgehen versteht. Dann spaltet sich das Gesellschaftsgefüge tatsächlich in andere auf, deren Mitglieder einen Gemeinwillen annehmen, der gut & gerecht ist im Hinblick auf diese neuen Körperschaften & schlecht & ungerecht im Hinblick auf das Ganze, aus dem jede einzelne sich ausgliedert.

Man sieht, wie leicht man mit Hilfe dieser Prinzipien die scheinbaren Widersprüche erklären kann, die man im Verhalten so vieler Menschen gewahrt; auf der einen Seite redlich & ehrenwert, sind sie auf der anderen Betrüger & Spitzbuben; sie treten die heiligsten Pflichten mit Füßen & bleiben Bündnissen, die oft unrechtmäßig sind, treu bis in den Tod. So ehren die verderbtesten Menschen immerhin in gewisser Weise den öffentlichen Glauben, & so beten, wie man im Artikel NATURRECHT feststellen konnte, selbst Räuber, die in der Gesellschaft Feinde der Tugend sind, deren Götzenbild in ihren Höhlen an.

Wenn ich den Gemeinwillen als oberstes Prinzip der öffentlichen Ökonomie & ersten Grundsatz der Regierung ansah, hielt ich es nicht für nötig, ernsthaft zu untersuchen, ob die Obrigkeit dem Volk oder das Volk der Obrigkeit gehört & ob man in den öffentlichen Angelegenheiten das Wohl des Staates oder das der Oberen im Auge haben soll. Seit langem wurde diese Frage von der Praxis anders entschieden als von der Vernunft; & überhaupt wäre es sehr töricht, zu hoffen, die tatsächlichen Herren würden vor ihrem Interesse einem anderen den Vorrang geben. Es dürfte also angebracht sein, die öffentliche *Ökonomie* nochmals in eine Volks- & eine Tyrannenökonomie zu unterteilen. Unter der ersten versteht man die aller Staaten, in denen es zwischen dem Interesse & dem Willen von Volk & Oberen keinen Unterschied gibt; die zweite besteht also zwangsläufig überall dort, wo Regierung & Volk verschiedene Interessen & demzufolge einen entgegengesetzten Willen haben. Die Grundsätze letzterer sind ausführlich im Archiv der Geschichte & den Satiren Machiavellis beschrieben. Erstere finden sich nur in den Schriften der Philosophen, die die Menschenrechte zu fordern wagen.

1. Der erste & wichtigste Grundsatz der rechtmäßigen oder Volksregierung, das heißt derjenigen, die das Wohl des Volkes zum Ziel hat, ist also, wie ich schon feststellte, daß sie sich in allem nach dem Gemeinwillen richtet. Um sich aber nach ihm zu richten, muß sie ihn kennen & vor allem, angefangen bei sich selbst, vom Einzelwillen genau unterscheiden können; dies bereitet stets große Schwierigkeiten, & nur die erhabenste Tugend kann die nötige Aufklärung geben. Da man frei sein muß, um zu wollen, so ist eine weitere, kaum geringere Schwierigkeit, zugleich die öffentliche Freiheit & die Autorität der Regierung zu gewährleisten. Sucht nach den Gründen, welche die aufeinander angewiesenen & deshalb in der Gesellschaft vereinten Menschen dazu veranlaßt haben, sich in gesellschaftlichen Vereinigungen noch enger zusammenzuschließen, & ihr werdet keine anderen finden als das Verlangen, Gut, Leben & Freiheit eines jeden Gliedes durch den Schutz aller zu garantieren; wie soll man nun aber die Menschen zwingen, die Freiheit des einen zu verteidigen, ohne die der anderen zu verletzen? Wie soll man für die Bedürfnisse der Öffentlichkeit sorgen, ohne den Privatbesitz derer zu schmälern, die man zwingt, dazu beizutragen? Mit welchen Sophismen man auch immer dies alles beschönigen könnte, steht doch fest: Wenn man meinen Willen zwingen kann, bin ich nicht mehr frei, & ich bin nicht mehr Herr meines Hab & Gutes, wenn ein anderer daran Hand anlegen kann. Diese Schwierigkeit, die unüberwindlich erscheinen mußte, wurde zusammen mit der vorhin erwähnten durch die erhabenste aller menschlichen Einrichtungen oder vielmehr durch eine Eingebung des Himmels behoben, die die Menschen lehrte, auf Erden die unveränderlichen Ratschlüsse der Gottheit nachzuahmen. Welche unbegreifliche Kunst wies uns den Weg, die Menschen zu unterwerfen, um sie frei zu machen; das Gut, den Arm, ja sogar das Leben aller seiner Mitglieder zum Nutzen des Staates einzusetzen, ohne sie zu zwingen & ohne sie zu fragen; mit ihrer Einwilligung ihren Willen zu fesseln; trotz ihres Protestes ihr Einverständnis ins Treffen zu führen & sie zu zwingen, sich selbst zu strafen, wenn sie tun, was sie nicht tun wollten? Wie ist es möglich, daß sie gehorchen & keiner befiehlt, daß sie dienen & keinen Herrn haben; daß sie tatsächlich um so freier sind, als bei scheinbarer Unterdrückung keiner mehr von seiner Freiheit einbüßt als das, was der eines anderen schaden kann? Diese Wunder sind das Werk des Gesetzes. Allein dem Gesetz verdanken die Menschen Gerechtigkeit & Freiheit; dieses heilsame Organ des Willens aller setzt wieder die natürliche Gleichheit unter den Menschen in ihre Rechte ein; diese Stimme des Himmels diktiert jedem Staatsbürger die Gebote der öffentlichen Vernunft & lehrt ihn, nach den Grundsätzen seines eigenen Verstandes zu handeln & nicht in Widerspruch mit sich selbst zu geraten. Nur sie allein dürfen die Oberhäupter sprechen lassen, wenn sie befehlen; denn sobald ein Mensch unabhängig von den Gesetzen einen anderen seinem privaten Willen unterwerfen möchte, steht er auch schon außerhalb des Gesellschaftszustands & befindet sich ihm gegenüber im reinen Naturzustand, in dem Gehorsam nur von der Notwendigkeit diktiert ist.

Das vordringlichste Interesse des Staatsoberhaupts & seine unerläßliche Pflicht ist es also, über die Einhaltung der Gesetze zu wachen; er ist ihr Hüter, auf ihnen beruht seine ganze Autorität. Wenn er die anderen dazu anhalten soll, sie zu befolgen, muß er sie erst recht selbst befolgen, da er alle ihre Vorteile genießt. Denn sein Beispiel hat eine so große Wirkung, daß er sich, selbst wenn das Volk dulden würde, daß er sich dem Joch der Gesetze entzieht, hüten müßte, von einem so gefährlichen Vorrecht Gebrauch zu machen, denn andere würden sogleich versuchen, es sich ihrerseits anzumaßen, & oft zu seinem Schaden. Da alle Verpflichtungen in der Gesellschaft ihrer Natur nach auf Gegenseitigkeit beruhen, ist es im Grunde genommen nicht möglich, sich den Gesetzen zu entziehen, ohne auf ihre Vorteile zu verzichten; & niemand ist jemandem etwas schuldig, der behauptet, niemandem etwas schuldig zu sein. Aus dem gleichen Grunde wird bei einer wirklich sittlichen Regierung niemals eine Ausnahme zum Gesetz zugelassen, zu welchem Zweck es auch sein mag. Selbst die Staatsbürger, die sich um das Vaterland sehr verdient gemacht haben, sollen mit Ehrenbezeigungen, aber niemals mit Privilegien belohnt werden; denn der Staat ist am Rande des Abgrunds angelangt, sobald jemand auf den Gedanken kommt, daß es schön sei, den Gesetzen nicht zu gehorchen. Wenn der Adel, das Militär oder irgendein anderer Stand einen derartigen Grundsatz annehmen würde, wäre alles rettungslos verloren.

Die Macht der Gesetze hängt noch mehr von ihrer Weisheit als von der Strenge ihrer Hüter ab, & der öffentliche Wille verdankt sein größtes Gewicht der Vernunft, von der er gelenkt wird. Aus diesem Grunde hält Platon es für eine sehr wichtige Vorsichtsmaßnahme, stets an die Spitze der Gesetze eine erklärende Präambel zu stellen, die deren Rechtmäßigkeit & Nützlichkeit aufzeigt. In der Tat, das erste der Gesetze heißt: Achte die Gesetze! Denn strenge Strafen sind nur ein eitles, von kleinen Geistern erdachtes Hilfsmittel, um den Terror an die Stelle des Respekts zu setzen, den sie sich nicht verschaffen können. Man hat stets beobachtet, daß in den Ländern, wo die Strafen am schrecklichsten sind, sie auch am häufigsten angewandt werden, so daß die Grausamkeit der Strafen kaum mehr als die Zahl der Gesetzesübertretungen angibt, & wenn man alle mit gleicher Strenge bestraft, zwingt man die Schuldigen, Verbrechen zu begehen, um sich der Strafe für ihre Vergehen zu entziehen.

Obgleich aber die Regierung nicht Herr über das Gesetz ist, so ist es doch viel, daß sie ihr Bürge ist & auf tausenderlei Art & Weise dafür sorgen kann, daß es geliebt wird. Nur darin besteht das Talent zum Herrschen. Hat man die Gewalt in der Hand, ist es gar keine Kunst, alle Welt in Furcht & Schrecken zu halten, & keine große, die Herzen aller zu gewinnen; denn die Erfahrung hat das Volk schon längst gelehrt, den Oberen all das Übel, das sie ihm nicht antun, hoch anzurechnen & sie zu verehren, wenn es nicht von ihnen gehaßt wird. Ein Dummkopf, dem man Gehorsam schenkt, kann Missetaten so gut wie jeder andere bestrafen; aber ein wirklicher Staatsmann beugt vor; seine ehrenwerte Herrschaft erstreckt sich mehr auf den Willen als auf die Handlungen. Wenn er erreichen könnte, daß jedermann nur Gutes tut, bliebe für ihn selbst nichts mehr zu tun, & seine Meisterleistung wäre, müßig sein zu können. Wenigstens steht fest, daß das größte Talent der Oberen darin besteht, ihre Macht zu verkleiden, damit sie weniger gehaßt wird, & den Staat so ruhig zu leiten, daß er den Anschein erweckt, als brauche er keine Führer.

Ich schlußfolgere also: Da die oberste Pflicht des Gesetzgebers ist, die Gesetze mit dem Gemeinwillen in Übereinstimmung zu bringen, lautet das oberste Prinzip der öffentlichen *Ökonomie:* Die Verwaltung muß den Gesetzen entsprechen. Das würde bereits genügen, damit der Staat nicht schlecht regiert wird, vorausgesetzt, daß der Gesetzgeber pflichtgemäß für alles gesorgt hat, was die Gegebenheiten des Ortes, das Klima, der Boden, die Sitten, die Grenznachbarn & all die besonderen Verhältnisse des Volkes, das er schaffen will, erfordern. Natürlich bleiben der Weisheit der Regierung noch eine Unmenge Einzelheiten der öffentlichen Ordnung & der *Ökonomie* überlassen. Aber sie hat stets zwei unfehlbare Richtlinien, um sich in diesen Situationen angemessen zu verhalten: einmal den Geist des Gesetzes, der in den Fällen entscheiden muß, die das Gesetz nicht vorhersehen konnte, & zum anderen den Gemeinwillen, die Quelle & Ergänzung aller Gesetze, der stets befragt werden muß, wenn keine vorhanden sind. Man wird mir entgegnen: Wie soll man den Gemeinwillen in den Fällen erkennen, wo er sich nicht kundgetan hat? Soll man das ganze Volk bei jedem unvorhergesehenen Ereignis versammeln? Dies soll man um so weniger tun, als nicht sicher ist, ob seine Entscheidung der Ausdruck des Gemeinwillens wäre; auch ist dieser Weg bei einem großen Volk nicht gangbar & selten nötig, wenn die Regierung gute Absichten hegt, denn die Oberen wissen genau, daß der Gemeinwille stets für die dem öffentlichen Interesse günstigste, das heißt gerechteste Lösung ist; so muß man also nur gerecht sein, um sicherzugehen, daß man sich nach dem Gemeinwillen richtet. Oftmals, wenn man ihn zu offensichtlich verletzt, macht er sich trotz des furchtbaren Hemmnisses, das die öffentliche Autorität für ihn bedeutet, bemerkbar. Ich suche so naheliegende Beispiele wie möglich, denen man in solchen Fällen folgen kann. In China folgt der Fürst beständig dem Grundsatz, in allen Streitigkeiten, die zwischen seinen Beamten & dem Volk aufkommen, ersteren unrecht zu geben. Ist das Brot in einer Provinz teuer, so wird der Statthalter ins Gefängnis geworfen. Kommt es in einer anderen zum Aufruhr, so wird der Gouverneur abgesetzt; & jeder Mandarin haftet mit seinem Kopf für alles Übel, was in seinem Bereich geschieht. Zwar untersucht man später in einem regulären Prozeß die Angelegenheit, aber lange Erfahrung hat so das Urteil vorwegzunehmen gelehrt. Selten, daß man dann begangenes Unrecht wiedergutzumachen hätte; & der Kaiser, überzeugt, daß öffentliches Geschrei nie ohne Grund entsteht, entdeckt hinter der aufrührerischen Rede, die er bestraft, gerechtfertigte Klagen & schafft Abhilfe dafür.

Es ist schon viel, wenn in allen Teilen des Landes Frieden & Ordnung hergestellt sind, wenn Ruhe im Staat herrscht & das Gesetz respektiert wird; aber bringt man nicht mehr zuwege, ist dies alles mehr Schein als Sein, & die Regierung wird sich schwer Gehorsam verschaffen, wenn sie sich mit bloßem Gehorsam begnügt. Ist es auch gut, die Menschen so zu nehmen, wie sie sind, so ist es doch noch viel besser, sie zu formen, wie man sie braucht. Am unumschränktesten ist die Autorität, die bis ins Innere des

Menschen dringt & sich nicht minder auf den Willen als auf die Handlungen erstreckt. Es ist gewiß, daß auf die Dauer die Völker das sind, wozu die Regierung sie macht: Krieger, Staatsbürger, Menschen, wenn sie will; niedriger Pöbel, wenn ihr das Spaß macht. Und jeder Fürst, der seine Untertanen verachtet, entehrt sich selbst, denn er gibt dadurch zu erkennen, daß er nicht verstand, sie achtenswert zu machen. Bildet also Menschen heran, wenn ihr Menschen befehlen wollt; & wenn ihr wollt, daß man den Gesetzen gehorcht, sorgt dafür, daß man sie liebt & daß man sich nur zu erinnern braucht, man soll etwas tun, um zu tun, was man soll!

2. Der zweite Grundsatz der öffentlichen *Ökonomie* ist nicht weniger wichtig als der erste; er lautet: Wollt ihr, daß der Gemeinwille erfüllt werde, so sorgt dafür, daß alle Einzelwillen in ihm aufgehoben sind; & da die Tugend nur diese Übereinstimmung von Einzel- & Gemeinwille ist, so kann man die gleiche Sache mit einem Wort sagen: Verhelft der Tugend zur Herrschaft!

Wenn die Politiker von ihrem Ehrgeiz weniger verblendet wären, würden sie sehen, wie unmöglich es ist, daß irgendeine Einrichtung, wie immer sie auch beschaffen sein mag, dem Geist ihrer Gründung treu bleiben kann, wenn sie nicht vom Gesetz der Pflicht gelenkt wird; sie würden fühlen, daß die größte Kraft der öffentlichen Autorität im Herzen der Bürger liegt & nichts die Rolle der Sitten, wenn die Regierung bestehen bleiben will, übernehmen kann. Nur rechtschaffene Menschen können die Gesetze verwalten, ja mehr noch: im Grunde genommen können auch nur rechtschaffene Menschen ihnen gehorchen. Wer es fertigbringt, Gewissensbissen zu widerstehen, wird auch Strafen trotzen, denn sie sind weniger hart & von kürzerer Dauer, & man hofft wenigstens, ihnen zu entgehen: Wie vorsichtig man auch immer sein mag, wer nur auf Straflosigkeit rechnet, wenn er Unrecht tut, findet auch Mittel & Wege, das Gesetz zu umgehen & sich der Strafe zu entziehen. Da sich dann alle Einzelinteressen gegen das Gemeininteresse, das niemandes Interesse mehr ist, verbünden, haben die öffentlichen Laster mehr Kraft, die Gesetze zu schwächen, als die Gesetze haben, die Laster zu unterdrücken; die Verderbtheit des Volkes & der Oberen erstreckt sich endlich auch auf die Regierung, so weise sie auch immer sein mag. Der schlimmste Betrug ist, den Gesetzen zum Schein zu gehorchen, nur um sie in Wirklichkeit desto sicherer übertreten zu können. Bald werden die besten Gesetze die unheilvollsten; & es wäre hundertmal besser, es gäbe sie nicht; denn dann hätte man noch eine Zuflucht, wenn man keine andere mehr hat. In solch einer Situation läßt man vergeblich Edikt auf Edikt, Verfügung auf Verfügung folgen. All das dient nur dazu, andere Übel heraufzubeschwören, ohne die ersten abzustellen. Je mehr Gesetze ihr schafft, desto verächtlicher macht ihr sie; & alle, die ihr einsetzt, um sie zu hüten, übertreten sie wiederum nur; entweder tun sie sich mit den anderen zusammen, oder sie rauben für sich allein. Bald wird der Preis für Tugend zum Preis für kriminelle Handlungen. Die schlechtesten Menschen stehen in dem besten Ruf; je höher die Menschen stehen, desto mehr werden sie verachtet; ihre Ruchlosigkeit wird in ihren Würden sichtbar, ihre Ehren entehren sie. Wenn sie sich die Stimmen der Oberhäupter oder die Protektion der Frauen erkaufen, so um ihrerseits die Gerechtigkeit, die Pflicht & den Staat zu verkaufen, & das Volk, das nicht sieht, daß seine Laster die erste Ursache für sein Unglück sind, murrt & ruft unter Stöhnen: »All mein Unglück kommt nur von denen, die ich bezahle, damit sie mich davor bewahren.«

Dann sind die Oberen gezwungen, die Stimme der Pflicht, die in den Herzen verstummt ist, durch den Schrei des Terrors oder den Reiz eines Scheininteresses zu ersetzen & ihre Untergebenen so zu täuschen. Dann müssen sie zu all jenen kleinen niedrigen Listen Zuflucht nehmen, die sie *Staatsmaximen & Kabinettsgeheimnisse* nennen. Alle Kraft, die der Regierung noch bleibt, wird von ihren Mitgliedern dazu verwendet, sich gegenseitig aufzureiben & zugrunde zu richten, während die Geschäfte ganz vernachlässigt oder nur so weit erledigt werden, als das persönliche Interesse es erfordert & sie lenkt. Endlich besteht die ganze Geschicklichkeit jener großen Politiker darin, alle, deren sie bedürfen, so zu blenden, daß jeder glaubt, in seinem Interesse zu handeln, während er in ihrem handelt. Ich sage *in ihrem*, sofern es wirklich das Interesse der Oberen sein kann, die Völker aufzureiben, um sie unterwürfig zu machen, & ihr Hab & Gut zugrunde zu richten, um sich dessen Besitz zu sichern.

Aber wenn die Bürger ihre Pflicht lieben & die Statthalter der öffentlichen Autorität aufrichtig bestrebt sind, diese Liebe durch ihr Beispiel & ihr Bemühen zu nähren, verschwinden alle Schwierigkeiten, & die Verwaltung ist so einfach, daß sie nicht jene dunkle Kunst braucht, deren ganzes Geheimnis in ihrer Düsterkeit besteht. Man vermißt nicht mehr jene vielseitigen, so gefährlichen & bewunderten Köpfe, all jene großen Minister, deren Ruhm sich mit

Tatsächlich ist Eigentum eine schwere Bürde. Vor einigen Jahren zogen Leute mit dem Slogan durchs Land, Eigentum verpflichte. Sie wiederholten ihren Spruch so oft und so hartnäckig, daß zuletzt gar die Kirche mit einfiel. Jetzt tönt er von jeder Kanzel. Auch er trifft vollkommen zu. Eigentum verpflichtet nicht einfach, sondern es bürdet einem gleich so viele Pflichten auf, daß jeder größere Besitz nichts als Ärger einbringt. Ständig sieht man sich Forderungen ausgesetzt, muß sich laufend um seine Geschäfte kümmern und hat nur Scherereien. Wäre Eigentum nur mit Annehmlichkeiten verbunden, könnten wir damit leben, aber seine Verpflichtungen machen es unerträglich. Im Interesse der Reichen müssen wir es abschaffen.

OSCAR WILDE, DIE SEELE DES MENSCHEN UNTER DEM SOZIALISMUS

dem Unglück des Volkes deckt. Die öffentlichen Sitten ersetzen das Genie der Oberen; je mehr die Tugend herrscht, desto weniger braucht man Talent. Selbst der Ehrgeiz ist mit der Pflicht besser bedient als mit Usurpation. Überzeugt, daß seine Oberhäupter nur an seinem Glück schaffen, erspart ihnen das Volk durch seine Willfährigkeit, an der Festigung ihrer Macht zu arbeiten; & die Geschichte zeigt uns in tausend Fällen, daß die Macht, die das Volk denen verleiht, die es liebt & von denen es geliebt wird, hundertmal unumschränkter ist als alle Tyrannei der Usurpatoren. Das bedeutet nicht, daß sich die Regierung hüten solle, von ihrer Macht Gebrauch zu machen, sondern daß sie nur rechtmäßig von ihr Gebrauch machen soll.

Den Staatsbürgern zu sagen, *seid gut,* genügt nicht; man muß sie lehren, es zu sein; & selbst das Beispiel, in dieser Beziehung die beste Schule, ist nicht das einzige Mittel, das man anwenden soll; das wirksamste ist die Vaterlandsliebe, denn, wie ich bereits sagte, ist jeder Mensch tugendhaft, wenn sein Einzelwille in allem mit dem Gemeinwillen übereinstimmt, & wir wollen gern, was die Menschen wollen, die wir lieben.

Es scheint, daß das Gefühl der Menschlichkeit schwächer wird & sich verliert, wenn es sich über die ganze Erde erstreckt, & daß uns das Unglück der Tataren oder Japaner nicht so berührt wie das eines europäischen Volkes. Man muß Interesse & Mitgefühl irgendwie begrenzen & komprimieren, um sie wirksam werden zu lassen. Da diese Neigung nun aber nur denjenigen Nutzen bringt, mit denen wir zusammenleben, ist es gut, wenn sich die Menschlichkeit auf die Mitbürger konzentriert & aus der Gewohnheit, sich zu sehen, & aus dem Gemeininteresse, das sie verbindet, neue Kraft schöpft. Es steht fest, daß die Vaterlandsliebe die größten Wunder an Tugend vollbracht hat. Dieses süße, lebhafte Gefühl, das die Kraft der Eigenliebe & die Schönheit der Tugend in sich vereinigt, verleiht ihr eine Tatkraft, die sie, ohne sie zu entstellen, zur heroischsten aller Leidenschaften macht. Nur sie vollführte so viele unsterbliche Taten, deren Glanz unsere schwachen Augen blendet; & nur sie brachte in der Antike so viele große Männer hervor, deren Tugenden für Märchen gelten, seit die Vaterlandsliebe sich ins Lächerliche verkehrt hat. Darüber dürfen wir uns nicht wundern; denn ebenso scheint die Erregung zärtlicher Herzen allen, die nie so etwas fühlten, leere Einbildung zu sein, & die Liebe zum Vaterland, die hundertmal heftiger & köstlicher ist als die Liebe zu einer Frau, begreift man auch nur, wenn man sie empfindet. Aber in allen Herzen, die sie durchglüht, in allen Taten, zu denen sie den Anstoß gibt, nimmt man jenes erhabene lodernde Feuer wahr, das nicht in der reinsten Tugend brennt, wenn ihr diese Liebe abgeht.

Will man, daß die Völker tugendhaft sind, so beginne man also damit, sie ihr Vaterland lieben zu lehren! Wie aber werden sie es lieben, wenn das Vaterland für sie nicht mehr ist als für Fremde & ihnen nur gewährt, was es niemandem verweigern kann? Noch schlimmer wäre, wenn sie nicht einmal in den Genuß staatsbürgerlicher Sicherheit kämen, wenn ihre Güter, ihr Leben & ihre Freiheit der Willkür der Mächtigen ausgeliefert wären & ihnen nicht möglich noch erlaubt sein würde, sich auf die Gesetze zu berufen. Sie würden dann die Pflichten des Gesellschaftszustands auf sich nehmen & nicht einmal die Rechte des Naturzustands genießen, sie könnten nicht zu ihrer Verteidigung von ihren Kräften Gebrauch machen & wären daher in der schlimmsten Lage, in der sich freie Menschen befinden können; das Wort *Vaterland* hätte für sie nur einen häßlichen oder lächerlichen Sinn. Man darf nicht glauben, daß man jemanden an einem Arm verletzen oder ihn ihm abhauen kann & sich der Schmerz nicht bis zum Kopf fortpflanzt; daß der Gemeinwille irgendeinem Glied des Staates eher erlaubt, ein anderes zu verletzen oder zu zerstören, als ein vernünftiger Mensch sich eigenhändig die Augen auskratzen würde. Die Sicherheit des einzelnen ist so eng an den staatlichen Zusammenschluß gebunden, daß ohne die Nachsicht, die man der menschlichen Schwäche schuldet, diese Vereinbarung von Rechts wegen außer Kraft treten würde, wenn im Staat ein einziger Bürger stürbe, den man hätte retten können, wenn man einen einzigen zu Unrecht im Gefängnis festhielte & ein einziger Prozeß offensichtlich unrechtmäßig verlorenginge; denn da man sich nicht an die grundlegenden Vereinbarungen hält, so sage man mir doch, was für ein Recht & was für ein Interesse das Volk haben könnte, in der gesellschaftlichen Vereinigung zu verbleiben, es sei denn, es würde mit bloßer Gewalt darin festgehalten, aber Gewalt bedeutet die Auflösung des Gesellschaftszustandes.

Ist es nicht in der Tat die Pflicht des Volkskörpers, für die Erhaltung des letzten seiner Glieder mit der gleichen Liebe zu sorgen wie für alle anderen? Und ist das Wohl eines Bürgers nicht ebenso wie das Wohl des ganzen Staates eine gemeinschaftliche Angelegenheit? Man soll ruhig sagen, es sei richtig, daß ein einzelner sich für alle opfert; ich bewundere diesen Satz im Munde eines würdigen tugendhaften Patrioten, der freiwillig & pflichtbewußt zum Besten seines Vaterlands den Tod auf sich nimmt; versteht man jedoch darunter, daß es der Regierung erlaubt sei, einen Unschuldigen dem Wohl der Menge zu opfern, so halte ich diese Maxime für eine der abscheulichsten, die die Tyrannei jemals erdacht, für die falscheste & gefährlichste, die man aufstellen oder zulassen kann, für eine Maxime, die den grundlegenden Gesetzen der Gesellschaft diametral entgegengesetzt ist. Nicht, daß ein einzelner für alle sterben müßte – im Gegenteil, alle haben Gut & Leben zum Schutz eines jeden von ihnen verpfändet, auf daß die Schwäche des einzelnen stets von der Kraft der Allgemeinheit & jedes Mitglied vom ganzen Staat geschützt werde.

Das Vaterland möge sich also als die gemeinsame Mutter aller Bürger erweisen; die Vorteile, die sie innerhalb seiner Grenzen genießen, sollen ihnen ihr Heimatland teuer machen. Die Regierung lasse ihnen so viel Anteil an der öffentlichen Verwaltung, daß sie sich zu Hause fühlen & die Gesetze in ihren Augen nichts anderes sind als der Garant der Gemeinfreiheit. Diese Rechte, so schön sie sind, stehen allen Menschen zu; aber ohne daß es wie ein direkter Angriff aussieht, macht die Böswilligkeit der Oberen leicht ihre Wirkung zunichte. Das mißbrauchte Gesetz dient dem Mächtigen zugleich als Angriffswaffe & als Schild gegen den Schwachen; & wenn das Gemeinwohl nur als Vorwand gebraucht wird, ist es immer die gefahrvollste Pein des Volkes. Das Notwendigste & Schwierigste am Regieren ist, völlig unbestechlich allen Recht zuteil werden zu lassen & vor allem den Armen vor der Tyrannei des Reichen zu schützen. Das größte Unrecht geschah bereits, wenn man Arme zu beschützen & Reiche im Zaum zu halten hat. Nur auf die Mitte erstreckt sich die ganze Macht der Gesetze; sie sind gleich ohnmächtig gegenüber den Schätzen des Reichen & dem Elend des Armen; ersterer vereitelt sie, letzterer entzieht sich ihnen, der eine zerreißt den Vorhang, der andere geht an der Seite vorbei.

Eine der wichtigsten Aufgaben der Regierung besteht also darin, die extreme Ungleichheit des Besitzes zu verhindern, aber nicht dadurch, daß man das Vermögen einzieht, sondern daß man allen die Möglichkeit nimmt, Vermögen anzuhäufen; nicht dadurch, daß man Armenhäuser baut, sondern daß man die Bürger vor der Armut schützt. Die Menschen sind auf dem Territorium ungleich verteilt & in einer Gegend zusammengedrängt, während sich andere Gegenden entvölkern; die geselligen Künste, die nur Geschicklichkeit erfordern, haben den Vorzug vor dem nützlichen & schweren Handwerk; die Landwirtschaft wird dem Handel geopfert; durch die schlechte Verwaltung der Staatsgelder wurde der Steuerpächter nötig; die Käuflichkeit geht so weit, daß das Ansehen nach Pistolen gerechnet wird & selbst die Tugenden verkauft werden; dies sind die auffälligsten Gründe für Reichtum & Armut, für Bevorzugung des Einzelinteresses vor dem öffentlichen Interesse, für den Haß der Bürger aufeinander, für ihre Gleichgültigkeit gegenüber der gemeinsamen Sache, für die Verderbtheit des Volkes & die Schwächung der Regierung in allen Bereichen. Dies sind folglich die Leiden, die schwer zu heilen sind, wenn man sie bereits spürt; aber eine weise Verwaltung weiß ihnen vorzubeugen, um mit den guten Sitten die Achtung vor dem Gesetz, die Vaterlandsliebe & die Kraft des Gemeinwillens zu erhalten.

Alle diese Vorsichtsmaßnahmen werden jedoch unzureichend sein, wenn man nicht weit früher anfängt. Ich beende diesen Teil der öffentlichen *Ökonomie* da, wo ich ihn hätte beginnen sollen. Es kann kein Vaterland ohne Freiheit, keine Freiheit ohne Tugend & keine Tugend ohne Staatsbürger geben. Man hat also alles, wenn man Staatsbürger heranbildet, andernfalls aber nur böse Sklaven, angefangen bei den Staatschefs selbst. Staatsbürger heranzubilden ist nun aber nicht das Werk eines Tages; sollen die Männer gute Staatsbürger sein, muß man die Kinder dazu erziehen. Wenn mir jemand sagt: Wer Menschen zu regieren hat, darf nicht außerhalb ihrer Natur eine Vollkommenheit suchen, deren sie nicht fähig sind, er darf die Leidenschaften nicht in ihnen zu zerstören suchen, denn ein solches Vorhaben durchzusetzen wäre weder wünschenswert noch möglich – so gebe ich ihm um so lieber recht, als ein Mensch ohne Leidenschaften zweifellos ein sehr schlechter Staatsbürger wäre. Aber man muß andererseits auch folgendes zugeben: Wenn man die Menschen auch nicht lehren kann, nichts zu lieben, ist es doch nicht unmöglich, sie zu lehren, eine Sache mehr als eine andere & etwas wirklich Schönes mehr als etwas Häßliches zu lieben. Gewöhnt man sie beispielsweise rechtzeitig daran, sich als Individuum stets nur im Zusammenhang mit dem Staatskörper zu betrachten & ihr eigenes Dasein sozusagen nur als Teil des seinen anzusehen, können sie schließlich dahin gelangen, sich in gewisser Weise mit dem größeren Ganzen zu identifizieren, sich als Glieder des Vaterlandes zu fühlen & ihm gegenüber eine so außergewöhnliche Liebe aufzubringen, wie sie jeder isolierte Mensch nur für sich selbst empfindet; sie werden ihre Seele beständig zu dieser großen Sache erheben & so jene gefährliche Anlage, aus der alle unsere Laster erwachsen, in eine hehre Tugend verwandeln. Die Philosophie zeigt nicht allein die Möglichkeit dieser Richtungsänderung auf, sondern die Geschichte bietet auch tausend glänzende Beispiele dafür. Wenn diese hingegen bei uns selten sind, so deshalb, weil niemand sich darum kümmert, ob wir Staatsbürger haben, & erst recht niemand auf den Gedanken kommt, sich möglichst zeitig um die Heranbildung von Staatsbürgern zu bemühen. Es ist zu spät, unsere natürlichen Neigungen von ihrem Weg abzubringen, wenn sie ihn bereits eingeschlagen haben & sich die Gewohnheit zur Eigenliebe gesellt hat; es ist zu spät, uns von uns selbst zu befreien, wenn erst einmal das in unserem Herzen zusammengeballte *menschliche Ich* jene schändliche Aktivität an den Tag gelegt hat, die jede Tugend aufzehrt & das Leben kleiner Geister ausmacht. Wie könnte die Vaterlandsliebe inmitten so vieler anderer Leidenschaften, die sie ersticken, gedeihen? Und was bleibt von einem schon zwischen Habsucht, einer Mätresse & Eitelkeit hin- & hergerissenen Herzen für die Mitbürger übrig?

Vom ersten Augenblick des Lebens an muß man lernen, das Leben zu verdienen; & so wie man durch seine Geburt an den staatsbürgerlichen Rechten teilhat, muß der Moment der Geburt auch der Beginn für die Wahrnehmung unserer Pflichten sein. Wenn es für die Zeit des reifen Alters Gesetze gibt, muß es auch für die Kindheit welche geben, die lehren, den anderen zu gehorchen; & so wie man nicht der Vernunft eines jeden Menschen das alleinige Richteramt über seine Pflichten überträgt, darf man erst recht nicht den Einsichten & den Vorurteilen der Väter die Erziehung ihrer Kinder überlassen, weil dem Staat an ihr noch mehr liegt als den Vätern; denn es geschieht oft, daß der Vater durch seinen Tod um die Früchte dieser Erziehung gebracht wird – das ist der Lauf der Dinge –, das Vaterland jedoch bekommt ihre Auswirkungen früher oder später zu spüren; der Staat bleibt bestehen, die Familie löst sich auf. Wenn die öffentliche Autorität, die an die Stelle der Väter tritt & diese wichtige Aufgabe auf sich nimmt, mit den erfüllten Pflichten auch ihre Rechte erwirbt, so haben die Väter um so weniger Grund, sich zu beklagen, als sie in dieser Hinsicht nur den Namen wechseln & in der Gemeinschaft, als *Staatsbürger*, die gleiche Autorität gegenüber ihren Kindern genießen, wie sie jeder für sich als *Vater* ausübte; auch wird ihnen nicht weniger Gehorsam entgegengebracht werden, wenn sie im Namen des Gesetzes sprechen, als vorher, wenn sie im Namen der Natur gesprochen haben. Die öffentliche Erziehung durch Beamte, die der Souverän einsetzt, & nach Richtlinien, die die Regierung vorschreibt, ist also eines der Grundprinzipien der Volks- oder rechtmäßigen Regierung. Wenn die Kinder im Schoß der Gleichheit gemeinsam erzogen werden, wenn sie von den Gesetzen des Staates & den Prinzipien des Gemeinwillens erfüllt sind & angehalten werden, sie über alles zu verehren, wenn es in ihrer Umgebung Vorbilder & Dinge gibt, die ihnen unablässig von der zärtlichen Mutter sprechen, die sie ernährt, von ihrer Liebe für sie, den unschätzbaren Wohltaten, die sie ihnen erweist, & der Gegenliebe, die sie ihr schulden, dann brauchen wir nicht zu bezweifeln, daß sie lernen, sich wie Geschwister zu lieben, stets nur zu wollen, was die Gesellschaft will, das frucht- & nutzlose Geschwätz der Sophisten durch Taten zu ersetzen, die eines Menschen & Staatsbürgers würdig sind, & eines Tages zu Verteidigern & Vätern des Vaterlands, dessen Kinder sie so lange gewesen, zu werden.

Ich spreche nicht von den Beamten, die dazu bestimmt sind, diese Erziehung, gewiß die bedeutendste Aufgabe des Staates, zu übernehmen. Wenn diese Beweise des Vertrauens der Öffentlichkeit leichtfertig vergeben würden, wenn diese hohe Funktion nicht denen, die alle anderen würdig ausgefüllt haben, als Lohn für ihre Mühe, als ehrenvolles sanftes Ruhekissen ihres Alters & höchste Ehrenbezeigung zugesprochen würde, wäre begreiflicherweise das ganze Unternehmen unnütz & die Erziehung erfolglos, denn überall, wo der Unterricht nicht von der Autorität & die Lehre nicht vom Beispiel gestützt wird, trägt die Unterweisung keine Früchte; die Tugend selbst verliert ihr Ansehen im Munde dessen, der sie nicht übt. Berühmte, unter der Last ihrer Würde gebeugte Krieger mögen zur Tapferkeit mahnen; moralisch einwandfreie, in der Richterrobe ergraute Beamte mögen das Recht lehren. So werden sich die einen wie die andern tugendhafte Nachfolger heranbilden & die Erfahrungen & Fähigkeiten der Oberen, den Mut & die Tugend der Staatsbürger & den Eifer aller, für das Vaterland zu leben & zu sterben, in die folgenden Generationen weitertragen.

Auf eine Zeit war das Mädchen ausgegangen, da sprach die Mutter: »Töpfchen koch!« da kocht es und sie ißt sich satt; nun will sie, daß das Töpfchen wieder aufhören soll, aber sie weiß das Wort nicht. Also kocht es fort und der Brei steigt über den Rand heraus, und kocht immer zu, die Küche und das ganze Haus voll, und das zweite Haus und dann die Straße, als wollts die ganze Welt satt machen, und ist die größte Noth und kein Mensch weiß sich da zu helfen. Endlich, wie nur noch ein einziges Haus übrig ist, da kommt das Kind heim und spricht nur: »Töpfchen steh!« da steht es und hört auf zu kochen, und wenn sie wieder in die Stadt wollten, haben sie sich durchessen müssen. Gebrüder Grimm, Vom süssen Brei

Ich kenne nur drei Völker, die vormals die Erziehung der Öffentlichkeit anvertrauten, & zwar die Kreter, die Lakedämonier & die alten Perser; bei allen dreien hatte sie größten Erfolg & bei den beiden letzten wirkte sie Wunder. Als die Welt in Nationen auseinanderfiel, die zu groß waren, um gut regiert werden zu können, war dieser Weg nicht mehr gangbar; & noch andere Gründe, die sich der Leser gut vorstellen kann, haben ähnliche Versuche bei allen modernen Völkern vereitelt. Daß die Römer darauf verzichten konnten, ist sehr merkwürdig; doch war Rom fünf Jahrhunderte lang ein fortwährendes Wunder; & die Welt darf nicht hoffen, so etwas ein zweites Mal zu erleben.

Auf diese Art & Weise kann eine wachsame, wohlwollende Regierung, die im Volk die Vaterlandsliebe & die guten Sitten unablässig aufrechtzuerhalten oder wachzurufen sucht, den Übeln vorbeugen, die früher oder später aus der Gleichgültigkeit der Staatsbürger gegenüber dem Geschick des Staates erwachsen, & sie hält das persönliche Interesse in engen Schranken, das die einzelnen so vom Staat trennt, daß er durch ihre Macht geschwächt wird & von ihrem guten Willen nichts zu erwarten hat. Überall, wo das Volk sein Vaterland liebt, die Gesetze achtet & einfach lebt, bleibt wenig zu tun, um es glücklich zu machen; & bei der öffentlichen Verwaltung, an der der Zufall weniger teilhat als am Los des einzelnen, liegt die Klugheit so nahe beim Glück, daß sie miteinander verschmelzen.

3. Staatsbürger zu haben & sie zu beschützen genügt nicht, man muß auch an ihren Unterhalt denken; sich um die Bedürfnisse der Öffentlichkeit zu kümmern ergibt sich ganz offensichtlich aus dem Gemeinwillen & ist die dritte Hauptaufgabe der Regierung. Diese Aufgabe besteht, wie man begreifen muß, nicht darin, daß man die Scheunen der Privatleute füllt & sie von der Arbeit befreit, sondern in folgendem: Man muß es so einrichten, daß, um zu Wohlstand zu kommen, die Arbeit stets nötig & niemals vergeblich ist. Diese Aufgabe erstreckt sich auch auf alle Operationen, die sich auf die Erhaltung des Staatsvermögens & die Ausgaben für die öffentliche Verwaltung beziehen.

Nachdem wir von der allgemeinen *Ökonomie* im Zusammenhang mit dem Regieren von Personen gesprochen haben, bleibt uns noch, sie im Zusammenhang mit der Verwaltung von Gütern zu betrachten.

In diesem Teil gibt es nicht weniger Schwierigkeiten zu beseitigen & Widersprüche zu lösen als in dem vorangegangenen. Es steht fest, daß das Recht auf Eigentum das heiligste aller staatsbürgerlichen Rechte ist. In mancher Hinsicht ist es wichtiger als die Freiheit selbst, sei es, weil es in engem Zusammenhang mit dem Erhalt des Lebens steht, sei es, weil man mehr respektieren muß, was leichter geraubt werden kann; denn Güter sind leichter zu rauben & schwerer zu beschützen als Personen; sei es schließlich, weil das Eigentum die wirkliche Grundlage der Gesellschaft & der wirkliche Garant für das Engagement der Staatsbürger ist; denn wenn die Güter kein Unterpfand für die Personen wären, wäre nichts leichter, als seine Pflichten zu versäumen & der Gesetze zu spotten. Andererseits steht ebenso fest, daß der Erhalt des Staates & der Regierung Unkosten bereitet & Ausgaben erfordert; & da jeder, der das Ziel anerkennt, nicht die Mittel ablehnen darf, ergibt sich daraus, daß die Mitglieder der Gesellschaft mit ihrem Hab & Gut zu deren Erhalt beitragen müssen. Mehr noch: Es ist schwierig, auf der einen Seite den Besitz jedes einzelnen zu sichern & ihn auf der anderen Seite nicht anzutasten, & es ist nicht möglich, durch die Regelungen für den Nachlaß, für Testamente & Verträge die Bürger nicht in gewisser Weise in der Verfügungsgewalt über ihren Besitz zu beeinträchtigen & folglich das Recht auf Eigentum zu beschneiden.

Aber neben dem, was ich weiter vorn von der Übereinstimmung zwischen der Autorität des Gesetzes & der Freiheit des Staatsbürgers sagte, gilt es, zur Verfügungsgewalt über den Besitz die folgende bedeutsame Feststellung zu treffen, die viele Schwierigkeiten beseitigt: Wie Pufendorf gezeigt hat, reicht das Eigentumsrecht seiner Natur nach nicht weiter als das Leben des Eigentümers, & sobald ein Mensch tot ist, gehört ihm sein Besitz nicht mehr. Wenn man ihm die Bedingungen vorschreibt, unter denen er darüber verfügen kann, ist das also im Grunde genommen weniger eine Einschränkung seines Rechts, die es zunächst zu sein scheint, sondern in Wirklichkeit eine Erweiterung. Ganz allgemein gesprochen: Obgleich das Erlassen von Gesetzen, die die Verfügungsgewalt jedes einzelnen über seinen Besitz regeln, nur dem Souverän zukommt, will der Geist dieser Gesetze, den die Regierung befolgen muß, daß der Familienbesitz sowenig wie möglich veräußert werde & nur vom Vater auf den Sohn & den nächsten Verwandten übergehe. Warum dies so ist, begreift man, wenn man an die Kinder denkt, denen alles Eigentumsrecht nichts nützte, falls ihnen der Vater nichts vermachen würde; sie haben aber oft am Erwerb des väterlichen Vermögens mitgewirkt & sind also ganz natürlich an seinem Recht beteiligt. Ein zweiter, nicht so naheliegender, aber nicht weniger wichtiger Grund ist der: Nichts ist unheilvoller für die Sitten & den Staat als der unaufhörliche Wechsel in der Standeszugehörigkeit & den Besitzverhältnissen der Bürger, ein Wechsel, der Quelle & Zeugnis für tausenderlei Verwirrungen ist, der alles umstürzt & vermischt: Wer für eine Aufgabe erzogen wurde & dann vor einer anderen steht, wer auf- oder absteigt, kann sich nicht die Grundsätze zu eigen machen & die Kenntnisse erwerben, die seinem neuen Stand entsprechen würden, & erst recht nicht seine Pflichten erfüllen.

Ich komme nun zu den öffentlichen Finanzen.

Wenn sich das Volk selbst regierte & zwischen der Verwaltung des Staates & den Bürgern kein Zwischenglied existierte, müßte es nur von Zeit zu Zeit Beiträge zahlen, je nach den öffentlichen Bedürfnissen & den Möglichkeiten der einzelnen; & da niemand die Einziehung & Verwendung der Gelder aus den Augen verlieren würde, könnte sich weder Betrug noch Mißbrauch in die Handhabung einschleichen; der Staat wäre niemals verschuldet & das Volk nicht mit Steuern belastet, oder zumindest würde es der Verlaß auf deren vernünftige Verwendung über die Härte der Abgabe hinwegtrösten. Aber dies ist nicht möglich; denn wie klein ein Staat auch sein mag, so ist doch jede Gesellschaft zu groß, um von allen ihren Mitgliedern regiert zu werden. Es ist also unumgänglich,

Welche Transformierbarkeit besitzt das Unsere, das Angerichtete noch? Allem Anschein nach keine mehr. Wir sind in die Beständigkeit des sich selbst korrigierenden Systems eingelaufen. Ob das noch Demokratie ist oder schon Demokratismus: ein kybernetisches Modell, ein wissenschaftlicher Diskurs, ein politisch-technischer Selbstüberwachungsverein, bleibe dahingestellt. Sicher ist, dieses Gebilde braucht immer wieder wie ein physischer Organismus den inneren und äußeren Druck von Gefahren, Risiken, sogar eine Periode von ernsthafter Schwächung, um seine Kräfte neu zu sammeln, die dazu tendieren, sich an tausenderlei Sekundäres zu verlieren. Es ist bislang konkurrenzlos, weder Totalitarismus noch Theokratie brächten etwas Besseres zum Wohl der größtmöglichen Zahl zustande als dieses System der abgezweckten Freiheiten. Natürlich gilt das nur solange, wie wir davon überzeugt sind, daß allein der ökonomische Erfolg die Massen formt, bindet und erhellt. Nach Lage der Dinge dämmert es manchem inzwischen, daß Gesellschaften, bei denen der Ökonomismus nicht im Zentrum aller Antriebe steht, aufgrund ihrer geregelten, glaubensgestützten Bedürfnisbeschränkung im Konfliktfall eine beachtliche Stärke zeigen werden. Wenn wir Reichen nur um minimale Prozente an Reichtum verlieren, so zeitigt das in unserem reizbaren, nervösen Gefüge nicht nur innenpolitische Folgen, sondern vor allem abrupte Folgen der politischen Innerlichkeit, den impulsiven Ausbruch von Unduldsamkeit und Aggression.

Botho Strauss, Anschwellender Bocksgesang

daß die öffentlichen Gelder durch die Hände der Oberen gehen, die alle neben dem staatlichen noch ihr privates Interesse kennen, das nicht an letzter Stelle für sie steht. Das Volk seinerseits, das eher die Gier der Oberen & ihren tollen Aufwand als die öffentlichen Bedürfnisse wahrnimmt, murrt, daß es sich des Notwendigen beraubt sieht, um zum Überfluß anderer beizutragen; & wenn erst einmal durch solche Machenschaften sein Ärger einen gewissen Punkt erreicht hat, würde es der makellosesten Verwaltung nicht glücken, das Vertrauen wiederzuerlangen. Sind also die Zahlungen freiwillig, bringen sie nichts ein; beruhen sie auf Zwang, sind sie ungesetzlich; & in der grausamen Alternative, entweder den Staat zugrunde gehen zu lassen oder das heilige Recht auf Eigentum, die Basis des Staates, anzutasten, besteht die Schwierigkeit einer gerechten & weisen *Ökonomie*.

Nach der Einführung der Gesetze muß der Gründer eines Staates als erstes einen ausreichenden Fundus für den Unterhalt der Beamten & sonstigen Staatsdiener sowie für alle öffentlichen Unkosten schaffen. Diesen Fundus nennt man *aerarium* oder *Fiskus*, wenn es sich um Geld handelt, & *öffentliche Domäne*, wenn er aus Grund & Boden besteht, & letzterer ist ersterem aus sehr begreiflichen Gründen bei weitem vorzuziehen. Wer über diese Materie gründlich nachgedacht hat, kann hierin kaum anderer Meinung als Bodin sein, der die öffentliche Domäne als ehrenhaftestes & zuverlässigstes Mittel ansah, um für den Staat aufzukommen.

Vor jeglicher Verwendung muß dieser Fundus von der Volks- oder der Ständeversammlung des Landes festgesetzt oder angenommen werden, die dann über seine Verwendung entscheiden muß. Nach diesem feierlichen Akt, der den Fundus unveräußerlich macht, nimmt er sozusagen einen anderen Charakter an, & sein Ertrag wird so heilig, daß es nicht nur der schändlichste Diebstahl, sondern Autoritätsbeleidigung ist, den kleinsten Teil davon seinem Verwendungszweck zu entziehen.

Vor allem bei diesem heiklen Teil der Verwaltung ist die Tugend das einzig wirksame Mittel, & allein die moralische Integrität der Obrigkeit vermag ihre Gier in Schranken zu halten. Die Bücher & alle Rechnungen der Verwalter decken ihre Unterschlagungen weniger auf als zu; & die Klugheit ersinnt nie so schnell neue Vorkehrungen, wie die List der Spitzbuben sie umgeht. Verzichtet also auf die Register & Papiere & legt die Finanzen in treue Hände, das ist die einzige Möglichkeit, sie treu zu verwalten.

Ist der öffentliche Fundus einmal geschaffen, so sind die Regierungschefs dessen rechtmäßige Verwalter, denn die Fundusverwaltung ist ein Teilbereich der Regierung, der von großer, wenn auch nicht immer gleichbleibender Wichtigkeit ist; seine Bedeutung nimmt in dem Maße zu, wie die der anderen Ressorts abnimmt; & man darf wohl behaupten, daß eine Regierung den äußersten Grad der Korruption erreicht hat, wenn sie keinen anderen Lebensnerv mehr hat als Geld. Da nun aber jede Regierung stets zur Nachlässigkeit neigt, so wird schon dadurch allein deutlich, weshalb kein Staat bestehen kann, falls sich seine Einkünfte nicht beständig erhöhen.

Wenn man die Notwendigkeit zu einer solchen Erhöhung verspürt, so ist das ein erstes Anzeichen für die innere Unordnung des Staates, & eine weise Verwaltung, die Geld zu beschaffen sucht, um die gegenwärtigen Bedürfnisse zu befriedigen, versäumt nicht, nach den nicht so naheliegenden Gründen für diese neuen Bedürfnisse zu forschen, so wie ein Seemann, der das Wasser in sein Schiff eindringen sieht, über dem Pumpen nicht vergißt, das Leck zu suchen & zuzustopfen.

Aus dieser Regel leitet sich der wichtigste Grundsatz für die Verwaltung der Finanzen her: Man soll viel mehr Mühe darauf verwenden, den Bedürfnissen vorzubauen, als darauf, die Einnahmen zu vergrößern. Man mag sich dann auch noch so sehr beeilen – die Hilfe, die erst nach dem Übel & langsamer kommt, erlöst den Staat nicht von seinen Leiden. Während man einem Übel beizukommen sucht, macht sich schon ein anderes bemerkbar, & die Heilmittel selbst bringen neue Schwierigkeiten mit sich; so ist schließlich die Nation verschuldet & das Volk unterdrückt, die Regierung verliert ihr ganzes Durchsetzungsvermögen & erreicht mit viel Geld nur noch wenig. Ich glaube, aus diesem stets befolgten Grundsatz kann man die Leistungen der Regierungen in der Antike erklären, die mit ihrer Sparsamkeit mehr erreichten als unsere Regierungen mit all ihren Schätzen, & vielleicht kommt daher die umgangssprachliche Bedeutung des Wortes *ökonomisch*, das sich nicht so sehr darauf bezieht, wie man erwirbt, was man nicht hat, sondern wie man sparsam mit dem umgeht, was man hat.

Wenn man – abgesehen von der öffentlichen Domäne, deren Erträge für den Staat von der Rechtschaffenheit derer abhängen, die ihr vorstehen – alle Mittel der allgemeinen Verwaltung, vor allem, wenn sie sich auf die gesetzlichen beschränkten, kennen würde, wäre man erstaunt über die Möglichkeiten der Regierenden, den öffentlichen Bedürfnissen vorzubauen, ohne das Hab & Gut der Privatpersonen anzutasten. Da der ganze Handel des Landes in ihren Händen liegt, ist es für sie ein leichtes, ihn, ohne daß man den Eindruck hat, sie kümmerten sich darum, so zu lenken, daß er alles trägt. Die Verteilung der Lebensmittel, des Geldes & der Waren im richtigen Verhältnis, je nach Ort & Zeit, ist das eigentliche Geheimnis der Finanzverwaltung & die Quelle allen Reichtums, vorausgesetzt, daß man weitsichtig genug ist & gelegentlich scheinbare nahe Verluste auf sich nimmt, um in ferner Zeit wirkliche unermeßliche Gewinne zu machen. Wenn eine Regierung für die Ausfuhr von Getreide in fetten Jahren & die Einfuhr in mageren Jahren noch Zollgebühren entrichtet, statt welche einzunehmen, muß man dies schon mit eigenen Augen gesehen haben, um es als eine wahre Tatsache zu betrachten, & man würde es für ein Märchen halten, wenn es in alten Zeiten passiert wäre. Angenommen, man würde für den Notfall in schlechten Jahren öffentliche Lagerhäuser errichten, in wie vielen Ländern diente dann nicht der Unterhalt einer so nützlichen Sache als Vorwand für neue Steuern! In Genf sind solche von einer weisen Verwaltung geschaffenen & unterhaltenen Speicher die öffentlichen Hilfsquellen in schlechten Jahren & die Haupteinnahme des Staates zu allen Zeiten. *Alit et ditat* – Es ernährt & macht reich – lautet die schöne treffende Inschrift, die an der Vorderseite des Gebäudes zu lesen ist. Um hier das ökonomische System einer guten Regierung darzustellen, habe ich oftmals meine Blicke auf das System dieser Republik gelenkt & schätze mich glücklich, in meiner Vaterstadt das Beispiel für Weisheit & Glück zu finden, was ich gern in allen Ländern herrschen sehen würde.

Untersucht man, wie die Bedürfnisse eines Staates zunehmen, wird man feststellen, daß dies oftmals etwa so wie bei Privatpersonen vor sich geht: Es ist weniger auf eine wirkliche Notwendigkeit zurückzuführen als auf ein Zunehmen unnützer Wünsche, & man läßt oft nur die Ausgaben anwachsen, um einen Vorwand für das Anwachsen der Einnahmen zu haben; so würde der Staat in manchen Fällen gewinnen, wenn er auf Reichtum verzichtete; der scheinbare Reichtum ist für ihn im Grunde genommen eine größere Last, als es die Armut selbst wäre. Zwar darf man erwarten, die Völker in größerer Abhängigkeit zu halten, wenn man ihnen mit der einen Hand gibt, was man ihnen mit der anderen nahm, & dies war die Politik Josephs gegenüber den Ägyptern; aber dieser fruchtlose Sophismus ist für den Staat um so unheilvoller, als das Geld nicht in die gleichen Hände zurückfließt, aus denen es kam, & man mit solchen Grundsätzen nur den Reichtum der Nichtsnutze um das vermehrt, was man den nützlichen Menschen geraubt hat.

Eine der fühlbarsten & gefährlichsten Ursachen für dieses Anwachsen ist die Eroberungslust. Oftmals von einem anderen Ehrgeiz angestachelt, als man auf den ersten Blick annimmt, ist sie nicht immer das, was sie zu sein scheint, & rührt nicht so sehr von dem wirklichen Bestreben her, die Nation zu vergrößern, sondern von dem geheimen Wunsch, im Innern die Macht der Obrigkeit mit Hilfe des vergrößerten Heeres & der Ablenkung der Gemüter auf die Ziele des Krieges zu erweitern.

Zumindest steht fest, daß niemand so unterdrückt & so elend ist wie die Völker der Eroberer & daß selbst ihre Erfolge nur ihr Elend vergrößern. Wenn es uns die Geschichte nicht lehrte, könnte uns die Vernunft allein beweisen: Je größer ein Staat ist, desto größer & drückender werden auch seine Ausgaben sein, denn alle Provinzen müssen ihren Teil zu den Kosten der Gemeinverwaltung beitragen & darüber hinaus für ihre eigene Verwaltung die gleichen Ausgaben bestreiten, wie wenn sie unabhängig wären. Hinzu kommt, daß alle Reichtümer an einem anderen Ort verbraucht als geschaffen werden, was bald das Gleichgewicht von Produkt & Konsum stört, & viele Länder verarmen, damit sich eine einzige Stadt bereichern kann.

Man muß sich an dieser Stelle ins Gedächtnis zurückrufen, daß die Grundlage des Gesellschaftsvertrages das Eigentum ist, & seine erste Bedingung, daß jeder sich in Frieden seines Besitzes erfreuen kann. Zwar geht jeder, zumindest stillschweigend, durch diesen Kontrakt die Verpflichtung ein, nach den öffentlichen Erfordernissen Steuern zu zahlen, aber da diese Verpflichtung dem Grundgesetz keinen Abbruch tut & man voraussetzt, daß die Steuerzahler die Notwendigkeit der Steuer erkennen, sieht man, daß sie freiwillig entrichtet werden muß, wenn sie rechtmäßig sein soll; maßgebend ist aber nicht der Einzelwille, denn sonst müßte man die Zustimmung jedes Bürgers haben, & er würde nur so viel beisteuern, wie ihm gefiele, was dem Geist der Vereinigung ins Gesicht schlagen würde, sondern der Gemeinwille entscheidet mit Stimmenmehrheit über einen gestaffelten Satz, der jegliche Willkür in der Besteuerung ausschließt.

Das Volk hat zweierlei Arten von Abgaben zu entrichten: Realsteuern, die für Sachwerte erhoben werden, & Personalsteuern, die pro Kopf zu zahlen sind. Beide nennt man entweder *Steuern* oder *Subsidien;* legt das Volk die Summe fest, die es zu zahlen bereit ist, spricht man von *Subsidien;* bewilligt es die ganze Summe der geforderten Abgabe, von *Steuern.* Im Buch vom *Geist der Gesetze* steht, daß die Besteuerung pro Kopf mehr der Knechtschaft & die Realsteuer mehr der Freiheit entspricht. Das ließe sich nicht bestreiten, wenn die Pro-Kopf-Auflagen alle gleich wären, denn nichts wäre disproportionierter als solch eine Abgabe; & der Geist der Freiheit besteht vor allen Dingen in der genauen Beachtung der Proportionen. Steht aber die Pro-Kopf-Abgabe im richtigen Verhältnis zu den Mitteln der einzelnen, wie es bei der sein könnte, die man in Frankreich *capitatio* nennt & die auf diese Art & Weise beides ist, eine Real- & eine Personalsteuer, so ist sie am gerechtesten & infolgedessen auch freien Menschen am angemessensten.

Es scheint auf den ersten Blick, daß jene Proportionen sehr leicht zu wahren sind, denn da sie vom Stand eines jeden in der Gesellschaft abhängen, ist die Einstufung von der Öffentlichkeit nachvollziehbar; aber abgesehen davon, daß Geiz & Betrug & das Renommee es verstehen, sogar die Evidenz aus dem Felde zu schlagen, geschieht es selten, daß man bei der Berechnung alle Elemente berücksichtigt, die dabei eine Rolle spielen. Erstens muß man das Quantitätsverhältnis beachten, wonach bei gleichen Bedingungen einer, der zehnmal mehr besitzt als ein anderer, zehnmal mehr zahlen muß als jener, zweitens aber auch das Gebrauchswertverhältnis, das heißt, man muß zwischen dem Notwendigen & dem Überflüssigen unterscheiden. Wer nur das Allernotwendigste besitzt, braucht gar nichts zu bezahlen; wer im Überfluß lebt, kann im Bedarfsfall bis zur Höhe alles dessen belastet werden, was über das Lebensnotwendige hinausgeht. Darauf wird er entgegnen, in Rücksicht auf seinen Rang sei für ihn all das notwendig, was für einen niedriger stehenden Menschen überflüssig wäre; aber das ist Lüge, denn die Großen haben wie die Ochsentreiber zwei Beine & genauso wie diese auch nur einen Bauch. Überdies ist dieses angeblich Notwendige für ihren Rang so wenig notwendig, daß sie nur geachteter wären, wenn sie zu einem löblichen Zweck darauf verzichteten. Das Volk würde sich vor einem Minister tief verbeugen, der in die Kabinettssitzung zu Fuß geht, weil er seine Kutschen verkauft hat, als der Staat in großer Not war. Kurz, das Gesetz schreibt niemandem vor zu protzen, & die Schicklichkeit ist niemals ein Argument gegen die Steuern.

Jetzt muß ich Ihnen auch sagen, daß ich seit acht Tagen eine grandiose Grundbesitzerin bin. Ich habe das blanke Fürstenhäuschen, das neben dem Wege zum Frieden liegt – doch dort waren Sie nicht, aber man sieht es gleich am Tore –, nun, das habe ich in einer Steigerung nebst dem dazu gehörenden Weinberge erstanden, und wofür? Für vierhundert Reichstaler. Dafür habe ich ein kleines, aber massiv aus gehauenen Steinen und geschmackvoll ausgeführtes Haus, was vier Zimmer, eine Küche, großen Kelter und Bodenraum enthält, und fünftausend Weinstöcke, die in guten Jahren schon über zwanzig Ohm Wein gebracht haben. Es ist unerhört! Aber keiner wollte bieten, dieses unglückliche Jahr bringt nur Verkäufer hervor. Gottlob ists kein armer Schelm, dem ich es abgekauft hab, sondern der reiche Großherzog von Baden, dem dies vereinzelte Stück Domäne lästig

Annette von Droste-Hülshoff an Elise Rüdiger, 19. November 1843

Ein drittes Verhältnis, das man stets außer acht läßt, jedoch zuallererst berücksichtigen müßte, ist das des Nutzens, den ein jeder aus der sozialen Vereinigung zieht. Diese ist ein starker Schutz für die unermeßlichen Besitztümer des Reichen & gönnt dem Armen kaum die Hütte, die er eigenhändig gebaut hat. Kommen nicht alle Vorteile der Gesellschaft den Mächtigen & Reichen zugute? Halten nicht sie allein alle einträglichen Ämter besetzt? Sind ihnen nicht alle Gnaden, alle Vorrechte vorbehalten? Und werden sie nicht von ihrer Autorität in der Öffentlichkeit begünstigt? Wenn ein Mann von Rang seine Gläubiger bestiehlt oder andere Gaunereien begeht, ist er nicht der Straflosigkeit sicher? Die Stockschläge, die er austeilt, die Gewalttaten, die er verübt, selbst Mord & Totschlag, deren er sich schuldig macht, sind dies nicht Fälle, die man vertuscht & von denen nach sechs Monaten keine Rede mehr ist? Wird derselbe Mann bestohlen, ist die ganze Polizei sogleich in Bewegung, & wehe den Unschuldigen, die er verdächtigt! Begibt er sich an einen gefährlichen Ort, ist eine Eskorte zu seinem Schutz unterwegs. Bricht die Achse seiner Karosse, eilt ihm alles zu Hilfe; macht man Lärm vor seiner Tür, genügt ein Wort von ihm, & alles ist ruhig; wird er von der Menge belästigt, gibt er ein Zeichen, & alle ziehen sich zurück. Kommt ihm ein Fuhrmann auf seinem Weg in die Quere, sind seine Leute fähig, ihn totzuschlagen, & eher würden fünfzig ehrliche Fußgänger, die ihren Geschäften nachgehen, zermalmt als ein müßiger Geck in seiner Equipage aufgehalten. All diese Rücksichten kosten ihn keinen Sou, sie sind das Recht des Reichen, nicht der Preis für seinen Reichtum. Wie anders fällt die Schilderung des Armen aus! Je mehr ihm die Gesellschaft zu verdanken hat, desto mehr verweigert ihm die Gesellschaft: Alle Türen sind ihm verschlossen, selbst wenn er ein Recht hat, sie öffnen zu lassen; bekommt er ab & zu recht, so ist das mit mehr Mühe verbunden, als wenn einem anderen Gnade gewährt wird. Gilt es aber Frondienste zu verrichten oder ein Bürgerheer aufzustellen, so gibt man ihm den Vorzug; stets trägt er neben seiner eigenen Last die, von der sich der reichere Nachbar mit Hilfe seines Einflusses befreien ließ. Stößt ihm das kleinste Unglück zu, zieht sich jeder von ihm zurück, & wenn sein ärmlicher Karren umkippt, ist man weit davon entfernt, ihm zu helfen, & er kann froh sein, wenn er den Handgreiflichkeiten der rauflustigen Begleiter eines jungen Herzogs entgeht. Mit einem Wort, jede kostenlose Hilfe ist ihm in der Not verwehrt, gerade weil er nichts hat, wovon er sie bezahlen könnte, & ich halte ihn für verloren, wenn er das Pech hat, ein ehrliches Herz, eine liebenswerte Tochter & einen mächtigen Nachbarn zu haben.

Nicht weniger ist folgendes zu beachten: Die Verluste des Armen sind viel weniger leicht zu ersetzen als die des Reichen; die Schwierigkeit, etwas zu erwerben, nimmt mit der Not zu. Aus nichts wird nichts; das trifft für die Geschäfte ebenso wie für die Naturwissenschaft zu. Geld heckt Geld, & die erste Pistole ist manchmal schwieriger zu erwerben als die zweite Million. Mehr noch: Alles, was der Arme zahlt, ist auf immer für ihn verloren & bleibt in den Händen des Reichen oder fließt zu diesem zurück; & da die Einkünfte aus den Steuern einzig & allein durch die Hände derer gehen, die an der Regierung teilhaben oder ihr nahestehen, so haben diese, auch wenn sie ihren Anteil beitragen, ein fühlbares Interesse daran, sie zu erhöhen.

Resümieren wir in zwei Worten den Gesellschaftsvertrag der beiden Stände: »Ihr bedürft meiner, denn ich bin reich & ihr seid arm; laßt uns also ein Abkommen treffen: Ich werde gestatten, daß ihr die Ehre habt, mir zu dienen, unter der Bedingung, daß ihr mir für die Mühe, die ich mir mache, euch zu kommandieren, das wenige gebt, was euch bleibt.« Zieht man all dies in Betracht, wird man zu folgender Feststellung kommen: Um die Abgaben gerecht & wirklich proportional aufzuteilen, darf man bei der Besteuerung nicht nur nach dem Besitz der Steuerpflichtigen gehen, sondern muß neben ihren unterschiedlichen Besitzverhältnissen berücksichtigen, ob sie im Überfluß leben –

eine sehr wichtige & sehr schwierige Berechnung, die eine Menge Steuereinnehmer, ehrbare Leute, die etwas von Arithmetik verstehen, tagtäglich vornehmen; ein Platon oder ein Montesquieu würde sich nur mit Bangen an solche Aufgaben heranwagen & den Himmel um Erleuchtung & Redlichkeit bitten.

Ein anderer Nachteil der Personalsteuer besteht darin, daß sie eine zu große Last ist & mit zu viel Strenge eingetrieben wird, was nicht ausschließt, daß das in vielen Fällen ohne Erfolg bleiben wird; denn es ist leichter, seinen Kopf der Registrierung & der Nachstellung zu entziehen als seine Besitztümer.

Von allen anderen Formen der Besteuerung gilt der Pachtzins oder die Taille in all den Ländern als die vorteilhafteste, in denen man mehr auf die Menge der Einnahmen & die Sicherheit der Zahlung sieht als auf die möglichst geringe Belastung des Volkes. Man wagte sogar zu behaupten, man müsse dem Bauern Lasten auferlegen, um ihm die Faulheit auszutreiben, denn er würde nichts tun, wenn er nichts zu zahlen hätte. Die Erfahrung aber straft diese lächerliche Behauptung in allen Ländern Lügen: In Holland & England, wo der Bauer sehr wenig entrichtet, & vor allem in China, wo er nichts zahlt, sind die Felder am besten bestellt. Im Gegensatz dazu läßt der Bauer überall, wo die Belastung im gleichen Verhältnis wie der Ertrag seiner Felder zunimmt, das Land brachliegen, oder er erntet gerade nur so viel, wie er zum Leben braucht. Denn wer um die Früchte seiner Mühe gebracht wird, gewinnt, wenn er müßig ist, & die Arbeit mit einer Geldstrafe zu belegen, ist eine merkwürdige Art & Weise, der Faulheit Einhalt zu gebieten.

Ein wirklicher Staatsmann betrachtet die Steuern nicht allein vom finanziellen Standpunkt aus, sondern von höherer Warte: Er verwandelt die drückende Last in eine nützliche Vereinbarung der Gesellschaft, so daß das Volk überlegt, ob eine solche Einrichtung nicht doch mehr auf das Wohl der Nation zielt als auf Gewinn.

Die Einfuhrzölle für ausländische Waren, auf welche die Bewohner versessen sind, die das Land aber entbehren kann, die Ausfuhrzölle für einheimische Produkte, die nicht im Überfluß vorhanden sind, ohne die aber das Ausland nicht auskommt, die Abgaben für die Erzeugnisse der nutzlosen & zu einträglichen Künste, die Zölle für Zierat, den man in die Stadt einführen will, & darüber hinaus die für jeglichen Luxusartikel erfüllen alle diesen doppelten Zweck. Durch solche Steuern, welche die Armut erträglicher machen & den Reichtum belasten, muß man der unaufhörlich wachsenden Ungleichheit des Besitzes vorbauen, muß der Unterjochung einer Menge Arbeiter & überflüssiger Diener durch die Reichen, der Zunahme der Zahl der Müßiggänger in den Städten sowie der Landflucht begegnen.

Man möge Livreen, Equipagen, Spiegel, Lüster, Möbel, Stoffe, Blattgold, Gärten & Höfe von Palästen, Schauspiele aller Art, unnütze Berufe wie Gaukler, Sänger, Komödianten mit hohen Abgaben belegen, kurz, alles was nur Vergnügen bereitet, Luxus & Müßiggang fördert, jedermann blendet & nicht verborgen gehalten werden kann, weil sein einziger Zweck ist, sich zu zeigen, & es unnütz wäre, wenn es nicht gesehen würde. Man braucht nicht zu befürchten, daß man sich auf diese Einnahmen nicht verlassen kann, weil sie sich auf Dinge gründen, die nicht unbedingt notwendig sind. Es hieße die Menschen schlecht kennen, wollte man glauben, daß sie jemals auf den Luxus verzichten könnten, wenn sie einmal von ihm verführt worden sind. Hundertmal lieber würden sie auf das Notwendige verzichten & lieber vor Hunger sterben als vor Schande. Die Erhöhung der Ausgaben dafür wäre nur ein neuer Grund, etwas zu erwerben, wenn der eitle Stolz aus dem Preis & der hohen Steuer Nutzen ziehen & seinen Reichtum zur Schau stellen kann. Solange es Reiche gibt, haben sie das Bestreben, sich von den Armen zu unterscheiden; & der Staat könnte sich keine sicherere & angenehmere Einnahmequelle wünschen als dieses Bestreben.

Aus demselben Grund hätte die Schaffenskraft nicht unter einer Wirtschaftsordnung zu leiden, die den Finanzen aufhelfen, die Landwirtschaft durch die Verbesserung der Lage der Bauern neu beleben & den Besitz unmerklich einem Mittelmaß annähern würde, auf dem die Kraft eines Staates beruht. Zugegeben, die Steuern würden möglicherweise dazu beitragen, daß sich bestimmte Moden nicht so lange hielten, aber nur, damit sie von anderen abgelöst würden, bei denen deren Schöpfer gewinnen & der Staatshaushalt nichts einbüßen würde. Mit einem Wort, vorausgesetzt, daß die Regierung stets danach trachtet, den überflüssigen Reichtum mit allen Abgaben zu belegen, wird eins von beiden eintreten: entweder verzichten die Reichen auf ihre überflüssigen Ausgaben, um nur noch nützliche zu bestreiten, die zum Wohl des Staates ausschlagen; dann hat das Steuersystem den gleichen Effekt wie die besten Luxusgesetze; die Ausgaben des Staates gehen notwendigerweise mit denen der einzelnen zurück, & der Staatshaushalt, der auf diese Weise zwar weniger einnimmt, hat aber noch viel weniger Ausgaben. Oder aber die Reichen lassen nicht ab von ihrer Verschwendung, dann hat der Staat in den Steuererträgen die Mittel, die er braucht, um den wirklichen Bedürfnissen des Staates gerecht werden zu können. Im ersten Fall gewinnt der Staatshaushalt durch die Ausgaben, die er weniger zu bestreiten hat, im zweiten Fall gewinnt er auch, nämlich an den unnützen Ausgaben der Privatpersonen.

Fügen wir dem Gesagten noch hinzu, daß die Regierungen, die ängstlich darauf bedacht sind, alles selbst zu tun, einer wichtigen Unterscheidung auf dem Gebiet des Staatsrechts große Aufmerksamkeit schenken müßten. Ich sagte, daß Personalsteuern & Abgaben auf unbedingt notwendige Dinge ein direkter Angriff auf das Eigentumsrecht & daher auch auf das eigentliche Fundament der Gesellschaft sind

& folglich gefährliche Folgen haben, wenn sie nicht mit der ausdrücklichen Zustimmung des Volkes oder seiner Vertreter festgesetzt worden sind. Anders die Steuern für Dinge, auf deren Gebrauch man verzichten kann, denn da in diesem Falle der einzelne nicht unbedingt gezwungen ist zu zahlen, kann sein Beitrag als freiwillig gelten, so daß die gesonderte Zustimmung eines jeden Steuerzahlers die Zustimmung der Allgemeinheit ersetzt, ja, sie sogar in gewisser Weise voraussetzt; denn weshalb sollte sich das Volk irgendeiner Steuer widersetzen, die nur den trifft, der sie gern bezahlen will? Ich bin mir sicher, daß alles, was die Gesetze nicht verbieten, alles, was nicht im Widerspruch zu den Sitten steht & von der Regierung verboten werden kann, von ihr auch erlaubt werden kann, wenn dafür eine Steuer gezahlt wird. Wenn die Regierung beispielsweise die Benutzung von Karossen verbieten darf, kann sie diese erst recht mit einer Abgabe belegen – ein kluges & wirksames Mittel, die Benutzung von Karossen zu mißbilligen, ohne daß sie eingestellt zu werden brauchte. In diesem Falle kann man die Abgabe als eine Art Geldstrafe betrachten, deren Ertrag für die Bequemlichkeit entschädigt, die sie bestraft.

Irgend jemand wird vielleicht einwenden, daß diejenigen, die Bodin *Betrüger* nennt, das heißt diejenigen, welche die Abgaben auferlegen oder ersinnen & der Klasse der Reichen angehören, sich hüten werden, auf ihre Kosten die anderen zu verschonen & sich selbst zu belasten, um den Armen ihr Los zu erleichtern. Aber solche Gedanken muß man verwerfen. Wenn bei jeder Nation diejenigen, denen der Souverän die Regierung des Volkes anvertraut, ihrem Stand nach seine Feinde wären, würde es nicht der Mühe wert sein, zu untersuchen, was sie tun müssen, um es glücklich zu machen. *Rousseau*

Elmar Altvater
Ökonomie

In seinem Artikel *Ökonomie* in der *Encyclopédie* unterscheidet Jean-Jacques Rousseau die »allgemeine oder politische Ökonomie« von der »häuslichen Ökonomie«, also von der Privatwirtschaft. Nur von ersterer will er in dem umfangreichen Essay sprechen, die zweite also aus der Betrachtung ausklammern. Es geht ihm vor allem um die Entwicklung von Normen (»Wille«) der Einzelgemeinschaften, aus denen sich jede staatliche Gemeinschaft zusammensetze, zum »allgemeinsten Willen«, der auch stets der gerechteste und »der richtigste« sei. Die Frage Rousseaus ist, wie sich die Menge der vielen einzelnen durch Regeln und Verträge zu einer von der *volonté générale* geleiteten »staatlichen Gemeinschaft« formen läßt. Rousseau bewegt sich also ganz im geistigen Zirkel der Vertragstheorien des 18. Jahrhunderts, nachdem die Leibnizsche Monadenlehre überwunden war. Die behauptete nämlich, daß die »beste aller möglichen Welten« von Gottes Hand entworfen sei und die Menschen in der »prästabilierten, harmonischen« Ordnung keine Wahlmöglichkeiten jenseits der vorgegebenen Entwicklungsbahn hätten.

Der Gesellschaftsvertrag. Die frühbürgerlichen politischen Theoretiker hingegen haben danach gefragt, wie zwischen tätigen Individuen Kommunikation zustande kommt und welche Logik es ist, die sie zur Vergesellschaftung von Gleichen bringt – und sogar dazu zwingt. Nur Abmachungen, Verträge können die notwendige Ordnung des Zusammenlebens *politischer Bürger* in Tugendhaftigkeit und Gerechtigkeit gewährleisten. Der Vertrag zwischen Menschen, die als Rechtssubjekte gedacht werden, hilft also, den kriegerischen Naturzustand zu überwinden und eine friedliche Gesellschaft zu konstituieren. Dabei wird *erstens* eine natürliche Gleichheit der (männlichen) Menschen unterstellt; die Frauen waren in diesem Diskurs als subalterne Wesen gedacht. *Zweitens* wird die Autonomie gesellschaftlicher Gestaltung vorausgesetzt. Dieses Prinzip ist explizit jeder Vorstellung einer vor-gesellschaftlichen, religiösen Ordnung entgegengerichtet. Der Gesellschaftsvertrag bringt jenes Recht des politischen Gemeinwesens hervor, das alle regiert und das zur »Herrschaft des Gesetzes« im modernen Rechtsstaat ausdifferenziert wird. *Drittens* wird zwischen privater, individueller und politischer Moral unterschieden. Privatpersonen verfolgen ihre eigenen privaten Zielsetzungen; *»c'est pourquoi le salut des âmes n'est ni la cause ni le but de l'institution des societés civiles«*, so Diderot. Dem setzt Rousseau später die Idee der Übereinstimmung von privater und öffentlicher Willensbildung in der *volonté générale* entgegen. Auf dem Weg von der Natur zur Kultur und vom Konflikt zum Konsens bricht sich die Vernunft eine Bahn. Im Gesellschaftsvertrag gelangt sie zu ihrem höchsten und zugleich paradoxen Ausdruck.

Die Paradoxie, daß bei der Verfolgung privater Interessen gemeinsame öffentliche, das heißt politische Zielsetzungen realisiert werden, ist ein zentrales Thema in der schottischen Aufklärung des 18. Jahrhunderts. Es geht um nicht weniger als um das Problem, die »alte« Moral mit der »modernen« Ökonomie zu versöhnen, also eine Begründung dafür zu liefern, daß die Verfolgung von Eigeninteressen und öffentliches Wohl kompatibel sind. Die Verfolgung privater Handelsinteressen hat die Steigerung des »Wohlstands der Nation« zur Folge (Adam Ferguson). In der *Bienenfabel* des Bernard Mandeville aus dem Jahre 1705 heißt es mit zeitgemäßer Ironie: *»Trotz all dem sündlichen Gewimmel / War's doch im ganzen wie im Himmel / … Der*

Allerschlechteste sogar / Fürs Allgemeinwohl tätig war.« Im prosaischen Kommentar zu diesen parodischen Verszeilen schreibt de Mandeville: »Ich weiß, daß dies vielen als ein seltsames Paradoxon erscheinen wird, und man wird mich fragen, welcher Vorteil der Allgemeinheit aus Dieben und Einbrechern erwächst.« Und er beantwortet diese Frage: »Wenn alle Leute durch und durch redlich wären, und keiner würde sich an andern Dingen als seinen eigenen zu schaffen machen oder vergreifen, so würde die Hälfte aller Schmiede im Lande beschäftigungslos sein.« Das klingt ganz modern; das Versprechen von Arbeitsplätzen rechtfertigt jedes noch so anrüchige Exportgeschäft. Umwelt- und Gesundheitsschäden werden von *private vices* zu *public benefits* (Wachstum etc.) umgedeutet. Nur hat sich die Dimension, in der *private vices* zu *public benefits* werden, grundlegend verändert. Angesichts des inzwischen erreichten Niveaus von Naturverbrauch könnten selbst *private virtues* nicht mehr in allen Fällen *public benefits* gewährleisten. Privates Erwerbsstreben heute ist »tragisches Handeln« (Garrett Hardin). Denn obwohl sogar im privaten Handeln tugendhaft, ist die Handlungsfolge oftmals die Zerstörung dessen, was den Menschen gemeinsam zur Verfügung steht: die Luft zum Atmen, das Wasser zum Trinken, aber auch die Kultur, die uns Identität gibt. Und dennoch wird dieses Prinzip in modernen Zeiten hochgehalten, etwa von Edward Luttwak. In der Sowjetunion, so argumentiert er (im Gegensatz zu Mandeville, der ja seine *Bienenfabel* in der kunstvollen Form des Poems mit Kommentaren in ironischer Absicht präsentiert) in brutaler Direktheit in seinem Buch *Turbokapitalismus,* konnte angesichts des »kontraproduktiven Systems Diebstahl durchaus produktiv sein – er führte definitiv zu einer Erhöhung des Lebensstandards«. Und diese Geschichte aus der »Vorzeit« des real existierenden Sozialismus findet in der Transformationsperiode ihre Fortsetzung: »das organisierte Verbrechen in Rußland kann dann und wann immer noch nützlich sein«.

Ein weiteres Prinzip ist fundamental: Die Freiheit des und der einzelnen basiert auf Rechten an privatem Eigentum. Die Vorstellung von *property rights* als Grundlage aller Aktivitäten der Vergesellschaftung ist systematisch von John Locke in seiner Schrift *Über die Regierung* (1690) entwickelt worden. Die Welt wurde den Menschen gemeinsam gegeben, und alles, was die Natur hervorbringt, ist Gemeineigentum aller Menschen. Der einzelne Mensch besitzt aber, weil freier Mensch, ein Sondereigentum an seiner eigenen Person und hat daher über die Äußerung seines Geistes und Körpers ein ausschließliches Recht. Die »Arbeit bewirkte einen Unterschied zwischen ihnen (den Früchten der Natur) und dem gemeinsamen Besitz. Sie fügte ihnen etwas hinzu, was mehr war, als die Natur, die gemeinsame Mutter von allem, ihnen gegeben hatte, und somit gelangte er (der einzelne Mensch) zu seinem persönlichen Recht auf sie« (Locke, § 28). Durch Arbeit an der Natur ist diese nicht nur aus ihrem ursprünglichen Zustand gerissen. Darüber hinaus ist das durch Arbeit »begeistete« Stück Natur in Wert verwandelt. »Denn es ist tatsächlich die Arbeit, die jedem Ding einen unterschiedlichen Wert verleiht« (§ 40). Der Arbeitende hat durch seine aktive Lebensäußerung ein Recht auf das Stück Natur erlangt. Das gemeinsame Recht aller auf die unbearbeitete Natur im »Naturzustand« ist dadurch, daß »das Eigentum desjenigen anerkannt wird, der seine Arbeit darauf verwandt hat, auch wenn vorher alle ein gemeinsames Recht darauf hatten« (§ 30), nun abgelöst durch ein Regime von *private property rights:* »die Bedingung des menschlichen Lebens führt notwendigerweise zum Privatbesitz« (§ 35). Sobald die Natur bearbeitet worden ist, geht die *res nullius* oder die *res communis* in das Eigentum des Arbeitenden (im obigen Sinne) über, sie wird *res particularis.*

Durch Arbeit wird folglich das natürliche System in eine Ansammlung isolierter Partikel zerlegt. Durch Arbeit werden natürliche Ressourcen aus ihrem Ambiente herausgelöst, um als Waren verwertet, das heißt in Geld verwandelt werden zu können. Dies ahnte Voltaire, als er in einer Bemerkung zu Mercier de la Rivières Schrift über die »natürliche Ordnung« schrieb, daß ihn die Lektüre in eine schlechte Stimmung versetzt habe. »Es ist gewiß, daß alles durch das Land hervorgebracht wird. Wer sollte davon nicht überzeugt sein? Doch es ist eine monströse Vorstellung, daß ein einzelner Mensch der Eigentümer allen Landes sein könnte.« Die »Kommodifizierung« des Bodens, darauf verweist Karl Polanyi in seiner Schrift *Great Transformation,* ist der Hebel der Übernutzung. Nur der ökonomische Wert zählt, nicht das »wertlose« Umfeld. Die »Inwertsetzung« impliziert also immer eine zumeist verschwiegene Definition des Nicht-in-Wert-zu-Setzenden, das als »Wertloses« auch zerstört werden kann. Wer Kraut sagt, hat auch Unkraut im Sinn. Bei Locke freilich wird durch Arbeit nicht nur bislang gemeinsames Land privat angeeignet, es wird dadurch auch »das gemeinsame Vermögen der Menschheit nicht vermindert, sondern vermehrt« (§ 37).

Allerdings hebt John Locke scharf hervor, daß Arbeit nicht nur Eigentum begründet, sondern ihm auch eine Grenze setzt: »Dasselbe Naturrecht, das uns durch dieses Mittel Eigentum gibt, zieht dem Eigentum auch Grenzen« (§ 31). Diese sind mit der begrenzten Genußfähigkeit gegeben. Allerdings wurde diese Grenze aufgehoben, als »der Gebrauch des Geldes aufkam« (§ 47). Als Dialektiker sieht Locke sogleich andere Grenzen, weil die Wahrnehmung der Rechte aus dem privaten Eigentum »externe Effekte« für andere Eigentümer, und zwar positive wie negative, zur Folge haben kann: »Auch gereichte diese Aneignung irgendeines Stückes Land, indem man es bebaute, niemandem zum Schaden, da noch genügend und gleich gutes Land übrigblieb. So stellte in Wirklichkeit die Abgrenzung für den eigenen Bedarf keine Benachteiligung für die anderen dar« (§ 33). Eine Benachteiligung erfolgt also dann, wenn nicht mehr genügend Land zur Verfügung steht, wenn also – modern gesprochen – die *carrying capacity* von natürlichen Systemen überschritten worden ist. Dann nämlich wird durch privates Sondereigentum von A die Wahrnehmung der Eigentumsrechte von B beeinträchtigt. B muß nicht unbedingt ein Nachbar, es kann auch der Angehörige einer späteren Generation sein, der die Folgen des Tuns der gegenwärtigen Generation zu tragen hat. Der bürgerliche Diskurs über Eigentum und Arbeit kann also nur in den jeweiligen historischen Koordinaten bewertet werden. Wenn sich die privaten Eigentümer weit von den Grenzen des Umweltraums entfernt durch Arbeit Parzellen des Erdbodens aneignen, kann er anders geführt werden als nahe an diesen Grenzen, wo die Absteckung von Claims notgedrungen andere Privateigentümer beeinträchtigt, wo der »ökologische Fußabdruck« auch anderes Eigentum in Mitleidenschaft zieht. Mit den aus dieser Situation sich ergebenden Problemen für die Verträge zwischen unabhängigen Individuen setzen sich im 20. Jahrhundert liberale Ökonomen wie Ronald Coase auseinander, die nach rationalen Verhandlungslösungen suchen, also das Prinzip des Gesellschaftsvertrags zwischen Individuen retten wollen, obwohl doch an den Grenzen des Umweltraums dessen Geschäftsgrundlage nicht mehr gegeben ist. Es ist die Größe von John Locke, daß er diese Grenze der vertragstheoretischen Begründung von Gesellschaftlichkeit gesehen hat.

Marktgesellschaft. Die Vorstellung, eine moderne Gesellschaft durch den Gesellschaftsvertrag konstituieren zu können, wird von Adam Smith (und vorher schon von den Physiokraten) überwunden. Ökonomisch rational handeln die Menschen, wenn sie mit möglichst geringen Mitteln einen maximalen Zweck zu erfüllen suchen. Eine Ökonomie aber entsteht erst dann, wenn das individuelle ökonomische Handeln zu einem System vernetzt wird. Der Markt erbringt diese Leistung mit Hilfe der berühmten »unsichtbaren Hand«, die Adam Smith freilich nur ein einziges Mal, in seiner Schrift *An Inquiry into the Nature and Causes of the Wealth of Nations* (1776), und eher nebenbei erwähnt: »Someone intends only his own gain, and he is in this, as in many other cases, led by an invisible hand to promote an end which was no part of his intentions.« Das ist ganz ähnlich der Idee von Mirabeau in der *Philosophie rurale:* daß »der ganze Zauber einer wohlgeordneten Gesellschaft darin besteht, daß jedermann für andere arbeitet und dabei glaubt, er arbeite für sich selbst«. Der Weg bis zu dieser Erkenntnis ist umständlich. »Die Ökonomie«, so resümiert Marx, »die früher entweder von Finanzmännern, Bankiers und Kaufleuten, also überhaupt von Leuten, die unmittelbar mit ökonomischen Verhältnissen zu tun hatten, oder von allgemein gebildeten Männern wie Hobbes, Locke, Hume behandelt wurde, für die sie als ein Zweig des enzyklopädischen Wissens Bedeutung hatte – die Ökonomie wurde erst durch die Physiokraten zu einer besondern Wissenschaft erhoben und seit ihnen als eine solche behandelt.« *(Deutsche Ideologie)*

Wie ist es möglich, daß bei der Mehrung privaten Eigentums und trotz des impliziten Herrschaftsverhältnisses gesellschaftliche Kohäsion entsteht und erhalten wird und zugleich der ökonomisch meßbare »Wohlstand der Nation« steigt? Nach Albert Hirschman sind es die »ruhigen Leidenschaften«, mit denen private Interessen verfolgt werden, die eine Brücke zwischen individuellen Interessen und gesellschaftlicher Wohlstandsmehrung schlagen. Es ist der *sense of sympathy,* der »das Prinzip der Anziehungskraft in der Gesellschaft begründet« (David McNally) – vergleichbar den Gesetzen Newtons über die Schwerkraft in der unbelebten Natur.

In der liberal-revolutionären Synthese der französischen Aufklärung werden die Grundannahmen des reinen Liberalismus, einschließlich der darin enthaltenen Auffassung über die Rolle eines *minimal state,* mit Vorstellungen über die Komplementarität von Ökonomie und Politik verwoben; diese zielen letztlich auf die Errichtung eines »starken Staates«. In Rousseaus Konzeption einer »tugendhaften Politik«, wonach das sich als souverän erkennende Individuum seinen partikularen Standpunkt der *volonté générale* unterordnet, ist soziale Kohäsion gebunden an ein Prinzip staatlicher Steuerung, das ein öffentliches Finanzierungs- und Verteilungssystem mit Pflichtabgaben und dem Aufbau einer Sozialverwaltung beinhaltet. Demnach kann Gesellschaftlichkeit sich nicht allein oder gar ausschließlich auf das Privateigentum gründen. Zwar macht das Eigentum den Staatsbürger aus, doch kann einer nicht Eigentümer sein, ohne zugleich Staatsbürger zu sein – und die Staatsbürgerschaft begründet eine Reihe von gesellschaftlichen Pflichten. Daher ist den intellektuellen Wortführern der Französischen Revolution ein rein privatistisches Verständnis von Eigentum (noch) fremd. Auch wenn sie das Recht auf Eigentum in den Katalog der Menschenrechte aufnehmen, sollte es doch in seiner Ausdehnung begrenzt, in seinem Gebrauch kontrolliert und auf einen gesellschaftlichen Nutzen bezogen sein: »Mein Gedanke geht nicht so weit, das Privateigentum völlig abzuschaffen, da dies gar nicht möglich ist, sondern es in möglichst engen Grenzen zu halten. Ich will, mit einem Wort, daß das Eigentum des Staates so groß und stark und das Eigentum des Bürgers so klein, so schwach wie möglich ist.« (Rousseau, *Projet de Constitution pour la Corse*)

Die Vorstellung, daß eine Ansammlung von souveränen Eigentümern eine Gesellschaft bilden könnte, ist an die von David Hume und Adam Smith formulierte moderne Begründung gebunden, daß Vergesellschaftung (auch) ein versachlichter, ökonomisch durch das Geld gesteuerter Prozeß ist. Gesellschaft entsteht danach nicht erst durch den Vertrag zwischen politischen Bürgern, die sich dessen, was sie da vertraglich vereinbaren, voll bewußt sind – und vor allem die Option besitzen, den Vertrag nicht zu schließen. Vielmehr wird das Geld, wie Marx später im *Kapital* sagt, zum wahren und realen Gemeinwesen, das »hinter dem Rücken« der Vertragspartner eine bürgerlich-kapitalistische Gesellschaft hervorbringt. Das Medium der Gesellschaft ist schon da, bevor die Bürger an einen Vertrag auch nur gedacht haben. Damit entsteht die Voraussetzung für den Fetischismus der Ware und die Sachzwanghaftigkeit von Vergesellschaftung einerseits und die Vorstellung eines nicht ans Territorium, an den konkreten Ort gebundenen Vergesellschaftungsmechanismus andererseits: Der Raum des Marktes und daher der bürgerlichen Gesellschaft ist die gesamte Welt, der Globus. Wirtschaft und Gesellschaft können als System, als eine Ordnung gedacht werden; das Wort von »Ordnung und Fortschritt« eines der Begründer der modernen Soziologie, Auguste Comtes, ist in die brasilianische Staatsflagge aufgenommen worden *(»ordem e prograsso«)*. Auf der Suche nach den Prinzipien der Ordnung entwickelt der Physiokrat Quesnay etwa zur gleichen Zeit wie Adam Smith in der zweiten Hälfte des 18. Jahrhunderts das *tableau économique,* beziehen sich Hutcheson und Hume auf soziale »Gravitationsgesetze«, die Ökonomie löst sich aus den unterstellten gesellschaftsvertraglichen Bindungen. Der Markt verlangt nach gesellschaftlicher Transformation, die Karl Polanyi in seiner Geschichte der Entstehung einer Marktwirtschaft in England als einen Prozeß der »Entbettung«, der Herauslösung der Ökonomie aus der Gesellschaft analysiert. Profit und Wachstum werden zu einem gängigen und determinierenden Ordnungsprinzip, wenn die Arbeitskraft und auch die Natur unter das Kapital »reell« subsumiert worden sind. Wachstum und daher Wohlstandssteigerung verdanken sich in erster Linie der vertieften Arbeitsteilung und der so ermöglichten Produktivitätssteigerung. Dies ist der gemeinsame Ausgangspunkt von Adam Smith und David Ricardo. Die Konzentration der menschlichen Ingenuität auf ökonomisch verwertbare Leistungen ist zweifellos und zuvörderst der Konkurrenz geschuldet. Marktwirtschaften sind in hohem Maße dynamisch und innovationsfreudig; aber jede Innovation ist das Resultat kreativer Zerstörung (J. A. Schumpeter). Sie schließt also Krisen ein.

Mit dem Wachstum in der Zeit und mit der Expansion im Raum wird auch der Bereich der Geltung der formalen Marktrationalität ausgedehnt; die »europäische Rationalität« mit der neoliberalen Idee von der wohlstandssteigernden Wirkung der *invisible hand* beherrscht die Welt. »Die Tendenz den Weltmarkt zu schaffen ist unmittelbar im Begriff des Kapitals selbst gegeben. Jede Grenze erscheint als zu überwindende Schranke.« (Marx, *Grundrisse der Kritik der Politischen Ökonomie*, 1859) Schon der Physiokrat Le Trosne nennt die Kaufleute eine *classe cosmopolite,* deren Vermögen kein Vaterland und keine Grenze kennt. Der ökonomische Raum, in dem politische Grenzen tendenziell »dereguliert« werden, ist durch die Aktivitäten der Aneignung aus privaten Eigentumsrechten charakterisiert. Der politische Bürger, der mit dem Vertragsschluß und einer Verfassung sich selbst Grenzen setzt, ist nun auch Wirtschaftsbürger, zugleich *bourgeois* und *citoyen.* Daran hat sich bis heute nichts Wesentliches geändert. Eigentumsrechte sind die Basisinstitute der globalen Wirtschaftsverfassung; die Abkommen über »Trade Related Intellectual Property Rights« (TRIPS) oder die Verhandlungen über das »Multilateral Agreement on Investment« und ähnliche Regelungen in mehr als 1500 bilateralen und regionalen Investitionsschutzabkommen legen davon Zeugnis ab. Die Dynamik der Aneignung aus den Eigentumsrechten sprengt jene Grenzen, die vertraglich gesetzt sind. Die Physiokraten waren in dieser Hinsicht besonders konsequent und radikal; die politische Verwaltung solle das Wirken der Gesetze der »natürlichen« Gesellschaftsordnung nicht behindern, die Konkurrenz des Marktes sorge für angemessenen Interessenausgleich; die beste Politik sei die des *»laissez faire, laisser aller«* und die beste Maxime für privates Verhalten heiße: *»Enrichissez vous!«* Dieses Wort ist von Marx polemisch und sarkastisch zugespitzt worden: »Akkumuliert, akkumuliert! Das ist Moses und die Propheten!« *(Das Kapital)* Die Aufforderung findet heute in der Regel, den *shareholder value* zur Leitlinie unternehmerischen Handelns zu machen und keine Einflüsse von sozialen und politischen Akteuren (beispielsweise von Gewerkschaften und Regierungen) auf das Unternehmensmanagement zuzulassen, ihren zeitgemäßen Ausdruck. Allerdings muß den Physiokraten zugebilligt werden, daß sie sich die grenzenlose ökonomische Freiheit des individuellen unternehmerischen Handelns nur in einem wohlgeordneten Gemeinwesen vorstellen konnten. Wie schon die *tablaux économiques* darlegen, hatten sie immer eine auf agrarischer und nicht auf industrieller Produktion gegründete Gesellschaft vor Augen, konnten also gar nicht erahnen, welche – auch zerstörerische – Dynamik individuelle Initiative mit industriellen Potentialen freizusetzen vermag. Im übrigen war dies bei Adam Smith nicht anders; auch er bezog sich eher auf einen agrarisch strukturierten Kapitalismus, auch wenn er sein Werk über den *Wealth of Nations* mit der Diskussion der Wirkungen der Arbeitsteilung in der Manufaktur beginnt. Die frühe Industrialisierung baute noch weitgehend auf der Landwirtschaft auf. Um so bemerkenswerter ist die Weitsicht, die Smith und andere bei der Debatte von Eigentumsrechten und Marktprozessen an den Tag legten.

Geld und Kapital. Marktwirtschaften sind (kapitalistische) Geldwirtschaften, und diese sind prinzipiell instabil. Der Zins muß während des Zeitraums der Ausleihe einer Kapitalhauptsumme gezahlt werden. Also wird die Gegenwart mit der Zukunft verknüpft, und die Vergangenheit ist insofern bedeutsam, als in ihr die Sicherheiten produziert worden sind, die bei der Kreditvergabe erwartet werden.

Auch wenn die Welt des Geldes Vergangenheit, Gegenwart und Zukunft durch den Diskont auf die Dimension der Gegenwart zusammenbringt und der Kapitalwert so als Gegenwartswert berechnet wird, ist in der wirklichen Welt – wie die Thermodynamik lehrt – die Zeit gerichtet. Die Zukunft ist nur in Gestalt von Erwartungen, die auch enttäuscht werden können, in Gegenwartsentscheidungen einzubeziehen. Zukunftsträchtige Entscheidungen (vor allem über Investitionen) erfolgen somit unter Bedingungen der Unsicherheit. Instabilitäten der marktgesteuerten Wirtschaftsprozesse sind daher unvermeidlich. Sie generieren veritable Krisen, die keineswegs auf die Geldsphäre beschränkt bleiben. Es wäre ein leichtes, dies an den Finanzkrisen der jüngsten Vergangenheit in Mexiko oder in Asien und Rußland, in Brasilien und anderswo zu belegen oder auf die Tulpenkrise in Holland, die Mississippi- und Südsee-Spekulation im 18. Jahrhundert und andere finanzielle *bubbles* in der Geschichte des Kapitalismus zu verweisen. Das Geld ist das »wahre Gemeinwesen«, und die Gemeinwesen der Menschen geraten unter die Räder des Geldes und des Kapitals.

Mit dem Geld entstehen neue Kategorien im Ensemble marktwirtschaftlicher Formen: die freien und gleichen Tauschpartner des Marktes, der sie sanft mit unsichtbarer Hand lenkt, werden Gläubiger und Schuldner. Ihre Beziehung ist immer die von Ungleichen; denn einer hat eine Forderung, der andere folglich eine Verpflichtung. Die Quelle des (pekuniären) Zinses können in der Regel und auf Dauer nur (reale) Einkommensflüsse sein. Die Existenz von Geld- und Kreditmärkten und daher von Zinsen übt demzufolge einen wirksamen Druck auf die Unternehmen aus, die realen Gewinne der Höhe der Zinsen anzupassen, also auch die Arbeitsbeziehungen so zu organisieren, daß ein Überschuß, ein Mehrwert erzeugt wird – von den Lohnabhängigen. Solange Mehrwert und Profit ausreichen, die Zinsforderungen zu bedienen, gibt es keine ökonomischen Probleme. Die Konjunktur verläuft ohne Krisen. Doch die erforderliche Höhe der Rentabilität des Kapitals (der *shareholder value*) wird von den Renditeerwartungen an den internationalen Börsenplätzen bestimmt, und Krisen sind unvermeidlich, wenn jene die Möglichkeiten der Schuldner übersteigen.

Das vom Markt hervorgebrachte Geld (die Forderung) »entkoppelt« sich von der realen Welt der Güter, der Dienste und der Arbeit. Diese Entkopplung freilich kann niemals eine Autonomie des Geldes gegenüber der Produktion von Überschüssen in der realen Ökonomie begründen. Selbst die abgehobene Sphäre der Derivate ist nicht von der Welt der Arbeit, der Produktion und Verwertung losgelöst. Denn die Geldvermögen stellen Ansprüche auf reale Einkommensflüsse dar, die in Form von Gewinnen, aus denen Zinsen zu zahlen sind, erzeugt werden müssen. Gerade die Unvollkommenheit der Entkopplung, gepaart mit der durch moderne Techniken enorm gesteigerten Mobilität und Flexibilität von Kapitalanlagen, die wie Canettis »Totenheere« über den Globus ziehen und Verwüstung hinterlassen, ist ein Grund der Finanzkrisen, die regelmäßig die kapitalistische (Welt-)Ökonomie erfassen. Denn wäre sie perfekt, brauchte einen das Geschehen an den Börsenplätzen der Welt nicht zu kümmern, Kurssteigerungen und Kursverfall sowie die Bewegungen der Wechselkurse könnten einen kaltlassen, da es sich um »Nullsummenspiele« zwischen »Spekulanten« handeln würde. Doch stammt die Verzinsung von US-amerikanischen Pensionsfonds zu einem großen Teil aus Kapitalanlagen in *emerging markets* in Asien, die der Belastung nicht standgehalten haben und zusammengebrochen sind. Die Abwertung der Währungen hat nun wiederum zur Folge, daß sich Geldvermögen in harter Währung günstig zum »Schnäppchenpreis« in Ländern einkaufen können, die bis vor kurzer Zeit noch ihre territoriale Ökonomie gegen diese Art der subalternen Einbeziehung in den globalen Markt protegiert hatten. Die Renten in den USA werden also gesichert, indem die Sozialsysteme in anderen Weltregionen unsicher werden.

Die *invisible hand* ist keine schmeichelnde, sanfte Hand, sie schlägt hart zu, wenn man sie auf Finanzmärkten ungehindert walten läßt. Der Marktmechanismus, so stellte es sich Adam Smith vor, sorgt für eine Hebung des Wohlstands der Nationen. Die »beste aller möglichen Welten« braucht gar nicht rationalistisch konstruiert zu werden; sie ergibt sich aus der Wirkung des Marktmechanismus, den die Individuen durch ihr interessegeleitetes Handeln unbeabsichtigt zum Besten aller in Gang setzen und halten. Das ist die Botschaft des Theorems von den »komparativen Kostenvorteilen«, das seit David Ricardo die Politik einer globalen Freihandelsordnung begründet und auch heute noch den theoretischen Bezug der Welthandelsorganisation darstellt.

Doch die Dynamik von Geld und Kapital ist Auslöser von ökonomischen und sozialen Krisen, die den erwarteten Wohlstandsgewinn vereiteln können. Es ist, wie schon Aristoteles darlegte, ein armseliges und überhaupt kein »gutes« Leben, wenn sich die von menschlichem Handeln ausgelöste ökonomische Dynamik am grenzen- und maßlosen »Kapitalerwerbsstreben« bemißt, wenn das »pulsierend Lebendige« (Hegel) den äußeren Sachzwängen eines von der *invisible hand* gesteuerten globalisierten Marktes ausgeliefert ist. Letztlich macht sich hier der von Marx ins Zentrum gestellte *Doppelcharakter* der Arbeit geltend: »Konkrete Arbeit« hat den Gebrauchswert produziert; dessen Qualität ist durch keineswegs unendliche menschliche Bedürfnisse begrenzt. Als »abstrakte Arbeit« aber verkörpert sie sich im Wert, dessen vergegenständlichte und gesellschaftlich allein gültige Form das Geld ist. Dies läßt, wie wir schon bei John Locke gesehen haben, schier unendliche, quantitative Steigerung zu, und führt, wie Marx analysierte, mit Hilfe der kapitalistischen Formung des Produktions- und Reproduktionsprozesses zur Überdehnung sozialer Verhältnisse, zur Überlastung der Natur – und zu periodischen ökonomischen Krisen.

Ein globaler Gesellschaftsvertrag? Die Krisen entfalten eine höchst destruktive Wirkung, und sie haben in Zeiten der Globalisierung einen globalen Charakter. Insofern ist die Kennzeichnung der Finanzkrisen der neunziger Jahre als »asiatische« oder »mexikanische« Krise irreführend. Krisen waren im modernen Kapitalismus immer destruktiv. Die besonders schweren Weltwirtschaftskrisen hatten soziale und politische Auswirkungen, die nur als desaströs bezeichnet werden können. Da stellt sich denn die Frage, ob und wie der Marktmechanismus reguliert werden kann, um die Zerstörungskraft der Krisen einzudämmen. Erstaunlicherweise wenden sich die Diskurse zu den Vertragstheorien zurück. Die Gruppe von Lissabon propagiert einen globalen Gesellschaftsvertrag zur Bewältigung der globalen Probleme. Der Marktmechanismus sei zwar unverzichtbar, aber im globalen Raum losgelassen, entfalte er zerstörerische Potenzen. Die sozialen Systeme drohen daran zu zerbrechen, und es werden im Zuge eines globalen Prozesses der Exklusion ganze Bevölkerungsgruppen, ja ganze Kontinente ausgegrenzt, marginalisiert. Nicht zuletzt wird die Natur des Planeten Erde übernutzt; die globale Umweltkrise ist dafür Beleg. Daher der Titel der Studie: *Grenzen des Wettbewerbs.*

Kooperation anstelle von Wettbewerb ist somit eine Überlebensfrage der Menschheit. Dabei geht es nicht um Kooperation an Standorten, um dem Credo der Wettbewerbsfähigkeit zu folgen: in Bündnissen für Arbeit, für Deutschland, in Sozialpakten und Konsensstrategien. Es geht um die Überwindung der Standortlogik in einem »globalen Vertrag«, der nach Auffassung der Gruppe vier Abkommen umfassen soll: einen »Grundbedürfnisvertrag«, in dem es um die Grundversorgung aller Menschen mit Nahrung, Wasser, Wohnung geht, einen »Kulturvertrag«, der Toleranz und Dialog zwischen Kulturen und Religionen regeln soll, einen »Demokratievertrag«, der die Elemente einer globalen Steuerung enthält, und einen »Erdvertrag«, in dem die Prinzipien ökologisch nachhaltigen Umgangs mit der Natur festgehalten sind.

Es handelt sich also nicht um einen Vertrag der Konstitution von Gesellschaft wie in der frühbürgerlichen Aufklärung, sondern um Verträge (im Plural) zur Lösung von Problemen, die durch die Dynamik der kapitalistischen Marktwirtschaft entstanden sind. Das sind pragmatische Verträge, und daher machen sich die Verfasser, die noch im Zusammenhang mit dem Demokratievertrag von der Einberufung einer »globalen Bürgerversammlung« gesprochen hatten, jetzt eher Sorgen darum, wie denn wohl der »kooperative Pakt« in einer nicht zu fernen Zukunft »unterschriftsreif« gemacht werden kann. Bei dieser Konstruktion sind die normativen Begründungen des Gesellschaftsvertrags überflüssig. Doch keineswegs überflüssig ist die Reflexion der Frage, ob mit einer Allianz aus »globaler Zivilgesellschaft, aufgeklärten Eliten aus Wissenschaft, Regierungen, Medien, Stiftungen« eine Akteurskoalition bezeichnet ist, die in die kapitalistische Marktdynamik steuernd eingreifen kann. Der Gesellschaftsvertrag des 18. Jahrhunderts konstituierte eine überschaubare nationale Gesellschaft, der globale Gesellschaftsvertrag ist der Versuch, die regulative Kompetenz, die die Nationalstaaten ganz im Gegensatz zu Rousseaus Position im Zuge von Deregulierung und Privatisierung abgegeben haben, auf globaler Ebene zurückzugewinnen.

ORAKEL – **Oracle** (**Heidnische Theologie**). Seneca definiert die *Orakel* als den durch den Mund der Menschen verkündeten Willen der Götter. Obgleich sich diese Definition stark von der meinigen unterscheidet, steht doch fest, daß die erhabenste & religiöseste Art der Vorhersage im heidnischen Altertum die *Orakel* waren. Der so lebhafte & so vergebliche Wunsch, die Zukunft zu kennen, ließ sie entstehen, der Betrug brachte sie zu Ansehen & der Fanatismus besiegelte sie.

Man begnügte sich nicht damit, alle Götter *Orakel* sprechen zu lassen, auch die Heroen genossen dieses Vorrecht, so groß war das Bedürfnis, sich die unersättliche Wißbegier der Menschen zunutze zu machen. Neben den *Orakeln* von Delphi & Klarios, die Apollo von sich gab, & denen von Dodona & Ammon zu Ehren Jupiters hatte Mars ein *Orakel* in Thrakien, Merkur in Patrai, Venus in Paphos & Aphaka, Minerva in Mykene, Diana in Kolchis, Pan in Arkadien, Äskulap in Epidaurus & in Rom, Herkules in Athen & Gades, Serapis in Alexandria, Trophonius in Böotien &c.

Sie taten sich nicht alle auf die gleiche Weise kund. Hier war es die Priesterin oder der Priester, die für den Gott antworteten, wenn man ihn befragte; dort war es der Gott selbst, der sprach. An einem anderen Ort erhielt man die Antwort des Gottes in Träumen. Wieder anderswo erging das *Orakel* in versiegelten Briefchen oder durch Loswurf wie in Präneste. Schließlich bedurfte es zuweilen, um sich des *Orakels* würdig zu erweisen, vieler Fastentage, Opferungen, Reinigungen, Mysterien &c. *Jaucourt*

ORGIEN – **Orgies** (**Geschichte des griechischen & römischen Altertums**). Bezeichnung der Feste zu Ehren von Bacchus, auch *Bacchanale & Dionysien* genannt, lateinisch *orgia. Orgien* wurden jedoch auch verschiedene andere Feste genannt, wie das Fest der Musen, das der Ceres & das der Kybele. Nach Servius hießen in Griechenland ursprünglich alle Arten von Opfer *Orgie,* & der Begriff entsprach der Bezeichnung *caerimonia,* Zeremonie, bei den Römern. *Orgien* wie die Feste zu Ehren des Bacchus werden bei Vergil *orgia triterica* genannt, da man sie dreimal im Jahr abhielt, wie das Wort *triterica* bereits sagt, das sich aus den griechischen Wörtern τρὶς, für *drei*, & ἔτος, für *Jahr*, zusammensetzt.

Orgien entstanden in Ägypten, wo Osiris das älteste Vorbild für Bacchus war. Von dort verbreiteten sie sich über Griechenland, Italien & Gallien, ja fast über die ganze heidnische Welt. Anfangs waren es schlichte & ehrwürdige Feste, doch sie wurden unmerklich mit lächerlichen Riten überfrachtet & entwickelten sich schließlich, wie die Historiker uns berichten, zu so maßlosen & schändlichen nächtlichen Gelagen, daß sich der römische Senat im Jahr 564 gezwungen sah, sie im gesamten Römischen Reich abzuschaffen.

Heute können wir ohne Furcht sagen, daß es bei den Bacchanalien, abgesehen von ihrer unentschuldbaren Zügellosigkeit, zahllose Tollheiten & Extravaganzen gab. Einst jedoch kam es Pentheus teuer zu stehen, diesen Vorwurf an der Stätte des Vergnügens erhoben zu haben, denn im bacchantischen Rausch erkannten ihn seine eigenen Tanten nicht & rissen ihn auf dem Berg Kithairon in Stücke.

Im Park des Justinian in Rom steht eine wertvolle Marmorvase, auf der diese *Orgien* des Bacchus dargestellt sind. Man nimmt an, daß die Vase aus der Hand von Saurus stammt, denn abgesehen von der Schönheit des Werks ist darauf auch eine Borte zu finden, die keinen Bezug zu den anderen Darstellungen hat. *Jaucourt*

OSTERN, PASSAH – **Pasques** (**Theologie**). Hoher Festtag, der bei den Juden am vierzehnten Tag der Mondphase nach der Frühlings-Tagundnachtgleiche gefeiert wird. Siehe Fest.

Im Altertum nannten Griechen & Lateiner diesen Tag *festi paschae* – nicht nach dem griechischen Wort πάσχειν, für *leiden*, wie Lactantius & einige andere Kirchenväter fälschlicherweise annahmen, sondern nach hebräisch *pessach* oder *passach*, was soviel bedeutet wie *Vorübergehen*. Das Fest sollte an den Würgeengel Gottes erinnern, der die Israeliten überging & ihre Erstgeborenen verschonte, als er in der Nacht vor ihrem Auszug aus Ägypten alle Erstgeborenen der Ägypter tötete.

Andere Autoren brachten die These auf, das Fest solle an die Durchquerung des Roten Meeres erinnern. Sie entbehrt allerdings jeder Grundlage, da es vor dem Auszug der Hebräer aus Ägypten, also mehrere Tage vor der Durchquerung des Roten Meeres erstmalig gefeiert & erwähnt wurde.

In *Exodus*, *Kapitel XII*, sind alle Riten aufgeführt, die Moses zur Feier des *Passahfests* vorschreibt: Die Verpflichtung zu der Feier war so bindend, daß ausnahmslos jeder, der ihr nicht nachkam, zum Tode verurteilt wurde: »der soll von seinen Stammesgenossen ausgemerzt werden« *(Numeri IX, 13)*. Diejenigen aber, die es aus guten Gründen nicht feiern konnten, weil sie auf Reisen, krank oder unrein waren, gleich ob sie an einer Totenfeier teilgenommen oder sich bei einer zufälligen Begebenheit befleckt hatten, sollten das *Passahfests* im zweiten Monat, 14. Ijar nachholen, also etwa zwischen April & Mai. Hierfür gibt es in *Chronik II, 30*, Vers 2 & 3 ein verblüffendes Beispiel: »Dann beriet er sich mit seinen Hofleuten & der ganzen Versammlung in Jerusalem, ob sie das Pascha nicht erst im zweiten Monat begehen sollten; denn sie konnten es damals nicht abhalten, da sich nicht genügend Priester geheiligt hatten & das Volk nicht in Jerusalem versammelt war.«

Leon da Modena beschreibt im dritten Teil seiner *Historia degli riti hebraici* lang & breit die Riten, mit denen das *Passahfest* bei den modernen Juden begangen wird. Das Fest dauert nach dem alten, vom Sanhedrin festgelegten Brauch acht Tage. Die beiden ersten sowie die beiden letzten Tage sind heilig: An ihnen darf nicht gearbeitet & kein Handel getrieben werden. Indessen ist es erlaubt, Feuer zu machen, zu kochen, Geld in den Händen zu haben &c. Während dieser acht Tage ist es den Juden verboten, gesäuertes Brot oder ein Treibmittel im Hause zu haben, sie essen dann nur ungesäuertes Brot. Schon zwei Tage vor dem Fest vergewissert sich der Hausherr, daß sich nirgendwo im Haus auch nur ein Krümel gesäuertes Brot befindet. Um elf Uhr des folgenden Tages wird gesäuertes Brot verbrannt zum Zeichen, daß das Speiseverbot begonnen hat. Unmittelbar darauf beginnt man mit dem Backen des ungesäuerten Brotes, das *Mazza* genannt wird. Für feine Gaumen oder Kranke backen einige diese Kuchen mit Eiern & Zucker. Sie werden *Mazza haschiras* genannt, was soviel heißt wie *gehaltvoller Kuchen ohne Treibmittel*. Am 14. Nissan, dem Tag vor *Passah*, ist es Brauch, daß die Erstgeborenen der Familien fasten im Gedenken an jene Nacht, die sie nun feiern werden & in der einst Gott alle Erstgeborenen der Ägypter getötet hatte. Am Abend gehen sie beten, & anschließend ißt man ein Lamm mit ungesäuertem Brot & Bitter-

---

Einige Tausende gehen jedes Jahr zu Ostern auf die Straße. Mit Schildern und Gitarren, Singsang und Nietenhosen. Vegetarier, Kommunisten, Schriftsteller und Pfarrer, Halbstarke, Studenten, Hausfrauen und wes Geistes Kinder und welcher Gewerkschaft Mitglieder sie noch sind. Drei Tage lang trotzen sie Regen und Wind, Polizeikonvois und nicht endenwollenden Land- und Stadtstraßen. Räuberromantik und das Bewußtsein, für eine gute Sache einzustehen, trösten über die Unbillen eines Dreitagemarsches, genannt Ostermarsch, *hinweg. Sie sind Moralisten des 20. Jahrhunderts, die unentwegte Avantgarde; komisch, aber bitterernst; jugendbewegt, aber hochpolitisch; diffamiert, aber zahlreich. Man kann über sie streiten, nicht aber über die Sache, für die sie eintreten: Frieden. Man kann über sie lachen, nicht aber über das, was sie bekämpfen: Den Krieg.*

Ulrike Meinhof, Osterspaziergang 63

---

kräutern. Bei erhobenen Weingläsern rezitieren sie jene Bibelstellen, die über die Gefangenschaft ihrer Väter in Ägypten berichten & über die Wunder, die Gott vollbrachte, um sie zu befreien. Die Rezitation endet mit Psalm 112 & den nachfolgenden, in denen Gott gelobt oder ihm gedankt wird. Anschließend essen sie & sprechen erneut Psalmen. Dieses wiederholen sie am nächsten Tag & an den beiden letzten Tagen des *Passahfests.*

Die Rabbiner ergänzen noch weitere Einzelheiten, angefangen bei der Suche nach gesäuertem Brot bis zu der Art, wie das Mazza beschaffen sein soll, doch sind diese Ergänzungen so klein & lachhaft, daß wir dieses Wörterbuch nicht damit belasten wollen. Man findet sie ausführlich beschrieben im 3. Band des *Bibellexikons* von Calmet, unter P, Stichwort *Pâque.*

Wie einige Rabbiner, darunter auch Maimonides, lehren, sollen ihre Vorfahren, um den Beginn des Monats & mithin des *Passahfests* festzulegen, das am 14. Tag des Märzmondes gefeiert wird, Wachposten auf den Berggipfeln eingerichtet haben. Sobald diese das Erscheinen des Neumonds beobachtet hätten, seien sie herabgeeilt, um dies dem Sanhedrin zu melden, der umgehend in die Nachbarstädte Boten sandte, die den Neumond verkündeten. Doch abgesehen davon, daß sich in den Schriften, weder bei Philon von Alexandrien noch bei Josephus Flavius Hinweise auf diesen Brauch finden lassen, gilt es auch als gesichert, daß die Hebräer des Altertums nicht den Mondkalender verwandten, womit die Behauptung der Rabbiner haltlos wird.

Die Griechen & selbst einige katholische Kirchengelehrte schließen aufgrund Kapitel 12,1 & 12,12 folgende, sowie Kapitel 13 des Johannesevangeliums, daß sogar Jesus Christus in seinem Todesjahr sich an das Gesetz hielt & an dem festgelegten Tag das *Passahfest* feierte. Unter anderen hat auch Pater Lamy diese Auffassung bekräftigt. Andere wie Pater Calmet in seiner *Abhandlung über das letzte Passahfest unseres Herren Jesu* behaupten, Jesus Christus habe das *Passahfest* in seinem letzten Lebensjahr nicht erlebt, zumindest hätten die Juden es erst am Freitag, seinem Todestag, gefeiert, & er sei auf dem Kalvarienberg zu eben jener Stunde gestorben, als die Juden im Tempel das Opfer darbrachten. So kämen Figuration & Wirklichkeit zum richtigen Zeitpunkt zusammen & fielen in eins. Als Beleg für diese Auffassung werden Tertullian, der Verfasser der *Fragen der Orthodoxie,* der unter dem Namen Justin der Märtyrer bekannt ist, Chrysostomus, *Reden über das Evangelium des Johannes,* Kyrillos von Alexandria, *Johannis Evangelium, Buch XII,* Teophilus, der heilige Epiphanius & mehrere andere Kirchenväter & Theologen angeführt.

Andere Autoren wie Pater Hardouin vertraten die Ansicht, die Galiläer hätten *Passah* in jenem Jahr an einem Donnerstag gefeiert wie Jesus Christus, & die Juden am Freitag. Doch sowohl in der orthodoxen als auch in der lateinischen Kirche trifft man am häufigsten auf die Auffassung, Jesus Christus habe ein reguläres *Passahfest* am Donnerstag abend begangen. Sie stützt sich nicht nur auf die drei Evangelisten Matthäus, Lukas & Markus, sondern auch auf die gesichertste Überlieferung. Die Bezeichnung *Passah* wird in der Heiligen Schrift verschieden aufgefaßt.

1. steht sie für das Erscheinen des Würgeengels
2. für das Osterlamm
3. für das Essen, bei dem man es verspeiste
4. für das Fest zum Andenken an den Auszug aus Ägypten & die Durchquerung des Roten Meeres
5. für alle besonderen Opfer, die man während des *Passahfests* darbringt
6. für das ungesäuerte Brot, das während der achttägigen Feier gegessen wird
7. für alle Rituale, die dieser Feier vorausgehen & sie begleiten
8. für Jesus Christus, der als *Passahlamm* zur Rettung der Menschheit geopfert wurde. Siehe das *Bibellexikon* von Calmet.

Um alljährlich den Zeitpunkt für das *Passahfest* zu bestimmen, muß man die Schalttage, die Anzahl der Tage, die vom letzten Neumond des alten Jahres bis zum Beginn des neuen Jahres vergehen, kennen. Daraus ergibt sich der Beginn des Neumonds für jeden Monat, & folglich, wenn man 13 Tage hinzuzählt, auch das Datum des nächsten Vollmonds nach dem 21. Tag des März. Der Sonntag, der auf diesen Vollmond folgt & den man mittels des Sonntagsbuchstabens findet, ist der Ostertag. *d'Alembert*

OUESSANT (**Neue Geographie**). Französische Atlantikinsel vor der bretonischen Küste, gegenüber von Le Conquêt. Sie hat drei Meilen Umfang & umfaßt mehrere Weiler & ein Schloß. In ihrer Nähe liegen einige kleinere Inseln, die *Iles d'Ouessant* heißen.

Das Goldene Zeitalter, jene geistreiche Schimäre, die mehr geeignet ist, unsere Sehnsucht zu wecken als unsere Hoffnung zu nähren, die unsere Phantasie so liebt & über die das Bewußtsein des menschlichen Elends sich ärgert, jenes Gegenbild zu unserem Zeitalter, das erst den Geist erheitert & einem dann das Herz zerreißt, jenes tiefsinnige Märchen, das Wohltätigkeit & Tugend in ihrem Eifer & Bemühen um die Glückseligkeit der Menschen schließlich aus den Augen verloren haben, dieses Goldene Zeitalter ist auf jenem kleinen Flecken Erde beinahe Wirklichkeit geworden. Das Gesetz der Herzen, das Naturrecht auf der einen Seite, & das Gesetz der Gerechten, das Christentum auf der anderen Seite, verbinden seine Bewohner in ewiger Harmonie & zerstreuen, ohne daß Bitternis aufkommt oder das Alter die Stimme erheben müßte, jene kleinen Wolken am Himmel, die das Besitzdenken unweigerlich heraufziehen läßt. Rechtschaffenheit ist dort der Reichtum aller & so unabdingbar, daß derjenige, der sie nicht besitzt, durch eine allgemeine Verfügung für immer von der Insel verbannt wird. Nicht die einzige, aber die wesentliche Mitgift der Mädchen in diesem abgelegenen Kanton ist die Keuschheit. Sollte eine sie ihrem Bräutigam nicht darbringen können, würde sie ebenso streng verbannt werden wie derjenige, der sie ihr geraubt hat, denn diese einfachen, das heißt weisen Menschen meinen, daß der Verlust der Keuschheit ein Diebstahl an der Ehegemeinschaft ist. Als die Philosophen ein Volk edler Menschen schaffen wollten, haben sie hochtrabende Spekulationen ausgebreitet & im Geist hoheitsvolle Gebäude entworfen, allein, es waren zerbrechliche Blüten, die den Stürmen nicht standhalten konnten, von denen große Gemeinschaften heimgesucht werden. Die von der Natur gegebene Einfalt ist ein enger Kreis, der nur zu einer kleinen Gesellschaft von Menschen paßt, die sich alle eine tugendhafte Lebensführung auferlegen, weil ständig jeder jeden beobachtet. Mit dem Glück, das die Menschen dort genießen, kann der philosophische Zierat von Platon & den Utopisten nicht mithalten. Das unzugängliche & folglich glückliche Volk, von dem ich spreche, beherbergt seit Kriegsausbruch Verteidigungskräfte, & dieser Schutz könnte ihm noch teuer zu stehen kommen: Die Truppen … Ich zittere bei dem Gedanken an die losen Sitten unter den Soldaten, die der Moral das Grab schaufeln. *Anonym*

OUVERTÜRE – **Ouverture** (**Musik**). Ein ansehnlicher symphonischer Teil, der an den Anfang der großen Musikstücke wie der Opern gestellt wird.

Die *Ouvertüren* der französischen Oper tragen alle das Gepräge derer von Lully. Sie bestehen aus einem ernsten & majestätischen Teil, der den Anfang bildet & den man zweimal spielt, & einer heiteren Reprise, die meist die Form einer Fuge hat; mehrere dieser Reprisen nehmen am Ende dann wieder einen ernsten Charakter an. Es gab eine Zeit, in der die französischen *Ouvertüren* in ganz Europa den Ton angaben.

Noch vor knapp fünfzig Jahren ließ man in Italien *Ouvertüren* aus Frankreich kommen & stellte sie den Opern dieses Landes voran. Ich selbst habe mehrere alte italienische Opern gesehen, die mit einer *Ouvertüre* von Lully begannen. Zwar wollen die Italiener das heute nicht mehr wahrhaben, dennoch ist es eine Tatsache.

Da die Instrumentalmusik seit etwa dreißig Jahren einen erstaunlichen Weg zurückgelegt hat, wurden die alten *Ouvertüren*, die für allzu bornierte Musiker geschrieben waren, bald den Franzosen überlassen. Die Italiener haben nicht einmal gezögert, das Joch der französischen Anordnung abzuschütteln, & sie teilen ihre *Ouvertüren* heute anders ein. Sie beginnen mit einem lauten & lebhaften Teil im Zwei- oder Viervierteltakt; dann lassen sie ein halblautes Andante folgen, in dem sie alle Reize des Belcanto zu entfalten suchen, & sie enden mit einem sehr lebhaften, meist im Dreivierteltakt gehaltenen Allegro.

Als Grund für diese neue Einteilung geben sie an, daß man bei einer vielköpfigen Vorstellung, wo viel Lärm gemacht wird, die Aufmerksamkeit des Zuschauers zunächst durch einen brillanten Beginn fesseln muß, der beeindruckt & aufmuntert. Sie sagen, der feierliche Ernst unserer *Ouvertüren* werde von niemandem vernommen & angehört, & unser erster Bogenstrich, den wir so emphatisch rühmen, sei eher geeignet, Langeweile zu wecken statt Aufmerksamkeit.

Die alte Routine der *Ouvertüren* ließ in Frankreich eine alberne Idee aufkommen. Manche haben sich vorgestellt, daß zwischen der Form der *Ouvertüren* von Lully & einer beliebigen Oper eine solche Übereinstimmung bestehe, daß man sie nie verändern könne, ohne den Zusammenhang des Ganzen zu zerstören. So daß sie von einem symphonischen Beginn, der einen anderen Stil hat, verächtlich sagen, es sei eine Sonate & keine *Ouvertüre*, als ob nicht jede *Ouvertüre* eine Sonate wäre.

Ich weiß wohl, daß es überaus angebracht wäre, wenn zwischen dem Charakter der *Ouvertüre* & dem des gesamten Werks eine ausgeprägte Beziehung bestünde; doch statt zu besagen, daß alle *Ouvertüren* dasselbe Gepräge haben müssen, besagt dies genau das Gegenteil. Wenn im übrigen unsere Musiker außerstande sind, die unmittelbarsten Beziehungen zwischen den Worten & der Musik in jedem einzelnen Stück zu fühlen & auszudrücken, wie könnte man da erwarten, daß sie eine feinere & entferntere Beziehung zwischen der Anordnung einer *Ouvertüre* & der des gesamten Werks begreifen würden? *Rousseau*

Wie lange wird denn das noch dauern? Ich muß auf die Uhr schauen … schickt sich wahrscheinlich nicht in einem so ernsten Konzert. Aber wer sieht's denn? Wenn's einer sieht, so paßt er gerade so wenig auf, wie ich, und vor dem brauch' ich mich nicht zu genieren … Erst viertel auf zehn? … Mir kommt vor, ich sitz' schon drei Stunden in dem Konzert. Ich bin's halt nicht gewohnt … Vielleicht ist es sehr schön, und ich bin nur nicht in der Laune. Woher sollt' mir auch die Laune kommen? Wenn ich denke, daß ich hergekommen bin, um mich zu zerstreuen … Hätt' ich die Karte lieber dem Benedek geschenkt, dem machen solche Sachen Spaß; er spielt ja selber Violine. Aber da wär' der Kopetzky beleidigt gewesen … Seine Schwester singt ja mit unter denen da oben. Mindestens hundert Jungfrauen, alle schwarz gekleidet; wie soll ich sie da herausfinden? Weil sie mitsingt, hat er auch das Billett gehabt, der Kopetzky … Warum ist er denn nicht selber gegangen? – Sie singen übrigens sehr schön … Es ist sehr erhebend – sicher! Bravo! bravo! … Ja, applaudieren wir mit. Der neben mir klatscht wie verrückt. Ob's ihm wirklich so gut gefällt? – Der Kopetzky hat's gut, der sitzt jetzt längst im Wirtshaus und raucht seine Virginia!

ARTHUR SCHNITZLER, LEUTNANT GUSTL

PANTOFFEL – **Mule.** Eine von Frauen & Männern gleichermaßen getragene Fußbekleidung. Der Damenpantoffel ist ein Schuh ohne Oberleder mit breiteren & flacheren Absätzen, der der Männer ein riemenloser Schuh mit fast gar keinem Absatz. Der Papst hat an der Spitze seiner *Pantoffeln* ein goldenes Kreuz, das man zum Zeichen der Hochachtung küssen darf. *Anonym*

PARADIES – **Paradis.** In den Büchern des Neuen Testaments & bei den Christen bedeutet *Paradies* einen Ort der Wonne, wo die Seelen der Gerechten Gott schauen & sich eines ewigen Glücks erfreuen.

So sagt Jesus Christus zu dem Verbrecher (Lukas 23, 43): »Heute noch wirst du mit mir im *Paradies* sein«; & Paulus (2 Korinther 12, 4) sagt, indem er von sich selbst in der dritten Person spricht, er kenne jemanden, der im Geiste »in das *Paradies* entrückt wurde«, wo er »unsagbare Worte hörte, die ein Mensch nicht aussprechen darf«.

Das System von Kopernikus & Descartes hat die alte Hypothese von Ptolemäus über die Ordnung & den Aufbau dieser Welt nicht nur umgestoßen, sondern es auch notwendig gemacht, anderswo nach einem Ort zu suchen, der für den Wohnsitz der Seligen, den man gewöhnlich *Paradies* nennt, geeignet wäre. Man disputiert also ernsthaft in den verschiedenen Schulen über die Lage des himmlischen *Paradieses*, in das wir eingehen sollen, so wie man über diejenige des irdischen *Paradieses* stritt, aus dem Adam vertrieben wurde. Denn seit die Himmel flüssig sind, die Erde & die Planeten sich in den Lüften um die Sonne drehen & die Sterne, die wir sehen, lauter Sonnen sind, die jeweils der Mittelpunkt eines Wirbels sind, mußte das Empyräum verschwinden oder sich zumindest weit von dem Ort entfernen, an dem es sich befand. Wie dem auch sei, wenn man das *Paradies* an einen Ort verlegt, der alle diese unermeßlichen Räume umgibt, so scheint mir, daß die Verdammten sich entweder im Mittelpunkt der Erde sehr dicht zusammendrängen oder die Auserwählten rings um diese große Welt sehr viel Platz haben werden.

Was kann man, wenn man darüber sprechen will, Besseres sagen, als daß das *Paradies* kein Ort ist, sondern eine Zustandsveränderung; daß, wenn es im Himmel liegt, der Himmel nichts anderes ist als die gesamte flüssige & unermeßliche Materie, in der sich unendlich viele leuchtende & dichte Körper drehen, so daß die Himmel, das Universum & alle Werke Gottes das *Paradies* & der Wohnsitz der Seligen sind? Deshalb sagt der Herr im Evangelium, daß den Heiligen das Himmelreich gehören & sie die Erde besitzen werden.

Die Juden nennen gemeinhin den Garten Eden das *Paradies*, & sie meinen, daß sie sich dort nach der Ankunft des Messias inmitten aller Arten von Wonnen einer natürlichen Glückseligkeit erfreuen werden & daß dort die Seelen in Erwartung der Auferstehung & der Ankunft des Messias in einem Zustand der Ruhe verharren.

Auch die Mohammedaner glauben an ein *Paradies*, dessen Glückseligkeit allein in der Sinnenlust besteht. Siehe KORAN, MOHAMMEDANISMUS. *Anonym*

PARADIES, IRDISCHES – **Paradis terrestre.** Garten der Wonne, in den Gott Adam & Eva nach ihrer Erschaffung versetzte. Dort blieben sie während des Stands ihrer Unschuld & wurden daraus vertrieben, als sie gegen Gott ungehorsam waren & von der verbotenen Frucht aßen. Das Wort kommt von dem hebräischen oder vielmehr chaldäischen *pardes*, das die Griechen mit dem Wort παράδεισος übersetzten, das wörtlich »Obstgarten« & bisweilen »Wald aus hohen Bäumen« bedeutet. So nannten die Perser ihre Obstgärten & die Parks, in denen sie alle Arten von wilden Tieren unterhielten, laut Xenophon *cyroped.*

Moses nennt es den *Garten Eden*, das heißt »Garten der Wonne«, ein Wort, dessen Etymologie manche im griechischen ἡδονή, *voluptas*, suchen, doch im Hebräischen ist *Eden* der Name eines Landes & einer Provinz, in der das *irdische Paradies* lag.

Am Ende können wir uns keinen Himmel, der nicht eine Erde wäre, malen, so eingeschränkt sind wir, daß sogar unsere Wünsche es sind.
JEAN PAUL, IDEEN-GEWIMMEL

Über seine Lage werden einige Bedenken laut. Manche, wie Origenes, Philon, die Seleukiden & die alten häretischen Armenier sowie im letzten Jahrhundert Paul Venetien, glaubten, das *irdische Paradies* habe niemals existiert & man müsse alles, was die Heilige Schrift darüber sagt, allegorisch erklären. Andere haben es außerhalb der Welt angesiedelt, einige in einem dritten Himmel, dem Himmel des Mondes, im Mond selbst; wieder andere in der mittleren Region der Luft, über der Erde; wieder andere unter der Erde an einem verborgenen, der Kenntnis der Menschen entzogenen Ort, einem Ort, den heute das Kaspische Meer einnimmt.

Die Meinungen derer, die es auf der Erde angesiedelt haben, sind nicht minder geteilt. Es gibt fast keine Gegend der Welt, sagt Dom Calmet, wo man es nicht gesucht hätte, in Asien, in Afrika, in Europa, in Amerika, an den Ufern des Ganges, in Indien, in China, auf der Insel Ceylon, in Äthiopien, wo sich das Mondgebirge befindet, &c.

Die wahrscheinlichste Meinung in bezug auf das *irdische Paradies* ist, daß es in Asien liegt; doch sobald man bestimmen will, in welchem Teil Asiens, gehen die Ansichten erneut auseinander.

Einige wie Pater Hardouin siedeln es in Palästina in der Nähe des Sees Genezareth an. Ein schlesischer Autor namens Herbinius, der 1688 über dieses Thema geschrieben hat, schließt sich zum Teil dieser Meinung an. Le Clerc verlegt es in seinem Kommentar zur Genesis in die Umgebung des Libanongebirges, des Antilibanon, & Damas in die Nähe der Quellen des Orontes & des Chrysorrhoas. Doch in keiner dieser beiden Gegenden entdeckt man auch nur die geringste Spur der Flüsse, die nach Moses' Beschreibung das *irdische Paradies* bewässerten.

Hopkinson, Huet & Bochart zufolge liegt das *irdische Paradies* zwischen dem Zusammenfluß des Euphrat & des Tigris, an der Stelle, wo sie sich teilen, weil nach Moses' Bericht diese beiden Ströme zu denen gehören, die den Garten Eden bewässerten; der Pischon, so fügen sie hinzu, war der westliche Kanal des Tigris & der Gihon der östliche Kanal desselben Stroms, der sich in den Persischen Golf ergießt. Für sie war Äthiopien, Moses zufolge eine der von diesen Flüssen bewässerten Gegenden, unstreitig das wüste Arabien, da derselbe Autor seiner Frau, die aus diesem Land stammte, den Namen »Äthiopierin« gab; & Hawila, die andere Gegend, soll die persische Provinz Khusistan sein, in der man einst Gold, Bdelliumharz & Karneolsteine fand, von denen Moses spricht. Die große Schwierigkeit dieses Systems ist, daß Moses eindeutig von vier Flüssen spricht, die alle dem Garten Eden entsprangen, & daß man hier nur zwei Flüsse findet, die zwar vier Arme bilden, deren Verlauf jedoch fast gleich & nicht entgegengesetzt ist, wie es der Text der Genesis zu verstehen gibt.

...

Ich lerne. Ich bereite vor. Ich übe mich. / Wie arbeite ich – hah leidenschaftlichst! – / Gegen mein noch unplastisches Gesicht –: / Falten spanne ich. Die Neue Welt / (– eine solche: die alte, die mystische, die Welt der Qual austilgend –) / Zeichne ich, möglichst korrekt, darin ein. (...) Menschheit! Freiheit! Liebe! / Der neue, der Heilige Staat / Sei gepredigt, dem Blut der Völker, Blut von ihrem Blut, eingeimpft. / Restlos sei er gestaltet. / Paradies setzt ein. Johannes R. Becher, Vorbereitung

In diesem Punkt gibt es noch verschiedene andere Meinungen. Postel behauptet, das *irdische Paradies* habe sich unter dem Nordpol befunden. Er gründet diese Idee auf eine alte Überlieferung der Ägypter & der Babylonier, die besagte, daß die Ekliptik oder Sonnenbahn zuerst den Äquator in rechten Winkeln schneide & infolgedessen über den Nordpol führe. Andere dagegen meinen, daß es auf keinen besonderen Ort beschränkt war, sondern sich über die ganze Erde erstreckte, die damals, so sagen sie, ein einziger Ort steter & vielfältiger Wonnen war, bis sie sich durch Adams Sündenfall veränderte. Aber auch diese Ansichten sind mit dem Text der Genesis nicht vereinbar.

Die Orientalen glauben, das *irdische Paradies* habe sich auf der Insel Serendib oder Ceylon befunden & der aus dem *Paradies* vertriebene Adam sei in die nahe dieser Insel gelegenen, zwei oder drei Tagreisen vom Meer entfernten Rahonn-Berge verbannt worden. Die Portugiesen nennen diese Felsenkette »Adamsbrücke«, weil man glaubt, daß der erste Mensch nach einer Buße von hundertdreißig Jahren unter diesen Felsen begraben worden sei. Neben diesem *irdischen Paradies* kennen die Mohammedaner noch drei weitere, eines bei Obollah in Chaldäa, das zweite bei der Wüste von Naoubendigian in Persien & das dritte bei Damaskus in Syrien. *Anonym*

PARASIT – **Parasite** (**Grammatik**). So nennen wir jemanden, der sich in gute Häuser einschleicht, um dort einen gedeckten Tisch zu finden.

PARASIT – **Parasite** (**Geschichte des Altertums, griechische & römische**). Jemanden einen *Parasiten* zu nennen ist seit langem eine Schmähung, doch einst war die Bezeichnung sehr ehrenwert. Sie hat dasselbe Schicksal erlitten wie die Bezeichnung *Sophist:* Da man sie als Schimpfwort benutzte, hat man sie in Mißkredit gebracht. Bei den Athenern wurden sie παράσιτος genannt, bei den Römern *epulones,* »Ordner des Festmahls«, nach ihren Aufgaben, die dieselben waren.

Die tiefe Verpflichtung, die die Menschen gegenüber den Göttern empfanden, denen sie die Erzeugnisse der Natur verdankten, brachte sie dazu, daß sie ihnen zum Zeichen der Dankbarkeit die ersten Früchte ihrer Ernte als Opfer darbrachten. Um die Opfergaben entgegenzunehmen, mußten in den Tempeln Leute bestimmt werden, deren Aufgabe es war, sie aufzubewahren, an das Volk zu verteilen & sie bei den Feiern zu Ehren verschiedener Götter zum Opfer zu bringen.

Die Griechen nannten die ersten Früchte des Feldes *heiliges Getreide,* denn sie bestanden hauptsächlich aus Weizen & Gerste. Jene, die dazu bestimmt waren, sie entgegenzunehmen, wurden *Parasiten* genannt, was sich von den griechischen Wörtern für »neben«, παρα, & »Speise«, σῖτος, ableitet, & also denjenigen bezeichnete, der sich um die Nahrung kümmerte, dem das Amt oblag, das Getreide für den heiligen Ritus zu sammeln. Die *Parasiten* waren hoch geachtet & erhielten einen Anteil vom Opferfleisch.

Athenaios im *Sophistenmahl* & nach ihm Samuel Petit in *Leges Atticae* haben bemerkt, daß fast alle Götter ihre *Parasiten* hatten. Mit den Frauen, die einen Mann gehabt hatten, vollzogen sie bestimmte Opferhandlungen. Außerdem wurde der Ort, an dem man das für die Götter bestimmte Getreide aufbewahrte, παράσιτιος genannt.

Die Römer führten den Brauch der Griechen fort, die ersten Früchte des Feldes zu sammeln & in die Tempel zu bringen, um sich ihrer bei Feiern zu Ehren der Götter zu bedienen &, wie schon die Athener, das Volk damit zu speisen. Dies zeigt uns auch das 18. Gesetz der Urkunde *de annuis legatis.* Darin bestimmt ein Erblasser, daß derjenige, der nach seinem Tod sein Erbe antritt, dem Priester oder dem Tempelwächter sowie den *libertis* eine bestimmte Menge des Getreides aus seinen Speichern überlassen muß.

Samuel Petit nimmt an, daß man unter den *libertis* die *Parasiten* verstehen muß, denn zur Zeit jener Urkunde standen die *Parasiten* der Tempel bereits in Mißkredit.

Man übertrug diese Arbeit nur freigelassenen Sklaven oder ihren Abkömmlingen. Dennoch ist es schwierig, herauszufinden, wann & wie diese *Parasiten*, deren Aufgaben zum festen Bestandteil des heidnischen Kults wurden, im Ansehen gesunken & in Verruf geraten sind.

Wie dem auch sei, sie erniedrigten sich, indem sie sich durch unterwürfige Schmeicheleien Zugang zu den großen Häusern verschafften. Von dieser Zeit an nannte man *Parasiten* jene Schmeichler & Schöntuer, die schamlos Taktgefühl & Rechtschaffenheit preisgaben, um sich dort gütlich zu halten. Wenn die Römer sie an ihren Tischen bewirteten, machten sie von dem Recht Gebrauch, sie lächerlich zu machen, zu verspotten & sogar zu schlagen. So läßt Terenz im *Eunuch* den Schmeichler Gnatho in einer Anspielung auf die beschämende Behandlung der *Parasiten* sagen: »Ich aber, ich Unglücklicher, ertrage weder Possen noch üble Streiche.« *Jaucourt*

PATAGONIER – **Patagons (Neuere Geographie)**. Völker Südamerikas, die das von Magellan entdeckte Land bewohnen. Die nördlichen Grenzen ihres Lebensraums sind kaum erforscht, gewöhnlich siedelt man es bis zum Rio Colorado an, andere glauben an eine noch weitere Ausdehnung nach Norden bis zum Rio de la Plata. Im Osten wird ihr Land vom Atlantik begrenzt, im Süden von der Magellan-Straße & im Westen von der Andenkette.

Früher hieß das Land *Chiqua*, als Magellan aber im Hafen von San Julián Riesen sah, gab er ihm den Namen *Patagonien*. Die angeblichen Riesen waren eigentlich nur sehr großwüchsige Männer von zirka acht Fuß, wenn man das moderne Maß, das Königsmaß, zugrunde legt.

Die Kleidung der *Patagonier* besteht aus ziemlich grob geschnittenen Tierhäuten. Je nachdem, wie weit man sich vom antarktischen Pol oder dem Äquator entfernt, hat das Land einen sehr unterschiedlichen Charakter, doch im allgemeinen ist es eher kalt als warm.

Die Indianer *Patagoniens* sind mitsamt ihren Hütten & allen Haushaltsgegenständen ständig im Land unterwegs. Ihre Hütten bestehen lediglich aus ein paar Stangen, von denen einige aufgestellt & die übrigen als Querverbindungen benutzt werden. Das Ganze wird mit Pferdehäuten bedeckt. Tagsüber ziehen sie umher, abends schlagen sie das Lager auf. Sie ernähren sich fast ausschließlich von Pferdefleisch, manche essen es roh, andere über dem Feuer gebraten. Was sie Stadt nennen, ist eine Siedlung aus kleinen, niedrigen, unregelmäßig angeordneten Hütten, die in einem Abstand von mindestens drei Fuß voneinander stehen & durch einen kleinen Holzzaun in der Höhe einer Brüstung voneinander abgetrennt sind. Sie haben einen Häuptling, der sich mit einem an seinem Gürtel befestigten Lendenschurz aus Stoff & einer Kopfbedeckung aus Straußenfedern schmückt, die seine Krone ist.

Auf dem patagonischen Festland herrscht ein Überfluß an Weidefläche & Pferden. Die *Patagonier*, soweit sie der berühmte Autor der *Voyage à la mer du Sud*, Herr Raveneau de Lussan, zu Gesicht bekam, sind nach seinen Angaben fünf bis sechs Fuß groß. Sie haben eine olivfarbene Haut & kleine Nasen & Augen. Sie sind von sehr friedfertigem Charakter. Ihr König oder Häuptling hat gegenüber seinen Untertanen einzig den Vorteil, daß er von jeglicher Arbeit befreit ist. Bei Festen mischt er sich unter seine Untertanen, & wenn die Trunkenheit überhandnimmt, kommt es zu Handgreiflichkeiten mit ihm wie mit jedem anderen.

Diese Indianer haben eigentlich keine feste Bleibe. Wenn ihre Pferde ein Gebiet abgeweidet haben, ziehen sie mit ihren Hütten & ihren Habseligkeiten in ein anderes. Mehrmals im Jahr sind sie so auf Wanderschaft. Ihre Behausungen sind weit über das Land verstreut. Jeder Weiler besteht aus sehr wenigen Hütten, & selbst ein bedeutender Weiler ist, was die Zahl der Behausungen angeht, immer noch kleiner als das mickrigste Dorf in England.

Die Bewohner *Patagoniens* haben einen recht schwachen Begriff von Göttlichkeit & treiben eine Art Kult mit Mond & Sonne. Bei Neumond versammeln sie sich & ziehen in einer Art Prozession um ihre Hütten. An der Spitze des Zugs trägt ein Mann einen Reif, der mit kupfernen Schellen & Straußenfedern geschmückt ist. Von Zeit zu Zeit läßt er diesen Reif tanzen, & auf dieses Zeichen hin stößt die ganze Gruppe laute Schreie aus. Diese Zeremonie dauert ungefähr eine halbe Stunde.

Auf dieselbe Weise bedient man sich des Reifes Angesicht Sterbender, doch sobald der Kranke gestorben ist, hat man es eilig, ihn mit all seinen Habseligkeiten wie Bogen, Pfeilen &c. in eine Pferdehaut zu hüllen. Unverzüglich wird er an eine Stelle außerhalb der Siedlung gebracht, wo man ihn in ein rundes Grab legt, das man extra dafür ausgehoben hat & das man sogleich wieder zuschüttet.

Die Patagonier trauern, indem sie für einige Zeit allein bleiben & mit niemandem sprechen. Während dieser Zurückgezogenheit versorgt man sie mit Nahrungsmitteln. Sie fürchten sich außerordentlich vor Gespenstern & Geistern, & gerade dadurch neigen sie dazu, viele zu sehen. Sie vertreiben sie so gut sie können durch kräftige Schläge auf die Pferdehäute ihrer Hütten.

Sie kennen keine Vielweiberei. Wenn eine Frau im Wochenbett liegt, ist es niemandem erlaubt, ihre Hütte zu betreten, bis sie mit dem Kind in den Armen herauskommt. Sobald sie entbunden hat, hüllt sie das Kind in ein Schafsfell & legt es auf eine Trage, deren Boden ebenfalls mit Schafsfell ausgeschlagen ist. Man bindet seine Arme & Beine mit einer Art Riemen an den Hölzern der Trage fest, damit es nicht herunterfallen kann, dann hängt man dieses Gestell an den vier Ecken auf. Diese Art, das Kind zu wickeln, muß Vorzüge haben, denn die *Patagonier* sind ein wohlgestaltetes Volk. Jedoch haben sie alle einen flachen Hinterkopf, was sicherlich auf den Brauch zurückzuführen ist, Kinder ohne jedes Kopfkissen mit dem Rücken auf die hölzerne Trage zu binden.

In den ersten Monaten nach der Geburt gehen die Frauen jeden Morgen mit ihren Kindern zum Fluß & tauchen sie ins Wasser. Dadurch werden sie so unempfindlich gegen die Kälte, daß sie im strengsten Winter völlig nackt durch Schnee & Eis laufen.

Bei den *Patagoniern* tragen Männer wie Frauen Halsketten & Armbänder aus Körnern, die mit Schellen geschmückt sind. Sie ziehen das ganze Frühjahr über umher, nützen den Sommer zur Jagd & zum Fang von Wildpferden. Sie bedienen sich dazu einer Schlinge, die sich zusammenzieht & die sie erstaunlich geschickt handhaben.

Die *Patagonier* aus dem angrenzenden Land der Kordilleren sind sehr kriegerisch. Sie hassen die Spanier & bekämpfen sie erbittert. Wie die anderen *Patagonier* sind sie großgewachsen & haben eine dunkle Hautfarbe. Ihre Waffen sind Lanze & Schleuder, die sie mit großer Gewandtheit führen. Sie leben über verschiedene Gebiete dieses großen Lands verstreut, jede Gruppe hat ihren Häuptling oder Kaziken, & ihre Art, sich aufs Pferd zu schwingen, ist wie die der europäischen Husaren. Ein ausgehöhltes Stück Holz, in das die Fußspitze geschoben wird, dient ihnen als Steigbügel, ihre Zügel sind aus Roßhaar & das Mundstück aus Holz.

Sie lassen sich nirgendwo nieder, sind nicht seßhaft, & gerade deshalb bekommen die Spanier sie nicht zu fassen. Manchmal machen sie Raubzüge entlang der spanischen Grenze & stehlen Vieh & Menschen. Doch sie behalten von den Gefangenen nur die Frauen & Kinder, die sie versklaven, die anderen bringen sie um. *Jaucourt*

PAULIZIANER – **Publicain ou Poplicain** (**Kirchengeschichte**). Mit dem Namen Manichäer wurden sie in Frankreich oder zumindest im Abendland bezeichnet. Im Orient nannte man sie *Paulizianer*. Man holte ihr Oberhaupt namens *Terrie* aus einer unterirdischen Grotte in Corbigny, wo er sich versteckt hielt, & er wurde überführt & verbrannt. Wie abscheulich, verbrannt! Und warum, ihr Unseligen, jemanden verbrennen, der nicht so denkt wie ihr? Will die Wahrheit etwa mit Feuer & Schwert verteidigt werden? Wenn ihr fürchtet, daß Meinungen sich verbreiten, die ihr für gefährlich haltet, dann sagt doch denen, die sie verkünden: »Nehmt, was euch gehört, & zieht von dannen.« Doch welches Recht habt ihr über ihre Frauen, ihre Kinder, ihr Hab & Gut, ihr Leben, ihre Freiheit, ihre Ansichten?

Im Jahre 1160 wurde in England ein Konzil gegen die *Paulizianer* einberufen: sie kamen aus der Gascogne. Es gab welche in Frankreich, Spanien, Italien & Deutschland. Ist es denn so außergewöhnlich, daß vernünftige, mit den physischen & moralischen Mängeln dieser Welt behaftete Wesen das Pech haben, die Weisheit eines Gottes zu verkennen, oder so verrückt waren, bei zwei Prinzipien, dem bösen & dem guten, Zuflucht zu nehmen? Wäre man in den ersten Zeiten mit den Manichäern so verfahren, wie ihr mit den *Paulizianern* verfahren seid, so hättet ihr die Kirche eines ihrer größten Lichter beraubt, nämlich des hl. Augustinus, der sich lange Zeit zum Manichäismus bekannte. Sieben oder acht Jahre nach dem Konzil von 1160 entdeckte der Erzbischof von Reims *Paulizianer* in Frankreich. *Anonym*

PERÜCKE – **Perruque** (**Handwerkskunst**). Kopfschmuck aus fremdem Haar, der den natürlichen Haarwuchs nachahmt oder ersetzt. Der Gebrauch von Perücken & die Kunst, sie herzustellen, sind sehr jung, nicht mehr als 120 Jahre alt. Zuvor bedeckte man den Kopf mit großen Mützen, wie sie heute Schauspieler tragen, die in der Komödie die Rolle des weisen Alten spielen, oder jene, die Bauern darstellen. An diese wurde eine Haartracht genäht, ein Haar neben das andere, denn das Einflechten war unbekannt. Dieses Haar frisierte man mit dem Brenneisen, wie man heute das Haupthaar frisiert.

Der erste, der eine *Perücke* trug, war ein Geistlicher namens Abbé la Rivière. Damals fertigte man *Perücken* auf einem Kissen, das mit dem der Spitzenklöpplerinnen vergleichbar ist. Die *Perücken* waren so sehr geschmückt & mit so langen Haaren versehen, daß sie nicht selten bis zu zwei Pfund wogen. Blonde galten als die schönsten, die Nachfrage nach dieser Farbe war besonders groß. Für kräftiges Haar in schönem Aschblond in einer Länge, wie man es für eine Allongeperücke benötigte, zahlte man bis zu fünfzig oder sechzig, ja sogar achtzig Pfund für die Unze, & diese *Perücken* kosteten bis zu tausend Ecus. Der Mann, der Ludwig XIV. mit den riesigen *Perücken* ausstattete, die wir auf seinen Porträts sehen, hieß Binette. Er meinte, er würde die Köpfe aller Untertanen scheren, um das Haupt Seiner Majestät zu bedecken. In jener Zeit erfand ein Bürger namens Ervais den Krepp, ein Stoff, der besser anliegt, sich leichter anpassen läßt & den *Perücken* viel Fülle verleiht, obgleich sie leicht sind & weniger Haar aufgetürmt werden muß. Wir werden an anderer Stelle darauf zu sprechen kommen, wie man glattes Haar kräuselt. Nachfolgend einige Hinweise, worauf man bei der Wahl des Haars zu achten hat.

1. Auf keinen Fall sollte es Haar von Kindern sein. Bis zum Alter von 15 oder 20 Jahren ist dieses selten kräftig genug. Vor allem Blondhaarige haben sehr feines & flachsartiges Haar. Außerdem neigt es dazu, bei der Verarbeitung rötlich zu werden. Deshalb verwendet man es selten.

2. Kastanienbraunes Haar ist für gewöhnlich am besten, es ist selbst bei Kindern kräftig. Es gibt drei Töne dieser Haarfarbe: Kastanie, Hellbraun & Dunkelbraun.

Tagebuch, 2.11.1663 – In Whitehall hörte ich, wie der Herzog von York die Absicht äußerte, eine Perücke tragen zu wollen; man sagt, daß der König seinem Beispiel folgen will. Erst heute ist mir aufgefallen, daß der König stark ergraut ist. / 3.11.1663 – Ließ mir von Chapman, dem Perückenmacher, die Haare abschneiden, damit eine Perücke daraus gemacht werden kann. Alle sagen, daß es mir gut steht, nur Jane und Bess waren bestürzt, daß ich mein Haar hergegeben habe. / 8.11.1663 – Stelle fest, daß mein öffentliches Auftreten mit Perücke wenig beachtet wird; in der Kirche drehte sich kaum jemand nach mir um. Samuel Pepys

3. Auch schwarzes Haar gibt es in drei verschiedenen Farbtönen: Schwarz, Kaffeeschwarz & Tiefschwarz. Man kann es ungepudert tragen, es ist allerdings schwer aufzutreiben.

4. Graues Haar hat unendlich viele Farbschattierungen. Jene Töne, die wir als *maurisches Grau* bezeichnen, stammen von einem ursprünglich tiefschwarzen Haar, das zu einem Viertel weiß geworden ist. Braunhaarige bekommen eine schmutzig-graue Haarfarbe, wenn ein Viertel des Haars weiß geworden ist. Blondes Haar, das seine Farbe verliert, wird weiß mit gelblichem Grund. Mindestens die Hälfte von blonden Haaren muß weiß sein, damit man es sieht. Weißes Haar stammt seltener von blondem als von schwarzem & braunem Haar.

5. Von den verschiedenen Weißtönen verarbeiten die Perückenmacher am häufigsten das Achatweiß. Gewöhnlich besitzen Menschen mit einst tiefschwarzem Haar diese Haarfarbe, wenn ihr Haar völlig weiß geworden ist.

Kastanienbraunes Haar bekommt, wenn es vollständig weiß geworden ist, einen perlweißen Farbton. Milchweißes Haar war einmal hellblond oder rot & hat seine Farbe langsam verändert, an den Spitzen ist es oft gelblich. Wenn es von blondem Haar stammt, ist es von geringerer Qualität, als wenn es von rotem Haar stammt, denn dieses ist sehr kräftig & bei weitem hochwertiger. Das Haar ist nicht brüchig. Die Spitzen bleiben immer schön & sind von Natur aus gelockt. Dieses Haar ist unbezahlbar.

Alle genannten Farbtöne bilden eine lange Reihe von wechselnden Schattierungen, die man, wenn das Haar zu ergrauen beginnt, Jahr um Jahr beobachten kann, bis es schließlich weiß ist.

Auf einen Unterschied zwischen blondem Haar & anderen Haarfarben sei noch hingewiesen: Je älter Blondhaarige werden, desto dunkler wird ihr Haar & verliert folglich an Wert, während die anderen Haarfarben an Farbe & Kraft gewinnen, je weißer sie mit dem Alter werden. Dennoch muß man leider feststellen, daß diese Steigerung gemeinhin nur bis zum sechzigsten Lebensjahr fortdauert, denn von diesem Alter an wird das Haar nicht mehr so gut ernährt & wird in der Folge trocken & flachsartig.

Allgemein läßt sich beobachten, daß sich das Haar von Menschen mit gemäßigtem Lebensstil lange erhält, wohingegen das Haar von Männern, die ausschweifend mit Damen verkehren, oder das von Frauen, die sich vielen Männern überlassen, weniger Schwung besitzt, daß es schneller austrocknet & seine guten Eigenschaften einbüßt.

In Ländern, wo gemeinhin Bier & Cidre getrunken wird, ist das Haar besser als anderswo. Die Flamen haben ausgezeichnetes Haar, das Bier nährt & fettet es. Diese Menschen sind fast alle blond oder haben hellbraunes Haar. Auch wenn man es selten sieht, ist dieses Haar leicht zu erkennen. Es wird beim Waschen heller, statt wie das blonde Haar aus anderen Ländern einen braunen Ton anzunehmen.

Perückenmacher ziehen für gewöhnlich Frauenhaar dem Männerhaar vor, obwohl es durchaus sein kann, daß letzteres von guter Qualität ist.

Auf dem Land bewahrt das Haar von Frauen seine guten Eigenschaften länger als in den Städten. Die Bäuerinnen tragen ihr Haar immer unter einer Haube, sie pudern es nie & setzen es nur selten der Luft aus, die es austrocknet.

Würden Männer auch von der Haube Gebrauch machen, könnte man ihr Haar ebenso vorteilhaft verwerten. Ausgenommen sind hier jene, die sich dem Wein oder den Frauen hingeben. Frauen, die ihr Haar regelmäßig kräuseln & pudern, besitzen gewöhnlich kein Haar von guter Qualität.

Diese Beobachtungen sind nicht so umfassend, als daß es keine Ausnahmen gäbe. Das eine wie das andere Geschlecht kann gutes Haar besitzen, wenngleich man es bei Männern seltener antrifft. *Anonym*

PERVERS, PERVERTIEREN, PERVERSION, PERVERSITÄT – **Pervers, pervertir, perversion, perversité** (**Grammatik**). Alle diese Wörter beziehen sich auf die Verderbtheit des Geistes oder des Herzens & zeigen deren höchsten Grad an. Es fällt schwer, die Reinheit der Sitten, die Ehrbarkeit, die Aufrichtigkeit, die Rechtschaffenheit zu bewahren, wenn man unter *perversen* Menschen lebt, & von solchen ist die Gesellschaft leider voll. Der Luxus *pervertiert* so manche Frau. *Anonym*

PESSAR – **Pessaire** (**Chirurgie**). Mittel, das man in der Chirurgie verwendet, um die Gebärmutter in ihrer natürlichen Lage zu halten. Gewöhnlich fertigt man es aus Kork in Form eines runden oder ovalen Rings, den man in geschmolzenes Wachs taucht, um seine Poren zu schließen & ihn vor Fäulnis zu bewahren. Einige Autoren empfehlen silberne *Pessare* in Form einer Röhre, deren oberer Teil in einer kleinen durchbohrten Kappe endet, um den Muttermund zu stützen. Man hat jedoch beobachtet, daß die Säfte der Vagina das Silber angreifen & in den aus diesem Material hergestellten *Pessaren* Löcher entstehen lassen, in welche die wegen der Ungleichmäßigkeit dieser Löcher wundgescheuerten fleischlichen Teile eindringen, was Geschwulste hervorruft. Reiche Personen können *Pessare* aus Gold verwenden, denn man hat festgestellt, daß die Säfte der Vagina dieses Metall nicht angreifen. Diejenigen aus Elfenbein sind noch zuträglicher & vor jeder Art von Beeinträchtigung geschützt.

Die ringförmigen *Pessare* sind nicht immer geeignet. Im ersten Band der Abhandlungen der *Académie de Chirurgie* findet man einen Beitrag von Garengeot über mehrere besondere Brüche, darunter den Fall eines Eingeweidebruchs durch die Vagina. Der Autor wollte ihn mit einem ovalen *Pessar* halten, das aber nur am ersten Tag Erfolg hatte. Am nächsten Tag bekam die Kranke heftige Schmerzen mit starken Leibkrämpfen sowie Erbrechen, die erst mit dem Entfernen des *Pessars* aufhörten. Zusammen mit dem Schambein hatte es einen Teil des Darms abgeschnürt, der sich zwischen beide geschoben hatte. Man drängte den Bruch zurück & legte ein anderes *Pessar* von geeigneter Größe an, dem man die Form eines Pfropfens gab. Es war in der Mitte durchbohrt & mit zwei Schnüren versehen, damit man es leicht herausziehen & notfalls auswechseln konnte.

Saviard erwähnt mehrere Gebärmuttervorfälle, unter anderen eine Gebärmutter, die so dick war, daß gewöhnliche *Pessare* sie nicht stützen konnten. Er ließ eines aus Stahl anfertigen, das mittels einer Feder, die sich bis zur Vulva krümmte, an einem Gurt befestigt war & an dessen Ende sich ein kleiner Deckel befand, der die Gebärmutter an ihrem natürlichen Ort hielt.

Die Alten bedienten sich der *Pessare* als Heilmittel, um den Menstruationsfluß herbeizuführen, übermäßigen Regelfluß aufzuhalten, sowie gegen die Krankheit, die sie Gebärmutterstockung nannten. Aber die genauere Kenntnis der Natur der beschädigten Körperteile & des Charakters der Krankheiten bewirkte, daß die Anwendung dieser unnützen Mittel verworfen wurde. *Louis*

PHANTASIE – **Fantaisie (Grammatik).** Bedeutete früher *Vorstellungskraft,* & man bezeichnete mit dem Wort *Phantasie* nichts anderes als die Fähigkeit des Geistes, die sinnlich wahrnehmbaren Gegenstände aufzunehmen. Descartes & Gassendi sprechen wie alle Philosophen ihrer Zeit davon, daß »die Beschaffenheit, die Gestalt der Dinge, sich in der Phantasie abbilde«. Daher auch das Wort *Phantom.* Doch wie Werkzeuge zu neuen Zwecken eingesetzt werden, erhalten die meisten abstrakten Begriffe mit der Zeit einen von ihrer ursprünglichen Bedeutung abweichenden Sinn. *Phantasie* bedeutet heute ein *ausgefallenes Verlangen,* ein *launischer Einfall:* Er hatte den Einfall, nach China zu reisen; es kam ihm in den Sinn zu spielen, einen Ball zu besuchen. Ein Maler schafft ein Phantasiegemälde ohne Modell.

Von seiner *Phantasie* beflügelt zu sein bedeutet, außergewöhnliche Neigungen zu verfolgen, die nicht von Dauer sind. Siehe den nachfolgenden Artikel. *Phantasie* in diesem Sinn reicht nicht an *Wunderlichkeit & Laune* heran.

Eine Laune kann ein plötzlicher & unerklärbarer Widerwillen sein. Der Sinn stand ihm nach Musik, aufgrund einer Laune wandte er sich plötzlich davon ab. Bei Wunderlichkeit denken wir an Folgewidrigkeit & schlechten Geschmack, das Wort *Phantasie* hat diese Bedeutung nicht: Er baute sich ein Haus nach seiner Phantasie, aber er zeigte dabei einen wunderlichen Geschmack. Ein feiner Unterschied besteht zudem darin, *Phantasien* zu haben & zu *phantasieren.* Wer *phantasiert* nähert sich weit mehr dem Wunderlichen. Mit diesem Wort bezeichnet man Einfälle, die willkürlich & nicht nachvollziehbar sind. Die Vorstellung von etwas Angenehmem ist dabei ausgeschlossen, wohingegen *Phantasien* durchaus angenehm sein können. Im alltäglichen Umgang redet man bisweilen von *verstiegenen Phantasien;* doch hört man diese Bezeichnung nur im Zusammenhang mit den »Wunderlichkeiten eines hochgestellten Mannes, die man nicht zu verurteilen wagt«, wie es im Wörterbuch von Trévoux heißt. Das Gegenteil ist richtig: Indem man sie so bezeichnet, verurteilt man sie. *Verstiegen* ist hier ein Füllwort, das zur Verstärkung des Wortes dient, wie man von *bodenloser Dummheit & ausgemachtem Blödsinn* redet, um eine *sehr große Dummheit* oder einen *völligen Blödsinn* zu bezeichnen. *Voltaire*

PHANTASIE – **Fantaisie (Moral).** Eine kurz währende Lust, die allein der Vorstellungskraft entspringt. Sie verspricht denen, die sich ihr überlassen, kein hohes Gut, sondern einen willkommenen Genuß. Ihr Gegenstand braucht keinen besonderen Wert zu haben, sie zielt vielmehr auf das Vergnügen an ihm. Sie strebt weniger danach, ihn zu besitzen, als sich seiner zu bedienen. Sie ist das Mittel, der Langeweile für einen Augenblick zu entfliehen. Sie enthebt den Menschen der Leidenschaften, ohne diese zunichte zu machen. Sie geht einher mit eingefleischten Gewohnheiten & bietet dennoch Abwechslung. Bisweilen entspringt sie der Leidenschaft selbst. Dann ist sie eine Blase, die an die Wasseroberfläche aufsteigt, aber bald wieder untertaucht & sich vermischt. Sie ist ein naives Wollen & versetzt uns für einen kurzen Zeitraum in den Zustand der Einfalt unserer frühen Kindheit zurück.

Menschen, die mehr Vorstellungskraft als gesunden Menschenverstand besitzen, sind Sklaven zahlloser *Phantasien.* Ihre Quelle ist der Müßiggang, in Lebenslagen, in denen ihnen das Glück mehr gegeben hat, als sie von Natur aus benötigen, in denen die Bedürfnisse befriedigt werden, sobald man sie verspürt: Sie tyrannisieren Menschen, die nicht wissen, was sie tun sollen & womit sie sich ihrem Stand & ihrer Eigenart gemäß die Zeit vertreiben könnten. Sie bedrängen vor allem schwache Gemüter, deren Geschmack sich durch Nachahmung bildet. Es gibt *Phan-*

Ein Erwachsener hätte einem Kind erzählt, er wäre auf dem Mond gewesen. Das Kind erzählt mir das, und ich sage, es sei nur ein Scherz gewesen, Soundso sei nicht auf dem Mond gewesen; niemand sei auf dem Mond gewesen; der Mond sei weit, weit von uns entfernt, und man könne nicht hinaufsteigen oder hinfliegen. – Wenn nun das Kind darauf beharrte: es gebe vielleicht doch eine Art, wie man hinkommen könne, und sie sei mir nur nicht bekannt, etc. – was könnte ich erwidern? Was könnte ich Erwachsenen eines Volksstamms erwidern, die glauben, Leute kämen manchmal auf den Mond (vielleicht deuten sie ihre Träume so), und die allerdings zugeben, man könnte nicht mit gewöhnlichen Mitteln hinaufsteigen oder hinfliegen? – Ein Kind wird aber für gewöhnlich nicht an so einem Glauben festhalten und bald von dem überzeugt werden, was wir ihm im Ernst sagen.
Ludwig Wittgenstein, Über Gewissheit

tasien, die über einen gewissen Zeitraum hinweg in Mode kommen & in den Köpfen eines ganzen Volkes herumspuken; ich selbst war Zeuge manch ausgefallener, nützlicher, leichtfertiger, heldenhafter & anderer *Phantasie*. Jetzt sehe ich, wie Patriotismus & Menschenliebe in vielen Geistern äußerst lebhaft Gestalt annehmen, & diese *Phantasien* werden vielleicht Verbreitung finden, ohne daß man befürchten müßte, ihretwegen belächelt zu werden.

Die *Phantasie* enthebt einen der Leidenschaft & setzt für einen Moment den Willen an ihre Stelle, während die Laune den Charakter ändert. In der *Phantasie* sind die Gegenstände unserer Leidenschaften & Grundsätze nebensächlich, wer launenhaft ist, wechselt sie. Empfindsame & leicht zu erschütternde Menschen haben *Phantasien*, verquere Geister sind anfällig für Launen. *Saint-Lambert*

PHANTASIE oder FANTASIE – Fantaisie (Musik). Instrumentalstück, das während eines musikalischen Vortrags entsteht. Der Unterschied zwischen dem *Capriccio* & der *Fantasie* besteht darin, daß das *Capriccio* eine Sammlung einzelner & unverbundener Einfälle ist, die bei einer erregten Vorstellungskraft zusammenkommen & die man sogar nach Belieben komponieren kann, während die *Fantasie* ein überaus regelmäßiges Stück sein kann, das sich von anderen nur dadurch unterscheidet, daß es beim Vortrag entsteht & nach dem Vortrag nicht mehr vorhanden ist. Somit gehört das *Capriccio* seiner Art nach zum Bestand der Ideen, während die *Fantasie* der unmittelbaren Äußerung der Ideen zuzurechnen ist. Daraus leitet sich ab, daß ein *Capriccio* sehr wohl notiert werden kann, niemals dagegen eine *Fantasie*, denn sobald sie festgehalten & wiederholt wird, ist sie keine *Fantasie* mehr, sondern ein gewöhnliches Musikstück. *Rousseau*

PHILOSOPH – Philosophe. Nichts ist heute leichter zu erwerben als der Name eines *Philosophen.* Ein verborgenes & zurückgezogenes Leben, ein gewisser Schein von Weisheit & einige Belesenheit genügen, um diesen Namen Leuten zu verleihen, die sich mit ihm schmücken, ohne ihn zu verdienen. Andere, bei denen das freie Denken an die Stelle des vernünftigen Denkens tritt, halten sich für die einzigen echten *Philosophen,* weil sie es gewagt haben, die heiligen Schranken der Religion umzustürzen, & weil sie die Fesseln gesprengt haben, die ihrer Vernunft der Glaube auferlegt hatte. Stolz darauf, daß sie sich in Dingen der Religion von den Vorurteilen der Erziehung frei gemacht haben, betrachten sie verachtungsvoll die anderen als Schwächlinge, unterwürfige Geister & ängstliche Seelen, die sich durch die Konsequenzen, zu denen der Unglaube führt, abschrecken lassen, die also nicht den Mut haben, auch nur für einen Augenblick den Kreis der feststehenden Wahrheiten zu verlassen & neue Wege zu beschreiten, & die deshalb unter dem Joch des Aberglaubens einschlafen.

Es bedarf einer zutreffenden Idee vom *Philosophen,* & der Charakter, den wir ihm zuschreiben wollen, ergibt sich aus dem folgenden:

Die anderen Menschen erscheinen dazu bestimmt, zu handeln, ohne die Ursachen, die sie dazu bewegen, zu empfinden & zu erkennen; sie denken überhaupt nicht daran, daß es Ursachen gibt. Der *Philosoph* dagegen erkennt die Ursachen, soweit dies in seiner Macht steht, kommt ihnen auch oft zuvor & stellt sich bewußt in ihren Dienst. Er gleicht einer Uhr, die sich manchmal – sozusagen – selbst aufzieht. So vermeidet er Gegenstände, die in ihm Gefühle hervorrufen könnten, die sich weder mit dem Wohlsein noch mit dem Vernünftigsein vertragen, & sucht Gegenstände, die in ihm Neigungen wecken können, die dem Zustand, in dem er sich befindet, entsprechen. Die Vernunft bedeutet für den *Philosophen,* was die Gnade für den Christen bedeutet. Die Gnade bestimmt den Christen zum Handeln, die Vernunft bestimmt den *Philosophen.*

Die anderen Menschen lassen sich durch ihre Leidenschaften hinreißen, ohne daß den Handlungen, die sie ausführen, die Überlegung vorausgeht; solche Menschen gehen ihren Weg in der Finsternis, wogegen der *Philosoph* immer, auch in seinen Leidenschaften, erst aufgrund einer Überlegung handelt. Er sucht den Weg in der Nacht, aber ihm leuchtet eine Fackel voraus.

Der *Philosoph* bildet sich seine Prinzipien auf der Grundlage unzähliger einzelner Beobachtungen. Die Menge übernimmt ein Prinzip, ohne an die Beobachtungen zu denken, die zu ihm geführt haben: Sie glaubt, der Grundsatz bestehe sozusagen durch sich selbst. Der *Philosoph* aber erfaßt den Grundsatz an seiner Quelle, untersucht seinen Ursprung, erkennt seinen eigentlichen Wert & macht von ihm nur den Gebrauch, der ihm zukommt.

Die Wahrheit ist für den *Philosophen* nicht etwa eine Geliebte, die seine Einbildungskraft verführt & die er überall zu finden glaubt; er begnügt sich damit, daß er sie zu erkennen vermag, sobald er sie bemerkt. Er verwechselt sie keineswegs mit der Wahrscheinlichkeit. Er hält für wahr, was wahr ist, für unwahr, was unwahr ist, für zweifelhaft, was zweifelhaft ist, & für wahrscheinlich, was eben nur wahrscheinlich ist. Ja noch mehr, & darin besteht eine große Überlegenheit des *Philosophen:* Er bringt es, wenn er keinen eigentlichen Beweggrund zum Urteilen hat, sogar fertig, die Dinge unentschieden zu lassen.

Die Welt ist voll geistreicher Leute – sehr geistreicher Leute, die stets & überall urteilen; doch in Wahrheit vermuten sie immer nur Dinge, denn vermuten heißt urteilen, ohne zu erkennen, ob man eigentlich einen Beweggrund für das Urteil hat. Sie kennen nicht die Reichweite des menschlichen Geistes; sie glauben, er könne alles erkennen. So finden sie es beschämend, überhaupt ein Urteil zu fällen, & bilden sich ein, der Geist bestehe im Urteilen. Der *Philosoph* aber glaubt, der Geist bestehe darin, richtig zu urteilen; er ist zufriedener mit sich selbst, wenn er das Vermögen, sich zu entscheiden, vorerst nicht angewandt hat, als wenn er sich entschieden hätte, bevor er den eigentlichen Beweggrund für die Entscheidung erkannt hätte. So urteilt & redet er weniger, dafür aber zuverlässiger & besser. Er übersieht nicht die lebendigen Beziehungen, die sich dem Geist natürlicherweise darbieten, wenn er rasch eine Kette von Ideen überblickt, deren Verknüpfung oft unser Erstaunen erregt. In der raschen Verbindung von Ideen besteht ja das, was man gewöhnlich »Geist« nennt; doch ist dem *Philosophen* gerade daran am wenigsten gelegen. Er zieht diesem glänzenden Schein die Mühe vor, seine Ideen deutlich zu unterscheiden, ihren Umfang & ihre Verbindung genau zu erkennen & so der Gefahr zu entgehen, daß er sich täuschen läßt, wenn er irgendeine besondere Beziehung, welche die Ideen untereinander haben, allzu weit führt. Aus diesem Unterscheidungsvermögen besteht das, was man *Urteilskraft* & *richtig urteilenden Geist* nennt; mit diesem richtigen Urteil hängen auch *Gewandtheit* & *Klarheit* zusammen. Der *Philosoph* hängt nicht so sehr an seinem System, daß er nicht die volle Stärke der Einwände empfindet. Die anderen Menschen spinnen sich derart in ihre Anschauungen ein, daß sie sich nicht einmal die Mühe machen, die Anschauungen der anderen zu erforschen. Der *Philosoph* aber versteht die Meinung, die er verwirft, ebenso tief & klar wie die Meinung, der er sich anschließt.

Der philosophische Geist ist also ein beobachtender & richtig urteilender Geist, der alles auf seine wahren Prinzipien zurückführt; aber der *Philosoph* pflegt nicht nur den Geist, sondern richtet seine Aufmerksamkeit & seine Sorge auch auf andere Dinge.

Der Mensch ist doch kein Ungeheuer, das nur in den Tiefen des Meeres oder im Dunkel eines Waldes leben soll. Schon allein die Bedürfnisse des Lebens machen für ihn den Verkehr mit den anderen notwendig, & in welchem Zustand er sich auch befinden mag: seine Bedürfnisse & die Rücksicht auf sein Wohl verpflichten ihn zum Leben in der Gesellschaft. So fordert die Vernunft von ihm, daß er erkenne, forsche & arbeite, um die erforderlichen Eigenschaften für das Leben in der Gesellschaft zu erwerben.

Unser *Philosoph* glaubt nicht, er sei in diese Welt verbannt; er glaubt auch nicht, er befinde sich in Feindesland. Er will als kluger Ökonom die Güter genießen, die ihm die Natur bietet; er will Vergnügen im Umgang mit den anderen finden, & um das zu finden, muß er Vergnügen bereiten. So versucht er mit denjenigen, mit denen er zufällig oder freiwillig zusammenlebt, gut auszukommen, & findet gleichzeitig das, was ihm zusagt. Kurz: er ist ein rechtschaffener Mensch, der sich gefällig & nützlich erweisen will.

Die Mehrzahl der Großen, denen allerlei Zerstreuungen nicht genügend Zeit zum Nachdenken lassen, sind unmenschlich gegen diejenigen, die sie nicht für ihresgleichen halten. Die gewöhnlichen *Philosophen*, die allzuviel grübeln oder, besser gesagt, nicht in der richtigen Weise nachdenken, sind unmenschlich gegen jedermann; sie fliehen die Menschen, & die Menschen meiden sie. Doch unser *Philosoph*, der es versteht, sich zwischen der Zurückgezogenheit & dem Umgang mit den Menschen zu teilen, ist voller Menschlichkeit. Das ist der Chremes des Terenz, der fühlt, daß er Mensch ist, & den schon allein die Menschlichkeit Anteil am Glück oder Unglück seines Nächsten nehmen läßt. *Homo sum, humani a me nihil alienum puto.* – »Ich bin ein Mensch, & ich glaube, daß mir nichts Menschliches fremd ist.«

Überflüssig wäre es, hier darauf hinzuweisen, wie sehr unser *Philosoph* auf alles bedacht ist, was Ehre & Rechtschaffenheit bedeutet. Die gesittete Gesellschaft ist für ihn sozusagen etwas Göttliches auf Erden; er verherrlicht sie, er ehrt sie durch Redlichkeit, durch genaue Beachtung seiner Pflichten & durch den aufrichtigen Wunsch, kein unnützes oder störendes Mitglied der Gesellschaft zu sein. Das Gefühl der Rechtschaffenheit gehört ebensosehr zum Dasein des *Philosophen* wie die Aufgeklärtheit des Geistes.

Alice hob den Fächer und die Handschuhe auf, und da es im Saal sehr warm war, fächelte sie sich und stellte fest: »Liebe Güte! Heute ist aber auch alles verrückt! Und dabei war gestern alles noch normal. Ob ich über Nacht etwa vertauscht worden bin? Mal überlegen: war ich heute morgen noch dieselbe, als ich aufgestanden bin? Ich glaube fast, mich daran zu erinnern, daß ich mich ein wenig anders gefühlt habe. Aber wenn ich nun nicht mehr dieselbe bin, so folgt daraus die Frage: ›Wer um alles in der Welt bin ich?‹ Ach, das *ist die große Frage!« Und sie ließ sich alle ihr bekannten Kinder durch den Kopf gehen, die gleichaltrig waren, und überlegte, ob sie eines von ihnen geworden war.* Lewis Carroll, Alice im Wunderland

Je mehr Vernunft Sie in einem Menschen finden, desto mehr Rechtschaffenheit finden Sie in ihm. Wo dagegen Fanatismus & Aberglaube herrschen, da herrschen Leidenschaften & Betörung. Das Temperament des *Philosophen* bestimmt ihn dazu, aus Ordnungssinn oder aus Vernunft zu handeln. Da er die Gesellschaft über alles liebt, liegt ihm viel mehr als den anderen Menschen daran, alle seine Kräfte so anzuwenden, daß sie nur Wirkungen ausüben, die der Idee vom rechtschaffenen Menschen entsprechen. Fürchten Sie nicht, daß er sich zu einer unredlichen Handlung herbeiläßt, weil ihn niemand beobachtet.

Nein, eine solche Handlung entspricht der Veranlagung des Weisen nicht; er ist sozusagen mit dem Sauerteig der Ordnung & der Gesetzlichkeit zurechtgeknetet; er ist von den Ideen vom Wohl der Gesellschaft erfüllt; er kennt ihre Prinzipien viel besser als andere Menschen. Das Verbrechen würde in ihm auf einen zu starken Widerstand stoßen, er müßte zu viele natürliche Ideen & zu viele erworbene Ideen erst ausrotten. Die Fähigkeit des *Philosophen* zum Handeln gleicht sozusagen einer gestimmten Saite; sie kann keinen Mißton hervorbringen. Er fürchtet, er könnte sich selbst verstimmen, & dies erinnert mich an das, was Vellejus über Cato von Utica gesagt hat: »Er vollbrachte gute Werke, aber nicht um den Anschein zu erwecken, er habe Gutes getan, sondern weil er nicht anders handeln konnte.«

Übrigens suchen die Menschen bei allen Handlungen, die sie ausführen, wirklich nur ihre eigene Befriedigung: Das Gute oder, besser gesagt, der Reiz des Guten veranlaßt sie, im Einklang mit der gewohnheitsmäßigen Veranlagung, die sie dafür haben, zu handeln. Nun ist aber der *Philosoph* auf Grund seiner Überlegungen mehr als irgendein anderer dazu veranlagt, besonders viel Reiz & Vergnügen am Zusammenleben mit Ihnen zu finden, sich Ihr Vertrauen & Ihre Achtung zu erwerben & die Pflichten der Freundschaft & der Dankbarkeit zu erfüllen. Im Grunde seines Herzens werden solche Gefühle auch durch die Religion genährt, zu der ihn die natürliche Einsicht seiner Vernunft geführt hat. Die Idee vom verdorbenen Menschen widerspricht der Idee vom *Philosophen* ebensosehr wie die Idee vom törichten Menschen, & die Erfahrung lehrt Sie ja täglich, daß man um so zuverlässiger & geeigneter für den Verkehr des Lebens ist, je mehr Vernunft & Einsicht man besitzt. Ein Tor, sagt La Rochefoucauld, hat nicht das Zeug, um gut zu sein; man sündigt nur deshalb, weil die Einsicht schwächer ist als die Leidenschaften, & eine Lehre der Theologie, die in gewissem Sinne wahr ist, sagt, daß jeder Sünder unwissend sei.

Diese Liebe zur Gesellschaft, die für den *Philosophen* so bezeichnend ist, läßt erkennen, wie richtig die Bemerkung des Kaisers Antonin ist: »Wie glücklich werden die Völker sein, wenn die Könige *Philosophen* oder die *Philosophen* Könige sein werden!«

Der *Philosoph* ist also ein rechtschaffener Mensch, der in allen Dingen vernünftig handelt & der mit seinem nachdenkenden & richtig urteilenden Geist gute Sitten & gesellige Eigenschaften verbindet.

Pfropfen Sie einen Herrscher auf einen *Philosophen* von solcher Wesensart, & Sie werden einen vollkommenen Herrscher bekommen.

Henry spricht über Schizophrenie, das Universum des Todes, den Hamlet-Faust-Zyklus, Schicksal, die Seele, Makromikrokosmos, megalopolitanische Zivilisation, Unterwerfung unter biologische Gesetze. Meinem Gefühl nach sollte er über sein Leben, nicht über Ideen schreiben. Warum will er ein Denker sein, ein Philosoph?… Wir sitzen in Kaffeehäusern und trinken, und er hört nicht auf, über Spengler zu reden. Ich frage mich, warum. Versucht er, seine Erfahrung zu ordnen, sie einzuordnen? Ich bin stolz auf seinen Eifer, aber ich fühle mich um den abenteuerlichen Henry betrogen. Um seine Unterwelten, seine komischen Drangsale, seine wilden Nächte, seine Suche nach dem Vergnügen, nach Absonderlichkeiten, sein Leben auf der Straße, seine Bekanntschaften mit allen und jedem. Anaïs Nin, Tagebuch

Aus dieser Idee ist leicht zu ersehen, wie weit der unempfindliche Weise – der stoische *Philosoph* – von der Vollkommenheit unseres *Philosophen* entfernt ist: Unser *Philosoph* ist ein Mensch, & der stoische Weise war nur ein Phantom. Die Stoiker schämten sich der Menschlichkeit, unser *Philosoph* rühmt sich der Menschlichkeit; sie wollten törichterweise die Leidenschaften unterdrücken & uns durch eine trügerische Unempfindlichkeit über unsere Natur erheben; er dagegen erhebt keinen Anspruch auf die trügerische Ehre, die Leidenschaften zum Schweigen zu bringen, weil dies ja unmöglich ist; er ist vielmehr bestrebt, sich nicht von ihnen tyrannisieren zu lassen, sie auszunutzen & vernünftig von ihnen Gebrauch zu machen, weil dies wohl möglich ist & weil die Vernunft es ihm gebietet.

Aus allem, was wir soeben gesagt haben, ist ferner zu ersehen, wie weit von der richtigen Idee vom *Philosophen* jene Teilnahmslosen entfernt sind, die einer trägen Beschaulichkeit nachhängen, dabei aber die Sorge für ihre irdischen Angelegenheiten & alles, was äußeres Glück bedeutet, völlig vernachlässigen.

Der wahre *Philosoph* wird zwar nicht vom Ehrgeiz geplagt, wünscht sich aber die Annehmlichkeiten des Lebens; er braucht außer dem unbedingt Notwendigen einen ehrlich erworbenen Überfluß, wie er für einen rechtschaffenen Menschen notwendig ist & durch den man allein glücklich wird; er ist doch die Grundlage aller Behaglichkeit & Bequemlichkeit.

Es waren falsche *Philosophen*, die jenes Vorurteil, daß dem Weisen das Allernotwendigste genüge, durch ihre Teilnahmslosigkeit & durch heuchlerische Lehren aufkommen ließen. *Dumarsais*

Henning Ritter
Philosoph

I. Es gebe zu viele Philosophen, meint der Autor des Artikels *Philosoph* in der *Encyclopédie*, denn nichts sei leichter zu erwerben als der Name eines Philosophen. Folgerichtig wird an dieser Stelle kein einziger Name eines Philosophen genannt: nicht Diogenes, nicht Sokrates, nicht Platon, nicht Descartes, Montaigne, Leibniz oder Fontenelle, und auch keiner der Mitstreiter oder Wegbereiter der *Encyclopédie*: nicht Montesquieu, Voltaire, Helvétius, Condillac. Zu leicht war es offenbar geworden, als Philosoph aufzutreten, und zu schwer, einen echten Philosophen zu erkennen. Wie aber will man sagen, was ein Philosoph ist, ohne auch nur einen einzigen zu nennen? Der Gestus des Neubeginns gebietet, sich über alle Beispiele hinwegzusetzen. Die Überfülle der Angebote ist nichts weiter als ein Grund, sie allesamt auszuschlagen.

Als der Artikel *Philosoph* 1765 im zwölften Band der *Encyclopédie* erschien, gab es so viele Philosophen wie nie zuvor. Es genügte, Ansichten zu vertreten, die aberwitzig genug waren, um die Aufmerksamkeit des Publikums auf sich zu lenken, das darüber befand, was ein Philosoph war. In dem Theaterstück *Les philosophes* lief einer auf allen vieren herum, um zu zeigen, daß er ein natürlicher Mensch war. Der Seufzer des Verfassers des *Encyclopédie*-Artikels über den Philosophen, daß »ein verborgenes & zurückgezogenes Leben, ein gewisser Schein von Weisheit & einige Belesenheit« genüge, um sich den Namen eines Philosophen zu verdienen, war nicht aus der Luft gegriffen. Literaten, Freigeister und Projektemacher aller Art brachten in Umlauf, was nur auf guten Glauben Philosophie heißen konnte. Auf der anderen Seite gab es berühmte Gelehrte, Juristen, Mathematiker, Mediziner oder Naturhistoriker wie den berühmten Buffon, die die Weltkenntnis vermehrten und sie auf lesbare Weise unter die Leute brachten. Sie waren Philosophen, weil man sie las.

Philosophen, die man las, wollten auch die Herausgeber und engsten Mitarbeiter der *Encyclopédie* sein. Allein schon die umfassende Anlage ihres »Dictionnaire« und die gediegenen Beiträge hätten diesen Namen gerechtfertigt. Doch um aus alldem eine Philosophie herauszudestillieren, war die Unübersichtlichkeit doch zu groß, waren die Unterschiede der Temperamente und Ansichten zu tief. Schon die beiden führenden Köpfe des enzyklopädischen Unternehmens, d'Alembert und Diderot, waren so verschieden, daß man sie kaum in einem Atemzug nennen konnte. Als gelehrte Schriftsteller und schriftstellernde Gelehrte repräsentierten sie zwei Varianten eines neuen Typus, des *Intellektuellen*, wie man hundertfünfzig Jahre später sagen wird. Der Mathematiker d'Alembert, als Findelkind aufgewachsen, war seit 1741 Mitglied der Académie des Sciences und verfaßte nicht nur das programmatische Vorwort zur *Encyclopédie*, sondern unter anderem auch einen Artikel über Genf, der als eine Aufforderung gelesen werden konnte, die calvinistische Stadt nach Pariser Vorbild zu modernisieren und dort ein Theater zu errichten. Davon ließ sich Jean-Jacques Rousseau zu einer vehementen Verteidigung der konservativen Kulturpolitik seiner Vaterstadt Genf hinreißen. Rousseaus *Brief an d'Alembert über das Schauspiel* von 1759 war ein Generalangriff auf die *Encyclopédie* und ihre Philosophie und führte zum Bruch mit seinem Freund Denis Diderot und den Enzyklopädisten.

Diderot gab dem neuen Literatentypus den Glanz, der ihm sonst vielfach fehlte, und demonstrierte eindrucksvoll, wie selbsterworbene Einsichten mit einer bis dahin nicht gekannten Eleganz dargestellt werden konnten. Bevor sich Diderot dem Unternehmen der *Encyclopédie* anschloß, hatte er Übersetzungen, philosophische und naturgeschichtliche Betrachtungen *(Spaziergang des Skeptikers, Brief über die Blinden)* und einen erotischen Roman *(Die geschwätzigen Kleinode)* veröffentlicht. War Diderot Philosoph, war er Literat oder war er einfach nur Diderot?

Voltaire, der sich im Hintergrund des Unternehmens der *Encyclopédie* hielt, aber durch seinen ungeheuren Einfluß auf die öffentliche Meinung den Typus des neuen Intellektuellen am eindrucksvollsten vertrat, war vieles zugleich, Dichter, Dramenautor, Historiker, am wenigsten ein Philosoph. Erst der Verfasser des *Candide* verkörpert für uns die Philosophie der Aufklärung, die sich durch Skepsis und Toleranz, den Angriff auf den Optimismus und zugleich das optimistische Vertrauen auf den menschlichen Verstand auszeichnet.

Welche Übereinstimmungen es zwischen den Protagonisten der *Encyclopédie* auch geben mochte, zu einer Philosophie ließen sich die verschiedenen Standpunkte und Temperamente kaum vereinigen. Gemeinsam war ihnen, daß sie kein zurückgezogenes, gar verborgenes Leben führten, auch Voltaire nicht, der jenseits der Grenzen Frankreichs in der Nähe von Genf auf seinem Landsitz in Ferney lebte. Denn alles, was er tat, spielte sich in der Öffentlichkeit ab, ohne daß er in der Gesellschaft in Erscheinung zu treten brauchte.

Auch wenn die Bezeichnung *les philosophes* bald geläufig wurde, lehnten die Enzyklopädisten sie ab. Der Plural hatte im Zusammenhang mit der Philosophie keinen guten Klang. Und weil ihre Philosophie nicht recht faßbar war, gewöhnte man sich bald daran, sie als »neue Philosophen« und ihre Lehre als »moderne« Philosophie zu bezeichnen. Das entsprach dem Eindruck, den ihr Tun auf die Öffentlichkeit machte. Darüber hinaus wußte man wenig über sie. Ungewiß war sogar, ob ihre Lehre mit dem übereinstimmte, was in der *Encyclopédie* nachgelesen werden konnte oder sonstwie über sie bekannt wurde, oder ob es noch eine »innere«, vielleicht sogar geheime Lehre gab, die möglicherweise noch radikaler war als ihre öffentlich geäußerten Ansichten. Seit seinem Bruch mit Diderot verbreitete Rousseau, daß sich hinter der äußeren, der exoterischen Lehre ein radikaler Materialismus und Atheismus verbargen. Damit sollte angedeutet werden, daß die *philosophes* sich verbündet hätten, um sich zu Herren über das Denken ihrer Zeit aufzuschwingen, und daß die Aufklärung nichts anderes sei als ein neuer Versuch, den Verstand der Menschen zu gängeln. Davon läßt der Artikel über den Philosophen, der sich hinter der Meinungsvielfalt der Zeit verschanzt, freilich nichts ahnen.

Die Philosophie ohne Namen ist eine Irreführung. Denn für die Zeitgenossen war in diesem Nebel ein Name mühelos zu erkennen: Jean-Jacques Rousseau. Denn er war es, der sich, um im Einklang mit seinen Überzeugungen zu leben, die er in seinen ersten Schriften vertreten hatte, in den Wald von Ermenonville zurückzog. Seine Gönnerin Madame d'Epinay nannte ihn deshalb ihren Bären. Leben und Denken in Einklang zu bringen, das war die Formel einer neuen existentiellen Definition der Philosophie. Rousseau bezeichnete sich nicht als Philosophen, sondern nannte sich stolz einen »Bürger von Genf«. Aber von anderen ließ er sich gerne einen Philosophen nennen, da er die Einsicht in die Bedingungen des menschlichen Daseins fördern wollte und weil seine Philosophie ein »tröstender Diskurs« sein wollte. Die neue Philosophie dagegen wollte alles sein, nur eines nicht: Seelsorge.

Der Artikel *Philosoph* ist Ausdruck einer Verlegenheit über die Aufgaben der Philosophie. Der Philosoph muß neu erfunden werden, er soll alle herkömmlichen Bestimmungen der Philosophie und des Philosophen hinter sich lassen: Die Philosophie soll nicht Lehre sein, und der Philosoph kein Weiser, sondern – darin den vielen selbsternannten Philosophen verwandt – ein Mensch wie jeder andere auch. Aber er soll sich von ihnen doch auch unterscheiden wie ein Wesen von einem anderen Stern. Der Philosoph soll alles, was in der Gesellschaft anerkannt ist, prüfen, aber es doch nicht wie die Freigeister, die *libertins*, im Namen einer schrankenlosen, wilden Freiheit des Denkens ohne Unterschied verwerfen. Verneinung ist nicht genug.

Die Freigeister, die alles in Frage stellten, waren für die *Encyclopédie* ein willkommener Gegner, weil auf sie alles abgewälzt werden konnte, was der Aufklärung von ihren Feinden nachgesagt wurde: daß sie nichts gelten ließen, daß sie alle Vorurteile beseitigten und im Namen der Vernunft alle Traditionen abschaffen wollten. Mit sichtlichem Behagen verwies die *Encyclopédie* die *libertins* in ihre Schranken, denn vor der Folie der wilden Negativität mußten die neuen Philosophen als Säulen der Gesellschaft erscheinen. Die Kritik befreit sich vom Stigma des Negativen, indem sie es anderen anheftet.

Der gesuchte Philosoph soll den anderen Menschen gleichen, er soll sein wie sie, aber er soll sich von ihnen doch auch unterscheiden. Er soll ihren Geburtsfehler nicht haben. Die Menschen leiden an einem Defekt, der in die Augen springt: Sie alle handeln ohne oder mit ungenügender Kenntnis der Ursachen all dessen, was sie empfinden und erkennen. Empfindung und Erkenntnis sind dabei eins, denn der Mangel der Empfindung teilt sich dem Denken mit, die Täuschung der Sinne überträgt sich auf das Denken. Nicht so bei dem neuen Philosophen, denn er erkennt die Ursachen, greift ihnen oft sogar vor, folgt dem Weg, den sie weisen, und stellt sich bewußt in ihren Dienst. Das ist seine ganze Weisheit, er macht sich zu einem Vollzugsorgan dessen, was ohnehin geschieht: ein Auge, das sieht, was es sieht, eine Hand, die tut, was ihr obliegt. Dieser merkwürdige Philosoph tritt nicht mit einer Lehre vor die Menschen, folgt keiner höheren Einsicht in das Ganze, über Mensch und Welt, sondern optimiert die einfachsten Handlungen, indem er sie konsequent dem anpaßt, was das Gesetz der Kausalität vorschreibt.

Als das Gegenteil des *libertin*, der ohne Rücksicht auf das Gegebene seiner eigenen Willkür folgt, legt sich der Philosoph freiwillig an die Kette der Ursachen und Folgen, der Kausalität. Aus freien Stücken macht er sich zum Teil des Naturgeschehens, indem er sich dem Grundsatz »Alles, was geschieht, hat eine Ursache« unterwirft. Der Philosoph der *Encyclopédie* ist der Mensch der Wissenschaft, er ist, wie der Autor des Artikels mit einem gewissen Stolz verkündet, ein Automat, nicht unähnlich der berühmten Ente von Vaucanson: »Er gleicht einer Uhr, die sich manchmal sozusagen selbst aufzieht.« Dieser philosophische Automat ist damit Gott in seiner kleinen Welt. Er folgt seinen Bedürfnissen und Neigungen, sorgt für sein Wohlbefinden, indem er die Unlust vermeidet und die Lust sucht, sich selbst erhält und sorglos, ohne Angst, die Gegebenheiten seines Daseins vollzieht. Das Funktionieren des Automaten ist seine ganze Vernunft. Er ist die Selbstgenügsamkeit des Himmels, die Mechanik der Naturgesetze im kleinen. Er unterscheidet sich dabei von den anderen Menschen, die das Bild eines regellosen Taumelns bieten, mehr als von einem Stein, der den Gesetzen der Schwerkraft gehorcht, wenn er in dem Zustand, in dem er sich befindet, verharrt.

Doch auf dem philosophischen Automaten liegt ein Glanz, der woandersher kommt: der Glanz der Vernunft. Der Autor des Artikels vergleicht die Vernunft mit der Gnade, die auf dem Christen ruht. Nur diese Anleihe beim Glauben vermag offenbar zu erklären, wie es möglich ist, daß die Vernunft den Philosophen in seinen Handlungen durchgängig bestimmen kann. Da dieses Wunder nicht weiter begründet werden kann, muß es genügen, die offenkundigen Unzulänglichkeiten der anderen Menschen ins Auge zu fassen. Doch auch wenn sich die meisten Menschen von ihren Leidenschaften hinreißen und ihren

Handlungen kaum Überlegungen vorausgehen lassen, folgt daraus noch nicht, daß es genügt, sich von ihnen zu unterscheiden, um der Vernunft teilhaftig zu werden. Die Gedankenlosigkeit der Menge ist für den Philosophen eine willkommene Folie, um seinen Reichtum an Beobachtungen, die aus ihnen gewonnenen Prinzipien und ihre umsichtige Anwendung, über die er mit Augenmaß wacht, als ein Wunder erscheinen zu lassen. Der Philosoph vermag, was ihn in seinem Handeln bestimmt, richtig einzuschätzen und zwischen Gewißheit und Wahrscheinlichkeit zu unterscheiden, ja sogar die Dinge unentschieden zu lassen, wenn es keinen zwingenden Grund gibt, sich zu entscheiden. Doch das bloße Funktionieren ist nicht genug: Die Vernunft muß sich des Menschen annehmen und seinen Weg erleuchten. Daran, daß es sich um ein Wunder handelt, läßt der Artikel über den Philosophen keinen Zweifel: »Er sucht den Weg in der Nacht, aber ihm leuchtet eine Fackel voraus.« Die Vernunft ist das Licht in der Finsternis, der Philosoph ist ein Erwählter der Vernunft.

Die Vernunft der neuen Philosophie setzt sich vom Esprit ab, von jenem Geist der Konversation, der in den Salons des achtzehnten Jahrhunderts herrschte. Der Esprit, der sich auf seine Promptheit, seine Raschheit, auf seine Vielfalt und seine Transparenz etwas zugute hält, erscheint der neuen Philosophie bloß als ein Taumeln zwischen Vermutung und Gewißheit, zwischen Gewißheit und Wahrscheinlichkeit. Der Esprit täuscht sich über die Welt und über sich selbst, weil er sich nicht als Erkenntnis der Naturgesetze begreift, sondern als Organ, mit dem die Menschen sich der Vielfalt der Wirklichkeit, ihrer unreduzierbaren Verschiedenheit öffnen. Die Vernunft der neuen Philosophie ist nicht geistreich, sie will es nicht sein, denn sie will mit dem, was dem Menschen gegeben ist, haushalten. Die sparsame, haushaltende bürgerliche Vernunft setzt sich von dem über seine Verhältnisse lebenden und sich verausgabenden aristokratischen Esprit ab. Mit dieser Austreibung des Esprits zieht die bürgerliche Sparsamkeit ein, die Monotonie, die Langeweile. An die Stelle der Raschheit tritt die Deutlichkeit, an die Stelle der Vielfalt die klare Kontur, an die Stelle der weiträumigen Verknüpfungen von allem mit jedem das feste Band von Ursache und Wirkung. Es gilt vor allem, das Risiko des Irrtums zu verringern, die Gefahr der Täuschung zu vermeiden, denn sie wäre ein Konstruktionsfehler, ein technisches Versagen des philosophischen Automaten.

Die neue Philosophie will nicht nur den Irrtum vermeiden, sie will eine praktische Vernunft sein: Vernunft im Zusammenleben der Gesellschaft. In der Zuwendung der neuen Philosophie zur Gesellschaft wird ein revolutionärer Impuls spürbar: Die Dinge sollen nicht so bleiben, wie sie sind. Aber gleichzeitig soll der Eindruck entstehen, alles bliebe so, wie es ist. Der neue Philosoph will kein Misanthrop sein, kein Feind der Gesellschaft. Seine sozialen Tugenden, die der Artikel der *Encyclopédie* ins Licht rückt, sind dazu angetan, jedes Mißtrauen gegen eine vielleicht verborgene Neigung des Philosophen, die gesellschaftliche Ordnung zu untergraben, im Keim zu ersticken. Die Versicherung, daß die Bedürfnisse des Menschen, das Interesse am Wohlbefinden und die Vernunft selbst den Menschen dazu anhalten werden, in Gesellschaft zu leben und ihrem Zusammenhalt zu dienen, wirkt wie eine Beschwörung.

Vergessen sind die Einsichten der modernen Naturrechtslehren, welche die Furcht der Menschen voreinander, ihre Urangst, ihre egoistischen Antriebe ohne Scheu ins Licht gerückt hatten, vergessen ist auch die Erkenntnis der ursprünglichen Gewaltverhältnisse, die sich nur allmählich und unter ständiger Gefahr eines Rückfalls bändigen ließen, vergessen ist auch die Erbsünde, die jeder idyllischen Vorstellung vom menschlichen Zusammenleben den Boden entzieht. Vergessen ist auch, daß der Mensch erst gezähmt werden mußte, bevor die freie Reflexion hervortreten konnte. Vergessen ist die Einsicht, daß die Kultur den Menschen seiner Natürlichkeit und Instinktsicherheit beraubt, ohne daß die Vernunft ihm als Innenhalt erstatten kann, was er an Außenhalt verlor. Für den Philosophen der *Encyclopédie* sind all dies nur Irrlehren, die den Menschen in ein Ungeheuer verwandeln, das seinesgleichen flieht.

Das Glück der reinen Diesseitigkeit ist die Utopie eines bürgerlichen Lebens, das in sich ruht, in dem die Menschen bescheiden und sparsam haushalten mit dem, was ihnen erreichbar ist, und das sich im Zusammenleben erfüllt, indem man den anderen Freude macht, um selbst Freude zu finden, das Zusammensein mit ihnen genießt und dabei auch die Anerkennung findet, die dem rechtschaffenen Menschen zusteht, der es versteht, anderen zu gefallen, ihnen nützlich zu sein und darin selbst sein Behagen zu finden. Doch die Mechanik, die Monotonie dieses gesellschaftlichen Lebens erinnert nicht zufällig an die Rituale der Lust, die de Sade als Spiegel des gesellschaftlichen Systems der Bedürfnisse entwerfen wird. De Sades Lustmaschinen bannen die bürgerliche Angst, sein Vergnügen nicht zu finden, wenn man der Lust des anderen nicht genügen kann. Ebenso soll der Vernunftautomat der *Encyclopédie* die Sorge beschwichtigen, im gesellschaftlichen System der Bedürfnisse zu versagen.

Die Philosophie der *Encyclopédie* ruft eine Welt des Behagens aus, der innerweltlichen Befriedigung, eines befriedeten Daseins. Diese Utopie des vernunftgeleiteten Lebens fordert allerdings, alles Wollen und Wünschen auf die elementaren Bedürfnisse und ihren Mechanismus zu beschränken. In dieser Vorzeichnung einer Welt des Behagens verbirgt sich, kaum merklich, die Ankündigung einer Revolution. Denn der Mechanismus der Bedürfnisbefriedigung setzt, um reibungslos funktionieren zu können, eine annähernd gleiche Verteilung der Lust- und Unlustquanten voraus, also den Ausschluß aller Privilegierten und Bevorzugten. Unterdrückt werden auch alle Bedürfnisse und Freuden, die nicht wieder in die Gesellschaft zurückfließen, sondern ihr ins Private entzogen werden. Störend wie die Großen und Reichen sind also auch die Nachdenklichen, die ihren Gedanken nachhängen, ohne einen Nutzen aus ihnen ableiten zu wollen. Zuviel nachzudenken macht untauglich für die Gesellschaft, Reflexion isoliert, erzeugt Außenseiter.

Die Konstruktion des Philosophen ratifiziert die Einsicht in die Unnatürlichkeit des gesellschaftlich nicht reglementierten Denkens. Wer zu viel denkt, denkt falsch. Das entspricht der bürgerlichen Angst vor der handlungshemmenden Reflexion, die den Mechanismus der Bedürfnisbefriedigung stört. Allenfalls als Erholung vom tätigen bürgerlichen Leben wäre ein Denken zugelassen, das sich nicht dem Kausalitätsprinzip unterwirft. Die Philosophie der *Encyclopédie* ist Abweisung des Denkens, das nicht bloß Funktion im Kausalzusammenhang von Lust und Unlust ist. Philosophie ist Denkverbot, sofern Denken sich nicht auf den Nachvollzug der gesellschaftlichen Mechanismen beschränkt. Das Wort »Nichts Menschliches ist mir fremd« wird als Imperativ einer Anpassung an die banale Alltäglichkeit verstanden. Nicht die überschießenden geistigen Impulse machen das Denken aus, es soll diese allenfalls zurückholen in den Zusammenhang der gesellschaftlichen Bedürfnisse.

Die Reglementierung des Denkens wird so menschenfreundlich verordnet, daß der Verdacht, es könnte sich um eine totalitäre Zurichtung der Gesellschaft handeln, nicht aufkommt. Doch die totalitäre Versuchung ist dieser Philosophie, die nichts als Wissenschaft sein will, unübersehbar eingeschrieben. Unbefangen verheißt sie ein Denken, dem die Freiheit nichts bedeutet, wenn nur die rationale Organisation der Gesellschaft gelingt. Der Artikel *Philosoph* der *Encyclopédie* erweist die Entbehrlichkeit des Denkens und entwirft eine Philosophie, die keinerlei Zumutungen an das Denken stellt. Der Verfasser will den Leser davon überzeugen, daß es einen Philosophen geben kann, der nichts weiter repräsentiert als die Normalität, deren Begriff noch nicht erfunden war. Der Philosoph ist der Mensch, der wie alle anderen sein will.

II.

Im achtzehnten Jahrhundert glaubten viele, sie seien schon deswegen Philosophen, weil sie, wie Diogenes, auf der Suche nach dem Menschen waren. Daß aber nicht nur einer sich auf diese Suche nach dem Menschen begab, sondern daß es unüberschaubar viele waren, hätte mißtrauisch machen müssen gegen das Ergebnis, das diese Suche haben konnte.

Philosophie, die sich heute auf die Aufklärung berufen wollte, würde sich nicht dabei ertappen lassen, dem bürgerlichen Verhaltensideal des Philosophen der *Encyclopédie* anzuhängen. Sie würde dies unter einer kritischen Attitüde verbergen, um nicht von vornherein Mißtrauen auf sich zu ziehen oder langweilig zu wirken.

Die Moralphilosophie hat heute eine so große Anziehungskraft, weil sie die klassische philosophische Suche nach dem Wahren verbindet mit der Betrachtung der vielfältigen Gründe für die Unmöglichkeit, ihr zu folgen. Die von der Ethik entwickelten Vorschriften ähneln technischen Zeichnungen, Gebrauchsanweisungen für komplizierte Schaltsysteme. Doch wenn man handeln will, hält man sich an Faustregeln, benutzt moralisches Kleingeld, Münzen, die nur noch ein verwischtes Bild ihres Werts zeigen. Derweil vermehren sich die Moralsysteme und Spezialethiken ins Unübersehbare. Sie erlauben dem einen, routinemäßig zu tun, was sie dem anderen verbieten. Verpflichtung und Entpflichtung greifen so ineinander, daß Pflichten nicht mehr fühlbar werden. Was ehemals moralische Gewißheit hieß, ist verschwunden. Die beherrschende Sorge ist die, wie man weiterkommt, nicht etwa die Sorge des Subjekts um sich oder die Sorge, wie man an ein erhofftes Ziel gelangen kann. Das Denken will sich nur irgendwie durchschlagen. Das Subjekt ist längst abgeschafft, abschätzig spricht man vom »souveränen Subjekt«, wie von einem enthaupteten König. Die Philosophie schreibt Briefe an einen Adressaten, der unbekannt verzogen ist.

In den Moralisierungskampagnen der Philosophie spielt die Moral dieselbe Rolle wie für die *Encyclopédie* das Wissen, das jeden an seinen Platz stellt und dort seine Aufgabe erfüllen läßt. Darin lag schon ein Vorgriff auf totalitäre Praktiken, und auch die Moralisierung hat Züge von Säuberungskampagnen. Sie macht die Menschen zu Experten, professionalisiert sie, gleich auf welcher Seite der moralischen Unterscheidung sie stehen, ob sie Delinquenten sind oder über alle Zweifel erhobene Mitglieder der bürgerlichen Gesellschaft. Besonders wirksam ist diese Moralisierung, weil sie Leistung und Versagen unmittelbar aneinandergrenzen läßt: Wer sich der Moralisierung unterwirft, grenzt sich von allen ab, die dabei unabsichtlich oder willentlich versagen. Zugleich wölbt sich über beide Pole der moralischen Unterscheidung ein Diskurs, der verkündet, daß es ohne ein Minimum an Abweichung eine gesunde, normale Gesellschaft nicht geben könne, daß jedes Zuviel davon ihr Tod sei. Es gilt also, die Norm einer Gesellschaft mit allen Mitteln durchzusetzen und sich zugleich damit abzufinden, daß diesem Versuch Grenzen gesetzt sind. Die Abweichungen lassen sich statistisch über einen bestimmten Wert hinaus nicht weiter reduzieren. Diese Moral ist heuchlerisch in dem Maße, in dem sie technisch ist. Sie kennt nicht das Gute und das Böse an sich, denn der Böse wie der Gute erfüllen ihre unerläßliche Funktion für die Erhaltung der Gesellschaft. Die Abweichung ist der Schatten der Norm. Die Moralisierung, die die Wissensgesellschaft begleitet, beruht nicht auf einer Moral, sondern auf einem gesellschaftlichen Wissen; sie ist eine Sozialtechnik, die eine Feinabstimmung von Norm und Abweichung vornimmt. Die Sünde dagegen war nicht quantifizierbar, denn sie bedeutete, daß jeder Mensch, wie moralisch auch immer er handeln mag, am Bösen teilhat.

Die künftige Philosophie wird die Reste verarbeiten, die in der Gleichung »Wissen ist Macht« nicht aufgehen. In der heutigen Gesellschaft hat der Philosoph der *Encyclopédie* gesiegt, sie ist so organisiert, daß die genaue Beobachtung der Kausalität, die präzise Abstimmung von Wissen und Handeln, die untrügliche Feststellung, was wahr, was wahrscheinlich, was möglich und was unmöglich ist, das Denken dessen bestimmt, was ist. Der Philosoph der *Encyclopédie* blickte von fern auf eine Gesellschaft, in der Wissen tatsächlich Macht wäre, und er hielt es – aus Machtferne und Machtkritik – für eine philosophische Aufgabe, dem Wissen zur Macht zu verhelfen. Das wäre die Einlösung des Traums vom Philosophenkönig. Den Preis des Verzichts auf Wahrheit ist er gerne bereit zu entrichten, wenn nur eine allseitige Befriedigung der Bedürfnisse verwirklicht werden kann. Die Gesellschaft ist zur regulativen Idee der Vernunft geworden, nicht umgekehrt, und die Philosophie schickt sich an, zum Berater derer zu werden, die sich in ihr nicht heimisch fühlen. Die Bewegung, die dem Wissen die Schlüsselrolle in der Gesellschaft zuweisen wollte und dafür zuerst die Idee einer Wissensgesellschaft formulierte, hatte als ein Aufstand gegen die Macht begonnen, und führte zu einer neuen Form von Macht, der vom Wissen gestützten Macht. Der alte Konflikt von Wissen und Glauben war beigelegt, es gab nur noch das Wissen und seine Abstufungen. Aber aus dem Wissen wurde ein neuer Glaube, denn die Parole »Wissen ist Macht« heißt nichts anderes, als daß man an das Wissen glaubt. Weil der Staat diesen Glauben an das Wissen verkörpert, kann er das Wissen auch beglaubigen. Damit hört das Wissen auf, sich selbst zu beglaubigen.

Die These, daß Macht Wissen sei und Wissen Macht, wird durch den Begriff der Information widerlegt. Indem die Macht Informationen sammelt und verwertet, entmachtet sie das Wissen. Authentisches Wissen ist für die Macht nicht faßbar. Es ist zwar immer irgendein Wissen verfügbar, dessen Reichweite und Folgen aber nicht erkannt werden, so daß ungewiß bleibt, was es sagt. Die Quantifizierung des Wissens zur Information ist nicht nur eine Täuschung über das Wissen, sondern führt auch zu einer Täuschung über das Wesen der Macht.

Das künftige Denken wird unwillkürliches Denken sein: Einfälle, Denkanfälle werden an die Stelle systematischer Philosophie treten. Die Rationalität wird man der künstlichen Intelligenz überlassen.

Das künftige Denken wird kitschig sein, es ist schon heute vollgesogen mit Kitsch, der anderswo kein Unterkommen mehr findet. Wenn Foucault das Verschwinden des Menschen ankündigt »wie am Meeresufer ein Gesicht im Sand«, dann ist das eine Formulierung der Tatsache, daß der Mensch eines Tages von der Erde verschwinden wird, wie er einmal gekommen ist. Aber es ist die kitschige Einfassung dieser Erkenntnis, wie eine Postkarte mit Meeresstrand und Sonnenuntergang. Auch das Bild der Ertrunkenen in der Seine ist eine Feststellung, aber ins bürgerliche Interieur hat sie den Weg nur in einer sentimentalen Einhüllung finden können. Der Kitsch hat lange beim Heiligen Unterschlupf gefunden, bis er von dort verbannt wurde, weil die Menschen nicht mehr glaubensstark genug waren. Sie wollten kaltblütig sein, der Sache ins Auge sehen, sie hatten den Glauben verloren und wollten die endgültige Wahrheit des Todes mit ihren eigenen Kräften ertragen. Deswegen begannen sie, den Kitsch als unzulässige Abmilderung des Ernstes zu verachten. Der Kitsch verschwindet, wie die Heinzelmännchen, wenn man ihn bemerkt. Aus seinen angestammten Revieren flüchtet er dorthin, wo man ihn am wenigsten erwartet: zum Denken und in die Philosophie. Die Philosophie hat die alten Götter vertrieben und an ihre Stelle neue, sachliche Größen gesetzt: den Diskurs, den Text, die Episteme. In den Fugen des Diskurses nistet sich der Kitsch ein.

Das künftige Denken wird dort sein, wo es nicht hingehört. Es wird ein intermittierendes, ein unterbrechendes Denken sein, ein Denken in Zwischenräumen.

Das künftige Denken wird sein, was in der Biologie die Mutation ist. Es wird sich mit dem Zufall verbünden, es wird mit weitreichenden Folgen aus unscheinbaren Ursachen prunken. Es wird vom biologischen Lebensprozeß fasziniert sein als dem schöpferischen Prozeß, dem es gelingt, massenhafte Wirkung mit Prägnanz in der Erscheinung, die Reproduktion mit der Einmaligkeit zu verknüpfen. Der Lebensprozeß produziert das Individuum, das er zugleich konsumiert. So wird auch die Philosophie die Individualität betonen und sie zugleich entwerten. Aber im Unterschied zur Natur stößt die Kultur in ihrer Erzeugung von Differentem, von Mannigfaltigkeit auf Grenzen. Denn das Bewußtsein hat nur eine begrenzte Aufnahmefähigkeit für Unterschiede, es kennt ein Optimum an Vielfalt, jenseits dessen es nur noch Rauschen gibt.

Weil der Irrtum in der Welt technologischer Rationalität den stärksten Kontrollen unterliegt, wird er für die künftige Philosophie die Aura des Authentischen annehmen, wie ein kostbarer Fehldruck bei Briefmarken. »Es kommt der Augenblick des Irrens«, meinte schon Foucault – als wäre die ganze bisherige Philosophie nur eine Sache des Rechthabens und der Machtausübung gewesen. Das Prestige der

Wahrheit hat so gelitten, daß die Philosophie von ihrem Gegenteil angezogen wird. Aber war nicht das, was heute so leichten Herzens verabschiedet wird, auf eine Weise großartig, die wir nicht mehr würdigen können?

Die künftige Philosophie wird so verfahren wie jene Künstler, die sich gegen den Klassizismus auflehnten und das Gegenteil der herrschenden Konvention erfinden wollten – als gelte es, die Macht und den Zauber einer herrschenden Konvention zu brechen. Die Philosophie, die mit Nietzsche die Kunst für die letzte metaphysische Tätigkeit hält, überträgt jene taktischen Finessen und Rezepte, die von den modernen Künstlern angewandt wurden, um die Stilkonvention der Tradition zu brechen, auf das Denken. Indem die Philosophie in der Wahrheit eine Konvention sieht, reiht sie sich in diesen Feldzug ein. Vielleicht kommt sie zu spät. Denn die Strategien, deren sich die Künste bei ihrem Angriff auf die Normalität bedienten und die jetzt die Philosophie aufgreifen will, sind wirkungslos geworden. Die Gesellschaft hat sich gegen Kunstabsichten immunisiert.

Die Intellektuellen wollen nicht mehr sein, was die Philosophie der *Encyclopédie* für sie vorsah, sie wollen den anderen nicht mehr sagen, was sie zu tun haben. Aber irgend jemand muß doch, wenn eine Panik ausbricht, sagen, daß man Ruhe bewahren soll. Soll er es unterlassen, weil es die Sache der Polizei oder eines Experten ist? Und wenn einer eine Katastrophe kommen sieht, während andere dies noch nicht bemerken, soll er dann schweigen? Gesteht man den Intellektuellen eine solche Rolle zu, dann reduziert sich der modische Vorbehalt gegen sie darauf, daß sie sich oft geirrt und aus ihren Fehlern nichts gelernt haben. Aber zu diesen Fehlern gehört nicht, daß sie Intellektuelle sind.

Das künftige Denken wird anonym sein. Aber wird dies nicht eine Komödie sein, ein wohlfeiles Maskenspiel? Die anonyme Autorschaft hat nur für den einen Reiz, der schon sehr bekannt ist. Denn nur für ihn ist die Anonymität die Demutsgeste, die sie sein will. Sie taugt allenfalls dazu, die Anonymität zu fordern. In der Regel verstärkt die Anonymität nur das Interesse am Autor, während sie doch lehren soll, von ihm abzusehen und nicht danach zu fragen, warum dieser gerade dies sagt. Es bedarf offenbar besonderer Zurüstungen, um unabgelenkt darauf zu achten, was wahr und was falsch ist. Ist es einmal so weit gekommen, wird nicht einmal die Anonymität der Mitteilung Aufmerksamkeit für das Wahre wecken. Die Naivität, die durch die Rücksicht auf den Autor zerstört würde, kann nicht wiederhergestellt werden. Der Autor kann seine Subjektivität nicht an den Leser delegieren.

Eine Enttäuschung am Ende des Zeitalters der Emanzipationen ist, daß die Verbote, gegen die es aufstand, schon leerliefen, während sie noch in Kraft zu sein schienen. Die großen Verbote verbieten etwas, was man ohnehin nicht tun will. Entweder wurzeln sie in etwas, was wirksamer ist als das Verbot, oder das Verbot hat längst schon Gewohnheiten geschaffen, die es überflüssig machen. Wenn ein Tabu zu einem leerlaufenden Rad geworden ist, geht von ihm nur noch der Reiz aus, es allein deswegen zu übertreten, weil es ein Tabu ist.

Die künftige Philosophie wird etwas Heimliches haben. Sie erkennt im diffusen Licht ihrer Vorliebe für das Differente, für das Multiple kaum noch Strukturen von jener Art, wie sie Gegenstand des traditionellen philosophischen Denkens waren. Diese Strukturen sind unter Übermalungen durch den rationalen Diskurs verschwunden oder zeichnen sich nur noch undeutlich ab. Diese Philosophie verschmäht das Wiedererkennen, wie einst die Avantgarde der Malerei die Gegenständlichkeit. Sie ist eine Nachzüglerin der Kunst. Doch wenn man sich erst einmal abgewöhnt hat, Erkenntnisvorschriften zu erlassen und das Wiedererkennen zu verordnen, kann die naive Gegenständlichkeit eine Überraschungsqualität annehmen, die Anstrengungen des gegenstandslosen Denkens wirken dann auf einmal gekünstelt.

Die Lebensdauer der neuen Philosophien wird immer kürzer. Ihre überraschendsten Einsichten werden bald zu Klischees, die im Meinungsbetrieb konsumiert werden. Diogenes hat seine Suche nach einem Menschen eines Tages einfach abgebrochen, um der Banalisierung seiner Provokation vorzubeugen.

PHILOSOPHIE. Was wir heute *Philosophie* nennen, hieß anfangs »Sophia« oder »Weisheit«, & die ersten Philosophen wurden bekanntlich mit dem Titel »Weise« ausgezeichnet. In früher Zeit bedeutete dieser Name dasselbe wie in unserer Zeit der Name »Schöngeist«; das heißt, er wurde an sehr viele Leute vergeudet, die nichts sowenig verdienten wie diesen großartigen Titel. Damals – in der Kindheit des menschlichen Geistes – dehnte man den Namen »Weisheit« auf alle Künste aus, die den schöpferischen Geist betätigten & aus denen die Gesellschaft irgendeinen Vorteil zog. Da aber das Wissen – die Gelehrtheit – die wichtigste Geistesbildung darstellt & die studierten, in die Praxis umgesetzten Wissenschaften dem Menschengeschlecht sehr viele Annehmlichkeiten verschaffen, sind Weisheit & Gelehrtheit später verwechselt worden. So meinte man, daß jeder, der in der Weisheit bewandert oder unterrichtet war, eine enzyklopädische Kenntnis von all dem besäße, was in dem Jahrhundert, in dem man lebte, bekannt war.

Unter allen Wissenschaften zeichnet sich eine durch die Erhabenheit ihres Gegenstandes aus, nämlich die vom Göttlichen handelnde Wissenschaft, die unsere Vorstellungen & Gefühle in bezug auf das höchste Wesen lenkt & unseren Kult in Einklang mit ihnen bringt. Dieses Studium, das Weisheit par excellence bedeutet, verlieh denjenigen den Namen Weise, die sich ihm widmeten, das heißt den Theologen & den Priestern.

Die Bibel selbst erkennt den Titel »Weiser« den chaldäischen Priestern zu, aber zweifellos nur deshalb, weil diese ihn sich angemaßt haben & weil dies ein allgemeiner Brauch war. Vor allem traf dies bei den Völkern zu, die man »Barbaren« zu nennen pflegte; doch fehlte noch viel daran, daß man die Weisheit bei allen Hütern der Religion hätte finden können. Lächerlicher Aberglaube, alberne, zuweilen auch abscheuliche Mysterien, Hirngespinste & Lügen, die dazu bestimmt waren, die Autorität der Priester zu festigen & die blinde Menge zu betrügen, waren damals eigentlich das, worauf sich die Weisheit der Priester beschränkte. Die hervorragendsten Philosophen versuchten aus dieser Quelle zu schöpfen; das war das Ziel ihrer Reisen & ihrer Einweihung in die berühmtesten Mysterien; doch wurden sie ihrer bald überdrüssig, & die Idee der Weisheit blieb mit der Idee der Gottesgelehrtheit nur im Geist jener hochmütigen Priester & ihrer einfältigen Sklaven verbunden.

Erhabene Denker, die ihren Meditationen nachhingen, versuchten nun, aus den Ideen & Prinzipien, die uns die Natur & die Vernunft liefern, eine gediegene Weisheit abzuleiten & ein zuverlässiges System auf unerschütterlichen Grundlagen zu schaffen. Obwohl sie auf solche Weise das Joch des niedrigen Aberglaubens abzuschütteln vermochten, hatte ihr Unternehmen doch im übrigen nicht den gleichen Erfolg. Nach dem Zerstören verstanden sie nicht aufzubauen, ähnlich wie jene Eroberer, die nur Ruinen zurücklassen. Daher diese Menge von wunderlichen & widerspruchsvollen Anschauungen, die den Zweifel aufkommen ließen, ob es irgendeine lächerliche Meinung gäbe, auf die bisher noch kein einziger Philosoph verfallen wäre.

Ich kann nicht umhin, einen Auszug aus Fontenelles *Streitschrift über die Alten und die Modernen* anzuführen, der ausgezeichnet zu unserem Thema paßt: »Wir sind derart beschaffen«, sagt er, »daß es uns nicht vergönnt ist, sofort etwas Vernünftiges über einen beliebigen Gegenstand zu sagen. Vorher müssen wir lange umherirren & allerlei Irrtümer & verschiedene Stufen des Hochmuts durchlaufen.

Eigentlich hätte es immer sehr leicht sein müssen, auf den Gedanken zu kommen, daß das ganze Spiel der Natur in Gestalten & in Bewegungen der Körper bestehe; doch bevor wir darauf kamen, mußten wir es mit den Ideen des Platon, den Zahlen des Pythagoras, den Qualitäten des Aristoteles versuchen. Erst nachdem man all das als falsch erkannt hatte, sah man sich genötigt, nach dem wahren System zu greifen. Ich sage, daß man dazu genötigt war; denn in Wahrheit blieb kein anderes übrig, & es scheint, daß man sich so lange wie möglich gesträubt hatte, nach diesem System zu greifen.

Wir müssen den Alten dankbar dafür sein, daß sie den größten Teil der falschen Vorstellungen, die man sich machen konnte, ausgeschöpft haben. Es war unbedingt erforderlich, daß dem Irrtum & der Erkenntnis jener Tribut gezollt wurde, den sie gezollt haben, & wir dürfen es nicht an Dankbarkeit gegenüber denen fehlen lassen, die diesen Zoll für uns entrichtet haben. Ebenso verhält es sich auf verschiedenen anderen Gebieten, auf denen wir – wer weiß wieviel – Torheiten sagen würden, wenn sie nicht schon gesagt worden wären & wenn man sie uns nicht sozusagen weggenommen hätte. Allerdings gibt es zuweilen auch noch Moderne, die sich mit solchen Torheiten befassen, vielleicht weil sie noch nicht so oft gesagt worden sind, wie es nötig ist.«

Die *Philosophie* ist eine Wissenschaft, die noch sehr unvollständig ist & nie vollkommen sein wird. Wer wird denn irgendwann einmal alle möglichen Dinge erklären können? Das Wesen, das alles nach Gewicht & Maß geschaffen hat, ist doch das einzige, das eine vollkommene mathematische & philosophische Kenntnis von seinen Werken hat; aber der Mensch verdient trotzdem Lob, wenn er das große Buch der Natur studiert & in ihm die Beweise für die Weisheit & Perfektion seines Schöpfers sucht. Auch zieht die Gesellschaft große Vorteile aus den philosophischen Forschungen, die den Anlaß zu verschiedenen, für die Menschheit nützlichen Entdeckungen gegeben & zu ihrer Vervollkommnung beigetragen haben.

In irgendeinem abgelegenen Winkel des in zahllosen Sonnensystemen flimmernd ausgegossenen Weltalls gab es einmal ein Gestirn, auf dem kluge Tiere das Erkennen erfanden. Es war die hochmütigste und verlogenste Minute der »Weltgeschichte«; aber doch nur eine Minute. Nach wenigen Atemzügen der Natur erstarrte das Gestirn, und die klugen Tiere mußten sterben. – So könnte jemand eine Fabel erfinden und würde doch nicht genügend illustriert haben, wie kläglich, wie schattenhaft und flüchtig, wie zwecklos und beliebig sich der menschliche Intellekt innerhalb der Natur ausnimmt. Es gab Ewigkeiten, in denen er nicht war; wenn es wieder mit ihm vorbei ist, wird sich nichts begeben haben. Denn es gibt für jenen Intellekt keine weitere Mission, die über das Menschenleben hinausführte. Sondern menschlich ist er, und nur sein Besitzer und Erzeuger nimmt ihn so pathetisch, als ob die Angeln der Welt sich in ihm drehten. Könnten wir uns aber mit der Mücke verständigen, so würden wir vernehmen, daß auch sie mit diesem Pathos durch die Luft schwimmt und in sich das fliegende Zentrum dieser Welt fühlt.
NIETZSCHE, ÜBER WAHRHEIT UND LÜGE…

Eines ist auf jeden Fall gewiß: der Mensch ist nicht das älteste und auch nicht das konstanteste Problem, das sich dem menschlichen Wissen gestellt hat. Wenn man eine ziemlich kurze Zeitspanne und einen begrenzten geographischen Ausschnitt herausnimmt – die europäische Kultur seit dem sechzehnten Jahrhundert –, kann man sicher sein, daß der Mensch eine junge Erfindung ist. Nicht um ihn und um seine Geheimnisse herum hat das Wissen lange Zeit im dunkeln getappt. Tatsächlich hat unter den Veränderungen, die das Wissen von den Dingen und ihrer Ordnung, das Wissen der Identitäten, der Unterschiede, der Merkmale, der Äquivalenzen, der Wörter berührt haben, eine einzige die Gestalt des Menschen erscheinen lassen. Es ist nicht die Befreiung von einer alten Unruhe, der Übergang einer Jahrtausende alten Sorge zu einem lichtvollen Bewußtsein, das Erreichen der Objektivität durch das, was lange Zeit in Glaubensvorstellungen und in Philosophien gefangen war: es war die Wirkung einer Veränderung in den fundamentalen Dispositionen des Wissens. Der Mensch ist eine Erfindung, deren junges Datum die Archäologie unseres Denkens ganz offen zeigt. Vielleicht auch das baldige Ende. Wenn diese Dispositionen verschwänden, so wie sie erschienen sind, wenn durch irgendein Ereignis, dessen Möglichkeit wir höchstens vorausahnen können, aber dessen Form oder Verheißung wir im Augenblick noch nicht kennen, diese Dispositionen ins Wanken gerieten, wie an der Grenze des achtzehnten Jahrhunderts die Grundlage des klassischen Denkens es tat, dann kann man sehr wohl wetten, daß der Mensch verschwindet wie am Meeresufer ein Gesicht im Sand. Michel Foucault, Die Ordnung der Dinge

Am größten ist der Philosoph, der Aufschluß über die meisten Dinge gibt; damit ist sein Rang genau bestimmt: Gelehrtheit kann dann nicht mehr mit *Philosophie* verwechselt werden. Die Kenntnis der Tatsachen ist unstreitig von Nutzen, ja sogar eine wesentliche Vorbedingung für ihre Erklärung; aber *Philosoph* sein: das heißt nicht nur, daß man viel gesehen & gelesen hat, heißt auch nicht nur, daß man die Geschichte der *Philosophie* der Wissenschaften & der Künste beherrscht; all das zusammen bedeutet oft nur ein unverdautes Durcheinander. Nein, *Philosoph* sein heißt, daß man feste Prinzipien besitzt, vor allem aber eine gute Methode, um die Tatsachen zu erklären & aus ihnen richtige Konsequenzen zu ziehen.

Zwei Haupthindernisse haben lange Zeit die Fortschritte der *Philosophie* aufgehalten: Autorität & systematischer Geist.

Ein wahrer Philosoph sieht die Dinge nie durch fremde Augen, sondern ergibt sich nur der Überzeugung, die der Evidenz entspringt. Es ist sehr schwer zu verstehen, wie es möglich ist, daß Menschen, die Geist besitzen, bei der Suche nach der Wahrheit lieber den Geist anderer benutzen als den Geist, den ihnen Gott verliehen hat. Zweifellos ist es doch viel erfreulicher & ehrenhafter, wenn man sich von seinen eigenen Augen statt von fremden leiten läßt, & ein Mensch, der gute Augen hat, wird doch nie auf den Einfall kommen, sie zu schließen oder sie sich auszureißen in der Hoffnung auf einen guten Führer; dies ist jedoch ein sehr weitverbreiteter Brauch.

Der Pater Malebranche führt verschiedene Gründe dafür an:

1. Die natürliche Faulheit der Menschen, die sich nicht die Mühe des Nachdenkens machen wollen.

2. Die Unfähigkeit zum Nachdenken, der man verfallen ist, weil man sich nicht schon in der Jugend, als die Fasern des Gehirns noch recht biegsam waren, im Denken geübt hat.

3. Die geringe Liebe zu abstrakten Wahrheiten, die doch die Grundlage für alles sind, was man in dieser Welt erkennen kann.

4. Die törichte Eitelkeit, die in uns den Wunsch nährt, für Gelehrte gehalten zu werden; denn gelehrt nennt man die Belesensten. Die Kenntnis fremder Anschauungen ist in der Konversation & bei der Betörung der Menge viel zweckdienlicher als die Kenntnis der wahren *Philosophie*, die die Frucht tiefen Nachdenkens ist.

5. Die übertriebene Bewunderung für die Philosophen des Altertums, die bewirkt, daß man sich einbildet, sie seien aufgeklärter, als wir es je sein können, & es gebe nichts, was sie nicht schon erreicht hätten.

6. Irgendeine Mischung von seltsamer Ehrfurcht & törichter Neugier, die bewirkt, daß man die am weitesten zurückliegenden Dinge, die ältesten Dinge, die Sachen, die aus fernster Vergangenheit stammen, & sogar die obskursten Bücher am meisten bewundert. So schätzte man einst Heraklit wegen seiner Dunkelheit. Man sucht nach alten Münzen, obgleich sie verrostet sind, & bewahrt mit großer Sorgfalt die Lampe & die Sandalen irgendeines Mannes aus dem Altertum auf; ihr Alter macht ihren Wert aus. Andere vertiefen sich in die Lektüre der Schriften der Rabbiner, weil diese in einer fremden, sehr verdorbenen & dunklen Sprache geschrieben haben. Man schätzt die ältesten Anschauungen am meisten, weil sie uns am fernsten liegen; & wenn Nimrod die Geschichte seines Reiches geschrieben hätte, dann wären in ihr zweifellos die raffinierteste Kunst der Politik & alle anderen Wissenschaften enthalten, da manche ja auch finden, Homer & Vergil hätten eine vollständige Kenntnis von der Natur gehabt! Man müsse das Altertum verehren, sagt man. Sieh an! Aristoteles, Platon & Epikur – so große Männer – sollen sich getäuscht haben! Man zieht dabei nicht in Betracht, daß Aristoteles, Platon & Epikur Menschen waren wie wir & von derselben Gattung wie wir, daß obendrein in der Zeit, in der wir leben, die Welt mehr als zweitausend Jahre älter ist, also mehr Erfahrung hat, also aufgeklärter sein muß, & daß das Alter der Welt & die Erfahrung zur Entdeckung der Wahrheit führen.

Ein gebildeter Geist unseres Jahrhunderts, sagt Fontenelle, ist sozusagen das Produkt aller Geister der vergangenen Jahrhunderte. Während dieser ganzen Zeit hat sich nur ein & derselbe Geist nach & nach gebildet. So hat der Mensch, der vom Anfang der Welt bis jetzt gelebt hat, seine Kindheit hinter sich, in der er sich nur um die dringendsten Bedürfnisse des Lebens gekümmert hat, & auch seine Jugend, in der er im Reich der Phantasie, etwa der Dichtung & der Eloquenz, schon verhältnismäßig viel vollbracht & sogar angefangen hat, vernünftig zu denken – allerdings noch nicht auf solider Grundlage, sondern mehr aus Begeisterung; jetzt aber steht er im Mannesalter, in dem er viel tiefer & klarer denkt als je zuvor. Eigentlich kann dieser Mensch überhaupt nicht alt werden, er wird zu den Dingen, zu denen er in seiner Jugend tauglich war, immer gleich fähig sein & zu den Dingen, die dem Mannesalter entsprechen, immer fähiger werden. Mit anderen Worten, um die Allegorie aufzugeben: die Menschen werden nie verfallen, sondern die vernünftigen Einsichten aller guten Köpfe, die aufeinanderfolgen, werden einander immer aufs beste ergänzen.

Es gibt nur ein wirklich ernstes philosophisches Problem: den Selbstmord. Die Entscheidung, ob das Leben sich lohne oder nicht, beantwortet die Grundfrage der Philosophie. Alles andere – ob die Welt drei Dimensionen und der Geist neun oder zwölf Kategorien habe – kommt erst später. Das sind Spielereien; zunächst heißt es Antwort geben. Und wenn es wahr ist, daß – nach Nietzsche – ein Philosoph, der ernst genommen werden will, mit gutem Beispiel vorangehen müsse, dann begreift man die Wichtigkeit dieser Antwort, da ihr dann die endgültige Tat folgen muß.

ALBERT CAMUS, DER MYTHOS VON SISYPHOS

Diese gründlichen & trefflichen Reflexionen sollten uns von den lächerlichen Vorurteilen heilen, die wir zugunsten der Alten hegen. Wenn unsere Vernunft im Bunde mit der uns eigenen Eitelkeit uns eine so falsche Bescheidenheit – als ob wir als Menschen nicht Anspruch darauf hätten, dieselbe Vollkommenheit anzustreben! – nicht abzugewöhnen vermag, dann wird doch wenigstens die Erfahrung stark genug sein, uns davon zu überzeugen, daß nichts die Entwicklung der Dinge so sehr aufgehalten & nichts die Geister in so engen Grenzen gehalten hat wie diese übertriebene Bewunderung der Alten. Weil man sich der Autorität des Aristoteles unterworfen hat, sagt Fontenelle, & weil man die Wahrheit nur in seinen rätselhaften Schriften, nie aber in der Natur gesucht hat, deshalb ist die *Philosophie* nicht nur keineswegs vorangekommen, sondern sogar in einen Abgrund von Verrücktheiten & unverständlichen Ideen gestürzt, aus dem man sie nur mit größter Mühe hat herausholen können. Aristoteles hat nie jemand zum wahren Philosophen gemacht, aber viele unterdrückt, die zu wahren Philosophen geworden wären, wenn dies erlaubt gewesen wäre. Das Schlimme dabei ist, daß eine solche Schrulle, wenn sie sich einmal in den Köpfen der Menschen festgesetzt hat, sehr lange herrscht; man braucht Jahrhunderte, um von ihr loszukommen, auch noch, nachdem man erkannt hat, wie lächerlich sie ist. Wenn man sich eines Tages auf Descartes versteifte & ihn an die Stelle von Aristoteles setzte, so wäre dies beinahe ebenso schlimm.

Wenn diese übertriebene Ehrfurcht vor der Antike allgemein einen so schlechten Einfluß hat, um wieviel verderblicher muß sie dann auf die Kommentatoren der Schriftsteller des Altertums wirken! Welche Schönen, sagt der geistreiche Autor, den wir oben zitiert haben, würden sich nicht glücklich schätzen, wenn sie ihren Geliebten eine so glühende & innige Leidenschaft einflößen könnten, wie irgendein alter Grieche oder Römer sie seinem ehrfürchtigen Interpreten einflößt? Kommentiert man Aristoteles, so ist er »das Genie der Natur«; schreibt man über Platon, so ist er »der göttliche Platon«. Man kommentiert nicht einfach die Werke von Männern, sondern immer von göttlichen Männern, von Männern, die schon in ihrem Jahrhundert die höchste Bewunderung genossen haben. Ebenso verhält es sich mit dem Gegenstand, den man behandelt; er ist immer der schönste, der erhabenste, der wissenswerteste Gegenstand. Seitdem aber Männer wie Descartes, Newton, Leibniz & Wolff aufgetreten sind, seitdem man die Mathematik mit der *Philosophie* verbunden hat, hat sich die Art & Weise des vernünftigen Denkens aufs äußerste vervollkommnet.

7. Der systematische Geist schadet dem Fortschritt der Wahrheit nicht weniger. Unter systematischem Geist verstehe ich nicht den Geist, der die Wahrheiten miteinander verbindet, um Beweise zu führen; denn dies bedeutet nichts anderes als wahrhaft philosophischer Geist. Nein, ich bezeichne damit jenen Geist, der Pläne aufstellt & Weltsysteme bildet, denen er dann die Erscheinungen mehr oder weniger gewaltsam anzupassen versucht. Man findet eine Menge guter Reflexionen darüber im zweiten Band der *Himmelskunde* von Abbé Pluche. Er ist in seinen Gedanken allerdings manchmal zu weit gegangen, & es würde ihm schwerfallen, gewissen Kritikern zu antworten. Es steht indes fest, daß nichts so lobenswert ist wie der Entschluß der Akademie der Wissenschaften, vorerst nur zu beobachten, die Beobachtungen & Experimente in Verzeichnissen aufzubewahren & der Nachwelt die Sorge zu überlassen, ein vollständiges System zu schaffen, sobald genügend Material vorhanden ist; aber die Zeit dafür liegt noch sehr fern, wenn sie überhaupt jemals kommt.

Der systematische Geist wirkt dem Fortschritt der Wahrheit so sehr entgegen, weil diejenigen, die ein System von gewisser Wahrscheinlichkeit erdacht haben, nicht mehr eines Besseren belehrt werden können. Sie halten geflissentlich alle Dinge fest, die irgendwie zur Bestätigung ihres Systems dienen können, & beachten dagegen kaum alle jene Einwände, die gegen dieses erhoben werden, oder schieben sie durch irgendeine oberflächliche Unterscheidung beiseite. Im stillen gefallen sie sich in Anbetracht ihres Werkes & der Hochachtung, die sie dadurch zu gewinnen hoffen. Sie sehen immer nur jenes Bild der Wahrheit an, das ihre auf Wahrscheinlichkeit beruhenden Ansichten bieten; sie halten dieses Bild unbeweglich vor ihren Augen fest, betrachten aber nie aus einem gewissen Abstand die Kehrseite ihrer Ansichten, die ihnen zeigen würde, wie verkehrt diese sind.

Stellen Sie sich dazu die Vorurteile & die Leidenschaften vor. Die Vorurteile nehmen einen Teil des Geistes ein & vergiften alles übrige. Die Leidenschaften verwirren auf tausenderlei Weise die Ideen & lassen uns meistens an den Gegenständen all das sehen, was wir an ihnen finden wollen. Sogar die Leidenschaft, die wir für die Wahrheit haben, täuscht uns zuweilen, wenn sie zu glühend ist. *Malebranche*

PHYSIK – **Physique (Verstand, Vernunft, Philosophie oder Wissenschaft, Naturwissenschaft)**. Diese Wissenschaft, zuweilen auch Naturphilosophie genannt, ist die Wissenschaft von den Eigenschaften der natürlichen Körper, ihren Erscheinungsformen & ihren Wirkungen sowie ihren verschiedenen Zuständen, Bewegungen &c. Siehe PHILOSOPHIE & NATUR. Das Wort kommt aus dem Griechischen, φύσις, Natur.

Den Ursprung der *Physik* sucht man bei den Griechen & sogar bei den Barbaren, das heißt den Brahmanen, den Magiern, den ägyptischen Priestern. Siehe BRAHMANE, MAGIER &c.

Von diesen gelangte sie zu den Weisen Griechenlands, insbesondere zu Thales, von dem es heißt, er sei unter den Griechen der erste gewesen, der sich dem Studium der Natur widmete.

Von dort aus teilte sie sich den Schulen des Pythagoras, Platons, der Peripatetiker mit, die sie in Italien & von hier aus in ganz Europa verbreiteten. Doch hatten auch die Druiden, die Barden &c. eine ihnen eigene *Physik*. Siehe PLATONIKER, PERIPATETIKER, ebenso DRUIDE, BARDE &c.

Die *Physik*, sagt Musschenbroek, befaßt sich mit drei Gegenständen: dem Körper, dem Raum oder der Leere, & der Bewegung. Körper nennen wir alles, was wir mit der Hand berühren, & alles, was dem Druck einen gewissen Widerstand entgegensetzt. Raum oder Leere nennen wir jene Weite des Universums, in der die Körper sich frei bewegen. Die Bewegung ist die Verlagerung eines Körpers von einem Teil des Raums in einen anderen. Siehe KÖRPER, RAUM, BEWEGUNG.

Als *Phänomene* bezeichnet man alles, was wir mit Hilfe unserer Sinne an den Körpern entdecken. Diese Phänomene betreffen die Lage, die Bewegung, die Veränderung & die Wirkung.

Jede Veränderung, die wir an den Körpern wahrnehmen, tritt nur vermöge der Bewegung ein; man braucht dem nur einige Beachtung zu schenken, um davon völlig überzeugt zu sein. Mag ein Stück Holz auch noch so hart sein, so wird es doch im Laufe der Zeit alt, bekommt Risse, trocknet aus, wird morsch & zerfällt schließlich zu Staub, obgleich es immer ohne jede Bewegung an demselben Platz geblieben ist. Diese Veränderung ist eingetreten, weil Luft oder Feuerteilchen stets dieses Stück Holz umgeben & es durchdrungen haben. Wird eine Wachskugel von beiden Seiten zusammengepreßt, so wird sie flach & ändert ihre Gestalt, weil ihre Teilchen zusammengedrückt, also in Bewegung gesetzt & in eine andere Lage gebracht worden sind. Man kann auch sehen, wie eine Veränderung eintritt, wenn die Bewegung zum Stillstand kommt. Das zeigt sich in einem Glas voll Wasser, das durch Schmutz getrübt ist; dieses Wasser bleibt trüb, solange man es in Bewegung hält; aber sobald man es eine Weile stillstehen läßt, sinken alle Teilchen des Schmutzes, da sie nicht mehr von den Wasserteilchen getragen werden, infolge ihres eigenen Gewichts auf den Boden des Glases & trennen sich von dem Wasser, das ganz klar bleibt. Die Bewegung ist also einer der Hauptgegenstände der *Physik*.

Man hat beobachtet, daß alle Körper sich nach bestimmten Gesetzen oder Regeln bewegen, welche Ursache sie auch immer in Bewegung setzen mag. Alle Pflanzen & alle Tiere vermehren sich nur vermittels ihrer Samen, & zwar immer in der gleichen Weise & nach denselben Gesetzen. Stoßen Körper zusammen, so übertragen sie nach konstanten Gesetzen ihre Kräfte aufeinander, vermindern sie dabei oder verlieren sie ganz. Siehe STOSS.

Man hat bisher in der *Physik* nur eine kleine Anzahl von Gesetzen entdeckt, weil man in dieser Wissenschaft während der letzten Jahrhunderte keine großen Fortschritte gemacht hat. Es obliegt uns also, diese Gesetze genau zu erforschen, soweit uns dies möglich ist. Zu diesem Zweck müssen wir irdische Körper aller Art sorgfältig beobachten, sie ferner untersuchen & alle jene Forschungen & Betrachtungen anstellen, deren wir fähig sind.

Man ordnet alle irdischen Körper in vier verschiedene Klassen ein: Tiere, Pflanzen, Fossilien & Körper der Atmosphäre. Jede dieser Gattungen unterteilt sich in verschiedene Arten, & diese gliedern sich wieder in verschiedene andere auf, die weniger verbreitet sind als erstere. Nachdem man angefangen hatte, die Körper zu sammeln, & nachdem man sie nach ihren Gattungen & ihren Arten geordnet hatte, hat man festgestellt, daß die Zahl jeder dieser Gattungen sehr groß ist: Die *Physik* ist also unerschöpflich.

Zuerst müssen wir alle diese Körper untersuchen & alle Hebel in Bewegung setzen, um die Eigentümlichkeiten jedes einzelnen Körpers zu erkennen; dann können wir erst die allgemeinen Gesetze aufstellen, nach denen es – wie wir sehen werden – dem Allmächtigen gefällt, all das, was er geschaffen hat, zu erhalten & wirken zu lassen. Wir dürfen uns aber hierbei nicht übereilen, indem wir sogleich aus irgendwelchen besonderen Beobachtungen, die wir gemacht haben können, allgemeine Schlüsse ziehen; es ist besser, hierbei nur langsam vorzugehen & gründlich zu arbeiten, um die Dinge zu erforschen & Entdeckungen zu machen. Wenn man alles genau untersucht, so findet man, daß es weitaus mehr besondere Gesetze gibt als allgemeine.

Deshalb müssen wir alle wahren Freunde der Natur bitten, mit Sorgfalt & äußerster Genauigkeit alle Arten von Körpern zu untersuchen, damit die Menschen eines Tages zu einer vollkommeneren Kenntnis der Naturgesetze gelangen. Es ist völlig unmöglich, so weit zu gelangen, ohne die Beobachtungen & die Entdeckungen der Gelehrten zu sammeln & gleichzeitig neue Experimente durchzuführen. Siehe Musschenbroek, *Versuch über die Physik.*

Eine der großen Klippen der *Physik* ist die Sucht, alles erklären zu wollen. Um zu beweisen, wie sehr man auch den einleuchtendsten Erklärungen mißtrauen muß, will ich ein Beispiel konstruieren. Nehmen wir an, es schneie im Sommer & hagle im Winter (man weiß, daß es genau umgekehrt ist), & stellen wir uns vor, daß man dies zu erklären versuche. Man behauptet: Es schneit im Sommer, weil die Teilchen des Dunstes, aus denen der Schnee entsteht, keine Zeit haben, ganz zu gefrieren, ehe sie auf die Erde gelangen, denn die Wärme der Luft, die wir atmen, verhindert diesen Prozeß des Gefrierens; im Winter dagegen läßt die Luft, die dann auch in der Nähe der Erde sehr kalt ist, diese Teilchen gefrieren & erstarren, & so entsteht der Hagel. Das ist eine Erklärung, von der alle Welt befriedigt wäre & die als überzeugend gelten würde. Dennoch ist die Sache falsch. Wagen wir nun – nach diesem Beispiel – die Naturerscheinungen zu erklären. Nehmen wir wieder an, das Barometer steige vor dem Regen (jeder weiß, daß es genau umgekehrt ist); dann könnte man dies sehr gut erklären: Man würde nämlich behaupten, daß der Dunst, der die Luft erfüllt, sie vor dem Regen schwerer mache & infolgedessen das Barometer steigen lassen würde.

Aber wenn Zurückhaltung & Vorsicht auch eines der Hauptmerkmale des Physikers sein müssen, so müssen ihn doch andererseits Geduld & Mut bei seiner Arbeit unterstützen. Auf keinem Gebiet darf man voreilig eine Scheidewand zwischen der Natur & dem menschlichen Geist errichten; mißtrauen wir unserem Eifer, aber hüten wir uns zugleich, ihm allzusehr zu mißtrauen. Da wir uns nicht fähig fühlen, täglich so viele Hindernisse zu überwinden, wie sich uns entgegenstellen, wären wir zweifellos überglücklich, wenn wir wenigstens auf den ersten Blick beurteilen könnten, was unsere Bemühungen erreichen können; aber die Stärke und die Schwäche unseres Geistes sind zugleich so groß, daß es oft ebenso gefährlich ist, das zu beurteilen, was er nicht vermag, wie das, was er vermag. Wie viele moderne Entdeckungen gibt es, von denen die Alten keine Ahnung hatten! Wie viele verlorengegangene Entdeckungen, die wir allzu leichtfertig abstreiten würden! Und wie viele, die wir für unmöglich halten würden, sind unseren Nachkommen vorbehalten! *d'Alembert*

Anton Zeilinger
Physik

Die zweihundertfünfzig Jahre seit der Veröffentlichung der *Encyclopédie* sahen eine unglaubliche Entwicklung in der Physik. D'Alembert, der noch schrieb: »Eine der großen Klippen der *Physik* ist die Sucht, alles erklären zu wollen«, würde sich wundern, wüßte er, wieviel wir tatsächlich heute erklären können.

Das neunzehnte Jahrhundert brachte die Reifung der klassischen Physik und die Vollendung vieler ihrer Teilbereiche. Die Entdeckung der Grundgesetze der Elektrizität und des Magnetismus führte im Elektromagnetismus zur ersten Vereinheitlichung, als es gelang, zu zeigen, daß Elektrizität und Magnetismus in Wirklichkeit nur zwei Facetten derselben Kraft sind. Seither ist es das Ziel, alle bekannten Wechselwirkungen zu vereinheitlichen. Ein Ziel, dem sich die Schwerkraft beharrlich widersetzt. Dies birgt vielleicht den Keim für eine neue grundsätzliche Neugestaltung. Die Anwendungen des Elektromagnetismus sind heute so selbstverständlich und so alltäglich, daß es der bewußten Erinnerung bedarf, zu sehen, wie sehr es vorher anders war.

Die Wärmelehre, ebenfalls ein Kind des neunzehnten Jahrhunderts, brachte uns die Erkenntnis, daß Wärme und Bewegung im Prinzip dasselbe Phänomen sind. Und schließlich auch die wichtige Aussage, daß Energie höchstens umgewandelt werden kann, nie aber aus nichts zu gewinnen ist. Ja, es ist sogar nicht einmal möglich, Energie ausschließlich aus der Abkühlung eines Körpers zu gewinnen. Oder, gleichbedeutend, die Unordnung im Universum nimmt ständig zu, jede Ordnung, wie sie auch ein lebendes System darstellt, kann nur auf Kosten der Zunahme von Unordnung an einem anderen Ort existieren.

Die Optik stellt uns unglaubliche Instrumente zur Beobachtung des Allerkleinsten und auch des Allergrößten im Universum zur Verfügung. Im Kleinsten sind unsere Methoden nicht mehr auf Optik mit Licht beschränkt, durch Verwendung anderer Strahlen, wie etwa der Röntgenstrahlen oder der Elektronenstrahlung, wurden völlig neue Dimensionen zugänglich. Im Großen können wir heute Milliarden Jahre weit an den Rand des Universums und gleichzeitig zurück in seine Vergangenheit blicken. Im Gegensatz zu d'Alembert wissen wir heute, daß unsere Sonne ein ganz gewöhnlicher Stern, gemeinsam mit vielen Milliarden anderer Sterne, in einer ganz gewöhnlichen Galaxie ist und daß die Zahl der Planetensysteme im Universum wahrscheinlich jede menschliche Vorstellungskraft sprengt. Und die physikalisch-technische Entwicklung hat es ermöglicht, Menschen auf den Mond zu senden sowie einen großen Teil unserer Kommunikation über Erdsatelliten abzuwickeln.

Die Entdeckung der Quanten zu Beginn des zwanzigsten Jahrhunderts und kurz danach die Entwicklung der Relativitätstheorie brachten einen völligen Umbau unseres physikalischen Weltbildes. Raum und Zeit sind nicht mehr absolut, sondern nur mehr das, was durch Uhren oder Maßstäbe gemessen wird. Und in der Quantenphysik haben wir das Bild der Existenz aller beobachteten Eigenschaften vor der und unabhängig von der Beobachtung aufgeben müssen.

Die Entdeckung der Atome und ihrer Bauteile führte gemeinsam mit der Formulierung der modernen Quantenphysik zu einer physikalischen Erklärung der Chemie. Eine Entwicklung, die durch die chemische Erklärung biologischer Vorgänge fortgesetzt wurde.

Wir verstehen heute, warum es Festkörper gibt und wie deren Verhalten nicht nur ausgenutzt, sondern bewußt zurechtgeschneidert werden kann. Ohne die Erklärungen der modernen Festkörperphysik gäbe es keine Halbleiter und damit keine Computer und keine Laser, um nur zwei Beispiele zu nennen. Auch die moderne Medizin profitiert direkt davon, daß die Physiker sich die erwähnte d'Alembertsche Bemerkung nicht zu Herzen nahmen.

Wenn d'Alembert in der *Encyclopédie* schreibt, daß als *Phänomene* alles bezeichnet wird, was wir mit Hilfe unserer Sinne an den Körpern entdecken können, und wenn jede Veränderung, die wir an den Körpern wahrnehmen, nur vermöge der Bewegung eintritt, so stellt die moderne Physik die Fragen: Was sind Körper? Was verändert sich? Was ist Bewegung?

Zur Frage »Was sind Körper?« wissen wir heute, daß alle Körper, die wir mit unseren Sinnen unmittelbar wahrnehmen können, also ohne Zuhilfenahme weiterer Geräte, aus Atomen bestehen. Dies gilt für Gegenstände des täglichen Lebens ebenso wie für Himmelskörper und für alle Lebewesen. Die Atome selbst kann man weiter zerlegen in den Atomkern und die Elektronen. Der Atomkern wiederum kann in Neutronen und Protonen zerlegt werden. Geht dies beliebig weiter? Bei der weiteren Zerlegung stoßen wir auf ein neues Phänomen: Wir wissen heute, daß Neutronen und Protonen aus je drei Quarks bestehen, aber diese lassen sich nicht voneinander trennen. Sie lassen sich nicht freisetzen. Ferner wissen wir, daß die Quarks und das Elektron – so gut wir es bestimmen können – punktförmige Teilchen sind. Endet auf dieser Ebene die grundsätzliche Möglichkeit der weiteren Zerlegung?

Die Idee einzelner mechanistischer Bausteine löst sich ohnedies auf einer viel allgemeineren Ebene auf. Wir wissen heute, daß es nicht die Elementarteilchen sind, die entscheidend sind, sondern ihre Symmetrien. Hier wurde das aus dem täglichen Leben bekannte Konzept der Symmetrie von rechts und links verallgemeinert. Man spricht von Symmetrie gegenüber einer bestimmten Transformation, zum Beispiel der Verschiebung eines Körpers im Raum. Wenn ein System seine Eigenschaften nicht unter einer Symmetrieoperation ändert, wenn es etwa bei einer Verschiebung im Raum gleich bleibt, so entspricht dem die Erhaltung einer physikalischen Größe, in diesem Fall die Erhaltung des Impulses. Dieses Konzept der Symmetrien wurde auf viel abstraktere Symmetrien ausgeweitet, und damit wurden viele der Eigenschaften von Elementarteilchen einer neuen Vereinheitlichung zugeführt.

Der Versuch, die Welt in Urbausteine zu zerlegen, ist auch in einer anderen Weise an eine Grenze gestoßen. Aus der Quantenphysik wissen wir, daß wir uns ein einzelnes Teilchen nicht als etwas vorstellen dürfen, was in allen seinen Eigenschaften wohl bestimmt sein kann. Im Gegenteil: Kennen wir etwa seinen Ort genau, können wir nichts darüber sagen, wie groß sein Impuls ist, also wie schnell es fliegt. Dies ist nicht nur eine Grenze unseres Wissen-Könnens, sondern eine Grenze des Festgelegtseins der Natur. Das heißt, es ist nicht unsere technische Unfähigkeit, Dinge genauer zu messen, sondern die Natur besitzt gewisse Eigenschaften nicht, ehe wir sie messen. Erst die Beobachtung schafft die Dinge, die wir sehen. Für die Frage »Was ist Bewegung?« heißt dies, daß wir heute nicht mehr davon sprechen können, entlang welcher Bahn sich ein kleines Teilchen bewegt. Wir können nur mehr angeben, wann wir es wo bei unserer Beobachtung vorgefunden haben. Über den Aufenthaltsort dazwischen kann die Quantenphysik nur Wahrscheinlichkeitsaussagen machen, darüber, wo wir es gefunden hätten, hätten wir es beobachtet. Und Veränderung ist reduziert auf die Änderung der möglichen künftigen Beobachtungsresultate.

Die zentrale Bedeutung der Symmetrien in der modernen Physik sowie die seltsamen Interpretationsprobleme der Quantenphysik deuten beide darauf hin, daß das Konzept der Information offenbar ein grundlegenderes Konzept für die Naturwissenschaften ist als das der Wirklichkeit. Die physikalische Wirklichkeit ist demnach unser mentales Konstrukt aufgrund der Beobachtungen an der Welt, die wir machen, und aufgrund der Bilder und auch der abstrakten Konstruktionen, die wir dabei erstellen.

Die moderne Physik kann also heute weit mehr erklären, als dies zu Zeiten d'Alemberts jemand hätte ahnen können. Und sie ist in weit umfangreicherem Ausmaß zur Grundlage einer ungeheuren technischen Entwicklung geworden und hat damit zu umfassenden Änderungen unseres täglichen Lebens geführt. All dies ist letztlich auf reines Interesse an der Grundlagenforschung zurückzuführen. Durchgeführt aus reiner Kuriosität, aus reinem Wunsch, das Neue kennenzulernen, zu wissen, »was die Welt im Innersten zusammenhält«, wie es Goethes Faust formuliert hat.

Heute offene Fragen – wie etwa die der Interpretation der Quantenphysik, also die Frage danach, was sie uns über die Natur der Welt wirklich erzählt, oder der Vereinigung der Gravitation mit den anderen Naturkräften, von der Frage nach der Natur des Bewußtseins ganz zu schweigen – bergen in sich vielleicht den Keim für eine neuerliche Änderung des physikalischen Weltbildes. Änderungen, die uns der Beantwortung der faustischen Frage hoffentlich einen weiteren Schritt näher bringen werden.

PHYSIOGNOMIE – **Physionomie (Moral).** Die *Physiognomie* ist der Ausdruck des Charakters & auch des Temperaments. Eine einfältige *Physiognomie* ist jene, die nur die Leibesbeschaffenheit ausdrückt, beispielsweise ein robustes Temperament &c. Doch darf man nie nach der *Physiognomie* urteilen. Es gibt auf dem Gesicht & in der Haltung des Menschen so viele vermischte Züge, daß es häufig zu Verwirrung führen kann; ganz abgesehen von den Übeln, welche die natürlichen Züge entstellen & verhindern, daß die Seele sich zeigt, wie die Pocken, die Magerkeit &c. – Man könnte den Charakter der Menschen eher danach beurteilen, welchen Wert sie bestimmten Formen & Gestalten beimessen, die ihren Leidenschaften entsprechen, aber auch hierin würde man sich täuschen.

PHYSIOGNOMIE – **Physionomie (Imaginäre Wissenschaft).** Ich könnte mich lange über diese vermeintliche Kunst verbreiten, die lehrt, wie man das Gemüt, das Temperament & den Charakter der Menschen anhand ihrer Gesichtszüge erkennt, doch hat Buffon in den beiden folgenden Bemerkungen über diese lächerliche Wissenschaft alles Nötige gesagt.

Es ist zulässig, das, was im Innern der Menschen vor sich geht, in gewisser Weise nach ihren Handlungen zu beurteilen & an den Veränderungen des Gesichts ihren derzeitigen Seelenzustand zu erkennen. Da aber die Seele keine Form hat, die sich mit irgendeiner materiellen Form vergleichen ließe, kann man sie nicht nach der Gestalt des Körpers oder der Form des Gesichts beurteilen. Ein mißgestalteter Körper kann eine sehr schöne Seele bergen, & aus den Gesichtszügen läßt sich nicht auf das gute oder schlechte Naturell einer Person schließen, denn diese Züge haben keinerlei Ähnlichkeit mit der Natur der Seele, keinerlei Entsprechung, auf die allein man vernünftige Vermutungen stützen könnte.

Die Alten indes waren dieser Art von Vorurteil überaus zugetan, & zu allen Zeiten hat es Menschen gegeben, die ihre vermeintlichen Kenntnisse der *Physiognomie* zu einer divinatorischen Wissenschaft erheben wollten. Es liegt jedoch auf der Hand, daß sich diese Kenntnisse nur darauf erstrecken können, die Bewegung der Seele ganz gewöhnlich aus denen der Augen, des Gesichts & des Körpers zu erraten; die Form der Nase, des Mundes & der anderen Züge hingegen trägt zur Form der Seele, zum Naturell der Person ebensowenig bei, wie die Größe oder Dicke der Glieder zum Denken beiträgt. Ist ein Mensch nur deshalb weniger weise, weil er kleine Augen & einen großen Mund hat? Man muß also bekennen, daß alles, was uns die Physiognomen gesagt haben, jeder Grundlage entbehrt & daß nichts trügerischer ist als die Folgerungen, die sie aus ihren vermeintlichen metoposkopischen Beobachtungen haben ziehen wollen. *Jaucourt*

PRESSE **(Staatsrecht).** Man stellt sich die Frage, ob die Freiheit der *Presse* für einen Staat vorteilhaft oder nachteilig sei. Die Antwort darauf ist nicht schwierig. Es ist von größter Bedeutung, diese Gepflogenheit in allen Staaten zu bewahren, die auf der Freiheit gegründet sind; ja noch mehr: Die Nachteile dieser Freiheit sind ihren Vorteilen gegenüber so unbedeutend, daß sie das allgemeine Recht der ganzen Welt sein sollte & daß es zweckmäßig ist, es in allen Regierungen gutzuheißen.

Wir dürfen von der Freiheit der *Presse* nicht jene schlimmen Folgen befürchten, die in Athen die öffentlichen Ansprachen & in Rom die Reden der Tribunen gezeitigt haben. In seinem Zimmer liest ein Mann ganz allein & sehr gelassen ein Buch oder eine Satire. Es ist also nicht zu befürchten, daß er sich von den Leidenschaften & von dem Enthusiasmus eines anderen anstecken läßt & daß er wegen der Heftigkeit eines rednerischen Ausfalls außer sich gerät. Selbst wenn er zur Empörung gebracht werden sollte, fände er doch niemals ohne weiteres Gelegenheit, seinen Gefühlen freien Lauf zu lassen. Die Freiheit der *Presse* kann folglich, sosehr sie auch mißbraucht werden mag, niemals Unruhen unter dem Volk hervorrufen. Was das dumpfe Murren & die heimliche Unzufriedenheit betrifft, die sie hervorrufen könnte, so frage ich, ob es nicht vorteilhaft ist, wenn sie sich nur in Worten Luft machen & rechtzeitig die Behörden veranlassen, für Abhilfe zu sorgen. Man muß doch zugeben, daß die Öffentlichkeit eine sehr starke Neigung hat, all das zu glauben, was man ihr zum Nachteil derer erzählt, die sie regieren; aber diese Neigung ist in den Ländern der Freiheit die gleiche wie in denen der Sklaverei. Eine eingeflüsterte Meinung kann sich ebenso schnell verbreiten & ebenso große Wirkungen hervorbringen wie eine Flugschrift. Eine solche Meinung kann gleichermaßen schädlich in den Ländern wirken, in denen die Menschen nicht erhaben zu denken & das Wahre vom

Ich denke mir, daß der Maler mich nicht wegen meiner Schriftstellerei gemalt hat, sondern wegen der beiden symmetrischen Warzen auf meiner Stirn: das nennt man ein Phänomen. Ideen haben sie keine; so reiten sie denn jetzt auf Phänomenen herum. Na, aber wie sind ihm auch meine Warzen auf dem Porträt gelungen, – wie sie leiben und leben! Dafür hat man jetzt den Ausdruck »Realismus«. FJODOR M. DOSTOJEWSKI, ROBOK

Unwahren zu unterscheiden pflegen; & doch darf man sich von solchen Reden nicht verwirren lassen.

Schließlich kann doch in einem Land, wo sich die Regierung in einem Zustand der Unabhängigkeit befindet, nichts den Aufruhr & die Schmähschriften dermaßen vermehren, als wenn man die nicht gutgeheißenen Druckschriften verbietet oder irgend jemandem unbegrenzte Vollmachten gibt, alles zu bestrafen, was ihm mißfällt. Solche Vollmachten würden in einem freien Land einen Anschlag gegen die Freiheit bedeuten, so daß man wohl behaupten kann, die Freiheit ginge zum Beispiel in Großbritannien in dem Augenblick verloren, da die Versuche zur Behinderung der *Presse* Erfolg hätten; darum hütet man sich wohlweislich, eine derartige Inquisition einzuführen.
Jaucourt

PREUSSEN – **Prusse** (**Neuere Geographie**). Land in Europa, das im Norden von der Ostsee, im Süden von Polen, im Osten von Schamaiten & Litauen, im Westen von Pommern & Brandenburg begrenzt wird.

Es ist nicht bekannt, wie die *Preußen* früher genannt wurden, sie wissen es selbst nicht. Mal wirft man sie mit den Deutschen, mal mit den Polen in einen Topf. Heute haben sie sich sowohl mit den einen wie mit den anderen vermischt, in alten Zeiten jedoch hatten sie keine Beziehungen zu diesen Völkern, & deshalb hat sie fast niemand gekannt.

Eine Sage berichtet, ein römischer Reiter unter Kaiser Nero habe Ungarn durchquert & sei bei dem Unternehmen, Bernstein einzukaufen, bis in diese Provinz vorgedrungen. Der Name *Preußen* leitet sich von Pruzzen ab, einem vom äußersten Rand Europas aus dem Gebiet der Skythen stammenden Volk, das aus dem Quellgebiet des Tanais in das von den Gothen geplündert & verwüstet hinterlassene Land eingewandert war.

Nichtsdestoweniger lernten ihre Nachbarn sie mit der Zeit fürchten. Herzog Konrad von Masowien, einem Landstrich, in dem die Pruzzen große Verwüstungen hinterlassen hatten, rief um das Jahr 1230 den von den Sarazenen aus Syrien vertriebenen Deutschen Orden gegen sie zu Hilfe. Nach langen Kriegen bezwangen die Ritter des Deutschen Ordens die *Preußen* & führten das Christentum ein. Daraufhin wandten sie sich nach Polen & führten weiter Krieg. Der Krieg wurde beendet mit einem Vertrag zwischen Polen & dem Markgrafen von Brandenburg, dem Hochmeister des Deutschen Ordens. Dieser verzichtete auf seine Ansprüche, trat zum Luthertum über, heiratete & teilte *Preußen* unter der Bedingung, einen Teil als weltliches Lehen sowie den Titel eines Herzogs für sich & seine Nachfahren zu erhalten. Daher rührt die Unterscheidung zwischen dem *polnischen Preußen* & dem *Herzogtum Preußen.*

Das *polnische Preußen* setzt sich aus vier Provinzen oder Pfalzgrafschaften zusammen: Marienburg, Kulmerland, Warmien & Pommerellen. In ihnen leben Angehörige des katholischen wie des lutherischen Glaubens & Reformierte.

Das *Herzogtum Preußen,* heute *Königreich Preußen,* ist in drei Kreise unterteilt: Samland, Natangen & Hockerland. Die drei Religionen, der katholische, der lutherische & der reformierte Glaube, genießen Religionsfreiheit.

Der Anlaß für die Erhebung des Herzogtums *Preußen* zum Königreich ist bekannt. Kaiser Leopold, der seine Machtposition in Europa ausbauen mußte, um den Auswirkungen des Testaments König Karls II. von Spanien entgegenzuwirken, & der wußte, daß der Kurfürst von Brandenburg einer jener deutschen Fürsten war, von denen er sich die größten Dienste versprechen konnte, nutzte dessen angeborenes Geltungsbedürfnis & erhob das Herzogtum *Preußen* zum erblichen Königtum, mit der Absicht, ihn damit direkt an sein Haus zu binden. Daraufhin wurde Friedrich, Kurfürst von Brandenburg, am 18. Januar 1701 in Königsberg zum König gekrönt & von allen Verbündeten des Kaisers als solcher anerkannt. Wenig später, im Jahre 1713, erfolgte die Anerkennung durch die Gegner im Frieden von Utrecht.

Im Lager zu Herrendorf, in Schlesien – *Mein lieber Voltaire, ich gleiche Karl XII., dem Schachkönig, der pausenlos marschierte. Seit fünfzehn Tagen sind wir mit Mann und Wagen unterwegs und haben das schönste Wetter … Wir marschieren von sieben bis vier Uhr nachmittags. Dann diniere ich; danach arbeite ich, ich empfange lästige Besuche; danach gibt es allerlei fade Geschäfte zu erledigen. Da sind Männer, denen ich gehörig den Kopf waschen muß, Feuerköpfe, die ich bändigen, Aasgeier, denen ich die Flügel stutzen, Schwätzer, denen ich lauschen, Stumme, die ich zum Reden bringen muß; mit denen, die Lust zum Trinken haben, muß ich anstoßen, mit den Hungrigen essen; unter Juden muß man Jude sein, unter Heiden Heide. Das sind meine Beschäftigungen, die ich gerne an jemanden abträte, wenn nur dieses Phantom, genannt Ruhm, nicht so oft vor mir erschiene. In Wahrheit ist dies alles eine große Narretei, aber eine Narretei, von der man sehr schwer wieder loskommt, so man sich einmal in sie vernarrt hat. Adieu, mein lieber Voltaire; möge der Himmel jenen Mann vor Unheil verschonen, mit dem ich gern soupiere, nachdem er mir morgens die Leviten gelesen hat!* FRIEDRICH DER GROSSE AN VOLTAIRE, 23. Dezember 1740

Friedrich Wilhelm II., zweiter König von Preußen, brachte umgerechnet mehr als 25 Millionen unserer Währung auf, um den Boden urbar zu machen, Städte zu bauen & das Land zu besiedeln. Er holte mehr als sechzehntausend Menschen aus Salzburg ins Land & stattete sie mit allem aus, was sie brauchten, um sich niederzulassen & arbeiten zu können. Auf diese Weise schuf er ein neues Staatsgebilde & durch seine einzigartige Sparsamkeit eine ganz neue Art von Macht. Jeden Monat legte er ungefähr 60 Tausend deutsche Ecu zur Seite, ein Betrag, der sich in den 28 Jahren seiner Regentschaft zu einem gewaltigen Schatz summierte. Was er nicht in seinen Schatzkammern verwahrte, benutzte er zum Aufbau einer Armee von 80 Tausend ausgewählten Männern, die er persönlich nach einer neuen Methode ausbildete, ohne sie indessen irgendwo einzusetzen.

Sein Sohn Friedrich II. nutzte, was der Vater aufgebaut & ihm hinterlassen hatte. Europa wußte, daß dieser junge Fürst, der sehr unter der Herrschaft seines Vaters gelitten hatte, seine freie Zeit darauf verwandt hatte, seinen Geist zu bilden & all die einzigartigen Talente zu vervollkommnen, mit denen die Natur ihn ausgestattet hatte. Die Begabungen, die Europa an ihm bewunderte, hätten ihm als Privatmann ein hohes Ansehen verschafft, doch man wußte noch nicht, daß er einmal einer der größten Monarchen sein würde. Kaum hatte er den Thron bestiegen, erlangte er ewigen Ruhm durch sein Gesetzeswerk, die Erneuerung der Berliner Akademie sowie den Schutz, den er Kunst & Wissenschaft gewährte, in denen er sich selbst hervortat. Kraft seiner Bedeutung, dem Ruhm seiner Truppen & mehrerer Kriege, die er nacheinander gewonnen hat, ist er inzwischen zu einem ernsthaften Konkurrenten des Hauses Österreich geworden & hält heute durch seine denkwürdigen Taten allein das Gleichgewicht gegenüber den vereinten Kräften Frankreichs, der Österreichisch-Ungarischen Kaiserin, der Zarin, dem schwedischen König & den Reichstruppen. »Ein König, der nur Gelehrter, Dichter, Historiker ist, wäre den Pflichten eines Herrschers nicht gewachsen; doch wenn er auch zugleich der Gesetzgeber, Verteidiger, Feldherr, Verwalter & Philosoph seiner Nation wäre, würde er für das 18. Jahrhundert ein Wunder sein.«
Jaucourt

Friedrich II., geboren 1712, hat der Welt seit nunmehr 20 Jahren das seltene Schauspiel eines Soldaten, Gesetzgebers & Philosophen auf dem Thron gegeben. Seine Liebe zur Wissenschaft läßt ihn nie vergessen, was er seinen Untertanen & seinem Ruhm schuldet. Durch sein Auftreten & seine Bedeutung hat er sich lange Zeit gegen die vereinten Kräfte der europäischen Großmächte behaupten können. Ohne höfischen Prunk, tatkräftig & unermüdlich an der Spitze seiner Armee, unerschütterlich in allen Lagen, hat er auch jenen Hochachtung & Bewunderung abgenötigt, die seinen Untergang herbeiführen wollten. Die Nachwelt, die nicht nach den Erfolgen urteilt, die dem Zufall geschuldet sind, wird ihm den gebührenden Platz unter den größten Männern geben, einen Rang, den der Neid ihm zu seinen Lebzeiten noch streitig machen kann. Unter seinem Namen sind verschiedene Prosawerke in französischer Sprache veröffentlicht worden. Sie besitzen eine Eleganz, eine Kraft, ja eine Klarheit, wie man sie sonst höchstens in den Werken eines Mannes bewundern kann, dem die Natur einen überragenden Geist gegeben & der sein Leben in der Hauptstadt verbracht hat. Seine dichterischen Werke, die uns unter dem Titel *L'Œuvre du Philosophe de Sans-Souci, Die Schriften des Philosophen von Sans-Souci,* vorliegen, sind voller Ideen, Begeisterung & großer & bedeutender Wahrheiten. Ich wage zu behaupten, wenn dieser Monarch, der seine Werke mehr als dreihundert Meilen von Frankreich entfernt verfaßt hat, sich ein oder zwei Jahre im Faubourg Saint-Honoré oder im Faubourg Saint-Germain aufgehalten hätte, wäre er einer der größten Dichter unserer Nation geworden. Der leichte Hauch eines Mannes von Geschmack hätte genügt, um ein paar Berliner Sandkörnchen wegzublasen, die ihm noch anhaften. Unsere Dichter, bei denen alles einwandfrei & harmonisch ausgedrückt ist, werden in den kommenden Jahrhunderten beträchtlich an Bedeutung verlieren, wenn die Zeit, die noch jedes Reich hat untergehen lassen, die Bevölkerung unseres Landes in alle Winde zerstreut, unsere Sprache ausgelöscht & neue Bewohner hierher geführt haben wird. Die Verse des Philosophen von Sans-Souci werden dieses Los nicht teilen. Der gewissenhafte Leser wird keinen Niederschlag von Fremdheit darin erkennen, & die Gedanken, die Vergleiche, alles, was das handfeste & wahre Verdienst eines Stücks Dichtung ausmacht, werden erstrahlen, ohne daß ein Schatten sie trübt. Wirklich einzigartig ist, daß sich dieser kleine Mangel in den Prosa & Verse vermischenden Briefen in keiner Weise bemerkbar macht. Sie sind geistreich, leicht & voller Feinsinn, ohne sich im geringsten mit dem Volk gemein zu machen. Dieser herrlichen Flöte hat einzig & allein ein etwas klareres Mundstück gefehlt.
Diderot

PRIESTER – **Prêtres (Religion & Politik).** Mit diesem Namen bezeichnet man all jene, die bei den verschiedenen Völkern der Erde die Aufgaben der religiösen Kulte erfüllen.

Der äußere Kult setzt Zeremonien voraus, die darauf abzielen, die Sinne der Menschen zu beeinflussen & ihnen Ehrfurcht gegenüber dem göttlichen Wesen einzuflößen, dem sie Ehren erweisen. Siehe auch Kult. Nachdem der Aberglaube die Zeremonien der verschiedenen Kulte vermehrt hatte, bildeten die Personen, die sie zu erfüllen hatten, bald einen besonderen Orden, der einzig & allein für den Dienst an den Altären bestimmt war; man glaubte, daß jeder, der mit so wichtigen Aufgaben betraut wäre, sich ganz dem göttlichen Wesen weihen müßte; deshalb genossen sie mit ihm Ehrfurcht bei den Menschen; die Beschäftigungen des niedrigen Volkes schienen unter ihrer Würde zu sein, & die Völker glaubten, sie wären verpflichtet, für den Lebensunterhalt derer zu sorgen, die mit dem heiligsten & höchsten der Ämter bekleidet waren. So schlossen sich die *Priester* in ihre Tempel ein & hatten nur wenig Umgang mit anderen Menschen; das mußte noch die Ehrfurcht steigern, die man diesen zurückgezogenen Männern entgegenbrachte; man gewöhnte sich daran, sie als Lieblinge der Götter, als Hüter & Deuter ihres Willens, als Vermittler zwischen ihnen & den Sterblichen zu betrachten.

Es ist angenehm, über seinesgleichen zu herrschen; die *Priester* verstanden die hohe Meinung, die sie bei ihren Mitbürgern von sich erzeugt hatten, zu ihrem Vorteil auszunutzen; sie behaupteten, daß die Götter sich ihnen offenbarten; sie gaben ihre Ratschlüsse bekannt; sie lehrten Dogmen; sie schrieben vor, was man glauben & was man verwerfen sollte; sie legten fest, was dem göttlichen Wesen gefiel oder mißfiel; sie verkündeten Orakel; sie sagten dem unruhigen & wißbegierigen Menschen die Zukunft voraus, sie ließen ihn aus Furcht vor den Strafen zittern, mit denen die empörten Götter den Vermessenen drohten, die an ihrer Mission zu zweifeln oder ihre Lehre zu diskutieren wagten.

Um ihre Herrschaft noch fester zu begründen, schilderten sie die Götter als grausam, rachsüchtig, unversöhnlich; sie führten Zeremonien, Einweihungen, Mysterien ein, deren Schrecklichkeit in den Menschen jene düstere Melancholie zu nähren vermochte, die der Herrschaft des Fanatismus so günstig ist. So floß das Menschenblut in Strömen auf den Altären; die von Furcht unterjochten & von Aberglauben verblendeten Völker glaubten, sie könnten das himmlische Wohlwollen nicht hoch genug bezahlen: Die Mütter lieferten ohne eine Träne in den Augen ihre zarten Kinder den züngelnden Flammen aus; Tausende von Menschenopfern fielen den Messern der Opferpriester anheim; man unterwarf sich einer Menge von nichtigen & empörenden Bräuchen, die aber den *Priestern* nützlich waren, & der absurdeste Aberglaube erweiterte & festigte endgültig ihre Macht.

Frei von Sorgen & ihrer Herrschaft sicher, erforschten diese *Priester* also, um die Langeweile ihrer Einsamkeit zu vertreiben, die Geheimnisse der Natur – Mysterien, die den gewöhnlichsten Menschen unbekannt waren; daher rührten die vielgerühmten Kenntnisse der ägyptischen *Priester*. Man kann überhaupt feststellen, daß bei fast allen wilden & unwissenden Völkern die Heilkunde & das Priesteramt von denselben Männern ausgeübt wurden. Der Nutzen, den die *Priester* dem Volk brachten, mußte ihre Macht noch mehr festigen. Einige von ihnen gingen noch weiter: Das Studium der Physik verschaffte ihnen Mittel, die Augen durch glänzende Werke zu blenden; man betrachtete sie als übernatürlich, weil man ihre Ursachen nicht kannte; daher jene Menge von Wundern, Zaubereien, Mirakeln; die staunenden Menschen glaubten, daß ihre Opferpriester Macht über die Elemente hätten, nach ihrem Willen Rache & Gnade vom Himmel herabriefen & folglich mit den Göttern die Verehrung & die Furcht der Sterblichen teilen mußten.

Es fiel so hochverehrten Männern schwer, lange in den Grenzen der Unterordnung zu verharren, die doch für die rechte Ordnung der Gesellschaft so notwendig ist: Der von seiner Macht verblendete *Priester* bestritt häufig die Rechte der Königsmacht; die Herrscher, die den Gesetzen der Religion ebenso unterworfen waren wie ihre Untertanen, waren nicht stark genug, um sich gegen die Übergriffe & die Tyrannei ihrer *Priester* aufzulehnen; Fanatismus & Aberglaube zückten das Messer über dem Haupt der Monarchen; ihr Thron wankte, wann immer sie heilige Männer, deren Interessen mit denen des göttlichen Wesens verknüpft waren, zu tadeln oder zu strafen gedachten; ihnen Widerstand leisten bedeutete einen Aufruhr gegen den Himmel, ihre Rechte antasten einen Frevel; ihre Macht einschränken wollen hieß die Fundamente der Religion untergraben.

Der Pfarrer tröstete die weinende Frau; er meinte : »Der Herr hat's gegeben; der Herr hat's genommen –« und, hol's der Teufel, der Feigling und Byzantiner setzte hinzu : »Der Name des Herrn sei gelobt!« (Und sah dabei stolz auf uns arme verlorene Heiden, die schamlose Lakaienseele! – Das schuldlose Kind – Seine 2000 Jahre alten Kalauer von der Erbsünde kann er doch nur einem erzählen, der keine Krempe mehr am Hut hat : Haben diese Leute denn nie von Kant und Schopenhauer gehört, und Gauß und Riemann, Darwin, Goethe, Wieland? Oder fassen sie's einfach nicht, und mampfen kuhselig ihren Kohl weiter durch die Jahrhunderte? Blinde Gefolgschaft scheint immer schwarze Uniform zu tragen. – Pack)
ARNO SCHMIDT, LEVIATHAN

Das waren die Stufen, auf denen die *Priester* der Heiden zur Macht emporstiegen. Bei den Ägyptern waren die Könige dem Urteil der *Priester* unterworfen; jene Monarchen, die den Göttern mißfallen hatten, erhielten von deren Dienern den Befehl, sich zu töten, & die Macht des Aberglaubens war dermaßen groß, daß kein Herrscher diesem Befehl zu trotzen wagte. Bei den Galliern übten die Druiden eine völlig absolute Herrschaft über die Völker aus; sie begnügten sich nicht damit, Diener ihres Kultes zu sein, sie waren auch Schiedsrichter der Streitigkeiten, die unter ihnen ausbrachen. Die Mexikaner seufzten heimlich über die Grausamkeiten, die ihre barbarischen *Priester* sie in der Finsternis im Namen der Götter begehen ließen; die Könige konnten sich nicht weigern, die ungerechtesten Kriege zu unternehmen, wenn ihnen der Oberpriester den Willen des Himmels verkündete. »Der Gott hat Hunger«, sagte er; & sogleich ergriffen die Kaiser die Waffen gegen ihre Nachbarn, & jeder setzte alles daran, Gefangene zu machen, um sie dem Götzen oder vielmehr dem schrecklichen & tyrannischen Aberglauben seiner Diener zu opfern.

Die Völker wären allzu glücklich gewesen, wenn die *Priester* des Truges allein jene Gewalt, die ihnen ihr Amt über die Menschen verlieh, mißbraucht hätten; aber trotz der Unterordnung & Milde, die das Evangelium so sehr anempfiehlt, sah man in Zeiten der Finsternis, wie *Priester* des Friedensgottes das Banner des Aufruhrs erhoben, die Untertanen gegen ihre Herrscher bewaffneten, dreist den Königen befahlen, vom Thron herabzusteigen, sich das Recht anmaßten, jene heiligen Bande zu zerreißen, welche die Völker mit ihren Herrschern verknüpften, Fürsten, die sich ihren vermessenen Plänen widersetzten, zu Tyrannen stempelten & für sich selbst eine scheinbare Unabhängigkeit von den Gesetzen beanspruchten, denen doch alle Bürger gleichermaßen zu gehorchen haben. Diese eitlen Ansprüche wurden zuweilen durch Ströme von Blut erhärtet: Sie gründeten sich auf die Unwissenheit der Völker, die Schwäche der Herrscher & die Geschicklichkeit der *Priester;* letztere vermochten sich oft in ihren angemaßten Rechten zu behaupten; die schreckliche Inquisition liefert in den Ländern, wo sie eingeführt ist, häufig Beispiele für Menschenopfer, die an Barbarei denen der mexikanischen *Priester* keineswegs nachstehen. Anders liegen die Dinge in den vom Licht der Vernunft & der Philosophie aufgeklärten Landstrichen, wo der *Priester* niemals vergißt, daß auch er Mensch, Untertan & Staatsbürger ist. Siehe auch THEOKRATIE. *d'Holbach*

QUAN-TON oder vielmehr QUANG-TUNG (**Moderne Geographie**). Eine Provinz Chinas, die zwölfte des Kaiserreichs & eine der wichtigsten & fruchtbarsten. Sie wird begrenzt von Kuangsi im Nordwesten, Hunan im Norden, Kiangsi & Fukian im Südosten, dem Ozean im Süden & Tongking im Westen. Man erfreut sich dort einer hohen Temperatur. Es wird zweimal im Jahr geerntet. Es herrscht ein sehr lebhafter Handel mit allerlei Arten von Waren, mit Gold, Diamanten, Perlen, Seide, Eisen, Zinn, Kupfer &c. Abbé de Choisie berichtet, daß man dort drei außergewöhnliche Dinge sehe: einen wolkenlosen Himmel, immergrüne Bäume & Menschen, die Blut spucken, weil sie unablässig Betelblätter kauen, die ihren Speichel rot färben. Diese Provinz hat zehn große Städte. Kuangtschou ist ihre Hauptstadt; es ist dieselbe Stadt, welche die Franzosen unpassenderweise *Quanton* oder *Canton* nennen. Siehe KUANGTSCHOU. *Jaucourt*

PROSTITUIEREN, PROSTITUTION – Prostituer, Prostitution (**Grammatik**). Ausdruck für venerische Ausschweifung. Prostituierte nennt man die Frau, die sich aus irgendeinem niedrigen & feilen Beweggrund der Geilheit der Männer hingibt. Man hat die Bedeutung der Wörter *prostituieren & Prostitution* auch auf jene Kritikaster ausgedehnt, die wir heute im Überfluß haben & an deren Spitze man die abscheuliche Person stellen kann, die Voltaire unter dem Namen Wasp in seiner Komödie *Die Schottin* gegeißelt hat. Man hat von jenen Schriftstellern gesagt, sie *prostituieren* für Geld, Gunst, Lüge, Mißgunst ihre Feder & für einen hochwohlgeborenen Mann die schändlichsten Laster. Während die Literatur diesen Plagen ausgeliefert war, wurde die Philosophie andererseits von einer Bande elender Halsabschneider ohne Wissen, ohne Geist & ohne Sitten diffamiert – Leuten, die sich ihrerseits für Männer *prostituierten,* die es gern sahen, daß man in den Augen der Nation diejenigen herabsetzte, die diese über ihre Verworfenheit & Winzigkeit aufklären konnten. *Anonym*

Ich legte mich auf das Bett, nur noch Strümpfe und Schuhe am Leib, schob die Hände hinter den Kopf, lächelte und versuchte verlockend auszusehen. Einen Augenblick lang sagte ich mir: Nellie, das ist doch alles nur ein blöder Traum. Du liegst gar nicht, gut riechend nach dem Bad, in diesem großen, weichen Bett, und dieses dämlich dreinblickende Dickerchen kommt auch nicht auf dich zu und hält seinen Schwanz in der Hand, als wollte er dir eine Süßigkeit bringen. Aber es war kein Traum. Er warf sich auf das Bett und redete plötzlich sehr aufgeregt von dem, was mir jetzt passieren würde. Ich spürte, wie ich errötete und wie mir heiß wurde. Aber sobald er angefangen hatte und in mir war, da war es genau wie die paarhundertmal bei Charlie und mir. Ich ging mit, vergaß mich und kam zusammen mit ihm. – So war für mich das erste Mal in einem Haus als Hure.

NELL KIMBALL, MEMOIREN AUS DEM BORDELL

REDE – Discours (**Dichtung**). Darunter versteht man im allgemeinen alles, was die Fähigkeit des gesprochenen Worts betrifft & vom Verbum *dicere,* »sprechen«, »sagen«, abgeleitet ist. Sie gehört zur Gattung des Vortrags, der Ansprache, der Predigt.

Rede im engeren Sinn bezeichnet eine Zusammenstellung von Sätzen & Vernunftschlüssen, die für öffentliche & glänzende Anlässe nach den Regeln der Kunst vereint & angeordnet werden, das, was man einen öffentlichen Vortrag nennt: eine Gattungsbezeichnung, die noch auf mehrere Arten paßt wie auf das Plädoyer, die Lobrede, die Leichenrede, die feierliche Ansprache, die akademische *Rede* & auf das, was man im eigentlichen Sinne Vortrag, *oratio,* nennt, wie man ihn an den Hochschulen hält. *Mallet*

Das Plädoyer ist die Anwendung des Rechts auf das Faktum & der Beweis des einen durch das andere; die Predigt eine Ermahnung zu einer Tugend oder die Darlegung einer christlichen Wahrheit; die akademische *Rede* die Darlegung eines moralischen oder literarischen Gedankens; die feierliche Ansprache die Würdigung eines Verdiensts; die Lobrede die Schilderung des Lebens eines Mannes, der durch seine Taten & sein Verhalten ein Vorbild ist. Bei den Ägyptern versetzten die Leichenreden die Lebenden in Schrecken durch die strengen Urteile, die sie über die Toten sprachen! In der Tat lobten die ägyptischen Priester in Anwesenheit der Götter einen lebenden König für die Tugenden, die er nicht hatte; doch nach seinem Tod wurde er in Anwesenheit der Menschen nach den Lastern beurteilt, die er gehabt hatte. Man wünschte sich, letzterer Brauch hätte sich bei allen Nationen der Erde verbreitet & fortgesetzt:

Welche Zivilisation hat denn, allem Anschein nach, mehr als die unsrige Respekt vor dem Diskurs gehabt? Wo hat man ihn besser geehrt und hochgehalten? Wo hat man ihn denn radikaler von seinen Einschränkungen befreit und ihn verallgemeinert? Nun, mir scheint, daß sich unter dieser offensichtlichen Verehrung des Diskurses, unter dieser offenkundigen Logophilie, eine Angst verbirgt … eine stumme Angst vor jenen Ereignissen, vor jener Masse von gesagten Dingen, vor dem Auftauchen all jener Aussagen, vor allem, was es da Gewalttätiges, Plötzliches, Kämpferisches, Ordnungsloses und Gefährliches gibt, vor jenem großen unaufhörlichen und ordnungslosen Rauschen des Diskurses. Michel Foucault, Die Ordnung des Diskurses

ein & derselbe Redner würde einen König dafür loben, daß er kriegerische Tugenden besaß, & ihm vorwerfen, sie zum Unglück der Menschheit verwendet zu haben; er würde einen Minister dafür loben, daß er ein großer Politiker war, & ihm vorwerfen, ein schlechter Staatsbürger gewesen zu sein, &c. Siehe Lob. *Marmontel*

Redekunst – **Eloquence** (**Dichtung**). *Den folgenden Artikel sandte uns Monsieur de Voltaire, der durch seine Mitarbeit an der Vollendung der* Encyclopédie *allen gebildeten Bürgern ein Beispiel geben will für das aufrichtige Interesse, das sie an diesem Werk haben sollten. In dem Brief, den zu schreiben er uns die Ehre erwies, bezeichnet er seinen Artikel bescheiden als einfache Skizze, doch was für einen großen Meister eine Skizze ist, das ist für andere ein wertvolles Gemälde. Wir geben der Öffentlichkeit dieses hervorragende Stück also, wie wir es von seinem berühmten Verfasser erhalten haben. Hätten wir daran rühren können, ohne es zu verderben?*

Die *Redekunst,* meint Monsieur de Voltaire, entstand vor den Regeln der Rhetorik, ebenso wie sich die Sprachen vor der Grammatik gebildet haben. Menschen sind von Natur aus redegewandt, sobald starke Interessen & große Leidenschaften im Spiel sind. Wer stark bewegt ist, sieht die Dinge mit anderen Augen als der Rest der Welt. Ihm drängen sich in allem der unmittelbare Vergleich & die Metapher auf: Ohne es zu merken, füllt er alles mit Leben & überträgt einen Teil seiner Begeisterung auf seine Zuhörer. Ein sehr aufgeklärter Philosoph hat bemerkt, daß sich sogar das Volk durch Redefiguren ausdrücke, daß nichts gewöhnlicher & natürlicher sei als jene Wendungen, die man *Tropen* nennt. Deshalb glüht in allen Sprachen das Herz, flammt die Tapferkeit auf, funkeln die Augen. Der Geist ist schwach, er teilt sich mit, er erschöpft sich, das Blut gefriert, der Kopf wird einem verdreht, man bläst sich auf vor Stolz, ist rachedurstig. Überall in diesen kräftigen, alltäglich gewordenen Bildern spiegelt sich die Natur.

Ihr lehrt der Instinkt, gegenüber jenen, auf die man angewiesen ist, zuerst einen zurückhaltenden Ausdruck zu gebrauchen, einen verhaltenen Ton anzuschlagen. Das natürliche Verlangen, seine Herrn & Meister in Bann zu schlagen, die innere Sammlung der tief getroffenen Seele, kurz bevor sie die Gefühle ausbreitet, die auf ihr lasten, sind die ersten Lehrmeister der Kunst.

Dieselbe Natur bringt manchmal Kraftvolles & Lebhaftes auf den Weg; eine heftige Leidenschaft, eine drohende Gefahr regen unversehens die Phantasie an. So rief ein Hauptmann der ersten Kalifen, als er sah, daß die Muselmanen die Flucht ergriffen: »Wo rennt ihr hin? Die Feinde stehen auf der anderen Seite. Ihr hörtet, der Kalif sei gefallen? Ändert es etwas, ob er unter den Lebenden oder den Toten ist? Gott lebt & schaut auf euch herab: Also vorwärts!«

Die Natur bringt also die *Redekunst* hervor, & wenn es hieß, Dichter würden geboren & Redner sich entwickeln, stammt dies aus einer Zeit, als die *Redekunst* gezwungen war, die Gesetze, das Wesen der Urteile & die Anwendung der Zeiten zu studieren.

Die Regeln sind der Kunst stets hinterher. Tisias war der erste, der die Gesetze der *Redekunst* sammelte, zu der die Natur die ersten Regeln liefert.

Als nächster sagte Platon in seinem *Gorgias*, daß ein Redner den Scharfsinn der Dialektiker, das Wissen der Philosophen, eine nahezu dichterische Ausdrucksweise sowie Stimme & Gestik der besten Schauspieler besitzen müsse.

Im Anschluß daran machte Aristoteles deutlich, daß die echte Philosophie die geheime Richtschnur des Geistes in allen Künsten ist. Er befaßte sich in seinem Buch über die *Rhetorik* eingehend mit den Quellen der *Redekunst* & zeigte darin, daß die Dialektik das Fundament der Überzeugungskunst ist & daß derjenige redegewandt ist, der zu beweisen versteht.

Er unterschied die drei Gattungen: beratende oder Staatsrede, Prunkrede & gerichtliche Rede. In der Staatsrede geht es darum, zu jenen zu reden, die zu Rate sitzen, & dabei Stellung zu beziehen zu Krieg & Frieden, zur Staatsverwaltung &c. Die Prunkrede soll aufzeigen, was Lob oder Spott verdient, die gerichtliche Rede soll überzeugen & Freispruch oder Verurteilung herbeiführen &c. Man merkt schnell, daß diese drei Gattungen häufig ineinander übergehen. Danach geht er auf die Leidenschaften & Sitten ein, die jeder Redner kennen muß.

Er prüft, welche Beweise man in diesen drei Gattungen der Redekunst verwenden darf. Schließlich behandelt er von Grund auf die Ausdrucksweise, ohne die alles erlahmt; er empfiehlt Metaphern, sofern sie treffend & würdevoll sind; vor allen Dingen fordert er Anstand & Schicklichkeit. In all seinen Vorschriften drücken sich Aufgeklärtheit & Maß eines Philosophen & die Höflichkeit eines Atheners aus, & bei der Erläuterung seiner Regeln der *Redekunst* ist er selbst schlicht & beredt.

Es gilt festzuhalten, daß Griechenland damals weltweit der einzige Landstrich war, in dem man die Gesetze der

Redekunst kannte, denn es war das einzige Land, in dem es eine echte *Redekunst* gab. Ungeschliffen existierte die Kunst unter allen Menschen, treffliche Bemerkungen sind ihnen von Natur aus immer & überall entschlüpft, aber die Köpfe einer ganzen gesitteten Nation zu bewegen, zu gefallen, zu überzeugen & zugleich zu rühren war nur den Griechen gegeben. Die Orientalen waren fast alle versklavt: Es gehört zum Wesen der Dienstbarkeit, alles zu übertreiben; daher die schauerlichen Auswüchse der asiatischen *Redekunst,* & Europa war zu Zeiten von Aristoteles nur von Barbaren bevölkert.

Die eigentliche *Redekunst* zeigte sich erst in Rom zur Zeit der Gracchen, & sie erreichte ihre Vollkommenheit erst im Zeitalter Ciceros. Marcus Antonius, der Redner, Hortensius, Curion, Cäsar & einige andere waren Männer der *Redekunst.*

Wie bei den Athenern ging die *Redekunst* mit der Republik unter. Man sagt, große *Redekunst* & Freiheit der Rede gehören zusammen, denn sie besteht darin, kühne Wahrheiten zu sagen, Ursachen auszubreiten & eine sehr deutliche Sprache zu sprechen. Häufig ist dem Herrscher die Wahrheit nicht genehm, er fürchtet die Ursachen, & ein feines Kompliment hört er allenthalben lieber als scharfe Bemerkungen.

Nachdem Cicero in seinen Reden bereits Beispiele gegeben hatte, faßte er die Regeln in seinem Buch *Vom Redner* zusammen. Er folgt dabei fast vollständig den Darlegungen von Aristoteles & erklärt sie im Stil Platons.

Er unterscheidet die leichte, die mittlere & die hohe Stilart. Charles Rollin hat diese Aufteilung in seiner *Anweisung, wie man die freyen Künste lehren und lernen soll* übernommen & behauptet, was Cicero nicht sagt, »daß die mittlere Stilart ein schöner Fluß ist, über dessen Ufer grüne Wälder hängen, die leichte ein ordentlich gedeckter Tisch, wo man Speisen serviert, die ausgezeichnet schmekken & bei denen man auf jede Verfeinerung verzichtet, & daß die hohe einschlägt wie ein Blitz, daß sie ein reißender Strom ist, der alles umstürzt, was sich ihm in den Weg stellt.«

Man muß an diesem Tisch nicht Platz nehmen & nicht dem Blitz, dem Strom, dem Fluß folgen, um mit gesundem Menschenverstand zu sehen, daß die leichte *Redekunst* sich einfachen Dingen zuwendet, daß Klarheit & Eleganz alles ist, was dafür gebraucht wird. Ohne Aristoteles, Cicero & Quintilian gelesen zu haben, merkt jeder, daß ein Anwalt, der mit einer schwülstigen Einleitung seine Ausführungen über eine Grundstücksmauer beginnt, lächerlich ist. Dennoch war dies das Übel des Anwaltstandes im 17. Jahrhundert, wo einfache Dinge mit großer Emphase ausgedrückt wurden. Man könnte Bände mit Beispielen füllen, doch alle lassen sich auf die Antwort beschränken, die ein Anwalt & gebildeter Mann seinem Gegner gab, als dieser vom Trojanischen Krieg & den Schlachten am Skamander sprach. Er unterbrach ihn mit den Worten: »Ich weise das Gericht darauf hin, daß mein Mandant nicht Skamander, sondern Michaut heißt.«

Die hohe Stilart ist den gewichtigen Interessen vorbehalten, die in einer großen Versammlung verhandelt werden. Spuren davon sind heute noch im englischen Parlament lebendig. Wir besitzen noch einige Reden, die dort 1739 gehalten wurden, als man die Kriegserklärung an Spanien verhandelte. Der Geist eines Demosthenes & eines Cicero hat einige dieser Reden diktiert. Dennoch werden sie der Nachwelt nicht wie die der Griechen & Römer erhalten bleiben, denn es fehlt ihnen jene Kunstfertigkeit & jener Zauber des Vortrags, die guten Werken das Siegel der Unsterblichkeit aufdrücken.

Die mittlere Stilhöhe ist die zweckmäßiger Reden, öffentlicher Vorträge, ausgefeilter feierlicher Ansprachen, bei denen man die Belanglosigkeit des Stoffes unter Blumigkeit versteckt.

Die Übergänge zwischen diesen drei Stilhöhen sind häufig fließend, ebenso die drei Gegenstände der *Redekunst,* die Aristoteles betrachtet, & die große Leistung des Redners ist es, sie zweckmäßig zu mischen.

Mit großer *Redekunst* konnte sich in Frankreichs Parlamenten niemand hervortun, denn sie bringt keine Ehren ein wie einst in Athen, Rom & heutzutage in London. Zudem wendet sie sich nicht den großen öffentlichen Belangen zu. Sie hat sich in die Grabreden geflüchtet, wo sie für ein wenig Poesie sorgt. Bossuet & nach ihm Flechier scheinen jenem Gebot Platons gehorcht zu haben, der vom Redner fordert, daß seine *Redekunst* manchmal die des Dichters sein solle.

Auf der Kanzel herrschte in Sachen *Redekunst* bis Louis Bourdaloue fast nur die Barbarei. Er war einer der ersten, der die Vernunft zu Worte kommen ließ.

Auf diesem Gebiet waren die Engländer hinterher, wie Gilbert Burnet, der Bischof von Salisbury, einräumt. Auch Grabreden waren bei ihnen nicht üblich. Sie vermieden heftige Pinselstriche in ihren Predigten, da diese ihrer Ansicht nach mit der Schlichtheit des Evangeliums nicht zu vereinbaren waren, & sie lösten sich von der Methode künstlicher Gliederungen, die Erzbischof Fénelon in seinen Dialogen über die *Redekunst* verdammt.

Obwohl unsere Predigten von den wichtigsten Angelegenheiten des Menschen handeln, finden sich darunter nur wenige eindrucksvolle, die gleich den schönen Stellen bei Cicero & Demosthenes zum Vorbild aller westlichen Nationen wurden. Indessen wird der Leser sehr erfreut sein, hier auf ein Stück zu stoßen, das zum ersten Mal bekannt wurde, als Monsieur Massilon, nunmehr Erzbischof von Clermont, seine berühmte Predigt über die kleine Anzahl der Erwählten hielt. Unwillkürlich erhob sich fast jeder ein wenig von der Kirchenbank, Bewunderung & Überraschung ließen das Murmeln so laut anschwellen, daß es den Redner störte & er noch mehr Pathos in seine Predigt legte. Hier ein Auszug: »Gesetzt den Fall, dieses wäre unser aller letzte Stunde, der Himmel über unseren Köpfen täte sich auf, die Zeit wäre abgelaufen, die Ewigkeit würde beginnen & Jesus-Christus gleich erscheinen, um uns nach unseren Taten zu richten, & wir alle wären hier, um von ihm das Ende des Lebens oder den ewigen Tod zu erwarten. Ich, dessen Los durch nichts von eurem unterschieden ist, der mit euch zittert vor Angst & eure Lage teilt zu der Stunde, in der wir eines Tages alle vor unseren Richter treten müssen, ich frage euch: Wenn euch Jesus-Christus nunmehr hier erscheinen würde, um die furchtbare Teilung der Sünder & der Gerechten vorzunehmen, wie viele, meint ihr, würden gerettet? Meint ihr, daß die Zahl der Gerechten auch nur annähernd so groß sein würde wie die Zahl der Sünder? Meint ihr, daß er bei der Betrachtung der Werke all der vielen, die sich in dieser Kirche versammelt haben, wenigstens zehn Gerechte unter uns finden wird? Oder auch nur einen einzigen? &c.« (Es gibt verschiedene Versionen dieser Rede, aber in den Grundzügen ist sie immer gleich.)

Diese kühne Figur, die kühner ist als alles, was je eingesetzt wurde, ist einer der schönsten Einfälle der *Redekunst*, die man bei den alten & den modernen Nationen lesen kann, & auch die übrige Rede ist dieser so herausragenden Stelle nicht unwürdig. Solche Meisterwerke sind äußerst selten, alles ist zum Gemeinplatz geworden. Prediger, die diese großen Modelle nicht nachahmen können, täten gut daran, sie auswendig zu lernen & sie vor ihrer Zuhörerschaft herunterzubeten (vorausgesetzt, sie besäßen das gleichfalls seltene Talent des Vortrags), anstatt in langweiliger Manier abgedroschene Dinge zu predigen.

Mir fällt jener »Donnerkeil« des Mirabeau ein, mit welchem er den Zeremonienmeister abfertigte, der nach Aufhebung der letzten monarchischen Sitzung des Königs am 23. Juni, in welcher dieser den Ständen auseinander zu gehen anbefohlen hatte, in den Sitzungssaal, in welchem die Stände noch verweilten, zurückkehrte, und sie befragte, ob sie den Befehl des Königs vernommen hätten? »Ja«, antwortete Mirabeau, »wir haben des Königs Befehl vernommen« … man sieht, daß er noch gar nicht recht weiß, was er will. »Doch was berechtigt Sie« – fuhr er fort, und nun plötzlich geht ihm ein Quell ungeheurer Vorstellungen auf – »uns hier Befehle anzudeuten? Wir sind die Repräsentanten der Nation.« – Das war es was er brauchte! »Die Nation gibt Befehle und empfängt keine.« – um sich gleich auf den Gipfel der Vermessenheit zu schwingen. »Und damit ich mich Ihnen ganz deutlich erkläre« – und erst jetzo findet er, was den ganzen Widerstand, zu welchem seine Seele gerüstet dasteht, ausdrückt: »so sagen Sie Ihrem Könige, daß wir unsre Plätze anders nicht, als auf die Gewalt der Bajonette verlassen werden.« … Vielleicht, daß es auf diese Art zuletzt das Zucken einer Oberlippe war, oder ein zweideutiges Spiel an der Manschette, was in Frankreich den Umsturz der Ordnung der Dinge bewirkte.

Kleist, Über die allmähliche Verfertigung der Gedanken beim Reden

Es wurde die Frage aufgeworfen, ob die *Redekunst* bei Historikern zulässig sei. Die ihnen eigene *Redekunst* besteht darin, die Ereignisse aufzubereiten, deren Darstellung immer klar & elegant, bisweilen lebhaft & temporeich, bisweilen ausführlich & blumig sein soll, sie in den wahren & kraftvollen Farben der allgemeinen Gebräuche & der Hauptpersonen zu malen, auf natürliche Weise eigene Gedanken in den Bericht einzubetten & nirgendwo etwas hinzuzufügen. Die *Redekunst* eines Demosthenes ist für einen Thukydides unpassend. Eine direkte Rede in den Mund eines Helden gelegt, der diese niemals gehalten hat, ist nur ein verzeihlicher Fehler.

Daß man sich solche Freiheiten manchmal erlauben darf, zeigt eine Stelle in der großen Geschichte von Mezeray, deren Kühnheit, die von den antiken Rednern gebilligt worden wäre, anscheinend Gnade findet. Zumindest hier war er ihnen ebenbürtig: Die Szene spielt zu Beginn der Herrschaft Heinrichs IV., als dieser sich am Fluß Dieppe mit nur wenigen Truppen dreißigtausend Mann gegenübersah & man ihm riet, sich nach England zurückzuziehen. Mezeray wächst über sich selbst hinaus in der Rede Marschall Birons, der übrigens ein genialer Kopf war & sehr wohl einen Teil dessen gesagt haben könnte, was der Historiker ihm zuschreibt: »Was! Sire, man rät Ihnen aufs Meer hinauszufahren, als gäbe es kein anderes Mittel mehr, Euer Königreich zu bewahren, als es zu verlassen? Wärt Ihr nicht in Frankreich, Ihr würdet alles daransetzen, sämtliche Zufälle & Hindernisse hinter Euch zu lassen, um hierher zu gelangen, & jetzt, wo Ihr hier seid, bittet man Euch, das Land zu verlassen? Und Eure Freunde sollen denken, daß Ihr bereitwillig beendet, wozu Euch die größten Anstrengungen Eurer Feinde nicht hätten zwingen können? In Eurer Lage wärt Ihr für immer aus Frankreich verbannt, würdet Ihr es auch nur für vierundzwanzig Stunden verlassen. Die Gefahr ist im übrigen nicht so groß, wie man sie Euch ausmalt. Diejenigen, die uns umzingeln wollen, sind dieselben wie jene Feiglinge, die wir in Paris eingeschlossen hatten, oder Leute, die nicht besser sind & mehr Händel untereinander haben werden als mit uns. Sire, wir sind in Frankreich, hier wollen wir begraben sein: Es geht um ein Königreich, entweder man gewinnt es, oder man läßt sein Leben, & selbst wenn es keine andere Rettung für Eure Hoheit gäbe als die Flucht, bin ich mir sicher, daß Ihr tausendmal lieber festen Schrittes in den Tod gingt, als Euch durch dieses Mittel zu retten. Eure Majestät würden es niemals dulden, daß man sagt, ein Abkömmling des Hauses Lorraine habe ihm das Land abgenommen, noch weniger, man habe ihn an der Tür eines fremden Fürsten betteln sehn. Nein, Sire, nein, jenseits des Meeres findet Ihr weder eine Krone noch Ehre: Wenn Ihr Englands Beistand nicht abwartet, wird es sich zurückziehen; wenn Ihr am Hafen von La Rochelle als Mann auftretet, der sich zu retten sucht, werdet Ihr nur Vorwürfe & Mißtrauen ernten. Ich kann nicht glauben, daß Eure Majestät sich lieber der Wechselhaftigkeit der Fluten & dem Wohlwollen Fremder anvertrauen wollen als so vielen tapferen Edelleuten & altgedienten Soldaten, die bereit sind, Euch als Wall & Schild zu dienen, & ich bin Eurer Majestät ein zu ergebener Diener, um Euch zu verheimlichen, daß diese Männer, sollten Eure Majestät Ihr Heil anderswo suchen als in der Tugend, gezwungen sein werden, das ihre bei einer anderen Partei als der Euren zu suchen.«

Diese Rede beeindruckt um so mehr, als Mezeray hier Marschall de Biron tatsächlich in den Mund gelegt hat, was Heinrich IV. in seinem Herzen erwog.

Es gäbe noch viel zu sagen über die *Redekunst,* doch Bücher sind oft geschwätzig, & in einem aufgeklärten Zeitalter weiß der von Beispielen geleitete Geist mehr, als alle Lehrer ihm beibringen könnten. Siehe Ausdrucksweise. *Voltaire*

REGEL – Règles (Anatomie). In der animalischen Ökonomie die gewöhnliche & natürliche Reinigung der Frauen.

Die Grönländerinnen haben keine *Regel.* Im Norden ist die *Regel* selten, weil die Kälte die festen Bestandteile des menschlichen Körpers zusammenzieht.

Die *Regel* beträgt in Griechenland 20 Unzen, zwischen 14 & 16 in Spanien, zwischen 8 & 10 in Okzitanien, etwa 6 in Holland, eine Unze in Deutschland bei den Bäuerinnen. Unterschiede gibt es hinsichtlich der Menge & auch der Dauer. Die Periode des Menstruationsflusses endet in Griechenland nach zwei oder drei, höchstens vier Tagen; in Okzitanien fließt das Monatsblut fünf oder sechs Tage, in England drei Tage, in Holland drei oder vier Tage, ebenso in Frankreich, eine ganze Woche in Deutschland. Doch variiert diese Zeit sehr stark, & bei guter Gesundheit ist die Dauer der *Regel* häufig kürzer.

Nirgendwo tritt die Fruchtbarkeit & die *Regel* frühzeitiger ein als bei den Frauen der warmen Länder. Es gibt Länder, in denen man im Alter von 10 & sogar 8 Jahren Kinder bekommt. Mandelshof hat in Indien ein Mädchen gesehen, das bereits im Alter von zwei Jahren Brüste hatte, im Alter von drei ihre *Regel* bekam & im Alter von fünf ein Kind gebar. In Okzitanien setzt der Menstruationsfluß ein Jahr früher ein als in Paris; in Holland beginnt er im Alter zwischen 14 & 16 Jahren; im Hochgebirge bekommen die Frauen ihre *Regel* später, & sie läßt sich sehr leicht unterdrücken; dennoch gibt es in Europa Fälle von sehr früher Fruchtbarkeit, beispielsweise mit 9 Jahren. Die Geschichte der Akademie der Wissenschaften von 1708 erwähnt ein hochgewachsenes Mädchen, das Brüste hatte & erst 9 Jahre alt war. Mädchen, die mit 10 Jahren ihre *Regel* bekommen, sind meist stark.

Die vollblütigen Frauen haben zweimal im Monat ihre *Regel*, sie verlieren viel Blut, das Dreifache von der Menge der deutschen Frauen. In Persien haben unzüchtige & häusliche Frauen diesen Fluß zwei- oder dreimal im Monat. Untätige Frauen haben ihre *Regel* sieben & acht Tage; aus demselben Grund sind die Männer, die keine Leibesübungen machen, stark für Hämorrhoiden anfällig. Die robusten Milchsaftgefäße des Darms erzeugen im Zustand der Ruhe viel Blut, sie lösen sich nicht hinreichend auf, & die schwachen & schlaffen Gefäße öffnen sich beim geringsten Blutandrang. *Anonym*

Eine lausige Nebenhöhlenerkältung, die alle meine Sinne abstumpfte, verstopfte meine Nase, ich konnte nicht riechen, schmecken, sehen durch wässerige Augen, hörte sogar nichts, was fast das Schlimmste war. Und obendrein, während einer höllisch schlaflosen Nacht fiebrigen Schnüffelns und Herumwälzens die schrecklichen Krämpfe meiner Periode (ja, Fluch) und der nasse, schmutzige Strahl des Blutes. Sylvia Plath, Cambridge Notizen

REICH – Empire (Geschichte & Politisches Recht). So bezeichnet man die Staaten, die einem Herrscher untertan sind, der den Titel Kaiser trägt; so spricht man vom *Reich des Großmoguls,* vom *Russischen Reich* &c. Aber bei uns gibt man den Namen *Reich* vor allem dem deutschen Staatengebilde, einem Gemeinwesen, das von allen jenen Fürsten & Staaten gebildet wird, die die drei Kollegien Deutschlands darstellen, & das einem Oberhaupt, nämlich dem Kaiser, untertan ist.

Das *Deutsche Reich* ist in seinem gegenwärtigen Zustand nur ein Teil jener Staaten, die Karl dem Großen untertan waren. Dieser Fürst besaß Frankreich aufgrund des Erbfolgerechts; er hatte mit Waffengewalt alle Länder zwischen Donau & Ostsee erobert & vereinigte mit ihnen das Königreich Lombardei, die Stadt Rom & ihr Territorium sowie das Exarchat Ravenna, die fast die einzigen Gebiete waren, die den Kaisern von Konstantinopel im Westen geblieben waren. Diese großen Staaten hießen damals *Reich des Westens,* das ein Teil jenes *Reiches* war, das früher die römischen Kaiser besessen hatten. In einer späteren Zeit, & zwar vor allem nach dem Erlöschen des Geschlechtes Karls des Großen, wurde Frankreich von seinem *Reich* losgelöst, & die Deutschen wählten zum Oberhaupt Otto den Großen, der die Stadt Rom & Italien zurückeroberte & sie wieder mit dem *Deutschen Reich* vereinigte. Schließlich nutzten unter den Nachfolgern Ottos zahlreiche Vasallen der Kaiser unter verschiedenen Vorwänden die Unruhen aus, die durch die blutigen Händel zwischen der Geistlichkeit & dem *Reich* hervorgerufen wurden, eigneten sich die Länder an, deren Verweser sie bis dahin nur gewesen waren, & huldigten zuletzt nur noch in sehr fragwürdiger

Weise den Kaisern, die zu schwach geworden waren, um sie im Zentrum zu halten, & die sich sogar gezwungen sahen, ihnen den Besitz der Länder, die sie an sich gerissen hatten, zuzugestehen. Damit noch nicht zufrieden, machten die, welche sich diese Besitzungen angeeignet hatten, sie für ihre Familien erblich. Um ein Gegengewicht gegen die Macht jener Vasallen zu bilden, die zuweilen mächtiger geworden waren als die Kaiser, schenkten die Kaiser nun den Kirchen große Ländereien & gewährten zugleich mehreren Städten die Freiheit. Das ist der wahre Ursprung der Macht jener Staaten, die das *Deutsche Reich* bilden. Es fehlte allerdings noch viel, wenn seine Grenzen heute ebenso ausgedehnt sein sollten wie zur Zeit Karls des Großen oder Ottos des Großen, denn inzwischen ist von ihm eine sehr große Anzahl von Königreichen & Provinzen abgefallen, & gegenwärtig umfaßt dieses einst so große *Reich* nur noch das, was man Deutschland nennt, das in zehn Kreise eingeteilt ist. Allerdings versucht das *Reich* zuweilen noch, seine alten Rechte über Rom & über Italien wieder geltend zu machen; doch bleiben ihm von allen diesen Ländern nur bloße Titel ohne jede reale Rechtsprechung. So nennt sich das *Deutsche Reich* noch immer *Heiliges Römisches Reich, Römisch-germanisches Reich* &c.

Manche Autoren fanden es sehr schwer, zu bestimmen, welchen Namen man der Regierung des *Reiches* geben sollte. Wenn man bedenkt, daß an seiner Spitze ein Fürst steht, dem die Staaten des *Reiches* zu huldigen, Gehorsam & Treue zu schwören haben, wofür sie von ihm die Investitur ihrer Lehen erhalten, so ist man tatsächlich versucht, das *Reich* als einen monarchischen Staat anzusehen. Andererseits kann aber der Kaiser nur als der Repräsentant des *Reiches* angesehen werden, da er nicht das Recht hat, allein Gesetze zu erlassen. Er hat auch kein unmittelbares Verfügungsrecht über die Lehen, da er nur das Recht hat, die Investitur zu erteilen, nicht aber das Recht, unter irgendeinem Vorwand die Lehen denen, die sie besitzen, ohne die Zustimmung des *Reiches* zu entziehen. Übrigens nennt der Kaiser die Staaten, wenn er von ihnen spricht, immer »unsere Vasallen & Lehnsherren des Reiches«. Wenn man die Macht & die Vorrechte der Staaten des *Reiches*, den Anteil, den sie an der Gesetzgebung haben, die Rechte, die jeder von ihnen auf dem ihm unterstellten Territorium hat & die man *Territorialhoheit* nennt, in Betracht zieht, so kann man mit Recht das *Reich* als einen aristokratischen Staat betrachten. Schließlich findet man auch die Demokratie in den freien Städten, die Sitz & Stimme in den *Reichstagen* haben. Daraus muß man folgern, daß die Regierung des Reiches die eines gemischten Gemeinwesens ist.

Der berühmte Präsident Thou sagt von dem *Deutschen Reich* (*Annales de l'Empire*, Band II – über den Westfälischen Frieden), es sei erstaunlich, daß so viele mächtige Völker, ohne durch die Furcht vor ihren Nachbarn oder aus Not dazu gezwungen zu sein, wetteifern konnten, einen so mächtigen Staat zu bilden, der viele Jahrhunderte lang bestand, & man habe trotz der Schwäche der meisten seiner Mitglieder niemals ein widerstandsfähigeres Staatengebilde gesehen. (Siehe auch die *Geschichte* des Präsidenten Thou, Band II.) Aber wir dürfen hierzu wohl bemerken, daß diese Feststellung nicht ganz richtig ist; denn wenn man das berücksichtigt, was am Anfang dieses Artikels gesagt worden ist, so sieht man wohl ein, daß diese Völker sich nicht zusammengeschlossen haben, um einen Staat zu bilden, sondern daß mächtige Untertanen ein & desselben Staates sich zu Herrschern gemacht haben, ohne sich von dem Staat zu trennen, dem sie angehörten. Das Interesse, die stärkste Triebfeder, hat sie zusammengehalten, & diese Union hat ihnen auch die Mittel geliefert, sich zu behaupten.

Gewiß sollte man nicht meinen, daß es den Deutschen zum »politischen« Handeln an Verstand gefehlt hat. Im gewissen Sinn waren wir sogar Revolutionäre, das größte revolutionäre Volk auf Erden. Wir führten die weltweite Bewegung an gegen Frauenkorsetts und gebügelte Herrenzylinder, gegen Wiener Absätze, gegen die Interpunktion, zum Schutze der Philosophie und der neuen Orthographie – und wer weiß was noch alles! Der Deutsche kann seine ganze Energie in den Kampf für Krematorien investieren, wenn es ihm die deutsche Regierung erlaubt.

Carl Einstein, Der Ideenverfall in Deutschland, 1924

Es steht außer Zweifel, daß das *Reich*, das von einer großen Anzahl sehr mächtiger Glieder gebildet wird, in ganz Europa als ein sehr angesehener Staat zu betrachten wäre, wenn alle diejenigen, die ihn bilden, um das allgemeine Wohl ihrer Länder wetteiferten. Aber dieser Staat hat sehr große Nachteile: Die Autorität des Oberhaupts ist nicht groß genug, um sich Gehör zu verschaffen; Furcht, Mißtrauen & Eifersucht herrschen beständig unter den Mitgliedern; niemand will in irgendeiner Sache seinen Nachbarn nachgeben; die ernstesten & bedeutendsten Angelegenheiten des ganzen Staatengebildes werden zuweilen vernachlässigt wegen Privatstreitigkeiten um den Vorrang, um die Etikette, um vermeintliche Rechte & andere Bagatellen. Die Grenzen sind schlecht bewacht & schlecht befestigt; die Truppen des *Reiches* sind nicht zahlreich & schlecht besoldet; es gibt keinen Staatsfonds, weil niemand Beiträge leisten will. Die so hoch gepriesene Freiheit des *Deutschen Reiches* ist nichts weiter als die Ausübung der Willkürherrschaft, die einer kleinen Anzahl von Herrschern zugute kommt, ohne daß der Kaiser sie daran hindern könnte, das Volk mit Füßen zu treten & zu unterdrücken; denn das Volk gilt dort nichts, obwohl doch gerade auf ihm die Macht einer Nation beruht. Der Handel wird beständig durch die Vielzahl der Zölle behindert, die von denen erhoben werden, durch deren Territorium die Waren gehen – was die schönen Flüsse & schiffbaren Ströme, die

Deutschland durchfließen, nahezu unnütz macht. Die Gerichtshöfe, die dazu bestimmt sind, für Gerechtigkeit zu sorgen, werden schlecht bezahlt, & die Zahl der Richter ist unzureichend. In den *Reichstagen* werden die Beschlüsse mit unerträglicher Langsamkeit gefaßt & machen diesen Staat in den Augen der anderen Völker lächerlich, bei denen »die Langsamkeit der deutschen Behörden« fast sprichwörtlich geworden ist. *d'Holbach*

RELIQUIE – **Relique** (**Kirchengeschichte**). Dieses Wort, das von dem lateinischen Wort *reliquiae* kommt, bezeichnet das, was uns von einem Heiligen überkommen ist; Gebeine, Asche, Kleidungsstücke &c., die man ehrfurchtsvoll aufbewahrt, um sein Andenken zu ehren; aber wenn man die *Reliquien* mit etwas strengerer Genauigkeit untersuchte, sagt ein gelehrter Benediktiner, dann würde sich wohl herausstellen, daß man der Frömmigkeit der Gläubigen eine große Anzahl falscher *Reliquien* zur Verehrung empfohlen hat & daß man Gebeine geweiht hat, die durchaus nicht von einem Glückseligen stammen, ja vielleicht nicht einmal von einem Christen. *Jaucourt*

REVOLUTION – **Révolution.** Bedeutet in der Sprache der Politik eine erhebliche Veränderung in der Regierung eines Staates.

Das Wort kommt vom lateinischen *revolvere,* zurückholen. Es gibt keine Staaten, die nicht mehr oder weniger häufig *Revolutionen* ausgesetzt waren. Abbé de Vertot hat uns zwei oder drei vortreffliche Geschichten von *Revolutionen* in verschiedenen Ländern vorgelegt: die *Revolutionen* von Schweden, die der Römischen Republik &c.

REVOLUTION – **Révolution** (**Moderne Geschichte Englands**). Obgleich Großbritannien zu allen Zeiten viele *Revolutionen* erlebt hat, haben die Engländer insbesondere derjenigen von 1688 diesen Namen gegeben, als der Prinz von Oranien, Wilhelm von Nassau, anstelle seines Schwiegervaters Jakob Stuart den Thron bestieg. Die schlechte Amtsführung König Jakobs, sagt Milord Bolinbroke, ließ die *Revolution* notwendig erscheinen & machte sie möglich; diese schlechte Amtsführung ebenso wie sein ganzes früheres Verhalten erwuchsen jedoch aus seiner blinden Ergebenheit dem Papst gegenüber & aus den Grundsätzen des Despotismus, von denen keine Warnung ihn abzubringen vermocht hatte. Diese Ergebenheit hatte ihren Ursprung im Exil der königlichen Familie; diesem Exil lag die Usurpation Cromwells zugrunde, & Cromwells Usurpation war durch eine vorherige Rebellion veranlaßt worden, die in Ansehung der Freiheit nicht unbegründet begonnen wurde, sich aber in Ansehung der Religion auf keinen triftigen Vorwand berufen konnte. *Jaucourt*

RHEIN – **Rhin** (**Mythologie**). Die alten Gallier verehrten diesen Fluß als Gottheit. Wenn sie an der Treue ihrer Frauen zweifelten, so sollen sie diese gezwungen haben, die Kinder, für deren Väter sie sich nicht hielten, auf dem *Rhein* auszusetzen. Wenn das Kind unterging, galt die Mutter als Ehebrecherin; schwamm es dagegen obenauf, so schenkte der Ehemann, von der Keuschheit seiner Gattin überzeugt, ihr wieder sein Vertrauen & seine Liebe. Kaiser Julian, der uns dies berichtet, fügt hinzu, daß dieser Fluß sich oftmals durch sein Urteil für den Schimpf rächte, den man der Reinheit des ehelichen Bettes antat. *Jaucourt*

ROMAN – **Roman** (**Fiktionen des Geistes**). Das ist das fiktive Reich wunderbarer oder wahrscheinlicher Abenteuer des menschlichen Lebens; der schönste *Roman* der Welt, der *Telemach,* ist ein wahres Gedicht, allerdings ohne Versmaß & Reim.

Ich suche nicht nach dem Ursprung des *Romans,* Huet hat dieses Sujet bereits erschöpft, ihn muß man also zu Rate ziehen. Bekannt ist die Geschichte der Liebe des Dinias & der Dercyllis von Antonius Diogenes, es ist der erste der griechischen *Romane.* Jamblichus hat die Liebe der Rhodane & des Simonides geschildert. Achilles Tatius hat den *Roman* über Leukipp & Klitophon geschrieben. Heliodor, Bischof von Tricca, hat schließlich im vierten Jahrhundert die Liebesgeschichte von Theagenes & Charikleia erzählt.

Aber wenn die romanhaften Fiktionen bei den Griechen Früchte des Geschmacks, der Gesittung & der Gelehrsamkeit waren, so brachte im elften Jahrhundert die Ungeschliffenheit unsere ersten *Ritterromane* hervor. Siehe auch RITTERROMAN.

Sie hatten ihren Ursprung im Mißbrauch der Legenden & in der damals herrschenden Barbarei; doch wurden derartige Fiktionen unmerklich immer besser & kamen erst aus der Mode, als zu Beginn des vorigen Jahrhunderts die Galanterie ein neues Gewand erhielt.

Honoré d'Urfé, so sagt Boileau, war ein Mann von vornehmer Herkunft aus der Gegend von Lyon & der Liebe sehr zugetan; er wollte einer großen Anzahl von Versen, die er für seine Geliebte geschrieben hatte, Geltung verschaffen sowie in einem Werk mehrere Liebesabenteuer vereinen, die ihm widerfahren waren, & hatte dabei einen recht ersprießlichen Einfall. Er tat so, als hätte in Forès, einer kleinen Landschaft, die an die Limagne d'Auvergne grenzt, zur Zeit unserer ersten Könige eine Schar von Schäfern & Schäferinnen gelebt. Sie wohnten an den Ufern des Lignonflusses & trieben, da sie mit Glücksgütern reichlich

D*ie Sonne ist dunkel, / der Mond ohne Licht. / Denn ich liebte ihn, / er mich leider nicht.* DOROTHY PARKER, ROMAN IN 2 BÄNDEN

gesegnet waren, ihre Herden bloß zum Zeitvertreib & zu ihrem Vergnügen auf die Weide. Da aber alle diese Schäfer & Schäferinnen sehr viel Muße hatten, suchte schon bald, wie man sich denken kann & wie er selbst erzählt, die Liebe sie heim & führte zu vielen bedeutsamen Begebenheiten.

D'Urfé rief sich alle seine Abenteuer ins Gedächtnis zurück, vermengte damit viele andere & flocht zugleich jene Verse ein, von denen ich gesprochen habe & die – so schlecht sie auch waren – doch Anklang fanden, da ihnen die Kunstfertigkeit, mit der er sie in das Werk einfügte, zugute kam; denn er unterstützte all das durch eine ebenso lebendige wie blumenreiche Fabel, witzige Einfälle & Charaktere, die fein ausgedacht waren & durch Mannigfaltigkeit & Folgerichtigkeit erfreuten.

Er schrieb so einen *Roman*, der ihm großen Ruf verschaffte & sogar von Leuten mit auserlesenem Geschmack sehr geschätzt wurde, obgleich seine Moral Anstoß erregte, da sie nur Liebe & Verweichlichung lehrte. Er machte daraus vier Bände, denen er den Titel *Astraea*, den Namen der schönsten seiner Schäferinnen, gab: es war Diane de Chateau-Morand. Der erste Band erschien im Jahre 1610, der zweite zehn Jahre später, der dritte fünf Jahre nach dem zweiten & der vierte im Jahre 1625. Nach seinem Tod verfaßte Baro, der sein Freund & nach Aussage einiger Autoren auch sein Sekretär war, zur Erinnerung an ihn einen fünften Band, der den Abschluß bildete & nicht weniger gut aufgenommen wurde als die vier anderen Bände.

Der große Erfolg dieses *Romans* stieg den Schöngeistern von damals so sehr zu Kopf, daß sie nach seinem Vorbild eine Unmenge ähnlicher *Romane* schrieben, die zuweilen sogar zehn bis zwölf Bände umfaßten, & so wurde der Parnaß eine Zeitlang von solchen Produkten überschwemmt.

Man lobte vor allem die *Romane* von Gomberville, La Calprenède, Desmarais & von Scudéry. Aber diese Nachahmer, die sich vergeblich bemühten, ihr Vorbild zu überbieten & seine Charaktere zu veredeln, verfielen in einen albernen Ton. Anstatt wie d'Urfé Schäfer als Helden zu wählen, die nur darauf bedacht waren, das Herz ihrer Geliebten zu gewinnen, wählten sie für diese sonderbare Beschäftigung nicht nur Fürsten & Könige, sondern auch die berühmtesten Feldherren des Altertums, die ihrer Schilderung nach von dem gleichen Geist erfüllt waren wie jene Schäfer; denn sie hatten ihrem Vorbild gemäß eine Art Gelübde abgelegt, immer nur von der Liebe zu reden & sich von nichts anderem erzählen zu lassen. So machten diese Autoren im Gegensatz zu d'Urfé, der in seiner *Astraea* aus sehr leichtsinnigen Schäfern beachtliche Romanhelden gemacht hatte, aus den vortrefflichsten Helden der Geschichte leichtsinnige Schäfer & zuweilen auch Bürger, die noch leichtsinniger waren als die Schäfer. Trotzdem fanden ihre Werke unzählige Bewunderer & waren lange Zeit sehr beliebt.

Aber die *Romane*, die den meisten Beifall ernteten, waren *Cyrus & Cloelia*, verfaßt von Fräulein Scudéry, der Schwester des gleichnamigen Autors. Doch verfiel sie nicht nur in denselben albernen Ton, sondern trieb ihn sogar auf die Spitze. Anstatt in der Gestalt des Cyrus, wie es sich gehörte, einen König darzustellen, wie ihn Herodot beschreibt oder wie er bei Xenophon erscheint, der aus dem Leben dieses Fürsten wie sie einen *Roman* gemacht hat; anstatt also aus ihm ein Muster der Vollkommenheit zu machen, schuf sie einen Artamenes, der törichter ist als alle Seladons & Sylvander zusammen, da er nur seine Mandane anschmachtet & vom Morgen bis zum Abend bloß klagt, seufzt & den Faden der vollendeten Liebe spinnt.

Noch schlimmer trieb sie es in ihrem anderen *Roman*, der *Cloelia*, wo sie uns alle Heldinnen & Helden der jungen Römischen Republik vor Augen führt, Frauen wie Cloelia & Lukretia, Männer wie Horatius Cocles, Mucius Scaevola & Brutus, die allesamt noch verliebter als Artamenes sind, sich nur mit Landkarten der Liebe abgeben, einander galante Fragen & Rätsel stellen, kurz bloß das tun, was dem Charakter & der Heldenwürde jener ersten Römer am meisten zu widersprechen scheint. Alle diese vortrefflichen Bemerkungen stammen von Despréaux.

Betten machen : *Sie schlief auf der Riesencouch (Einsdreißig breit!), und : »Ich leg mich in die Küche«, stellte ich beklommen fest. »Hm-M.« machte sie, nicht ohne Wohlwollen: das versprach ein Roman zu werden, mit allem avec. »Gute Nacht« sagte sie lieblich und zuvorkommend (und nestelte versonnen am Ausschnitt); – »Gute Nacht.«*
Arno Schmidt, Schwarze Spiegel

Die Gräfin von La Fayette verabscheute die Leser der abgeschmackten Geschichten, von denen wir soeben sprachen. Man sah in ihrer *Zaïde* & in ihrer *Prinzessin von Clèves* echte Schilderungen & natürliche, anmutig beschriebene Erlebnisse. Der Graf von Hamilton besaß das Talent, ihnen einen erfreulichen & witzigen Stil zu geben, der nichts mit dem burlesken Stil Scarrons zu tun hat. Aber die meisten anderen *Romane*, die in jenem Jahrhundert noch erschienen, sind phantasielose Produkte, Werke, die nur geeignet sind, den Geschmack zu verderben, oder – was noch schlimmer ist – obszöne Schilderungen, gegen die sich anständige Menschen empören. Schließlich hatten vor kurzem die Engländer den glücklichen Einfall, solche Fiktionen auf nützliche Gegenstände zu richten & diese dafür zu benutzen, auf unterhaltsame Weise Liebe zu den guten Sitten & zur Tugend durch einfache, natürliche & geistvolle Darstellung der Ereignisse unseres Lebens einzuflößen. Das vollbrachten mit viel Ruhm & Geist Richardson & Fielding.

Diese mit gutem Geschmack geschriebenen *Romane* sind vielleicht die letzte Lehre, die einer Nation noch erteilt werden kann, die dermaßen verdorben ist, daß jede andere für sie nutzlos wäre. Ich wünschte, daß die Abfassung solcher Bücher nur rechtschaffenen, gefühlvollen Männern zufiele, deren Inneres sich in ihren Schriften widerspiegelte, das heißt Autoren, die über die Schwächen der Menschheit erhaben wären & die nicht plötzlich die für Menschen unerreichbare Tugend im Himmel zeigten, sondern die sie uns lieben lehrten, indem sie sie zuerst weniger streng schilderten & uns später aus dem Reich der Leidenschaften, denen man erliegen, die man aber bereuen kann, nach & nach zur Liebe des Guten & des Schönen führten. Das ist Rousseau in seiner *Neuen Héloïse* gelungen.

Es scheint also, wie andere schon vor mir gesagt haben, daß der *Roman* & die Komödie ebenso nützlich sein könnten, wie sie im allgemeinen schädlich wirken. Man erblickt darin so erhabene Beispiele der Standhaftigkeit, Tugend, Zärtlichkeit & Selbstlosigkeit, so schöne & vollendete Charaktere, daß ich wie La Bruyère darüber staune, daß eine junge Frau, die von jenem Standpunkt aus ihren Blick auf ihre Umgebung richtet & nur unwürdige Gegenstände vorfindet, die bei weitem denen nachstehen, die sie soeben bewundert hat, ihnen gegenüber auch nur der geringsten Schwäche fähig sei.

Übrigens liebt man die *Romane*, ohne dies zu ahnen, einmal wegen der Leidenschaften, die sie schildern, & zum anderen wegen der Emotion, die sie hervorrufen. Man kann also diese Emotion & diese Leidenschaften in bestimmter Art & Weise ausnutzen. Man käme damit um so leichter zu Rande, als die *Romane* Werke sind, die begehrter, leichter verkäuflich & weitaus beliebter sind als jedes Werk über Moral & andere, die eine ernsthafte Hingabe des Geistes verlangen. Mit einem Wort: alle Menschen sind fähig, *Romane* zu lesen, fast alle lesen sie, aber man findet nur eine Handvoll Menschen, die sich ausschließlich mit dem abstrakten Wissen eines Platon, Aristoteles oder Euklid beschäftigen. *Jaucourt*

Michel Tournier
Die Ästhetik des modernen Romans

Will man die Bücher unserer Zeit verstehen, muß man an die Quellen zurückgehen. Seit seinen Anfängen hat der Roman widersprüchliche Eigenschaften in sich vereint, die durch die Jahrhunderte hinweg und bis heute miteinander im Streit liegen. Denn einerseits steht er als Prosa-Erzählung im Gegensatz zu der vornehmen und poetischen Gattung des epischen Gedichts und der Elegie. Andererseits ging er jedoch aus der geschriebenen und nicht aus der mündlich vorgetragenen Literatur hervor. Deshalb verzögerte sich seine Verbreitung, bis der Druck erfunden war und der Handel mit Büchern aufkam, welche zuvor einer Elite vorbehalten waren. Diese doppelte und widersprüchliche Bestimmung ist bereits ausgeprägt, als die literarische Gattung ihre Form erhält. Denn es gab eine Literatur der pittoresken Abenteuer und Wirrungen – ihr einziger Anspruch war, erfolgreich zu sein – die *pikaresken* Romane (vom spanischen *picaro* – Spitzbube). Sie erreichte in Deutschland mit dem *Simplizissimus* von Grimmelshausen (1622–1676) und in Frankreich mit *Gil Blas de Santillane* von Lesage (1668–1747) ihre Blüte. Allerdings hatte Cervantes (1547–1616) bereits ein halbes Jahrhundert zuvor mit seinem *Don Quijote* in der Abenteuerliteratur ein unerreichbares Werk hinterlassen.

Das Geheimnis von der Größe des *Don Quijote* ist leicht zu umreißen. Es handelt sich ohne Zweifel um einen Roman, der prall gefüllt ist mit unerwarteten Wendungen, häufig der vergnüglichen Sorte, die Helden dieser Abenteuer sind jedoch zwei menschliche Grundtypen, beide gleichermaßen zeitlos und anrührend. Da ist einmal der in seinem Idealismus verstiegene Ritter von edler Naivität und zum anderen sein Diener Sancho Pansa, treu, aber äußerst diesseitig, der nur seinem kruden Menschenverstand gehorcht. Wer von den beiden hat recht? Eine ewige Frage. Es sei nur daran erinnert, daß vor nicht allzu langer Zeit in Frankreich die politischen Kommentatoren gern auf dieses mythische Paar zurückgriffen, um das Verhältnis zwischen Präsident Charles de Gaulle und seinem Premierminister Georges Pompidou zu beschreiben.

Zur selben Zeit entstand eine Serie sogenannter *psychologischer* Romane, in denen der Anteil des äußeren Abenteuers auf ein Minimum reduziert war und sich alles auf der Ebene des Herzens und der Seele abspielte, etwa die *Prinzessin von Clèves* der Madame de La Fayette (1678), *Julie oder die neue Héloïse* von Jean-Jacques Rousseau (1761) und natürlich vor allem Goethes *Werther* (1774).

Wie reagiert der Leser von heute auf diese empfindsamen Werke? All diese Leute, sagt er sich, trinken und essen nicht, sie kleiden sich nicht und unternehmen keine Reisen, sie scheinen einzig und allein mit der Befindlichkeit ihres Gemüts beschäftigt. Um nur ein Beispiel zu erwähnen: das Pferd, das in dieser Zeit eine herausragende Stellung einnimmt, wird in allen drei Büchern nicht einmal erwähnt.

Die Antwort auf dieses unbefriedigte Bedürfnis liegt in einem einzigen Begriff, der sich seit dem Ende des 18. Jahrhunderts unaufhaltsam durchsetzt: der Realismus. Er kommt mit Stendhal (1783–1842) auf, konsolidiert sich durch Balzac (1799–1850) und kann mit Dickens (1812 bis 1870), Flaubert (1821–1880), Maupassant (1850–1893) und vor allem Zola (1840–1902) das Terrain des Romans vollkommen für sich gewinnen.

Eine Gefahr wird gleichwohl sofort sichtbar. Besteht denn nicht das Risiko, daß der Roman von nun an zur genauen und gewissenhaften Wiedergabe aller Einzelheiten eines Lebens verkommt? Ein Vorwurf, der besonders auf manche Werke von Zola zutrifft, in denen die detaillierte Beschreibung der Wirklichkeit beinahe den ganzen Raum einnimmt. Der einzige Weg, der von der ersten Stufe zur zweiten führt, von der minutiösen Schilderung zum tiefgehenden Blick auf den Einzelnen in seiner menschlichen und sozialen Dimension, findet sich einmal mehr bei Cervantes. Er steht auch bei den russischen Meisterwerken des 19. Jahrhunderts von Dostojewski und Tolstoi im Mittelpunkt. Bei Raskolnikow und Graf Pierre Besuchow stellen sich die Ereignisse nicht von außen ein, vielmehr sind sie vom gleichen Stoff wie diese Helden, die ihre eigene Geschichte selbst abzusondern scheinen. Es sind Schilderungen, die nicht zu überbieten sind. Erst im 20. Jahrhundert wird mit dem *Zauberberg* (1924) und *Doktor Faustus* (1947) von Thomas Mann eine vergleichbare Verschmelzung der Seele eines Helden mit dem Los der Gesellschaft zu finden sein.

Wer einen Romancier und nicht einen Literaturhistoriker oder Kritiker dazu auffordert, die Frage nach der Ästhetik des zeitgenössischen Romans zu beantworten, erwartet, wie ich glaube, eine persönliche Stellungnahme. Ich möchte diese Erwartung nicht enttäuschen. In ihrer Mehrzahl befinden sich meine eigenen Romane am Schnittpunkt zwischen einem großen historischen Thema, oder dem Wesen menschlicher Existenz, und genauen Recherchen auf dem jeweiligen Gebiet.

So gibt es im *Erlkönig* (1970) einen maßgeschneiderten Helden, der in das kriegerische System des Nazi-Regimes eingeführt wird. Tiffauges – benannt nach dem wichtigsten Schloß von Gilles de Rais – ist nicht ausgesprochen »böse«, aber er besitzt alle Züge eines Menschenfressers, der frisches Menschenfleisch benötigt und sein Glück im Krieg findet. Der erste Teil des Romans – er spielt in Frankreich vor dem Krieg – beschreibt einen unglücklichen, verhaltensgestörten Mann, der in das kriegerische System der Nazis Eingang findet, wie ein Werkstück, das zu diesem Zweck angefertigt wurde. Als er Ostpreußen entdeckt, wird ihm ein Paradies enthüllt, von dem er in seinem Unbewußten träumte.

In meinem Roman *Freitag* (1967) befindet sich Robinson Crusoe, die Inkarnation der menschlichen Einsamkeit, im schwierigen Dialog mit dem Indianer Freitag, dem Menschen der Dritten Welt, Probleme, die gewiß immer bleiben werden, in unserer Gesellschaft jedoch von besonders brennender Aktualität sind.

In *Zwillingssterne* (1975) geht es um ein Zwillingspaar, dessen Schicksal die Wirrungen menschlicher Zweisamkeit illustriert, schwankend zwischen gegenseitiger Verbundenheit und Eigenwille. In *Der Goldtropfen* (1985) werden die Mißgeschicke eines jungen algerischen Arbeiters erzählt, der nach Frankreich eingewandert ist – es ist der Zusammenprall einer bilderfeindlichen Gesellschaft (die des Islam) mit einer Welt (der unsrigen), in der das Bild, dank der Photographie, des Kinos und des Fernsehens, den höchsten Platz einnimmt.

In *Kaspar, Melchior & Balthasar* (1980) geht es um die Entstehung des Christentums innerhalb der jüdischen Welt, und wie es sich von ihr löst. Das individuelle und unendlich private Abenteuer und eine historische Problematik suchen ihre innigste Verschmelzung in jeder Geschichte dieses Romans. Jeder König ist von dem eigenen Problem besessen und findet seine Lösung in Bethlehem. Kaspar leidet unter einer unglücklichen Liebe, Melchior beschäftigen die Fragen politischer Machtausübung, Balthasar ist ein Liebhaber von Kunstwerken inmitten einer ikonoklastischen Gesellschaft, Taor schließlich, der vierte König, kommt aus Indien mit der Aufgabe, nach dem Rezept für eine Praline, das Rahat Lukum, zu suchen. In Wirklichkeit treibt ihn jedoch die große Frage der Ernährung um, und er findet seine Antwort in der heiligsten, »süßesten« Speise: der Eucharistie. Dieser kulinarische Magier findet sich bestätigt in dem Rang, den die Speisen und Getränke in den Evangelien einnehmen, von der Hochzeit zu Kanaa über die wunderbare Brotvermehrung bis zum heiligen Abendmahl.

Dem Beispiel Emile Zolas folgend, stelle ich für jede meiner Geschichten minutiöse Nachforschungen an und unternehme lange Reisen. Häufig ist das mit Mühen verbunden, aber diese Recherchen haben mich noch nie enttäuscht. Der Reichtum der Wirklichkeit setzt mich immer wieder in Erstaunen und übersteigt bei weitem die Möglichkeiten des Vorstellungsvermögens. Natürlich muß eine einfache und starke Idee hinter diesen Nachforschungen stehen und sie anleiten. Reisen, die ohne Konzeption und rein zufällig unternommen werden, führen zu nichts. Zur Zeit durchstreife ich die Friedhöfe mit dem Ziel, einen Roman über Vampire zu schreiben. Bei der Lektüre der klassischen Vampir-Romane – beispielsweise *Dracula* – war ich verblüfft, wie spärlich die Erfahrungen sind, mit denen sich ihre Autoren zufriedengaben. Haben sie denn nie die Leiche eines Menschen gesehen, der an Anämie gestorben ist? Liest man diese Bücher, so drängt sich der Verdacht auf, daß sie an die Figuren und Geschichten, die sie heraufbeschworen, nicht wirklich geglaubt haben.

So ist diese doppelte und widersprüchliche Anforderung des Romans, um die es hier ging, zu meinem Leben geworden: ein kraftvoll verwurzelter Realismus als Bürge für eine universelle Entität.

Aus dem Französischen von Hans Thill

RUNZEL – Ride (Physiologie). Eine Art Falte oder Furche, die sich auf dem Gesicht, auf der Haut oder überhaupt auf fast dem ganzen Körper der Menschen bildet, wenn sie zu altern beginnen.

Die Haut dehnt sich aus & wächst in dem Maße, wie das Fett zunimmt; diese Ausdehnung durch die Spannung der Haut & das Rot durch die Fülle der Blutgefäße. Das sind die Lilien & Rosen des schönen Alters; alle Schminke ist nur eitle Vortäuschung dieses Zustandes. Sobald die Ausdehnung zurückgeht, bekommt die Haut, die jetzt nicht mehr ausgefüllt ist, Falten, & *Runzeln* beginnen sich zu bilden; je älter man wird, desto fester, härter & trockener werden die Knorpel, die Membranen, das Fleisch, die Haut & alle Fasern des Körpers; dann schrumpfen alle Teile zusammen; die Zirkulation der Flüssigkeiten verläuft weniger ungestört, die Transpiration nimmt ab, die Nährsäfte sind weniger reichlich, & da sie von den meisten der allzu hart gewordenen Fasern nicht mehr aufgenommen werden können, dienen sie nicht mehr zu deren Ernährung; deshalb ziehen sich diese Fasern zusammen & krümmen sich. So kommt es zur täglichen Zunahme der *Runzeln.*

Auch die erfahrene Kunst kennt keine Schutzmittel gegen diesen Verfall des Körpers. Die Ruinen eines Hauses können wieder instand gesetzt werden, nicht aber die abgenutzte Maschine unseres Körpers. Frauen, die in ihre Reize allzu verliebt sind & beim Verlust ihrer Anmut vorzeitig zu sterben glauben, würden leidenschaftlich gern wieder jung, um die frischen Farben der Jugend zurückzugewinnen. Wie sollten sie nicht die anderen zu täuschen versuchen, da sie sich doch so große Mühe geben, sich selbst zu täuschen, um sich der traurigsten aller Vorstellungen, der des Alterns, zu entziehen? Wie viele möchten die *Runzeln* ihres Gesichts in jenen Teil des Körpers verlegen, an dem die Götter die verwundbare Stelle des Sohnes der Thetis & des Peleus verborgen hatten! Fräulein de Lenclos, die aufgeklärter war als die meisten ihres Geschlechts, hütete sich, die Schmeicheleien des Abbé de Chaulieu wörtlich zu nehmen, der behauptete, die Liebe hätte sich in die *Runzeln* auf der Stirn dieser schönen Frau zurückgezogen. Sie selbst nannte ihre *Runzeln* Abschied von der Liebe & Kennzeichen der Weisheit. Zweifellos sollten sie dies sein, um uns in der Philosophie zu bestärken & uns durch klare Überlegungen gegen die Furcht vor dem Tode abzuhärten. *Jaucourt*

Warum angelst du dir nicht einfach Price?« – »Mein Gott, Patrick«, sagt sie mit geschlossenen Augen. »Warum Price? Price?« Und aus der Art, wie sie es sagt, schließe ich, daß sie mit ihm geschlafen hat. »Er ist reich«, sage ich. »Jeder *ist reich«, sagt sie und konzentriert sich auf den Fernseher. »Er sieht gut aus«, erkläre ich ihr.* »Jeder *sieht gut aus, Patrick«, sagt sie abwesend. »Er hat eine tolle Figur«, sage ich.* »Jeder *hat heutzutage eine tolle Figur.«* BRET EASTON ELLIS, AMERICAN PSYCHO

SABBAT – Sabbat (Jüdische Geschichte). Bei den Juden ist es der siebte Tag der Woche, den sie zur Erinnerung daran heiligen, daß Gott, nachdem er die Welt in sechs Tagen erschaffen hatte, am siebten Tag ruhte. Das Wort ist rein hebräisch, & bedeutet »Stillstand« oder »Ruhe«, nach Philon, του κοσμού γενέσια, »der Tag der Entstehung der Welt«. Einige meinen, daß Gott schon in der ersten Zeit der Schöpfung den Menschen befohlen habe, den Tag des *Sabbats* zu achten, weil es in Genesis (2, 2 & 3) heißt, daß Gott den Tag, an dem er ruhte, heiligte & segnete. Das ist die Ansicht von Philon, dem hl. Clemens von Alexandria & einigen Rabbinern. Aber die meisten Kirchenväter meinen, daß diese Heiligung & diese Segnung, von denen Moses spricht, nichts anderes seien als die Bestimmung, die Gott dem siebten Tag gab, damit er in der Folge von seinem Volk geheiligt werde. Tatsächlich findet sich kein Hinweis darauf, daß die Patriarchen ihn beachteten oder daß Gott die Absicht hatte, sie dieser Regel zu unterwerfen.

Aber für die Hebräer machte er es, unter Androhung der Todesstrafe, zu einem ausdrücklichen & förmlichen Gebot, wie man in Exodus (13, 41) sieht, & daher achten sie den *Sabbat* als einen Tag, der vornehmlich dem Gottesdienst geweiht ist, & enthalten sich jeder niederen Arbeit. Man sagt sogar, sie seien dabei so gewissenhaft gewesen, daß sie es nicht für erlaubt hielten, sich an diesem Tag zu verteidigen, wenn sie angegriffen würden, & sich lieber die Kehle durchschneiden ließen als zu kämpfen. Im Evangelium sieht man, daß die Pharisäer noch schlechter begründete Vorschriften haben. Der *Sabbat* begann am Freitagabend nach dem Brauch der Juden, die ihre Feste von einem Abend bis zum nächsten feiern. Die Rabbiner haben genau bestimmt, was ihnen am Tag des *Sabbats* alles verboten ist, was sie auf 39 Hauptarbeiten festlegen, die jeweils Untergliederungen haben. Diese 39 Hauptarbeiten sind nach Leon da Modena (*Historia dei riti ebraici,* Teil III, Kapitel 1) die folgenden: Es ist ihnen untersagt, zu pflügen, zu säen, zu ernten, Ähren zu binden, das Korn zu dreschen, zu worfeln, zu sieben, zu mahlen, zu beuteln, zu kneten, zu backen, den Faden zu drehen, zu bleichen, zu kämmen oder zu hecheln, zu spinnen, zu zwirnen, zu flechten, zu rütteln, zu färben, zu knüpfen, aufzuknüpfen, zu nähen, zu zerreißen oder zu zerstückeln, zu bauen, zu zerstören, zu hämmern, zu jagen oder zu fischen, zu schlachten, zu häuten, das Fell vorzubereiten & zu schaben, es zu zerschneiden, um es zu bearbeiten, zu schreiben, zu radieren, Papier zu liniieren, Feuer anzuzünden oder zu löschen, etwas an einen öffentlichen oder privaten Ort zu tragen. Diese 39 Hauptarbeiten enthalten verschiedene Unterarten: so fällt das Feilen beispielsweise unter die Tätigkeit des Mahlens; & die Rabbiner haben alle diese Arbeiten mit großer Spitzfindigkeit dargelegt.

Der *Sabbat* beginnt bei ihnen etwa eine halbe Stunde vor Sonnenuntergang, ab dann werden alle diese Verbote beachtet. Die Frauen müssen im Zimmer eine Lampe anzünden, die gewöhnlich sechs, mindestens aber vier Dochte hat & während eines großen Teils der Nacht brennt. Außerdem breiten sie eine weiße Decke über einen Tisch & legen Brot darauf, das sie mit einer weiteren langen, schmalen Decke verhüllen, im Gedenken des Mannas, so sagen sie, das ringsum voller Tau vom Himmel fiel. Dann begibt man sich in die Synagoge, wo man Gebete spricht. Nach der Heimkehr segnet der Hausherr Brot & Wein, um der Einrichtung des *Sabbats* zu gedenken, & verteilt es dann an die Anwesenden. Am Sabbatmorgen versammelt man sich in der Synagoge, wo man Psalmen singt; man liest eine Stelle aus dem Pentateuch & eine aus den Propheten; dann folgt eine Predigt oder Ermahnung, die manchmal nach dem Mittagsmahl gehalten wird. Wenn die Nacht hereinbricht & das Abendgebet in der Synagoge gesprochen worden ist, kehrt ein jeder in sein Haus zurück; man zündet eine Kerze oder eine Lampe mit zwei Dochten an; der Hausherr nimmt eine Tasse Wein & einige wohlriechende Gewürze in die Hand, segnet sie, riecht dann an den Gewürzen & schüttet den Wein zum Zeichen der Fröhlichkeit auf die Erde; damit endet die Zeremonie des *Sabbats*.

Die profanen Autoren, die über den Ursprung des *Sabbats* sprechen wollten, bewiesen lediglich ihre große Unkenntnis in bezug auf die Juden. Tacitus zum Beispiel glaubte, daß sie am *Sabbat* zu Ehren von Saturn nicht arbeiteten, dem bei den Heiden der Samstag geweiht war (*Annalen*, Buch V). Plutarch hingegen meint (*Symposiaka*, Buch IV), sie feierten ihn zu Ehren von Bacchus, der *sabbos* genannt wurde, weil man bei den Festen dieses Gottes *saboi* rief.

Der Grammatiker Appianos behauptete, die Juden feierten den *Sabbat* zum Gedenken an ihre Heilung von einer schimpflichen Krankheit, die auf ägyptisch *sabboni* hieß. Persius & Petronius schließlich werfen den Juden vor, daß sie am Tag des *Sabbats* fasten. Es steht jedoch fest, daß ihnen das Fasten an diesem Tag untersagt war (*Bibellexikon* von Calmet, Band III, Buchstabe S).

Der *Sabbat* wurde aus einem ebenso einfachen wie legitimen Grund eingeführt, nämlich zum Andenken an die Erschaffung der Welt & um ihren Urheber zu verherrlichen. Die Christen haben den *Sabbat* durch den Sonntag ersetzt, zum Andenken an die Auferstehung Jesu Christi. Siehe SONNTAG.

Sabbat wird in der Heiligen Schrift noch in verschiedenen anderen Bedeutungen gebraucht:

1. einfach als Ruhe & zuweilen als ewige Glückseligkeit (wie in Hebräer 4, 9 & 4, 4)

2. für alle Feste der Juden: »Das sind die Festzeiten des Herrn« (Levitikus 23, 37)

3. bewahrt meine Feste, das heißt das Osterfest, das Pfingstfest, das Laubhüttenfest &c.

4. *sabbatum* bezieht sich auch auf die ganze Woche: »Ich faste zweimal in der Woche«, sagt der hochmütige Pharisäer (Lukas 18, 12) *Anonym*

> Leonce: *Aber ich weiß besser, was du willst: wir lassen alle Uhren zerschlagen, alle Kalender verbieten und zählen Stunden und Monden nur nach der Blumenuhr, nur nach Blüte und Frucht …* Valerio: *Und ich werde Staatsminister, und es wird ein Dekret erlassen, daß, wer sich Schwielen in die Hände schafft, unter Kuratel gestellt wird; daß, wer sich krank arbeitet, kriminalistisch strafbar ist; daß jeder, der sich rühmt, sein Brot im Schweiße seines Angesichts zu essen, für verrückt und der menschlichen Gesellschaft gefährlich erklärt wird; und dann legen wir uns in den Schatten und bitten Gott um Makkaroni, Melonen und Feigen, um musikalische Kehlen, klassische Leiber und eine commode Religion!* GEORG BÜCHNER, LEONCE UND LENA

SABBAT oder HEXENSABBAT – **Sabbat (Weissagung)**. Nächtliche Zusammenkunft, zu der sich angeblich die Hexer durch die Lüfte begeben & bei der sie dem Dämon huldigen.

Hier die zusammengefaßte Beschreibung, die Delrio vom *Hexensabbat* gibt. Er sagt, daß die Hexer oder Hexen sich zunächst mit einer vom Teufel bereiteten Salbe bestimmte Körperteile, vor allem die Leiste einreiben & sich dann rittlings auf einen Stock, einen Spinnrocken, eine Heugabel oder auf eine Ziege, einen Stier oder einen Hund setzen, das heißt auf einen Dämon, der die Gestalt dieser Tiere annimmt. In diesem Zustand werden sie in schnellstem Fluge, in einem Augenblick, über sehr weite Entfernungen hinweg zu einem abgelegenen Ort getragen, in einen Wald oder eine Wüste. Dort wird auf einem geräumigen Platz ein großes Feuer entzündet, & auf einem Thron erscheint der Dämon, der in Gestalt eines Bockes oder Hundes den *Sabbat* leitet. Man beugt vor ihm das Knie oder naht ihm rückwärts mit einer Pechfackel in der Hand; schließlich huldigt man ihm, indem man seinen Hintern küßt. Zudem begeht man ihm zu Ehren verschiedene Schandtaten & abscheuliche unzüchtige Handlungen. Nach diesen Präliminarien begibt man sich zu Tisch, & die Hexer ergötzen sich an Fleisch & Wein, die ihnen der Teufel liefert oder die sie selbst mitbringen. Vor oder nach diesem Mahl tanzt man Ringeltänze, bei denen man singt oder vielmehr auf gräßliche Weise brüllt; es werden Opfer dargebracht, & ein jeder erzählt, welche Zaubermittel er verwendet, welche Verhexungen er zuwege gebracht hat. Der Teufel ermutigt oder tadelt, je nachdem, ob man ihm gut oder schlecht gedient hat; er verteilt Gifte, gibt neue Aufträge, den Menschen zu schaden. Schließlich kommt der Augenblick, da alle Lichter erlöschen. Die Hexer & sogar die Dämonen vereinigen sich mit den Hexen & erkennen sie fleischlich; doch immer gibt es einige, vor allem neu hinzugekommene Hexen, die der Bock mit seinen Zärtlichkeiten bedenkt & mit denen er Verkehr hat. Darauf werden alle Hexer & Hexen auf die gleiche Weise, wie sie gekommen sind, in ihre Häuser zurückgebracht, oder sie begeben sich zu Fuß nach Hause, wenn der Ort des *Sabbats* nicht weit von ihrer Wohnstätte entfernt liegt. (Delrio, *Disquisitionum magicarum*, Buch II, Frage XVI)

Derselbe Autor erklärt die Möglichkeit dieses noch heute stattfindenden Flugs der Hexer mit der Unbegrenztheit der Luft. Er verweist dabei auf die Macht der Dämonen & die der Schutzengel, auf Habakuk, den ein Engel nach Babylon zurückversetzte, den Diarchen Philippus, der den Kämmerer der Königin Kandake taufte & der sich statt in der Wüste plötzlich in der Stadt Aschdod wiederfand. Der Pfeil des Abaris, der Flug des Simon Magus, des Schwedenkönigs Erich, von dem Johannes Magnus berichtet, der des Ketzers Berengar, der sich, will man der Chronik von Nagis Glauben schenken, in ein & derselben Nacht in Rom aufhielt & gleichzeitig in der Kirche von Tours eine Bibelstelle las, & einige Geschichten von Hexern genügen ihm, um aus der Möglichkeit auf die Existenz zu schließen. Es fehlt nicht viel & er würde all jene als Ketzer bezeichnen, die das Gegenteil behaupten, jedenfalls läßt er kein gutes Haar an Wyer & Godelman, nur weil sie sagten, daß alles, was die Hexer über den *Sabbat* berichten, nichts anderes sei als der Ausfluß einer überhitzten Einbildung oder der schwarzen Galle, ein Trugbild des Dämons, & ihre Reise durch die Lüfte auf einem Besenstiel sowie alles übrige lediglich ein Traum, der sie stark bewege.

Delrios Beweise zeigen, daß er sehr gebildet & belesen war, doch haben sie nicht die Überzeugungskraft, die den Leser befriedigt. Deshalb meinen wir, daß das Vernünftigste, was bisher über den *Hexensabbat* gesagt wurde, in der Schrift von Pater Malebranche zu lesen ist, der deutlich erklärt, warum so viele Personen sich eingebildet haben oder sich noch immer einbilden, sie hätten an diesen nächtlichen Zusammenkünften teilgenommen.

»Ein Hirte erzählt in seiner Schäferei«, sagt dieser Autor, »nach dem Abendessen seiner Frau & seinen Kindern von dem Abenteuer des *Hexensabbats.* Da er selbst davon überzeugt ist, dabeigewesen zu sein, & seine Einbildung durch den Geist des Weins einigermaßen erhitzt ist, spricht er sehr lebhaft davon, so daß seine natürliche Beredsamkeit von der Bereitschaft seiner Familie, über ein so neues & so erschreckendes Thema sprechen zu hören, begleitet wird. Es kann gar nicht anders sein, als daß so schwache Geister wie die der Frauen & Kinder sich davon überzeugen lassen. Ein Ehemann, ein Vater spricht von dem, was er gesehen & getan hat: man liebt ihn, man achtet ihn, warum also sollte man ihm nicht glauben? Der Schäfer wiederholt es an verschiedenen Tagen. In der Einbildung der Mutter & der Kinder hinterläßt die Erzählung daher immer tiefere Spuren; sie gewöhnen sich daran, & schließlich packt sie die Neugier, sich selber dorthin zu begeben. Sie reiben sich mit Salben ein, sie legen sich zu Bett, ihre Einbildungskraft wird durch die Bereitschaft ihrer Herzen noch weiter erhitzt, & die Spuren, die der Schäfer in ihr Hirn gegraben hat, reichen weit genug, um ihnen im Schlaf alle Dinge zu vergegenwärtigen, die er ihnen beschrieben hat. Sie stehen auf, fragen & erzählen einander, was sie gesehen haben. So bestärken sie sich gegenseitig in ihrer Vision, & wer von ihnen die stärkste Einbildungskraft hat & die anderen am besten zu überzeugen vermag, wird nach wenigen Nächten die imaginäre Geschichte des *Sabbats* bestätigen. So sehen wir also vollendete Hexer vor uns, die der Schäfer erfunden hat, & eines Tages werden auch sie noch viele andere erfinden, wenn sie bei lebhafter & starker Phantasie die Furcht nicht zurückhält, sich solche Geschichten auszudenken.«

Er fügt hinzu, daß es oftmals aufrichtige Hexer gebe, die jedermann sagten, sie gingen zum *Sabbat*, & davon so überzeugt seien, daß sie, obgleich mehrere Personen bei ihnen wachten & ihnen versicherten, sie hätten ihr Bett nicht verlassen, deren Zeugnis nicht anerkannten (*Von der Erforschung der Wahrheit*, Band I, Buch II, Kapitel VI).

Diese letzte Bemerkung genügt bereits, um alle Gründe zu widerlegen, die Delrio angehäuft hat, um die tatsächliche körperliche Beförderung der Hexer zum *Sabbat* zu beweisen, falls man nicht mit Bodin sagt, daß nur ihre Seelen diesem Ereignis beiwohnen, daß der Dämon die Gabe hat, sie zu diesem Behufe während des Schlafs aus ihrem Körper zu locken & sie nach dem *Sabbat* wieder dorthin zurückzuschicken: eine lächerliche Idee, deren Absurdität Delrio selbst gespürt hat.

Zweifellos ist es diese Überlegung, daß nämlich die Teilnahme am *Hexensabbat* nur in der Einbildung besteht, die das Parlament von Paris veranlaßt, alle Hexer abzuweisen, die, soweit sie nicht überführt wurden, Gift verabreicht zu haben, nur der Einbildung, zum *Sabbat* zu gehen, schuldig sind. Der Rechtsgelehrte Duaren lobt diese Gepflogenheit: »Man beschäftigt sich mit dem Problem alter Vetteln, welche, wie man sagt, durch die Lüfte fliegen und zur nächtlichen Zeit Springtänze und Reigen aufführen. Und es kommt sehr häufig vor, daß die Untersuchenden schärfer

Aktuelle Meldung – 17. September 99, 07:50 Uhr: »Dreifacher Hexensabbat an deutschen Börsen« – *Dreifacher Hexensabbat (engl. triple witching day) nennen die Börsianer den großen Verfallstag an den Terminbörsen. Grund: Über die Terminmärkte werden die Aktienkurse scheinbar wie von Geisterhand gesteuert. Das ist heute der Fall: Die Anleger müssen sich darauf einstellen, daß es zu unvorhersehbaren Kursschwankungen kommen kann. Erst um 17 Uhr ist der Spuk vorüber. Der DAX hat schon im Vorfeld das große Zittern bekommen …* Bayern 5 – Börse Aktuell

gegen diese vorgehen, als Recht und Vernunft es erfordern, wo doch schon die Synode von Ancyra festgelegt hat, daß es ganz bestimmte Dinge gebe, die von den vielen von einem bösen Geist besessenen Frauen zu erfragen seien. So pflegte auch das Pariser Gericht sie zu entlasten und freizulassen, wenn sie nicht noch irgend etwas anderes zugegeben hatten.« Ayrault & Alciat teilen diese Auffassung. Sie beruht darauf, daß es falsch ist, daß die Hexer leibhaftig zum *Sabbat* gehen. Aber dieser Grund ist recht schwach; denn es ist ein schweres Verbrechen, dorthin gehen zu wollen & sich durch Salben, die sie für diese schaurige Expedition als notwendig erachten, darauf vorzubereiten. Deshalb meint Pater Malebranche, daß sie sich strafbar machen. François Hotman, in dieser Frage zu Rate gezogen, antwortete, daß sie den Tod verdienten. Thomas Erastus war derselben Meinung, & es ist die übliche Auffassung der Rechtsgelehrten & der Kasuisten, der katholischen so gut wie der protestantischen. (Bayle, *Réponse aux questions d'un provincial*) *Anonym*

SAKRILEG – **Sacrilège (Kritik der Heiligen Schrift).** Sacrilegium ist ein Wort, das aus *sacra* & *legere* gebildet wird & bedeutet, heilige Dinge an sich reißen oder entwenden. *Sakrileg* ist also der Diebstahl von heiligen Gegenständen; & wer sie raubt, heißt *sacrilegus.* So steht im zweiten Band der Gesammelten Werke Machiavellis, daß Lysimachus mehrere *Sakrilege* im Tempel beging, aus dem er viele goldene Gefäße entwendete.

Das Wort *Sakrileg* wird auch in der Heiligen Schrift gebraucht, entweder für die Entweihung eines heiligen Gegenstandes oder für die Schändung einer heiligen Stätte durch den Götzendienst; denn so wird dort die Handlung bezeichnet, durch welche sich die Israeliten, die den madianitischen Töchtern gefallen wollten, zur Anbetung des Baal verleiten ließen (4 Mose 25,18). Da die *Sakrilege* gegen die Religion verstoßen, muß die Bestrafung der Schuldigen einzig & allein aus dem Wesen der Sache selbst abgeleitet werden; sie muß in der Entziehung der Vorzüge bestehen, welche die Religion verschafft, in der Vertreibung aus den Tempeln, dem zeitweiligen oder ständigen Ausschluß aus der Gemeinschaft der Gläubigen, der Vermeidung des Umgangs mit ihnen, der Verabscheuung, der Verdammung, der Verfluchung. Aber wenn der Richter das heimliche *Sakrileg* erforschen will, so führt er die Untersuchung über eine Handlungsweise durch, die eigentlich gar keiner Untersuchung bedarf; er hebt die Freiheit der Staatsbürger auf, indem er gegen sie den Fanatismus des ängstlichen & des kühnen Gewissens ins Feld führt. Das Übel entsprang aus der falschen Auffassung, daß man das göttliche Wesen rächen müsse; aber man muß dafür sorgen, daß das göttliche Wesen verehrt wird, & soll es niemals rächen; das ist eine vortreffliche Überlegung des Verfassers des *Geistes der Gesetze.* *Jaucourt*

SÂKYA – **Siako ou Xaco (Moderne Geschichte).** *Sâkya* heißt in Japan der Pontifex maximus des Buddhismus oder der Religion der *Sâkya.* Die Mitglieder der Sekte sehen in ihm den Stellvertreter des großen Buddha oder *Sâkya.* Der *Sâkya* besitzt absolute Macht über alle Geistlichen seiner Religion. Er weiht die Tonde, deren Stellung jener unserer Bischöfe entspricht, die allerdings vom Kobo oder dem weltlichen Herrscher ernannt werden. Der *Sâkya* ist der oberste Führer aller buddhistischen Mönche & Orden. Er entscheidet alle Fragen, die sich hinsichtlich der heiligen Schriften stellen, & sein Urteil gilt als unfehlbar. Der *Sâkya* hat laut Pater Charlevoix das Recht, die Heiligen zu bestimmen & ihren Kult zu regeln. Man schreibt ihm die Macht zu, die Qualen des Fegefeuers abzukürzen, & glaubt sogar, er sei imstande, die Seelen aus der Hölle zu holen & sie ins Paradies zu bringen. *Anonym*

SALBE – **Onguent (Pharmazie).** Äußerlich anzuwendendes Heilmittel, das sich vom Liniment nur durch seine Konsistenz unterscheidet, & auch das nur geringfügig. Siehe LINIMENT.

In allen Arzneibüchern findet man heilende *Salben* in so großer Zahl, daß der Arzt es sich ersparen kann, in allen Fällen ein Rezept auszustellen. Sollte ihn die Indikation oder der Mangel an *Salben* jedoch dazu nötigen, so könnte er sie allein aufgrund der Kenntnis ihrer heilenden Essenz zusammensetzen lassen; denn zur Herstellung einer *Salbe* genügt es, verschiedene ölige, fettige, balsamische, harzige Stoffe von solcher Konsistenz zu mischen oder miteinander verschmelzen zu lassen, daß die Mischung im kalten Zustand etwa die Konsistenz von Schweineschmalz hat.

Salben dienen hauptsächlich der Behandlung äußerer Krankheiten wie Gliederschmerzen, Flechten, Krätze, Beulen, Wunden, Geschwüre &c. Manchmal verwendet man sie auch zur Bekämpfung innerer Krankheiten: durch das Auftragen von *Salben* auf die Seite, auf die Oberbauchgegend, die Hypochondrien, die Nierengegend, den Nabelbereich, die Unterleibsregion &c. Bei Brustfellentzündung, Erbrechen & anderen Magenkrankheiten, verschiedenen Erkrankungen der Leber, der Milz & der Nieren, bestimmten Darmkoliken, Erkrankungen der Blase, der Gebärmutter &c. zählen sie zu den Mitteln, welche die Medizin zur Heilung dieser Krankheiten bereithält.

Die Gepflogenheit, sich die Gelenke & sogar die Glieder & den ganzen Körper mit Ölen & Balsamen oder *Salben* einzureiben, bei den Alten, die bei guter Gesundheit waren, weit verbreitet, weil sie sich entweder parfümieren oder ihrem Körper Geschmeidigkeit oder Kraft geben wollten, diese Gepflogenheit ist bei uns ganz aus der Mode gekommen, & die herrschende Theorie der Hauttranspiration & der verstopfenden Wirkung der Öle verkündet sogar, daß diese Anwendung nicht nur unnütz, sondern auch sehr gefährlich sei. Dabei steht außer Zweifel, daß ganze Völker sie einst ohne böse Auswirkungen praktiziert haben. Auch wissen wir, daß die Isländer & die Grönländer sowie einige Völker Nordamerikas ständig mit von Fischöl durchtränkten Tierhäuten bedeckt sind, das heißt, daß sie sich gewohnheitsmäßig in einem Ölbad befinden, & doch hat man in diesen Landstrichen, wo zudem stets eine Ursache mäßiger Transpiration besteht, nicht beobachtet, daß die angebliche Verstopfung der Poren der Haut durch das Öl irgendwelche besonderen Krankheiten hervorruft.

Dennoch scheint die Gepflogenheit, sich den Körper einzufetten, ziemlich unnütz zu sein, & ganz gewiß ist sie überaus schmutzig & stinkend, & sie hat sogar dann einen üblen Ruf, wenn die *Salben* Duftstoffe enthalten.

Diese Überlegungen können uns zwar nicht zu einer richtigen Theorie der Wirkung der *Salben* in Krankheitsfällen führen, aber doch zu der vernünftigen Vermutung, daß die Erklärung ihrer grundlegenden & generischen Eigenschaft, die Poren zu verstopfen, ebenso ungewiß & ebenso unbegründet ist wie die meisten medizinischen Theorien.

Von den verschiedenen *Salben* wird entweder in dem Artikel der Stoffe die Rede sein, die ihnen den Namen geben, zum Beispiel unter dem Stichwort Eibisch von der Altheesalbe, dem Stichwort Pappel von der Pappelsalbe &c., oder in eigenen Artikeln, die man im Anschluß an diesen findet. *Venel*

SALBE, hämorrhoidale – **Onguent hemorrhoidal** (**Pharmazie**). Diese *Salbe* wird im Pariser Arzneibuch als »eine schnell und ohne Umstände herzustellende Hämorrhoidensalbe« beschrieben.

Man nehme jeweils drei Unzen Fett, drei Eigelb, anderthalb Drachmen Safranpulver, eine Drachme Opium & vermische alles zu einer *Salbe.*

Diese *Salbe* scheint sehr geeignet zu sein, die furchtbaren Schmerzen zu lindern, die häufig mit Hämorrhoidenanfällen einhergehen. *Venel*

SALBE, sympathetische – **Onguent sympathique.** Eine Art *Salbe*, die angeblich Wunden heilt, ohne daß sie auf die Wunde aufgetragen werden muß, sondern nur auf die Waffe, welche die Verletzung verursacht hat. *Anonym*

SALUTSCHÜSSE – **Salve** (**Befestigungsanlagen**). Militärischer Gruß, bei dem Feuerwaffen in großer Anzahl gleichzeitig entladen werden.

Robert Clarke berichtet in den *Philosophical transactions* der Royal Society in London von der erstaunlichen Wirkung einer Salve von *Salutschüssen* oder von einigen gleichzeitig abgefeuerten Musketen.

Bei der Proklamation des Friedens von 1687 waren zwei Kavallerieregimenter so aufgestellt, daß ihr Zentrum genau gegenüber dem Eingang eines Fleischers lag, der den größten & mutigsten Hund von ganz London besaß. Bei der ersten Salve lief der Hund, der bis dahin am Kamin gelegen hatte, die Treppe hinauf & verbarg sich unter einem Bett im Obergeschoß. Als die Haushälterin den Hund, der noch nie nach oben gekommen war, mit Schlägen heruntertreiben wollte, ertönte eine zweite Salve. Der Hund kam unter dem Bett hervor, rannte zitternd & klappernd, als wäre er auf der Schlachtbank, im Kreise durchs Zimmer, & bei der dritten Salve, nachdem er noch ein oder zwei Runden gedreht hatte, fiel er tot um, wobei ihm Blut aus Nase & Maul lief.

In Frankreich verbietet eine Verordnung vom ersten August 1681, bei *Salutschüssen* mehr Pulver zu verwenden als ein Viertel der Ladung einer Geschützkugel. *Le Blond*

SALZSTEUER – **Sel, impôt sur le sel** (**Politische Ökonomie**). Abgabe in Frankreich, die man auch *indirekte Steuer* nennt; man kann den betreffenden Artikel darüber zu Rate ziehen. Aber, so sagt der moderne Verfasser der *Betrachtungen über das Finanzwesen,* ein guter Staatsbürger darf nicht die traurigen Betrachtungen verschweigen, die diese Steuer in seiner Seele hervorruft. Sully, der eifrig auf das Wohl seines Herrschers bedachte Minister, der dessen Wohl niemals von dem seiner Untertanen trennte, Sully – so behaupte ich – konnte diese Steuer nicht gutheißen; er betrachtete es als außerordentliche Härte, daß den Armen eine so alltägliche Ware so teuer verkauft wurde. Wenn Frankreich vom Himmel die Gnade verdient hätte, den Minister & den Monarchen noch länger zu behalten, so wäre wahrscheinlich die Plage dieser Abgabe durch irgendwelche Mittel beseitigt worden.

Schmerz erfüllt unser Herz bei der Lektüre der Verordnung über die indirekten Steuern. Ein Produkt, das die Gunst der Vorsehung zu niedrigem Preis für einen Teil der Bürger auf Lager hält, wird allen anderen teuer verkauft. Arme Menschen sind gezwungen, eine bestimmte Menge dieses Produkts mit Gold aufzuwiegen, & es ist ihnen bei Strafe des völligen Ruins ihrer Familie verboten, es sich auf andere Weise zu verschaffen, ja es sich auch nur schenken zu lassen. Wer dieses Produkt einlagert, erhält keine Erlaubnis, es jenseits bestimmter Grenzen zu verkaufen; denn ihm drohen dieselben Strafen. Schreckliche Strafen werden über Menschen verhängt, die zwar einen Verstoß gegen die politische Gemeinschaft begangen, nicht aber natürliche Gesetze verletzt haben. Die Tiere siechen dahin & sterben, weil die Hilfe, deren sie bedürfen, über die Kräfte des Landwirts geht, der schon aufgrund der Menge des *Salzes,* die er für sich selbst verbrauchen muß, übermäßig belastet ist. An einigen Orten hindert man die Tiere daran, zum Ufer des Meeres zu gehen, wohin sie der Selbsterhaltungstrieb führt.

Die Menschheit würde erschrecken, wenn sie die Liste all jener Strafen sähe, die anläßlich dieser Steuer seit deren Einführung verhängt worden sind. Die Autorität des Gesetzgebers, die unaufhörlich durch die Gewinnsucht kompromittiert wird, die häufig zur Not führt, wäre weniger fühlbar als die Härte der Steuereintreibung. Die Vernachlässigung der Bodenbestellung, die Entmutigung des Steuerzahlers, der Rückgang des Handels & der Arbeit, die ungeheuren Unkosten der Verwaltung würden ihn doch erkennen lassen, daß jede Million, die in seine Kassen fließt, sein Volk fast eine weitere Million gekostet hat, sei es an effektiven Zahlungen, sei es an Verdienstausfällen. Das ist aber noch nicht alles; diese Steuer hatte zumindest am Anfang den Vorteil, daß sie sowohl den Reichen als auch den Armen betraf, doch hat ein ansehnlicher Teil der Reichen verstanden, sich ihr zu entziehen; geringe & vorübergehende Unterstützungen verschafften ihm Befreiung von einer Steuer, deren Fehlbetrag man auf die Armen abwälzen muß.

Wenn die willkürliche Kopfsteuer nicht existierte, dann wäre die *Salzsteuer* für die Armen vielleicht noch verhängnisvoller, als man sich vorstellen kann. Darum haben alle Nationalökonomen & die intelligentesten Finanzminister Aufhebung & Ersetzung dieser beiden Steuern als die Maßnahme betrachtet, die für die Entlastung des Volkes & für die Steigerung der öffentlichen Einnahmen am nützlichsten wäre. Verschiedene Mittel wurden vorgeschlagen, doch erschien bisher keines von ihnen zuverlässig genug. *Jaucourt*

SAUERKRAUT – **Saver-kraut (Küche).** Dieses Wort verstümmeln die Franzosen zu »Surkrut«. Es ist ein in Deutschland überall sehr beliebtes Gericht; Sauerkohl liegt ihm zugrunde; daher sein deutscher Name. Sauer bedeutet Säure, Kraut bedeutet Kohl. Wenn man *Sauerkraut* machen will, so schneidet man zunächst Weißkohl in sehr dünne Scheiben; die Deutschen haben für diesen Zweck ein Brett, das einem Hobel ähnelt & mit einem scharfen Messer versehen ist. Reibt man den Kohl an dieser Art Hobel, so wird er in dünne Scheiben geschnitten, die unter dem Hobel von einem Trog aufgefangen werden. Wenn man eine ausreichende Menge angehäuft hat, bringt man den auf solche Weise kleingeschnittenen Kohl in Fässer, Schicht für Schicht, die man jeweils mit Salz & einigen Wacholderbeeren bestreut; sobald das Faß voll ist, bedeckt man es mit einem Brett & legt ein Gewicht darauf, damit der zerschnittene Kohl zusammengepreßt wird. Man bringt das Ganze in einen Keller & läßt es einige Wochen lang gären. Wenn man den Kohl essen will, wäscht man ihn & läßt ihn mit Pökelfleisch, Würsten, Rebhuhn & – je nach Wunsch – auch mit anderem Fleisch kochen. Dieses Ragout wird von den Deutschen sehr geschätzt; es wird auf der Tafel der Reichsten ebenso serviert wie auf dem Tisch der Ärmsten. Die Fremden gewinnen an ihm kaum Geschmack; doch scheint dieses Ragout für Seeleute auf weiten Reisen recht nützlich zu sein. *Anonym*

SCHAMANEN – **Schamans (Moderne Geschichte).** Das ist der Name, den die Bewohner Sibiriens Betrügern gegeben haben, die bei ihnen die Funktionen von Priestern, Gauklern, Zauberern & Ärzten ausüben. Diese *Schamanen* behaupten, Einfluß auf den Teufel zu haben, den sie befragen, um die Zukunft zu erfahren, Krankheiten zu heilen & Kunststücke zu vollbringen, die einem abergläubischen & unwissenden Volk übernatürlich erscheinen: Sie benutzen hierbei Trommeln, die kräftig gerührt werden, während sie mit erstaunlicher Geschwindigkeit tanzen & umherwirbeln. Wenn sie durch Verrenkungen & durch Überanstrengungen außer sich geraten sind, offenbart sich ihnen, wie sie behaupten, der Teufel, wenn er guter Laune ist. Zuweilen endet die Zeremonie damit, daß sie so tun, als ob sie sich mit einem Messer durchbohrten – was das Erstaunen & die Ehrfurcht der einfältigen Zuschauer verdoppelt. Diesen Verrenkungen geht gewöhnlich die Opferung eines Hundes oder eines Pferds voraus, die gegessen werden, wozu man viel Branntwein trinkt, & zum Abschluß der Komödie muß man dem *Schamanen* Geld geben, denn er legt auf Selbstlosigkeit ebenso wenig Wert wie andere Betrüger von der gleichen Art. *Anonym*

SCHARLATAN – **Charlatan (Medizin).** Die Gewohnheit verwechselt heute in unserer Sprache ebenso wie in der englischen Sprache den Empiriker mit dem *Scharlatan.*

Das ist jene Sorte von Menschen, die ohne Studium & ohne Prinzipien & ohne an irgendeiner Universität akademische Grade erworben zu haben, die Medizin & die Chirurgie unter dem Vorwand von Geheimnissen ausüben, die sie angeblich besitzen & auf alles anwenden.

Man muß diese Leute von den Ärzten, deren Empirismus aufgeklärt ist, scharf unterscheiden. Die Medizin, die auf echten Erfahrungen beruht, ist sehr respektabel; doch die des *Scharlatans* verdient nur Verachtung.

Die falschen Empiriker nehmen wie Proteus tausenderlei Gestalt an. Die ungebildetsten & ungeschicktesten legen nur das niedrige Volk herein; andere, die durchtriebener sind, drängen sich den Großen auf & betören sie.

Seit die Menschen in Gemeinschaft leben, gibt es *Scharlatane* & Betrogene.

Wir glauben leicht das, was wir wünschen. Der Wunsch zu leben ist eine so natürliche & so starke Leidenschaft, daß man sich nicht darüber wundern muß, daß die, welche im gesunden Zustand nur wenig oder gar kein Vertrauen in die Geschicklichkeit eines Geheimniskrämers setzen, sich doch bei ernsten & schweren Krankheiten an diesen falschen Arzt wenden, genau wie die Ertrinkenden sich an den kleinsten Zweig klammern. Sie bilden sich ein, bei ihm immer dann Hilfe zu finden, wenn die tüchtigen Männer nicht unverfroren genug waren, ihnen zuverlässige Hilfe zu versprechen.

Hippokrates heilte weder immer noch zuverlässig; mitunter irrte er sich sogar, & das unbefangene Geständnis, mit dem er seine Fehler zugab, macht seinem Namen ebensoviel Ehre wie seine Erfolge. Jene dagegen, welche die praktische Medizin von ihren Vätern geerbt haben, schwören stets, daß sie den Kranken heilen werden. Man wird sie an jenen Worten von Plautus erkennen: »Pah, das ist 'ne Kleinigkeit! Genesen wird er wieder, dafür steh' ich ein.«

Obgleich Schamlosigkeit & Geschwätz eine unerschöpfliche Hilfsquelle sind, bedarf die Scharlatanerie doch auch einer gewissen inneren Bereitschaft des Kranken, der ihrem Erfolg den Weg ebnet; die Hoffnung auf rasche Genesung einerseits & die Erwartung einer hübschen Summe Geldes auf der anderen Seite entsprechen einander & gehen eine enge Verbindung ein.

Es folgen nun einige Geschichten von *Scharlatanen,* die in Frankreich gegen Ende des letzten Jahrhunderts großen Zulauf hatten.

Wir sind Herrn Dionis dafür dankbar, daß er sie für uns erhalten hat; die Kenntnis derselben ist für die Menschheit nicht so belanglos, wie man zunächst annehmen könnte.

Der Marquis Caretto, einer jener kühnen Abenteurer mit freimütigem & ungezwungenem Charakter, die sich selbst anpreisen, indem sie beteuern, daß sie in der Ausübung ihrer Kunst eine Geschicklichkeit besitzen, die den anderen fehle, & denen man aufs Wort glaubt, drängte sich durch die Menge, fand bei dem Fürsten Gehör & erlangte dessen Gunst ebenso wie Pensionen. Er hatte ein spezifisches Mittel, von dem er einen Tropfen für zwei Louisdor verkaufte. Muß ein Heilmittel, das so teuer ist, nicht vortrefflich sein? Dieser Mann machte sich auch an den Marschall von Luxemburg heran & hinderte ihn, sich während einer vermeintlichen Brustfellentzündung einen Aderlaß machen zu lassen, so daß er daran starb. Dieses Unglück brachte den *Scharlatan* in Verruf, aber der große Heerführer war tot.

Dem Abenteurer aus Italien folgten zwei Kapuziner; sie machten überall bekannt, daß sie aus fremden Ländern Geheimnisse mitgebracht hätten, die den anderen Menschen unbekannt seien. Sie wurden im Louvre untergebracht; man gab ihnen jährlich tausendfünfhundert Livres. Ganz Paris strömte herbei; sie verteilten viele Arzneien, die aber niemanden heilten; man wandte sich also von ihnen ab, & sie traten sogleich in den Orden der Kluniazenser ein. Der eine, der sich Abbé Rousseau nennen ließ, war ein Märtyrer der Scharlatanerie & starb lieber, als sich einen Aderlaß machen zu lassen. Der andere, der unter dem Namen Abbé Aignan bekannt war, behielt sich nur ein Mittel gegen die Pocken vor, aber dieses Mittel war unfehlbar. Zwei Personen von höchstem Rang machten von ihm Gebrauch: Der eine war der Herzog von Roquelaure, der mit dem Leben davonkam, weil seine Pocken gutartig waren; der andere, der Fürst von Epinoi, starb.

Nun eine Anekdote von dem Urinbeschauer; man nannte ihn den »Ochsenarzt«. Er hatte sich in Seignelai, einem kleinen Marktflecken in der Grafschaft Auxerre, niedergelassen. Er behauptete, alle möglichen Krankheiten durch die Untersuchung des Urins erkennen zu können – ein einfacher, in allen Ländern üblicher Schwindel. Er galt eine Zeitlang als ein Orakel; aber man unterrichtete ihn schlecht, & er irrte sich so oft, daß die Nierenkranken den Weg nach Seignelai vergaßen.

Der Pater Guiton, ein Franziskanermönch, der in einem Buch über Chemie etwas von der Herstellung einiger Medikamente gelesen hatte, erhielt von seinen Vorgesetzten die Erlaubnis, sie zu verkaufen & den Gewinn daraus zu behalten, allerdings unter der Bedingung, daß er diese Medikamente den Klosterbrüdern, die ihrer bedurften, unentgeltlich lieferte. Der Fürst von Isenghien & einige andere Persönlichkeiten erprobten seine Mittel, aber mit einem solchen Mißerfolg, daß der neue Chemiker dadurch sein Ansehen verlor.

Ein Apotheker aus der Grafschaft Avignon prahlte mit einer Pastille, die so vortrefflich war, daß jede Krankheit ihrer Heilkraft weichen mußte. Dieses Wundermittel, das nur ein wenig mit Arsenik vermischter Zucker war, brachte die verhängnisvollsten Wirkungen hervor. Dieser *Scharlatan* war so dumm, daß er für tausend Pillen tausend Gran Arsenik nahm, die er ohne jede Vorsichtsmaßnahme mit so viel Zucker mischte, wie nötig war, um die tausend Pastillen herzustellen, & so erfolgte die Beimischung des Arseniks nicht im richtigen Verhältnis: Die eine Pastille erhielt sehr wenig Arsenik, die andere dagegen zwei Gran & mehr.

Der Bruder Ange, ein Kapuziner aus dem Kloster in der Vorstadt Saint-Jacques, war Apothekergehilfe; seine ganze Weisheit bestand im Mischen eines pflanzlichen Salzes & eines Sirups, den er »Gekrösesirup« nannte & den er jedermann mit der Bemerkung verabreichte, daß dieser Sirup die Eigenschaft hätte, alle schlechten Säfte, die ausgeschieden werden müßten, nach Belieben abzuführen. Ein Schwachkopf soll ihm wahrhaftig Glauben geschenkt haben. Die Gemahlin des Thronfolgers, die unpäßlich war,

Also: *Die Grimassenmacher, Quacksalber, Gaukler, Taschenspieler, Kuppler, Beutelschneider und Klopffechter teilten sich in die Welt; – die Schöpse reckten ihre dummen Köpfe hin und ließen sich scheren; – die Narren schnitten Kapriolen und Burzelbäume dazu. Und die Klugen, wenn sie konnten, gingen hin und wurden Einsiedler: die Weltgeschichte in nuce, in usum Delphini.* Arno Schmidt, Schwarze Spiegel

nahm sein Salz & seinen Sirup vierzehn Tage lang ein, & da sie keine Erleichterung spürte, wurde Bruder Ange entlassen.

Der Abbé de Belzé war sein Nachfolger in Versailles. Er war ein normannischer Priester, der auf den Gedanken kam, sich für einen Arzt auszugeben; er ließ die Gemahlin des Thronfolgers zweiundzwanzigmal in zwei Monaten sein Abführmittel einnehmen, & zwar zu der Zeit, in der es nicht ratsam ist, den Frauen solche Mittel zu verordnen: Die Fürstin fühlte sich daher sehr schlecht, & die Damen Besola & Patrocle, zwei ihrer Kammerfrauen, welche die Arznei des Abbé ebenfalls eingenommen hatten, zogen sich dadurch einen chronischen Durchfall zu, an dem sie nacheinander starben.

Dann erschien der Herr von Hirsch mit seinem Guajaköl, das die Leute unsterblich machte. Einer der Prediger der Thronfolgerin kam, anstatt sich um sein Amt zu kümmern, auf den Gedanken, ihr den Herrn von Hirsch zu empfehlen; der *Scharlatan* besuchte die Fürstin, versicherte ihr, daß er schon mehr Kranke von dieser Krankheit geheilt hätte, bereitete schnell seine Arznei zu, erschien wieder & fand die Fürstin tot; dieser Mann, der das Geheimnis der Unsterblichkeit besaß, starb drei Monate später.

Wer hat jemals so viel Aufsehen erregt wie der Arzt aus Chaudrais & wer ist beliebter gewesen als er? Chaudrais ist ein kleines Dorf von fünf oder sechs Häusern in der Nähe von Nantes. Dort lebte ein Bauer von recht gewitztem Verstand, der den anderen riet, bald ein Kraut, bald eine Wurzel einzunehmen; sie ehrten ihn mit dem Titel Arzt. Sein Ruf verbreitete sich in seiner Provinz & gelangte im Fluge bis nach Paris, von wo die Kranken nun in Scharen nach Chaudrais strömten. Man sah sich gezwungen, Häuser zu bauen, um sie unterzubringen. Diejenigen, die nur leichte Krankheiten hatten, wurden durch das Einnehmen seiner pulverisierten Pflanzen oder getrockneten Wurzeln gesund; die anderen kamen so zurück, wie sie aufgebrochen waren. Der Zustrom der Kranken hielt jedoch noch drei bis vier Jahre an.

Eine sonderbare Erscheinung ist die Anziehungskraft, die der Hof für die *Scharlatane* hat; sie streben alle dorthin. Der Herr Bouret landete dort mit Wunderpillen gegen Darmentzündungen; aber zu seinem Unglück wurde er selbst gleich nach der Ankunft von dieser Krankheit befallen, die durch sein Heilmittel dermaßen verschlimmert wurde, daß er nach vier Tagen starb.

Das war ein kurzer historischer Abriß über die berüchtigtsten *Scharlatane.* Es waren, wie man sieht, ein ausländischer Marquis, Mönche, Priester, Abbés, Bauern, lauter Leute, die des Erfolges um so sicherer waren, je fremder ihr Beruf der Medizin war.

In England ist die medizinische Scharlatanerie ebenso häufig & ebenso angesehen; allerdings zeigt sie sich dort fast nur auf den Märkten, wo sie die Manie des Patriotismus zu ihrem Vorteil auszunutzen versteht. Jeder *Scharlatan* ist der größte Patriot seines Landes & der erste Arzt der Welt. Er heilt alle möglichen Krankheiten, worin sie auch immer bestehen mögen, mit seinen spezifischen Mitteln & mit dem »Segen Gottes«; letzteres ist immer eine der Bedingungen der Reklame.

»Ich erinnere mich«, sagt Addison, »in Hammersmith einen jener Patrioten gesehen zu haben, der eines Tages zu seinem Zuhörerkreis sagte: ›Ich verdanke meine Geburt & meine Ausbildung diesem Ort, den ich innig liebe, & zum Dank für die Wohltaten, die ich hier empfangen habe, schenke ich einen Taler allen denen, die ihn annehmen wollen.‹ Jeder erwartete nun mit offenem Mund sein Fünf-Schilling-Stück. Der Herr Doktor griff in einen großen Sack, holte eine Handvoll Päckchen heraus & sagte zu der Versammlung: ›Meine Herrn, ich verkaufe sie gewöhnlich für fünf Schilling & sechs Pence, aber den Bewohnern dieses Ortes, den ich innig liebe, gebe ich fünf Schilling Rabatt.‹ Man nimmt sein großmütiges Angebot an; seine Päckchen werden alle gekauft, da die Anwesenden einer nach dem anderen antworten, es gäbe unter ihnen keine Fremden, sie wären alle in Hammersmith geboren oder zumindest ansässig.«

Da nichts geeigneter ist, dem gemeinen Volk zu imponieren, als seine Einbildungskraft zu erregen & sein Erstaunen wachzuhalten, so lassen die *Scharlatane* sich auf den britischen Inseln als Ärzte ankündigen, die erst vor kurzem von ihren Reisen zurückgekehrt seien, auf denen sie die Medizin & die Chirurgie zu Lande & zu Wasser sowohl in Europa als in Amerika ausgeübt hätten, wo sie erstaunliche Geheimnisse erfahren & woher sie Arzneien von unschätzbarem Wert gegen alle Krankheiten, die auftreten können, mitgebracht hätten.

Die einen hängen an ihren Türen ausgestopfte Meeresungeheuer oder scheußliche Tierknochen auf, die anderen machen öffentlich bekannt, daß sie bei ihrer Geburt außergewöhnliche Unfälle erlitten hätten & daß ihnen während ihres Lebens manches erstaunliche Unglück zugestoßen sei; wieder andere machen darauf aufmerksam, daß sie den grauen Star besser heilen könnten als irgend jemand, da sie das Unglück gehabt hätten, im Dienste des Vaterlandes in der & der Schlacht ein Auge zu verlieren.

Jede Nation hat ihre *Scharlatane*, & es scheint, daß diese Männer überall darauf bedacht sind, die Schwächen der anderen Menschen zu erforschen, wie die wahren Ärzte darauf bedacht sind, die Natur der Heilmittel & der Krankheiten zu erkennen. Und an welchem Ort der Welt man auch immer sein mag, so gibt es doch kaum einen *Scharlatan,* den man nicht nach dem Zitat von Plautus, das wir weiter oben angeführt haben, erkennen & nach dem folgenden Rezept verabschieden könnte, das von einem englischen Edelmann stammt. Er wurde in seinem Bett schrecklich von der Gicht geplagt, als man ihm einen *Scharlatan* meldete, der angeblich ein zuverlässiges Mittel gegen dieses Leiden besaß. Der Lord fragte, ob der Doktor im Wagen oder zu Fuß gekommen sei. »Zu Fuß«, antwortete der Diener. »Nun«, erwiderte der Kranke, »sage diesem Spitzbuben, er solle verschwinden; denn wenn er das Mittel hätte, mit dem er prahlt, so würde er in einer sechsspännigen Kutsche umherfahren, & ich hätte ihn aufgesucht & ihm die Hälfte meines Vermögens angeboten, um von meinem Leiden befreit zu werden.« *Dieser Artikel ist ein Auszug aus einer vortrefflichen Denkschrift von Jaucourt, die zu kürzen uns der begrenzte Umfang unseres Werkes zu unserem Bedauern zwingt.*

SCHARLATANERIE – Charlatanerie. Mit diesem Namen hat man die Leute bezeichnet, die auf den Märkten Buden errichten & unter das niedrige Volk Heilmittel verteilen, denen sie alle möglichen Eigenschaften zuschreiben. Siehe auch den Artikel SCHARLATAN. Dieser Begriff ist unterdessen verallgemeinert worden, & man hat festgestellt, daß jeder Beruf seine Scharlatane kennt. So ist in dieser allgemeinen Bedeutung die *Scharlatanerie* der Fehler dessen, der darauf ausgeht, sich selbst oder den Dingen, die ihm gehören, durch vorgetäuschte Eigenschaften Geltung zu verschaffen. Das ist eigentlich eine Vortäuschung von Talenten oder von Sachverhalten. Der Unterschied zwischen dem Krämer & dem Scharlatan besteht darin, daß der Scharlatan weiß, wie wenig das, was er anpreist, wert ist, während der Krämer Nichtigkeiten anpreist, die er wirklich für wunderbare Dinge hält. Daraus ist zu ersehen, daß der eine oft ein Tor & der andere immer ein Betrüger ist. Der Krämer wird durch die Dinge & durch sich selbst getäuscht; die anderen werden dagegen von dem Scharlatan getäuscht. *Diderot*

SCHAUSPIELER – Comédien (Schöne Künste). Jemand, der es sich zum Beruf macht, Theaterstücke aufzuführen, die zur Belehrung & Unterhaltung des Publikums verfaßt wurden. Diesen Namen gibt man im allgemeinen den Darstellern & Darstellerinnen, die auf der Bühne stehen & sowohl komische wie tragische Rollen spielen, bei denen deklamiert wird.

Unsere ersten *Schauspieler* waren die Troubadoure, auch unter den Namen *Trouveurs* & *Jongleurs* bekannt; sie waren Verfasser & *Schauspieler* in einem, wie Molière, Dancourt, Monfleury, Le Grand &c. Auf die Jongleure folgte die Brüderschaft des Leidens Christi, welche die sogenannten Mysterienspiele aufführten. Siehe PASSIONSSPIELE. Auf diese Brüderschaft folgten die Schauspielertruppen, die entweder seßhaft sind wie die französischen *Schauspieler*, die in Paris lebenden italienischen *Schauspieler* & einige andere Truppen, die in mehreren großen Städten des Königreichs feste Theater haben wie in Straßburg, Lille &c., oder die durch die Provinzen & von Stadt zu Stadt ziehen & die man Wanderschauspieler nennt.

Der Beruf des *Schauspielers* wird in England in hohen Ehren gehalten; ohne weiteres hat man dort Mademoiselle Olfilds ein Grabmal in Westminster neben Newton & den Königen gewährt. In Frankreich wird er weniger geschätzt. Die römisch-katholische Kirche exkommuniziert die *Schauspieler* & verwehrt ihnen das christliche Begräbnis, wenn sie vor ihrem Tod das Theater nicht aufgegeben haben. Siehe DARSTELLER. *Mallet*

Wenn man den Zweck unserer Schauspiele & die Talente betrachtet, die der haben muß, der in ihnen eine Rolle erfolgreich zu spielen versteht, so genießt der Stand des *Schauspielers* notwendigerweise bei jedem vernünftig denkenden Menschen so viel Ansehen, wie er verdient. Es kommt jetzt, vor allem auf unseren französischen Bühnen, darauf an, die Tugend zu ermuntern, Abscheu vor dem Laster einzuflößen & das Lächerliche bloßzustellen: Diejenigen, die sie beherrschen, sind die Interpreten der größten Genies & der berühmtesten Männer der Nation, wie Corneille, Racine, Molière, Renard, Voltaire, & ihr Beruf erfordert, wenn sie sich in ihm auszeichnen wollen, Figur, Würde, Stimme, Gedächtnis, Gebärdenspiel, Empfindsamkeit, Intelligenz, auch Kenntnis der Sitten & der Charaktere, kurz Eigenschaften, welche die Natur so selten in ein & derselben Person vereint, daß man mehr große Autoren als große *Schauspieler* zählt. Trotz alledem werden sie von einigen unserer Gesetze sehr hart behandelt. *Diderot*

SCHNARCHEN – Ronfler. Geräuschvolles Atmen während des Schlafs. Allem Anschein nach ist bei einigen Leuten die Lage von Kopf & Hals für diesen geräuschvollen Atem verantwortlich, denn sobald man ihren Kopf umbettet, hören sie auf zu *schnarchen*. *Anonym*

SCHOKOLADE – Chocolat (Hauswirtschaft & Diät). Eine Art Kuchen oder Täfelchen aus verschiedenen Ingredienzen auf der Basis der Kakaobohne. Siehe KAKAO. Das Getränk, das daraus zubereitet wird, trägt denselben Namen; es ist amerikanischer Herkunft: die Spanier fanden es in Mexiko weit verbreitet, als sie das Land im Jahre 1520 eroberten.

Die Indianer, die dieses Getränk seit Urzeiten kannten, bereiteten es auf sehr einfache Weise zu. Sie rösteten ihre Kakaobohnen in

Meine größte Sorge: Plötzlich aufwachen und total leer sein – nichts mehr geben können, weil man schon alles gegeben hat. Mein erster Schritt, eine echte Schauspielerin zu werden, war: Ich habe es abgelehnt, in einem vierten Sissi-Film aufzutreten, obwohl die mir angeboten hatten: Eine Million Mark auf den Tisch. Da hat man über mich gesagt: »Die ist reif fürs Irrenhaus.« ROMY SCHNEIDER, ICH, ROMY

irdenen Gefäßen & zermahlten sie, nachdem sie sie geschält hatten, zwischen zwei Steinen, lösten diese Masse in heißem Wasser auf & würzten sie mit Piment; manche fügten noch Achioti (siehe Uruku) hinzu, um ihr Farbe zu geben, & Atole, um sie zu strecken. Atole ist ein Seim aus Mais- oder Sorghummehl, den die Mexikaner mit Piment würzten, die spanischen Nonnen & Damen jedoch geschmacklich verfeinerten, indem sie den Piment durch Zucker, Zimt, Riechwasser, Ambra, Moschus &c. ersetzten. In diesen Ländern verwendet man den Atole auf die gleiche Weise wie den Reisschleim in der Levante. Dies alles zusammen verlieh der Mischung ein so rohes Aussehen & einen so barbarischen Geschmack, daß ein spanischer Soldat sagte, man solle sie lieber den Schweinen zum Fraß geben, als sie Menschen vorsetzen, & er hätte sich wohl nie daran gewöhnt, hätte ihn der Mangel an Wein nicht genötigt, sich diese Gewalt anzutun, um nicht immer nur Wasser trinken zu müssen.

Die Spanier, die von den Mexikanern belehrt wurden & sich aus eigener Erfahrung davon überzeugten, daß dieses bäuerische Getränk ein heilsames Nahrungsmittel war, verlegten sich darauf, seine Unannehmlichkeiten durch Hinzufügen von Zucker, einigen Gewürzen aus dem Orient & mehreren einheimischen Spezereien zu mildern, die alle hier aufzuzählen müßig ist, da wir kaum mehr als ihren Namen kennen & von den vielen Ingredienzen fast nur die Vanille zu uns gekommen ist (so wie der Zimt das einzige Gewürz ist, das allgemeine Zustimmung fand) & bei der Zusammensetzung der *Schokolade* übrigblieb.

Die Vanille ist eine Schote von brauner Farbe & sehr lieblichem Geruch; sie ist flacher & länger als unsere Bohnen & enthält eine honigartige Substanz voll glänzender schwarzer Körner. Man verwende sie frisch, fett & prall & achte darauf, daß sie weder mit Balsam eingerieben noch an einem feuchten Ort gelagert wurde.

Wenn die Kakaomasse gut gereinigt ist, fügt man durch ein Seidensieb gesichteten Puderzucker hinzu; für das richtige Verhältnis von Kakao & Zucker nimmt man von beidem das gleiche Gewicht, doch verringert man die Dosis des Zuckers um ein Viertel, damit die Masse nicht zu stark austrocknet & für die Einwirkung der Luft & somit für Wurmbefall weniger anfällig ist. Aber dieses weggelassene Viertel Zucker wird wieder zugesetzt, wenn man die *Schokolade* zu einem Getränk verarbeitet.

Ist der Zucker gut mit der Kakaomasse vermischt, so fügt man ein sehr feines Pulver aus zerstampften & gesiebten Vanilleschoten & Zimtstengeln hinzu & knetet diese Mischung noch einmal; dann füllt man die Masse in Blechformen, wo sie jede gewünschte Gestalt & ihre natürliche Härte annimmt. Wenn man den Duft mag, so träufelt man noch ein wenig Ambraessenz darauf, bevor man sie in die Formen füllt. Wird die *Schokolade* ohne Vanille hergestellt, so beträgt die Menge Zimt zwei Drachmen pro Pfund Kakao; verwendet man jedoch Vanille, so muß die Zimtmenge mindestens um die Hälfte verringert werden. Was die Vanille betrifft, so ist die Menge beliebig: ein, zwei oder drei & sogar mehr Schoten pro Pfund Kakao, je nach Laune.

Die auf diese Art zubereitete *Schokolade* weist die Annehmlichkeit auf, daß man, wenn man rasch aus dem Haus gehen muß oder auf Reisen keine Zeit hat, ein Getränk daraus zu machen, ein Täfelchen von einer Unze essen, dazu einen Schluck trinken & es dem Magen überlassen kann, dieses improvisierte Mahl aufzulösen.

Auf den Antillen macht man Laibe aus purem Kakao ohne Zusätze. Will man die *Schokolade* als Getränk zu sich nehmen, so verfährt man wie folgt:

Zubereitung der Schokolade nach Art der französischen Inseln Amerikas. Man schabt die Kakaolaibe mit einem Messer oder besser mit einer flachen Reibe ab, wenn sie trocken genug sind. Hat man die gewünschte Menge abgeschabt (zum Beispiel vier gehäufte Eßlöffel, die etwa eine Unze wiegen), so mischt man zwei oder drei Messerspitzen gesiebtes Zimtpulver & etwa zwei Eßlöffel Puderzucker darunter.

Diese Mischung gibt man zusammen mit einem ganzen frischen Ei, das heißt Dotter & Eiweiß, in eine Schokoladenkanne; man vermengt das Ganze mit dem Quirl, bis es die Konsistenz von flüssigem Honig hat; worüber man sich dann die kochende Flüssigkeit (Wasser oder Milch) gießen läßt, während man selbst kräftig den Quirl betätigt, um alles gut zu vermischen.

Schließlich stellt man die Schokoladenkanne aufs Feuer oder ins Wasserbad, & sobald die *Schokolade* aufsteigt, nimmt man die Kanne vom Feuer, & nachdem man die *Schokolade* noch einmal kräftig verquirlt hat, gießt man sie nach & nach gut schäumend in die Tassen. Zur Verfeinerung des Geschmacks kann man vorher noch einen Löffel Orangenblütenwasser hinzugeben, in dem man ein oder zwei Tropfen Ambraessenz aufgelöst hat.

Diese Art, die *Schokolade* zuzubereiten, hat mehrere Vorteile, so daß sie jeder anderen vorzuziehen ist.

Und was enthält eine feine Waffelmischung? 1. Weizenmehl! 2. Gehärtetes pflanzliches Fett. 3. Zucker. 4. Dextrose. 5. Weizenstärke. 6. Kakaomasse. 7. Molkenerzeugnis. 8. Kakaobutter. 9. Fettarmes Kakaopulver. 10. Glukosesirup. 11. Gehärtetes pflanzliches Öl. 12. Emulgatoren: Lecithin und E 471. 13. Salz. 14. Süßmolkenpulver. 15. Haselnüsse. 16. Backtriebmittel. 17. Natriumhydrogencarbonat. 18. Magermilchpulver. 19. Aroma. 20. Milchzucker. 21. Milcheiweiß. 22. Maltodextrin. Vermutlich sind bei Schokoriegeln, Waffeln und anderem Gift für die Zähne die Zutaten sogar wesentlicher als die Aminosäuren und Molekülketten, aus denen sich Ringelnattern, Spatzen, Menschen, Kakaobohnen und Milchkühe zusammensetzen.
Ulrich Holbein, Poesie der Rezeptur

Erstens kann man so sicher sein, daß die *Schokolade,* da gut zubereitet, einen köstlichen Duft hat & von großem Wohlgeschmack ist; außerdem liegt sie sehr leicht im Magen & hinterläßt in der Schokoladenkanne & in den Tassen keinerlei Rückstand.

Zweitens hat man das Vergnügen, sie eigenhändig & nach seinem Gusto zuzubereiten, nach Belieben die Zucker- & Zimtdosis zu erhöhen oder zu verringern, Orangenblütenwasser & Ambraessenz zuzufügen oder wegzulassen; kurz, jede Veränderung vorzunehmen, die einem angenehm ist.

Drittens ist sie, da man nichts hinzusetzt, was die guten Eigenschaften des Kakaos zerstören kann, so mild, daß man sie zu jeder Tageszeit & in jedem Alter, im Sommer wie im Winter zu sich nehmen kann, ohne die geringste Unpäßlichkeit fürchten zu müssen, während die mit Vanille & anderen bitteren & heißen Ingredienzen gewürzte *Schokolade* zuweilen, vor allem im Sommer, für junge Menschen sowie für reizbare & magere Personen gefährlich sein kann. Das Glas frischen Wassers, das man vorher oder nachher zu trinken pflegt, überdeckt nur für kurze Zeit das Gefühl von Hitze, das sie im Blut & in den Eingeweiden hinterläßt, nachdem das Wasser auf den üblichen Wegen abgeflossen ist.

Viertens ist diese *Schokolade* so wohlfeil, daß die Tasse kaum mehr als einen Sou kostet. Wären die Handwerker davon unterrichtet, so gäbe es wohl nur wenige, die sich ein so bequemes & angenehmes Mittel, billig zu Mittag zu essen & sich ohne andere feste oder flüssige Nahrung bis zum Abendessen bei Kräften zu halten, nicht zunutze machten. *Diderot*

SCHÖN & HÜBSCH – **Beau, Joli (Grammatik).** Das *Schöne* als Gegenteil des *Hübschen* ist großartig, edel & regelmäßig; man bewundert es. Das *Hübsche* ist fein & zart; es gefällt. Das *Schöne* setzt in Werken des Geistes Wahrheit im Sujet, Erhabenheit in den Gedanken, Genauigkeit im Ausdruck, Neuartigkeit in der Ausführung & Regelmäßigkeit im Aufbau voraus; dagegen genügen Glanz & Eigenart, um solche Werke *hübsch* zu machen. Es gibt Dinge, die *hübsch* oder *schön* sein können, wie etwa die Komödie; es gibt andere, die nur *schön* sein können, wie zum Beispiel die Tragödie. Es liegt zuweilen ein größeres Verdienst darin, etwas *Hübsches* erfunden zu haben als etwas *Schönes;* in solchen Fällen verdient eine Sache die Bezeichnung *schön* nur durch die Bedeutung ihres Gegenstandes, & eine Sache wird wegen der geringen Bedeutung ihres Gegenstandes bloß *hübsch* genannt. Man achtet dann nur auf die Vorzüge & verliert die Schwierigkeit der Erfindung aus den Augen. Allerdings bringt das *Schöne* so häufig eine Idee des Großartigen mit sich, daß ein & derselbe Gegenstand, den wir *schön* genannt haben, uns nur noch *hübsch* erschiene, wenn er im kleinen ausgeführt würde. Der Geist ist ein Schöpfer *hübscher* Dinge; aber die Seele bringt *großartige* Dinge hervor. Geistreiche Züge sind gewöhnlich nur *hübsch; Schönheit* besteht überall dort, wo man Gefühl wahrnimmt. Ein Mensch, der von einer *schönen* Sache sagt, sie sei *schön*, erbringt keinen überzeugenden Beweis für Scharfsinn. Wer aber sagt, sie sei *hübsch*, ist ein Tor oder versteht davon nichts. Ein Flegel ist es, der bei Boileau sagt: »Nach meiner Meinung ist Corneille bisweilen hübsch.« *Diderot*

SCHULE – **Collège.** Wir gehen hier nicht auf die historischen Einzelheiten der Gründung der verschiedenen Pariser Schulen ein; denn solche Einzelheiten gehören nicht zum Gegenstand unseres Werkes & interessieren im übrigen die Öffentlichkeit sehr wenig. Wir wollen uns hier mit einer anderen, viel wichtigeren Frage beschäftigen, nämlich die der Erziehung, die man dort der Jugend zuteil werden läßt.

Aber bevor ich ein so wichtiges Thema behandle, muß ich die unvoreingenommenen Leser darauf hinweisen, daß dieser Artikel einige Personen verletzen kann, obwohl das nicht in meiner Absicht liegt: Ich habe ebensowenig Grund, diejenigen zu hassen, von denen ich spreche, wie sie zu fürchten; es gibt unter ihnen sogar mehrere, die ich schätze, & einige, die ich liebe & verehre. Ich bekämpfe nicht die Menschen, sondern die Mißbräuche – Mißbräuche, die ebenso wie mich die meisten von denen beleidigen & betrüben, die doch dazu beitragen, sie aufrechtzuerhalten, weil sie Angst haben, gegen den Strom zu schwimmen. Der Gegenstand, von dem ich sprechen werde, interessiert die Regierung & die Religion & verdient wohl, daß man offen von ihm spricht, ohne daß dies irgend jemanden beleidigen könnte. Nach dieser Vorsichtsmaßnahme komme ich nun zur Sache.

Man kann die öffentliche Erziehung auf fünf Hauptfächer zurückführen: Humaniora, Rhetorik, Philosophie, Sittenlehre & Religion.

Humaniora: So nennt man die Zeit, die man in den *Schulen* darauf verwendet, sich Kenntnisse über die Regeln der lateinischen Sprache anzueignen. Dies dauert ungefähr sechs Jahre: Man verbindet damit zum Schluß auch eine sehr oberflächliche Kenntnis der griechischen Sprache; man erklärt in dieser Zeit schlecht & recht die Autoren des Altertums, die am leichtesten zu verstehen sind; man lernt auch schlecht & recht, Aufsätze in lateinischer Sprache zu schreiben; ich weiß nicht, was man sonst noch lehrt.

Ein Optimist heißt mich die Augen öffnen und sehn wie schön die Welt ist an Bergen, Pflanzen, Luft, Thieren – u. s. f. – Diese Dinge sind freilich schön zu sehn; *aber sie zu* seyn *ist ganz etwas andres. Ist denn die Welt ein Kuckkasten?* Arthur Schopenhauer

Rhetorik: Wenn man genügend Latein kann oder zu können glaubt, geht man zur Rhetorik über, das heißt, man beginnt nun, etwas aus sich selbst hervorzubringen; denn bis dahin hat man nur übersetzt, sei es aus dem Lateinischen ins Französische, sei es aus dem Französischen ins Lateinische. In der Rhetorik lernt man zunächst, einen Gedanken zu erweitern, Perioden zu umschreiben & auszuführen, & so gelangt man schließlich nach & nach zur eigentlichen Rede, die immer oder fast immer in lateinischer Sprache gehalten wird. Ich spreche nicht von jenen Figuren der Rhetorik, die einigen modernen Pedanten so sehr am Herzen liegen & deren Name so lächerlich geworden ist, daß die vernünftigsten Lehrer sie ganz aus ihrem Unterricht verbannt haben. Es gibt allerdings noch Lehrer, die großen Wert auf sie legen, & es kommt sehr häufig vor, daß man über diesen wichtigen Punkt diejenigen befragt, die nach der Magisterwürde streben.

Philosophie: Nachdem man sieben oder acht Jahre damit verbracht hat, Wörter zu lernen oder zu sprechen, ohne etwas zu sagen, beginnt man endlich mit dem Studium der Dinge oder glaubt mit ihm zu beginnen; denn das ist die wahre Bestimmung der Philosophie. Aber es fehlt noch viel, damit die Philosophie in den *Schulen* diesen Namen wirklich verdient. Sie fängt gewöhnlich mit einem Kompendium an, das, wenn man so sagen darf, der Sammelpunkt unzähliger unnützer Fragen nach der Existenz der Philosophie ist, nach der Philosophie Adams &c. Man geht dann zur Logik über: Jene, die man zumindest in einer großen Zahl von *Schulen* lehrt, gleicht ungefähr der, die der Philosophielehrer dem Bürger als Edelmann beizubringen versucht. Die Metaphysik ist ungefähr von der gleichen Art: Man vermengt hier die bedeutendsten Wahrheiten mit den unbedeutendsten Erörterungen. Bevor & nachdem man die Existenz Gottes bewiesen hat, behandelt man mit derselben Sorgfalt die großen Fragen des formellen & des virtuellen Unterschieds zwischen dem Ganzen & dem Teil des Dings & unzählige andere Fragen. Verhöhnt & lästert man nicht gewissermaßen die höchste Wahrheit, wenn man ihr eine so lächerliche & jämmerliche Umgebung gibt? In der Physik errichtet man schließlich auf seine Weise eine Weltordnung; man erklärt hier alles oder fast alles; man folgt & widerlegt Aristoteles, Descartes & Newton, wie es gerade kommt. Man beendet diesen zweijährigen Lehrgang mit einigen Seiten über Moral, die man als unwichtigsten Teil gewöhnlich ans Ende verlegt.

Sittenlehre & Religion: Wir werden der Behandlung des ersten dieser beiden Punkte zunächst die Gerechtigkeit erweisen, die den Bemühungen der meisten Lehrer gebührt; aber wir berufen uns zugleich auf ihre Aussage & klagen um so lieber mit ihnen über die Verderbtheit, von der man die Jugend in den *Schulen* nicht reinwaschen kann, da ihr diese Verderbtheit nicht zur Last gelegt werden kann. Was die Religion betrifft, so verfällt man in diesem Punkt in zwei Extreme, die gleichermaßen zu fürchten sind: Das erste & häufigste besteht darin, alles auf äußerliche Übungen zu beschränken & mit diesen Übungen einen Wert zu verknüpfen, den sie sicher nicht haben; das zweite besteht dagegen darin, daß man die Kinder zwingen will, sich ausschließlich mit diesem Gegenstand zu beschäftigen & deshalb die anderen Fächer zu vernachlässigen, in denen sie sich eines Tages ihrem Vaterland nützlich erweisen sollen. Unter dem Vorwand, daß Jesus Christus gesagt habe, man müsse immer beten, möchten einige Lehrer, vor allem diejenigen, die gewisse Prinzipien einer übertriebenen Glaubensstrenge vertreten, erreichen, daß fast die ganze Zeit, die für das Studium bestimmt ist, mit Andachten & Katechismusunterricht vergehe, als ob die Arbeit & die Exaktheit bei der Erfüllung der Pflichten seines Standes nicht das Gebet seien, das Gott am wohlgefälligsten ist. So passen sich die Schüler aus Veranlagung, aus Faulheit oder aus Folgsamkeit in diesem Punkt den Ideen ihrer Lehrer an & verlassen dann in der Regel die *Schule* noch ein wenig dümmer & unwissender.

Ich habe erkannt, daß die Menschen überhaupt nur in zwei Gruppen zerfallen: in Lausbuben und sogenannte »ernste Menschen« oder, wie ich es manchmal zu nennen pflege, in »Samumisten«, das heißt: Menschen, die wie Samum wirken, indem sie alles Lebendige im Keim ersticken. Oder, um es kürzer und ganz allgemein verständlich auszudrücken: Es gibt nur zweierlei Menschen: lustige und lächerliche. Jene sind talentiert und lebensfähig, diese sind untalentiert und verdienten, aufgehängt zu werden. Lehrer, zum Beispiel, sind meistens Samumisten und daher so ziemlich die unbegabtesten Mitglieder der menschlichen Gesellschaft. Egon Friedell, Der Lausbub

Aus diesen Einzelheiten geht hervor, daß ein junger Mensch, nachdem er in einer *Schule* zehn Jahre verbracht hat, die man zu den kostbarsten seines Lebens zählen muß, diese *Schule* schließlich, auch wenn er seine Zeit am besten verwendet hat, mit der sehr mangelhaften Kenntnis einer toten Sprache, mit Vorschriften der Rhetorik & mit Prinzipien der Philosophie verläßt, die er zu vergessen versuchen muß, oft auch mit einer Verderbtheit der Sitten, deren geringste Folge die Zerstörung der Gesundheit ist, zuweilen mit Grundsätzen einer mißverstandenen Frömmigkeit, noch häufiger aber mit einer so oberflächlichen Kenntnis der Religion, daß er dem ersten gottlosen Gespräch oder der ersten gefährlichen Lektüre erliegt.

Ich weiß, daß die vernünftigsten Lehrer diesen Mißstand noch lauter beklagen, als wir es hier tun. Fast alle wünschen leidenschaftlich, daß man der Erziehung in den *Schulen* eine andere Form gebe: Wir legen hier nur dar, was sie denken & was keiner von ihnen zu schreiben wagt. Aber der nun einmal so eingerichtete Ablauf der Dinge hat über sie eine Macht, von der sie sich nicht zu befreien vermögen, & in Dingen der Gewohnheit übernehmen die

Männer von Geist das Gesetz der Schwachköpfe. Ich hüte mich also in diesen Betrachtungen über die öffentliche Erziehung davor, die Lehrer zu verspotten; solche Gefühle wären weit von der Dankbarkeit entfernt, die ich meinen Lehrern entgegenbringe; ich stimme vielmehr mit ihnen darin überein, daß die höhere Autorität der Regierung allein das Fortschreiten eines so großen Übels aufzuhalten vermag; ich muß sogar zugeben, daß mehrere Professoren der Pariser Universität sich ihm widersetzen, soweit ihnen das möglich ist, & daß sie in manchen Dingen vom alten Pfad abzuweichen wagen, allerdings auf die Gefahr hin, von der Mehrheit getadelt zu werden. Wenn sie noch mehr wagten & wenn ihr Beispiel befolgt würde, dann würden wir vielleicht endlich sehen, wie das Studium bei uns seinen Charakter ändert; aber das ist ein Vorteil, den wir nur von der Zeit erwarten dürfen, wenn die Zeit überhaupt fähig ist, ihn uns zu verschaffen. Mag die wahre Philosophie sich in Frankreich auch von Tag zu Tag weiterverbreiten, so fällt es ihr doch schwerer, die Körperschaften zu durchdringen als die einzelnen Menschen: Hier findet sie, wenn man so sagen darf, nur einen Kopf, den sie für sich gewinnen kann, dort findet sie tausend Köpfe. Da die Pariser Universität sich aus einzelnen Menschen zusammensetzt, die übrigens weder eine geistliche noch eine reglementierte Gemeinschaft bilden, so wird es weniger Mühe kosten, dort das Joch der Vorurteile abzuschütteln, von denen die *Schulen* noch erfüllt sind.

Man lehrt uns zu leben, wenn das Leben vorüber ist. Hundert Studenten haben sich die Syphilis geholt, ehe sie in ihrem Aristoteles bis zum Kapitel über die Mäßigung gekommen sind.
MONTAIGNE, ÜBER DIE KNABENERZIEHUNG

Mir scheint, daß es nicht unmöglich wäre, der Erziehung in den *Schulen* eine andere Form zu geben. Warum soll man sechs Jahre damit verbringen, schlecht & recht eine tote Sprache zu erlernen? Es liegt mir fern, das Studium einer Sprache zu mißbilligen, in der Männer wie Horaz & Tacitus geschrieben haben; dieses Studium ist unbedingt notwendig, um ihre bewunderungswürdigen Werke kennenzulernen. Aber ich glaube, daß man sich darauf beschränken sollte, sie zu verstehen, & daß die Zeit, die man verwendet, um lateinische Aufsätze zu schreiben, verlorene Zeit ist. Diese Zeit würde besser dafür verwendet, die Regeln der eigenen Sprache zu erlernen, die man beim Verlassen der *Schule* noch immer so wenig beherrscht, daß man sie nur sehr schlecht spricht. Eine gute französische Grammatik wäre zugleich eine vortreffliche Logik & eine ausgezeichnete Metaphysik & wäre ebensoviel wert wie die Rhapsodien, durch die man sie ersetzt. Was für ein Latein ist übrigens das Latein gewisser Schulen! Wir berufen uns hierbei auf das Urteil der Sachverständigen.

Im übrigen: So hoch ich auch einige unserer modernen Humanisten schätze, so bedauere ich doch, daß sie gezwungen sind, sich so viel Mühe zu geben, um eine andere Sprache als ihre eigene fließend zu sprechen. Sie täuschen sich, wenn sie sich einbilden, dabei das Verdienst der überwundenen Schwierigkeiten für sich zu haben: Es ist nämlich schwerer, seine Muttersprache gut zu sprechen & zu schreiben als ein tote Sprache; der Beweis dafür ist frappierend. Ich sehe, daß die Griechen & die Römer zu der Zeit, da ihre Sprache noch lebendig war, keine größere Anzahl guter Schriftsteller hatten, als wir sie in unserer Sprache haben; ich sehe auch, daß sie wie wir nur eine sehr kleine Anzahl vortrefflicher Dichter hatten & daß das bei allen Völkern so ist. Ich sehe dagegen, daß die Erneuerung der Literatur eine erstaunliche Menge lateinischer Dichter hervorgebracht hat, die zu bewundern wir die Güte haben. Woher mag dieser Unterschied kommen? Wenn Vergil & Horaz wieder auf die Welt kämen, um diese modernen Helden des lateinischen Parnasses zu beurteilen, müßten wir dann nicht große Angst vor ihnen haben? Warum, hat hierzu ein moderner Autor bemerkt, hat unsere Gesellschaft, die im übrigen recht schätzenswert ist & ein Heer von lateinischen Versemachern hervorgebracht hat, nicht einen einzigen französischen Dichter hervorgebracht, den man lesen könnte? Warum haben die Sammlungen französischer Verse, die leider aus unseren *Schulen* hervorgehen, so wenig Erfolg, obgleich verschiedene Literaten die lateinischen Verse, die von dort kommen, sehr schätzen?

Betonen wir am Schluß dieser Betrachtungen, daß die lateinischen Schriften große Nachteile haben & daß man besser daran täte, sie durch französische Schriften zu ersetzen; damit beginnt man jetzt in der Pariser Universität; man bevorzugt dort zwar noch das Latein, fängt aber endlich an, dort auch Französisch zu lehren.

Ich habe zuweilen gehört, daß man den Dissertationen nachtrauert, die man früher in griechischer Sprache zu verteidigen hatte; ich aber bedauere weitaus mehr, daß man sie nicht in französischer Sprache verteidigt: Man wäre dann gezwungen, vernünftig zu sprechen oder zu schweigen.

Die Fremdsprachen, in denen wir eine große Anzahl guter Autoren haben, wie etwa Englisch & Italienisch, vielleicht auch Deutsch & Spanisch, sollten ebenfalls in die Ausbildung in den *Schulen* aufgenommen werden; die meisten von ihnen wären nützlicher, wenn man sie beherrschte, als die toten Sprachen, von denen nur die Gelehrten Gebrauch machen können.

Ich sage das gleiche von der Geschichte & von allen Wissenschaften, die sich auf sie beziehen, wie die Chronologie & die Geographie. Trotz des geringen Wertes, den man in den *Schulen* auf das Studium der Geschichte zu legen scheint, ist doch das Kindesalter vielleicht die günstigste Zeit, um sie zu erlernen. Die Geschichte, die für den Deutschunterricht ziemlich unnütz ist, ist für die Kinder sehr nützlich, einmal wegen der Beispiele, die sie ihnen bietet, zum anderen wegen der anschaulichen Tugendlehren, die sie ihnen in einem Alter erteilen kann, in dem sie noch keine feststehenden Prinzipien haben, weder gute noch schlechte. Man muß sie nicht erst mit dreißig Jahren zu lernen beginnen, es sei denn, es geschehe aus bloßer Wißbegierde; denn mit dreißig Jahren sind Geist & Herz so, wie sie das ganze Leben lang sein werden. Ein Mann von Geist aus meinem Bekanntenkreis möchte übrigens, daß man die Geschichte in umgekehrter Reihenfolge studiere & lehre, das heißt mit unserer Zeit beginne & von ihr auf die vergangenen Zeitalter zurückgehe. Diese Idee erscheint mir wohlbegründet & sehr philosophisch. Wozu soll man ein Kind zuerst mit der Geschichte Pharamunds, Chlodwigs, Karls des Großen, Cäsars & Alexanders langweilen & es in Unkenntnis über die Geschichte seiner Zeit lassen, wie das bei der Abneigung, die ihm die Anfänge einflößen, meistens der Fall ist?

Im Hinblick auf die Rhetorik wünschte man, daß sie weitaus mehr in Beispielen als in Regeln bestünde, daß man sich nicht darauf beschränkte, die Autoren des Altertums zu lesen & sie manchmal zur unrechten Zeit bewundern zu lassen, daß man den Mut hätte, sie häufig zu kritisieren, sie mit den modernen Autoren zu vergleichen & zu zeigen, inwiefern wir einen Vorteil oder einen Nachteil gegenüber den Römern & Griechen haben. Vielleicht sollte man auch die Philosophie der Rhetorik vorausgehen lassen; denn schließlich muß man doch erst denken lernen, ehe man schreiben lernt.

In der Philosophie sollte man die Logik auf einige Zeilen beschränken, die Metaphysik auf einen Auszug aus Locke, die rein philosophische Moral auf die Werke Senecas & Epiktets, die christliche Moral auf die Bergpredigt Jesu Christi, die Physik auf die Experimente & besonders auf die Geometrie, die doch die allerbeste Logik & Physik ist.

Man wünschte schließlich, daß man die verschiedenen Unterrichtsfächer durch das der schönen Künste, vor allem der Musik, ergänzte, weil sie besonders geeignet ist, den Geschmack zu bilden sowie die Sitten zu verfeinern, & weil man von ihr mit Cicero wohl sagen kann: »Diese Studien fördern die Jugend, ergötzen das Alter, stehen erfreulichen Dingen wohl an & bieten im Unglück Zuflucht & Trost.«

Dieser Studienplan – das bekenne ich – würde die Zahl der Lehrer & die Unterrichtszeit vervielfachen. Aber erstens scheint mir, daß die jungen Menschen, wenn sie die *Schule* später verließen, dadurch in jeder Hinsicht gewinnen würden, da sie sie gebildeter verlassen würden. Zweitens sind die Kinder zu Fleiß & Verständnis fähiger, als man im allgemeinen annimmt; ich berufe mich dabei auf die Erfahrung; & wenn man ihnen zum Beispiel die Geometrie frühzeitig beibrächte, so bezweifle ich nicht, daß Wunderkinder & frühreife Talente auf diesem Gebiet viel häufiger wären. Es gibt kaum eine Wissenschaft, die man bei einer guten Gliederung & mit einer guten Methode nicht auch dem beschränktesten Geist beibringen könnte; aber gerade dagegen verstößt man sehr häufig. Drittens wäre es nicht notwendig, alle Kinder mit allen diesen Gegenständen zugleich zu beschäftigen; man könnte sie auch nacheinander lehren; manche könnten sich auf ein bestimmtes Gebiet beschränken, & bei einer so erstaunlichen Menge von Gegenständen würde es wohl sehr selten vorkommen, daß ein junger Mensch nicht Geschmack an irgendeinem von ihnen fände. Übrigens ist es, wie ich schon gesagt habe, Sache der Regierung, in diesem Fall die Routine & die alte Gewohnheit zu ändern. Möge sie ein Wort hierzu sagen, & es werden sich genügend gute Staatsbürger finden, um einen vortrefflichen Studienplan zu unterbreiten. Aber in Erwartung dieser Reform, die zu genießen vielleicht unsere Enkel das Glück haben werden, zögere ich nicht, anzunehmen, daß die Erziehung in den *Schulen*, so wie sie ist, weitaus mehr Nachteile hat als eine Privaterziehung, bei der es sehr viel leichter ist, sich die verschiedenen Kenntnisse anzueignen, die ich soeben im einzelnen erörtert habe.

Ich weiß, daß man zugunsten der Schulerziehung zwei große Vorzüge verkündet: die Gemeinschaft & den Wetteifer; aber mir scheint, daß es nicht unmöglich wäre, sie sich auch in der Privaterziehung zu verschaffen, wenn man einige Kinder von ungefähr derselben Fähigkeit & ungefähr dem gleichen Alter zusammen unterrichtete. Übrigens ist der Wetteifer – ich berufe mich dabei auf die Lehrer – in der *Schule* sehr selten; & was die Gemeinschaft betrifft, so ist sie nicht ohne große Nachteile: Ich habe diejenigen, die sich daraus im Hinblick auf die Sitten ergeben, schon berührt; aber ich will hier noch von einem anderen Nachteil sprechen, der leider sehr weit verbreitet ist, besonders in den Bildungsstätten, in denen man viele junge Adlige erzieht; man spricht dort zu ihnen in jedem Augenblick von ihrer Herkunft & von ihrer Würde & flößt ihnen

Man darf nicht zu früh dumm sein. Mit ungefähr Dreißig, nach Abschluß des Studiums, ist es erlaubt, da darf man wieder einfach werden und dadurch Entdeckungen machen. Ich habe oft festgestellt, daß im höheren Unterricht die »dummen« Schüler mit großer Wahrscheinlichkeit über das Zufällige, das Spekulative und den Kern der vorgetragenen Theorie stolperten. Sie richteten Fragen an den Lehrer, der ihnen die Sache noch einmal erklärte. Sie aber sahen gedankenvoll drein, während der Pöbel der Klassenbesten lachte und spottete. In der Folge habe ich festgestellt, daß diese Theorien von späteren Wissenschaftlern genau an der wunden Stelle umgestoßen wurden, die der fünfzehnjährige Dummkopf aufgezeigt hatte. Die Klassenletzten brauchten bloß eine andere, eine genialische Bildung … Den Irren zu vertrauen ist beinahe eine geistige Tradition. Ich aber halte vor allem sehr viel von Dummköpfen. Henri Michaux, Ecuador

dadurch, ohne es zu wollen, Gefühle des Hochmuts gegenüber den anderen ein. Man sollte diejenigen, die die Ausbildung der Jugend leiten, dazu ermahnen, sich selbst in einem Punkt von so großer Bedeutung sorgfältig zu prüfen.

Ein weiterer Nachteil der Schulerziehung besteht darin, daß der Lehrer sich genötigt sieht, sein Vorgehen im Unterricht der Mehrzahl seiner Schüler, das heißt den mittelmäßigen Begabungen, anzupassen – was für die begabteren Schüler einen großen Zeitverlust zur Folge hat.

Ich kann auch nicht umhin, bei dieser Gelegenheit auf die Nachteile des unentgeltlichen Unterrichts hinzuweisen, & ich bin überzeugt, hier die aufgeklärtesten & berühmtesten Lehrer alle auf meiner Seite zu haben; denn wenn diese Einrichtung auch den Schülern genützt haben mag, so hat sie doch den Lehrern um so mehr geschadet.

Wenn die Erziehung der Jugend vernachlässigt wird, so haben wir uns das nur selbst & dem geringen Ansehen zuzuschreiben, das wir gegenüber denen bezeugen, die diese Erziehung auf sich nehmen; das ist die Frucht jenes Geistes der Oberflächlichkeit, der in unserer Nation herrscht & der sozusagen alles andere absorbiert. In Frankreich dankt man selten irgend jemandem dafür, daß er die Pflichten seines Berufes erfüllt; man sieht lieber, daß er oberflächlich ist. Siehe auch den Artikel Erziehung.

So hat die Liebe zum öffentlichen Wohl mich angeregt, hier sowohl über die öffentliche als auch über die private Erziehung zu sprechen – woraus folgt, daß die öffentliche Erziehung nur ein Hilfsmittel für die Kinder sein sollte, deren Eltern unglücklicherweise nicht in der Lage sind, die Kosten einer häuslichen Erziehung zu bestreiten. Ich kann nicht ohne Bedauern an die Zeit denken, die ich in meiner Kindheit verloren habe: Ich schreibe diesen unersetzlichen Verlust der herrschenden Gewohnheit & nicht meinen Lehrern zu, & ich wünschte, meine Erfahrung könnte meinem Vaterland nützen. *Exoriare aliquis.* *d'Alembert*

SCHWÄCHE – **Fragilité** (**Moral**). Die Bereitschaft, angeborenen Neigungen nachzugeben, selbst wenn alle Vernunftgründe dagegen sprechen. Es ist ein sehr weiter Weg von dem, wie wir geboren werden, zu dem, wie wir sein wollen. Wie der Mensch ist, unterscheidet sich so sehr von dem Menschen, den man erschaffen will, die universelle Vernunft & das gemeinsame Interesse der Gattung durchkreuzen die Neigungen der Individuen so sehr, & es kommt so selten vor, daß man sich jener Pflichten erinnert, die man beachten sollte, ebenso selten, wie man sich an jene Verhaltensregeln erinnert, gegen die man verstoßen will, oder jener Lebensführung, von der man abweichen wird. Während der Lohn für die Vernunft, den man erkennt, wenn man darüber nachdenkt, in weiter Ferne liegt, rückt einem das Gefühl den Lohn für den Verstoß in greifbare Nähe. Es ist so leicht, um des Vergnügens willen die Pflichten, die Vernunft & sogar das Glück zu vergessen, daß die *Schwäche* mehr oder weniger eine Eigenschaft aller Menschen ist. Als *schwach* bezeichnet man jene Unglücklichen, die mehr als andere durch ihr Temperament & ihre Neigungen von ihren Prinzipien abgebracht werden.

Eine der Ursachen für die menschliche *Schwäche* ist der Gegensatz zwischen dem Stand, den der Mensch in der Gesellschaft einnimmt, & seinem Charakter. Der Zufall & das gesellschaftliche Schicksal weisen ihm einen Platz zu, die Natur hat ihm einen anderen bestimmt. Dieser Ursache für die *Schwäche* können Sie noch die Wechselfälle des Alters, der Gesundheit, der Leidenschaften & der Stimmung hinzufügen, denen die Vernunft vielleicht nicht immer genügend Aufmerksamkeit schenkt. Wir sind bestimmten Gesetzen unterworfen, die uns zu einem bestimmten Zeitpunkt genehm sind & zu einem anderen nur noch verzweifeln lassen. Obwohl wir eine heimliche Neigung dazu haben, uns immer wieder aller Joche zu entledigen, obwohl wir mit Bestimmtheit wissen, daß wir es noch lange Zeit bedauern werden, unsere sogenannten *Pflichten* vernachlässigt zu haben, lassen wir uns unnötige Gesetze aufbürden, die man den Gesetzen, die für die Gesellschaft unerläßlich sind, hinzufügt. Wir legen uns Ketten an, die nicht zu tragen sind. So wird die Saat zu kleinen Fehltritten & großen Gewissensbissen gesät.

Der *schwache* Mensch unterscheidet sich vom nachgiebigen Menschen dadurch, daß ersterer seinem Herzen & seinen Neigungen folgt, der nachgiebige Mensch dagegen äußerem Druck nicht standhält. *Schwäche* setzt heftige Leidenschaften voraus, Nachgiebigkeit hingegen Untätigkeit & Gefühlsleere. Der *schwache* Mensch handelt seinen Prinzipien zuwider, der nachgiebige Mensch gibt sie auf, er hat nur Ansichten. Der *schwache* Mensch schwankt, was er tun wird, der nachgiebige Mensch weiß nicht, was er will. Zur Nachgiebigkeit erübrigt sich jedes weitere Wort; man wird sie nicht ändern. Dem *schwachen* Menschen aber wird die Philosophie immer beistehen. Sie weist ihm Auswege & verschafft ihm die Nachsicht seiner Mitmenschen. Sie öffnet ihm die Augen, leitet ihn, unterstützt ihn, verzeiht ihm. *Anonym*

SCHWEIGEN – **Silence** (**Redekunst**). Das *Schweigen* bringt das Schöne, das Edle, das Pathetische in den Gedanken zum Ausdruck, denn es ist ein Bild für die Seelengröße, in der *Odyssee* zum Beispiel das *Schweigen* des Ajax im Totenreich, als Odysseus sich tief vor dem Fürsten verneigt, Ajax ihn jedoch keiner Antwort würdigt. Dieses *Schweigen* hat etwas weit Größeres als alles, was er hätte sagen können. Sehr gelungen ist Vergils Nachahmung im VI. Gesang der *Aeneis*, wo Dido im Totenreich Aeneas auf dieselbe Weise begegnet wie Ajax dem Odysseus, sich nicht ergreifen läßt & kalt wie parischer Marmor davongeht & mit wütendem Gesichtsausdruck & ohne ihm zu antworten im Wald verschwindet.

Sie zeigte von seinen Worten sich ebenso wenig beeindruckt wie ein gefühlloser Kieselstein oder marpesische Klippen. Heftig wandte sie schließlich sich ab & suchte erbittert Zuflucht im schattigen Hain. V. 480–483

Es gibt eine zweite Art von *Schweigen*, die in bestimmten Fällen von der Größe & Erhabenheit des Standpunkts kündet. Sie besteht darin, über einen Gegenstand Stillschweigen zu wahren, zu dem man nichts sagen kann, ohne den Anschein einer niederen Gesinnung zu erwecken oder sich in gefährliche Nähe dazu zu begeben, oder den man vermeidet, um kein Urteil erkennen zu lassen, das andere verletzen könnte. So Scipio Africanus der Ältere, der vor das versammelte Volk geladen war, um sich dem Vorwurf der Tribunen zu stellen, er habe Geld veruntreut. »Römer«, sagte er, »dies ist der Tag, an dem ich Hannibal besiegte, an dem ich Karthago unterwarf. Laßt uns den Göttern dafür danken.« Dann machte er sich auf zum Kapitol, & das Volk folgte ihm. Scipios Gesinnung war zu erhaben, als daß er den Angeklagten hätte spielen können, & man muß zugeben, daß nichts heldenhafter ist als das Benehmen eines Menschen, der es aus Stolz auf seine Tugend für unter seiner Würde hält, sich zu rechtfertigen, & keinen anderen Richter zuläßt als sein eigenes Gewissen.

In Corneilles Tragödie des Nikomedes, jenes Prinzen, der durch die Ränke seiner Schwiegermutter Arsinoé verdächtigt wird, an einer Verschwörung beteiligt zu sein, drängt dessen Vater Prusias darauf, daß er sich rechtfertige, da er ihn entlastet sehen will:

Reinige dich von diesem schändlichen & niederen Vorwurf.

Nikomedes beweist seine Seelengröße, indem er ganz & gar erhaben erwidert:

Ich soll mich reinigen, mein Vater? Das kann nicht Ihr Ernst sein!

Ich weiß nicht, was man an der Antwort des Nikomedes mehr bewundern soll, daß er sich nicht rechtfertigen will oder daß er seiner so sicher & so stolz auf seine Unschuld ist, daß er sich nicht vorstellen kann, seine Ankläger könnten daran zweifeln.

Nachdem ein Gesandter der Stadt Abdera in einer langen Rede vor Agis, dem König von Sparta, seine ungerechtfertigten Ansprüche vorgebracht hatte, endete er mit den Worten: »Nun, Herr, was für eine Antwort von Euch soll ich überbringen?« – »Daß ich dich alles habe sagen lassen, was du hast sagen wollen & solange du es gewollt hast, ohne ein einziges Wort zu erwidern.« So etwas nennt man beredtes *Schweigen*, sagt Montaigne.

Ich will Ihnen aber ein Beispiel geben für ein *Schweigen*, das unseren vollen Respekt verdient. Mit einer schlagenden Erwiderung vermittelt uns ein Kirchenvater eine Vorstellung von der Standhaftigkeit Jesu Christi. Zum Verständnis muß man sich an die Umstände erinnern, unter denen Epiktet lebte. Als ihn sein Herr eines Tages mit heftigen Schlägen auf das Bein traktierte, sagte Epiktet ungerührt zu ihm: »Wenn Ihr so weitermacht, zerschlagt Ihr dieses Bein.« Erzürnt über diese Kaltblütigkeit, zertrümmerte der Herr ihm das Bein. Daraufhin Epiktet: »Habe ich es Euch nicht gesagt, daß Ihr dieses Bein zerschlagen werdet?« Ein Philosoph hielt den Christen dieses Beispiel entgegen: »Hat euer Jesus Christus, als er starb, etwas Edles getan, was dem gleichkommt?« – »Ja«, antwortete der heilige Justin, »er hüllte sich in *Schweigen*.« *Jaucourt*

Das Erste, die schlechthinnige Bedingung dafür, daß man etwas tun kann, somit das Erste, das man tun muß, ist dies: schaffe Schweigen. O, alles macht Lärm; und so wie man von einem hitzigen Tranke sagt, er rege das Blut auf, ebenso ist in unsrer Zeit jegliches Unternehmen, selbst das unbedeutendste, jegliche Mitteilung, selbst die völlig nichtssagende, lediglich darauf berechnet, die Sinne erbeben zu lassen oder die Masse, die Menge, das Publikum, den Lärm zu erregen. Und der Mensch, dieser erfindungsreiche Kopf, er ist gleichsam schlaflos geworden, um immer neue Mittel zu entdecken zur Mehrung des Lärms, zur Ausbreitung des Geräusches und des Nichtssagenden mit größtmöglicher Hast und im größtmöglichen Maßstabe. Ja, die Umkehrung ist wohl bald am Ziele: die Mitteilung ist wohl bald heruntergebracht auf den niedrigsten Punkt hinsichtlich des Bedeutungsvollen, und gleichzeitig haben die Mitteilungsmittel wohl ungefähr einen Gipfel erreicht hinsichtlich einer hastigen, alles überflutenden Ausbreitung; denn was hat wohl so große Eile herauszukommen und anderseits, was hat so große Verbreitung wie: Getratsch! O, schaffe Schweigen! SØREN KIERKEGAARD, ERBAULICHE REDEN

SCHWEIGENS, GOTT DES – Silence, dieu du (Mythologie). Der römische Geschichtsschreiber Ammianus Marcellinus teilt uns mit, daß die Gottheit des Schweigens verehrt wurde, *silentii numen colitur.* Die Ägypter nannten sie Sigation, die Griechen Harpokrates & die Römer Angenora. Diese Gottheit wurde mit dem Finger am Mund dargestellt. *Jaucourt*

SCHWIMMEN – Nager. Die Kunst oder die Tätigkeit des Schwimmens besteht darin, den Körper auf der Oberfläche des Wassers zu halten & sich darin durch Bewegungen der Arme & Beine &c. im Wasser vorwärtszubewegen. Siehe TIER.

Der Mensch ist das einzige Tier, welches das *Schwimmen* erlernen muß; viele andere Tiere *schwimmen* von Natur aus, viele andere jedoch *schwimmen* überhaupt nicht.

Bei den alten Griechen & Römern nahm die Kunst des *Schwimmens* bei der Erziehung der Jugend einen so wichtigen Platz ein, daß es von einem unwissenden, groben & schlecht erzogenen Mann sprichwörtlich hieß, er könne weder lesen noch *schwimmen*.

Bei den Fischen trägt am meisten ihr Schwanz dazu bei, sie *schwimmen* zu lassen, & nicht ihre Flossen, wie man allgemein meint; daher hat die Natur ihnen in diesem Körperteil mehr Kraft & Muskeln gegeben als in allen anderen, während wir bei den anderen Tieren das Gegenteil beobachten, wo immer die der Fortbewegung dienenden Körperteile die stärksten sind, wie die Schenkel beim Menschen, damit er gehen kann, die Brustmuskeln bei den Vögeln, damit sie fliegen können, &c.

Die Art & Weise, wie die Fische sich im Wasser fortbewegen, ist sehr gut erklärt in Borelli, *Von der Bewegung der Tiere*, Teil I, Kapitel XXIII. Sie benutzen ihre Flossen nur dazu, ihren Körper im Gleichgewicht zu halten & zu verhindern, daß er beim *Schwimmen* schwankt. Siehe FLOSSEN & SCHWANZ.

Das schwimmen hat mir immer sehr geschadet / ich habe niemals gern in meer see teich gebadet / ich fühlte nie des schwimmers todeslust / hab immer stracks zurück zum strand gemußt / mein abscheu gilt auch fließendem gewässer / celan rannte der seine ins scharfe messer / die karpfen blöde aus der donau äugen / von hallenbädern laß ich mich nicht säugen / bei jedem atemzug drängt sich ein wasserguß / in meinen mund bis ich ersticken muß / ich lieber halte mich an trocken holz / fern von des haies und torpedos stolz / auch badehosen trug ich nur mit scham / weil drin mein genital nur wenig raum einnahm. ERNST JANDL, NASSES GEDICHT

Thevenot hat ein beachtenswertes Buch mit dem Titel *Die Kunst des Schwimmens* veröffentlicht, in dem diese Tätigkeit durch Abbildungen erläutert wird. Vor ihm hatten bereits der Engländer Everard Digy & der Deutsche Nikolaus Wynman die Regeln dieser Kunst dargelegt. Thevenot hat diese beiden Autoren sozusagen nur kopiert; hätte er sich indes die Mühe gemacht, die Abhandlung von Borelli nur halb so aufmerksam zu lesen wie die beiden anderen, so hätte er nicht behauptet, wie er es getan hat, daß der Mensch ebenso natürlich *schwimmen* würde wie die anderen Tiere, wenn ihn die Angst, welche die Gefahr erhöht, nicht daran hindere.

Wir kennen mehrere Experimente, welche diese Meinung widerlegen. Wirft man nämlich ein neugeborenes Tier ins Wasser, so *schwimmt* es; wirft man dagegen ein Kind hinein, das noch keine Angst empfinden kann, so *schwimmt* es nicht, sondern geht sofort unter. Das liegt daran, daß der Bau & die Gestalt des menschlichen Körpers sich stark von denen der Tiere unterscheiden, vor allem, was höchst außergewöhnlich ist, hinsichtlich der Lage des Schwerpunkts. Beim Menschen ist der Kopf im Verhältnis zum Gewicht des übrigen Körpers übermäßig schwer, was daher rührt, daß sein Kopf mit einer erheblichen Menge an Gehirn versehen ist & seine gesamte Masse aus Knochen & fleischigen Teilen besteht, ohne daß es mit Luft gefüllte Höhlen gibt; so daß der Kopf des Menschen, der aus eigener Schwerkraft ins Wasser taucht, sich durch Nase & Ohren alsbald mit Wasser füllt &, da das Starke oder Schwere das Schwache oder Leichte mit sich reißt, der Mensch untergeht & in kurzer Zeit ertrinkt.

Da jedoch bei den Tieren der Kopf nur wenig Gehirn enthält & sich zudem viele mit Luft gefüllte Höhlen darin befinden, steht seine Schwere in keinem Verhältnis zum übrigen Körper, so daß sie keine Mühe haben, die Nase über Wasser zu halten, & da sie gemäß den Prinzipien der Statik frei atmen können, droht ihnen nicht die Gefahr zu ertrinken.

In der Tat besteht die Schwimmkunst, die sich nur durch Erfahrung & Übung erlernen läßt, hauptsächlich in der Fertigkeit, den Kopf über Wasser zu halten, so daß der Mensch, da sich Nase & Mund im Freien befinden, nach Belieben atmen kann. Die Bewegung seiner Füße & Hände reichen aus, ihn auf der Oberfläche des Wassers zu tragen, & er bedient sich ihrer als Ruder, um seinen Körper zu lenken. Dabei genügt schon die kleinste Bewegung, denn der Körper des Menschen ist etwa so schwer wie das gleiche Volumen an Wasser, woraus nach den Grundsätzen der Hydrostatik folgt, daß der Körper des Menschen sich fast schon von selbst im Gleichgewicht mit dem Wasser befindet & nur wenig Kraft vonnöten ist, ihn zu tragen.

Bazin, Korrespondent der königlichen Akademie der Wissenschaften zu Paris, hat vor einigen Jahren in Straßburg ein kleines Werk drucken lassen, in dem er untersucht, warum die Tiere von Natur aus *schwimmen*, der Mensch dagegen die Mittel dazu finden muß. Die Gründe dafür sieht er im unterschiedlichen Bau des menschlichen & des tierischen Körpers, doch unterscheiden sich diese Gründe von den oben erwähnten. Ihm zufolge *schwimmen* die Tiere von Natur aus, weil die natürliche Bewegung, die sie machen, um aus dem Wasser herauszugelangen, wenn sie hineingeworfen werden, von sich aus geeignet ist, sie zu tragen. Denn ein vierbeiniges Tier, das *schwimmt*, befindet sich in derselben Lage & macht dieselben Bewegungen, wie wenn es sich auf dem Festland bewegt. Nicht so beim Menschen: die Anstrengung, die es ihn kosten würde, in derselben Haltung, wie er von Natur aus geht, im Wasser zu gehen, würde nur dazu dienen, ihn untergehen zu lassen, & daher ist ihm die Schwimmkunst nicht angeboren. *Anonym*

SEELE – Âme (Verstand, Vernunft, Philosophie oder Lehre von den Geistern, von Gott, von den Engeln, von der Seele). Unter *Seele* versteht man ein erkenntnis- oder empfindungsfähiges Prinzip. Es ergeben sich hier mehrere Fragen, die zu erörtern sind:

1. was der Ursprung der *Seele* ist, 2. worin ihr Wesen besteht, 3. was ihre Bestimmung ist, 4. welchem Wesen sie innewohnt.

Es gibt zahlreiche Meinungen über ihren Ursprung, & im Altertum, sowohl im heidnischen als auch im christlichen, wurde dieser Gegenstand sehr lebhaft erörtert. Es kann nur zwei Anschauungsweisen über die *Seele* geben: Man betrachtet sie entweder als Eigenschaft oder als Substanz. Diejenigen, die annahmen, sie wäre eine bloße Eigenschaft, wie Epikur, Dikäarchos, Aristoxenes, Asklepiades & Galienus, glaubten & mußten notwendig glauben, daß sie beim Tod vernichtet würde. Aber der größte Teil der Philosophen hat angenommen, die *Seele* wäre eine Substanz. Alle, die dieser Meinung waren, haben einmütig behauptet, sie wäre nur ein von einem Ganzen getrennter Teil; Gott wäre dieses Ganze, & so müßte sich die *Seele* schließlich durch einen Verschmelzungsvorgang wieder mit ihm vereinigen. Aber sie waren verschiedener Meinung über das Wesen dieses Ganzen: Die einen behaupteten, es gäbe in der Natur nur eine einzige Substanz, & die anderen meinten, es gäbe in ihr zwei Substanzen. Diejenigen, die behaupteten, es gäbe nur eine allumfassende Substanz, waren wahre Atheisten – ihre Anschauungen entsprechen denen der modernen Spinozisten; & Spinoza hat seine Irrtümer zweifellos aus jener verdorbenen Quelle des Altertums geschöpft. Diejenigen, die behaupteten, es gäbe in der Natur zwei allgemeine Substanzen, nämlich Gott & die Materie, zogen aus dem bekannten Grundsatz »Aus nichts wird nichts« den Schluß, daß diese beiden Substanzen ewig existierten. Sie bildeten die Klasse der theistischen & deistischen Philosophen, die sich je nach ihren verschiedenen Untergruppen mehr oder weniger dem näherten, was man *Spinozismus* nennt. Wir müssen hierzu noch bemerken, daß alle Meinungen der Alten über das Wesen Gottes sehr eng mit diesem absurden System zusammenhingen. Die einzige Schranke zwischen ihnen & Spinoza besteht darin, daß dieser Philosoph ebenso wie Straton jene in der ganzen Welt verbreitete Kraft, die nach seiner Ansicht deren Teile belebt & ihren Zusammenhang aufrechterhält, der Erkenntnis & Vernunft beraubte, wogegen die theistischen Philosophen dieser *Weltseele* Vernunft & Verstand zuerkannten. Das göttliche Wesen war für Spinoza nur eine blinde Natur, die weder Leben noch Empfindung hatte, aber dennoch alle jene schönen Werke hervorgebracht & ihnen auch, ohne es zu wissen, eine Symmetrie & Ordnung verliehen hatte, die augenscheinlich das Ergebnis eines recht aufgeklärten Verstandes sein mußte. Für die anderen Philosophen war das göttliche Wesen dagegen ein aufgeklärter Verstand, der die Entstehung der Welt geleitet hatte. Diese Philosophen unterschieden Gott nur deshalb von der Materie, weil sie den Namen Materie nur dem gaben, was wahrnehmbar & greifbar ist. Da Gott also in ihrem System eine feinere, beweglichere & durchdringendere Substanz war als die der Wahrnehmung der Sinne ausgesetzten Körper, so gaben sie ihm den Namen Geist, obgleich er – strenggenommen – materiell war. Siehe auch den Artikel Immaterialismus, in dem wir beweisen, daß die Philosophen des Altertums keine Ahnung von der wahren Spiritualität hatten. Wir beweisen dort auch, daß die Ideen der ersten Kirchenväter, die noch ein wenig von der menschlichen Weisheit beeinflußt waren, sich über die Spiritualität nicht recht klar gewesen waren; denn es ist doch so bequem, beim Denken Vorbildern zu folgen, so schwierig, nichts von alledem zu bewahren, was man lange verehrt hat, & so natürlich, seine Gedanken durch die Redlichkeit der Absicht zu rechtfertigen, daß man oft in diese Falle gerät, ohne sie gefürchtet oder geahnt zu haben. So hatten die Kirchenväter, die – wenn man so sagen darf – noch von den Prinzipien der griechischen Philosophen beeinflußt & durchdrungen waren, diese Prinzipien in das Christentum gelegt… *Yvon*

Nachdem wir nun der Spiritualität & der Unsterblichkeit der Seele – zwei Dinge, die den Menschen im Hinblick auf seine Zukunft mit Stolz erfüllen können – soviel Raum gegeben haben, sei es uns gestattet, einige Zeilen darauf zu verwenden, ihn im Hinblick auf seine Gegenwart ein wenig Demut zu lehren, indem wir alle die kleinen Dinge betrachten, von denen die Eigenschaften abhängen, auf die er die größten Stücke hält. Er mag es anstellen, wie er will, die Erfahrung läßt keinen Zweifel daran, daß die Funktionen der *Seele* mit dem Zustand & dem organischen Bau des Körpers verbunden sind; er muß sich damit abfinden, daß der unbedachte Druck eines Fingers der Hebamme ausgereicht hätte, aus Corneille einen Dummkopf zu machen, zu einer Zeit, als das Knochengehäuse, welches das Großhirn & das Kleinhirn umschließt, weich wie Teig war.

Die Beschaffenheit der Nahrungsmittel hat auf die Konstitution des Körpers & diese auf die Funktionen der *Seele* einen so großen Einfluß, daß allein diese Überlegung

Wenn die Menschen nicht ertrinken«, fragte die kleine Meerfrau, »können sie dann immer leben, sterben sie nicht, wie wir hier unten im Meer?« – »O doch!« sagte die Alte, »auch sie müssen sterben, und ihre Lebenszeit ist sogar kürzer als unsere. Wir können dreihundert Jahre alt werden, aber wenn wir dann aufhören hierzusein, dann werden wir nur Schaum auf dem Wasser, dann haben wir nicht einmal ein Grab hier unten unter unseren Lieben … Die Menschen dagegen haben eine Seele, die immer lebt, auch dann, wenn der Leib zu Erde geworden ist; sie steigt auf, hin durch die klare Luft, hinauf zu all den funkelnden Sternen! so wie wir auftauchen aus dem Meer und die Länder der Menschen sehen, so tauchen sie empor zu unbekannten herrlichen Orten, die wir niemals zu sehen bekommen.« – »Warum haben wir keine unsterbliche Seele bekommen?« sagte die kleine Meerfrau betrübt, »ich würde alle meine hundert Jahre, die ich zu leben habe, dahingeben, um für bloß einen Tag Mensch zu sein und schließlich teilzuhaben an der himmlischen Welt!« H.C. Andersen, Die kleine Meerjungfrau

durchaus geeignet wäre, die Mütter in Schrecken zu setzen, die ihre Kinder von Unbekannten nähren lassen.

Die Einwirkungen auf die noch zarten Organe der Kinder können für die Funktionen der *Seele* so mißliche Folgen haben, daß die Eltern sorgsam darauf achten müssen, daß man ihnen keinen panischen Schrecken einjagt, welcher Art er auch sei.

Aber es gibt noch zwei weitere Tatsachen, die deutlich machen, wie sehr die *Seele* auf den Körper & umgekehrt der Körper auf die *Seele* einwirkt. Ein junges Mädchen, das seine natürlichen Anlagen oder eine strenge Erziehung in eine übermäßige Frömmigkeit gestürzt hatten, fiel in eine Art von religiöser Melancholie. Die schlecht begründete Furcht vor dem höchsten Wesen, die man ihr eingeflößt hatte, erfüllte ihren Geist mit düsteren Gedanken; das Ausbleiben ihrer Regel war eine der Folgen des ständigen Schreckens, in dem sie lebte. Vergebens setzte man die wirksamsten & ausgesuchtesten Mittel dagegen ein; die Regel blieb weiterhin aus, was so üble Folgen hatte, daß der jungen Kranken das Leben bald unerträglich wurde. In diesem Zustand befand sie sich, als sie glücklicherweise die Bekanntschaft eines verständigen Geistlichen von sanftem & freundlichem Wesen machte, dem es teils durch die Sanftmut seiner Worte, teils kraft seiner Argumente gelang, die Ängste zu bannen, von denen sie besessen war, sie mit dem Leben zu versöhnen & ihr gesündere Ideen über die Gottheit einzugeben; kaum war der Geist geheilt, kehrte die Regel zurück, die Kranke nahm wieder zu & erfreute sich bald einer ausgezeichneten Gesundheit, obgleich ihre Lebensweise in den beiden entgegengesetzten Zuständen genau dieselbe war. Da jedoch der Geist nicht minder zu Rückfällen neigt wie der Körper, trat im Körper dieses Mädchens, als es in seine vorherigen abergläubischen Ängste zurückfiel, wiederum die gleiche Störung auf, & die Krankheit ging mit den gleichen Symptomen einher wie zuvor. Um sie davon zu befreien, setzte der Geistliche das gleiche Mittel ein, das er schon einmal verwendet hatte; er hatte Erfolg damit, die Regel kam wieder & die Gesundheit kehrte zurück. Einige Jahre lang bestand das Leben dieser jungen Person in einem ständigen Wechsel zwischen Aberglauben & Krankheit, Religion & Gesundheit. Wenn der Aberglaube vorherrschte, blieb die Regel aus & verschwand die Gesundheit; sobald die Religion & der gesunde Verstand die Oberhand gewannen, nahmen die Säfte ihren gewöhnlichen Verlauf, & die Gesundheit stellte sich wieder ein.

Ein berühmter Musiker & großer Komponist wurde von einem Fieber befallen, das ständig stieg & schließlich chronisch wurde. Am siebten Tag fiel er in ein heftiges & nahezu ununterbrochenes Delirium, das mit Schreien, Tränen, Angstanfällen & fortwährender Schlaflosigkeit einherging. Am dritten Tag seines Deliriums verlangte er, infolge einer jener instinktiven Regungen, die kranke Tiere, wie man sagt, veranlaßt, die ihnen bekömmlichen Kräuter zu fressen, ein kleines Konzert in seinem Zimmer zu hören. Sein Arzt stimmte dem nur widerstrebend zu. Man sang ihm Kantaten von Bernier, & schon bei den ersten Klängen nahm sein Gesicht eine heitere Miene an, seine Augen wurden ruhig, die Krämpfe hörten auf, er vergoß Freudentränen & reagierte nun auf die Musik mit einer Empfindlichkeit, wie er sie noch nie verspürt hatte & auch später nicht mehr verspürte. Während des Konzerts war er fieberfrei, & sobald es zu Ende war, fiel er in seinen ersten Zustand zurück. Man zögerte nicht, erneut zu einem Mittel zu greifen, das eine so überraschende & so glückliche Wirkung gehabt hatte. Stets setzten während der Konzerte das Fieber & das Delirium aus, & die Musik war dem Kranken so unerläßlich geworden, daß er nachts eine Verwandte, die bei ihm wachte, zu singen & sogar zu tanzen hieß, obgleich ihr Kummer es ihr kaum erlaubte, dem Kranken die Gefälligkeit zu erweisen, um die er sie bat. Eines Nachts, als nur seine Wärterin bei ihm war, die nur einen elenden Gassenhauer singen konnte, war er genötigt, sich damit zu begnügen, & auch dies verschaffte ihm einige Linderung. Nach zehn Tagen Musik war er schließlich ganz geheilt, ohne andere Hilfe als einen Aderlaß am Fuß, dem eine große Entleerung folgte. Siehe Tarantel.

Dodart berichtet von diesem Fall, nachdem er ihn geprüft hat. Er behauptet nicht, daß er als Vorbild oder Regel dienen könne. Aber es ist doch recht seltsam, zu sehen, wie bei einem Mann, dem die Musik durch lange & ständige Gewohnheit gewissermaßen zur *Seele* geworden war, die Konzerte seinen Lebensgeistern allmählich ihren natürlichen Verlauf zurückgaben. Es hat nicht den Anschein, als könne ein Maler ebenso durch Bilder geheilt werden; die Malerei hat nicht die gleiche Macht über die Geister, & sie würde auf die *Seele* nicht den gleichen Eindruck machen.

Diderot

Michael Krüger
Nachtrag zur Seele

1. *Und Gott der Herr machte den Menschen aus einem Erdkloß, und er blies ihm ein den lebendigen Odem in seine Nase. Und also ward der Mensch eine lebendige Seele.* (Genesis 2,7)

Die Seele wird zwangsläufig vom Gehirn bestimmt, das zu wollen, was sie will, und ihr Wille erregt zwangsläufig in ihrem Gehirn eine Bewegung, durch die sie ihn ausfüllt. Wenn ich keine Seele hätte, würde ich also nicht tun, was ich tue, und wenn ich kein solches Gehirn hätte, würde ich es nicht tun wollen. (Fontenelle)

Durch unsere Seele unterscheiden wir uns untereinander, durch unsere Seele sind wir; *von ihr stammt die Verschiedenheit unserer Charaktere und die Mannigfaltigkeit unserer Handlungen. Im Gegensatz dazu haben die Tiere, die keine Seele haben, kein* Ich, *das das Prinzip der Verschiedenheit und die Ursache ist, die die Person konstituiert: Sie müssen sich also, da sie durch ihre Organisation ähnlich sind oder der gleichen Art angehören, alle nachahmen, alle das gleiche und auf die gleiche Weise tun und sich, mit einem Wort, sehr viel vollkommener imitieren, als die Menschen einander imitieren können.* (Buffon)

Die Gefahr des Vermenschlichens führte die moderne Biologie dazu, die Seele als Forschungsgegenstand auszuschließen, weil sie experimentell nicht faßbar erscheint. (Brockhaus)

2. Sie hat sich still und leise davongemacht. So diskret, daß ihr Verschwinden nicht einmal durch einen Nachruf öffentlich gemacht werden konnte. Eben war sie noch überall anwesend: nicht nur im einzelnen Menschen, sondern im Haus, im Volk, im Staat, in den Institutionen. Sie gehörte dazu, für sie wurde stets ein Platz freigehalten, ein eigener Teller gedeckt. War sie einmal abwesend, wurde ihr Fehlen als Mangel gespürt. Sie lebte im Parlament und im Fußballverein, im Gericht und auf dem Campingplatz. Sie hatte ein freundliches Wesen. In ihrem Namen wurde Bruderschaft getrunken und verziehen. Literatur zog sie an, besonders Gedichte und Lieder. Selbst die strenge Vernunft wollte sich nicht ohne sie entwickeln. Eine Gesellschaft, die auf sie verzichten zu können glaubte, galt als kalt und unwirtlich. Nun ist sie fort. Ist sie an Selbsterschöpfung gestorben, an Auszehrung? Oder hat sie sich nur zurückgezogen, um neue Kräfte zu sammeln? Ohne sie ist unser Traum vom Leben ärmer geworden, dumpfer. Aber wir haben uns schon so viele Abgänge geleistet, daß wir offenbar auch ohne sie existieren können. Keiner hat sich, als sie noch unter uns war, ein Leben ohne sie vorstellen können. Weil sie überall war, ging nichts ohne sie. Und sie war bis zur Aufdringlichkeit überall. Deshalb schmerzt die Unempfindlichkeit gegenüber ihrem Verschwinden besonders. Sie soll bitte zurückkommen, die gute Seele.

3. Kaum ein anderer Begriff aus der Vorstellungswelt kann auf eine so lange, reiche und prominente Geschichte zurückblicken wie die Seele. An seiner steilen Karriere war die gesamte Menschheit beteiligt. Die Seele ist – nach Gott, der sie förderte – der Kern, aus dem sich alles entwickelte. Gerade weil sie nur an ihren Wirkungen sichtbar wurde, selbst aber unsichtbar blieb, im Dunkel und Schutz des Körpers, konnte sie den Zwecken nicht unmittelbar dienstbar gemacht werden. Seele konnte man nicht kaufen, nicht versilbern; man konnte sie nicht einmal richtig trainieren wie Bildung, Tugend oder Phantasie. In der langen Geschichte ihrer Unsichtbarkeit wurden ihr Kräfte zugeschrieben, die sie mühelos verarbeitete. Sie hatte einen langen Atem. Lange Zeit galt es als ausgemacht, daß sie von Gott kam. Gott hatte sie jedem einzelnen Menschen in dem Moment, wo er auf die Welt kam, geliehen. Starb der Mensch, mußte er sie zurückgeben. Starb er vor der Zeit, floh die Seele aus dem toten Körper, um nicht mit diesem begraben zu werden. Über den Verbleib der Seelen bei Gott gab es die abenteuerlichsten Vorstellungen. Manche Religionen träumten von einem Recycling der Seelen, denn die Kraft und Intensität, die sie besaßen, sollten nicht verlorengehen. Da sie allein Gott gehörten, stand es in seinem Belieben, sie wieder zu verwenden. Nichts sollte in der Welt verlorengehen.

Jeder Mensch bekam eine Seele, an dieses Gleichheitsgebot konnte sich besonders das Christentum schwer gewöhnen. Auch der Feind und der Andersgläubige hatten folglich eine Seele, ob es dem Christentum nun paßte oder nicht. Wenn der Feind getötet wurde, tötete man einen Teil Gottes. Wie sollte die Kirche damit umgehen? Und was sagte Gott dazu, wenn die versehrten, verbrannten und verstümmelten Seelen bei ihm eintrafen? Konnte er diesen Ausschuß noch einmal verwenden? Da die Menschheit sich beständig vermehrte, blieb ihm nichts anderes übrig: Er kniff beide Augen zu. Als er sie wieder öffnete, war das Unglück geschehen.

4. Das 18. Jahrhundert öffnete den Körper, um die Seele genauer zu beobachten. Das Ergebnis war alles andere als befriedigend. »Wie kommen wir also zu unseren vermessenen Behauptungen über die Seele?« – fragt Voltaire in seinem *Philosophischen Wörterbuch*. »Wir wissen mit Sicherheit, daß wir existieren, daß wir empfinden und denken. Wollen wir darüber hinausgehen? Dann stürzen wir in bodenlose Finsternis, und in dieser Finsternis sind wir noch so tollkühn, darüber zu streiten, ob diese Seele, von der wir nicht die geringste Vorstellung haben, vor uns oder mit uns geschaffen ist, ob sie vergänglich oder unsterblich ist.« Voltaire beruft sich auf Locke, von dem der Herr d'Alembert gesagt hatte: »Er hat die Metaphysik wieder zu dem gemacht, was sie in Wirklichkeit sein soll, die Experimentalphysik der Seele.« Also Schluß mit dem »verschwommenen, unbestimmten Begriff, dessen Ursprung uns unbekannt ist«, Schluß mit den philosophischen Spekulationen, denn sie sind nichts anderes als »Fragen von Blinden, die zu anderen Blinden sagen: Was ist das Licht?« Voltaire nimmt die Seele aus den Händen Gottes und der Philosophen und übergibt sie den Naturwissenschaften. »Wenn man über Geist und Materie tüchtig gestritten hat, versteht man sie zum Schluß nicht mehr. Kein Philosoph hat aus eigener Kraft den Schleier lüften können, den die Natur über die Urgründe der Dinge gebreitet hat. Die Philosophen streiten, und die Natur handelt.«

Sein Beispiel lautet: »Der menschliche Stolz fragt, was dieses Wahrnehmungs- und Empfindungsvermögen bedeutet, das er beim Menschen *Seele* und beim unvernünftigen Tier *Instinkt* nennt. Diese Frage will ich gern beantworten, wenn die Physiker mir erklärt haben, was *Schall, Licht, Raum, Körper* und *Zeit* ist. Ich sage im Geiste des weisen Locke: Echte Philosophie treiben heißt haltmachen, wenn die Erkenntnisse der Physik uns im Stich lassen. Ich beobachte das Wirken der Natur, aber ich gebe zu, daß ich die Grundursachen so wenig kenne wie ihr. Ich weiß nur, daß ich nicht mehreren und vor allem nicht unbekannten Ursachen etwas zuschreiben darf, was ich in Wirklichkeit einer bekannten Ursache zuschreiben kann; denn ich kann das Denk- und Empfindungsvermögen auf meinen Körper zurückführen, also darf ich dieses Denk- und Empfindungsvermögen nicht in etwas anderem, das man Seele oder Geist nennt, suchen, wovon ich nicht die geringste Vorstellung haben kann. Ihr erhebt empört Einspruch dagegen? Ihr haltet die Behauptung, der Körper könne denken, für gottlos? Aber was sagt ihr dazu, würde Locke erwidern, daß ihr euch selbst der Gottlosigkeit schuldig macht, da ihr wagt, die Allmacht Gottes zu beschränken? Welcher Mensch auf Erden kann, ohne sich der schlimmsten Gottlosigkeit schuldig zu machen, behaupten, Gott könne unmöglich der Materie Empfindungs- und Denkvermögen verleihen? In eurer Schwäche und Vermessenheit behauptet ihr, die Materie könne nicht denken, weil ihr euch nicht vorstellen könnt, daß es Materie gibt, die denken kann.« *(Deutsch von Erich Salewski)*

Der Kampf um die Seele war so heftig entbrannt, daß bald das gesamte intellektuelle 18. Jahrhundert dazu Stellung nehmen mußte. Malebranche und d'Alembert, der Abbé Yvon und Diderot, die Theologen und die Naturwissenschaftler schlugen sich um etwas, das nicht greifbar war. »Es wäre sinnlos, danach zu fragen, was die Natur unserer Gedanken ist«, rief der kluge Condillac, dem wir den *Versuch über den Ursprung der menschlichen Erkenntnisse* verdanken. Er spricht zum ersten Mal von den »Operationen der Seele«: »Die Empfindungen und die Operationen der Seele sind folglich die Materialien aller unserer Erkenntnisse.« Die Beweise, die Condillac anführt, sind erdrückend. Es kam nicht mehr auf den Ursprung an, also auf Gott, sondern auf die Sinne: der Mensch hatte die Seele selbst in die Hand genommen.

5. Im 19. Jahrhundert wurde die Seele krank. Der zu schnelle Fortschritt tat ihr nicht gut. Hatte ihr das 18. Jahrhundert viel Aufmerksamkeit entgegengebracht, so war das 19. Jahrhundert daran interessiert, die sichtbaren Dinge voranzubringen. Natürlich wäre in Preußen keiner auf die Idee gekommen, die Seele zu leugnen, aber man wollte kein Aufhebens von ihr machen. Die Seele war dort, wo sie vermutet wurde, bestens aufgehoben; kam sie ans Licht, entstand eine peinliche Situation. Da traf es sich gut, daß der Körper des Mannes draußen gebraucht wurde, um den materiellen Tatsachen ins Auge zu blicken. Wenn schon Seele, sollten sich die Frauen darum kümmern. Sie durften die Seele zum Sprechen bringen, nur bitte nicht zu laut, denn die Leidenschaften der Seele wurden nicht gerne vernommen. Auch schien es vernünftiger, das Moralische auf das Physische zu reduzieren, der ausgeprägte Vitalismus kam gut und gerne ohne die Seele aus. Bewegung tat not, Erziehung und ordentliche Ernährung. Volksvermögen war wichtiger als Seelenvermögen.

Es ist verständlich, daß sich die Seele mit dieser neuen Rolle nicht abfinden wollte. Eben noch im Rampenlicht vor den bärtigen Philosophen, nun wieder ganz drinnen im Dunkel des Leibes. Also muckte sie auf, und als sie sich nicht bemerkbar machen konnte, zettelte sie einen Krieg an, Drinnen gegen Draußen, Finsternis gegen Licht. Menschen, die eben noch funktionierten wie gut geölte Maschinen, wurden verrückt. Ein unterirdisches Feuer brannte in ihnen, das sie um sich schlagen ließ. Gemütserregungen, Anomalien, Hysterien allenthalben: die Seele geriet aus dem Häuschen. Im letzten Drittel des 19. Jahrhunderts konnte man das Schreien und Stöhnen der bedrohten Seelen nicht mehr hören. Es störte den Frieden. Überall Aufbruch, Gründerzeit, Bewegung, und dann das Geschrei. Die Seele war plötzlich etwas zum Fürchten, jedenfalls war sie weder durch gutes Zureden noch durch Rationalität zu beruhigen. Als man sich gar nicht mehr zu helfen wußte, rief man Dr. Freud aus Wien. Er setzte sich so, daß der Patient ihn nicht sehen konnte, und ließ sich erzählen, bis die bewegte Seele endlich Ruhe fand. Seither fragt man sich, ob seine Behandlungsmethode eine Wissenschaft sei oder nicht. Auf jeden Fall hatte sie Folgen. Wir wissen jetzt, daß die Seele eine begnadete Erzählerin ist, man muß sie nur reden lassen.

Noch während Dr. Freud am Kopfende seiner Couch saß und sich geduldig die unglaublichen Geschichten anhörte, die aus ganz »gewöhnlichen« Menschen strömten, wurden kurz hintereinander zwei Weltkriege angezettelt, in denen 100 Millionen Menschen auf gewaltsame Weise den Tod fanden. Ihr kollektiver Todesschrei war das lauteste Geräusch, das die Menschheit je gehört hat. In Auschwitz wurde die Seele endgültig zum Schweigen gebracht.

6. Nun ist die Seele verschwunden. Wer meint, noch eine zu besitzen, sollte sich hüten, darüber zu reden. Es gibt genug, worüber man reden kann, über psychische Dispositionen beispielsweise, über melancholische Schübe, misanthropische Stimmungen. Den Rest überlasse man der Gen-Forschung. Sie wird schon richten, was noch zu richten ist. Um die Seele wird auch sie sich nicht kümmern wollen sollen.

SEILTÄNZER – **Danseur de corde** (**Kunst**). Jemand, der mit oder ohne Balancierstange in den Händen über ein Seil geht, tanzt oder gaukelt, das mehr oder weniger dick sein kann & bisweilen an zwei gegenüberliegenden Pfosten befestigt ist, anderenfalls zwischen zwei Gebäuden entweder locker oder straff gespannt wird.

Jene Literaten, die neugierig nach den Ursprüngen der Dinge suchen, behaupten, die Kunst des Seiltanzens sei kurze Zeit nach jenen Spielen erfunden worden, bei denen die Griechen auf Weinschläuchen tanzten & die seit ungefähr 1345 vor Christus zu Ehren von Bacchus abgehalten wurden. Wie auch immer es um diese Meinung bestellt sein mag, unzweifelhaft ist jedenfalls, daß man sich in der Antike bereits im Seiltanz übte & daß die Griechen eine waghalsige Kunst daraus machten, in deren Mannigfaltigkeit & Verfeinerung sie den Gipfel erreichten. Daher die Bezeichnungen *Neurobaten, Oribaten, Schaenobaten, Akrobaten,* die sie ihren *Seiltänzern* gaben, nach Art & Weise, in der diese ihre Kunst ausübten.

Girolamo Mercuriale hat in seinem Werk *Gymnastik* fünf Figuren von *Seiltänzern* wiedergegeben, die nach antiken Skulpturen gestochen sind. Die Römer nannten ihre *Seiltänzer* auch *funambuli,* & Terenz erwähnt sie im Prolog zu seiner Komödie *Die Schwiegermutter.* Um mich kurz zu fassen, verweise ich den geneigten Leser auf die Abhandlung eines deutschen Gelehrten namens Grodeck. Sie wurde 1702 zu Danzig im Oktavformat gedruckt. Ich beschränke mich auf die Anmerkung, daß die Bewohner von Cyzikus eine Münze zu Ehren von Kaiser Caracalla prägen ließen, die zur Genüge beweist, daß *Seiltänzer* damals eine der wesentlichen Vergnügungen sowohl der Mächtigen als auch des Volkes waren.

Viele können schwerlich begreifen, welches Vergnügen ein Schauspiel bereitet, das die Seele erregt, mit Unruhe erfüllt & sie ängstigt, das also nur Furcht & Schrecken einflößt. Wie Abbé Dubos schreibt, steht indessen fest, daß ein waghalsiger *Seiltänzer* die Aufmerksamkeit der meisten Zuschauer um so mehr auf sich zieht, je gefährlicher seine Drehungen sind. Wenn dieser Seilspringer, dieser Gaukler, einen Schritt zwischen zwei Schwertern wagt, die ihn durchbohren würden, sollte er im Eifer des Gefechts auch nur um Haaresbreite danebentreten, dann wird er zu einem Gegenstand, der all unserer Neugier würdig ist. Wenn man die Schwerter durch zwei Stöcke ersetzen oder der Gaukler sein Seil in zwei Fuß Höhe über eine Wiese spannen würde, wären dieselben Sprünge, dieselben Drehungen wohl vergebens, man würde ihm keine Aufmerksamkeit schenken. Mit der Gefahr endet auch das Interesse des Zuschauers.

Woher kommt wohl dieses überaus große Vergnügen, das sich nur einstellt, wenn unseresgleichen sich in Gefahr begibt? Ist es eine Folge unserer Menschlichkeit? Ich denke nicht, obwohl sich die Unmenschlichkeit leider viel zu sehr verbreitet hat, aber mit Abbé Dubos, dem Autor der *Kritischen Betrachtungen über die Poesie & die Mahlerey,* denke ich, daß das Vergnügen, um das es hier geht, eine Folge der verlockenden Erregung ist, die uns instinktiv allem hinterherjagen läßt, was unsere Leidenschaften anzustacheln vermag, auch wenn diese Dinge höchst unerfreulich sind. Jene Erregung, die sich automatisch einstellt, wenn wir unseresgleichen in Gefahr sehen, ist eine Leidenschaft, die unsere Seele unwillkürlich aufwühlt, sie vollständig beansprucht; & trotz der traurigen & beschwerlichen Gedanken, die mit ihr verbunden sind, hat diese Leidenschaft ihre Reize. So lautet die zutreffende Erklärung dieses Phänomens &, das nur nebenbei, auch vieler anderer, die offenbar in keinem Zusammenhang mit diesem stehen, wie zum Beispiel die Verlockung des Glücksspiels, dessen Reiz darin liegt, daß sich die Seele ohne jede geistige Anstrengung in einem Zustand fortwährender Erregung befindet. Soweit in aller Kürze, warum die meisten Menschen zahlreichen Vorlieben & Neigungen unterworfen sind, bei denen ihre Gefühle heftig aufwallen & befriedigt werden können. In dem bereits zitierten Werk finden Sie alles zu diesem Thema auf wunderbar erhellende Weise dargestellt, & deshalb will ich mich hier nicht weiter darüber auslassen. *Jaucourt*

SELBSTMORD – **Suicide** (**Moral**). Der *Selbstmord* ist eine Handlung, durch die der Mensch selbst die Ursache seines Todes ist. Da dies auf zweierlei Weise, eine direkte & eine indirekte, geschehen kann, unterscheidet man auch in der Moral den direkten *Selbstmord* vom indirekten *Selbstmord.*

Gewöhnlich versteht man unter *Selbstmord* die Handlung eines Menschen, der sich auf gewaltsame Weise das Leben nimmt. Was die Moral dieser Handlung angeht, so läuft sie eindeutig dem Naturgesetz zuwider. Das wird auf verschiedene Arten nachgewiesen. Wir wollen hier nur die wichtigsten Gründe anführen.

1. Sicher ist, daß der Instinkt, uns am Leben zu erhalten, der allen Menschen & sogar jeder Kreatur angeboren ist, vom Schöpfer kommt. Man kann ihn folglich als ein Naturgesetz ansehen, das der Schöpfer ins Herz der Menschen eingepflanzt hat. Es birgt seine Befehle im Hinblick auf unsere Existenz. Daher handeln all jene, die diesem ihrem so natürlichen Instinkt zuwiderhandeln, dem Willen ihres Schöpfers zuwider.

2. Der Mensch ist nicht Herr seines Lebens. Da er es sich nicht gegeben hat, kann er es nicht als ein Gut betrachten, über das er nach Belieben verfügen kann. Er hat sein Leben von seinem Schöpfer erhalten; es ist eine Art Schatz, den er ihm anvertraut hat. Nur ihm steht es zu, seinen Schatz wieder an sich zu ziehen, wenn er es für ratsam hält. Daher hat der Mensch nicht das Recht, damit zu machen, was er will, & erst recht nicht, ihn gänzlich zu zerstören.

3. Das Ziel, das der Schöpfer verfolgt, indem er den Menschen erschafft, ist sicherlich, daß er so lange existiere & lebe, wie es Gott gefällt; & da dieser Endzweck allein eines so vollkommenen Gottes nicht würdig ist, muß man hinzufügen, daß er will, daß der Mensch zum Ruhm des Schöpfers lebe & seine Vollkommenheit kundtue. Dieses Ziel aber wird durch den *Selbstmord* vereitelt. Der Mensch, der sich selbst zerstört, raubt der Welt ein Werk, das zur Bekundung der göttlichen Vollkommenheit bestimmt war.

4. Wir sind nicht nur für uns selbst auf der Welt. Wir stehen in enger Verbindung mit den anderen Menschen, mit unserem Vaterland, unseren Angehörigen, unserer Familie. Jeder verlangt uns bestimmte Pflichten ab, denen wir uns nicht selbst entziehen dürfen. Man verletzt daher die Pflichten gegenüber der Gesellschaft, wenn man sie vor der Zeit & in dem Augenblick verläßt, in dem wir ihr die Dienste erweisen könnten, die wir ihr schulden. Man kann nicht sagen, daß ein Mensch in eine Lage kommen könne, in der er mit Bestimmtheit weiß, daß er der Gesellschaft von keinerlei Nutzen ist. Ein solcher Fall ist überhaupt nicht möglich. Sogar bei der hoffnungslosesten Krankheit kann ein Mensch den anderen immer noch nützlich sein, & sei es durch das Beispiel an Festigkeit, Geduld &c., das er ihnen gibt.

Schließlich ist es die vornehmste Pflicht des Menschen gegen sich selbst, einen Zustand des Glücks anzustreben & sich immer mehr zu vervollkommnen. Diese Pflicht entspricht dem Wunsch eines jeden, glücklich zu werden & zu sein. Indem man sich des Lebens beraubt, vernachlässigt man also, was man sich selbst schuldet; man unterbricht den Verlauf seines Glücks, man beraubt sich der Mittel, sich in dieser Welt zu vervollkommnen. Zwar betrachten diejenigen, die sich selbst töten, den Tod als einen glücklicheren Zustand als das Leben, aber das ist ein falsches Urteil; denn niemals können sie völlige Gewißheit haben, niemals können sie beweisen, daß ihr Leben ein größeres Unglück ist als der Tod. Und das ist der Schlüssel zur Beantwortung der verschiedenen Fragen, die man je nach den unterschiedlichen Situationen stellt, in denen ein Mensch sich befinden kann.

Man fragt erstens, ob ein Soldat sich töten darf, um den Feinden nicht in die Hände zu fallen, wie es in den vergangenen Jahrhunderten häufig vorgekommen ist. Dieser Frage läßt sich eine weitere anfügen, die auf das gleiche hinausläuft & die auf die gleiche Weise zu beantworten ist, nämlich ob ein Kapitän sein Schiff anzünden darf, um es zu sprengen, damit nicht der Feind sich seiner bemächtige. Einige Moralisten glauben, daß in diesen beiden Fällen der *Selbstmord* erlaubt sei, weil diesen Handlungen die Vaterlandsliebe zugrunde liege; es sei eine Art & Weise, dem Feind zu schaden, für die man die Zustimmung des Souveräns voraussetzen dürfe, der seinem Feind auf jedwede Weise Schaden zufügen will. Diese Scheingründe gelten indes nicht ausnahmslos. Zunächst steht fest, daß es in einem Fall von solcher Tragweite nicht ausreicht, die Zustimmung des Souveräns vorauszusetzen. Solange der Souverän seinen Willen nicht ausdrücklich kundgetan hat, muß man den Fall für zweifelhaft ansehen; & in einem zweifelhaften Fall darf man nicht den gewaltsamsten Entschluß fassen, der gegen so viele andere klare & unangefochtene Pflichten verstößt.

Diese Frage hat eine zweite aufgeworfen, nämlich ob man einem Fürsten gehorchen muß, der einem befiehlt, sich zu töten. Für gewöhnlich lautet die Antwort: Wenn der Mann, der diesen Befehl erhält, ein Verbrecher ist, der den Tod verdient, so muß er ihn befolgen, ohne zu fürchten, einen sträflichen *Selbstmord* zu begehen, weil er damit lediglich tut, was der Henker tun müßte. Da das Todesurteil gefällt wurde, nimmt nicht er selbst sich das Leben, sondern der Richter, dem er als einem Werkzeug gehorcht, nimmt es ihm. Ist dieser Mann aber unschuldig, dann sollte er sich weigern, diesen Befehl auszuführen, weil kein Souverän Recht über das Leben eines Unschuldigen hat. Noch eine dritte Frage wird gestellt, nämlich ob ein zu einem schimpflichen & qualvollen Tod Verurteilter sich ihm dadurch entziehen darf, daß er sich selbst tötet. Alle Moralisten verneinen diese Frage. Ein solcher Mann verletze das Recht des Magistrats, ihn zu bestrafen, & vereitele gleichzeitig den Zweck, der darin besteht, durch die grausame Bestrafung von ähnlichen Verbrechen abzuschrecken.

Noch ein Wort zum indirekten *Selbstmord.* Darunter versteht man jede Handlung, die den vorzeitigen Tod zur Folge hat, ohne daß man die bestimmte Absicht hatte, ihn herbeizuführen. Dies geschieht, wenn man sich den Ausbrüchen heftiger Leidenschaften überläßt oder ein liederliches Leben führt oder sich durch schändlichen Geiz das Lebensnotwendige versagt oder sich unvorsichtigerweise einer offenkundigen Gefahr aussetzt. Dieselben Gründe, die es verbieten, direkt nach dem eigenen Leben zu trachten, verurteilen auch den indirekten *Selbstmord,* wie leicht einzusehen ist.

Was die Anschuldigung des *Selbstmords* betrifft, so ist anzumerken, daß sie von dem Geisteszustand abhängt, in

Wir sprachen vom Selbstmord durch Ertränken. Johnson: »Ich würde es nie für an der Zeit halten, mich umzubringen.« Ich erwähnte den Fall des Eustace Budgell, der wegen Fälschung eines Testaments angeklagt war und sich in die Themse stürzte, bevor die Verhandlung über dessen Echtheit begann. »Nehmen Sie an, Sir (sagte ich), ein Mann ist ganz sicher, daß er, wenn er einige Tage länger lebt, als Betrüger entlarvt wird und die Folge davon äußerste Schande und Ausstoßung aus der Gesellschaft ist.« Johnson: »Dann, Sir, soll er in ein fernes Land gehen; soll er irgendwohin gehen, wo er nicht bekannt ist. Soll er doch nicht zum Teufel gehen, wo er bekannt ist!«
James Boswell, Mit Dr. Johnson auf Fahrt nach den Hebriden

dem ein Mensch sich vor & in dem Augenblick befindet, in dem er sich tötet. Wenn der Geist eines Menschen verwirrt ist, er in schwarzer Melancholie oder in Raserei gefangen ist, & ein solcher Mensch sich tötet, so kann man seine Tat nicht als Verbrechen ansehen, weil er in diesem Zustand nicht weiß, was er tut; tut er es jedoch mit Vorbedacht, so wird ihm die Tat voll angerechnet. Denn obzwar man einwendet, daß kein vernunftbegabter Mensch sich töten kann & daß man tatsächlich alle Selbstmörder in dem Augenblick, da sie sich das Leben nehmen, als Verrückte betrachten kann, muß man dennoch ihr vorheriges Leben bedenken. Dort findet sich gewöhnlich die Ursache ihrer Verzweiflung. Vielleicht wissen sie in dem Augenblick, da sie sich töten, nicht, was sie tun, so sehr ist ihr Geist durch ihre Leidenschaften verwirrt; aber das ist ihre eigene Schuld. Hätten sie sich bemüht, ihre Leidenschaften von Anfang an zu zügeln, so hätten sie sicherlich das Unglück ihres derzeitigen Zustands vermieden; da somit die letzte Handlung eine Folge der vorhergehenden Handlungen ist, muß sie ihnen zusammen mit den anderen angerechnet werden.

Unter den alten Philosophen war der *Selbstmord* stets ein umstrittenes Thema. Die Stoiker erlaubten ihn dem Weisen. Die Platoniker meinten, das Leben sei eine Station, an die Gott den Menschen gestellt habe, daß es ihm infolgedessen nicht erlaubt sei, sie nach Belieben zu verlassen. Unter den Modernen hat der Abt von Saint-Cyran die Ansicht vertreten, daß es einige Fälle gibt, in denen man sich töten darf. Besondere Aufmerksamkeit widmet er der Frage, ob es dem Untertan, besonders in Friedenszeiten, gestattet sei, sein Leben für das des Herrschers zu geben.

Obwohl es außer Zweifel steht, daß die christliche Kirche den *Selbstmord* verurteilt, hat es dennoch Christen gegeben, die ihn zu rechtfertigen suchten. Zu ihnen gehört Doktor Donne, ein gelehrter englischer Theologe, der, wohl um seine Landsleute zu trösten, welche die Melancholie recht häufig veranlaßte, sich das Leben zu nehmen, zu beweisen suchte, daß der *Selbstmord* in der Heiligen Schrift nicht verboten ist & in den ersten Jahrhunderten der Kirche nicht als Verbrechen galt.

Sein in englischer Sprache verfaßtes Werk trägt den Titel *A declaration of that paradoxe or thesis that self-homicide is not so naturally sin that it may never be otherwise &c.* (London 1700), was soviel heißt wie »Darlegung eines Paradoxes oder Systems, das beweist, daß der Selbstmord nicht immer eine natürliche Sünde ist«. Dieser Doktor Donne starb als Dekan von St. Paul, eine Würde, zu der er nach Veröffentlichung seines Werks gelangte.

In seinem Buch will er beweisen, daß der *Selbstmord* weder dem Naturgesetz noch der Vernunft, noch dem von Gott geoffenbarten Gesetz zuwiderläuft. Er zeigt, daß sich im Alten Testament gottgefällige Menschen selbst den Tod gegeben haben; was er am Beispiel Simsons darlegt, der unter den Ruinen eines Tempels starb, den er auf die Philister & sich selbst fallen ließ. Er beruft sich auch auf das Beispiel von Eleasar, der sich im Kampf für sein Vaterland von einem Elefanten zertrampeln ließ, eine Tat, die der hl. Ambrosius lobte. Jedermann kennt bei den Heiden die Beispiele von Codrus, Curtius, Decius, Lucretia, Cato &c.

Im Neuen Testament will er sein System durch das Beispiel Jesu Christi erhärten, der eines freiwilligen Todes starb. Er hält eine große Zahl von Märtyrertoden für wahre *Selbstmorde*, ebenso den vieler Einsiedler & Büßer, die sich nach & nach das Leben genommen haben. Der hl. Clemens bereitet die ersten Christen auf das Martyrium vor, indem er ihnen das Beispiel der Heiden nennt, die sich für ihr Vaterland opferten (*Stromateis,* Buch IV). Tertullian verurteilte jene, die sich der Verfolgung entzogen (*De fuga in persecutione,* II). Zur Zeit der Verfolgungen sah jeder Christ mutig dem Tod ins Auge, um in den Himmel zu kommen, & wenn ein Märtyrer gefoltert wurde, riefen die Umstehenden: »Auch ich bin Christ.« Eusebios berichtet, ein Märtyrer namens Germanus habe die Tiere gereizt, um rascher aus dem Leben zu scheiden. Der hl. Ignatius, Bischof von Antiochia, bittet die Gläubigen Roms in einem Brief, nicht um seine Begnadigung zu ersuchen: »Ich sterbe freiwillig, weil das Sterben für mich einen Nutzen bringt.«

Bodin berichtet nach Tertullian, daß während einer Christenverfolgung in Afrika der Wunsch nach dem Märtyrertod so stark war, daß der Prokonsul, selber der Folterungen müde, durch den öffentlichen Ausrufer fragen ließ, »ob noch immer Christen zu sterben verlangten«. Und als die Frage einhellig bejaht wurde, sagte der Prokonsul zu ihnen, sie sollten sich doch selbst aufhängen & ertränken, um dem Richter die Mühe zu ersparen (siehe Bodin, *Die sechs Bücher über den Staat,* IV, Kapitel III), was beweist, daß es in der Urkirche Christen gab, die nach dem Martyrium lechzten & sich aus freien Stücken dem Tod darboten. Diesem Eifer wurde später auf dem Konzil von Laodicea & dem ersten Konzil von Karthago Einhalt geboten, indem die Kirche die wahren Märtyrer von den falschen unterschied & es untersagte, sich vorsätzlich dem Tod auszusetzen. Dennoch gibt uns die Kirchengeschichte Beispiele von Heiligen, die sich einem unausweichlichen Tod aussetzten. So haben sich die hl. Pelagia & ihre Mutter aus einem Fenster gestürzt & ertränkt (siehe Augustinus, *Über den Gottesstaat,* Buch I, Kapitel XXVI). Die hl. Apollonia warf sich ins Feuer. Hierzu sagt Baronius: *Quid ad haec dicamus non habemus* – »Wir haben nicht Passendes, was wir dazu sagen können.« Und der hl. Ambrosius meint, daß »Gott über unseren Tod nicht zürnen kann, wenn wir ihn als Heilmittel ansehen«. Der englische Theologe bekräftigt seine Auffassung noch durch das Beispiel unserer

Nur Gott könnte einen Selbstmord begehen; denn wir sterben doch alle von selber. Jean Paul, Ideen-Gewimmel

Missionare, die sich aus freien Stücken einem sicheren Tod aussetzen, indem sie das Evangelium Völkern lehren, die, wie sie wohl wissen, wenig geneigt sind, es zu empfangen; was die Kirche nicht davon abhält, sie zu Heiligen zu erklären & sie den Gläubigen als verehrungswürdig hinzustellen, wie Franziskus Xaver & viele andere, welche die Kirche kanonisiert hat.

Doktor Donne bekräftigt seine These zudem durch eine päpstliche Bulle, in der es ausdrücklich heißt, ein Mensch müsse eher einwilligen, Hungers zu sterben, als aus der Hand eines Exkommunizierten Nahrung anzunehmen. Athenagoras sagt, daß mehrere Christen seiner Zeit sich selbst verstümmelten & zu Eunuchen machten. Vom hl. Hieronymus erfahren wir, daß der Evangelist Markus sich den Daumen abschnitt, um nicht Priester werden zu müssen (siehe *Prolegomena in Marcum*). Schließlich zählt Donne zu den *Selbstmördern* auch die Büßer, die durch Kasteiungen & freiwillige Torturen ihrer Gesundheit schaden & ihren Tod beschleunigen. Er sagt, man dürfe den *Selbstmördern* nicht den Prozeß machen, ohne die Mönche & Nonnen davon auszunehmen, die sich freiwillig einer Ordensregel unterwerfen, deren Strenge ihre Tage verkürzt. Er nennt die Regel der Kartäuser, die es ihnen verbietet, Fleisch zu essen, auch wenn das ihr Leben retten könnte. Mit alledem begründet Donne seine Auffassung, die von den orthodoxen Theologen gewiß nicht gebilligt wird.

1732 sah man in London einen denkwürdigen *Selbstmord*, von dem Smollet in seiner Geschichte Englands berichtet. Ein gewisser Richard Smith & seine Frau, die wegen Schulden im Gefängnis saßen, erhängten sich, nachdem sie zuvor ihr Kind getötet hatten. In ihrem Zimmer fand man zwei an einen Freund gerichtete Briefe, in denen sie ihn baten, sich um ihren Hund & ihre Katze zu kümmern. Sie waren so aufmerksam, genügend Geld für den Austräger dieser Briefe zu hinterlassen, in denen sie die Gründe ihrer Tat erklärten & hinzufügten, sie glaubten nicht, daß Gott sich am Unglück seiner Geschöpfe erfreue, & daß sie sich gern in alles schickten, was er in seiner Güte im anderen Leben über sie zu beschließen verfüge. Eine recht seltsame Mischung aus Religion & Verbrechen!
Boucher d'Argis

An Fräulein Ulrike von Kleist Hochwohlgeb. zu Frankfurt a. Oder: *Ich kann nicht sterben, ohne mich, zufrieden und heiter, wie ich bin, mit der ganzen Welt, und somit auch, vor allen anderen, meine teuerste Ulrike, mit Dir versöhnt zu haben... wirklich, Du hast an mir getan, ich sage nicht, was in Kräften einer Schwester, sondern in Kräften eines Menschen stand, um mich zu retten: die Wahrheit ist, daß mir auf Erden nicht zu helfen war. Und nun lebe wohl; möge Dir der Himmel einen Tod schenken, nur halb an Freude und unaussprechlicher Heiterkeit, dem meinigen gleich: das ist der herzlichste und innigste Wunsch, den ich für Dich aufzubringen weiß. Dein Heinrich. Stimmings bei Potsdam d. – am Morgen meines Todes.*
Heinrich von Kleist, 21. November 1811

SILBER – **Argent** (**Verstand, Vernunft, Philosophie oder Wissenschaft, Naturwissenschaft, Chemie, Metallurgie**). Das ist ein Metall, das die Chemiker als vollkommen, vollendet & edel bezeichnen. Silberbergwerke gibt es in allen vier Erdteilen.

Die reichsten & ergiebigsten Silberbergwerke sind in Amerika, vor allem in Potosí, einer Provinz Perus. Die Gänge des Bergwerks lagen zuerst in sehr geringer Tiefe im Gebirge von Potosí. Nach & nach sah man sich gezwungen, tiefer in das Innere des Gebirges vorzudringen, um die Erzadern zu verfolgen; jetzt aber ist die Tiefe so groß, daß man mehr als vierhundert Stufen hinabsteigen muß, um zur Sohle des Bergwerks zu gelangen. Die Erzadern sind in dieser Tiefe von gleicher Qualität, wie sie früher an der Oberfläche waren. Das Bergwerk ist auch ebenso ergiebig; es scheint unerschöpflich zu sein; aber die Arbeit wird darin von Tag zu Tag schwieriger; sie wird den meisten Arbeitern sogar zum Verhängnis durch die Dünste, die von der Sohle des Bergwerks aufsteigen & die sich auch außerhalb desselben verbreiten. Es gibt niemanden, der eine so schädliche Luft länger als einen Tag ertragen könnte; denn sie wirkt sich sogar auf die Tiere aus, die in der Umgebung weiden. Oft stößt man auf Erzadern, denen Dämpfe entströmen, die auf der Stelle tödlich wirken. Man muß die Gänge sogleich wieder verschließen & auf die Ausbeute verzichten. Fast alle Arbeiter sind gelähmt, wenn sie eine gewisse Zeit ihres Lebens dort gearbeitet haben. Man wäre erstaunt, wenn man wüßte, wie viele Indianer ihr Leben verloren haben, seit man in diesen Bergwerken arbeitet, & wie viele dort noch jeden Tag zugrunde gehen.
Diderot

SINGEN – **Chanter** (**Musik**). Die Stimme ist ein Musikinstrument, dessen sich alle Menschen ohne die Hilfe von Lehrern, Prinzipien oder Regeln bedienen können. Eine schlechtbeherrschte Stimme ohne Anmut vertreibt ebenso die Langeweile des *Singenden* wie eine klangvolle & glänzende, durch die Kunst & den Geschmack ausgebildete Stimme. Aber es gibt Personen, die ihr Beruf dazu zwingt, sich durch die Art & Weise auszuzeichnen, in der sie von diesem Organ Gebrauch machen. In diesem Punkt wie in allen anderen unterhaltenden Künsten ist die Mittelmäßigkeit, mit der sich das ungeschulte Gehör begnügt, unerträglich für das Gehör, das durch die Erfahrung & durch den Geschmack geschult ist. Alle Sänger & Sängerinnen, die der Königlichen Akademie für Musik angehören, befinden sich in dieser Lage.

Die Oper ist die Stätte, aus der die Mittelmäßigkeit der Gesangsweise ausgeschlossen werden sollte, weil sie die Stätte ist, wo man in den verschiedenen Gattungen dieser

Kunst nur Vorbilder finden sollte. Das ist der Zweck ihrer Einrichtung & der Beweggrund ihrer Gründung als Königliche Akademie für Musik.

Alle Personen, aus denen diese Akademie sich zusammensetzt, sollten sich also im Gesang auszeichnen, & wir sollten an ihnen keine anderen Unterschiede finden als die, welche die Natur ihren verschiedenen Organen verliehen hat. Wie weit ist doch die Kunst noch von dieser Vollkommenheit entfernt! Es gibt in der Oper sehr wenige Personen, die in vollkommener Weise *singen:* alle anderen lassen in ihrer Gesangsweise, da es ihnen an Geschicklichkeit fehlt, unendlich viel zu wünschen & zu tadeln übrig. Fast niemals werden die Töne mit der Richtigkeit, dem Wohlklang & der Anmut wiedergegeben, die ihnen eigen sind. Man bemerkt überall die Anstrengung, & wann immer die Anstrengung sichtbar wird, verschwindet die Anmut. *Cahusac*

SITTEN – **Mœurs** (**Moral**). Freie menschliche Handlungen, die natürlich oder erworben, gut oder schlecht, bestimmbar & lenkbar sind.

Ihre Mannigfaltigkeit bei den verschiedenen Völkern der Welt hängt vom Klima, von der Religion, von den Gesetzen, von den Regierungsformen, von den Bedürfnissen, von der Erziehung, von den Umgangsformen & von den Vorbildern ab. Je stärker irgendeine dieser Ursachen bei einer Nation wirkt, desto weniger machen sich die anderen bemerkbar.

Um alle diese Wahrheiten zu beweisen, müßten wir auf Einzelheiten eingehen, deren Untersuchung uns die Grenzen dieses Werkes nicht erlauben; aber wenn wir nur einen Blick auf die verschiedenen Regierungsformen in unserer gemäßigten Zone werfen würden, könnten wir bei dieser kurzen Betrachtung die *Sitten* der Bürger schon ziemlich genau durchschauen. So müssen in einer Republik, die nur von dem auf der eigenen Wirtschaft beruhenden Handel leben kann, Einfachheit der *Sitten*, Toleranz in Dingen der Religion, Genügsamkeit, Sparsamkeit, Geiz & Interesse zwangsläufig vorherrschen. In einer eingeschränkten Monarchie, in der jeder Bürger an der Verwaltung des Staates teilnimmt, wird die Freiheit als ein so kostbares Gut angesehen, daß jeder Krieg, der unternommen wird, um sie zu verteidigen, als ein geringes Übel gilt; die Völker einer solchen Monarchie sind stolz, großzügig, in den Wissenschaften & in der Politik wohlbewandert, & sie verlieren auch inmitten der Muße & der Ausschweifung niemals ihre Privilegien aus den Augen. In einer reichen absoluten Monarchie, in der die Frauen den Ton angeben, sind Ehre, Ehrgeiz, Galanterie, Vergnügungssucht, Eitelkeit & Verweichlichung für die Untertanen bezeichnend; & da diese Regierungsform auch den Müßiggang hervorbringt & dieser Müßiggang die *Sitten* verdirbt, tritt an ihre Stelle die Geschliffenheit der Umgangsformen. Siehe auch den Artikel UMGANGSFORMEN. *Anonym*

Plötzlich ging die Tür auf, und lang und düster stand Mr. Lytton Strachey auf der Schwelle. Er deutete mit dem Finger auf einen Flecken auf Vanessas weißem Kleid. »Samen?« fragte er. Kann man so etwas wirklich sagen? dachte ich, und wir brachen in Gelächter aus. Mit diesem einen Wort waren alle Hemmungen beseitigt. Ein Strom der heiligen Flüssigkeit schien sich über uns zu ergießen. Unser Gespräch drehte sich um Sex. Das Wort »Arschficker« floß uns leicht von den Lippen. Mit der gleichen Erregung und dem gleichen Freimut, mit dem wir über das Wesen des Guten gesprochen hatten, sprachen wir nun über Beischlaf. Merkwürdig zu denken, wie gehemmt und zurückhaltend wir so lange Zeit gewesen sind. VIRGINIA WOOLF

SKANDALÖS – **Scandaleux** (**Grammatik**). Was Skandal erregt; es wird von Dingen & Personen gesagt. Behaupten, wie es einige Schriftsteller der Gesellschaft Jesu getan haben, daß es nicht jedermann erlaubt sei, über das Leben der Tyrannen zu verfügen, ist ein *skandalöser* Satz, weil er durchblicken läßt, daß es offenbar Personen gibt, denen der Tyrannenmord erlaubt ist. Die Lehre des Probabilismus ist eine *skandalöse* Lehre. Die Aufforderung, die der Pater Pichon an den Sünder richtet, er möge sich jeden Tag, ohne Liebe zu Gott & ohne sein Verhalten zu ändern, den heiligen Sakramenten nähern, ist eine *skandalöse* Aufforderung. Das Lob für das Werk Busenbaums, das man in den *Denkschriften von Trévoux* liest, ist *skandalös.* Mönche, die wegen eines Bank- & Handelsgeschäftes vor bürgerliche Gerichte geladen & von Handelsrichtern verurteilt werden, Summen zu zahlen, die sie unerlaubterweise schuldig geblieben sind & auch unerlaubterweise verweigert haben, sind *skandalöse* Männer. Priester, die auf einer Bühne Possen aufführen lassen & im Innern ihrer Häuser die ihrer Obhut anvertrauten Kinder zusammen mit Komödianten tanzen lassen, geben ein *skandalöses* Schauspiel.

Man könnte alle möglichen Beispiele für den Skandal finden, ohne in die Ferne zu schweifen; aber es gibt auch Beispiele, die man schwerlich anführen könnte, ohne bei Frauen, Männern & Kindern einen ungewöhnlichen Skandal zu erregen. *Anonym*

SKLAVENHANDEL – **Traite des Nègres** (**Afrikahandel**). Das ist der Kauf von Negern, den die Europäer an den Küsten Afrikas tätigen, um diese Unglücklichen in ihren Kolonien als Sklaven zu verwenden. Dieser Kauf von Negern, die zu Sklaven gemacht werden sollen, ist ein Handel, der gegen die Religion, die Moral, die Naturgesetze & alle Rechte der menschlichen Natur verstößt.

Die Neger, so sagt ein moderner englischer Autor voll Einsicht & Menschlichkeit, sind keinesfalls durch das Kriegsrecht zu Sklaven geworden; sie unterwerfen sich auch nicht freiwillig der Knechtschaft, & folglich werden ihre Kinder nicht als Sklaven geboren. Jeder weiß, daß man sie ihren Fürsten abkauft, die behaupten, sie hätten das Recht, über ihre Freiheit zu verfügen, & daß die Händler sie wie ihre anderen Waren in ihre Kolonien oder nach Amerika bringen lassen, wo sie sie zum Verkauf anbieten.

Wenn ein derartiger Handel durch ein Moralprinzip gerechtfertigt werden kann, so gibt es kein Verbrechen, so abscheulich es auch sei, das man nicht rechtfertigen könnte. Könige, Fürsten & Magistrate sind nicht Eigentümer ihrer Untertanen, sie sind also nicht berechtigt, über ihre Freiheit zu verfügen & sie als Sklaven zu verkaufen.

Andererseits hat kein Mensch das Recht, sie zu kaufen oder sich zu ihrem Herrn zu machen; die Menschen & ihre Freiheit sind kein Gegenstand des Handels; sie können weder verkauft noch gekauft & auch nicht zu irgendeinem Preis bezahlt werden. Daraus muß man schließen, daß ein Mann, dessen Sklave die Flucht ergreift, dies nur sich selbst zuschreiben muß, da er für Geld eine verbotene Ware erworben hat, deren Erwerb ihm durch alle Gesetze der Menschlichkeit & Rechtlichkeit untersagt war.

Es gibt also unter diesen Unglücklichen, von denen man behauptet, sie seien nur Sklaven, nicht einen einzigen, der nicht das Recht hätte, für frei erklärt zu werden, da er ja die Freiheit niemals verloren hat; er konnte sie nicht verlieren, & sein Fürst, sein Vater oder sonst jemand in der Welt hatte nicht die Macht, über sie zu verfügen; folglich ist der Verkauf seiner Freiheit an sich null & nichtig. Der Neger gibt sein Naturrecht nicht auf & kann es auch niemals aufgeben; er behält es immer & überall & kann daher überall fordern, daß man es ihn genießen läßt. Es ist also eine offenkundige Unmenschlichkeit seitens der Richter in den freien Ländern, in die er gebracht wird, wenn sie ihn nicht sofort freilassen, indem sie ihn für frei erklären, da er doch ihresgleichen ist & eine Seele hat wie sie.

Es gibt Schriftsteller, die sich für Experten im politischen Recht ausgeben & uns gegenüber kühn behaupten, daß Fragen, die den Stand der Personen betreffen, durch die Gesetze der Länder entschieden werden müssen, denen sie angehören, & daß folglich ein Mann, der in Amerika zum Sklaven erklärt & von dort nach Europa gebracht worden ist, auch dort als Sklave betrachtet werden muß; aber das heißt mit Zivilgesetzen zur Dachtraufe über die Rechte der Menschheit entscheiden, wie Cicero sagt. Dürfen die Richter einer Nation aus Rücksicht gegenüber einer anderen Nation keine Rücksicht auf ihre eigene Art nehmen? Muß ihre Willfährigkeit gegenüber einem Gesetz, das sie zu nichts verpflichtet, sie veranlassen, das Gesetz der Natur mit Füßen zu treten, das für alle Menschen jederzeit & allerorts verbindlich ist? Gibt es irgendein Gesetz, das ebenso verbindlich wäre wie die ewigen Gesetze der Rechtlichkeit? Kann man das Problem aufwerfen, ob ein Richter mehr dazu verpflichtet ist, diese einzuhalten, als die willkürlichen & unmenschlichen Bräuche der Kolonien zu achten?

Man wird vielleicht sagen, diese Kolonien würden bald zugrunde gehen, wenn man in ihnen die Sklaverei der Neger aufhöbe. Aber wenn dies der Fall wäre, muß man deshalb daraus schließen, daß das Menschengeschlecht in abscheulicher Weise erniedrigt werden muß, um uns zu bereichern oder zu unserem Luxus beizutragen? Es ist wahr, daß die Geldbeutel der Straßenräuber leer wären, wenn der Raub endgültig beseitigt würde; aber haben denn die Menschen das Recht, sich durch grausame & verbrecherische Mittel zu bereichern? Welches Recht hat ein Räuber, die Wanderer auszuplündern? Wem ist es erlaubt, dadurch reich zu werden, daß er seinesgleichen unglücklich macht? Kann es rechtmäßig sein, daß man das Menschengeschlecht seiner heiligsten Rechte nur deshalb beraubt, um seine Habgier, seine Eitelkeit oder seine besonderen Leidenschaften zu befriedigen? Nein. Mögen also lieber die europäischen Kolonien zugrunde gehen, als daß man so viele Menschen unglücklich macht!

Doch ich glaube, es ist falsch, daß die Unterdrückung der Sklaverei den Untergang der Kolonien zur Folge hätte. Zugegeben, der Handel würde darunter eine Zeitlang leiden; denn das ist die Wirkung aller Umstellungen, weil man in diesem Fall nicht sofort Mittel & Wege finden könnte, ein anderes System zu befolgen; doch würden sich aus der Abschaffung der Sklaverei viele andere Vorteile ergeben.

Dieser Negerhandel, das heißt der Brauch der Sklaverei, hat in Amerika verhindert, daß die Bevölkerung so schnell zunahm, wie das sonst geschehen wäre. Man lasse die Neger frei, & in wenigen Generationen wird dieses riesige fruchtbare Land unzählige Bewohner haben. Die Künste & die Talente werden erblühen, & anstatt fast nur von Wilden & Raubtieren bevölkert zu sein, wird es bald nur noch von fleißigen Menschen bewohnt sein. Die Freiheit & der Fleiß sind die wirklichen Quellen des Überflusses. Solange ein Volk diesen Fleiß & diese Freiheit bewahrt, braucht es nichts zu fürchten. Denn der Fleiß ist ebenso findig wie der Bedarf; er findet tausend verschiedene Mittel, sich Reichtümer zu verschaffen, & wenn einer der Kanäle des Reichtums verstopft ist, öffnen sich sogleich tausend andere.

Empfindsame & großmütige Seelen werden zweifellos diese Argumente zugunsten der Menschlichkeit gutheißen; aber die Habsucht & die Geldgier, welche die Erde beherrschen, wollen sie niemals hören. *Jaucourt*

SKLAVEREI – **Esclavage** (**Naturrecht, Religion, Moral**). Die *Sklaverei* ist die Einsetzung eines auf Zwang gegründeten Rechts, das einen Menschen zum absoluten Eigentum eines anderen Menschen macht, so daß dieser unumschränkter Herr über sein Leben, seine Güter & seine Freiheit ist.

Erst gegen Ende des fünfzehnten Jahrhunderts wurde die *Sklaverei* im größten Teil Europas abgeschafft; doch bestehen noch allzu viele Überreste derselben in Polen, in Ungarn, in Böhmen & in einigen Gegenden Süddeutschlands – siehe die Schriften von Thomasius & Hertins. Es gibt auch in unseren Sitten noch Spuren der *Sklaverei*. Wie dem auch sei, in dem Zeitraum von fast hundert Jahren, der auf die Abschaffung der *Sklaverei* folgte, haben die christlichen Mächte Eroberungen gemacht & in jenen Ländern, in denen es ihrer Ansicht nach vorteilhaft war, Sklaven zu besitzen, erlaubt, solche zu kaufen & zu verkaufen; doch haben sie dabei die Prinzipien der Natur & des Christentums vergessen, die alle Menschen gleich machen.

Wir wollen beweisen, daß die *Sklaverei* die Freiheit des Menschen verletzt, daß sie dem Natur- & Zivilrecht widerspricht, daß sie gegen die besten Regierungsformen verstößt & daß sie schließlich an sich unnütz ist.

Die Freiheit des Menschen ist ein Prinzip, das lange vor der Geburt Jesu Christi von allen Völkern anerkannt worden ist, die sich zur Großmütigkeit bekannt haben. Die *natürliche* Freiheit des Menschen besteht darin, keine unumschränkte Macht auf der Erde anzuerkennen & sich der gesetzgebenden Gewalt keines anderen, wer immer es auch sei, zu unterwerfen, sondern nur die Gesetze der Natur zu befolgen. Die Freiheit *in der Gesellschaft* besteht dagegen darin, einer gesetzgebenden Gewalt, die mit der Zustimmung der Gesellschaft begründet wurde, untertan zu sein, nicht aber der Laune & dem unbeständigen, ungewissen & despotischen Willen eines einzelnen Menschen.

Diese Freiheit, derzufolge man keiner absoluten Gewalt unterworfen ist, hängt so eng mit der Erhaltung des Menschen zusammen, daß sie davon nur durch das getrennt werden kann, was zugleich seine Erhaltung & sein Leben zerstört. Wer also versucht, widerrechtlich absolute Gewalt über irgend jemanden zu erlangen, befindet sich dadurch mit ihm im Kriegszustand, so daß dieser das Verhalten des anderen nur als einen offenkundigen Anschlag gegen sein Leben betrachten kann. In dem Augenblick, da ein Mensch mich gegen meinen Willen seiner Herrschaft unterwerfen will, habe ich in der Tat Grund anzunehmen, daß er mich, wenn ich in seine Hände falle, nach seiner Laune behandeln & mich unbedenklich töten wird, wenn er dazu Lust hat. Die Freiheit ist sozusagen der Schutzwall meiner Erhaltung & das Fundament für alle anderen Dinge, die mir gehören. Derjenige, der mich im Naturzustand zum Sklaven machen will, ermächtigt mich also dazu, ihn mit allen möglichen Mitteln zurückzuschlagen, um meine Person & meine Güter in Sicherheit zu bringen.

Da alle Menschen von Natur aus gleichermaßen frei sind, kann man sie dieser Freiheit nur dann berauben, wenn sie durch irgendwelche verbrecherischen Handlungen Anlaß dazu gegeben haben. Gewiß, wenn ein Mensch es im Naturzustand verdient hat, von irgend jemandem getötet zu werden, den er beleidigt hat & der in diesem Fall Herr über sein Leben geworden ist, so kann dieser mit dem Schuldigen, falls er in seine Hände gerät, abrechnen & ihn in seinen Dienst nehmen, ohne ihm dadurch ein Unrecht zuzufügen; denn wenn der Verbrecher findet, daß die *Sklaverei* für ihn drückender & schlimmer ist, als es der Verlust seiner Existenz wäre, dann steht es ihm doch frei, den Tod, den er sich wünscht, herbeizuführen, indem er seinem Herrn Widerstand leistet & ihm nicht gehorcht.

Die Tötung eines Verbrechers ist in der bürgerlichen Gesellschaft erlaubt, weil das Gesetz, das ihn bestraft, auch zu seinen Gunsten geschaffen wurde. So hat zum Beispiel ein Mörder vor seiner Tat den Schutz des Gesetzes genossen, das ihn bestraft; es hat ihm in jedem Augenblick das Leben bewahrt; er kann also nicht Einspruch gegen dieses Gesetz erheben. Anders würde es sich jedoch mit dem Gesetz der *Sklaverei* verhalten; denn das Gesetz, das die *Sklaverei* begründen würde, wäre in jedem Fall gegen den Sklaven & niemals für ihn – was dem Grundprinzip aller Gesellschaften widerspricht.

Das Eigentumsrecht gegenüber Menschen & das Eigentumsrecht gegenüber Dingen sind zwei grundverschiedene Rechte. Obwohl jeder Grundherr von dem, der seiner Herrschaft unterworfen ist, sagt: »Diese Person gehört mir«, so ist doch das Eigentumsrecht, das er gegenüber einem bestimmten Menschen hat, nicht dasselbe wie jenes, das er geltend machen kann, wenn er sagt: »Diese Sache gehört mir.« Das Eigentum an einer Sache impliziert das volle Recht, sich ihrer zu bedienen, sie zu verbrauchen & sie zu vernichten, sei es, daß man darin einen Vorteil erblickt, sei es aus bloßer Laune, so daß man ihr, wie immer man auch über sie verfügt, kein Unrecht antut. Wird aber derselbe Ausdruck auf eine Person angewendet, so bedeutet er, daß der Grundherr, unter Ausschluß jedes anderen, das Recht hat, sie zu beherrschen & ihr Gesetze vorzuschreiben, wobei er selbst gleichzeitig mehrere Pflichten gegenüber dieser Person hat & außerdem seine Gewalt über sie stark eingeschränkt ist.

So große Beleidigungen man auch von einem Menschen erfahren haben mag, so erlaubt doch, sobald man sich mit ihm versöhnt hat, die Menschlichkeit nicht, ihn in eine Lage zu bringen, in der keine Spur der natürlichen Gleichheit aller Menschen übrigbleibt, & ihn folglich wie ein Tier zu behandeln, mit dem man machen kann, was man will. Die Völker, welche die Sklaven wie eine Sache behandelten, über die sie nach ihrem Belieben verfügen konnten, waren nichts anderes als Barbaren.

Man kann also nicht nur kein eigentliches Eigentumsrecht über Personen haben, sondern es widerstrebt auch der Vernunft, daß ein Mensch, der keinerlei Gewalt über sein eigenes Leben hat, einem anderen ohne dessen Zustimmung oder ohne irgendeine Vereinbarung das Recht geben könnte, das er selbst nicht hat. Es ist doch nicht wahr, daß ein freier Mensch sich verkaufen kann. Der Verkauf setzt einen Preis voraus. Wenn aber der Sklave sich verkauft, dann werden alle seine Güter Eigentum des Herrn. So würde der Herr nichts geben & der Sklave nichts erhalten. Es gebe doch ein Privateigentum, wird man einwenden; nun gut, aber dieses Eigentum gehört zur Person. Die Freiheit jedes Bürgers ist ein Teil der öffentlichen Freiheit. Im Volksstaat ist diese Freiheit sogar ein Teil der Souveränität. Wenn die Freiheit auch einen Preis für den hat, der sie kauft, so hat sie doch keinen Preis für den, der sie verkauft.

Das bürgerliche Gesetz, das den Menschen die Teilung der Güter erlaubte, konnte doch zu den Gütern nicht einen Teil der Menschen hinzufügen, die diese Teilung vornehmen müssen. Das bürgerliche Gesetz, das Verträge aufhebt, die irgendeine Rechtsverletzung enthalten, kann nicht umhin, ein Abkommen aufzuheben, das die ungeheuerlichste Rechtsverletzung enthält. Die *Sklaverei* widerspricht also dem bürgerlichen Recht nicht weniger als dem Naturrecht. Welches bürgerliche Gesetz könnte verhindern, daß ein Sklave sich der Knechtschaft entzieht, da er doch nicht zur Gesellschaft gehört & folglich kein bürgerliches Gesetz ihn betrifft? Er kann nur durch ein Familiengesetz, durch das Gesetz des Herrn, das heißt durch das Gesetz des Stärkeren, festgehalten werden.

Wenn die *Sklaverei* gegen das Naturrecht & das bürgerliche Recht verstößt, so verletzt sie auch die besten Regierungsformen. Sie widerspricht der monarchischen Regierungsweise, nach der es äußerst wichtig ist, die menschliche Natur nicht zu vergewaltigen & zu erniedrigen. In der Demokratie, in der alle gleich sind, & in der Aristokratie, in der die Gesetze dafür sorgen müssen, daß alle zumindest in solchem Maße gleich sind, wie das Wesen dieser Regierungsweise es erlauben kann, stehen Sklaven im Widerspruch zum Geist der Verfassung; sie würden nur dazu dienen, den Bürgern eine Macht & einen Luxus zu verschaffen, die sie nicht haben sollen.

Ja mehr noch: unter jeder Regierung & in jedem Land kann man, so mühsam die Arbeiten, die dort von der Gesellschaft gefordert werden, auch sein mögen, mit freien Menschen alles erreichen, wenn man sie durch Belohnungen & Privilegien ansporn, die Arbeit in ein richtiges Verhältnis zu ihren Kräften bringt oder die Menschen durch Maschinen ersetzt, die von der Kunstfertigkeit – je nach Ort & Bedürfnis – erfunden & angewendet werden. Siehe die Beweise dafür bei Montesquieu.

Schließlich können wir mit diesem berühmten Autor noch hinzufügen, daß die *Sklaverei* weder dem Herrn noch dem Sklaven nützt: dem Sklaven nicht, weil er nichts aus Tugend tun kann, & dem Herrn nicht, weil er von seinen Sklaven alle möglichen Laster & schlechten Gewohnheiten übernimmt, die im Widerspruch zu den Gesetzen der Gesellschaft stehen; weil er sich nach & nach daran gewöhnt, gegen alle moralischen Tugenden zu verstoßen, & weil er dadurch hochmütig, herrschsüchtig, jähzornig, hartherzig, wollüstig, kurz barbarisch wird.

So läuft alles darauf hinaus, daß man dem Menschen die Würde lassen muß, die ihm angeboren ist. Alles ruft uns dazu auf, daß man ihm jene natürliche Würde, die doch die Freiheit ist, nicht nehmen darf: Das Maß für das Richtige beruht nicht auf der Macht, sondern auf dem, was der Natur entspricht. Die *Sklaverei* ist nicht nur ein demütigender Zustand für den, der sie ertragen muß, sondern auch für die Menschheit, die dadurch erniedrigt wird.

Das Kriegsrecht, so sagte man in den vergangenen Jahrhunderten, autorisiert das Recht der *Sklaverei;* es bestimmte, daß die Gefangenen zu Sklaven gemacht wurden, damit man sie nicht tötete. Heute jedoch ist man von dieser Güte abgekommen, die darin bestand, den Besiegten zum Sklaven zu machen, statt ihn zu massakrieren. Man hat begriffen, daß dieses vermeintliche Liebeswerk lediglich das Werk eines Schurken ist, der sich rühmt, denen, die er nicht getötet hat, das Leben geschenkt zu haben. Nur die Tataren lassen ihre Kriegsgefangenen noch immer über die Klinge springen & meinen, ihnen einen Gefallen zu tun, wenn sie sie verkaufen oder an ihre Soldaten verteilen; bei allen anderen Völkern, die nicht jeglicher Großmut entblößt sind, ist es nur im Fall der Notwendigkeit erlaubt, im Krieg zu töten. Sobald aber ein Mann einen anderen gefangengenommen hat, kann man nicht sagen, er habe sich in der Notwendigkeit befunden, ihn zu töten, da er ihn ja nicht getötet hat. Das einzige Recht, das der Krieg über die Gefangenen verleihen kann, besteht darin, sich ihrer Person derart zu vergewissern, daß sie keinen Schaden anzurichten vermögen.

Es war eine hochmütige Anmaßung der alten Griechen, sich einzubilden, daß die Barbaren von Natur aus Sklaven wären, die Griechen aber Freie, & daß es deshalb gerecht wäre, wenn die ersteren den letzteren gehorchten. Von diesem Standpunkt aus könnten wir ohne weiteres alle Völker, deren Sitten & Gewohnheiten sich von den unsrigen unterscheiden, als Barbaren behandeln & sie (ohne anderen Vorwand) angreifen, um sie unseren Gesetzen zu unterwerfen. Nur die Vorurteile des Hochmuts & der Unwissen-

Freies Denken ist der beste Schutz vor Freiheit. Die Emanzipation des Sklaven verhindert man am ehesten, wenn man sich in moderner Manier der Emanzipation seines Denkens widmet. Man lehre ihn, sich zu fragen, ob er frei sein will oder nicht, und er wird sich nicht befreien … Mit revolutionären Büchern wird er stillgestellt. Mit einem endlosen Reigen wirrer Philosophien wird er beschwichtigt und auf seinem Platz gehalten. Den einen Tag ist er Marxist, den nächsten Nietzscheaner, wieder den nächsten vermutlich ein Übermensch; und jeden Tag ein Knecht.
G. K. Chesterton, Orthodoxie

heit lassen uns auf die Menschlichkeit verzichten. – Es heißt also unmittelbar gegen das Völkerrecht & gegen die Natur verstoßen, wenn man annimmt, die christliche Religion gäbe denen, die sich zu ihr bekennen, ein Recht, diejenigen, die sich nicht zu ihr bekennen, zu unterjochen, um leichter auf die Verbreitung der christlichen Religion hinwirken zu können. Das war aber jene Denkweise, die einst die Zerstörer Amerikas zu ihren Verbrechen ermutigte, & das ist nicht der einzige Fall, in dem man sich der Religion bedient hat im Widerspruch zu ihren eigenen Grundsätzen, die uns lehren, daß der Begriff des Nächsten sich auf die ganze Welt erstreckt.

Schließlich heißt es mit Worten spielen oder vielmehr sich lustig machen, wenn man – wie es einer unserer modernen Autoren getan hat – schreibt, es zeuge von geistiger Beschränktheit, sich einzubilden, daß man die Menschheit erniedrige, wenn man Sklaven besitze, denn die Freiheit, die jeder Europäer zu genießen glaube, sei doch nichts anderes als das Vermögen, seine Kette zu zerbrechen, um sich einen neuen Herrn zu geben. Als ob die Kette eines Europäers dieselbe wäre wie die eines Sklaven in unseren Kolonien! Daraus ersieht man wohl, daß dieser Autor sich niemals in der *Sklaverei* befunden hat.

Schließen wir daraus, daß die durch Zwang, Gewalt & in einigen Gegenden durch das Übermaß an Knechtschaft begründete *Sklaverei* nur durch dieselben Mittel in der Welt fortbestehen kann. *Jaucourt*

SODOMIE – **Sodomie (Grammatik & Jurisprudenz).** Verbrechen derer, die unzüchtige, der Ordnung der Natur zuwiderlaufende Handlungen begehen. Dieses Verbrechen erhielt seinen Namen von der Stadt Sodom, die wegen dieser abscheulichen Liederlichkeit, die dort gang & gäbe war, vom Feuer des Himmels vernichtet wurde.

Die göttliche Gerechtigkeit hat für jene, die sich mit diesem Verbrechen besudelten, die Todesstrafe verfügt, »des Todes sollen sie sterben« (Leviticus 20, 15 & 16).

Dieselbe Strafe verfügen auch die Justinianischen Novellen, »damit sie sich nicht der Unzucht hingeben«.

Der Absatz *cum vir* des Strafgesetzbuchs *Über den Ehebruch* sieht vor, daß jene, die dieses Verbrechens überführt sind, lebendig verbrannt werden.

Diese Strafe wurde in unsere Rechtsprechung aufgenommen. Ein Beispiel dafür gab es noch mit der Vollstreckung eines Urteilsspruchs vom 5. Juni 1750 gegen zwei Privatmänner, die auf der Place de Grève lebendig verbrannt wurden.

Frauen & Minderjährige werden wie andere Täter bestraft.

Doch meinen einige Autoren, wie Menochius, man sollte bei Minderjährigen die Strafe abmildern, besonders wenn der Minderjährige das Pubertätsalter noch nicht erreicht hat.

Geistliche, Mönche &c. müssen in Ansehung des Keuschheitsgelübdes, das sie abgelegt haben, mit der größten Strenge bestraft werden, wenn sie sich dieses Verbrechens schuldig machen; der geringste Verdacht genügt, sie jeder Funktion oder Tätigkeit zu entheben, die mit der Erziehung der Jugend in Zusammenhang steht.

Unter *Sodomie* versteht man auch jene Art von Wollust, welche die Kanoniker *mollities* & die Lateiner *masturbatio* nennen, das heißt das Verbrechen, das man an sich selbst begeht. Wird dieses entdeckt (was in der Öffentlichkeit höchst selten vorkommt), so wird der Betreffende mit der Galeere oder der Verbannung bestraft, je nach der Größe des Ärgernisses.

Diese Strafe wird auch denjenigen auferlegt, die der Jugend beibringen, solche unzüchtigen Handlungen zu begehen; darüber hinaus werden sie an den Pranger gestellt mit einem Schild, auf dem die Worte »Verderber der Jugend« stehen. *Boucher d'Argis*

SONATE. In der *Musik* ist eine *Sonate* ein rein instrumentales Musikstück, das aus vier oder fünf verschiedenartigen Sätzen besteht. Die *Sonate* verhält sich zu den Instrumenten ungefähr so, wie sich die Kantate zu den Stimmen verhält.

Die *Sonate* wird gewöhnlich für ein einziges Instrument komponiert, das vortragende Instrument, das von einem Generalbaß begleitet wird; & in einer solchen Komposition legt man Wert auf alles, was das Instrument, für das sie gedacht ist, am meisten glänzen läßt, sei es durch die Schönheit der Melodien, sei es durch die Auswahl der Töne, die am besten zu dieser Art Instrument passen, sei es durch die Kühnheit des Vortrags. Es gibt auch *Triosonaten;* aber wenn sie diese Zahl der Partien überschreiten, nehmen sie den Namen *Concerto* an. Siehe auch unter diesem Stichwort.

Es gibt mehrere verschiedene Arten von *Sonaten;* die Italiener beschränken sie auf zwei Hauptarten; die eine, die sie *sonata da camera* – Kammersonate – nennen, besteht gewöhnlich aus verschiedenen Sätzen, die für den Tanz bestimmt sind, wie etwa jene Sammlungen, die man in Frankreich *Suiten* nennt; eine andere Art heißt *sonata da chiesa* – Kirchensonate –, in deren Komposition mehr Feierlichkeit & Melodie vorherrschen müssen, um der Würde des Ortes besser zu entsprechen. Von welcher Art die *Sonaten* auch sein mögen, sie beginnen gewöhnlich mit einem Adagio & schließen – nach zwei oder drei verschiedenen Tempi – mit einem Allegro.

Heutzutage, da die Instrumente den wesentlichsten Teil der Musik bilden, sind die *Sonaten* große Mode, gleichwie alle Arten von Sinfonien; der Gesang ist dabei nur Beiwerk. Wir verdanken diesen schlechten Geschmack denen, die die Kunststücke der italienischen Musik in eine Sprache einführen wollten, die sie nicht verträgt, & die uns dadurch

Ein Beweis dafür, daß die Musik die primitivsten Seiten unseres Wesens anspricht, ist folgendes: gelegentlich gehe ich zum Essen in eine Wirtschaft in Robinson. Ein schreckliches, durch einen Lautsprecher verstärktes Grammophon ergießt über die Speisegäste einen Schwall billiger, rhythmisierter Musik, und ich spüre, wie in mir eine seltsame Lust aufkommt, heranwächst, aufzustehen und loszuzappeln, wie der letzte Wilde einer weit entlegenen Völkerschaft es zu den Tamtamklängen seines Stammes tut. Nein, nicht seinen Intellekt, seinen Geist oder seine meditativen Fähigkeiten, nicht die vornehmen Seiten seines Wesens spricht die Musik an oder befriedigt sie, und daß sie die erste aller Künste sei, ist nur Gerede. Von ihrer niedrigsten bis zu ihrer höchsten Stufe ist sie nur ein Getöse, zu dessen Rhythmen wir unter einem rein körperlichen Antrieb bereit wären, uns in Sprüngen vorwärtszubewegen. Ganz gleich, ob die Musik auf der Straße, die Musik aus den Kaschemmen, die Musik aus der Oper, die Musik Wagners, Debussys oder die allerneuste Musik einen anrührt: der Neger in uns empfindet Befriedigung dabei, und die Musik ist, welche auch immer, nichts als Lärm.
Paul Léautaud, Literarisches Tagebuch

gezwungen haben, mit den Instrumenten das zu erreichen, was wir mit unseren Stimmen nicht zu erreichen vermochten. Ich wage vorauszusagen, daß eine so unnatürliche Mode nicht lange herrschen wird; die Musik ist eine nachahmende Kunst; aber diese Nachahmung ist anders als in der Dichtung & der Malerei, & um sie zu empfinden, muß uns der nachgeahmte Gegenstand oder zumindest dessen Bild vor Augen schweben. Durch die Worte wird uns dieser Gegenstand dargestellt, & durch die ergreifenden Töne der menschlichen Stimme, die zu den Worten hinzukommt, trägt dieser Gegenstand bis in die Herzen das Gefühl, das er in ihnen hervorrufen soll. Wer empfindet nicht, wie weit die Instrumentalmusik von dieser Beseeltheit & dieser Wirksamkeit entfernt ist? Werden uns jemals alle Verrücktheiten der Geige Mondonvilles so tief bewegen wie zwei Töne der Stimme der Maure? Um zu verstehen, was der ganze Plunder von *Sonaten,* mit denen wir überschüttet werden, eigentlich bedeutet, müßte man es so machen wie jener ungeschickte Maler, der gezwungen war, unter seine Gestalten zu schreiben: »Das ist ein Mensch«, »Das ist ein Baum«, »Das ist ein Ochse«. Ich werde niemals den Ausspruch des berühmten Fontenelle vergessen, der in einem Konzert, aufgebracht durch jene ewige Sinfonie, in einem Zornesausbruch ausrief: »Sonate, was gehst du mich an?« *Rousseau*

Souveräne – **Souverains (Naturrecht & Politik).** Das sind die Menschen, denen der Wille des Volkes die notwendige Macht verliehen hat, die Gesellschaft zu regieren.

Im Naturzustand kennt der Mensch keinen *Souverän;* jedes Individuum ist einem anderen gleichgestellt & genießt die vollkommenste Unabhängigkeit; es gibt in diesem Zustand keine andere Unterordnung als die der Kinder unter ihren Vater. Die natürlichen Bedürfnisse, vor allem aber die Notwendigkeit, ihre Kräfte zu vereinigen, um die Angriffe ihrer Feinde abzuwehren, veranlaßten mehrere Menschen oder mehrere Familien, sich zusammenzuschließen, um eine Familie zu bilden, die man *Gesellschaft* nennt. Bald darauf bemerkte man aber folgendes: Wenn jeder weiterhin seinen Willen ausübte, seine Kräfte & seine Unabhängigkeit geltend machte & seinen Leidenschaften freien Lauf ließe, so wäre die Lage jedes Individuums unglücklicher, als wenn es für sich lebte. Man sah also ein, daß jeder Mensch auf einen Teil seiner natürlichen Unabhängigkeit verzichten müßte, um sich einem Willen zu unterwerfen, der den der ganzen Gesellschaft repräsentierte & der sozusagen der gemeinsame Mittelpunkt & der Sammelpunkt aller ihrer Willensäußerungen wäre. Das ist der Ursprung der *Souveräne.* Man sieht, daß ihre Macht & ihre Rechte nur auf der Zustimmung der Völker beruhen; diejenigen, die sich mit Gewalt selbst einsetzen, sind nur Usurpatoren; sie werden erst dann zu rechtmäßigen *Souveränen,* wenn ihnen die Zustimmung der Völker jene Rechte bestätigt hat, die sie an sich gerissen haben.

Die Menschen haben sich nur deshalb zur Gesellschaft zusammengeschlossen, um glücklicher zu sein; die Gesellschaft hat sich nur deshalb *Souveräne* gewählt, um wirksamer für ihr Glück & ihre Erhaltung zu sorgen. Das Wohl einer Gesellschaft hängt von ihrer Sicherheit, ihrer Freiheit & ihrem Vermögen ab, sich diese Vorteile zu verschaffen. Der *Souverän* mußte eine ausreichende Macht besitzen, um Ordnung & Ruhe unter den Bürgern zu schaffen, um ihre Besitztümer zu sichern, um die Schwachen gegen die Übergriffe der Starken zu schützen, um die Leidenschaften durch Strafen zu zügeln & die Tugenden durch Belohnungen anzuspornen. Das Recht, diese Gesetze in der Gesellschaft aufzustellen, heißt *gesetzgebende Gewalt,* siehe auch Gesetzgebung.

Vergeblich aber besitzt der *Souverän* die Macht, Gesetze aufzustellen, wenn er nicht zugleich die Macht besitzt, sie geltend zu machen; denn die Leidenschaften & die Interessen der Menschen bewirken, daß sie sich immer dem Gemeinwohl widersetzen, wenn es ihrem Privatinteresse zu widersprechen scheint. Sie sehen das erstere nur in weiter Ferne, während sie das letztere unaufhörlich vor Augen haben. Der *Souverän* muß also mit der notwendigen Macht versehen sein, um jeden einzelnen zum Gehorsam gegenüber den allgemeinen Gesetzen anzuhalten, die der Wille aller sind, & das nennt man *vollziehende Gewalt.*

Die Völker gaben den *Souveränen,* die sie wählten, nicht immer dieselbe Machtfülle. Die Erfahrung aller Zeiten lehrt: Je größer die Macht der Menschen ist, desto leichter verleiten ihre Leidenschaften sie dazu, diese zu mißbrauchen. Diese Überlegung hat einige Nationen veranlaßt, der Macht derer, die sie mit ihrer Regierung beauftragten, Schranken zu setzen. Diese Schranken der Souveränität änderten sich je nach den Umständen, je nach der mehr oder weniger großen Freiheitsliebe der Völker, je nach dem Ausmaß der Nachteile, denen sie sich unter allzu willkürlichen *Souveränen* ausgesetzt sahen. Das führte zur Entstehung verschiedener Abgrenzungen der Souveränität & zu den verschiedenen Regierungsformen. In England kommt die gesetzgebende Gewalt dem König & dem Parlament zu: Die parlamentarische Körperschaft vertritt die Nation & hat sich auf solche Weise durch die britische Verfassung einen Teil der souveränen Macht vorbehalten, während sie dem König allein die Macht überlassen hat, die Gesetze geltend zu machen. Im deutschen Reich kann der Kaiser Gesetze nur mit Hilfe der Reichsstände aufstellen. Doch muß die Einschränkung der Gewalt auch Grenzen haben. Wenn der *Souverän* für das Wohl des Staates sorgen soll, muß er selbständig handeln & die zu diesem Zweck notwendigen Maßnahmen ergreifen können; ein Fehler wäre also eine zu sehr beschränkte Gewalt des *Souveräns;* es ist leichter, diesen Fehler bei der schwedischen & der polnischen Regierung festzustellen.

Andere Völker haben nicht durch ausdrückliche & authentische Urkunden die Schranken festgelegt, die sie ihren *Souveränen* setzten; sie begnügten sich damit, ihnen die Pflicht aufzuerlegen, die Grundgesetze des Staates zu befolgen, & verliehen ihnen im übrigen sowohl die gesetzgebende als auch die vollziehende Gewalt. Das nennt man *absolute Herrschaft.* Die aufrechte Vernunft aber weist darauf hin, daß auch diese Herrschaft immer natürliche Grenzen hat; ein *Herrscher* hat, so absolut er auch sein mag, niemals das Recht, die Grundgesetze des Staates anzutasten & auch nicht dessen Religion; er kann die Regierungsform & die Erbfolge nicht ändern, es sei denn mit ausdrücklicher Genehmigung seiner Nation. Im übrigen ist er immer den Gesetzen der Gerechtigkeit & der Vernunft unterworfen, wovon ihn keine menschliche Macht entbinden kann.

Wenn ein absoluter *Herrscher* sich das Recht anmaßt, nach seinem Willen die Grundgesetze seines Staates zu ändern, wenn er eine willkürliche Gewalt über die Person & die Besitztümer seines Volkes beansprucht, so wird er zum Despoten. Kein Volk wollte & konnte seinen *Souveränen* eine derartige Gewalt zuerkennen; denn wenn es dies getan hätte, so würden Natur & Vernunft es immer berechtigen, gegen die Gewalt Einspruch zu erheben, siehe auch Gewalt. Die Tyrannei ist nichts anderes als die Ausübung des Despotismus. – Liegt die Souveränität, sei sie absolut, sei sie eingeschränkt, bei einem einzigen Menschen, so heißt sie *Monarchie,* siehe auch Monarchie. Liegt sie beim Volk selbst, so hat sie ihren vollen Umfang & kann durch nichts eingeschränkt werden; das nennt man *Demokratie.* So lag bei den Athenern die Souveränität ganz & gar beim Volk. Zuweilen wird die Souveränität von einer Körperschaft oder einer Versammlung ausgeübt, die das Volk vertritt, wie in den republikanischen Staaten.

In welche Hände die *souveräne* Gewalt auch immer gelegt wird, so darf sie doch nur den Zweck haben, die Völker glücklich zu machen, die ihr unterworfen sind; die Gewalt, welche die Menschen unglücklich macht, ist eine offenkundige Usurpation & eine Beseitigung der Rechte, auf die der Mensch niemals freiwillig verzichten konnte. Der *Souverän* muß die Sicherheit seiner Untertanen gewährleisten, die sich nur im Hinblick darauf der Autorität unterworfen haben, siehe auch Schutzherrschaft. Er muß die rechte Ordnung durch heilsame Gesetze herstellen; muß ermächtigt sein, sie zu ändern, je nachdem die Notwendigkeit der Umstände es verlangt; er muß die zurechtweisen, die die anderen im Genuß ihrer Besitztümer & ihrer Freiheit sowie in der Entfaltung ihrer Persönlichkeit beeinträchtigen möchten; er hat das Recht, Gerichtshöfe zu bilden & Richter zu ernennen, die Recht sprechen & nach zuverlässigen & unveränderlichen Maßstäben die Schuldigen bestrafen. Diese Gesetze werden *bürgerliche* Gesetze genannt, um sie von den natürlichen Gesetzen & den Grundgesetzen zu unterscheiden, die der *Souverän* nicht eigenmächtig aufheben kann. Da er die bürgerlichen Gesetze ändern kann, glauben einige Leute, daß er ihnen nicht unterworfen sei; doch richtet sich der *Souverän* natürlich nach seinen Gesetzen, solange sie in Kraft sind – was dazu beiträgt, sie in den Augen seiner Untertanen ehrwürdiger zu machen.

Nachdem der *Souverän* für die innere Sicherheit des Staates gesorgt hat, muß er sich um dessen äußere Sicherheit kümmern; sie hängt von seinen Reichtümern & seinen militärischen Kräften ab. Um diese zu erreichen, muß er sein Augenmerk auf die Landwirtschaft, auf die Bevölkerung, auf den Handel richten; er wird versuchen, in Frieden mit seinen Nachbarn zu leben, ohne jedoch die militärische Disziplin & die Streitkräfte zu vernachlässigen, die seine

Regieren ist nicht so etwas wie auf der Orgel spielen, auf Velinpapier malen, den Nordpol entdecken (eine abscheuliche Angewohnheit), Loopings fliegen, Astronomie treiben und so weiter. All das soll nur tun, wer sich darauf versteht. Regieren ist vielmehr so etwas wie einen Liebesbrief schreiben oder sich die Nase schneuzen. Bei diesen Dingen erwarten wir von jedem, daß er sie selber tut, und mag er sich auch noch so schlecht darauf verstehen… Kurz, der demokratische Glaube läuft darauf hinaus, daß die allerwichtigsten Dinge den gewöhnlichen Menschen überlassen bleiben müssen – die Vereinigung der Geschlechter, die Aufzucht von Kindern, die Gesetze des Staates. Das ist Demokratie, und daran habe ich stets geglaubt.
G. K. Chesterton, Orthodoxie

Nation bei allen denen angesehen machen, die versuchen könnten, ihr zu schaden oder ihre Ruhe zu stören; deshalb haben die *Souveräne* das Recht, Krieg zu führen, Frieden zu schließen, Bündnisse einzugehen &c. Siehe auch FRIEDEN, KRIEG, GEWALT.

Das sind die mit der Souveränität vor allem verbundenen Rechte, das sind die Rechte der *Souveräne;* die Geschichte liefert uns unzählige Beispiele für despotische Fürsten, verletzte Gesetze, empörte Untertanen. Wenn die Vernunft die *Souveräne* lenkte, so hätten die Völker nicht das Bedürfnis, ihnen die Hände zu binden oder ihnen gegenüber in unaufhörlichem Mißtrauen zu leben; die Oberhäupter der Nationen, die gern für das Wohl ihrer Untertanen sorgten, würden dann nicht versuchen, in ihre Rechte einzugreifen. Aufgrund einer Fatalität, die mit der menschlichen Natur zusammenhängt, bemühen sich die Menschen unaufhörlich, ihre Macht zu erweitern. Welche Schranken ihnen auch die Vorsicht der Völker gesetzt haben mag, so bringen doch Ehrgeiz & Gewalt es fertig, sie zu zerbrechen oder zu umgehen. Die *Souveräne* haben einen zu großen Vorteil gegenüber ihren Völkern; die Verderbtheit eines einzigen Willens, des Willens des *Souveräns*, genügt schon, um das Glück seiner Untertanen zu gefährden oder zu zerstören. Dagegen können letztere ihm wohl kaum einmütig & geschlossen ihren Willen & ihre Kräfte entgegensetzen, wie es doch notwendig wäre, um seine ungerechten Unternehmungen zu verhindern.

Es gibt einen für das Glück der Völker verhängnisvollen Irrtum, in den die *Souveräne* nur zu häufig verfallen; sie glauben, die Souveränität werde erniedrigt, wenn ihre Rechte in Grenzen gehalten werden. Die Oberhäupter der Nationen, die für das Glück ihrer Untertanen sorgen, sichern sich deren Liebe, finden bei ihnen einen bereitwilligen Gehorsam & sind von ihren Feinden immer gefürchtet. *Anonym*

Alles nichts wie Scheiße, / sprach der Staatssekretär. / Alter Leute Steiße / riechen ordinär, / und wenn sie da sitzen / und behördlich schwitzen, / kriecht ein Furz durch den Mund, / ganz ohne Grund, / stinkt sich gesund / und tritt dann den Dienstweg an mit Pedanterie, / das ist Demokratie!
GEORG KREISLER, DER FURZ

SPARTA oder LAKEDAIMON – Sparte ou Lacédémone (Geographie des Altertums). Stadt auf dem Peloponnes in Lakonien.

Ich habe bei dem Wort *Lakedaimon* vergessen, darüber zu schreiben; & wie konnte ich das vergessen? Sein Name allein erinnert mich an größere Dinge & vor allem an höhere Tugenden als die Namen aller anderen Städte Griechenlands. Sein Ruhm hat in der Welt & in den Annalen der Geschichte so viel Aufsehen erregt, daß man nicht müde wird, davon zu sprechen.

Man betrachtet Lykurg gewöhnlich nur als den Gründer eines rein militärischen Staates & das Volk von *Sparta* bloß als ein Volk, das nur zu gehorchen, zu leiden & zu sterben verstand. Vielleicht sollte man in Lykurg von allen Philosophen den sehen, der die menschliche Natur am besten gekannt hat, & vor allem den, der am besten gesehen hat, inwieweit die Gesetze, die Erziehung, die Gesellschaft den Menschen zu ändern vermochten & wie man ihn glücklich machen konnte, indem man ihn Gewohnheiten annehmen ließ, die seinem Instinkt & seiner Natur zu widersprechen schienen.

Man sollte in Lykurg den tiefgründigsten & konsequentesten Geist erblicken, den es vielleicht jemals gegeben hat & der das am besten durchdachte & geschlossenste System geschaffen hat, das man bis heute kennt.

Man kannte in *Sparta* nicht Elend neben Reichtum & folglich auch weniger als anderswo Mißgunst, Rivalität, Verweichlichung & tausend Leidenschaften, die dem Menschen Kummer bereiten, auch nicht jene Habgier, die einen Gegensatz zwischen dem Privatinteresse & dem Gemeinwohl sowie zwischen dem einen Bürger & dem anderen Bürger schafft.

Die Rechtsprechung war dort nicht durch eine Unmenge von Gesetzen belastet. Nun entspringen aber die überflüssigen Dinge & der Luxus, die Zwistigkeiten, die Unruhen & die Eifersüchteleien aus der Ungleichheit der Güter & vervielfachen die Gerichtsverfahren & die Gesetze, die darüber entscheiden.

Es gab in *Sparta* wenig Mißgunst & viel Wetteifer um die Tugend. Die Senatoren wurden dort vom Volk gewählt, das bei der Besetzung einer freien Stelle »den tugendhaftesten Mann der Stadt« benannte.

Die so bescheidenen Mahlzeiten & die so strengen Leibesübungen waren mit tausend Vergnügungen gewürzt; man brachte ihnen eine lebhafte & leidenschaftliche Liebe entgegen, die immer befriedigt wurde: die Liebe zur Tugend. Jeder Bürger begeisterte sich für die Ordnung & für das Gute, & er hatte sie immer vor Augen; er ging zu den Versammlungen, um sich an den Tugenden seiner Mitbürger zu freuen & Beweise ihrer Achtung entgegenzunehmen.

In *Sparta* gab es kein Grundgesetz oder kein bürgerliches Gesetz, keinen Brauch, der nicht dazu beitrug, die leidenschaftliche Liebe für das Vaterland, den Ruhm, die Tugend zu steigern & die Bürger durch diese edlen Leidenschaften glücklich zu machen. *Jaucourt*

SPEKTAKEL oder SCHAUSPIELE – Spectacles (Alte & neue Erfindungen). Öffentliche Darbietungen, die ersonnen wurden, um zu belustigen, zu gefallen, zu rühren, die Seele zu beschäftigen, zu erregen & bisweilen zu erschüttern. Alle von den Menschen erdachten *Schau-*

spiele zeigen den Augen des Körpers oder des Geistes wirkliche oder erdichtete Dinge. Und so betrachtet Batteux, dem ich vieles entnehme, diese Art von Vergnügen:

Der Mensch, so schreibt er, ist als Zuschauer geboren; die Pracht des ganzen Universums, die der Schöpfer nur deshalb zu entfalten scheint, damit sie angeschaut & bewundert werde, sagt es uns deutlich genug. So gibt es von allen unseren Sinnen keinen empfindlicheren, keinen, der uns mit mehr Ideen bereichert, als den Gesichtssinn. Doch je lebhafter dieser Sinn ist, desto mehr hat er das Bedürfnis, den Gegenstand der Betrachtung zu wechseln. Sobald er dem Geist das Bild, das ihn beeindruckt, übermittelt hat, drängt es ihn, nach neuen Bildern zu suchen, & wenn er welche findet, so greift er gierig danach. Daraus sind die *Schauspiele* entstanden, die sich bei fast allen Völkern eingebürgert haben. Die Menschen bedürfen ihrer, welcher Art sie auch seien; & da ihnen die Wirkungen der Natur, die Ereignisse in der Gesellschaft nur ab & zu einige reizvolle *Schauspiele* bieten, sind sie jedem zu großem Dank verpflichtet, der das Talent hat, weitere für sie zu erschaffen, & seien es nur Phantome & Scheinbilder ohne jede Realität.

Die Grimassen, die Gaukeleien eines Hanswursts, irgendein wenig bekanntes oder auf außergewöhnliche Weise dressiertes Tier locken eine Menge Volk an, fesseln es, halten es fast gegen seinen Willen in Atem, & dies in jedem Land.

Da die Natur überall & bei allen Menschen dieselbe ist, bei gelehrten & unwissenden, großen & kleinen, hohen & niederen, konnte es nicht ausbleiben, daß mit der Zeit die *Schauspiele* der Kunst in der menschlichen Gesellschaft auftauchten. Doch wie müssen sie beschaffen sein, um das größte Vergnügen zu bereiten?

Man kann die Wirkungen der Natur darstellen: einen über die Ufer getretenen Fluß, steile Felsen, Ebenen, Wälder, Städte, Tierkämpfe; doch diese Gegenstände, die wenig mit unserem Wesen zu tun haben, die uns weder bedrohen noch etwas verheißen, wecken lediglich die Neugier. Sie beeindrucken nur beim ersten Mal, weil sie neu sind; & wenn sie ein zweites Mal gefallen, dann nur wegen der vorzüglichen Darbietung. Also muß man uns einen interessanten Gegenstand vor Augen führen, der uns stärker berührt. Und was könnte ein solcher Gegenstand sein? Wir selbst. Daß man uns an anderen Menschen zeigt, was wir sind, ist ein Mittel, das uns zu interessieren, zu fesseln, zu erregen vermag.

Da der Mensch aus einem Körper & einer Seele besteht, gibt es zwei Arten von *Schauspielen*, die ihn zu interessieren vermögen. Die Nationen, die mehr den Körper als den Geist pflegten, haben *Schauspielen* den Vorzug gegeben, in denen sich die Stärke des Körpers & die Biegsamkeit der Glieder zeigten. Jene, die mehr den Geist als den Körper pflegten, bevorzugten *Schauspiele*, in denen man die Kräfte des Geistes & die Triebfedern der Leidenschaften sieht. Manche pflegten sowohl den Körper wie den Geist, & bei diesen wurden beide Arten von *Schauspielen* gleichermaßen geschätzt.

Doch zwischen den beiden Arten von *Schauspielen* besteht der Unterschied, daß es in den Darbietungen, in denen es um den Körper geht, Realität geben kann, das heißt, daß dort die Dinge unverfälscht & tatsächlich geschehen wie in den *Schauspielen* der Gladiatoren, in denen es um ihr Leben ging. Es kann sich aber auch nur um eine Nachahmung der Realität handeln wie bei den Seeschlachten, wo die sich schmeichelnden Römer den Sieg von Actium in Szene setzten. Bei dieser Art von *Schauspielen* kann die Handlung also entweder real oder nur nachgeahmt sein.

Bei den *Schauspielen*, in denen die Seele Prüfungen unterzogen wird, kann es unmöglich etwas anderes als Nachahmung geben, weil allein schon die Absicht, Leidenschaften zu zeigen, ihrer Realität widerspricht. Ein Mann, der nur deshalb in Zorn gerät, um aufgebracht zu wirken, gibt lediglich das Bild des Zorns wieder. Deshalb ist jede Leidenschaft, sobald sie sich nur für das *Schauspiel* äußert, notgedrungen eine nachgeahmte, geheuchelte, gefälschte Leidenschaft. Und da die Bewegungen des Geistes in einem solchen Fall eng mit denen des Herzens zusammenhängen, sind sie ebenso wie die des Herzens falsch & künstlich.

Daraus folgt zweierlei: erstens, daß die *Schauspiele*, in denen man Körperkraft & Gelenkigkeit sieht, fast keine Kunst erfordern, da ihr Spiel unverstellt, wahrhaft & real ist; daß hingegen diejenigen, bei denen man die Regungen der Seele sieht, eine außerordentliche Kunst erfordern, da hier alles Lüge ist & man es für wahr ausgeben will.

Zweitens folgt daraus, daß die *Schauspiele* des Körpers einen lebhafteren, stärkeren Eindruck hinterlassen; die Erschütterungen, die sie der Seele beibringen, machen diese gewißlich derb, hart, bisweilen sogar grausam. Die *Schauspiele* der Seele dagegen hinterlassen einen sanfteren Eindruck, eher geeignet, das Herz zu rühren, als es zu verhärten. Ein in der Arena zu Tode gekommener Mensch gewöhnt den Zuschauer daran, mit Vergnügen Blut fließen

Politik ist Bühnenwirkung. Wenn Shakespeare über die Szene ging, hat noch jedem Publikum der Waffenlärm die Gedanken übertönt. Die Größe Bismarcks, der den politischen Stoff schöpferisch gestaltet – und warum sollte einem Künstler nicht ein Erlebnis im Irdischsten zur Schöpfung erwachsen? –, wird mit dem Maß der theatralischen Handlung, des Effekts der Auftritte und Abgänge gemessen. Und wenn wir Deutschen Gott und sonst nichts in der Welt fürchten, so respektieren wir selbst ihn nicht um seiner Persönlichkeit willen, sondern wegen des Geräusches seiner Donner. Politik und Theater: Rhythmus ist alles, nichts die Bedeutung.

KARL KRAUS, SPRÜCHE UND WIDERSPRÜCHE

zu sehen. Der sich auf der Bühne zerfleischende Hippolyte gewöhnt ihn daran, das Schicksal der Unglücklichen zu beklagen. Ersteres *Schauspiel* entspricht einem kriegerischen, das heißt zerstörerischen Volk; das andere ist wahrhaft eine Kunst des Friedens, denn es vereint die Bürger durch Mitgefühl & Menschlichkeit.

Die letzteren *Schauspiele* sind unserer gewiß am würdigsten, auch wenn die anderen von einer Leidenschaft sind, welche die Seele erregt & beschäftigt. Bei den Alten waren dies das *Schauspiel* der Gladiatoren, die olympischen, zirzensischen & tödlichen Spiele, bei den Modernen die Spiele auf Leben & Tod & die Turniere mit scharfer Lanze, die es inzwischen nicht mehr gibt. Die meisten gesitteten Völker finden nur noch an trügerischen *Schauspielen* Geschmack, die mit der Seele zu tun haben, an Opern, Komödien, Tragödien, Pantomimen. Fest steht indes, daß man von jeder Art von *Schauspielen* bewegt, angerührt, erregt werden will, sei es durch das Vergnügen des Überschwangs des Herzens oder durch seinen Schmerz, der auch eine Art von Vergnügen ist. Wenn die Schauspieler uns kalt lassen, so beklagen wir die Gelassenheit, mit der wir nach Hause zurückkehren, & entrüsten uns, daß sie es nicht vermochten, unsere Ruhe zu stören.

Eben dieser Nervenkitzel ist der Grund dafür, daß man die Ängste & Schrecknisse liebt, welche die Gefahren verursachen, denen man andere Menschen ausgesetzt sieht, ohne selbst daran beteiligt zu sein.

Wie erregend ist es doch, sagt Lukrez (*Von der Natur der Dinge*, Buch II), vom sicheren Ufer aus ein Schiff zu beobachten, das mit den Wogen kämpft, die es unter sich zu begraben drohen, oder hoch über dem Getümmel einer Schlacht zuzuschauen:

Gerne beobachten wir, wenn Sturmböen weithin die Meerflut peitschen, vom Land aus, wie andre gefahrvoll sich abmühen müssen; nicht, weil Leiden von Menschen schlechthin Vergnügen bereiten, nein, weil man gerne Gefahren mit ansieht, vor denen man selber völlig verschont bleibt. So wird man als gar nicht Beteiligter gerne Zeuge erbitterter Kämpfe, wie sie auf den Schlachtfeldern toben. (Lukrez, *Von der Natur der Dinge*)

Jeder weiß, welche ungeheure Summen die Griechen & Römer für *Schauspiele* ausgaben, vor allem für solche, die darauf aus waren, die Nerven zu kitzeln. Die Aufführung der drei Tragödien des Sophokles kostete die Athener mehr als der Peloponnesische Krieg. Man kennt die ungeheuren Summen, welche die Römer ausgaben, um sogar in Provinzstädten Theater, Amphitheater & Arenen zu errichten. Einige dieser Bauten, die noch vollständig erhalten sind, gehören zu den wertvollsten Denkmälern der antiken Architektur. Man bewundert sogar die Ruinen derer, die zerfallen sind. Die römische Geschichte ist noch heute voll von Dingen, welche die maßlose Leidenschaft des Volks für *Schauspiele* beweisen & davon zeugen, in welche Unkosten sich Fürsten & Privatleute stürzten, um sie zu befriedigen. Ich will hier nur erwähnen, wie hoch die Schauspieler bezahlt wurden. Äsop, der berühmte Tragikomiker & Zeitgenosse Ciceros, hinterließ bei seinem Tod jenem Sohn, den Horaz & Plinius als berüchtigten Verschwender bezeichnen, ein Erbe von fünf Millionen, das er mit seinem Komödienspiel angehäuft hatte. Der Komödiant Ruscius, ein Freund Ciceros, verdiente jährlich hunderttausend Francs Gage. Nach dem Verzeichnis, das Plinius zu Gesicht gekommen war, mußten die Gehälter sogar noch erhöht worden sein, denn Macrobius berichtet, daß dieser Komödiant aus öffentlichen Geldern mehr als neunhundert Francs am Tag erhalten habe & daß diese Summe ihm allein zustand: er teilte sie nicht mit seiner Truppe.

So entlohnte die Römische Republik die Theaterleute. Die Geschichte sagt, daß Julius Cäsar dem Laberius zwanzigtausend Ecu gab, um diesen Dichter zu verpflichten, in einem Stück, das er geschrieben hatte, persönlich aufzutreten. Wir könnten noch viele weitere Verschwendungen unter den anderen Kaisern nennen. Schließlich hat Marc Aurel, der häufig als Antonius der Philosoph bezeichnet wird, angeordnet, daß die Darsteller, die in *Schauspielen* auftraten, welche einige Magistrate dem Volk zu schenken gehalten waren, nicht mehr als fünf Goldstücke pro Aufführung verlangen durften & daß derjenige, der für die Kosten aufkam, ihnen nicht mehr als das Doppelte zahlen durfte. Diese Goldstücke hatten etwa den Wert unserer Louisdor. Titus Livius schließt seine Abhandlung über den Ursprung & den Fortschritt der Theatervorführungen in Rom mit den Worten, daß eine Zerstreuung, die anfangs bescheiden war, in so prunkvolle *Schauspiele* ausgeartet sei, daß auch die reichsten Königreiche Mühe gehabt hätten, diese Ausgaben zu bestreiten.

Was die schönen Künste betrifft, welche die Örtlichkeiten für die Bühne der *Schauspiele* herrichten, so war dies bei den Römern etwas ungemein Prachtvolles. Nachdem die Architektur diese Örtlichkeiten gestaltet hatte, schmückte sie sie mit Hilfe der Malerei & der Bildhauerei. So wie die Götter im Olymp wohnen, die Könige in Palästen, die Bürger in ihrem Haus & der Schäfer im Schatten der Haine sitzt, so fällt es den Künsten zu, alle diese Dinge an den für die *Schauspiele* bestimmten Orten geschmackvoll darzustellen. Ovid konnte uns den Palast der Sonne gar nicht glänzend genug & Milton den Garten Eden nicht lieblich genug schildern; aber auch wenn diese Pracht die Macht der Könige übersteigt, so muß man andererseits doch gestehen, daß unsere Dekorationen überaus ärmlich sind & unsere Schauspielstätten, deren Eingänge denen der Gefängnisse ähneln, einen höchst schändlichen Anblick bieten. *Jaucourt*

SPIEL – **Jeu** (**Naturrecht, Moral**). Beliebte Form der Übereinkunft zwischen zwei oder mehreren Personen, bei der Geschicklichkeit, reiner Zufall oder Zufall vermischt mit Geschicklichkeit über Niederlage oder Sieg entscheiden, je nach Art des *Spiels*, dessen Regeln durch diese Übereinkunft festgelegt sind.

Man kann sagen, daß selbst bei *Spielen*, bei denen der Verstand, die Geschicklichkeit oder das Können den Ausschlag geben sollten, der Zufall eine Rolle spielt, insofern man nicht immer die Stärke dessen kennt, gegen den man spielt, unvorhergesehene Umstände eintreten können & letztlich der Verstand oder der Körper nicht immer auf gleiche Weise bereit sind & ihre Aufgaben nicht immer gleich gut erledigen.

Wie dem auch sei, die Lust am *Spiel* ist die Frucht der Lust am Vergnügen in seinen endlosen Varianten. Während der ganzen Antike haben die Menschen je nach Geistesart & Temperament versucht, sich durch alle möglichen Spiele zu vergnügen, zu entspannen & Kraft zu schöpfen. Lange vor den Lydiern, vor der Belagerung Trojas & währenddessen haben sich die Griechen mit verschiedenen *Spielen* abgegeben, um sich die lang werdende Zeit zu verkürzen & sich nach Anstrengungen zu entspannen. Vom Feldlager kamen die *Spiele* in die Städte, in das Halbdunkel der Muße- & Ruhestunden. Die Bewohner Lakedämoniens waren die einzigen, die das *Spiel* vollständig aus ihrer Republik verbannten. Es ist überliefert, daß einer ihrer Bürger namens Chilon, der zu den Korinthern gesandt worden war, um ein Bündnis mit ihnen zu schließen, sich so erbost darüber zeigte, die Räte der Stadt, die Frauen, die Alten & die jungen Hauptmänner allesamt beim *Spiel* anzutreffen, daß er auf dem Absatz kehrtmachte & ihnen ausrichten ließ, es würde den Ruhm Lakedämoniens schmälern, das gerade Byzanz gegründet hatte, wenn es sich mit einem Volk von Spielern verbündete. Es ist nicht verwunderlich, daß sich die Korinther diesem Vergnügen hingaben, findet es im allgemeinen doch soviel Verbreitung in einem Staat, wie es dort Müßiggang, Luxus & Reichtümer gibt. Um dieser Leidenschaft gewissermaßen einen Riegel vorzuschieben, erlaubten die römischen Gesetze das *Spiel* nur bis zu einem bestimmten Einsatz; aber diese Gesetze wurden kaum beachtet, denn unter den Exzessen, die Juvenal den Römern vorwirft, führt er in seiner ersten Satire, Vers 88, sehr deutlich auch jenen an, im *Spiel* sein ganzes Hab & Gut auf den Zufall zu setzen.

Wann war man dem Glücksspiel jemals mehr verfallen? Glauben Sie bloß nicht, daß man sich in diesen Akademien des Spiels damit begnügte, das einzusetzen, was man gerade an Geld bei sich hatte; man ließ sogar Truhen voll Gold bringen, um sie mit einem Wurf zu verspielen.

Noch beispielloser erscheint uns, daß laut Tacitus selbst die Germanen dem Glücksspiel so leidenschaftlich frönten, daß sie sich selbst setzten, wenn sie ihre ganze Habe verspielt hatten, & dabei riskierten, *novissimo jactu*, mit dem nächsten Wurf, ihren Personenstand & ihre Freiheit zu verlieren. Wenn wir heute Spielschulden als Ehrenschulden ansehen, kommt das vielleicht noch von der Gewissenhaftigkeit, mit der die Germanen einst solche Schulden beglichen.

Obwohl sie genau wissen, welche schlimmen Folgen es haben kann, setzten & setzen zahllose Menschen aus allen Ländern unablässig einen beträchtlichen Teil ihres Besitzes auf das Karten- & Würfelglück, so daß man nicht umhinkann, nach den Gründen für einen so mächtigen Anreiz zu fragen.

Ein geschickter Spieler, meint Abbé Dubos, könne täglich einen sicheren Gewinn machen, wenn er sein Geld nur bei *Spielen* riskiert, bei denen der Erfolg mehr von der Geschicklichkeit der Spieler abhängt als vom Karten- & Würfelglück. Dennoch ziehen Spieler häufig jene *Spiele* vor, bei denen der Gewinn ganz von der Laune der Würfel & Karten abhängt & bei denen ihre Begabungen ihnen nicht die geringste Überlegenheit über die Mitspieler verschaffen. Der hauptsächliche Grund für eine solche Vorliebe, die den Interessen des Spielers so sehr entgegensteht, liegt in der Gier oder in der Hoffnung, sein Vermögen in Windeseile zu vergrößern.

Spiele, die einen großen Teil des Spielverlaufs der Geschicklichkeit des Spielers anheimstellen, erfordern außerdem eine beständige, anstrengende Geistesgegenwart, & sie halten die Seele nicht in fortwährender Aufregung, wie es das Zehnerspiel, Landsknecht, Bassette & andere *Spiele* tun, bei denen der Spielverlauf ganz dem Zufall überlassen ist. Bei letzteren sind alle Würfe entscheidend, & jeder Spielzug führt zum Verlust oder zum Gewinn; sie halten die

Auf die Plätze!« donnerte die Königin, und alles rannte blindlings los und stolperte übereinander: nichtsdestotrotz stand ein jeder bald an seinem Platz, und das Spiel begann. Solch einen merkwürdigen Krocketplatz hatte Alice wohl noch nie in ihrem Leben gesehen: Er war eben wie ein Acker, als Kugeln dienten zusammengerollte Igel, als Schläger Flamingos, und die Soldaten mußten im Liegestütz verharren, um die Tore zu bilden. Am problematischsten war allerdings für Alice der Umgang mit dem Flamingo: sie schaffte es zwar noch leidlich bequem, seinen Körper unter den Arm zu klemmen, aber gerade, wenn sie seinen Hals schön gestreckt hatte und mit dem Kopf dem Igel einen Schlag versetzen wollte, drehte der Flamingo sich um und betrachtete sie mit einem derart erstaunten Ausdruck, daß sie einfach laut auflachen mußte; und als sie seinen Kopf wieder in der richtigen Position hatte, um von vorne zu beginnen, da war die Entdeckung schon recht ärgerlich, daß der Igel sich einfach entrollt hatte und gerade wegkroch: dazu kam noch, daß ausgerechnet in der Bahn, die sie für den Igel vorgesehen hatte, eine Kuhle oder eine Erhebung war, und da die Soldaten zusätzlich ihre Brückenposition immer wieder zugunsten einer anderen Stelle aufgaben, kam Alice schon bald zu dem Schluß, daß das in der Tat ein ziemlich kompliziertes Spiel war. Lewis Carroll, Alice im Wunderland

Seele also in einer Art Aufruhr, Unruhe, Verzückung, & sie tun das, ohne daß die Seele zu ihrem Vergnügen unbedingt durch ernsthafte Aufmerksamkeit beitragen müßte, von der uns unsere natürliche Trägheit gerne entbindet.

Monsieur de Montesquieu bestätigt all dies durch einige kurze Überlegungen zu diesem Gegenstand: »Das Spiel gefällt fast jedem von uns, weil es auf unseren Geiz trifft, das heißt auf unsere Gier, mehr zu bekommen. Es schmeichelt unserer Eitelkeit, weil wir uns einbilden, das Glück bevorzuge uns, & weil wir die Aufmerksamkeit genießen, die andere unserem Glück schenken. Das Schauspiel, das sich uns bietet, befriedigt unsere Neugier. Schließlich unterhält es uns mit vielfältigen Überraschungen. Glücksspiele gefallen uns besonders, weil sie uns ständig vor neue, überraschende Situationen & Wendungen stellen. Bei unserem Vergnügen an Gesellschaftsspielen kommt hinzu, daß in ihnen eine Folge überraschender Ereignisse eintritt, die aus der Verbindung von Geschicklichkeit & Glück entsteht.«

Tagebuch 2. 9. 1667 – Beobachtete ein großes Tennisspiel zwischen Prinz Rupert und einem gewissen Kapitän Cooke, angeblich den besten Tennisspielern der Nation. Mir fiel auf, daß dem König, als er auch spielte, eine Stahlwaage nachgetragen wurde; er wiegt sich jeweils vor und nach dem Spiel, um festzustellen, wieviel Gewicht er verloren hat. Heute waren es 4 ½ Pfund. – 4. 9. 1667 – Beobachtete, wie albern der König sich benimmt, er spielt ständig entweder mit seinem Hund oder mit seinem Schwanz, kümmert sich nicht im geringsten um das, was um ihn herum vorgeht, und was er sagt, ist überaus schwach. Samuel Pepys

Darum erachtet die Gesellschaft das *Spiel* auch nur als ein Vergnügen, & ich will ihm diese vorteilhafte Bezeichnung nicht nehmen, denn ich fürchte, eine treffendere würde zu vielen Menschen die Röte ins Gesicht treiben. Wenn sogar viele vernünftige Menschen gerne spielen, hat das seinen Grund darin, daß sie die verborgenen Verirrungen des *Spiels,* seine Gewalt & seine Verschwendung nicht erkennen. Ich will nicht behaupten, daß *Spielen,* bei denen Geschicklichkeit & Glück gleichermaßen zählen, ja nicht einmal bloßen Glücksspielen, etwas Unrechtes anhaftet, urteilt man allein nach dem Naturrecht; denn über die Tatsache hinaus, daß man sich aus völlig freien Stücken auf das *Spiel* einläßt, geht jeder Spieler mit seinem Geld dasselbe Risiko ein. Auch nehmen wir an, daß jeder nur um sein eigenes Hab & Gut spielt, über das er schließlich frei verfügen darf. *Spiele* & andere Vereinbarungen, die dem Zufall Raum geben, sind rechtmäßig, solange der Einsatz, um den gespielt wird, auf beiden Seiten gleich ist & solange die Gefahr zu verlieren & die Hoffnung zu gewinnen auf beiden Seiten im rechten Verhältnis zur Sache stehen, um die man spielt.

Indessen hält sich dieses Vergnügen selten in den Schranken, die sein Name verheißt; von der wertvollen Zeit einmal abgesehen, die einem verlorengeht & die man besser nutzen könnte, entsteht durch die Verlockung des Gewinns eine kindische Gewohnheit, wenn nicht gar eine verhängnisvolle Leidenschaft. Bekannt & voller Wahrheit sind die feinsinnigen Verse von Madame de Deshoulières zu diesem Thema:

Der Wunsch zu gewinnen, der uns Tag & Nacht gefangenhält,
Ist ein gefährlicher Stachel:
Ist der Verstand auch klar, das Herz noch rein,
Zu Beginn ist man meistens geprellt,
Um am Ende der Spitzbube zu sein.

Was hilft es, wenn man weiß, daß die Anzahl derer, die beim *Spiel* ruiniert worden sind, bei weitem die Zahl derer übertrifft, die ihre Gesundheit bei Ärzten ruiniert haben? Man bildet sich ein, zu den wenigen zu gehören, über denen das Füllhorn ausgeschüttet wird, aber diese wenigen gab es schon immer.

Da der Souverän darauf achten muß, daß sich die Bürger nicht in allen möglichen Übereinkünften ruinieren, obliegt es ihm, diese zu regeln & abzuwägen, ob das Interesse des Staates & das der Einzelnen es erforderlich machen, das *Spiel* zu verbieten, oder ob es hinnehmbar ist, wenn er es allgemein zuläßt. Die Gesetze kluger Regierungen gegen die Akademien der *Philokuben* (um einen Ausdruck von Aristaenetus zu gebrauchen) & jene Versammlungen, in denen überaus gefährliche Glücksspiele gespielt werden, können gar nicht streng genug sein.

Barbeyrac veröffentlichte 1708 in Amsterdam eine *Abhandlung über die Spiele*, in der dieser Gegenstand unter den Gesichtspunkten von Moral & Naturrecht gründlich & mit ebensoviel Vernunft wie Urteilskraft behandelt wird: Wißbegierige Leser verweise ich auf ihn. *Jaucourt*

Das *Spiel* beschäftigt den Geist & schmeichelt ihm durch den einfachen Gebrauch, den er dabei von seinen Fähigkeiten machen kann; es vergnügt mit der Hoffnung auf Gewinn. Um es leidenschaftlich zu lieben, muß man gierig oder von Langeweile geplagt sein; es gibt nur wenige Menschen, die dem *Spiel* ernsthaft abgeneigt sind. Die gute Gesellschaft behauptet, sie brauche bei ihrer Unterhaltung das *Spiel,* um die Last des Nichtstuns auch wirklich zu spüren: Man spielt also nicht genug. *Anonym*

SPINOZIST – **Spinoziste (Grammatik).** Anhänger der Philosophie Spinozas. Man darf die früheren *Spinozisten* nicht mit den heutigen *Spinozisten* verwechseln. Das allgemeine Prinzip der letzteren ist, daß die Materie empfindungsfähig ist, wie sie an der Entwicklung des Eis als eines leblosen Körpers, der unter der bloßen Einwirkung gelinder Wärme in den Zustand eines empfindenden & lebenden Wesens übergeht, & überhaupt an dem Wachstum jedes Lebewesens beweisen, das in seinem Anfang nur ein

Punkt ist, das aber durch die Assimilation der Pflanzen, ja aller jener Substanzen, die zu seiner Ernährung dienen, ein großer Körper wird, der in einem großen Raum empfindet & lebt. Daraus folgern sie, daß es nur Materie gibt & daß sie genügt, um alles zu erklären; im übrigen folgen sie dem früheren Spinozismus in allen seinen Konsequenzen. *Anonym*

STAATSBÜRGER – **Citoyen (Alte & neue Geschichte, Öffentliches Recht).** Das ist derjenige, der Mitglied einer freien Gemeinschaft von mehreren Familien ist, die Rechte dieser Gemeinschaft teilt & ihre Freiheiten genießt. Siehe auch GEMEINSCHAFT, GEMEINWESEN, FREIHEIT, FREIHEITEN. Derjenige, der wegen irgendeiner Angelegenheit seinen Wohnsitz in einer solchen Gemeinschaft hat & sie nach der Erledigung seiner Angelegenheit verlassen muß, ist kein Angehöriger dieser Gemeinschaft, kein *Staatsbürger;* er ist nur ein vorübergehendes Mitglied. Wer in ihr seinen gewöhnlichen Wohnsitz, aber keinen Anteil an ihren Rechten & Freiheiten hat, ist ebensowenig ein *Staatsbürger.* Wer dieser Rechte & Freiheiten beraubt worden ist, hat aufgehört, *Staatsbürger* zu sein. Man erkennt diese Bezeichnung den Frauen, den Kindern, den Dienern nur als Mitgliedern der Familie eines eigentlichen *Staatsbürgers* zu, aber im wahren Sinne des Wortes sind sie keine *Staatsbürger.*

Hobbes macht keinen Unterschied zwischen dem Untertanen & dem *Staatsbürger* – was richtig ist, wenn man den Begriff *Untertan* in seiner engsten Bedeutung & den Begriff *Staatsbürger* in seiner weitesten Bedeutung nimmt & bedenkt, daß dieser sich nur auf die Gesetze, jener dagegen auf einen Herrscher bezieht. Sie unterstehen beide einer Herrschaft, aber der eine der eines moralischen Wesens & der andere der einer physischen Person. Der Name *Staatsbürger* kommt weder denen zu, die unter einem Joch leben, noch denen, die vereinzelt leben – woraus folgt, daß diejenigen, die ganz & gar im Naturzustand leben wie die Herrscher, & die, welche diesen Zustand völlig aufgegeben haben wie die Sklaven, nicht als *Staatsbürger* angesehen werden können; es sei denn, man behauptete, daß es überhaupt keine vernünftige Gemeinschaft gebe, in der es auch kein unveränderliches moralisches Wesen gebe, das über der souveränen physischen Person steht.

Pufendorf, der diese Ausnahme nicht berücksichtigt, hat sein Werk über die Pflichten in zwei Teile eingeteilt: den von den Pflichten des Menschen & den von den Pflichten des *Staatsbürgers.*

Indem Pufendorf den Namen *Staatsbürger* auf diejenigen beschränkt, die durch einen ersten Zusammenschluß der Familien den Staat begründet haben, sowie auf ihre Nachkommen vom Vater zum Sohn, führt er in leichtfertiger Weise einen Unterschied ein, der in seinem Werk wenig Licht verbreitet & der große Unordnung in eine bürgerliche Gesellschaft bringen kann, da er infolge eines mißverstandenen Adelsbegriffs die ursprünglichen *Staatsbürger* von den naturalisierten unterscheidet. Die *Staatsbürger* sind in ihrer Eigenschaft als *Staatsbürger,* das heißt in ihren Gemeinschaften, alle gleichermaßen adlig, denn der Adel leitet sich nicht von den Ahnen her, sondern von dem gemeinsamen Recht auf die höchsten Würden der Magistratur.

Da das souveräne moralische Wesen in bezug auf den *Staatsbürger* das ist, was die despotische physische Person in bezug auf den Untertanen ist, & da auch der vollkommenste Sklave nicht sein ganzes Wesen auf seinen Herrscher überträgt, kommen dem *Staatsbürger* um so mehr Rechte zu, die er sich vorbehält & die er niemals aufgibt. Es gibt Fälle, in denen er zwar nicht auf derselben Stufe mit seinen Mitbürgern steht, wohl aber mit dem moralischen Wesen, das über sie alle gebietet. Dieses Wesen hat zwei Merkmale, ein privates & ein öffentliches: Das eine darf auf keinen Widerstand stoßen; das andere kann auf Widerstand von der Seite einzelner Menschen stoßen & in diesem Streit sogar unterliegen. Da dieses moralische Wesen Landgüter, Verpflichtungen, Pachthöfe, Pächter &c. hat, muß man in ihm sozusagen den Souverän & das Subjekt der Souveränität unterscheiden. Es ist in diesen Fällen zugleich Richter & Partei. Das ist zweifellos ein Nachteil; aber er gehört im allgemeinen zu jeder Regierung & zeugt nur durch seine Seltenheit oder durch seine Häufigkeit, nicht aber an sich für oder gegen sie. Es steht fest, daß die Untertanen oder *Staatsbürger* um so weniger Ungerechtigkeiten ausgesetzt sind, je seltener das souveräne physische oder moralische Wesen zugleich Richter & Partei in den Fällen ist, in denen es als einzelnes Wesen angegriffen wird.

In Zeiten der Unruhe wird sich der *Staatsbürger* der Partei anschließen, die für die bestehende Gesellschaftsordnung ist; bei Auflösung der Gesellschaftsordnung wird er der Partei seines Gemeinwesens folgen, falls sie einig ist; & wenn eine Spaltung im Gemeinwesen eintritt, wird er sich der Partei anschließen, die für die Gleichheit ihrer Mitglieder & die Freiheit aller ist.

Je näher die *Staatsbürger* der Gleichheit der Ansprüche & der Gleichheit der Vermögen kommen, desto ruhiger wird der Staat sein; denn dieser Vorteil scheint unter Ausschluß aller anderen Regierungsformen ein Vorteil der reinen Demokratie zu sein; aber auch in der vollkommensten Demokratie ist die völlige Gleichheit der Mitglieder ein Hirngespinst, & das ist vielleicht die Hauptursache für die Auflösung dieser Regierungsform, wenn man nicht alle Ungerechtigkeiten des Ostrazismus beseitigt. Mit einer Regierungsform verhält es sich im allgemeinen wie mit dem animalischen Leben: Jeder Schritt des Lebens ist ein Schritt zum Tod. Die beste Regierungsform ist nicht etwa die unsterbliche, sondern diejenige, die am längsten hält & am friedlichsten ist. *Diderot*

STADT – **Ville** (**Bürgerliche Architektur**). Ansammlung von mehreren Häusern, die nach Straßen angeordnet & von einer gemeinsamen Einfriedung umgeben sind, die gewöhnlich aus Mauern & Gräben besteht. Will man jedoch eine *Stadt* genauer definieren, so ist sie ein von Mauern umgebenes Gelände, das mehrere Viertel, Straßen, Marktplätze & andere Anlagen umfaßt.

Wenn eine *Stadt* schön sein soll, so müssen die Hauptstraßen zu den Toren führen; sie müssen – wenn möglich – senkrecht zueinander verlaufen, damit die Mauerecken der Häuser im rechten Winkel stehen; sie müssen acht Fuß breit sein, die kleinen Straßen dagegen nur vier Fuß. Auch muß die Entfernung von einer Straße zu der, die parallel mit ihr verläuft, so groß sein, daß zwischen den beiden ein Raum für zwei Bürgerhäuser bleibt, von denen das eine Aussicht auf die eine Straße hat & das andere auf die gegenüberliegende. Jedes dieser Häuser soll eine Breite von ungefähr fünf bis sechs Fuß, eine Tiefe von sieben bis acht Fuß & einen ungefähr gleich großen Hof haben – das gibt einen Abstand von zweiunddreißig bis dreiunddreißig Fuß von einer Straße zur anderen. An den Kreuzungspunkten der Straßen legt man Plätze an, der bedeutendste ist der, zu dem die großen Straßen führen, & man verschönert diese Plätze, indem man auf Gleichförmigkeit in den Fassaden der Palais oder Häuser sieht, die sie umgeben, & sie mit Standbildern & Springbrunnen ausstattet. Wenn so die Häuser gut gebaut & ihre Fassaden verschönert sind, bleibt nur noch wenig zu wünschen übrig. *Jaucourt*

Mit Städten ist es wie mit Träumen: Alles Vorstellbare kann geträumt werden, doch ist auch der unerwartete Traum ein Bilderrätsel, das einen Wunsch oder dessen Kehrseite, eine Angst, birgt. Städte wie Träume sind aus Wünschen und Ängsten gebaut, auch wenn der Faden ihrer Rede geheim ist, ihre Regeln absurd, ihre Perspektiven trügerisch sind und ein jedes Ding ein anderes verbirgt. Italo Calvino, Die unsichtbaren Städte

STEIN DER WEISEN – **Pierre philosophale** (**Alchimie**). Wäre die Gier nach Reichtümern, sagt Fontenelle, nicht so mächtig & infolgedessen so blind, wie sie ist, so wäre es undenkbar, daß ein Mann, der behauptet, er besäße das Geheimnis, Gold zu machen, einem anderen Geld entlocken könnte, um ihm sein Geheimnis zu verraten. Welchen Bedarf an Geld mag dieser glückliche Sterbliche wohl haben? Doch ist dies eine Falle, in die man tagtäglich gerät, & Geoffroi hat in den Abhandlungen der Akademie (Jahrgang 1722) die wichtigsten Tricks dargelegt, welche die angeblichen Adepten, Kinder der Kunst, hermetische Philosophen, Kosmopoliten, Rosenkreuzer &c., anwenden – Leute, deren rätselhafte Sprache, fanatisches Benehmen & unmäßige Versprechungen sie nicht etwa höchst verdächtig machen, sondern ihnen nur um so mehr Bedeutung verleihen. Wir wollen nicht wiederholen, was Geoffroi über ihre verschiedenen Betrügereien sagt; es ist nahezu unsinnig, auf diese Leute zu hören, falls man auf irgendeinen Gewinn hofft. Deshalb werden wir nur einige Beobachtungen des Historikers der Akademie der Wissenschaften über den Kern der Sache wiedergeben.

Es könnte der Kunst durchaus unmöglich sein, Gold zu machen wie es im Schoß der Erde geschieht, das heißt aus den Stoffen, die nicht Gold sind. Noch nie hat die Kunst auch nur ein Körnchen Gold aus einem der unvollkommensten Metalle gemacht, die den Alchimisten zufolge Gold sind, das der Natur mißglückt sei. Sie hat noch nicht einmal einen Kieselstein daraus gemacht. Allem Anschein nach behält sich die Natur alle Erzeugungen vor. Dennoch läßt sich nicht beweisen, daß es unmöglich ist, daß ein Mensch nicht stirbt. Außer geometrischen lassen sich Unmöglichkeiten nicht beweisen; aber eine ungeheure, in gewisser Weise durch die Erfahrung bewiesene Schwierigkeit muß, wenn nicht in der Theorie, so doch in der Praxis, als Unmöglichkeit behandelt werden.

Die Alchimisten geben vor, das Gold in seine Urstoffe aufzulösen & daraus irgendeine Materie zu gewinnen, einen Schwefel, der, mit einem anderen Mineral vermischt, beispielsweise Quecksilber oder Silber, dieses in Gold verwandele, was dessen Menge auf Erden vermehren würde.

Aber noch nie hat jemand ein Metall in seine Urstoffe aufgelöst. Man kann sie verändern, zuweilen so stark entstellen, daß sie nicht mehr kenntlich sind. Aber man kennt auch die Mittel, sie in ihrer ursprünglichen Form wiedererscheinen zu lassen; ihre Urstoffe waren nicht voneinander getrennt.

Zwar hat man mit Hilfe des *Brennspiegels* Auflösungen erzielt, die das gewöhnliche Ofenfeuer nicht erreicht hätte, aber auch damit käme ein Alchimist nicht weiter. Denn im Feuer der Sonne verfliegen sowohl das Quecksilber wie der Schwefel der Metalle, welche die aktivsten & wertvollsten Grundstoffe wären, & der Rest verglast & entzieht sich jedem Experiment.

Selbst wenn man einen wohlgetrennten Goldschwefel hätte & ihn beispielsweise auf Silber auftrüge, so würde er doch nur eine Masse Silber in Gold verwandeln, die der Masse Gold entspräche, die man ihm entnommen hatte. Ich vermute, er hätte ihm das Gewicht & alle anderen ursprünglichen Eigenschaften verliehen.

Dennoch hätte man diesen Schwefel ebensogut an dem Ort belassen können, an dem er sich notwendigerweise befand; man hat nichts dabei gewonnen, es sei denn ein recht merkwürdiges Experiment, & sich gewiß in Unkosten gestürzt.

Ich räume ein, daß die Alchimisten meinen, dieser Schwefel wirke entweder wie ein Same, der keimt & zu einer Pflanze wird, oder wie ein Feuer, das sich ausbreitet, sobald es sich in einem brennbaren Stoff befindet. Genau darauf laufen die Märchen vom *Stein der Weisen* hinaus, von dem einige wenige Atome große Mengen Gold erzeugt haben sollen. Doch welche Physik könnte sich derlei Ideen gefallen lassen?

Ich räume auch ein, daß man, sollte man, wie sie sagen, aus irgendeiner Materie, die kein Gold ist, wie dem Tau, dem Manna, dem Honig &c., irgendein Quantum des Universalgeistes gewinnen können, das geeignet wäre, Silber oder Kupfer in Gold zu verwandeln, daraus Nutzen ziehen könnte. Doch welche Behauptungen, welche Hoffnung!

Was dem *Stein der Weisen* zudem noch viel Ansehen verleiht, ist die Versicherung, er sei ein universelles Heilmittel. Woher wissen das jene, die ihn suchen? Werden jene, die ihn besitzen, etwa alle geheilt? Und wenn sie wollen, so werden sie, ohne ihr Geheimnis zu verraten, mehr Gold haben, als alle ihre Öfen herzustellen vermögen. Wollte man untersuchen, was dem Gold solch wunderbare physikalische Kräfte verliehen hat, so würde man bald sehen, daß ihr Ursprung in seinen willkürlichen & vereinbarten Eigenschaften liegt, welche die Menschen so stark berühren. *Jaucourt*

STEINKOHLE – **Charbon minéral** (**Naturgeschichte, Mineralogie**). Das ist ein Brennstoff, der aus einer Mischung von Erde, Stein, Bitumen oder Erdpech & Schwefel besteht; er ist von tiefschwarzer Farbe & wird durch eine Anhäufung von dünnen Plättchen gebildet, die dicht aufeinanderliegen & deren Konsistenz, Eigenschaften, Wirkungen & Akzidenzen je nach den verschiedenen Orten, an denen er gewonnen wird, verschieden sind. Wenn dieser Stoff angezündet wird, so glüht er länger als irgendein anderer Brennstoff & erzeugt eine intensivere Wärme; denn die Wirkung des Feuers verwandelt ihn in Asche oder in eine poröse & schwammige Masse, die den Schlacken oder dem Bimsstein gleicht.

Es erscheint sehr wahrscheinlich, daß man der *Steinkohle* sowie den verschiedenen Arten des Bitumens, der Pechkohle & dem Bernstein einen pflanzlichen Ursprung zuschreiben muß, & es scheint auch, daß unter Berücksichtigung aller dieser Umstände nichts plausibler ist als diese Meinung. Die Adern & Flöze der *Steinkohle* sind gewöhnlich von einem blättrigen & schuppigen Gestein bedeckt, das dem Schiefer ähnlich ist & in dem man sehr häufig Abdrücke von Waldpflanzen, vor allem von Farnkraut & Frauenhaar, findet, zu denen es auf unserem Kontinent keine analogen Pflanzen gibt, wie man aus der vortrefflichen Denkschrift ersehen kann, die Jussieu über die Abdrücke veröffentlicht hat, die sich in bestimmten Gesteinsschichten in der Umgebung von Saint-Chaumont, Provinz Lyonnais, finden; siehe die Denkschriften der Königlichen Akademie zu Paris, Jahrgang 1718. Es kommt sehr häufig vor, daß man an den Plättchen, aus denen die *Steinkohle* zusammengesetzt ist, eine Struktur entdeckt, die vollkommen der Struktur der Holzschichten gleicht, & Stedler berichtet, man habe in Franken bei Grünburg eine Art *Steinkohle* gefunden, die wie das Holz aus parallel verlaufenden Fasern oder Strängen bestand. Derselbe Autor fügt hinzu, daß diese *Steinkohle,* wenn man sie zerbrach, an der Bruchstelle wie Erdpech glänzte. Aber was noch überzeugender beweist, daß die *Steinkohle* ihren Ursprung dem Holz zu verdanken hat, ist das fossile Holz, das vor einigen Jahren in Deutschland in der Grafschaft Nassau gefunden wurde; denn es liegt auch unter der Erde & bildet dort eine Schicht, die in derselben Richtung verläuft wie die *Steinkohle,* das heißt schräg zur Kimmung. An der Oberfläche des Bodens stößt man auf echtes harziges Holz, das dem Guajakaholz gleicht & gewiß nicht von unserem Kontinent stammt. Je tiefer man gräbt, desto mehr findet man von diesem zerfallenen, das heißt morschen, blättrigen & erdhaltigen Holz. Geht man noch tiefer, so findet man schließlich echte *Steinkohle.*

Man darf also annehmen, daß durch Umwälzungen, die unsere Erde in der Urzeit erfahren hat, ganze Nadelwälder verschlungen & im Innern der Erde begraben wurden, wo sich das Holz, nachdem es einen Zerfallsprozeß durchgemacht hatte, im Laufe mehrerer Jahrhunderte nach & nach in einen Schlamm oder in ein Gestein verwandelte, das von der Harzmasse durchdrungen war, die das Holz selbst vor seinem Zerfall enthielt. *d'Holbach*

STIFTUNG – **Fondation** (**Politik & Naturrecht**). Der Arme hat unbestreitbare Ansprüche auf den Überfluß des Reichen; die Menschlichkeit & die Religion machen es uns gleichermaßen zur Pflicht, unseresgleichen im Unglück beizustehen. Zur Erfüllung dieser unerläßlichen Pflichten wurden in der christlichen Welt so viele Wohltätigkeitseinrichtungen geschaffen, die Notständen aller Art abhelfen sollten; unzählige Arme wurden in Armenhäusern untergebracht & durch tägliche Speisungen am Tor der Klöster ernährt. Was ist dabei herausgekommen?

Wohin man sich wendet: überall Larven, die predigen; jede Institution erfüllt eine Sendung; jedes Gemeindehaus besitzt sein Absolutes, wie jede Kirche; die Verwaltung hat ihre Ordensregeln –: Metaphysik für Affen ... Ein jeder will der Not eines jeden abhelfen, selbst Bettler und unheilbare Kranke wollen es: auf dem Pflaster der Welt und in den Hospitälern wimmelt es von Reformatoren. Bei jedem einzelnen wirkt das Verlangen, Ursache von Ereignissen *zu sein, wie eine geistige Störung, wie ein selbstgewollter Fluch. Die Gesellschaft: eine Hölle voller Erlöser! Einen Gleichgültigen – das war es, was Diogenes mit seiner Laterne suchte ...*

E. M. Cioran, Lehre vom Zerfall

Daß gerade in den Ländern, wo solche freiwilligen Spenden am reichlichsten sind, wie in Spanien & in einigen Teilen Italiens, das Elend allgemeiner & weiter verbreitet ist als anderswo! Der Grund dafür ist sehr einfach, & Tausende von Reisenden haben ihn bemerkt. Eine große Anzahl von Menschen für nichts & wieder nichts ernähren heißt den Müßiggang & alle Unsitten fördern, die er zur Folge hat; heißt die Lage des Nichtstuers anziehender machen als die des arbeitenden Menschen; heißt folglich für den Staat die Summe der Arbeit & der Bodenerzeugnisse verringern, da ein Teil des Bodens zwangsläufig unbebaut bleibt; daher die häufigen Hungersnöte, die Zunahme des Elends & die Entvölkerung, die ihm folgt; das Geschlecht der fleißigen Bürger wird durch Pöbel ersetzt, der aus umherstreifenden Bettlern besteht, die zu allen nur möglichen Verbrechen bereit sind. Will man das Übel solcher schlecht verteilter Almosen klar erkennen, so nehme man einmal an, ein Staat sei so gut regiert, daß in ihm kein Armer zu finden ist (was zweifellos bei jedem Staat möglich ist, der Kolonien zu besiedeln hat, siehe Bettelei); dann würde die Einrichtung einer unentgeltlichen Unterstützung für eine bestimmte Anzahl von Menschen darin sofort Arme schaffen, das heißt ebenso viele Menschen auf den Gedanken bringen, durch Verzicht auf ihre bisherigen Beschäftigungen arm zu werden. Das würde aber zu einem Rückgang der Arbeit & des Reichtums im Staat, zu einer stärkeren Belastung jedes fleißigen Menschen mit öffentlichen Abgaben & zu all den Unsitten führen, die wir in der gegenwärtigen Verfassung der Gesellschaft beobachten können.

Wehe mir, wenn der Zweck meiner Überlegungen darin bestünde, den Menschen allein auf sein eigenes Interesse zu konzentrieren, ihn gegenüber dem Unglück sowie dem Wohl seiner Mitmenschen unempfindlich zu machen, in ihm das staatsbürgerliche Denken auszulöschen & den edlen Drang, den Menschen zu nützen, durch eine müßige & erbärmliche Vorsicht zu ersetzen! Ich will, daß die Menschlichkeit & die leidenschaftliche Liebe zum öffentlichen Wohl den Menschen ebensolche Vorteile verschaffe, wie sie ihnen die Eitelkeit gewisser Wohltäter verschafft hat, aber zuverlässiger, vollständiger, mit geringeren Unkosten & ohne die Beimischung jener Übel, die ich vorhin bedauert habe. Unter den verschiedenen Bedürfnissen der Gesellschaft, die man mit Hilfe beständiger Einrichtungen oder *Stiftungen* befriedigen möchte, wollen wir zweierlei unterscheiden: Die einen sind der ganzen Gesellschaft eigen, das heißt die allgemeinen Bedürfnisse der Menschheit – Nahrung für alle Menschen, gute Sitten & Erziehung für die Kinder aller Familien. Dieses Interesse ist – je nach den verschiedenen Bedürfnissen – mehr oder weniger dringend; denn ein Mensch empfindet das Bedürfnis nach Nahrung lebhafter als das Interesse, seinen Kindern eine gute Erziehung angedeihen zu lassen. Man braucht nicht lange nachzudenken, um sich davon zu überzeugen, daß diese erste Art der gesellschaftlichen Bedürfnisse weder durch *Stiftungen* noch durch irgendeine andere Spende befriedigt werden kann, sondern daß in dieser Hinsicht das allgemeine Wohl das Resultat der Bemühungen sein muß, die jeder einzelne in seinem eigenen Interesse unternimmt.

Jeder gesunde Mensch muß sich seinen Lebensunterhalt durch seine Arbeit verdienen; denn würde er ernährt, ohne zu arbeiten, so würde es auf Kosten derer geschehen, die arbeiten. Der Staat schuldet jedem seiner Glieder die Beseitigung aller Hindernisse, die sie in ihrem Gewerbefleiß hemmen oder im Genuß der Güter, die der Lohn für die Arbeit sind, beeinträchtigen könnten. Wenn diese Hindernisse fortbestehen, werden die besonderen Wohltaten nicht die allgemeine Armut verringern, weil deren Ursache im ganzen immer bestehen bleibt. Ebenso sind alle Familien den Kindern, die sie zur Welt bringen, eine Erziehung schuldig; denn sie alle sind daran unmittelbar interessiert, & nur aus den Bemühungen jeder Familie im besonderen kann die allgemeine Vervollkommnung der Erziehung hervorgehen.

Wenn Sie Gefallen daran finden sollten, durch *Stiftungen* in den Schulen Stellen für Lehrer & Freiplätze für Schüler zu schaffen, so wird der Nutzen nur einer kleinen Anzahl von zufällig begünstigten Menschen zugute kommen, die vielleicht gar nicht die Talente haben, um daraus wirklich Vorteil zu ziehen: Es wird für die ganze Nation nur ein Tropfen sein, der in ein riesiges Meer fällt, & Sie werden mit sehr großem Aufwand sehr wenig vollbracht haben.

Und soll man denn die Menschen daran gewöhnen, alles zu erbetteln, alles zu empfangen & nichts sich selbst verdanken zu können? Diese Art Bettelei, die in allen Ständen um sich greift, erniedrigt ein Volk & läßt an die Stelle aller erhabenen Leidenschaften ein niedriges, kriecherisches Wesen treten. Haben die Menschen wirklich ein starkes Interesse an dem Wohl, das Sie ihnen verschaffen wollen, dann lassen Sie sie selbst handeln: Das ist das große, das einzige Prinzip. Streben sie, wie Ihnen scheint, mit weniger Eifer danach, als Sie es wünschen, so steigern Sie ihr Interesse. Wollen Sie die Erziehung vervollkommnen, so setzen Sie für den Wettstreit der Väter & der Kinder Preise aus; aber diese Preise sollen jedem angeboten werden, der sie sich verdienen kann, zumindest in jedem Stand der Bürger, damit die Ämter & Stellen in jedem Bereich zur Belohnung für das Verdienst & zum sicheren Preis der Arbeit werden; dann werden Sie sehen, wie sich auf einmal im Schoße aller Familien der Wetteifer regt.

Bald wird Ihre Nation sich selbst übertreffen, Sie werden ihren Geist aufgeklärt & ihr gute Sitten gebracht haben, Sie werden Großes geleistet haben, & es wird Sie nicht so viel gekostet haben wie die *Stiftung* einer Schule.
Turgot

STILLE – **Silence** (**Komplementärbegriff**). Das Gegenteil von Lärm. Alles, was dem Gehör auffällt, unterbricht die *Stille*. Es heißt, die *Stille* der Tempel sei erhaben, die *Stille* der Nacht süß, die *Stille* der Wälder macht uns angst, die *Stille* der Natur ist tief, die *Stille* der Klöster trügerisch. ⇚ *Jaucourt*

Langes Schweigen, ineinander verschachtelte Nächte, Spiralen in der Kehle, Röcheln, Rinnsale abgründiger Laute, Quellen sich kreuzender Echos, Katarakte des Murmelns, Flüstern wie verflochtenes Unterholz, summende Springquellen unter der Zunge, Zischeln, und die Stimme bäumt sich auf, die in den Gewölben der Erinnerung von alten Räuschen besudelten Atem wiederfindet … Stille als Wall um die Festung der Lust und ihrer doppelten Zeichnung. Schöpfung jede Nacht. Dann golddurchwirktes Schweigen.
Assia Djebar, Fantasia

STRATFORD oder STRETFORD (**Moderne Geographie**). Englischer Marktflecken in Warwickshire am Avon, den man auf einer sehr schönen Steinbrücke mit vierzehn Bogen überquert, die auf Kosten von Hughes Clopton, Bürgermeister von London, gebaut wurde, der seinem Vaterland dieses Denkmal seiner Zuneigung hinterlassen wollte. Vor kurzem zeigte man in diesem Marktflecken noch das Haus, in dem William Shakespeare im Jahre 1616 gestorben war; man betrachtete es sogar als eine Sehenswürdigkeit des Landes, deren Zerstörung die Bewohner bedauerten; so sehr waren sie auf den Ruhm bedacht, daß jenes erhabene Genie, das größte, das man in der dramatischen Dichtung kennt, dort geboren wurde.

Er erblickte in *Stratford* im Jahre 1564 das Licht der Welt; sein Vater, ein großer Wollhändler, der zehn Kinder hatte, von denen Shakespeare das älteste war, konnte ihm keine andere Erziehung angedeihen lassen, als ihn eine Zeitlang in eine öffentliche Schule zu schicken, damit er später sein Gewerbe betreiben könnte. Er verheiratete ihn im Alter von siebzehn Jahren mit der Tochter eines reichen Bauern, der sein Gut in der Umgebung von *Stratford* bewirtschaftete. Shakespeare, jung & sich selbst überlassen, verkehrte mit leichtsinnigen Menschen, ging eines Tages nach London & schloß Bekanntschaft mit Schauspielern. Er schloß sich der Komödiantentruppe an & zeichnete sich durch sein von Natur aus dem Theater zugeneigtes Genie aus, wenn nicht als großer Schauspieler, so doch zumindest als vortrefflicher Autor. Für jemanden, der auf Anekdoten des englischen Theaters erpicht ist, wäre es ein Vergnügen, festzustellen, was das erste Stück dieses Autors gewesen ist; aber das weiß man nicht. Man kennt auch nicht den genauen Zeitpunkt, an dem er die Bühne verließ, um in Ruhe zu leben; man weiß nur, daß es erst nach dem Jahre 1610 geschah.

Mehrere seiner Stücke wurden vor Königin Elisabeth aufgeführt, die nicht versäumte, dem Dichter Zeichen ihrer Gunst zu schenken. Ganz offensichtlich hatte er diese Fürstin in seinem *Sommernachtstraum* vor Augen, als er sagte: »eine schöne Vestalin, im Abendland gekrönt«, & diese ganze Stelle ist ein hübsch eingeflochtenes & der Königin geschickt zugeeignetes Kompliment. Der bewundernswerte Charakter von Falstaff in dem Stück über Heinrich IV. gefiel ihr so gut, daß sie Shakespeare bat, ihn in einem anderen Stück als Verliebten auftreten zu lassen, & eben dies geschah in *Die lustigen Weiber von Windsor*, einem Stück, das beweist, daß der Königin Gehorsam geleistet worden war.

Shakespeare starb in seinem dreiundfünfzigsten Lebensjahr & hinterließ nur sehr wenige Manuskripte; aber die Werke, die er zu seinen Lebzeiten veröffentlicht hatte, machten seinen Ruhm unsterblich. Seine sämtlichen Dramen erschienen zum erstenmal im Jahre 1623 in London, & seitdem veröffentlichten Rowe, Pope & Theobald neue Ausgaben. Ich weiß nicht, ob die Ausgabe, die Warburton geplant hatte, je erschienen ist. Er muß dort in seiner Vorrede nicht nur Angaben über den Charakter des Autors & seiner Schriften, sondern auch über die Regeln gemacht haben, an die er sich hielt, um Shakespeare zu korrigieren, & muß auch ein umfangreiches Glossarium beigefügt haben, das nicht Fachausdrücke oder altmodische Wörter enthielt, sondern jene Ausdrücke, denen der Dichter eigenmächtig einen besonderen Sinn gegeben hatte & die, da sie nicht verstanden werden, große Unklarheit in seinen Stücken verbreiten. Sehen wir jetzt, was man von dem Genie Shakespeares, seinem Geist, seinem Stil, seiner Einbildungskraft denkt & wie man seine Schwächen entschuldigen kann. Man wundere sich nicht, daß wir auf diese Einzelheiten eingehen, handelt es sich doch um den bedeutendsten Dramatiker unter den Modernen.

Im Hinblick auf sein Genie gibt alle Welt zu, daß es großartig war & daß er das, was er war, hauptsächlich sich selbst zu verdanken hatte. Nach Addisons Ansicht kann man Shakespeare mit jenem Edelstein vergleichen, der in den Ring des Pyrrhus eingeschlossen war & der die Gestalt des Apollo mit den neun Musen darstellte, welche die Natur selbst – ohne Hilfe der Kunst – auf den Stein gezeichnet hatte. Shakespeare ist unter allen Autoren der ursprünglichste, der nichts der Nachahmung der Alten zu verdanken hat; er hatte weder Vorbilder noch Rivalen, jene zwei Quellen des Wetteifers, die vor allem das Genie anspornen. Er ist ein besonders denkwürdiges Beispiel für jene Gattung großer Genies, die dank der Kraft ihres angeborenen Talents trotz aller Unregelmäßigkeit Werke hervorgebracht haben, die ihre Zeitgenossen entzückten & von der Nachwelt bewundert werden.

Obwohl wir Shakespeare bewundern, dürfen wir doch nicht die Augen vor seinen Fehlern verschließen. Zwar erregt er durch die Großartigkeit seines Genies Erstaunen, ruft aber zuweilen durch seine triviale Komik, seine Pointen & seine schlechten Scherze auch Unwillen hervor. Doch Pope nimmt an, daß man solche Schwächen des Dichters irgendwie entschuldigen & Gründe dafür angeben kann; sonst wäre es schwer zu verstehen, warum ein so großes Genie aus Leichtsinn in diese Fehler verfallen ist. Er schrieb zuerst für das Volk – ohne Unterstützung, ohne Rat & ohne Aussicht auf Ruhm; aber nachdem seine ersten Werke den Beifall des Hofes & der Stadt verdient hatten, vervollkommnete er seine Erzeugnisse & nahm mehr Rücksicht auf sein Publikum.

Da ich das scharfsinnige & treffende Urteil, das Hume über Shakespeare fällt, sehr schätze, führe ich es hier zum Schluß an. Wenn man in Shakespeare, so sagt Hume, einen Mann erblickt, der in einem rohen Zeitalter geboren wurde, die schlechteste Erziehung erhielt & keine Bildung durch die Gesellschaft & durch Bücher empfing, so muß er als ein Wunder betrachtet werden. Wenn er als ein Dichter vorgestellt wird, der den gesitteten & intelligenten Zuschauern gefallen dürfte, so muß dieses Lob doch ein wenig eingeschränkt werden. Man bedauert, daß in seinen Schöpfungen Szenen voller Wärme & Leidenschaft oft durch eine Mischung von unerträglichen Ungereimtheiten & zuweilen sogar Absurditäten entstellt werden; vielleicht dienen diese Häßlichkeiten auch dazu, mehr Bewunderung für die Schönheiten hervorzurufen, von denen sie umgeben sind.

Kraftvolle Ausdrücke & pittoreske Schilderungen bietet er im Überfluß; aber vergeblich würde man bei ihm die Reinheit & Einfachheit der Sprache suchen. Obgleich seine völlige Unkenntnis über die Kunst & Führung des Bühnenspiels Unwillen erregt, kann man doch, zumal dieser Fehler mehr bei der Aufführung als bei der Lektüre auffällt, diesen Mangel an Geschmack, der in allen seinen Werken überwiegt, um so leichter entschuldigen, als er durch außergewöhnliche Schönheiten & glänzende Einfälle wiedergutgemacht wird.

Kurz: Shakespeare war ein erhabenes & fruchtbares Genie, ein Genie voll unerschöpflichen Reichtums für die beiden Gattungen des Theaters; aber er muß als Beispiel für die Gefahr angeführt werden, der man immer dann ausgesetzt ist, wenn man sich einzig & allein auf diese Vorzüge verläßt, um in den schönen Künsten Vortreffliches zu leisten. Vielleicht wirkt es auch ein wenig verdächtig, wenn man die Großartigkeit seines Genies zu sehr hervorhebt, so wie etwa der Mangel an Proportion & der schlechte Wuchs zuweilen den Körpern ein gigantischeres Aussehen verleihen. *Jaucourt*

STRUMPF – **Bas (Strickwaren & andere Artikel wie Lederwaren &c.)**. Das ist der Teil unserer Kleidung, der dazu dient, unsere Beine zu bedecken. Er wird aus Wolle, Leder, Tuch, Garn, Seide oder Flockseide angefertigt & entweder mit der Nadel gestrickt oder auf der *Strumpfwirkmaschine* hergestellt, siehe auch STRICKEN.

Die *Strumpfwirkmaschine* ist eine der kompliziertesten & folgerichtigsten Maschinen, die wir besitzen: Man kann sie als einen einzigen & einheitlichen Denkvorgang bezeichnen, dessen Ergebnis die Fertigung des Gegenstandes ist; darum herrscht zwischen ihren Teilen eine so große Abhängigkeit, daß man den ganzen Mechanismus stört, läßt man nur einen einzigen Teil weg oder ändert man die Form der Teile, die man für am wenigsten wichtig hält.

Die *Strumpfwirkmaschine* ist aus den Händen ihres Erfinders fast in jenem Zustand der Vollkommenheit hervorgegangen, in dem wir sie jetzt sehen; & da dieser Umstand viel zu ihrer Bewunderung beitragen muß, ziehe ich die *Strumpfwirkmaschine* in ihrer früheren Form vor & weise auf die kleinen Unterschiede nur dann hin, wenn sie auffällig hervortreten.

Nach dem, was ich soeben über den Zusammenhang & die Form der einzelnen Teile der *Strumpfwirkmaschine* gesagt habe, sieht man wohl ein, daß man sich vergeblich eine gewisse Kenntnis von der ganzen Maschine versprechen würde, wenn man nicht auf Details einginge & eine ausführliche Beschreibung dieser Teile gäbe. Sie sind aber so zahlreich, daß diese Arbeit, wie uns scheint, die Grenzen überschreiten dürfte, die wir uns im Hinblick auf den Umfang der Abhandlung & auch im Hinblick auf die Zahl der Abbildungen gesetzt haben. Womit übrigens soll man die Abhandlung beginnen? Wie soll man die Bildtafeln anfertigen lassen? Der Zusammenhang zwischen den Teilen verlangte, daß man alles zugleich beschriebe & zeigte – was aber nicht möglich ist, weder in der Abhandlung, wo die Dinge notwendig aufeinanderfolgen, noch in den Abbildungen, wo die Teile einander verdecken.

Es sind offenbar jene Schwierigkeiten, die den nützlichen & findigen Verfasser des *Schauspiels der Natur* davon abgehalten haben, diese wunderbare Maschine unter die aufzunehmen, die er uns beschrieben hat; er hat nämlich eingesehen, daß er entweder alles oder nichts sagen müßte, daß es sich hier nicht um eine der Maschinen handelt, von denen man auch ohne großen Aufwand von Abbildungen & Worten eine klare & deutliche Vorstellung vermitteln kann, & deshalb fanden wir keine Unterstützung von seiner Seite.

Die Handarbeit ist unbedeutend; denn die Maschine ist besonders vollkommen & fein. Aber man muß auf das Verständnis dieses Mechanismus verzichten, wenn man nicht alle Teile genau kennt. Nun möchte ich aber behaupten, daß man an einer jener *Strumpfwirkmaschinen,* die von den Arbeitern »Zweiundvierziger« genannt werden, nicht weniger als zweitausendfünfhundert Teile, vielleicht sogar noch mehr, zählen könnte, unter denen sich allerdings viele gleichartige befinden. Aber wenn diese gleichartigen Teile dem Geist auch weniger zu schaffen machen als die anderen, da sie ja die gleiche Funktion erfüllen, sind sie doch in den Abbildungen, wo sie immer andere verdecken, für das Auge sehr störend.

Um diese Hindernisse zu überwinden, glaubten wir hier eine Art Analyse vornehmen zu müssen, & zwar so, daß die ganze Maschine in mehrere besondere Gruppen zerlegt wird, daß unter jeder Gruppe die Teile dargestellt werden, die an ihr sonst nicht deutlich wahrzunehmen sind, daß diese Gruppen nach & nach miteinander verbunden werden & so Schritt für Schritt die ganze Maschine zusammengesetzt wird. Auf solche Weise gelangt man von einer einfachen Gruppe zu einer komplizierteren, von dieser zu einer noch komplizierteren & schließlich ohne Unklarheit & Anstrengung zur Kenntnis eines höchst komplizierten Ganzen.

Zu diesem Zweck zerlegen wir die *Strumpfwirkmaschine* in zwei Teile: in den Rahmen oder die Teile aus Holz, welche die *Strumpfwirkmaschine* tragen & zu ihrer Handhabung dienen, & in die Wirkmaschine selbst oder die Teile aus Eisen & anderen Materialien, aus denen sie zusammengesetzt ist.

Wir wollen jeden Teil für sich behandeln. Aber bevor wir auf Einzelheiten eingehen, führen wir das Urteil an, das ein Mann, der den Wert der modernen Erfindungen sehr gut erkannt hat, über diese Maschine gefällt hat. Perrault sagt in einem Werk, das uns um so besser gefällt, je weniger Vorurteile wir haben: »Wer das notwendige Genie besitzt, nicht um solche Dinge zu erfinden, sondern um sie zu verstehen, gerät in höchstes Erstaunen beim Anblick der fast unzähligen Triebfedern, aus denen die *Strumpfwirkmaschine* zusammengesetzt ist, & der großen Zahl ihrer unterschiedlichen & ungewöhnlichen Bewegungen. Wenn man sieht, wie *Strümpfe* gestrickt werden, so bewundert man die Flinkheit & Geschicklichkeit der Hände des Arbeiters, obgleich er immer nur eine Masche auf einmal aufnimmt, das heißt, in einem Augenblick all jene verschiedenen Bewegungen ausführt, die die Hände nur in mehreren Stunden ausführen können! Wie viele kleine Federn ziehen die Seidenfäden an & lassen sie dann los, um sie später wieder aufzunehmen & in unerklärlicher Weise von einer Masche zur anderen zu führen? & all das geschieht, ohne daß der Arbeiter, der die Maschine bedient, etwas davon begreift, etwas darüber weiß, ja überhaupt daran denkt! Insofern kann man sie mit der vortrefflichsten Maschine vergleichen, die Gott geschaffen hat &c.«

»Es ist bedauerlich & sehr ungerecht«, fügt Perrault hinzu, »daß man nicht einmal die Namen derjenigen kennt, die so wunderbare Maschinen erdacht haben, während man uns zwingt, die Namen der Erfinder von tausend anderen Maschinen auswendig zu lernen, die dem Geist so natürlich vorkommen, daß es genügte, als erster auf die Welt gekommen zu sein, um sie sich auszudenken.«

Es steht fest, daß die *Strumpfwirkmaschine* in England entstanden & durch eine der Betrügereien, die sich die Nationen zu allen Zeiten untereinander erlaubt haben, zu uns gelangt ist. Man erzählt über ihren Schöpfer & seine Erfindung alberne Märchen, die vielleicht die zu ergötzen vermögen, die diese Maschine nicht zu verstehen fähig sind & daher leichtsinnig solche Märchen verbreiten, die andere mit Recht verachten würden.

Der Verfasser des *Wörterbuchs des Handels* sagt, daß die Engländer sich zu Unrecht rühmen, Erfinder der Wirkmaschine zu sein, & daß sie vergeblich Frankreich den Ruhm dieser Erfindung zu rauben suchen, da nunmehr alle Welt weiß, daß ein Franzose diese so nützliche & erstaunliche Wirkmaschine erfunden hat. Da er aber auf Schwierigkeiten stieß, als er das ausschließliche Nutzungsrecht verlangte, bevor er sich in Paris niederließ, ging er nach England, wo die Maschine bewundert & der Erfinder belohnt wurde. Die Engländer waren auf diese Erfindung so eifersüchtig, daß es lange Zeit bei Todesstrafe verboten war, sie auszuführen oder den Ausländern ein Modell zu überlassen; aber ein Franzose hatte sie durch dieses Geschenk reich gemacht, & ein Franzose gab es seinem Vaterland zurück. Bei der Rückkehr von einer Reise nach London ließ er in Paris die erste *Strumpfwirkmaschine* bauen, der man die nachgebaut hat, die jetzt in Frankreich & in Holland arbeiten. So denkt man bei uns über die Erfindung der *Strumpfwirkmaschine.* Ich möchte zu der Aussage Savaris' nur noch hinzufügen, daß man in England nicht weiß, wem man diese Erfindung zuschreiben soll, obwohl England das Land der Welt ist, wo die Ehrungen, die man im Namen der Nation den Erfindern zuteil werden läßt, diesen am allerwenigsten erlauben, unbekannt zu bleiben. *Diderot*

Jedermann kennt das Vergnügen und die angenehme Sicherheit mit welcher man in neuen Strümpfen ausgeht, wenn die vorhergehenden schon öfters geflickt worden, und dennoch zuweilen die Aufmerksamkeit der Leute durch ein Loch auf sich gezogen haben. Lichtenberg, Sudelbücher

Sujet (**Malerei**). Als *Sujet der Malerei* bezeichnet man alles, was die Kunst des Pinsels nachahmen kann. So wollen wir, um die trefflichen Reflexionen des Abbé du Bos wiederzugeben, hierzu bemerken, daß alles, was in den Bereich des Gesichtssinns fällt, ein *Sujet* der Nachahmung werden kann. Wenn die Nachahmungen, die uns die Malerei darbietet, uns zu fesseln vermögen, dann sagt alle Welt, sie seien glückliche *Sujets.* Die tragische Darstellung des Opfers der Tochter Jephtas & des Todes des Germanicus sind zum Beispiel glückliche *Sujets,* die uns stärker berühren als groteske *Sujets* & sogar die heitersten & reizvollsten Landschaften.

Die Kunst der Malerei findet immer dann den größten Beifall, wenn es ihr gelingt, uns traurig zu stimmen; & wenn ich mich nicht sehr täusche, finden die Menschen im allgemeinen auch mehr Vergnügen daran, im Theater zu weinen als zu lachen.

Aus dieser Überlegung geht folgendes hervor: Wenn die hauptsächliche Anziehungskraft der Malerei darin besteht, uns durch Nachahmungen zu erschüttern, die diese Wirkung hervorzubringen vermögen, dann kann man nicht sorgfältig genug fesselnde *Sujets* auswählen; denn wie sollten wir durch die Kopie eines Originals gefesselt werden, das uns nicht zu rühren vermag?

Es genügt aber nicht, daß uns das *Sujet* fesselt; dieses *Sujet* muß auch verständlich sein & irgendeine Wahrheit wiedergeben; das Wahre allein ist liebenswert. Außerdem darf der Maler auf seine Leinwand nur Personen bringen, von denen alle Leute, zumindest die Leute, denen er seine Werke zeigen muß, gehört haben. Diese Leute müssen sie schon kennen; denn der Maler kann nichts anderes bewirken, als daß sie diese Personen wiedererkennen.

Vielleicht beklagen sich die Maler zu Unrecht über den Mangel an *Sujets;* die Natur ist doch so mannigfaltig, daß sie denen, die Genie haben, immer wieder neuartige *Sujets* liefert. Ein Mann von Genie sieht die Natur, die seine Kunst nachahmt, mit ganz anderen Augen als die Personen, die kein Genie haben. Er entdeckt einen unendlichen Unterschied zwischen den Gegenständen, die in den Augen der anderen Menschen gleich erscheinen. Er versteht diesen Unterschied in seiner Nachahmung so deutlich fühlbar zu machen, daß das abgedroschenste *Sujet* unter seiner Feder oder seinem Pinsel zu einem neuartigen *Sujet* wird. Es gibt für einen großen Maler unendlich viele Freuden & verschiedenartige Schmerzen, die er noch durch das Alter, durch das Temperament, durch den Charakter der Nationen & der einzelnen Menschen & durch tausend andere Mittel variieren kann. Da ein Gemälde nur einen Augenblick einer Handlung darstellt, wählt ein Maler von Genie gerade den Augenblick, den die anderen noch nicht erfaßt haben. Wenn er aber denselben Augenblick wählt, so bereichert er ihn durch die seiner Einbildungskraft entsprungenen Umstände, die dann die Handlung als ein neuartiges *Sujet* erscheinen lassen. Die Erfindung dieser Umstände kennzeichnet den Dichter in der Malerei.
Jaucourt

Soll ich Dir eine kleine Abhandlung über die Bedeutung des Sujets schreiben? Also, der Grund, warum Du so sauer darauf bist, den Krieg versäumt zu haben, ist der, daß der Krieg das beste Sujet von allem ist. Er bietet ein Maximum an Material, beschleunigt die Handlung und bringt alles mögliche hervor, auf das man normalerweise ein Leben lang wartet, um es zu bekommen. Liebe ist auch ein guter Gegenstand, von dem man sagen könnte, Du hättest ihn entdeckt. Ein anderer bedeutender Gegenstand ist das Geld, das uns die Reichen und die Armen beschert. Ferner Habgier. Impotenz wäre, würde ich sagen, ein fader Gegenstand. Mord ist ein guter, also bau in Dein nächstes Buch einen ordentlichen Mord ein, und dann ruh Dich aus.
Ernest Hemingway an F. Scott Fitzgerald

SULTAN (**Neue Geschichte**). Dieses arabische Wort bedeutet »Herr« oder »Herrscher«; man glaubt, es kommt von *selatat,* was »Eroberer oder »Mächtiger« bedeutet. Der Name *Sultan,* für sich allein oder mit dem vorangestellten Artikel *der,* bezeichnet heute den Herrscher der Türken. Doch soll der Titel *Padischah* vortrefflicher sein, & die Türken nennen den Sultan *Padischah Alem Penah,* das heißt »Herrscher, Zuflucht & Beschützer der Welt«, oder man nennt ihn *Aliothman Padischahi,* Herrscher der Kinder von Othman. Siehe Schah. Den Titel *Sultan* verleiht man auch dem Sohn des Khan der krimischen Tataren. Das Wort *sultanum* ist bei den Türken ein Höflichkeitstitel, der unserem *Monsieur* entspricht.

Der *Sultan* übt über seine Untertanen die despotischste Herrschaft aus. Nach der Lehre der Türken hat ihr Herrscher das Vorrecht, jeden Tag straflos vierzehn seiner Untertanen zu töten, ohne sich dem Vorwurf der Tyrannei auszusetzen; weil dieser Fürst, ihnen zufolge, häufig aus geheimen Regungen, göttlichen Eingebungen heraus handelt, die zu ergründen ihnen nicht erlaubt ist. Indessen schließen sie Vater- & Brudermord aus, den sie sogar bei ihren *Sultanen* als Verbrechen ansehen. Was nicht verhindert, daß die Brüder der Herrscher oftmals die ersten Opfer waren, die sie ihrer Sicherheit opferten. Die menschlichsten *Sultane* halten sie in einem engen Kerker innerhalb des Herrscherpalasts selbst gefangen; man gestattet ihnen, sich mit kindlichen Dingen zu beschäftigen, die kaum geeignet sind, ihren Geist zu bilden & sie zur Regierung zu befähigen. Ungeachtet dieser absoluten Macht der *Sultane* sind sie oft selbst der Wut & Zügellosigkeit eines aufgebrachten Volks & einer hemmungslosen Soldateska ausgesetzt, die sie unter den frivolsten Vorwänden ihres Amtes entheben & töten.

Am Tag nach seiner Thronbesteigung besucht der *Sultan* mit großem Gefolge ein Kloster in einer der Vorstädte Konstantinopels. Dort gürtet ihn der Scheich oder Abt mit einem Schwert & sagt ihm am Ende der Zeremonie: »Geh von dannen, der Sieg ist dein, aber nur von Gottes Gnaden.« Niemals darf sich der Herrscher über diese Zeremonie, die seiner Krönung gleichkommt, hinwegsetzen. Man nähert sich dem *Sultan* unter vielen Förmlichkeiten. Keinem Sterblichen ist es gestattet, ihm die Hand zu küssen; der Großwesir beugt, wenn er in seiner Gegenwart erscheint, dreimal das rechte Knie, berührt dann mit seiner rechten Hand die Erde & führt sie an Mund & Stirn, eine Zeremonie, die er wiederholt, wenn er sich zurückzieht.

Der *Sultan* läßt niemanden an seiner Tafel zu; keiner wagt es, in seinem Palast ohne ausdrücklichen Befehl den Mund aufzutun; man muß sogar Husten- oder Niesanfälle unterdrücken; man spricht nur durch Zeichen miteinander; man geht auf Zehenspitzen; man trägt keine Schuhe, & das leiseste Geräusch wird mit äußerster Strenge geahndet.

Die vom *Sultan* getroffenen Entscheidungen gelten als unumstößlich, so ungerecht sie auch sein mögen; er darf sein Wort niemals zurücknehmen. Seine Befehle werden empfangen, als kämen sie von Gott selbst, & ihnen nicht zu gehorchen ist Gotteslästerung. Will er einen Großwesir töten lassen, so teilt er ihm sein Urteil schriftlich in folgenden Worten mit: »Du hast den Tod verdient, & unser Wille ist, daß du, nachdem der *Abdest* (das heißt die vom Gesetz vorgeschriebenen Waschungen des Kopfes, der Hände & Füße) vollzogen & das dem Brauch gemäße Gebet gesprochen worden ist, deinen Kopf dem Boten übergibst, den wir dir zu diesem Zwecke schicken.«

Der Wesir gehorcht ohne Zaudern, denn sonst wäre er entehrt & gälte als gottlos & exkommuniziert. Der *Sultan* trägt auch den Titel *zillulah*, der »Bild« oder »Schatten Gottes« bedeutet: was seinen Befehlen göttlichen Charakter verleiht, der blinden Gehorsam verlangt.

Trotz all seiner Macht darf der *Sultan* nur in äußersten Notfällen an den Staatsschatz rühren & ihm keinen Heller zu seiner eigenen Verwendung entnehmen, was unfehlbar einen Aufstand hervorrufen würde. Diesem Fürsten steht nur sein Privatschatz zur Verfügung, dessen Bewahrer *hasnadar bachi* heißt & in den zur Zeit des Fürsten Kantemir alljährlich bis zu siebenundzwanzigtausend Börsen flossen, jeweils im Wert von etwa 1500 französischen Livres. In diese Schätze fließen alle Reichtümer der Paschas & Wesire, die der *Sultan* gemeinhin töten läßt, nachdem sie sich in ihren verschiedenen Ämtern, die sie innehatten, am Mark der Völker gemästet haben. Die Konfiszierung ihrer Güter steht ihrem Herrn rechtmäßig zu.

Bei den *Sultanen* ist es Brauch, ihre Schwestern & Töchter schon in der Wiege mit Wesiren & Paschas zu verheiraten; damit wälzen sie die Sorge für ihre Erziehung auf deren Ehegatten ab. Bis diese heiratsfähig sind, dürfen die Männer keine andere Frau nehmen, bevor sie mit der Sultanin nicht die Ehe vollzogen haben.

Oft wird der Gatte getötet, bevor er dieser Zeremonie nachgekommen ist; dann wird die Frau, die ihm bestimmt war, mit einem anderen Pascha verheiratet. Innerhalb weniger als eines Jahres hatte die Schwester von Amurath IV. vier Gatten, ohne daß einer von ihnen die Ehe vollzogen hätte. Sobald die Hochzeitszeremonie zum Abschluß kam, wurde der Ehemann irgendeines Verbrechens bezichtigt, man brachte ihn um, & seine Güter wurden seiner Frau zuerkannt; jedoch behauptet man, daß sie in die Schatullen des Herrschers flossen. – Die *Sultane* haben eine Vielzahl von Konkubinen. Zur Zeit des *Bairam*, des mohammedanischen Osterfestes, schicken die Paschas ihrem Souverän die bezauberndsten Mädchen, die sie finden können; unter diesen Konkubinen wählt er Mätressen aus, & diejenigen, welche die Ehre hatten, den *Sultan* in ihren Armen zu empfangen & ihm zu gefallen, heißen *Hassekis*. *Anonym*

SYBARITEN – **Sybarites (Geschichte)**. Die Bewohner von Sybaris, einer Stadt in Lukanien. Die schrecklichen Niederlagen, die sie gegen die Bewohner Krotons erlitten, änderten nichts an ihrem verschwenderischen Lebensstil & ihrer Trägheit. Die Einzelheiten, auf die ich hier verzichte, kann man bei Athenaeus & Plutarch nachlesen, denn ich bin überzeugt, daß es dem Leser lieber ist, an dieser Stelle ein Bild der modernen *Sybariten* aus jener Feder zu erhalten, aus der *Der Tempel zu Gnidus* stammt.

Man kann bei ihnen, sagt Montesquieu in diesem Roman, keinen Unterschied zwischen Lüsten & Bedürfnissen erkennen. Jede Form der Kunst, die einen friedlichen Schlaf aufrütteln könnte, ist verbannt. Mit öffentlichen Geldern werden jene belohnt, die sich als fähig erweisen, neue Lustbarkeiten aufzutun. Die Stadtbevölkerung erinnert sich nur noch an die Possenreißer, die Zerstreuung brachten, & hat die Namen der Ratsherren vergessen, von denen sie regiert wurden.

Die Früchte des Landes, die dort in endlosem Überfluß wachsen, werden vergeudet. Die Götter sind den *Sybariten* gewogen & ermutigen sie sogar zu Verschwendung & Trägheit. Die Männer sind so weibisch, daß sie sich nach Frauenart schmücken. Sie pudern & frisieren sich so kunstvoll & verwenden so viel Zeit darauf, sich vor dem Spiegel zurechtzumachen, daß man meinen könnte, die Stadt würde nur von einem Geschlecht bewohnt.

Die Frauen bieten sich an, statt sich zu ergeben. Am Ende jeden Tages hat man seine Lüste befriedigt & seine Hoffnungen eingelöst. Man weiß nicht, was es heißt, zu lieben & geliebt zu werden, sondern beschäftigt sich allein mit dem, was so trügerisch *Genuß* heißt.

Wenn sie wenigstens über ein gewisses Maß an Bescheidenheit verfügen würden, wäre dieses schwache Bild ihrer Tugend sogar annehmbar, doch nein: ihre Augen sind es gewohnt, alles zu sehen, & ihre Ohren, alles zu hören.

Weit gefehlt, wenn man glaubt, daß die Vielzahl der Freuden die *Sybariten* feinsinniger macht: Sie können Gefühle nicht voneinander unterscheiden.

Ihr Leben vergeht in oberflächlichen Freuden. Erlahmt ihr Interesse an einer Vergnügung, geben sie diese auf & wenden sich einer anderen zu, die ihnen alsbald auch nicht mehr behagt. Was auch immer ihnen gefällt, wird bald zu einem weiteren Gegenstand des Ekels für sie. Unfähig, sich an etwas zu erfreuen, scheinen sie für das Leiden ein besonderes Feingefühl zu besitzen. Wegen einer geknickten Rose in seinem Bett, noch weicher als das Kopfkissen, machte ein Bürger von Sybaris die ganze Nacht kein Auge zu.

Die Trägheit hat ihren Körper so geschwächt, daß sie kaum noch den kleinsten Finger rühren können. Nur mit Mühe halten sie sich auf den Beinen, in den allerweichsten Kutschen fallen sie in Ohnmacht, & bei Festessen ist ihnen andauernd unwohl. Sie verbringen ihr Leben auf gepolsterten Liegen, auf denen sie sich den ganzen Tag ausruhen, & am Ende sind sie kein bißchen müde. Wenn sie anderswo ruhen müssen, sind sie wie gerädert. Unfähig, eine Waffe zu heben, ihren Mitbürgern gegenüber verängstigt, feige vor Fremden, sind sie die willfährigen Sklaven des erstbesten Herrn. *Jaucourt*

TAGELÖHNER – **Journalier (Grammatik).** Arbeiter, der mit seinen eigenen Händen arbeitet & dem man täglich den Tagelohn auszahlt.

6:30 *bis 10:30 VN trinkt Säfte, schreibt im Bett, später am Stehpult. Unterbrechungen: 7:45 Rasur. 8:00–8:30 Breakfast, Post durchsehen, Schweigen, »Journal de Genève« für Elena. 8:30 Rückkehr ans Stehpult. 10:30–11:15 Stuhlgang, Bad, Ankleiden. 11:00 Mme. Furrer kommt »cuire«. 11:30 Aida und der Diener räumen auf. VN und EL machen einen Spaziergang (Gespräche mit Kaufleuten usw.). 12:15 Mme F. serviert das Mittagessen. Bordeaux. 1:00–3:00 Siesta. 3:00–6:00 VN trinkt Vin de Vial, schreibt am Stehpult oder im Sessel. Unterbrechungen für das Durchsehen der Post, die sich seit 2:00 angesammelt hat. Das erste Bier. 5:30 kommt Mme F. leise. 6:00–9:00 Spiele (scrabble), Gedankenaustausch. 7:00 Mme F. serviert das Essen. Das zweite Bier. 9:00 Ende eines interessanten Tages. VN liest im Bett bis 10:30. Altersbedingte Unterbrechungen – Gang zum WC um Mitternacht und im Morgengrauen. 6:30–10:30 VN trinkt Säfte, schreibt usw.* Vladimir Nabokov, Tagesprogramm, 26.11. bis 3.12.1967

Dieser Menschenschlag bildet den größten Teil einer Nation. Sein Schicksal soll eine gute Regierung hauptsächlich vor Augen haben. Ist der *Tagelöhner* unglücklich, so ist die Nation unglücklich. *Diderot*

TANZ IN DEN MAI – **Danse du premier jour de mai.** In Rom & in ganz Italien zogen bei Tagesanbruch junge Bürger beiderlei Geschlechts in Scharen vor die Tore der Stadt; sie tanzten zu den Klängen ländlicher Musik & pflückten dabei grüne Zweige, die sie ebenfalls musizierend & tanzend in die Stadt mitbrachten, um die Haustüren ihrer Eltern, Verwandten & Freunde & zu guter Letzt auch die einiger Würdenträger damit zu schmücken. Jene erwarteten sie in den Straßen, wo man dafür gesorgt hatte, daß auf Tafeln Gerichte aller Art bereitgestellt waren. An diesem Tag ruhten alle Arbeiten, man dachte nur ans Vergnügen. Das Volk, die Ratsherren, der Adel schienen bunt gemischt & in allgemeinem Frohsinn vereint eine einzige große Familie zu bilden. Alle waren mit jungen Trieben geschmückt.

Ohne dieses festliche Kennzeichen zu erscheinen hätte als ein Art Schande gegolten. Es gab sogar einen gewissen Wettstreit, sie als erster zu tragen, & von daher kommt die sprichwörtliche Redensart, die noch bis heute in Gebrauch ist: *Auf keinen grünen Zweig kommen.*

Dieses Fest, das im Morgengrauen begann & den ganzen Tag andauerte, wurde mit der Zeit immer mehr in die Nacht vorgezogen. Die *Tänze,* anfänglich nur ein unbefangener Ausdruck der Freude, die der Frühlingsbeginn hervorrief, arteten in der Folge zu galanten *Tänzen* aus, & von diesem ersten Schritt das Sittenverfalls aus entwickelten sie sich sehr schnell zu hemmungsloser Ausschweifung. Rom, ja, ganz Italien verfiel in solch schändliche Zügellosigkeit, daß sogar Tiberius darüber errötete & dieses Fest von höchster Instanz abgeschafft wurde. Doch es hatte sich schon zu tief eingeprägt: Mochte man es auch verbieten, nicht lange nach Verkündung des Gesetzes wurde es erneut gefeiert, & es verbreitete sich in fast ganz Europa. Darin liegt der Ursprung jener hohen, blumengeschmückten Bäume, die man in so vielen Städten am ersten Mai bei Sonnenaufgang vor den Wohnhäusern der Leute aufstellt. In mehreren Gegenden ist dies sogar eine gesetzliche Pflicht.

Einige Autoren meinen, auf den *Tanz in den Mai* würden alle Tanzvergnügungen zurückgehen, über die die Kirchenväter die Stirn runzelten, die von den Päpsten mit dem Bann belegt, von den Erlassen unserer Könige verboten & von den Verfügungen unserer Parlamente schwer verurteilt wurden. Wie dem auch sei, sicher ist, daß dieser *Tanz* letzten Endes alle möglichen unerwünschten Begleiterscheinungen mit sich brachte, die der Wachsamkeit von Kaisern & Ratsherren nicht entgehen konnten. *Cahusac*

TATSACHE – **Fait.** Das ist einer jener Ausdrücke, die so schwer zu definieren sind. Zu behaupten, er könne unter all den bekannten Umständen, wo eine Sache überhaupt aus dem Zustand der Möglichkeit in den Zustand des Vorhandenseins übergegangen ist, angewendet werden, macht die Sache keineswegs verständlicher.

Man kann die *Tatsachen* in drei Klassen einteilen: die Werke des göttlichen Wesens, die Erscheinungen der Natur & die Handlungen der Menschen. Die ersten gehören zur Theologie, die zweiten zur Philosophie & die dritten zur eigentlichen Geschichte. Alle sind in gleicher Weise der Kritik unterworfen. Über die Werke des göttlichen Wesens siehe die Artikel Gewissheit & Mirakel, über die Erscheinungen der Natur die Artikel Erscheinung, Beobachtung, Experimentell & Physik, über die Handlungen der Menschen die Artikel Geschichte, Kritik, Gelehrsamkeit &c.

Man könnte die *Tatsachen* auch unter zwei ganz allgemeinen Gesichtspunkten betrachten: die *Tatsachen* sind entweder natürlich oder übernatürlich; wir sind entweder Augenzeugen derselben gewesen, oder sie sind uns durch die Tradition, durch die Geschichte & alle ihre Zeugnisse überliefert worden. Wenn eine *Tatsache* vor unseren Augen eingetreten ist & wenn wir alle möglichen Vorsichtsmaßregeln ergriffen haben, um uns nicht selbst zu täuschen und uns auch nicht von anderen täuschen zu lassen, so haben wir die größtmögliche Gewißheit, welche die Natur der Tatsache zuläßt. Aber diese Überzeugung hat ihren Spielraum; ihre Grade & ihre Kraft entsprechen der ganzen Mannigfaltigkeit der tatsächlichen Umstände & der persönlichen Eigenschaften des Augenzeugen. Die Gewißheit, die in diesem Fall an sich sehr groß ist, wird jedoch um so größer, je leichtgläubiger der Mensch & je einfacher & alltäglicher die *Tatsache* ist, & um so geringer, je umsichtiger der Mensch & je ungewöhnlicher & komplizierter die *Tatsache* ist. Mit einem Wort: was macht die Menschen geneigt zu glauben, wenn nicht ihr organischer Bau & ihre Einsichten? Woher aber nehmen sie die Gewißheit, alle notwendigen Vorsichtsmaßregeln sich selbst & anderen gegenüber getroffen zu haben, wenn nicht aus der Natur der *Tatsache* selbst?

Die Vorsichtsmaßregeln, die gegenüber den anderen zu ergreifen sind, sind so unzählig wie die *Tatsachen*, die wir zu beurteilen haben: Die Vorsichtsmaßregeln, die uns persönlich betreffen, beschränken sich darauf, daß wir unseren natürlichen & erworbenen Einsichten, unseren Leidenschaften, unseren Vorurteilen & unseren Sinnen mißtrauen müssen. Wenn die *Tatsache* durch die Geschichte oder durch die Tradition überliefert ist, so gibt es nur ein Maß zu ihrer Beurteilung; es anzuwenden mag schwierig sein, aber das Maß selbst, nämlich die Erfahrung der vergangenen Jahrhunderte & unsere eigene, ist zuverlässig. Wollte man sich nur auf seinen Scharfblick verlassen, so hieße das, sich häufig dem Irrtum auszusetzen; denn wie viele *Tatsachen* sind wahr, obgleich wir von Natur aus geneigt sind, sie für unwahr zu halten, & wie viele andere sind unwahr, obwohl wir bei bloßer Untersuchung des gewöhnlichen Verlaufs der Ereignisse durchaus geneigt sind, sie für wahr zu halten?

Um Irrtümer zu vermeiden, wollen wir uns die Geschichte aller Zeiten & die Tradition aller Völker unter dem Sinnbild zweier Greisinnen vorstellen, die von dem allgemeinen Gesetz, das unser Leben auf eine geringe Anzahl von Jahren beschränkt, ausgenommen sind & die wir über Beziehungen ausfragen, deren Wahrheit wir nur durch sie erkennen können. Soviel Achtung wir ihren Berichten auch entgegenbringen mögen, hüten wir uns doch wohlweislich davor, zu vergessen, daß diese Greisinnen Menschen sind & daß wir über ihre Einsichten & ihre Wahrhaftigkeit immer nur so viel wissen, wie uns andere Menschen darüber sagen oder gesagt haben & wie wir an uns selbst erfahren. Wir sammeln also sorgfältig alles, was für oder gegen ihre Aussage spricht; wir prüfen unvoreingenommen die *Tatsachen* in der ganzen Mannigfaltigkeit ihrer Umstände; & wir forschen in dem größten Raum, den wir auf den von Menschen besiedelten Erdstrichen erfassen können, & in der ganzen uns bekannten Zeitdauer danach, wie oft unsere Greisinnen, über solche Fälle befragt, die Wahrheit gesagt haben & wie oft sie gelogen haben. Das gewonnene Verhältnis ist dann der Ausdruck unserer Gewißheit oder unserer Ungewißheit.

Dieses Prinzip ist unanfechtbar. Wir kommen auf die Welt, wir finden dort Augenzeugen, Schriften & Zeugnisse vor; aber was lehrt uns den Wert dieser Zeugnisse, wenn nicht unsere eigene Erfahrung?

Daraus geht folgendes hervor: Da es auf der Erde nicht zwei Menschen gibt, die sich im Hinblick auf Körperbau, Einsicht & Erfahrung gleichen, gibt es auf ihr auch nicht zwei Menschen, auf die jene Sinnbilder genau denselben Eindruck machen; es gibt sogar Individuen, die unendlich verschieden voneinander sind: die einen verneinen das, woran die anderen fast ebenso entschieden wie an ihre eigene Existenz glauben; unter den letzteren gibt es einige, die unter gewissen Bezeichnungen das anerkennen, was sie unter anderen Bezeichnungen hartnäckig ablehnen, & bei allen diesen sich widersprechenden Urteilen macht die Verschiedenheit der Beweise keineswegs den ganzen Unterschied der Anschauungen aus; denn die Beweise & die Einwände sind – abgesehen von ganz geringfügigen Nuancen – die gleichen.

Eine andere Konsequenz, nicht weniger wichtig als die vorausgegangene, ist diese: Es gibt Gruppen von *Tatsachen*, deren Wahrscheinlichkeit immer größer wird. Als wir die Greisinnen zu befragen begannen, konnte mit einer Gewißheit von eins zu hunderttausend angenommen werden, daß sie uns unter bestimmten Umständen etwas vormachten & uns unter anderen die Wahrheit sagten. Aufgrund der Erfahrungen, die wir später sammelten, stellten wir fest, daß dieses Verhältnis sich in einer Weise änderte, die im ersten Fall immer weniger für ihre Aussage & im zweiten Fall immer mehr für diese sprach; & wenn wir nun die Natur der Dinge untersuchen, so sehen wir in der Zukunft nichts, was die Erfahrungen umstoßen könnte, so daß die Erfahrungen unserer Nachkommen unsere eigenen widerrufen würden. Es gibt also Gebiete, wo unsere beiden Greisinnen mehr denn je flunkern, & andere Gebiete, wo sie ihre volle Urteilskraft behalten, & diese Gebiete bleiben immer dieselben.

Wir wissen also im Hinblick auf die jeweiligen *Tatsachen* so viel, wie es unser Verstand & unsere Lage zulassen, & wir müssen von heute an diese *Tatsachen* entweder als erlogen verwerfen oder als wahr anerkennen – sogar auf Lebensgefahr hin, sofern sie einer Gruppe angehören, die so hervorstechend ist, daß sie ein solches Opfer verdient. Wer aber lehrt uns jene erhabenen Wahrheiten erkennen, für welche zu sterben ein Glück bedeutet? Der Glaube. Siehe hierzu den Artikel Glaube. *Diderot*

Daß der Mund küßt, ißt und redet, sollte für sich allein, die am Greifbaren haften, darauf bringen, daß wir durchaus dem Unbegreiflichen gegenüberstehen. Hugo von Hofmannsthal, Aufzeichnungen

TEUFEL – **Diable (Theologie).** Böser Engel & einer der himmlischen Geister, die vom Himmel herabgeschleudert wurden, weil sie Gott gleich sein wollten. Siehe Engel.

Das Wort *diable* kommt vom Lateinischen *diabolus;* griechisch διαβόλος, »Verleumder«, »Ankläger«, »Betrüger«. »Euer Widersacher, der Teufel«, sagt der hl. Paulus, »geht wie ein brüllender Löwe umher & sucht, wen er verschlingen kann.«

Die Äthiopier, die schwarz sind, beschreiben den *Teufel* als weiß, im Gegensatz zu den Europäern, die ihn schwarz darstellen. Die einen sind dazu ebenso berechtigt wie die anderen.

Im Alten Testament ist nicht vom *Teufel* die Rede, sondern nur von Satan. Auch bei den heidnischen Autoren findet man das Wort *Teufel* nicht in der Bedeutung, welche die Christen ihm beigelegt haben, das heißt um ein Geschöpf zu bezeichnen, das sich gegen Gott aufgelehnt hat; sie sagten lediglich, daß es böse Geister gebe, welche die Menschen verfolgten. Auch die Chaldäer haben ein gutes Prinzip & ein den Menschen feindlich gesinntes böses Prinzip anerkannt. Siehe Dämon, Prinzip &c.

Die Berichte, die wir von der Religion der Amerikaner haben, sagen, daß sie den *Teufel* verehren; doch darf man dieses Wort nicht nach Art der Heiligen Schrift verstehen. Diese Völker haben die Idee zweier entgegengesetzter Wesen, von denen das eine gut & das andere böse ist; für sie wird die Erde von dem bösen Wesen gelenkt, das unsere Autoren unpassenderweise den *Teufel* nennen. *(Chambers, Wörterbuch von Trévoux & Chambers.)* ✧ *Mallet*

TEUFEL, **Vogel – Diable, oiseau (Wissenschaft von der Natur, Ornithologie).** Diesen Namen hat man auf den Antillen einem Nachtvogel gegeben, weil man ihn sehr häßlich fand. Angeblich ähnelt er der Gestalt nach einer Ente. Sein Blick ist schreckenerregend & sein Federkleid schwarz & weiß gemischt. Wie die Kaninchen gräbt er Löcher in die Erde, die ihm als Nest dienen. Dieser Vogel bewohnt die höchsten Berge & verläßt sie erst in der Nacht. Sein Ruf ist schaurig & sein Fleisch sehr schmackhaft. (*Naturgeschichte der Antillen* von Pater du Tertre, Band II, 1.) ✧ *Daubenton*

THEOKRATIE – **Théocratie (Geschichte des Altertums & Politik).** So nennt man eine Regierungsform, bei der ein Volk unmittelbar Gott untertan ist, der seine Herrschaft über das Volk ausübt & es seinen Willen durch Vermittlung der Propheten & der Priester erkennen läßt, denen sich zu offenbaren ihm gefällt.

Das Volk der Hebräer liefert uns das einzige Beispiel für eine wahre *Theokratie.* Dieses Volk, dem Gott sein Vermächtnis anvertraut hatte, seufzte schon seit langem unter der Tyrannei der Ägypter, als der Ewige, sich seiner Verheißungen erinnernd, beschloß, seine Ketten zu zerbrechen & es in den Besitz des Landes, das ihm bestimmt war, zu setzen. Er schuf für die Befreiung der Hebräer einen Propheten, dem er seinen Willen kundgab; es war Moses, Gott erkor ihn aus, Befreier seines Volkes zu werden & ihm Gesetze vorzuschreiben, deren Schöpfer er selbst war. Moses war nur das Sprachrohr & der Vermittler des himmlischen Willens, er war der Diener Gottes, der sich die Herrschaft über die Israeliten vorbehalten hatte; im Namen Gottes schrieb ihnen dieser Prophet den Kult vor, den sie befolgen, & die Gesetze, die sie beachten sollten.

Obwohl die Israeliten das einzige Volk sind, das uns das Beispiel einer wahren *Theokratie* liefert, hat man doch erlebt, wie Betrüger, ohne die Mission des Moses zu haben, über unwissende & irregeführte Völker eine Herrschaft errichteten, die – wie sie ihnen einredeten – die Herrschaft Gottes war. So machte sich bei den Arabern Mohammed zum Propheten, Gesetzgeber, Oberpriester & Herrscher eines primitiven & unterjochten Volkes; der Koran enthält zugleich die Dogmen, die Moral & die Zivilgesetze der Moslems; man weiß, daß Mohammed behauptete, diese Gesetze aus dem Munde Gottes selbst erhalten zu haben; diese angebliche *Theokratie* dauerte unter den Kalifen, die zugleich die Herrscher & Oberpriester der Araber waren, mehrere Jahrhunderte.

Bei den Japanern glich die Macht des Dairi oder des geistlichen Kaisers einer *Theokratie*, bevor der Kobo oder weltliche Kaiser seiner Macht Grenzen setzte. Bei den alten Galliern findet man Spuren einer ähnlichen Herrschaft; die Druiden übten das Amt von Priestern & Richtern ihrer Völkerschaften aus. Bei den Äthiopiern & Ägyptern befahlen die Priester den Königen, sich umzubringen, wenn sie das Mißfallen der Gottheit erregt hatten; kurz, es gibt kaum Länder, in denen sich die Priesterschaft nicht bemüht hat, ihre Herrschaft über Leib & Seele der Menschen auszuüben.

Obwohl Jesus Christus erklärt hat, sein Reich sei nicht von dieser Welt, hat man doch in Zeitaltern der Unwissenheit erlebt, wie christliche Priester sich bemühten, ihre Herrschaft auf den Trümmern der Königsherrschaft zu begründen; sie erhoben den Anspruch, über die Kronen mit einer Autorität zu verfügen, die nur dem Herrscher der Welt zukommt.

Von solcher Art waren auch die Ansprüche & die Lehren Gregors VII., Bonifaz' VIII. & einer Reihe anderer römischer Päpste, die sich die abergläubische Torheit der Völker zunutze machte, sie gegen ihre natürlichen Herrscher aufbrachten & Europa mit Strömen von Blut & Greueln bedeckten; auf den blutigen Leichen von mehreren Millionen Christen errichteten die Vertreter des Friedensgottes eine trügerische Macht, deren traurige Spielbälle & unglückliche Opfer die Menschen lange Zeit waren. Überhaupt beweisen uns die Geschichte & die Erfahrung, daß sich die Priesterschaft immer bemüht hat, auf der Erde eine Art

Theokratie einzuführen; die Priester wollten sich nur Gott, diesem unsichtbaren Beherrscher der Natur, oder einem der Ihrigen unterwerfen, den sie auserkoren hatten, das göttliche Wesen zu vertreten; sie wollten innerhalb des Staates einen besonderen, von der Staatsmacht unabhängigen Staat bilden; sie behaupteten, sie hätten allein vom göttlichen Wesen die Güter erhalten, die ihnen doch offenkundig die Menschen verschafft hatten. Es obliegt der Weisheit der Herrscher, diese ehrgeizigen, so hoch hinauswollenden Ansprüche zu unterdrücken & alle Mitglieder der Gesellschaft in den richtigen Grenzen zu halten, welche die Vernunft & die Ruhe der Staaten ihnen vorschreiben.

Ein moderner Autor hat die *Theokratie* als die erste Regierungsform betrachtet, die alle Völker anerkannt haben; er behauptet, daß nach dem Beispiel der Welt, die von einem einzigen Gott gelenkt wird, die zur Gesellschaft zusammengeschlossenen Menschen keinen anderen Monarchen haben wollten als das höchste Wesen. Da aber der Mensch nur unvollkommene & menschliche Ideen von diesem himmlischen Monarchen hatte, errichtete man ihm einen Palast, einen Tempel, ein Heiligtum, einen Thron & gab ihm Sachwalter & Diener. Man zögerte nicht, den unsichtbaren König der Gesellschaft durch Embleme & Symbole darzustellen, die einige seiner Attribute andeuteten; nach & nach vergaß man, was dieses Symbol bedeutete, & erwies nun diesem Symbol, was nur dem göttlichen Wesen gebührte, das es darstellte; das war der Ursprung des Götzendienstes, zu dem die Priester selbst den Anlaß gaben, sei es, weil sie die Völker nicht aufklären wollten, sei es aus Selbstsucht. Es fiel diesen Priestern nicht schwer, die Menschen im Namen stummer & seelenloser Götzenbilder zu regieren, deren Diener sie waren; ein schrecklicher Aberglaube bedeckte das Antlitz der Erde unter dieser Priesterherrschaft, sie vermehrte unendlich die Opfer, die frommen Gaben, kurz alle Gepflogenheiten, die den sichtbaren Dienern des unsichtbaren göttlichen Wesens zugute kamen.

Die Priester, nun durch die Macht hochmütig geworden, mißbrauchten sie auf sonderbare Weise; es war ihre Maßlosigkeit, die nach der Ansicht des Autors jenes Geschlecht von Menschen hervorbrachte, die von den Göttern abzustammen behaupteten & die in der Mythologie unter dem Namen Halbgötter bekannt sind. Die Menschen, die des unerträglichen Jochs der Diener der *Theokratie* überdrüssig waren, wollten in ihrer Umgebung lebendige Symbole des göttlichen Wesens haben, sie wählten also Könige, die für sie die Vertreter des unsichtbaren Monarchen waren. Bald erwies man ihnen dieselben Ehren, die man vorher den Symbolen der *Theokratie* erwiesen hatte; sie wurden als Götter behandelt, & sie behandelten die Menschen als Sklaven; denn da diese glaubten, nun für immer dem höchsten Wesen untertan zu sein, versäumten sie, durch vernünftige Gesetze die Macht einzuschränken, die seine schwachen Ebenbilder mißbrauchen konnten. Das ist nach der Ansicht des Autors die wahre Quelle des Despotismus, das heißt jener tyrannischen Willkürherrschaft, unter der noch heute die Völker Asiens seufzen, ohne zu wagen, die Rechte der Natur & der Vernunft zu fordern, welche doch wollen, daß der Mensch zu seinem Glück regiert werde. Siehe auch PRIESTER. *d'Holbach*

TICK – Tic (**Grammatik**). Gewohnheitsmäßige & unleidliche Bewegung, sowohl im wörtlichen wie im übertragenen Sinn. Einer hat den *Tick*, ständig mit den Füßen zu scharren. Einer will Verse machen, das ist seine Krankheit, sein *Tick*. Es gibt vielleicht niemanden, der nicht, genau betrachtet, an seinem Leib oder im Geist irgendeinen lächerlichen *Tick* hat. Wasp hat den *Tick*, über alles zu urteilen, ohne je etwas gelernt zu haben.

TICK – Tic (**Pferdekunde**). Krankheit der Pferde oder deren Unart, die Zähne auf die Futterkrippe oder den Halfterriemen zu setzen, als wollten sie hineinbeißen, was sie nur tun, wenn sie rülpsen. Ein Pferd, das *tickt* oder koppt, füllt sich mit Winden & wird anfällig für Koliken. Der *Tick* ist sehr lästig & wird im Stall erworben.

Gegen diese Untugend gibt es mehrere Mittel, die jedoch nur einige Tage vorhalten, wie zum Beispiel einen etwas angezogenen Lederriemen um den Hals zu legen, den Rand der Krippe mit Eisen- oder Kupferstreifen zu versehen, die Krippe mit einem bitteren Kraut oder mit Kuhmist oder Hundekot oder Schafshaut einzureiben. Das beste & wirksamste aber ist, den Hafer in einen am Kopf des Pferdes hängenden Sack zu geben & ihm seine Krippe wegzunehmen. *Anonym*

TIER – Animal (**Verstand, Vernunft, Philosophie oder Wissenschaft, Naturwissenschaft, Zoologie**). Was ist ein *Tier?* Hier haben wir eine jener Fragen, die um so mehr in Verlegenheit setzen, je mehr Kenntnisse der Naturgeschichte & der Philosophie man hat. Wenn man alle bekannten Eigenschaften des *Tiers* durchgeht, so wird man keine einzige finden, die irgendeinem Wesen fehlt, das man als *Tier* bezeichnen muß, oder die ein anderes besitzt, dem man diesen Namen nicht zubilligen kann. Wenn es zudem wahr ist, woran man kaum zweifeln kann, daß das Universum eine einzige Maschine ist, in der alles miteinander zusammenhängt & daß bei der die Wesen sich in aufsteigender oder absteigender Linie nur durch unmerkliche Abstufungen voneinander unterscheiden, so daß es in der Kette keine Lücke gibt & daß das Farbenband des berühmten Jesuitenpaters Castel, bei dem man in kleinsten Nuancen vom Weiß zum Schwarz übergeht, ohne es zu merken, ein getreues Abbild des Fortschreitens der Natur ist, so würde es uns schwerfallen, die Grenzen zu bestimmen, an denen die *Tierhaftigkeit,* wenn man so sagen darf, jeweils beginnt & endet. Eine Definition des *Tiers* wäre entweder zu allgemein oder nicht weit genug, könnte Wesen umfassen, die vielleicht auszuschließen wären, & andere ausschließen, die sie umfassen müßte. Je gründlicher man die Natur untersucht, desto mehr gewinnt man die Überzeugung, daß man, um sich korrekt auszudrücken, fast ebenso viele verschiedene Bezeichnungen nötig hätte, wie es Individuen gibt, & daß einzig die Not allgemeine Namen ersonnen hat, da diese allgemeinen Namen, je nach den Fortschritten, die man im Studium der Natur macht, mehr oder weniger umfassend, sinnvoll oder aber sinnlos sind. Doch was ist ein *Tier?*

Orang-Utans bewegen die Augenbrauen und die Kopfhaut nicht, Cyanocephalus macacus, Cercopithecus? Sehr stark. (Der Wärter sagt, einige der Affen bewegen die Ohren, aber nicht der Schimpanse; Abstufung zum Menschen.) Der Makake insbesondere zieht die Haut der ganzen Stirn und die zwei Ohren zurück. Gefühle aller Art. Sind Affen Rechtshänder? Cyanocephalus, Macacus, Niger, Cercopithecus geben ein labiales st, st, s von sich. Die amerikanischen Affen ziehen die Stirnhaut nur ganz wenig zurück. Steigt das Blut bei leidenschaftlicher Erregung ins Gesicht? Beim Schreien?
Charles Darwin, Notizheft N.

Das *Tier,* sagt Buffon in der *Allgemeinen & besonderen Naturgeschichte,* ist »lebende, organisch gebaute Materie, die empfindet, handelt, sich bewegt, sich ernährt & sich reproduziert. Folglich ist die Pflanze lebende, organisch gebaute Materie, die sich ernährt & sich reproduziert, aber nicht empfindet, nicht handelt & sich nicht bewegt. Das Mineral aber ist tote, anorganische Materie, die nicht empfindet, nicht handelt, sich nicht bewegt, sich nicht ernährt & sich nicht reproduziert. Daraus folgt auch, daß die Empfindung das Hauptunterscheidungsmerkmal für das *Tier* ist. Aber steht denn fest, daß es keine *Tiere* ohne das gibt, was wir Empfindung nennen, oder daß es vielmehr, wenn wir den Cartesianern glauben, außer uns noch andere *Tiere* gibt, die Empfindung haben? Die *Tiere,* behaupten sie, legen Anzeichen dafür an den Tag, aber nur der Mensch besitzt wirklich Empfindung.

Verliert übrigens der Mensch nicht zuweilen die Empfindung, ohne daß er aufhört, zu leben oder ein *Tier* zu sein? Dann schlägt der Puls weiter, vollzieht sich der Blutkreislauf wie vorher, werden alle Lebensfunktionen aufrechterhalten wie bisher; aber der Mensch empfindet weder sich selbst noch die anderen Wesen. Was ist dann der Mensch? Wenn er auch in diesem Zustand noch immer ein *Tier* ist, wer hat uns dann gesagt, daß es beim Übergang von der vollkommenen Pflanze zum primitivsten *Tier* keine Wesen dieser Art gibt? Wer hat uns gesagt, daß dieser Übergang nicht von mehr oder weniger lethargischen, mehr oder weniger tief schlafenden Wesen vollzogen worden ist, so daß der einzige Unterschied, der zwischen dieser Klasse & der Klasse der übrigen *Tiere* wie uns bestehen könnte, der wäre, daß sie schlafen & wir wach sind, daß wir *Tiere* sind, die empfinden, & sie *Tiere,* die nicht empfinden? Was ist also das *Tiere?*«

Hören wir, welche ausführliche Erklärung Buffon gibt. Das Wort *Tier,* sagt er im zweiten Band der *Naturgeschichte des Menschen* repräsentiert in der Bedeutung, in der wir es gewöhnlich gebrauchen, eine allgemeine Idee, die aus besonderen Ideen hervorgegangen ist, die man sich über einige besondere *Tiere* gebildet hat.

Alle allgemeinen Ideen enthalten verschiedene Ideen, die sich mehr oder weniger gleichen oder die sich mehr oder weniger voneinander unterscheiden, & infolgedessen kann keine allgemeine Idee exakt & präzis sein. Die allgemeine Idee, die wir uns vom *Tier* gebildet haben, ist vielleicht ursprünglich von der besonderen Idee *Hund, Pferd* & den anderen *Tieren* abgeleitet worden, die allem Anschein nach Intelligenz & Willen haben, sich nach diesem Willen bewegen & sich von ihm leiten lassen, die aus Fleisch & Blut bestehen, die ihre Nahrung suchen & zu sich nehmen & die außerdem Sinne, Geschlechtsteile & das Reproduktionsvermögen besitzen. Wir verbinden also eine große Menge besonderer Ideen miteinander, wenn wir uns die allgemeine Idee bilden, die wir durch das Wort *Tier* ausdrücken, & man muß dabei beachten, daß es in der großen Anzahl dieser besonderen Ideen keine gibt, die das Wesen der allgemeinen Idee ausmacht. Denn es gibt nach der Aussage aller Welt auch *Tiere,* die keine Intelligenz, keinen Willen & keine Fortbewegung zu haben scheinen; es gibt ferner *Tiere,* die weder Fleisch noch Blut haben & die nur eine Gallertmasse zu sein scheinen; es gibt *Tiere,* die ihre Nahrung nicht suchen können & die sie nur aus dem Element beziehen, in dem sie leben; schließlich gibt es noch *Tiere,* die keinerlei Sinne haben, nicht einmal den Tastsinn, wenigstens nicht in dem Maße, daß er für uns wahrnehmbar wäre; es gibt auch *Tiere,* die keinerlei Geschlecht haben, & andere, die beiderlei Geschlechts sind, & es bleibt dann dem *Tier* im allgemeinen nur das, was es mit der Pflanze gemeinsam hat, das heißt das Reproduktionsvermögen. So besteht die allgemeine Idee aus allem zusammen, & da das Ganze aus verschiedenen Teilen zusammengesetzt ist, bestehen zwischen diesen Teilen notwendigerweise feine Übergänge & graduelle Unterschiede. Ein Insekt ist in diesem Sinne gewissermaßen weniger *Tier* als ein Hund; eine Auster ist noch weniger *Tier* als ein Insekt; eine Qualle oder ein Süßwasserpolyp ist noch weniger *Tier* als eine Auster; & da sich die Natur in unmerklich feinen Stufen entwickelt, müssen wir auch *Tiere* finden, die noch weniger *Tier* sind als eine Qualle oder ein Polyp. Unsere allgemeinen Ideen sind nur künstliche Methoden, die wir uns geschaffen haben, um eine große Menge von Gegenständen unter demselben Gesichtspunkt miteinander zu vergleichen, & sie haben als künstliche Methoden den Mangel, niemals alles erfassen zu können: Sie widersprechen sogar dem Entwicklungsgang der Natur, der sich gleichförmig, unmerklich & immer im besonderen vollzieht. Wenn wir also eine allzu große Anzahl von besonderen Ideen in einem einzigen Wort zusammenfassen wollen, so haben wir keine klare Vorstellung mehr, was dieses Wort bedeutet; denn da dieses Wort allgemein anerkannt ist, bildet man sich ein, dieses Wort sei eine Trennungslinie, die man zwischen den Produkten der Natur ziehen könne; alles, was über dieser Linie liege, sei in der Tat *Tier*, & alles, was unter ihr liege, könne nur *Pflanze* sein – ein anderes Wort, das ebenso allgemein ist wie ersteres & das man ebenfalls als Trennungslinie zwischen den organisch gebauten Körpern & den anorganischen Körpern verwendet. Aber diese Trennungslinien existieren keinesfalls in der Natur: Es gibt Dinge, die weder *Tiere* noch Pflanzen & auch nicht Mineralien sind & die man vergeblich dem einen oder dem anderen zuordnen würde.

Man kann also, ohne befürchten zu müssen, daß man zuviel behauptet, versichern, daß die große Einteilung der Hervorbringungen der Natur in *Tiere, Pflanzen* & *Mineralien* nicht alle materiellen Dinge erfaßt. Es gibt, wie man soeben gesehen hat, organisch gebaute Körper, die in dieser Einteilung nicht erfaßt sind. Wir haben gesagt, daß sich die Entwicklung der Natur in feinen & oft unmerklichen Stufen vollzieht; so geht sie auch in unmerklichen Stufen vom *Tier* zur *Pflanze* über; aber der Übergang von der *Pflanze* zum *Mineral* ist schroff, & so scheint sich hier dieses Gesetz des unmerklich feinen Übergangs als falsch zu erweisen. Das hat Buffon zu der folgenden Mutmaßung geführt: Wenn man die Natur aus nächster Nähe untersuchen könnte, dann würde man vielleicht Zwischendinge entdecken, organisch gebaute Körper, die zum Beispiel kein Reproduktionsvermögen besäßen wie die *Tiere* & Pflanzen, aber dennoch eine Art Leben & Bewegung hätten, andere Dinge wiederum, die weder *Tiere* noch Pflanzen wären, wohl aber deren Formen annehmen könnten, & schließlich wieder andere Dinge, die nur die erste Ansammlung organischer Moleküle wären. In der Menge der Gegenstände, die uns unsere weite Erdkugel darbietet (so sagt Buffon), in der unendlichen Anzahl der verschiedenen Hervorbringungen, von denen ihre Oberfläche bedeckt & belebt ist, nehmen die *Tiere* den ersten Rang ein, sowohl wegen der Ähnlichkeit, die sie mit uns haben, als auch wegen der Überlegenheit, die wir ihnen den Pflanzen & den leblosen Dingen gegenüber zuerkennen. Die *Tiere* haben aufgrund ihrer Sinne, ihrer Gestalt & ihrer Bewegung weitaus mehr Beziehung zu den Dingen, die sie umgeben, als die Pflanzen. »Aber man darf dabei nicht aus den Augen verlieren, daß die Anzahl dieser Beziehungen unendlich verschieden ist, daß sie bei dem Polypen kleiner ist als bei der Auster & bei der Auster kleiner als beim Affen«; & die Pflanzen haben aufgrund ihrer Entwicklung, ihrer Gestalt, ihres Wachstums & ihrer verschiedenen Teile auch weitaus mehr Beziehungen zu den äußeren Gegenständen als die Mineralien oder die Steine, die keinerlei Leben oder Bewegung besitzen. »Beachten wir ferner, daß es wohl möglich ist, daß diese Beziehungen ebenfalls verschieden sind & daß ihre Anzahl mehr oder weniger groß ist; man kann also sagen, daß es Mineralien gibt, die weniger tot sind als andere.«

Aufgrund dieser größeren Anzahl von Beziehungen steht aber das *Tier* wirklich über der Pflanze & die Pflanze über dem Mineral. Wir selbst stehen, wenn wir nur den materiellen Teil unseres Daseins betrachten, über den *Tieren* nur aufgrund der größeren Zahl von Beziehungen, wie sie uns durch die Sprache & die Hand ermöglicht werden, vor allem aber durch die Sprache. Eine Sprache setzt eine Folge von Gedanken voraus, & aus diesem Grunde haben die *Tiere* keine Sprache. Wenn man ihnen irgend etwas zuerkennen wollte, das unseren ersten Eindrücken & unseren gröbsten mechanischen Empfindungen gliche, so scheint doch festzustehen, daß sie nicht jene Assoziation von Ideen zu bilden vermögen, die allein zur Reflexion führen kann, worin doch das Wesen des Denkens besteht. Weil sie keine Ideenverbindungen schaffen können, können sie weder denken noch sprechen, & aus demselben Grund erfinden & vervollkommnen sie auch nichts. Wenn sie das Denkvermögen auch nur im geringsten Maße besäßen, dann wären sie zu irgendeiner Art Fortschritt fähig; sie würden größere Geschicklichkeit erwerben; die Biber von heute würden mit größerer Kunstfertigkeit & Festigkeit bauen als die ersten Biber; die Biene würde jeden Tag die Wabe weiter vervollkommnen, in der sie wohnt; denn wenn man annimmt, daß diese Wabe so vollkommen ist, wie sie nur sein kann, dann erkennt man diesem Insekt mehr Geist zu, als wir besitzen; ja, man erkennt ihm dann eine der unseren überlegene Intelligenz zu, dank der es auf einmal den höchsten Grad der Vollkommenheit erkennen würde, den sein Werk erreichen muß, während wir diesen Grad niemals ganz klar sehen & daher viele Überlegungen, viel Zeit & Übung aufwenden müssen, um die geringste unserer Künste zu vervollkommnen.

Aber woher mag diese Gleichförmigkeit in allen Werken der *Tiere* wohl rühren? Warum macht jede Art immer nur dieselbe Sache in derselben Weise? Warum macht jedes Individuum sie weder besser noch schlechter als ein anderes Individuum? Gibt es einen überzeugenderen Beweis dafür, daß ihre Verrichtungen nur mechanische & rein

Zwei brustwarzen stehen mir zur verfügung / verdammt noch mal ich brauch sie nicht / zwei brustwarzen stehen mir zur verfügung / das hat ein anderer getan nicht ich / überhaupt was ich so alles an mir habe / und überhaupt erst das zeug in mir drin / das muß ein affe vergessen haben / ein sehr vergeßlicher affe. Ernst Jandl, Anatomisches Selbstbildnis

materielle Resultate sind? Denn wenn sie nur den geringsten Funken jener Einsicht besäßen, die uns erleuchtet, so würde man doch in ihren Werken zumindest Mannigfaltigkeit, wenn nicht Vollkommenheit finden; jedes Individuum derselben Art würde irgend etwas anders machen, als ein anderes Individuum es gemacht hätte. Aber nein, alle arbeiten nach demselben Muster; die Ordnung ihrer Tätigkeiten ist in der ganzen Art vorgezeichnet, nicht aber dem Individuum überlassen, & wenn man den *Tieren* eine Seele zuschreiben wollte, so wäre man gezwungen, für jede Art eine zu schaffen, an der jedes Individuum gleichermaßen teilhaben würde. Diese Seele wäre also notwendigerweise teilbar, sie wäre folglich materiell & von unserer Seele grundverschieden. Denn warum bringen wir im Gegenteil so viel Verschiedenheit & Mannigfaltigkeit in unsere Produkte & in unsere Werke? Warum kostet uns die sklavische Nachahmung mehr als ein neuer Entwurf? Weil unsere Seele uns allein eigen ist, weil sie von der Seele eines anderen unabhängig ist & weil wir mit unserer Art nichts anderes gemeinsam haben als die Materie unseres Körpers; aber welcher Unterschied auch immer zwischen uns & den *Tieren* bestehen mag, man kann keinesfalls abstreiten, daß wir ihnen durch die letztgenannten unserer Fähigkeiten bei weitem überlegen sind. Man kann also sagen: Obwohl die Werke des Schöpfers in sich alle gleich vollkommen sind, ist das *Tier* doch unserer Auffassung nach das vollkommenste Werk & der Mensch das Meisterwerk.

Insbesondere sollten wir ein Lebewesen – eine Pflanze, oder ein Tier oder einen Menschen – nie mit einer Maschine verwechseln. Ein Lebewesen ist vielmehr wie ein Gedicht, das auf jeder Organisationsstufe – Buchstabe, Wort, Satz, Strophe – weitere Dimensionen erschließt und neue Eigenschaften zum Ausdruck bringt. Hans-Peter Dürr, Unbelebte und belebte Materie

Um in der Tat beim *Tier* zu beginnen, das hier unser Hauptgegenstand ist, ehe wir zum *Menschen* kommen: Wie viele Triebfedern, wie viele Kräfte, wie viele Maschinen & wie viele Bewegungen sind doch in jenem kleinen Stück Materie enthalten, aus dem der Körper eines *Tiers* besteht! Wie viele Beziehungen, welche Harmonie, welche Übereinstimmung zwischen den Teilen! Wie viele Kombinationen, Anordnungen, Ursachen, Wirkungen, Prinzipien, die alle auf ein & dasselbe Ziel hinwirken & die wir nur aufgrund der schwer faßbaren Ergebnisse kennen, die für uns nur deshalb keine Wunder mehr sind, weil wir uns angewöhnt haben, nicht über sie nachzudenken!

Aber so wunderbar dieses Werk uns auch erscheinen mag, liegt doch das größte Wunder nicht im Individuum; in der Aufeinanderfolge, der Erneuerung & der Beständigkeit der Arten scheint die Natur völlig unbegreiflich zu sein, »oder vielmehr, wenn man noch weiter zurückgeht, in der Ordnung, die zwischen den Teilen des Ganzen durch eine unendliche Weisheit & durch eine allmächtige Hand hergestellt worden ist; denn ist diese Ordnung erst einmal hergestellt, dann sind die Wirkungen, so überraschend sie auch sein mögen, notwendig & einfache Folgen der Gesetze der Bewegung. Die Maschine ist vollendet, & die Stunden werden unter dem Auge des Uhrmachers angezeigt. Aber von allen Folgen des Mechanismus muß man wohl zugeben, daß diese den *Tieren* & den Pflanzen innewohnende Fähigkeit, Wesen ihresgleichen hervorzubringen, diese Art Einheit, die immer besteht & ewig zu sein scheint, diese Zeugungskraft, die unaufhörlich ausgeübt wird, ohne jemals verlorenzugehen, für uns, wenn wir sie in sich selbst & ohne jede Beziehung zu der von dem Allmächtigen hergestellten Ordnung betrachten, ein Mysterium ist, dessen Tiefgründigkeit wir, wie es scheint, nicht zu ermessen vermögen.«

Die leblose Materie, dieser Stein, dieser Lehm, der unter unseren Füßen ist, hat wohl gewisse Eigenschaften: Schon ihr Dasein allein setzt eine sehr große Anzahl von Eigenschaften voraus, & auch die am wenigsten organische Materie hat doch aufgrund ihres Daseins eine unendliche Anzahl von Beziehungen zu allen anderen Teilen des Universums. Wir behaupten nicht wie einige Philosophen, daß die Materie, unter welcher Form sie auch immer erscheinen mag, ihr Dasein & ihre relativen Eigenschaften kennt. Diese Anschauung hängt mit einer Frage der Metaphysik zusammen, die man in dem Artikel *Seele* erörtert findet. Es genügt uns, folgendes klarzumachen: Da wir selbst keine Kenntnis von allen jenen Beziehungen haben, die wir zu allen äußeren Gegenständen haben können, dürfen wir nicht daran zweifeln, daß die leblose Materie noch weitaus weniger diese Kenntnis besitzt; da im übrigen unsere Empfindungen in keinerlei Weise den Gegenständen gleichen, die sie hervorrufen, müssen wir daher den Analogieschluß ziehen, daß die leblose Materie weder Gefühl noch Empfindung, noch Bewußtsein ihres Daseins hat. Ihr einige dieser Fähigkeiten zuschreiben hieße ihr das Vermögen verleihen, ungefähr nach demselben System & in derselben Weise zu denken, zu handeln & zu empfinden wie wir – was aber sowohl der Vernunft als auch der Religion widerstrebt. »Aber eine Betrachtung, die sich mit beiden vereinbart & zu der wir durch das Schauspiel der Natur in den Individuen angeregt werden, ist, daß dieses Vermögen, zu denken, zu handeln & zu empfinden, bei einigen Menschen in hervorragendem Maße vorhanden ist, bei anderen dagegen in weniger hervorragendem Maße, & daß es um so schwächer wird, je weiter man die Kette der Wesen in absteigender Linie verfolgt, & daß es anscheinend an einem sehr fernen Punkt dieser Kette erlischt – einem zwischen dem Tierreich & dem Pflanzenreich liegenden Punkt, dem wir zwar durch Beobachtungen immer näher kommen werden, der uns aber stets entgehen wird; die Erfahrungen werden niemals bis zu ihm gelangen & die Systeme immer über ihn hinausgehen; denn die Erfahrung geht immer Schritt für Schritt, der Systemgeist dagegen macht Sprünge.«

Wir behaupten also, daß wir, da wir aus Erde gebildet sind & aus Staub bestehen, in der Tat zur Erde & zum Staub gemeinsame Beziehungen haben, die uns mit der Materie überhaupt verbinden; es sind die Ausdehnung, die Undurchdringlichkeit, die Schwere &c. Da wir aber diese rein materiellen Beziehungen nicht wahrnehmen, da sie keinen Eindruck in uns hinterlassen, da sie ohne unser Zutun bestehen, da sie auch nach dem Tod oder vor dem Leben existieren & uns keineswegs affizieren, kann man nicht behaupten, daß sie einen Teil unseres Wesens bilden. Der organische Bau, das Leben, die Seele bilden also im eigentlichen Sinne unsere Existenz. Wird die Materie unter diesem Gesichtspunkt betrachtet, so ist sie weniger der Gegenstand als das Zubehör unserer Existenz; sie ist eine fremde Hülle, deren Zusammenhang uns unbekannt & deren Vorhandensein uns schädlich ist, & jene Ordnung der Gedanken, die unser Wesen ausmacht, ist vielleicht von ihr völlig unabhängig.

Übrigens ist der allgemeine & wahrnehmbarste Unterschied zwischen den *Tieren* & den Pflanzen die Gestalt: Die Gestalt der *Tiere* ist zwar unendlich verschieden, gleicht aber niemals der Gestalt der Pflanzen, & obwohl die Polypen, die sich wie Pflanzen vermehren, so betrachtet werden können, als bildeten sie den feinen Übergang zwischen *Tieren* & Pflanzen, & zwar nicht nur durch die Art, wie sie sich vermehren, sondern auch durch ihre äußere Gestalt, kann man doch behaupten, daß die Gestalt irgendeines *Tiers* von der äußeren Gestalt einer Pflanze so verschieden ist, daß man sich dabei wohl kaum täuschen könnte. Die *Tiere* können wahrhaftig Dinge zustande bringen, die Pflanzen oder Blumen gleichen; aber niemals werden die Pflanzen etwas hervorbringen, was einem *Tier* gleicht: Jene wunderbaren Insekten, welche die Koralle hervorbringen, wären nicht verkannt & für Blumen gehalten worden, wenn man nicht einem unbegründeten Vorurteil zufolge die Koralle als Pflanze betrachtet hätte.

So werden die Irrtümer, in die man verfallen könnte, wenn man die Gestalt der Pflanzen mit der Gestalt der Tiere vergliche, immer nur eine kleine Anzahl betreffen, die den feinen Übergang zwischen den beiden bilden, & je mehr Beobachtungen man anstellt, desto vollkommener wird man sich davon überzeugen, daß der Schöpfer keine bestimmte Grenze zwischen den *Tieren* & den Pflanzen festgelegt hat, daß diese beiden Gattungen, die organisch gebaut sind, weitaus mehr gemeinsame Eigenschaften als wirkliche Unterschiede aufweisen, daß es der Natur nicht schwerer, vielleicht sogar leichter fällt, das *Tier* hervorzubringen, als die Pflanze, daß es ihr im allgemeinen keine Mühe macht, organisch gebaute Wesen hervorzubringen, & daß schließlich alles Lebende & Beseelte keine metaphysische Stufe der Wesen, sondern eine physische Eigenschaft der Materie ist. *Daubenton/Diderot*

Anita Albus

Das Tier

Zweck sein selbst ist jegliches Tier. (Goethe)

Le style est l'homme même. Mit diesem Satz hat sich Buffon bei seiner Antrittsrede in der Académie Française am 25. August 1753 unsterblich gemacht. Keinem anderen Lebewesen kommt es in den Sinn, sich selbst in seinen Werken auszudrücken. Nicht dem Biber beim Bau der Burg, nicht der Spinne beim Weben des Netzes, nicht dem Pillendreher beim Töpfern der Brutbirne und nicht einmal dem Laubenvogel, wenn er den Balzplatz vor der hohen Laube, in die er das Weibchen locken wird, nach dem Glätten rundherum mit Blüten, Früchten, Federn, Steinen und Schneckenschalen schmückt. In unwandelbarer Honigbienenweise modelliert *Apis mellifica* seit unvordenklichen Zeiten aus dem körpereigenen Wachs, das in Gestalt kleiner dünner Schuppen aus den Ringen ihres Hinterleibes tritt, hexagonale Brut- und Vorratskammern. Die Bürsten, mit denen sie die Wachsschuppen zum Mund fegt, sitzen unterhalb von Pollenschieber und Pollenkamm an den Hinterbeinen. Mit ihrer Mundzange knetet die Biene die Schuppen zu Klümpchen, aus denen sie die Zelle formt. Auch ein Pendellot zur Orientierung beim Bauen ist ihr als Sinnesorgan mitgegeben.

Schwänzeltanz-Verständigung, Magnetfeld-Orientierung, Wahrnehmung des ultravioletten und des polarisierten Lichtes und innere Uhr der Bienen waren im Zeitalter der Aufklärung unbekannt. Das größte Rätsel, das die Bienen den Forschern des 18. Jahrhunderts aufgaben, war in der wunderbaren Regelmäßigkeit ihrer Wachsarchitektur inkarniert. Wie bestimmten sie die geometrisch exakten Winkel am geschlossenen Ende der hexagonalen Zell-Prismen? Woher nahmen sie die Idee der *maxima* und *minima*, die in der optimalen Nutzung des Raumes und der sparsamen Verwendung von Wachs zum Ausdruck kam? Beherrschten sie etwa die Methoden von Leibniz und Newton?

»Es ist ein großes Wunder«, resümiert Fontenelle im Jahre 1739 das Phänomen, »daß die Bestimmung der Winkel weit über den Bereich der gewöhnlichen Geometrie hinausgeht und zu den neuen Methoden gehört, die auf der Theorie des Unendlichen gründen. Aber schließlich wüßten die Bienen zuviel davon, und das Übermaß ihres Ruhmes ist dessen Ruin. Man muß es auf eine unendliche Intelligenz zurückführen, die sie blindlings gemäß ihren Anweisungen handeln läßt, ohne ihnen diese Erhellungen einzuräumen, die sich selbst zu steigern und zu stärken vermögen und die unserem Verstand zur Ehre gereichen.«

Ganz anders Buffon: »Diese so viel gepriesenen, so viel bewunderten Bienenzellen liefern mir einen weiteren Beweis gegen die Schwärmerei und Anhimmelung.« Ein großes Wunder? Die hexagonalen Gebilde in der Natur sind das Ergebnis mechanischer Kräfte. Experimente mit Erbsen und zylindrischen Körnern hatten ihm gezeigt, daß diese unter wechselseitigem Druck zu Sechsecken werden. »Der zylindrische Körper der Bienen, die Zelle für Zelle soviel Raum wie möglich einzunehmen trachten, ihr Gedränge im Bau, bewirkt durch gegenseitigen Druck die hexagonale Form.«

Weder mit dem Vermessen der Winkel noch mit dem Einsparen von Wachs nehmen es die Bienen so genau. Was will man von einer 37 x 22,5 Zentimeter großen Wabe aus 40 Gramm Wachs, deren Wände dünner als $^1/_{10}$ Millimeter sind, mehr verlangen als Stabilität bei der Aufnahme von zwei Kilo Honig? Das Streben nach Vollkommenheit ist aus dem Mangel geboren. Den Tieren ist es fremd. In ihrem Reich ist jede Art vollkommen in ihre Lebenssphäre eingepaßt.

Der Darwinismus glaubte, in der Reihe der Lebewesen von den Ur- bis zu den Wirbeltieren eine stufenweise ansteigende Vervollkommnung von der einfachsten Struktur zur Mannigfaltigkeit zu erkennen. »Nur vergaß man dabei das eine, daß die Vollkommenheit der Struktur gar nicht aus ihrer Mannigfaltigkeit erschlossen werden kann. Kein Mensch wird behaupten, daß ein Panzerschiff vollkommener sei als die modernen Ruderboote der internationalen Ruderklubs. Auch würde ein Panzerschiff bei einer Ruderregatta eine klägliche Rolle spielen. Ebenso würde ein Pferd die Rolle eines Regenwurms nur sehr unvollkommen ausfüllen.

Die Frage nach einem höheren oder geringeren Grad der Vollkommenheit bei den Lebewesen kann nur gestellt werden, wenn der Forscher die Welt, die ihn umgibt, für das Universum hält, das alle Lebewesen gleich ihn umschließt und an das sie, wie der Augenschein lehrt, mehr oder minder gut angepaßt sind.

Von diesem Standpunkt aus wird die menschliche Welt als die allein maßgebende betrachtet, und demzufolge erscheinen die Baupläne der niederen Tiere als minderwertig gegenüber den Bauplänen der höheren Tiere und namentlich des Menschen.

Das ist aber ein handgreiflicher Irrtum, denn der Bauplan eines jeden Lebewesens drückt sich nicht nur im Gefüge seines Körpers aus, sondern auch in den Beziehungen des Körpers zu der ihn umgebenden Welt. Der Bauplan schafft selbsttätig die Umwelt des Tieres.«

So Jakob von Uexküll in seinem 1909 erschienenen Buch *Umwelt und Innenwelt der Tiere:* Innen- und Außenwelt sind aufs genaueste ineinandergefügt, und so ist jede einzelne Tierart nicht mehr oder weniger an ihre Umwelt *angepaßt,* sondern gleich vollkommen in sie *eingepaßt.* Ob Amöbe oder Ameise, Bär oder Biene, Flunder oder Fledermaus, Zaunkönig oder Zebra, jegliche Art bildet den Mittelpunkt ihrer Umwelt und ist von Dingen umgeben, die ihr ausschließlich angehören. »Jedes Tier an einer anderen Stelle und in anderer Weise. Aus der unübersehbaren Mannigfaltigkeit der anorganischen Welt sucht sich jedes Tier gerade das aus, was zu ihm paßt, das heißt, es schafft sich seine Bedürfnisse selbst entsprechend der eigenen Bauart.

Nur dem oberflächlichen Blick mag es erscheinen, als lebten alle Seetiere in einer allen gemeinsamen gleichartigen Welt. Das nähere Studium lehrt uns, daß jede dieser tausendfach verschiedenen Lebensformen eine ihm eigentümliche Umwelt besitzt, die sich mit dem Bauplan des Tieres wechselseitig bedingt.«

Uexküll hat seine Erkenntnisse durch das Studium der anatomischen Struktur von Infusorien, Amöben, Medusen und Manteltieren, von Seeigel, Schlangenstern, Regenwurm, Blutegel, Pilgermuschel und Seehase gewonnen. Die vergleichende Verhaltensforschung hat ihr Lehrgebäude auf dem Fundament seiner Entdeckungen aufgebaut und seine Mahnung beherzigt, die menschliche Sicht nicht in die Welten der Tiere zu projizieren. Um so bedenkenloser wenden jetzt Ethologen die umgekehrte Methode an. Schlußfolgerungen aus den Welten von Affe, Graugans und Ameise werden blindlings auf die des Menschen übertragen. Uexkülls Warnung vor den »Taschenspielerkunststücken« des Darwinismus stieß auf taube Ohren. Die Verlockungen des Reduktionismus scheinen unwiderstehlich zu sein. Hat man endlich die Vielfalt der Kultur wie die Mannigfaltigkeit der Natur zu Selektionswerten reduziert, ist die Weltformel gefunden, mit der sich das Menschentier in alter Überheblichkeit über die Grenzen seines Geistes täuschen kann. Tauglichster Gen-Zähler ist es allemal, und so beschreibt es seine Mitgeschöpfe als Gen-Banken:

»Organismen sind energieerwerbende Systeme, die von der Erwirtschaftung einer positiven Energiebilanz leben. Ihre Organisation wurde von der Selektion erzwungen; dadurch unterscheiden sich Organismen ganz entscheidend von physikalischen Systemen. Die Konkurrenz erzwang vielfältige Anpassungen, die den Nahrungserwerb wie auch andere der prinzipiell stets gleichen Anpassungsfronten betreffen. So muß sich ein Organismus nicht nur auf eine Energiequelle einstellen, sondern auch auf Störfaktoren verschiedenster Art – seien es Feinde, klimatische Faktoren oder Konkurrenten. All dies bedingt sowohl beim Aufbau als auch beim Betrieb vergleichbare Kosten.« (Irenäus Eibl-Eibesfeldt, *Grundriß der vergleichenden Verhaltensforschung,* 1967)

Man kann sich keine Theorie vorstellen, die einer Zeit der Verherrlichung globaler ökonomischer Konkurrenzkämpfe besser angepaßt wäre als der durch die Genetik verfeinerte Darwinismus. Dieser Neodarwinismus gehorcht selbst der Ratio, die er der Natur unterstellt. Nicht von ungefähr heißen seine Götter Zufall und Notwendigkeit, und nicht umsonst faßt er das Leben der Organismen als Schule der Gewinnmaximierung auf.

Welten trennen diese Sicht der Natur von der eines Uexküll. Selbstverständlich setzte der Anatom voraus, daß die Vollkommenheit und Harmonie, von der die Merk- und Wirknetze der Natur zeugen, einer Ordnung angehören, die das menschliche Erkenntnisvermögen übersteigt. Die nichtstoffliche Ordnung des Lebens, die dem Stoff erst das Gefüge verleiht, nannte er nicht »unendliche Intelligenz« wie Fontenelle, oder »Entelechie« wie Driesch, sondern *Planmäßigkeit.* Planmäßig geht im Tierreich aus der Innenwelt die Außenwelt hervor, und planmäßig sind die unzähligen in sich geschlossenen Tierwelten miteinander verbunden. »Wir können statt Planmäßigkeit ebensogut Funktionsmäßigkeit, Harmonie oder Weisheit sagen. Auf das Wort kommt es gar nicht an, sondern nur auf die Anerkennung der Existenz einer Naturkraft, die nach Regeln bindet. Ohne Anerkennung dieser Naturkraft bleibt die Biologie ein leerer Wahn.« (Uexküll, *Theoretische Biologie*)

In diesem Wahn hat die Biologie des 20. Jahrhunderts große Fortschritte gemacht. »Es gibt ganze Institute, deren Mitglieder das Leben nur im Zoo gesehen haben. Sie erziehen Jüngere, die es auch nicht mal vom Mikroskop her kennen.« (Erwin Chargaff) Das Tier? Eine molekulare Maschine. Indessen könnte kein noch so eifrig würfelnder Gott die hohe Aussterberate von Pflanzen und Tieren durch Artenbildung kompensieren. Ein Fünftel aller bekannten Vogelarten ist ausgestorben oder unmittelbar vom Aussterben bedroht. Will man den Angaben der International Union for the Conservation of Nature and Natural Resources Glauben schenken, dann hat der Mensch in den letzten fünfzig Jahren vielleicht schon 50 Prozent aller Tier- und Pflanzenarten ausgerottet.

Das Menschentier verkennt in seiner Hybris, daß mit jeder auf immer verschwundenen Spezies eine ganze Welt untergegangen ist, die in der Kultur zu spiegeln ihm aufgegeben war.

In einigen natürlichen und künstlichen Refugien können sich unsere »älteren Brüder« (Herder) noch in schöner Planmäßigkeit entfalten, jede einzelne Art eine Krone der Schöpfung. *Pan satyrus* etwa, der Schimpanse, versteht es, einen dünnen Zweig, von dem er die Blätter abgestreift hat, als Termitenangel zu benützen, indem er ihn geduldig in das aufgebrochene Loch eines Termitenhügels schiebt. Es fällt ihm gar nicht ein, sich sein Eßstäbchen durch Gestaltung anzueignen. In der Welt des *Pan* herrscht kein Mangel an Zweigen und im Zweifelsfall tut es auch ein Halm. Noch hat kein Gen-Zähler versucht, einem Schimpansen beizubringen, wie er mit Hilfe der Fingernägel in die Rinde seines Eßstäbchens Zeichen ritzen könnte, die sich eines fernen Tages durch das Wirken des allmächtigen Zufalls als Monogramm herausschälen: P für *Pan* und s für *satyrus.*

TIRADE – (**Literatur**). Ein vor kurzem in die Sprache aufgenommener Ausdruck zur Bezeichnung bestimmter Gemeinplätze, mit denen vor allem unsere dramatischen Dichter ihre Werke verschönern oder, besser gesagt, entstellen. Wenn sie im Verlauf einer Szene zufällig den Wörtern *Elend, Tugend, Verbrechen, Vaterland, Aberglaube, Priester, Religion* &c. begegnen, so haben sie in ihren Mappen ein halbes Dutzend im voraus geschmiedeter Verse parat, die sie an diesen Stellen einflechten. Nur eine außerordentliche Kunst, ein großer Zauber im Vortrag & die Neuheit oder die Kraft der Gedanken können dieses Beiwerk erträglich machen. Um zu beurteilen, wie deplaziert sie sind, braucht man nur zu sehen, in welcher Verlegenheit der Schauspieler an diesen Stellen ist. Er weiß nicht, an wen er sich wenden soll. An den, mit dem er auf der Bühne steht? Das wäre lächerlich: derartige kleine Predigten hält man niemandem, mit dem man sich über seine Lage unterhält; & zum Parterre darf man niemals sprechen.

So schön einige *Tiraden* sein mögen, sie sind geschmacklos, & jeder Mensch, der in der Lektüre der Alten nur ein wenig bewandert ist, wird sie verwerfen wie den Purpurlappen, von dem Horaz sagte: »Wie häufig sehn wir einem ernsten, vielversprechenden Gedichte hier und da wie einen Purpurlappen angeflickt, der weithin glänzen soll?« Das riecht nach dem Schüler, der seine Arbeiten aufbläht.

Anonym

TOLERANZ – **Tolérance** (**Theologie, Moral, Politik**). Die *Toleranz* ist die Tugend jenes schwachen Wesens, das dazu bestimmt ist, mit Wesen zusammenzuleben, die ihm gleichen. Dem Menschen, der durch seine Intelligenz so erhaben ist, sind zugleich durch seine Irrtümer & seine Leidenschaften so enge Grenzen gesetzt, daß man ihm den anderen gegenüber nicht genug von jener *Toleranz,* jener Duldsamkeit einflößen kann, deren er selbst so bedarf & ohne die man auf der Erde nur Unruhen & Streitigkeiten sehen würde. Da man diese erfreuliche versöhnliche Tugend aber geächtet hat, gereichten zahlreiche Jahrhunderte den Menschen mehr oder weniger zur Schande & zum Unglück; es wäre ein Irrtum, zu glauben, daß wir ohne sie unter uns Ruhe & Glück wiederherstellen können!

Man kann zweifellos mehrere Quellen unserer Zwietracht feststellen. Wir sind in dieser Hinsicht leider nur zu fruchtbar. Da sich aber vor allem in Fragen der Gesinnung & der Religion die verheerenden Vorurteile besonders zwingend & scheinbar sogar mit Recht durchsetzen, ist dieser Artikel auch dazu bestimmt, sie zu bekämpfen. Wir begründen zunächst auf den evidentesten Prinzipien die Richtigkeit & Notwendigkeit der *Toleranz* & entwerfen dann aufgrund dieser Prinzipien die Pflichten der Fürsten & Herrscher. Wie traurig ist doch die Aufgabe, den Menschen Wahrheiten beweisen zu müssen, die so klar & für sie von so großem Interesse sind, daß man seine Natur verloren haben muß, um sie nicht selbst zu erkennen! Wenn es aber sogar in unserem Jahrhundert noch Menschen gibt, die ihre Augen der Evidenz & ihr Herz der Menschlichkeit verschließen, wie könnten wir dann in unserem Werk darüber feiges & schuldbewußtes Stillschweigen bewahren? Nein. Wie immer es auch um den Erfolg bestellt sein mag, wagen wir zumindest, die Rechte der Menschlichkeit & Gerechtigkeit zu fordern, & versuchen wir noch einmal, dem Fanatiker seinen Dolch zu entreißen & dem Abergläubischen seine Augenbinde abzunehmen.

Wenn die Intoleranz überall herrschte, so würde sie alle Menschen gegeneinander bewaffnen & aufgrund der verschiedenen Anschauungen immer wieder Kriege heraufbeschwören; denn selbst wenn man voraussetzen würde, daß die Ungläubigen nicht Verfolger aus religiösen Prinzipien wären, so wären sie es doch zumindest aus politischen & eigennützigen Gründen. Da die Christen diejenigen, die ihre Ideen nicht anerkennen, nicht dulden können, so würde man sehen, wie sich mit Recht alle Völker gegen sie verbündeten & den Untergang dieser Feinde des Menschengeschlechts beschlössen, die unter dem Schleier der Religion nichts Unrechtmäßiges darin erblicken würden, die Menschheit zu peinigen & zu unterjochen. Wahrhaftig, ich frage das Menschengeschlecht: Was hätten wir einem Fürsten in Asien oder in der Neuen Welt vorzuwerfen, wenn er den ersten Missionar, den wir zu ihm schickten, um ihn zu bekehren, aufhängen ließe? Besteht die höchste Pflicht des Herrschers nicht darin, den Frieden & die Ruhe in seinen Staaten zu sichern & aus ihnen jene gefährlichen Menschen wohlweislich zu verbannen, die zuerst ihre Schwäche unter scheinheiliger Sanftmut verbergen, dann aber, sobald sie die Möglichkeit dazu haben, barbarische & aufrührerische Lehren zu verbreiten suchen? Mögen die Christen es also sich selbst zuschreiben, wenn die anderen Völker, denen sie ihre Lehren beigebracht haben, sie nicht dulden wollen & wenn sie in ihnen nur die Mörder Amerikas oder die Ruhestörer Indiens sehen & ihre heilige christliche Religion, die sich auf der Erde verbreiten & Früchte tragen soll, wegen ihrer Ausschreitungen & Gewalttaten mit Recht verwerflich finden.

Übrigens erscheint es uns unnütz, den Intoleranten die Prinzipien des Evangeliums entgegenzuhalten, das nur die Prinzipien der natürlichen Billigkeit verbreitet & entwickelt, ihnen die Lehren & das Vorbild ihres erhabenen Meisters, der immer nur Milde & Nächstenliebe verkündete, ins Gedächtnis zurückzurufen & ihnen das Verhalten jener ersten Christen vor Augen zu führen, die nur den Segen zu erteilen & für ihre Verfolger zu beten verstanden. Wir führen auch nicht jene Vernunftgründe an, deren die ersten Kirchenväter sich mit so viel Überzeugungskraft Männern wie Nero & Diokletian gegenüber bedienten, die aber seit Konstantin dem Großen lächerlich geworden & leicht zu widerlegen sind. Man sieht wohl ein, daß wir in einem Artikel eine so reichhaltige Materie nur flüchtig behandeln können: So haben wir jetzt, nachdem wir die Prinzipien, die uns am allgemeinsten & am einleuchtendsten erschienen, ins Gedächtnis zurückgerufen haben, nur noch die Aufgabe zu erfüllen, die Pflichten der Herrscher gegenüber den religiösen Sekten, welche die Gesellschaft spalten, kurz zu umreißen.

Allgemeine Regel: Achtet unverbrüchlich die Rechte des Gewissens in allem, was die Gesellschaft nicht beunruhigt. Spekulative Irrtümer sind für den Staat belanglos; Verschiedenheit in den Anschauungen wird immer unter Wesen herrschen, die so unvollkommen sind wie der Mensch; die Wahrheit bringt Ketzereien hervor wie die Sonne Schlacken & Flecken. Verschlimmert also nicht ein unvermeidliches Übel, indem ihr es mit Feuer & Schwert auszurotten sucht; bestraft Verbrechen, aber habt Mitleid mit dem Irrtum, & verleiht der Wahrheit niemals andere Waffen als Sanftmut, Vorbildlichkeit & Überzeugungskraft. *In Angelegenheiten der Änderung des Glaubens wirken Aufforderungen stärker als Strafen; letztere haben immer nur zerstörend gewirkt.*

Diesen Prinzipien wird man die Nachteile, die sich aus der Vielzahl der Religionen ergeben, & die Vorteile der Einheitlichkeit des Glaubens in einem Staate entgegensetzen. Wir antworten darauf zunächst mit dem Verfasser des *Geistes der Gesetze:* »Diese Ideen von der Einheitlichkeit machen unfehlbar auf die gewöhnlichen Menschen tiefen Eindruck, weil sie darin eine Art Vollkommenheit finden, die darin nicht zu entdecken unmöglich ist: gleiche Maßstäbe in der Verfassung, gleiche Maßnahmen im Handel, gleiche Gesetze im Staate, gleiche Religion in allen seinen Teilen. Aber ist das immer & ausnahmslos günstig? Ist das Übel, etwas zu ändern, immer weniger groß als das Übel, etwas zu ertragen? Und würde die Größe des Genies nicht vielmehr darin bestehen, zu erkennen, in welchen Fällen die Einheitlichkeit & in welchen Fällen die Verschiedenheit angebracht ist?« Warum soll man denn Anspruch auf eine Vollkommenheit erheben, die mit unserer Natur unvereinbar ist? Es wird unter den Menschen immer verschiedene Meinungen geben; die Geschichte des menschlichen Geistes ist dafür ein kontinuierlicher Beweis, & das trügerischste Vorhaben wäre, die Menschen zur Einheitlichkeit in ihren Anschauungen zurückführen zu wollen. Dennoch, sagt ihr, erfordere das politische Interesse, daß man diese Einheitlichkeit schafft, daß man mit Bedacht jede Meinung verdammt, die zu den im Staate anerkannten Meinungen im Widerspruch steht; das heißt, man muß den Menschen darauf beschränken, nur noch ein Automat zu sein, nur Meinungen zu lehren, die in seinem Geburtsort gelten, ohne jemals zu wagen, sie zu untersuchen & zu erforschen, & die barbarischsten Vorurteile, etwa solche, wie wir sie bekämpfen, untertänig zu achten. Aber wie viele Übel & welche Zwietracht hat die Vielzahl der Religionen in einem Staate zur Folge! Euer Einwand verwandelt sich in einen Beweis gegen euch, da die Intoleranz ja die Quelle dieser Übel ist; denn wenn die verschiedenen Parteien einander duldeten & sich nur durch das Vorbild, die Schicklichkeit der Sitten, die Liebe zu den Gesetzen & zum Vaterland zu bekämpfen suchten, wenn das der einzige Beweis wäre, den jede Sekte zugunsten ihres Glaubens erbrächte, so würden im Staate trotz der Verschiedenheit der Anschauungen bald Eintracht & Friede herrschen, so wie in der Musik Dissonanzen den Zusammenklang des Ganzen nicht beeinträchtigen.

Man beharrt indes auf seinem Standpunkt & behauptet, der Wechsel der Religion habe oft Umwälzungen in der Regierung & im Staate zur Folge. Darauf antworte ich wieder, daß der Intoleranz allein das zur Last fällt, was an dieser Bezichtigung so abscheulich ist; denn wenn die Neuerer geduldet oder nur mit den Waffen des Evangeliums bekämpft würden, so würde der Staat nicht unter dieser geistigen Gärung leiden. Aber die Verteidiger der herrschenden Religion erheben sich wütend gegen die Sektierer, gehen mit Waffengewalt gegen sie vor, bringen blutige Erlasse heraus, säen in allen Herzen Zwietracht & Fanatismus & legen dreist ihren Opfern die Unruhe zur Last, die sie gestiftet haben.

Was die betrifft, die unter dem Vorwand der Religion nur versuchen, die Ruhe der Gesellschaft zu stören, Aufruhr zu schüren & das Joch der Gesetze abzuschütteln, so unterdrückt sie mit Strenge, wir sind nicht ihre Apologeten; aber verwechselt mit diesen Schuldigen nicht diejenigen, die nur Gedankenfreiheit verlangen sowie die Freiheit, sich zu dem Glauben zu bekennen, den sie für den besten halten, & die im übrigen als treue Untertanen des Staates leben!

Aber, werdet ihr wieder einwenden, der Fürst sei doch der Verteidiger des Glaubens; er müsse ihn in seiner ganzen Reinheit erhalten & sich mit Entschiedenheit all denen widersetzen, die ihm Abbruch tun; wenn Vernunftgründe & Ermahnungen nicht fruchteten, so trüge er nicht umsonst das Schwert, sondern vielmehr deshalb, um den, der Unrecht tut, zu strafen & die Aufrührer zu zwingen, in den Schoß der Kirche zurückzukehren. Was willst du denn, du Barbar? Deinen Bruder umbringen, um ihn zu retten? Aber hat Gott dich mit dieser schrecklichen Aufgabe betraut? Hat er in deine Hände die Sorge für seine Rache gelegt? Woher weißt du, daß er geehrt sein will wie die Teufel? Geh, Unglücklicher, dieser Friedensgott mißbilligt deine gräßlichen Opfer; sie sind nur deiner würdig!

Wir unternehmen es nicht, hier die genauen Grenzen der *Toleranz* festzulegen, die barmherzige Duldung, wie sie Vernunft & Menschlichkeit zugunsten der Irrgläubigen verlangen, von jener verwerflichen Gleichgültigkeit zu unterscheiden, die uns alle Anschauungen der Menschen unter demselben Aspekt sehen läßt. Wir predigen die praktische *Toleranz*, nicht aber die spekulative; & man begreift wohl, welcher Unterschied zwischen der Duldung einer Religion & ihrer Billigung besteht. Wir verweisen die wißbegierigen Leser, die diesen Gegenstand tiefer erforschen wollen, auf den *Philosophischen Kommentar* Bayles, in dem dieses großartige Genie sich nach unserer Ansicht selbst übertroffen hat. *Jean Edmé Romilly*

TRAGISCHE, das – Tragique, le (Dramatische Dichtkunst). Das *Tragische* bildet den wesentlichen Kern der Tragödie. Es beinhaltet das Mitleiderregende & das Schreckliche, oder, wenn man so will, Mitleid & Schrecken. Der Schrecken ist die heftige Empfindung der eigenen Schwäche angesichts einer großen Gefahr. Er liegt zwischen Furcht & Verzweiflung. Die Furcht läßt uns wenigstens noch eine Ahnung davon, wie die Gefahr abzuwenden wäre. In der Verzweiflung fallen wir der Gefahr anheim. Der Schrecken dagegen lähmt die Seele, drückt sie nieder, richtet sie in gewisser Weise zugrunde & beraubt sie ihrer Fähigkeiten: Sie kann weder vor der Gefahr fliehen noch sich ihr ergeben. Genau dieses Gefühl stellt sich bei Sophokles angesichts des Unglücks von *Ödipus* ein. Das Stück zeigt einen Mann, der unter einem unglücklichen Stern geboren wurde, den das Schicksal ständig einholt, dem offenbar alles gelingt & den dabei doch die größte Katastrophe ereilt. Was auch immer einer unserer Schöngeister dazu verbreitet hat, hier sind es keine einzelnen Schicksalsschläge, sondern die Katastrophen der Menschheit, die uns erschrecken. Welcher unglückliche Mensch schreibt nicht zumindest einen Teil seines Unglücks einem unheilvollen Stern zu? Wir alle spüren, daß wir unser Schicksal nicht in der Hand haben, daß uns ein höheres Wesen führt & uns bisweilen fortreißt. In der Gestalt des Ödipus versammeln sich lediglich Unglücksfälle, welche die meisten von uns zumindest teilweise oder bis zu einem gewissen Grad schon einmal erlebt haben. Deshalb fürchtet & zittert der schwache Mensch, der die Zukunft nicht kennt, der die Macht der Gottheit über sich spürt, beim Anblick dieses Königs um sich & weint um Ödipus. Dies ist die andere Seite des *Tragischen*, das Mitleid, das zwangsläufig mit dem Schrecken einhergeht, wenn wir diesen durch das Unglück

Wenn wir ehrlich sind / ist das Theater an sich eine Absurdität / aber wenn wir ehrlich sind / können wir kein Theater machen / weder können wir wenn wir ehrlich sind / ein Theaterstück schreiben / noch ein Theaterstück spielen / wenn wir ehrlich sind / können wir überhaupt nichts mehr tun / außer uns umbringen / da wir uns aber nicht umbringen / weil wir uns nicht umbringen wollen / wenigstens bis heute und bis jetzt nicht / da wir uns also bis heute und bis jetzt nicht umgebracht haben / versuchen wir es immer wieder mit dem Theater / wir schreiben für das Theater / und wir spielen Theater / und ist das alles auch das Absurdeste / und Verlogenste.

THOMAS BERNHARD, DER THEATERMACHER

eines anderen empfinden. Das Unglück eines anderen erschreckt uns nur, weil wir eine gewisse Gleichheit zwischen dem Unglücklichen & uns entdecken. Im Schauspieler wie im Zuschauer ist es dasselbe Wesen, das leidet. Wenngleich die Tat des Ödipus schrecklich ist, erweckt sie doch zugleich unser Mitleid, sie ist somit *tragisch*. Und in welchem Ausmaß! Dieser Mann hat die dunkelsten Verbrechen begangen, die man begehen kann, er hat seinen Vater ermordet, er hat seine Mutter geheiratet & seine Kinder sind seine Brüder. Er erfährt es, wird überführt, als er sich in größter Sicherheit wiegt. Seine Frau, die zugleich seine Mutter ist, erhängt sich. In seiner Verzweiflung blendet er sich: Wo wäre eine Handlung, die mehr Leid & Mitleid bergen könnte? Der erste Akt führt das Thema ein. Im zweiten wird die Besorgnis geweckt, im dritten wächst sie, der vierte Akt ist schrecklich: »O weh, da ist's! aussprechen soll ich nun das Graun.« – »Und ich es hören.« Im fünften Akt fließen die Tränen.

Wenn in einem Stück das *Tragische* nicht alles überragt, kann man nicht von einer Tragödie sprechen. Echte *Tragik* herrscht dort, wo ein tugendhafter oder zumindest mehr tugend- als lasterhafter Mensch zum Opfer seiner Pflichten wird, wie bei Curacie in Corneilles *Horatius*, wenn er zum Opfer seiner eigenen Schwäche wird, wie Ariane & Phädra, oder Opfer der Schwäche eines anderen wie Polyeucte, oder wenn er der Voreingenommenheit des Vaters zum Opfer fällt, wie Hippolyt, oder wie Camille dem Zornausbruch des Bruders. Ob ihn ein Unglück ereilt, dem er nicht entgehen konnte, wie Andromache, oder ob ein Verhängnis über ihn hereinbricht wie über Ödipus, der seinem Schicksal ohnmächtig gegenübersteht wie alle Menschen: All das ist echte Tragik, wühlt uns im Innersten auf & rührt uns zu Tränen. Dazu kommen noch die Grausamkeit der Handlung, der Glanz ihrer Größe & die Personen, die über sich selbst hinauswachsen. Die Handlung ist zugleich heroisch & tragisch & erzeugt in uns ein Mitleiden, in dem Schrekken liegt, denn wir sehen Menschen, die von den Unglücken der Menschheit niedergeschmettert werden, obgleich sie größer, mächtiger, vollkommener sind als wir. Wir genießen es, erschüttert zu werden, & dieses Gefühl schmerzt uns nicht, denn Schmerz empfindet nur die Person, die leidet, unser Gefühl reicht gerade so weit, daß die Aufführung noch ein Genuß ist.

Damit sich das Gefühl des *Tragischen* einstellt, muß nicht unbedingt Blut fließen. Die von Theseus verlassene Ariadne auf Naxos oder Philoktet auf der Insel Lemnos befinden sich in *tragischen* Situationen, denn ihre Verbannung steht dem Tod an Grausamkeit nicht nach. Sie verkörpern eine düstere Ahnung, in der Schmerz, Verzweiflung, Niedergeschlagenheit, kurz, alles enthalten ist, was ein Menschenherz quält.

Die Bestrafung eines Unterdrückers dagegen bewirkt keine Tragik. Der getötete Mithridates weckt ebensowenig Mitleid in mir wie Athalie, Aman & Pyrrhus. Auch die Situationen, in denen sich eine Monime, ein Joad, eine Esther oder eine Andromache befinden, versetzen mich nicht in Schrecken. Es sind sehr rührende Situationen, sie gehen uns ans Herz, betrüben die Seele bis zu einem gewissen Punkt, doch sie gehen nicht bis zum Letzten. Sie kommen uns nur deshalb *tragisch* vor, weil sie uns als *tragisch* vorgesetzt wurden & wir es gewohnt sind, uns an die Ähnlichkeit zu halten, die wir wiedererkennen, & wenn es sich um ein Vergnügen handelt, kann es schon vorkommen, daß wir nicht so genau hinsehen, was man uns da vorführt. Wo in diesen Stücken wird denn der *tragische* Knoten wirklich gelöst? *Phädra & Hippolyt*, *Die feindlichen Brüder*, *Britannicus*, *Ödipus*, *Polyeucte*, *Horatius* sind Beispiele dafür. Der Held, auf den die Augen des Zuschauers gerichtet sind, fällt einem grausamen, schrecklichen Unglück anheim. Man erlebt mit ihm die Katastrophen der Menschheit, man wird davon durchdrungen, man leidet genauso wie er.

Aristoteles beklagte sich über die Verweichlichung der Athener, die das *tragische* Leiden fürchteten. Um ihnen Tränen zu ersparen, entschlossen sich die Dichter, den geliebten Helden aus der Gefahr zu erlösen. Wir sind in diesem Punkt nicht weniger ängstlich als die Athener. Wir haben so viel Angst vor dem Schmerz, daß wir sogar seinen Schatten & sein Abbild fürchten, sobald sie ein wenig Fleisch haben. Das hat das *Tragische* bei uns aufgeweicht, verdorben. Man kann die Wirkung dieser Verfälschung spüren, wenn man *Polyeucte* & *Athalie* in ihrer Wirkung vergleicht. Beide sind ergreifend, doch in dem einen Stück taucht die Seele in eine köstliche Trauer & badet darin, während im anderen die Seele nach einigen Augenblicken der Aufregung & Bedrängnis durch eine Freude erlöst wird, die sich gleich wieder verflüchtigt & in Nichts auflöst.
Jaucourt

BÜRGERLICH-TRAGISCH – **Tragique bourgeois** (**Dramatische Dichtung, Tragödie**). *Bürgerlich-tragisch* ist ein dramatisches Stück, dessen Handlung weder von sich aus noch durch den Charakter derer, die sie vollziehen, heroisch ist. Sie ist von sich aus nicht heroisch, das bedeutet, daß sie keinen großen Gegenstand wie die Eroberung eines Throns oder die Bestrafung eines Tyrannen hat. Sie ist auch nicht heroisch durch den Charakter derer, die sie vollziehen; denn es sind keine Könige, keine Eroberer, keine Fürsten, die handeln oder gegen die man handelt.

Obwohl die Tragödie die Darstellung einer heroischen Handlung bezeichnet, steht doch außer Zweifel, daß man ein *bürgerlich-tragisches* Sujet auf die Bühne bringen kann. Es treten auch in bescheidenen Verhältnissen täglich rührende Ereignisse ein, die Gegenstand der poetischen Nachahmung sein können. Es scheint sogar, daß für die Mehrheit der Zuschauer, die ja zu diesem Mittelstand gehören, die Nähe des Unglücklichen & derer, die ihn leiden sehen, ein Grund mehr wäre, sich rühren zu lassen.

Wenn es aber wahr ist, daß man den Königen nicht den Soccus geben kann, so ist es nicht weniger wahr, daß man dem Kaufmann nicht den Kothurn anziehen kann. Die Tragödie kann eine solche Erniedrigung nicht billigen: »Es erregte selbst bei den Laien Unwillen, wenn man in würdigen Gesängen – noch dazu im Soccus – vom Mahl des Thyestes erzählte.«

Wenn übrigens die Aufgabe der Künste, die alle dazu geschaffen sind, die Natur zu verschönern, darin besteht, immer nach dem Erhabensten & Edelsten zu streben, wo kann man dann das Tragische so vollendet finden wie bei den Königen? Ganz davon abgesehen, daß sie Menschen sind wie wir & uns daher durch das Band der Menschlichkeit rühren. Die Stufe der Erhabenheit, die sie einnehmen, macht ihren Sturz eindrucksvoller. Der Raum, den sie mit ihrer Erhabenheit ausgefüllt haben, scheint in der Welt eine größere Lücke zu lassen. Schließlich steigert die Vorstellung von Macht & Glück, die man mit ihrem Namen verbindet, unendlich die Furcht & das Mitleid. Ziehen wir also den Schluß, daß es nicht Sache eines geschickten Künstlers ist, das *Bürgerlich-Tragische* oder, was auf dasselbe hinausläuft, unheroische Sujets auf die Bühne zu bringen. ⟶ *Jaucourt*

TRAUM – Rêve (Metaphysik). Man *träumt* im Schlaf, siehe auch TRAUMBILD. Die Geschichte der *Träume* ist noch sehr wenig bekannt, doch ist sie wegen der Einwände der Idealisten nicht nur wichtig für die Medizin, sondern auch für die Metaphysik; wir haben im *Traum* wohl eine innere Empfindung von uns selbst, zugleich aber einen Wahn, der allzu stark ist, als daß wir verschiedene Dinge außerhalb von uns sehen könnten; wir handeln also selbst, ob wir wollen oder nicht, & schließlich sind alle Gegenstände der *Träume* offenbar nur Spiele der Phantasie. Die Dinge, die uns im Laufe des Tages den stärksten Eindruck gemacht haben, erscheinen unserer Seele, während sie ausruht; das ist eine allgemeine Tatsache, sogar bei den Tieren, denn die Hunde *träumen* wie der Mensch; die Ursache für die *Träume* bildet also irgendein starker, häufiger & vorherrschender Eindruck. ⟶ *Diderot*

TRAUM – Rêve (Medizin). Lommius äußert dazu folgende Meinung:

Die *Träume* sind Affektionen der Seele, die im Schlaf eintreten & für den Zustand des Körpers & der Seele bezeichnend sind – vor allem dann, wenn sie nichts mit den Beschäftigungen des Tages gemeinsam haben; dann können sie zur Diagnostik & Prognostik von Krankheiten dienen.

Wer vom Feuer *träumt,* hat zu viel gelbe Galle; wer von dichtem Rauch oder Nebel *träumt,* hat zu viel schwarze Galle; wer von Regen, Schnee, Hagel, Eis, Wind *träumt,* hat äußerst phlegmatische innere Organe; wer sich im *Traum* in einer übelriechenden Umgebung befindet, kann damit rechnen, daß er in seinem Körper irgendeine faulende Flüssigkeit hat. Wenn man im *Traum* rot sieht oder wenn man sich einbildet, einen Hahnenkamm zu haben, so ist das ein Zeichen dafür, daß man zu viel Blut hat. *Träumt* man vom Mond, so sind die Kavernen des Körpers affiziert; *träumt* man von der Sonne, dann sind die mittleren Körperteile affiziert; *träumt* man von den Sternen, so sind Kontur & Oberfläche des Körpers affiziert. Wenn das Licht der Dinge, von denen man *träumt,* schwächer wird, sich trübt oder erlischt, kann man annehmen, daß die Affektion gering ist, etwa so, als wenn Dunst oder Nebel die Trübung des im *Traum* gesehenen Gegenstandes verursachten; stärker ist dagegen die Affektion, wenn dies von Wasser herrührt. Rührt die Verdunklung aber von der Einschiebung eines Gegenstandes & von der Trübung der Elemente her, so daß sie total wird, dann ist man von einer Krankheit bedroht; aber wenn die Hindernisse, die das Licht verbergen, sich aufzulösen beginnen & wenn der leuchtende Körper wieder in seinem vollen Glanz erscheint, so ist der Zustand nicht gefährlich. Eilen die leuchtenden Gegenstände mit erstaunlicher Geschwindigkeit vorbei, so ist das ein Anzeichen für das Delirium; bewegen sie sich nach Westen, stürzen sie ins Meer oder verschwinden sie hinter der Erde, so zeigen sie irgendeine Unpäßlichkeit an. Das aufgewühlte Meer läßt auf die Affektion des Unterleibs schließen; die von Wasser überflutete Erde ist ebenfalls ein schlechter *Traum,* es ist ein Zeichen für eine Kreislaufstörung; & wenn man sich einbildet, in einem Teich oder in einem Fluß zu versinken, dann ist diese Störung noch beträchtlicher. Sieht man die Erde ausgedörrt & von der Sonne verbrannt, so ist das noch schlimmer; denn in diesem Fall muß der Haushalt des Körpers der völligen Vertrocknung anheimgefallen sein. Hat man das Bedürfnis, zu essen oder zu trinken, so *träumt* man von Speisen & Getränken; glaubt man reines Wasser zu trinken, so ist das ein gutes Zeichen; glaubt man anderes Wasser zu trinken, so ist es ein schlechtes Zeichen. Ungeheuer, Bewaffnete & überhaupt alle Dinge, die Furcht einflößen, sind schlechte Vorzeichen; denn sie zeigen das Delirium an. Wenn man das Gefühl hat, von einer Höhe herabzustürzen, ist man von Schwindel, Epilepsie oder Schlaganfall bedroht, besonders wenn der Kopf gleichzeitig voller Grillen ist. ⟶ *Ménuret de Chambaud*

Kinder psychoanalytischer Eltern welken früh. Als Säugling muß es zugeben, daß es beim Stuhlgang Wollustempfindungen habe. Später wird es gefragt, was ihm dazu einfällt, wenn es auf dem Weg zur Schule der Defäkation eines Pferdes beigewohnt hat. Man kann von Glück sagen, wenn so eins noch das Alter erreicht, wo der Jüngling einen Traum beichten kann, in dem er seine Mutter geschändet hat. KARL KRAUS, PRO DOMO ET MUNDO

TRIBADE – **Tribade (Grammatik)**. Frau, die Leidenschaft für eine andere Frau empfindet; eine besondere Art von Verderbtheit, ebenso unerklärlich wie jene, die einen Mann für einen anderen Mann entflammen läßt. *Anonym*

TRÜBSAL – **Mélancholie religieuse (Theologie)**. Traurigkeit, die aus der falschen Idee entspringt, daß die Religion auch die harmlosen Vergnügen verbiete & den Menschen, um sie zu erlösen, nur Fasten, Tränen & innere Zerknirschung gebiete.

Diese Traurigkeit ist zugleich eine Krankheit des Körpers & des Geistes, die von einer Störung der menschlichen Maschine, von trügerischen & abergläubischen Befürchtungen, unbegründeten Gewissensbissen & falschen Ideen herrührt, die man sich von der Religion macht.

Wer von dieser schrecklichen Krankheit befallen ist, betrachtet die Fröhlichkeit als das Los der Verworfenen, harmlose Vergnügungen als Beleidigungen des göttlichen Wesens & die rechtmäßigsten Annehmlichkeiten des Lebens als weltliche Hoffart, die dem ewigen Heil diametral entgegengesetzt ist.

Man sieht dennoch, daß so viele Personen von hervorragendem Verdienst von diesen Irrtümern verblendet sind & daß sie deshalb größtes Mitleid & hilfreiche Fürsorge verdienen, die ihnen die ebenso aufgeklärten wie tugendhaften Menschen angedeihen lassen müssen, um sie von Anschauungen zu heilen, die der Wahrheit, der Vernunft, dem Stand des Menschen, seinem Wesen & dem Glück seines Daseins widersprechen.

Die Gesundheit, die uns so teuer ist, besteht doch in der Ausübung der Tätigkeiten, für die wir geschaffen sind & die wir mit Leichtigkeit, Beständigkeit & Vergnügen auszuüben vermögen; es heißt diese Leichtigkeit, diese Beständigkeit, diese Freude zerstören, wenn man seinen Körper durch einen Lebenswandel schwächt, der ihn untergräbt. Die Tugend soll nicht aufgeboten werden, um die Neigungen auszurotten, sondern um sie zu lenken. Die Kontemplation des höchsten Wesens & die Erfüllung der Pflichten, deren wir fähig sind, führen nicht etwa dazu, die Freude aus unserer Seele zu verbannen, sondern sie sind unerschöpfliche Quellen der Zufriedenheit & Heiterkeit. Kurz gesagt: diejenigen, die sich von der Religion eine andere Idee bilden, gleichen den Kundschaftern, die Moses aussandte, um das Gelobte Land zu entdecken, & die durch ihre falschen Berichte dem Volk den Mut nahmen, es zu betreten. Diejenigen, die uns zeigen, welche Freude & welche Ruhe aus der Tugend entspringen, gleichen dagegen den Kundschaftern, die köstliche Früchte mitbrachten, um das Volk zu bewegen, in jenem zauberhaften Land zu leben, das sie hervorgebracht hatte. *Jaucourt*

TRUNKSUCHT – **Ivrognerie (Moral)**. Maßlose Begierde nach berauschenden Getränken. Ich gebe zu, daß dieses Laster weder kostspielig noch raffiniert ist. Die Gewohnheitstrinker haben keinen feinen Gaumen: »Sie sind mehr darauf aus, den Wein zu schlucken als zu schmecken«, sagt Montaigne; »ihre Absicht ist unverkennbar Völlerei.« Ich gebe sogar zu, daß dieses Laster für das Gewissen weniger belastend ist als viele andere; aber es ist ein stumpfsinniges, rohes, viehisches Laster, das die Fähigkeiten des Geistes stört & den Körper angreift & umwirft. Es ist gleichgültig, ob man seine Vernunft in Tokayer oder in Landwein ertränkt; dieser Unterschied zwischen dem großen Herrn & dem Schuster macht das Laster nicht weniger schimpflich. Darum verbot Platon, um die Wurzeln dieses Lasters rechtzeitig auszurotten, den Söhnen jedes Standes, vor der Pubertät Wein zu trinken, & er erlaubte ihn im Mannesalter nur bei Festen & Gastmählern; er untersagte ihn auch den Staatsbeamten vor der Ausübung ihrer Ämter und öffentlicher Geschäfte & allen Eheleuten in der Nacht, die für die Zeugung von Kindern bestimmt ist.

Es ist jedoch wahr, daß das Altertum dieses Laster nicht allgemein verpönt hat & zuweilen von ihm sogar allzu nachsichtig spricht. Die Sitte, die Nächte zu durchzechen, herrschte bei den Griechen, den Germanen & den Galliern; erst seit ungefähr vierzig Jahren ist unser Adel sonderbarerweise von diesem Brauch eher abgekommen. Sollten wir uns gebessert haben? Oder sollte es nur daher kommen, daß wir schwächer geworden sind, lieber im Kreis der Frauen verkehren & deshalb jetzt schwächlicher & wollüstiger sind?

Der Philosoph muß allerdings die *Trunksucht* des einzelnen von einer gewissen *Trunksucht* des Volkes unterscheiden, die ihren Ursprung in dem Landstrich hat, der allem Anschein nach die Bewohner der nördlichen Länder zum Trinken zwingt. Die *Trunksucht* ist auf der ganzen Erde verbreitet, & zwar stets im Verhältnis zur Kälte & Feuchtigkeit des Klimas. Fahren Sie vom Äquator bis zum Nordpol, so sehen Sie, wie die *Trunksucht* mit den Breitengraden zunimmt; fahren Sie von demselben Äquator zum entgegengesetzten Pol, so sehen Sie

---

Luise an Friederiken: *Warum reißt ihr denn die Klöster ein: diese einzigen Zufluchtsörter unglücklicher Liebenden? Hätten wir noch Klöster, so wäre uns, liebe Schwester, mit einem Male geholfen. So giengen wir ins Kloster, unsere Neigung lenkte sich nach und nach von den Männern auf die Bilder der Heiligen, wir knieten vor ihnen, hefteten auf sie unsere brünstigen Blicke, genössen dabey die süße Hoffnung, daß diese geistliche Liebe uns werde belohnet werden, mit unsern Runzeln vermehrte sich die Achtung gegen uns, und der Ruf von unserer Heiligkeit. So aber ist alles umgekehrt. Wir haben keinen Gegenstand, auf den wir unsere Neigungen heften könnten, als – Männer, lebendige Männer.* C. G. Salzmann, Carl von Carlsberg, 1783

Je bois systématiquement / Pour oublier les amis de ma femme. / Je bois systématiquement / Pour oublier tous mes emmerdements / Je bois n'importe quel jaja / Pourvu qu'il fasse ses douze degrés cinq …
Ich sauf', ich hab mein System / Ich will die Kerle meiner Frau vergessen / Ich sauf', ich hab mein System / Ich will all die blöde Scheiße vergessen / Ich sauf', ganz gleich welchen Dreck / Hauptsache, er hat seine zwölf Prozent weg / Ich sauf' auch den schlechtesten Saft / Das ist ekelhaft, aber die Zeit geht rum / Ist das Leben denn so lustig / Ist das Leben denn so wichtig / Das sind meine Fragen / Ist das Leben lebenswert / Ist die Liebe Hörner wert / Das sind meine Fragen / Auf die kein Mensch Antwort gibt.
BORIS VIAN, JE BOIS

die *Trunksucht* auch in Richtung Süden zunehmen, genau wie es in nördlicher Richtung der Fall war.

Natürlich wird die *Trunksucht* dort, wo der Wein im Widerspruch zum Klima steht & folglich der Gesundheit schadet, strenger bestraft als in den Ländern, wo sie kaum schädliche Wirkungen für den einzelnen & für die Gesellschaft hat, die Menschen nicht zur Raserei bringt, sondern nur stumpfsinnig macht. So waren die Gesetze, die einen Betrunkenen sowohl wegen des Vergehens, das er sich zuschulden kommen ließ, als auch wegen der Trunkenheit bestraften, nur auf die *Trunksucht* des einzelnen & nicht auf die *Trunksucht* des Volkes anwendbar. In der Schweiz ist die *Trunksucht* nicht verpönt; in Neapel wird sie verabscheut; aber welche von beiden Erscheinungen ist im Grunde mehr zu fürchten: die Unmäßigkeit des Schweizers oder die Zurückhaltung des Italieners?

Doch darf diese Bemerkung uns nicht daran hindern, zu schlußfolgern, daß die *Trunksucht* im allgemeinen & im besonderen immer ein Übel ist, vor dem man sich hüten muß; sie bedeutet einen Verstoß gegen das Naturgesetz, das uns unsere Vernunft zu bewahren heißt; sie ist ein Laster, das durch das Alter nicht gebessert wird & dessen Übermaß uns zugleich die Rüstigkeit & den Geist raubt & dem Körper einen Teil seiner Kräfte entzieht. *Jaucourt*

TUBERKEL – **Tubercule (Medizin)**. Dieses Wort, das zuweilen zur Bezeichnung kleiner Geschwülste an der Oberfläche des Körpers gebraucht wurde, wird in der Sprache der inneren Medizin spezieller zur Bezeichnung der Verhärtung von Lymphgefäßen gebraucht, die man häufig in den Lungen von an Schwindsucht gestorbenen Personen beobachtet.

Die *Tuberkeln* äußern sich durch kein besonderes Kennzeichen, das bei anderen Leiden nicht vorkommen könnte. Die eindeutigeren Anzeichen, die gewöhnlich dazu dienen, ihr Vorhandensein festzustellen, sind: 1. Ein trockener Husten, der sehr lange anhält & häufig von Appetitlosigkeit, Ekel & Erbrechen nach dem Essen begleitet wird. 2. Atembeschwerden, die beim Gehen & Laufen dermaßen zunehmen, daß solche Kranke nahe daran sind, zu ersticken, wenn sie etwas zu schnell gegangen oder sehr steile Hänge emporgestiegen sind. 3. Die Veränderung der Stimme, die dünner, schriller, heiser & durchdringend wird, etwa wie die der Kraniche. 4. Die Beklemmung, der Druck, das Gefühl der inneren Hitze, wie sie diese Kranken in der Brust oder zwischen den Schultern empfinden; oft sind die Beschwerden auf der einen Seite fühlbarer als auf der anderen. 5. Schließlich der Anfang eines schleichenden Fiebers.

Man könnte auch aus dem Zustand des Kranken & seiner Eltern Erkenntnisse gewinnen, um die Diagnose der *Tuberkeln* bestätigt zu finden. Die Veranlagung zur Schwindsucht ist an einem dünnen langen Hals, roten Flecken im Gesicht, einer engen & eingefallenen Brust, beständiger Magerkeit & hartnäckiger Verstopfung zu erkennen. Wenn der Kranke von schwindsüchtigen Eltern abstammt, wenn er Brüder & Schwestern hat, bei denen man mit Sicherheit eine Lungenschwindsucht festgestellt hat, so lassen alle diese Anzeichen zusammen mit ziemlicher Sicherheit auf die Art seiner Krankheit oder das Vorhandensein von *Tuberkeln* schließen; aber es kommt selten vor, daß man alle diese Anzeichen sammeln kann, & deshalb ist es sehr schwer, diese Krankheit klar zu erkennen. Man erlebt sehr häufig, wie Ärzte, die zu voreilig urteilen, sie mit dem Katarrh oder mit Leberleiden verwechseln; darum hat man oft Leute, die eine ganz gesunde Lunge hatten & bei denen nur die Leber angegriffen war, für schwindsüchtig oder lungenkrank erklärt. Dieser Irrtum ist in der Praxis sehr folgenschwer, denn die Heilmittel, die in den beiden Fällen angebracht sind, sind ganz verschieden; er ist aber sehr weit verbreitet. So sah ich erst vor kurzem praktische Ärzte von sehr gutem Ruf in diesen Irrtum verfallen; sie hatten auf diese trügerischen Anzeichen von *Tuberkeln* hin die Schwindsucht & den baldigen Tod eines Patienten diagnostiziert & machten durch unangebrachte Mittel, die aufgrund dieser falschen Diagnose verordnet wurden, die Krankheit täglich schlimmer & hartnäckiger & hätten sie schließlich, ihre Prognose rechtfertigend, zu einem tödlichen Ausgang geführt, wenn nicht ein neuer Arzt die Quelle & den Sitz des Leidens, der in der Leber war, besser erkannt & andere, entgegengesetzte Mittel verordnet hätte, die sehr schnell zum Erfolg führten.

Ein bei fast allen praktischen Ärzten verbreitetes Vorurteil ist, daß man diese *Tuberkeln* nur mit Linderungsmitteln, Milchspeisen, Schleimsäften &c. behandeln darf & daß man appetitanregende Mittel sorgfältig vermeiden muß. Sie behaupten, man müsse die saure Lymphe in Schleim einhüllen & verkapseln & man müsse sich davor hüten, durch heiße Medikamente die Bewegung & Tätigkeit der Lymphe zu beschleunigen; aber sie beachten dabei nicht, daß sie durch die Anwendung dieser Methode jene

Verhärtungen nicht beseitigen, sondern vielmehr verstärken, daß sie gleichzeitig den Magen in Unordnung bringen, also Anlaß zu schlechter Verdauung geben – ein neues Hindernis für die Heilung –, & daß dem schließlich kein mit dieser Methode behandelter Patient entgeht. Deshalb muß man alle diesen lächerlichen & gefährlichen Ideen der Boerhaaveschen Theorie außer acht lassen & die Beobachtung, die einzige Lehrmeisterin in der Praxis, befragen; sie lehrt uns, daß man ohne Furcht zu etwas stärkeren, durchgreifenden Mitteln, vor allem zu bitteren, die Verdauung fördernden & sogar zu schwach eisenhaltigen Mitteln greifen kann; die milden diaphoretischen oder schweißtreibenden Mittel erscheinen wohlangebracht nach dieser aufschlußreichen Beobachtung, die uns lehrt, daß das Fehlen der Transpiration eine häufige Ursache der *Tuberkeln* oder zumindest ein Symptom ist, das sie fast immer begleitet, & daß die Wiederherstellung der Transpiration eines der zuverlässigsten Zeichen für die Heilung ist. Um diese Wirkung zu erzielen, eignen sich vortrefflich die schwefelhaltigen Mineralwasser von Barèges, Cauterets, Saint-Laurent, die Heilquellen &c.; das schweißtreibende Antimon, das Antihektikum von Poterius & andere Präparate dieser Art, die von ihren Entdeckern & den meisten leichtgläubigen Ärzten so sehr gerühmt worden sind, bleiben in dem vorliegenden Fall völlig unwirksam. Vielleicht hätten sie eine gewisse Wirkung, wenn es sich darum handelte, die Säuren in den Hauptgefäßen zu zerstören.

Schließlich muß man, um diese Krankheit zu vertreiben & die Schwindsucht zu verhüten oder im Keim zu ersticken, viel Wert auf Spaziergänge, Leibesübungen, Reisen, Luftveränderung & Reiten legen; zweifellos haben die Mineralwasser, die man an Ort & Stelle trinkt, & die Wallfahrten diesen Hilfsmitteln großenteils ihren Erfolg zu verdanken. Wenn die *Tuberkeln* entzündet sind, ist es zweckmäßig, die Wirkung der Heilmittel ein wenig abzuschwächen & zu Verdünnungsmitteln zu greifen; Buttermilch, Eselsmilch, Kuhmilch, vermengt mit Hustensäften, schweißtreibenden Mitteln, Efeu, Chinawurzel, Frauenhaar & dergleichen, sind dafür recht geeignet. Wenn die Eiterung eingetreten ist, so muß man mit diesen Mitteln die Anwendung von Balsamen verbinden. Wenn irgendein Virus die *Tuberkeln* hervorgebracht hat & erhält, dann muß man zum Spezifikum Zuflucht nehmen, & bei venerischen *Tuberkeln* darf man nicht vor der Wärmeeinwirkung des Quecksilbers zurückschrecken; es kann allein die Krankheit heilen, nur muß man die Vorsichtsmaßnahme treffen, es in geringer Dosis & in größeren Abständen zu verabreichen. *Ménuret de Chambaud*

Was sollen unsere Lungen tun: atmen sie rasch, ersticken sie an sich, an innern Giften; atmen sie langsam, ersticken sie an nicht atembarer Luft, an den empörten Dingen. Wenn sie aber ihr Tempo suchen wollen, gehen sie schon am Suchen zugrunde. Franz Kafka, Beschreibung eines Kampfes

TULPE – **Tulipe (Blumengarten)**. Für wißbegierige Betrachter ist die *Tulpe* nichts weiter als eine Blume. Es heißt, ihr fehle nur der Wohlgeruch, & sie wäre die schönste Blume der Welt, wenn sie mit ihren zahllosen Unterarten von Anfang März bis Ende Mai erblüht & alle anderen Blumen in den Schatten stellt.

Die Kennzeichen schöner *Tulpen* sind, so die Blumenhändler, ihre Neuartigkeit, die Schönheit ihrer Farben, die Stärke & die Höhe ihres Stengels, die Blütenform, die einem Ei gleichen muß & nicht in einer Spitze enden darf.

Bekannt ist insbesondere die Hingabe, mit der die Holländer einst *Tulpen* anbauten, bevor sie Nelken & Aurikeln für sich entdeckten. In den fünf auf 1634 folgenden Jahren erlebte Holland, besonders Haarlem einen solch einzigartigen Handel mit *Tulpen*, daß er sich mit dem Aktienhandel der Jahre 1719 & 1720 messen kann. Der Preis für diese Blumen wurde so maßlos in die Höhe getrieben, daß es der Nachwelt schwerfiele, solche Übertreibungen zu glauben, gäbe es nicht zweifelsfreie Belege dafür. Etliche Kaufmänner gaben ihr Geschäft & ihren Handel auf, um *Tulpen* anzubauen. Munting überliefert uns die Einzelheiten eines Handels, den ein Privatmann für eine einzige *Tulpe* namens *Vize-König* abschloß: Der Käufer, der kein Bargeld besaß, zahlte für diese seltene *Tulpe* vier Tonnen Weizen, acht Tonnen Reis, vier fette Ochsen, zwölf fette Schafe, acht gemästete Schweine, zwei Fuder Wein, vier Faß Bier, zwei Faß Butter, tausend Pfund aufgewogen in Käse, ein Bett, Kleider & einen Haufen Silbergeld. Alles in allem wird die Summe auf zirka zweitausendfünfhundert Gulden geschätzt, umgerechnet also mehr als fünftausend Livres.

Zur selben Zeit bot ein anderer Privatmann 12 Morgen gutes Ackerland für eine Tulpenzwiebel, doch sein Angebot war zu niedrig. Die öffentliche Versteigerung der Tulpensammlung eines Blumengärtners brachte neuntausend Gulden. Ein Bürger Brüssels besaß einen kleinen Garten, in dem sich aufgrund einer unerklärlichen Einwirkung (offenbar der von fein zerstoßenem Bauschutt) schlichte *Tulpen* in schöne, geflammte *Tulpen* verwandelten. Aus allen Gegenden brachte man diesem Mann Tulpenzwiebeln, damit er die Blumen für einen sehr hohen Preis bei sich zog. Schließlich war der *Tulpen*-Wahnsinn so groß, daß die Generalstände sich der Sache annahmen, & da man befand, daß er dem Bürger & dem Handel gleichermaßen schadete, stoppten sie diesen Wahnsinn mit eilig erlassenen Gesetzen unter Androhung schwerer Strafen. *Jaucourt*

TURMFRISUR oder FONTANGE – **Fontange (Mode)**. So hieß im siebzehnten Jahrhundert ein Gebilde – ich will nicht sagen, eine Zierde –, das aus Spitzen, Haar & Bändern aufgetürmt war & das die Frauen auf dem

Kopf trugen. Über einem Gestell aus Draht sah man Frisuren, die so extravagante Namen trugen wie Duchessespitze, Solitär, Halbmond, Firmament, Musketier oder zehnter Himmel. Heute schmückt ein einfacher Knoten aus Bändern ihre Frisur. Man nennt ihn *Fontange* nach jener Dame, die vor Zeiten die Idee zu der Turmfrisur mit gleichem Namen gehabt hatte, so wie man einen Aufputz am Hals Palatine nennt nach Prinzessin Lieselotte von der Pfalz, die ihn nach Frankreich brachte & hier bekannt machte. *de Vivans*

TYRANN – **Tyran** (**Politik & Moral**). Mit diesem Wort bezeichneten die Griechen einen Staatsbürger, der sich in einem freien Staat der höchsten Autorität bemächtigt hatte, auch wenn er nach den Gesetzen der Gerechtigkeit & der Billigkeit herrschte. Heute versteht man unter *Tyrann* nicht nur einen Usurpator der höchsten Staatsgewalt, sondern sogar einen legitimen Herrscher, der seine Macht dazu mißbraucht, die Gesetze zu verletzen, sein Volk zu unterdrücken & seine Untertanen zu Opfern seiner Leidenschaften & seiner ungerechten Willensbekundungen, welche die Stelle der Gesetze einnehmen, zu machen.

Von allen Geißeln, welche die Menschheit heimsuchen, gibt es keine unheilvollere als einen *Tyrannen.* Einzig damit befaßt, seine Leidenschaften & diejenigen seiner, der Macht unwürdigen, Minister zu befriedigen, betrachtet er seine Untertanen lediglich als gemeine Sklaven, als Wesen einer minderen Art, einzig dazu bestimmt, seinen Launen zu dienen, & denen gegenüber ihm alles erlaubt scheint. Wenn Hochmut & Schmeichelei ihn mit diesen Ideen erfüllt haben, kennt er nur solche Gesetze, die er selbst erläßt; diese bizarren, von seinem Eigennutz & seinen Grillen diktierten Gesetze sind ungerecht & wechseln je nach den Regungen seines Herzens. Da es ihm unmöglich ist, ganz allein seine Tyrannei auszuüben & das Volk unter das Joch seiner hemmungslosen Launen zu beugen, ist er gezwungen, sich mit korrupten Ministern zu umgeben. Seine Wahl fällt nur auf perverse Männer, welche die Gerechtigkeit nur kennen, um sich an ihr zu vergehen, die Tugend nur, um sie zu beleidigen, die Gesetze nur, um sie zu umgehen. »Die Guten sind verdächtiger als die Bösen, und immer ist den *Tyrannen* die Tugend bei einem Fremden furchterregend.« Da zwischen dem *Tyrannen* & seinen Untertanen sozusagen Krieg herrscht, muß er unaufhörlich über die Erhaltung seines Lebens wachen; nur die Gewalt garantiert sie ihm, er vertraut sie Handlangern an, überläßt ihnen seine Untertanen samt deren Besitztümern, um ihre Habgier & ihre Grausamkeiten zu stillen & um die Tugenden, die sein Mißtrauen wecken, seiner Sicherheit zu opfern. »Alles schlägt er nieder, wobei er alles fürchtet.« Die Verwalter seiner Leidenschaften werden selbst Gegenstände seiner Furcht: er weiß, daß man verderbten Menschen nicht trauen kann. Argwohn, Gewissensbisse, Schrecknisse belagern ihn von allen Seiten; er kennt niemanden, der seines Vertrauens würdig wäre, er hat nur Komplizen, er hat keine Freunde. Das vom *Tyrannen* ausgesaugte, erniedrigte, herabgewürdigte Volk ist unempfänglich für sein Unglück; die Gesetze, die er verletzt hat, können ihm nicht zu Hilfe kommen; vergebens ruft er das Vaterland an – gibt es denn eines, wo ein *Tyrann* regiert?

Auch wenn das Universum einige glückliche *Tyrannen* gekannt hat, die friedlich die Früchte ihrer Verbrechen genossen, so sind diese Beispiele doch selten, & in der Geschichte ist nichts überraschender als ein *Tyrann*, der in seinem Bett stirbt. Tiberius wird, nachdem er die Stadt Rom mit dem Blut tugendhafter Bürger überschwemmt hat, sich selbst ein Greuel; er wagt nicht mehr, die Mauern zu betrachten, die Zeugen seiner Proskriptionen. Er verbannt sich selbst aus der Gesellschaft, deren Bande er zerrissen hat; zu Begleitern hat er nur noch den Terror, die Scham & die Reue. Dies ist der Sieg, den er über die Gesetze davonträgt! Dies das Glück, das ihm seine unmenschliche Politik beschert! Er führt ein Leben, das hundertmal entsetzlicher ist als der grausamste Tod. Caligula, Nero, Domitian haben am Ende die Ströme von Blut, das ihre Grausamkeit vergossen hatte, selbst anschwellen lassen; die Krone des *Tyrannen* gehört dem, der sie ergreifen will. Plinius sagte zu Trajan, die Götter hätten »durch das Schicksal seiner Vorgänger kundgetan, daß sie nur von den Menschen geliebten Fürsten geneigt seien«. *Anonym*

Wenn endlich ein Despot / Erschlagen ist und tot / Dann muß man auch sofort / Sofort am selben Ort / Mit Nadel und mit Faden / Sein Arschloch fest verschnürn / Vernähen und verriegeln / Verklammern und heiß bügeln / Verrammeln ganz und gar / Vernieten und verlöten / Schön luft- und wasserdicht / Damit die ganze Schar / Damit all die Lakain / Die krochen da hinein / Für ewig drinnen bleiben! Wolf Biermann, Ballade zur Beachtung der Begleitumstände beim Tode von Despoten

UNAUFLÖSLICH – **Indissoluble** (**Grammatik**). Etwas, was nicht gelöst, nicht rückgängig gemacht werden kann. Die Ehe ist eine *unauflösliche* Verbindung. Der weise Mann zittert allein beim Gedanken an eine *unauflösliche* Verbindung. Die Gesetzgeber, die den Menschen *unauflösliche* Bindungen auferlegt haben, kannten wohl kaum ihre natürliche Unbeständigkeit. Wie viele Verbrecher & Unglückliche haben sie zu verantworten? *Diderot*

UNBEMERKBAR – **Imperceptible** (**Grammatik**). *Unbemerkbar* nennt man im wörtlichen Sinn alles, was infolge seiner Kleinheit dem Auge entgeht, & im über-

Das Leben ist ein leeres kleines Spiel. Wenn mich meine vielen Jahre nicht widerleget haben: so ist eine Widerlegung durch die wenigen übrigen weder nötig noch möglich. Ein einziger Unglücklicher wiegt alle Trunkne auf. Für uns nichtige Dinge sind nichtige Dinge gut genug; für Schläfer Träume. Darum gibt es weder in noch außer uns etwas Bewundernswertes. Die Sonne ist in der Nähe ein Erdball, ein Erdball ist bloß die öftere Wiederholung der Erdscholle. – Was nicht an und für sich erhaben ist, kanns durch die öftere Setzung so wenig werden als der Floh durchs Mikroskop, höchstens kleiner. Warum soll das Gewitter erhabner sein als ein elektrischer Versuch, ein Regenbogen größer als eine Seifenblase? Lös' ich eine große Schweizergegend in ihre Bestandteile auf: so hab' ich Tannennadeln, Eiszapfen, Gräser, Tropfen und Gries. – Die Zeit zergeht in Augenblicke, die Völker in Einzelwesen, das Genie in Gedanken, die Unermeßlichkeit in Punkte; es ist nichts groß.
JEAN PAUL, HESPERUS

tragenen Sinn alles, was auf flüchtige & geheime Weise in uns & auf uns wirkt & bisweilen unserer gewissenhaftesten Prüfung entgeht. Es gibt, wenn nicht gerade Elemente der Körper, zusammengesetzte Körper, Mischungen, Stoffe, so doch organisierte lebendige Körper, Tiere, die für uns *unbemerkbar* sind, & diese Tiere, die sich unseren Augen & unseren Mikroskopen entziehen, sind vielleicht ein Ungeziefer, das sie zerfrißt &c. Wer weiß, wo das Fortschreiten der organisierten & lebendigen Natur aufhört? Wer weiß, bis zu welcher Stufe sie sich vereinfacht? Wer weiß, wo diese Einfachheit zuletzt endet, wo der Zustand der lebendigen Natur aufhört & der der unorganischen Natur anfängt?

Manchmal werden wir in unseren Urteilen & in unseren Neigungen durch Regungen des Herzens & des Geistes mitgerissen, die, obzwar *unbemerkbar*, dennoch mächtig sind. *Diderot*

UNEMPFINDLICHKEIT – **Insensibilité** (**Moralphilosophie**). Die Gleichgültigkeit bedeutet für den Körper das gleiche wie die *Unempfindlichkeit* für die Seele. Die zwei letzten Modifikationen sind Extreme der zwei ersten & deshalb beide gleich schädlich.

Die *Gleichgültigkeit* vertreibt aus dem Gemüt die ungestümen Bewegungen, die phantastischen Wünsche, die blinden Neigungen. Die *Unempfindlichkeit* verschließt der zärtlichen Freundschaft, der edlen Dankbarkeit, den gerechtesten & rechtmäßigsten Gefühlen den Zugang zum Gemüt.

Indem die Gleichgültigkeit die menschlichen Leidenschaften aufhebt oder, besser gesagt, der Leidenschaftslosigkeit entspringt, sorgt sie dafür, daß die Vernunft ohne Rivalen ihre Macht freier ausübt. Die *Unempfindlichkeit* dagegen macht aus dem Menschen, indem sie alles Menschliche aufhebt, ein wildes & isoliertes Wesen, das die meisten Bande zerrissen hat, die ihn mit der übrigen Welt verknüpft haben. Aufgrund der Gleichgültigkeit gleicht die ruhige & stille Seele schließlich einem See, dessen Wasser – ohne Gefälle, ohne Strömung & gegen Winde geschützt – keine eigene Bewegung hat & nur die Bewegung annimmt, die ihm das Ruder des Schiffers gibt. Wird die Seele aber durch die *Unempfindlichkeit* gelähmt, so gleicht sie dem Eismeer, das eine ungeheure Kälte bis in seine Tiefen erstarren ließ & dessen Oberfläche dadurch so hart geworden ist, daß die Eindrücke von allen Gegenständen, die sie treffen, auf der Stelle verschwinden, ohne sich weiter verbreiten zu können & ohne die geringste Erschütterung oder die leiseste Störung zu verursachen.

Die Gleichgültigkeit bringt Weise hervor, die *Unempfindlichkeit* dagegen Ungeheuer. Sie kann nicht das ganze Gemüt des Menschen erfüllen, da ein beseeltes Wesen unbedingt Gefühl haben muß; doch kann sie einige Teile des Gemüts überwältigen, & das sind gewöhnlich die Teile, die eine Beziehung zur Gesellschaft haben. Für das, was uns persönlich berührt, behalten wir immer unsere Empfindlichkeit, sie nimmt sogar um soviel zu, wie die Empfindlichkeit, die wir den anderen gegenüber haben sollten, abnimmt.

Diese Wahrheit lehren uns die Großen oft. Kommt in der stürmischen Höhe, wohin ihre Selbsterhebung sie versetzt, plötzlich ein Gegenwind auf, dann sehen wir gewöhnlich die Tränen dieser Halbgötter reichlich fließen, obgleich sie Augen aus Erz zu haben scheinen, wenn sie das Unglück derjenigen betrachten, die das Schicksal ihnen unterstellt, die Natur ihnen gleichgestellt & die Tugend vielleicht über sie gestellt hat.

Man glaubt fast allgemein, Zenon & die Stoiker, seine Schüler, hätten sich zur *Unempfindlichkeit* bekannt, & ich gebe zu, daß man dies glauben muß, wenn man annimmt, sie hätten konsequent gedacht. Aber das hieße ihnen zuviel Ehre zu erweisen – besonders in diesem Punkt. Sie sagten, der Schmerz sei kein Übel – was anzudeuten scheint, daß sie irgendwelche Mittel erfunden hatten, um sich unempfindlich gegen ihn zu machen, oder daß sie sich dessen wenigstens rühmten. Unsinn! Da sie sich über die Zweideutigkeit der Ausdrücke lustig machten, wie ihnen Cicero in seiner zweiten *Tuskulanischen Unterredung* vorwirft, & da sie Zuflucht zu jenen leeren Spitzfindigkeiten nahmen, die noch immer nicht aus den philosophischen Schulen verbannt sind, so bewiesen sie ihr Prinzip folgendermaßen: »Ein Übel ist nur das, was Schande macht, & das, was ein Verbrechen ist; doch der Schmerz ist kein Verbrechen, ergo ist der Schmerz kein Übel. Trotzdem«, fügten sie hinzu, »ist er verwerflich, weil er etwas Trauriges, Hartes, Verdrießliches, Naturwidriges & schwer Erträgliches ist.« Ein Schwall von Worten, der genau das gleiche bedeutet wie das, was wir unter Übel verstehen, falls es auf Schmerz bezogen wird. Man ersieht daraus ganz klar, daß sie den Namen zwar verwarfen, aber die Bedeutung anerkannten, die man mit ihm verknüpft, & daß sie sich nicht rühmten, unempfindlich zu sein. Als Poseidonios bei seinem Gespräch mit Pompejus in den Augenblicken, da der Schmerz am heftigsten ausbrach, rief: »Nein, Schmerz, laß ab; so lästig du auch bist, so werde ich dennoch nie zugeben, daß du ein Übel bist« – da wollte er zweifellos nicht sagen, daß er nicht litte, sondern daß das Leiden, das er fühlte, kein Übel wäre. Ein alberner Scherz, der ein schwaches Linderungsmittel für seinen Schmerz war, obwohl er seinem Stolz als Nahrung diente. Siehe den Artikel Stoizismus.

Wenn ich Rentner wäre, mit einer Rente von fünfzigtausend Francs, versteht sich, dann dächte ich vielleicht anders. Vorläufig aber bin ich der Meinung, der Mensch sei eine Maschine, die eigens dafür geschaffen worden ist, Schmerz zu empfinden; der Mensch hat nur fünf Sinne, um das Wohlbefinden wahrzunehmen, für den Schmerz dagegen ist er an der ganzen Oberfläche seines Körpers empfänglich; wo man ihn sticht, blutet er; wo man ihn brennt, bildet sich eine Blase: Die Lungen, die Leber, die Eingeweide vermögen ihm keinerlei Genuß zu verschaffen; und dennoch entzündet sich die Lunge und macht ihn husten; die Leber schwillt an und läßt ihn fiebern; die Därme verschlingen sich und verursachen Koliken. Ihr habt nicht einen Nerv, nicht einen Muskel, nicht eine Sehne unter der Haut, die euch nicht vor Schmerz schreien lassen könnten. Claude Tillier, Mein Onkel Benjamin

Das Übermaß des Schmerzes führt manchmal zur *Unempfindlichkeit* – vor allem in den ersten Momenten. Das Gemüt, zu heftig betroffen, wird durch die Größe seiner Verletzung gleichsam betäubt; es bleibt zuerst unbewegt, & die Empfindung ertrinkt, wenn man so sagen darf, für einige Zeit in der Flut der Leiden, von der die Seele überwältigt wird. Doch jene Art von *Unempfindlichkeit,* die manche Leute inmitten des größten Schmerzes zeigen, ist meistens nur äußerlich. Das Vorurteil, die Gewohnheit, der Stolz oder die Furcht vor Schande verhindern das Ausbrechen des Schmerzes & schließen ihn völlig im Gemüt ein. Wir wissen aus der Geschichte, daß in Sparta die Jünglinge am Fuß der Altäre bis aufs Blut & manchmal sogar zu Tode gepeitscht wurden, ohne daß ihnen das leiseste Stöhnen entfuhr. Man darf nicht glauben, daß solche Leistungen bloß der Standhaftigkeit der Spartaner vorbehalten waren. Die Barbaren & die Wilden, mit denen dieses so hoch gepriesene Volk mehr als einen Charakterzug gemeinsam hatte, zeigten oft eine ähnliche Stärke oder, besser gesagt, *Unempfindlichkeit.* Heute sind im Land der Irokesen die Frauen stolz darauf, daß sie ihre Kinder zur Welt bringen, ohne zu klagen, & es gilt unter ihnen für eine sehr schwere Beleidigung, wenn jemand sagt: »Du hast geschrien, als du in den Wehen lagst.« So groß ist die Macht des Vorurteils & der Sitte! Ich glaube, daß dieser Brauch nicht ohne weiteres nach Europa verpflanzt werden kann. So groß auch die Begeisterung ist, welche die Französinnen für neue Moden aufbringen, so bezweifle ich doch, daß die Mode, Kinder auf die Welt zu bringen, ohne zu schreien, jemals Anklang unter ihnen finden wird. *Anonym*

Unerlaubt – **Illicite** (**Grammatik**). *Unerlaubt* ist, was das Gesetz verbietet. Eine *unerlaubte* Sache ist nicht immer an sich schlecht; der Fehler fast aller Gesetzgebungen war es, die Zahl der *unerlaubten* Handlungen durch bizarre Verbote vermehrt zu haben. Man macht die Menschen böse, wenn man sie der Gefahr aussetzt, Gesetzesbrecher zu werden; & wie sollten sie es nicht werden, wenn das Gesetz ihnen eine Sache verbietet, zu welcher der stete & unwiderstehliche Trieb der Natur sie unaufhörlich drängt? Aber wenn sie die Gesetze der Gesellschaft mit Füßen treten, wie sollen sie dann die der Natur achten, vor allem dann, wenn die Ordnung der moralischen Pflichten umgewälzt wird & das Vorurteil ihnen nahezu unbedeutende Handlungen als abscheuliche Verbrechen hinstellt? Aus welchem Grunde sollte jemand, der sich für einen Frevler hält, zögern, ein Lügner, Dieb, Verleumder zu werden? Bei den Christen ist das Konkubinat *unerlaubt;* in fremden Ländern ist der Waffenhandel *unerlaubt;* man darf sich nicht mit *unerlaubten* Mitteln verteidigen. Glücklich, wer diese Welt verläßt, ohne etwas *Unerlaubtes* getan zu haben! Noch glücklicher, der sie verläßt, ohne Böses getan zu haben! Ist es *unerlaubt* oder nicht, gegen einen von den Gesetzen geheiligten Aberglauben zu sprechen? War es eine *unerlaubte* Tat, als Cicero seine Bücher über die Wahrsagung schrieb? Hobbes würde meine Frage nicht in Verlegenheit setzen. Doch wird man es wagen, Hobbes' Grundsätze gutzuheißen, vor allem in Gegenden, wo die weltliche Macht von der geistlichen Macht geschieden ist? *Diderot*

Unkenntnis – **Ignorance** (**Metaphysik**). Die *Unkenntnis* besteht eigentlich in der Privation der Idee von einer Sache oder der Privation dessen, was zur Bildung eines Urteils über diese Sache dient. Manche definieren sie als »Privation oder Negation des Wissens«. Da das Wort »Wissen« aber in seiner genauen & philosophischen Bedeutung eine zuverlässige & bewiesene Kenntnis darstellt, so würde man eine unvollständige Definition der *Unkenntnis* geben, wenn man sie auf das Fehlen zuverlässiger Kenntnisse beschränken wollte. Man ist doch nicht in *Unkenntnis* über unzählige Dinge, die man nicht beweisen kann. Die Definition, die wir – nach Wolff – in diesem Artikel geben, ist also exakter. Wir sind in *Unkenntnis* über eine Sache, wenn wir überhaupt keine Idee von ihr haben oder wenn wir uns gar kein Urteil über sie bilden können, obwohl wir schon irgendeine Idee von ihr haben. Wer zum Beispiel niemals eine Auster gesehen hat, ist in *Unkenntnis* über das Sujet, das diesen Namen trägt. Derjenige, dem sich eine Auster zeigt, gewinnt zwar eine Idee von ihr, weiß aber noch nicht, welches Urteil er über sie fällen soll, & würde es nicht wagen, zu versichern, daß sie etwas Eßbares sei, geschweige denn ein köstliches Mahl. Weder die eigene Erfahrung noch die eines anderen liefert ihm, wenn niemand ihn über Austern unterrichtet hat, einen Anhaltspunkt für sein Urteil. Zwar kann er sich wohl vorstellen, daß die Auster gut schmeckt; aber das ist eine Vermutung, ein Urteil aufs Geratewohl; nichts bürgt ihm vorerst für die Möglichkeit der Sache.

Die Ursachen unserer *Unkenntnis* liegen also: erstens in der Mangelhaftigkeit unserer Ideen; zweitens darin, daß wir den Zusammenhang der Ideen, die wir haben, nicht entdecken können; drittens darin, daß wir nicht genügend über unsere Ideen nachdenken. Wenn wir nämlich in erster Linie in Betracht ziehen, daß die Begriffe, die wir durch unsere Fähigkeiten bekommen, in keinem Verhältnis zu den Gegenständen selbst stehen, da wir keine klare & deutliche Idee von der Substanz selbst haben, die allem anderen zugrunde liegt, so erkennen wir leicht, warum wir nur selten zuverlässige Begriffe haben können. Abgesehen von den Körpern, die unserer Kenntnis entgehen, weil sie weit entfernt sind, gibt es unendlich viele Körper, die uns – wegen ihrer Kleinheit – unbekannt sind. Da aber diese feinsten Teilchen, die für uns nicht wahrnehmbar sind, aktive Teilchen der Materie & jene primären Stoffe sind, die sie benutzt & von denen die sekundären Qualitäten & die meisten Naturvorgänge abhängen, so müssen wir – ohne jeden Begriff von ihnen – in unüberwindlicher *Unkenntnis* über alles bleiben, was wir an ihnen erkennen möchten; denn es ist uns unmöglich, irgendein sicheres Urteil zu bilden, da wir von diesen primären Körperchen doch keine klare & deutliche Idee haben.

Wenn es uns möglich wäre, diese feinsten, subtilen Teilchen, die zugleich die aktiven Teilchen der Materie sind, durch unsere Sinne wahrzunehmen, so könnten wir ihre mechanischen Operationen ebenso leicht erkennen, wie ein Uhrmacher den Grund erkennt, warum eine Uhr geht oder stehenbleibt. Es würde uns dann nicht schwerfallen, zu erklären, warum sich Silber in Scheidewasser auflöst, nicht aber in Königswasser, & zwar im Gegensatz zum Gold, das sich in Königswasser auflöst, nicht aber in Scheidewasser. Wenn unsere Sinne scharf genug wären, um die aktiven Teilchen der Materie wahrzunehmen, so würden wir sehen, wie die Teilchen des Scheidewassers auf die Teilchen des Silbers einwirken, & die Entdeckung dieser Mechanik wäre für uns ebenso leicht wie für den Uhrmacher die Feststellung, auf welche Weise & durch welche Triebfeder die Bewegung einer Wanduhr herbeigeführt wird. Aber die Schwäche unserer Sinne läßt nur Vermutungen aufgrund von Ideen zu, die vielleicht falsch sind, & wir können über den Gegenstand dieser Vermutungen nur durch das unterrichtet werden, was wir aus einer kleinen Zahl von Experimenten erfahren können, obgleich diese Experimente nicht immer gelingen & obgleich jeder ihre verborgenen Vorgänge nach Maßgabe seiner Phantasie erklärt.

Die Schwierigkeit, auf die wir stoßen, sobald wir den Zusammenhang unserer Ideen erkennen wollen, ist die zweite Ursache unserer *Unkenntnis.* Es ist uns unmöglich, die Idee von wahrnehmbaren Eigenschaften – eine Idee, die wir von den Körpern bekommen – irgendwie abzuleiten; es ist uns auch unmöglich, zu begreifen, daß der Gedanke eine Bewegung im Körper & der Körper wiederum einen Gedanken im Geist hervorrufen kann. Wir können nicht ergründen, wie der Geist auf die Materie & wie die Materie auf den Geist wirkt; die Unzulänglichkeit unseres Verstandes kann den Zusammenhang dieser Ideen nicht entdecken, & es bleibt uns nichts anderes übrig, als Zuflucht zu einem allmächtigen & allwissenden Agens zu nehmen, das durch Mittel wirkt, die unsere Unzulänglichkeit nicht ergründen kann.

Schließlich sind unsere Trägheit, unsere Nachlässigkeit & unsere Denkfaulheit ebenfalls Ursachen der *Unkenntnis.* Oft haben wir vollständige Ideen, deren Zusammenhang wir leicht entdecken könnten; aber wir unterlassen es, diese Ideen zu verfolgen & vermittelnde Ideen zu entdecken, die uns lehren könnten, was für eine Übereinstimmung oder Nichtübereinstimmung zwischen ihnen besteht, & verbleiben deshalb in unserer *Unkenntnis.* Nur diese *Unkenntnis* verdient Tadel, nicht aber jene *Unkenntnis,* die dort anfängt, wo unsere Ideen aufhören. Sie braucht nichts Betrübliches für uns zu haben, weil wir uns so nehmen müssen, wie wir sind, & nicht so, wie wir unserer Einbildung nach sein könnten. Warum sollten wir Kenntnissen nachtrauern, die wir uns nicht verschaffen konnten &

Die neuen Analphabeten – *Die Zeit, in der Schreiben und Lesen können ein Privileg war, ist noch gar nicht so lange her – auch in Europa. Heute scheint es uns selbstverständlich, daß es allgemein sei. Noch aber sind Stil, Gewandtheit des Ausdrucks, Ordnung und Disposition der Gedanken ein Privileg. Mit dem Anbruch der automatisierten Epoche wird das alles wieder in Frage gestellt. Es wird eine Elite geben, die richtig auf die Knöpfe drücken und die Apparaturen verstehen kann. Wir werden wieder zu Analphabeten. Unsere Gewandtheit ist von vorgestern. Die Versuche der Künstler vom automatischen Dichten der Surrealisten bis zur neuesten Musik werden nichts helfen. Wir fallen hoffnungslos zurück. Die Gedanken müssen sich dem Medium anpassen, das sie vermittelt; auf die Dauer ist es solider als die ihm fremde Logik, die sich seiner – wenn auch durch raffinierte Anpassung – bedienen will.* Max Horkheimer, Notizen

---

die wir zweifellos nicht unbedingt brauchen, da sie uns entzogen sind? Ebensogut, hat einer der hervorragendsten Dichter unseres Jahrhunderts gesagt, könnte ich tief betrübt darüber sein, daß ich nicht vier Augen, vier Füße & zwei Flügel habe. *Anonym*

UNRUHESTIFTER – Perturbateur (Grammatik). Hitziger, unruhiger, aufrührerischer Mensch, der die Geister der Bürger aufbringt & in der Gesellschaft Unruhe stiftet. Nach dieser Definition oder einer ziemlich ähnlichen im *Wörterbuch von Trévoux* kann man hinzufügen, daß die Theologen im Staat gewöhnlich *Unruhestifter* sind. *Anonym*

UNSCHULD – Innocence (Grammatik). Nur reine Seelen können den Wert dieses Wortes richtig verstehen. Wenn der böse Mensch nur einmal den Zauber begriffe, den es ausdrückt, so würde er augenblicklich ein gerechter Mensch werden. Die *Unschuld* ist die Vereinigung aller Tugenden, die Ausschließung aller Laster. Wer möchte, wenn er das Alter von vierzig Jahren mit der *Unschuld* erreicht hat, die er bei seiner Geburt mitbrachte, nicht lieber sterben, als sie durch das leichteste Vergehen beflecken? Uns Unglücklichen bleibt nicht genügend *Unschuld,* um ihren Wert zu ermessen! Mögt ihr Bösen euch versammeln & euch gegen sie verschwören – es gibt eine geheime Süße, die ihr ihr niemals rauben werdet. Ihr könnt ihr Tränen entlocken, aber nie werdet ihr Verzweiflung in ihr Herz einziehen lassen. Ihr könnt sie durch Verleumdungen anschwärzen, ihr könnt sie aus der Gesellschaft der Menschen verbannen, doch wird sie mit dem Zeugnis, das sie von sich selbst ablegt, von dannen ziehen, & in der Einsamkeit, in der sich zu verbergen ihr sie zwingt, wird sie euch bedauern. Das Verbrechen hält dem Anblick des Richters stand; es trotzt dem Schrecken der Folter. Der Zauber der *Unschuld* aber verwirrt, entwaffnet & bestürzt es; es fürchtet den Augenblick der Konfrontation mit ihr; es kann ihren Blick nicht ertragen; es kann ihre Stimme nicht hören; mehrfach hat es sich selbst verleugnet, um sie zu retten. O *Unschuld,* was ist aus dir geworden! Man zeige mir den Ort auf der Erde, an dem du wohnst, damit ich dich dort suche: »Der trockene Durst verlangt nach strömendem Wasser, und strömendes Wasser ruft nach Durst.« Ich werde nicht auf den letzten Augenblick warten, um dich zu vermissen. *Diderot*

UNTREUE – Infidélité (Grammatik & Moral). Dieses Wort bezieht sich (manchmal) auf den Bruch des Schwurs, den ein Ehepaar oder ein Liebespaar sich geleistet hat: daß nämlich der Mann nicht das Glück in den Armen einer anderen Frau & die Frau es nicht in der Umarmung eines anderen Mannes suchen werden. Die göttlichen & menschlichen Gesetze mißbilligen die *treulosen* Ehepaare; aber die Unbeständigkeit der Natur & die Art & Weise, wie man bei uns heiratet, scheinen sie bis zu einem gewissen Grade zu entschuldigen. Wer wählt sich denn sein Weib? Und wer wählt sich seinen Gatten? Je weniger Einverständnis, Freiheit & Wahl es bei einer Verpflichtung gibt, desto schwieriger ist es, ihre Bedingungen zu erfüllen, & desto weniger schuldig ist man in den Augen der Vernunft, wenn man diese Bedingungen verletzt. Unter diesem Gesichtspunkt verabscheue ich das *treulose* Liebespaar mehr als das *treulose* Ehepaar. Wer hat die Liebenden genötigt, sich zu verbinden? Warum haben sie sich Schwüre geleistet?

Die *treulose* Frau erscheint mir schuldiger als der *treulose* Mann. Sie mußte doch das Allerheiligste, das es für sie in der Gesellschaft gibt, mit Füßen treten. Aber je größer ihr Opfer ist, wird man sagen, desto unfreier ist ihre Handlung. Auf solche Weise, antworte ich, könnte man jedes Verbrechen entschuldigen. Auf jeden Fall ist der Verkehr von zwei *Treulosen* ein Gewebe von Lügen, Betrügereien, Meineiden & Verrätereien, das mir mißfällt. Wie vermindern sich dabei die Zärtlichkeiten, die ein Mann doch einer Frau erweisen kann, wie kurz werden die köstlichen Augenblicke, die sie zusammen verbringen, & wie kalt ihre Worte! Sie lieben sich nicht, sie glauben einander nicht; vielleicht verachten sie sich gegenseitig. Entbindet die Liebenden von der Treue, dann werdet ihr nur noch Buhlende sehen! Wir leben doch nicht mehr im wilden Naturzustand, in dem alle Weiber allen Männern & alle Männer allen Weibern gehörten. Unsere Fähigkeiten haben sich vervollkommnet; wir haben jetzt feinere Empfindungen, haben auch höher entwickelte Ideen von Gerechtigkeit & Ungerechtigkeit; die Stimme des Gewissens ist erwacht; wir haben eine Unmenge von verschiedenen Pakten unter uns eingeführt; ich weiß nicht, wieviel Heiliges & Religiöses sich allen unseren Verpflichtungen beigemischt hat. Sollen wir die Unterschiede aufheben, die von den Jahrhunderten geschaffen worden sind, den Menschen in die Einfältigkeit der ursprünglichen Unschuld zurückversetzen & ihn reuelos der Mannigfaltigkeit seiner Triebe überlassen? Die Menschen zeugen heute Menschen. Sollen wir den barbarischen Zeiten nachtrauern, in denen sie nur Tiere zeugten? *Anonym*

UNVERGÄNGLICH – Impérissable (Grammatik & Philosophie). Was nicht vergehen kann. Diejenigen, welche die Materie für ewig halten, halten sie auch für *unvergänglich.* Ihnen zufolge geht nichts von der Quantität der Bewegung, nichts von der Quantität der Materie verloren. Die entstehenden Wesen wachsen & verschwinden, aber ihre Elemente sind ewig. Die Zerstörung eines Dings war & ist die Erzeugung eines anderen & wird es immer sein. Dieses Gefühl hatten fast alle alten Philosophen, denen die Idee einer Schöpfung völlig fremd war. ☞ *Diderot*

UNZUCHT – **Fornication** (**Moral**). Die *Unzucht* ist als illegitime Verbindung zwischen zwei ledigen & nicht miteinander verwandten Personen eigentlich ein fleischlicher Verkehr, zu dem der Priester keine Erlaubnis gegeben hat. Aber die bloße *Unzucht,* an sich eine schwere Sünde, wird unter allen illegitimen Verbindungen vom Christentum am wenigsten verurteilt; der Ehebruch wird mit Recht vom Evangelium als ein viel größeres Verbrechen behandelt. Siehe den Artikel Ehebruch. Tatsächlich fügt der Ehebruch zu der Sünde der *Unzucht* zwei andere hinzu: den Diebstahl, denn man raubt fremdes Eigentum, & den Betrug, denn man verschafft einem Staatsbürger Erben, die dies nicht sein dürften. Sieht man jedoch von der Religion, ja sogar von der Rechtschaffenheit ab & zieht nur den Haushalt der Gesellschaft in Betracht, so ist es nicht schwer, einzusehen, daß die *Unzucht* ihr in gewissem Sinne mehr schadet als der Ehebruch; denn sie trägt dazu bei, daß Elend & Verwirrung in der Gesellschaft zunehmen, da sie Bürger ohne Stand & ohne Rückhalt hineinbringt, oder daß – was vielleicht noch verhängnisvoller ist – die Entvölkerung durch Zerstörung der Fruchtbarkeit gefördert wird. Diese Bemerkung soll keineswegs den gerechten Abscheu verringern, den man vor dem Ehebruch haben muß, sondern nur die verschiedenen Aspekte erkennbar machen, unter denen man die Moral betrachten kann, sei es in bezug auf die Religion, sei es in bezug auf den Staat. Die Gesetzgeber haben vor allem die Missetaten, die Verwirrung unter den Menschen anrichten, mit Strafen belegt; doch gibt es andere Verbrechen, die von der Religion nicht weniger verurteilt werden, aber deren Bestrafung dem höchsten Wesen vorbehalten bleibt. So ist zum Beispiel die Ungläubigkeit für einen Christen ein ebenso großes, ja vielleicht noch größeres Verbrechen als der Diebstahl; doch es gibt Gesetze gegen den Diebstahl & keine Gesetze gegen die Ungläubigen, welche die herrschende Religion offen angreifen; das heißt, daß Anschauungen (sogar nichtswürdige), wenn man sie nicht zu verbreiten sucht, den Staatsbürgern keinen Schaden zufügen. Daher gibt es mehr Ungläubige als Diebe. Im allgemeinen kann man beobachten, daß die Religion – zur Schande & zum Unglück des Menschengeschlechts – nicht immer ein entsprechend starker Schutz gegen Verbrechen ist, die von den Gesetzen nicht bestraft oder von der Regierung nicht streng untersucht, sondern lieber übersehen als geahndet werden. Es hieße eine ganz falsche Vorstellung vom Christentum haben & es sogar beleidigen, wenn man aus einer rein menschlichen Haltung heraus annähme, es sei einzig & allein dazu bestimmt, einen Damm gegen die Missetaten zu bilden. Das Wesen der Gebote der Religion, die Strafen, die sie androht & die zwar ebenso sicher wie furchtbar sind, deren Wirkung aber niemals gegenwärtig ist, & schließlich die gerechte Verzeihung, die sie bei aufrichtiger Reue stets gewährt, befähigen sie eher dazu, das Gute in der Gesellschaft zu entwickeln, als das Böse in ihr zu verhindern. Der sanften & wohltätigen Moral des Evangeliums verdanken wir die erste dieser beiden Wirkungen; strenge & genau vollstreckbare Gesetze bringen die zweite hervor. ☞ *d'Alembert*

VATERLAND – **Patrie** (**Politisches System**). Der selten logisch denkende Rhetoriker, der Geograph, der sich nur für die Lage der Orte interessiert, & der gemeine Lexikograph halten das *Vaterland* für den Geburtsort, wo immer er auch liegen mag; aber der Philosoph weiß, daß dieses Wort von dem lateinischen Wort *pater* kommt, das die Vorstellung von einem Vater & dessen Kindern hervorruft & folglich den Sinn ausdrückt, den wir dem Wort »Familie, Gemeinschaft, Freistaat« geben, deren Mitglieder wir sind & deren Gesetze unsere Freiheit & unser Glück gewährleisten. Unter dem Joch des Despotismus gibt es kein *Vaterland.* Im vergangenen Jahrhundert verwechselte Colbert auch *Königreich* & *Vaterland*; schließlich veröffentlichte ein moderner Autor, der besser unterrichtet war, eine Abhandlung über dieses Wort, in der er die Bedeutung dieses Terminus, dessen Wesen & die Idee, die man sich von ihm machen muß, so geschmackvoll & richtig festlegte, daß es ein Fehler wäre, wenn ich meinen Artikel nicht mit den Reflexionen dieses geistvollen Schriftstellers schmückte oder, sagen wir lieber, ihn nicht darauf aufbaute.

Die Griechen & die Römer kannten nichts, was ihnen so teuer & so heilig gewesen wäre wie das *Vaterland;* sie sagten, man müßte sich ihm ganz hingeben, dürfte an ihm

---

Von der Liebe zum Vaterlande – Fr. *Du liebst dein Vaterland, nicht wahr, mein Sohn?* / Antw. *Ja, mein Vater; das tu ich.* / Fr. *Warum liebst du es?* / Antw. *Weil es mein Vaterland ist.* / Fr. *Du meinst, weil Gott es gesegnet hat mit vielen Früchten, weil viele schönen Werke der Kunst es schmücken, weil Helden, Staatsmänner und Weise, deren Namen anzuführen kein Ende ist, es verherrlicht haben?* / Antw. *Nein, mein Vater; du verführst mich.* / Fr. *Ich verführte dich?* / Antw. *Denn Rom und das ägyptische Delta sind, wie du mich gelehrt hast, mit Früchten und schönen Werken der Kunst, und allem, was groß und herrlich sein mag, weit mehr gesegnet, als Deutschland. Gleichwohl, wenn deines Sohnes Schicksal wollte, daß er darin leben sollte, würde er sich traurig fühlen, und es nimmermehr so liebhaben, wie jetzt Deutschland.* / Fr. *Warum also liebst du Deutschland?* / Antw. *Mein Vater, ich habe es dir schon gesagt!* / Fr. *Du hättest es mir schon gesagt?* / Antw. *Weil es mein Vaterland ist.* Kleist, Katechismus der Deutschen

---

ebensowenig Rache nehmen wie an seinem Vater & sollte nur die Freunde des *Vaterlands* – vor allem die Auguren – zu seinen Freunden zählen; es sei am besten, für das *Vaterland* zu kämpfen; es sei schön, ja süß, für dessen Erhaltung zu sterben, & der Himmel öffne sich nur denen, die ihm gedient hätten. So sprachen die Richter, die Krieger & das Volk. Welche Vorstellung machten sie sich also vom *Vaterland?*

Das *Vaterland*, sagten sie, ist ein Land, an dessen Erhaltung alle seine Bewohner ein Interesse haben, das niemand verlassen will, weil man sein Glück nicht aufgibt, & in dem die Fremden Zuflucht suchen. Es ist eine Amme, die uns ihre Milch ebenso freudig schenkt, wie wir sie empfangen. Es ist eine Mutter, die alle ihre Kinder innig liebt, die nur Unterschiede zwischen ihnen macht, soweit sie solche unter sich machen, & die wohl will, daß es Reichtum & Wohlstand gebe, aber keine Armen, keine Großen & Kleinen, keine Unterdrückten; sie wahrt sogar bei dieser ungleichen Verteilung eine gewisse Gleichheit, indem sie allen den Weg zu den ersten Ämtern erschließt; sie duldet in der Familie nur die Übel, die sie nicht verhindern kann, nämlich Krankheit & Tod; & sie würde glauben, sie hätte, als sie ihren Kindern das Leben schenkte, nichts geleistet, wenn sie nicht zugleich für ihr Wohl gesorgt hätte. Es ist eine Macht, die ebenso alt ist wie die Gesellschaft & die auf der Natur & der Ordnung begründet ist, eine Macht, die allen Mächten, die sie in ihrem Schoße hegt, Archonten, Suffeten, Ephoren, Konsuln & Königen überlegen ist, eine Macht, die ihren Gesetzen sowohl die unterwirft, welche in ihrem Namen befehlen, als auch die, welche zu gehorchen haben. Es ist eine Gottheit, die Gaben nur annimmt, um sie zu verteilen, die eher Hingabe verlangt als die Furcht, die lächelt, wenn sie Gutes tut, & seufzt, wenn sie Blitze schleudert.

So ist das *Vaterland!* Die Liebe, die man ihm entgegenbringt, führt zu guten Sitten, & gute Sitten führen zur Vaterlandsliebe; diese Liebe ist die Liebe zu den Gesetzen & zum Wohl des Staates, eine Liebe, die in den Demokratien besonders ausgeprägt ist; sie ist eine politische Tugend, der zuliebe man auf sein Ich verzichtet & das öffentliche Interesse seinem eigenen vorzieht; sie ist ein Gefühl, nicht aber eine Folge der Kenntnis; der geringste Mensch im Staate kann dieses Gefühl ebenso haben wie das Staatsoberhaupt.

Nach diesen Einzelheiten brauche ich wohl nicht zu beweisen, daß kein *Vaterland* in jenen Staaten bestehen kann, die unterjocht sind. Auch diejenigen, die unter dem orientalischen Despotismus leben, unter dem man kein anderes Gesetz kennt als den Willen des Herrschers, keine anderen Grundsätze als die Anbetung seiner Launen, keine anderen Prinzipien der Regierung als den Schrecken, & unter dem kein Vermögen & kein Kopf in Sicherheit sind, haben kein *Vaterland* & kennen nicht einmal dieses Wort, das der wahre Ausdruck des Glücks ist.

Mit dem Eifer, der mich beseelt, sagt der Abbé Coyer, habe ich an mehreren Orten Untertanen aus allen Ständen auf die Probe gestellt. »Bürger«, fragte ich sie, »kennt ihr ein *Vaterland?*« Der Mann aus dem Volk weinte, der Richter runzelte die Stirn & wahrte ein trauriges Schweigen, der Soldat fluchte, der Höfling verspottete mich, der Finanzmann fragte, ob das der Name einer neuen Pacht sei. Was die Vertreter der Religion betrifft, die wie Anaxagoras auf den Himmel deuten, wenn man sie fragt, wo das *Vaterland* sei, so ist es kein Wunder, daß sie auf unserer Erde kein *Vaterland* verehren. *Jaucourt*

Daniel Cohn-Bendit
Vaterland

VIELLEICHT DA, WO DAS HERZ IST?

Ausgerechnet ich, Marc Daniel Cohn-Bendit, als zweiter Sohn jüdischer Flüchtlinge deutsch-polnischer Abstammung in Frankreich geboren, dort und in Deutschland aufgewachsen, dort ausgewiesen, hier eingezogen, hier Politiker, dort Politiker und nun französischer Abgeordneter einer Internationalen Fraktion des Europäischen Parlaments, ausgerechnet ich also soll erklären, was *Vaterland* ist.

Was soll das sein? Wie erreicht man das? Die Sehnsucht nach einem Vaterland als Identifikationspunkt kenne ich nicht, sie ist mir fremd, aber vielleicht kann ich es irgendwie herleiten, um es zu verstehen.

Vaterland als Wort: Ist Vaterland das Land der Väter, also Deutschland? Oder das Land als Vater, der Geburtsort, also Frankreich? Vater und Mutter gehören zusammen, also gehört das Vaterland womöglich zum Land der Muttersprache – die Sprache meiner Mutter war Polnisch, die meines Vaters Deutsch, meine erste Sprache war Französisch, nun spreche ich überwiegend Deutsch – wieder läßt sich nichts verorten.

Nein, eine Interpretation vom Worte her führt nicht weiter, es muß anders gehen.

Sehen wir mal nach, was andere dazu sagen: Habermas hat seinen Patriotismus, den Verfassungspatriotismus, von der Zustimmung zu einer gesellschaftlichen Ordnung hergeleitet: Dies scheint mir der offenbar wichtigen emotionalen Dimension des Begriffs nicht gerecht zu werden. Ich kann mir kaum vorstellen, daß ein Gesetz – und sei es auch ein Grundgesetz – genug hergibt, um dem Menschen das Vaterland zu definieren.

Albert Camus schrieb 1944, konfrontiert mit dem deutschen Naziterror: »Ich stelle zwei Haltungen gegenüber, nicht zwei Völker, selbst wenn in verschiedenen Augenblicken der Geschichte diese zwei Völker verschiedene Haltungen verkörpert haben. Ich liebe mein Land zu sehr, um Nationalist zu sein.« Aha! Camus ist kein Nationalist, trotzdem liebt er sein Land. Das ist für mich nachvollziehbar: Man kann ein Land lieben. Ein Land lebt von der Einheit seiner Differenzen, sie machen seinen Esprit aus. Der Nationalist handhabt die Liebe zu einem Land bekanntlich anders: Er glättet dieses Profil, um einer eindimensionalen Einheit willen – einer Zwangsidentität der Ausgrenzung, einer Leitkultur. Ich kenne den Nationalismus von vielen Begegnungen, er ist in seiner historischen Radikalität die grausame Fratze des Bedürfnisses nach Orientierung und Sicherheit.

Ich lerne also von Camus: Vaterland, das hat nichts mit Nationalismus, es hat mit Haltung zu tun. Das ist etwas, was sogar ich vaterlandsloser Gesell kenne: Ich habe mich damals entschieden, in Deutschland zu bleiben, der Liebe wegen. Verliebt war ich zunächst nicht nur in Frankfurterinnen, sondern zugleich in eine Haltung, ja eine gesellschaftliche Leistung. Mich bindet eine große Liebesgeschichte an Frankfurt und damit an Deutschland, ganz unabhängig von meiner politischen Einstellung: Die antiautoritäre Bewegung nach '68 und die Frauenbewegung haben in Deutschland das Verhältnis von Mann und Frau derart zu verändern gewußt, daß sich auch die Gesellschaft der Bundesrepublik veränderte. Und das in einer Dynamik und Grundsätzlichkeit, die ich in Frankreich nicht erlebte. Man wurde gezwungen, sich als Mann zu verändern, und ich muß gestehen: Diese gesellschaftliche deutsche Leistung, die hat mich angezogen.

Ebenso hat mich die Fähigkeit einer ganzen Generation beeindruckt, sich den Narben der Geschichte zu stellen, der Mut der Kinder, ihre Eltern ganz unmittelbar mit Fragen nach ihrer persönlichen Vergangenheit zu konfrontieren. Das hat Dramen produziert, die schwer zu ertragen waren, aber es zeugt von einer enormen Bereitschaft, die eigene Identität zu suchen und dabei Gut und Böse zu unterscheiden. Vor diesem Hintergrund wäre Vaterland, wie ich es verstehe, zunächst das Gefühl der Bewunderung für die Haltung und die Ideale einer Gesellschaft. Zum Vaterland wird dann das Land, mit dessen Idealen ich mich identifiziere. Allerdings scheint das allein nicht zu genügen, um ein Vaterland zu erhalten. Schon gar nicht, wenn man Zweifel an den überkommenen Idealen des eigenen Landes hat und sich anschickt, diese zu verbessern. Sollte aber das Vaterland die Möglichkeit der Verbesserung grundsätzlich ausschließen und damit nicht verbesserungsfähig sein, wäre es wirklich etwas Schlechtes. Es gibt historische Beispiele: Wie vorher schon Friedrich Ebert und Willy Brandt wurden etwa die französischen Kommunisten in den fünfziger Jahren von ihren politischen Gegnern als »vaterlandslose Gesellen« diffamiert. Ihre Heimat sei Rußland, nicht Frankreich, da ihre letzte Treue nicht Frankreich sondern dem Kommunismus gelte. Sie wurden aus der patriotischen Gemeinschaft exkommuniziert.

Der Grund für den Wunsch nach Identifikation mit einem Vaterland ist also offenbar zunächst das Bedürfnis, auf historische Leistungen einer Gemeinschaft, der man sich zugehörig fühlt, stolz sein zu können. Solche Leistungen werden allerdings im Lauf der Zeit unterschiedlich bewertet, was die dauerhafte Identifikation mit einem Vaterland schwer macht. Ein Beispiel: Es ist komplett unverständlich, daß Deutschland sich mit den Deserteuren des Zweiten Weltkriegs so schwertut. Wieso muß ihr Andenken geschmäht werden, wieso kann es nicht kollektiv geehrt werden? Was soll der Kriegsdienst am Vaterland wert sein, wenn das Vaterland sich in einem ungerechten Krieg befindet? Woher kommt dieses Bedürfnis, es mit Churchill – *Right or wrong, my country!* – zu halten? Die Haltung, das eigene Land moralisch und faktisch zu verteidigen, auch wenn es gröbstes Unrecht tut, steht im Grundwiderspruch zur autonomen Persönlichkeit, die Legitimität und Loyalität nach ihren Maßstäben überprüft. Autonome Individuen kennen keine zwingende Bindung. Auch wenn die historische Leistung der Auseinandersetzung der 68er mit der Nazi-Elterngeneration beeindruckend ist, kann doch beim besten Willen nicht gelten: *'68 – Right or wrong!* Lassen Sie mich Ihnen eines sagen: Hagen von Tronje ist tot.

Die Idee von Nationen und nationalen Eigenschaften hat nun in der Vergangenheit vor allem zu Ausgrenzung und Feindbildern geführt. In der Konsequenz zu Kriegen, die – gerade in Deutschland – auf einer abstrusen Idee von vaterländisch begründeter Treue beruhten. Derzeit wird über den »Stolz, Deutscher zu sein« öffentlich wieder ausführlich diskutiert. Gut, denke ich, das wird dem Wunsch nach positiver Identifikation mit dem eigenen Land geschuldet sein. Viele erklären in diesem Zusammenhang, sie wären stolz auf die Leistungen Deutschlands seit dem Ende der Naziherrschaft, andere, sie wären stolz auf die kulturellen, intellektuellen und wissenschaftlichen Leistungen der Deutschen vor 1933. Einige, etwa der Bundespräsident, verweisen darauf, daß man nur auf etwas stolz sein könne, für das man selbst verantwortlich sei. Die historisch-emotionale Begeisterung der Franzosen für die Französische Revolution von 1789 ist Ausdruck ihres Stolzes auf eine reife Leistung ihrer Ahnen. Wobei die Feiern am 14. Juli, mit Trikolore und Truppenparade auf den Champs-Elysées dabei doch wirklich etwas Niedliches haben. Abgesehen von ihrer ziemlich albern-antiquierten Form zeigen diese Feiern allerdings etwas, worin ich Camus wiederfinde: Es wird die gesellschaftliche Leistung eines Volkes gefeiert, die Anlaß zur Identifikation ist.

Man kann sich auch einem zunächst fremden Volk zugehörig fühlen, wenn man die Identifikation mit dessen außergewöhnlicher Leistung teilt. Brasilien hat in den achtziger Jahren seine Demokratie gegen die Diktatur erkämpft. Ich habe nur ein halbes Jahr dort gelebt, aber die Massenbegeisterung für dieses Ziel hat auch mich mitgerissen. Und als ich erlebte, wie Dr. Socrates, der Kapitän der Seleção, beim Meisterschaftsspiel seine Mannschaft Corinthians ins vollbesetzte Stadion führte, während er ein Transparent hochhielt, auf dem stand: »Sieg oder Niederlage: Was zählt ist, daß die Demokratie siegt«, als dann das ganze Stadion – Anhänger wie Gegner – in Begeisterungsstürme ausbrach, da hat mich das zwar nicht zum Brasilianer gemacht, aber zu einer enormen Identifikation geführt: ich fühlte mich dazugehörig.

Zwischenergebnis: Der Weg zum Vaterland führt also über den Wunsch nach Identifikation mit Haltungen oder anerkennenswerten Leistungen und den Stolz auf frühere, aber weiterhin geschätzte Taten einer Gemeinschaft. Allerdings kann man sich insofern, wie erwähnt, auch mit völlig fremden Völkern identifizieren, ohne sich ganz bei ihnen aufgehoben zu fühlen. Und der Wunsch nach Geborgenheit, nach Dazugehörigkeit scheint mir doch ein äußerst wichtiger Aspekt des Vaterlands zu sein.

Ich selbst kenne diese Sehnsucht nur zu gut, denn Geborgenheit wird dem Fremden im Land nicht ohne weiteres zuteil, er muß sie sich erarbeiten: Bei den anderen und für sich selbst. Immigranten identifizieren sich nie zu hundert Prozent mit ihrem Einwanderungsland, und auch die Eingeborenen akzeptieren sie nie hundertprozentig. Es bleibt ein Rest an Fremdheit, den erst eine nachkommende Generation zu überwinden vermag. Die Immigration zwingt zum Bruch mit dem Alten und bietet die Möglichkeit zur Auswahl des Neuen: Du wählst das Gute am Neuen, nicht das Schlechte. Exilanten kennen keine falsche Loyalität mit dem Einwanderungsland, für sie gilt der Satz *Right or wrong – my country!* nicht.

Mir scheint, daß Vaterland überdies für die meisten das Land ist, in das sie geboren werden. Es wird dann allmählich zu einer bestimmten Auffassung vom Zusammenleben, einer emotionalen Identifikation. Einwanderer aber lernen diese kulturelle Dimension des Gemeinsamen erst: Die Dimension des gleichen Essens, der gleichen Sprache, der gleichen Themen und des gleichen Kinderspiels der Männer – Fußball. Schon das ist schwer genug: Stellen sie sich vor, Sie kommen als kleiner südamerikanischer Barfußfußballer in eine deutsche Schule – und sehen sich mit dem Hartplatzgebolze konfrontiert, das hier betrieben wird und zwangsläufig ganz andere Tugenden verlangt als die Ihren. Sie müssen das Ihnen Vertraute mit etwas Neuem in Beziehung setzen und es schaffen, beides zu verstehen. Egal, ob Sie sich dann für eins von beiden entscheiden oder für eine Hybridform, in jedem Fall ist es schwer.

Diese geteilten Erlebnisse sind Faktoren, die zu einem Gemeinsamkeitsgefühl, zu Geborgenheit und zu emotionaler Identifikation verhelfen. Ein Landsmann ist vor diesem Erfahrungshintergrund dann einer, der mir ähnlich ist, eben weil er die gleiche Sprache spricht, das gleiche Essen kennt, die gleichen Sitten und Bräuche erfahren hat. Er ist also in bestimmtem Rahmen einer wie ich. Wenn er einen Nobelpreis erhält, dann hat er diese nobelpreisreife Leistung vor dem Hintergrund gleicher Erfahrungen wie ich erbracht, und das hilft mir womöglich, mich der Illusion hinzugeben, ich hätte den Nobelpreis ebensogut bekommen können wie er. Immerhin ticken wir in einem bestimmten Rahmen ja gleich, wir hätten ja als Kinder miteinander spielen können. Gemeinsamen kindlichen Erfahrungen bleibt man treu. Sie sind für mich ganz entscheidende Faktoren bei dieser Suche nach Identifikation und Geborgenheit. Doch auch nach alledem kann ich diese emotionale kindliche Identifikation nicht als »vaterländisch« empfinden, sie ist ein anderes: Heimat.

Wie komme ich denn dazu, mir die Leistungen eines Paul Ehrlich oder Heinrich Böll zuzurechnen, nur weil sie in gleichen nationalen Grenzen aufgewachsen sind wie ich? Nein, ich kann vielleicht die Gesinnung von Böll bewundern, aber dann sind es doch wieder die gesellschaftliche Einstellung und die Projektion gemeinsamer Erlebnisse, mit der ich mich identifiziere. Es hat keine Verbindung zum Land oder zur Nation.

Vaterland beschreibt dann wohl ein überlebtes Bedürfnis der Menschen, sich in einer vertrauten Gemeinschaft emotional geborgen zu fühlen (Heimatkomponente) und zugleich deren gesellschaftliche Leistungen und Haltungen aktuell (Identifikationskomponente) und historisch (Stolzkomponente) gut zu finden, wobei es irgendeinen Grund gibt, diesen Raum durch nationale Grenzen zu definieren.

Wenn Vaterland aber nichts ist als die nationalistische Definition – oder: Deformation – von Heimat, dann verstehe ich es immer noch nicht: Nationale Grenzen sind bekanntlich willkürlich, bestenfalls historisch durch Eroberungskriege determiniert. In den allerseltensten Fällen beruhen sie auf gesellschaftlicher Übereinkunft oder sind gar kulturell definiert. Sie haben beim besten Willen nichts mit Heimat zu tun.

Die Heimat ist im Gegenteil schön und friedlich. Die Heimat wird nie einen Krieg führen. Sie birgt den Menschen und erklärt ihm seine Herkunft. Er versteht sie und ist ihr verbunden. Er kann sie annehmen oder verlassen, er kann sie bereichern, und er kann sie ändern. Die Nation dagegen grenzt den Menschen aus: Er gehört zu ihr oder er ist Fremder.

Tatsächlich möchte ich Heimat als völlig unabhängig vom Nationalstaat und damit einem Land, auch einem Vaterland begreifen: als Ort kultureller Aktion und Geborgenheit – offen für Verbesserung, doch lokal gebunden. Eine Heimat kann man sich auch erkämpfen, wie etwa in der Französischen Revolution, die alle Ausländer, die sich an ihr beteiligten, als Franzosen akzeptierte und ihnen so in dem Staat, den sie mit entwarfen, eine Heimat anbot.

So kann man die Heimat verbessern, indem sie sich für Anregungen öffnet, ebenso wie eine gute Fußballmannschaft durch afrikanische Spieler noch besser werden kann, wenn sie ihnen eine Heimat bietet. Man kann von ihnen nicht profitieren, wenn man sie nicht mitspielen läßt – das beginnt eben schon auf dem Schulhof beim Pausenkick auf Beton. Mein Sohn zum Beispiel, er liebt Fußball und hat auch eine Lieblingsmannschaft: In der spielt Figo, der Portugiese von Real Madrid, mit Zinedine Zidane, dem französischen Algerier von Juventus Turin, und Edgar Davids, dem surinamesischen Niederländer. Es ist eine wirklich europäische Mannschaft, und sie besticht durch Spielfreude und Talent – durch eine Haltung zum Fußball, die außergewöhnlich ist. Dieser Mannschaft kann ich ohne weiteres fast überall eine Heimat geben: Sie kann dort sein, wo sich die Menschen nicht nur bereit erklären, sie spielen zu lassen, sondern sich zugleich darüber freuen, all diese Talente und Haltungen beheimaten zu dürfen und stolz auf sie sind.

Die Heimat ist nie national oder vaterländisch. Sie löst als Identifikationsfigur das Vaterland – diese nationalstaatliche Ausgeburt des vorvergangenen Jahrhunderts – ab, und das ist gut so. Ich für meinen Teil habe mein Vaterland kurz vor der Geburt an der Garderobe vergessen. Seitdem suche ich eine Heimat, die mich nicht allzu sehr einsperrt.

VERBREITUNG DES EVANGELIUMS, GESELLSCHAFT ZUR – **Société pour la Propagation de l'Evangile** (**Neue Geschichte Englands**). Eine in Großbritannien gegründete Gesellschaft zur Verbreitung der christlichen Religion in Neuengland & den angrenzenden Ländern. Siehe PROPAGANDA.

Es gibt in unserem Königreich mehrere Einrichtungen dieser Art sowie zu Missionaren ernannte Priester & andere, die dasselbe Amt ausüben mit dem schönen & lobenswerten Ziel, eine Religion zu verbreiten, außerhalb deren es nach ihrer Überzeugung kein Heil gibt. Doch eines sollten diese würdigen Nachahmer der Apostel begreifen: Ihr Beruf hat zur Voraussetzung, daß unter dem Volk, vor dem sie predigen, der Geist der Toleranz herrscht, der ihnen ermöglicht, Dogmen zu verkündigen, die dem nationalen Kult widersprechen, ohne daß sich jemand berechtigt fühlt, sie als öffentliche Unruhestifter anzusehen, & für sich das Recht in Anspruch nimmt, sie mit Gefängnis oder Todesstrafe zu belegen.

Ohne diese Toleranz müßten sie zwangsläufig den Wahn ihres Unterfangens & die Klugheit ihrer Verfolger einräumen. Warum nur verfügen sie selbst so selten über eine Tugend, auf die sie bei anderen so sehr angewiesen sind?
Anonym

VERDACHT – **Soupçon** (**Moral**). Mißtrauen gegenüber der Rechtschaffenheit & Aufrichtigkeit einer Person, auch Mißtrauen, ob etwas der Wahrheit entspricht oder nicht. Es handelt sich um eine von Zweifeln begleitete Unterstellung zum Nachteil eines anderen oder einer Sache.

Verdächtigungen, sagt Lordkanzler Bacon geistreich, sind unter unseren Gedanken, was Fledermäuse unter den Vögeln sind: Sie fliegen nur in der Dunkelheit. Man sollte das Ohr vor *Verdächtigungen* verschließen oder ihnen zumindest nicht leichtfertig Glauben schenken. Sie trüben den Geist, zerstören Freundschaften & hindern einen, unbeirrt seinen Geschäften nachzugehen. Ständig lassen sie in der Einbildungskraft Wolken heraufziehen. Könige werden grausam, Ehegatten eifersüchtig, Frauen rasend, Lehrer ungerecht & Begüterte unzugänglich, wenn sie diesem Tyrannen ihre Liebe & ihr Vertrauen ausliefern, in den Weisen wächst die Melancholie, & ihre Entschlußkraft geht verloren.

Diese Schwäche entspringt eher dem Geist als dem Herzen & ist häufig bei mutigen Menschen anzutreffen. König Heinrich VII. von England ist ein gutes Beispiel dafür. Kein Fürst war je kühner, keiner je mißtrauischer als er. Indessen richten *Verdächtigungen* bei einem so gestählten Geist nicht ganz so viel Übel an, da sie erst ernst genommen werden, wenn sie einer Überprüfung standgehalten haben. Bei ängstlichen Geistern jedoch fallen sie sofort auf fruchtbaren Boden.

Nichts macht einen Menschen mißtrauischer, als wenn er wenig weiß. Deshalb muß man sich schlau machen, um gegen diese Krankheit gefeit zu sein. *Verdächtigungen* nähren sich von Schall & Rauch, & sie wachsen im Dunkeln. Doch Menschen sind keine Engel: Jeder verfolgt seine Ziele, jeder achtet auf seine Angelegenheiten & sorgt sich darum.

Um das eigene Mißtrauen einzudämmen, ist es am besten, sich gegen die Gefahren, die vermeintlich auf einen lauern, so zu wappnen, als müßten sie unfehlbar eintreten. Dabei sollte man sich nicht allzusehr den *Verdächtigungen* überlassen, denn diese können unberechtigt & irreführend sein. Dann können sie uns durchaus nützlich sein.

Verdächtigungen, die wir selbst hegen, sind längst nicht so verderblich wie diejenigen, die durch die Ränke & den schlechten Charakter anderer in uns entstehen. Letztere haben einen scharfen Stachel. Am einfachsten ist es, aus dem Labyrinth der *Verdächtigungen* herauszufinden, wenn man sie dem in Verdacht Stehenden frei gesteht: Dadurch gelangt man leichter zur Wahrheit, & man gibt dem Verdächtigten die Möglichkeit, künftig umsichtiger zu sein. Doch es ist nicht ratsam, mit Menschen von niederer Gesinnung auf diese Weise umzugehen. Wenn Menschen mit schlechtem Charakter erst einmal wissen, daß sie verdächtigt werden, kann man keine Treue mehr von ihnen erwarten. Die Italiener sagen: *Sospetto licencia fede* – Der

Verdacht wird zum Freibrief –, als ob der *Verdacht* genügte, um sich von Treu & Glauben zu verabschieden & Skrupel abzulegen. Dabei sollte er daran erinnern & dazu bewegen, daß man sich offen zu erkennen gibt. Letztlich soll sich der Mensch so gut wie möglich aufführen, um keinen Anlaß zu *Verdächtigungen* zu geben. Wie der Dichter sagt:

Um sich steter Wertschätzung zu erfreuen,
Gilt es, Verdacht & Untat zu vermeiden. *Jaucourt*

VERDAMMNIS – **Damnation** (**Theologie**). Ewige Höllenstrafe. Das Dogma der ewigen *Verdammnis* ist in der Heiligen Schrift klar & deutlich offenbart. Es kommt also nicht mehr darauf an, mit Hilfe der Vernunft zu erforschen, ob es möglich oder unmöglich ist, daß ein endliches Wesen Gott eine unendliche Beleidigung zufügt, ob die Ewigkeit der Strafen im Widerspruch zu seiner Güte, die seiner Gerechtigkeit entspricht, steht oder nicht, ob er über das Böse eine unendliche Strafe verhängen konnte oder nicht, da es ihm doch gefallen hat, eine unendliche Belohnung mit dem Guten zu verknüpfen. Anstatt sich in eine Reihe verfänglicher Vernunftschlüsse zu verwickeln, die geeignet sind, einen ungefestigten Glauben zu erschüttern, muß man sich der Autorität der heiligen Bücher & den Entscheidungen der Kirche unterwerfen, mit Zittern & Zagen sein Seelenheil erwirken & dabei unaufhörlich bedenken, daß das Ausmaß der Beleidigung im direkten Verhältnis zur Würde des Beleidigten & im umgekehrten Verhältnis zum Beleidiger steht & wie ungeheuerlich unser Ungehorsam ist, da doch der Ungehorsam des ersten Menschen nur durch das Blut des Sohnes Gottes getilgt werden konnte. *Diderot*

VERFOLGEN, VERFOLGER, VERFOLGUNG – **Persécuter, Persécuteur, Persécution** (**Naturrecht, Politik & Moral**). *Verfolgung* ist jene Tyrannei, die der Herrscher gegen alle seine Untertanen ausübt, die in Dingen der Religion anderen Anschauungen folgen als er, oder die er in seinem Namen gegen sie ausüben läßt.

Die Geschichte liefert uns nur zu viele Beispiele von Herrschern, die durch einen gefährlichen Eifer verblendet, durch eine barbarische Politik verleitet oder durch abscheuliche Ratschläge verführt wurden & daher zu *Verfolgern* & Henkern ihrer Untertanen wurden, wenn diese religiöse Überzeugungen annahmen, die mit den ihrigen nicht im Einklang waren.

Im Rom der Heiden *verfolgten* die Kaiser die christliche Religion mit einer Gewalttätigkeit & Grausamkeit, die uns schaudern läßt. Die Jünger des Friedensgottes erschienen ihnen als gefährliche Neuerer, die deshalb die barbarischste Behandlung verdienten. Die Vorsehung bediente sich jener *Verfolgungen,* um den Glauben bei allen Völkern der Erde zu verbreiten, & das Blut der Märtyrer wurde ein fruchtbarer Keim, der die Jünger Jesu Christi vermehrte: *sanguis martyrum semen christianorum.*

Kaum hatte die Kirche unter den christlichen Kaisern aufzuatmen begonnen, da waren ihre Söhne verschiedener Meinung über ihre Lehren, & der von mehreren Herrschern unterstützte Arianismus entfesselte gegen die Verteidiger des alten Glaubens *Verfolgungen,* die denen zur Zeit des Heidentums kaum nachstanden. Seitdem *verfolgte* von Jahrhundert zu Jahrhundert der durch die Gewalt unterstützte Irrtum immer wieder die Wahrheit, & aufgrund einer beklagenswerten Fatalität ließen sich die Anhänger der Wahrheit, die vergaßen, daß Evangelium & Vernunft Mäßigung vorschreiben, häufig zu denselben Exzessen hinreißen, die sie mit Recht ihren Unterdrückern vorgeworfen hatten. Daher jene *Verfolgungen,* jene Foltern, jene Ächtungen, die die christliche Welt mit Strömen von Blut überschwemmt haben & die Geschichte der Kirche durch Züge der raffiniertesten Grausamkeit schänden. Die Leidenschaften der *Verfolger* wurden durch einen falschen Glaubenseifer entfacht & durch die Sache, die sie verteidigen wollten, gerechtfertigt, & so glaubten sie, alles wäre erlaubt, um das höchste Wesen zu rächen. Man dachte, der Gott der Barmherzigkeit billige solche Exzesse, man sei von den unwandelbaren Gesetzen der Menschlichkeit & der Nächstenliebe gegenüber Menschen befreit, die man nicht mehr als seinesgleichen betrachtete, sobald sie eine andere Denkweise hatten. Mord, Gewalttätigkeit & Raub galten als Taten, die dem göttlichen Wesen wohlgefällig waren, & mit unerhörter Frechheit maßte man sich das Recht an, den zu rächen, der sich doch ausdrücklich die Rache vorbehalten hat. Nur die Raserei des Fanatismus & der Leidenschaften oder die selbstsüchtigste Lüge konnten die Menschen lehren, daß sie diejenigen, die andere Anschauungen hatten als sie, vernichten dürften & müßten, daß sie ihnen gegenüber von den Geboten der Aufrichtigkeit & Rechtschaffenheit befreit wären.

Was würde aus der Welt werden, wenn die Völker solche verheerenden Meinungen annähmen? Die ganze Welt, deren Bewohner sich in ihrem Kult & in ihren Anschauungen sehr voneinander unterscheiden, würde ein Schauplatz des Blutvergießens, der Niederträchtigkeit & des Schreckens. Dieselben Rechte, welche die Hände der Christen bewaffneten, würden die blinde Raserei des Moslems & des Götzendieners entfesseln, & die ganze Erde wäre von Opfern bedeckt, die jeder seinem Gott darzubringen glaubte.

Wie die *Verfolgung* im Widerspruch zur Milde des Evangeliums & zu den Gesetzen der Menschlichkeit steht, so steht sie nicht weniger im Widerspruch zur Vernunft & zur gesunden Politik. Nur die grausamsten Feinde des Glücks eines Staates konnten den Herrschern einflüstern, daß diejenigen ihrer Untertanen, die anders dachten als sie, zu Opfern werden müßten, die dem Tod geweiht & nicht würdig sind, die Vorteile der Gesellschaft zu teilen. Die

Nutzlosigkeit der Gewalttaten genügt wohl, um allen die Augen über die Abscheulichkeit dieser Grundsätze zu öffnen. Wenn die Menschen aufgrund der Vorurteile der Erziehung oder aufgrund des Studiums & der Überlegung Anschauungen angenommen haben, von denen ihrer Meinung nach ihr ewiges Glück abhängt, dann machen die schrecklichsten Qualen sie nur noch hartnäckiger; die unüberwindliche Seele beglückwünscht sich unter Foltern dazu, daß sie die Freiheit genießt, die man ihr rauben will, & hält den vergeblichen Anstrengungen des Tyrannen & seiner Henker stand. Die Völker werden von einer solchen Standhaftigkeit, die ihnen wunderbar & übernatürlich erscheint, immer tief beeindruckt; sie sind geneigt, jene Unglücklichen, an denen sie das Mitleid Anteil nehmen läßt, für Märtyrer der Wahrheit zu halten; die Religion des *Verfolgers* wird ihnen verhaßt. Die *Verfolgung* bringt Scheinheilige hervor, niemals aber Neubekehrte. Philipp II., dieser Tyrann, dessen finstere Politik seinem unbeugsamen Glaubenseifer dreiundfünfzigtausend seiner Untertanen opfern zu müssen glaubte, weil sie die Religion ihrer Väter aufgegeben & das Neue in der Reformation begrüßt hatten, erschöpfte die Kräfte der mächtigsten Monarchie Europas. Die einzige Frucht, die er erntete, war der Verlust der niederländischen Provinzen, die seine Härte gegen ihn aufgebracht hatte. Hat die verhängnisvolle Bartholomäusnacht, in der man Heimtücke mit grausamster Barbarei verknüpfte, die Ketzerei beseitigt, die man unterdrücken wollte? Durch dieses schreckliche Ereignis wurde Frankreich einer großen Anzahl nützlicher Bürger beraubt; die durch die Grausamkeit & den Verrat erbitterte Ketzerei sammelte neue Kräfte, & die Grundlagen der Monarchie wurden durch lange & verhängnisvolle Wirren erschüttert. Siehe Toleranz. *Anonym*

VERGEWALTIGUNG – **Viol (Grammatik & Jurisprudenz)**. Terminus, der eine Verkürzung des Wortes *violence* (Gewalt) zu sein scheint, lateinisch *stuprum;* das Verbrechen, das derjenige begeht, der einem Mädchen, einer Frau oder einer Witwe gegenüber Gewalt gebraucht, um sie fleischlich zu erkennen, ungeachtet eines heftigen & beharrlichen Widerstands, mit dem sie sich dagegen zur Wehr setzt.

Zur Kennzeichnung der *Vergewaltigung* muß die Gewalt gegen die Person selbst gerichtet sein & nicht nur gegen die dazwischenliegenden Hindernisse wie eine Tür, die man aufbricht, um zu ihr zu gelangen.

Auch muß der Widerstand bis zuletzt beharrlich gewesen sein, denn hätte es nur erste Versuche gegeben, so hätte man es nicht mit dem Fall einer *Vergewaltigung* & nicht mit der für dieses Verbrechen vorgesehenen Strafe zu tun. Diese Strafe ist je nach den Umständen mehr oder weniger hart. Wird das Verbrechen an einer Jungfrau begangen, so wird es mit dem Tode bestraft & sogar mit dem Rad, wenn die Jungfrau noch nicht geschlechtsreif war. Chorier sur Guyape berichtet von einem Beschluß des Parlaments zu Grenoble, das einen Privatmann zu dieser Strafe verurteilte, weil er ein kleines Mädchen vergewaltigt hatte, das erst vier Jahre & acht Monate alt war.

Geht die *Vergewaltigung* mit einem Inzest einher, das heißt, wird sie an einer Verwandten oder einer Ordensschwester begangen, so wird sie mit dem Feuertod geahndet.

Wird die *Vergewaltigung* an einer verheirateten Frau begangen, so wird sie mit dem Tode bestraft, selbst dann, wenn es eine Frau von liederlichem Lebenswandel war; doch fordern einige Autoren, daß dabei drei Umstände zusammentreffen:

1. daß das Verbrechen im Haus des Ehemannes & nicht an einem Ort der Ausschweifung begangen wurde;

2. daß der Ehemann an der Prostitution seiner Frau nicht beteiligt war;

3. daß der Urheber des Verbrechens nicht wußte, daß die Frau verheiratet war.

Geht die *Vergewaltigung* mit einem Mißbrauch des Vertrauens einher wie bei einem Vormund gegenüber seinem Mündel, dem das Gesetz die Person, die er vergewaltigt hat, in Obhut gab, so steht darauf die Todesstrafe, wenn bewiesen ist, daß das Verbrechen begangen wurde, & die Galeerenstrafe oder lebenslängliche Verbannung, wenn lediglich der Versuch unternommen wurde.

Man soll einer Prostituierten, die sich beklagt, vergewaltigt worden zu sein, kein Gehör schenken, wenn es an einem Ort der Ausschweifung geschehen war; hat die Tat anderswo stattgefunden, so könnte man eine entehrende Strafe & sogar die Strafe des natürlichen oder bürgerlichen Todes verhängen wie lebenslängliche Verbannung oder Galeere, sollte das Mädchen vor der *Vergewaltigung* ihr Verhalten völlig geändert haben.

Boerius & einige andere Autoren meinen, daß eine Frau, die schwanger wird, nicht unbedingt vergewaltigt worden sein muß, weil die Empfängnis beiderseitige Mitwirkung erfordert.

Die Erklärung einer Frau, die sich beklagt, vergewaltigt worden zu sein, ist kein hinreichender Beweis, sie muß mit anderen Hinweisen einhergehen, zum Beispiel ob diese Frau laute Schreie ausgestoßen hat, ob sie Nachbarn zu Hilfe gerufen hat oder ob an ihrer Person irgendwelche Spuren der Gewalt zurückgeblieben sind wie Quetschungen oder durch Angriffswaffen verursachte Wunden. Ist sie jedoch sofort verstummt oder hat sie eine Weile gezögert, Klage einzureichen, so ist diese nicht mehr zulässig.

Bruneau erwähnt einen besonderen Fall, der beweist, wie zweideutig die Beweise auf diesem Gebiet sind. Nachdem ein Richter einen jungen Mann, den eine Frau der *Vergewaltigung* bezichtigte, dazu verurteilt hatte, ihr als Schadenersatz eine Geldsumme zu zahlen, gestattete er diesem jungen Mann gleichzeitig, das Geld, das er soeben gezahlt hatte, wieder in seinen Besitz zu nehmen, was der junge Mann jedoch nicht tun konnte in Ansehung des heftigen Widerstands, den jene Frau ihm entgegensetzte, so daß der Richter ihr daraufhin befahl, das Geld zurückzugeben, mit der Begründung, daß es für sie leichter gewesen wäre, ihre Ehre zu verteidigen als ihr Geld, wenn sie es gewollt hätte. *Boucher d'Argis*

VERHEISSUNG – **Promission** (**Grammatik**). Das Wort *Verheißung* kommt fast nur in Verbindung mit dem Land vor, das Gott Abraham & seinen Nachkommen versprochen hat. Von den Hebräern, die aus Ägypten auszogen, kamen nur Josua & Kaleb im Land der *Verheißung* an.

Manche Christen vertreten eine abscheuliche Lehre. Sie vergleichen die Welt mit Ägypten, die von dort ins Land der *Verheißung* fortziehenden Hebräer mit der großen Zahl jener, die das ewige Leben zu erlangen suchen, & Josua & Kaleb mit der kleinen Zahl derer, die dort Einzug halten dürfen. Wenn es eine gottlose Lehre gibt, dann diese, denn sie zeigt uns Gott nicht als gütigen Vater, sondern als unmenschlichen Tyrannen. Sie vereitelt das Werk Jesu Christi, der für uns Mensch geworden ist & gelitten hat. Sein Blut wäre dann nur für zwei Menschen vergossen worden, während Hunderttausende für immer verloren wären, da sie einstimmig brüllten: »Weg mit ihm, weg mit ihm, kreuzigt ihn!« *Anonym*

VERJÜNGUNG – **Rajeunissement** (**Medizin**). Dem Siechtum einer abscheulichen Hinfälligkeit zu entrinnen; die Beschwerden, die Runzeln, die Schwäche, die Magerkeit abzuschütteln, die ihre unausweichlichen Begleiterscheinungen sind; nicht länger eine ständige Kälte zu verspüren, diesen schrecklichen Vorboten der Kälte des Todes; schließlich ein zittriges Bein, das schon halb im Grabe steht, herauszuziehen, um mit lachender Jugend den Frühling zu erleben, erneut den Weg der Vergnügungen & Spiele zu beschreiten, die Ausübung aller Funktionen des Geistes & des Körpers mit Leichtigkeit wieder aufzunehmen & alle Annehmlichkeiten wiederzuerlangen, die mit diesem bezaubernden Alter einhergehen, & sich schließlich auf eine lange Folge ungetrübter Tage freuen zu können: dies ist die wundersame Umwälzung, die den Greis in einen *jungen* Mann verwandelt; dies die verlockende Aussicht, welche die *Verjüngung* bietet, ein Gegenstand, der durchaus die lebhaften Wünsche der schwachen Menschen auf sich zu ziehen vermag. Die edle Kunst, dieses von den Dichtern so gepriesene große Wunder zu vollbringen, ist in der überhitzten Phantasie der Alchimisten endlich Wirklichkeit geworden; von anmaßendem Enthusiasmus angestachelt, hielten sie sich für die Herren über Leben & Tod, fähig, vertrocknete Pflanzen wiederzubeleben, ihre Früchte zu vermehren, die Jahreszeiten & Lebensalter zu verändern & umzuwandeln &c.

Das älteste Beispiel für eine *Verjüngung*, das man bei den Dichtern findet, wird von Ovid im VII. Buch der *Metamorphosen* angeführt. Dort erzählt er, daß Jason, nachdem die Argonauten von ihrer Fahrt zurückgekehrt waren, seine Gattin Medea, eine berühmte Zauberin, bat, seinen Vater Aeson zu *verjüngen*, den die Last der Jahre niederdrückte & der nicht mehr imstande war, an der allgemeinen Fröhlichkeit teilzunehmen. »Nimm von meinen Jahren«, sagt der großherzige Sohn zu ihr, »& zähle sie zu meinem Vater.« Diese so uneigennützige Bitte rührt sie, & nach einem nächtlichen Opfer an die dreigestaltige Hekate & an die Götter des Waldes & der Nacht, die sie anfleht, ihr bei der Suche nach Säften zu helfen, die Aeson die Blüte der *Jugend* zurückgeben können, bricht sie auf, von den Gottheiten inspiriert, besteigt einen Zauberwagen & durchstreift neun Tage & neun Nächte lang das Tal der Tempe, den Berg Ossa, den Pelion, den Othrys, den Pindus, den Olymp, die Ufer des Apidanus, des Amphrysus, des Peneus, des Sperchius, des Boebe & des Anthedon, & an all diesen Stätten sammelt sie Pflanzen, die ihrem Unternehmen förderlich sind. Die an ihren Wagen geschirrten Drachen, die den Duft dieser Wunderpflanzen atmen, »legen die Haut vieljährigen Alters ab«. Als sie bei dem alten Aeson ankommt, bringt sie Hekate & der Göttin der Jugend jeweils ein Opfer & bittet die Götter der Erde um Beistand. Dann läßt sie den Greis herbeitragen, der halb tot in tiefem Schlaf liegt, & streckt ihn auf den hingebreiteten Kräutern aus. Nachdem sie dann alle Unberufenen fortgeschickt hat, beginnt sie mit dem schrecklichen Zauber. Sie reinigt Aeson dreimal mit Feuer, Schwefel & Wasser, während in einem Kessel das Gebräu siedet, das die *Verjüngung* herbeiführen soll. Außer den erwähnten Pflanzen wirft sie gesuchte Edelsteine des Orients hinein & an den Ufern des Ozeans gesammelten Sand, den Reif, mit dem der Mond des Nachts die Kräuter überzieht, das Fleisch & die Flügel eines Uhus, die Eingeweide eines jener Werwölfe, die bisweilen in Menschengestalt erscheinen, den zarten Schuppenpanzer einer jungen lybischen Schildkröte, die Leber eines alten Hirsches, den Schnabel & den Kopf einer Krähe, die neun Jahrhunderte gelebt hat. Noch unzählige andere unbekannte Dinge fügt sie hinzu & rührt mit einem längst vertrockneten Ölzweig alles um, doch augenblicklich ergrünt der alte Zweig & trägt bald Blätter & Früchte; der Schaum, den die Macht des Feuers aus dem Kessel auf die

Craig Venter, hilf! *Ich möchte nicht durch meine Arbeit unsterblich werden. Ich möchte lieber dadurch unsterblich werden, daß ich nicht sterbe. Ich möchte auch nicht in den Herzen meiner Landsleute weiterleben. Ich möchte lieber in meinem Apartment weiterleben.* Woody Allen

Erde wirft, bewirkt das gleiche Wunder: alsbald sprießen dort Gras & Blumen. Als Medea das sieht, stößt sie dem Greis das Messer in die Brust, läßt das eisige Blut herausfließen & ersetzt es durch die zubereiteten Säfte, die sie ihm teils durch den Mund, teils durch die Wunde einflößt. Die Wirkung ist ebenso rasch wie wunderbar: Magerkeit, Bleiche & Runzeln sind aus Aesons Gesicht verschwunden, sein weißes Haar ist ausgefallen, eine lange schwarze Haarpracht ziert sein Haupt, seine Glieder strotzen vor Kraft, mit einem Wort, Aeson sieht sich staunend in den rüstigen Mann verwandelt, der er war, bevor er sein achtes Jahrfünft erreicht hatte.

Und Aeson staunt & entsinnt sich,
daß er vor vierzig Jahren ein solcher Jüngling gewesen.

Im Frisiermantel, unter den pflegenden Händen des Schwätzers im Stuhle zurückgelehnt, betrachtete er gequälten Blickes sein Spiegelbild. »Grau«, sagte er mit verzerrtem Munde. »Ein wenig«, antwortete der Mensch. »Nämlich durch Schuld einer kleinen Vernachlässigung, einer Indifferenz in äußerlichen Dingen … In Ihrem Falle, mein Herr, hat man ein Recht auf seine natürliche Haarfarbe. Sie erlauben mir, Ihnen die Ihrige einfach zurückzugeben?« – »Wie das?« fragte Aschenbach. Da wusch der Beredte das Haar des Gastes mit zweierlei Wasser, einem klaren und einem dunklen, und es war schwarz wie in jungen Jahren. Er bog es hierauf mit der Brennschere in weiche Lagen, trat rückwärts und musterte das behandelte Haupt. »Es wäre nun nur noch«, sagte er, »die Gesichtshaut ein wenig aufzufrischen.« Aschenbach, bequem ruhend, der Abwehr nicht fähig, hoffnungsvoll erregt vielmehr von dem, was geschah, sah im Glase seine Brauen sich entschiedener und ebenmäßiger wölben, den Schnitt seiner Augen sich verlängern, ihren Glanz durch eine leichte Untermalung des Lides sich heben, sah weiter unten, wo die Haut bräunlich-ledern gewesen, weich aufgetragen, ein zartes Karmin erwachen, seine Lippen, blutarm soeben noch, himbeerfarben schwellen, die Furchen der Wangen, des Mundes, die Runzeln der Augen unter Crème und Jugendhauch verschwinden, – erblickte mit Herzklopfen einen blühenden Jüngling. Thomas Mann, Der Tod in Venedig

Die Alchimisten, in deren Augen die gesamte Mythologie lediglich eine auf der Suche nach dem Stein der Weisen beruhende Allegorie ist, die den Raub des Goldenen Vlieses in ihrem System auf ganz natürliche Weise erklären, nehmen Medeas Künste für sich in Anspruch als eine der wichtigsten Vorgehensweisen zur Gewinnung des Steins der Weisen & zweifeln keinen Augenblick an ihrer Realität & an ihrem Erfolg. Die Personen, die nicht in die hermetischen Geheimnisse eingedrungen sind, meinen mit gutem Grund, daß Ovids Bericht nur eine reizende Erdichtung ist, deren einziger Zweck darin bestand, seiner Einbildungskraft Nahrung zu geben & seine Leser zu erfreuen. Außerdem sind die moralischen Erklärungen, die man dieser Fabel geben wollte, sowie viele andere weit unbefriedigender als jene, die auf den Behauptungen der Alchimisten gründen.

Der berühmte Jungbrunnen, der die Kraft hatte, all jenen, die in ihm badeten & von ihm tranken, die vergangene Jugend wiederzugeben oder, wenn man sich ihrer noch erfreut, sie unsterblich zu machen, gilt ebenfalls nur als eine poetische Erfindung. Doch Deodatus, ein spagirischer Arzt, der ausführlich über die Mittel geschrieben hat, die es ermöglichen, länger als 120 Jahre zu leben, meint, daß es diesen Brunnen in der neuen Welt gebe: er stützt sich auf das Zeugnis mehrerer glaubwürdiger Historiker, die er nicht nennt & die von einer unter dem Namen *Bonica* bekannten Insel berichten, auf der es einen Brunnen gibt, dessen Wasser, das kostbarer ist als der feinste Wein, die wunderbare Kraft besitzt, das Alter in Jugend zu verwandeln.

Galenus erwähnt einen Mann, der bei dem Versuch, ein unglückliches Leben zu beenden, das die Lepra, von der er befallen war, noch unerträglicher gemacht hatte, beschloß, eine Flasche Wein zu trinken, von dem er glaubte, er sei von einer Viper vergiftet worden, die hineingeschlüpft, darin erstickt & einige Zeit tot darin liegen geblieben war. Kaum hat er dieses schreckliche Vorhaben in die Tat umgesetzt, wird er von entsetzlichem Erbrechen geplagt & fällt schließlich in einen lethargischen, todesähnlichen Schlummer; dieser Schlaf verfliegt, das Erbrechen läßt nach, & bald darauf fallen ihm alle Haare seines Körpers & die Nägel aus, seine Glieder vertrocknen, der Tod scheint nahe; Schnitter, die ihn das vermeintliche Gift, das sie ihm selbst besorgt hatten, trinken sahen, warteten auf den natürlichen Ausgang dieses tragischen Schauspiels. Es endete jedoch ganz anders, denn einen Moment lang schien ein Lebensfunken diesen unglücklichen Sterbenden wiederzubeleben, & die Umstehenden sahen mit Verwunderung, in die sich Furcht mischte, daß sich neues Fleisch bildete, Haare & Nägel von neuem wuchsen, das Gesicht sich verschönte, die alte Haut sich löste, kurz, daß ein ganz neuer Mann entstand. Valescus de Taranta schreibt, daß in einer Stadt des Königreichs Valencia eine vom Alter gebeugte Äbtissin lebte, bei der plötzlich wieder die Regel einsetzte, die Zähne sich erneuerten, das Haar sich schwarz färbte, die Haut wieder frisch & glatt wurde, die schlaffen & vertrockneten Brüste wieder so fest & rund wurden wie die eines jungen Mädchens, kurz, der kein Merkmal der vollkommensten Jugend fehlte. Sie war ob der Neuartigkeit dieses Ereignisses so bestürzt & empfand eine solche Scham, daß sie sich vor den Blicken der Zuschauer verbarg, welche die Neugier in Scharen herbeilockte. Die modernen portugiesischen Historiker berichten von einem edlen Indianer, der dreihundertvierzig Jahre gelebt hat & dreimal den Wechsel von Jugend & Gebrechen erlebte. Hier sei noch die wundersame Geschichte von Montanus erwähnt, dem berühmten archispagirischen

Arzt, der mit Hilfe seines philosophischen Elixiers in weit fortgeschrittenem Alter zur Blüte der Jugend zurückfand. Dasselbe Elixier vollbrachte, nach dem Zeugnis von Torquemada, das gleiche Wunder bei einem hundertjährigen Greis, der außer der Jugend noch vierzig Jahre Leben erhielt. Andere haben diese Wirkungen der besonderen Konstitution der beiden Personen zugeschrieben, in der Absicht, die *verjüngende* Kraft des Heilmittels, das sie eingenommen hatten, zu schmälern; doch man antwortete ihnen, dieses Elixier, da unachtsam aufbewahrt, sei von Hühnern gefunden & eingenommen worden, denen alsbald die Federn ausfielen & neue wuchsen.

Alle Alchimisten, die an die *Verjüngung* glauben, meinen übereinstimmend, das wahre Mittel, das diese wunderbare Veränderung herbeiführen kann, sei die von ihnen so genannte *universelle Arznei* oder der *Stein der Weisen.* Es ist dies jenes unvergleichliche Elixier, dem Crollius ohne Scheu so hochtrabende Namen gibt wie nicht brennendes himmlisches Feuer, Seele & Leben aller erschaffenen Substanz; mit allen Einflüssen, Wirkungen & Fähigkeiten der himmlischen & irdischen Körper erfüllter & gesättigter Stoff; Schauplatz aller Geheimnisse der Natur, Wunder der universellen Natur, Quintessenz der menschlichen Maschine; wiedererzeugte Welt, in welcher der Schatz der gesamten Natur verborgen liegt; Sohn von Sonne & Mond &c. Doch welches ist die Zusammensetzung dieses göttlichen Heilmittels? Dies ist das große & leider ungelöste Rätsel. Es ist dasselbe Präparat, das die Metalle in Gold verwandeln kann, indem es die unvollkommenen unter ihnen von allen Unreinheiten läutert, das gleichzeitig, so sagen sie, die verdunstete Feuchtigkeit wiederherzustellen vermag, die Trockenheit des Alters, dieses natürlichen Feindes, mildern & die verdorbenen Säfte durch heilsame ersetzen kann, schließlich alles zu ergänzen vermag, was zu ewiger Gesundheit, *Verjüngung* & Heilung aller Krankheiten zu fehlen scheint. Dieses kostbare Geheimnis, das die eifersüchtigen Alchimisten noch immer hinter Figuren, Emblemen, Rätseln, Allegorien, Hieroglyphen, fortwährenden Anspielungen auf die Mythologie oder die Heilige Schrift & unter unzähligen verschiedenen Namen verbergen, ist mit ihren Erfindern verlorengegangen.

Doch um sich davon zu überzeugen, wie unausführbar die *Verjüngung* ist, genügt es, sich das Bild des lebendigen Menschen ins Gedächtnis zu rufen & an ihm die Erscheinungsformen & Auswirkungen des Lebens zu untersuchen, & man wird sehen, daß jeder Augenblick des Lebens ein Schritt zum Alter & zum Tod ist; daß unsere Maschine so beschaffen ist, daß jede Bewegung, die das Leben erhält, auch eine Ursache ist, die seine Verlangsamung & sein Ende vorbereitet; & je vollkommener die Ausübung der Funktionen ist, desto unmittelbarer & wirksamer strebt sie diesem Ziel zu. Beim jungen Mann sorgen alle offenen & entwickelten Gefäße für den leichten & stetigen Zugang der Säfte zu den verschiedenen Teilen, welche die notwendige Nahrung, Geschmeidigkeit, Weichheit & Feuchtigkeit dorthin befördern. Aber die für die verschiedenen Bewegungen notwendigen Anstrengungen verbrauchen in jedem Augenblick die Säfte, drücken die kleinen Gefäße stärker aneinander, wobei sie die Säfte aus ihnen herauspressen, verkleben sie, trocknen sie aus & stärken sie gleichzeitig. So ist die das Erwachsenenalter kennzeichnende Manneskraft die Folge der Vernichtung, der Austrocknung mehrerer Gefäße, die dadurch, daß sie kräftiger werden, mehr Konsistenz & Festigkeit erwerben & geeigneter sind, den Anforderungen dieses Alters standzuhalten. In dem Maße, wie dieser Mann lebt & die notwendigen Bewegungen ausführt, werden die Ursachen, welche die Gefäße austrocknen & zerstören, immer zahlreicher, das Blut sorgt nicht mehr für die Erhöhung der Lebenstätigkeit, jenes Feuer der Jugend, es fließt ruhiger in seinen weniger empfindlichen & weniger beweglichen Kanälen. Mit der Zeit nehmen diese Wirkungen zu, so daß die allzu verfestigten Nerven ihre Spannung & ihr Schwingungsvermögen verlieren & die Sinneseindrücke nur noch schwach wiedergeben & die Bewegungen, die sie hervorrufen, nur noch mühsam & langsam ausführen. Die Kräfte sind erschöpft, das Fett schmilzt, die Haut wird nicht mehr befeuchtet, sie bekommt Runzeln, sie schrumpft, die Sehnen, die Knorpel der Bänder verknöchern, die Muskeln & Gefäße werden hart & nahezu bewegungsunfähig. Dann fließt ein eisiges Blut nur noch mühsam durch die Venen, eine tödliche Kälte bemächtigt sich des ganzen Körpers, der Rumpf wird nur noch von den geschwächten Muskeln aufrecht gehalten, er gibt seinem Gewicht nach, beugt sich zur Erde hinab, & allmählich wird dieser Körper, der nur noch ein fleischloses Gerippe ist, ganz & gar zusammenfallen & aufhören zu leben, ohne sich dessen bewußt zu sein. Dies sind die Veränderungen, welche die Maschine in den aufeinanderfolgenden Lebensaltern erfährt, Veränderungen, welche die Kräfte des Lebens selbst bewirken & die solcher Art sind, daß keine Kunst der Welt sich ihnen entgegenstellen & noch weniger ihnen Einhalt gebieten könnte, sobald sie eingetreten sind. Daher scheint mir, daß die *Verjüngung* nicht nur niemals stattgefunden hat, sondern auch unmöglich ist. Das Nachwachsen von schwarzen Haaren oder von Zähnen bei einigen Greisen, wohlbezeugte Erscheinungen, beweisen überhaupt nichts & sind unerhebliche Merkmale, welche die Jugend nur schlecht kennzeichnen, wenn sie nicht mit anderen, notwendigeren & wichtigeren Zeichen einhergehen. Siehe Jugend & Alter.

Aber auch wenn sich der Körper der Greise nicht *verjüngt,* kann man dann wenigstens sagen, daß ihr Geist eine solche Umwälzung verspürt? Nein, denn sie erhalten nie wieder jenen Scharfsinn, jene lebhafte Einbildung, jenes wache Gedächtnis, wie sie jungen Menschen eigen sind. Dagegen überwinden sie eine scheinbar weit größere Zeitspanne, da sie, wie man sagt, in die Kindheit zurückfallen; sie denken wieder so, wie es der Schwäche dieses fernen

Alters entspricht, sind aller Sorgen ledig, befreit von allen Gegenständen der Furcht, der Traurigkeit, des Mißvergnügens, welche die Vernunft denen bietet, die noch ihrer Herrschaft unterstehen; sie finden Gefallen an den Spielen der Kinder, vergnügen sich mit deren Puppen, & wie diese, so der Dichter Horaz, »reiten sie auf dem langen Steckenpferd«. Diese Veränderung ist eine ganz natürliche Folge der Schwäche ihrer Maschine & vor allem der Fasern des Gehirns; da die Kraft, die sie zum Denken, zum Phantasieren benötigen, bei ihnen geschwunden ist, befinden sie sich auf der Stufe der Kinder, die sie noch nicht erworben haben. *Venel*

VERMÖGEN – **Fortune** (**Moral**). Es gibt niederträchtige Mittel, sein Glück zu machen, das heißt zu einem *Vermögen* zu kommen & reich zu werden; & es gibt rechtschaffene Mittel.

Die niederträchtigen Mittel bestehen im allgemeinen in dem verächtlichen Talent der Speichelleckerei; dieses Talent beschränkt sich darauf, wie ein geistreicher Fürst einmal sagte, in der Nähe der Großen kein Ehrgefühl mehr zu haben. Man muß indes anmerken, daß die niederträchtigen Mittel, zu Reichtum zu kommen, in gewisser Weise keine solchen mehr sind, wenn man sie nur dazu einsetzt, sich das Allernotwendigste zu beschaffen. Außer dem Verbrechen ist alles erlaubt, um einem Zustand tiefsten Elends zu entrinnen; daher kommt es, daß es oft einfacher ist, reich zu werden, wenn man in absoluter Armut lebt, als wenn man ein noch so kleines *Vermögen* hat. Die Notwendigkeit, sich von der Armut zu befreien, die fast alle Mittel verzeihlich macht, läßt unmerklich diese Mittel zur Gewohnheit werden, so daß es dann weniger schwerfällt, sie zur Vergrößerung seines *Vermögens* einzusetzen. *d'Alembert*

VERRÜCKTHEIT – **Folie** (**Moral**). Von der Vernunft abweichen, ohne es zu wissen, weil man keine Ideen hat, heißt *dumm* sein; wissentlich, wenn auch mit Bedauern, von der Vernunft abweichen, weil man Sklave einer heftigen Leidenschaft ist, heißt *schwach* sein; aber getrost von ihr abweichen, in der festen Überzeugung, man folge ihr, heißt, wie mir scheint, *verrückt* sein. Das sind zumindest jene Unglücklichen, die man einsperrt & die sich von den anderen womöglich nur deshalb unterscheiden, weil ihre *Verrücktheiten* ungewöhnlicher sind & nicht in die Ordnung der Gesellschaft passen.

Da aber die *Verrücktheit* nur ein Mangel ist, wollen wir, um eine klarere Vorstellung davon zu gewinnen, versuchen, ihr Gegenteil zu verstehen. Was ist die Vernunft? Was man, zumindest im Gegensatz zur *Verrücktheit,* so nennt, ist im allgemeinen nichts anderes als die Kenntnis des Wahren; nicht jenes Wahren, das der Urheber der Natur sich allein vorbehalten hat, das nach seinem Willen unserem Geist unerreichbar ist oder dessen Kenntnis vielfache Berechnungen erfordert; sondern das handgreifliche Wahre, zu dem alle Menschen Zugang haben & das sie zu erkennen vermögen, weil es entweder für die Erhaltung ihres Lebens oder für ihr persönliches Glück oder für das Gemeinwohl der Gesellschaft notwendig ist.

Das Wahre ist physisch oder moralisch: das physisch Wahre besteht im richtigen Verhältnis unserer Empfindungen zu den physischen Gegenständen, was immer der Fall ist, wenn diese Gegenstände uns auf dieselbe Weise berühren wie alle anderen Menschen. Eine *Verrücktheit* ist es zum Beispiel, wenn man wie einige Schwärmer die Musik der Engel hört oder wenn man wie Don Quijote anstelle von Windmühlen Riesen & statt einer Schafherde das Heer von Alifanfarón sieht.

Das moralisch Wahre besteht in der Richtigkeit der Beziehungen, die wir, sei es zwischen den moralischen Gegenständen, sei es zwischen diesen Gegenständen & uns, wahrnehmen. Daraus folgt, daß jeder Irrtum, der uns fortreißt, *Verrücktheit* ist. *Verrücktheiten* sind also alle Verdrehtheiten unseres Geistes, alle Täuschungen der Eigenliebe & alle unsere Leidenschaften, sobald sie sich bis zur Verblendung steigern; denn die Verblendung ist das Erkennungszeichen der *Verrücktheit.* Begeht ein Mensch vorsätzlich eine verbrecherische Handlung, so ist er ein Bösewicht; begeht er sie aber in der Überzeugung, sie sei richtig, so ist er ein *Verrückter.* Was man in der Gesellschaft »Verrücktheiten sagen« oder »treiben« nennt, heißt nicht *verrückt* sein, denn man nimmt sie als das, was sie sind. Vielleicht ist es Weisheit, da man auf die Schwäche unserer Natur hinweisen will. Sosehr wir mit den Vorzügen unserer Vernunft auch prahlen mögen, es läßt sich doch unschwer erkennen, daß sie uns eine schwere Bürde ist & daß wir, um unsere Seele von ihr zu entlasten, von Zeit zu Zeit wenigstens eines Anscheins von *Verrücktheit* bedürfen.

Mitunter scheint die *Verrücktheit* von einer Beschädigung der Seele herzurühren, die sich den Körperorganen mitteilt, mitunter von einer Störung der Körperorgane, die sich auf die Tätigkeiten der Seele auswirkt; das läßt sich nur schwer entscheiden. Was immer die Ursache sein mag, die Wirkungen sind die gleichen. – Nach meiner Definition der physischen & moralischen *Verrücktheit*

Irresein wird durch moralische Ursachen hervorgerufen (Idiotie durch Angst, wie vor Erdbeben in Chile) bei Menschen, die sonst wahrscheinlich nicht so gewesen wären. Bei Mr. Hardinge war die Ursache, daß er in Rom über das Elend einer Krankheit nachdachte, als er aus zufälligem *Geldmangel nur* beinahe *in ein Spital eingewiesen wurde. Mein Vater wäre bei High Ercall beinahe ertrunken, und ein paar Jahre danach waren die Gedanken daran weit schmerzlicher als die Sache selbst.* CHARLES DARWIN, NOTIZHEFT M

gibt es in der Welt Tausende von Leuten, deren *Verrücktheiten* rein physisch sind, & viele in den Zuchthäusern, die nur moralische *Verrücktheiten* aufweisen. Ist beispielsweise die *Verrücktheit* des eingebildeten Kranken nicht eine physische?

Jedwede Maßlosigkeit ist *Verrücktheit,* selbst in löblichen Dingen. Die Freundschaft, die Uneigennützigkeit, die Liebe zum Ruhm sind lobenswerte Gefühle, doch muß die Vernunft ihnen Grenzen setzen. Es ist eine *Verrücktheit*, ihnen ohne Notwendigkeit seinen Ruf, sein Vermögen & sein Glück zu opfern.

Manchmal jedoch ist diese Maßlosigkeit eine Tugend, wenn ihr der allgemein anerkannte Grundsatz einer Pflicht zugrunde liegt. Dann handelt es sich nicht um eine wirkliche Maßlosigkeit, denn wenn der Grundsatz so beschaffen ist, daß man nicht von ihm abweichen darf, dann kann von Maßlosigkeit keine Rede mehr sein. Als Regulus nach Karthago zurückkehrte, war er ein tugendhafter Mann, er war kein *Verrückter*.

Manchmal hält man auch eine wirkliche Maßlosigkeit für eine Tugend, wenn ihr eine löbliche Absicht zugrunde liegt; dann sieht man nämlich allein auf die Absicht & auf die wenigen Menschen, die solch schöner Maßlosigkeiten fähig sind.

Häufig hängt die Maßlosigkeit vom Alter oder vom Stand oder vom Vermögen ab. Was bei einem Greis eine *Verrücktheit* ist, ist es nicht bei einem Jüngling; was bei einem mittelmäßigen Stand & einem beschränkten Vermögen eine *Verrücktheit* ist, ist es nicht bei einem hohen Rang oder einem großen Vermögen.

Es gibt Dinge, bei denen die Vernunft sich allein in der rechten Mitte befindet & beide Extreme gleichermaßen als *Verrücktheit* gelten. Es ist eine *Verrücktheit,* alles zu verdammen wie alles zu billigen; ein *Verrückter* ist ebenso der Verschwender, der alles nach Lust & Laune vergeudet, wie der Geizige, der sich alles versagt; & der Lüstling, der sich seinen Schwelgereien hingibt, ist nicht vernünftiger als der Hypochonder, dessen Seele sich jedem Gefühl von Vergnügen verschließt. Es gibt auf Erden keine wahren Güter außer der Gesundheit, der Freiheit, der Mäßigung der Begierden, dem guten Gewissen. Folglich ist es der Inbegriff der *Verrücktheit,* aus freien Stücken so wertvolle Güter zu opfern.

Unter unseren *Verrücktheiten* gibt es traurige wie die Melancholie, ungestüme wie den Zorn & den Verdruß, schmerzhafte wie die Rache, die stets eine eingebildete oder tatsächliche Beleidigung vor Augen hat, & den Neid, für den die Erfolge anderer Menschen eine Qual sind.

Es gibt fröhliche *Verrückte;* das sind im allgemeinen die jungen Leute: alles interessiert sie, weil alles ihnen unbekannt ist; alle ihre Gefühle sind maßlos, weil ihre Seele ganz frisch ist; eine Lappalie stürzt sie in Verzweiflung, & ein Lappalie läßt sie vor Freude außer sich geraten; oft fehlt es ihnen an Gelassenheit & Ungezwungenheit, aber sie besitzen ein Gut, das diesen Eigenschaften weit vorzuziehen ist: sie sind fröhlich. Eine liebenswerte *Verrücktheit,* die man »glücklich« nennen kann, da die Freuden über die Kümmernisse obsiegen; eine *Verrücktheit,* die allzu schnell vergeht, der man in fortgeschrittenem Alter nachtrauert & für die nichts uns entschädigt.

Es gibt *Verrücktheiten*, die befriedigen, ohne fröhlich zu sein; diese legen viele Leute mit Talent, besonders mit kleinen Talenten an den Tag. Sie messen ihrer Kunst um so mehr Bedeutung bei, je weniger sie in Wirklichkeit hat. Aber diese *Verrücktheit* schmeichelt ihrer Eigenliebe & hat für sie noch einen weiteren Vorteil: vielleicht wären sie in ihrem Stand nur mittelmäßig gewesen, aber die *Verrücktheit* macht sie darin überlegen, manchmal sogar hat sie die Grenzen der Kunst erweitert.

Schließlich gibt es *Verrücktheiten*, auf die man fast neidisch sein könnte. Von dieser Art ist die eines Kleinbürgers, der sich durch Arbeit & Sparsamkeit einen für seinen Stand ungewöhnlichen Wohlstand erworben hat & deshalb sich selbst gegenüber die aufrichtigste Verehrung empfindet. Dieses Gefühl äußert sich sowohl in seinem Aussehen wie in seinen Manieren & seinen Reden. Im Kreis seiner Freunde zählt er liebend gerne auf, was er besitzt. Er erzählt ihnen zum hundertsten Mal, doch mit stets neuer Befriedigung die uninteressantesten Umstände seines Lebens & seines Glücks. Innerhalb seines Hauses spricht er nur in Sentenzen; er hält sich für ein Orakel & wird von seiner Frau, seinen Kindern & seinen Dienstboten für ein solches gehalten. Dieser Mann ist ganz gewiß ein *Verrückter,* denn weder sein bescheidenes Vermögen noch das bescheidene Verdienst, das ihm dazu verholfen hat, sind der Bewunderung & der Hochachtung würdig, die sie ihm einflößen. Doch fügt diese *Verrücktheit* niemandem Schaden zu, sie amüsiert den Philosophen, der ihr zuschaut; & für den, der sie besitzt, ist sie ein wahrer Schatz, da sie ihn glücklich macht.

Aber gleich kommt man hier mit einer Nadel. Diese Nadel will man in ihre Ader hineinstechen. Aber diese Nadel wird zum Monstrum! Eine Nadel, zu dick, zu lang, zu gefährlich – ein Mord-Instrument! Sie wehrt sich! Sie wirft das hübsche, hölzerne Gestell, in dem die leeren Glas-Röhrchen auf ihr Blut warten, mit aller Kraft und Empörung auf den Fußboden und sieht mit Freude zu, wie das Glas zerbricht. Als könnte sie das vor der schrecklichen Nadel retten. Und sie verliert ihren ersten Kampf gegen die Krankenschwestern, sie hört zum ersten Mal die Alarm-Pfeife ertönen, die jede Krankenschwester an ihrer Schürze trägt, und sie kommen zu viert und mit ihnen die Zwangsjacke. Ein Anzug aus dickem, unzerreißbarem Stoff von heller Farbe. Die Ärmel sind so lang, daß die Hände darin verschwinden. An den Ärmeln und langen Hosen sind Bänder, mit denen man sie an den vier Ecken des Bettes anbindet. Unica Zürn, Der Mann in Jasmin

Wenn einige dieser *Verrückten* zum ersten Mal in einer Nation auftauchen, die nur die Vernunft kennt, so wird man sie wahrscheinlich einsperren. Bei uns aber macht ihr gewohnter Anblick sie erträglich; manche ihrer *Verrücktheiten* sind uns notwendig, andere sind uns nützlich, fast alle fügen sich in die Ordnung der Gesellschaft ein, da diese Ordnung nichts anderes ist als das Zusammenspiel der menschlichen *Verrücktheiten.* Mögen einige von ihnen ihr unnütz oder sogar abträglich erscheinen, so werden sie doch von so vielen Individuen geteilt, daß es unmöglich ist, sie von ihr auszuschließen. Doch ändern sie darum nicht ihre Natur: als *Verrücktheit* erkennt jeder diejenige an, die nicht die seine ist, & häufig seine eigene, wenn er sie bei einem anderen sieht. *Lefebvre*

VERSAILLES – **Versailles** (**Neuere Geographie**). Stadt in der Île de France, vier Meilen westlich von Paris. Einst ein zu St. Magloire gehörendes Priorat, ist *Versailles* heute eine ansehnliche Stadt, die durch drei lange Prachtstraßen mit Paris, Sceaux & Saint-Cloud verbunden ist, wo die meisten Adeligen des Hofes ihre Stadtschlösser errichtet haben. In der Stadt gibt es zwei Pfarreien, denen als Geistliche zwei Pfarrer vorstehen. Nun zum Schloß:

1630 erwarb Ludwig XIII. die Ländereien von *Versailles* für zwanzigtausend Ecu & ließ dort ein kleines Schloß bauen, um seine Jagdgesellschaften unterzubringen. Damals war es im Grunde nur ein Landhaus, das der Marschall de Bassompierre das »kümmerliche Schloß von *Versailles*« nennt. Ludwig XIV. sagte das Landhaus hingegen zu. Er verwandelte die Ländereien in eine Stadt & das kleine Schloß in einen berühmten Palast, einen Abgrund an Kosten, einen Gipfel an Prunk, großartigem & schlechtem Geschmack, denn offenbar hatte es ihm eine der lieblosesten Landschaften in einer Niederung, die zudem ständig von Nebel verhangen ist, so sehr angetan, daß er sie der Lage von Saint-Cloud an der Seine oder Charenton am Zusammenfluß von Seine & Marne vorzog.

Es wäre allerdings zu wünschen gewesen, meint ein moderner Historiker, daß dieser Monarch seinem Louvre & der Hauptstadt den Vorzug vor seinem neuen Schloß gegeben hätte, das der Herzog von Créqui scherzhaft einen *Günstling ohne Meriten* genannt hat. Wenn die Nachwelt mit Dankbarkeit bewundert, was an Großem für das Volk getan wurde, staunen die Kritiker vereint über das, was Ludwig XIV. Wunderbares & Unzulängliches für seine Wohnstätte geschaffen hat. Die Beschreibung dieser Wohnstätte füllt sechsundfünfzig Spalten im Folioformat des *Historisch-politisch-geographischen Atlasses der gantzen Welt* (Leipzig 1744–1750) von la Martinière.

Man kann den acht Millionen an Staatsanleihen nur nachtrauern, die bereits dreimal ausgegeben wurden & insgesamt zu einer Schuldenlast von 160 Millionen führten, die für den Bau von Versailles dahinschmolzen & die man mit Vernunft für viele nützliche & notwendige Baumaßnahmen im Königreich hätte verwenden können. Die Worte, die einer unserer Lyriker noch zu Bauzeiten für dieses Unternehmen Ludwigs XIV. fand, sind bekannt:

Zum dritten Mal ließ er den herrlichen Garten
Des großartigen Versailles erweitern:
Betrübt ob seiner dicken Mauern
Grub das Volk die weite Fläche um.
Ein einziger, der still an einer alten Eiche lehnte,
Schien keinen Anteil an dem Werk zu nehmen.
Sag, wovon träumst du? fragte der Fürst.
Verzeiht, Sire, antwortete der greise Landmann,
Ich dachte an Euer Erbe, & daß Ihr
Seine Grenzen nach Belieben ausdehnen könnt.
Doch mögt Ihr es auch dreißigfach vergrößern,
Nachbarn hättet Ihr noch immer. *Jaucourt*

VERTRAUTHEIT – **Familiarité** (**Moral**). Das ist eine Freizügigkeit in den Worten & in den Umgangsformen, die unter den Menschen Vertrauen & Gleichheit voraussetzt. Da man im Kindesalter der Vernunft seinesgleichen nicht zu mißtrauen braucht, da in ihm noch keine oder nur unmerkliche Rang- & Standesunterschiede bestehen, bemerkt man im Umgang der Kinder miteinander nichts Gezwungenes. Sie verlassen sich furchtlos auf alles, was menschlich ist; sie vertrauen ihre Geheimnisse den mitfühlenden Herzen ihrer Gefährten an; sie lassen ihren Neigungen, ihren Hoffnungen, ihren Eigenarten freien Lauf. Aber aus Gefährten werden Konkurrenten & schließlich Rivalen: Man läuft nicht mehr zusammen auf derselben Bahn; man stößt zusammen, man bedrängt sich, man tut sich weh, & bald geht man nur noch heimlich & mit Vorsicht seinen Weg.

Aber es sind vor allem die Rang- & Standesunterschiede – nicht so sehr die Konkurrenz auf dem Weg zum Glück & die Rivalität im Vergnügen –, die im reifen Alter die *Vertrautheit* der Kindheit verschwinden lassen.

Beim Volk bleibt dagegen die *Vertrautheit* immer erhalten: Es behält diese sogar seinen Vorgesetzten gegenüber, weil es ihnen dadurch in einer törichten Illusion der Eigen-

Von der Natur des Menschen läßt sich nur eins zweifelsfrei sagen, und zwar daß sie sich unablässig verändert. Veränderung ist die einzige Eigenschaft, die wir ihr zuschreiben können. Alle Systeme, die von einer unwandelbaren Menschennatur ausgehen, statt auf Wandel und Wachstum zu setzen, sind zum Scheitern verurteilt. Der Fehler Ludwigs XIV. bestand darin zu glauben, die menschliche Natur sei unveränderlich. Die Folge dieses Irrtums war die Französische Revolution. Ein wunderbares Ergebnis. Alle Folgen, die auf Regierungsfehler zurückgehen, sind ausgesprochen wunderbar.
Oscar Wilde, Die Seele des Menschen unter dem Sozialismus

liebe gleichzukommen scheint. Die Menschen aus dem Volk hören nur aus Mißtrauen auf, *vertraulich* zu sein, die Großen dagegen nur aus Angst vor der Gleichheit. Was man »Haltung«, »vornehme Manieren«, »Würde«, »Repräsentation« nennt, sind Schranken, welche die Großen zwischen sich selbst & der Menschlichkeit zu errichten verstehen. Sie sind Feinde der *Vertrautheit*, & manche von ihnen scheuen sie sogar ihresgleichen gegenüber. Die einen, die Anspruch auf ein Ansehen erheben, das man nur ihrem Rang zuerkennen kann, das man aber ihrer Person versagen müßte, erheben sich aufgrund ihres Standes über ihre ganze Umgebung, & zwar erheben sie sich um so höher, je mehr Ansehen sie beanspruchen & je weniger sie es verdienen. Andere, die von jener Hartherzigkeit sind, die man leider nur allzu häufig besitzt, wenn man der Menschen nicht mehr bedarf, sind von den Gefühlen, die sie einflößen, peinlich berührt, weil sie dieselben nicht erwidern könnten. Sie sehen es lieber, daß man ihnen Respekt & Rücksicht erweist, weil sie Förmlichkeiten & Aufmerksamkeiten zu erwidern vermögen. Sie sind wegen ihrer Gefühllosigkeit zu bedauern, & doch zu bewundern, wenn sie trotzdem gerecht sind.

Es gibt in allen Ständen bescheidene & tugendhafte Menschen, die sich stets mit einem Schleier umhüllen; es ist, als wollten sie ihre Tugenden vor der Entweihung durch Lobsprüche bewahren; sogar in der Freundschaft enthüllen sie sich nicht, sondern lassen sich durchschauen.

Die *Vertrautheit* ist der verführerischste Reiz & das holdeste Band der Freundschaft: Sie führt uns zur Selbsterkenntnis; sie läßt die Menschen sich vor unseren Augen entwickeln; sie lehrt uns, mit ihnen umzugehen; sie verleiht dem Charakter Großzügigkeit & Stärke; sie verbürgt seine Eigenart; sie hilft einem liebenswürdigen Naturell, sich von den Fesseln der Gewöhnung frei zu machen, & lehrt es die Förmlichkeiten der feinen Lebensart verachten; sie verbreitet über alle unsere Wesensäußerungen Anmut & Tatkraft; sie beschleunigt den Fortschritt der Talente, die durch uneigennützige Ratschläge der Freundschaft angeregt & aufgeklärt werden; sie vervollkommnet die Vernunft, weil sie deren Kräfte betätigt; sie läßt uns erröten; sie heilt uns von den Kleinlichkeiten der Eigenliebe; sie hilft uns, damit wir uns über unsere Fehler klarwerden; sie macht sie für uns nützlich. Oh, wie gern würden tugendhafte Seelen auf nichtige Gesten der Ehrerbietung verzichten, wenn man sie dafür durch Liebe & Hochachtung entschädigte! *Saint-Lambert*

VERZEIHEN – **Pardonner.** Die Strafe aufheben, seinen Groll aufgeben & das Vergessen einer Verfehlung versprechen. Man *verzeiht* eine Sache, man *verzeiht* einer Person.

Es gibt Vorzüge, die man seltener *verzeiht* als Beleidigungen.

Es bedarf sehr großer Bescheidenheit, Zuvorkommenheit & Kunstfertigkeit, um zu erreichen, daß einem andere die Überlegenheit *verzeihen*, die man ihnen gegenüber hat.

Man *verzeiht* sich selbst so häufig das, was man zuweilen auch den anderen *verzeihen* sollte.

Männer, die ein törichtes Werk geschrieben haben, das einfältige Herausgeber endgültig verpfuschten, konnten uns niemals *verzeihen*, daß wir ein besseres geplant haben. Es gibt keinerlei Verfolgungen, die von diesen Feinden alles Guten nicht gegen uns eingeleitet worden wären. So sahen wir schon in wenigen Monaten unsere Ehre, unser Vermögen, unsere Freiheit, unser Leben gefährdet. Wir hätten von ihnen *Verzeihung* für ein Verbrechen erlangen können, aber wir konnten von ihnen keine *Verzeihung* für eine gute Tat erlangen.

Sie fanden die meisten von denen, die wir nicht für würdig hielten, an unserem Unternehmen mitzuarbeiten, durchaus bereit, ihren Haß & ihre Mißgunst anzunehmen.

Wir dachten uns für all das Böse, das sie uns angetan hatten, keine grausamere Rache aus, als das Gute zu vollenden, das wir angefangen hatten.

Das war die einzige Art Groll, die unserer würdig war.

Jeden Tag erniedrigen sie sich durch neue schlechte Taten; ich sehe schon die Schande über sie kommen.

Die Zeit *verzeiht* niemals Niederträchtigkeit. Früher oder später bricht sie den Stab über sie. *Anonym*

VIELFRASS – **Glouton (Naturgeschichte, Zoologie).** Vierbeiner, der in den ausgedehnten Wäldern Lapplands, Dalekarliens & anderen nordischen Gegenden lebt. Seinen Namen erhielt der *Vielfraß* aufgrund seiner immensen Gefräßigkeit. Er verschlingt verendete Tiere & füllt seinen Bauch derart mit Kadaver, daß dieser aufgebläht erscheint. Dann, heißt es, quetscht er sich zwischen zwei Bäume oder zwei Felsen & entleert sich seines Fraßes gleichzeitig durch Mund & Anus. Anschließend kehrt er zu dem Kadaver zurück & schlägt sich erneut den Bauch voll. Er zieht die Kadaver aus der Erde, was darauf hindeutet, daß es sich bei diesem Tier um die Hyäne der Antike handelt. Er ist erheblich länger, ein wenig größer & sehr viel fetter als der Wolf. Sein Schwanz ist etwas kürzer. Sein Fell ist schwarzbraun & unterscheidet sich von dem des Fuchses durch sein feineres & weicheres Haar. In Schweden ist sein Fell daher sehr begehrt. Nach Olaus

Um über gewisse Gegenstände mit Dreistigkeit zu schreiben, ist fast notwendig, daß man nicht viel davon versteht. Auch geht es gut an, wo der Gegenstand noch wenig bekannt ist. Unstreitig hat man sehr viel mehr vom Vielfraß *zu erzählen gewußt, da er noch wenig gekannt war, als jetzt, da man ihn kennt.* Lichtenberg, Sudelbücher

Magnus ist der *Vielfraß* so groß wie ein großer Hund, hat die Ohren oder das Gesicht einer Katze & einen Schwanz wie ein Fuchs, nur etwas kürzer & buschiger. Das Fleisch des *Vielfraßes* schmeckt sehr schlecht & seine Krallen sind überaus gefährlich. *Daubenton*

VOLANT oder FALBEL – Falbala. Gefältelter & festonierter Stoffstreifen zum Besatz von Damenkleidern & Unterröcken. Als *Volants* bezeichnet man insbesondere die Besätze der Unterröcke. Auch die Bezeichnung Falbeln ist geläufig. Bei Kleidern spricht man gewöhnlich von Rüschen. *Volants* laufen rund um den Rock & liegen übereinander. Es heißt, diese Mode reiche weit in die Vergangenheit zurück, die Bezeichnung stammt jedoch aus neuerer Zeit.

Man erzählt, zwei jener Herren, die ihr Leben Putz & Modetorheiten widmen & sich zugrunde richten, um zu gefallen, seien durch die Räume des Palais Royal gegangen. Wie üblich hätten ihnen die Marktfrauen alles Erdenkliche zum Kauf angeboten. »Es gibt nichts, was man hier nicht findet«, sagte der eine, & der andere erwiderte: »Man findet sogar das, was es nicht gibt: Erfinden Sie ein Wort, das einfach nur gut klingt & keine Bedeutung besitzt, alle Frauen hier werden ihm eine Bedeutung geben.« Das Wort war *Falbel:* Die Kleider erhielten eine Ausstattung, die mit größter Selbstverständlichkeit unter dieser Wortschöpfung angeboten wurde, & seitdem haben sie *Falbeln.* Siehe Etymologie.

Kenner & Freunde des Altertums würden, wenn sie könnten, die Erfindung der *Volants* bis zur Sintflut zurückdatieren. Es gereicht dieser Mode allerdings schon genug zur Ehre, daß die Römer sie von den Persern übernommen haben sollen. Es heißt, verschiedene Gesetzgeber, die den Luxus bekämpften, hätten sie verdammt, doch die Grazien & der Geschmack lassen sich nur von Liebe & Lust etwas vorschreiben.

Jenes große Rad der Welt, das alles wiederkehren läßt, bringt auch alle Moden wieder, & mit größerem Pomp denn je hat es heute die *Volants* zurückgebracht. Sie schmücken die prächtigsten Tücher, werden den gewöhnlichsten zur Zierde aufgenäht, & alle Frauen, ob schön oder häßlich, kokett oder schüchtern, tragen Falbeln noch bis zu ihren untersten Röcken. Sogar die Frömmsten tragen noch welche unter dem Deckmantel der begehrten Reinheit: Offenbar verzichtet man leichter auf das Vergnügen der Liebe als auf den Wunsch zu gefallen. *de Vivans*

VOLK – Peuple (Politisches System). Früher wurde in Frankreich das *Volk* als der nützlichste, wertvollste & deshalb ehrwürdigste Teil der Nation angesehen. Damals glaubte man, das *Volk* könnte einen Platz in den Generalständen einnehmen, & die obersten Gerichtshöfe machten aus dem Recht des *Volkes* & ihrem eigenen ein einziges Recht. Die Ideen haben sich geändert, & sogar die Klasse der Menschen, die dazu bestimmt sind, das *Volk* zu bilden, wird täglich kleiner. Früher war das *Volk* der Generalstand der Nation, der allein dem Stand der Großen & der Adligen entgegengesetzt war. Er umfaßte die Landleute, die Arbeiter, die Handwerker, die Kauf- & Finanzleute, die Literaten & die Rechtsgelehrten. Aber ein Mann von viel Geist, der vor etwa zwanzig Jahren eine Abhandlung über das *Wesen des Volkes* veröffentlicht hat, nimmt an, daß diese Körperschaft der Nation sich heute auf die Arbeiter & Landleute beschränkt. Führen wir seine eigenen Reflexionen über diesen Gegenstand an, zumal sie so reich an anschaulichen Bildern sind, die dazu dienen, seine Theorie zu beweisen.

Die Rechtsgelehrten, sagt er, kamen aus der Klasse des *Volkes* & erwarben ohne Hilfe des Schwertes den Adel. Die Literaten hielten nach dem Beispiel des Horaz das *Volk* für ungebildet. Es schicke sich nicht, meinten sie, diejenigen, die die schönen Künste pflegen, *Volk* zu nennen & in der Klasse des *Volkes* jene Art von Handwerkern oder, besser gesagt, jene Art von Kunsthandwerkern zu belassen, die für den Luxus arbeiten; Hände, die einen Wagen so »göttlich« lackieren, einen Diamanten so »vollendet« einfassen, ein modisches Kleidungsstück so »vortrefflich« anpassen, glichen nicht den Händen des *Volkes.* Hüten wir uns auch, die Kaufleute mit dem *Volk* zu vermengen, seitdem man durch den Handel das Adelsprädikat erwerben kann. Die Finanzleute haben einen so steilen Aufstieg genommen, daß sie nun auf gleicher Stufe mit den Großen des Königreichs stehen. Sie verkehren mit ihnen, verschmelzen mit ihnen; sie sind mit den Adligen liiert, denen sie Pensionen verschaffen, die sie erhalten & vor dem Elend bewahren. Aber um noch besser beurteilen zu können, wie absurd es wäre, sie mit dem *Volk* zu vermengen, braucht man nur einen Augenblick das Leben der Männer von solchem Rang & das Leben des *Volkes* zu betrachten.

Die Finanzleute wohnen in prachtvollen Häusern; sie verlangen goldene & seidene Tressen für ihre Kleider; sie atmen Wohlgerüche ein, suchen den Appetit in der Kunst ihrer Köche; & wenn auf den Müßiggang die Ruhe folgt, schlafen sie behaglich auf Daunen ein. Nichts entgeht diesen reichen neugierigen Männern: weder die Blumen aus Italien noch die Papageien aus Brasilien, weder die bunten Tücher aus Masulipatan noch die Porzellanfiguren aus China, das Porzellan aus Sachsen, Sèvres & Japan. Sehen Sie ihr Palais in der Stadt & auf dem Lande, ihre geschmackvolle Kleidung, ihre eleganten Möbel, ihre leichten Wagen? Hat all das etwas mit dem *Volk* zu tun? Jener Mann, der es verstanden hat, ein Vermögen auf dem Finanzwege an sich zu raffen, ißt höchst vornehm bei einer einzigen Mahlzeit soviel wie hundert Familien des *Volkes*, wechselt unaufhörlich seine Vergnügungen, verbessert mit Hilfe der Gewerbetreibenden einen Firnis oder Lack, veranstaltet ein Fest & gibt seinen Wagen neue Namen. Sein Sohn überläßt sich heute einem ungestümen Kutscher, um die Fußgänger zu erschrecken, & ist morgen selber Kutscher, um sie zum Lachen zu bringen.

So bleiben in der Masse des *Volkes* nur die Arbeiter & die Landleute. Mit Interesse betrachte ich ihre Lebensweise; ich beobachte, daß jener Arbeiter entweder unter einem Strohdach oder in irgendeinem Schuppen wohnt, den ihm unsere Stadtverwaltung nur deshalb überläßt, weil sie seiner Kraft bedarf. Er steht mit der Sonne auf & zieht, ohne nach dem Glück zu fragen, das ihn auslacht, seine Sommer- & Winterkleidung an; er wühlt in unseren Bergwerken & Steinbrüchen, er legt unsere Sümpfe trocken, er kehrt unsere Straßen, er baut unsere Häuser, er zimmert unsere Möbel; er bekommt Hunger, & alles schmeckt ihm; der Tag geht zu Ende, & er schläft unbehaglich in den Armen der Müdigkeit.

Der Bauer, ein anderer Mann aus dem *Volk*, ist schon vor Sonnenaufgang damit beschäftigt, die Saat in unseren Grund & Boden zu legen, unsere Felder zu bestellen, unsere Gärten zu begießen. Er leidet unter Hitze & Kälte, unter dem Hochmut der Großen, der Unverschämtheit der Reichen, der Erpressung durch die Steuerpächter, der Ausplünderung durch die Beamten & sogar unter der Verwüstung seiner Felder durch wilde Tiere, die er aus Respekt vor den Vergnügen der Mächtigen nicht von seinen Ernten fernzuhalten wagt. Er ist genügsam, rechtschaffen, treu, fromm, ohne zu fragen, was ihm das einbringt. Hans heiratet Grete, weil er sie liebt, & Grete stillt ihre Kinder, ohne den Wert der Jugendlichkeit & der Erholung zu kennen. Sie ziehen ihre Kinder groß, & Hans, der vor ihren Augen den Acker pflügt, lehrt sie, ihn zu bestellen. Der Vater stirbt & überläßt es den Söhnen, sein Feld unter sich aufzuteilen; & wenn Hans kein Mann aus dem *Volke* wäre, so überließe er das ganze Feld dem ältesten seiner Söhne. So sehen die Menschen aus, die das bilden, was wir *Volk* nennen, & die immer den größten & notwendigsten Teil der Nation darstellen.

Wer würde wohl glauben, daß man in unserer Zeit gewagt hat, jenen Grundsatz einer verwerflichen Politik aufzustellen, nach dem solche Menschen nicht angenehm leben dürfen, wenn sie fleißig & gehorsam sein sollen? Würden jene angeblichen Politiker, jene großen Geister voller Menschlichkeit, ein wenig reisen, so würden sie sehen, daß der Fleiß nirgendwo so rege ist wie in den Ländern, in denen es dem niedrigen *Volk* gutgeht, & daß auch nirgendwo jede Arbeit so vollendet ausgeführt wird wie gerade in diesen Ländern.

Was den Gehorsam betrifft, so ist es eine Ungerechtigkeit, eine Unmenge Unschuldiger so niederträchtig zu verleumden; denn die Könige haben keine treueren Untertanen & auch, wenn ich so sagen darf, keine besseren Freunde. In jenem Stand gibt es vielleicht mehr Vaterlandsliebe als in allen anderen Ständen, nicht weil er arm ist, sondern weil er trotz seiner Unwissenheit sehr wohl weiß, daß die Autorität & der Schutz des Fürsten das einzige Unterpfand für seine Sicherheit & sein Wohl sind, weil schließlich die Kleinen eine natürliche Achtung gegenüber den Großen haben & weil unserer Nation die Anhänglichkeit an ihre Könige eigen ist & sie daher keine weiteren Güter erhofft. In keinem Geschichtsbuch findet man auch nur eine einzige Zeile, die bewiese, daß der auf Arbeit begründete Wohlstand des *Volkes* seinen Gehorsam beeinträchtige.

Ziehen wir also die Schlußfolgerung, daß Heinrich IV. recht hatte, als er wünschte, sein *Volk* möge im Wohlstand leben, & als er ihm versicherte, er würde alles daransetzen, um jedem Landmann die Mittel zu verschaffen, in seinem Topf eine fette Gans zu haben. Lassen Sie viel Geld in die Hände des *Volkes* fließen, so fließt aus ihnen notwendigerweise in den Staatsschatz eine entsprechende Menge Geld zurück, die niemand vermissen wird; aber dem *Volk* mit Gewalt das Geld entreißen, das ihm seine Arbeit & sein Fleiß eingebracht haben, heißt dem Staat seinen Reichtum & seine Einnahmequellen rauben. *Jaucourt*

Die Sozialdemokratie *organisiert, das besagt, sie bringt die Massen, deren Bewegung allerdings von vornherein anzuzweifeln ist, zu einer staatsfreundlichen Harmonie. Man stellte die kühne Utopie des befriedigten Kleinbürgers auf und stattete die Parteibücher mit allen Rechten platter Hypothesen aus, dem Darwinismus, diesem Trost des letzten Parvenus. Man versorgte den Frühstücksrevolutionär mit sämtlichen Hemmungen eines pseudowissenschaftlichen Theorems, damit er ja nicht eher losgehe, bevor sämtliche Prämissen zu dem Experiment gegeben sind. Der Sozialdemokrat, diese Reinkultur des politischen Menschen, dem alles zur öffentlichen Angelegenheit wurde. Man evolutioniert sich von Protest zu Protest, bis bei sämtlichen Mitgliedern die Theorie gut sitzt. Ein Verein von Rationalisten wird nie revolutionieren; nur etwas mehr ordnen. Sozialdemokratie, Militär und Volksschule, wie sind sie identisch. Das Ende der sozialdemokratischen Tätigkeit wird lediglich eine Überfüllung nationalökonomischer Lehrstühle sein … Die Sozialdemokratie wird lediglich die Vollendung des von ihr verpönten Kapitalistenstaates herbeiführen; ein jeder wird bei ihr Kapitalist sein und an der allgemeinen Transaktion schieben.* Carl Einstein, Die Sozialdemokratie, 1919

VORHERSAGE – **Prédiction (Weissagung)**. Weissagung & deutliche Verkündung künftiger Ereignisse, die nicht dem Lauf der Natur unterliegen oder sich dem Scharfsinn des menschlichen Geistes entziehen. Es ist ein Hirngespinst, die Möglichkeit dieser Art von Prophezeiungen zu erwägen. Der Historiker & Philosoph unserer Tage hat die berühmte *Vorhersage* Dantes über die dem Südpol benachbarten vier Sterne mit höchst klugen Überlegungen ausgeschmückt, Sterne, die erst hundert Jahre nach ihm entdeckt wurden.

»Ich wandte mich nach rechts am Firmament«, sagt der Dichter im ersten Gesang seines *Purgatoriums,* »zum andren Pol & schaute da vier Sterne, die niemand als die ersten Menschen kennt.«

Diese *Vorhersage,* bemerkt Voltaire, scheint mir viel bestimmter zu sein als die des Tragödiendichters Seneca, der in seiner *Medea* sagt, daß eines Tages der Ozean nicht länger die Völker trennen werde; daß ein neuer Tiphys eine neue Welt entdecken & Thule nicht mehr die Grenze der Welt sein werde. Diese vage Idee Senecas ist lediglich eine wahrscheinliche Hoffnung, die sich auf die möglichen Fortschritte der Seefahrt gründet, & auch die Prophezeiung Dantes hat nichts mit den Entdeckungen der Portugiesen & Spanier zu tun. Je klarer die Prophezeiung ist, desto unwahrer ist sie. Nur durch einen höchst seltsamen Zufall wurden der Südpol & jene vier Sterne bei Dante angekündigt. Er erwähnte sie nur in übertragenem Sinne; sein Gedicht ist eine fortwährende Allegorie. Dieser Pol ist bei ihm das irdische Paradies; die vier Sterne, die nur die ersten Menschen kannten, sind die vier Kardinaltugenden, die mit der Zeit der Unschuld verschwunden sind. Würde man die *Vorhersagen,* von denen alle Bücher voll sind, auf diese Weise untersuchen, so fände man, daß nie etwas vorhergesagt worden ist & daß die Kenntnis der Zukunft allein Gott sowie denen zukommt, die er inspiriert. *Jaucourt*

VORSINTFLUTLICH – **Antédiluvienne (Philosophie oder Stand der Philosophie vor der Sintflut).** Einige von denen, die den Ursprung der Philosophie zu ergründen suchen, machen nicht bei dem ersten Menschen halt, der nach dem Ebenbild Gottes geschaffen wurde, sondern schwingen sich zum Himmel auf, als ob die Erde keine Stätte wäre, die ihres Ursprungs würdig wäre. Sie suchen die Philosophie bei den Engeln, wo sie sie uns in ihrem vollen Glanz zeigen. Diese Anschauung scheint auf dem zu beruhen, was uns die Heilige Schrift von dem Wesen & der Weisheit der Engel erzählt. Es ist ganz natürlich, anzunehmen, daß die Engel, da sie uns aufgrund ihres Wesens überlegen sind, auch vollkommenere Kenntnis von den Dingen haben & viel bessere Philosophen sind als wir Menschen. Einige Gelehrte haben die Dinge noch weiter getrieben; denn um uns zu beweisen, daß sich die Engel auch in der Physik auszeichneten, haben sie behauptet, Gott hätte sich ihrer Hilfe bedient, um unsere Welt zu erschaffen & die verschiedenen Geschöpfe hervorzubringen, die sie bevölkern. Wie man sieht, ist diese Anschauung eine Folge der Ideen, die sie aus den Lehren des Pythagoras & Platon geschöpft hatten. Da diese beiden Philosophen angesichts des unendlichen Raums, der zwischen Gott & den Menschen liegt, in Verlegenheit gerieten, hielten sie es für angebracht, ihn mit guten & bösen Geistern auszufüllen. Aber womit sollte man, wie Fontenelle in seiner *Geschichte der Orakel* scharfsinnig gegen Platon einwendet, den unendlichen Raum ausfüllen, der zwischen Gott & diesen guten & bösen Geistern liegt? Denn der Abstand von Gott bis zu irgendeinem Geschöpf ist doch unendlich. Da die Wirkung Gottes sozusagen diese unendliche Leere durchdringen muß, um bis zu den bösen Geistern zu kommen, kann sie wohl auch bis zu den Menschen gelangen, da diese nur einige Stufen weiter entfernt sind, was in keinem Verhältnis zu der ersten Entfernung steht. Wenn Gott mit den Menschen auch vermittels der Engel verkehrt, so heißt das doch nicht, daß die Engel, wie Platon behauptet, für diese Verbindung notwendig seien. Gott verwendet sie dafür aus Gründen, welche die Philosophie niemals erforschen wird & die nur ihm allein vollständig bekannt sein können. Platon hatte sich die bösen Geister ausgedacht, um eine Stufenleiter zu bilden, auf der man von einem weniger vollkommenen Geschöpf zu einem vollkommeneren Geschöpf & schließlich bis zu Gott aufsteigen könnte, so daß Gott nur einige Grade Vollkommenheit mehr besäße als das erste dieser Geschöpfe. Aber daraus ist doch folgendes zu ersehen: Obgleich diese Geschöpfe im Vergleich mit Gott alle unendlich unvollkommen sind, verschwinden doch die zwischen ihnen bestehenden Unterschiede an Vollkommenheit, sobald man sie mit Gott vergleicht; denn was die einen über die anderen erhebt, bringt sie ihm nicht näher. So braucht man nur die menschliche Vernunft zu befragen, & schon bedarf man keiner bösen Geister mehr, um die Wirkung Gottes bis zu den Menschen gelangen zu lassen, & braucht zwischen Gott & uns nicht irgend etwas einzufügen, das ihm näher kommt, als wir ihm kommen können.

Wenn aber die guten Engel die Mittler des göttlichen Willens & Gottes Boten bei den Menschen sind, dann sind sie mit verschiedenen philosophischen Kenntnissen ausgestattet. Warum sollte man also diesen Vorzug den bösen Engeln versagen? Ihre Verdammung hat weder etwas an der Vortrefflichkeit ihrer Natur noch etwas an der Vollkommenheit ihrer Kenntnisse geändert; man findet den Beweis dafür in der Astrologie, den Auguren

Engel verführt man gar nicht oder schnell. / Verzieh ihn einfach in den Hauseingang / Steck ihm die Zunge in den Mund und lang / Ihm untern Rock, bis er sich naß macht, stell / Ihn das Gesicht zur Wand, heb ihm den Rock / Und fick ihn. Stöhnt er irgendwie beklommen / Dann halt ihn fest und laß ihn zweimal kommen / Sonst hat er dir am Ende einen Schock. // Ermahn ihn, daß er gut den Hintern schwenkt / Heiß ihn dir ruhig an die Hoden fassen / Sag ihm, er darf sich furchtlos fallen lassen / Dieweil er zwischen Erd und Himmel hängt – // Doch schau ihm nicht beim Ficken ins Gesicht / Und seine Flügel, Mensch, zerdrück sie nicht.

Bertolt Brecht, Über die Verführung von Engeln

& Haruspizes. Nur den Kunstgriffen einer listigen & spitzfindigen Dialektik verdankt der böse Geist, der unsere Vorfahren in Versuchung führte, den Sieg, den er über sie davontrug. Sogar einige Kirchenväter, die von den platonischen Hirngespinsten beeinflußt waren, haben geschrieben, daß die verdammten Geister den Menschen, die sie zu verführen verstanden & mit denen sie Umgang pflegten, verschiedene Geheimnisse der Natur verrieten, wie etwa die Metallurgie, die Heilkraft der Kräuter, die Macht der Zaubersprüche & die Kunst, am Himmel die Schicksale der Menschen zu lesen.

Ich versage mir das Vergnügen, hier zu beweisen, wie kläglich alle diese Gedankengänge sind, durch die man darlegen will, daß die Engel & die Teufel Philosophen, ja sogar große Philosophen seien. Lassen wir diese Philosophie der Bewohner des Himmels & der Unterwelt auf sich beruhen; sie ist uns zu hoch. Sprechen wir von der Philosophie, die den Menschen eigentlich zukommt & für die wir zuständig sind. *Diderot*

WAHRSAGEKUNST – **Divination (Verstand, Vernunft oder Wissen, Geisterlehre).** Die vorgebliche Kunst, mit Hilfe abergläubischer Mittel in die Zukunft zu sehen. Diese Kunst ist sehr alt. Siehe BEGEISTERUNG, PROPHETIE &c. Bei den Alten gab es die *Alphitomantie* oder *Aleuromantie*, das heißt das Wahrsagen aus dem Mehl; die *Axinomantie* oder Wahrsagen aus der Axt; die *Belomantie* oder Wahrsagen aus Pfeilen; die *Botanomantie* oder Wahrsagen aus den Pflanzen; die *Kapnomantie* oder Wahrsagen aus dem Rauch; die *Katopromantie* oder Wahrsagen aus einem Spiegel; die *Keromantie* oder Wahrsagen aus Wachsfiguren; die *Kledomantie* oder Wahrsagen aus Wörtern oder Stimmen; die *Kleidomantie* oder Wahrsagen aus Schüsseln; die *Koskinomantie* oder Wahrsagen mittels eines Siebes; die *Daktylomantie* oder Wahrsagen aus den Fingern; die *Hydromantie* oder Wahrsagen aus dem Meerwasser; die *Pegomantie* oder Wahrsagen aus dem Quellwasser; die *Geomantie* oder Wahrsagen aus der Erde; die *Lychnomantie* oder Wahrsagen aus Lampen; die *Gastromantie* oder Wahrsagen aus Phiolen; die *Ooskopie* oder Wahrsagen aus Eiern; das *Extispicium* oder Wahrsagen aus den Eingeweiden; die *Keraunoskopie* oder Wahrsagen aus dem Blitz; die *Chiromantie* oder Wahrsagen aus den Handlinien; die *Kristallomantie* oder Wahrsagen aus Kristall oder anderen durchsichtigen Körpern; die *Arithmomantie* oder Wahrsagen aus Zahlen; die *Pyromantie* oder Wahrsagen aus dem Feuer; die *Lithomantie* oder Wahrsagen aus Steinen; die *Nekromantie* oder Wahrsagen durch Totenbeschwörung; die *Oneiromantie* oder Wahrsagen aus Träumen; die *Ornithomantie* oder Wahrsagen aus dem Flug & dem Gesang der Vögel; die *Alektryomantie* oder Wahrsagen aus dem Krähen des Hahns; die *Lekythomantie* oder Wahrsagen aus der Ölwanne; die *Rhabdomantie* oder Wahrsagen mit geworfenen Stäben, &c. Siehe alle diese Wahrsagereien unter dem jeweiligen Artikel; für noch weitere Kenntnisse siehe das Buch *De sapientia* von Cardano & die *Disquisitiones magicae* von Delrio.

Man macht Voraussagen; man macht eine gute auf neunhundertneunundneunzig schlechte; aber die gute ist die einzige, von der man spricht & nach der man diese Kunst beurteilt.

Diese einzige wunderbare Voraussage, die auf tausenderlei Weise erzählt wird, vervielfacht sich zu tausend glücklichen Voraussagen: Die Lüge & der Betrug schleichen sich ein, & bald hat man mehr Tatsachen & Wunder, als notwendig sind, um der Philosophie, die der Wahrheit gegenüber mißtrauisch ist, der es aber niemals an Erfahrung fehlt, um ihr Geltung zu verschaffen, wenn man Einwände gegen sie erhebt, die Stirn zu bieten.

Als die Einflüsse der Himmelskörper anerkannt wurden, konnte man nicht umhin, diesen Körpern ein gewisses Einsichtsvermögen zuzuerkennen: Man wandte sich also an sie, man rief sie an. Man nahm einen Zauberstab; man zeichnete Figuren auf den Boden & in die Luft; man sprach mit lauter oder leiser Stimme geheimnisvolle Worte & hoffte damit alles zu erreichen, was man wünschte.

Von den Bettfedern: Die geflügelten Tiere werden die Menschen auf ihren Federn tragen. Vom Löschen des Lichtes beim Zubettgehen: Viele werden dadurch, daß sie den Atem zu heftig ausstoßen, das Augenlicht verlieren, und bald darauf auch jede Empfindung. Von den Menschen, die auf Bäumen wandeln, da sie in Holzschuhen gehen: Der Schmutz wird so hoch sein, daß die Menschen auf den Bäumen ihres Landes wandeln werden. Vom Leben der Menschen, die alle zehn Jahre ihren Leib erneuern: Die Menschen werden als tote Masse durch ihre eigenen Gedärme wandern. Von den Bauern, die im Hemd arbeiten: Von Osten her werden düstere Schatten kommen, die den Himmel über Italien in tiefes Dunkel tauchen werden. Von den Barbieren: Alle Menschen werden nach Afrika fliehen.

LEONARDO DA VINCI, PROPHEZEIUNGEN

Aber man zog dann folgendes in Betracht: Wenn es auch wichtig war, gute oder böse Geister beschwören zu können, so war es doch noch wichtiger, etwas bei sich zu haben, was uns den Schutz solcher Geister gewährleistete. Man befolgte dieselben Prinzipien & schuf Talismane, Amulette &c.

Wenn es zufällig Ereignisse gibt, die die Entdeckung der Wahrheit fördern, so gibt es auch solche, die den Fortschritt des Irrtums begünstigen. Ein solches Ereignis war das Vergessen der Bedeutung der Hieroglyphen, notwendigerweise eine Folge der Entstehung des Alphabets. Man schrieb den Hieroglyphen also jene Eigenschaft zu, die man wünschte; diese Zeichen gingen in die Magie ein, & dadurch wurde die *Wahrsagekunst* nur noch komplizierter, obskurer

& wunderbarer. Die Hieroglyphen enthielten Schriftzeichen aller Art: Es gab bald keine Zeile mehr, aus der kein Zeichen wurde. Jetzt kam es nur noch darauf an, dieses Zeichen auf irgendeinem Teil des menschlichen Körpers, zum Beispiel auf der Hand, zu suchen, um die Chiromantie zu begründen.

Die Einbildungskraft der Menschen wirkt niemals stärker & eigenwilliger als im Traum. Aber wem konnte der Aberglaube jene Szenen mit so seltsamen & so frappierenden Dingen, die uns in gewissen Träumen begegnen, wohl zuschreiben, wenn nicht den Göttern? Daraus entsprang die Oneiromantie, die Traumdeuterkunst; es war nicht schwer, Spuren von Ähnlichkeit zwischen den Ereignissen des Tages & den nächtlichen Vorstellungen zu entdecken; diese Spuren wurden zur Grundlage der Traumdeuterkunst: Man knüpfte ein bestimmtes Ereignis an einen bestimmten Gegenstand, & bald fanden sich Leute, die Voraussagen für alles, was man geträumt hatte, parat hatten. Hierbei trat etwas höchst Wunderliches ein: Da das Gegenteil von dem, was man nachts geträumt hatte, zuweilen am anderen Tag geschehen war, so leitete man daraus die Regel ab, etwas aus dem Gegenteil vorauszusagen.

Aber mußten sich Menschen, die vom Blendwerk der *Wahrsagekunst* betört waren & sich unaufhörlich von guten oder bösen Geistern umgeben glaubten, nicht schließlich auf alle Gegenstände & alle Ereignisse stürzen & sie in Sinnbilder, Warnungen, Zeichen, Vorbedeutungen &c. verwandeln? So zögerten sie nicht, den Willen der Götter im Gesang einer Nachtigall zu hören, sahen ihre Ratschlüsse in den Flügelschlägen eines Raben & lasen ihre unwiderruflichen Urteilssprüche in den Eingeweiden eines Kalbs, besonders während der Opfer, & das war die Grundlage für die Kunst der Haruspizes. Einige Worte, die dem opfernden Priester entschlüpft waren, schienen zufällig einen Zusammenhang mit dem geheimen Beweggrund dessen zu haben, der den Beistand der Götter erflehte; man hielt sie für eine »Inspiration«: dieser Erfolg gab Anlaß zu mehr als einer Irreführung dieser Art. Je weniger jemand seine Ausbrüche zu beherrschen schien, desto göttlicher erschienen sie, & man glaubte, er müßte den Verstand verlieren, wenn er sich so sehr aufregte, um inspiriert zu werden & ein Orakel verkünden zu können. Aus diesem Grunde errichtete man Tempel an den Orten, an denen Ausdünstungen des Bodens den Geist verstörten. Jetzt brauchte man nur noch die Statuen sich bewegen & sprechen zu lassen, & bald würde der Betrug der Priester den Aberglauben befriedigt haben.

Die Einbildungskraft kommt schnell voran, wenn sie sich verirrt. Wenn es Götter gibt, so verfügen sie über alles: Es gibt also nichts, was nicht als Zeichen ihres Willens & unseres Schicksals ausgelegt werden könnte, & so werden auf einmal die alltäglichsten & die seltensten Dinge als gute oder schlechte Vorbedeutungen ausgelegt. Da aber die Gegenstände der Verehrung in dieser Beziehung irgendeinen durch den Kult gegebenen Zusammenhang mit den Göttern haben, so hält man sie für geeigneter als die anderen, ihren Willen zu verkünden, & sucht zum Beispiel nach Prophezeiungen in den Epen über den Trojanischen Krieg.

Diese Fülle von Absurditäten verschaffte sich endgültig Geltung durch die Anschauungen, die Philosophen über die Einwirkung Gottes auf die menschliche Seele hatten, durch die Leichtigkeit, mit der sich einige Männer dank ihren Kenntnissen der Medizin in den Rang von Zauberern erhoben, & durch den Mangel eines in den Augen des Volkes ehrwürdigen Leitgedankens – eines Mangels, der seine Oberhäupter veranlaßte, zu handeln, oder abzuwarten, ohne sich bloßzustellen & ohne sich für den Verzug verantworten oder für den Erfolg verbürgen zu müssen. Dieser Mangel begünstigte die Weltklugheit der Auguren, der Haruspizes & der Orakel, & so trug alles dazu bei, die gröbsten Irrtümer zu erhalten.

Diese Irrtümer waren so weit verbreitet, daß die Einsichten der Religion nicht verhindern konnten, daß sie sich – wenigstens teilweise – auch auf die Juden & die Christen übertrugen. Man fand sogar unter ihnen Männer, die behaupteten, sie könnten durch gewisse Zeremonien, wie sie die Heiden bei der Beschwörung der Gestirne & der Dämonen hatten, die Toten befragen & den Teufel herbeirufen. Wenn aber die allgemeine Verbreitung eines Vorurteils den zaghaften Philosophen daran hindern kann, ihm die Stirn zu bieten, so wird es ihn doch nicht daran hindern, dieses Vorurteil lächerlich zu finden; & wenn er so mutig wäre, seine Ruhe zu opfern & sein Leben aufs Spiel zu setzen, um seinen Mitbürgern die Augen über eine solche Fülle von Irrtümern zu öffnen, die sie unglücklich & bösartig machen, so würde er dafür, zumindest in den Augen der Nachwelt, die doch die Anschauungen der vergangenen Zeiten unvoreingenommen beurteilt, um so höher geachtet werden. Betrachtet die Nachwelt nicht heute die Bücher, die Cicero über das Wesen der Götter & über die *Wahrsagekunst* geschrieben hat, als seine besten Werke, obgleich sie ihm natürlich von seiten der heidnischen Priester das Schimpfwort »gottlos« & von seiten jener gemäßigten Männer, die verlangen, daß man die Vorurteile des Volkes berücksichtigen solle, die Epitheta eines gefährlichen & aufrührerischen Geistes zugezogen haben? Daraus folgt, daß die Wahrheit & die Tugend immer allein, ganz gleich, zu welcher Zeit & bei welchem Volk, unsere Achtung verdienen. Gehört heute, in der Mitte des achtzehnten Jahrhunderts, in Paris etwa viel Mut & Verdienst dazu, die Verrücktheiten des Heidentums mit Füßen zu treten? Es war unter Nero erhaben, über Jupiter zu lästern, & das haben die ersten Helden des Christentums gewagt; aber sie hätten es nicht getan, wenn sie zu jenen engstirnigen Köpfen & jenen kleinmütigen Seelen gehört hätten, die die Wahrheit für verfänglich halten, sobald sie irgendeine Gefahr mit sich bringt. *Diderot*

WALFANG – Pêche de la baleine. Von allen Arten der Fischerei, die im weiten Ozean & im Mittelmeer betrieben werden, ist der *Walfang* zweifelsohne die schwierigste & gefährlichste. Die Basken & insbesondere diejenigen, die aus Labourd stammen, waren die ersten, die trotz der rauhen See des Nordmeers & der Eisberge, durch die man segeln mußte, auf *Walfang* gingen. Die Basken waren auch die ersten, die andere europäische Seevölker zu mancherlei Varianten dieses Fischfangs ermutigt haben, hauptsächlich die Holländer, die daraus einen ihrer bedeutendsten Handelszweige gemacht & dafür drei- bis vierhundert Schiffe & ungefähr zwei- bis dreitausend Soldaten in Dienst gestellt haben: was ihnen recht ansehnliche Summen einbringt, denn sie liefern als einzige oder fast als einzige Tran & Barten von Walen. *Tran* dient als Brennstoff für Lampen, zur Herstellung von Seife, zur Zurichtung von Wolle bei den Tuchmachern, es dient Sattlern, um das Leder geschmeidig zu machen, Malern zum Anrühren bestimmter Farben, Seeleuten dazu, das Pech fetter zu machen, mit dem die Schiffe gestrichen & geteert werden, Baumeistern & Bildhauern zum Bereiten einer Temperafarbe mit Bleiweiß oder Kalk, die hart wird, eine Schicht auf dem Stein bildet & ihn vor dem Verfall schützt. Was die *Barten* betrifft, so erstreckt sich ihr Gebrauch auf unendlich viele nützliche Dinge: Man macht daraus Korsettstäbe, Nadeln, Sonnenschirme, Korsagen & andere Gegenstände.

Die Basken, die andere Völker zum *Walfang* ermutigt haben, gaben ihn fast gänzlich auf, nachdem ihnen beinahe ein Schaden daraus erwachsen wäre, sie befuhren nämlich vor allem die Davis-Straße an der Westküste Grönlands, doch in den letzten drei Jahren, da sie dort gewesen sind, haben sie in der Meerenge keine Wale mehr angetroffen.

Früher, zu besseren Zeiten, sandten die Basken ungefähr dreißig Schiffe zu zweihundertfünfzig Tonnen zum *Walfang* aus, die mit fünfzig der besten Männer sowie einigen Schiffsjungen & Maaten ausgerüstet waren. Jedes dieser Schiffe verfügte über Nahrungsvorräte für sechs Monate, bestehend aus Zwieback, Wein, Cidre, Wasser, Gemüse & eingelegten Sardinen. Man nahm noch fünf oder sechs Schaluppen an Bord, die erst am Ort des Fangs zu Wasser gelassen wurden, mit drei Taurollen von jeweils hundertzwanzig Faden, an deren Ende das aus feinen Hanffasern geknüpfte Harpunenseil befestigt & verknotet war. Am Ende dieses Seils hängt die Harpune aus Eisen mit einem dreieckigen Widerhaken in Form einer Pfeilspitze, die eine Länge von drei Fuß hat. Sie ist mit einem sechs Fuß langen Schaft versehen, der sich von der Harpune löst, wenn diese den Wal durchbohrt, damit sie auf gar keine Weise mehr herausgelangen kann. Derjenige, der die Harpune wirft, begibt sich auf den Bug der Schaluppe & nimmt große Gefahren auf sich, da der Wal, wenn er verletzt ist, mit Schwanz & Flossen wütende Schläge austeilt, die den Harpunier oftmals töten & die Schaluppe kentern lassen. Wie nützlich der *Walfang* auch sein mag, es vergingen Jahrhunderte, ohne daß die Menschen auch nur einen Versuch gewagt hätten. Zu Zeiten Hiobs hielt man ein solches Unterfangen für so weit über menschliche Kräfte hinausgehend, daß Hiob selbst sich dieses Beispiels bediente, um den Menschen ihre Schwäche im Vergleich zur göttlichen Allmacht vor Augen zu führen. »Kannst du das Untier am Angelhaken ziehen, mit der Leine seine Zunge niederdrücken? Legst du ein Binsenseil ihm in die Nase, durchbohrst du mit einem Haken seine Backe? Fleht es dich groß um Gnade an? Richtet es zärtliche Worte an dich? Schließt es einen Pakt mit dir, so daß du es dauernd nehmen kannst zum Knecht? Kannst du mit ihm wie mit einem Vogel spielen, bindest du es für deine Mädchen an? Feilschen darum die Jagdgenossen, verteilen sie es stückweise unter die Händler? Kannst du seine Haut mit Spießen spicken, mit einer Fischharpune seinen Kopf? Leg nur einmal deine Hand daran! Denk an den Kampf! Du tust es nie mehr.«

John Lilly, der Typ, der behauptet, / er könnte sich mit Delphinen unterhalten, / hat erzählt, er wär mal in einem Aquarium gewesen / und hätte sich mit einem großen Wal unterhalten, / der immer im Kreis durch das Bassin schwamm. / Der Wal hätte ihm telepathisch Fragen gestellt. / Und eine der Fragen lautete: »HABEN ALLE MEERE WÄNDE?«
Laurie Anderson, Empty Places

Vergebens versuchten die Ungläubigen die Rede Hiobs mit den Erfahrungen von heute in Widerspruch zu bringen: Es ist offenkundig, daß die Schrift gemäß den Kenntnissen der Völker aus jener Zeit spricht, wie Josua, als er sagte: »Sonne, stehe still!« Das Beispiel aus dem Buch Hiob ist gut gewählt, zeigt es doch eindrücklich die Kühnheit des Unterfangens der Basken.

Hier nun die Geschichte, wie unsere Biscayer aus Cap-Breton bei Bayonne & einige andere Fischer vorgeblich zum *Walfang* gekommen sind.

Alle Jahre erschienen zum Winter hin an ihren Küsten jene Wale, die keine Blaslöcher haben & sehr fett sind: Die Gelegenheit, diese Fische zu fangen, ergab sich also in ihrem Heimatland, & sie wußten sie zu nutzen. Über einen sehr langen Zeitraum gaben sie sich mit diesen Walen zufrieden; aber als sie in der Folgezeit beobachteten, daß diese riesigen Fische in den Gewässern vor ihren Küsten nur zu bestimmten Jahreszeiten erschienen & sich zu anderen Zeiten fern von ihnen hielten, faßten sie den Plan, die Entdeckung ihrer Rückzugsgebiete in Angriff zu nehmen. Einige Fischer aus Cap-Breton nahmen sich ein Boot & segelten zu den amerikanischen Meeren, sie sollen es daher gewesen sein, die ungefähr hundert Jahre vor Christoph Kolumbus als erste die Inseln vor Neufundland & das kanadische Festland entdeckten, & die einer der Inseln den Namen ihres Heimathafens, Cap-Breton, gaben, den sie noch heute trägt. Diejenigen, die dieser Ansicht sind, fügen hinzu, daß es einer dieser Biscayer gewesen sei, der Kolumbus im Jahre 1492 Mitteilung von dieser Entdeckung gemacht habe; andere hingegen glauben, die erste Reise der Basken habe erst im Jahre 1504 stattgefunden, in diesem Falle also nach der des Kolumbus. Wie dem auch sei, fest steht, daß die Basken in den Meeren nördlich von Amerika eine große Anzahl von Walen fanden, zur selben Zeit allerdings auch entdeckten, daß jene Gewässer noch um vieles reicher an Kabeljau waren & den Fang der letzteren dem *Walfang* vorzogen.

Wenn die Zeit naht, in der die Walfänger zurückerwartet werden, halten im Hafen von Succoa ohne Unterlaß Matrosen Wache. Die ersten, die ein Schiff ausmachen, das anlegen will, eilen ihm entgegen & lassen sich einen Zoll von 30 Sous pro Besatzungsmitglied bezahlen. Sie gehen dabei an Bord, ohne irgend etwas befürchten zu müssen, & tragen Sorge dafür, dem Schiff einen Ankerplatz zuzuweisen, der als gute Reede bekannt ist. »Daraus läßt sich«, sagt Monsieur Deslandes, »leicht ersehen, daß nicht allein der Zins sie antrieb: In der Tat ist das Entgelt, das sie erhalten, äußerst bescheiden, insbesondere in schlechten Zeiten, & wenn das Meer sich mit aller Gewalt an der Küste bricht. Aber sie wären unendlich betrübt, wenn sie ihre Landsleute auf See umkommen sähen, & so ist es ein Dienst an der Menschlichkeit, den beide Seiten erbringen.« *Diderot*

Ivetta Gerasimchuk
Walfang

Walfang: So heißt eine Skulptur, die eine Gruppe junger Künstler von den Antipodeninseln der japanischen Stadt Kabe überreichte, nachdem diese vor ungefähr einem halben Jahr vorgeschlagen hatte, die Beziehungen zum weit entfernten Umkreis Neuseelands zu vertiefen. Die Skulptur, die drei verletzte Wale darstellt, welche den Erdball tragen, ist eine Installation aus ausgedienter Audio-, Video- und sonstiger Technik japanischer Herstellung sowie Draht und Abfall. Wie Parasiten kleben rund um die Wunden an den Körpern der Wale Tamagotchis und anderes elektronisches Spielzeug in verschiedenen Farben und Formen.

Auf diese Weise brachten die jungen Künstler mit Unterstützung von lokalen regierungsunabhängigen Organisationen und in stiller Übereinkunft mit der Stadtverwaltung von New Limerick, der Hauptstadt der Antipodeninseln, ihren Protest dagegen zum Ausdruck, daß Japan das Internationale Walfang-Moratorium von 1982, das Washingtoner Artenschutzabkommen von 1973 und viele andere internationale Umweltschutzvereinbarungen verletzt. An der Skulptur arbeiteten neben den sechs Künstlern der Antipodeninseln auch ein Holländer und eine Japanerin mit. Dies unterstreicht, daß sich das Geschenk der Künstler nicht gegen Japan richtet, sondern einen Protest gegen die Politik der Regierung darstellt, dem sich auch viele Bewohner des »Landes der aufgehenden Sonne« anschließen. Gleichzeitig ist es ein Protest gegen all jene, die internationale und nationale Umweltschutzgesetze verletzen, unabhängig davon, in welchem Land sie leben.

»Die Idee zu dieser Skulptur als Protest gegen das antiökologische Agieren Japans auf der internationalen Bühne ist uns vor langer Zeit gekommen«, sagt der Leiter des Projekts, Tobias Laidibeard.

»Hinter den Vorschlägen der Stadt Kabe, die Beziehungen zu den Antipodeninseln zu intensivieren, insbesondere hinter dem Interesse der Japaner, den traditionellen Meeresfischfang der Aborigines der Antipodeninseln wiederzubeleben, steht ganz deutlich das Bestreben, die internationale ökologische Regulierung zu umgehen, die gerade erst mühsam auf die Beine kommt. Glücklicherweise durchschauen das viele auf unseren Inseln, und so hat Kabe von der Hauptstadtverwaltung bis jetzt noch keine klare Anwort erhalten. So entschieden wir uns als Vertreter der freien Künste, ihnen zu antworten. Unsere Gruppe hat einige Monate nach einer Form für diese Antwort gesucht. Zuerst kam uns die Idee, eine elektromechanische Karikatur mit dem Titel *Elfenbeinturm* zu machen, da Japan auch noch am meisten Elfenbein verbraucht und damit die illegale Jagd auf die Festlandriesen in den afrikanischen Ländern befördert. Dann erinnerten wir uns an eine Legende, nach der die Erde auf den Rücken dreier Elefanten ruht, die wiederum auf dem Panzer einer gigantischen Schildkröte stehen, welche in einem unendlichen Ozean schwimmt. Natürlich fiel uns da auch gleich die andere, ›astronomische‹ Version ein, nach der die Erde inmitten des grenzenlosen Meeres von drei Walen getragen wird. Wie Sie sehen, stand uns ein reicher Vorrat an Bildern, Metaphern und Sagen zur Verfügung, welche bekanntlich die Vorratskammer der menschlichen Weisheit sind. Unsere Vorfahren konnten ihre Ideen, um deren Verbreitung die Ökologen und Aktivisten einer nachhaltigen Entwicklung sich heute so sehr bemühen, um einiges klarer und genauer ausdrücken. Man soll den Ast nicht absägen, auf dem man sitzt, und keine Elefanten, Wale, Menschen abschlachten… Rüttel nicht an der Erde, sonst wird sie vom Strudel verschluckt. Die Entwicklungsgeschichte hatte sich ganz von selbst nach dem Konzept der nachhaltigen Entwicklung vollzogen, bis die Menschheit sich in die Verwirklichung kommunistischer und kapitalistischer Utopien und Strategien stürzte und sich ganz auf die eigenen Kräfte verließ. Die Utopien platzten eine nach der anderen, noch ehe das 20. Jahrhundert vorüber war. Da ›entdeckte‹ man dann das Konzept der nachhaltigen Entwicklung.«

»Ich habe mich anfangs sehr für den *Elfenbeinturm* eingesetzt«, führt Angela Protains die Erzählung fort, »weil eine Mauer Beschränkung bedeutet und der Begriff ›Beschränkung‹ in der Menschheitsentwicklung eine Schlüsselrolle spielt. Beschränkung, Begrenzung, Grenzlinie – häufig ergibt der zurückgelegte Weg keinen Sinn. So ist die Unendlichkeit die hervorragendste und gefährlichste Erfindung des Menschen. Ohne die Unendlichkeit gäbe es keine Religionen, die sie verherrlichen oder abstreiten können. Es gäbe weder Zeit noch Raum, wie sie in unserer Vorstellung existieren. Ohne eine Vorstellung von der Unendlichkeit hätte sich der Mensch nicht auf dem gesamten Planeten ausgebreitet und wäre nicht ins All geflogen. Es gäbe weder eine Mikro- noch eine Makroökonomie, keine Globalisierung, kein Internet. Es gäbe keine Ideologie, keine Wissenschaft, keine Kunst, kein Guinnessbuch der Rekorde, keine Glücksspiele, keine Kriege, keine Atombombe. Und es gäbe keinen Walfang und keine ökologische Krise.

Doch als die Diskussion auf Wale und Elefanten als die die Erde tragenden Kräfte überging, bemerkte ich, daß die Sache auf dieselbe Manipulation der Begriffe ›Beschränkung‹ und ›Unendlichkeit‹ hinauslief. Die Wale schwimmen im unbegrenzten Ozean, die Elefanten hingegen werden durch den Panzer der Schildkröte begrenzt. Warum in den Sagen der verschiedenen Völker gerade Elefanten oder Wale die Erde tragen, ist auch leicht zu erklären: Sie sind die größten Lebewesen, die der Mensch in seiner Umgebung zu Gesicht bekommen hat, auf dem Festland wie im Meer. Das ist die maximale Annäherung der lebenden Welt an die Unendlichkeit.«

»Wir haben uns im Laufe der Diskussionen in zwei Gruppen gespalten: in *Elefanten* und *Wale*«, fährt die japanische Projektteilnehmerin, die Künstlerin Shizuko Yoshikawa, fort. »Die *Elefanten* erklärten, daß erst das Streben des Menschen nach der Unendlichkeit die Konflikte mit den Ökosystemen verursachte. Der Mensch hat sich der Natur entfremdet, was sowohl für ihn als auch für seine Umwelt gefährlich ist. Folglich sollten die Menschen endlich die Begrenztheit ihrer Entwicklungsmöglichkeiten begreifen und sich mit der ihnen von der Natur zugeteilten Nische zufriedengeben. Überlegungen von Malthus, Studien des Club of Rome und Weltuntergangsprophezeiungen aus verschiedenen Quellen dienten als Grundlage dieser Argumentation.

Die *Wale* sprachen sich gegen alle Beschränkungen und für den Umweltschutz aus, weil die Verletzung des ökologischen Gleichgewichts der Entwicklung des Menschen neue Grenzen setzt. Die Menschen und ihre Werke sind nach dieser Auffassung ebenso ein Teil der Natur wie alles übrige. Die Evolution und die Revolutionen des Menschen sind natürliche Erscheinungen der Entwicklungsgeschichte. Doch hat die Entwicklungsgeschichte einst auf ganz ›natürliche‹ und selbstverständliche Weise zum Aussterben der Dinosaurier geführt.

Im Unterschied zu den Dinosauriern sind die Möglichkeiten des Menschen und die seines Verstandes jedoch unbegrenzt, sagten die *Wale.* Unlösbare Probleme gibt es nicht, sondern nur Probleme, für deren Lösung der vorhandene Verstand nicht adäquat ist. Doch in der Entwicklungsgeschichte gab es immer wieder revolutionäre Umbrüche: Als die Vorfahren der Wale auf dem Festland in ihrer Entwicklung behindert wurden, kehrten sie ins Meer zurück. Die vorsintflutlichen Mastodone und unvorsichtigen Mammute hingegen blieben, um schließlich dort über der Wasseroberfläche auszusterben. Protagoras aus Abdera sagte, daß die Erde rund sei, und die Brüder Montgolfier erhoben sich in die Lüfte. Dennoch ist es nicht leicht, den richtigen Weg in allen Dimensionen der Unendlichkeit zu finden.«

»Shizuko ist viel zu bescheiden«, schaltet sich Peter Stonehenge in das Gespräch ein. »Sie war es, die an der Spitze der *Wale* alle davon überzeugte, daß bei unserer Skulptur die Erde von Walen getragen werden muß und daß es äußerst gefährlich ist, dem Potential des Planeten, seiner in der biologischen und sonstigen Vielfalt gründenden Zukunft Schaden zuzufügen. Und die *Wale* sind es, die dieses Potential erschließen können. Wer sonst wird die Erde über den unendlichen Ozean tragen?

In *Elefanten* und *Wale* teilen wir nun absolut alle ein: Ökologen, Politiker, Erzieher, Künstler, Maler. Die Menschen bemerken leider eine solche Art der Unterscheidung oft nicht, dabei bauen sich auf das Verhältnis zu Beschränkungen und den Möglichkeiten ihrer Überwindung oft ganze Doktrinen auf. Denken Sie nur an Francis Fukuyama mit seinem *end of history!*«

Neben den Tamagotchis, den Parasiten an den Wunden der Wale, benutzten die Künstler für *Walfang* alternativ auch Spielzeug aus Baumwolle, Stroh, Wolle und anderen ökologischen Materialien, welches sowohl Menschen als auch verschiedene Tiere darstellt. Mit dieser Komposition aus »Mensch und Tier« ist der Erdball von allen Seiten beklebt, und in ihm befindet sich ein starker Magnet (Neugierige können seine Wirkung auf metallische Gegenstände, die sie bei sich tragen, ausprobieren). Diese Verknüpfung zeigt nach Auffassung der Künstler am deutlichsten, wie das Potential der Erde, die sich in der Unendlichkeit bewegt, abhängig ist von der Gegensätzlichkeit ihrer Pole. Für *Walfang* als Ausdruck eines neuen künstlerischen Ansatzes interessierten sich nicht nur viele Bewohner der Antipodeninseln, sondern auch Kunstliebhaber und -kenner aus dem Ausland.

Beflügelt vom Erfolg des ersten gemeinsamen Werkes begann die Künstlergruppe unter der Leitung von Tobias Laidibeard vor einigen Tagen, ein neues Projekt mit dem

Titel *Skelettküste* zu erörtern. Diese Skulptur soll das Thema Begrenzung und Unendlichkeit fortsetzen. *Skelettküste* ist geplant als Darstellung verschiedener Weltuntergangsszenarien, darunter wiederum des ökologischen. Noch gibt es keine künstlerische Lösung für das Projekt. »Wir haben lange diskutiert«, sagt Dalen Matthew aus New Limerick, »aber keine eindeutige Antwort auf die Frage gefunden, warum der Weltuntergang als Begriff und Phänomen viele Menschen, angefangen bei Theologen und Ökologen bis hin zu Designern, so fesselt. Warum wurde er in vielen philosophischen und religiösen Systemen zu einem Schlüsselbegriff? Warum ist dem Menschen, der in seiner Entwicklung dem Begriff der Unendlichkeit verpflichtet ist, die Idee des äußersten Endpunkts so wichtig? Vielleicht werden nach Abschluß dieser Arbeit die Begriffe Ende und Unendlichkeit noch ein bißchen verständlicher, zumindest für uns.«

Walfang jedoch, das fertiggestellte Werk der Antipodeninsulaner und ihrer ausländischen Kollegen, wird momentan auf einem alten Walfangschiff, das zu einer populärwissenschaftlichen Station für Walfischbeobachtung umgerüstet und von dem südafrikanischen Reiseveranstalter »Moby Dick« freundlicherweise zur Verfügung gestellt wurde, zu Japans Ufern transportiert. Die Reaktion der Stadtverwaltung von Kabe auf das Geschenk der Antipodeninsulaner ist noch ungewiß.

Aus dem Russischen von Franziska Seppeler

WIEN – Vienne (Moderne Geographie). Deutsche Stadt, Hauptstadt von Österreich, am rechten Ufer der Donau bei der Mündung des kleinen Flusses Wien, von dem sie ihren Namen hat. 8 Meilen westlich von Preßburg, 210 Meilen südöstlich von Amsterdam, 260 Meilen nordwestlich von Konstantinopel, 408 Meilen nordöstlich von Madrid & 270 Meilen südöstlich von Paris.

Sechs Wegstunden von der ungarischen Grenze entfernt, wird diese Stadt in der Vergangenheit unter den Namen *Ava-Flaviana, Flaviana Castra, Juliobona, Vindobona* & schließlich als *Vindum* erwähnt. *Wien* kann in gewisser Hinsicht als Hauptstadt von Deutschland angesehen werden, denn seit langem haben die deutschen Kaiser dort ihre Residenz. Allerdings wird die Stadt dadurch nicht schöner: Völlig von Mauern, Befestigungsanlagen & Gräben umgeben, entfaltet sie nicht den Reiz, den wir von jenen gefälligen Städten kennen, in denen man auf den Prachtstraßen durch mannigfaltige Parkanlagen, vorbei an Landhäusern & anderem Landschaftsschmuck fährt, die der glückliche Umstand eines gesicherten Friedens mit sich bringt. Es gibt in Wien nur eine kleine Anzahl schöner Paläste, darunter den des Prinzen Eugen, das Palais Liechtenstein & das von Caprara. Der kaiserliche Palast, die Hofburg, ist eher gewöhnlich, & nichts daran läßt die Hoheit des Herrn erkennen, der hier residiert. Der Garten besteht nur aus einem kleinen Beet unter den Fenstern des Salons der Kaiserin, bepflanzt mit ein paar Blumen oder ein wenig Grün. Die Räume sind niedrig & eng, die Decken mit bemaltem Tuch bespannt & die Dielen aus Tannenholz. Kurz, das Bauwerk ist so schlicht, als wäre es für mittellose Mönche eingerichtet worden. In den Vorstädten sieht es besser aus als in der Stadt, denn sie wurden nach der letzten türkischen Belagerung völlig neu aufgebaut.

Wien besitzt keine Prachtstraßen, die die Schönheit einer Stadt ausmachen. Sogar die Straße zum kaiserlichen Hof ist nicht größer oder breiter als die anderen. Einzig der Neue Markt ist ansehnlich, weil die Häuser um ihn renoviert oder neu gebaut wurden. Die Hauptkirche ist ein Bauwerk der Gotik. Außenseiten & Innenraum zieren in Stein gehauene Arabesken. Dagegen ist die neue Kirche der Jesuiten ein hübscher Bau. Auch die Brüder anderer Orden, wie Dominikaner, Augustiner, Benediktiner & Franziskaner, haben Kirchen in der Stadt, doch sind sie nicht weiter bemerkenswert. 1721 wurde *Wien* zum Erzbistum erhoben. Die Universität war schon 1365 von Erzherzog Albert III. von Österreich gegründet worden, doch das Seminargebäude ist in einem elenden Zustand, & außerdem sind fast alle Lehrstühle mit Jesuiten besetzt.

In *Wien* haben sich mehrere Nationen vermischt. Die Einwohner sind Italiener, Deutsche, Böhmen, Ungarn, Franzosen, Lothringer, Flamen, die zusammen mit den Juden Handel treiben & verschiedene Handwerkskünste ausüben. Die Luft in der Stadt ist recht ungesund, was zum Teil am Dreck auf den Straßen liegen dürfte, die nicht gereinigt werden, & an dem vielen Unrat & Kot, den die Ordnungshüter nicht entfernen lassen.

Wien wird sich noch lange an die denkwürdige Belagerung von 1683 erinnern. Ich will an dieser Stelle eine kurze Zusammenfassung der Ereignisse nach Abbé Coyer geben. Der Mann, der als oberster General der türkischen Streitkräfte die Stadt belagerte, hieß Kara Mustafa & war schon lange der Günstling der Sultanmutter. Nachdem er das Vertrauen von Sultan Mohamet IV. gewonnen hatte, heiratete er dessen Tochter. Nie haben Ehrgeiz & Hochmut, zwei Leidenschaften, die Kara Mustafa verzehrten, ein weiteres Feld gefunden, um befriedigt zu werden. Mustafa hatte sich nicht nur vorgenommen, *Wien* unter seine Gewalt zu bringen, er wollte mit einem Heer von mehr als dreihunderttausend Mann, einunddreißig kommandierenden Paschas, fünf Fürsten & dreihundert Kanonen auch ganz Westeuropa erobern.

Er stieß auf der rechten Seite der Donau vor, überquerte die Save & die Drave & tat, als hätte er es auf Raab abgesehen, schickte jedoch unterdessen fünfzigtausend Tataren auf den Weg nach *Wien.* Karl V., Herzog von Lothringen, der zu den großen Feldherren der Geschichte zählt & der damals die kaiserlichen Truppen befehligte, erlitt bei Petronel eine Niederlage. Er kehrte gerade noch rechtzeitig nach *Wien* zurück, wo er einen Teil seiner Infanterie zurückließ, die die Garnison verstärkte. Dann bezog er Stellung in der Leopoldstadt, der Donauinsel im Norden *Wiens.* Die Tataren, fünfzigtausend an der Zahl, erreichten *Wien* zur selben Stunde von Süden her.

Nun spielte sich eines jener Schauspiele ab, das jedem Herrscher ein Lehrstück sein sollte & bei dem Untertanen ihre Fürsten bedauern, selbst wenn diese gar kein Mitgefühl verdient haben: Kaiser Leopold, der mächtigste Kaiser seit Karl V., floh mit der Kaiserinmutter, der kaiserlichen Gemahlin, den Erzherzögen & Erzherzoginnen aus der Hauptstadt, im Schlepptau die Hälfte der Einwohnerschaft *Wiens,* die dem Hof in wildem Durcheinander folgte. In Kutschen, die mit Möbeln vollgepackt waren, zog ein Heer von Flüchtlingen durchs Land nach Linz, der Hauptstadt von Oberösterreich.

Auch in dieser Stadt, die vom Schrecken überrollt wurde, fühlte sich der Hof nicht sicher. Auf der Suche nach einem Asyl floh man weiter bis nach Passau. In der ersten Nacht mußte man im Wald kampieren, & die hochschwangere Kaiserin lernte dabei, daß man auf Stroh ausruhen kann, wenn es die Not gebietet. Bei allen Schrecken dieser Nacht bemerkte man die Flamme, welche die oberungarische Tiefebene verzehrte & nach Österreich vorrückte.

Schon bei den ersten Ausschreitungen im Zuge dieses Einfalls mußte der Kaiser teuer bezahlen für seine Gewalttaten gegen die Ungarn & das Blut des ungarischen Adels, das er vergossen hatte. Er hatte es nicht für möglich gehalten, daß Kara Mustafa lohnende Ziele wie Raab & Komorn verschonen & sich *Wien* zuwenden würde. Vergeblich hatte ihn der polnische König, Johann III. Sobieski, gewarnt, der es besser wußte, wie alle Fürsten, die selbst Feldherren sind.

Wien war unter zehn aufeinanderfolgenden Kaisern aus dem Hause Habsburg zur Hauptstadt des weströmischen Reichs geworden, doch anders als das alte Rom, das in jeder Hinsicht groß & von einer zahlreichen Bürgerschaft bewohnt war, hatte es nur hunderttausend Einwohner, von denen zwei Drittel in unbefestigten Vorstädten lebten. 1529 war Suleiman der erste türkische Eroberer gewesen, der vor Wien aufmarschierte & Europa & Asien zugleich erzittern ließ. Er hatte es jedoch nicht gewagt, sich mit Karl V. anzulegen, der der Stadt mit einer Armee von achtzigtausend Mann zu Hilfe eilte. Kara Mustafa, der sich nur einer Handvoll Gegnern gegenübersah, brüstete sich damit, mehr Glück zu haben, & begann ohne Bedenken mit der Belagerung der Stadt. Die Deutschen sind zweifellos tapfer, doch so wie die Türken vor den Toren *Wiens* haben sie nie vor den Toren Konstantinopels gestanden. *Wiens* Stadtkommandant Graf von Starhemberg, ein Mann von kühlem Kopf & großer Erfahrung, hatte die Vorstädte anzünden lassen: Was für eine grausame Notwendigkeit, die Häuser jener Bürger in Brand zu stecken, die man verteidigen will! Die Garnison, die er befehligte, zählte lediglich sechzehntausend Mann. Deshalb bewaffnete er die Studenten & gab ihnen einen Arzt zum Hauptmann.

In der Zwischenzeit drängten die Belagerer mit Macht vor. Nach dreiundzwanzig Tagen Kampf besetzte der Feind die äußere Grabenböschung. Die Hoffnung, noch weiter standhalten zu können, schwand. Die Sprengladungen der Türken, ihre ständigen Angriffe, der Zerfall der Garnison, die zur Neige gehenden Nahrungsmittel: alles gab Anlaß zur größten Sorge. Man hatte alle Hände voll zu tun, die Brände zu löschen, die Bomben & brennende Kanonenkugeln in der Stadt entfachten, während die Außenmauern einstürzten.

Wie schön wäre Wien ohne Wiener, / so schön wie e schlafende Frau. / Der Stadtpark wär sicher viel grüner / und die Donau wär endlich so blau. / Wie schön wäre Wien ohne Wiener, / ein Gewinn für den Fremdenverkehr. / Die Autos ständen stumm, / des Riesenrad fallet um, / und die lauschigen Gasserln wären leer. / In Grinzing endlich Ruh / und 's Burgtheater zu. Georg Kreisler, Wien ohne Wiener

In dieser verzweifelten Lage marschierte fünf Meilen nördlich von *Wien* Sobieski mit seiner Armee auf. Der achtzehnjährige Kurfürst von Bayern befehligte zwölftausend Mann, der Kurfürst von Sachsen zehntausend. Insgesamt umfaßte die christliche Armee ungefähr vierundsiebzigtausend Soldaten. Sobieski gab den Befehl zum Angriff. Nachdem er die Stellungen von Kara Mustafa geprüft hatte, meinte er zu den deutschen Generälen: »Der Mann steht schlecht, er versteht nichts vom Kriegshandwerk. Kein Zweifel, wir werden ihn schlagen.« Er sollte recht behalten. Die von den Türken besetzte Ebene wurde zum Schauplatz eines Triumphs, der für die Nachwelt kaum zu fassen ist. Die Beute, an der sich Deutsche wie Polen bereicherten, war gewaltig. Anschließend wandte man sich gegen die Janitscharen, die die Belagerung aufrechterhalten hatten. Sie waren verschwunden, & *Wien* war befreit.

Übrigens hat die Stadt im Vergleich zu anderen deutschen Städten nicht viele Intellektuelle hervorgebracht. Es dürfte nicht schwer sein, die Gründe dafür herauszufinden. Lediglich einige Geschichtsschreiber sind aus dieser Stadt hervorgegangen.

Kaiser Leopold starb 1705 in *Wien.* »Dieser Fürst hatte eine tugendhafte Gesinnung, war aber ohne jede Begabung. Der Ehrgeiz, der all seine Unternehmungen antrieb, entsprang mehr dem Wollen des Rats von *Wien* als seinem eigenen Streben. Sein Sohn, der Kaiser, übernahm seine Minister ebenso wie seine Besitztümer & seine Würden, & sein Rat handelte weiter in seinem Namen, wie er es unter Leopold tat.« *Jaucourt*

WISSENSCHAFT, GRUNDLAGEN DER – Elémens des Sciences (Philosophie). Elemente eines Ganzen nennt man im allgemeinen die einfachen & ursprünglichen Bestandteile, von denen man annehmen kann, daß sie zusammen das Ganze bilden. Um diesen Begriff auf die Wissenschaften zu übertragen & um zu verstehen, welche Vorstellung wir uns von den *Elementen* oder *Grundlagen* einer beliebigen Wissenschaft machen müssen, gehen wir davon aus, daß diese Wissenschaft vollständig in einem Werk abgehandelt wäre, so daß man die allgemeinen ebenso wie die besonderen Sätze hintereinander in ihrer natürlichen & strengsten Ordnung vor Augen hätte. Nehmen wir weiter an, daß diese Sätze eine fortlaufende Reihe bilden würden, bei der jeder Satz allein & unmittelbar aus den vorausgehenden hervorginge & in keinen anderen Ursachen gründete als in denen, die in den vorausgehenden Sätzen enthalten wären. Wie wir bereits festgestellt haben, wäre in diesem Fall jeder Satz die Übersetzung des ersten & würde diesen nur von einer anderen Seite zeigen. Folglich ließe sich alles auf diesen ersten Satz zurückführen, den man dann als *Grundlage* der besagten Wissenschaft betrachten könnte, da diese Wissenschaft ganz in ihm enthalten wäre. Wenn jede Wissenschaft, die wir betreiben, so beschaffen wäre, könnten die *Grundlagen* ebenso leicht bestimmt wie gelernt werden, & selbst wenn wir die unsichtbare Kette, die alle Gegenstände unserer Erkenntnis verbindet, bruchlos verfolgen könnten, ließen sich die *Grundlagen* aller Wissenschaften auf ein einziges Prinzip zurückführen, von dem die *Grundlagen* jeder Einzelwissenschaft ableitbar wären. Der menschliche Geist hätte dann Anteil an der höchsten Intelligenz, & er könnte seine Erkenntnisse gleichsam alle unter einem unteilbaren Blickwinkel vereint sehen. Der Unterschied zwischen Gott & dem Menschen bestünde indessen darin, daß Gott von seinem Standpunkt aus alle Dinge auf einmal überblicken würde, während der Mensch sie eins ums andere an sich vorbeiziehen lassen müßte, um genaue Kenntnisse über sie zu erhalten. Doch wir sind weit davon entfernt, einen solchen Standpunkt einnehmen zu können. Es ist noch ein langer Weg, bis wir die Kette sehen können, die alle Wissenschaften verbindet, wir haben noch nicht einmal den Überblick über all jene Teile dieser Kette, die jede Einzelwissenschaft begründen. In welche Ordnung wir die Sätze auch bringen, wie sehr wir uns auch um genaue Ableitungen bemühen mögen, es wird zwangsläufig immer Leerstellen geben. Nicht alle Sätze werden sich unmittelbar einfügen, sie werden sozusagen verschiedene & voneinander unabhängige Gruppen bilden.

Indessen ist es leicht, wenngleich uns bei diesem Entwurf Dinge entgehen, die Sätze oder die allgemeinen Wahrheiten zu erkennen, auf denen die anderen aufbauen & in denen sie implizit enthalten sind. Stellt man diese Sätze zusammen, bilden sie genaugenommen die *Grundlagen* der Wissenschaft, denn diese *Grundlagen* sind vergleichbar mit einem Keim, & es würde genügen, daß er sich entfaltet, damit die Gegenstände der Wissenschaft in allen Einzelheiten zu erkennen wären.

Demnach liegt es auf der Hand, daß man die *Grundlagen* einer Wissenschaft erst dann ausarbeiten kann, wenn die Sätze, aus denen sie besteht, nicht mehr vereinzelt & unabhängig nebeneinanderstehen, sondern wenn ihre grundlegenden Sätze von den daraus abgeleiteten Sätzen unterschieden werden können. Doch woran erkennt man diese grundlegenden Sätze? Hier die Methode, wie man zu ihnen gelangt.

Wenn die Sätze, die in ihrer Gesamtheit eine Wissenschaft bilden, nicht unmittelbar auseinander hervorgehen, stößt man auf Stellen, an denen die Kette unterbrochen ist, & es sind die Sätze, die an der Spitze jedes Teils der Kette stehen, die zu den *Grundlagen* gezählt werden müssen. Bei den Sätzen, die innerhalb eines Teils der Kette eine zusammenhängende Reihe bilden, kann man zwei Arten unterscheiden: Zum einen Sätze, die lediglich Ableitungen sind, nämlich eine schlichte Wiedergabe des vorausgegangenen Satzes in anderer Ausdrucksweise. Sie scheiden als *Grundlagen* aus, da sie offensichtlich in den vorausgegangenen Sätzen enthalten sind. Aus demselben Grund müssen Sätze der zweiten Art, die nicht nur von den vorgängigen Sätzen abgeleitet sind, sondern sich zudem auf andere, einfache Sätze stützen, ausgeschlossen werden: Auch sie sind in den Sätzen, von denen sie abgeleitet sind, eingeschlossen & vollkommen enthalten. Doch wollte man diese Regel genau befolgen, hieße dies nicht nur, die *Grundlagen* so sehr zu beschränken, daß fast nichts mehr übrigbliebe, es würde auch den Gebrauch & die Anwendung zu sehr erschweren. Die notwendigen Voraussetzungen, unter denen Sätze zu den *Grundlagen* einer Wissenschaft im engeren Sinn gezählt werden können, sind daher, daß sie sich so weit voneinander unterscheiden, daß man aus ihnen nicht unmittelbar eine Kette bilden kann, daß aus diesen Sätzen selbst verschiedene andere hervorgehen, die nichts anderes als Ableitungen von ihnen

---

Der berühmte Bauer Jedediah Buxton nicht weit von Chesterfield in Derbishire dessen im Gentlemans Magazin Febr: 1751 Erwähnung geschieht hatte ein so erstaunliches Gedächtnis und Einbildungskraft daß er das Quadrat dieser Zahl 725 958 238 096 074 907 868 531 656 993 638 851 106 im Kopf machte, er brachte aber drittehalb Monate mit zu, wobei er lange ausruhte und dann wieder fortfuhr. Er fand sie 527 015 363 459 557 385 673 733 542 638 591 721 213 298 966 079 307 524 904 381 389 499 251 637 423 236. Er hatte niemals schreiben gelernt und vermutlich würde er nicht so haben rechnen lernen, wenn er schreiben gekonnt hätte. Diesen Punkt sollten alle die Personen recht durchdenken, welche Leute zu einer gewissen Absicht erziehn wollen. LICHTENBERG, SUDELBÜCHER

---

darstellen, & schließlich daß diese Sätze, wenn überhaupt, so nicht implizit in den vorausgegangenen enthalten sind, sondern in einer Weise, in der man ihre Abhängigkeit nur durch weiteres Nachdenken erkennen kann.

Nicht zu vergessen, daß zu den *Grundlagen* auch jene Sätze zählen, die für sich stehen & insofern weder als Grundsatz noch als Ableitung mit einem anderen Satz zusammenhängen. Denn die *Grundlagen* einer Wissenschaft müssen zumindest den Keim für alle wahren Aussagen enthalten, mit denen sich diese Wissenschaft beschäftigt. Wenn auch nur eine für sich stehende, wahre Aussage übergangen wird, sind die *Grundlagen* unvollständig.

Vor allen Dingen jedoch muß man die metaphysischen Voraussetzungen der Sätze ausführlich darlegen. Diese Metaphysik, welche die Vordenker geleitet hat oder hätte leiten sollen, besteht in nichts anderem, als der klaren & genauen Darlegung der allgemeinen philosophischen Wahrheiten, auf denen die Prinzipien der Wissenschaft beruhen. Je eindeutiger, einfacher & sozusagen populärer diese Metaphysik ist, um so wertvoller ist sie. Man könnte sogar behaupten, daß Eindeutigkeit & Einfachheit der Prüfstein sind. Besonders in den reinen Verstandeswissenschaften gilt, daß alles Wahre immer auf klaren & wahrnehmbaren Grundsätzen beruht & folglich jedem zugänglich & verständlich sein muß. Wie sollte man auch klar und sicher folgern, wenn die Grundsätze dunkel wären?

Wir wollen uns an dieser Stelle mit einigen allgemeinen Regeln begnügen. Was sind in jeder Wissenschaft die Grundsätze, von denen man ausgehen muß? Es sind eindeutige, genau beobachtete & verbürgte Tatsachen: in der Physik die Beobachtung des Universums, in der Geometrie die grundsätzlichen Eigenschaften der Ebene, in der Mechanik die Festigkeit der Körper, in der Metaphysik & Ethik das Studium der Seele & ihrer Empfindungen &c. Ich verstehe Metaphysik hier im engsten Sinn als die Wissenschaft, die sich allein mit geistigen Dingen beschäftigt. Was ich hier über sie sage, trifft noch mehr zu, wenn man sie in einem weiteren Sinne betrachtet, nämlich als universelle Wissenschaft, welche die Prinzipien aller anderen enthält. Wenn nämlich die wahren Grundsätze jeder Wissenschaft nur auf Beobachtung & nichts anderem beruhen, kann die Metaphysik jeder Wissenschaft nur in den allgemeinen Folgerungen bestehen, die aus der Beobachtung hervorgehen, insofern man diese Folgerungen so weit faßt, wie es nur irgend möglich ist. Deshalb muß ich, obwohl es nicht meine Absicht ist, einige Herren vor den Kopf stoßen, die sich der Metaphysik viel eher mit glühendem Eifer als mit aufgeklärter Vernunft zuwenden, & ich werde mich hüten, die Metaphysik gemäß ihrem Verständnis als »die Wissenschaft von den Ideen« zu definieren. Denn was wäre eine solche Wissenschaft?

Der Gegenstand, mit dem sich die Philosophie als Wissenschaft beschäftigt, sind entweder Tatsachen oder Schimären. Tatsächlich hieße es, eine recht unzulängliche & kaum zutreffende Vorstellung von der Philosophie zu haben, wollte man glauben, sie sei dazu bestimmt, sich in Abstraktionen über die allgemeinen Eigenschaften des Seins, der Welt & der Substanz zu ergehen. Diese unnütze Spekulation besteht lediglich darin, in wissenschaftlicher Sprache Sätze zu formulieren, die umgangssprachlich ausgedrückt nur Gemeinplätze beinhalten, bei denen man sich schämen müßte, wollte man sie mit einem solchen Instrumentarium ausbreiten, oder die zumindest zweifelhaft & es folglich nicht wert wären, zu Prinzipien erhoben zu werden. Außerdem ist eine solche Methode nicht nur bedenklich, weil sie mit ungenauen & strittigen Fragen den Fortschritt unseres tatsächlichen Wissens hemmt, sie läuft auch der Vorgehensweise des Verstandes zuwider, der, wir können nicht oft genug darauf hinweisen, Abstraktionen nur aus der Untersuchung von Einzelheiten kennt.

Der erste Schritt zur rechten Philosophie besteht also darin, daß man die Hände läßt von diesen langatmigen & langweiligen Prolegomena, endlosen Nomenklaturen & sich ins Unendliche verzweigenden Bäumen, den traurigen Überbleibseln einer elenden Scholastik & dummen Eitelkeit, die jene dunklen Jahrhunderte kennzeichnete, in denen man sich bar aller Beobachtung & Tatsachenbeschreibung ein Phantasiegebilde aus Spekulationen & Streitgesprächen schuf. Damit ist genug gesagt zu diesen nutzlosen wie unzureichend beantworteten Fragen, zur Beschaffenheit der Philosophie, ihrem Wesen, zum grundlegenden Prinzip der menschlichen Erkenntnis, zur Verbindung zwischen Wahrscheinlichkeit & Evidenz & zu einer endlosen Reihe ähnlicher Dinge.

Es klingt nicht nur wie ein Märchen, es ist direkt die Erfüllung aller – nein, der meisten – Märchenwünsche, was der Mensch durch seine Wissenschaft und Technik auf dieser Erde hergestellt hat, in der er zuerst als ein schwaches Tierwesen auftrat und in die jedes Individuum seiner Art wiederum als hilfloser Säugling – oh inch of nature! – *eintreten muß. All diesen Besitz darf er als Kulturerwerb ansprechen. Er hatte sich seit langen Zeiten eine Idealvorstellung von Allmacht und Allwissenheit gebildet, die er in seinen Göttern verkörperte. Ihnen schrieb er zu, was seinen Wünschen unerreichbar schien – oder ihm verboten war. Man darf also sagen, diese Götter waren Kulturideale. Nun hat er sich der Erreichung dieses Ideals sehr angenähert, ist beinahe selbst ein Gott geworden. Freilich nur so, wie man nach allgemein menschlichem Urteil Ideale zu erreichen pflegt. Nicht vollkommen, in einigen Stücken gar nicht, in anderen nur so halbwegs. Der Mensch ist sozusagen eine Art* Prothesengott *geworden, recht großartig, wenn er alle seine Hilfsorgane anlegt, aber sie sind nicht mit ihm verwachsen und machen ihm gelegentlich noch viel zu schaffen.* Sigmund Freud, Das Unbehagen in der Kultur

Es gibt in den Wissenschaften andere, an sich weniger oberflächliche Streitfragen, die tatsächlich aber nicht weniger unnütz sind & daher in einem *Grundlagenwerk* nichts zu suchen haben. Man kann mit Gewißheit sagen, daß eine Fragestellung zu nichts nütze ist, wenn man feststellt, daß die Philosophen sich anderswo über Sätze verständigen, die gleichwohl auf den ersten Blick den Anschein erwecken, zwangsläufig mit dieser Frage zusammenzuhängen.

So sind zum Beispiel die *Elemente* der Geometrie, des Rechnens, für alle philosophischen Schulen dieselben, & aus dieser Übereinstimmung folgt, daß die wahren Aussagen der Geometrie nicht mit den umstrittenen Grundsätzen über die Beschaffenheit der Ebene zusammenhängen & daß es in dieser Sache eine gemeinsame Anschauung gibt, in der alle Schulen übereinkommen. Hier haben wir ein allgemeines & einfaches Prinzip, von dem alle ausgehen, ohne sich dessen gewahr zu sein, ein Prinzip, das in den wissenschaftlichen Auseinandersetzungen verdunkelt oder vernachlässigt worden, nichtsdestotrotz aber vorhanden ist.

Als unüberbietbarer »Vorteil« der Darwinistischen Denkrichtung kann ihre extreme Reduktion auf wesentliche Elemente betrachtet werden, als fataler Nachteil ihr Ausschließlichkeitsanspruch, der dem Menschen die Frage nach einem »Sinn« seines Daseins abschneidet.

FRITZ-ALBERT POPP, LEBEN ALS SINNSUCHE

Desgleichen hat, obwohl die Bewegung & ihre hauptsächlichen Eigenschaften Gegenstand der Mechanik sind, die undurchsichtige & umstrittene Metaphysik des Wesens der Bewegung mit jener Wissenschaft überhaupt nichts zu tun. Diese setzt die Existenz von Bewegung voraus, zieht aus dieser Annahme eine große Zahl nützlicher Erkenntnisse & läßt die scholastische Philosophie weit hinter sich, die sich umsonst in Spitzfindigkeiten über das Phänomen der Bewegung verliert. Zenon würde sich noch immer fragen, ob sich Körper bewegen, während Archimedes die Gesetze des Gleichgewichts, Huygens die des Schalls & Newton die Naturgesetze schon längst gefunden hätten.

Daraus ziehen wir den Schluß, daß der Punkt, an dem man aufhören muß, nach den Grundsätzen einer Wissenschaft zu fragen, in der Natur dieser Wissenschaft selbst liegt, das heißt, er wird vom Standpunkt bestimmt, von dem aus sie ihren Gegenstand betrachtet. Was darüber hinausgeht, muß als eine Frage behandelt werden, die entweder zu einer anderen Wissenschaft gehört oder zu einer Region, die unserem Geist überhaupt nicht zugänglich ist. Ich räume ein, daß die Prinzipien, von denen wir in diesem Fall auszugehen haben, vielleicht selbst nur weit entfernte Ableitungen von echten Prinzipien sind, von denen wir nichts wissen, & daß sie daher vielleicht eher als Folgerungen denn als Prinzipien zu bezeichnen wären. Doch es tut nichts zur Sache, ob diese Folgerungen eigentlich Prinzipien sind oder nicht, uns genügt, wenn sie dies für uns sind.

Die einfachen Ideen, wie wir sie verstehen, können in zwei Gruppen zusammengefaßt werden. Das eine sind die abstrakten Ideen. Tatsächlich ist die Abstraktion nichts anderes als der Vorgang, bei dem wir eine einzelne Eigenschaft eines Gegenstands betrachten, ohne auf jene anderen Eigenschaften zu achten, die mit ihr zusammen das Wesen des Gegenstands ausmachen. Die zweite Gruppe einfacher Ideen ist in den ursprünglichen Vorstellungen enthalten, die durch unsere Sinneseindrücke entstehen, etwa die von den einzelnen Farben, von Kälte, Wärme & ähnlichen Dingen. Für diese Gegenstände gibt es auch keine zusätzliche Umschreibung, durch die sie näher bestimmt werden könnten, als den einen Begriff, der sie ausdrückt.

Hat man alle einfachen Ideen gefunden, die ein Begriff birgt, kann er dadurch definiert werden, daß man diese so klar, so kurz & so genau wie möglich darstellt. Aus diesen Grundsätzen folgt, daß ein Wort der Umgangssprache, das nichts anderes als eine einfache Idee ausdrückt, in gleich welcher Wissenschaft weder definiert werden kann noch definiert werden muß, denn eine Definition könnte seine Bedeutung nicht deutlicher machen. Was die umgangssprachlichen Begriffe betrifft, die verschiedene einfache Ideen umfassen, so ist es nützlich, diese zu definieren, um alle einfachen Ideen, die sie einschließen, vollständig herauszuarbeiten, & seien sie noch so allgemein.

Dies sind die allgemeinen Regeln für eine Begriffsbestimmung, diese Vorstellung muß man sich davon machen, & dementsprechend ist die Definition nichts anderes als die Entfaltung der einfachen Ideen, die ein Wort umfaßt. Es ist demnach völlig unnütz zu untersuchen, ob es sich um Definitionen eines Namens oder eines Gegenstands handelt, das heißt, ob sie bloß die Erläuterung dessen sind, was man unter einem Wort versteht, oder ob sie das Wesen des Gegenstands erklären, den dieses Wort bezeichnet. Was ist überhaupt das Wesen eines Gegenstands? Worin besteht es genaugenommen, & kennen wir es? Will man eine klare Antwort auf diese Frage geben, stellt man fest, wie überflüssig & absurd die Unterscheidung ist, um die es geht: Da wir nicht wissen, was die Dinge an sich sind, kann die Kenntnis vom Wesen eines Gegenstands (zumindest für uns) nur in der eindeutigen & in ihre Bestandteile zerlegten Feststellung jener Grundsätze liegen, die sein Wesen in unseren Augen ausmachen, aber nicht seiner wirklichen & absoluten Grundsätze. Jede Begriffsbestimmung kann nur unter diesem Blickpunkt in Angriff genommen werden. So wird sie mehr als die schlichte Definition eines Wortes sein, da sie sich in diesem Fall nicht darauf beschränkt, nur den Inhalt eines Wortes zu erklären, sondern den Gegenstand in seine Bestandteile zerlegt, & zugleich wird sie weniger als die Definition einer Sache sein, da das wahre Wesen eines Gegenstands, obwohl er dergestalt zerlegt ist, auch weiterhin unbekannt bleiben kann.

Wortschöpfungen, unnötige, eigenartige oder weit hergeholte Wörter sind in den Wissenschaften beinahe ebenso lächerlich wie in Fragen des Stils. Man kann, wie gesagt, die Sprache einer Wissenschaft gar nicht einfach, ja, volksnah genug machen. Dadurch wird nicht nur das Studium erleichtert, die Sprache kann dann auch nicht mehr zum Vorwand genommen werden, um die Wissenschaft beim Volk in Verruf zu bringen. Denn dieses glaubt oder läßt sich gerne davon überzeugen, daß die Fachsprache das ganze Verdienst einer Wissenschaft sei & daß es sich dabei um eine Art Bollwerk zu dem Zweck handele, den Zugang zu ihr zu erschweren: Die Ungebildeten gleichen darin jenen unglücklichen oder ungeschickten Generälen, die sich für ihre Mißerfolge rächen, indem sie äußere Umstände dafür verantwortlich machen.

Erwähnt sei noch, daß sich unser gesamtes Wissen in drei Gruppen unterteilen läßt: die Geschichte, die freien sowie die angewandten Künste & die Wissenschaften im eigentlichen Sinn, die die Gebiete der reinen Vernunft zum Gegenstand haben. Diese drei Gruppen können allerdings auf eine beschränkt werden, nämlich auf die der eigentlichen Wissenschaft.

Begründung:

1. Die Geschichte ist entweder Naturgeschichte, Ideengeschichte oder Geschichte des menschlichen Handelns. Die Naturgeschichte ist Gegenstand der philosophischen Betrachtung & hat einen Platz innerhalb der Wissenschaften. Ebenso verhält es sich mit der Ideengeschichte, besonders wenn man nur jene Ideen darunter faßt, die tatsächlich erhellend & nützlich waren & die zudem die einzigen sind, die man den Lesern in einem *Grundlagenwerk* vorlegen darf. Dagegen kann die Geschichte der Könige, der Eroberer & der Völker, mit einem Wort, aller Ereignisse, die die Welt verändert & erschüttert haben, nur dann Gegenstand philosophischer Betrachtung sein, wenn sie sich nicht auf die Beschreibung der Vorkommnisse selbst beschränkt. Dieses unfruchtbare, von Beobachtung & Erinnerung zusammengetragene Wissen ist, wenn man es in seinen engen Grenzen beläßt, lediglich die Kenntnis eines bloßen Übereinkommens. Bei einem Menschen, der zu denken versteht, kann es jedoch über allem anderen Wissen stehen. Damit dieses Wissen von Nutzen ist & sich mehrt, studiert der Weise das moralische Universum auf dieselbe Weise wie das physikalische, & zwar geduldig, umsichtig & vorurteilsfrei. Er beobachtet die Menschen & ihre Leidenschaften ebenso wie die Vorgänge der Natur, er betrachtet, nähert an, vergleicht, verbindet seine eigenen Beobachtungen mit denen vorausgegangener Jahrhunderte, um aus alldem die Prinzipien abzuleiten, die seine Forschungen erhellen oder sein Vorgehen leiten können. Wenn er diesem Gedanken folgt, ist die Geschichte für ihn nichts anderes als eine Sammlung von Erfahrungen, die von der Menschheit auf dem Gebiet der Moral gemacht wurden, eine Sammlung, die zweifellos viel vollständiger wäre, wenn nicht nur Philosophen sich ihrer befleißigt hätten, sondern wenn sie auch, so ungestalt sie sein mögen, die bedeutendsten Lektionen über das menschliche Verhalten umfassen würde, wie die Sammlung aller ärztlichen Beobachtungen von Kranken aller Altersstufen, die trotz allem, was sie nicht erfaßt & vielleicht nie erfassen wird, den wichtigsten & wirkungsvollsten Teil der Heilkunst bildet. Im Hinblick auf die Art & Weise, wie man sie studiert & Nutzen aus ihr zieht, also hinsichtlich ihres philosophischen Gehalts, gehört die Geschichte folglich zu den Wissenschaften.

2. Dasselbe gilt für die angewandten sowie für die freien Künste. In den einen wie in den anderen sind die Einzelheiten allein für denjenigen von Interesse, der diese Künste ausübt. Die grundlegenden Prinzipien der angewandten Künste gründen auf den mathematischen & physikalischen Erkenntnissen der Menschheit, das heißt auf den beiden ansehnlichsten Zweigen der Philosophie, wohingegen die freien Künste auf der Grundlage einer feinsinnigen & zarten Kenntnis unserer Gefühle beruhen. Diese scharfsinnige & tiefschürfende Metaphysik, die sich mit der Frage nach dem Schönen beschäftigt, versteht es, uneingeschränkt gültige & anerkannte Grundsätze von jenen Prinzipien zu unterscheiden, die vom Charakter, der Geisteshaltung, der Wahrnehmungswelt einer Nation oder eines einzelnen Menschen bestimmt sind. Dadurch hält sie das grundsätzliche & allgemein Schöne, sofern es existiert, & das mehr oder wenig zufällig durch Übereinkunft für schön Befundene auseinander. Von einer zu weit gefaßten Entscheidung & von einer zu engen Problemstellung gleichermaßen weit entfernt, geht sie bei der Untersuchung des Gefühls nur so weit, wie sie muß, & treibt sie nicht über das rechte Maß hinaus. Indem sie Eindrücke & Empfindungen unserer Seele vergleicht, wie der gewöhnliche Metaphysiker rein spekulative Ideen miteinander vergleicht, arbeitet sie die Regeln heraus, durch die diese Eindrücke auf eine gemeinsame Quelle zurückgeführt & aufgrund der Analogien zwischen ihnen beurteilt werden können. Doch sie enthält sich des Urteils über die Eindrücke an sich & sieht auch davon ab, die spontanen & ursprünglichen Empfindungen dadurch zu qualifizieren, daß sie philosophische Prinzipien aufstellt, die so dunkel sind wie die Struktur unserer Organe. Desgleichen versucht sie auch nicht, jenen ihre Regeln aufzudrängen, die aufgrund ihrer Anlagen oder ihrer Gewohnheit auf eine andere Weise empfinden.

Was hier über das Schöne in den freien Künsten gesagt wurde, gilt selbstredend auch für den Bereich der Wissenschaften, den man *Literatur* nennt. Wir sehen also, daß eine vernünftige Philosophie alle *Grundlagen* unseres Wissens enthält. *d'Alembert*

Jean Dhombres
Die Frage nach den Grundlagen

Der Gebrauch des Adjektivs »elementar« bringt uns heutzutage in Verlegenheit. Auf eine Weise, in der schon Sherlock Holmes seinen Freund und Adlatus rasend machte, wenn er ihn zum wiederholten Male mit: »Elementar, mein lieber Watson« anredete. So wird dem Leser bedeutet, daß die Ermittlungen gleich abgeschlossen sind, daß es an der Zeit ist, beifällig zu applaudieren und sich für das Vergnügen an der Darlegung der Beweisführung zu bedanken, die der berühmte Detektiv in seiner Schlußbilanz auf meisterhafte Weise liefert, wenn er die in der Erzählung verstreuten, grundlegenden Indizien zusammenfaßt. Doch zugleich hat der Leser das Gefühl, diese Konstruktion des Verstandes sei eine Übung des Scharfsinns, die eines überragenden Geistes, ja, des Genies bedürfe. Da diese mit Bewunderung einhergehende Frustration, so subjektiv sie auch sein mag, weit verbreitet ist, hat die Mathematik im beginnenden 21. Jahrhundert einen schweren Stand in der Kultur. Von der Mathematik wird erwartet, daß sie das Elementare begründet, ohne dadurch ihren schönen, eindeutigen Charakter zu verlieren und ohne die Welt auf ein elementares Dasein zu reduzieren, das so passiv ist wie der gute Doktor Watson.

Natürlich hat sich die *Encyclopédie* von d'Alembert und Diderot die Frage nach den Grundlagen gestellt, in die der dogmatische, aber effiziente Geist des Katechismus, die herablassende Haltung der Gelehrten, die ihre Lehren für das gemeine Publikum einebnen, und die mühselige Arbeit der Vernunft, die den Zirkelschluß vermeiden will, verwickelt sind. Wie in der Mathematik ist dieser Zirkel die Kontrastfigur der *Encyclopédie*, die sie allerdings schon in ihrem Namen trägt und erst mit der Formel vom *Dictionnaire raisonné* vom methodischen Wörterbuch, abschüttelt. Der Kreis des grundlegenden Wissens mußte weit genug gefaßt werden, um neue Kreise nach sich zu ziehen, die dann Fortschritt genannt werden konnten. Dank Internet und Datenbanken ist der Zirkel durch die Netzschleife, die das *Surfen* ermöglicht, die wichtigste Figur in der zeitgenössischen Wissenschaftspraxis geworden. Ist damit alles gesagt?

Die Nützlichkeit der Grundlagen. Im Kriminalroman ist alles so eingerichtet, daß der Leser die Auflösung am Ende nicht voraussehen kann, denn er soll überrascht werden, sonst würde er bald zu lesen aufhören. So wie man aufhört, sich durch das Internet zu klicken, wenn auf dem Bildschirm in einer Schleife zu oft dieselben Bilder, dieselben endlos wiederholten Informationen erscheinen. Auf dieses Problem des Detektivromans, der den genialen Detektiv wie einen *deus ex machina* auf den Plan ruft, hat Agatha Christie, die mehr im 20. Jahrhundert steht als Conan Doyle und deren Fälle mehr Realitätssinn aufweisen, eine Antwort gefunden: Es sind die vielen, mit Informationen gefüllten »grauen Zellen«, die ein Hercule Poirot dem gewöhnlichen Leser voraus hat und auf die er zurückgreift wie auf ein Informationsnetz. Wenn es davon so vieler bedarf, um das Grundlegende zu sagen, dann liegt es daran, daß diese Grundlagen kein solches Netz bilden. Es ist auch zum Verzweifeln, wenn man zugeben müßte, daß das Grundlegende dem Genie untersteht, oder daß die Maschine immer eine Antwort parat hat, und daß es also keine echte Frage mehr gibt. Descartes war so liebenswürdig und zuvorkommend, anzunehmen, der gesunde Menschenverstand sei auf der Welt das, was die meisten Menschen teilen würden, da jeder sich in seinem Besitz wähne. Doch er schlug zu Recht eine Methode vor, mit der die Irrtümer des gesunden Menschenverstands behoben werden können. Heute ist die Maschine selbst die Methode. Wer glaubt daran?

Als im Zeitalter der Aufklärung Jean d'Alembert sich für die *Encyclopédie* des Stichworts GRUNDLAGEN DER WISSENSCHAFT annahm, wies er ohne zu zögern auf die Hauptschwierigkeit hin: Selbst über die grundlegenden Kenntnisse herrschte bisweilen Unkenntnis. Denn schließlich konnten nur die Entdecker selbst die Wissenschaften, die sie gefunden hatten, auf zufriedenstellende Weise behandeln. Eine kunstvolle Erklärung, verknüpfte er darin doch die wissenschaftliche Entdeckung, also das Gegenteil dessen, was der gesunde Menschenverstand als das Grundlegende begreift, mit ihrer Vermittlung, die immer auf dem Beweis der Grundlagen beruht. Stärker als andere betonte d'Alembert die intellektuelle Gemeinschaft der Menschen, indem er die Wissenschaftler in die Verantwortung nahm – in der Französischen Revolution sollte diese Verantwortung eine der Fragen sein, die die kulturelle Debatte bestimmte, und in der demokratischen Welt ist sie mit Fug und Recht zur politischen Frage geworden. Eine Republik, diese Erfahrung hat man in Frankreich gemacht, braucht eine Schule, in der Grundlagen und keine Dogmen gelehrt werden. Mit seinem Geist, der sich immer wieder zu neuen Höhen aufschwang, und wenig beeindruckt vom Genie, selbst wenn es das eigene sein mochte, gab d'Alembert der Schule, dem Lehrer und der organisierten Bildung, also den Grundlagen der Lehre, ihren Platz. Er wies auf Fälle hin, in denen »die Entdecker selbst nicht in der Lage gewesen sind, ihre Entdeckungen in eine zufriedenstellende Ordnung zu bringen«, kurz, in denen sie unfähig waren, gute Grundlagen zu schaffen. Statt über diese Schwäche zu lamentieren, zog d'Alembert daraus einen Schluß, der die Technokraten der Bildung in Harnisch bringt, weil es so aussieht, als würde er ihnen jede Möglichkeit nehmen, Grundlagenwissen zu lehren: »Das Besondere an einem guten Grundlagenwerk ist, daß es dem Denken viel Raum gibt.«

Ein Satz, den man einem Mathematiker natürlich heute wie damals vorwerfen kann. Er sollte nämlich nicht vergessen, daß die Mathematik die Grundlage von allem geschaffen hat – mit dem für die westliche Kultur bahnbrechenden Werk, nämlich Euklids *Elementen,* wie es so zutreffend heißt, das im dritten Jahrhundert vor Christus verfaßt wurde und das zu Beginn des achtzehnten Jahrhunderts ein Mathematiker ohne Bedenken einem Publikum von chinesischen Gelehrten als Evangelium vorstellte: »Dieses Buch enthält vier Verbote: das Verbot zu zweifeln, das Verbot, sich in Interpretationen zu stürzen, das Verbot auszuprobieren, das Verbot zu verändern. Es enthält vier unmögliche Dinge: die Unmöglichkeit, was auch immer aus ihm herauszulösen, die Unmöglichkeit, es zu widerlegen, die Unmöglichkeit, es zu kürzen, die Unmöglichkeit vorzuziehen, was später kommt, und umgekehrt.« Besitzt das Denken irgendeine Freiheit in der elementaren Mathematik?

Hängt die gegenwärtige Unbeliebtheit der Mathematik, besonders in Frankreich, mit der Darlegung dieses Verbots zusammen, das jahrhundertelang gültig war? Ich glaube es eigentlich nicht. Jeder Historiker wird sagen, daß die Geschichte der *Elemente* des Euklid in der arabischen wie in der griechischen Welt und bis in die Renaissance hinein eine Geschichte der Kommentare, Kritiken und Abänderungen ist. Erst später, nachdem eine neue, algebraische und analytische Mathematik geschaffen worden war, spielten die *Elemente* eine untergeordnete Rolle. Diese Auseinandersetzung mit den *Elementen,* die bis zur Suche nach einer elementaren Mathematik gehen kann, beweist, daß es in dem Werk etwas zu verbessern gibt, und daß es eher eine Lehre als eine Sammlung von Ergebnissen ist. Worin besteht diese Lehre?

Sofern ein Schüler versteht, trägt er zur Verbesserung der *Elemente* bei, indem er sie sich beim Lernen aneignet. Darauf will zweifellos der berühmte Bericht von Henriette über ihren jüngeren Bruder Blaise Pascal hinweisen, dem sein Vater verboten hatte, Mathematik zu studieren, und der deshalb ohne fremde Hilfe die ersten Sätze des Euklid wiederentdeckt haben soll. Man kann diesen Bericht jedoch ebenso dahin gehend verstehen, daß es nur eine mögliche Mathematik gibt. *Mirum non est mirum!* Das Wunder ist kein Wunder! Die Darstellung der Mathematik schwankt zwischen der wunderbaren Darlegung ihrer Anwendbarkeit in der Welt, die sie in Elemente zerlegt, sozusagen dem Beweis ihrer Göttlichkeit, und der Evidenz, mit der sie aufgrund ihrer Einfachheit und Folgerichtigkeit voranschreitet und die offenbar für viele ein Synonym ihrer Nutzlosigkeit ist. Zur Zeit des ausgehenden 19. Jahrhunderts haben der Franzose Henri Poincaré, der Deutsche David Hilbert und der Engländer Godfrey Hardy, wenngleich jeder in der für seine Nation charakteristischen Weise, die Autonomie des mathematischen Denkens bestätigt und gepriesen, das ganz und gar von Menschen ersonnen ist, aber von genialen, einer universellen Sprache mächtigen Geistern: Sie enthoben dieses Denken der Evidenz, indem sie einerseits die axiomatische Strenge neu entdeckten und andererseits bis in die Logik der Grundlagen hinein die Hauptschwierigkeiten des Einfachen erkannten. Damit war es um die Auffassung geschehen, das Elementare sei an den Nutzen gebunden. Die elementare Mathematik als Grundlegung wie auch als Anwendung wurde wissenschaftlich, weil sie schwierig wurde. Dieselbe doppelte Schwierigkeit war fünfzig Jahre vor Erscheinen des ersten Bandes der *Encyclopédie* aufgetreten. Die arithmetischen Operationen (auf französisch kurz *Calcul* genannt) der Differential- und Integralrechnung von Leibniz und Newton veränderte die elementare Mathematik in zweifacher Hinsicht, und zwar als Grundlage sowie als Aufbau des Einfachen. Lange Zeit standen die »Elemente« symbolisch für die Differentiale. D'Alembert mußte also eine Lösung für dieses Verschwinden des »Elementaren« finden.

Wissenschaft als Standpunkt. Um zu verstehen, welcher Falle d'Alembert auswich, wenden wir uns zuerst einer anderen Tradition des wissenschaftlichen Denkens zu. Darin werden die Grundlagen des Wissens als eine Macht über das Wissen dargestellt, und indem die Grundlagen zu einem Eckstein gemacht werden, scheint diese andere Tradition sie bis zur höchsten Stufe des Wissens maßgeblich zu machen. Auf diese Weise büßt das Elementare die Bedeutung des Unvollständigen ein, die diesen Begriff für die Lehre so brauchbar macht, weil er auf ein Fortschreiten hindeutet und sich nicht mit einer Vollendung zufriedengibt.

Die Tradition des logischen Denkens, gefolgt vom rein analytischen Denken, erwartet von einer Argumentation im allgemeinen nichts weiter als die Darlegung dessen, was als Prämissen oder Grundlagen diente, um dieses Wissen zu begründen. Diese Tradition relativiert alles Wissen, indem sie zeigt, daß es nicht weit her ist mit einem Wissen, das über die Grundlagen hinausgeht, auf die es zum Zwecke der Lehre beschränkt ist. Erscheint es schließlich von neuem, wenn der Lernprozeß oder die Argumentation abgeschlossen ist (was man je nach Bedarf Fortschritt oder Durchdringung nennen könnte) wird man vielmehr sagen, es sei über die logische Analyse hinausgegangen. Daß man also heimlich etwas eingeführt habe, was noch nicht gesagt, noch nicht in Begriffe gefaßt wurde, worauf allerdings hingewiesen werden soll. Diese kritische Tradition ist die achtbarste, um den Gedanken auf seinen Wahrheitsgehalt, respektive seine Unwahrheit zu prüfen. Zumindest solange der Hinweis auf das Überschreiten der Logik nicht in

Schmähung umschlägt, das heißt, solange keine dogmatische Richtung eingeschlagen wird. Solange nicht so getan wird, als ergäben sich die Grundlagen von selbst, solange einem – da schon andere für einen und vor einem nachgedacht haben – keine Autoritäten entgegengehalten werden, solange einem nicht die Form selbst untersagt wird, die den ursprünglichen Gedanken zugelassen hat. Denn man hat nicht immer gewußt, was zu einem bestimmten Zeitpunkt als Grundlage gilt, und ob es auch künftig als solche gelten soll. Die Starrheit des Satzes b-a-ba ist eine Falle.

Als guter Kartesianer, den »bedeutungslose« Fragen aufbringen – und zum Bedeutungslosen zählt er die Dogmen –, argumentiert d'Alembert mit der Tatsache, daß die »Grundlagen der Geometrie« oder des »Rechnens« (gemeint ist die neue Differentialrechnung) für alle philosophischen Schulen dieselben sind. Diese Übereinkunft, und er muß davon ausgehen, daß sich über die Differentialrechnung alle einig sind, beweist, daß »die Sätze der Geometrie in keiner Weise von den umstrittenen Grundsätzen über die Beschaffenheit der Ebene abhängen«. D'Alembert kann sich einen Witz, einen Salonscherz nicht verkneifen, der einen Schlußstrich unter die Diskussion um die französische Aufklärung zieht und deren Scharfsinn ebenso wie ihre Bedeutungslosigkeit ausdrückt. »Nur zu, der Glaube wir Ihnen alsbald kommen«, soll er zu denjenigen gesagt haben, die an den Grundlagen der Differentialrechnung zweifelten: »Zenon würde sich noch immer fragen, ob sich Körper bewegen, während Archimedes die Gesetze des Gleichgewichts, Huygens die des Schalls & Newton die Naturgesetze schon längst gefunden hätten.« Wollte man d'Alembert auf diese Aussage reduzieren, hieße dies, leichtfertig die erkenntnistheoretische Tragweite dessen zu übergehen, was der Mitherausgeber der *Encyclopédie* mit diesem Scherz sagen wollte und was bis heute nichts an Interesse eingebüßt hat.

Von der Ebene zum Beispiel, heute würden wir eher vom Raum sprechen, sagt er nicht, sie habe keine elementare Bedeutung und sei dem menschlichen Geist nicht zugänglich, oder sie sei der *a priori* gegebene Rahmen aller Wahrnehmung. Eine Bedeutung, über die Einigkeit herrscht, die also Wissenschaft ist, kann man ihr erst am Ende eines hypothetischen und deduktiven Vorgehens zusprechen. Wie bei den Elementen des Euklid – aber eben nur wie bei ihnen, denn nach der analytischen Methode müssen sie anders bestimmt, elementarisiert werden. Es gibt also keine plötzliche Erkenntnis des Raumes *a priori,* sondern einen *habitus mentis,* der den Beweis zu einer häufig vollzogenen Argumentation liefert, sogar innerhalb ihrer Reihenfolge. Aus dieser ergibt sich der griechische Titel *Stoicheia, Die Elemente.* D'Alembert verwendet glücklicherweise einen anderen Ausdruck: »Der Punkt, an dem man aufhören muß, nach den Grundsätzen einer Wissenschaft zu fragen, liegt in der Natur dieser Wissenschaft selbst, das heißt, er wird vom Standpunkt bestimmt, von dem aus sie ihren Gegenstand betrachtet.«

In der unmittelbaren Anwendung ist die Vorstellung vom Raum, die das Werk Euklids gibt und die von der gesamten kritischen Überlieferung überprüft und korrigiert wurde, kein Element, das in diesem Werk dargelegt wird, sondern ein Standpunkt, der aus Überlegungen folgt. Für diese Überlegungen stellt man Hypothesen auf, deren deduktive Konsequenzen dann zwingend werden. Euklid braucht kein Wort, um den Raum zu bezeichnen, der sich aus alldem ergibt, was in den *Elementen* gesagt wird. Die Schlußfolgerungen über den Raum dienen dann anderen Einzeldisziplinen als Prinzipien, zum Beispiel der Bewegungslehre, die wiederum anderen, noch weiter nachgeordneten Einzeldisziplinen andere Prinzipien bereitstellen. So entsteht durch Verschachtelung das System von Auguste Comte. Doch der Positivismus, der in der Wissenschaft des 19. Jahrhunderts den Ton angab, behagt uns nicht mehr, und er war keine zwangsläufige Folge von d'Alembert. Man hat nämlich jene Auffassung vergessen, wonach eine einzelne Disziplin, und nicht die Wissenschaft schlechthin, sich nach einem »Standpunkt« ausrichtet, dessen Hauptlinien die Grundlagen bilden.

Die verschiedenen Standpunkte überlagern sich nicht, ohne daß es zu Widersprüchen kommen würde. Ein perspektivischer Standpunkt ist, auch wenn er nach den Regeln der euklidischen Geometrie erarbeitet werden kann, ein anderer Standpunkt in Hinsicht auf und für den Raum. Der Kunsthistoriker Erwin Panofski hat ihn dem 20. Jahrhundert auf bemerkenswerte Weise erschlossen, ohne deshalb in einen Positivismus verfallen zu sein, der nur Sachverhalte aneinanderreiht, und ohne den Erkenntnisfortschritt zu verleugnen, den die Perspektive darstellt.

Lassen Sie uns also d'Alemberts Bemerkung über die Grundlagen wieder aufgreifen als Frage nach dem Elementaren, das dem Denken seinen Raum läßt. Kann man zugleich lernen und verstehen? Diese Debatte kann für die wissenschaftlichen Disziplinen insofern nicht beendet werden, als Wissenschaft ihrer Natur nach den »Standpunkt« wechselt und über ihre Elemente *ipso facto* neu nachgedacht wird, was normalerweise die Dogmatismen der Wissenschaftsgläubigkeit verhindert oder sie ins Wanken bringt. Wie oft haben nicht im 20. Jahrhundert die Standpunkte allein in der Mathematik gewechselt, und dennoch hat sich keine einzige der um 1900 verfügbaren großen oder kleinen Theorien als falsch erwiesen. Die Mathematik vergißt, und wenn sie wieder auf etwas stößt, hat es sich verändert. Die Veränderungen führen zur großen Verärgerung derjenigen, denen die Bildung anvertraut ist. Nachdem sie zahllose Varianten erlebt haben, träumen sie heute weniger von einem sorgfältig abgezirkelten, deutlich markierten Wissen als von einer Lehre der wissenschaftlichen Grundlagen. Und natürlich sollte dieses elementare Wissen portionsgerecht zugeschnitten sein. Man muß Bausteine schaffen, heißt es, und glaubt damit, den Schlüssel zum Erwerb der Grundlagen gefunden zu haben in der Hoffnung, diese Bausteine könnten durch eine vernetzte Datenverarbeitung gebildet werden. Zeigt sich darin nicht vielmehr die Auffassung, hinter jeder Wissenschaft stecke eine verborgene Grundlegung ihrer Lehre, ein Elementarwissen, das anders ist als das der Entdecker mit ihrem zwar anerkannten, aber entmutigenden Genie? Auch anders als das der Lehrer, die bereits Erfahrung in der Lehre haben, der vorgeworfen wird, sie dauere zu lange und sei »abgehoben«. Und natürlich auch unabhängig von jenem »Standpunkt«, den d'Alembert zugleich als Ursprung und Schlußfolgerung einer wissenschaftlichen Erkenntnis in Erinnerung ruft und von dem er sagt, daß er sich ändern könne.

Die Fallstricke des Elementaren. Das Denken wird fortwährend von einem astrologischen Glauben begleitet, dem genauen Gegenteil vom wissenschaftlichen Denken. Der Erfolg des wissenschaftlichen Denkens vermittelt uns die Vorstellung, daß die kompliziertesten Dinge des Lebens, des Denkens, der Welt und natürlich der Wissenschaft bis hin zur Vermittlung von Wissen unter dem Einfluß elementarer Kräfte stehen. So elementar wie diejenigen, die man gerne den Planeten zuspricht. Gibt es etwas Simpleres als die Konjunktion von zwei oder drei großen Kugeln, jenen Planeten, die wir mit den Teleskopen der Satelliten nunmehr so gut beobachten können und die ein für allemal befreit von der schweren Litanei der Euklidschen Sätze, der Mechanik Newtons oder den Analysen Einsteins und Schrödingers, nur zu dem Zweck durchs All reisen und sich dabei in einigen elementaren Konjunktionen verfangen, um die Gründe für Kriege oder für meine Leidenschaft für Blumen aufzuzeigen, oder die für die jüngsten Überschwemmungen oder sogar die Maul- und Klauenseuche, von der England im letzten Winter heimgesucht wurde? In der Astrologie findet der Mythos von den elementaren Gesetzmäßigkeiten der Welt seinen vollkommensten Ausdruck.

Verständlich, daß sie lange Zeit eine Verwandte der Mathematik sein wollte, jener Wissenschaft, die einen »Standpunkt« im Hinblick auf das Elementare einnimmt, weil es zum Teil ihre Denkweise ist. Als *mathematici* bezeichnet Cicero die Astrologen, und selbst im 16. Jahrhundert, als die europäischen Höfe sich um sie rissen, hießen sie noch so. Die Astrologie beging damals den gewöhnlichsten und ältesten Schwindel, der darin besteht, sich mit Attitüden eines Denkens zu schmücken, ohne den Erfordernissen an Rationalität und Beweiskraft zu genügen. Jean Bricmont und Alan Sokal haben in ihrem Buch *Eleganter Unsinn* in aller Deutlichkeit gezeigt, wie viele Köpfe noch heute diesen Etikettenschwindel betreiben, indem sie insbesondere die Mathematik zweckentfremden, sie fälschlicherweise benutzen, um alles mögliche zu beweisen. »Ossabandus, nequeis, nequer, potarinum, quipsamilus. Und das ist der Grund, warum Eure Tochter stumm ist«, läßt Molière Sganarelle sagen, und darüber lachen wir auch noch. »Elementar, mein lieber Watson!«

Die Gelehrten rechtfertigen sich mit der Erklärung, sie würden mit Wissensstoffen von höchster Schwierigkeit hantieren und könnten daher nur von ihresgleichen verstanden werden, die man ihrerseits für scharfsinnig genug hält, um die Grade an Gewißheit unterscheiden zu können. Sie liegen nicht falsch damit, sich die Gepflogenheiten der Universität, genauer der Sorbonne, zu eigen zu machen, die säuberlich unterschied zwischen dem Theologen und dem Prediger oder dem Pastor und dem *Magister*, der sich nur an eine ausgewählte Hörerschaft von Lernenden und zukünftigen Lehrern wandte. Man braucht schon triftige Gründe, um die Voraussetzungen des Elementaren zu verändern, und die Gelehrten sind mit Beweisen immer schnell bei der Hand.

Ein Beispiel für ein vernünftiges, langsames Vorgehen ist hier angebracht. Zur Zeit der *Encyclopédie* redete niemand von Prozenten. Heute ist dieser Begriff ganz geläufig und reicht bei Wahlen und Wählerumfragen bis ins politische Leben hinein. Dabei hätte man ebensogut einen Ausdruck wählen können, der von den Grundelementen ausgeht. Vor zweihundertfünfzig Jahren sprach man von Verhältnissen, das heißt, man verglich zwei Dinge mit zwei anderen: A steht zu B wie C zu D. Man bildete eine Analogie im eigentlichen Sinn, und ihrem Verständnis lag eine Figur zugrunde: Werden zwei Strahlen, die einen Winkel bilden, von zwei parallelen Geraden geschnitten, erhält man zwei ähnliche Dreiecke. Diese Figur entwirft Descartes in seiner dem *Discours de la méthode* folgenden *Geometrie*. Die Analogie der Dreiecksfigur macht die Analogie der Verhältnisse sichtbar, und zwar sowohl die Algebra und das mit ihr einhergehende Bruchrechnen als auch die sprachliche Formulierung der Verhältnisse, die verlorengegangen ist. Diese vergessene Rhetorik macht es dem heutigen Leser schwer, ein Buch wie die *Nikomachische Ethik* des Aristoteles zu lesen, und die Kommentare einiger Gräzisten beweisen schlicht, daß sie von dieser grundlegenden Rhetorik der Verhältnisse nichts mehr verstehen. Der Prozentsatz von heute ist eine Standardisierung der Analogie in dem Sinn, daß alles auf eine Zahl, die Zahl 100 bezogen ist. Das Denken beruht auf der Grundlage des Dezimalrechnens, das über den Umweg des dezimalen Zahlensystems in der Grundschule gelernt werden muß. Dieses ist gleichzeitig eine Sprache (Kilometer, Hektometer, Dekameter, Meter, Dezimeter, Millimeter), eine Kennzeichnung und ein Gefüge, das die Welt durch Beschränkung auf ein Maß ordnet, ein Standpunkt, um es mit d'Alembert zu sagen. Die Analogie des Prozentsatzes – das Wort taucht in der französischen Sprache erst im letzten Drittel des 18. Jahrhunderts auf – stellt tatsächlich etwas Absolutes dar, wie es die im 18. Jahrhundert gebräuchlich gewordene

Analogie nicht tat. Wenn man sagt, daß nur 23 Prozent der Intellektuellen imstande seien, die Mathematik zu verstehen, und daß nur 23 Prozent eines Joghurts Fett seien, ist das in gewisser Weise eine Herabsetzung der Eigenart von Joghurt.

Ganz im Sinne Descartes' lehnt die *Encyclopédie* eine elitäre Bildung ab, darin ist sie kämpferisch: »Besonders in den reinen Verstandeswissenschaften gilt, daß alles Wahre immer auf klaren & wahrnehmbaren Grundsätzen beruht & folglich jedem zugänglich & verständlich sein muß. Wie sollte man auch klar und sicher folgern, wenn die Grundsätze dunkel wären?« D'Alembert beugt der zweiten Art von Schwindel vor, von der Bricmont und Sokal auch hinsichtlich unserer modernen Welt gesprochen haben. Es ist die, bei der eine schwerverständliche Sprache gebraucht wird, um diese mit dunklen Wolken auf einen anderen Bereich zu übertragen, den sie – hier hofft man auf ein Wunder wie bei der Blutübertragung – eigentlich erklären soll.

Man wird einwenden, daß doch die Poesie oder die Psychologie durch die Analogie, die sie trägt, mehr Gedanken vermitteln kann, als Dichter oder Autoren je gedacht haben. Man liest die Dichter der Vergangenheit und die Romanschriftsteller, die alle Psychologen sind, weil man sich von ihrer Lektüre noch heute eine Erkenntnis erwartet und Vergnügen daran hat. Warum sollte sich diese Erkenntnis ohne ihr Wissen einstellen? Die wissenschaftliche Hermeneutik hat, ausgehend von der Deutung des Bibeltextes, bereits sehr früh zu verstehen gegeben, daß die Lektüre eines Dichters unter dem Einfluß der vorausgehenden Lektüren, also des Wissens der Generationen zuvor vonstatten geht. Daß die Zeit eine solche Wirkung hat, ist ihre Tugend oder ihr Drama, trotzdem sollten wir nicht vergessen, daß der Originaltext noch immer auf den heutigen Leser wirkt.

Das ist anders in der Mathematik. Denn das Original älteren oder selbst jüngeren Datums, Euklid, Newton, Einstein, Weil, ist in gewisser Weise abgeschaltet, viele alte Schriften werden nicht einmal mehr gelesen. Weil man weiß, wie es anders, besser geht, und weil man es, wenn man es noch ebenso macht, so gut kann, daß es tatsächlich nicht notwendig ist, es im Original nachzulesen. In der Mathematik besteht die Aufgabe der Wissenschaftshistoriker nicht darin, bei den alten Mathematikern nach jenen Gedanken zu suchen, die noch nicht gelesen wurden, sondern über den Umweg der aktuellen Mathematik zu verstehen, worauf die Mathematiker in der Vergangenheit hinauswollten, die vielleicht alle nicht gelesen worden sind. Es ist lächerlich sich vorzustellen, man könnte in den alten mathematischen Schriften etwas Grundlegendes finden, das uns, so wie es ist, heute noch nützlich sein könnte. Die »elementare Geometrie«, die einige Mathematiker im Namen Euklids wieder in den Schulen einführen wollten, um gegen den tatsächlich hohen Grad an Abstraktion der Mathematik anzukämpfen, die nach den vierzig Jahren, in denen sie unterrichtet worden war, kaum modern genannt werden konnte, ist ein origineller Einfall, aber er stammt aus dem frühen 19. Jahrhundert. Dieser Einfall wurde verwirklicht, als Mathematik gleichrangig mit Latein Pflichtfach in den höheren Schulen und Gymnasien wurde und sich ein darauf spezialisierter Lehrkörper herausbildete. Diese »elementare Geometrie« war ein pädagogischer Erfolg, nicht nur, weil sie genau auf den mathematischen Wissensstand einer Zeit ausgerichtet war, in der die Gegenstände aus der Wirklichkeit entnommen zu sein schienen, sondern auch, weil sie einem Moment der menschlichen Vorstellungskraft entsprach, den d'Alembert und einige andere vorbereitet hatten, indem sie Lehrer ausbildeten. Als wahrnehmbare Formen, technisch übrigens sorgfältig ausgeführt, waren die geometrische Zeichnung und die geometrische Figur also vom analytischen Denken korrigiert worden. Und eben diese Korrektur gehört zum Grundlagenwissen, und dies in solchem Grade, daß man erklärte, in der Geometrie stelle ein Mathematiker richtige Überlegungen zu einer falschen Figur an. Zu den neuen Grundlagen gehören heute die analytischen Symbole, die übrigens sofort in eine Maschine eingegeben werden, und ihre Anwendung in der Wirklichkeit, zum Beispiel auf eine Figur, kann ein Wissen darstellen. Jeder weiß, wieviel Zeit es braucht, am Computer eine einfache Figur aus Euklids *Elementen* zu zeichnen, natürlich nur, wenn sie zuvor nicht programmiert wurde. In diesem Fall allerdings gibt es kein Wissen mehr.

In Begriffen der Wissenschaftstheorie kann man sagen, daß das Denken aus dem Stadium der Abstraktion in das Stadium der Modellbildung eingetreten ist. Will man mit diesem Wandel Schritt halten, muß ein Grundlagenwerk der angewandten Mathematik heute eine Aufgabe erfüllen, die in der *Encyclopédie* erfolgreich bewältigt wurde. Sie machte das Abstrakte allen zugänglich, indem sie Aristoteles und die dogmatischen Lehrsätze ebenso entrümpelte wie die kartesianischen Grundlagen der Evidenz. Sie schuf ein Grundlagenwissen, das heißt eine Quelle von Wissen, das hinreichend groß war, aber bewältigt werden konnte, das faßbar war und genügend Anknüpfungspunkte für Gedanken und Zusammenhänge lieferte, daß man sich ihrer ein Leben lang bedienen konnte.

Elementar und verborgen. Dennoch ist es bequem und auch üblich, die Grundlagen nicht als Lehrstoff, sondern als Geheimnis darzustellen, das einer Initiation bedarf. Warum? Wie wir gesehen haben, lauert im logischen Denken die Gefahr, daß ihm das Elementare zum Ganzen wird und nicht nur zu einer Leitlinie, deren Funktion darin besteht, ergänzt zu werden. Und diese rhetorische Haltung nehmen auch diejenigen ein, die befürchten, daß einige verbergen wollen, wie einfach ein bestimmtes Wissen in Wahrheit zu erwerben ist. Mit dieser Haltung, die fast ein wenig zu propagandistisch ist, braucht man die Grundlagen, um die es geht, eigentlich nur zu zeigen, um sie zu erklären. Das können diejenigen nicht, die den Grundlagen astrologische Eigenschaften zusprechen. In einem kleinen Buch mit dem verlockenden Titel *Die sieben Fundamente des Wissens* belustigt Edgar Morin das Publikum, indem er genau sieben »schwarze Wissensbereiche« ausweist, auf die, weil es sieben »schwarze Löcher« seien, die Lehre heute ausgerichtet werden sollte. Es würde genügen, zu zeigen – »elementar, mein lieber Watson« –, daß in der Trennung, die zwischen »der Welt der Wissenschaft und den determinierten materiellen Erscheinungen« und »der Welt des Geistes, die nicht der Determiniertheit sondern der Freiheit gehorcht« gemacht wird, ein Vorurteil liegt, das sich dem Denken nur aufdrängt, weil der Mensch auch einen Körper besitzt. Lassen Sie uns diese »Entdeckung« oder dieses »Rezept« auf die Ökonomie übertragen, in der gerade die elementare Mathematik ein Problem aufwirft. Da ein Käufer oder Produzent nach rationalen Kriterien entscheidet – hier ist die Freiheit am Werk – und da die Wirtschaft eine Angelegenheit von Käufern und Produzenten ist – und hier der Determinismus –, kann die Ökonomie folglich als mathematische Wissenschaft behandelt werden. Wo steckt der Fehler? Er steckt im Adjektiv »rational«: Es bedeutet nämlich nicht automatisch, daß es Regeln für die Wahl gibt, und folglich sagt es nichts darüber aus, ob diese Wahl mathematisch formulierbar ist oder nicht. »Das gefällt mir« ist eine Erklärung, die nicht durch eine algebraische Formel ausgedrückt werden kann. Aussagen wie: »Ich ziehe dieses vor, weil es billiger ist, weil es haltbarer ist, weil es einen Kundendienst gibt«, können zwar rechnerisch erfaßt werden, doch sie erfassen nicht das ganze Verhalten des Käufers. Hören wir lieber, was d'Alembert im Artikel Grundlagen der Wissenschaft zu sagen hat, der als so wichtig erachtet wurde, daß er 1785 noch einmal wortgleich im mathematischen Grundlagenwerk der *Encyclopédie méthodique* veröffentlicht wurde: »In welche Ordnung wir die Sätze auch bringen, wie sehr wir uns auch um genaue Ableitungen bemühen mögen, es wird zwangsläufig immer Leerstellen geben. Nicht alle Sätze werden sich unmittelbar einfügen, sie werden sozusagen verschiedene & voneinander unabhängige Gruppen bilden.«

Die gelassene Anerkennung dieser Leerstellen stellt heute eine faszinierende Wahrheit dar. Ihre unvermeidliche Existenz macht die unerläßliche Unterscheidung zwischen den Wissenschaften begreifbar, wenn man das analytische Prinzip der Erkenntnis verfolgt; und zwar bis in die Aufgabenteilung und die Spezialisierungen hinein. Der Biologe ist kein Mathematiker im Dienst der Gesundheit oder des Lebens! Dies ist ein guter Beleg dafür, daß die *Encyclopédie* keine Mathematik sein kann, sondern eine Übersicht bleiben muß, die einige Lücken markiert, ohne so zu tun, als könnte sie diese *a priori* füllen. Auf allgemeinste Weise formuliert sie den Gedanken, daß nicht unbedingt alles Denken mathematisch durchdrungen werden kann, und d'Alembert warnte frühzeitig jene, die bereit waren zu glauben, man könne Gott durch die Mathematik ersetzen. Die *Encyclopédie* erweist sich als kämpferisch und wehrt Dogmen energisch ab. Sie wird also nicht die einen durch die anderen ersetzen. Das Grundlagenwissen, das die *Encyclopédie* fördert, bleibt eine Aufgabe, die sich immer stellen wird: Es ist das nie befriedigte, nie unnütze Streben des Menschen, zu verstehen.

Aus dem Französischen von Holger Fock & Sabine Müller

WOLLIN (**Neue Geographie**). Zu Schweden gehörende Stadt auf deutschem Gebiet in der zum Herzogtum Pommern gehörenden Grafschaft Wolgast. Die Stadt liegt vier Meilen südwestlich von Cammin auf einer Insel, die von zwei Oderarmen gebildet wird, von denen der östliche Dievenow & der andere Swine heißt. Aufgrund seiner Vorzüge war der Hafen von *Wollin* als Handelsplatz einst sehr beliebt, inzwischen hat sich der Handel jedoch nach Lübeck verlagert.

Der berühmte lutherische Theologe Hans Bugenhagen wurde 1485 in *Wollin* geboren. Er starb 1558 im Alter von 73 Jahren. Er hinterließ einen Kommentar zu den *Psalmen* & Anmerkungen zu den *Büchern Job, Jeremias, Jonas, Samuel*, dem *Deuteronomium* sowie zu allen *Paulus-Briefen*. Er half Luther die *Bibel* ins Deutsche zu übertragen & bewirtete seitdem seine Freunde einmal im Jahr an dem Tag, an dem sich der Abschluß der Übersetzung jährte, um, wie er es nannte, das *Fest der Bibelübersetzung* zu feiern. *Jaucourt*

WOLLÜSTIG – **Voluptueux** (**Grammatik**). Wollüstig ist derjenige, der sinnliche Vergnügen liebt. In diesem Sinne ist jeder Mensch mehr oder weniger *wollüstig*. Die, welche irgendeine strenge Lehre verkünden, die uns das Empfindungsvermögen unserer Organe, die wir von der Natur bekommen haben, damit die Erhaltung der Art sowie die Selbsterhaltung auch ein Gegenstand des Vergnügens sei, ebensosehr zum Vorwurf machen will wie die Menge jener Gegenstände, die dazu bestimmt sind, dieses Empfindungsvermögen auf hunderterlei angenehme Art & Weise zu erregen, sind böse Krakeeler, die man in Irrenhäuser einschließen sollte. Gern würden sie dem Allmächtigen dafür danken, daß er Stacheln, Dornen, Gifte, Tiger, Schlangen, kurz alles Schädliche & Böse geschaffen hat, was es nur gibt, & sie sind durchaus bereit, ihm die Kühle, das frische Wasser, die erlesenen Früchte, die köstlichen Weine, kurz jene Beweise der Güte & Wohltätigkeit vorzuwerfen, die er unter die Dinge, die wir schlecht & schädlich nennen, verteilt hat.

Ihrer Meinung nach sind Not & Schmerz nicht häufig genug auf unserem Weg zu finden. Sie wünschten, daß das Leid immer dem Bedürfnis vorausginge, es begleitete & ihm folgte; sie glauben Gott durch den Verzicht auf die Dinge, die er geschaffen hat, zu ehren. Sie bemerken dabei eines nicht: Wenn sie gut daran tun, auf sie zu verzichten, so hat er schlecht daran getan, sie zu schaffen; sie sind also weiser als er; sie haben die Falle, die er ihnen gestellt hat, erkannt & gemieden. *Diderot*

WÖRTERBÜCHER DER WISSENSCHAFTEN & DER FREIEN SOWIE DER MECHANISCHEN KÜNSTE – **Dictionnaires de sciences et d'arts, tant libéraux que mécaniques.** Diderot hat diese Materie im *Prospekt* dieses Werkes mit so viel Sorgfalt & Präzision behandelt, daß wir nichts hinzuzufügen haben. Wir wollen hier nur noch auf zwei Dinge eingehen: die Nützlichkeit von Werken dieser Art & (was uns am nächsten liegt) die *Wörterbücher der Wissenschaften & Künste*, die außerdem enzyklopädisch sind.

Von dem ersten Gegenstand haben wir schon in der *Vorrede* & in der *Vorbemerkung zum dritten Band* ziemlich ausführlich gesprochen. Derartige Werke sind für die Gelehrten eine Hilfe & für die Laien ein Mittel, nicht völlig unwissend zu bleiben. Aber niemals hat der Verfasser irgendeines *Wörterbuchs* behauptet, daß man sich in einem solchen Buch gründlich über die Wissenschaft unterrichten könne, die ihm zum Gegenstand dient; denn abgesehen von allem anderen verhindert dies schon allein die alphabetische Ordnung.

Ein gut geschriebenes *Wörterbuch* ist ein Werk, das die wahren Gelehrten nur zu Rate ziehen, die anderen aber lesen, um aus ihm oberflächliche Kenntnisse zu gewinnen. Deshalb kann & muß ein *Wörterbuch* oft etwas anderes sein als ein einfaches Vokabular, ohne daß daraus irgendein Nachteil entspringt. Und welchen Schaden können den Wissenschaften *Wörterbücher* zufügen, in denen man sich nicht darauf beschränkt, die Wörter zu erklären, sondern die Gegenstände auch bis zu einem gewissen Grade behandelt, besonders wenn diese *Wörterbücher* wie die *Encyclopédie* neue Dinge enthalten?

Solche Werke kommen nur der Trägheit derer entgegen, die von sich aus niemals die Geduld aufgebracht hätten, aus den Quellen zu schöpfen. Es ist wahr, daß die Zahl der wirklichen Gelehrten täglich abnimmt & daß die Zahl der *Wörterbücher* im entsprechenden Verhältnis zuzunehmen scheint; aber die erste dieser beiden Wirkungen ist durchaus nicht die Folge der zweiten, sondern ich glaube vielmehr, daß es genau umgekehrt ist. Die Sucht nach dem Schöngeistigen hat die Neigung zum Studium & folglich die Zahl der Gelehrten verringert, & der Rückgang dieser Neigung hat uns gezwungen, die Mittel der Belehrung zu vervielfachen & zugleich zu vereinfachen.

Schließlich könnte man die Kritiker der *Wörterbücher* fragen, ob sie nicht glauben, daß die Zeitschriften nützlich seien, zumal wenn sie gut geschrieben sind; doch kann man solchen Schriften denselben Vorwurf machen wie den *Wörterbüchern*, nämlich den, daß sie dazu beitragen, die Kenntnisse an der Oberfläche zu erweitern, aber dadurch das gründliche Wissen zu schmälern. Die Vermehrung der Zeitschriften ist in gewisser Hinsicht sogar weniger nützlich als die der *Wörterbücher*, weil alle Zeitschriften ihrem Wesen nach ungefähr denselben Gegenstand haben oder haben müssen & weil dagegen die *Wörterbücher* unendlich verschieden sein können, sei es in ihrer Ausführung, sei es wegen der Materie, die sie behandeln.

Was die enzyklopädische Ordnung eines *Wörterbuchs* betrifft, so haben wir darüber ebenfalls in der *Vorrede* gesprochen. Wir haben vor Augen geführt, worin diese Ordnung bestand & wie sie sich mit der alphabetischen Ordnung verbinden konnte.

Fügen wir hier die folgenden Überlegungen hinzu: Wenn man irgend jemandem die Vorstellung von einer einigermaßen komplizierten Maschine vermitteln wollte, so würde man zuerst diese Maschine auseinandernehmen, um alle ihre Teile einzeln & getrennt zu zeigen, & dann die Beziehung jedes dieser Teile zu den nächstliegenden erklären. Auf diese Weise könnte man den Gang der ganzen Maschine verständlich machen, ohne gezwungen zu sein, sie wieder zusammenzusetzen.

Was müssen also die Verfasser eines enzyklopädischen *Wörterbuchs* tun? Es gilt zuerst, wie wir es getan haben, eine allgemeine Bildtafel der Hauptgegenstände der menschlichen Kenntnisse zu entwerfen. Das ist die gleichsam im großen zerlegte Maschine. Um sie bis ins kleinste zu zerlegen, muß man an jedem Teil das ausführen, was man an der ganzen Maschine ausgeführt hat, & dann eine Bildtafel der verschiedenen Zwecke jedes Teils & der wichtigsten Fachausdrücke entwerfen, die hierbei gebraucht werden. Um den Zusammenhang & die Analogie der verschiedenen Zwecke & die Anwendung der verschiedenen Fachausdrücke zu sehen, muß man in seinem Kopf – für sich – den Plan einer in sich geschlossenen & folgerichtigen Abhandlung über die betreffende Wissenschaft aufstellen & dann feststellen, was in dieser Abhandlung die Hauptteile & wichtigsten Grundsätze sein würden. Man muß nicht nur auf ihre Abhängigkeit von dem Vorausgegangenen & dem Darauffolgenden hinweisen, sondern auch auf die Anwendung dieser Grundsätze in anderen Wissenschaften aufmerksam machen oder zeigen, wie man sich dieser Wissenschaften bedient hat, um diese Grundsätze zu finden. Wird dieser Plan gut ausgeführt, so ist die Ausarbeitung des *Wörterbuchs* nicht mehr schwierig. Man nimmt diese Grundsätze oder Hauptteile, schreibt über sie ausführliche Sonderartikel, zeigt durch Verweisungen sorgfältig den

Zusammenhang dieser Artikel mit denen an, die von ihnen abhängen oder von denen sie abhängen, sei es in der Wissenschaft, um die es sich handelt, sei es in anderen Wissenschaften, schreibt über die einfachen Fachausdrücke der Wissenschaft kurze Artikel mit einem Verweis auf den Hauptartikel, ohne befürchten zu müssen, in Wiederholungen zu verfallen, da solche Wiederholungen unerheblich sind & dem Leser die Mühe ersparen können, ohne Notwendigkeit auf mehrere Artikel zurückgreifen zu müssen, & schon ist das enzyklopädische *Wörterbuch* fertig. Es kommt hier nicht darauf an, festzustellen, ob dieser Plan in unserem Werk genau beachtet worden ist; wir glauben, daß dies in den meisten & wichtigsten Teilen geschehen ist; aber wie dem auch sei, es genügt jedenfalls, wenn gezeigt wurde, daß es durchaus möglich ist, diesen Plan durchzuführen. Allerdings sieht man in einem derartigen Werk den Zusammenhang der Gegenstände nicht so klar & unmittelbar wie in einem zusammenhängenden Werk. Aber es liegt auf der Hand, daß man dem durch Verweisungen abhelfen kann, die vor allem dazu dienen, die enzyklopädische Ordnung zu zeigen & nicht nur – wie in anderen *Wörterbüchern* – ein Wort durch ein anderes zu erklären. Übrigens haben wir, um das noch einmal zu betonen, niemals behauptet, daß man mit Hilfe eines *Wörterbuchs* irgendeine Wissenschaft erlernen oder folgerichtig lehren könne. Solche Werke sind dazu bestimmt, über irgendeinen besonderen Gegenstand befragt zu werden: Man findet in ihnen, wie wir schon gesagt haben, in bequemerer Weise als sonst das, was man sucht, & darin besteht vor allem ihre Nützlichkeit.

Ein enzyklopädisches *Wörterbuch* verknüpft mit diesem Vorteil noch den, daß es den wissenschaftlichen Zusammenhang des Artikels, den man liest, mit anderen Artikeln zeigt, die man, wenn man will, leicht finden kann. Wenn der besondere Zusammenhang zwischen den Gegenständen einer Wissenschaft in einem enzyklopädischen *Wörterbuch* auch nicht so leicht zu erkennen ist wie in einem zusammenhängenden Werk, so ist doch zumindest der Zusammenhang dieser Gegenstände mit den Gegenständen einer anderen Wissenschaft in einem solchen *Wörterbuch* besser zu erkennen als in einer speziellen Abhandlung, die auf den Gegenstand der Wissenschaft, die sie behandelt, beschränkt ist & deshalb gewöhnlich nicht die Beziehung erwähnt, die sie zu anderen Wissenschaften haben kann. Siehe den *Prospekt* & die *Vorrede*, auf die wir schon hingewiesen haben.

Wir müßten am Schluß dieses Artikels eigentlich noch von den verschiedenen *Wörterbüchern* sprechen; aber die meisten sind wohlbekannt, & das Verzeichnis würde zu lang werden, wenn man keines von ihnen auslassen wollte. Es ist Sache des Lesers, aufgrund der Prinzipien, die wir aufgestellt haben, den Grad des Verdienstes zu bestimmen, den diese Werke haben können. Es gibt übrigens einige sogar besonders bekannte & gebräuchliche *Wörterbücher*, von denen wir nicht sprechen können, ohne von ihnen vielleicht viel Schlechtes zu sagen. Aber »unsere Arbeit«, so haben wir schon an anderer Stelle gesagt, »besteht nicht darin, die Arbeit irgendeines anderen herabzusetzen«. Was die *Encyclopédie* betrifft, so möchten wir über sie noch folgendes sagen: Wir werden nichts unterlassen, um ihr den Grad von Vollkommenheit zu geben, dessen wir fähig sind, & werden dennoch immer davon überzeugt sein, daß wir noch viel an ihr zu verbessern übriglassen. In dieser Hinsicht werden wir mit Dankbarkeit alles entgegennehmen, was man uns über dieses *Wörterbuch* zuschickt: Bemerkungen, Ergänzungen, Verbesserungen, Kritiken, ja sogar Schmähbriefe, wenn sie nützliche Ansichten enthalten: »Prüft alles, & was gut ist, haltet fest.« Das Reich der Wissenschaften & der Literatur ähnelt, wenn wir uns dieses Vergleichs bedienen dürfen, jenen öffentlichen Plätzen, auf denen jeden Tag Leute, die nichts anderes zu tun haben, zusammenkommen – die einen, um zu spielen, die anderen, um ihnen beim Spiel zuzusehen: Schweigen ist nach den Spielregeln den Zuschauern auferlegt, es sei denn, daß man sie ausdrücklich nach ihrer Meinung fragt. Verschiedene Schriftsteller, die allzu verliebt in ihre Erzeugnisse sind, wünschten, daß es im Reich der Literatur ebenso wäre. Wir aber wären, wenn wir genügend Macht hätten, die Kritik von uns abzuwenden, unserem Werk nicht so feindlich gesinnt, um von diesem Recht Gebrauch zu machen.

Unsere Einstellung ist folgende: Wir haben den Krieg mit niemandem gewünscht; wir haben nichts getan, um ihn herbeizuführen; wir haben ihn auch nicht angefangen, das sind Tatsachen; wir haben dem Frieden zugestimmt, als man ihn unserer Ansicht nach zu wünschen schien, & wir hoffen, daß er von Dauer sein wird. Wenn wir einigen Kritikern geantwortet haben, so haben wir geglaubt, dies der Bedeutung unseres Werkes & unseren Mitarbeitern schuldig zu sein; wir fühlten uns dazu aufgrund der Natur der Vorwürfe verpflichtet, die uns persönlich betrafen & bei denen wir uns durch allzuviel Gleichgültigkeit schuldig gemacht hätten. Wir hätten Stillschweigen gewahrt, wenn die Kritik nur uns angegriffen hätte & wenn sie rein literarisch gewesen wäre. Da wir in Zukunft ganz in unserer Arbeit aufgehen werden, wollen wir unseren Kritikern gegenüber (welche es auch immer sein mögen) das Beispiel eines großen Monarchen unserer Zeit befolgen, der auf eine absurde & skandalöse Satire, die vor einigen Monaten gegen ihn veröffentlicht worden war, weder antworten wollte noch zulassen, daß man darauf antwortete. »Es steht mir zu«, sagte er, »zu verachten, was in dieser Satire unwahr ist, & mich zu korrigieren, wenn in ihr etwas Wahres liegt.«

Dieses Wort verdient wohl der Nachwelt überliefert zu werden als größtes Lob für diesen Monarchen & als schönstes Vorbild, das sich Schriftsteller nehmen könnten.

d'Alembert

YPAINA oder IPAINA – **Ypaina** (**Neue Geschichte, Aberglaube**). So nannten die Mexikaner eines ihrer heiligen Feste, das im Mai zu Ehren ihres Gottes Vitzliputzli begangen wurde.

Zwei dem Tempeldienst geweihte junge Mädchen stellten aus Honig & Maismehl einen Teig her & formten daraus ein großes Götzenbild, das man prächtig schmückte & dann auf eine Trage legte. Am Tag des Festes begaben sich bei Sonnenaufgang alle mexikanischen jungen Mädchen, mit weißen Gewändern angetan, mit geröstetem Mais gekrönt, mit Armbändern & Girlanden aus demselben Material geschmückt, geschminkt & mit bunten Federn herausgeputzt, zum Tempel, um das Götzenbild in den Vorhof zu tragen. Dort empfingen es junge Männer aus ihren Händen & stellten es zu Füßen der Stufen auf, wo das Volk ihm huldigte. Sodann trug man den Gott in einer Prozession einen Berg hinauf, wo man ihm alsbald ein Opfer brachte; eilig brach man von dort wieder auf & kehrte nach zwei weiteren Stationen in die Hauptstadt Mexiko zurück. Die Prozession ging über vier Meilen & mußte innerhalb von vier Stunden bewältigt werden. Man trug den Gott unter der Anbetung des Volks zu seinem Tempel hinauf & legte ihn in einen parfümierten, mit Blumen gefüllten Kasten. Unterdessen formten junge Mädchen aus demselben Teig, aus dem das Götzenbild bestand, knochenähnliche Gebilde, die sie die »Knochen des Gottes Vitzliputzli« nannten. Die Priester brachten unzählige Opfer dar & segneten die Teigstücke, die man sodann unter das Volk verteilte. Jedermann aß sie mit erstaunlicher Hingabe, im Glauben, sich wirklich vom Fleisch des Gottes zu nähren. Man brachte sie den Kranken, & man durfte weder trinken noch essen, bevor man es verzehrt hatte. *Anonym*

ZAUBEREI – **Sorcellerie** (**Magie**). Schändlicher oder lächerlicher magischer Vorgang, der aus Aberglauben törichterweise der Beschwörung & der Macht der Dämonen zugeschrieben wird.

Von Hexenkünsten & Malefizen hört man immer nur in den Ländern & Zeiten der Unwissenheit. Deshalb war bei uns im 13. & 14. Jahrhundert die *Zauberei* so stark verbreitet. Die Kinder Philipps des Schönen, sagt Voltaire, trafen damals eine schriftliche Vereinbarung & versprachen sich gegenseitigen Beistand gegen diejenigen, die vorhaben sollten, sie mit Hilfe der *Zauberei* zu vernichten. Auf Beschluß des Parlaments verbrannte man eine Hexe, die zusammen mit dem Teufel eine Urkunde zugunsten von Robert d'Artois angefertigt hatte.

Die Krankheit Karls VI. wurde einem bösen Zauber zugeschrieben, & man ließ einen Magier kommen, um ihn zu heilen.

In London wurde die Herzogin von Glocester beschuldigt, Heinrich VI. durch Hexenkünste nach dem Leben getrachtet zu haben. Eine unglückliche Wahrsagerin & ein schwachsinniger oder ruchloser Priester, der sich als Hexer ausgab, wurde aufgrund dieser mutmaßlichen Verschwörung bei lebendigem Leibe verbrannt. Die Herzogin konnte von Glück sagen, daß man sie nur zu einem öffentlichen Schuldbekenntnis & zu lebenslanger Haft verurteilte. Der Geist der Aufklärung & der Philosophie, der seither die Herrschaft auf dieser blühenden Insel angetreten hat, war damals noch in weiter Ferne.

Der Wahnsinn der Hexerei griff in Frankreich unter Katharina von Medici erneut um sich; es war eine der in dieses Königreich verpflanzten Früchte ihrer Heimat. Da gibt es die berühmte Münze, auf der diese Königin splitternackt zwischen den Sternbildern des Widders & des Stiers dargestellt ist, mit dem Namen Ebullé Asmodée über ihrem Kopf, einem Dolch in der einen, einem Herz in der andern Hand, & dem Namen Oxiel als Inschrift. In Como ließ man den Florentiner Ruggieri auf die Folter spannen, der beschuldigt war, mittels Hexereien Karl IX. nach dem Leben getrachtet zu haben.

1606 wurden viele Hexer von dem zuständigen Parlament zu Bordeaux verurteilt. Der berüchtigte Pfarrer Gaufrédi hatte gestanden, ein Hexer zu sein, & die Richter hatten ihm geglaubt.

Schließlich haben wir nur der Ende des letzten Jahrhunderts aufkeimenden Vernunft die Erklärung Ludwigs XIV. zu verdanken, die es 1672 allen Gerichten seines Königreichs untersagte, einfache Anklagen wegen *Zauberei* zuzulassen. Und auch wenn es seither hin & wieder einige Anklagen wegen Malefizen gegeben hat, so haben die Richter die Angeklagten nur als Religionsschänder verurteilt, oder nur dann, wenn diese Leute Gift verwendet hatten.

Man fragte Peyrère, Begründer der Präadamiten, der im übrigen eine gute Geschichte Grönlands verfaßt hat, warum es im Norden so viele Hexer gebe, die man foltere; weil, so antwortete er, die Habe all dieser mutmaßlichen Hexer, denen man das Leben nimmt, zum Teil zugunsten der Richter eingezogen wird.

Jedermann kennt die Geschichte des freigelassenen Sklaven im alten Rom, den man beschuldigte, ein Hexer zu sein, & der aus diesem Grunde vor Gericht gestellt wurde, damit das Volk ihn verurteile. Die Fruchtbarkeit eines kleinen Ackers, den sein Herr ihm überlassen hatte & den er sorgsam bestellte, hatte den Neid seiner Nachbarn erregt. Im Bewußtsein seiner Unschuld & ohne sich wegen der Anzeige des Ädils Curulus zu beunruhigen, der ihn vor die Volksversammlung geladen hatte, stellte er sich dort ein, in Begleitung seiner Tochter, einer wohlgenährten & gut gekleideten Bäuerin. Er brachte seinen dicken & fetten Ochsen in die Versammlung mit, außerdem einen gut ausgestatteten & gepflegten Pflug & alle seine Ackergeräte, die in sehr gutem Zustand waren. Dann sagte er zu seinen Richtern: »Römer, hier habt ihr meine Zaubermittel.« Er wurde einstimmig freigesprochen & durch das Lob, das er erhielt, an seinen Feinden gerächt. *Jaucourt*

ZEITGENOSSE – **Contemporain.** Man darf nur wenig auf das günstige oder ungünstige, wenn auch einmütige Urteil geben, das die *Zeitgenossen* eines Autors über seine Werke fällen.

Jener Ronsard, der von allen Männern seines Zeitalters so sehr gepriesen wurde, hat heute keinen Ruf mehr. Jener Perrault, der während seines Lebens so wenig geschätzt wurde, erlangt allmählich Berühmtheit – ich spreche nicht von dem berühmten Architekten der Säulenreihe des Louvre, ich spreche von dem bis heute zu wenig bekannten Verfasser des *Vergleichs zwischen den Alten & den Modernen,* eines die Kenntnisse & die Philosophie seines Jahrhunderts überragenden Werkes, das wegen einiger geschmackloser Zeilen & einiger Irrtümer, die es gegenüber einer Menge von hervorragenden Wahrheiten & vortrefflichen Urteilen enthält, in Vergessenheit geraten ist. *Diderot*

Wittgenstein hat Lichtenberg gelesen. Es gibt erstaunliche Bezüge. Dennoch würde man nicht auf den Gedanken verfallen, es bestehe ein »Einfluß«, wahrscheinlicher ist, daß die Wahl solcher Lektüre durch vage Kenntnisse oder fremde Hinweise gesteuert ist, es fände sich da zum unentrinnbaren Anthropomorphismus, zur Sprachsuggestion und zum Spieltypus der Erkenntnis vieles vorweggenommen, sogar glänzender formuliert. Und auf eine brillante Formulierung für einen eigenen Gedanken zu stoßen, ist ein Antrieb jedes Theoretikers, seine »Vorläufer« kennenzulernen – und zu zitieren. Denn zitiert wird ja nicht, um die eigene »Beeinflussung« zu dokumentieren, auch nicht, um die »Autorität« des Vorläufers sich dienstbar zu machen. Zitiert wird vor allem, weil man resigniert oder erleichtert notifizieren muß, es besser nicht sagen zu können.

Hans Blumenberg, Das Beschreibliche und das Unbeschreibliche

ZIGEUNER – **Bohemiens (Neue Geschichte).** So nennt man Vagabunden, die gewerbsmäßig die Zukunft aus der Hand lesen. Ihr Talent besteht darin, zu singen, zu tanzen & zu stehlen. Pasquier datiert ihren Ursprung auf das Jahr 1427. Er berichtet, daß zwölf Büßer, die sich Christen aus Unterägypten nannten, die von den Sarazenen vertrieben worden seien, sich nach Rom begaben & beim Papst beichteten, der ihnen die Buße auferlegte, sieben Jahre lang durch die Welt zu irren, ohne je in einem Bett zu liegen. Es waren ein Graf, ein Herzog & außerdem zehn Reiter; ihr Gefolge bestand aus hundertzwanzig Personen.

Als sie in Paris eintrafen, brachte man sie in der Chapelle unter, wohin man sich in Scharen begab, um sie zu besichtigen. Sie trugen silberne Ohrringe & hatten krauses schwarzes Haar; ihre Frauen waren häßlich, diebisch & Wahrsagerinnen. Der Bischof von Paris zwang sie, sich zu entfernen, & exkommunizierte alle, die sie konsultiert hatten. Seit dieser Zeit wurde das Königreich von derlei Vagabunden heimgesucht, denen die 1560 einberufene Versammlung der Generalstände von Orléans unter Androhung der Galeere befahlen, sich zurückzuziehen. Die Biscayer & andere Bewohner dieser Gegend folgten den ersten *Zigeunern* nach & behielten deren Namen. Auch sie bestehlen das unwissende & abergläubische Volk & sagen ihm die Zukunft voraus.

Heutzutage sieht man weniger von ihnen als vor dreißig Jahren, sei es, daß die Polizei ihre Reihen gelichtet hat, sei es, daß das Volk jetzt weniger leichtgläubig oder noch ist & sich infolgedessen nicht mehr so leicht täuschen läßt, so daß der Beruf des *Zigeuners* nicht mehr so einträglich ist. *Diderot*

ZITAT – **Citation (Grammatik).** Beim Sprechen oder Schreiben Gebrauch eines Gedankens oder Ausdrucks, der an anderer Stelle angewendet wurde, um den eigenen Gedankengang durch eine angesehene Autorität zu bekräftigen oder um der eigenen Rede oder Schrift größere Annehmlichkeit zu verleihen.

In den Handschriften unterstreicht man die *Zitate,* um sie von dem eigentlichen Text zu unterscheiden. In den Büchern unterscheidet man sie entweder durch eine andere Schrift oder durch Anführungszeichen. Siehe ANFÜHRUNGSZEICHEN.

Die *Zitate* müssen mit Urteilskraft angewendet werden; denn sie verstimmen uns, wenn sie nur Prahlerei sind, & sie sind zu verwerfen, wenn sie falsch sind. Man muß den Leser in die Lage versetzen, sie nachzuprüfen. Bei einem bedeutenden Gegenstand ist es zweckmäßig, die Ausgabe des Buches anzugeben, das man benutzt hat.

Einige moderne Schriftsteller haben es sich zur Ehre angerechnet, gelegentlich die schönsten Stellen der Alten zu zitieren, & haben dadurch die Kunst gefunden, ihre Schriften mühelos zu verschönern. Unsere Kanzelredner zitieren fortwährend die Heilige Schrift & die Kirchenväter, allerdings weniger häufig, als es in den vergangenen Jahrhunderten geschah. Die Protestanten zitieren fast nur die Heilige Schrift.

Wie dem auch sei, ob es sich nun um glückliche oder nur um richtige *Zitate* handelt, so gibt es doch auch viele langweilige & falsche *Zitate,* die durch die Unwissenheit oder Unaufrichtigkeit der Schriftsteller, oft auch durch die Nachlässigkeit derer, die aus dem Gedächtnis zitieren, verfälscht sind. Die Unaufrichtigkeit bei *Zitaten* wird allgemein verurteilt; aber der Mangel an Genauigkeit & Verständlichkeit ist ebenso sträflich & kann sogar, je nach der Bedeutung der Gegenstände, schlimme Folgen haben. *Faiguet*

Willi Winkler
Zitat

Die Kunst geht, so lautet eine alte Vorschrift, nach der Natur, und wenn sie vollkommen ist, die Kunst, so ist sie nichts weiter als das perfekte Zitat. Schon dem Apelles (aber auch jüngeren Meistern wie Giotto oder Raffael) wird die Anekdote zugedichtet, er habe so lebensecht zu malen verstanden, daß die Vögel nach den gar künstlichen Trauben auf seiner Leinwand picken wollten. In seinen *Gedanken über die Nachahmung der griechischen Werke in der Malerei und Bildhauerkunst*, 1756 in zweiter Auflage erschienen, kapituliert der Ästhetiker Johann Jakob Winckelmann bereits im ersten Satz vor diesem Naturgesetz: »Der einzige Weg für uns, groß, ja, wenn es möglich ist, unnachahmlich zu werden, ist die Nachahmung der Alten, und was jemand vom Homer gesagt, daß derjenige ihn bewundern lernet, der ihn wohl verstehen gelernet, gilt auch von den Kunstwerken der Alten, sonderlich der Griechen. Man muß mit ihnen, wie mit seinem Freunde, bekannt geworden sein, um den Laokoon ebenso unnachahmlich als den Homer zu finden. In solcher genauen Bekanntschaft wird man wie Nikomachos von der Helena des Zeuxis urteilen: ›Nimm meine Augen‹, sagte er zu einem Unwissenden, der das Bild tadeln wollte, ›so wird sie dir eine Göttin scheinen.‹«

Ein Widerschein dieser antikischen Prämisse findet sich bei Oscar Wilde, der frivol sein wollte, als er höchst kunstrichterlich forderte, das Leben möge endlich die Kunst imitieren, und dabei sagte er doch nichts weiter als eine tiefe Wahrheit über die Kunst. Lange bevor das Zitat dazu diente, »den eigenen Gedankengang durch eine angesehene Autorität zu bekräftigen oder um der eigenen Rede oder Schrift größere Annehmlichkeit zu verleihen«, wie Faiguet in der *Encyclopédie* definiert, verneigte sich der Dichter, der Künstler mit dem Zitat vor einer höheren Instanz. Denn wenn wir für einen Augenblick Plato folgen, ist alles zu Denkende bereits vorgedacht, alles zu Schauende bereits gesehen, woraus folgt, daß auch alles, was werden soll, längst festgelegt ist. Alles ist, wie es schon immer war. Der Mäeutiker Sokrates, lebenslang freundlich genug, jedem Ungläubigen den Besitz der Erkenntnis zu glauben und geduldig genug, sie hervorzulocken, schickt sich am Ende epikureisch? stoisch? platonisch? in seinen vorzeitigen Tod. Die Kunst ebenso wie die Philosophie wäre demnach (immer noch nach Plato) ein einziges Déjà-vu.

Denn die Dichter, sie sind keineswegs damit beschäftigt, den lieben langen Tag zu lügen, sondern sie schreiben, wenn sie zitieren, genauso wie die Gelehrten, von einem imaginären Ur-Text ab, der immer schon da war und immerdar gültig ist. Und besser als das Original, nicht wahr, geht es nun einmal nicht. Aus diesem Text-Jenseits kam einmal das künstlerische Werk, das gar nicht originell sein wollte, sondern getreulich aufgezeichnet.

Die Dichter vor allem standen seit je in unmittelbarer Verbindung mit dem Jenseits des Textes: die Muse, die dem blinden Homer auf die Sprünge hilft; der Engel, der dem Evangelisten Johannes die letzten Dinge in die Feder diktiert; die Mystikerin Anna Katherina Emmerick, die in ihren stigmatisierten Ekstasen alle Heiligen und alle Leiden Christi schaut und diese Gesichte dann den Dichter Clemens Brentano niederschreiben läßt (und ihn streng redigiert, wenn er allzu frei fabuliert); und noch mal ein Engel, diesmal einer, der Rilke erhört, wenn er laut um Hilfe ruft in der Einsamkeit seiner Schlösser. Deshalb war T. S. Eliot nicht bloß witzig, sondern ganz der Klassiker, als er dekretierte: *Immature poets imitate, mature poets steal.*

Alles Große ist vorgedacht und, noch besser, vorformuliert. Die Philosophen und die Dichter haben die Welt unterschiedlich beschrieben; dabei kommt es doch nur darauf an, sie glücklich oder auch nur richtig zu kopieren. Und wenn sie nicht gelingt, die Nachahmung der klassischen Vorbilder?

Faiguet trifft diese feine Unterscheidung zwischen »glücklichen« und »nur richtigen« Zitaten, aber in seinem 18. Jahrhundert hat sich das Zitat längst von der Nachahmung des Ur-Textes entfernt und zu einer eigenen Kunstform entwickelt. Der in die Antike vernarrte Winckelmann mochte in seiner edlen Einfalt und stillen Größe natürlich nicht wahrhaben, daß längst das philologische Zeitalter und die Textexegese ausgebrochen war. Die Verständigung mit den klassischen Autoren und ihren Kunstwerken war ein Prozeß: Wer zitierte, wollte recht haben oder bekommen. Wenn es aber gerichtsnotorisch wird, ist das Zitat sowieso gefälscht.

Bereits die ersten Zitate der Weltliteratur sind plumpe Fälschungen. Oder hat der Trojaner Laokoon wirklich gesagt, er »fürchte die Danaer, selbst wenn sie Geschenke bringen«? Das hat ihm, fünf-, sechs-, achthundert Jahre nach der vermuteten Tat, der römische Dichter Vergil und auch noch lateinisch in den Mund geschoben. Um die *Aeneis* schreiben zu können, plünderte Vergil nicht bloß den um die erste römische Kaiserzeit bekannten Sagenschatz des klassischen Altertums, sondern vor allem den Homer, konstruierte sein Epos nach Maßgabe von *Ilias* und *Odyssee* und verlängerte die kleinasiatische Epopöe bis nach Rom, weil die Staatsräson und sein Auftraggeber, der Kaiser Augustus, doch verlangten, daß dieses Werk den römischen Staat nachträglich durch eine Gründung quasi auf den rauchenden Trümmern Trojas legitimiere.

Diesem erhabenen Muster ist noch jede Renaissance gefolgt. Vor allem in der Architektur kehrt das Gleiche als griechisch-römisches Vexierspiel ewig wieder. Das napoleonische Empire, der nordamerikanische Bundesstaat, der italienische Faschismus und ein wenig auch der deutsche Nationalsozialismus: sie alle bedienten sich der als klassisch verstandenen Form, um ihrem Staat oder ihrer Herrschaft nicht bloß eine Art dynastischer Legitimierung, sondern auch noch ein dazu passendes Dekor zu verschaffen. Die kannelierte Säule, der laufende Hund, der reliefierte Triumphbogen: das sind die bewährten Formen des klassischen Altertums, warum also auf sie verzichten?

Einmal allerdings gab es einen Jugendstil in der Kunst, der sie endlich ohne die traditionelle Formensprache schaffen wollte. Im letzten Drittel des 18. Jahrhunderts, wovon sich doch alles herschreibt in der deutschen Literatur, tritt das »Original-Genie« auf den Plan. Alles hat dieser neue Mensch aus Eigenem zu erleben, alles muß plötzlich ganz neu gedacht, geliebt, geschrieben und bedichtet werden. Es ist nur nicht wahr. Am Anfang der Novelle, wo er seinen armen unglücklichen Werther noch gar nicht so arg leiden läßt, gibt ihm Goethe den ersten Klassiker bei, und mit Homer in der Hand sieht er im mittelgebirgigten Deutschland lauter schäferliche und unbedingt griechische Idyllen. Als Werther seine Lotte zum Tanz abholt – Sie wissen schon, William Makepeace Thackeray, *and Lotte kept on cutting bread and butter* –, erlebt er sie als klassisches Zitat, die drinnen waltende, die züchtige, ja homerische Hausfrau, die ihren Geschwistern Brot vorschneidet. In einer Tanzpause erkennen sich Werther und Lotte und erkennen sich wieder in einer wiederum klassischen Form: Mit dem Seufzer »Klopstock!« legt ihm Lotte ihre Hand auf die seine. Sie braucht keine einzige Zeile zu zitieren, denn der Platzregen draußen ist gar keiner, sondern strömt für beide übervollen Herzen aus der Ode *Frühlingsfeier*. Wir haben unser Leben von der Kunst und also nur geliehen.

Der Werther der Leiden wird erst richtig pathologisch, als er sich von Homer zu Ossian verschlechtert, die glücklichen griechischen Inseln gegen die nebelverhangenen Schlüfte des gälischen Nordens vertauscht und sein arkadisches Idyll gegen ein schauerliches Unglück. Ossian steht ihm bei dabei oder vielmehr Goethes Zeitgenosse, der Schullehrer Macpherson, der die angeblich schweroriginalen Verse aus dem dunklen Mittelalter gerade frisch und original erfunden hatte. Zitat ist Fälschung.

Das Zitat, gleich ob glücklich oder bloß richtig, ist neuerdings ziemlich aus der Mode gekommen. Es hat sich im unermüdlichen Eifer selber aufgefressen. Emil Staiger, der unendlich fleißige Goethe-Ausdeutscher, konnte sich noch einen ganzen Aufsatz lang der interessanten Frage widmen, warum wir falsch zitieren, warum uns Verschlechterungen, manchmal sogar Verbesserungen unterlaufen selbst bei Zitaten, über die wir sicher zu gebieten glauben. (Da Staiger von der Psychopathologie allenfalls schlecht träumte, kommt er doch auf keine rechte Erklärung für dieses Phänomen.)

Das Original-Genie Goethe neigt bereits in seinen frühen Studentenbriefen, die er aus Leipzig an seine Schwester schreibt, zum Belehrenden und Sentenziösen und setzt dann zumal im *Faust* seine ganze Ehre darein, zum Metronom der klappernden Verse güldenste Worte zur Lebensweisheit zu münzen. Ebenso steht in den *Maximen und Reflexionen* Erhebendes fröhlich neben den größten Plattheiten, denn jedes Ereignis, so sagt er doch selber irgendwo, der große Dichter, ward ihm sogleich zum Gleichnis. So bringt man es zum König der Abreißkalender.

Wen wundert's da, wenn die Klassiker, bei denen die Deutschen doch einmal in die Schule gehen sollten, nur unwesentlich fortleben, als ausgezogene Stellen, in kunterbunten Florilegien und anthologisiert wie Preßblumen, als *Seneca für Manager*, *Machiavelli für Frauen* und *Karl Kraus für Gestreßte*. Wenn der Mensch in seiner Qual verstummte, gab ihm ein Zitat zu sagen, was er leide oder vielleicht sogar denken solle. Selbst diese Denkfaulheit ist von ganz fern her mit dem Erhabenen verbunden.

Das Zitat, dieser Notbehelf, der Rettungsanker, die intellektuelle Eselsbrücke, zeigte ein letztes Mal seine barocke Vitalität bei James Joyce, allein, das Fest war schon beim Einläuten verklungen. Ganz gleich, wie viele Dechiffriersyndikate sich noch drüber beugen, sie werden doch nie enträtseln, was Joyce in sein *Finnegans Wake* hineingeheimnißt hat. Ist das noch ein Buch oder längst ein höheres Indianerspiel? Christian Morgenstern gelang in seinem Gedicht *Fisches Nachtgesang* die Abbildung des poetischen Ur-Lauts; René Magritte malte eine Pfeife und nannte das Bild *Ceci n'est pas une pipe*, aber dann?

Die überschätzte Postmoderne, ihrerseits ein Nachspiel des langweiligsten 19. Jahrhunderts, wollte nun gleich gar nichts mehr ernst genommen haben. Wenn der Text der Text ist und nichts als der Text, ist auch das Zitat nicht mehr vom Original zu unterscheiden. Die royale Pracht des Versailles von Ludwig XIV. mag einmalig sein, und doch ist sie nicht originell genug, als daß sie nicht ein Spätling wie der bayrische Louis II. in seinen Schlössern erfolgreich kopiert hätte. Winckelmann war erfolgreich düpiert. Und wenn Tom Wolfe die künstliche Stadt Las Vegas in ihrer Demi- und Viertelmondänität das »Versailles des 20. Jahrhunderts« nennt, ist das angebliche Original auch nicht mehr als After-Kunst.

Aber anders als in der Architektur stellt sich in der Literatur die Frage gar nicht, wie und zu welchem Ende wir zitieren. Der gemeinsame Bildungshintergrund ist verlorengegangen. Das deutsche Biedertum, das sich noch vor wenigen Jahren auf Wilhelm Busch und den *Faust* als ihre kommunizierenden Säulen beziehen konnte, kennt die Knittelverse des einen wie des andern nicht mehr. Nicht einmal die Meister des uneigentlichen Sprechens bedürfen bei ihrer Kunst mehr des Zitats. Kein Politiker, der seine Reden im Bundestag mit auch nur einem Hinweis auf die großen Autoren verzierte. Das Zitat bedeutet nichts mehr, weil ihm der klassische Hallraum abhanden gekommen ist. Wer mit einer Anspielung auf das *Lied von der Glocke* winkt, wird nicht erhört; da ist keinerlei Assonanz mehr. Von Schillers Lehrgedicht ist nur Pathos geblieben, und Pathos ist lächerlich.

Schon deshalb ist zum Beschluß ein letztes Zitat angezeigt, eine Passage aus dem *Leben des vergnügten Schulmeisterlein Maria Wutz in Auenthal.* »Eine Art Idylle« nennt Jean Paul diese Geschichte, und ist doch eine der finstersten in der gesamten deutschen Literatur. Nebenbei wird hier das Tagesphänomen des Original-Genies verhandelt. Bettelarm ist der Schulmeister Wutz aufgewachsen und auch später nicht reich geworden. Eine Bibliothek besaß er nicht – »wie hätte der Mann sich eine kaufen können?« –, ein Gelehrter wollt' er dennoch sein und erfindet, quasi aus Versehen, das Genre des Original-Zitats. Original oder Fälschung? – Entscheiden Sie selber: »Er war kein verdammter Nachdrucker, der das Original hinlegt und oft das meiste daraus abdruckt: sondern er nahm gar keines zur Hand. Daraus sind zwei Tatsachen vortrefflich zu erklären: erstlich die, daß es manchmal mit ihm haperte und daß er z. B. im ganzen Federschen Traktat über Raum und Zeit von nichts handelte als vom Schiffs-*Raum* und der *Zeit,* die man bei Weibern Menses nennt. Die zweite Tatsache ist seine Glaubenssache: da er einige Jahre sein Bücherbrett auf diese Art voll geschrieben und durchstudieret hatte, so nahm er die Meinung an, seine Schreibbücher wären eigentlich die kanonischen Urkunden, und die gedruckten wären bloße Nachstiche seiner geschriebnen; nur das, klagt' er, könn' er – und böten die Leute ihm Balleien dafür an – nicht herauskriegen, wienach und warum der Buchführer das Gedruckte allzeit so sehr verfälsche und umsetze, daß man wahrhaftig schwören sollte, das Gedruckte und das Geschriebne hätten doppelte Verfasser, wüßte man es nicht sonst.

Es war einfältig, wenn etwa ihm zum Possen ein Autor sein Werk gründlich schrieb, nämlich in Querfolio – oder witzig, nämlich in Sedez: denn sein Mitmeister Wutz sprang den Augenblick herbei und legte seinen Bogen in die Quere hin, oder krempte ihn in Sedezimo ein.

Nur *ein* Buch ließ er in sein Haus, den Meßkatalog; denn die besten Inventarienstücke desselben mußte der Senior am Rande mit einer schwarzen Hand bestempeln, damit er sie hurtig genug schreiben konnte, um das Ostermeß-Heu in die Panse des Bücherschranks hineinzumähen, eh' das Michaelis-Grummet herausschoß. Ich möchte seine Meisterstücke nicht schreiben. Den größten Schaden hatte der Mann davon – Verstopfung zu halben Wochen und Schnupfen auf der andern Seite –, wenn der Senior (sein Friedrich Nicolai) zu viel Gutes, das er zu schreiben hatte, anstrich und seine Hand durch die gemalte ansporte; und sein Sohn klagte oft, daß in manchen Jahren sein Vater vor literarischer Geburtarbeit kaum niesen konnte, weil er auf einmal Sturms Betrachtungen, die verbesserte Auflage, Schillers Räuber und Kants Kritik der reinen Vernunft der Welt zu schenken hatte. Das geschah bei Tage; abends aber mußte der gute Mann nach dem Abendessen noch gar um den Südpol rudern und konnte auf seiner Cook'schen Reise kaum drei gescheite Worte zum Sohne nach Deutschland hinaufreden. Denn da unser Enzyklopädist nie das innere Afrika oder nur einen spanischen Maulesel-Stall betreten, oder die Einwohner von beiden gesprochen hatte: so hatt' er desto mehr Zeit und Fähigkeit, von beiden und allen Ländern reichhaltige Reisebeschreibungen zu liefern – ich meine solche, worauf der Statistiker, der Menschheit-Geschichtschreiber und ich selber fußen können – erstlich deswegen, weil auch andre Reisejournalisten häufig ihre Beschreibungen ohne die Reise machen – zweitens auch, weil Reisebeschreibungen überhaupt unmöglich auf eine andre Art zu machen sind, angesehen noch kein Reisebeschreiber wirklich vor oder in dem Lande stand, das er silhouettierte: denn so viel hat auch der Dümmste noch aus Leibnizens vorherbestimmter Harmonie im Kopfe, daß die Seele, z. B. die Seelen eines Forsters, Brydone, Björnstähls – insgesamt seßhaft auf dem Isolierschemel der versteinerten Zirbeldrüse – ja nichts anders von Südindien oder Europa beschreiben können, als was jeder sich davon selber erdenkt und was sie, beim gänzlichen Mangel äußerer Eindrücke, aus ihren *fünf Kanker-Spinnwarzen* vorspinnt und abzwirnt. Wutz zerrete sein Reisejournal auch aus niemand anders als aus sich.

Er schreibt über alles, und wenn die gelehrte Welt sich darüber wundert, daß er fünf Wochen nach dem Abdruck der Wertherschen Leiden einen alten Flederwisch nahm und sich eine harte Spule auszog und damit stehendes Fußes sie schrieb, die Leiden – ganz Deutschland ahmte nachher seine Leiden nach –: so wundert sich niemand weniger über die gelehrte Welt als ich; denn wie kann sie Rousseaus Bekenntnisse gesehen und gelesen haben, die Wutz schrieb und die dato noch unter seinen Papieren liegen? In diesen spricht aber J. J. Rousseau oder Wutz (das ist einerlei) so von sich, allein mit andern Einkleid-Worten: ›er würde wahrhaftig nicht so dumm sein, daß er Federn nähme und die besten Werke machte, wenn er nichts brauchte, als bloß den Beutel aufzubinden und sie zu erhandeln. Allein er habe nichts darin als zwei schwarze Hemdknöpfe und einen kotigen Kreuzer. Woll' er mithin etwas Gescheites lesen, z. B. aus der praktischen Arzneikunde und aus der Kranken-Universalhistorie: so müss' er sich an seinen triefenden Fensterstock setzen und den Bettel ersinnen. An wen woll' er sich wenden, um den Hintergrund des Freimäurer-Geheimnisses auszuhorchen, an welches Dionysius-Ohr, mein' er, als an seine zwei eignen? Auf diese an seinen eignen Kopf angeöhrten hör' er sehr, und indem er die Freimäurer-Reden, die er schreibe, genau durchlese und zu verstehen trachte: so merk' er zuletzt allerhand Wunderdinge und komme weit und rieche im ganzen genommen Lunten. Da er von Chemie und

Alchemie so viel wisse wie Adam nach dem Fall, als er alles vergessen hatte: so sei ihm ein rechter Gefallen geschehen, daß er sich den Annulus Platonis geschmiedet, diesen silbernen Ring um den Blei-Saturn, diesen Gyges-Ring, der so vielerlei unsichtbar mache, Gehirne und Metalle; denn aus diesem Buche dürft' er, sollt' ers nur einmal ordentlich begreifen, frappant wissen, wo Bartel Most hole‹.«

ZÖLIBAT – **Célibat (Alte & neue Geschichte, Moral).** *Vorteile der Priesterehe:*

1. Wenn vierzigtausend Pfarrer in Frankreich achtzigtausend Kinder hätten, so würden diese Kinder zweifellos besser erzogen als die anderen, der Staat würde dadurch Untertanen & anständige Menschen & die Kirche Gläubige gewinnen.

2. Da die Geistlichen aufgrund ihres Standes bessere Gatten wären als die anderen Männer, so würde es vierzigtausend glücklichere & tugendhaftere Frauen geben.

3. Es gibt kaum Männer, für die es nicht schwierig wäre, das *Zölibat* einzuhalten; daher kann es vorkommen, daß der Kirche ein großes Ärgernis durch einen Priester widerfährt, der gegen die Enthaltsamkeit verstößt, während andererseits der, welcher enthaltsam lebt, den anderen Christen keinen Nutzen bringt.

4. Ein Priester hätte vor Gott kaum ein geringeres Verdienst, wenn er die Fehler seiner Frau & seiner Kinder ertrüge, als wenn er den Anfechtungen des Fleisches widersteht.

5. Die Unannehmlichkeiten der Ehe nützen dem, der sie auf sich nimmt, aber die Schwierigkeiten des *Zölibats* nützen niemandem.

6. Der Pfarrer, der ein tugendhafter Familienvater wäre, würde der Welt tausendmal mehr nützen als derjenige, der das *Zölibat* ausübt.

7. Einige Geistliche, denen die Einhaltung des *Zölibats* sehr schwerfällt, würden auch dann nicht glauben, alles erfüllt zu haben, wenn sie sich in dieser Hinsicht nichts vorzuwerfen hätten.

8. Hunderttausend verheiratete Priester würden hunderttausend Familien gründen – was jährlich zehntausend Bewohner mehr bedeuten würde. Wenn man nur fünftausend zählte, so würde diese Rechnung in zweihundert Jahren immerhin noch eine Million Franzosen mehr ergeben. Daraus folgt, daß man ohne das *Zölibat* heute vier Millionen Katholiken mehr hätte, wenn man nur von Franz I. an zählt, & das würde eine beträchtliche Geldsumme bedeuten, wenn es, wie ein Engländer ausgerechnet hat, wahr ist, daß ein Mensch für den Staat mehr als neun Pfund Sterling wert ist.

9. Die Adelsgeschlechter würden in den Familien der Bischöfe Nachkommen finden, die ihre Lebensdauer verlängern würden. *Diderot*

ZUSAMMENHANG – **Liaison (Metaphysik).** Dieses Prinzip ist notwendig für das Verständnis der Welt, wenn sie unter dem allgemeinsten Gesichtspunkt betrachtet wird, das heißt als ein zusammengesetztes & veränderliches Wesen. Der *Zusammenhang* besteht darin, daß jedes Wesen, das in die Zusammensetzung des Weltalls eingeht, in anderen Wesen den zureichenden Grund für seine Existenz neben ihnen oder seine Fortsetzung in ihnen hat. Nehmen wir als Beispiel die Struktur des menschlichen Körpers. Das ist eine Gesamtheit von mehreren Organen, die voneinander verschieden sind & nebeneinander existieren. Diese Organe hängen zusammen. Wenn man Sie fragt, worin ihr *Zusammenhang* besteht, & wenn Sie sich vornehmen, ihn verständlich zu erklären, so leiten Sie aus der Struktur der Organe die Art & Weise ab, wie sie sich einander anpassen können, & begründen dadurch die Möglichkeit ihres Nebeneinanderbestehens. Wenn man noch weitergeht & von Ihnen verlangt, daß Sie erklären sollen, wie diese Organe als Organe & in bezug auf ihre Funktionen zusammenhängen, dann können Sie auch diese Frage befriedigend beantworten. Zum Beispiel sind Speiseröhre & Magen zwei Organe des menschlichen Körpers. Wenn Sie diese nur als zusammengesetzte Wesen & im Hinblick auf ihren Stoff betrachten, so können Sie beweisen, wie beide aufgrund ihrer Struktur aufs beste zueinander passen. Betrachten Sie sie aber als Organe des menschlichen Körpers, als Teile eines lebenden Körpers, von denen der eine als Durchgang der Speisen & der andere zur Verdauung der Speisen dient, dann erklären diese zwei Funktionen deutlich den Grund des Nebeneinanderbestehens dieser zwei Organe.

Daraus, daß jedes Wesen einen zureichenden Grund für seine Existenz neben anderen Wesen oder für seine Fortsetzung in ihnen hat, geht hervor, daß eine universelle Verknüpfung aller Dinge besteht, weil das erste mit dem dritten durch das zweite verbunden ist & so fort, ohne Unterbrechung.

In der Tat ist nichts häufiger als solche *Zusammenhänge.* Bretter sind miteinander durch Nägel verbunden, die sie allerdings getrennt halten, so daß sie sich nicht unmittelbar berühren. Der Leim ist gewissermaßen eine Masse von kleinen Bolzen, die beiderseits in die Poren des Holzes eindringen & einen Zwischenkörper bilden, der die zwei anderen Körper zugleich trennt & verbindet. In einer Kette hängt das erste Glied vermittels aller anderen Glieder mit dem letzten zusammen. Die Speiseröhre hängt durch den Magen mit dem Darm zusammen. Dieses Bild bietet die ganze Welt. Alle diese Teile stehen in einem *Zusammenhang,* der keine Lücke & keine Auflösung zuläßt; denn jedes Ding hängt mit allen angrenzenden Dingen zusammen, durch diese mit den unmittelbar folgenden Dingen & so weiter bis zu den äußersten Grenzen des Weltalls. Sonst könnte man nichts vernünftig erklären; die Welt wäre nicht mehr ein Ganzes, sondern bestünde aus verstreuten

& unabhängigen Stücken, aus denen kein System & keine Harmonie hervorgehen könnten.

Der engste *Zusammenhang* besteht zwischen Ursache & Wirkung; denn er bedingt die Abhängigkeit der Existenz. Aber es gibt noch manchen anderen *Zusammenhang*, zum Beispiel zwischen Mittel & Zweck, zwischen Attribut & Subjekt, zwischen Wesenheit & Eigentümlichkeiten, zwischen Zeichen & bezeichnetem Gegenstand &c. Hierzu ist zu bemerken, daß der *Zusammenhang* des Zwecks mit den Mitteln notwendig eine Intelligenz voraussetzt, die die Anordnung der Dinge bestimmt & die Wirkung sowohl in *Zusammenhang* mit der Ursache, durch die sie hervorgerufen wird, als auch in *Zusammenhang* mit der eigenen Absicht bringt. So hängt zum Beispiel in einer Uhr die Bewegung des Zeigers sowohl mit der Struktur der Uhr selbst als auch mit der Absicht des Handwerkers zusammen.

Das ganze Weltall ist voll zweckmäßiger *Zusammenhänge*, die uns die souveräne Intelligenz ihres Schöpfers anzeigen. Die Sonne zieht die Nebel aus dem Meer, der Wind treibt sie über die Landstriche, sie fallen als Regen herab, & warum? Um die Erde feucht zu machen & die Samen, die sie in sich birgt, zum Keimen zu bringen. Man braucht nur Derhans *Schauspiel der Natur* zu lesen, um zu erkennen, wie viele Zwecke in der Natur wahrzunehmen sind.

Nur endliche Wesen können einem solchen *Zusammenhang* unterworfen sein. Die zur Zeit bestehende Gesamtheit der endlichen Wesen, die auf solche Weise untereinander zusammenhängen, bildet das, was man »Welt« nennt, & in dieser Welt ist leicht zu beobachten, daß alle Dinge, sowohl die gleichzeitigen als auch die aufeinanderfolgenden, unauflöslich miteinander verbunden sind. An den großen Körpern, zum Beispiel denen, die das Planetensystem bilden, läßt sich dies ebensogut beweisen wie an den kleinsten, die unserer Erde angehören. In dieser sichtbaren Welt sind die Sonne & die Erde zwei gleichzeitig existierende große Körper. Wenn Sie den Wechsel der Jahreszeiten auf der Erde & ihre regelmäßige Aufeinanderfolge erklären wollen, so können Sie die Erklärung nur in der schrägen Bewegung der Sonne beim Durchlaufen der Ekliptik finden; denn wenn Sie annähmen, dieses Gestirn folgte der Bahn des Äquators, so würde sich daraus eine ständige Gleichheit der Jahreszeiten ergeben. Nehmen Sie die Sonne ganz weg, so sehen Sie die Erde einer ewigen Erstarrung ausgeliefert: das Wasser verwandelt sich in Eis; die Pflanzen, die Tiere, die Menschen werden rettungslos vernichtet; keine Zeugung mehr, keine Verwesung mehr – ein wahres Chaos. Die Sonne birgt also in sich den Grund für die Veränderungen, die die Erde erfährt. Ebenso verhält es sich mit den anderen Planeten nach Maßgabe ihrer Beschaffenheit & ihrer Entfernung von der Sonne. Die kleinen Körper, die nebeneinander existieren, sind in der gleichen Lage. Wenn ein Same keimen soll, muß er in die Erde gebracht, vom Regen angefeuchtet, von der Sonne erwärmt & der Wirkung der Luft ausgesetzt werden; ohne die Mitwirkung dieser Ursachen wird das Wachstum nicht eintreten. Also liegt der Grund für das Wachstum der Pflanze in der Erde, im Regen, in der Sonne, in der Luft; also steht es in *Zusammenhang* mit allen diesen Dingen.

Die Gesamtheit der Wesen, die auf solche Weise im *Zusammenhang* miteinander stehen, ist keine einfache Reihe oder Reihenfolge im Rahmen einer einmaligen Ordnung von Dingen; sie ist vielmehr eine Verbindung von unendlich vielen Reihen, die miteinander gemischt & verflochten sind. Findet man denn auf unserer Erde – um ihren Bereich nicht zu verlassen – nicht eine unzählbare Menge von zufälligen Dingen, ganz gleich, ob wir die Zusammensetzung der Substanzen betrachten oder ob wir ihre Umwandlung beobachten? Ja noch mehr: jede einzelne Reihe von zufälligen Dingen läßt sich offensichtlich in mehrere andere unterteilen. Die menschliche Gattung ist eine Reihe, die von einem gemeinsamen Stamm ausgeht, aber zahllose andere Reihen bildet. Das gleiche gilt für die Tiere & auch die Pflanzen. Die Tiere bilden in jeder ihrer Art ähnliche Reihen. Die Pflanzen gehen auseinander hervor, entweder durch Samen oder durch Teilung des Stammes oder auf andere Weise. Niemand kann also die Vielzahl der Reihen im Tierreich wie im Pflanzenreich übersehen. Die anderen aufeinanderfolgenden Wesen, zum Beispiel die wunderlichsten & unregelmäßigsten Lufterscheinungen, bilden ebenfalls Reihen von zufälligen Dingen, allerdings nicht nach dem Prinzip jener Einheitlichkeit der Art, die in den organischen Reihen herrscht. Wenn wir nun von der Zusammensetzung der Substanzen zu deren Umwandlung übergehen, so finden wir dabei dieselbe Wahrheit bestätigt. Betrachten Sie ein Stück der Erdoberfläche, das der freien Luft ausgesetzt ist, so sehen Sie, wie es abwechselnd warm, kalt, naß, trocken, hart, weich ist; diese Veränderungen erfolgen ununterbrochen, überdauern den Lauf der Jahrhunderte & existieren neben den Geschlechtern der Menschen, der Tiere & der Pflanzen. Ist der Körper des Menschen nicht während der ganzen Dauer

Ein Sommerabend. Fred, Henry und ich, wir essen in einem kleinen offenen Restaurant neben der Straße. Wir sind ein Teil der Straße. Wir sind nicht Henry, Fred und ich, die essen, wir sind eine Straße voller Menschen, die essen, plaudern, trinken. Wir essen die Geräusche der Straße mit: die Stimmen, die Autos, die Rufe der Verkäufer, die Schreie der Kinder, das Gurren der Tauben, das Flattern der Täuberiche, Hundegebell. Wir sind alle eines. Der Wein, den ich trinke, rinnt auch durch alle anderen Kehlen. Die Wärme des Tages ist wie die Hand eines Mannes auf meiner Brust; Tageswärme und Straßengerüche streichen über alle hinweg. Das Restaurant ist weit offen, und die Straße dringt herein. Der Wein badet alle in einem aphrodisischen Ozean: Henry, Fred, die Straße, die Welt …

Anaïs Nin, Tagebuch

seines Lebens der ständige Schauplatz einer Reihe von Szenen, die jeden Augenblick wechseln? In jedem Augenblick tritt doch ein Verlust & Ersatz von Substanz ein. Erheben wir uns von der Erde zu den Himmelskörpern, so dürfen wir mit Recht die gleichen Schlüsse ziehen. Die Beobachtungen der Astronomen lassen uns keinen Zweifel darüber, daß alle Planeten ähnliche Körper wie die Erde sind & zu einer gemeinsamen Gattung gerechnet werden müssen. Die gleichen Beobachtungen führen zur Entdeckung unaufhörlicher Zeugungs- & Zerstörungsprozesse auf der Oberfläche dieser Planeten. Aufgrund des aus der Analogie abgeleiteten Arguments kann man also folgern, daß es auf allen Planeten mehrere zufällige Reihen gibt, sowohl in bezug auf die Zusammensetzung der Substanzen als auch im Hinblick auf ihre Umwandlung. Die Sonne, ein von sich selbst aus leuchtender Körper, der mit den Fixsternen eine besondere Gattung von großen Weltkörpern bildet, ist an ihrer Oberfläche ebenfalls verschiedenen Veränderungen ausgesetzt. Es muß auf diesem Gestirn & auf den anderen Fixsternen also eine Reihe von zufälligen Zuständen geben. So ertönt aus der ganzen Natur gewissermaßen eine Stimme, die uns die Vielzahl & die wechselseitige Verknüpfung der zufälligen Reihen verkündet. Die Einwände, die man gegen dieses Prinzip erheben könnte, lassen sich leicht beseitigen. Wenn man bis zum Anfang der Stammbäume, bis zu den ersten Eltern zurückgeht, sagt man, so findet man die gleiche Person in mehreren verschiedenen Reihen. Mehrere Personen, die gegenwärtig leben, haben einen gemeinsamen berühmten Vorfahren, der eben deshalb im Stammbaum aller dieser Personen zu finden ist. Aber dies schränkt die Vielzahl der Reihen nicht ein, ebensowenig wie die Vereinigung mehrerer kleiner Zweige zu einem größeren & die Vereinigung der Hauptäste zum Stamm einen Baum beeinträchtigt. Im Gegenteil: die universelle Verknüpfung der Dinge gewinnt dadurch an Beweiskraft. Man wendet auch ein, der Tod eines einzigen Sohnes ohne Nachkommen unterbreche & beende plötzlich eine Reihe von zufälligen Dingen, die mit dem Anfang der Welt begonnen hätte. Aber wenn die Reihe auch nicht in der menschlichen Gattung fortgesetzt wird, so macht die Materie, aus der dieses letzte Individuum zusammengesetzt war & die ja durch seinen Tod nicht vernichtet wird, doch weiterhin unaufhörliche Veränderungen durch, wenn auch in anderen Reihen. Übrigens ist seit dem Anfang der Dinge keine einzige Reihe ausgefallen & auch keine einzige der Gattungen, die geschaffen wurden, völlig erloschen. Um eine vollständige Idee von diesem Gegenstand zu gewinnen, muß man den ganzen ersten Abschnitt der *Kosmologie* von Wolff lesen. *Anonym*

Du fragst: was ist das Leben? Das ist, als wollte man fragen: was ist eine Mohrrübe? Eine Mohrrübe ist eine Mohrrübe, mehr ist darüber nicht zu sagen. Anton Tschechow, 20. April 1904

ZWEIFEL – **Doute (Logik & Metaphysik).** Die Philosophen unterscheiden zwei Arten des *Zweifels*, den effektiven & den methodischen. Der effektive *Zweifel* ist der, bei dem der Geist zwischen zwei sich widersprechenden Sätzen in der Schwebe bleibt, ohne irgendeinen Grund zu haben, dessen Gewicht ihn mehr nach der einen Seite neigen ließe als nach der anderen. Der methodische *Zweifel* ist der, bei dem der Geist seine Zustimmung zu Wahrheiten, an denen er nicht wirklich *zweifelt*, aufschiebt, um Beweise zu sammeln, die diese Wahrheit für alle Pfeile, mit denen man sie angreifen könnte, unerreichbar machen.

Descartes, von Natur aus reich an Genie & Scharfsinn, empfand die Leere der scholastischen Philosophie & faßte daher den Entschluß, sich eine ganz neue Philosophie zu schaffen. In Deutschland, wo er in der Untätigkeit eines Winterquartiers viel Muße hatte, beschäftigte er sich mehrere Monate lang damit, die Kenntnisse, die er sowohl bei seinen Studien als auch auf seinen Reisen erworben hatte, zu überprüfen; er fand dabei so viel Unklarheit & Ungewißheit, daß er auf den Gedanken kam, dieses schlechte Gebäude umzustürzen & sozusagen das Ganze neu aufzubauen, wobei er mehr Ordnung & Zusammenhang in seine Prinzipien zu bringen gedachte.

Er wies zunächst die geoffenbarten Wahrheiten von sich, weil er annahm, daß man, wenn man sie erfolgreich prüfen wollte, eines außerordentlichen Beistands des Himmels bedürfte & mehr als ein Mensch sein müßte. Er machte es sich also zur ersten Regel, den Gesetzen & Sitten seines Landes zu gehorchen, dabei stets an jener Religion festzuhalten, in der er – dank der Gnade Gottes – seit seiner Kindheit unterwiesen worden war, & sich in allen anderen Dingen nach den gemäßigsten Anschauungen zu richten; denn er glaubte, daß es klug sei, sich aus Vorsicht dieser Regel zu unterwerfen, weil die sukzessive Erforschung der Wahrheiten, die er erkennen wollte, sehr lange dauern könnte. Da aber die Ereignisse des Lebens keinen Aufschub zulassen, mußte er sich einen Plan machen, nach dem er vorgehen konnte, & das veranlaßte ihn, seinem ersten Grundsatz einen zweiten hinzuzufügen, nämlich den, in seinen Schritten so fest & entschlossen wie möglich zu sein, zugleich aber, sobald er sich dazu entschlossen hatte, auch die zweifelhaftesten Anschauungen so beständig zu verfolgen, als ob sie ganz gewiß wären.

Sein dritter Grundsatz bestand darin, immer zu versuchen, eher sich selbst zu bezwingen als das Schicksal & lieber seine Wünsche zu ändern als die Ordnung der Welt.

Nachdem Descartes sich dieser Grundsätze vergewissert & sie ebenso wie die Glaubenswahrheiten, die in seinem Bekenntnis immer die ersten waren, ausgesondert hatte, meinte er, daß er ohne weiteres versuchen könnte, sich von seinen übrigen Anschauungen frei zu machen. Darin hatte er recht; aber er täuschte sich, als er annahm, daß es genügte, sie in *Zweifel* zu ziehen. *Zweifeln*, ob zwei plus zwei gleich vier ist, ob der Mensch ein vernünftiges Lebewesen ist, heißt Ideen von zwei, von vier, vom Menschen, vom Lebewesen & vom Vernünftigen haben. Der *Zweifel* läßt also die Ideen bestehen, wie sie sind, & so kann er unsere Irrtümer, die daher rühren, daß unsere Ideen unzulänglich sind, nicht verhindern. Er kann uns wohl veranlassen, eine Zeitlang mit unseren Urteilen zurückzuhalten, aber schließlich kommen wir doch aus der Ungewißheit nur dann heraus, wenn wir die Ideen befragen, die er nicht aufgehoben hat; & infolgedessen führen sie uns, wenn sie unklar sind & unbestimmt sind, in die Irre wie zuvor. Der *Zweifel* Descartes' ist also nutzlos: Jeder kann selbst überprüfen, daß er auch unbrauchbar ist; denn wenn man vertraute & genau bestimmte Ideen miteinander vergleicht, so ist es nicht möglich, an den zwischen ihnen bestehenden Beziehungen – zum Beispiel den Beziehungen zwischen den Zahlen – zu *zweifeln.* Wenn man auch an allem *zweifeln* kann, so kann es doch nur in der Form eines unklaren & unbestimmten *Zweifels* geschehen, der überhaupt nichts Besonderes betrifft.

Wer an allem zweifeln wollte, der würde auch nicht bis zum Zweifel kommen. Das Spiel des Zweifelns selbst setzt schon die Gewißheit voraus
LUDWIG WITTGENSTEIN, ÜBER GEWISSHEIT

Wäre Descartes nicht im Hinblick auf die angeborenen Ideen voreingenommen gewesen, so hätte er gesehen, daß das einzige Mittel, sich eine neue Grundlage von Kenntnissen zu schaffen, darin bestand, zunächst die Ideen selbst aufzuheben, um sie an ihrem Ursprung, das heißt bei den Empfindungen, wieder zu erfassen. Den größten Dank sind wir diesem Philosophen vielleicht deshalb schuldig, weil er uns die Geschichte der Fortschritte seines Geistes hinterlassen hat. Anstatt die Scholastiker unmittelbar anzugreifen, stellt er die Phase dar, in der er in denselben Vorurteilen befangen war; er verheimlicht nicht die Hindernisse, die er zu überwinden hatte, um sich von diesen Vorurteilen frei zu machen; er gibt die Regeln einer Methode an, die vor ihm in Gebrauch waren; er läßt uns ahnen, welche Entdeckungen er gemacht zu haben glaubt, & bereitet so die Geister geschickt darauf vor, die neuen Anschauungen aufzunehmen, die er darzulegen beabsichtigt. Ich glaube, daß diese Verhaltensweise viel zu der Umwälzung beigetragen hat, deren Urheber dieser Philosoph ist.

Der von Descartes eingeführte *Zweifel* ist grundverschieden von dem, hinter dem sich die Skeptiker verschanzen. Da diese an allem *zweifelten,* wurden sie dazu gebracht, immer in ihrem *Zweifel* befangen zu bleiben, wogegen Descartes nur vom *Zweifel* ausging, um sich in seinen Kenntnissen noch mehr zu festigen. In der Philosophie des Aristoteles, so sagen die Schüler Descartes', *zweifelt* man an nichts & gibt über alles Rechenschaft, & doch wird in ihr alles nur durch barbarische & unverständliche Ausdrücke sowie durch unklare & verworrene Ideen erklärt, wogegen Descartes, wenn er sie auch das vergessen läßt, was sie schon wissen, sie doch dafür reichlich durch die hervorragenden Kenntnisse entschädigt, zu denen er sie nach & nach führt. Deshalb wenden sie auf ihn das an, was Horaz von Homer sagt: »Er gedachte nicht Rauch aus dem Blitz, sondern Licht aus dem Rauch zu schaffen, versprach aber dabei keine großartigen Wunder.«

Man muß es hier offen aussprechen: es besteht ein sehr großer Unterschied zwischen *zweifeln* & *zweifeln.* Man *zweifelt* aus Voreiligkeit & aus Dummheit, aus Blindheit, aus Bosheit & schließlich aus Laune, weil man *zweifeln* will; aber man *zweifelt* auch aus Vorsicht & aus Mißtrauen, aus Weisheit & aus Scharfsinnigkeit. Die Mitglieder der Akademie & die Atheisten *zweifeln* in der ersten Art, die wahren Philosophen *zweifeln* in der zweiten. Die erste Art des *Zweifels* ist ein *Zweifel* der Finsternis, der niemals zum Licht, sondern immer von ihm wegführt. Die zweite Art des *Zweifels* entsteht aus dem Licht & trägt in gewisser Weise dazu bei, es seinerseits hervorzubringen. Von diesem *Zweifel* kann man sagen, daß er der erste Schritt zur Wahrheit ist.

Zweifeln ist schwieriger, als man annimmt. Hitzköpfe & Phantasten, sagt ein geistvoller Autor, begnügen sich nicht mit der Gelassenheit des Skeptikers. Sie wagen lieber eine kühne Entscheidung, als daß sie gar keine träfen; sie irren sich lieber, als daß sie im Ungewissen lebten. Ob sie ihren Armen mißtrauen oder ob sie die Tiefe des Wassers fürchten – immer sieht man sie an Zweigen hängen, deren Schwäche sie durchaus fühlen, an die sie sich aber lieber klammern, als sich dem reißenden Strom zu überlassen. Sie behaupten alles, obgleich sie nichts sorgfältig geprüft haben; sie *zweifeln* nie an etwas, weil sie weder die Geduld noch den Mut dazu haben. Da sie ihren Erleuchtungen folgen, die sie zu Entscheidungen veranlassen, so erfassen sie die Wahrheit, wenn sie zufällig auf diese stoßen, nicht tastend, sondern plötzlich, wie durch Offenbarung. Sie sehen unter den Dogmatikern aus wie die sogenannten Erleuchteten in der andächtigen Menge. Die Individuen von dieser unruhigen Art begreifen nicht, daß man Geistesruhe mit Unentschiedenheit vereinen kann.

Man darf den *Zweifel* nicht mit der Unkenntnis verwechseln. Der *Zweifel* setzt eine gründliche & unvoreingenommene Prüfung voraus; wer *zweifelt,* weil er die Gründe der Glaubwürdigkeit nicht kennt, ist nur ein Unwissender.

Obwohl es einem gut ausgebildeten Geist zukommt, die dogmatische Behauptung in jenen Fragen zu verwerfen, die ihr Für & Wider fast in gleichem Maße haben, so hieße es doch gegen die Vernunft handeln, wenn man mit seinem Urteil über Dinge zurückhielte, die sich durch völlige Evidenz auszeichnen. Ein solcher *Zweifel* ist unmöglich, er zieht Konsequenzen nach sich, die für die Gesellschaft verhängnisvoll sind, & er versperrt alle Wege, die zur Wahrheit führen könnten.

Daß dieser *Zweifel* unmöglich ist, liegt auf der Hand; denn um zu ihm zu gelangen, müßte man für alle möglichen Dinge Gründe & Gegengründe von gleichem Gewicht haben. Nun frage ich aber, ob das möglich ist. Wer hat jemals ernsthaft daran *gezweifelt,* ob es eine Erde, eine Sonne, einen Mond gibt & ob das Ganze größer als sein Teil ist? Kann das innere Gefühl unserer Existenz jemals durch spitzfindige & verfängliche Überlegungen verdunkelt werden? Man kann wohl seinen Mund äußerlich sagen lassen, daß man *zweifle*, weil man lügen kann; aber man kann das nicht seinen Geist sagen lassen. So ist der Pyrrhonismus keine Sekte von Leuten, die von dem, was sie sagen, überzeugt sind, sondern eine Sekte von Lügnern: darum widersprechen sie sich oft, wenn sie von ihrer Anschauung sprechen, da sie ihr Herz nicht mit ihrer Zunge in Einklang zu bringen vermögen, wie man bei Montaigne sehen kann, der im vergangenen Jahrhundert versucht hat, den Pyrrhonismus zu erneuern.

Denn nachdem er gesagt hat, die Mitglieder der Akademie unterschieden sich von den Pyrrhonikern insofern, als sie einräumten, daß es Dinge gebe, die wahrscheinlicher seien als andere Dinge – was die Pyrrhoniker nicht anerkennen wollten –, entscheidet er sich für die Pyrrhoniker mit den folgenden Worten: »Also ist die Ansicht der Pyrrhoniker kühner & zuweilen auch wahrscheinlicher.« Es gibt also Dinge, die wahrscheinlicher sind als andere; & er sagt das nicht etwa, um etwas Geistreiches zu sagen, sondern das sind Worte, die ihm aus Gedankenlosigkeit entschlüpft sind & die aus dem tiefsten Grunde der Natur entspringen, die durch die Verlogenheit der Anschauungen nicht erstickt werden kann.

Entkräftet übrigens nicht jede Handlung, die ein Pyrrhoniker ausführt, sein System? Denn schließlich ist ein Pyrrhoniker doch ein Mensch, der nach seinen Prinzipien an allen Dingen überhaupt *zweifeln* muß, ja, der sogar nicht einmal wissen darf, ob es Dinge gibt, die wahrscheinlicher sind als andere, & der auch nicht wissen darf, ob es für ihn vorteilhafter ist, den Eindrücken der Natur zu folgen, als sich nicht nach ihnen zu richten. Wenn er seine Prinzipien befolgte, so müßte er in einer beständigen Indolenz verharren, ohne zu essen, ohne zu trinken, ohne seine Freunde zu besuchen, ohne sich nach den Gesetzen, Sitten & Gepflogenheiten zu richten; kurz, er müßte zu Stein werden & so unbeweglich sein wie eine Statue. Wenn ein tollwütiger Hund sich auf ihn stürzt, darf er keinen Schritt machen, um ihn zu fliehen; wenn sein Haus einzustürzen droht, wenn es nahe daran ist, zusammenzubrechen & ihn unter seinen Trümmern zu begraben, so darf er es nicht verlassen; ob er vor Hunger oder vor Durst fast umkommt, nie darf er essen oder trinken! Warum nicht? Weil man eine Handlung immer nur aufgrund irgendwelcher innerer Entscheidungen ausführt, denen zufolge man sich sagt, daß eine Gefahr besteht, daß es gut ist, sie zu vermeiden, & weil man, um sie zu vermeiden, dieses oder jenes tun muß. Tut man es nicht, so verharrt der Geist in der Untätigkeit, ohne sich zu entscheiden. Zum Glück der Pyrrhoniker ersetzt der Instinkt reichlich das, was ihnen an Überzeugung fehlt, oder berichtigt vielmehr die Übertriebenheit ihres *Zweifels.*

Aber es genügt doch, werden jene sagen, daß die Gefahr wahrscheinlich scheint, damit man gezwungen ist, sie zu fliehen: Wir leugnen ja nicht den Schein; wir sagen nur, daß wir nicht wissen, ob die Dinge tatsächlich sind, wie sie uns scheinen. Aber diese Antwort ist nur eine nichtssagende Ausrede, durch die sie dem Einwand, den man gegen sie erhebt, nicht entgehen können. Ich nehme an, daß ihnen die Gefahr wahrscheinlich scheint; aber welchen Grund haben sie, sich ihr zu entziehen? Die Gefahr, die sie fliehen, könnte für sie ein sehr großes Glück sein. Außerdem möchte ich wissen, ob sie eine Idee von der Gefahr, dem *Zweifel,* der Wahrscheinlichkeit haben; denn wenn sie eine Idee davon haben, wissen sie also etwas – nämlich, daß es Gefahren, *Zweifel,* Wahrscheinlichkeiten gibt; das ist also für sie ein erstes Zeichen der Wahrheit. Es steht für sie fest, daß sie leben müssen wie die anderen & daß sie sich nicht absondern dürfen, daß sie sich den Eindrücken, die ihnen die Natur einprägt, hingeben & sich nach den Gesetzen & Sitten richten müssen. Aber woher haben sie alle diese Prinzipien? Wie können sie, da sie doch in ihrer Denkweise Skeptiker sind, in ihrer Handlungsweise Dogmatiker sein? Dieser einzige Punkt, den sie anerkennen, ist eine Klippe, an der alle ihre sinnlosen Spitzfindigkeiten zerschellen werden.

Pyrrhon handelte zuweilen auch nach seinem eigenen Prinzip. In der Überzeugung, daß es nichts Gewisses gab, trieb er in manchen Dingen seine Indifferenz so weit, wie es sein System zuließ. Man sagt von ihm, daß er nichts

Wahrheiten werden zu Dogmen, sobald über sie gestritten wird. Wer immer einen Zweifel ausspricht, umreißt eine Religion. Die Glaubenslehren werden durch den Skeptizismus unserer Zeit keineswegs zerstört; vielmehr schafft er sie, gibt ihnen ihre Konturen sowie ihre einfache und trotzige Gestalt. Wir Liberalen haben früher den Liberalismus ganz unbeschwert als Gemeinplatz vertreten. Mittlerweile ist er umstritten, und wir vertreten ihn vehement als Glauben. Wir überzeugten Patrioten haben früher den Patriotismus für kaum etwas mehr als vernünftig gehalten. Mittlerweile wissen wir, daß er unvernünftig, und wir wissen, daß er richtig ist. Wir Christen haben nie gewußt, wieviel gesunder philosophischer Menschenverstand im Mysterium des Christentums steckt, bis christenfeindliche Autoren uns darauf hingewiesen haben. Die geistige Zerstörung wird ihren großen Vormarsch fortsetzen. Alles wird man bestreiten. Alles wird zum Glauben werden. Die Pflastersteine zu negieren ist ein vernünftiger Standpunkt; sie zu affirmieren wird ein religiöses Dogma sein. G. K. Chesterton, Ketzer

liebte & sich über nichts aufregte, daß er sich, wenn er sprach, kaum darum kümmerte, ob man ihm zuhörte oder ob man ihm nicht zuhörte, & daß er auch dann, wenn seine Zuhörer fortgingen, unaufhörlich weitersprach. Wenn alle Menschen einen solchen Charakter hätten, was würde dann aus der Gesellschaft werden? Ja, nichts ist ihr feindlicher als dieser *Zweifel.* Er zerstört in der Tat alle Gesetze oder stellt sie auf den Kopf, & zwar sowohl die Naturgesetze als auch die göttlichen & menschlichen Gesetze; er eröffnet allen Arten der Unordnung ein weites Feld & rechtfertigt die größten Verbrechen. Aus diesem Prinzip, daß man an allem *zweifeln* muß, ergibt sich auch, daß es ungewiß ist, ob es ein höchstes Wesen gibt, ob es eine Religion gibt, ob es einen Kult gibt, der uns notwendigerweise auferlegt ist. Aus diesem Prinzip, daß man an allem *zweifeln* muß, folgt schließlich, daß alle Handlungen belanglos sind & daß die heiligen Schranken, die zwischen Gut & Böse, zwischen Laster & Tugend gesetzt sind, niedergerissen werden.

Wer aber sieht nicht ein, wie verderbenbringend diese Konsequenzen für die Gesellschaft sind? Urteilen Sie darüber an Pyrrhon selbst, der eines Tages, als er sah, daß Anacharchis, sein Lehrer, in einen Abgrund gestürzt war, ruhig weiterging, ohne ihm die Hand zu reichen, um ihm herauszuhelfen. Anacharchis, der von denselben Prinzipien durchdrungen war, tadelte ihn deswegen nicht, sondern schien ihm dafür sogar noch dankbar zu sein; so opferte er den Groll, den er gegen einen Schüler haben mußte, der Ehre seines Systems.

Ebenso feindlich ist dieser *Zweifel* auch der Erforschung der Wahrheit; denn sobald er zugelassen wird, sind alle Wege zur Wahrheit verschlossen, & man kann sich dann von keiner Regel der Wahrheit überzeugen: Nichts erscheint so evident, daß es keines Beweises bedürfte, & so müßte man in diesem absurden System unendlich weit zurückgehen, um ein Prinzip zu finden, auf das man seinen Glauben gründen könnte.

Ich gehe noch weiter: Dieser *Zweifel* ist überspannt & eines denkenden Menschen nicht würdig. Wer sich in der Praxis nach ihm richten wollte, würde sicher Zeichen höchster Verrücktheit an den Tag legen; denn dieser Mensch würde *bezweifeln,* ob man essen muß, um zu leben, & ob man fliehen muß, wenn man von einer unmittelbaren Gefahr bedroht ist – alles würde ihm gleich vorteilhaft & unvorteilhaft erscheinen. Dieser *Zweifel* ist überhaupt jedes denkenden Menschen unwürdig, er erniedrigt ihn sogar unter die Tiere; denn wodurch unterscheidet sich der Mensch von den Tieren, wenn nicht dadurch, daß er außer den sinnlichen Eindrücken, die von den äußeren Gegenständen herrühren & die er vielleicht mit den Tieren gemeinsam hat, auch die Fähigkeit besitzt, zu urteilen & zu wollen? Das ist die vornehmste Betätigung seiner Vernunft & die edelste Verrichtung seines Geistes. Nun macht aber der Skeptizismus diese beiden Fähigkeiten überflüssig. Der Mensch urteilt nicht mehr, wenn er es sich zum Gesetz gemacht hat, sich des Urteils zu enthalten, & das nennen die Skeptiker – »Epoche machen«! Wenn aber der Mensch nicht urteilt, so hat sein Wille, wie Sie wohl einsehen werden, kein Betätigungsfeld mehr, verharrt also in Untätigkeit & ist wie gelähmt oder erstarrt; denn der Wille kann sich erst dann für etwas entscheiden, wenn der Geist vorher erkannt hat, was gut oder schlecht ist. Nun ist aber ein von den pyrrhonischen Prinzipien durchdrungener Geist in die Finsternis getaucht. Aber, wird man einwenden, er kann doch entscheiden, ob ihm eine Sache angenehmer erscheint als eine andere. Das ist im System der Pyrrhoniker nicht zulässig; denn obwohl man ihnen diesen Punkt einräumt, gesteht man ihnen doch nicht gleichzeitig zu, daß es für sie einen ausreichenden Grund gibt, einen solchen Gegenstand zu verfolgen; dieser Grund könnte nur die feste Überzeugung sein, daß man die angenehmsten Gegenstände verfolgen muß.

Was sollte man aus alledem anderes folgern, als daß ein wirklicher & vollkommener Pyrrhoniker unter den Menschen auf der Skala der Intelligenz eine Mißbildung ist, die man bedauern muß? Der vollkommene Pyrrhonismus ist das Delirium der Vernunft & das lächerlichste Erzeugnis des menschlichen Geistes. Man könnte mit Recht *bezweifeln,* ob es wahre Skeptiker gibt; denn sosehr sie sich auch bemühen mögen, dies den anderen einzureden, so gibt es doch Augenblicke, & zwar häufige Augenblicke, in denen es ihnen nicht möglich ist, mit ihrem Urteil zurückzuhalten. Sie kehren dann in den Zustand der anderen Menschen zurück: Sie täuschen sich in jedem Augenblick ebenso entschieden wie die hochmütigen Dogmatiker. Der Beweis dafür ist Pyrrhon selbst, der sich eines Tages über seine Schwester aufregte, weil er für sie Dinge kaufen sollte, die sie brauchte, um ein Opfer darzubringen. Irgend jemand hielt ihm vor, daß sein Verdruß sich nicht mit der Gelassenheit vereinbarte, die er lehrte. Denken Sie etwa, antwortete er, daß ich diese Tugend auch einer Frau gegenüber ausüben werde? Bilden Sie sich nicht ein, daß er damit sagen wollte, er verzichte auf die Liebe. Das war durchaus nicht seine Absicht; er wollte damit sagen, daß nicht alle möglichen Leute zur Befolgung seines Dogmas, sich über nichts aufzuregen, berufen wären. *Mallet*

ZWILLINGSBRÜDER – **Jumeaux, frères (Physiologie).** So nennt man zwei männliche Kinder, die eine Mutter zur selben Zeit in ihrem Schoß getragen hat.

Die Geburt von *Zwillingsbrüdern* hat in der bürgerlichen Gesellschaft eine unlösbare Frage aufgeworfen, nämlich die des Erstgeburtsrechts. Zwar kann man durch Gesetz entscheiden (denn es bedarf einer Entscheidung, sei sie richtig oder falsch), daß der erste, der auf die Welt kommt, als der Ältere betrachtet werden soll; doch was im Schoß der Mutter bei der Empfängnis & kurz vor der Niederkunft geschieht, ist ein für die Augen der Menschen so undurchdringliches Geheimnis, daß es ihnen unmöglich ist, durch die Einsichten der Physiologie den Zweifel auszuräumen.

Daher kommt es, daß unsere Rechtsgelehrten, die sich mit Erbschaftsangelegenheiten befaßt haben, sich lieber an den Loswurf oder die gleichmäßige Aufteilung des Erbes unter *Zwillingsbrüdern* halten als an die Urteile einer medizinischen Fakultät. Ich selbst neige der gleichmäßigen Aufteilung der Güter bei Privatpersonen zu, doch wenn es um ein Königreich geht, lassen sich diese beiden Mittel der Entscheidung nicht anwenden: Königreiche sind nicht leicht zu teilen, & es gibt sogar einige, wie das von Frankreich, in denen man eine Teilung nicht zulassen würde. Was den Loswurf betrifft, so würde man die Bewerber schwerlich zwingen können, ihre Rechte der Ungewißheit eines solchen Urteils anheimzustellen. Ein berühmter Spanier schlägt hier eine Abstimmung der Ständeversammlung vor, doch wäre diese Idee wahrscheinlich weder sicherer noch leichter anzuwenden.

Ulpianus legt im zehnten Gesetz eine weitere Frage vor: Ein Erblasser verspricht einer Sklavin die Freiheit, wenn ihr erstes Kind männlichen Geschlechts sei; sie gebiert einen Knaben & ein Mädchen, ohne daß sich feststellen ließe, welches der beiden Kinder zuerst auf die Welt gekommen ist. In diesem Fall, so sagt Ulpianus, müsse man den mildesten Weg einschlagen, den Knaben als Erstgeborenen ansehen & das Mädchen für frei geboren erklären, da ihre Mutter mit der Geburt des Knaben die Freiheit erlangt habe. Obgleich diese Entscheidung nicht ganz schlüssig ist, kann man doch nicht umhin, sie zu billigen, da glückliche Umstände stets zugunsten der Menschlichkeit ausgelegt werden müssen.

Bei *Zwillingsbrüdern* erheben sich noch weitere Fragen, die sich durch physiologische Einsichten schwer lösen lassen: die Ursache ihrer Entstehung & die Seltenheit dieses Phänomens sind dabei nicht die geringsten.

Noch ratloser ist die Physiologie, wenn es darum geht, den Grund für die Ähnlichkeit von *Zwillingsbrüdern* anzugeben, da jeder von ihnen im Bauch der Mutter seine eigene Plazenta, eine eigene Nabelschnur, schließlich eigene Hüllen & Gefäße hat. Dennoch ist die Ähnlichkeit von *Zwillingsbrüdern* in den Annalen der Geschichte hinlänglich bezeugt. Allein die Geschichte Frankreichs liefert meinem Gedächtnis viele Beispiele, die in diesem Punkt zu ungewöhnlich sind, als daß ich sie übergehen könnte; sie werden den Aufwand an Scharfsinn ersetzen, mit dem wir, was Erklärungen betrifft, so gerne geizen.

Henry de Soucy, so sagen die Historiker, war der Vater der *Zwillingsbrüder* Nicolas & Claude de Soucy, von denen der ältere die Seigneurie von Sissonne & der nachgeborene die von Origny erhielt. Sie wurden am 7. April 1548 geboren & sahen einander so ähnlich, daß ihre Ammen beschlossen, ihnen verschiedenfarbige Armbänder anzulegen, um sie erkennen zu können. Diese große Ähnlichkeit in ihrer Größe, ihren Gesichtszügen, ihren Bewegungen, ihren Stimmungen & ihren Neigungen hielt lange an, so daß sie, in ihrer Kindheit gleich gekleidet, von Fremden ständig verwechselt wurden. Man brachte sie bei Hof unter, den Seigneur von Sissonne als Pagen von Antoine de Bourbon, König von Navarra, & den Seigneur von Origny als Pagen seines Sohns, des jungen Henri de Bourbon, inzwischen König von Frankreich. Beide wurden von Karl IX. geliebt, der oft Gefallen daran fand, sie nebeneinanderzustellen & zu betrachten, um an ihnen kleine Abweichungen zu finden, die sie voneinander unterschieden. Der Seigneur von Origny war ein vortrefflicher Ballspieler, während der Seigneur von Sissonne sich zuweilen auf Partien einließ, bei denen er nicht im Vorteil war. Um dem abzuhelfen, verließ er das Spiel unter irgendeinem Vorwand & sorgte geschickt dafür, daß sein Bruder seinen Platz einnahm, der dann die Partie gewann, ohne daß die Spieler oder die Zuschauer den Wechsel bemerkten.

Die neue Geschichte fügt hinzu, daß auch die *Zwillingsbrüder* Scévole & Louis de Saint-Marthe einander an Körper & Geist sehr ähnelten; sie lebten in enger Vertrautheit miteinander & arbeiteten gemeinsam an Werken, die ihren Namen unsterblich machten.

Ich glaube, daß die Herren de La Curne & de Sainte-Palaye (letzterer ist in der Welt der Wissenschaften berühmt) in ihrer Jugend als drittes Beispiel für eine große Ähnlichkeit in Gestalt, Geschmack & Neigungen dienen könnten. Wie dem auch sei, diese unerklärliche Ähnlichkeit zwischen *Zwillingsbrüdern* ist überall sehr viel ausgeprägter als bei anderen Brüdern, mag ihr Altersunterschied auch noch so gering sein. *Jaucourt*

ZZYENE oder SYENE – **Zzuéné ou Zzeuene** (**Alte Geographie**). Oberägyptische Stadt am Ostufer des Nils an der Grenze zu Äthiopien.

Dieses Wort aus der Geographie ist das letzte dieses Werks, & damit wird es die *Encyclopédie* zweifellos auch beschließen.

Um das Reich der Wissenschaften & der Künste auszubreiten, sagt Bacon, wäre es wünschenswert, daß fähige Menschen aus allen Wissensgebieten miteinander in Verbindung stünden. Ihre Zusammenarbeit würde die Welt der Wissenschaften & Künste in ein strahlendes Licht setzen. Welch herrliche Verschwörung! Eines Tages werden sich Philosophen diesem schönen Ziel verschreiben & sich kühn dazu aufschwingen! Dann wird aus den Niederungen der Sophisten & Neider ein diffuser Schwarm aufsteigen & sich, da er diesen Adlern auf ihrem Höhenflug weder folgen noch sie aufhalten kann, vergeblich bemühen, ihr Vorhaben & ihren Triumph in den Schmutz zu ziehen. *Jaucourt*

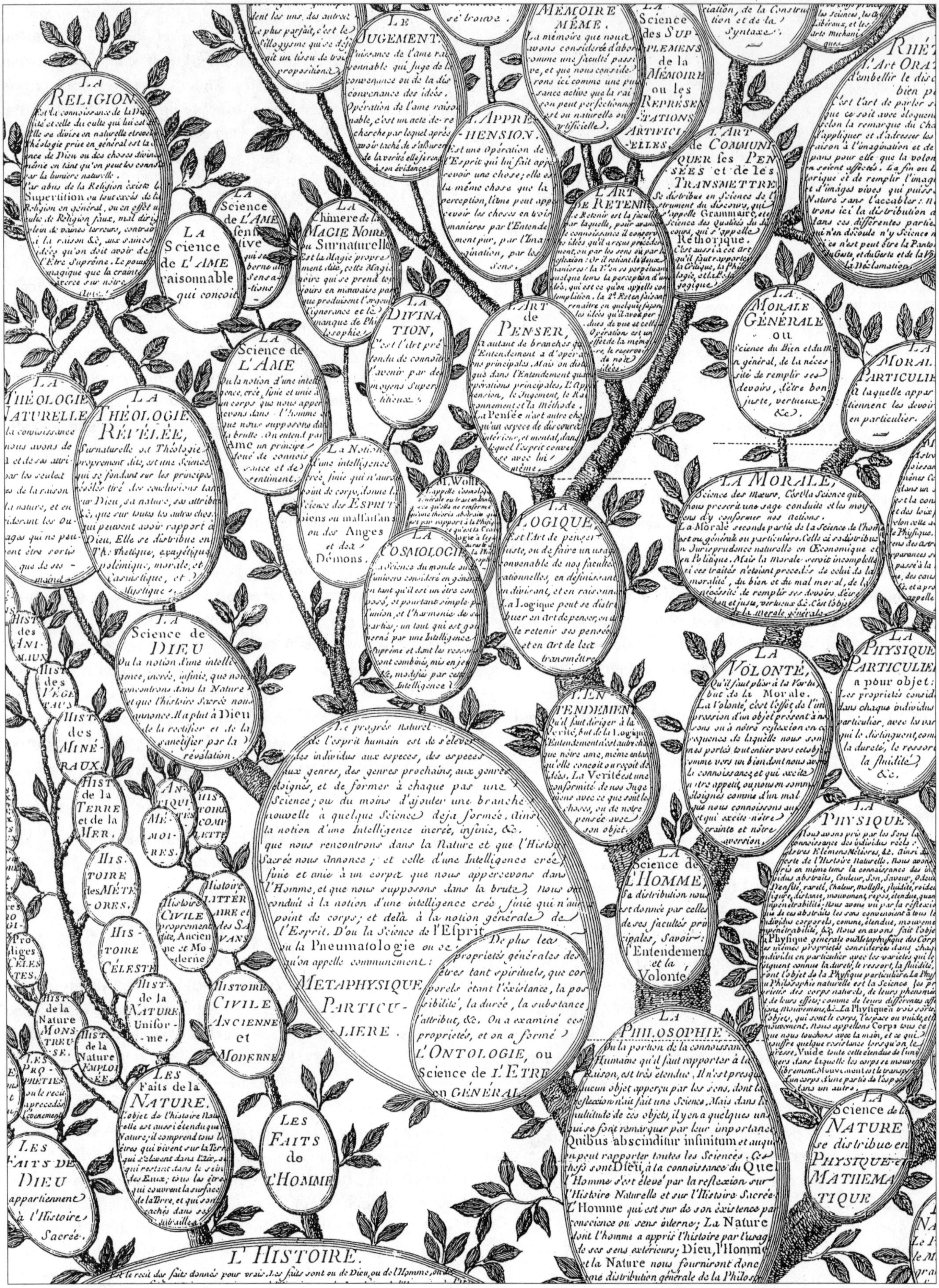

Stammbaum des menschlichen Wissens (Ausschnitt) aus dem Prospekt der Encyclopédie *von Denis Diderot (1750).*

Robert Darnton

Eine kleine Geschichte der Encyclopédie *und des enzyklopädischen Geistes*

Was war so skandalös an der *Encyclopédie?* Vordergründig boten Diderot und d'Alembert dem Publikum lediglich ein umfassendes Kompendium des Wissens von A bis Z. Wenn ihre Leser einen der siebzehn Foliobände auf gut Glück öffneten, so stießen sie wahrscheinlich auf etwas völlig Unschuldiges – eine Beschreibung der Seidenweberei, der Anatomie oder des Römischen Reiches. Die Artikel über christliche Lehrinhalte waren in der Regel peinlich orthodox, und die meisten von ihnen hatten den Segen des königlichen Zensors erhalten. Die späteren Ausgaben – die Quartausgabe, Genf Neuchâtel 1777 bis 1779 und die Oktavausgabe, Lausanne–Bern 1778 bis 1783 – überboten das Original sogar noch an Frömmigkeit, da ihr Herausgeber, ein obskurer Abbé aus Lyon namens Jean-Antoine de Laserre, die Gunst seines Erzbischofs zu erlangen suchte, indem er erbauliche Inhalte in Diderots Texte schmuggelte. Im Band 33 zum Beispiel eröffnete Laserre den Artikel TESTAMENT mit einem Auszug aus einem der Hirtenbriefe seines Erzbischofs: »Das gesamte Alte Testament ist nach Gottes Plan lediglich ein großes und prächtiges Gemälde, worin Seine Hand im voraus alles einzeichnete, was dem verkündigten Erlöser geschehen sollte.«[1] Dennoch war die *Encyclopédie* ein verbotenes Buch. Es war die Ursache des größten Kampfes um die Meinungsfreiheit des 18. Jahrhunderts und wurde zur Bibel der Aufklärung. Warum erregte es derartige Leidenschaft?

Heute kennen die meisten die *Encyclopédie* nur vom Hörensagen, als Quelle der Freidenkerbewegung, anderer Enzyklopädien – oder, wenn sie etwas daraus gelesen haben, lediglich von ein paar in schmalen Anthologien gesammelten Artikeln. Diese Anthologien enthalten gewöhnlich eine ähnliche Auswahl an Irreligion in kleinen Portionen, gefischt aus einem Meer von Information. Diderot tröpfelte die Gottlosigkeiten in seine Artikel über unbekannte Gegenstände wie AIUS LOCUTIUS und EPIDELIUS und war sorgsam darauf bedacht, alles Verdächtige bei offensichtlichen Stichwörtern wie CHRISTENTUM und DREIFALTIGKEIT zu vermeiden. Natürlich diente die berechnende Geheimniskrämerei der Sache der Aufklärung: Sie schärfte den Spürsinn. Scharfsinnige Leser entdeckten den Spott über den Papst in SÂKYA, einem Artikel über den Stellvertreter des Buddha in Japan. Sie entdeckten die Religionskritik in YPAINA, einem heidnischen Ritus, der der Eucharistie verdächtig glich, in ADLER, einem Vogel, der eine nicht ganz geheure Ähnlichkeit mit den Bildern des Heiligen Geistes aufwies, und in AGNUS SCYTHICUS, einer mythischen Zauberpflanze, die auf merkwürdige Weise an die Inkarnation erinnerte. Das Lesen der *Encyclopédie* konnte sich in ein Spiel verwandeln: in eine Jagd nach Hinweisen zwischen den Zeilen und an entlegenen Plätzen, in eine Dechiffrier- und Detektivarbeit, die eine kritische Geisteshaltung förderte.

Die *Encyclopédie* verfolgte solche Absichten auch mittels raffinierter Wendungen der Logik. Schlechte Argumente dienten ihr dazu, orthodoxe Schlußfolgerungen vorzubringen, und gute Argumente, den Lesern Häresien nahezubringen – nur um am Ende die Orthodoxie durch strategisch gesetzte Trugschlüsse zu retten. Gleichzeitig konfrontierte sie ihre Leser mit einer erbaulichen Ansammlung tugendhafter und einsichtsvoller Eingeborener, Hindus, Konfuzianer, Stoiker, Deisten und sogar Atheisten – im Gegensatz zu unzüchtigen und törichten Päpsten, Bischöfen, Priestern und Mönchen. Und sie würzte diese Freigeisterei mit einigen gepfefferten Querverweisen. Der berühmteste erschien im ersten Band unter MENSCHENFRESSER (ANTHROPOPHAGE), einer nüchternen Beschreibung des Kannibalismus, die mit dem Hinweis endete: »Siehe EUCHARISTIE«. Der Artikel EUCHARISTIE in Band III enthielt eine mustergültige Abhandlung über die heilige Kom-

[1] Ein zeilengenauer Vergleich der verschiedenen Ausgaben der *Encyclopédie* würde viele Unterschiede aufweisen. Über diese besonders ungewöhnliche Verbesserung von Diderots ursprünglichem Text, siehe Société typographique de Neuchâtel an Joseph Duplain, 20. September 1777, in den Papieren der *Société typographique de Neuchâtel* (künftig STN) in der *Bibliothéque publique et universitaire de Neuchâtel*, Schweiz. Die folgende Darstellung stützt sich auf meine Studie über die späteren Auflagen der *Encyclopédie: The Business of Enlightenment. A Publishing History of the Encyclopédie 1775–1800*, Cambridge, Mass. 1979; deutsche Teilausgabe: *Glänzende Geschäfte. Die Verbreitung von Diderots Encyclopédie, Oder: Wie verkauft man Wissen mit Gewinn*, Berlin 1993.

munion, die am Ende ebenso den Hinweis trug: »Siehe MENSCHENFRESSER«.

Wenn man diese Verweise herausnimmt und zusammenfaßt, lassen sie die *Encyclopédie* beinahe wie eine Höllenmaschine erscheinen, die auf alle Orthodoxien des Ancien Régime zielt. Aber die meisten von ihnen wurden von den Lesern, die das Werk zum Nachschlagen eines bestimmten Stichworts heranzogen, wohl nicht einmal bemerkt. Darüber hinaus waren geistreiche Ungezogenheiten in der Literatur der Libertins bereits seit einem Jahrhundert erschienen. Es war nicht die gelegentliche Gottlosigkeit, welche die *Encyclopédie* so bedrohlich erscheinen ließ. Die Gefährlichkeit lag in dem Programm, das in diesem Werk verkörpert war: in dem Versuch, das gesamte Wissen der Zeit neu zu strukturieren und die Grenzen zwischen dem Wißbaren und dem Unerforschlichen auf eine Weise zu ziehen, die die Kirche auf den Plan rufen mußte.

Grenzziehungen sind ein gefährliches Geschäft. Klassifikationssysteme üben Macht aus. Beide nehmen sie auch Emotionen in ihren Dienst. Warum, fragt Edmund Leach, kann ich Sie wütend machen, wenn ich Sie Hundesohn nenne und nicht Sohn einer Kuh? Hunde gehen in unseren Häusern aus und ein und überqueren die Schwelle, die das häusliche Leben von dem der Tiere trennt, während Kühe ganz und gar der ausgeschlossenen Welt der Tiere zugehören. Warum, wundert sich Mary Douglas, fühlen sich orthodoxe Juden abgestoßen von der Vorstellung, Meeresfrüchte zu essen? Ein Hummer bewohnt die zweideutige Region zwischen der Meereswelt, in der Tiere unter Wasser schwimmen, und dem Festland, auf dem sie sich mit ihren Beinen und Füßen bewegen. Warum, fragt Ralph Bulwer, spielen Kasuare in den Ritualen der Stämme Neu-Guineas eine so herausragende Rolle? Diese straußenähnlichen Laufvögel haben Flügel wie ein Vogel, bewegen sich aber wie ein Landtier und überqueren somit Kategorien, die für die neu-guineische Welteinteilung fundamental sind.[2]

Immer wenn ein Geschöpf oder ein Gegenstand eine begriffliche Grenzziehung bedroht, erlangt es die Fähigkeit, anzuziehen oder abzustoßen, weil es die Spannungen und die Willkür verkörpert, die in jedem Klassifikationssystem enthalten sind. Macht ist verortet in zweideutigen Grenzbereichen, die Gefühle der Abstoßung oder der Anziehung hervorrufen. Haare und Fingernägel gelangen in den Zaubertrank von Hexen, weil sie aus jener Gefahrenzone stammen, in der das Selbst übergeht in die es umgebende Welt und das »Ich« sich in Materie verwandelt. Schmutz ist gemäß der Definition von Mary Douglas Materie, die sich in Unordnung befindet, und aus diesem Grund kann er dafür gebraucht werden, im Ritual Energie zu liefern. Durch die Verachtung marginalisierter Personen, die sie als Schmutz, als Abschaum behandeln, können Demagogen mächtige Emotionen mobilisieren, und durch die Kategorisierung von Minderheiten als Untermenschen können Rassisten alle Arten unmenschlicher Behandlung rechtfertigen. Klassifikationssysteme wirken in den Verhaltensmustern des Alltagslebens als Machtsysteme: Stell ein Buch in der Bibliothek an die falsche Stelle, und es ist verloren; drück beim Computer auf die falsche Taste, und der Text verschwindet; parke da, wo es verboten ist, und du bekommst einen Strafzettel. Komik beruht im wesentlichen auf dem Wechsel des Bezugsrahmens oder dem Spiel mit einem Mißverhältnis, der Zuordnung zu einer unangemessenen Kategorie, wie im Verweis auf den Kannibalismus am Ende des Artikels zur EUCHARISTIE. Lachen, Ärger, Unbehagen, Ekel, epistemologische »Angst« in all ihren Formen überfallen uns, wann immer wir eine Grenze überschreiten oder auf Zweideutigkeit stoßen. Um die Gefahr in Schranken zu halten, versuchen wir, die Erfahrungen zu ordnen, indem wir zwischen den Dingen Demarkationslinien ziehen: daher die Bedeutung des Enzyklopädischen.[3]

Denken wir an die chinesische Enzyklopädie, die Borges vorstellte und die Foucault auslegte. Sie lehrt, daß alle Tiere eingeteilt seien in: »a) Tiere, die dem Kaiser gehören, b) einbalsamierte Tiere, c) gezähmte, d) Milchschweine, e) Sirenen, f) Fabeltiere, g) herrenlose Hunde h) in diese Gruppierung gehörige, i) die sich wie toll gebärden, k) die mit einem feinen Pinsel aus Kamelhaar gezeichnet sind, l) und so weiter, m) die den Wasserkrug zerbrochen haben, n) die von weitem wie Fliegen aussehen.« Das nervöse Lachen, das dieses System hervorruft, zeigt uns die Willkür von Systemen im allgemeinen. Die spezifische Ordnung des Alphabets, die der Absurdität der Kategorien entgegengesetzt wird, hinterläßt das Gefühl, daß nichts festgelegt ist und man alles an sich reißen kann. Auf einer solchen Ebene finden Machtkämpfe statt. Manchmal werden sie mit Maschinengewehren ausgetragen, und manchmal handelt es sich um Kämpfe zur Bestimmung eines epistemischen Feldes.[4]

Auf dieser Ebene vereinten Diderot und d'Alembert ihre Kräfte für die *Encyclopédie*. Deutlich wird dies in dem Baum des Wissens, den sie auf den ersten Seiten des Werkes abdruckten und erläuterten. Gewiß wurden viele Bäume des Wissens und viele Enzyklopädien in den vorangegangenen Jahrhunderten veröffentlicht, manche von großen Köpfen entworfen: Ramus, Bacon, Comenius, Leibniz.

[2] Edmund R. Leach, »Anthropological Aspects of Language: Animal Categories and Verbal Abuse«, in *New Directions in the Study of Language*, hg. v. Eric H. Lenneberg, Cambridge, Mass., 1964, S. 23–63; Mary Douglas, *Purity and Danger: An Analysis on the Concepts of Pollution and Taboo*, London 1966; Ralph Bulmer, »Why Is the Cassowary Not a Bird? A Problem of Zoological Taxonomy Among the Karam of the New Guinea Highlands«, *Man*, New series, Nr. 2 (1967), S. 5–25.

[3] Zu einer soziologischen Erörterung dieser Themen, die die oben zitierte anthropologische Literatur ergänzt, siehe Erving Goffman, *Frame Analysis. An Essay on the Organization of Experience*, Boston 1986.

[4] Michel Foucault, *Die Ordnung der Dinge. Eine Archäologie der Humanwissenschaften*. Frankfurt am Main 1971, S. 17, das Zitat aus Jorge Luis Borges, *Das Eine und die Vielen. Essays zur Literatur*, München 1966, S. 212.

Ramistische Spielereien findet man in den vorausgegangenen Kompendien fast überall.

Das Diagramm zu Beginn der *Encyclopédie* zeichnet sich jedoch durch einen ernsthaften Unterton aus, der durchaus mit der epistemologischen »Angst« korrespondiert, die auch in Diderots *Prospekt der Encyclopédie* zum Vorschein kommt:

»Dieser Baum des menschlichen Wissens konnte auf mancherlei Weise gebildet werden: entweder durch Beziehung unserer verschiedenen Kenntnisse auf die verschiedenen Fähigkeiten unserer Seele oder durch Beziehung derselben auf die Dinge, die sie zum Gegenstand haben. Die Schwierigkeit war aber um so größer, je größere Freiheit dabei bestand. Und wie sollte sie dabei nicht bestehen? Die Natur bietet uns nur einzelne Dinge, unendlich viele, ohne irgendeine feststehende und bestimmte Einteilung. Alles in ihr ergibt sich durch unmerklich feine Übergänge. Und wenn aus diesem Meer von Gegenständen, die uns umgeben, einige wie Bergspitzen hervorzuragen & die anderen zu beherrschen scheinen, so verdanken sie diesen Vorzug nur besonderen Systemen, vagen Konventionen & gewissen sonderbaren Zufälligkeiten, die der natürlichen Anordnung der Dinge & den wahren Grundlehren der Philosophie fremd sind.«[5]

Diderot und d'Alembert machten sich daran, den vollen Kreis des Wissens zu beschreiben – das heißt, eine wirkliche Enzyklopädie zu verfassen und nicht nur ein weiteres Wörterbuch. Wie Diderot in seinem Artikel Encyclopédie deutlich machte, beabsichtigten sie auch, »die allgemeine Denkweise zu verändern«. Aber wie konnten »die wahren Grundlehren der Philosophie« aufgestellt werden angesichts des grenzenlosen »Meers von Gegenständen, das uns umgibt«? Das war das grundlegende Problem der *Encyclopédie.*

Um sich dieser Frage zu stellen, gingen Diderot und d'Alembert zurück zu Bacons Anfängen der modernen Wissenschaft. Aber sofort tauchte ein weiteres Problem auf, nämlich auf welche Weise der englische Text von Ephraim Chambers' *Cyclopaedia,* die den Ausgangspunkt des französischen Unternehmens bildete, zu übersetzen und zu erweitern war. Chambers selbst sah sich mit denselben epistemologischen Fragen konfrontiert:

»Die Schwierigkeit liegt in der Form und ihrer Organisation, daß man eine solche Menge von Materialien so anordnet, daß sie keine verworrenen Haufen unzusammenhängender Teile bilden, sondern ein zusammenhängendes Ganzes … Frühere Lexikographen haben kaum so etwas wie Struktur in ihren Werken angestrebt und scheinen sich auch nicht bewußt gewesen zu sein, daß ein Wörterbuch in gewissem Maße auch die Vorzüge einer fortgesetzten Abhandlung beinhalten kann.«[6]

Chambers' Antwort bestand darin, seine Enzyklopädie um einen Baum des Wissens herum zu organisieren. Indem Diderot und d'Alembert Chambers folgten, gestanden sie, das gleiche Problem auf die gleiche Weise lösen zu wollen:

»Mit dem englischen Autor haben wir erkannt, daß der erste Schritt zur sinnvollen & wohldurchdachten Ausarbeitung einer Enzyklopädie darin bestehen muß, einen Stammbaum aller Wissenschaften & Künste aufzustellen, der den Ursprung jedes Zweiges unserer Kenntnisse, ihre wechselseitigen Verbindungen & ihren Zusammenhang mit dem gemeinsamen Stamm zeigen & uns dazu dienen sollte, die verschiedenen Artikel in Beziehung zu ihren Hauptgegenständen zu bringen.«

Aber Chambers' Baum genügte den Anforderungen nicht. Wie Thomas von Aquin hielt Chambers an der Theologie als der Königin der Wissenschaften fest: daher ihre beherrschende Stellung im Geäst der »rationalen« Wissenschaften. Die Verzweigung selbst folgte dem Ramistischen Prinzip der zweiteiligen Gabelung, doch gab es keine Verknüpfung mit den geistigen Fähigkeiten. So wurden die religiösen und die weltlichen Wissenschaften vermischt, und bei diesem Vorgehen ging ein entscheidendes Merkmal Bacons verloren: die Künste und Wissenschaften schienen auseinander hervorzugehen statt aus der mit sinnlichen Erfahrungen operierenden Vernunft. Diderot und d'Alembert übersprangen deshalb Chambers und gingen zurück zu Bacon.

Unglücklicherweise gab es auch hier Probleme. Sein Baum – dargestellt in *The Advancement of Learning* – leitete das Wissen von den drei Geistesvermögen ab: Gedächtnis, Einbildungskraft und Vernunft. Aber er gab der »Göttlichen oder Natürlichen Theologie« einen herausragenden Platz an der Spitze des Baums, und er setzte die Offenbarungstheologie auf einen eigenen Baum mit reichem Blattwerk. Die Trennung der beiden Bäume war kein Zufall. Bacon schrieb im begleitenden Text: »Wir sollten nicht versuchen, die Mysterien Gottes zu unserer Vernunft herabzuziehen oder ihr zu unterwerfen.«[7] Genau dies aber versuchten Diderot und d'Alembert. Wenn man ihren Baum über Bacons säkularen Baum legt und die begleitenden Kommentare vergleicht, kann man genau sehen, wo sie von seinem Vorbild abwichen, um so viel wie möglich von der Theologie zu eliminieren. Sie völlig zu eliminieren war unmöglich, da für das Erscheinen ihres Werks ein königliches Privileg, die Erlaubnis durch den königlichen Zensor erforderlich war – ein königlicher Genehmigungsstempel, unserem heutigem Copyright vergleichbar. Bacon schrieb

[5] Denis Diderot, *Prospekt der Encyclopédie,* in dieser Ausgabe S. 464 bis 471. Die folgende Darstellung bezieht sich auf einige Argumente, die ich in *The Great Cat Massacre and Other Episodes in French Cultural History,* New York, 1984, Kap. 5, entwickelt habe, dt. *Das große Katzenmassaker,* München 1989.

[6] Ephraim Chambers, *Cyclopaedia: or an Universal Dictionary of Arts and Sciences,* 5. Aufl., London 1741, Bd. 1, S. II.

[7] Francis Bacon, *The Advancement of Learning,* hg. v. W. A. Wright, Oxford 1876, S. 109–110.

zum Beispiel der Kirchengeschichte große Bedeutung zu, um zu zeigen, wie die Hand Gottes in den menschlichen Angelegenheiten am Werke war, »zur Widerlegung derer, die gleichsam ohne Gott in der Welt sind.«[8] Diderot und d'Alembert erwähnten die Kirchengeschichte kaum und betonten statt dessen die mechanischen Künste, die zeigen, wie die Menschen in der Welt am Werke sind und ihr eigenes Glück schmieden – ohne Gottes Hilfe.

Diderot und d'Alembert putzten in der Tat Bacons Baum so gründlich aus, daß sie eine völlig andere Struktur schufen. Kategorische Eingriffe dieses Ausmaßes erforderten sehr viel mehr als bloßen Mut. Um sie zu bewerkstelligen, bezogen sie sich auf eine radikale Variante des englischen Empirismus, die von unmittelbaren sinnlichen Erfahrungen ausgehende Wissenschaftslehre von John Locke. Lockes *Essay Concerning Human Understanding* (Versuch über den menschlichen Verstand), der seit 1700 auf Französisch vorlag (Condillacs von Locke beeinflußter *Essai sur l'origine des connaissances humaines* erschien 1746) zeigte, daß die Geistesvermögen nur auf Daten basierten, die durch die Sinne geliefert wurden. Alles Wissen leitet sich daher aus der Empfindung ab, und das Vermögen der Vernunft, das Sinnesdaten in Wissen verwandelt, verdiente eine zentrale Stellung bei jedem Versuch, die Welt des Wissens darzustellen. Zunächst war die Weltkarte *(mappe monde)* Diderots und d'Alemberts die zentrale Metapher in der Beschreibung ihrer Arbeit. Als sie diese zugunsten der Metapher des Baumes aufgaben, brachten sie die Philosophie vom Rand in die Mitte ihres Diagramms. Als Ausdruck der Vernunft wurde sie zum Stamm ihres Baumes, zur Hauptleitung des Wissens, die viel bedeutender ist als der Zweig des Gedächtnisses, aus der das Wissen von der Geschichte und den Handwerkern hervorgeht, und der Zweig der Einbildungskraft, aus dem die Literatur und die schönen Künste hervorgehen.

Ein sorgfältiger Leser, der allen Verästelungen folgte, würde die »Offenbarungstheologie« auf einem sehr abgelegenen Zweig finden, verbunden mit »Weissagung« und »Schwarzer Magie«. Diderot und d'Alembert machen dies in einer anderen Version des Baumes noch deutlicher, die mit dem *Prospekt der Encyclopédie* in Umlauf kam und wirkliche Blätter zeigte, groß genug, um einigen erläuternden Sätzen Platz zu bieten. Die Erklärung der »Offenbarungstheologie« klang hinreichend orthodox, aber sie verzweigte sich zur »Religion«, bei der die Theologie wieder auftauchte als »die Wissenschaft von Gott oder den göttlichen Dingen, insofern man sie im Licht der Vernunft erkennen kann *(la science de Dieu ou des choses divines même en tant qu'on peut les connoître par la lumière naturelle)*« – kurz gesagt, ein entschiedener Deismus. Religion schloß ebenso ein: »Aberglauben, oder jedes Übermaß an Religion im allgemeinen oder tatsächlich einen Kult falscher Religion, voll leerem Schrecken, im Gegensatz zur Vernunft

[8] *Ebd.*, S. 99.

etc.«. »Schwarze Magie«, »Weissagung« und die »Wissenschaft der Engel und Dämonen« sprossen von benachbarten Zweigen. Es war kein attraktiver Zweig, besonders im Vergleich zu den benachbarten Ästen, die edlere Arten des Wissens enthielten wie »die Wissenschaft vom Menschen«, »Moral«, »Logik« und »die Kunst des Denkens«. Ein Gutteil Verschleierung verbarg die alles durchdringende Irreligiosität, dennoch ließ die ganze Struktur die tiefgreifende Häresie erkennen: die katholische Kirche war nicht Teil der Welt des Wissens; ihre Lehren hatten keinen Raum bei den Wissenschaften, die durch die Vernunft aus empirischer Beobachtung erzeugt wurden; sie wurde der Grenzen verwiesen.

Warum also war die *Encylopédie* gefährlich? Nicht weil sie einige kirchenkritische Spitzen enthielt, sondern weil sie Wissenschaft auf eine radikal neue Weise darstellte. Indem sie den epistemologischen Grund wechselte, die Kategorien neu ordnete und die Grenzen neu zog, überantwortete sie das Christentum dem Bereich des Nichtwißbaren. Ihr enzyklopädischer Anspruch – die schiere Menge der Information, die in die siebzehn Textbände und elf Tafelbände gestopft war – verstärkte dessen morphologischen Griff nach der Macht, da das Werk doch alles enthielt, was der Mensch wußte. Alles jenseits von ihm war kein Wissen, und alles in ihm war hervorgebracht von der »Gesellschaft von Gelehrten« *(Société des gens de lettres)*, die auf den Titelblättern als seine Autoren firmierten. Um das Jahr 1759 hatte diese Gruppe eine deutliche Identität gewonnen. Sie waren *encyclopédistes* oder *philosophes* (die Begriffe waren nahezu gleichbedeutend), und sie legten ihre Arbeiten einem notorischen Freidenker vor, Denis Diderot. Der Philosoph hatte den Priester als Herrscher in der Welt des Wissens ersetzt, und er hatte alles ausgeschlossen, was nach Pfaffentum roch.

Diese Schlußfolgerung klingt verdächtig. Bestimmen Bücher wirklich den epistemologischen Grund, auf dem wir gehen? Um einen Einblick zu geben, wie sich Weltansichten in der Praxis verändern, möchte ich von der Untersuchung der *Encyclopédie* als Text zu einer Betrachtung ihrer Publikationsgeschichte übergehen.

Die gesamte Branche stimmte darin überein, daß die *Encyclopédie* der größte Erfolg in der Geschichte des französischen Buchhandels war. Sie brachte ihren Verlegern Hunderttausende ein, bevor die erste Auflage zur Hälfte gedruckt war, und das Gesamteinkommen aus allen Auflagen, die vor 1789 erschienen, betrug viele Millionen Livres oder Francs. Der finanzielle Aspekt erklärt zum Teil, warum die Regierung bereit war, das Werk zu tolerieren, nachdem es heftigen Attacken ausgesetzt war, aber diese Angriffe bereiteten dennoch großen Schaden. Tatsächlich drohten sie in den 1750er Jahren eine gewisse Zeit die ganze Aufklärung zu lähmen. Das Überleben der *Encyclopédie* und die außerordentliche Verbreitung ihrer späteren Auflagen kann somit auch als Maßstab dienen für die

Fähigkeit der Aufklärung, nicht allein ihre Feinde zu besiegen, sondern ihre Botschaft noch zu den entferntesten Lesern zu tragen.

Die Feinde schlugen zu, sobald der erste Band 1751 erschienen war. Erst die Jesuiten, dann die Jansenisten, eine Gruppe von Journalisten, Verfasser von Pamphleten, die Juristen des Parlements, Bischöfe, die Generalversammlung des Klerus, der Papst und der Rat des Königs zogen über die Autoren her, verurteilten das Buch und drohten, wie der Papst, damit, seine Leser zu exkommunizieren. Sie entdeckten die hinter der scheinbaren Orthodoxie verborgene Irreligiosität des Werks, und sie schienen die dem Geist der *Encyclopédie* innewohnende allgemeine Untergrabung der Autorität zu spüren. Ein königliches Edikt verurteilte 1752 die Bände I und II wegen »verschiedener Maximen«, die darauf abzielen, »die königliche Autorität zu zerstören, den Geist der Unabhängigkeit und der Revolte zu befreien und mittels dunkler und doppeldeutiger Begriffe die Grundlagen des Irrtums, der Sittenverderbnis, der Irreligiosität und des Unglaubens zu errichten.«[9] Die Verurteilung hatte geringe Wirkung, denn die beiden Bände waren schon verkauft und ausgeliefert. Tatsächlich war sie sogar gut fürs Geschäft: sie erzeugte einen Skandalerfolg. Die Verleger hatten ursprünglich geplant, 1625 Exemplare zu drucken. Sie erhöhten die Auflage dreimal, bis sie im Jahre 1754 die Zahl 4255 erreichte.

Der Skandal half auch dabei, eine Streitsache zu definieren, welche die Kämpfer im Lager der Aufklärung mobilisierte. Freidenker scharten sich um Diderot und d'Alembert in Paris, während Voltaire von Ferney aus seine Artikel abfeuerte. Die »Gesellschaft von Gelehrten« hatte sich 1759 auf etwa einhundert Mitarbeiter ausgedehnt, darunter Montesquieu (der postum für den Artikel Geschmack kooptiert wurde), Rousseau (der während des Streits über d'Alemberts Artikel Genf 1757 mit der Gruppe brach), Desmahis, Formey, Tarin, Turgot, d'Holbach, Marmontel, Tronchin, Douchet, Casuhac und der Baron Grimm. Obwohl sie einander nicht immer persönlich kannten, nahmen sie eine Gruppenidentität an. Sie wurden bekannt als Enzyklopädisten, und das Vorhaben der *Encyclopédie* wurde mit der Aufklärung identifiziert. Tatsächlich war die *Encyclopédie* das Unternehmen, um das herum die Aufklärung überhaupt zu einer Bewegung mit einem Programm, einer Partei und einem gemeinsamen Feind wurde. Daß ein Buch eine Bewegung auslöste, paßte zur Natur dieser Streitsache, denn die Enzyklopädisten machten sich daran, durch das Beherrschen der Medien ihrer Zeit, vor allem des gedruckten Wortes, das Denken zu verändern und die Institutionen zu reformieren. Die Verbreitung der *Encyclopédie* war deshalb auf ihre Weise ebenso bedeutend wie das Hervorbringen des Textes selbst. Es handelt sich um zwei Aspekte des gleichen Prozesses, um zwei Gesichter der Bewegung der Aufklärung. Um das Bild als Ganzes zu sehen, sollte man die Fehden im Buchhandel ebenso betrachten wie die geistigen Machtkämpfe. Nachdem die Enzyklopädisten die Welt des Wissens aufgezeichnet hatten, mußten sie sie erobern, und dazu mußten sie ihr Werk in die Hände von Lesern bringen.

Die größte Krise in der Publikationsgeschichte der *Encyclopédie* fiel in die Jahre 1757 bis 1759, als das öffentliche Leben in Frankreich allgemein außer Kontrolle zu geraten schien. Am 5. Januar 1757, kurz nach dem Ausbruch des Siebenjährigen Kriegs, als eine heftige Auseinandersetzung zwischen den Parlements und der Krone ausgebrochen war und der Jansenistenstreit einen neuen Höhepunkt erreicht hatte, stach ein halbverrückter Lakai namens Robert François Damiens König Ludwig XV. ein Federmesser in die Seite. Das gesamte Königreich schauderte bei der Aussicht auf einen Königsmord und vielleicht sogar so etwas wie eine Revolution.[10] Ein königlicher Erlaß vom 16. April bedrohte jeden mit dem Tode, der etwas Beleidigendes gegen Kirche oder Staat veröffentlichte oder auch nur versuchte, »die Gemüter zu erregen«.[11] Die Publikation von Helvétius' *De l'esprit* im Juli 1758 rief deshalb eine solche Unruhe hervor, weil das Buch, das mit einem königlichen Privileg und der Genehmigung des Zensors versehen war, offen für den Atheismus einzutreten schien. Obwohl Helvétius nicht für die *Encyclopédie* schrieb, versammelte er so viele Enzyklopädisten in seinem Salon, daß er als ihr *maître d'hôtel* bekannt wurde. Der Skandal, den sein Buch erregte, schlug auf ihre Schriften über. Während Helvétius auf Knien seine Irrtümer widerrief und der Scharfrichter sein Buch in einer großen Zeremonie vor dem Justizpalast verbrannte, verbot das Parlement den Verkauf der *Encyclopédie*. Der Staatsanwalt sah in den beiden Werken den Beweis für eine Verschwörung gegen Altar und Thron, und das Parlement setzte einen Untersuchungsausschuß ein. Den Enzyklopädisten erschien dieses Vorgehen wie eine Hexenjagd.

Durch solche Hexenverfolgungen im Buchwesen konnte das Parlement seine Loyalität gegenüber der Krone unter Beweis stellen, die zur Zeit der Affäre Damiens umstritten war, und es konnte seinen Anspruch geltend machen, die Kontrolle über das gedruckte Wort zu erlangen. Die Regierung aber wollte diese Macht behalten. Sie entschied daher, den Kampf gegen die *Encyclopédie* selbst in die Hand zu nehmen. Am 8. März 1759 zog der Königliche Rat das Druckprivileg zurück und verbot den Verlegern die Fort-

[9] *Arrêt du Conseil*, 7. Februar 1752, zitiert in John Lough, *The »Encyclopédie«*, New York 1971, S. 21. Die beste Darstellung der Kampagne gegen die *Encyclopédie* bietet immer noch Arthur M. Wilson, *Diderot*, New York 1972, bes. Kap. 12 und 25.

[10] Als Beleg für die allgemeine Krisenstimmung siehe die Dokumente bei François Ravaisson, *Archives de la Bastille*, Paris 1884, Bd. 15, S. 423–500 und die ausgezeichnete Studie von Dale Van Kley, *The Damiens Affair and the Unraveling of the French Monarchy*, Princeton 1984.

[11] Der Text dieses außergewöhnlichen Erlasses ist veröffentlicht in J.-P. Berlin, *Le Commerce des livres prohibés à Paris de 1750 à 1789*, Paris 1913, S. 114.

setzung der Veröffentlichung. Der Aufseher über den Buchhandel, Lamoignon de Malesherbes, hatte für die finanziellen Interessen der Verleger ebensoviel Verständnis, wie er die Ideen der Enzyklopädisten schätzte. Er befahl der Polizei, Diderots Papiere zu beschlagnahmen, warnte Diderot aber vor der drohenden Durchsuchung und nahm die Unterlagen in sein eigenes Haus zur Aufbewahrung. Er erwirkte auch eine besondere Genehmigung für eine Ausgabe des Tafelwerks der *Encyclopédie*, die tatsächlich die Rechte der Verleger schützte und es ihnen ermöglichte, das Unternehmen fortzuführen. Diderot arbeitete sechs weitere Jahre an der Erstellung des Textes, während der Streit sich allmählich legte. Die letzten zehn Textbände erschienen schließlich alle auf einmal im Jahre 1765 unter der falschen Verlagsadresse von Samuel Fauche in Neuchâtel. Während die Verleger damit ein Vermögen einheimsten, entdeckte Diderot, daß André-François Le Breton, der Kopf des Verlegerkonsortiums, die Korrekturfahnen heimlich zensiert und entschärft hatte. Ohnehin war seine Tätigkeit zu diesem Zeitpunkt nicht mehr vom Feuer der Leidenschaft beseelt. Die Bände 8 bis 17 wurden zusammengeschustert, mit wenig Rücksicht auf die Verbindungen, die sie zu einem organischen System des Wissens vereinigen sollten. Chevalier de Jaucourt, der den Hauptteil des Manuskripts lieferte, schnitt, klebte und griffelte mit heldenmütiger Hingabe. Er war ein großer Freund der Philosophie, aber kein großer Philosoph. Als Diderot nach der Veröffentlichung des letzten Tafelbandes 1772 auf die ganze Arbeit zurückblickte, die ihn fünfundzwanzig Jahre seines Lebens gekostet hatte, erklärte er sie zu einem einzigen Unglücksfall.[12]

Es stellte sich heraus, daß mit einer verbesserten Auflage des Textes ein noch größeres Vermögen zu machen war. Die erste Auflage, die ursprünglich für 280 Livres verkauft wurde, kostete schließlich für die Subskribenten 980 Livres und erzielte 1400 Livres auf dem Buchmarkt. Die Nachfrage blieb enorm, besonders in Frankreich, wo fast die Hälfte der insgesamt 4225 Exemplare verkauft wurden. Wie enttäuscht Diderot auch gewesen sein mag, seine *Encyclopédie* hatte überlebt, und sie hatte Erfolg. Von diesem Zeitpunkt an konzentriert sich die Geschichte dieses Werkes auf die Mühen der Verleger, die Nachfrage zu befriedigen, sei es durch bloße Nachdrucke oder durch das Erstellen einer revidierten Auflage. Ein wahres Knäuel aus Intrigen, Verschwörungen, Handelskriegen, Raubdrucken, Spionage und dramatischen Finales. Ohne sich auf Einzelheiten einzulassen, kann ihr Hauptergebnis, gemessen an der Verbreitung von Exemplaren der verschiedenen Auflagen, wie folgt zusammengefaßt werden:[13]

	Frankreich	außerhalb	Auflage
Pariser Folio	2000 (?)	2050	4225
Genfer Folio	1000 (?)	1000	2150
Lucca Folio	250 (?)	1150	1500
Livorno Folio	0 (?)	1400	1500
Genf-Neuchâtel Quarto	7257	754	8525
Lausanne-Bern Oktav	700 (?)	4500	5500
Insgesamt	11207	10854	23400

Diderots Werk durchlief mehrere Auflagen und wurde dabei zunehmend kleiner im Format und niedriger im Preis. Die drei Quartausgaben wurden zusammen für 384 Livres, die beiden Oktavausgaben für 225 Livres verkauft – eine beträchtliche, aber doch erschwingliche Summe für viele Angehörige der mittleren Schicht der französischen Gesellschaft. Mindestens 11200, möglicherweise sogar 12000 Ausgaben wurden in Frankreich verkauft. Ungefähr 65 Prozent ihrer Käufer können, dank der recht vollständigen Dokumente über die Verbreitung der Quartausgabe, identifiziert werden. Die *Encyclopédie* erreichte jeden Winkel des Königreichs und verkaufte sich besonders gut unter Gelehrten und bei jener heterogenen Elite, die man »Notabeln« nannte – das heißt bei denjenigen Leuten, die sich um die Revolution verdient machen und die französische Gesellschaft durch das 19. Jahrhundert hindurch bestimmen sollten.[14] Die Verleger beglückwünschten sich selbst nicht nur dazu, den größten Coup in der Geschichte ihres Berufsstandes gelandet, sondern auch dazu, die Aufklärung verbreitet zu haben. »Niemals hatte ein Unternehmen dieser Art und dieses Ausmaßes einen solchen Erfolg«, schrieben die Verleger der Quartausgabe an einen Kunden. »Sollte es in dieser besten aller möglichen Welten an Aufklärung *(lumières philosophiques)* mangeln, so wird das gewiß nicht unsere Schuld sein.«[15]

In welchem Ausmaß brachte die Eroberung des Marktes auch Veränderungen in den Köpfen mit sich? Eine geheimnisvolle Frage, auf die man nie eine Antwort finden wird, aber man kann zeigen, daß die epistemologische Frage die *Encyclopédie* bis ans Ende ihrer Geschichte verfolgte, sogar bis hin zu ihrer kommerziellsten Phase. Wie schon erläutert, wurde Diderots Text seinem Baum des Wissens nicht gerecht, nicht jeder Artikel wurde durch Querverweise in einem Klassifikationssystem situiert, ganz besonders nicht in den zehn letzten Bänden. Diderot beschrieb das Endergebnis folgendermaßen:

[12] Wilson, *Diderot,* Kap. 35.

[13] Wie die Fragezeichen andeuten, enthält die Tabelle einige Vermutungen, aber es gibt genügend verläßliche Informationen, um die allgemeine Gültigkeit der Tabelle zu bestätigen. Die Zahlen in den beiden ersten Kolumnen bezeichnen die Verkäufe, die in der dritten Kolumne die vollständigen Auflagen. Aufgrund von Fehlabzügen war die Zahl der Drucke immer beträchtlich höher als die der tatsächlich hergestellten vollständigen Ausgaben. Zu einer genauen Erörterung dieser Probleme siehe meinen Aufsatz, »A Bibliographical Imbroglio: Hidden Editions of the *Encyclopédie*«, in: Jean-Daniel Candaux, Bernard Lescase (Hg.), *Cinq Siècles d'imprimerie genevoise,* Genf 1981, Bd. 2, S. 71–101 und *The Business of Enlightenment,* S. 33–37.

[14] Statistiken und Karten der Verbreitung in Kap. 6 von *The Business of Enlightenment* und *Glänzende Geschäfte.*

[15] *Société typographique de Neuchâtel* an J. G. Bruere in Homburg, 19. August 1779, zitiert ebd. S. 531.

»Die *Encyclopédie* war eine Grube, in welche diese elenden Lumpensammler [seine Mitarbeiter] alles durcheinander hineinwarfen – Unverdautes, Gutes, Schlechtes, Abscheuliches, Wahres, Falsches, Ungewisses & das alles ebenso wirr wie unzusammenhängend.«[16]

Diderot schrieb dies 1768 im Auftrag eines anderen Verlegers, Charles-Joseph Panckoucke, der eine vollständig neue Fassung der *Encyclopédie* herstellen wollte. Diderot selbst sollte sie herausgeben und alles noch einmal von vorn beginnen, um die Enzyklopädie seiner Träume zu schaffen – zu einem Gehalt, das es ihm nach Panckouckes Darstellung der Angelegenheit erlauben sollte, seinem Alter in Ruhe entgegenzublicken: 300000 Livres. Um die französischen Autoritäten zur Genehmigung dieser Neufassung *(refonte)*, wie sie es nannten, zu überreden, verfaßte Diderot eine Denkschrift über die Fehler der alten *Encyclopédie* und die Vorzüge einer neuen. Panckoucke erwarb die Kupfertafeln und die »Rechte« am Text von den ursprünglichen Verlegern im Dezember 1768. Er verkaufte Teile davon, kaufte sie wieder zurück, und für den Rest seines Lebens spekulierte er mit Enzyklopädien in den verschiedensten Ausgaben.[17]

Zunächst verweigerte die Regierung die Erlaubnis zu einer Neufassung. Deshalb kam Panckoucke auf das Vorhaben zurück, eine verbesserte Ausgabe des Originaltexts mit einigen Supplementbänden zu drucken, die Diderot herausgeben sollte. Er wandte sich an Diderot, führte waghalsige Verkaufsgespräche und versprach ihm Unsummen, und das in einer Weise, die eine der ersten Unabhängigkeitserklärungen eines Autors gegenüber seinem Verleger hervorrief: »Gehen Sie zum Teufel, Sie und Ihr Buch, ich werde mir keine solche Arbeit mehr aufhalsen.«[18] Diderot hatte die Nase voll von Enzyklopädien. Aber Panckoucke war entschlossen, eine Enzyklopädie zu schaffen, die allen anderen ein Ende setzen sollte, und im Jahre 1776 gab ihm die neue Regierung unter dem einstmaligen Enzyklopädisten Turgot ihren Segen. Panckoucke ließ den Nachdruckplan fallen und mit diesem Diderot, »ein übler Kerl *(mauvaise tête)*, der uns zur Verzweiflung gebracht hätte«[19], und rekrutierte d'Alembert und Condorcet als Herausgeber eines wahrhaft grandiosen Neuaufgusses. Während diese dem Unternehmen Prestige verliehen, sollte Panckouckes Schwager, Jean-Baptiste-Antoine Suard, ein Literat mit guten Verbindungen, die Alltagsgeschäfte leiten. Suard half Panckoucke dabei, eine angesehene Gruppe von Mitarbeitern, zumeist aus der jüngeren Generation der *philosophes* anzuwerben: La Harpe, Saint-Lambert, Thomas, Marmontel, Morellet und viele andere. Sie richteten in einer Wohnung neben der von Suard ein Büro ein, füllten es mit einer Bibliothek von Nachschlagewerken an, engagierten einen Sekretär und einen Kopisten und machten sich an die Arbeit. Achtzehn Monate lang und für ein Gehalt von 6300 Livres arbeitete Suard an der ersten Skizze einer zwanzigbändigen Super-Enzyklopädie, die 1781 vollendet sein sollte. Aber wie so viele Projekte in der Verlagsgeschichte gelangte sie nie in Druck.

Im Dezember 1776 kündigte Joseph Duplain, ein kämpferischer und durchtriebener Lyoner Buchhändler, die Veröffentlichung einer preiswerten Quartausgabe der *Encyclopédie* unter dem Namen von Jean-Léonard Pellet, einem Genfer Drucker, an. Dieser Angriff auf Panckoucke torpedierte dessen Neufassung und eröffnete einen fünf Jahre dauernden Raubdruck- und Handelskrieg. Nachdem er beschlossen hatte, mit Duplain gemeinsame Sache zu machen, statt ihn zu bekämpfen, peitschte Panckoucke drei Auflagen der Quartausgabe durch und setzte noch zwei Auflagen der preiswerteren Oktavausgabe darauf. Dennoch hielt er an seinem Plan fest, ein gänzlich neues Werk hervorzubringen. Obwohl Suard sein Herausgeberbüro aufgeben mußte, hielt dieser sich mit Entwürfen und Skizzen in Bereitschaft. Im Juni 1778 schlug dann eine weitere Bombe ein.

Ein obskurer Buchhändler namens Deveria mit einer Gruppe Lütticher Verleger im Rücken gab von Amsterdam aus einen Prospekt für eine »nach Themen geordnete« Enzyklopädie heraus. Wie Suard wollte Deveria Diderots Text verbessern und ihn durch Originalbeiträge ergänzen. Aber anstatt der willkürlichen Ordnung des Alphabets zu folgen, wollte er das Material nach Themen ordnen und eine Reihe kleiner Enzyklopädien über Recht, Medizin, Naturgeschichte usw. veröffentlichen. Jeder einzelne Band sollte die zugrunde liegende rationale Ordnung herausarbeiten, welche die Felder des Wissens zusammenhält. Querverweise sollten dem Leser helfen, die Verbindungen von einem Gebiet zum anderen zu verfolgen. So sollte Deveria dort Erfolg beschert sein, wo Diderot und d'Alembert gescheitert waren. Er würde jenes wahre, organische System des Wissens erschaffen, das im Baum des Wissens symbolisch dargestellt und im *Prospekt der Encyclopédie* beschworen wurde.[20]

Deveria veröffentlichte ebenfalls einen Prospekt, um eine Subskriptionskampagne zu starten, der sich jedoch wie ein philosophisches Manifest las und die *Encyclopédie* in einem Punkt angriff, wo sie sich die ehrgeizigsten Ziele gesetzt hatte und immer noch am verwundbarsten war:

»Ohne diese kostbare Ordnung, das einzige, was wirklich den philosophischen Geist betrifft, hätte dieses Buch nicht mehr von einer Enzyklopädie, als ein Haufen behauener und numerierter Steine mit einem Palast zu tun hat. In der Anordnung der verschiedenen Teile eines Bauwerks

[16] Diderot, *Œuvres complètes,* hg. v. J. Assézat, M. Tourneux, Paris 1875 bis 1877, Bd. 20, S. 130.

[17] Zu dieser Phase der Geschichte der *Encyclopédie, The Business of Enlightenment* und *Glänzende Geschäfte,* Kap. 2.

[18] Diderot an Sophie Volland, in Diderot, *Correspondance,* hg. v. Georges Roth, Paris 1955, Bd. 9, S. 123–124.

[19] Panckoucke an STN, 4. August 1776.

[20] Zur vollständigen Erörterung von Deverias Projekt und den Ursprüngen der *Encyclopédie méthodique* s. *The Business of Enlightenment,* Kap. 8.

erkennt man das Genie seines Architekten, so wie man nicht in der alphabetischen Anordnung der *Encyclopédie,* sondern in ihrer *Einleitung,* dem *Discours Préliminaire,* den großen Mann erblickt, der alles Wissen aufnimmt, die zugrunde liegende Ordnung, ihre Verbindungen und Wechselbeziehungen erkennt.«[21]

Kurz gesagt, ein emporgekommener Buchhändler, von dem niemand je gehört hatte (Deveria war noch zwei Jahre zuvor im Pariser Buchladen der Witwe Babuty angestellt gewesen), nahm sich vor, den epistemologischen Grund zu erobern, den Diderot und d'Alembert aus der Ferne gesehen, aber nie wirklich eingenommen hatten. Wie konnte es dazu kommen? Dieses neue Terrain sah 1778 ganz anders aus als 1748, als Diderot und d'Alembert ihren Baum des Wissens entworfen hatten – nun begannen gewöhnliche Bürger anstelle der Philosophen dieses zu erobern. Deveria machte diesen Punkt deutlich, indem er das »alphabetische Laster« öffentlich anklagte. Sein Prospekt erläuterte:

»Was die thematische Anordnung betrifft, so erheben die Verleger keinen Anspruch auf den Ruhm, diese Idee entdeckt zu haben. Sie schulden sie Bacon, dem ausdrücklichen Wunsch des Publikums und dem Urteil verschiedener Gelehrter, die so gütig waren, sie aufzuklären.«[22]

Der epistemologische Boden der Aufklärung hatte sich geändert, die Aufklärung war zur Werbekampagne geworden.

Panckoucke reagierte auf charakteristische Weise: erst kämpfte er dagegen an, dann kaufte er Deveria (oder die Verleger, die hinter ihm standen) und machte sich dessen Plan zu eigen. Noch einmal gab er deshalb das Vorhaben auf, den ursprünglichen Text zu verbessern, und lancierte statt dessen einen sehr viel ehrgeizigeren Plan; die *Encyclopédie méthodique.* Hier ist nicht der Ort, die Verlagsgeschichte dieses erstaunlichen Unternehmens nachzuerzählen, das Panckoucke durch die Zeit der Französischen Revolution hindurch verfolgte und das schließlich dreißig Jahre nach seinem Tod, 1832, endete, als es bei 202 und einem halben Band angelangt war. Der Punkt, der hier hervorzuheben ist, ist die Art und Weise, wie die ultimative Enzyklopädie der Aufklärung eine neue Struktur des Wissens verkörperte.

Panckouckes Werbung erläuterte die der *Encyclopédie méthodique* zugrunde liegenden Prinzipien ganz ähnlich, wie es Deveria gemacht hatte, aber sie berief sich auf höhere Autoritäten: zuerst Voltaire und dann Diderot selbst. Als Panckoucke die Subskriptionskampagne für die *Encyclopédie méthodique* lancierte, veröffentlichte er einen Prospekt, der Voltaires *Questions sur l'Encyclopédie* als Beweis dafür zitierte, daß »Herr von Voltaire dringend eine neue Auflage der *Encyclopédie* wünschte, welche die Fehler der ersten verbessern würde«. Ebenso druckte der Prospekt Abschnitte aus Diderots Denkschrift von 1768 nach, zum Beweis, daß die *Encyclopédie méthodique* eben jene Verbesserungen enthalten würde, die Diderot gewünscht hatte. Aber die größte Verbesserung würde die Strukturierung des Wissens mit sich bringen, die in der Gliederung des Werkes verkörpert sei. Indem man alles in siebzehn Bände geworfen hatte, die durch die Ordnung des Alphabets zusammenhingen, habe Diderot die im *Prospekt* verkündeten Prinzipien aufgegeben. Panckoucke wollte sie beherzigen. Er würde die zugrunde liegende Ordnung sichtbar machen, die alle Künste und Wissenschaften vereinte, indem er 26 Unter-Enzyklopädien herausbrächte, deren jede einzelne einem Zweig des Wissens entspräche. Zusammengenommen würden sie ein organisches Ganzes bilden, »das weitreichendste, interessanteste, genaueste, vollständigste und am besten ausgeführte Werk, das man sich überhaupt wünschen kann.«[23]

Alles spricht dafür, daß Panckoucke an seine Werbesprüche glaubte. Er verbreitete den Prospekt als Streitschrift und druckte ihn wiederholt in den Vorreden und Ergänzungen der *Encyclopédie méthodique* selbst. Er spielte die Rolle, die er sich selbst gegeben hatte – nicht lediglich der Verleger, sondern der Philosoph, der höchste Baumeister, der alle Teile des Wissens entwirft und sie zu einem einzigen Gebäude verbindet: »Wir haben uns nicht einfach auf die Tätigkeiten eines Verlegers beschränkt; wir haben die Skizzen für diese Enzyklopädie gezeichnet, alle Glieder angeordnet und den ersten, zweiten und letzten Teil des großen Prospekts verfaßt.« Panckoucke schrieb ein paar Artikel selbst, namentlich eine halb-voltairianische, halbchristliche »Abhandlung über die Existenz Gottes«. Und in einigen seiner späteren Werbeschriften veröffentlichte er den Brief eines Subskribenten, der bezeugte, daß die neue Enzyklopädie ihn »unsterblich machen« würde.[24]

Natürlich ließ sich Panckouckes Enzyklopädie nicht einfach dadurch verkaufen, daß er sie in den höchsten Tönen lobte. Er richtete seinen Appell an zwei Arten von Lesern, diejenigen, welche Informationen über besondere Gegenstände wünschten, und diejenigen, welche sich durch ein ganzes Wissensgebiet systematisch durcharbeiten wollten. Was die erste Gruppe möglicher Leser anbetraf, betonte der Prospekt, daß jede der 26 Unter-Enzyklopädien als ein Wörterbuch mit detaillierten Artikeln anzusehen sei, die praktischerweise in alphabetischer Ordnung gruppiert seien. Für die zweite Gruppe erklärte er, daß die Wörterbücher auch als Abhandlungen gelesen werden könnten. Jedes beginne mit einer »analytischen Tafel«, welche die

[21] *Prospectus d'une édition complète de l'Encyclopédie, rangée par ordre des matières et dans laquelle on a fondu tous les Suppléments et corrigé les fautes des éditions précédentes,* Amsterdam 1778, im Dossier Marc Michel Rey, in der Bibliotheek van de vereeniging ter bevordering van de belangen des boekhandels, Amsterdam.

[22] *Ebd.*

[23] Die Zitate stammen aus dem Prospekt, den Panckoucke im *Mercure de France* vom 8. Dezember 1781 veröffentlichte.

[24] Zitate aus dem Wörterbuch *Beaux-Arts* (der *Encyclopédie méthodique*) Bd. 1, S. LXXXI und dem Wörterbuch *Mathématiques,* Bd. 3, S. XVIII–XIX.

jeweiligen Hauptbegriffe aufführe und die Reihenfolge angebe, in der die Artikel zur systematischen Unterrichtung gelesen werden sollten. Das Wörterbuch der Physik zum Beispiel, das Gaspard Monge herausgab, wies den Leser an, mit dem Artikel *Bewegung* zu beginnen, dann zu *Geschwindigkeit, Kraft, Stärke* und so weiter voranzuschreiten. Ein die Ausgabe krönender Band mit dem Titel »Universal-Wörterbuch« würde die begrifflichen Verbindungen von einem Wörterbuch zum anderen aufzeichnen. Damit würde die *Encyclopédie méthodique* zu einer »vollständigen und universalen Bibliothek des gesamten menschlichen Wissens.«[25]

Was geschieht, wenn dieselbe Sache, durch dasselbe Wort bezeichnet, in verschiedenen Wörterbüchern ein unterschiedliches Aussehen annimmt? *Luft* zum Beispiel erscheint als zerlegbare Substanz im sechsten Wörterbuch (Chemie) und als grundlegendes Element im zweiten (Physik). Dieses Problem scheint Panckoucke nicht beunruhigt zu haben, da er annahm, daß die Wörter den Dingen entsprechen. Der Prospekt wählte einen taxonomischen Zugang zum Wissen, als ob sich die epistemologischen Probleme in einem Linné-artigen Prozeß des Benennens und Klassifizierens zum Verschwinden bringen ließen. Aus diesem Grund fungierten die »analytischen Tafeln« als Schlüssel zur Kohärenz innerhalb jedes Wörterbuchs. »Durch dieses Mittel wird dem Leser mit einem Blick sozusagen das ganze Bild jeder Wissenschaft zuteil, ebenso wie die Verbindung zwischen allen Begriffen, die zu ihr gehören – oder besser: die Verbindung zu allen Ideen, die ihnen zugrunde liegen.«[26] Zuerst hatte Panckoucke angekündigt, daß die *Encyclopédie méthodique* sich aus zwanzig Wörterbüchern zusammensetzen solle, dann waren es 26 und später mehr als fünfzig. Am Ende geriet das Unternehmen vollkommen außer Kontrolle. Anstatt einem von Linnés klassischen Gärten zu gleichen, verwandelte sie sich in einen Dschungel: 202 Bände und ein halber über alles unter der Sonne.

Was war schiefgelaufen? Vielleicht gar nichts. Vielleicht gelang es den Mitarbeitern so erfolgreich, auf der Höhe der letzten Entwicklungen in ihren Wissenschaften zu bleiben, daß die Wörterbücher sich unkontrollierbar über das gesamte Spektrum der Künste und Wissenschaften ausbreiteten. Guyton de Morveau, der Herausgeber des Wörterbuchs der Chemie, hatte sehr viel über jene neue Welt zu sagen, die mit Lavosier aufgetaucht war. Daubenton und Lamarck, denen Naturphilosophie und Botanik anvertraut waren, brauchten vierzehn Bände, um die neu entstandene Wissenschaft der Biologie darzustellen. Bei so vielen Bereichen, die über so viele Jahre hinweg in Bewegung waren, mußte die *Encyclopédie méthodique* sich dem Wechsel und Wachstum fügen. Aber ihr Charakter läßt sich aus der folgenden Tafel der einzelnen Wörterbücher abschätzen, die Panckoucke 1791 aufgelistet hat:

Naturgeschichte	9 Bände
Medizin	8 Bände
Rechtswissenschaft	8 Bände
Künste & Gewerbe	8 Bände
Botanik	5 Bände
Altertum, Mythologie	5 Bände
Geschichte	5 Bände
Metaphysik, Moral, Logik, Erziehung	4 Bände
Politische Ökonomie, Diplomatie	4 Bände
Militärische Wissenschaften	4 Bände
Architektur	4 Bände
Nationalversammlung	4 Bände
Mathematik	3 Bände
Chemie, Metallurgie, Pharmazie	3 Bände
Agrikultur	3 Bände
Alte Geschichte & Geographie	3 Bände
Moderne Geographie	3 Bände
Theologie	3 Bände
Philosophie	3 Bände
Grammatik, Literatur	3 Bände
Finanzen	3 Bände
Handel	3 Bände
Schiffahrt	3 Bände
Manufakturen	3 Bände
Physik	2 Bände
Anatomie	2 Bände
Chirurgie	2 Bände
Forstwirtschaft	2 Bände
Innenverwaltung, öffentliche Aufgaben	2 Bände
Bildende Künste	2 Bände
Musik	2 Bände
Mineralogie	1 Band
Physische Geographie	1 Band
Artillerie	1 Band
Brücken, Landstraßen	1 Band
Jagd, Fischerei	1 Band
Enzyklopädisches	1 Band
Mathematische & physikalische Belustigungen	1 Band
Akademische Künste	½ Band

Am Vorabend der *Terreur,* als Panckoucke sich eine Zeitlang vom Verlagsgeschäft zurückzog, dachte er, er könne die Welt der Wissenschaft auf 39 Wörterbücher in 125½ Bänden komprimieren. Einige Gebiete erscheinen uns heute wunderlich: Jagd, die Nationalversammlung (ein Versuch, aktuelle Informationen über laufende politische Ereignisse zu liefern) und die »akademischen Künste« (Fechten, Tanzen, Reiten und Schwimmen). Aber alles in allem erscheint

[25] Dieses Zitat und die Übersicht aus dem Prospekt stammen aus der Fassung, die Panckoucke im *Mercure* vom 8. Dezember 1781 veröffentlichte. Andere Fassungen zirkulierten im Buchhandel als Werbebroschüren, und ergänzende Notizen erschienen in verschiedenen Bänden der *Encyclopédie méthodique* ebenso wie im *Mercure,* den Panckoucke ebenfalls verlegte. So fand seine Werbung durch die ihm verfügbaren Medien weite Verbreitung.

[26] *Ebda.*

die Landschaft vertraut. Sie verweist auf den Campus einer modernen Universität, wo es Gebäude für die verschiedenen Fächer gibt und Disziplinen in Fachrichtungen gegliedert sind. Wir sind in eine Welt eingetreten, die wir wiedererkennen, die Welt des professionalisierten Wissens.

Nichts kann der Welt Diderots ferner liegen, in der ein philosophischer Geist alles durchdrang und alles, wenn auch recht unordentlich, in ein einziges *Dictionnaire raisonné* von siebzehn Bänden paßte. Panckoucke beanspruchte, die Enzyklopädie zu verwirklichen, an der Diderot gescheitert war. Wenn Diderots *Encyclopédie* als ein Fehlschlag betrachtet werden kann, so war es gewiß ein ehrenwerter. Der *Encyclopédie méthodique* fehlte dagegen der Geist, der ihre Ahnen beseelt hatte. Dieser Geist umfaßte mehr als nur antiklerikale Dreistigkeit. Er ging aus dem Willen hervor, Risiken einzugehen, sich in Gefahr zu begeben und mit brennbaren Stoffen an den Rändern des Erforschbaren zu spielen. Diderot erschütterte den Grund des Wissens. Panckoucke besetzte ihn, als sich das Wissen in einzelnen Parzellen niederließ. Wir beackern diese Felder heute noch immer, befestigen hie und da Grenzen, dennoch scheint uns dieser Raum unveränderbar. Der große Wandel ereignete sich vor zwei Jahrhunderten. Philosophen und Verleger, beide auf ihre Weise, arbeiteten zusammen in einem Unternehmen der Eingrenzung, das die Hauptlinien jener geistigen Landschaft festlegte, die wir noch immer bewohnen, obwohl wir selten Epistemologie mit Geschichte verbinden – und am allerwenigsten mit der Geschichte des Handels.

Aus dem Amerikanischen von Horst Günther

Denis Diderot Prospekt der *Encyclopédie*, 1750

Das Werk, das wir ankündigen, ist nicht mehr nur ein in Vorbereitung befindliches Werk. Das Manuskript & die Zeichnungen dazu sind fertig. Wir können also versichern, daß es nicht weniger als acht Bände & sechshundert Bildtafeln haben wird & daß die Bände ohne Unterbrechung aufeinanderfolgen werden.

Nachdem wir das Publikum über den gegenwärtigen Stand der *Encyclopédie* und die Eile, mit der wir ihre Veröffentlichung betreiben werden, unterrichtet haben, ist es unsere Pflicht, ihm Aufschluß zu geben über die Natur dieses Werkes & die Mittel, deren wir uns bei der Ausarbeitung bedient haben. Dies wollen wir nun mit möglichst wenig Prahlerei tun.

Man kann wohl nicht abstreiten, daß wir seit der Erneuerung der Wissenschaft bei uns den Wörterbüchern zum guten Teil jene allgemeinen Kenntnisse verdanken, die sich in der Gesellschaft verbreitet haben, & damit auch jenen Wissenskeim, der den Geist unmerklich auf tiefere Erkenntnisse vorbereitet. Wie wichtig wäre es also, gerade auf diesem Gebiet ein Buch zu bekommen, das man bei allen Fragen zu Rate ziehen könnte & das zur Anleitung derer, die sich stark genug fühlen, bei der Belehrung der anderen mitzuarbeiten, ebenso dienlich wäre wie zur Aufklärung derer, die sich nur selbst belehren wollen!

Das ist ein Vorteil, auf den wir es abgesehen haben; doch ist es nicht der einzige. Da wir alles, was die Wissenschaften & Künste betrifft, in die Form eines Wörterbuches brachten, so kam es auch darauf an, klarzumachen, welche Hilfe sie sich gegenseitig leisten; diese Hilfe zu benutzen, um die Prinzipien zuverlässiger & ihre Konsequenzen deutlicher zu machen; die fernen oder nahen Beziehungen zwischen den Dingen anzudeuten, welche die Natur bilden & von jeher die Menschen beschäftigt haben; an der Verflechtung der Wurzeln & an der Verflechtung der Zweige zu zeigen, warum es unmöglich ist, einige Teile des Ganzen gut zu kennen, ohne auf viele andere zurück- oder vorzugreifen; ein allgemeines Bild von den Leistungen des menschlichen Geistes auf allen Gebieten & in allen Jahrhunderten zu geben; die Gegenstände klar darzustellen, jedem von ihnen den entsprechenden Raum zu gewähren &, wenn möglich, durch den Erfolg unser Motto zu bestätigen:

Tantum series iuncturaque pollet,
Tantum de medio sumptis accedit honoris!
So viel vermag Ordnung & Verbindung,
so viel Ansehen gewinnt dadurch das Alltägliche!
(Horaz, *Von der Dichtkunst*, Vers 243f.)

Bisher hatte niemand ein so großes Werk geplant oder doch wenigstens niemand ein solches in die Tat umgesetzt. Leibniz, der unter allen Gelehrten die damit verbundenen Schwierigkeiten am besten zu erkennen vermochte, wünschte, daß man sie überwinden könnte. Damals besaß man schon Enzyklopädien, & Leibniz wußte das, als er eine andere forderte.

Die meisten dieser Werke erschienen vor dem vergangenen Jahrhundert & wurden nicht ganz gering geschätzt. Man fand, daß sie zwar nicht viel Genie aufwiesen, zumindest aber von Fleiß & Wissen zeugten. Was könnten uns aber diese Enzyklopädien noch bedeuten? Welche Fortschritte hat man seitdem doch in den Wissenschaften & Künsten gemacht! Wie viele Wahrheiten, die man damals nicht ahnte, sind heute entdeckt! Die wahre Philosophie lag damals noch in der Wiege; die Geometrie des Unendlichen existierte noch nicht; die experimentelle Physik zeigte sich kaum; es gab keine Dialektik; die Gesetze der vernünftigen Kritik waren völlig unbekannt. Männer wie Descartes, Boyle, Huygens, Newton, Leibniz, die Brüder Bernoulli, Locke, Bayle, Pascal, Corneille, Racine, Bourdaloue, Bossuet &c. lebten noch nicht oder hatten noch nicht zu schreiben angefangen. Der Geist der Forschung & des Wettbewerbs trieb die Gelehrten nicht an. Ein anderer Geist, vielleicht weniger fruchtbar, aber auch seltener, nämlich der Geist der Exaktheit & der Methode, hatte sich die verschiedenen Teile des Schrifttums noch nicht unterworfen, & die Akademien, deren Arbeit die Wissenschaften & Künste so weit gebracht hat, waren noch nicht gegründet.

Obwohl die Entdeckungen der großen Männer & der gelehrten Gesellschaften, von denen wir soeben sprachen, später große Hilfe beim Zusammenstellen eines enzyklopädischen Wörterbuches geleistet haben, müssen wir doch gestehen, daß die gewaltige Zunahme der Stoffe ein solches Werk in manch anderer Hinsicht viel schwieriger machte. Aber es ist nicht unsere Aufgabe, zu beurteilen, ob die Nachfolger der ersten Enzyklopädisten kühn oder vermessen gewesen sind, & wir würden sie alle ihren Ruf genießen lassen, auch Ephraim Chambers, den bekanntesten unter ihnen, wenn wir nicht besondere Gründe hätten, das Verdienst des letzteren auf die Waagschale zu legen.

Die *Enzyklopädie* von Chambers, die in so vielen, kurz nacheinander gedruckten Auflagen in London veröffentlicht worden ist; diese *Enzyklopädie*, die man vor kurzem auch ins Italienische übersetzt hat & die, unseres Erachtens, in England & im Ausland die Ehre verdient, die man ihr erweist: sie wäre vielleicht nie geschaffen worden, wenn wir, bevor sie in englischer Sprache erschien, nicht in unserer Sprache Werke gehabt hätten, aus denen Chambers wahllos & ohne Maß den größten Teil der Angaben schöpfte, aus denen sein Wörterbuch zusammengesetzt ist. Was hätten wir Franzosen wohl von einer bloßen, einfachen Übersetzung gehalten? Sie hätte Entrüstung unter den Gelehrten & Skandal in der Öffentlichkeit erregt, weil man dem Publikum unter einem neuen großartigen Titel ja nur Schätze geboten hätte, die es schon lange besaß.

Wir versagen diesem Autor keineswegs die Gerechtigkeit, die ihm gebührt. Er hat wohl den Vorteil der enzyklopädischen Ordnung oder Verkettung erkannt, durch die man von den Grundprinzipien einer Wissenschaft oder Kunst ohne Unterbrechung bis zu den letzten Konsequenzen vorgehen & von diesen letzten Konsequenzen bis zu ihren Grundprinzipien zurückgehen, von dieser Wissenschaft oder Kunst unmerklich zu einer anderen übergehen &, wenn wir uns so ausdrücken dürfen, eine Reise um die Welt der Wissenschaft machen kann, ohne sich zu verirren. Wir stimmen mit ihm darin überein, »daß der Plan & die Absicht dieses Wörterbuches ausgezeichnet sind & daß es, wenn seine Ausarbeitung auf eine gewisse Stufe der Vollkommenheit gebracht worden wäre, zum Fortschritt der wahren Wissenschaft für sich allein mehr beitragen würde als die Hälfte der bekannten Bücher«. Aber wir können nicht umhin, festzustellen, wie weit es von dieser Vollkommenheit entfernt geblieben ist. Wie wäre es auch vorstellbar, daß alles, was die Wissenschaften & Künste betrifft, in zwei Folianten enthalten sein könnte? Das Register zu einem so umfangreichen Stoff würde allein einen Band ergeben, wenn es vollständig wäre. Wie viele Artikel müssen also in seinem Werk entweder ganz weggelassen oder stark gekürzt sein?

Das sind nicht etwa nur Vermutungen. Die vollständige Übersetzung der *Enzyklopädie* von Chambers hat uns vorgelegen: Wir fanden im Bereich der Wissenschaften erstaunlich viele Dinge, die zu wünschen übrigließen, fanden bei den freien Künsten nur ein Wort, wo Seiten notwendig gewesen wären, & bei den mechanischen Künsten war alles noch ergänzungsbedürftig. Chambers hat Bücher gelesen, aber wohl kaum Handwerker besucht; doch viele Dinge erfährt man nur in den Werkstätten selbst. Zudem geht es hier mit den Auslassungen nicht wie in einem anderen Werk. Eine Enzyklopädie duldet – strenggenommen – überhaupt keine Auslassung. Wird in einem gewöhnlichen Wörterbuch ein Artikel weggelassen, so wird es dadurch nur unvollkommen. In einer Enzyklopädie zerreißt dies den Zusammenhang & schadet der Form & dem Inhalt, & es bedurfte der ganzen Kunst von Ephraim Chambers, diesen Mangel zu vertuschen. Es ist also nicht anzunehmen, daß ein für jeden Leser so unvollkommenes & für den französischen Leser so veraltetes Werk bei uns viele Bewunderer gefunden hätte.

Aber wir wollen uns nicht weiter über die Mängel der englischen *Enzyklopädie* verbreiten, sondern nur feststellen, daß Chambers' Werk nicht die Grundlage ist, auf der wir aufgebaut haben; daß wir eine große Anzahl seiner Artikel neu geschrieben & kaum einen anderen ohne Zusatz, Verbesserung oder Kürzung verwendet haben; daß er nur zur Kategorie jener Autoren gehört, die wir in besonderem Maße zu Rate gezogen haben, & daß die allgemeine Gliederung das einzige ist, was unser Werk mit dem seinigen gemeinsam hat.

Mit dem englischen Autor haben wir erkannt, daß der erste Schritt zur sinnvollen & wohldurchdachten Ausarbeitung einer Enzyklopädie darin bestehen muß, einen Stammbaum aller Wissenschaften & Künste aufzustellen, der den Ursprung jedes Zweiges unserer Kenntnisse, ihre wechselseitigen Verbindungen & ihren Zusammenhang mit dem gemeinsamen Stamm zeigen & uns dazu dienen sollte, die verschiedenen Artikel in Beziehung zu ihren Hauptgegenständen zu bringen. Dies war keine leichte Aufgabe. Es galt, auf einer Seite den Grundriß eines Werkes zu entwerfen, das nur in mehreren Folianten ausgearbeitet werden kann & das später einmal alle *Kenntnisse der Menschen* enthalten soll.

Dieser Baum des menschlichen Wissens konnte auf mancherlei Weise gebildet werden: entweder durch Beziehung unserer verschiedenen Kenntnisse auf die verschiedenen Fähigkeiten unserer Seele oder durch Beziehung derselben auf die Dinge, die sie zum Gegenstand haben. Die Schwierigkeit war aber um so größer, je größere Freiheit dabei bestand. Und wie sollte sie dabei nicht bestehen? Die Natur bietet uns nur einzelne Dinge, unendlich viele, ohne irgendeine feststehende & bestimmte Einteilung. Alles in ihr ergibt sich durch unmerklich feine Übergänge. Und wenn aus diesem Meer von Gegenständen, die uns umgeben, einige wie Bergspitzen hervorzuragen & die anderen zu beherrschen scheinen, so verdanken sie diesen Vorzug nur besonderen Systemen, vagen Konventionen & gewissen sonderbaren Zufälligkeiten, die der natürlichen Anordnung der Dinge & den wahren Grundlehren der Philosophie fremd sind. Wenn wir nicht hoffen konnten, wenigstens die Naturgeschichte einer allumfassenden & jedermann zusagenden Einteilung zu unterwerfen, wie es Buffon & Daubenton nicht ohne gute Gründe vorgeschlagen haben – um wieviel mehr waren wir dann bei einem weitaus umfangreicheren Stoff dazu berechtigt, uns – wie Buffon & Daubenton – an irgendeine Methode zu halten, die befriedigend erscheint für Verständige, die einsehen, was die Natur der Dinge verträgt & was sie nicht verträgt! Am Schluß (hier Seite 454) findet man jenen Baum des menschlichen Wissens mit der Verkettung der Ideen, die uns bei diesem ungeheuren Unternehmen geleitet haben. Wenn wir dabei erfolgreich abgeschnitten haben, so verdanken wir dies hauptsächlich dem Kanzler Bacon, der den Plan für ein universales Wörterbuch der Wissenschaften & Künste schon in einer Zeit entworfen hat, in der es sozusagen noch keine Wissenschaften & Künste gab. Da dieses außerordentliche Genie nicht in der Lage war, die Geschichte all dessen zu schreiben, was man wußte, schrieb er die Geschichte all dessen, was man erlernen mußte.

Von unseren Fähigkeiten haben wir unsere Kenntnisse abgeleitet. Die Geschichte verdanken wir dem Gedächtnis, die Philosophie der Vernunft & die Poesie der Einbildungskraft. Eine fruchtbare Einteilung, der sogar die Theologie sich fügt; denn in dieser Wissenschaft leiten sich die Tatsachen doch von der Geschichte ab & beziehen sich auf das Gedächtnis, auch die Prophezeiungen, die nur eine Art Geschichte sind, bei der die Erzählung dem Ereignis vorausgeht. Die Mysterien, die Dogmen & die Gebote sind *ewige* Philosophie & *göttliche* Vernunft, & die Parabeln, eine Art allegorischer Dichtung, kommen von der *inspirierten* Einbildungskraft. Sobald wir einsahen, wie sich bei unseren Kenntnissen eine aus der anderen ergab, gliederte sich die Geschichte in Kirchengeschichte, Geschichte der menschlichen Gesellschaft, Naturgeschichte, Literaturgeschichte &c.; die Philosophie in Wissenschaft von der Natur &c.; die Poesie in erzählende Dichtung, dramatische Dichtung, allegorische Dichtung &c. Daher *Theologie, Naturgeschichte, Physik, Metaphysik, Mathematik* &c.; ferner *Meteorologie, Hydrologie* &c.; schließlich *Mechanik, Astronomie, Optik* &c.; mit einem Wort: eine Unmenge von Zweigen, wobei die Lehre von den *Axiomen* oder den durch *sich selbst evidenten Sätzen* als gemeinsamer Stamm innerhalb der synthetischen Ordnung betrachtet werden muß.

Angesichts eines so ausgedehnten Stoffes wird wohl jeder mit uns die folgende Überlegung anstellen: die tägliche Erfahrung lehrt nur allzu deutlich, wie schwierig für einen Autor die erschöpfende Behandlung einer Wissenschaft oder Kunst ist, deren besonderes Studium er zeit seines Lebens betrieben hat. Man darf also nicht überrascht sein, daß ein einzelner bei dem Projekt der Behandlung aller Wissenschaften & Künste gescheitert ist. Staunen muß man vielmehr darüber, daß ein Mensch so kühn & so beschränkt war, dies allein zu versuchen. Wer behauptet, er wisse alles, beweist nur, daß er die Grenzen des menschlichen Geistes nicht kennt.

Daraus haben wir gefolgert: Um eine so große Last zu tragen, wie wir sie auf uns nehmen mußten, ist es notwendig, sie zu verteilen. Sofort haben wir unser Augenmerk also auf eine ausreichende Anzahl von Gelehrten & Handwerkern gerichtet: Handwerker, die geschickt & durch ihre Talente bekannt, & Gelehrte, die in den besonderen Fächern, die ihnen zur Bearbeitung anvertraut werden sollten, bewandert waren. Wir haben jedem das Gebiet zugeteilt, das ihm entsprach: die Mathematik dem Mathematiker, den Festungsbau dem Ingenieur, die Chemie dem Chemiker, die Geschichte des Altertums & der Neuzeit einem Mann, der auf diesen zwei Gebieten bewandert ist, die Grammatik einem Autor, der durch den in seinen Werken herrschenden philosophischen Geist bekannt ist, & die Musik, die Marine, die Architektur, die Malerei, die Medizin, die Naturgeschichte, die Chirurgie, den Gartenbau, die freien Künste, die hauptsächlichsten mechanischen Künste Männern, die Beweise ihrer Fähigkeiten in diesen verschiedenen Fächern gegeben haben. Da jeder also nur mit dem beschäftigt war, was er verstand, war er wohl imstande, all das verständig zu beurteilen, was die Gelehrten des Altertums & der Neuzeit darüber geschrieben hatten, & konnte die dadurch gewonnenen Stützen durch eigene, selbständig erworbene Kenntnisse vermehren. Keiner kam dem anderen ins Gehege, niemand mischte sich in das ein, was er vielleicht nie erlernt hatte; deshalb hatten wir mehr Methode, Gewißheit, Weite & Ausführlichkeit, als es bei den meisten Lexikographen geben kann. Allerdings hat dieser Plan das Verdienst des Herausgebers sehr geschmälert, dafür aber viel zur Vollkommenheit des Werkes beigetragen, & wir werden immer der Meinung sein, daß wir uns genug Ruhm erworben haben, wenn das Publikum zufrieden ist.

Die einzige Aufgabe, die einige Intelligenz bei unserer Arbeit voraussetzt, besteht darin, jene Lücken auszufüllen, die zwei Wissenschaften oder Künste trennen, & den Zusammenhang in den Fällen, in denen sich unsere Mitarbeiter aufeinander verlassen haben, durch gewisse Artikel herzustellen, die zwar zu mehreren Bereichen zugleich zu gehören scheinen, aber von niemandem geschrieben worden sind. Damit aber derjenige, der eine bestimmte Aufgabe hat, nicht für die Fehler verantwortlich gemacht wird, die in diesen zusätzlichen Artikeln unterlaufen könnten, werden wir darauf bedacht sein, diese Aufsätze durch einen Stern zu kennzeichnen. Strikt werden wir das Versprechen halten, das wir gegeben haben; fremde Arbeit soll uns heilig sein, & wir werden nicht versäumen, den Autor zu befragen, wenn sich im Laufe der Arbeit herausstellen sollte, daß sein Beitrag unserer Ansicht nach noch einer wesentlichen Änderung bedarf.

Die verschiedenen Köpfe, die wir beschäftigt haben, haben jedem Artikel gleichsam das Siegel ihres besonderen Stils, eines dem Stoff & Gegenstand jenes Teiles entsprechenden Stils, aufgedrückt. Bei einem chemischen Verfahren kann die Ausdrucksweise nicht dieselbe sein wie bei der Beschreibung der Bäder & Theater des Altertums; das Handwerk eines Schlossers muß anders dargestellt werden als die Untersuchungen eines Theologen über eine Frage des Dogmas oder der Disziplin. Jede Sache verdient ihr Kolorit, & man würde die Gattungen durcheinanderbringen, wenn man sie auf eine gewisse einheitliche Form bringen wollte. Stilreinheit, Klarheit & Genauigkeit sind die einzigen Eigenschaften, die allen Artikeln gemeinsam sein müssen, & wir hoffen, daß man sie in ihnen vorfinden wird. Wollte man in dieser Hinsicht noch weiter gehen, so würde dies zu Eintönigkeit & Geschmacklosigkeiten führen, die umfangreichen Werken fast immer anhaften, in diesem Werk aber wahrscheinlich durch die außerordentliche Mannigfaltigkeit des Stoffes ausgeschlossen sind.

Wir haben wohl genug gesagt, um das Publikum zu unterrichten: über den gegenwärtigen Stand eines Unternehmens, für das es sich zu interessieren schien; über die allgemeinen Vorteile, die sich ergeben werden, wenn es gut ausgeführt wird; über den Erfolg oder Mißerfolg derjenigen, die es vor uns versucht haben; über den Umfang des Gegenstandes, die Ordnung, der wir uns unterworfen haben, die Verteilung der einzelnen Aufgaben & unsere Herausgeberpflichten. Nun wollen wir auf die wichtigsten Einzelheiten der Ausführung eingehen.

Der ganze Stoff der *Encyclopédie* läßt sich auf drei Hauptgruppen zurückführen: Wissenschaften, freie Künste & mechanische Künste. Wir werden bei den Wissenschaften & den freien Künsten anfangen & bei den mechanischen Künsten aufhören.

Über die Wissenschaften hat man viel geschrieben. Die Abhandlungen über die freien Künste haben sich zahllos vermehrt; die gebildete Gesellschaft ist voll davon. Aber wie wenige enthüllen die wahren Prinzipien; wie viele andere ersticken sie durch einen Schwall von Worten oder verlieren sich in gewolltem Dunkel! Wie viele machen zwar Eindruck durch ihre Autorität, entkräften aber eine Wahrheit durch einen Irrtum, der daneben steht, oder geben dem Irrtum durch eine solche Nachbarschaft den Schein der Wahrheit! Man hätte zweifellos besser daran getan, weniger zu schreiben, dafür aber besser.

Unter allen Schriftstellern haben wir denjenigen, die allgemein als die besten anerkannt werden, den Vorzug gegeben. Ihre Prinzipien wurden übernommen. Die klare & genaue Darstellung derselben wurde ergänzt durch Beispiele oder maßgebliche Zeugnisse, die fortwährend berücksichtigt wurden. Es ist weitgehend üblich, auf Quellen zu verweisen & bei Zitaten unbestimmte, oft ungetreue & meistens unklare Angaben zu machen, so daß man bei den verschiedenen Teilen, aus denen ein Artikel zusammengesetzt ist, nicht genau weiß, welchen Autor man über diesen oder jenen Punkt befragen soll oder ob man sie alle zu Rate ziehen muß – was die Nachprüfung langwierig & mühsam macht. Wir haben uns bemüht, diese Übel zu vermeiden, soweit dies möglich war: Wir zitieren im Text der Artikel selbst die Autoren, auf deren Zeugnis wir uns gestützt haben, bringen ihren eigenen Text, wenn es nötig ist, vergleichen überall die Anschauungen, wägen die Gründe ab, führen Möglichkeiten des Zweifels & Mittel zur Überwindung desselben an, entscheiden auch zuweilen, beseitigen Irrtümer & Vorurteile, soweit dies in unseren Kräften steht, & versuchen vor allem, sie nicht zu vermehren & sie keinesfalls dadurch zu verewigen, daß wir ohne Nachprüfung bereits zurückgewiesene Meinungen vertreten oder weithin angenommene Anschauungen unbegründet verwerfen. Wir hatten auch keine Angst, zu ausführlich zu werden, wenn das Interesse der Wahrheit & die Bedeutung des Gegenstandes dies verlangten, & wir opferten immer dann die Gefälligkeit der Darstellung, wenn sie sich mit dem Gesichtspunkt der Belehrung nicht vereinbaren ließ.

Das Reich der Wissenschaften & Künste ist eine vom Alltäglichen entfernte Welt, in der man jeden Tag Entdeckungen macht, von der wir aber sehr viele märchenhafte Berichte bekommen. Es kam also darauf an, die wahren Berichte zu bestätigen, vor den unwahren zu warnen, Anhaltspunkte zu bestimmen, von denen man ausgehen sollte, & so die Erforschung all dessen zu erleichtern, was noch erforscht werden muß. Wir führen Tatsachen an, aber alles nur, um den Geist anzuregen, sich unbekannte Wege zu bahnen & zu neuen Entdeckungen vorzustoßen, indem er als ersten Schritt denjenigen betrachtet, mit dem die großen Männer ihre Laufbahn beendet haben. Das ist auch das Ziel, das wir uns gesetzt haben, als wir mit den Prinzipien der Wissenschaften & der freien Künste die Geschichte ihrer Entstehung & ihrer allmählichen Fortschritte verbanden; & sobald wir dieses Ziel erreicht haben, werden gescheite Köpfe sich nicht mehr mit der Erforschung von Dingen beschäftigen, die schon vorher bekannt waren. Es wird dann leicht sein, in künftigen Schriften über die Wissenschaften & die freien Künste das, was die Erfinder selbständig vollbracht haben, von dem zu unterscheiden, was sie von ihren Vorgängern übernommen haben. Man wird die neuen Arbeiten richtig einschätzen, & jene ruhmsüchtigen & geistlosen Menschen, die alte Systeme keck als neue Ideen ausgeben, werden bald entlarvt sein. Doch um zu diesem Vorteil zu gelangen, war es notwendig, jedem Gegenstand den ihm gebührenden Platz einzuräumen, nur auf das Wesentliche einzugehen, alles Nebensächliche beiseite zu lassen & einen ziemlich häufigen Fehler zu vermeiden: nämlich den, sich lang & breit über das auszulassen, was doch nur ein Wort verlangt, das Unanfechtbare zu beweisen & das Klare zu erläutern. Mit Erläuterungen haben wir nicht gespart, sie aber auch nicht zu reichlich gegeben. Man wird einsehen, daß sie notwendig waren, wo immer wir sie angebracht haben, & daß sie dort überflüssig wären, wo man keine findet. Wir haben uns auch gehütet, Beweise dort zu häufen, wo unserer Meinung nach eine einzige solide Überlegung genügte, & haben sie nur in den Fällen reichlich dargeboten, in denen ihre Beweiskraft von ihrer Zahl & ihrer Übereinstimmung abhing.

Das sind alle jene Vorsichtsmaßnahmen, die wir ergreifen mußten, & die Schätze, auf die wir rechnen konnten; doch sind uns noch andere zugute gekommen, die unser Unternehmen sozusagen einem guten Geschick verdankt. So wurden uns Manuskripte durch Laien übermittelt oder durch Gelehrte geliefert, von denen wir hier nur Herrn Formey, den ständigen Sekretär der Königlich-Preußischen Akademie der Wissenschaften & Künste, nennen wollen. Dieses tüchtige Akademiemitglied hatte ein Wörterbuch erdacht, ungefähr so wie das unsrige, & opferte uns großmütig den ansehnlichen Teil, den er schon ausgearbeitet hatte – was wir ihm gewiß zur Ehre anrechnen werden. Da sind ferner Aufzeichnungen über Forschungen & Beobachtungen, die jeder Künstler oder Wissenschaftler, der einen Teil unseres Wörterbuches besorgt, bisher in seinem Arbeitszimmer aufbewahrt hat, jetzt aber freundlicherweise auf diesem Weg veröffentlichen will. Dazu gehören fast alle Artikel über allgemeine & besondere Grammatik. Wir können wohl versichern, daß in dieser Hinsicht kein bekanntes Werk so gehaltvoll & lehrreich wie das unsrige ist, sei es in bezug auf die Regeln & den Gebrauch der französischen Sprache oder in bezug auf das Wesen, den Ursprung & die Philosophie der Sprachen überhaupt. Wir werden also dem Publikum sowohl in den Wissenschaften als auch in den freien Künsten literarische Schätze vermitteln, von denen es sonst vielleicht nie Kenntnis erhalten hätte.

Nicht weniger wird zur Vollendung dieser zwei wichtigen Zweige jedoch die freundliche Unterstützung beitragen, die wir von allen Seiten erhalten haben: Protektion von seiten der Großen, Anerkennung & Mitteilung von seiten mehrerer Gelehrter. Öffentliche Bibliotheken, private Kabinette, Sammlungen, Mappen &c., alles wurde uns erschlossen, sowohl von berufsmäßigen Pflegern als auch von Liebhabern der Wissenschaften. Etwas Geschicklichkeit & viele bare Aufwendungen verschafften uns, was durch bloßes Wohlwollen nicht zu erlangen war; doch das Entgelt zerstreute fast immer die wirklichen Besorgnisse oder die angeblichen Befürchtungen derjenigen, die wir befragen mußten.

Großen Dank schulden wir vor allem dem Abbé Sallier, dem Kustos der Königlichen Bibliothek. Auch wollen wir ihm nicht erst dann danken, wenn wir unseren Mitarbeitern oder den Personen, die Anteil an unserem Werk genommen haben, das Lob & die Anerkennung aussprechen werden, die ihnen gebühren. Der Abbé Sallier hat uns mit der ihm eigenen Zuvorkommenheit, die durch die Freude an der Förderung eines großen Unternehmens gesteigert wurde, die Erlaubnis gegeben, aus dem großen Schatz, den er in Verwahrung hat, all das auszusuchen, was unsere *Encyclopédie* an Kenntnissen bereichern oder ihr zur Zierde gereichen konnte. Man rechtfertigt – ja, wir möchten behaupten, man ehrt die Wahl des Fürsten, wenn man seinen Absichten so trefflich zu dienen weiß. Die Wissenschaften & die schönen Künste können gar nicht genug wetteifern, um die Ära eines Herrschers, der sie fördert, durch ihre Hervorbringungen berühmt zu machen. Wir aber werden als Beobachter ihrer Fortschritte & als ihre Geschichtsschreiber nur bemüht sein, sie den Nachkommen zu überliefern. Mögen sie beim Aufschlagen unseres Wörterbuches sagen: So war damals der Stand der Wissenschaften & der schönen Künste. Mögen sie ihre eigenen Entdeckungen denen hinzufügen, die wir aufgezeichnet haben, & möge die Geschichte des menschlichen Geistes & seiner Erzeugnisse von Zeitalter zu Zeitalter immer weiter fortschreiten bis zu den fernsten Jahrhunderten. Möge die *Encyclopédie* ein

Heiligtum werden, in dem die Kenntnisse der Menschen vor Stürmen & Umwälzungen geschützt sind. Wie stolz können wir dann darauf sein, die Grundlage dafür geschaffen zu haben! Was für ein Vorteil wäre es für unsere Väter & für uns gewesen, wenn die Arbeiten der Völker des Altertums – der Ägypter, der Chaldäer, der Griechen, der Römer &c. – in einem enzyklopädischen Werk überliefert worden wären, das gleichzeitig die wahren Anfänge ihrer Sprachen dargelegt hätte! Schaffen wir also für die kommenden Jahrhunderte das, was die vergangenen Jahrhunderte, zu unserem Bedauern, für unser Jahrhundert nicht geschaffen haben. Wir wagen zu behaupten: Wenn die Alten eine Enzyklopädie ausgearbeitet hätten, so wie sie viele große Leistungen vollbracht haben, und wenn allein dieses Manuskript aus der berühmten Bibliothek von Alexandria gerettet worden wäre, dann hätte es uns über den Verlust der anderen Handschriften hinwegtrösten können.

Das ist alles, was wir dem Publikum im Hinblick auf die Wissenschaften & die schönen Künste auseinandersetzen mußten. Der Teil der mechanischen Künste verlangte nicht weniger Ausführlichkeit & Sorgfalt. Nie gab es vielleicht so viele Schwierigkeiten auf einmal & so wenige Hilfsmittel zu ihrer Überwindung. Man schrieb bisher zuviel über die Wissenschaften, zuwenig über die meisten freien Künste & fast gar nichts über die mechanischen Künste. Was bedeutet das wenige, das man bei den Schriftstellern findet, denn im Vergleich mit dem Umfang & der Fruchtbarkeit des Gegenstandes? Unter denen, die ihn behandelten, war *der eine* über das, was er zu sagen hatte, nicht genügend unterrichtet & erfüllte daher nicht recht seinen Zweck, sondern zeigte fast nur die Notwendigkeit einer besseren Leistung. *Ein anderer* behandelte den Stoff nur oberflächlich, mehr vom Standpunkt eines Grammatikers & Wissenschaftlers als vom Standpunkt eines Künstlers. *Ein dritter* ist zwar besser beschlagen, mehr *Handwerker*, faßt sich aber so kurz, daß die Verfahren der Künstler & die Beschreibung ihrer Maschinen nur einen sehr kleinen Teil seines Werkes einnehmen, obwohl dieser Stoff allein anschauliche Werke füllen könnte. Chambers hat kaum etwas dem hinzugefügt, was er aus den Schriften unserer Autoren übersetzt hatte. Alles zusammen hat uns also veranlaßt, auf die Handwerker zurückzugreifen.

Wir wandten uns an die tüchtigsten Handwerker in Paris & unserem Königreich. Wir machten uns die Mühe, sie in ihren Werkstätten aufzusuchen, sie auszuforschen, nach ihrem Diktat Aufzeichnungen zu machen, ihre Gedanken zu entwickeln, aus diesen Gedanken die jeweils eigentümlichen Fachausdrücke zutage zu fördern, Verzeichnisse derselben anzufertigen & sie zu erklären; ferner mit den Handwerkern zu sprechen, von denen wir Denkschriften erhalten hatten, & (eine fast unerläßliche Vorsicht) im Verlauf von langen häufigen Gesprächen mit anderen Handwerkern das zu verbessern, was uns ihre Kollegen unvollständig, unklar & manchmal auch ungetreu auseinandergesetzt hatten. Es gibt Handwerksmeister, die gleichzeitig Wissenschaftler sind, & wir könnten sie hier nennen; aber ihre Zahl ist sehr klein. Die meisten von denen, die mechanische Künste ausüben, haben sie aus Not ergriffen & arbeiten nur unter Anleitung ihres Instinktes. Unter tausend findet man kaum ein Dutzend, die sich einigermaßen klar ausdrücken können, sei es in bezug auf die Werkzeuge, die sie benutzen, sei es in bezug auf die Werkstücke, die sie herstellen. Wir lernten Handwerker kennen, die schon vierzig Jahre arbeiteten, ohne irgend etwas von ihren Maschinen zu verstehen. Bei ihnen mußten wir die Aufgabe erfüllen, deren sich Sokrates rühmte, die mühsame & schwierige Aufgabe der Entbindung des Geistes: *obstetrix animorum.*

Aber es gibt so eigenartige Handwerke & so feine Verfahren, daß man über sie wohl nur dann treffend sprechen kann, wenn man selbst in ihnen tätig ist, eine Maschine eigenhändig bedient & sieht, wie das Werkstück unter den eigenen Augen entsteht. Wir mußten uns deshalb öfters Maschinen verschaffen, sie aufstellen, selbst Hand anlegen, sozusagen Lehrlinge werden & schlechte Werkstücke machen, um die anderen lehren zu können, wie man gute macht.

So überzeugten wir uns von der Unkenntnis, in der man sich den meisten Gegenständen des Lebens gegenüber befindet, & von der Notwendigkeit, aus dieser Unkenntnis herauszukommen. Und wir versetzten uns auch in die Lage, zu beweisen, daß der Fachmann, der seine Sprache am besten beherrscht, nicht den zwanzigsten Teil ihrer Wörter kennt; daß diese Sprache, obwohl jede Kunst ihre eigene hat, noch sehr unvollkommen ist & daß infolge der zwingenden Gewohnheit des gegenseitigen Verkehrs die Handwerker einander wohl verstehen, aber mehr aufgrund des häufigen Zusammentreffens derselben Umstände als aufgrund des Gebrauchs von Fachausdrücken. In einer Werkstatt spricht der Moment & nicht der Handwerksmeister.

Nun zur Methode, die wir bei jeder Kunst befolgt haben: Wir sprachen erstens vom Rohstoff, von den Orten, wo er vorkommt, von der Art & Weise, wie man ihn zubereitet, von seinen guten & schlechten Eigenschaften, von seinen verschiedene Arten, von den Arbeitsgängen, denen man ihn unterwirft, entweder bevor man ihn in Gebrauch nimmt oder während man ihn verarbeitet – & zweitens von den hauptsächlichen Werkstücken, die man aus ihm herstellt, & von der Weise, wie man sie herstellt. Drittens gaben wir die Bezeichnung, die Beschreibung & die Abbildung der Werkzeuge & Maschinen, sowohl der Einzelteile wie des Ganzen; ferner den Querschnitt der Formen & anderer Hilfsmittel, weil es zweckmäßig erscheint, ihr Inneres, ihre Profile &c. zu kennen. Viertens erklärten & zeigten wir das Handwerk & die wichtigsten Arbeitsgänge auf einer oder mehreren Tafeln, auf denen man bald nur die Hände des Künstlers, bald den ganzen Künstler in Bewegung bei der wichtigsten Arbeit seiner Kunst erblickt. Fünftens sammelten wir die Fachausdrücke der Kunst & definierten sie möglichst genau.

Aber der Mangel an Übung im Verfassen & Lesen von Schriften über die Künste erschwert die verständliche Erklärung der Gegenstände. Daher kommt das Bedürfnis nach Abbildungen. Wir könnten durch tausend Beispiele beweisen, daß ein bloßes, einfaches Wörterbuch der Sprache, so gut es auch sein mag, nicht auf Abbildungen verzichten kann, ohne in unklare oder unsichere Definitionen zu verfallen. Um wieviel mehr bedurften wir also dieses Hilfsmittels! Ein Blick auf den Gegenstand oder auf die Darstellung desselben sagt mehr als eine Seite voller Erläuterungen.

Wir schickten Zeichner in die Werkstätten. Wir ließen Skizzen von Maschinen & Werkzeugen machen. Wir unterließen nichts, um sie deutlich vor Augen zu führen. Falls eine Maschine wegen der Bedeutung ihres Gebrauchs & wegen der Vielzahl ihrer Teile eine ausführliche Darstellung verdiente, gingen wir vom Einfachen zum Zusammengesetzten über. Zunächst stellten wir auf einer ersten Abbildung so viele Bestandteile zusammen, wie man ohne Verwirrung wahrnehmen kann. Auf einer zweiten Abbildung sieht man die gleichen Bestandteile zusammen mit einigen anderen. So stellten wir nach & nach die komplizierteste Maschine dar, ohne irgendeine Verwirrung für den Geist oder für die Augen. Man muß manchmal von der Kenntnis des Werkstücks zur Kenntnis der Maschine zurückgehen, ein anderes Mal von der Kenntnis der Maschine zur Kenntnis des Werkstücks vorwärtsschreiten. In dem Artikel KUNST findet man philosophische Reflexionen über die Vorteile dieser Methoden & über die Fälle, in denen es zweckmäßig ist, die eine Methode der anderen vorzuziehen.

Es gibt Begriffe, die fast allen Menschen gemeinsam sind; Begriffe, die sie im Kopf viel klarer haben, als sie aus einer Abhandlung gewonnen werden könnten. Es gibt Gegenstände, die uns so vertraut sind, daß es lächerlich wäre, sie abzubilden. Die Künste bieten aber auch Gegenstände, die so zusammengesetzt sind, daß man sie vergeblich darstellen würde. In den zwei erstgenannten Fällen nehmen wir an, daß der Leser nicht ganz ohne Verstand & Erfahrung sei, & in dem letztgenannten Fall verweisen wir ihn auf den Gegenstand selbst. Es gibt stets einen rechten Mittelweg, & wir haben uns hier bemüht, nicht von ihm abzukommen. Eine einzige Kunst, von der man alles sagen & alles zeigen möchte, würde Stoff für Bände von Abhandlungen & Bildtafeln liefern. Man würde nie fertig werden, wenn man in Abbildungen alle Zustände wiedergeben wollte, die ein Stück Eisen durchläuft, bevor es in Nähnadeln umgewandelt wird. Verfolgt die Abhandlung das Verfahren des Künstlers bis ins kleinste, so ist es um so besser. Die Abbildungen aber haben wir beschränkt auf die wichtigsten Bewegungen des Handwerkers, auf solche Momente, die sehr leicht bildlich darzustellen & sehr schwer zu erklären sind. Wir hielten uns dabei an die wesentlichen Umstände, das heißt an solche, deren Darstellung, wenn sie gut ist, notwendig zur Kenntnis der Umstände führt, die man nicht sieht. Wir wollten nicht einem Menschen gleichen, der bei jedem Schritt auf einer Landstraße Wegweiser aufstellen läßt, weil er fürchtet, die Wanderer könnten von ihr abweichen. Es genügt doch, wenn Wegweiser überall dort stehen, wo die Wanderer in Gefahr kommen könnten, sich zu verirren.

Übrigens bildet nur das Handwerk den Künstler aus; aus Büchern kann man es keinesfalls lernen. In unserem Werk findet der Künstler nur Ansichten, die er selbst vielleicht nie gehabt hat, & Beobachtungen, die er erst nach mehreren Arbeitsjahren gemacht hätte. Wir bieten dem eifrigen Leser das, was er von einem Künstler lernen könnte, wenn er ihm bei der Arbeit zusähe, um seine Wißbegierde zu befriedigen, & dem Künstler das, was er von dem Philosophen lernen sollte, um weitere Fortschritte auf die Vollkommenheit hin zu machen.

Bei den Wissenschaften & den freien Künsten haben wir die Abbildungen & die Tafeln nach demselben Prinzip & mit derselben Sparsamkeit verteilt wie bei den mechanischen Künsten; dennoch konnten wir die Zahl insgesamt nicht unter sechshundert halten. Die zwei Bände, die sie bilden werden, dürften nicht der uninteressanteste Teil des Werkes sein, weil wir darauf bedacht sein werden, auf der Rückseite jeder Tafel die Erklärung für die gegenüberliegende Tafel zu geben, & zwar mit Hinweisen auf die Stellen des Wörterbuches, auf die sich jede Abbildung bezieht.

Die Kupferstiche werden an Vollkommenheit den Zeichnungen entsprechen. Wir hoffen auch, daß die Bildtafeln unserer *Encyclopédie* die des englischen Wörterbuches an Schönheit wie an Zahl übertreffen werden. Chambers hat dreißig Tafeln. Sein ursprünglicher Plan versprach hundertzwanzig: doch wir werden wenigstens sechshundert vorlegen. Es ist gar nicht verwunderlich, daß unsere Schritte die Bahn, die wir schreiten, immer weiter verbreitert haben. Sie ist unermeßlich, & wir bilden uns nicht ein, daß wir sie schon bis zum Ende gegangen sind.

Trotz der Unterstützung & der Arbeiten, von denen wir berichtet haben, erklären wir im Namen unserer Mitarbeiter & in unserem eigenen Namen ohne Zögern, daß man uns immer bereit finden wird, unsere Unzulänglichkeit zuzugeben & Nutzen aus den Kenntnissen zu ziehen, die uns noch mitgeteilt werden. Wir werden sie mit Dank entgegennehmen & uns gern nach ihnen richten, da wir fest davon überzeugt sind, daß die letzte Vollendung einer Enzyklopädie das Werk von Jahrhunderten ist. Jahrhunderte waren nötig, um den Anfang zu machen, & Jahrhunderte werden nötig sein, um zum Ende zu kommen: aber wohlan denn *für die Nachwelt & das Wesen, das niemals stirbt.*

Wir werden jedoch die innere Genugtuung haben, daß wir kein Mittel unversucht ließen, um das Ziel zu erreichen. Einer der Beweise, den wir dafür anführen wollen, ist die Tatsache, daß manche Abschnitte über Wissenschaften & Künste wenigstens dreimal umgearbeitet worden sind. Wir kommen nicht umhin, zur Ehre des Buchhändlerkonsortiums zu sagen, daß es sich nie geweigert hat, seine Zustimmung zu allem zu geben, was zur Verbesserung des Ganzen beitragen konnte. Es ist zu hoffen, daß das Zusammenwirken so vieler günstiger Umstände, wie zum Beispiel die Kenntnisse aller derer, die an dem Werk mitgearbeitet haben, die Unterstützung durch die Personen, die sich dafür interessiert haben, & der Wetteifer der Verleger & Buchhändler eine einigermaßen gute Leistung hervorbringen wird.

Aus allem Vorausgeschickten geht hervor, daß in dem Werk, das wir ankündigen, die Wissenschaften & Künste auf eine Weise behandelt werden, die keinerlei Vorkenntnisse verlangt; daß bei jedem Stoff das Wissenswerte dargelegt wird; daß die Artikel sich gegenseitig erklären & ebendeshalb die Schwierigkeit der Nomenklatur nirgends verwirrend wirkt. Dieses Werk, so möchten wir folgern, könnte einem Berufsgelehrten als Bibliothek dienen für alle Fächer, die er nicht selbst betreibt. Es wird die Elementarbücher ersetzen, die wahren Prinzipien der Dinge entwickeln, ihre Beziehungen hervorheben, zur Gewißheit und zum Fortschritt der menschlichen Kenntnisse beitragen, die Zahl der echten Gelehrten, der hervorragenden Künstler & der aufgeklärten Laien vermehren & folglich der Gesellschaft zum Vorteil gereichen.

D'Alembert/Diderot Vorbemerkung zum Dritten Band der *Encyclopédie*, 1753

Das dringende Interesse, das man an der Fortsetzung unseres Wörterbuchs gezeigt hat, ist der einzige Beweggrund, der uns veranlassen konnte, es fortzusetzen. Die Regierung schien zu wünschen, daß ein Unternehmen von dieser Art nicht aufgegeben werden sollte, & die Nation machte Gebrauch von dem Recht, das sie hat, dies von uns zu fordern. Zweifellos verdankt die *Encyclopédie* vor allem unseren Mitarbeitern ein so schmeichelhaftes Zeichen der Wertschätzung. Aber die Gerechtigkeit, die wir uns erweisen dürfen, hindert uns nicht daran, für das öffentliche Vertrauen dankbar zu sein. Wir glauben sogar, dieses Vertrauens nicht unwürdig zu sein, weil wir den Wunsch hegen, es zu verdienen. Da wir darauf bedacht sind, es uns immer mehr zu sichern, möchten wir hier zum ersten- & zum letztenmal von uns selbst zu den Lesern sprechen. Die Umstände veranlassen uns dazu, die *Encyclopédie* verlangt es, die Dankbarkeit verpflichtet uns dazu. Könnten wir doch unsere Mitbürger, indem wir uns ihnen so zeigen, wie wir sind, für uns gewinnen! Ihr Wille hat über uns um so mehr Macht, als sie die Beweggründe zu unserem Rückzug zu billigen schienen, obwohl sie sich ihm widersetzten. Ohne eine so angesehene Autorität wäre es den Feinden unseres Werkes leichtgefallen, uns dahin zu bringen, alle Verbindungen abzubrechen, deren ganzes Gewicht wir wohl empfanden, aber deren ganze Gefährlichkeit wir nicht hatten voraussehen können.

Unvorhergesehene Umstände & Beweggründe, die uns vielleicht Ehre machen würden, wenn es uns freistünde, sie bekanntzugeben, haben uns gegen unseren Willen die Leitung der *Encyclopédie* übernehmen lassen. Vor allem aber flößte uns die Hilfe, die wir von allen Seiten erhielten, den Mut ein, diesen weiten Weg zu beschreiten. So beträchtlich diese Hilfe auch sein mochte, so trachteten wir doch nicht nach Erfolg; wir baten nur um Nachsicht. Aber die Wirkung – wir sagen nicht der Bosheit, sondern nur der menschlichen Veranlagung – führt dazu, daß die nützlichen Unternehmen, so bescheiden sie auch geplant sein mögen, auf Widerspruch & Widerstand stoßen. Die

Encyclopédie blieb davon nicht ausgenommen. Kaum war unser Werk angekündigt, da wurde es schon zum Gegenstand der Satire für einige Schriftsteller, denen wir nichts Böses angetan hatten, die wir aber nicht um ihre Zustimmung bitten zu müssen geglaubt hatten. Wenn es einige Literaten durch jene verächtliche Kunst, am Anfang des Monats Schriften loben zu lassen, die am Monatsende schon vergessen sind, auch weit gebracht haben, so ist das doch eine Kunst, die nicht zu kennen wir stolz sind. Es sei uns gestattet, dies hier ohne Verschleierung, ohne Bitterkeit & ohne Anzüglichkeit zu bemerken; denn heute steht in der gelehrten Welt das Recht zu loben & zu tadeln dem ersten Besten zu, der es ergreift, & nichts ist verächtlicher als unangebrachte Spötteleien, wenn es nicht unangebrachte Lobreden sind.

Sobald der erste Band der *Encyclopédie* veröffentlicht war, stürzte sich die Gier, ihm zu schaden, die man schon gehabt hatte, bevor dieser überhaupt existierte, auf die neue Nahrung, die man ihr bot. Da sie sich mit den leichten Verletzungen, welche die Pfeile ihrer Kritik dem Werk zufügten, nicht zufriedengab, bediente man sich der Hand der Religion, um diese Wunden zu vertiefen, nahm sie Zuflucht zu einer kleinen Anzahl von mehrdeutigen Ausdrücken, die sich in zwei ansehnlichen Bänden leicht verlieren & uns daher entgehen konnten. Wir versuchen die Bedeutung, die man mit einigen dieser Ausdrücke verbinden wollte, nicht zu rechtfertigen: Wir sagen nur & werden noch beweisen, daß es möglicherweise leicht & richtig gewesen wäre, mit ihnen eine andere Bedeutung zu verbinden; aber es ist eben noch leichter, alles zu vergiften. Übrigens waren die Ausdrücke, die am meisten Anstoß erregt hatten, einem geschätzten Werk entnommen, das mit einem Druckprivileg & mit königlicher Genehmigung versehen war & sogar von unseren Kritikern als erbaulich gelobt wurde. Kurz, sie fanden sich – worauf wir vor allem aufmerksam machen müssen – in Artikeln, deren Verfasser nicht wir waren, da wir es für zweckmäßig gehalten hatten, uns ausschließlich auf ein bestimmtes Gebiet zu beschränken, der eine auf die Mathematik, der andere auf die Beschreibung der Künste – zwei Gegenstände, von denen auch die strengste Orthodoxie nichts zu befürchten hat. Einige Aufsätze, die der Verfasser einer Streitschrift gegen die Theologie, von der damals viel die Rede war, für die *Encyclopédie* geliefert hatte, reichten aus, um uns diese Streitschrift zuzuschreiben, die wir zu der Zeit, da man sich ihrer zu dem Versuch bediente, uns zugrunde zu richten, noch nicht einmal gelesen hatten. Die Erklärung, die wir hier abgeben, wird die rechtschaffenen Menschen, denen unsere Aufrichtigkeit nicht verdächtig erscheint, wohl überzeugen. Unsere Aufrichtigkeit ist nur zu gut bekannt; aber das ist ein Unglück, über das wir uns nicht beklagen, & ein Fehler, den wir nicht bereuen können. Dennoch zweifeln wir nicht daran, daß gewisse Personen trotz einer so feierlichen, so freimütigen & so wahren Beteuerung noch entschlossen sind, sie nicht zu berücksichtigen. Wir bitten sie nur um eine Gefälligkeit, nämlich, uns schriftlich anzuklagen & ihre Namen zu nennen.

Die *Encyclopédie*, das geben wir zu, war Gegenstand eines großen Skandals, & wehe dem, durch den es zu ihm kam; aber das waren nicht wir. Auch war die Obrigkeit, als sie geeignete Maßnahmen ergriff, um diesem Skandal ein Ende zu machen, so aufgeklärt & so gerecht, daß sie nicht uns für die Schuldigen hielt. Als sie den Konsequenzen vorbeugte, die schwache oder ängstliche Gemüter aus einigen unklaren oder wenig exakten Ausdrücken ziehen konnten, sah sie ein, warum wir darauf nicht antworten konnten, durften & wollten; & wenn wir unseren Feinden zu verzeihen hätten, so nur im Hinblick auf ihren Erfolg.

Da aber auch die weiseste & gerechteste Obrigkeit schließlich getäuscht werden kann, so ließ die Befürchtung, wieder bloßgestellt zu werden, uns den Entschluß fassen, für immer auf den schmerzlichen, billigen & gefährlichen Ruhm zu verzichten, Herausgeber der *Encyclopédie* zu sein. Newton, den einst alberne literarische Streitigkeiten anwiderten, die weniger furchtbar & weniger heftig waren als persönliche & theologische Angriffe, machte sich inmitten der Huldigungen seiner Nation, seiner Entdeckungen & seines Ruhms den Vorwurf, daß er seine Ruhe, das Wesentlichste für einen Philosophen, aufgegeben hatte, um einem Schatten nachzulaufen. Wieviel teurer mußte uns unsere Ruhe sein, da uns nichts für ihren Verlust hätte entschädigen können! Zwei Motive verbanden sich mit einem so dringenden Interesse: einerseits jener gerechte & notwendige Stolz, der von der Anmaßung ebenso weit entfernt ist wie von der Unterwürfigkeit & dessen man sich niemals rühmen, den man aber auch niemals verleugnen soll, weil es eine Schande ist, auf ihn zu verzichten, weil er vor allem den Charakter des Gelehrten ausmachen sollte & weil er der Würde & Freiheit seines Standes entspricht; andererseits jenes Mißtrauen uns selbst gegenüber, das wir nicht weniger hegen sollen, & das geringe Interesse, das wir daran haben, die anderen mit uns zu beschäftigen. Eine solche Gesinnung muß die natürliche Folge der Arbeit & der Forschung sein; denn man muß dabei vor allem die menschlichen Kenntnisse & Anschauungen würdigen lernen. Der Weise sowie derjenige, der ein Weiser zu werden trachtet, behandelt den literarischen Ruhm wie die Menschen; er weiß ihn sowohl zu genießen als auch auf ihn zu verzichten. Was die Kenntnisse betrifft, die uns zu diesem Ruhm gelangen lassen & deren Besitz & Verbreitung einige jener seltenen Hilfsmittel sind, mit denen uns die Natur gegen das Unglück & den Verdruß gewappnet hat, so ist es zweifellos erlaubt & sogar gut, den anderen diese Kenntnisse zu vermitteln; denn das ist fast die einzige Art & Weise, auf die sich die Gelehrten als nützlich erweisen können. Aber wenn man auf diesen Schatz auch niemals so ängstlich bedacht sein soll, daß man sich seinen Besitz allein vorbehalten will, so darf man ihn doch nicht so hoch schätzen, daß man allzu beflissen ist, ihn den anderen mitzuteilen.

Wer würde wohl annehmen, daß die *Encyclopédie* bei einer solchen Gesinnung ihrer Verfasser & vielleicht auch bei einigem Verdienst ihrerseits (denn sie ist so wenig unser Eigentum, daß wir von ihr als dem Eigentum eines anderen sprechen können) irgendwelche Unterstützung in der Zeit erhalten hätte, in der wir leben? In einer Zeit, da die Gelehrten so viele falsche Freunde haben, die ihnen aus Eitelkeit schmeicheln, die sie aber ohne Beschämung & ohne Gewissensbisse dem geringsten Schimmer des Ehrgeizes oder des Interesses opfern würden & die vorgeben, sie zu lieben, sie aber vielleicht hassen, weil ihnen das ein Bedürfnis ist oder aus Gründen der Furcht, die sie vor ihnen haben. Aber die Wahrheit zwingt uns, dies zu sagen; & welches andere Motiv könnte uns dieses Geständnis entreißen? Die Schwierigkeiten, die uns abschreckten & zurückhielten, sind ohne irgendeine Bemühung unsererseits nach & nach verschwunden; es bestanden also keine anderen Einwände mehr gegen die Fortsetzung der *Encyclopédie* als die, welche allein von unserer Seite hätten kommen können, & wir wären ebenso schuldig gewesen, wenn wir irgendeinen Einwand dagegen erhoben hätten, wie wir zu entschuldigen wären, wenn wir die Einwände fürchteten, die von einer anderen Seite kommen könnten. Da wir nicht fähig sind, unser Vaterland im Stich zu lassen, das der einzige Gegenstand ist, dem uns die Erfahrung & die Philosophie nicht entfremdet haben, & da wir vor allem des Vertrauens des Unterrichtsministeriums zu denjenigen sicher sind, die den Auftrag haben, unser Wörterbuch zu überwachen, so werden wir nur noch darauf bedacht sein, unsere schwachen Bemühungen mit den Talenten derjenigen zu vereinen, die uns gern unterstützen wollen & deren Zahl von Tag zu Tag zunimmt. Wie glücklich würden wir sein, wenn wir durch unseren Eifer & unsere Bemühungen alle Gelehrten dazu veranlassen könnten, zur Vollkommenheit dieses Werkes beizutragen, wenn wir die Nation dazu bewegen könnten, es zu schützen, & die anderen, es gewähren zu lassen. Nein, sagen wir lieber, es noch besser zu machen; denn sie waren in der Lage, uns nachzufolgen, & sind es noch. Aber wir würden uns vor allem sehr geschmeichelt fühlen, wenn unsere ersten Versuche die berühmtesten Gelehrten & Schriftsteller dazu bewegen könnten, unsere Arbeit dort fortzusetzen, wo sie heute angelangt ist; wir würden freudig unseren Namen auf dem Titelblatt der *Encyclopédie* auslöschen, um sie zu verbessern. Mögen die künftigen Jahrhunderte um diesen Preis nicht erfahren, was wir für die *Encyclopédie* getan & was wir um ihretwillen erlitten haben.

Denis Diderot Ankündigung der letzten Bände 1765

Als wir uns mit diesem Werk, dem vielleicht gewaltigsten, das man jemals geplant hat, zu beschäftigen begannen, waren wir bloß auf die Schwierigkeiten gefaßt, die sich aus dem Umfang & der Mannigfaltigkeit seines Gegenstandes ergeben würden; aber das war eine vergängliche Illusion, & wir sahen schon bald, wie die Menge der natürlichen Hindernisse, die wir vorausgesehen hatten, durch eine Unmenge von moralischen Hindernissen vermehrt wurde, auf die wir durchaus nicht gefaßt waren. Die Welt mag ruhig älter werden, sie ändert sich doch nicht; es ist möglich, daß sich der einzelne vervollkommnet, aber die Masse der ganzen Gattung wird weder besser noch schlechter; die Summe der schädlichen Leidenschaften bleibt sich immer gleich, & die Feinde jeder guten & nützlichen Sache sind heute ebenso zahlreich wie früher.

Unter allen Verfolgungen, wie sie zu allen Zeiten & bei allen Völkern jene erdulden mußten, die sich dem verlockenden, aber gefährlichen Wettstreit hingaben, ihre Namen in die Liste der Wohltäter der Menschheit einzutragen, gibt es kaum eine, die nicht gegen uns betrieben worden wäre. Was uns die Geschichte von den Verleumdungen des Neides, der Lüge, der Dummheit & des Fanatismus berichtet hat, haben wir an uns selbst erfahren. In einem Zeitraum von zwanzig aufeinanderfolgenden Jahren haben wir kaum Augenblicke der Ruhe gefunden. Was für Tage haben wir in undankbarer & unaufhörlicher Arbeit, was für Nächte in Erwartung der Übel verbracht, welche die Bosheit über uns zu bringen versuchte! Wie oft standen wir morgens mit der Ungewißheit auf, ob wir nicht dem Geschrei der Verleumdung weichen & uns von unseren Verwandten, unseren Freunden, unseren Mitbürgern losreißen müßten, um unter fremdem Himmel die Ruhe zu finden, deren wir bedurften, & den Schutz, den man uns dort bot! Aber unser Vaterland war uns teuer, & wir warteten immer darauf, daß die Voreingenommenheit endlich der Gerechtigkeit wiche. Der Charakter des Menschen, der sich das Gute vorgenommen hat & der sich darüber immer Rechenschaft ablegt, ist übrigens derart, daß sein Mut angesichts der Hindernisse wächst, die man ihm in den Weg legt, während seine Unschuld ihn die ihm drohenden Gefahren übersehen oder verachten läßt. Wer das Gute will, ist einer Begeisterung fähig, die der Böse nicht kennt.

Die rechtschaffene & edle Gesinnung, die uns aufrecht-erhielt, fanden wir auch bei den anderen. Alle unsere Mitarbeiter mühten sich emsig, uns zu unterstützen, & gerade zu dem Zeitpunkt, da sich unsere Feinde beglückwünschten, weil sie uns überrannt zu haben glaubten, kamen uns Schriftsteller & Weltleute, die sich bis dahin begnügt hatten, uns zu ermutigen & zu bedauern, zu Hilfe & arbeiteten an unserem Werk mit. Schade, daß es uns nicht gestattet ist, die Namen aller dieser tüchtigen & mutigen Bundesgenossen zur öffentlichen Anerkennung zu bringen! Da unter ihnen nur einer ist, den zu nennen uns freisteht, wollen wir versuchen, wenigstens ihm würdig zu danken. Es ist der Chevalier de Jaucourt.

Wenn wir einen Freudenruf ausgestoßen haben wie der Seemann, der nach einer dunklen Nacht, die ihn – verloren zwischen Himmel & Meer – gefangenhielt, endlich Land sieht, so verdanken wir das dem Chevalier de Jaucourt. Was hat er nicht für uns getan, besonders in letzter Zeit! Mit welcher Standhaftigkeit hat er sich den innigen & dringenden Bitten widersetzt, die ihn uns entreißen wollten! Was hat er nicht alles für uns getan, besonders in der letzten Zeit. Niemals hat es einen so totalen, so absoluten Verzicht auf Ruhe, persönliches Interesse und Gesundheit gegeben. Die mühsamsten und undankbarsten Nachforschungen haben ihn nicht abschrecken können. Unermüdlich hat er sich damit beschäftigt, zufrieden, wenn er den anderen die Last abnehmen konnte. Aber jede Seite dieses Werkes soll ergänzen, was in unserem Lob noch fehlt; es gibt in ihm keine, die nicht die Mannigfaltigkeit seiner Kenntnisse sowie die Größe seiner Hilfe bestätigt.

Die Öffentlichkeit hat die ersten sieben Bände beurteilt. Wir bitten nur um die gleiche Nachsicht für die folgenden. Wenn man dieses Wörterbuch nicht für ein großes & schönes Werk hält, so ist man mit uns einverstanden – vorausgesetzt, daß man uns nicht den Vorzug abspricht, daß wir das Material dafür aufbereitet haben. Von dem Punkt, wo wir aufgebrochen sind, bis zu dem Punkt, den wir erreicht haben, ist es sehr weit gewesen. Um das Ziel zu erreichen, das uns zu setzen wir die Kühnheit oder die Vermessenheit hatten, hat uns vielleicht nur eins gefehlt: daß wir nämlich die Sache schon dort vorgefunden hätten, wo wir sie liegenlassen müssen, & daß wir da angefangen hätten, wo wir aufgehört haben. Dank unserer Arbeit werden die nach uns Kommenden viel weiter gelangen können. Wenngleich wir nicht darüber entscheiden, was ihnen zu tun bleibt, übergeben wir ihnen doch wenigstens die schönste Auslese von Werkzeugen & Maschinen, die es bisher gibt; dazu die Bildtafeln zur Illustration der mechanischen Künste, die vollständigste Beschreibung, die man bisher von ihnen gegeben hat, & unzählige wertvolle Artikel über alle Wissenschaften. Landsleute & Zeitgenossen, so streng Ihr dieses Werk auch beurteilen mögt, bedenkt immer, daß es von einer kleinen Anzahl von auf sich allein gestellter Männer unternommen, durchgeführt & vollendet worden ist, die in ihren Absichten gestört, mit unvorstellbarer Gehässigkeit gebrandmarkt, auf abscheuliche Weise verleumdet & beschimpft wurden & die dabei keinen anderen Ansporn als die Liebe zum Guten hatten, keine andere Stütze als einige Zustimmung, keinen anderen Beistand als die Hilfe, die sie in dem Vertrauen von drei oder vier Buchhändlern fanden!

Unser Hauptzweck bestand im Sammeln der Entdekkungen der vergangenen Jahrhunderte. Obwohl wir diese grundlegende Absicht nicht vernachlässigt haben, übertreiben wir wohl nicht, wenn wir das, was wir dem Bestand der früheren Kenntnisse an neuen Schätzen hinzugefügt haben, auf mehrere Folianten veranschlagen. Sollte irgendeine Umwälzung, deren Keim vielleicht in einem unbekannten Winkel der Erde entsteht oder vielleicht insgeheim im Mittelpunkt der gesitteten Länder heranreift, im Laufe der Zeit über uns hereinbrechen, die Städte begraben, wiederum die Völker zerstreuen & Finsternis sowie Unwissenheit über uns bringen, so wird doch, wenn ein einziges vollständiges Exemplar dieses Werkes erhalten bleibt, nicht alles verloren sein.

Man kann uns, denke ich, zumindest nicht abstreiten, daß unsere Arbeit auf der Höhe unseres Jahrhunderts steht, & das bedeutet immerhin etwas. Der aufgeklärteste Mensch wird darin Ideen finden, die für ihn neu sind, & Tatsachen, die er nicht kennt. Möge die allgemeine Bildung so schnell fortschreiten, daß sich in zwanzig Jahren auf tausend unserer Seiten kaum noch eine Zeile findet, die nicht etwas allgemein Bekanntes sagt! Es obliegt den Herrschern der Welt, diese glückliche Umwälzung zu beschleunigen; denn sie können den Kreis der Aufklärung erweitern oder verengern. Glücklich die Zeit, da sie alle einsehen werden, daß ihre Sicherheit darin besteht, gebildeten Menschen zu gebieten! Große Attentate sind immer nur von blinden Fanatikern begangen worden. Dürften wir noch über unsere Leiden seufzen & die Jahre unserer Arbeit bedauern, wenn wir hoffen könnten, daß wir diesen dem Frieden der Gesellschaft so feindlichen Wahnwitz abgeschwächt & unsere Mitmenschen so weit gebracht haben, sich zu lieben, sich zu dulden & endlich die Überlegenheit der allumfassenden Moral über alle Formen der privaten Moral anzuerkennen, die Haß & Zwietracht schüren & den allgemeinen Zusammenhalt zerstören oder zumindest lockern?

So sah unser Ziel stets aus. Welche große & seltene Ehre haben unsere Feinde dadurch geerntet, daß sie uns Hindernisse in den Weg gelegt haben! Dennoch ist das Unternehmen, das sie mit solcher Erbitterung zu durchkreuzen versuchten, vollendet worden. Wenn darin etwas Gutes enthalten ist, dann wird man dafür nicht unsere Feinde loben, aber vielleicht wird man sie für seine Fehler verantwortlich machen. Wie dem auch sei, wir fordern sie auf, diese letzten Bände durchzublättern. Mögen sie an ihnen die ganze Schärfe ihrer Kritik erschöpfen & an uns die ganze Bitterkeit ihrer Galle auslassen, so sind wir doch bereit, ihnen hundert Beschimpfungen um einer guten Bemerkung willen zu vergeben. Wenn sie nur anerkennen, daß sie uns den zwei Dingen, die das Glück der Gesellschaft bedeuten & deshalb allein wirklich verehrungswürdig sind, der Tugend & der Wahrheit, stets ergeben gefunden haben, dann sollen sie uns allen ihren Bezichtigungen gegenüber gelassen finden.

Was unsere Mitarbeiter betrifft, so bitten wir sie, zu berücksichtigen, daß das Material für die letzten Bände in Eile gesammelt & in Aufregung geordnet worden ist; daß der Druck mit beispielloser Schnelligkeit erfolgt ist; daß es jedem Menschen unmöglich gewesen wäre, bei einer so umfangreichen Korrektur die ganze Umsicht zu bewahren, die eine solche Unmenge von verschiedenartigen & größtenteils sehr abstrakten Stoffen erforderte. Wenn es also vorgekommen ist, daß Fehler – sogar schwere Fehler – ihre Artikel entstellten, so dürfen sie deshalb weder verletzt noch überrascht sein. Damit aber das Ansehen, das sie genießen & das ihnen teuer sein muß, auf keine Weise kompromittiert werde, erklären wir uns damit einverstanden, daß uns allein alle Mängel dieser Ausgabe – ohne Vorbehalt – zur Last gelegt werden. Sollten nach einer so uneingeschränkten & präzisen Erklärung dennoch einige vergessen, daß wir genötigt waren, fern von ihrer Aufsicht & Beratung zu arbeiten, so könnte dies nur der Effekt einer Verstimmung sein, die wir ihnen gewiß nie bereiten wollten, die wir aber auch nicht vermeiden konnten. Hätten wir denn etwas Besseres tun können, als alle diejenigen zur Hilfe zu rufen, die uns mit ihrer Freundschaft & ihrer Aufgeklärtheit so gut gedient haben? Sind wir nicht hundertmal auf unsere Unzulänglichkeit hingewiesen worden? Haben wir uns geweigert, sie anzuerkennen? Gibt es unter unseren Mitarbeitern auch nur einen, dem wir in glücklicheren Zeiten nicht alle möglichen Beweise der Ergebenheit geliefert haben? Wird man uns vorwerfen, wir hätten nicht eingesehen, wie wichtig ihre Mitarbeit für die Vollendung des Werkes war? Wenn man uns diesen Vorwurf machte, so wäre das eben ein letzter Kummer, der uns noch vorbehalten war, & wir müßten uns damit abfinden.

Wenn man zu den Jahren unseres Lebens, die verflossen sind, während wir dieses Werk planten, die Jahre zählt, die wir für seine Durchführung geopfert haben, wird man leicht begreifen, daß wir länger gelebt haben, als uns noch zu leben bleibt. Aber wir werden den Lohn, den wir von unseren Zeitgenossen & Nachkommen erwarten durften, empfangen haben, wenn sie sich eines Tages veranlaßt sehen zu sagen, daß wir nicht ganz umsonst gelebt haben.

Zeittafel der *Encyclopédie*

1745 Der Pariser Verleger André François Le Breton erhält das Druckprivileg für die Herausgabe einer französischen Übersetzung von Ephraim Chambers' 1728 in England erschienenem Wörterbuch *Cyclopaedia.*

1746 Das ursprüngliche Vorhaben wird aufgegeben, geplant ist nun eine erweiterte, eigenständige *Encyclopédie.* In der Korrespondenz des Verlegers taucht zum ersten Mal der Name Denis Diderot auf.

1747 Am 16. Oktober schließen Diderot und d'Alembert mit Le Breton und drei weiteren Verlegern einen Vertrag über die Herausgabe der *Encyclopédie* und beginnen mit der Arbeit. An dem Mammutunternehmen werden sich eine Vielzahl von Mitarbeitern beteiligen, von denen heute rund 150 namentlich bekannt sind.

1749 Nach Erscheinen seiner aufrührerischen Schrift *Brief über die Blinden* wird Diderot verhaftet. Noch am Tag der Festnahme, am 24. Juni 1749, schreiben die Verleger an den Kriegsminister d'Argenson: *Dieses Werk, das uns mindestens 250 000 Livres kosten wird, und in das wir schon beinahe 80 000 Livres investiert haben, sollte gerade dem Publikum angekündigt werden. Die Verhaftung Herrn Diderots, des einzigen Literaten, den wir einer solch weitgespannten Unternehmung für fähig halten, könnte unseren Ruin herbeiführen. Wir wagen zu hoffen, daß Eure Hoheit sich von unserer Lage rühren lassen und uns die Freiheit des Herrn Diderot gewähren wird.* Die Petition hat Erfolg: Anfang November wird Diderot aus der Festung Vincennes freigelassen.

1750 Im Oktober wird ein Subskriptionsprospekt verteilt, der das Unternehmen – geplant sind zehn Bände, davon zwei mit Bildtafeln – vorstellt. Darin schreibt Diderot: *Möge die* Encyclopédie *ein Heiligtum werden, in dem die Kenntnisse der Menschen vor allen Stürmen und Umwälzungen geschützt sind.*

1751 Am 28. Juni erscheint der erste Band der *Encyclopédie,* mit den Stichwörtern *AA bis AZ* in einer Auflage von 2050 Exemplaren und ruft sofort die staatliche und kirchliche Autorität auf den Plan. Der liberale Aufseher des Buchwesens Lamoignon de Malesherbes wird von Ludwig XV. zur Überwachung der Publikation eingesetzt.

1752 Nach Erscheinen des zweiten Bandes im Januar gerät das Projekt in seine erste Krise: Die *Encyclopédie* wird am 2. Februar auf Befehl des Königs verboten: *wegen meh-*

rerer Maximen, die darauf abzielen, die königliche Autorität zu zerstören, den Geist der Unabhängigkeit und der Revolte zu befestigen und, mit dunklen und zweideutigen Begriffen, die Grundlagen des Irrtums, der Sittenverderbnis und des Unglaubens zu errichten. Dank der Bemühungen von Malesherbes erlaubt die Regierung Diderot und d'Alembert, ihre Arbeit fortzusetzen.

1753 bis 1756 Im jährlichen Abstand erscheinen die Bände 3 bis 6, das Mammutprojekt wird immer umfangreicher und teurer. Bis zum Schluß ist das Werk vehementen Angriffen der *antiphilosophes,* besonders der Jesuiten und Jansenisten, ausgesetzt. Trotz aller publizistischen Störfeuer zeichnet sich der kommerzielle Erfolg der *Encyclopédie* ab: Seit Erscheinen des ersten Bandes hat sich die Zahl der Subskribenten verdreifacht.

1757 Ein im Februar verübtes Attentat auf Ludwig XV. führt zur Stärkung der gegenaufklärerischen Kräfte in Frankreich. Im November wird der siebte Band ausgeliefert. Der Artikel *Genf* von d'Alembert ruft wütende Proteste des Genfer Klerus hervor.

1758 Rousseau, zuständig für den Bereich Musik, veröffentlicht seine Anklageschrift *Brief an Herrn d'Alembert über seinen Artikel Genf im siebten Band der Encyclopédie* und zieht sich aus dem Mitarbeiterstab zurück. Entnervt von den fortgesetzten Kontroversen, Denunziationen und Schmähschriften, legt d'Alembert die Herausgeberschaft nieder. Auch Voltaire beendet seine Mitarbeit und fordert Diderot auf, es ihm gleichzutun. Diderot schreibt an Voltaire: *Wenn ich Hoffnung habe, einen achten Band zu machen, der doppelt so gut ist wie der siebte, mache ich weiter. Wenn nicht, dann Lebwohl* Encyclopédie! *Ich werde 15 Jahre meines Lebens vertan, mein Freund d'Alembert wird ein Vermögen zum Fenster hinausgeworfen haben, aber ich werde mich damit abzufinden wissen und meine Ruhe haben.*

1759 Im Januar untersagt das Parlament den weiteren Verkauf der *Encyclopédie.* Im März wird das Druckprivileg zurückgenommen, die Kirche setzt das Werk auf den Index. Papst Clemens XII. fordert alle katholischen Eigentümer der *Encyclopédie* auf, diese durch einen Priester verbrennen zu lassen. Der Aufseher des Buchwesens Malesherbes informiert Diderot darüber, daß seine Papiere von der Polizei konfisziert werden sollen, und bietet ihm an, diese bei sich zu deponieren.

Im Herbst wird die Fortsetzung des Unternehmens, ebenfalls durch Fürsprache Malesherbes', gesichert: Den Verlegern wird ein Druckprivileg für eine »Sammlung von Bildtafeln« bewilligt, das als Deckmantel für die Fortsetzung der redaktionellen Arbeit dient.

Diderot versucht, den abgesprungenen Herausgeber d'Alembert zurückzugewinnen – ohne Erfolg. An den Baron Grimm schreibt er: *Sie erinnern sich, daß wir bei Le Breton ein Essen arrangierten, an dem der Baron Holbach, der Chevalier de Jaucourt, d'Alembert, die Verleger und ich teilnahmen. D'Alembert behandelte die Verleger wie Dienstboten und stellte die Weiterführung des Werks als Wahnsinn hin. Nachdem er noch einiges gestottert, vor sich hin geflucht und sich um sich selbst gedreht hatte, verschwand d'Alembert, und ich habe seither nichts wieder von ihm gehört. Als wir diesen kleinen Irren los waren, kamen wir auf das Projekt zurück, ermutigten uns gegenseitig und schworen, das Unternehmen zu Ende zu führen.*

1760 Unter stillschweigender Duldung der Behörden machen sich Diderot und sein Mitarbeiter Jaucourt an die Redaktion der noch ausstehenden Textbände. Jaucourt, der »Lastesel der *Encyclopédie*«, wird am Ende für etwa ein Viertel des Gesamttextes, rund 17000 Artikel, verantwortlich zeichnen. In Diderots Vorrede zum achten Band heißt es: *Was hat er nicht alles für uns getan, besonders in der letzten Zeit. Niemals hat es einen so totalen, so absoluten Verzicht auf Ruhe, persönliches Interesse und Gesundheit gegeben. Die mühsamsten und undankbarsten Nachforschungen haben ihn nicht abschrecken können. Unermüdlich hat er sich damit beschäftigt, zufrieden, wenn er den anderen die Last abnehmen konnte.*

1762 Im Januar wird der erste Band mit Kupfertafeln an die Subskribenten ausgeliefert. Mit der Vertreibung des Jesuitenordens aus Frankreich verliert die *Encyclopédie* einen ihrer schärfsten Gegner.

1764 Nach Abschluß des Druckes entdeckt Diderot, daß der Verleger Le Breton sich selbst als Zensor betätigt. Aus Angst vor Repressalien hat dieser in den noch nicht publizierten Bänden kritische Passagen gestrichen oder abgemildert. Empört klagt Diderot ihn an: *Sie haben mich zwei Jahre lang ununterbrochen auf das schändlichste betrogen. Sie haben die Arbeit von 20 Ehrenmännern massakriert oder von einem stumpfsinnigen Rohling massakrieren lassen, Männern, die Ihnen ihre Zeit, ihre Fähigkeiten, ihre Nächte geopfert haben, ohne Lohn, nur aus Liebe zum Guten und zur Wahrheit.*

1765 Gegen Ende des Jahres erscheint die Lage für die Publikation der letzten 10 Textbände günstig. Sie werden im Dezember mit der Angabe eines falschen Druckortes auf dem Titelblatt ausgeliefert. In einem Brief an den Enzyklopädisten Damilaville schreibt Diderot: *Grimm hat Ihnen sicherlich mitgeteilt, daß die Hindernisse, die man der Subskription in den Weg gelegt hat, aufgehoben sind. Das große und verfluchte Werk ist abgeschlossen.*

1772 Die Subskribenten erhalten den 28. und letzten Band mit Bildtafeln.

Die ökonomische Bilanz des Unternehmens: Diderot verdient für seine 25 Jahre dauernde Arbeit an der *Encyclopédie* rund 80000 Livres, sein Mitarbeiter Jaucourt 2750 Livres, ausbezahlt in Büchern.

Die Pariser Verleger, angeführt von Le Breton, erzielen einen Gewinn von 2500000 Livres – das Verlagsgeschäft des Jahrhunderts. In ganz Europa werden von der *Encyclopédie* bis 1789 in verschiedenen Ausgaben rund 25000 Exemplare verkauft.

Literaturverzeichnis

»Während die Jahrhunderte dahinfließen, wächst die Masse der Werke unaufhörlich, und man sieht einen Zeitpunkt voraus, in dem es fast ebenso schwer sein wird, sich in einer Bibliothek zurechtzufinden wie im Weltall.«

Dieser Satz Diderots gilt für die Literatur über die *Encyclopédie* allemal. Wir beschränken uns hier auf wenige Standardwerke und wichtige Darstellungen jüngeren Datums. Hingewiesen sei zudem auf die von der *Société Diderot* herausgegebene, seit 1986 in Paris erscheinende Zeitschrift *Recherches sur Diderot et sur l'Encyclopédie.*

A. S. & R.W.

Roland Barthes, Robert Mauzi, J. P. Seguin: L'Univers de l'Encyclopédie. Paris 1964.

Jean-Philibert Damiron: Mémoires sur les Encyclopédistes. Genf 1968.

Robert Darnton: Literaten im Untergrund – Lesen, Schreiben und Publizieren im vorrevolutionären Frankreich. Aus dem Amerikanischen von Henning Ritter. München, Wien 1985.

Robert Darnton: Les encyclopédistes et la police. In: Recherches sur Diderot et sur l'Encyclopédie. Nr. 1 (1986).

Robert Darnton: Glänzende Geschäfte – Die Verbreitung von Diderots Encyclopédie oder: Wie verkauft man Wissen mit Gewinn. Aus dem Englischen und Französischen von Horst Günther. Berlin 1993.

Bernard Delhaume, Hélène Richard: Diderot et les collaborateurs de l'Encyclopédie. Poitiers 1985.

Terry Smiley Dock: Women in the Encyclopédie: A Compendium. Madrid 1983.

Michèle Duchet: L'Economie du signe dans le »Système des connaissances« et »L'Encyclopédie«. In: Langue et Langages de Leibniz à L'Encyclopédie. Paris 1977.

Jean-Louis Humbert: Diderot et l'Encyclopédie – Dossier Documentaire. Troyes 1984.

Siegfried Jüttner: Die Wende zur Universalliteratur unter Frankreichs Enzyklopädisten (1750–1780). Stuttgart 1999.

Frank A. Kafker, Serena L. Kafker: The Encyclopedists as Individuals: a Biographical Dictionary of the Authors of the Encyclopédie. Oxford 1988.

Frank A. Kafker: The Encyclopedists as a Group: a Collective Biography of the Authors of the Encyclopédie. Oxford 1996.

Douglas H. Gordon, Norman L. Torrey: The Censoring of Diderots Encyclopédie and the Re-established Text. New York 1966 (1. Auflage 1947).

Pierre Lepage: Journalistes et hommes de lettres. Les positions de l'Encyclopédie. In: Recherches sur Diderot et sur l'Encyclopédie. Nr. 3 (1987).

Veronique Le Ru: L'ambivalence de l'idée de progrès des sciences et des arts dans le Discours préliminaire de l'Encyclopédie ou le labyrinthe de la raison. In: Recherches sur Diderot et sur l'Encyclopédie. Nr. 29 (2000).

John Lough: Essays on the Encyclopédie of Diderot and D'Alembert. London 1968.

John Lough: The Encyclopédie. London 1971.

John Lough, Walter E. Rex, Richard N. Schwab: Inventory of Diderot's Encyclopédie. In: Studies on Voltaire and the Eighteenth Century. Nr. 80, 83, 85, 91–93 (1971/72).

John Lough: The Contributors to the Encyclopédie. London 1973.

John Lough: Connaissance de l'Encyclopédie: les progrès accomplis et ce qui reste à faire. In: Recherches sur Diderot et sur l'Encyclopédie. Nr. 1 (1986).

Edgar Mass, Peter-Eckard Knabe (Hrsg.): L'Encyclopédie et Diderot. Köln 1985.

Roland Mortier: Diderot et l'Encyclopédie. In: Recherches sur Diderot et sur l'Encyclopédie. Nr. 1 (1986).

John Pappas: La première suppression de l'Encyclopédie dans la correspondance de d'Alembert. In: Recherches sur Diderot et sur l'Encyclopédie. Nr. 1 (1986).

Jacques Proust: L'Encyclopédie dans la pensée et dans la vie de Diderot. In: Jochen Schlobach (Hrsg.): Denis Diderot. Wege der Forschung Band 665. Darmstadt 1992.

Jacques Proust: Diderot et l'Encyclopédie. Paris 1982 (1. Auflage 1962).

Samia I. Spencer (Hg.): French Women and the Age of Enlightenment. Indiana University Press. Birmingham 1984.

Walter Tega: La »folie« de l'ordre alphabétique et »l'enchaînement« des sciences. L'Encyclopédie comme système entre le XVIII et le XX siècle. In: Recherches sur Diderot et sur l'Encyclopédie. Nr. 18 (1995).

Jürgen Voss: Verbreitung, Rezeption und Nachwirkung der Encyclopédie in Deutschland. In: Gerhard Sauder, Jochen Schlobach: Aufklärungen – Frankreich und Deutschland im 18. Jahrhundert. Heidelberg 1985.

Voltaire: Auserlesene Stücke aus den Fragen über die Encyclopédie. London 1776.

Arthur M. Wilson: Diderot. New York 1972.

Quellenverzeichnis

Wir danken allen Rechteinhabern für die freundliche Abdruckgenehmigung. Einige wenige konnten nicht ermittelt werden. Wir bitten sie, sich gegebenenfalls mit der Eichborn AG in Verbindung zu setzen.

Woody Allen: Craig Venter, hilf! In: Frankfurter Allgemeine Zeitung vom 30. Mai 2001 / Hans Christian Andersen: Die kleine Meerjungfrau. In: Schräge Märchen. Ausgesucht und aus dem Dänischen übertragen von Heinrich Detering. Die Andere Bibliothek 141. © Eichborn AG, Frankfurt am Main, 1996 / Laurie Anderson: Empty Places. Übersetzt von Pociao. © München: Schirmer/Mosel, 1994 / Victor Auburtin: Auslese. In: Das Ende des Odysseus. Herausgegeben von Georg Eyring. © 1986 by Haffmans Verlag Zürich / Ingeborg Bachmann: Simultan. Gesammelte Werke, Band II: Erzählungen. © Piper Verlag GmbH, München, 1978 / Roland Barthes: Mythen des Alltags. Übersetzt von Helmut Scheffel. © Suhrkamp Verlag Frankfurt am Main 1964 / Charles Baudelaire: Les fleurs du mal. Übersetzt von Friedhelm Kemp. © Frankfurt am Main: S. Fischer Verlag GmbH, 1962 / Johannes R. Becher: Vorbereitung. In: Menschheitsdämmerung. Ein Dokument des Expressionismus. Herausgegeben von Kurt Pinthus. Reinbek: Rowohlt 1959. © Aufbau-Verlag Berlin und Weimar, 1966 / Walter Benjamin: Einbahnstraße; Protokolle zu Drogenversuchen. In: Gesammelte Schriften. Unter Mitwirkung von Theodor W. Adorno und Gershom Scholem herausgegeben von Rolf Tiedemann und Herrmann Schweppenhäuser. © Suhrkamp Verlag Frankfurt am Main 1972–1989 / Gottfried Benn: Auszug aus »Genie und Gesundheit«. Sämtliche Werke. Stuttgarter Ausgabe. In Verbindung mit Ilse Benn herausgegeben von Gerhard Schuster. Band III: Prosa 1. (1910–1932). Klett-Cotta, Stuttgart 1987 / Gottfried Benn: Auszug aus den Gedichten »Alaska« (»Europa, dieser Nasenpopel (…)«) und »Fleisch« (»Das Gehirn ist ein Irrweg (…)«): Gottfried Benn. Sämtliche Gedichte. Klett-Cotta, Stuttgart, 1998 / Gottfried Benn: Auszug aus »Zum Thema: Geschichte«. Gottfried Benn. Sämtliche Werke. Stuttgarter Ausgabe. In Verbindung mit Ilse Benn herausgegeben von Gerhard Schuster. Band IV: Prosa 2. (1933–1945). Klett-Cotta, Stuttgart 1989 / Thomas Bernhard: Der Stimmenimitator. © Suhrkamp Verlag Frankfurt am Main 1978 / Thomas Bernhard: Der Theatermacher. © Suhrkamp Verlag Frankfurt am Main 1984 / Wolf Biermann: Lieder aus dem Stück »Der Dra-Dra« (1964–1969). In: Alle Lieder. © Köln: Kiepenheuer und Witsch, 1991 / Ernst Bloch: Spuren. © Suhrkamp Verlag Frankfurt am Main 1969 / Léon Bloy: Auslegung der Gemeinplätze. Übersetzt von Hans-Horst Henschen. Die Andere Bibliothek 124. © Eichborn AG, Frankfurt am Main, 1995 / Hans Blumenberg: Das Beschreibliche und das Unbeschreibliche. In: Ein mögliches Selbstverständnis. Stuttgart, Reclam, 1997. © 1996 Hans Blumenberg Erben / Böhmer: Pariser Meldung über die Hinrichtung Ludwigs XVI. In: Heinrich Scheel: Die Mainzer Republik. Band 1. Berlin: Akademie Verlag 1975. © Akademie Verlag, 1975 / Jorge Luis Borges: Von der Strenge der Wissenschaft. In: Borges und ich. Gedichte und Prosa. Nach der Übersetzung von Karl August Horst bearbeitet von Gisbert Haefs. © 1982 Carl Hanser Verlag, München–Wien / Jorge Luis Borges: Die Bibliothek von Babel. In: Erzählungen 1935–1944. Nach der Übersetzung von Karl August Horst bearbeitet von Gisbert Haefs. © 1981 Carl Hanser Verlag, München–Wien / James Boswell: Tagebuch einer Reise nach den Hebridischen Inseln mit Dr. S. Johnson. Übersetzt von A. Wittenberg. Lübeck 1786 / Bertolt Brecht: Flüchtlingsgespräche. In: Ausgewählte Werke in sechs Bänden. Frankfurt am Main: Suhrkamp 1997. © Suhrkamp Verlag Frankfurt am Main 1961 / Bertolt Brecht: Über die Verführung von Engeln. In: Gedichte über die Liebe. Frankfurt am Main: Suhrkamp 1982. © Stefan S. Brecht 1982. Alle Rechte vorbehalten durch Suhrkamp Verlag Frankfurt am Main / Rolf Dieter Brinkmann: Rom, Blicke. © 1979 by Rowohlt Taschenbuchverlag GmbH Reinbek / Helen Gurley Brown: Sex und ledige Mädchen. Übersetzt von Gottfried Beutel. © Schmiden: Franz Decker o. J. / Lenny Bruce: Alle New Yorker sind Juden. Übersetzt von Harry Rowohlt. © 1995 by Haffmans Verlag Zürich / Georg Büchner: Leonce und Lena. Stuttgart: Philipp Reclam 1952 / Luis Buñuel: Zufall. In: Reihe Film 6. Mit Beiträgen von Luis Buñuel, Klaus Eder, Peter W. Jansen, Manuel Michel, Hans Helmut Prinzler, Roxane Saint-Jean. © 1980 Carl Hanser Verlag, München–Wien / Samuel Butler: Erewhon oder Jenseits der Berge. Übersetzt von Fritz Güttinger. Die Andere Bibliothek 120. © Eichborn AG, Frankfurt am Main, 1994 / Italo Calvino: Die unsichtbaren Städte. Übersetzt von Heinz Riedt, Barbara und Robert Picht. © 1984 Carl Hanser Verlag, München–Wien / Lewis Carroll: Alice im Wunderland. In: Das literarische Gesamtwerk. Übersetzt von Dieter H. Stündel. © Darmstadt: Häusser, 1998 / Albert Camus: Der Mythos von Sisyphos. Ein Versuch über das Absurde. Deutsch von Vincent von Wroblewsky. © 1999 Rowohlt Verlag GmbH Reinbek / Nicolas Chamfort: Ein Wald voller Diebe. Maxime, Charaktere, Anekdoten. Die Andere Bibliothek 31. © Eichborn AG, Frankfurt, 1989 (vormals Nördlingen: Greno 1987) / Daniil Charms: Die Kunst ist ein Schrank. Aus den Notizbüchern 1924–1940. Herausgegeben und übersetzt von Peter Urban. © Berlin: Friedenauer Presse, 1992 / Gilbert Keith Chesterton: Ketzer. Eine Verteidigung der Orthodoxie gegen ihre Verächter. Übersetzt von Monika Noll und Ulrich Enderwitz. Die Andere Bibliothek 165. © Eichborn AG, Frankfurt am Main, 1998 / Gilbert Keith Chesterton: Orthodoxie. Eine Handreichung für die Ungläubigen. Übersetzt von Monika Noll und Ulrich Enderwitz. Die Andere Bibliothek 187. © Eichborn AG, Frankfurt am Main, 2000 / Gilbert Keith Chesterton: Verteidigung der Planeten. In: Das Gold in der Gosse. Plädoyers. Übersetzt von Joachim Kalka. Stuttgart: Klett-Cotta 1986. © by the Royal Literary Fund, 1986 / E. M. Cioran: Auf den Gipfeln der Verzweiflung. Übersetzung und Nachbemerkung von Ferdinand Leopold. © Suhrkamp Verlag Frankfurt am Main 1989 / E. M. Cioran: Lehre vom Zerfall. Essays. Übersetzt von Paul Celan. © Editions Gallimard, Paris 1949. Klett-Cotta Stuttgart 1979 / Paolo Conte: Azzurro. © Hofheim: Sugar, 1989 / Gabriele D'Annunzio: Briefe an die Köchin. In: Rowohlt Literaturmagazin Nr. 24. Erschienen bei Rowohlt, Reinbek 1989. © Für die vorliegende Übersetzung ins Deutsche: Dr. Maria Gazzetti, 1989 / Charles Darwin: Autobiographie. Herausgegeben von S. L. Sobol. © Leipzig: Urania, 1959 / Charles Darwin: Sind Affen Rechtshänder? Notizhefte M und N und die Biographische Skizze eines Kindes. Übersetzt und herausgegeben von Henning Ritter. © Berlin: Friedenauer Presse, 1998 / Gilles Deleuze, Felix Guattari: Anti-Ödipus. Kapitalismus und Schizophrenie I. Übersetzt von Bernd Schwibs. © Suhrkamp Verlag Frankfurt am Main 1974 / Denis Diderot: Jakob und sein Herr. Herausgegeben von Horst Günther. Übersetzt von Christhelf Siegmund Mylius. Die Andere Bibliothek 170. © Eichborn: Frankfurt am Main, 1999 / Assia Djebar: Fantasia. Übersetzt von Inge M. Artl. © Zürich: Unionsverlag, 1990 / Fjodor M. Dostojewski: Bobok. Übersetzt von Hermann Röhl. Sämtliche Romane und Novellen, Bd. 4. Leipzig, Frankfurt am Main: Insel 1921 / Annette von Droste-Hülshoff in ihren Briefen. Eine Auswahl von Levin L. Schücking. Insel: Zweigstelle Wiesbaden 1949 / Hans-Peter Dürr: Unbelebte und belebte Materie, Ordnungsstrukturen immaterieller Beziehungen. In: Elemente des Lebens. Herausgegeben von Hans-Peter Dürr, Fritz-Albert Popp, Wolfram Schommers. © 2000 Die Graue Edition, Prof. Dr. Alfred-Schmid-Stiftung, Zug, Schweiz / Johann Peter Eckermann: Gespräche mit Goethe in den letzten Jahren seines Lebens. Herausgegeben von Fritz Bergemann. Frankfurt am Main 1981 / Carl Einstein: Die Sozialdemokratie, Werke Band 1. 1907–1918. © Berlin: Fannei & Walz Verlag 1994 / Carl Einstein: Der Ideenverfall in Deutschland. Werke Band 2. 1919–1928. © Berlin: Fannei & Walz Verlag 1996 / Bret Easton Ellis: American Psycho. Übersetzt von Clara Drechsler und Harald Hellmann. © Köln: Kiepenheuer & Witsch, 1991 / Péter Esterházy: Eine Frau. Übersetzt von Zsuzsanna Gahse. © Salzburg, Wien: Residenz, 1996 / Christiane F.: Wir Kinder vom Bahnhof Zoo. Nach Tonbandprotokollen aufgeschrieben von Kai Hermann und Horst Rieck. © Hamburg: Gruner & Jahr, 1980 / Gustave Flaubert: Brief an Louise Colet, Januar 1847. In: Correspondance. Bibliothèque de la Pléiade. Edition de Jean Bruneau. Tome I. Paris: Gallimard / Gustave Flaubert: Ägypten. Übersetzt von E. W. Fischer. Potsdam, Berlin: Gustav Kiepenheuer o. J. / Vilém Flusser: Von der Freiheit des Migranten. Einsprüche gegen den Nationalismus. Bensheim: Bollmann 1994. © 2000 Philo Verlagsgesellschaft mbH Berlin–Wien / Vilém Flusser: Die Schrift. Hat Schreiben Zukunft? © Göttingen: European Photography, www.flusser.net, 1987 / Michel Foucault: Die Ordnung der Dinge. Eine Archäologie der Humanwissenschaften. Aus dem Französischen von Ulrich Köppen. © Suhrkamp Verlag Frankfurt am Main 1971 / Michel Foucault: Die Ordnung des Diskurses. Übersetzt von Walter Seitter. © 1974 Carl Hanser Verlag, München–Wien / Sigmund Freud: Das Unbehagen in der Kultur. © Frankfurt am Main: S. Fischer Verlag GmbH, 1969 / Egon Friedell: Ecce Poeta. Berlin 1912.

© Verlag C. H. Beck, München / Egon Friedell: Kulturgeschichte der Neuzeit. München: C. H. Beck 1996. © Verlag C. H. Beck, München / Egon Friedell: Der Lausbub. In: Das Friedell-Lesebuch. München: C. H. Beck 1988. © Verlag C. H. Beck, München / Egon Friedell: Steinbruch. Vermischte Meinungen und Sprüche. Wien 1922. © Verlag C. H. Beck, München / Franz Fühmann: Zweiundzwanzig Tage oder die Hälfte des Lebens. Leipzig: Reclam 1980. © Hinstorff Verlag 1999 / Robert Gernhardt: Frage; Nachdem er durch Metzingen gegangen war. In: Gedichte 1954–1997. © 1996, 1997, 1999 by Haffmans Verlag Zürich / Johann Wolfgang von Goethe: Rezensent. In: Hamburger Ausgabe. München: C. H. Beck 1988 / Witold Gombrowicz: Tagebuch 1953–1969. In: Gesammelte Werke. Band 6–8. Übersetzt von Olaf Kühl. Herausgegeben von Rolf Fieguth und Fritz Arnold. © 1988 Carl Hanser Verlag, München–Wien / Brüder Grimm: Vom süßen Brei. In: Kinder- und Hausmärchen. Urfassungen. Herausgegeben von Friedrich Panzer. Wiesbaden 1955 / Ernest Hemingway: Neuigkeiten gefällig? In: Glücklich wie die Könige. Ausgewählte Briefe 1917–1961. Übersetzt von Werner Schmitz. © 1984 by Rowohlt Verlag GmbH, Reinbek / Friedrich Hebbel: Tagebuch. In: Sämtliche Werke. Herausgegeben von R. M. Werner. Berlin 1904–1907 / Martin Heidegger: Warum bleiben wir in der Provinz? In: Der Alemanne. Nationalsozialistisches Kampfblatt für Oberbaden. Freiburg, 7. März 1934 / Heinrich Heine: Vermächtnis; Erektion. In: Werke in zwei Bänden. München: Winkler 1969 / Johann Gottfried Herder: Auch eine Philosophie der Geschichte zur Bildung der Menschheit. Berlin 1891 / Johann Gottfried Herder: Journal meiner Reise im Jahre 1769. Berlin 1878 / Georg Heym: Tagebuch. In: Dichtungen und Schriften. Herausgegeben von Karl L. Schneider. Band 3. München: C. H. Beck 1979. © Verlag C. H. Beck, München / Heinrich Himmler: Rede über die SS-Moral, 4. Oktober 1943. In: Deutsche Geschichte 1933–1945. Dokumente zur Innen- und Außenpolitik. Herausgegeben von Wolfgang Michalka. Frankfurt am Main: Fischer Taschenbuch Verlag 1993 / Hugo von Hofmannsthal: Aufzeichnungen. © Frankfurt am Main: S. Fischer Verlag GmbH, 1959 / Ulrich Holbein: Poesie und Rezeptur. Wichtig ist, was außen drauf steht. Veröffentlicht in der Frankfurter Allgemeinen Zeitung Nr. 34 am 10. Februar 1999 / Max Horkheimer: Naturgeschichte; Die neuen Analphabeten. In: Gesammelte Schriften. Band 6. Herausgegeben von Alfred Schmidt. © Frankfurt am Main: S. Fischer Verlag GmbH, 1991 / Michel Houellebecq: Elementarteilchen. Übersetzt von Uli Wittmann. © 1999 DUMONT Buchverlag Köln / Aldous Huxley: Schöne neue Welt. Übersetzt von Herbert E. Herlitschka. © Frankfurt am Main: S. Fischer Verlag GmbH, 1981 / Ernst Jandl: »die humanisten«. In: poetische werke. Herausgegeben von Klaus Siblewski, Band 10 (peter und die kuh & humanisten & Aus der Fremde). © 1997 Luchterhand Literaturverlag GmbH, München / Ernst Jandl: »nasses gedicht«, »anatomisches selbstbildnis«. In: poetische werke. Herausgegeben von Klaus Siblewski, Band 9 (idyllen stanzen). © 1997 Luchterhand Literaturverlag GmbH, München / Marie le Jars de Gournay: Zur Gleichheit von Männern und Frauen. Übersetzt von Florence Hervé und Ingeborg Nödinger. © Aachen: ein-FACH-verlag, 1997 / Jean Paul: Ideen-Gewimmel. Texte aus dem unveröffentlichten Nachlaß. Herausgegeben von Thomas Wirtz und Kurt Wölfel. Die Andere Bibliothek 135. © Eichborn AG, Frankfurt am Main, 1996 / Jean Paul: Hesperus oder 45 Hundsposttage. Eine Biographie. Weimar 1929 / Uwe Johnson: Ingrid Babendererde. Reifeprüfung 1953. © Suhrkamp Verlag Frankfurt am Main 1985 / Franz Kafka: Beschreibung eines Kampfes. In: Gesammelte Werke. Herausgegeben von Max Brod. Frankfurt am Main: S. Fischer 1983 / Immanuel Kant's phyische Geographie. Auf Verlangen des Verfassers, aus seiner Handschrift herausgegeben und zum Theil bearbeitet von Dr. Friedrich Theodor Rink. Königsberg 1802 / Søren Kierkegaard: Erbauliche Reden 1850/51 – Zur Selbstprüfung der Gegenwart anbefohlen – Urteilt selbst. Gesammelte Werke 27.–29. Abteilung. Herausgegeben und übersetzt von Emanuel Hirsch, Düsseldorf 1953 (auch: Gütersloher Taschenbücher 622) / Nell Kimball: Memoiren aus dem Bordell. Übersetzt von Reinhard Kaiser. Die Andere Bibliothek 176. © Eichborn AG, Frankfurt am Main, 1999 / Heinrich von Kleist: Über die allmähliche Verfertigung der Gedanken beim Reden; Katechismus der Deutschen; Brief vom 21. November 1811. In: Werke und Briefe. Herausgegeben von Helmut Sembdner. München: Carl Hanser 1984 / Karl Kraus: Aphorismen. Sprüche und Widersprüche. Pro domo et mundo. Nachts. In: Schriften aus den suhrkamp taschenbüchern. Herausgegeben von Christian Wagenknecht. Erste Abteilung. Zwölf Bände. Bd. 8. © Suhrkamp Verlag Frankfurt am Main 1986 / Georg Kreisler: Der Furz; Wien ohne Wiener. In: Ich hab ka Lust. Kabarettchansons. © Berlin: Henschel, 1980 / Paul Lafargue: Die Religion des Kapitals. Sozialdemokratische Bibliothek. German Cooperative Printing and Publishing Co.: London 1890 / Paul Lafargue: Das Recht auf Faulheit. Sozialdemokratische Bibliothek. Verlag der Volksbuchhandlung: Hottingen–Zürich 1887 / Else Lasker-Schüler: Briefe. Herausgegeben von Margarete Kupper. 2 Bde. © Kösel Verlag München 1969. Alle Rechte vorbehalten durch Suhrkamp Verlag Frankfurt am Main / Henri Joseph du Laurens: Mathieu oder die Ausschweifungen des Geistes. Übersetzt von Johann Zacharias Logan. Die Andere Bibliothek 47. © Eichborn AG, Frankfurt am Main, 1989 (vormals Nördlingen: Greno 1988) / Paul Léautaud: Literarisches Tagebuch 1893–1956. Eine Auswahl. Herausgegeben und übersetzt von Hanns Grössel. © 1966 by Rowohlt Taschenbuchverlag GmbH Reinbek / Primo Levi: Ist das ein Mensch? Übersetzt von Heinz Riedt. © 1984 Carl Hanser Verlag, München–Wien / Primo Levi: Mond und Mensch. In: Die dritte Seite. © Basel, Frankfurt am Main: Stroemfeld/Roter Stern, 1992. / Claude Lévi-Strauss, Didier Eribon: Das Nahe und das Ferne. Eine Autobiographie in Gesprächen. © Frankfurt am Main: S. Fischer Verlag GmbH, 1989 / Georg Christoph Lichtenberg: Über das Altern der Guillotine; Sudelbücher. In: Schriften und Briefe. Herausgegeben von Wolfgang Promies. München, Wien: Carl Hanser 1971 / Giorgio Manganelli: Die Uffizien. Ausschnitt aus dem Text: Florenz oder die geometrische Rauferei. In: Manganelli furioso. Handbuch für unnütze Leidenschaften. Übersetzt von Marianne Schneider. © Verlag Klaus Wagenbach, Berlin 1985 / Thomas Mann: Der Tod in Venedig. © Frankfurt am Main: S. Fischer Verlag GmbH, 1993 / Monika Maron: Flugasche. © Frankfurt am Main: S. Fischer Verlag GmbH, 1981 / R.W. B. McCormack (d. i. Gert Raeithel): Tief in Bayern. Eine Ethnographie. Die Andere Bibliothek 75. © Eichborn AG, Frankfurt am Main, 1991 / Ulrike Marie Meinhof: Osterspaziergang 63. In: Die Würde des Menschen ist antastbar. Aufsätze und Polemiken. © Verlag Klaus Wagenbach, Berlin 1980, 1992, 1994 / Louis-Sébastien Mercier: Über die Hinrichtung Robespierres. In: Die Französische Revolution. Ein Lesebuch mit zeitgenössischen Berichten und Dokumenten. Ausgewählt von Chris E. Paschold und Albert Gier. © Stuttgart: Reclam, 1989 / Henri Michaux: Ein Barbar in Asien. © Graz, Wien: Droschl 1992 / Henri Michaux: Ecuador. © Graz, Wien: Droschl 1994 / Michel de Montaigne: Apologie für Raymond Sebond; Über die Knabenerziehung. In: Essais. Erste moderne Gesamtübersetzung von Hans Stilett. Die Andere Bibliothek. Sonderband. © Eichborn AG, Frankfurt am Main, 1998 / Robert Musil: Geschichte aus drei Jahrhunderten. In: Nachlaß zu Lebzeiten. © Rowohlt Verlag GmbH Reinbek 1957 / Vladimir Nabokov: Tagesprogramm; Ekstase. In: Du. Zeitschrift der Kultur. Nr. 6. Mit freundlicher Genehmigung von Dimitri Nabokov/Juni 1996: Vladimir Nabokov. Das Leben erfinden. © Zürich, DU, 1996. With the kind permission of the Vladimir Nabokov Estate / Friedrich Nietzsche: Jenseits von Gut und Böse. Die fröhliche Wissenschaft. Über Wahrheit und Lüge. In: Werke in zwei Bänden. Herausgegeben von Ivo Frenzel. München, Wien: Carl Hanser 1967/Anaïs Nin: Tagebücher Bd. I, II, III. Übersetzt von Herbert Zand (Bd. I, II) und Maria Dessauer (Bd. III). © 1979 by nymphenburger in der F. A. Herbig Verlagsbuchhandlung GmbH, München / Frédéric Pagès: Frühstück bei Sokrates. Übersetzt von Christel Kauder. © Bühl-Moos: Elster, 1993 / Dorothy Parker: Roman in 2 Bänden. © Dorothy Parker. Übersetzung von Barbara Keller. Zitiert nach Der Raben-Kalender 1999. © Haffmans Verlag, Zürich / Samuel Pepys: Tagebuch aus dem London des 17. Jahrhunderts. Ausgewählt, übersetzt u. herausgegeben von Helmut Winter. © Stuttgart: Reclam, 1980 / Sylvia Plath: Cambridge Notizen. In: Die Bibel der Träume. Erzählungen. Prosa aus den Tagebüchern. Übersetzt von Julia Bachstein und Sabine Techel. © Frankfurt am Main: Frankfurter Verlagsanstalt, 1987 / Platon: Theaitet. Sämtliche Dialoge. Bd. 4. Herausgegeben von Otto Appelt. Übersetzt von Friedrich Schleiermacher. Leipzig 1922–1923 / Fritz-Albert Popp: Leben als Sinnsuche. In: Elemente des Lebens. Herausgegeben von Hans-Peter Dürr, Fritz-Albert Popp, Wolfram Schommers. © 2000 Die Graue Edition, Prof. Dr. Alfred-Schmid-Stiftung, Zug, Schweiz / Maximilien Robespierre: Dekret über das höchste Wesen. In: Walter Markov: Revolution im Zeugenstand. Band 2. © Leipzig: Reclam, 1982 / Bertrand Russell: Lob des Müßiggangs. Übersetzt von Elisabeth Fischer-Wernecke. © Paul Zsolnay Verlag 1957 / Marquis de Sade: Philosophie im Boudoir. © Wiesbaden: Fourier, 1980 / Christian Gotthelf Salzmann: Carl von Carlsberg oder Über das menschliche Elend. Erster Teil. Karlsruhe: Schmieder 1787–1789 / Jean-Paul Sartre: Der Ekel. Roman. Copyright der deutschen Übersetzung von Uli Aumüller. © 1981 by Rowohlt Verlag GmbH Reinbek. / Arno Schmidt: Leviathan; Schwarze Spiegel. In: Bargfelder Ausgabe. Werkgruppe I. Romane Erzählungen Gedichte Juvenilia. Zürich: Haffmans 1987 © Arno Schmidt Stiftung Bargfeld 1987 mit Genehmigung der S. Fischer Verlags GmbH, Frankfurt am Main / Romy Schneider: Ich, Romy. Herausgegeben von Renate Seydel. © 1988 by Langen Müller in der F. A. Herbig Verlagsbuchhandlung GmbH, München / Arthur Schnitzler: Leutnant Gustl. In: Die erzählenden Schriften. Band 1. © Frankfurt am Main: S. Fischer Verlag GmbH, 1961 /

Arthur Schopenhauer: Schopenhauers Nachlaß. Herausgegeben von Arthur Hübscher. 3 Bde. Frankfurt am Main 1966–1975 / Michel Serres: Die fünf Sinne. Eine Philosophie der Gemenge und Gemische. Übersetzt von Michael Bischoff. © Suhrkamp Verlag Frankfurt am Main 1993 / Sei Shonagon: Das Kopfkissenbuch der Hofdame Sei Shonagon. Herausgegeben und übersetzt von Mamoru Watanabé. © Zürich: Manesse, 1992 / William Shakespeare: Ende gut, alles gut. Übersetzt von Friedrich Schlegel. Berlin 1832 / Mary Shelley: Frankenstein oder der moderne Prometheus. Übersetzt von H. Widtmann. Leipzig 1912 / Charles Simic: Ein Buch von Göttern und Teufeln. Übersetzt von Hans Magnus Enzensberger. © 1993 Carl Hanser Verlag, München–Wien. / Stendhal: Über die Liebe. Übersetzt von Franz Hessel. © Berlin: Ullstein, 1987 / Laurence Sterne: Leben und Ansichten von Tristram Shandy, Gentleman. Übersetzt von Michael Walter. © 1999 by Haffmans Verlag Zürich / Botho Strauß: Anschwellender Bocksgesang. Reflexionen über Fleck und Linie. © 1993 Carl Hanser Verlag, München–Wien / Botho Strauß: Beginnlosigkeit. © 1992 Carl Hanser Verlag, München–Wien / August Strindberg: Nach Damaskus. Übersetzt von Willi Reich. © 1964 by Langen Müller in der F. A. Herbig Verlagsbuchhandlung GmbH, München / Claude Tillier: Mein Onkel Benjamin. Übersetzt von Irene Riesen. © 1988 by Haffmans Verlag Zürich / Victor Tissot: Reportagen aus Bismarcks Reich. Berichte eines reisenden Franzosen. 1874–1876. Herausgegeben von Erich Pohl. Stuttgart, Wien: Thienemann 1990 / Anton Tschechow: Brief v. 24./25.11.1888. Übersetzt von Peter Urban / Anton Tschechow: Drei Schwestern. Übersetzt von Sigismund von Radecki. Stuttgart: Philipp Reclam jun. GmbH & Co. 1960. © Ruth Weilandt / Paul Valéry: Cahiers – Hefte. Band 5. Herausgegeben von Hartmut Köhler, Jürgen Schmidt-Radefeldt u. a. © Frankfurt am Main: S. Fischer Verlag GmbH, 1992 / Boris Vian: Je bois – Ich saufe. In: Der Deserteur. Chansons, Satiren und Erzählungen. Übertragen von Klaus Völker. © der deutschen Übersetzung 1967, 1978, 1992, 2001 Verlag Klaus Wagenbach Berlin / Boris Vian: Der Schaum der Tage. Übersetzt von Antje Pehnt. © 1979 by www.zweitausendeins.de / François Villon: Das kleine Testament. In: Des Meisters Werke. Ins Deutsche übertragen von K. L. Ammer (Bearbeitet von A. S. und R.W.). Leipzig: Julius Zeitler 1907 / Leonardo da Vinci: Prophezeiungen. In: Tagebücher und Aufzeichnungen. Leipzig: Paul List 1940 / Paul Virilio: Krieg und Fernsehen. Übersetzt von Bernd Wilczek. Edition Akzente. © 1993 Carl Hanser Verlag, München–Wien / Aus dem Briefwechsel Voltaire–Friedrich der Große. Herausgegeben und übersetzt von Hans Pleschinski. © 1992 by Haffmans Verlag Zürich / Martin Walser: Ich vertraue. Querfeldein. Reden und Aufsätze. © Suhrkamp Verlag Frankfurt am Main 2000 / Martin Walser: Erfahrungen beim Verfassen einer Sonntagsrede. Rede zum Friedenspreis des Deutschen Buchhandels 1998. © Suhrkamp Verlag Frankfurt am Main 1999 / Johann K. Wezel: Belphegor, oder die wahrscheinlichste Geschichte unter der Sonne. Leipzig: Crusius 1776 / Oscar Wilde: Die Seele des Menschen unter dem Sozialismus. Übersetzt von Georg Deggerich. Zürcher Ausgabe, Band 4, Essays. © 2000 by Haffmans Verlag Zürich / Ludwig Wittgenstein: Über Gewißheit. Herausgegeben von G. E. M. Anscombe und G. H. von Wright, in Zusammenarbeit mit Rush Rees. © Suhrkamp Verlag Frankfurt am Main 1970 / Ludwig Wittgenstein: Die Lösung des Problems des Lebens. In: Philosophische Bemerkungen. Aus dem Nachlaß herausgegeben von Rush Rees. © Basil Blackwell, Oxford 1964 / Ludwig Wittgenstein: Traum. In: Vermischte Bemerkungen. Eine Auswahl aus dem Nachlaß. Herausgegeben von Georg von Wright unter Mitarbeit von Heikki Nyman. © Suhrkamp Verlag Frankfurt am Main 1977 / Virginia Woolf: Augenblicke. Skizzierte Erinnerungen. Übersetzt von Elizabeth Gilbert. © DVA, Stuttgart, 1981 / Virginia Woolf: Frauen und Literatur. Übersetzt von Hannelore Faden und Helmut Viebrock. © Frankfurt am Main: S. Fischer Verlag GmbH, 1989 / Virginia Woolf: Orlando. Übersetzt von Brigitte Walitzek. © Frankfurt am Main: S. Fischer Verlag GmbH, 1990 / Unica Zürn: Der Mann in Jasmin. © Berlin: Ullstein, 1977.

Editorische Notiz

Als Textgrundlage dieser Ausgabe diente die Pariser Folio-Ausgabe der *Encyclopédie,* deren siebzehn Textbände in den Jahren 1751 bis 1765 erschienen. Ihr vollständiger Titel lautet:

Encyclopédie, ou Dictionnaire raisonné des sciences, des arts et des métiers, par une societé de gens de lettres. Mis en ordre & publié par *M. DIDEROT,* de l'Académie Royale des Sciences & des Belles-Lettres de Prusse; & quant à la Partie Mathématique, par *M. D'ALEMBERT,* de l'Académie Royale des Sciences de Paris, de celle de Prusse, & de la Société Royale de Londres.

A Paris. Chez *BRIASSON,* rue Saint Jacques, à la Science. Chez *DAVID,* l'aîné, rue Saint Jacques, à la Plume d'or. Chez *LE BRETON,* Imprimeur ordinaire du Roy, rue de la Harpe. Chez *DURAND,* rue Saint Jacques, à Saint Landry, & au Griffon.

AVEC APPROBATION ET PRIVILEGE DU ROY.

Ein Großteil der Artikel wurde für Die Welt der Encyclopédie neu übersetzt. Bereits in deutscher Übersetzung vorliegende Texte wurden von den Herausgebern durchgesehen und vielfach ergänzt. Die Aufstellung im Inhaltsverzeichnis gibt darüber Auskunft, welche Stichwörter vollständig und welche gekürzt wiedergegeben sind.

Zahlreiche Artikel der *Encyclopédie,* besonders der letzten Bände, sind anonym erschienen. Die Zuschreibung der Texte zu den einzelnen Mitarbeitern beschäftigt einen ganzen Zweig der *Encyclopédie*-Forschung. Die Angaben in dieser Ausgabe berücksichtigen den letzten Stand der Recherchen: Für die von Diderot verfaßten Artikel: Denis Diderot: Œuvres complètes, herausgegeben von Herbert Dieckmann, Jacques Proust und Jean Varloot. Paris: Hermann 1976, Bd. V–VIII. Für alle weiteren Autoren: John Lough, Walter E. Rex, Richard N. Schwab: Inventory of Diderot's Encyclopédie. In: Studies on Voltaire and the Eighteenth Century, Nr. 80, 83, 85, 91–93 (1971/72). Darüber hinaus wurden neue Forschungsergebnisse der seit 1986 erscheinenden Zeitschrift *Recherches sur Diderot et sur l'Encyclopédie* berücksichtigt.

Die Verweise spielen innerhalb der *Encyclopédie* eine große Rolle: Sie situieren die einzelnen Artikel im »System der menschlichen Kenntnisse«, bisweilen enthalten sie auch politischen Sprengstoff (vgl. hierzu Diderots Ausführungen unter dem Stichwort Encyclopédie, Seite 78 ff.). Aus diesem Grund finden sich in den hier abgedruckten Artikeln auch Hinweise auf Stichwörter, die nicht aufgenommen wurden.

Holger Fock und Sabine Müller übersetzten die Artikel A, Anti, Automat, Beleidigung, Bombe, Bösartig, Drache, Donau, Empfindsamkeit, Dysurie, Eleganz, Entdeckung, Erfindung, Farce, Fötus, Furz, Gehorsam, Geschichte, Globus, Gott zum Heil, Hand, Herbergen, Hottentotten, Hysterisch, Idiot, Intellektuelle, Jugend, Karczma, Kartoffel, Kaschmir, Kastraten, Kiakkiak, Kolik, Kontingent, Kretins, Kugel, Kurtisane, Laster, Leicht, Lilith, Lissabon, Loches, Lüsternheit, Marmaren, Mikado, Miliz, Mißgeburt, Monarch, Nachricht, Nachttopf, Nasenabschneider, Orgien, Ostern, Ouessant, Pantoffel, Parasit, Patagonier, Perücke, Phantasie, Preußen, Sâkya, Salutschüsse, Schnarchen, Schwäche, Schweigen, Seiltänzer, Spiel, Stille, Sybariten, Tanz in den Mai, Tragisch, Trunksucht, Tulpe, Turmfrisur, Verbreitung des Evangeliums, Verheißung, Versailles, Vielfraß, Volant, Walfang, Wien, Wissenschaft, Wollin.

Eva Moldenhauer übersetzte die Artikel Abaca, Abada, Aborigines, Alligator, Amazone, Amerika, Amor, Anarchie, Arbeit, Arbeitsleute, Babel, Backenzahn, Bäder, Bardocucullus, Baschmaklik, Baucis & Philemon, Beduinen, Belbuch & Zeombuch, Berberei, Bigott, Blau, Blitz, Blitzschlag, Brechmittel, Buchdruck, Cuba, Diana, Donnerkeile, Druide, Dryaden, Eifersucht, Empörung, Epidelius, Erektion, Erotisch, Europa, Fanfare, Feinschmeckerei, Frau, Freyja, Geißelung, Geistig, Geld, Genuß, Geschenke, Gleichgültigkeit, Handkuß, Hasseki, Hermaphrodit, Hirn, Holocaust, Illapsus, Indiskret, Isoliert, Jude, Jungfräulichkeit, Kabinett, Kongo, Königsmord, Konstanz, Langeweile, Laus, Liebe, Lied, Liebeslied, Machiavellismus, Maulwurf, Menschenfresser, Nase, Mirsa, Missilien, Mißgeschick, Modern, Museum, Muße, Neger, Neptun, Odrysen, Orakel, Ouvertüre, Paradies, Paulizianer, Pervers, Pessar, Physiognomie, Quan-ton, Rede, Regel, Revolution, Rhein, Sabbat, Salbe, Schokolade, Schwimmen, Selbstmord, Sodomie, Spektakel, Stein der Weisen, Sultan, Teufel, Tick, Tirade, Tribade, Tyrann, Unauflöslich, Unbemerkbar, Unerlaubt, Unschuld, Unvergänglich, Vergewaltigung, Verjüngung, Verrücktheit, Vorhersage, Ypaina, Zauberei, Zigeuner, Zwillingsbrüder.

Die folgenden Artikel, übersetzt von Theodor Lücke, sind entnommen aus:

Denis Diderot: Ästhetische Schriften. Zwei Bände. Bd. 1. Aus dem Französischen von Friedrich Bassenge und Theodor Lücke. © Aufbau-Verlag Berlin und Weimar 1967.

Denis Diderot: Philosophische Schriften. Zwei Bände. Bd. 1: Aus dem Französischen von Theodor Lücke. © Aufbau-Verlag Berlin und Weimar 1961.

Angeboren, Aufgeklärt & klarblickend, Autorität, Eigentum, Entstehen, Enzyklopädie, Erhaltung, Genie, Gewohnheit, Glauben, Handwerker, Heroismus, Häßlichkeit, Humor, Intellekt, Journalist, Kunst, Künstler, Landmann, Luxus, Menschlichkeit, Nichts, Naturrecht, Philosoph, Philosophie, Schön & Hübsch, Schule, Tagelöhner, Unempfindlichkeit, Unkenntnis, Untreue, Zusammenhang, Prospekt der Encyclopédie, Ankündigung der letzten Bände.

Die folgenden Artikel, ebenfalls in der Übersetzung von Theodor Lücke, sind entnommen aus:

Artikel aus der von Diderot und d'Alembert herausgegebenen Enzyklopädie. Auswahl und Einführung von Manfred Naumann. Leipzig 1984. © Reclam Verlag Leipzig 1984.

Aberglaube, Adam, Adler, Affektiertheit, Agnus Scythicus, Aguaxima, Aius Locutius, Akalipse, Alkatras, Analyse, Ansiko, Atheisten, Äthiopier, Atomismus, Bacchionten, Bedürftig, Bergpredigt, Bettler, Bevölkerung, Bibliomane, Bibliomanie, Boa, Brahminen, Bürger, Charidotes, China, Chaldäer, Didyma, Doppelzüngigkeit, Dragonade, Drohung, Einsiedler, Eklektizismus, Elektrischer Schlag, Elektrizität, Elend, Enthaltsamkeit, Erde, Experimentell, Fanatismus, Fastenzeit, Folter, Fordicidia, Formel, Fossil, Frankreich, Französisch, Gelehrsamkeit, Gemetzel, Genealogie, Genf, Geschmack, Gesunder Verstand, Gewalt, Gezinkt, Glück, Glücklich, Gottlos, Götze, Grausamkeit, Großer Herr, Handwerk, Harz, Hebamme, Heiliger Stuhl, Hof, Hospital, Ideenassoziation, Impfung, Innungen, Inquisition, Intoleranz, Irreligiös, Jesuit, Journal, Kabbala, Kapuze, Kaukasus, Kaviar, Ketzer, Kirchlich, Kirchliche Nachrichten, Kniebeugung, Kolonie, Kopernikus, Körperschaften, Kosmetik, Krieg, Kritik in den Wissenschaften, Lakai, Leben, Lebensdauer, Leichtgläubigkeit, Leipzig, Libell, Limonade, Literatur, Magie, Mensch, Metaphysik, Meisterstück, Methode, Mode, Monarchie, Monopol, Mosaische & christliche Philosophie, Mummenschanz, Naturforscher, Natürliche Freiheit, Natürliche Gleichheit, Neologisch, Presse, Priester, Prostituieren, Reich, Reliquie, Roman, Runzel, Sakrileg, Salzsteuer, Sauerkraut, Schamanen, Scharlatan, Scharlatanerie, Schauspieler, Seele, Silber, Singen, Sitten, Skandalös, Sklavenhandel, Sklaverei, Sonate, Souveräne, Sparta, Spinozist, Staatsbürger, Stadt, Steinkohle, Stiftung, Stratford, Strumpf, Sujet, Tatsache, Theokratie, Tier, Toleranz, Traum, Trübsal, Trunksucht, Tuberkel, Unruhestifter, Unzucht, Vaterland, Verdammnis, Verfolgen, Vermögen, Vertrautheit, Verzeihen, Volk, Vorsintflutlich, Wahrsagekunst, Wollüstig, Wörterbücher der Wissenschaften, Zeitgenosse, Zitat, Zölibat, Zweifel, Vorrede zum Dritten Band.

Der Artikel Ökonomie sowie das Figürlich dargestellte System der Kenntnisse des Menschen wurden übersetzt von Helga Bergmann. © Reclam Verlag Leipzig 1984.

Die Essayisten

ANITA ALBUS, geboren 1942 in München, ist Malerin und Schriftstellerin. Sie studierte an der Folkwangschule für Gestaltung in Essen-Werder. Ihre Werke wurden in Einzelausstellungen in München, Hannover, Salzburg, Paris und Dijon gezeigt. Für die *Andere Bibliothek* hat sie Edmond und Jules de Goncourts *Blitzlichter. Portraits aus dem 19. Jahrhundert* herausgegeben und übersetzt sowie Werke von Rudolf Borchardt und Claude Lévi-Strauss illustriert. 1997 erschien in dieser Reihe ihr Buch *Die Kunst der Künste. Erinnerungen an die Malerei.* Weitere Publikationen; *Das botanische Schauspiel* (1987), *Farfallone. Ein Roman in Briefen* (1989); *Liebesbande. Erzählungen* (1993). Anita Albus lebt in München und Burgund. Siehe TIER.

ELMAR ALTVATER lehrt Politische Ökonomie am Otto-Suhr-Institut der Freien Universität Berlin. Er ist Redakteur der *PROKLA – Zeitschrift für Kritische Sozialwissenschaft.* Zu Fragen der Globalisierung hat er verschiedene Bücher veröffentlicht. Publikationen (Auswahl): *Die Zukunft des Marktes. Ein Essay über die Regulation von Geld und Natur nach dem Scheitern des »real existierenden Sozialismus«* (1991); *Der Preis des Wohlstands oder: Umweltplünderung und neue Welt(un)ordnung* (1992); *Grenzen der Globalisierung. Ökonomie, Ökologie und Politik in der Weltgesellschaft* (zusammen mit Birgit Mahnkopf, 1999). Siehe ÖKONOMIE.

ALEIDA ASSMANN, geboren 1947 in Bethel bei Bielefeld, studierte Anglistik und Ägyptologie in Heidelberg und Tübingen. Seit 1992 ist sie Inhaberin des Lehrstuhls für Anglistik und Allgemeine Literaturwissenschaft der Universität Konstanz. Sie veröffentlichte zahlreiche Arbeiten zur englischen Literatur, zur Geschichte des Lesens und zum kulturellen Gedächtnis, darunter: *Arbeit am nationalen Gedächtnis. Eine kurze Geschichte der deutschen Bildungsidee* (1993); *Erinnerungsräume. Formen und Wandlungen des kulturellen Gedächtnisses* (1999); *Geschichtsvergessenheit – Geschichtsversessenheit. Vom Umgang mit der deutschen Vergangenheit nach 1945* (zusammen mit Ute Frevert, 1999). Siehe GESCHICHTE.

JAN ASSMANN, geboren 1938 in Langelsheim (Harz), lehrt Ägyptologie an der Universität Heidelberg. Forschungsschwerpunkte sind die Erschließung von Quellen zur ägyptischen Religion (Hymnen, Totenliturgien, Rituale), die historische Semantik oder »Sinngeschichte« des alten Ägypten, die Entstehung und Entwicklung des Monotheismus in der Antike und (zusammen mit Aleida Assmann) die Theorie des Kulturellen Gedächtnisses. Publikationen (Auswahl): *Herrschaft und Heil. Politische Theologie in Altägypten, Israel und Europa* (2000); *Tod und Jenseits im Alten Ägypten* (2001). Siehe GESCHICHTE.

HANS BELTING, geboren 1935, hat 1993 das Fach Kunstwissenschaft und Medientheorie an der Neugründung der Hochschule für Gestaltung Karlsruhe eingerichtet. Bis dahin lehrte er Kunstgeschichte an den Universitäten Heidelberg und München, als Gast auch an amerikanischen Universitäten. 2002 hat er die Europa-Professur am Collège de France in Paris inne. 1998 veröffentlichte er *Das unsichtbare Meisterwerk. Die modernen Mythen der Kunst.* Weitere Publikationen: *Bild und Kult. Eine Geschichte des Bildes vor dem Zeitalter der Kunst; Bild-Anthropologie. Entwürfe für eine Bildwissenschaft* (2001). Siehe MEISTERWERK.

CHRISTINA VON BRAUN wurde 1944 in Rom geboren. Nach dem Studium in den USA und Deutschland arbeitete sie von 1969 bis 1981 als freischaffende Autorin und Filmemacherin. Von 1991 bis 1993 war sie Fellow am Kulturwissenschaftlichen Institut in Essen. Seit 1994 ist sie Professorin für Kulturwissenschaft an der Humboldt-Universität zu Berlin. Sie drehte eine Vielzahl von Filmdokumentationen und Fernsehspielen zu kulturgeschichtlichen Themen, darunter: *Die Angst der Satten. Über Hungerstreik, Hungersnot und Überfluß* (1991); *Böses Blut. Mythen und Wirkungsgeschichte der Syphilis* (1993). Zum Wechselverhältnis von Geistesgeschichte und Geschlechterrollen hat v. Braun zahlreiche Bücher veröffentlicht (Auswahl): *Die Schamlose Schönheit des Vergangenen. Zum Verhältnis von Geschlecht und Geschichte* (1989); *Der Ewige Judenhaß* (1990); *Einführung in Gender Studies* (hrsg. zusammen mit Inge Stephan, 2000); *Versuch über den Schwindel. Religion, Schrift, Bild, Geschlecht* (2001). Siehe ADAM.

ERWIN CHARGAFF, 1905 in Czernowitz geboren, studierte von 1923 bis 1928 Chemie in Wien. Ab 1935 war er an der Columbia University, New York tätig. Er zählt zu den Pionieren der Genforschung. 1952 wurde er zum Professor für Biochemie und 1970 zum Direktor des Biochemischen Institutes berufen. Vor rund 25 Jahren nahm er Abschied von der Naturwissenschaft und begann »ein zweites Leben« als Schriftsteller. Zu den zahlreichen Essaybänden, die er seitdem veröffentlicht hat, gehören: *Zeugenschaft; Die Aussicht vom 13. Stock; Abscheu vor der Weltgeschichte; Ernste Fragen.* Erwin Chargaff lebt in New York. Siehe ENTDECKUNG & ERFINDUNG.

DANIEL COHN-BENDIT, geboren 1945 in Montauban/Frankreich, studierte in Nanterre Soziologie. Im Zuge der Pariser Mai-Unruhen von 1968 wurde er von der französischen Regierung des Landes verwiesen. In Frankfurt am Main zählte er in den siebziger Jahren zur Sponti-Szene. 1978 wurde er verantwortlicher Redakteur und Herausgeber des Frankfurter Stadtmagazins *Pflasterstrand*, 1984 trat er der Partei der Grünen bei. Im rot-grünen Senat von Frankfurt am Main übernahm er 1989 das Dezernat für multikulturelle Angelegenheiten. 1999 wurde er als Spitzenkandidat der französischen Grünen (Les Verts) ins Europäische Parlament gewählt. Er hat zahlreiche Bücher verfaßt, unter anderem: *Agitationsmodell für eine Revolution* (1968); *Wir haben sie so geliebt, die Revolution* (1987); *Heimat Babylon: das Wagnis der multikulturellen Demokratie* (zusammen mit Thomas Schmid, 1992). Daniel Cohn-Bendit lebt in Frankfurt am Main. Siehe VATERLAND.

ROBERT DARNTON wurde 1939 in New York geboren. Er ist Spezialist für europäische Geschichte des 18. Jahrhunderts und lehrt an der Universität Princeton. In deutscher Übersetzung sind von ihm erschienen: *Der Mesmerismus und das Ende der Aufklärung* (1983); *Literaten im Untergrund. Lesen, Schreiben und Publizieren im vorrevolutionären Frankreich* (1985); *Das große Katzenmassaker. Streifzüge durch die französische Kultur vor der Revolution* (1989); *Glänzende Geschäfte. Die Verbreitung von Diderots Encyclopédie oder: Wie verkauft man Wissen mit Gewinn?* (1993). Siehe KLEINE GESCHICHTE DER ENCYCLOPÉDIE.

JEAN DHOMBRES ist Mathematiker und Wissenschaftshistoriker, Directeur de Recherches am Centre Nationale de la Recherche Scientifique (CNRS) in Paris. Er hat mehrere Bücher zur Mathematik und ihrer Geschichte veröffentlicht sowie Wissenschaftsbiographien, unter anderem über Carnot und Fourier. Siehe WISSENSCHAFT, GRUNDLAGEN DER.

HANS MAGNUS ENZENSBERGER, Jahrgang 1929, lebt als Schriftsteller in München. Seine Arbeitsgebiete umfassen Poesie, Essay, Libretto, gelegentlich auch erzählerische und dramatische Werke. Nebenbei ist er auch als Verleger und Übersetzer tätig. Siehe LUXUS.

IVETTA GERASIMCHUK, 1979 in Rußland geboren, ist Studentin an der Moskauer Fakultät für Internationale Beziehungen, wo sie sich auf die Republik Südafrika spezialisiert hat. Zu ihren Studienschwerpunkten zählt der internationale Umweltschutz, insbesondere dessen ökonomische und philosophische Aspekte. 1999 gewann sie mit ihrem *Wörterbuch der Winde* den Internationalen Essay-Wettbewerb der Kulturzeitung *Lettre International*. Ivetta Gerasimchuk lebt in Moskau. Siehe WALFANG.

MATHIAS GREFFRATH, Jahrgang 1945, ist Soziologe und Publizist. Er arbeitete unter anderem als Redakteur der *Zeit* und Chefredakteur der *Wochenpost*. In der *Anderen Bibliothek* erschien von ihm 1992: *Montaigne. Ein Panorama*. Mathias Greffrath lebt in Berlin und Burgund. Siehe GENUSS.

HORST GÜNTHER, geboren 1945, lehrt Philosophie in Berlin und an französischen Universitäten und arbeitete wiederholt an der Maison des Sciences de l'Homme in Paris. Er hat umfangreiche kommentierte Editionen erarbeitet, darunter: *Karl Philipp Moritz; Die Französische Revolution. Berichte und Deutungen deutscher Schriftsteller und Historiker;* Burckhardts *Kultur der Renaissance in Italien* sowie Schriften von Goethe und Diderot. Philosophie betreibt er fächerübergreifend: *Freiheit, Herrschaft und Geschichte* (1979); *Versuche, europäisch zu denken* (1990); *Zeit der Geschichte* (1993). In der *Anderen Bibliothek* hat er 1999 Denis Diderots Roman *Jakob und sein Herr* neu herausgegeben. Siehe ENZYKLOPÄDIE.

LARS GUSTAFSSON wurde 1936 in Västerås, Mittelschweden geboren. Er ist Lyriker, Philosoph und Schriftsteller und lebt seit vielen Jahren als Professor in Austin, Texas. Fast alle seine Werke sind auch auf deutsch erschienen, darunter: *Der Tod eines Bienenzüchters* (1978); *Die Kunst, den November zu überstehen und andere Geschichten* (1988); *Nachmittag eines Fliesenlegers* (1991); *Die Sache mit dem Hund* (1994); *Palast der Erinnerung* (1996); *Ein Vormittag in Schweden. Ausgewählte Gedichte* (1998). Siehe NICHTS.

ALEXANDER KLUGE, 1932 in Halberstadt geboren, studierte in Marburg Rechtswissenschaften, Geschichte und Kirchenmusik. Er arbeitet als Filmproduzent und Filmregisseur, daneben auch als Schriftsteller. Für seine Filme erhielt er zahlreiche Auszeichnungen, darunter den Goldenen Löwen für *Die Artisten in der Zirkuskuppel: ratlos* (1968), das Filmband in Gold 1975 für *In Gefahr und größter Not* und 1978 für *Deutschland im Herbst*. Werke (Auswahl): *Lebensläufe* (1962); *Schlachtbeschreibung* (1964); *Geschichte und Eigensinn* (zusammen mit Oskar Negt, 1981). Für sein schriftstellerisches Opus magnum *Chronik der Gefühle* wurde ihm 2001 der Bremer Literaturpreis verliehen. Alexander Kluge lebt in München und Berlin. Siehe KRIEG.

MICHAEL KRÜGER, 1943 in Wittgendorf, Kreis Zeitz geboren, ist Verleger, Autor und Kritiker. Seit 1968 Verlagslektor im Carl Hanser Verlag, seit 1986 ist er dessen Verleger. Er gibt auch die Literaturzeitschrift *Akzente* heraus. Michael Krüger lebt in München. Siehe SEELE.

JUTTA LIMBACH studierte Rechtswissenschaft in Berlin und Freiburg, 1966 Promotion, 1971 Habilitation. Von 1971 bis 1999 lehrte sie als Professorin für Bürgerliches Recht, Rechtssoziologie und Wirtschaftsrecht an der Freien Universität Berlin. In den Jahren 1989 bis 1994 war sie

Senatorin für Justiz des Landes Berlin, 1992–1993 Mitglied der Gemeinsamen Verfassungskommission von Bundestag und Bundesrat. Seit 1994 ist sie Präsidentin des Bundesverfassungsgerichts. Publikationen (Auswahl): *Rechtsalltag von Frauen* (hrsg. zusammen mit Ute Gerhard, 1988); *Im Namen des Volkes. Macht und Verantwortung der Richter* (1999); *Das Bundesverfassungsgericht* (2001). Siehe NATURRECHT.

DETLEF LINKE ist Philosoph und Mediziner. Er arbeitet als Professor für Klinische Neurophysiologie und Neurochirurgische Rehabilitation an der Universität Bonn. Veröffentlichungen (Auswahl): *Das Gehirn* (1999); *Einsteins Doppelgänger. Das Gehirn und sein Ich* (2000); *Kunst und Gehirn. Die Eroberung des Unsichtbaren* (2001). Siehe HIRN.

LUIGI MALERBA wurde 1927 in Berceto bei Parma geboren. Er war Mitbegründer des *gruppo 63* und gehört zu den bekanntesten Schriftstellern Italiens. Fast alle seiner Bücher sind auch auf Deutsch erschienen, darunter: *Die nachdenklichen Hühner. 131 kurze Geschichten* (1984); *Das Griechische Feuer* (1991); *Die nackten Masken* (1995), *König Ohneschuh* (2000); *Elianes Glanz* (2001). Luigi Malerba lebt in Orvieto und Rom. Siehe HEILIGER STUHL.

JAVIER MARÍAS, 1951 in Madrid geboren, hat bislang neun Romane veröffentlicht sowie Erzählungen und Essays. Seine Bücher, darunter *Mein Herz so weiß; Morgen in der Schlacht denk an mich; Schwarzer Rücken der Zeit,* sind in 31 Sprachen übersetzt. Essaybände (Auswahl): *Alle unsere frühen Schlachten; Das Leben der Gespenster; Geschriebenes Leben. Ironische Halbporträts.* Für sein Gesamtwerk wurde er mit dem Nelly-Sachs-Preis geehrt und im Jahr 2000 mit dem Internationalen Alberto-Moravia-Preis. Javier Marías lebt in Madrid. Siehe BABEL.

MARGRIET DE MOOR hat Gesang, Klavier und Geschichte studiert. 1990 veröffentlichte sie ihren ersten Roman *Erst grau dann weiß dann blau,* der in elf Sprachen übersetzt wurde. 1993 folgte *Der Virtuose.* Weitere Veröffentlichungen: *Ich träume also; Herzog von Ägypten; Die Verabredung.* Margriet de Moor lebt in Amsterdam. Siehe LIED.

HENNING RITTER, geboren 1943 in Seiffersdorf in Schlesien, ist seit 1985 Redakteur der *Frankfurter Allgemeinen Zeitung,* verantwortlich für »Geisteswissenschaften«. Daneben ist er als Übersetzer und Herausgeber tätig. Unter anderem hat er eine zweibändige Rousseau-Ausgabe ediert.

Weitere Publikationen (Auswahl): *Charles Darwin: Sind Affen Rechtshänder? Notizhefte M und N und die Biographische Skizze eines Kindes* (1998); *Montesquieu: Meine Gedanken. Mes pensées* (2000). Siehe PHILOSOPH.

TZVETAN TODOROV wurde 1939 in Sofia, Bulgarien geboren. Studium der Sprachphilosophie, unter anderem bei Roland Barthes in Paris. Er hat zahlreiche Artikel und Bücher zur Literaturtheorie, Geistesgeschichte und Kulturanalyse veröffentlicht. Als Semiotiker und Strukturalist lehrte er an der Ecole Practique des Hautes Études in Paris und an der Yale University. Er ist Leiter des Centre de Recherches sur les arts et le language du CNRS. Zu seinen zahlreichen Veröffentlichungen zählen *Die Eroberung Amerikas. Das Problem des Anderen* (dt. 1985); *Critique de la critique* (1994); *Abenteuer des Zusammenlebens. Versuch einer allgemeinen Anthropologie* (dt. 1996). Tvetan Todorov lebt in Paris. Siehe KOLONIE.

MICHEL TOURNIER, geboren 1924 in Paris, studierte Rechtswissenschaften und Philosophie in Paris und Tübingen. Er war mehrere Jahre beim französischen Rundfunk, dann als Presseattaché, schließlich als Lektor tätig. Er hat mehrere Romane und Erzählungen veröffentlicht, darunter *Freitag oder Im Schoße des Pazifik; Zwillingssterne; Kaspar, Melchior & Balthasar,* und gehört zu den meistgelesenen Autoren in Frankreich. Michel Tournier lebt in der Nähe von Paris. Siehe ROMAN.

WILLI WINKLER, geboren 1957 im ländlichen Bayern, hat lange studiert und dann doch lieber übersetzt (Anthony Burgess, John Updike, Saul Bellow und Woody Allen). Er war Redakteur bei der *Zeit* und beim *Spiegel* und schreibt immer noch. Buchveröffentlichungen (Auswahl): *Alle meine Deutschen. Ein Bestiarium; Bob Dylan. Ein Leben.* 1998 erhielt er den Ben-Witter-Preis. Siehe ZITAT.

ANTON ZEILINGER wurde 1945 in Ried im Innkreis geboren. Er hatte Professuren am Massachusetts Institute of Technology, an der Universität München, der TU Wien, der Universität Innsbruck, der Universität Melbourne und am Collège de France inne. Derzeit ist er Vorstand am Institut für Experimentalphysik der Universität Wien. Seine Arbeitsgruppe forscht auf dem Gebiet der Quantenphysik. 1997 gelang ihr die weltweit erste Quantenteleportation, wobei Information unter Überwindung von Zeit und Raum direkt übertragen wurde, ohne entlang eines Weges von A nach B zu wandern. Siehe PHYSIK.

DIE HERAUSGEBER

ANETTE SELG, geboren 1968 in Tuttlingen, studierte Romanistik und Anglistik in Lyon und Heidelberg. Sie lebt und arbeitet als Lektorin in Berlin.

RAINER WIELAND, geboren 1968 im fränkischen Weißenburg, studierte Literaturwissenschaft, Geschichte und Publizistik in Mainz und Berlin. Er lebt und arbeitet als Lektor und Herausgeber ebenfalls in Berlin.

DANKSAGUNG. Allen Essayisten danken wir für ihre Ausblicke ins 21. Jahrhundert, von denen jeder einzelne uns neue, überraschende Sichtweisen auf die *Welt der Encyclopédie* erschlossen hat. Ohne das fundierte Wissen und das stilistische Können von Holger Fock, Eva Moldenhauer und Sabine Müller wäre das Werk nicht zu dem geworden, was es ist. Es war eine große Freude, mit ihnen zusammenzuarbeiten.

Für ihre Unterstützung möchten wir außerdem Allison Brown, Peter Becker, Helga Bergmann, Marcus Franken, Mathias Greffrath, Franz Greno, Ingrid Haebler, Beate Herkendell, Ulrich Holbein, Wolfgang Hörner, Julika Jänicke, Manfred Kriener, Martin Krohs, Barry Lipman, Johanna Maier, Palma Müller-Scherf, Helmut Pfeiffer, Constanze Richter, Uta Rüenauver, Walter Saller, Wilfried Schmidberger, Wolf Singer, Wilfried Schouwink, Joachim Windrisch und nicht zuletzt Hans Magnus Enzensberger sehr herzlich danken.

Wir bedanken uns darüber hinaus, auch im Namen des Verlags, bei den zahlreichen Rechteinhabern der zitierten Quellen für ihre freundliche Unterstützung. Ohne diese hätte das Werk in dieser Form nicht erscheinen können.

Für ihre redaktionelle Mitarbeit danken wir Nina Boie, Meiken Endruweit, Anne Fleckstein, Florian Simon, Susanne Werner, Judith Zimmermann, für das Korrektorat: Klaus-Dieter Baumann.

Danke für alles: Niels Achtermann und Gregor Sander.

A. S. & R. W.

J'ai tout lu, tout vu, tout bu…

DIE WELT DER ENCYCLOPÉDIE, ediert von Anette Selg & Rainer Wieland, ist im September 2001 als Sonderband der **Anderen Bibliothek** im Eichborn Verlag, Frankfurt am Main, erschienen. Es handelt sich um eine Auswahl aus der *Encyclopédie ou Dictionnaire raisonné de Sciences des Arts et des Métiers* von Denis Diderot und Jean le Rond d'Alembert, die von 1751 bis 1772 in Paris erschien. Die Übersetzung besorgten Holger Fock, Eva Moldenhauer, Sabine Müller und Theodor Lücke. Für diesen Band haben zahlreiche Autoren zu Stichwörtern aus der *Encyclopédie* neue Essays beigesteuert.

DIE WELT DER ENCYCLOPÉDIE wird, abweichend von den Usancen der **Anderen Bibliothek**, im Quart-Format vorgelegt. Dieses Buch wurde aus der Korpus Didot Antiqua von Wilfried Schmidberger in Nördlingen gesetzt. Das holz- und säurefreie 90 g/m² Werkdruckpapier lieferte Schleipen. Druck und Einband besorgte die Fuldaer Verlagsagentur. Ausstattung & Typographie von Franz Greno.

1. bis 20. Tausend, September 2001.
Von diesem Sonderband der **Anderen Bibliothek** gibt es eine handgebundene Lederausgabe mit den Nummern 1 bis 999; die folgenden Exemplare der limitierten Erstausgabe werden ab 1001 numeriert. Dieses Buch trägt die Nummer:

6819

FIGÜRLICH DARGESTELLTES SYSTEM DER KENNTNISSE DES MENSCHEN

VERSTAND

GEDÄCHTNIS

GESCHICHTE

- Geistliche Geschichte (Geschichte der Prophetie)
- Kirchengeschichte
- Weltliche Geschichte, alte & neue
  - Weltliche Geschichte *im engeren Sinn*
  - Literaturgeschichte
    - Erinnerungen
    - Überlieferungen
    - der Antike
    - Gesamtgeschichte
- Naturgeschichte
  - Gleichförmigkeit der Natur
    - Geschichte des Himmels
    - Geschichte
      - der Lufterscheinungen
      - der Erde und des Meeres
      - der Mineralien
      - der Pflanzen
      - der Tiere
      - der Elemente
  - Abnormitäten der Natur
    - Wunder am Himmel
    - Wunderbare Meteore
    - Wunder der Erde und des Meeres
    - Abnorme Minerale
    - Abnorme Pflanzen
    - Abnorme Tiere
    - Wunder der Elemente
  - Bearbeitung und Verwendung von Gold und Silber
    - Münzpräger
    - Goldschläger
    - Filigranarbeiter
    - Drahtzieher
    - Goldschmied
    - Blechschläger
    - Goldarbeiter usw.

VERNUNFT

PHIE

- Allgemeine Metaphysik *oder* Ontologie *oder* Wissenschaft vom Sein überhaupt, von der Möglichkeit der Existenz, der Dauer usw.
- Wissenschaft von GOTT
  - Natürliche Theologie
  - Offenbarungstheologie
    - Religion, *falsch verstandene Religion:* Aberglaube
  - Wissenschaft der Engel und Dämonen
    - Weissagung
    - Schwarze Magie
- Wissenschaft vom Menschen
  - Pneumatologie oder Wissenschaft von der Seele
    - in Bezug auf die Vernunft
    - in Bezug auf das Gefühl
  - Logik
    - Kunst des Denkens
      - Wahrnehmung – Wissenschaft der Ideen
      - Urteil – Wissenschaft der Sätze
      - Reflexion – Induktion
      - Methode – Demonstration
        - Analyse
        - Synthese
    - Kunst des Behaltens
      - Gedächtnis
        - *natürliches*
        - *künstliches*
          - Vorwissen
          - Sinnbild
      - Gedächtnishilfen
        - Schrift
        - Druck
          - Alphabet
          - Zahlen
            - Schreibkunst
            - Druckkunst
            - Lesekunst
            - Kunst des Zahlenlesens
              - Orthograpie
    - Kunst des Mitteilens
      - Wissenschaft vom Instrument der Rede
        - Grammatik
          - Zeichen
            - Gesten
              - Pantomime
              - Deklamation
            - Sinnzeichen
              - Ideelle Zeichen
              - Hieroglyphen
              - Wappenzeichen
          - Prosodie
          - Satzbau
          - Syntax
          - Philologie
          - Kritik
          - Pädagogik
            - Fächerwahl
            - Lehrmethode
      - Wissenschaft von den Qualitäten der Rede
        - Rhetorik
        - Mechanik der Dichtung oder Versifikation
  - Im allgemei[nen]
    - Wissenschaft vom Guten und Bösen im allgemeinen. Von den Pflichten

EINBILDUNGSKRAFT

POESIE

- Weltliche
- Geistliche
  - Erzählende Dichtung
    - Episches Gedicht
    - Madrigal
    - Epigramm
    - Roman
    - usw.
  - Dramatische Dichtung
    - Tragödie
    - Komödie
    - Oper
    - Ekloge
    - usw.
  - Parabolische Dichtung
    - Allegorien
- Musik
  - theoretische
  - praktische
  - Instrumentalmusik
  - Vokalmusik
- Malerei
- Plastik
- Architektur
- Graphik